# RECHNUNGSWESEN

## für Bürokaufleute

von Dipl.-Kfm.
**JÜRGEN HERMSEN**

Winklers

## Vorwort zur 17. und 18. Auflage

Der Winklers Verlag und der Autor freuen sich, das Lehrbuch ab der 17. Auflage in einem neuen Layout und in einem größeren Format zu präsentieren. Inhaltlich wurden in der 17. und 18. Auflage viele Ergänzungen (u. a. neue Belege und neue Aufgaben) und viele Verbesserungen vorgenommen.

Dem Lehrbuch liegt der Rahmenlehrplan der Kultusministerkonferenz zugrunde. Es folgt seinen Intentionen und ist ausgerichtet auf ein Lernen mit einer möglichst großen Praxisnähe.

Zudem bereitet das Lehrbuch optimal auf die Prüfungen der „IHK-Gemeinschaftsstelle für bundeseinheitliche kaufmännische Abschluss- und Zwischenprüfungen" vor.

Folgende Merkmale kennzeichnen das vorliegende Lehrbuch:

- Die Darstellung der erforderlichen Sachinformationen erfolgt in einer klaren Sprache und in klein gehaltenen Lernschritten.
- Betriebswirtschaftliche (fachübergreifende) Lerninhalte werden bei allen sich bietenden Gelegenheiten dargeboten.
- Der Lernprozess wird durch Zusammenfassungen in Form von Schaubildern und Merksätzen unterstützt.
- Für die Lernerfolgssicherung sorgt eine Vielzahl unterschiedlich strukturierter Aufgaben.
  Die Aufgaben unterscheiden sich auch hinsichtlich ihres Schwierigkeitsgrades. Auf diese Weise kann mit einer entsprechenden **Stoffauswahl für jede Klasse ein „angemessenes Aufgabenprogramm"** zusammengestellt werden.
  Die Aufgaben sind praxisnah und **handlungsorientiert** aufbereitet:
  - Eine Vielzahl der Aufgaben bezieht sich auf eine Übungsfirma.
  - In die Aufgabenteile der Buchführungskapitel sind die für den jeweiligen Lernstoff typischen Buchungsbelege eingebaut.
  - Ein Software-Einsatz ist bei einigen Geschäftsgängen (Finanzbuchführungsprogramm) und bei einigen ausgewählten Aufgaben (Excel-Arbeitsblätter) möglich.
  - In den Geschäftsgängen sind die Geschäftsfälle (wie in der Praxis) nach Buchungskreisen geordnet. (Ausnahme: Anfangskapitel)
  - Bei den Geschäftsgängen kann praxisnah auf Kunden- und Lieferantenkonten gebucht werden. (Ausnahme: Anfangskapitel)
  - Die Kapitel 6.2.2.1 und 6.3 enthalten komplexe problemorientierte Aufgaben, die für Unterrichtsprojekte geeignet sind.

Kein Lehrbuch ist so gut, dass es nicht noch verbessert werden könnte. Helfen Sie mir bitte mit entsprechenden Hinweisen. Vielen Dank!

*Jürgen Hermsen*

Zur **Prüfungsvorbereitung** ist unter www.winklers.de Zusatzmaterial und Software erhältlich.

**Die Bücher von Jürgen Hermsen haben das moderne Rechnungswesenlehrbuch wesentlich geprägt. Die von unserem Autor von Beginn an verwendete Konzeption des belegorientierten Arbeitens mit einer zentralen Übungsfirma hat sich auf breiter Basis durchgesetzt.**

18., überarbeitete Auflage, 2013
Druck 1, Herstellungsjahr 2013


Postfach 33 20, 38023 Braunschweig
service@winklers.de
www.winklers.de
Redaktion: Kirsten Rotert
Lektorat: Martina Dold
Satz: Ottomedien, Hanhofen
Druck: westermann druck GmbH, Braunschweig
ISBN 978-3-8045-6350-6

Viele Beispiele in den Informationsteilen und viele Aufgaben beziehen sich auf das folgende Unternehmen:

| | | | |
|---|---|---|---|
| **1. Name und Sitz der Firma** | Textilfabrik Konrad Fied KG, Goseriede 41, 30159 Hannover | | |
| **2. Bankverbindungen** | Hannoversche Volksbank eG<br>Konto-Nr. 12 345<br>BLZ 251 900 01<br>BIC: VOHADE2H<br>IBAN:<br>DE73 2519 0001 0000 0123 45 | Sparkasse Hannover<br>Konto-Nr. 88 230<br>BLZ 250 501 80<br>BIC: SPKHDE2H<br>IBAN:<br>DE24 2505 0180 0000 0882 30 | Postbank Hannover<br>Konto-Nr. 1 582 300<br>BLZ 250 100 30<br>BIC: PBNKDEFF250<br>IBAN:<br>DE95 2501 0030 0001 5823 00 |
| **3. Geschäftsjahr** | 1. Januar bis 31. Dezember | | |
| **4. Produkte/ Handelswaren** | Textilien jeglicher Art | | |
| **5. Werkstoffe** | - Rohstoffe:<br>- Hilfsstoffe:<br>- Betriebsstoffe: | Stoffe jeglicher Art<br>Nähgarn, Stoßbänder, Knöpfe, Reißverschlüsse, Gummibänder<br>Heizöl, Gas, Strom, Wasser, Schmierstoffe | |

| **6. Lieferanten** | | |
|---|---|---|
| Bernhard Müller OHG<br>Im Weiher 1<br>69121 Heidelberg<br>Rohstoffe<br>L.-Nr. 44 001 | Emut GmbH<br>Hohler Weg 3<br>34369 Hofgeismar<br>Rohstoffe<br>L.-Nr. 44 002 | Winter GmbH<br>Ottenstraße 12<br>30880 Laatzen<br>Betriebsstoffe<br>L.-Nr. 44 003 |
| Karl-Heinz More e. Kfm.<br>Seelhorststraße 6<br>30175 Hannover<br>Betriebs- und Geschäftsausstattung<br>L.-Nr. 44 004 | Adsack GmbH<br>Minister-Stüve-Straße 17<br>30449 Hannover<br>Zeitungsanzeigen<br>L.-Nr. 44 005 | Vödisch AG<br>Neue Straße 17<br>30457 Hannover<br>Hilfsstoffe<br>L.-Nr. 44 006 |
| Sauer KG<br>Rehbergstraße 24<br>30173 Hannover<br>Autohaus<br>L.-Nr. 44 007 | Bettina Meyer e. Kffr.<br>Erzberger Straße 1<br>39104 Magdeburg<br>Modedesignerin<br>L.-Nr. 44 008 | Winkler KG<br>Bismarckstraße 7<br>64293 Darmstadt<br>Rohstoffe<br>L.-Nr. 44 009 |

| **7. Kunden** | | |
|---|---|---|
| Söffgen OHG<br>Textilgroßhandel<br>Bergstraße 11<br>51503 Rösrath<br>Kd.-Nr. 24 001 | Gertrud Schön e. Kffr.<br>Textileinzelhandel<br>Sundernstraße 34<br>22159 Hamburg<br>Kd.-Nr. 24 002 | Hampe KG<br>Textilgroßhandel<br>Südstraße 6<br>06132 Halle<br>Kd.-Nr. 24 003 |
| Gebert GmbH<br>Textilgroßhandel<br>Falkenstraße 5<br>04229 Leipzig<br>Kd.-Nr. 24 004 | Brandes GmbH<br>Textilgroßhandel<br>Lister Meile 5<br>01169 Dresden<br>Kd.-Nr. 24 005 | Tina Hempe e. Kffr.<br>Textileinzelhandel<br>Weststraße 55<br>81541 München<br>Kd.-Nr. 24 006 |
| Wolfgang Mehlert e. Kfm.<br>Textileinzelhandel<br>Böhmerstraße 5<br>60437 Frankfurt<br>Kd.-Nr. 24 007 | Adam GmbH<br>Textilgroßhandel<br>Löwengasse 38<br>A-1030 Wien<br>Kd.-Nr. 24 008 | |

### Erklärung der Symbole

AH Die so gekennzeichneten Aufgaben sind in einem zum Lehrbuch gehörenden Arbeitsheft enthalten (ISBN 978-3-8045-6352-0).

Excel Die so gekennzeichneten Aufgaben können als Excel-Arbeitsblätter unter der Bestellnummer 6350 von der Winklers-Homepage (www.winklers.de) kostenlos heruntergeladen werden. An derselben Stelle können Lehrerinnen und Lehrer auch die passwortgeschützten Excel-Lösungen zu diesen Aufgaben kostenlos herunterladen. Das Passwort steht im Lösungsband BN 6351.

FIBU möglich! Bei den so gekennzeichneten Aufgaben ist der Einsatz eines Finanzbuchhaltungsprogrammes möglich.

**Layout:** LIO Design GmbH, Braunschweig

**Reinzeichnungen:** Claudia Hild, Angelburg-Gönnern

**Belege:** korrekt medien Marcus Hoffstadt, Koblenz

**Bildquellenverzeichnis**

fotolia.com/hans12: Cover

Picture-alliance/dpa-infografik: 315

# Einführung in das Rechnungswesen

## 1.1 Die kaufmännischen Rechenarten

### 1.1.1 Die Dreisatzrechnung

#### 1.1.1.1 Der einfache Dreisatz

**Der einfache Dreisatz mit geradem Verhältnis**

**Beispiel** Die Frachtkosten für einen Rohstoff mit einem Gewicht von 108 kg betragen 19,65 €. Wie viel € betragen die Frachtkosten für einen Rohstoff mit einem Gewicht von 234 kg?

**Lösung**

❶ Angabesatz: Die Frachtkosten für **108** kg betragen **19,65** €.

❷ Fragesatz: Die Frachtkosten für 234 kg betragen x €.

❸ Bruchsatz: $x = \frac{19{,}65 \cdot 234}{108} = 42{,}575$

$= \underline{\underline{42{,}58\ €}}$ (gerundet)

**Lösungsweg**

❶ Beim Formulieren des Angabesatzes wird die gesuchte Größe an den Schluss gesetzt.

❷ Beim Formulieren des Fragesatzes muss darauf geachtet werden, dass gleiche Benennungen (Einheiten) untereinander stehen.

❸ Die folgenden **drei Sätze (daher Dreisatz)** ergeben den Bruchsatz:

I. Die Frachtkosten für **108** kg betragen **19,65** €.

*Anmerkung: Die Zahl im Angabesatz über dem „x“ (hier: **19,65**) erscheint **immer zuerst** auf dem Bruchstrich. Bei der weiteren Formulierung des Bruchstriches wird jeweils errechnet, wie sich **diese Zahl verändert.***

II. Die Frachtkosten für 1 kg betragen $\frac{19{,}65}{108}$ €. **(Division)**

III. Die Frachtkosten für 234 kg betragen $\frac{19{,}65 \cdot 234}{108}$ €.

Im obigen Beispiel liegt ein **gerades Verhältnis** vor, weil das Wachsen der ersten Größe (hier: kg) ebenfalls ein Wachsen der zweiten Größe (hier: €) zur Folge hat. Umgekehrt würde ein Sinken der ersten Größe ebenfalls zu einem Sinken der zweiten Größe führen.

In unserem Beispiel gilt:

| | | |
|---|---|---|
| Je schwerer | → | desto höher der Preis. |
| Je leichter | → | desto geringer der Preis. |

Allgemein gilt für ein gerades Verhältnis:

| | | |
|---|---|---|
| Je mehr | → | desto mehr. |
| Je weniger | → | desto weniger. |

➲ **Wird „beim Schluss auf eine Einheit“ (II. Satz) dividiert, so liegt ein gerades Verhältnis vor.**

## Aufgaben

1 288 kg einer Ware kosten 792,00 €.
Wie viel kosten 312 kg?

2 Ein Lagerarbeiter erhält für 40 Arbeitsstunden einen Bruttolohn von 450,00 €.
Wie hoch ist der Bruttolohn für 32 Arbeitsstunden?

3 In einem Betrieb verbraucht die Gasheizungsanlage für 85 Heizungstage 1 685 $m^3$ Gas.
Wie hoch ist der Gasverbrauch (bei unverändertem täglichen Verbrauch) für
a) 63 Tage, b) 108 Tage? (Genauigkeit: 3 Stellen nach dem Komma.)

4 Zur Lackierung einer Fläche, die 6,80 m lang und 4,71 m breit ist, werden 3,5 kg Lack benötigt.
Wie viel kg Lack sind zum Bestreichen einer Fläche von 10,85 m Länge und 5,36 m Breite erforderlich? (Genauigkeit: 3 Stellen nach dem Komma.)

## Der einfache Dreisatz mit ungeradem Verhältnis

**Beispiel**

Bei der Inventur benötigen 8 Angestellte 15 Stunden für die körperliche Bestandsaufnahme.
2 Angestellte fallen in diesem Jahr bei der Inventur durch Krankheit aus.
Wie viele Arbeitsstunden sind nun für die körperliche Bestandsaufnahme einzuplanen?

**Lösung**

❶ Angabesatz: **8** Angestellte benötigen **15** Stunden.
❷ Fragesatz: 6 Angestellte benötigen x Stunden.

❸ Bruchsatz: $x = \frac{15 \cdot 8}{6} = \underline{\underline{20 \text{ Stunden}}}$

**Lösungsweg**

❶ Beim Formulieren des Angabesatzes wird die gesuchte Größe an den Schluss gesetzt.
❷ Beim Formulieren des Fragesatzes muss darauf geachtet werden, dass gleiche Benennungen (Einheiten) untereinander stehen.
❸ Die folgenden **drei Sätze (daher Dreisatz)** ergeben den Bruchsatz:

I. **8** Angestellte benötigen **15** Stunden.
*Anmerkung: Die Zahl im Angabesatz über dem „x" (hier: **15**) erscheint **immer zuerst** auf dem Bruchstrich. Bei der weiteren Formulierung des Bruchstriches wird jeweils errechnet, wie sich **diese Zahl verändert.***

II. 1 Angestellter benötigt $15 \cdot 8$ Stunden. **(Multiplikation)**

III. 6 Angestellte benötigen $\frac{15 \cdot 8}{6}$ Stunden.

Im obigen Beispiel liegt ein **ungerades Verhältnis** vor, weil das Sinken der ersten Größe (hier: Anzahl der Angestellten) ein Wachsen der zweiten Größe (hier: Stunden) zur Folge hat. Umgekehrt würde ein Wachsen der ersten Größe zu einem Sinken der zweiten Größe führen. Für ein ungerades Verhältnis gilt:

Je weniger → desto mehr.
Je mehr → desto weniger.

**Wird „beim Schluss auf eine Einheit“ (II. Satz) multipliziert, so liegt ein ungerades Verhältnis vor.**

## Aufgaben

1 Wenn auf einer Geschäftsreise täglich durchschnittlich 154,00 € ausgegeben werden, reichen die Spesen für 14 Tage. Wie lange reichen die Spesen, wenn täglich durchschnittlich 196,00 € ausgegeben werden?

2 Bei einem Verbrauch von 7,5 l pro 100 km reicht die Tankfüllung für 850 km. Für wie viele km reicht die Tankfüllung, wenn 6,5 l pro 100 km verbraucht werden? (Genauigkeit: 3 Stellen nach dem Komma.)

3 Zum Tapezieren eines Büros werden 48 Tapetenrollen von 70 cm Breite benötigt. Wie viele Tapetenrollen sind erforderlich, wenn die Breite 85 cm beträgt?

4 Für die Reinigung einer Lagerhalle benötigen 5 Lagerarbeiter 6 Stunden. Wie viele Stunden würden 8 Lagerarbeiter benötigen?

## Aufgaben mit geradem und ungeradem Verhältnis

1 20 kg Äpfel ergeben 1,8 l Apfelsaftkonzentrat. Wie viel kg Äpfel werden für 5 l Apfelsaftkonzentrat benötigt? (Genauigkeit: 3 Stellen nach dem Komma.)

2 Zum Einbau einer Großheizanlage benötigen 5 Monteure 48 Stunden. 1 Monteur fällt krankheitsbedingt aus. Wie viele Arbeitsstunden werden nun benötigt?

3 Ein Großbehälter mit kohlensäurefreiem Mineralwasser ergibt 480 Flaschen zu 1,5 l. Wie viele Flaschen zu 0,7 l ergibt der Großbehälter?

4 Auf der Strecke von Hannover nach Hamburg (145 km) werden 10,4 l Benzin verbraucht. Wie viel Liter Benzin werden – bei gleichem Fahrverhalten – auf der Strecke von Hannover nach Magdeburg (160 km) verbraucht? (Genauigkeit: 1 Stelle nach dem Komma.)

5 Für die Autofahrt zu einem Großabnehmer benötigen wir bei einer Durchschnittsgeschwindigkeit von 90 km/h 6 Stunden und 42 Minuten. In welcher Zeit erreichen wir unseren Kunden bei einer Durchschnittsgeschwindigkeit von 105 km/h? (Genauigkeit: Minuten.)

6 Es sollen 1 100 Kugelschreiber zu je 1,80 € umgetauscht werden in Kugelschreiber zu einem Preis von 2,20 €. Wie viele Kugelschreiber werden für denselben Betrag bezogen?

7 Wir kaufen eine EDV-Anlage und vereinbaren, den Kaufpreis in 12 monatlichen Raten zu je 6.425,00 € zu entrichten. Aufgrund von Forderungsausfällen kommt es bei uns zu einem Liquiditätsengpass. Wir bitten den Lieferanten der EDV-Anlage, in 20 Monatsraten zahlen zu dürfen. Auf wie viel € würden sich in diesem Fall die monatlichen Raten belaufen?

8 Bei einer gemeinsamen Werbeaktion von 12 Unternehmen trägt jedes Unternehmen 30.000,00 € an Werbekosten. Die Werbekosten sollen pro Unternehmen auf 20.000,00 € gesenkt werden. Wie viele Unternehmen müssen in die gemeinsame Werbeaktion mit einbezogen werden, wenn der gesamte Werbeaufwand unverändert bleiben soll?

9 Bei einem Warenwert von 228.000,00 € beträgt die Transportversicherungsprämie 662,00 €. Auf welchen Betrag beläuft sich die Transportversicherungsprämie, wenn der Warenwert 336.478,00 € beträgt?

10 Bei einem Absatz von 278 Stück erhält unser Vertreter eine Provision von 1.380,00 €. Wie hoch ist seine Provision, wenn er 432 Stück verkauft?

### 1.1.1.2 Der zusammengesetzte Dreisatz

**Beispiel** 40 m eines Stoffes mit einer Breite von 1,20 m kosten 960,00 €. Wie viel kosten 60 m dieses Stoffes, wenn die Breite 1,40 m beträgt?

**Lösung**

❶ Angabesatz: Ein Stoff mit 40 m Länge und 1,20 m Breite kostet **960,00** €.

❷ Fragesatz: Ein Stoff mit 60 m Länge und 1,40 m Breite kostet x €.

❸ Bruchsatz: $x = \frac{\mathbf{960{,}00} \cdot 60 \cdot 1{,}40}{40 \cdot 1{,}20} = \underline{\underline{1.680{,}00\ €}}$

**Lösungsweg**

❶ Beim Formulieren des Angabesatzes wird die gesuchte Größe an den Schluss gesetzt.

❷ Beim Formulieren des Fragesatzes muss darauf geachtet werden, dass gleiche Benennungen (Einheiten) untereinander stehen.

❸ Die folgenden Sätze ergeben den Bruchsatz:

I. Ein Stoff mit 40 m Länge und 1,20 m Breite kostet **960,00** €.

*Anmerkung: Die Zahl im Angabesatz über dem „x" (hier: **960,00**) erscheint **immer zuerst** auf dem Bruchstrich. Bei der weiteren Formulierung des Bruchstriches wird jeweils errechnet, wie sich **diese Zahl verändert.***

II. Ein Stoff mit 1 m Länge und 1,20 m Breite kostet $\frac{\mathbf{960{,}00}}{40}$ €.

III. Ein Stoff mit 60 m Länge und 1,20 m Breite kostet $\frac{\mathbf{960{,}00} \cdot 60}{40}$ €.

IV. Ein Stoff mit 60 m Länge und 1,00 m Breite kostet $\frac{\mathbf{960{,}00} \cdot 60}{40 \cdot 1{,}20}$ €.

V. Ein Stoff mit 60 m Länge und 1,40 m Breite kostet $\frac{\mathbf{960{,}00} \cdot 60 \cdot 1{,}40}{40 \cdot 1{,}20}$ €.

Bei einem zusammengesetzten Dreisatz erfordert die Lösung 5 oder mehr Sätze. Es können sowohl gerade als auch ungerade Verhältnisse vorliegen. Im obigen Beispiel liegt ein zusammengesetzter Dreisatz mit zwei geraden Verhältnissen vor.

**Aufgaben**

1 4 Mikrofilmaufnahmegeräte erfassen in 3 Stunden 12 182 Belege. Ein Mikrofilmaufnahmegerät fällt wegen eines Defektes aus. Es stehen 5 Stunden zur Verfügung. Wie viele Belege werden erfasst?

2 Ein Kapital von 24.000,00 € erbringt in 100 Tagen einen Zinsertrag von 400,00 €. Welchen Zinsertrag erbringt ein Kapital von 18.000,00 € in 160 Tagen bei den gleichen Bedingungen?

3 Bei einem Autohersteller rollen in einer Schicht (8 Arbeitsstunden) 400 Autos vom Band. Dazu sind in der Fertigung 810 Arbeiter erforderlich. Es ist vorgesehen, die Schicht auf 7,5 Arbeitsstunden zu reduzieren und 500 Autos pro Schicht herzustellen. Wie viele Arbeiter müssen eingestellt werden?



635012

4 Eine Lagerhalle wird wöchentlich einmal von 9 Lagerarbeitern gereinigt. Für die Reinigung der 2 000 $m^2$ großen Fläche werden 100 Minuten gebraucht. Nun wird die Lagerkapazität um 400 $m^2$ erweitert. 90 Minuten sollen für die Reinigungsarbeiten zur Verfügung stehen. Wie viele Lagerarbeiter müssen abgestellt werden?

5 Ein mittelständischer Betrieb beschäftigt 65 Arbeiter[1]. Die wöchentliche Lohnsumme beträgt 43.225,00 €. Aufgrund der Tarifvereinbarungen soll die wöchentliche Arbeitszeit von 38 Stunden auf 37 Stunden (ohne Lohnausgleich) gesenkt werden. Die gute Ertragslage ermöglicht es, 7 Arbeiter[1] einzustellen. Mit welcher wöchentlichen Lohnsumme ist zu rechnen?

6 14 Straßenbauarbeiter bessern in 8 Arbeitstagen bei 7 Arbeitsstunden täglich einen Autobahnabschnitt von 10,5 km aus. Wie viele Arbeitstage zu je 8 Arbeitsstunden sind erforderlich, wenn 16 Straßenbauarbeiter zur Verfügung stehen und ein Autobahnabschnitt von 12 km ausgebessert werden soll?

7 5 Tischler bauen in 8 Tagen mit je 7,5 Stunden Arbeitszeit 360 Schreibtische zusammen. Ein Auftrag über 588 Schreibtische geht ein. 2 Tischler werden für den Zusammenbau der Schreibtische zusätzlich zur Verfügung gestellt. In wie vielen Arbeitstagen sind die Schreibtische erstellt, wenn aufgrund des neuen Tarifvertrages nur noch 7 Stunden pro Tag gearbeitet werden?

8 8 Produktionsautomaten fertigen in 13 Stunden 512 Zwischenprodukte. Wie viele Zwischenprodukte werden von 11 Automaten in 9 Stunden gefertigt?

9 2 Lkws mit 3 t Ladegewicht fahren in 10 Fuhren pro Lkw Sand und Kies zu einer Großbaustelle. Wie viele Fuhren pro Lkw wären erforderlich, wenn 3 Lkws mit einem Ladegewicht von je 3,5 t zur Verfügung ständen?

10 Im letzten Jahr wurden 5 Angestellte 6 Tage mit je 4 Einsatzstunden für Inventurarbeiten eingesetzt. Dieses Jahr kommt ein weiterer Angestellter hinzu. Die Inventurarbeiten sollen in 4 Tagen erledigt sein. Für wie viele Stunden täglich müssen die Angestellten nun für Inventurarbeiten abgestellt werden?

11 Der Druck eines Buches mit 256 Seiten in einer Auflage von 10 000 Stück dauert auf einer modernen Druckanlage 16 Stunden. Wie lange dauert der Druck eines Buches mit 192 Seiten bei einer Auflage von 15 000 Stück?

## 1.1.2 Die Währungsrechnung

Die Währungsrechnung besteht hauptsächlich in der Umrechnung
- der Inlandswährung in eine Auslandswährung bzw.
- einer Auslandswährung in die Inlandswährung.

Dazu dienen sogenannte Kurstabellen, die Umrechnungskurse enthalten.

**Der Kurs gibt den Preis für einen Euro (internationale Abkürzung: EUR) in einer ausländischen Währung an (Mengennotierung).**

1 *Anmerkung:* Alle Arbeiter sind in derselben Lohngruppe eingestuft und verdienen das Gleiche.

**Beispiel**[1]

| Land | internationale Abkürzung (Bezeichnung) | 1,00 EUR entspricht beim Devisengeschäft[2] | | 1,00 EUR entspricht beim Sortengeschäft[5] | |
|---|---|---|---|---|---|
| | | Geldkurs[3] | Briefkurs[4] | Geldkurs[3] | Briefkurs[4] |
| USA | USD (US-$) | 1,1024 | 1,1098 | 1,07 | 1,14 |
| Kanada | CAD (Kan. $) | 1,4232 | 1,4352 | 1,36 | 1,51 |
| Australien | AUD (Austr. $) | 1,7745 | 1,7895 | 1,68 | 1,86 |
| Japan | JPY (Yen) | 110,1400 | 110,6200 | 108,10 | 116,10 |
| Dänemark | DKK (Dänische Kronen) | 7,4206 | 7,4606 | 7,11 | 7,79 |
| Großbritannien | GBP (GB £) | 0,6216 | 0,6256 | 0,60 | 0,64 |
| Norwegen | NOK (Norw. Kronen) | 7,9420 | 7,9900 | 7,75 | 8,60 |
| Schweden | SEK (Schw. Kronen) | 9,5567 | 9,6047 | 9,24 | 10,19 |
| Schweiz | CHF (Schweizer Franken) | 1,4696 | 1,4736 | 1,44 | 1,51 |
| Südafrika | ZAR (Rand) | 8,4050 | 8,6050 | 7,10 | 10,50 |
| Tschechien | CZK (Kronen) | 33,5900 | 33,7100 | 30,30 | 36,30 |

Zur Abdeckung der Kosten beim Währungsumtausch und zur Erzielung eines Gewinns liegt bei der **handelnden Bank** der Einkaufskurs für einen Euro (= Geldkurs) unter dem Verkaufskurs für einen Euro (= Briefkurs).

### 1.1.2.1 Die Euro-Umrechnung

**Beispiel**

Ein Handelsvertreter tauscht für eine Geschäftsreise nach New York am Schalter seiner Hausbank 3.000,00 EUR in USD bar um (Sortengeschäft, Geldkurs [siehe obige Tabelle]: 1,00 EUR ≙ 1,07 USD). Aus den USA bringt er 980,00 USD wieder mit. Am Bankschalter tauscht er diese 980,00 USD wiederum bar in EUR zurück (Sortengeschäft, Briefkurs [siehe obige Tabelle]: 1,00 EUR ≙ 1,14 USD).

a) Wie viel USD erhält er von seiner Hausbank vor seiner Abreise?

b) Wie viel EUR erhält er von seiner Hausbank nach seiner Rückkehr?

**Lösung mit Dreisatz**

a)

$$1{,}00\ \text{EUR} \triangleq 1{,}07\ \text{USD}$$
$$3.000{,}00\ \text{EUR} \triangleq x\ \text{USD}$$
$$x = \frac{1{,}07 \cdot 3.000{,}00}{1{,}00} = \underline{\underline{3.210{,}00\ \text{USD}}}$$

Der Handelsvertreter erhält 3.210,00 USD vor seiner Abreise.

b)

$$1{,}14\ \text{USD} \triangleq 1{,}00\ \text{EUR}$$
$$980{,}00\ \text{USD} \triangleq x\ \text{EUR}$$
$$x = \frac{1{,}00 \cdot 980{,}00}{1{,}14} = \underline{\underline{859{,}65\ \text{EUR}}}$$

Der Handelsvertreter erhält 859,65 EUR nach seiner Rückkehr.

1 Die Wechselkurse unterliegen z. T. erheblichen Schwankungen. Um im Lehrbuch eine gewisse Konstanz zu erreichen, werden hier die Wechselkurse über einen längeren Zeitraum nicht verändert. Entnehmen Sie bitte die aktuellen Wechselkurse den Tageszeitungen oder den Kurszetteln der Banken.

2 *Devisengeschäft:* Zahlungsvorgang erfolgt mit **Buchgeld** (= bargeldlose Zahlung).

3 *Geldkurs:* Ankaufskurs für **1,00 EUR** aus der Sicht der handelnden Bank.

4 *Briefkurs:* Verkaufskurs für **1,00 EUR** aus der Sicht der handelnden Bank.

5 *Sortengeschäft:* Zahlungsvorgang erfolgt am Bankschalter mit **Bargeld.** (Bei den ausländischen Währungen ausschließlich mit Banknoten. Ausländische Münzen werden von den Kreditinstituten wegen des unverhältnismäßig hohen Verwaltungsaufwandes nicht ange- und verkauft.)

*Hinweis für die Lehrerin/den Lehrer:* Die Definition und die Darstellung der Kurse beim Sortengeschäft erfolgt in den Wirtschaftszeitungen und bei den Banken recht unterschiedlich. Zur Vereinfachung werden hier die Kurse beim Sortengeschäft ebenso wie beim Devisengeschäft in Geld- und Briefkurse definiert.

## Aufgaben

1 Unsere ausländischen Kunden überweisen auf unser Bankkonto

a) 249.560,00 ZAR
b) 2.780.400,00 JPY
c) 80.390,00 USD
d) 69.365,00 CHF
e) 137.850,00 CAD
f) 95.752,00 AUD

Wie viel EUR schreibt unsere Bank unserem Konto gut? (Kurse: siehe Tabelle S. 14)

2 Wir tauschen am Bankschalter ausländische Währungen bar in EUR um.

a) 550,00 USD
b) 98.500,00 JPY
c) 2.400,00 CHF
d) 6.300,00 ZAR
e) 1.250,00 CAD
f) 1.500,00 AUD

Wie viel EUR erhalten wir bar ausgezahlt? (Kurse: siehe Tabelle S. 14)

3 Wir tauschen am Bankschalter EUR in ausländische Währungen bar um.

a) 1.200,00 EUR in USD
b) 2.600,00 EUR in JPY
c) 2.800,00 EUR in AUD
d) 500,00 EUR in CHF
e) 2.500,00 EUR in ZAR
f) 1.800,00 EUR in CAD

Wie viele ausländische Währungseinheiten erhalten wir bar ausgezahlt? (Kurse: siehe Tabelle S. 14)

4 Für einen Rohstoff erhalten wir 4 Angebote:

a) aus USA: 22.644,00 USD (Kurs: 1,00 EUR ≙ 1,1069 USD)
b) aus Japan: 2.182.950,00 JPY (Kurs: 1,00 EUR ≙ 110,25 JPY)
c) aus der Schweiz: 30.710,00 CHF (Kurs: 1,00 EUR ≙ 1,4845 CHF)
d) aus Kanada: 27.940,00 CAD (Kurs: 1,00 EUR ≙ 1,4255 CAD)

Welches ist das günstigste Angebot?

5 Wir beziehen Handelswaren aus den USA für 160.250,00 USD. Aufgrund unserer Mängelrüge ermäßigt sich der Preis um 7.600,00 EUR (Kurs: 1,00 EUR ≙ 1,1073 USD).

a) Wie viel USD beträgt der reduzierte Preis?
b) Wie viel EUR beträgt der reduzierte Preis?

6 Wir haben den Listenverkaufspreis eines Fertigerzeugnisses mit 5.480,00 EUR kalkuliert.
Zu welchen Preisen (in ausländischer Währung) müssen wir unser Produkt in

a) USA (Kurs: 1,00 EUR ≙ 1,1064 USD)
b) Dänemark (Kurs: 1,00 EUR ≙ 7,4328 DKK)
c) Kanada (Kurs: 1,00 EUR ≙ 1,4285 CAD)
d) Australien (Kurs: 1,00 EUR ≙ 1,7796 AUD)
e) der Schweiz (Kurs: 1,00 EUR ≙ 1,4725 CHF)
f) Japan (Kurs: 1,00 EUR ≙ 110,45 JPY)

anbieten?

7 Für eine Geschäftsreise in die USA tauscht ein Handelsvertreter am Bankschalter 5.000,00 EUR in USD um. Aus den USA bringt er 450,00 USD wieder mit zurück, die er wiederum bei seiner Bank bar zurücktauscht. (Kurse: siehe Tabelle S. 14)

a) Wie viel USD nimmt er auf seine Geschäftsreise mit?
b) Wie viel EUR erhält er beim Rücktausch?

8 Ein deutscher Möbelhersteller bietet eine komplett ausgestattete Komfortküche für 3.850,00 EUR an. Ein kanadischer Möbelhandelsbetrieb möchte einen Angebotsvergleich durchführen. Welchem Preis in CAD entspricht dieses deutsche Angebot?
(Kurs: 1,00 EUR ≙ 1,4315 CAD)

9 Die Niedersächsischen Automobilwerke (NAW) verkaufen den in Hannover hergestellten Pkw „Mouse" weltweit für 33.500,00 EUR (ohne Umsatzsteuer).
Dieser Preis beinhaltet einen Gewinn von 1.100,00 EUR pro Auto. →

a) Bei der Absatzplanung für den USA-Markt geht NAW von einem Kurs 1,00 EUR ≙ 0,98 USD[1] aus.
Wie viel USD kostet bei diesem Kurs der „Mouse“ in den USA (geplanter Preis)?

b) Es kommt zu einem unerwarteten Kursanstieg des Euro.
Der aktuelle Kurs beträgt 1,00 EUR ≙ 1,2704 USD[1].
Wie viel USD kostet bei diesem Kurs der „Mouse“ in den USA (tatsächlicher Preis)?

c) Bei NAW wird erwogen, einen Teil der Produktion des „Mouse“ vom Werk in Hannover in das NAW-Werk in New York zu verlagern und den USA-Markt mit den in New York hergestellten Autos zu bedienen. Die Selbstkosten für einen in New York hergestellten „Mouse“ würden sich auf 32.000,00 USD belaufen.
Zu wie viel USD könnte der „Mouse“ in den USA nun angeboten werden, wenn der Stückgewinn von 1.100,00 EUR realisiert werden soll? (Kurs: 1,00 EUR ≙ 1,2704 USD)

d) Wie hoch wäre der Preisvorteil auf dem USA-Markt bei Produktion des „Mouse“ in New York gegenüber der Produktion in Hannover
1. in USD? 2. in EUR? (Kurs: 1,00 EUR ≙ 1,2704 USD)

e) Das Management von NAW rechnet damit, dass bei Belieferung des USA-Marktes durch das New Yorker Werk aufgrund des niedrigeren Verkaufspreises 40 000 „Mouse“ im Betrachtungsjahr in den USA mehr verkauft werden könnten.
Wie viel EUR Ergebnisverbesserung würde in diesem Fall die Produktionsverlagerung von Hannover nach New York bringen?

### 1.1.2.2 Die Errechnung des Wechselkurses

**Beispiel** Die Hannoversche Volksbank zahlt für 5.500,00 EUR 6.088,00 USD aus.
Errechnen Sie den Umtauschkurs.

**Lösung mit Dreisatz**

5.500,00 EUR ≙ 6.088,00 USD
1,00 EUR ≙ x USD

$$x = \frac{6.088{,}00 \cdot 1{,}00}{5.500{,}00} = \underline{\underline{1{,}1069\ \text{USD}}}$$

Der Umtauschkurs beträgt:
1,00 EUR ≙ 1,1069 USD.

**Aufgaben**

1 Errechnen Sie den Briefkurs einer Hamburger Bank.

a) Für 82.560,00 CAD werden ausgezahlt 57.673,77 EUR.
b) Für 53.470,00 DKK werden ausgezahlt 7.174,77 EUR.
c) Für 15.006,00 USD werden ausgezahlt 13.538,80 EUR.
d) Für 18.540,00 CHF werden ausgezahlt 12.588,27 EUR.
e) Für 190.800,00 ZAR werden ausgezahlt 22.231,28 EUR.

2 Errechnen Sie den Geldkurs einer Kölner Bank.

a) Für 5.700,00 EUR werden ausgezahlt 6.288,00 USD.
b) Für 18.900,00 EUR werden ausgezahlt 26.936,00 CAD.
c) Für 22.400,00 EUR werden ausgezahlt 166.114,00 DKK.
d) Für 9.500,00 EUR werden ausgezahlt 5.914,00 GBP.
e) Für 15.600,00 EUR werden ausgezahlt 22.857,00 CHF.

1 Der Dollarkurs unterlag in der Vergangenheit extremen Schwankungen (z. B.: Stand am 26. Okt. 2000: 1,00 EUR ≙ 0,8252 USD, Stand am 15. Juli 2008: 1,00 EUR ≙ 1,6037 USD). Der hier dargestellte Fall liegt im Zeitraum 2002 bis 2004.



635016

3 Unser Reisender tauschte vor Antritt seiner Geschäftsreise nach Kopenhagen bei unserer Hausbank in Hannover 2.500,00 EUR in DKK um. Er erhielt 18.050,00 DKK. Nach seiner Rückkehr aus Kopenhagen wechselte er seinen Restbestand an dänischen Kronen in Höhe von 980,00 DKK in EUR ein. Unsere Hausbank zahlte 124,84 EUR aus.

a) Errechnen Sie den Geldkurs.

b) Errechnen Sie den Briefkurs.

### 1.1.2.3 Die Umrechnung einer Fremdwährung auf eine andere Fremdwährung

**Beispiel**

Wir wollen am Bankschalter unserer Hausbank 9.500,00 DKK in USD wechseln. Wie viel USD zahlt unsere Hausbank aus?

Briefkurs (Sortengeschäft): 1,00 EUR ≙ 7,79 DKK
Geldkurs (Sortengeschäft): 1,00 EUR ≙ 1,07 USD

**Lösung mit Dreisatz**

Zunächst werden die 9.500,00 DKK zum **Briefkurs** des Sortengeschäftes in EUR umgerechnet:

7,79 DKK ≙ 1,00 EUR
9.500,00 DKK ≙ x EUR

$$x = \frac{1{,}00 \cdot 9.500{,}00}{7{,}79} = \underline{\underline{1.219{,}51\ \text{EUR}}}$$

Nun werden die 1.219,51 EUR zum **Geldkurs** des Sortengeschäftes in USD umgerechnet:

1,00 EUR ≙ 1,07 USD
1.219,51 EUR ≙ x USD

$$x = \frac{1{,}07 \cdot 1.219{,}51}{1{,}00} = \underline{\underline{1.304{,}88\ \text{USD}}}$$

Für 9.500,00 DKK erhalten wir von unserer Hausbank 1.304,88 USD.
(*Hinweis*: Da die Bank keine USD in Münzen vorrätig hat, zahlt sie die 0,88 USD in EUR aus.)

**Aufgaben**

1 Ein Schweizer tauscht am Bankschalter einer Hamburger Bank 2.000,00 CHF in USD um. Wie viel USD erhält er? (Kurse: siehe Tabelle S. 14)

2 Bei unserer Bank sollen ausländische Währungen in andere Fremdwährungen umgetauscht werden. Errechnen Sie den Auszahlungsbetrag. (Kurse: siehe Tabelle S. 14)

| an die Bank verkaufte Sorten | gewünschte Währung |
|---|---|
| a) 1.800,00 CHF | JPY |
| b) 1.500,00 USD | DKK |
| c) 1.200,00 GBP | USD |
| d) 14.000,00 ZAR | CHF |
| e) 12.000,00 DKK | CAD |

### 1.1.3 Die Verteilungsrechnung

Bei der Verteilungsrechnung wird eine Verteilungsmenge nach einem vorgegebenen Verteilungsschlüssel zerlegt.

Beispiel

**Aufgabentyp 1**

An einer GmbH sind die Gesellschafter A mit 60.000,00 €, B mit 150.000,00 € und C mit 90.000,00 € beteiligt. Der Gewinn von 100.000,00 € soll entsprechend der gesetzlichen Vorschrift nach dem Verhältnis der Stammeinlagen verteilt werden.

Lösung

❶

| | Verteilungsbasis Stammeinlagen | Teile | Gewinnanteile |
|---|---|---|---|
| A | 60.000,00 € ❷ | 2 ❸ | 20.000,00 € ❻ |
| B | 150.000,00 € | 5 | 50.000,00 € |
| C | 90.000,00 € | 3 | 30.000,00 € |

❹ 10 T. ≙ 100.000,00 € ❼
❺ 1 T. ≙ 10.000,00 €

Lösungsweg

❶ Es ist eine Aufstellung nach dem obigen Muster zu erstellen.
❷ Die Verteilungsbasis (hier: Stammeinlagen) wird erfasst.
❸ Durch Kürzen (hier: durch 30.000,00 € teilen) werden die Teile (Verhältniszahlen) ermittelt.
❹ Die Summe der Teile (hier: 10) wird errechnet. Sie entspricht der Verteilungsmenge (hier: 100.000,00 €).
❺ Der Wert für 1 Teil (hier: 10.000,00 €) wird durch Division ermittelt.
❻ Die Werte für die Teile (Verhältniszahlen) werden durch Multiplikation errechnet. Die ermittelten Teilmengen (hier: Gewinnanteile) sind das Ergebnis der Aufgabe.
❼ Probe: Die Summe der Teilmengen (hier: Gewinnanteile) muss die Verteilungsmenge (hier: Gesamtgewinn) ergeben.

Beispiel

**Aufgabentyp 2**

Bei einem Unternehmen erhält A $4/9$ des Gewinns und B $1/5$ des Gewinns. C erhält den Rest. Es wird ein Gewinn von 180.000,00 € erzielt. Wie hoch sind die Gewinnanteile der einzelnen Gesellschafter?

Lösung

❶

| | Verteilungsbasis | Erweiterung | Teile | Gewinnanteile |
|---|---|---|---|---|
| A | $4/9$ ❷ | $20/45$ ❸ | 20 ❹ | 80.000,00 € ❼ |
| B | $1/5$ | $9/45$ | 9 | 36.000,00 € |
| C | Rest | $16/45$ | 16 | 64.000,00 € |

$45/45$ ❺ 45 T. ≙ 180.000,00 € ❽
❻ 1 T. ≙ 4.000,00 €

**Lösungsweg**

1. Es ist eine Aufstellung nach dem obigen Muster zu erstellen.
2. Die Verteilungsbasis wird erfasst.
3. Die Brüche werden gleichnamig gemacht. Der Rest wird ermittelt.
4. Die Teile (Verhältniszahlen) werden durch ganze Zahlen ausgedrückt.
5. Die Summe der Teile (hier: 45) wird der Verteilungsmenge (hier: 180.000,00 €) gleichgesetzt.
6. Der Wert für 1 Teil (hier: 4.000,00 €) wird durch Division ermittelt.
7. Die Werte für die Teile werden durch Multiplikation errechnet. Die ermittelten Teilmengen (hier: Gewinnanteile) sind das Ergebnis der Aufgabe.
8. Probe: Die Summe der Teilmengen (hier: Gewinnanteile) muss die Verteilungsmenge (hier: Gesamtgewinn) ergeben.

**Beispiel**

**Aufgabentyp 3**

In einem Unternehmen wird ein Gewinn von 190.000,00 € erzielt. A soll vom Gewinn doppelt so viel erhalten wie B plus 10.000,00 €. C soll das Dreifache von B erhalten minus 30.000,00 €. Wie hoch ist der Gewinnanteil eines jeden Gesellschafters?

**Lösung**

❶

| | | Verteilungsbasis | | Gewinnanteile | |
|---|---|---|---|---|---|
| A | ❷ | 2 Teile + 10.000,00 € | = | 80.000,00 € | ❺ |
| B | | 1 Teil | = | 35.000,00 € | |
| C | | 3 Teile – 30.000,00 € | = | 75.000,00 € | |
| | ❸ | 6 Teile – 20.000,00 € | = | 190.000,00 € | ❻ |
| | | 6 Teile | = | 210.000,00 € | ❹ |
| | | 1 Teil | = | 35.000,00 € | |

**Lösungsweg**

1. Es ist eine Aufstellung nach dem obigen Muster zu erstellen.
2. Die Verteilungsbasis ergibt sich aus Gleichungen, die zu formulieren sind. Die rechten Seiten der Gleichungen (= Lösungen) bleiben offen.
3. Die Gleichungen werden addiert. Die daraus resultierende Gleichung wird der Verteilungsmenge (hier: Gesamtgewinn) gleichgesetzt.
4. Die Gleichung wird nach einem Teil aufgelöst.
5. Die Teilmengen (hier: Gewinnanteile) werden errechnet.
6. Probe: Die Summe der Teilmengen (hier: Gewinnanteile) muss die Verteilungsmenge (hier: Gesamtgewinn) ergeben.

## Aufgaben

1 An einer GmbH sind die Gesellschafter A mit 70.000,00 €, B mit 100.000,00 €, C mit 110.000,00 € und D mit 90.000,00 € beteiligt. Es wird ein Gewinn von 180.000,00 € erzielt. Dieser soll gemäß der gesetzlichen Regelung nach Stammeinlagen verteilt werden. Wie viel € Gewinnanteil erhält jeder Gesellschafter?

2 In einem Industriebetrieb fallen halbjährlich Raumkosten in Höhe von 58.536,00 € an. In der Kostenstellenrechnung werden die Raumkosten nach $m^2$ auf die Abteilungen umgelegt. Wie viel € Raumkosten entfallen auf die Abteilungen A, B und C?

| | a) | b) | c) |
|---|---|---|---|
| Abteilung A | 820 $m^2$ | 660 $m^2$ | 840 $m^2$ |
| Abteilung B | 730 $m^2$ | 780 $m^2$ | 480 $m^2$ |
| Abteilung C | 580 $m^2$ | 420 $m^2$ | 560 $m^2$ |

3 Im Gesellschaftsvertrag einer Gesellschaft bürgerlichen Rechts ist festgelegt, dass der Gewinn nach der Höhe der Einlagen verteilt wird. A hat $\frac{1}{4}$, B $\frac{2}{5}$ und C das Restkapital eingezahlt. Es wird ein Gewinn von 120.836,00 € erzielt. Wie viel € erhält jeder?

Excel

4 Die Vödisch OHG erzielt einen Jahresgewinn von 280.000,00 €. Der Gewinn wird nach der gesetzlichen Regelung verteilt: Zunächst erhält jeder Gesellschafter seine Einlage mit 4 % verzinst. Der Restgewinn wird nach Köpfen verteilt. Wie hoch ist der Gewinnanteil der Gesellschafter Vödisch, Hampe und Gebert?

| | Kapitaleinlagen | | |
|---|---|---|---|
| | a) | b) | c) |
| Vödisch | 60.000,00 € | 84.000,00 € | 88.000,00 € |
| Hampe | 110.000,00 € | 63.000,00 € | 72.000,00 € |
| Gebert | 80.000,00 € | 91.000,00 € | 56.000,00 € |

5 Ein Industriebetrieb bezieht in einer Sendung die folgenden Rohstoffe:
Rohstoff A: 50 kg zu 90,00 € je kg
Rohstoff B: 180 kg zu 150,00 € je kg
Rohstoff C: 320 kg zu 180,00 € je kg
Die Gewichtsspesen belaufen sich auf 280,00 € für die Fracht und 120,00 € für das Rollgeld.
An Wertspesen sind zu zahlen 220,00 € für die Transportversicherung und 150,00 € an Provision.
Schlüsseln Sie die Gewichtsspesen nach dem Gewicht und die Wertspesen nach dem Wert auf die einzelnen Rohstoffe auf.
Wie viel € entfallen insgesamt auf die Rohstoffe A, B und C?

6 In einem Handwerksbetrieb gibt es die Kostenstellen „Lager“, „Werkstatt“ und „Verwaltung“. Verteilen Sie die nachfolgend aufgeführten buchungsmäßig erfassten Kosten nach dem jeweils vorgegebenen Verteilungsschlüssel auf die Kostenstellen.

| Kostenart | Buchungsbetrag (€) | Verteilungsschlüssel | Lager | Werkstatt | Verwaltung |
|---|---|---|---|---|---|
| Personalkosten | 65.418,00 | 3 : 7 : 2 | ? | ? | ? |
| Steuern, Beiträge, Versicherungen | 4.352,00 | 1 : 3 : 2 | ? | ? | ? |
| Raumkosten | 26.769,00 | 4 : 5 : 3 | ? | ? | ? |
| Abschreibungen | 54.573,00 | 2 : 5 : 1 | ? | ? | ? |

7 Eine Erbschaft soll unter einer Erbengemeinschaft so aufgeteilt werden, dass A das Doppelte von B plus 20.000,00 € und C die Hälfte von B minus 10.000,00 € erhält. Wie viel € erhalten A, B und C bei folgenden Erbschaften?
a) 420.000,00 €
b) 560.000,00 €
c) 350.000,00 €

8 In einem Industriebetrieb sind die angefallenen Elektrizitätskosten von 21.620,50 € auf die Kostenstellen zu verteilen.
Der Elektrizitätsverbrauch der einzelnen Kostenstellen beträgt:
Einkauf: 28 906 kWh Lager: 79 513 kWh
Verwaltung: 56 789 kWh Vertrieb: 31 342 kWh

9 Bei einer Sammelwerbeaktion sind Kosten in Höhe von 122.583,00 € angefallen. Unternehmen A hat $\frac{1}{6}$, Unternehmen B $\frac{2}{7}$, Unternehmen C $\frac{1}{3}$ und Unternehmen D den Rest zu tragen. Wie hoch sind die Werbekosten für die einzelnen Unternehmen?

10 In eine GmbH haben A $\frac{2}{5}$ und B $\frac{1}{3}$ des Kapitals eingebracht. C hält eine Stammeinlage von 36.000,00 €.
a) Wie hoch sind die Stammeinlagen von A und B?
b) Der Gewinn wird entsprechend der gesetzlichen Vorschrift nach dem Verhältnis der Stammeinlagen verteilt. Wie hoch ist der Gewinnanteil von A, B und C, wenn folgende Gewinne erzielt werden?
1. 60.000,00 € 2. 75.000,00 € 3. 48.000,00 €

11 4 Angestellte beziehen gemeinsam von einer Winzergenossenschaft 129,5 l Frankenwein für 802,90 €. B erhält das 1,5-Fache von A, C erhält 5 l mehr als A und D erhält 6 l weniger als A.
a) Wie viel Liter Wein erhält jeder?
b) Wie viel € hat jeder zu zahlen?

12 Ein Unternehmen hat das Insolvenzverfahren beantragt. Die verteilbare Restmasse beträgt 63.853,00 €. Es bestehen noch folgende Lieferantenforderungen:
A: 120.863,00 €, B: 273.728,00 €, C: 341.579,00 € und D: 297.318,00 €.
Wie viel € erhält jeder?

13 Ein Werbeetat soll auf Fernsehspots, Zeitungsanzeigen und Werbebriefe aufgeteilt werden. Für Fernsehspots werden 770.000,00 € ausgegeben. 25 % des Werbeetats sollen für Zeitungsanzeigen und 5 % des Werbeetats für Werbebriefe eingesetzt werden. Wie hoch ist der Werbeetat? Wie viel € stehen für Zeitungsanzeigen und Werbebriefe zur Verfügung?

14 Verteilen Sie:

| Verteilungsmenge | | Verteilungsgrundlage | | | |
|---|---|---|---|---|---|
| | | A | B | C | D |
| a) | 80.000,00 € | $\frac{1}{4}$ | $\frac{2}{5}$ | Rest | $\frac{1}{8}$ |
| b) | 150.000,00 € | 10 % | 25 % | $\frac{1}{5}$ | Rest |
| c) | ? | $\frac{1}{3}$ | $\frac{1}{4}$ | 5.000,00 € | $\frac{1}{5}$ |
| d) | 90.000,00 € | 102 | 156 | 228 | 174 |
| e) | ? | 36 kg | $\frac{1}{7}$ | $\frac{1}{5}$ | $\frac{10}{35}$ |
| f) | ? | 20 % | 900,00 € | $\frac{1}{4}$ | $\frac{2}{7}$ |

15 160.000,00 € sind zu verteilen. B erhält das Dreifache von A. C bekommt 10.000,00 € weniger als A. Wie viel € erhält jeder?

16 A erhält die Hälfte von B. C bekommt doppelt so viel wie A und B zusammen und zusätzlich 5.000,00 €. Wie viel € entfallen auf A, B und C, wenn 90.000,00 € zu verteilen sind?

17 Ein Kaufmann hinterlässt seinen Kindern (1 Sohn, 2 Töchter) 200.000,00 €. Die Töchter sollen doppelt so viel erhalten wie der Sohn, da diesem bereits die Ausbildung finanziert wurde. Wie viel € bekommt jeder?

18 An einer KG ist A als Vollhafter mit 162.000,00 €, B als Teilhafter mit 65.000,00 € und C als Teilhafter mit 40.000,00 € beteiligt. Vom Gewinn erhält zunächst jeder Gesellschafter seine Einlage mit 4 % verzinst. Der Restgewinn wird im Verhältnis 4 : 2 : 1 (A : B : C) verteilt. Es wird ein Gewinn von 220.000,00 € erzielt. Berechnen Sie die Gewinnanteile der 3 Gesellschafter.

19 A erhält 5.000,00 €, B $\frac{1}{3}$ und C $\frac{1}{4}$.
a) Wie viel € sind zu verteilen? b) Wie viel € bekommt jeder?

20 Excel In einem 4-Parteien-Haus sind folgende Nebenkosten angefallen:

| | |
|---|---|
| Wasser, Abwasser, Strom: | 2.851,30 € |
| Fernheizung: | 2.611,70 € |
| Instandhaltung: | 1.174,82 € |

Diese Nebenkosten sind auf die Eigentumswohnungen A (36 Personenmonate, 90 m²), B (60 Personenmonate, 125 m²), C (24 Personenmonate, 70 m²) und D (48 Personenmonate, 110 m²) aufzuschlüsseln. Die angefallenen Kosten für Wasser, Abwasser und Strom werden nach Personenmonaten, die Fernheizungskosten nach m² und die Instandhaltungsaufwendungen im Verhältnis der ideellen Miteigentumsanteile 2 286/10 000 : 3 429/10 000 : 1 714/10 000 : 2 571/10 000 (A : B : C : D) umgelegt. Wie hoch sind die Nebenkosten für die einzelnen Parteien?

21 An einem Unternehmen sind die Gesellschafter A mit 120.000,00 €, B mit 90.000,00 € und C mit 110.000,00 € beteiligt. Es wird ein Gewinn von 196.580,00 € erzielt.
B erhält für seine Geschäftsführungstätigkeit vorab 90.000,00 €. Die Gesellschafter erhalten ihre Kapitaleinlagen mit 9 % verzinst. Der Restgewinn wird im Verhältnis 5 : 7 : 3 (A : B : C) verteilt.
a) Erstellen Sie eine tabellarische Übersicht zur Lösung der Aufgabe.
b) Ermitteln Sie die Gewinnanteile, die insgesamt auf die Gesellschafter A, B und C entfallen.

## 1.1.4 Die Durchschnittsrechnung

### 1.1.4.1 Der einfache Durchschnitt

**Beispiel**

Ein Unternehmen erzielt im 1. Quartal folgende Monatsumsätze:

| | |
|---|---|
| Januar: | 228.500,00 € |
| Februar: | 279.682,00 € |
| März: | 297.493,00 € |

Wie hoch ist der durchschnittliche Monatsumsatz?

**Lösung**

$$\varnothing \text{ Monatsumsatz} = \frac{228.500,00 + 279.682,00 + 297.493,00}{3} = \underline{\underline{268.558,33\ €}}$$

Es gilt die Formel:

$$\textbf{Einfacher Durchschnitt} = \frac{\text{Summe der einzelnen Werte}}{\text{Anzahl der Positionen}}$$


635022

## Aufgaben

1 Ein Unternehmen hat folgende Lagerbestände ermittelt:
(AB = Anfangsbestand, SB = Schlussbestand)

| | | | | | |
|---|---|---|---|---|---|
| Jan. | AB: | 298.493,00 € | Juli | SB: | 278.354,00 € |
| | SB: | 322.598,00 € | Aug. | SB: | 243.519,00 € |
| Febr. | SB: | 334.479,00 € | Sept. | SB: | 318.448,00 € |
| März | SB: | 253.998,00 € | Okt. | SB: | 345.597,00 € |
| April | SB: | 318.477,00 € | Nov. | SB: | 367.761,00 € |
| Mai | SB: | 358.314,00 € | Dez. | SB: | 305.433,00 € |
| Juni | SB: | 301.554,00 € | | | |

Errechnen Sie den durchschnittlichen Lagerbestand.

2 Ein Unternehmen verzeichnete in den letzten 4 Jahren folgende Gewinnentwicklung:

| | a) | b) |
|---|---|---|
| Jahr 1 | 183.560,00 € | 901.452,00 € |
| Jahr 2 | 289.432,00 € | 364.283,00 € |
| Jahr 3 | 492.385,00 € | 103.410,00 € |
| Jahr 4 | 254.591,00 € | 387.493,00 € |

Errechnen Sie den Durchschnittsgewinn.

3 Ein Reisender fährt im Firmenwagen folgende Tagesstrecken:

| | a) | b) |
|---|---|---|
| Montag | 512 km | 620 km |
| Dienstag | 198 km | 214 km |
| Mittwoch | 682 km | 435 km |
| Donnerstag | 235 km | 339 km |
| Freitag | 342 km | 402 km |

Errechnen Sie die durchschnittlich gefahrenen Kilometer pro Tag.

4 Ein Unternehmen erreicht folgende Monatsumsätze:

| | | | |
|---|---|---|---|
| Jan.: | 486.510,00 € | Juli: | 476.932,00 € |
| Febr.: | 532.419,00 € | Aug.: | 512.462,00 € |
| März: | 318.693,00 € | Sept.: | 479.698,00 € |
| April: | 289.475,00 € | Okt.: | 399.921,00 € |
| Mai: | 356.413,00 € | Nov.: | 352.469,00 € |
| Juni: | 433.976,00 € | Dez.: | 483.596,00 € |

Errechnen Sie:
a) den durchschnittlichen Monatsumsatz,
b) den durchschnittlichen Tagesumsatz (bei 247 Arbeitstagen im Jahr),
c) bei 32 Mitarbeitern
   1. den durchschnittlichen Jahresumsatz pro Mitarbeiter,
   2. den durchschnittlichen Monatsumsatz pro Mitarbeiter,
   3. den durchschnittlichen Tagesumsatz pro Mitarbeiter.

5 Ein Industriebetrieb verzeichnet in seinen Werken in Berlin, Hannover und Regensburg folgende Kapazitätsauslastung:

| | Jan. | Febr. | März | April | Mai | Juni | Juli | Aug. | Sept. | Okt. | Nov. | Dez. |
|---|---|---|---|---|---|---|---|---|---|---|---|---|
| Berlin | 77 % | 82 % | 84 % | 79 % | 76 % | 74 % | 67 % | 69 % | 78 % | 84 % | 83 % | 76 % |
| Hannover | 86 % | 84 % | 82 % | 88 % | 91 % | 85 % | 79 % | 76 % | 82 % | 85 % | 87 % | 80 % |
| Regensburg | 67 % | 63 % | 70 % | 72 % | 76 % | 69 % | 63 % | 61 % | 68 % | 73 % | 79 % | 71 % |

Errechnen Sie:

a) die durchschnittliche monatliche Kapazitätsauslastung pro Werk,

b) die durchschnittliche monatliche Kapazitätsauslastung des Industriebetriebes insgesamt.

6 Unser Handelsvertreter hat im abgelaufenen Jahr für unser Unternehmen folgende Monatsumsätze getätigt:

| | | | |
|---|---|---|---|
| Jan.: | 92.485,00 € | Juli: | 69.231,00 € |
| Febr.: | 87.596,00 € | Aug.: | 65.731,00 € |
| März: | 78.968,00 € | Sept.: | 77.482,00 € |
| April: | 95.763,00 € | Okt.: | 81.593,00 € |
| Mai: | 104.573,00 € | Nov.: | 94.674,00 € |
| Juni: | 88.498,00 € | Dez.: | 88.293,00 € |

Wir zahlen an ihn 12 % Umsatzprovision.

a) Wie hoch ist sein durchschnittlich erzielter Monatsumsatz?

b) Wie hoch ist seine durchschnittliche Monatsprovision?

### 1.1.4.2 Der gewogene Durchschnitt

**Beispiel**

In der vergangenen Rechnungsperiode wurden die folgenden Aufträge ausgeführt:
138 Aufträge à 2.432,00 €, 152 Aufträge à 4.490,00 €,
284 Aufträge à 5.293,00 €, 214 Aufträge à 3.873,00 €.
Auf welchen Betrag beläuft sich der Durchschnittsauftrag?

**Lösung**

| Anzahl der Aufträge | · | Preis je Auftrag | = | Gesamtpreis |
|---|---|---|---|---|
| 138 | · | 2.432,00 € | = | 335.616,00 € |
| 284 | · | 5.293,00 € | = | 1.503.212,00 € |
| 152 | · | 4.490,00 € | = | 682.480,00 € |
| 214 | · | 3.873,00 € | = | 828.822,00 € |

❶ (Gesamtpreise)

❷ 788 Aufträge erbringen 3.350.130,00 €

❸ 1 Auftrag erbringt $\frac{3.350.130,00}{788} = \underline{\underline{4.251,43\ €}}$

**Lösungsweg**

❶ Ermittlung der Gesamtpreise.

❷ Ermittlung der Summe der Aufträge und der Summe der Gesamtpreise.

❸ Ermittlung des wertmäßigen Durchschnittsauftrages.

Es gilt die Formel:

$$\textbf{Gewogener Durchschnitt} = \frac{\text{Summe der Gesamtpreise}}{\text{Summe der Mengen}}$$

$$= \frac{(\text{Menge 1} \cdot \text{Preis 1}) + (\text{Menge 2} \cdot \text{Preis 2}) + \ldots + (\text{Menge n} \cdot \text{Preis n})}{\text{Menge 1} + \text{Menge 2} + \ldots + \text{Menge n}}$$

## Aufgaben

1 Bei einer Klassenarbeit einer Berufsschulklasse im Fach Rechnungswesen ergibt sich folgender Klassenspiegel:

| Note | 1 | 2 | 3 | 4 | 5 | 6 |
|---|---|---|---|---|---|---|
| Anzahl der Schüler | 2 | 6 | 9 | 4 | 2 | 1 |

Errechnen Sie die Durchschnittsnote.

2 Ein Unternehmen zahlt folgende Nettogehälter an seine Angestellten:

8 Angestellte erhalten 1.425,00 €
4 Angestellte erhalten 1.640,00 €
19 Angestellte erhalten 1.970,00 €
5 Angestellte erhalten 2.230,00 €
3 Angestellte erhalten 2.660,00 €

Errechnen Sie das Durchschnittsnettogehalt.

3 Ein Unternehmen hat seine Buchführung einem Servicerechenzentrum übertragen (Buchführung außer Haus). Die Preise pro Buchung sind gestaffelt:

bis 12 000 monatliche Buchungen: 0,08 € pro Buchung
bis 18 000 monatliche Buchungen: 0,07 € pro Buchung
bis 24 000 monatliche Buchungen: 0,06 € pro Buchung
über 24 000 monatliche Buchungen: 0,05 € pro Buchung

Im ersten Halbjahr ist folgende Anzahl an Buchungen angefallen:
Jan.: 9 060, Febr.: 16 869, März: 24 983, April: 17 495, Mai: 22 671, Juni: 19 498.
Errechnen Sie den Durchschnittspreis pro Buchung.

4 Eine Wohnungsbaugenossenschaft erzielt folgende Mieterträge:

52 Wohnungen erbringen monatlich je 390,00 €.
186 Wohnungen erbringen monatlich je 420,00 €.
243 Wohnungen erbringen monatlich je 450,00 €.
68 Wohnungen erbringen monatlich je 490,00 €.

Errechnen Sie den durchschnittlichen monatlichen Mietertrag.

5 Eine Kaffeerösterei mischt
386 kg Rohkaffee der Sorte I zu 8,10 € pro kg,
295 kg Rohkaffee der Sorte II zu 8,65 € pro kg,
243 kg Rohkaffee der Sorte III zu 9,25 € pro kg.

Errechnen Sie die Kosten für 250 g der Rohkaffeemischung.

6 Ein Schuhhersteller hat den Damenschuh „Elegant“ mit folgenden Gewinnen verkauft:
237 Paar an Einzelhändler:
- davon 146 Paar zu Beginn der Saison mit einem Gewinn von 17,00 € pro Paar,
- davon 91 Paar am Ende der Saison zum Selbstkostenpreis (ohne Gewinn).

185 Paar an Großhändler:
- davon 139 Paar zu Beginn der Saison mit einem Gewinn von 12,50 € pro Paar,
- davon 46 Paar am Ende der Saison mit einem Verlust von 3,00 € pro Paar.

Errechnen Sie den Durchschnittsgewinn pro Paar.

7 In der folgenden Aufstellung sind der Lageranfangsbestand und die Lagerzugänge für eine Ware verzeichnet. Errechnen Sie auf der Grundlage der „gewogenen Durchschnittsrechnung“ den wertmäßigen Lagerschlussbestand für 1 200 Stück. (Ein derartiges Bewertungsverfahren wird als „jährliche Durchschnittswertermittlung“ bezeichnet.)

| | Menge | Anschaffungsstückkosten |
|---|---|---|
| Anfangsbestand 1. Jan. | 1 500 | 10,00 € |
| Zugang 15. März | 800 | 8,00 € |
| Zugang 8. Aug. | 700 | 9,00 € |
| Zugang 12. Okt. | 1 000 | 11,00 € |
| Zugang 20. Dez. | 500 | 7,00 € |

## 1.1.5 Die Prozentrechnung

Prozent (%) bedeutet „vom Hundert“. Mit der Prozentrechnung werden ungleiche Zahlenwerte in ein Verhältnis zu 100 gebracht und auf diese Weise vergleichbar gemacht.

Bei der Prozentrechnung wird mit drei Größen gerechnet:
1. Der **Grundwert** ist ein Zahlenwert, der 100 % entspricht (**= Gesamtwert).**
2. Der **Prozentwert** ist ein Zahlenwert, der einen Teil oder ein Vielfaches des Grundwertes ausmacht (**= Teil bzw. Vielfaches vom Gesamtwert).**
3. Der **Prozentsatz** drückt den Prozentwert in Prozent (%) aus **(= Hundertsatz[1] vom Gesamtwert).**

**Beispiel**

| 4 % | von 500,00 € | = 20,00 € |
|---|---|---|
| ↓ | ↓ | ↓ |
| Prozentsatz (p) = Hundertsatz[1] vom Gesamtwert | Grundwert (g) = Gesamtwert, der 100 % entspricht | Prozentwert (w) = Teil bzw. Vielfaches vom Gesamtwert |

Bei kleinen Prozentsätzen (z. B. 0,4 %) ist es günstiger, als Vergleichsbasis die Zahl 1 000 heranzuziehen. Man spricht von der **Promillerechnung.** Promille (‰) bedeutet „vom Tausend“.

1 in Verbindung mit dem Prozentzeichen (%)

**Beispiel** 4 ‰ von 500,00 € = 2,00 €

↓ Promillesatz — ↓ Grundwert — ↓ Promillewert

Es geht bei der Prozentrechnung/Promillerechnung stets darum, eine der drei Größen zu errechnen. Zwei Größen sind immer vorgegeben.

### 1.1.5.1 Die Berechnung des Prozentwertes

#### Einfache Prozentsätze

**Beispiel** Eine Rechnung lautet über 6.600,00 €. Es werden 2 % Skonto gewährt. Wie viel € beträgt der Skontonachlass?

**1. Lösung mit Dreisatz**

100 % ≙ 6.600,00 €
2 % ≙ x €

$$x = \frac{6.600,00 \cdot 2}{100} = \underline{\underline{132,00\ €}}$$

**2. Lösung mit Formel**

Aus der Dreisatzlösung ergibt sich folgende Formel für den Prozentwert:

$$\textbf{Prozentwert} = \frac{\text{Grundwert} \cdot \text{Prozentsatz}}{100}$$

$$w = \frac{g \cdot p}{100}$$

**3. Lösung mit Multiplikator**

Die obige Formel lässt sich auch folgendermaßen schreiben: $w = g \cdot \frac{p}{100}$

Um den Prozentwert zu erhalten, ist der Grundwert mit dem Multiplikator $\frac{p}{100}$ zu multiplizieren.

$w = 6.600,00 \cdot 0,02 = \underline{\underline{132,00\ €}}$

**Aufgaben**

1 Berechnen Sie schriftlich:

| | | | | | | | |
|---|---|---|---|---|---|---|---|
| a) | 9 % | von | 8.972,38 € | e) | 0,7 ‰ | von | 22.985,37 € |
| b) | 13,7 % | von | 275,73 € | f) | 8,91 ‰ | von | 983,12 € |
| c) | 1,35 ‰ | von | 11.293,77 € | g) | 7,77 ‰ | von | 777,77 € |
| d) | 225 % | von | 96,68 € | h) | 1,2 ‰ | von | 10.290,34 € |

2 Berechnen Sie bei einem Lohntarifabschluss von 4,3 % die neue Lohnsumme.
alte Lohnsumme: a) 385.297,00 €, b) 237.120,38 €, c) 418.512,30 €.

3 Berechnen Sie die Tara und das Nettogewicht (Genauigkeit: 3 Stellen nach dem Komma).
Bruttogewicht: 98,5 kg. Tara in % vom Bruttogewicht: a) 3 %, b) 4 %, c) 2,7 %.

4 Berechnen Sie die Versicherungsbeiträge bei einem Prämiensatz von 1,25 ‰.
Versicherungswert: a) 54.512,00 €, b) 38.913,75 €, c) 9.924,12 €.

## Bequeme Prozentsätze

Ist der Prozentsatz ein bequemer Teiler von 100, so liegt ein **bequemer Prozentsatz** vor. Zur Ermittlung des Prozentwertes braucht der Grundwert nur durch den bequemen Teiler dividiert zu werden.

**Beispiel** Es sind 4 $\frac{1}{6}$ % von 240 zu errechnen.

100 % ≙ 240
4 $\frac{1}{6}$ % ≙ x

$x = \frac{240 \cdot 4\frac{1}{6}}{100}$ Es wird durch 4 $\frac{1}{6}$ gekürzt: $x = \frac{240}{24} = 10$

**Aufgaben**

1 Die folgende Übersicht enthält die bequemen Prozentsätze. Ergänzen Sie:

| | | | | | |
|---|---|---|---|---|---|
| 75 % | = $\frac{3}{4}$ | vom Grundwert | 6 $\frac{2}{3}$ % | = ? | vom Grundwert |
| 66 $\frac{2}{3}$ % | = $\frac{2}{3}$ | vom Grundwert | 6 $\frac{1}{4}$ % | = ? | vom Grundwert |
| 50 % | = $\frac{1}{2}$ | vom Grundwert | 5 % | = ? | vom Grundwert |
| 33 $\frac{1}{3}$ % | = ? | vom Grundwert | 4 $\frac{1}{6}$ % | = ? | vom Grundwert |
| 25 % | = ? | vom Grundwert | 3 $\frac{1}{3}$ % | = ? | vom Grundwert |
| 20 % | = ? | vom Grundwert | 2 $\frac{1}{2}$ % | = ? | vom Grundwert |
| 16 $\frac{2}{3}$ % | = ? | vom Grundwert | 2 % | = ? | vom Grundwert |
| 14 $\frac{2}{7}$ % | = ? | vom Grundwert | 1 $\frac{2}{3}$ % | = ? | vom Grundwert |
| 12 $\frac{1}{2}$ % | = ? | vom Grundwert | 1 $\frac{1}{3}$ % | = ? | vom Grundwert |
| 11 $\frac{1}{9}$ % | = ? | vom Grundwert | 1 $\frac{1}{4}$ % | = ? | vom Grundwert |
| 9 $\frac{1}{11}$ % | = ? | vom Grundwert | 1 % | = ? | vom Grundwert |
| 8 $\frac{1}{3}$ % | = ? | vom Grundwert | | | |

2 Wandeln Sie in bequeme Teiler um und errechnen Sie:

| | | | |
|---|---|---|---|
| a) 20 % | von 600,00 € | i) 33 $\frac{1}{3}$ % | von 528,00 € |
| b) 12 $\frac{1}{2}$ % | von 872,00 € | j) 9 $\frac{1}{11}$ % | von 998,00 € |
| c) 2 $\frac{1}{2}$ % | von 960,00 € | k) 1 $\frac{1}{3}$ % | von 782,00 € |
| d) 4 $\frac{1}{6}$ % | von 720,00 € | l) 1 % | von 592,00 € |
| e) 11 $\frac{1}{9}$ % | von 234,00 € | m) 66 $\frac{2}{3}$ % | von 719,00 € |
| f) 8 $\frac{1}{3}$ % | von 660,00 € | n) 25 % | von 998,00 € |
| g) 1 $\frac{1}{4}$ % | von 960,00 € | o) 16 $\frac{2}{3}$ % | von 802,00 € |
| h) 5 % | von 880,00 € | p) 6 $\frac{1}{4}$ % | von 332,00 € |

3 Über das Vermögen unseres Kunden Fischer wird das Insolvenzverfahren eröffnet. Unsere Forderung beläuft sich auf 42.693,00 €. Wie hoch sind die Auszahlung und der Forderungsausfall bei folgenden Erstattungsquoten?
a) 6 $\frac{1}{4}$ %, b) 8 $\frac{1}{3}$ %, c) 16 $\frac{2}{3}$ %, d) 9 $\frac{1}{11}$ %, e) 11 $\frac{1}{9}$ %, f) 12 $\frac{1}{2}$ %.

4 Unser Lieferant gewährt uns auf einen Rechnungsbetrag von 38.452,00 € folgende Preisnachlässe: a) 6 $\frac{2}{3}$ %, b) 4 $\frac{1}{6}$ %, c) 3 $\frac{1}{3}$ %, d) 5 %.
Wie hoch ist der Preisnachlass?

5 Ermitteln Sie zu den folgenden Prozentteilern die Prozentsätze.

| | | | | | | |
|---|---|---|---|---|---|---|
| a) 3 | d) 40 | g) 6 | j) 24 | m) $\frac{3}{4}$ | p) 4 | s) 80 |
| b) 5 | e) 2 | h) 8 | k) 30 | n) 15 | q) $\frac{2}{3}$ | t) 75 |
| c) 9 | f) 20 | i) 60 | l) 16 | o) 12 | r) 100 | u) 11 |

6 Einer unserer leitenden Angestellten verdiente im 1. Jahr seiner Betriebszugehörigkeit monatlich 4.500,00 € brutto. Die Gehaltserhöhungen betrugen: 2. Jahr: 4 $\frac{1}{6}$ %, 3. Jahr: 3 $\frac{1}{3}$ %, 4. Jahr: 6 $\frac{1}{4}$ %.
a) Auf wie viel € beliefen sich die Gehaltserhöhungen pro Jahr?
b) Wie hoch ist sein monatliches Gehalt nach den Erhöhungen in den einzelnen Jahren?

7 Aufgrund von Rationalisierungsmaßnahmen können folgende prozentuale Kostensenkungen erzielt werden: a) $16\,^2/_3\,\%$, b) $11\,^1/_9\,\%$, c) $9\,^1/_{11}\,\%$.
Im Betrachtungszeitraum beträgt die Summe der Kosten 7.583.512,00 €.
Wie viel € machen die Kostensenkungen aus und auf welchen Betrag belaufen sich die neuen Kosten?

### 1.1.5.2 Die Berechnung des Prozentsatzes

**Beispiel** Ein Handelsvertreter erhält auf einen Umsatz von 17.543,00 € eine Provision von 877,15 €. Wie viel Prozent beträgt seine Umsatzprovision?

**1. Lösung mit Dreisatz**

17.543,00 € ≙ 100 %
877,15 € ≙ x %

$$x = \frac{100 \cdot 877{,}15}{17.543{,}00} = \underline{\underline{5\,\%}}$$

**2. Lösung mit Formel** Aus der Dreisatzlösung ergibt sich folgende Formel für den Prozentsatz:

$$\text{Prozentsatz} = \frac{100 \cdot \text{Prozentwert}}{\text{Grundwert}} \qquad p = \frac{100 \cdot w}{g}$$

**Aufgaben**

1 Berechnen Sie den Prozentsatz durch Kopfrechnen.

| | Grundwert | Prozentwert |
|---|---|---|
| a) | 100 kg | 5 kg |
| b) | 30 kg | 6 kg |
| c) | 42 kg | 7 kg |
| d) | 80 kg | 32 kg |
| e) | 90 kg | 36 kg |

| | Grundwert | Prozentwert |
|---|---|---|
| f) | 70 kg | 14 kg |
| g) | 60 kg | 1,8 kg |
| h) | 70 kg | 42 kg |
| i) | 40 kg | 36 kg |
| j) | 80 kg | 64 kg |

2 Berechnen Sie den Prozentsatz schriftlich. (Genauigkeit: 3 Stellen nach dem Komma.)

| | Grundwert | Prozentwert |
|---|---|---|
| a) | 9 238 l | 349 l |
| b) | 1 482 l | 56 l |
| c) | 4 931 l | 2 327 l |
| d) | 489 l | 97 l |
| e) | 8 733 l | 6 968 l |

| | Grundwert | Prozentwert |
|---|---|---|
| f) | 942 l | 83 l |
| g) | 1 087 l | 179 l |
| h) | 7 679 l | 548 l |
| i) | 8 931 l | 662 l |
| j) | 4 372 l | 946 l |

3 Berechnen Sie den Prozentsatz.
a) altes Gehalt: 2.480,00 €; Gehaltserhöhung: 111,60 €
b) alter Preis: 480,00 €; Preiserhöhung: 26,88 €
c) Summe der Erträge: 1.280.392,00 €; Umsatz: 1.126.744,90 €
d) Forderung an den Insolvenzschuldner: 10.932,00 €; Erstattung: 1.202,52 €
e) Summe der Kosten: 981.520,00 €; Personalkosten: 253.722,92 €
f) Personalbestand: 280; Neueinstellungen: 14 →

g) Versicherungswert: 20.900,00 €; Versicherungsprämie: 31,35 €
h) alter Guthabenstand: 13.761,00 €; Einzahlung: 3.302,64 €

4 Aufgrund einer sorgfältigeren Kostenüberwachung sanken im letzten Quartal die Kosten um 28.923,00 € auf 827.249,00 €. Wie viel Prozent beträgt die Kostensenkung? (Genauigkeit: 3 Stellen nach dem Komma.)

5 Im 1. Betrachtungsjahr betrug die Lohnsumme 348.000,00 €. Die Tariferhöhung im 2. Betrachtungsjahr macht 19.140,00 €, im 3. Betrachtungsjahr 22.028,40 € und im 4. Betrachtungsjahr 15.566,74 € aus.
Wie hoch ist die prozentuale Tariferhöhung in den einzelnen Jahren? (Der Beschäftigungsstand bleibt unverändert.)

6 Aufgrund der Einführung eines Zulagensystems für Betriebstreue verminderte sich in einem Unternehmen mit 2 800 Beschäftigten die Fluktuation der Arbeitskräfte von 224 (Vorjahr) auf 56 (laufendes Jahr).
a) Wie hoch ist der Prozentsatz der Fluktuation vor und nach der Einführung des Zulagensystems?
b) Wie viel Prozent macht die Fluktuation des laufenden Jahres gemessen an der Fluktuation des Vorjahres aus?
c) Wie viel Prozent macht der Rückgang der Fluktuation im laufenden Jahr gegenüber der Fluktuation des Vorjahres aus?

### 1.1.5.3 Die Berechnung des Grundwertes

**Beispiel** Wir erhalten 3 % Skonto. Das macht 45,00 € aus. Wie hoch ist der Rechnungsbetrag?

**1. Lösung mit Dreisatz**

3 % ≙ 45,00 €
100 % ≙ x €

$$x = \frac{45{,}00 \cdot 100}{3} = 1.500{,}00\ €$$

**2. Lösung mit Formel** Aus der Dreisatzlösung ergibt sich folgende Formel für den Grundwert:

| | |
|---|---|
| $\text{Grundwert} = \frac{\text{Prozentwert} \cdot 100}{\text{Prozentsatz}}$ | $g = \frac{w \cdot 100}{p}$ |

**Aufgaben**

1 Berechnen Sie den Grundwert durch Kopfrechnen.

| | Prozentwert | Prozentsatz |
|---|---|---|
| a) | 3 m | 3 % |
| b) | 6 m | 4 % |
| c) | 8 m | 2 % |
| d) | 9 m | 6 % |
| e) | 10 m | 20 % |

| | Prozentwert | Prozentsatz |
|---|---|---|
| f) | 12 m | 3 % |
| g) | 15 m | 6 % |
| h) | 16 m | 4 % |
| i) | 18 m | 6 % |
| j) | 20 m | 8 % |



635030

2 Berechnen Sie den Grundwert schriftlich.

| | Prozentwert | Prozentsatz |
|---|---|---|
| a) | 42,50 € | 4,2 % |
| b) | 8,30 € | 5,9 % |
| c) | 22,80 € | 6 ⅓ % |
| d) | 28,70 € | 2 ½ % |
| e) | 7,90 € | 3 ⅞ % |

| | Prozentwert | Prozentsatz |
|---|---|---|
| f) | 29,30 € | 8,9 % |
| g) | 78,20 € | 4 ¾ % |
| h) | 99,10 € | 2 $\frac{4}{7}$ % |
| i) | 71,30 € | 40,5 % |
| j) | 67,50 € | 33,6 % |

3 Berechnen Sie den Grundwert.
a) absolute Gehaltserhöhung: 255,99 €; prozentuale Gehaltserhöhung: 5,3 %
b) absolute Preiserhöhung: 25,34 €; prozentuale Preiserhöhung: 4,25 %
c) Erstattung aus Insolvenzmasse: 22.930,00 €; Erstattungsquote: 12 %

4 In einem Betrieb beträgt die Produktivitätssteigerung 8 %. Dies entspricht 32 Stück pro Fertigungsstunde.
Errechnen Sie die tägliche Produktionsmenge (nach der Produktivitätssteigerung) bei einer Maschinenlaufzeit von 18 Stunden pro Tag.

5 Die Aufwendungen für Forschung und Entwicklung betragen 538.612,00 €. Dies sind 7,6 % des Umsatzes. Wie hoch ist der Umsatz?

6 In der Abschlussprüfung sind 26 Auszubildende durchgefallen. Dies entspricht 5 %. Wie viele Auszubildende haben an der Prüfung teilgenommen?

7 Für unser Fertigwarenlager zahlen wir eine Versicherungsprämie von 1 ¾ ‰. Dies macht 254,00 € aus. Wie hoch ist der Versicherungswert?

8 Unser Handelsvertreter erhält eine Provision von 8 %. Für den August zahlen wir ihm 5.664,00 €. Welchen Umsatz hat er im August erzielt?

### 1.1.5.4 Vermehrter Grundwert (Prozentrechnung auf Hundert)

**Beispiel**

Nach einer Preiserhöhung von 22 % beträgt der Preis einer Ware 610,00 €. Errechnen Sie den alten Preis und die Preiserhöhung.

Der neue Preis von 610,00 € ist der um 22 % **vermehrte Grundwert.** Er entspricht 122 %.

| **vermehrter Grundwert** | = | Grundwert | + | Vermehrung |
|---|---|---|---|---|
| 122 % | = | 100 % | + | 22 % |

**Lösung mit Dreisatz**

122 % ≙ 610,00 €
100 % ≙ x €

$$x = \frac{610{,}00 \cdot 100}{122} = \underline{\underline{500{,}00\ €}} \rightarrow \text{alter Preis}$$

Preiserhöhung → 610,00 € - 500,00 € = $\underline{\underline{110{,}00\ €}}$

Es ist auch möglich, die Preiserhöhung als gesuchte Größe zu wählen.

Bei bequemen Prozentsätzen kann mit bequemen Teilern gerechnet werden.

**Beispiel**

Nach einer Lohnerhöhung von 6 ⅔ % beträgt der Lohn eines Lagerarbeiters 2.040,00 €. Errechnen Sie den alten Lohn.

**Lösung** $x = \frac{2.040,00 \cdot 100}{106\ ^2/_3}$

$6\ ^2/_3$ ist ein bequemer Teiler von 100 (= $^1/_{15}$) und somit auch von $106\ ^2/_3$ (= $^1/_{16}$).

Es wird durch $6\ ^2/_3$ gekürzt: $x = \frac{2.040,00 \cdot 15}{16} = \underline{\underline{1.912,50\ €}}$

## Aufgaben

**1** Errechnen Sie unter Zuhilfenahme der bequemen Teiler den alten Preis und die Preiserhöhung.

| | neuer Preis | Preisaufschlag |
|---|---|---|
| a) | 212,00 € | $4\ ^1/_6$ % |
| b) | 328,00 € | $9\ ^1/_{11}$ % |
| c) | 187,00 € | $33\ ^1/_3$ % |
| d) | 467,00 € | $8\ ^1/_3$ % |
| e) | 580,00 € | $12\ ^1/_2$ % |
| f) | 423,00 € | $16\ ^2/_3$ % |

| | neuer Preis | Preisaufschlag |
|---|---|---|
| g) | 322,00 € | $11\ ^1/_9$ % |
| h) | 438,00 € | $2\ ^1/_2$ % |
| i) | 163,00 € | 5 % |
| j) | 239,00 € | $6\ ^1/_4$ % |
| k) | 418,00 € | $3\ ^1/_3$ % |
| l) | 591,00 € | $6\ ^2/_3$ % |

**2** Berechnen Sie die gesuchten Werte:

a) neues Gehalt: 2.730,00 €; prozentuale Gehaltserhöhung: 6,2 %; altes Gehalt?
b) neuer Preis: 169,00 €; prozentuale Preiserhöhung: 8,5 %; absolute Preiserhöhung?
c) Summe der aktuellen Kosten: 892.538,00 €; prozentuale Kostensteigerung: 12,3 %; alte Kostensumme?
d) neuer Personalbestand: 421; prozentualer Personalzuwachs: $5\ ^1/_4$ %; Neueinstellungen?
e) neuer Stromverbrauch 94 622 kWh; prozentualer Mehrverbrauch: 21 %; alter Stromverbrauch?
f) derzeitige Mietaufwendungen: 12.855,00 €; prozentuale Mieterhöhung: $7\ ^1/_8$ %; absolute Mieterhöhung?
g) neuer Kontostand: 18.479,00 €; prozentualer Zuwachs: 8,7 %; alter Kontostand?

**3** Errechnen Sie die absoluten Kostensteigerungen und die Vorjahreskosten der Kostenstellen A, B und C.

A: derzeitige Kosten: 99.792,21 €; Kostenzuwachs: 4,3 %
B: derzeitige Kosten: 87.228,34 €; Kostenzuwachs: 5,6 %
C: derzeitige Kosten: 76.453,56 €; Kostenzuwachs: 8,4 %

**4** Ein Kunde zahlt an uns einschließlich eines 2%igen Aufschlages für unsere Mahnkosten
a) 9.732,83 €, b) 6.293,74 €, c) 728,15 €.
Auf welche Beträge belaufen sich der Rechnungsbetrag und die Mahnkosten?

**5** Eine leitende Angestellte erhielt in den letzten 3 Jahren folgende Gehaltserhöhungen:
1. Jahr: 3,8 %, 2. Jahr: 5,7 %, 3. Jahr: 4,6 %.
Errechnen Sie die Monatsverdienste in den einzelnen Jahren und die jeweiligen Gehaltserhöhungen.
Ihr jetziges Gehalt beträgt: a) 4.390,87 €, b) 5.780,29 €, c) 5.230,41 €.

**6** Die Unterhaltungskosten für unsere betriebseigenen Immobilien sind im laufenden Geschäftsjahr wie folgt gestiegen: Produktionshalle: um 5,7 % auf 58.230,76 €, Lagerhalle: um $14\ ^2/_7$ % auf 22.708,93 €, Verwaltungsgebäude: um 8,4 % auf 23.490,84 €. Errechnen Sie die Kostensteigerungen und die Vorjahreskosten.

**7** In einem Unternehmen stiegen die Monatsumsätze jeweils gegenüber dem Vormonat wie folgt:
August: 4,3 % (5,7 %), September: 5,9 % (6,9 %), Oktober: 6,8 % (7,3 %).
Die Umsatzsteigerung des Monats Oktober beträgt 44.538,33 € (52.680,73 €). Errechnen Sie die jeweiligen Monatsumsätze (Juli bis Oktober).

### 1.1.5.5 Verminderter Grundwert (Prozentrechnung im Hundert)

**Beispiel**

Nach einer Preissenkung von 22 % beträgt der Preis einer Ware 390,00 €. Errechnen Sie den alten Preis und die Preissenkung.

Der neue Preis von 390,00 € ist der um 22 % **verminderte Grundwert.** Er entspricht 78 %.

| **verminderter Grundwert** | = | Grundwert | – | Verminderung |
|---|---|---|---|---|
| 78 % | = | 100 % | – | 22 % |

**Lösung mit Dreisatz**

78 % ≙ 390,00 €
100 % ≙ x €

$$x = \frac{390{,}00 \cdot 100}{78} = \underline{\underline{500{,}00\ €}} \rightarrow \text{alter Preis}$$

Preiserhöhung → 500,00 € – 390,00 € = $\underline{\underline{110{,}00\ €}}$

Es ist auch möglich, die Preissenkung als gesuchte Größe zu wählen.

Bei bequemen Prozentsätzen kann mit bequemen Teilern gerechnet werden.

**Beispiel**

Aufgrund einer Rationalisierungsmaßnahme kann der Preis für ein Produkt um 11 ¹⁄₉ % auf 656,00 € gesenkt werden. Errechnen Sie den alten Preis.

**Lösung**

$$x = \frac{656{,}00 \cdot 100}{88\ \frac{8}{9}}$$

$11\ \frac{1}{9}$ ist ein bequemer Teiler von 100 (= $\frac{1}{9}$) und somit auch von $88\ \frac{8}{9}$ (= $\frac{1}{8}$).

Es wird durch $11\ \frac{1}{9}$ gekürzt: $x = \frac{656{,}00 \cdot 9}{8} = \underline{\underline{738{,}00\ €}}$

**Aufgaben**

**1** Errechnen Sie unter Zuhilfenahme der bequemen Teiler den alten Preis und die Preissenkung.

| | neuer Preis | Preisaufschlag |
|---|---|---|
| a) | 320,00 € | 20 % |
| b) | 605,00 € | $8\ \frac{1}{3}$ % |
| c) | 414,00 € | $4\ \frac{1}{6}$ % |
| d) | 413,00 € | $12\ \frac{1}{2}$ % |
| e) | 596,00 € | $33\ \frac{1}{3}$ % |
| f) | 536,00 € | $11\ \frac{1}{9}$ % |

| | neuer Preis | Preisaufschlag |
|---|---|---|
| g) | 825,00 € | $16\ \frac{2}{3}$ % |
| h) | 492,00 € | $14\ \frac{2}{7}$ % |
| i) | 910,00 € | $9\ \frac{1}{11}$ % |
| j) | 741,00 € | $2\ \frac{1}{2}$ % |
| k) | 994,00 € | $6\ \frac{2}{3}$ % |
| l) | 899,00 € | $3\ \frac{1}{3}$ % |

**2** Aufgrund von Rationalisierungsmaßnahmen sanken die Kosten in den Abteilungen A, B und C wie folgt:

A: um 13,8 % auf 105.636,00 €
B: um $9\ \frac{1}{11}$ % auf 86.914,00 €
C: um 7,1 % auf 148.468,00 €

Errechnen Sie die alten Kosten und die Kostensenkungen. Runden Sie dabei auf ganze €-Beträge.

3 Berechnen Sie die gesuchten Werte:
a) neue Ausschussmenge: 455 Stück; prozentuale Ausschusssenkung: 9 %; alte Ausschussmenge?
b) neue wöchentliche Arbeitszeit: 36 Stunden; prozentuale Arbeitszeitsenkung: 4 %; absolute Arbeitszeitsenkung (in Stunden)?
c) erzielter Gewinn: 93.682,12 €; prozentuale Gewinnminderung: 5,4 %; alter Gewinn?
d) neuer Stromverbrauch: 98 932 kWh; prozentualer Minderverbrauch: 6 $\frac{1}{7}$ %; absoluter Minderverbrauch (in kWh)? (Auf volle kWh runden.)
e) neues Bankguthaben: 25.984,63 €; prozentuale Abnahme: 11 $\frac{1}{9}$ %; altes Bankguthaben?
f) Trockengewicht einer Kiste Backobst: 55 kg; Schwund: 48,5 %; Frischgewicht?
g) Nettogewicht (Reingewicht): 238,005 kg; Tara (Verpackungsgewicht) in Prozent: 7 $\frac{3}{4}$ %; Bruttogewicht (Rohgewicht)?

4 Vier nicht bevorrechtigte Gläubiger erhalten nach Abschluss eines Insolvenzverfahrens 12,5 % ihrer Forderungen erstattet. Gläubiger A bekommt 12.438,00 €, Gläubiger B 4.273,00 €, Gläubiger C 2.467,00 € und Gläubiger D 14.731,00 €.
Wie viel € hat jeder Gläubiger verloren?

5 Bedingt durch die stufenweise Einführung eines neuen Produktionsverfahrens werden die Stückkosten gesenkt.
Im September wurde eine Stückkostenreduzierung von 7,5 % (8,4 %) erzielt, im Oktober von 8,8 % (9,2 %) und im November von 6,9 % (4,3 %) (jeweils gegenüber dem Vormonat).
Im November wird ausschließlich das neue Produktionsverfahren eingesetzt. Die Stückkosten betragen nun 136,74 € (198,23 €).
Wie hoch waren die Stückkosten im August?

6 Aufgrund eines saisonal bedingten Nachfragerückganges beläuft sich der Umsatz des Monats Mai nur noch auf 68.582,73 € (53.492,81 €).
Der prozentuale Umsatzrückgang gegenüber April beträgt 9,7 % (10,2 %). Im April wiederum sank der Umsatz um 8,7 % (7,9 %) gegenüber März. Im März schließlich wurde ein Umsatzrückgang von 5,8 % (4,3 %) gegenüber Februar registriert.
Wie hoch waren
a) die monatlichen Umsatzrückgänge in €,
b) die Umsätze der Monate April, März und Februar?

## Gemischte Aufgaben

1 Ein Autohersteller verkauft zwei Pkws zu jeweils 18.000,00 €. Das eine Fahrzeug verkauft er mit einem Gewinn von 25 %, das andere mit einem Verlust von 25 %.
Wie viel Prozent Gewinn bzw. Verlust hat er insgesamt erzielt?

2 A, B, C und D sind Gesellschafter eines Unternehmens.
Gemäß Gesellschaftsvertrag erhält A 18,7 %, B 31,8 %, C 27,4 % des Gewinns. D erhält den Restgewinn.
Wie viel € Gewinn hat jeder Gesellschafter in den Geschäftsjahren 1 bis 4 erhalten?

| Jahr | 1 | 2 | 3 | 4 |
|---|---|---|---|---|
| Gewinn (€) | 128.412,00 | 296.522,00 | 241.687,00 | 187.913,00 |

3 Gemäß HGB gilt für die Gewinnverteilung einer OHG:
Vom Gewinn eines Geschäftsjahres erhält jeder Gesellschafter eine 4%ige Verzinsung seines Kapitalanteils. Der Restgewinn wird nach Köpfen verteilt.
Für das vergangene Geschäftsjahr haben Gesellschafter A 190.000,00 €, Gesellschafter B 240.000,00 € und Gesellschafter C 160.000,00 € Gewinnanteil erhalten.
Wie hoch sind die Kapitaleinlagen der Gesellschafter A, B und C, wenn der Restgewinn, der nach Köpfen verteilt wurde, 420.000,00 € betrug?

4 Nach Abzug von zunächst 25 % Rabatt und 3 % Skonto vom Restbetrag überweisen wir an unseren Lieferanten 12.479,26 €. Errechnen Sie den Listeneinkaufspreis.

5 Aufgrund von Rationalisierungsinvestitionen erhöhen sich die Kosten für die maschinellen Anlagen (Abschreibungen, Wartung). Dies macht eine Gesamtkostensteigerung von 3,8 % aus. Gleichzeitig sinken die Personalkosten um 324.000,00 €. Die Personalkostensenkung bewirkt eine Minderung der Gesamtkosten um 6,4 %.

a) Errechnen Sie die alten Gesamtkosten.
b) Errechnen Sie den Zuwachs der Gesamtkosten, der durch den Anstieg der Kosten für die maschinellen Anlagen bedingt ist.
c) Errechnen Sie die Kostensenkung insgesamt.
d) Errechnen Sie die neuen Gesamtkosten.

6 Die Miete für unsere Geschäftsräume beträgt heute 6.728,35 €. Sie erhöhte sich im letzten Jahr um 5 %, im vorletzten Jahr um 3 % und im vorvorletzten Jahr um 7 %.

a) Um wie viel € ist die Miete im letzten, im vorletzten und im vorvorletzten Jahr gestiegen?
b) Wie hoch waren die Mietaufwendungen in den letzten 3 Jahren?

7 In einem Unternehmen verdient der Buchhalter 43 % weniger als die Prokuristin. Das Gehalt der Prokuristin ist 18 % höher als das Gehalt des Abteilungsleiters. Der Buchhalter verdient 2.950,00 € im Monat. Wie viel verdienen die Prokuristin und der Abteilungsleiter?

8 In einem Kaufhaus wurde die Verkaufsfläche für Sport- und Fitnessgeräte auf Kosten der Möbelabteilung um 8,3 % erhöht. Sie beträgt jetzt 458,4 $m^2$. Die Verkaufsfläche für Sport- und Fitnessgeräte macht jetzt 6,4 % der gesamten Verkaufsfläche aus.

a) Wie groß war die Verkaufsfläche für Sport- und Fitnessgeräte vorher?
b) Wie groß ist die gesamte Verkaufsfläche des Kaufhauses?
c) Wie hoch war der prozentuale Anteil der Verkaufsfläche für Sport- und Fitnessgeräte an der gesamten Verkaufsfläche vorher?

9 Vollmilchschokolade setzt sich zusammen aus 36 % Zucker, 29 % Vollmilchpulver, 20 % Kakaobutter und 15 % Kakaomasse. Wie viel kg der einzelnen Bestandteile sind erforderlich, um 190 000 Schokoladentafeln zu je 75 g herzustellen?

10 Der Umsatz eines Produktes hat sich wie folgt verändert:
März: + 2,4 %; April: – 3,8 %; Mai: – 1,7 %; Juni: + 4,9 %
(prozentuale Umsatzveränderung jeweils gegenüber dem Vormonat)
Im Juni beträgt der Umsatz 85.638,91 €.

a) Errechnen Sie die Umsatzveränderungen in €.
b) Errechnen Sie die Umsätze der Monate Mai, April, März und Februar.

## 1.2 Die Teilgebiete des betrieblichen Rechnungswesens und deren Aufgaben

Das betriebliche Rechnungswesen beinhaltet folgende vier Teilgebiete:
- Geschäftsbuchführung oder Finanzbuchführung,
- Kosten- und Leistungsrechnung,
- Statistik und
- Planungsrechnung.

### 1.2.1 Die Geschäftsbuchführung (Finanzbuchführung)

Die Geschäftsbuchführung umfasst eine **Bestandsrechnung** und eine **Erfolgsrechnung.**

In der **Bestandsrechnung** werden alle Veränderungen (Mehrungen oder Minderungen) von Vermögens- oder Kapitalwerten aufgezeichnet.

Die **Erfolgsrechnung** ermittelt durch die Gegenüberstellung von Erträgen und Aufwendungen einen Gewinn oder Verlust.

Die in einer bestimmten Ordnung zusammengetragenen Zahlen der Bestands- und Erfolgsrechnung **dokumentieren** die Geschäftstätigkeit des Unternehmens.

Neben dieser **Dokumentationsaufgabe** kommt der Buchführung vor allen Dingen eine **Rechenschaftslegungs-** und **Informationsaufgabe** zu. Mit ihrer Hilfe wird am Geschäftsjahresende der gesetzlich vorgeschriebene Jahresabschluss (Bilanz und Gewinn- und Verlustrechnung) erstellt. Kapitalgeber, Finanzbehörden und die Mitarbeiter erhalten so einen Einblick in die Ertrags- und Vermögenslage des Unternehmens.

### 1.2.2 Die Kosten- und Leistungsrechnung

Die Geschäftsbuchführung wird aufgrund ihrer Aufgabenstellung von steuerrechtlichen und handelsrechtlichen Vorschriften geprägt. Den Anforderungen einer betriebswirtschaftlichen Betrachtung wird sie damit nicht gerecht. Hierzu wird die Kosten- und Leistungsrechnung herangezogen, die sich an betriebswirtschaftlichen Erfordernissen orientiert.

Die Kosten- und Leistungsrechnung bietet vor allen Dingen ein Instrumentarium, das die Wirtschaftlichkeit des betrieblichen Leistungsprozesses überwacht. Damit nimmt die Kosten- und Leistungsrechnung vornehmlich eine **Kontrollaufgabe** wahr.

Darüber hinaus liefert die Kosten- und Leistungsrechnung zusammen mit der **Statistik** und der **Planungsrechnung** die Daten, auf denen die **unternehmerischen Entscheidungen** basieren. Insofern erfüllt die Kosten- und Leistungsrechnung auch eine **Dispositionsaufgabe.**

### 1.2.3 Die Statistik

Die betriebliche Statistik bereitet die Daten der Geschäftsbuchführung und der Kosten- und Leistungsrechnung auf und wertet sie aus. Es können in tabellarischer oder grafischer Form Statistiken über Umsatzzahlen, Produktionskosten, Lohnkosten, Lagerkennzahlen, Bilanzkennzahlen, Gewinnentwicklungen usw. erstellt werden.

Diese Statistiken werden mit den Zahlen früherer Abrechnungsperioden (**Zeitvergleiche**) oder mit den entsprechenden Werten von Betrieben der gleichen Branche (**Betriebsvergleiche**) verglichen. Die dabei gewonnenen Erkenntnisse führen zu unternehmerischen Entscheidungen (**Dispositionsaufgabe**).

### 1.2.4 Die Planungsrechnung

Grundlage der Planungsrechnung sind die Daten der Geschäftsbuchführung, der Kosten- und Leistungsrechnung und der Statistik. Mithilfe der Planungsrechnung werden Absatzpläne, Produktionspläne, Beschaffungspläne, Investitionspläne und Finanzpläne erstellt.

Abweichungen zwischen den geplanten Zahlen (Sollzahlen) und den tatsächlich eingetretenen Zahlen (Istzahlen) werden analysiert und ausgewertet.

Der Planungsrechnung kommt somit neben der **Dispositionsaufgabe** eine wichtige **Kontrollaufgabe** zu.

Zusammenfassung

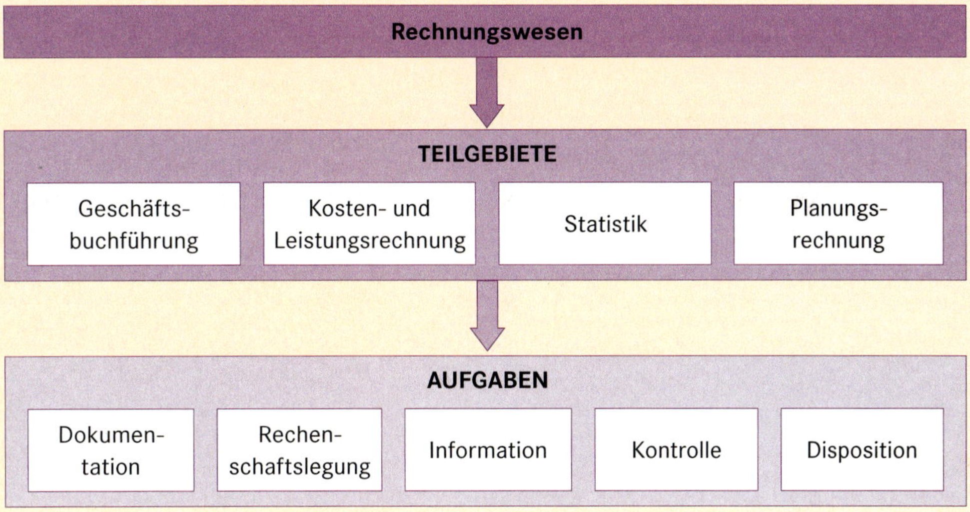


## Aufgabe

Welche Aussagen sind richtig bzw. falsch? Begründen Sie Ihre Meinung.

a) Das betriebliche Rechnungswesen umfasst zwei Teilgebiete, die Geschäftsbuchführung und die Planungsrechnung.
b) Die Geschäftsbuchführung orientiert sich an betriebswirtschaftlichen Anforderungen.
c) Der Geschäftsbuchführung kommt eine Dokumentations-, Rechenschaftslegungs- und Informationsaufgabe zu.
d) In der Erfolgsrechnung der Geschäftsbuchführung wird durch die Gegenüberstellung von Erträgen und Aufwendungen ein Gewinn oder Verlust ermittelt.
e) Die Kosten- und Leistungsrechnung wird von handelsrechtlichen und steuerrechtlichen Vorschriften geprägt.
f) Die Kosten- und Leistungsrechnung wird den Anforderungen einer betriebswirtschaftlichen Betrachtung gerecht.
g) Die Kosten- und Leistungsrechnung dient im Wesentlichen der Rechenschaftslegung und der Kontrolle.
h) Im Rahmen der Kosten- und Leistungsrechnung werden Betriebsvergleiche durchgeführt.
i) In der betrieblichen Statistik werden die Zahlen der Geschäftsbuchführung und der Kosten- und Leistungsrechnung aufbereitet und ausgewertet.
j) Die Planungsrechnung erfüllt eine Dispositions- und Kontrollaufgabe.

# EINFÜHRUNG IN DIE SYSTEMATIK DER BUCHFÜHRUNG

## 2.1 Grundlagen der Buchführung

### 2.1.1 Aufgaben der Buchführung

In einem Unternehmen fällt eine Vielzahl unterschiedlicher Geschäftsfälle an, z. B.:

- Fertigerzeugnisse werden verkauft.
- Rohstoffe werden eingekauft.
- Schulden gegenüber Lieferanten werden abgezahlt.
- Kunden begleichen Forderungen.
- Löhne und Gehälter sind zu zahlen.
- Dem Bankkonto werden Zinsen gutgeschrieben.
- Betriebliche Fahrzeuge werden gekauft.
- Büromaterial wird angeschafft.
- Mieten sind zu zahlen.
- Provisionserträge werden unserem Postbankkonto gutgeschrieben usw.

Aus diesem Katalog, der nur einen ganz kleinen Teil betrieblicher Geschäftsfälle aufzeigt, ist schon zu erkennen, dass niemand sämtliche Geschäftsfälle eines Unternehmens im Gedächtnis behalten kann. Hieraus erwächst die Notwendigkeit, schriftliche Aufzeichnungen zu machen.

Da diese Aufzeichnungen früher in gebundenen Büchern erfolgten, bezeichnet man diese Tätigkeit als Buchführung.

**Eine Buchführung ist ein Zahlenwerk, das alle Geschäftsfälle eines Unternehmens in einer bestimmten Ordnung systematisch und vollständig erfasst, verarbeitet und verwaltet.**

Die reine Gedächtnishilfe ist nur ein Grunderfordernis zur Buchführung. Ihre heutigen Aufgaben gehen weit darüber hinaus.

Für das Unternehmen selbst erfüllt die Buchführung folgende Aufgaben:

1. Sie stellt die Vermögens- und Schuldenwerte fest.
2. Sie gibt einen Überblick über die Geschäftslage, z. B. über
   - die Verkaufserlöse,
   - die Einkäufe,
   - die Forderungen an Kunden,
   - die Schulden gegenüber Lieferanten,
   - den Kassenbestand,
   - die angefallenen Raumkosten usw.
3. Sie ermittelt den Unternehmenserfolg, den Gewinn bzw. den Verlust.
4. Sie bildet die Grundlage für die Preiskalkulation.
5. Sie liefert die Daten für außerbetriebliche Vergleiche, innerbetriebliche Zeitvergleiche und für innerbetriebliche Kontrollen.
6. Sie ist ein Beweismittel zur Klärung von gerichtlichen Streitfällen.

Neben dem **Eigeninteresse** besteht noch ein **Fremdinteresse** Außenstehender an der Buchführung.

Für den **Staat** beispielsweise bildet die Buchführung eines Unternehmens die Grundlage

1. der Besteuerung (z. B. der Einkommensteuer, der Körperschaftsteuer, der Gewerbesteuer),
2. der Ermittlung der Umsatzsteuerzahllast,
3. der Bemessung der Lohnsteuer.

Auch die Banken als Kreditgeber, sonstige Gläubiger und Lieferanten haben ein Interesse daran, die Vermögensverhältnisse und die Geschäftslage eines Unternehmens kennenzulernen. Hierzu liefert die Buchführung das Zahlenwerk.

### 2.1.2 Gesetzliche Vorschriften der Buchführung

Da nicht nur ein Eigeninteresse an einer Aufzeichnung von Geschäftsfällen besteht, sind Kaufleute zur Buchführung gesetzlich verpflichtet. Die Vorschriften der Buchführung sind in den folgenden Gesetzen und Verordnungen geregelt:

1. Die grundlegenden gesetzlichen Buchführungsbestimmungen für Kaufleute stehen im

**Handelsgesetzbuch (HGB).**

2. Da die Buchführung auch eine Grundlage zur Besteuerung des Unternehmens und des Unternehmers ist, gibt es neben den handelsrechtlichen Vorschriften auch eine Reihe von steuerrechtlichen Buchführungsbestimmungen.
   Diese werden durch folgende Gesetze und Verordnungen vorgeschrieben:

**Abgabenordnung (AO)**
**Körperschaftsteuergesetz (KStG)**
**Umsatzsteuergesetz (UStG)**
**Einkommensteuergesetz (EStG)**
**Gewerbesteuergesetz (GewStG)**

3. Sondervorschriften für die Bilanzierung und für den Jahresabschluss bei bestimmten Unternehmensformen sind in folgenden Gesetzen geregelt:

**Aktiengesetz (AktG)**
**Genossenschaftsgesetz (GenG)**
**GmbH-Gesetz (GmbHG)**

Zu 1.
Eine besondere Bedeutung kommt dem § 238 Abs. 1 HGB zu, weil er alle ins Handelsregister eingetragenen Kaufleute verpflichtet, Bücher zu führen: „Jeder Kaufmann ist verpflichtet, Bücher zu führen und in diesen seine Handelsgeschäfte und die Lage seines Vermögens nach den Grundsätzen ordnungsmäßiger Buchführung ersichtlich zu machen."

§§ 241 a, 242 Abs. 4 HGB befreien die **Einzelkaufleute,** „die an den **Abschlussstichtagen von zwei aufeinanderfolgenden Geschäftsjahren** nicht mehr als
- 500.000,00 € Umsatz **und**
- 50.000,00 € Jahresüberschuss aufweisen",

von der **handelsrechtlichen** Pflicht zur Buchführung und zur Erstellung eines Inventars.

Zu 2.
Bei den steuerrechtlichen Buchführungsbestimmungen hat die Abgabenordnung als steuerrechtliches Mantelgesetz eine besondere Bedeutung.

Sie trifft Regelungen, die für mehrere Steuern gemeinsam gelten. In ihr stehen die wichtigsten steuerlichen Buchführungsvorschriften.

Nach § 141 AO sind **gewerbliche** Unternehmer[1] **steuerrechtlich** zur Buchführung verpflichtet, wenn **eine** der folgenden Voraussetzungen erfüllt ist:
- Der Umsatz übersteigt 500.000,00 €.
- Der erwirtschaftete Gewinn übersteigt 50.000,00 €.

**Zu 1. und 2.**
Einige handelsrechtliche und steuerrechtliche Vorschriften beschreiben gemeinsam, auf welche Weise die Bücher zu führen sind:

1 Freiberufler und andere selbstständig Tätige (wie z. B. Anlageberater, Ärzte, Künstler, Rechtsanwälte, Schriftsteller) sind nicht zur Buchführung verpflichtet. Für diesen Personenkreis ist eine Einnahmen-Überschussrechnung ausreichend.

| HGB | AO | Vorschrift |
|---|---|---|
| § 238 Abs. 1 | § 145 Abs. 1 | Die Buchführung muss so beschaffen sein, dass sich ein sachverständiger Dritter allein zurechtfinden kann. |
| § 239 Abs. 2 | § 146 Abs. 1 | Die Eintragungen in Büchern und die sonst erforderlichen Aufzeichnungen müssen vollständig, richtig, zeitgerecht und geordnet vorgenommen werden. |
| § 239 Abs. 3 | § 146 Abs. 4 | Eine Eintragung oder eine Aufzeichnung darf nicht so verändert werden, dass ihr ursprünglicher Inhalt nicht mehr feststellbar ist. |

**Zusammenfassung**

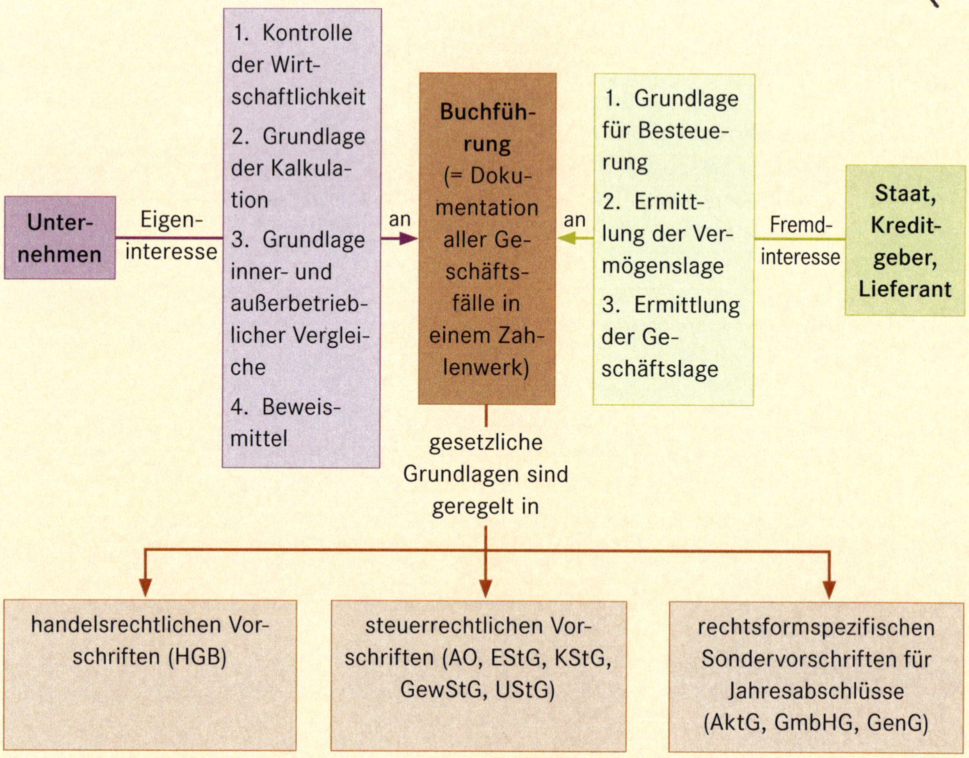


1. **Die Buchführung ist ein Zahlenwerk, das alle Geschäftsfälle eines Unternehmens in einer bestimmten Ordnung systematisch und vollständig erfasst, verarbeitet und verwaltet.**
2. **Die Buchführung stellt für das Unternehmen Daten zur Kontrolle der Wirtschaftlichkeit, Daten für die Kalkulation, Daten für inner- und außerbetriebliche Vergleiche und Daten für Beweisführungen bereit.**
3. **Für den Staat liefert die Buchführung insbesondere Besteuerungsgrundlagen.**
4. **Kreditgeber können aus der Buchführung die Geschäftslage und die Vermögensverhältnisse ersehen.**
5. **Handelsrechtliche, steuerrechtliche Vorschriften und rechtsformspezifische Sondervorschriften schreiben die Buchführung vor bzw. regeln sie.**


635040

## Aufgaben

1 Nennen Sie Geschäftsfälle, die in einem Unternehmen anfallen.

2 Definieren Sie den Begriff „Buchführung“.

3 Nennen Sie innerbetriebliche Aufgaben der Buchführung.

4 Begründen Sie, weshalb
a) der Staat,
b) die Kreditgeber und
c) die Lieferanten
Interesse an einer aussagefähigen Buchführung haben.

5 Nennen Sie
a) das Gesetzbuch, das die handelsrechtlichen Buchführungsvorschriften regelt,
b) die Verordnung bzw. die Gesetzbücher, die die steuerrechtlichen Buchführungsvorschriften regeln, und
c) die Gesetzbücher, die die rechtsformspezifischen Buchführungssondervorschriften regeln.

6 Ein Gewerbebetrieb weist aus:

| Ein Gewerbebetrieb weist aus: | a) | b) | c) |
|---|---|---|---|
| Umsatz | 245.000,00 € | 510.000,00 € | 470.000,00 € |
| Gewinn | 15.000,00 € | 20.000,00 € | 51.000,00 € |

Besteht eine **steuerrechtliche** Pflicht zur doppelten Buchführung in den Fällen a)–c)?

## 2.2 Kapital und Vermögen

**Das Kapital ist – im buchhalterischen Sinne – die Finanzierungsquelle des in einem Unternehmen vorhandenen Vermögens.**

Es gibt an, **woher** die Mittel der im Betrieb vorhandenen Sachgüter stammen.

**Das Vermögen ist die Gesamtheit aller in Geld bewerteten Sachwerte eines Unternehmens.**

Es gibt an, **was** in einem Unternehmen vorhanden ist bzw. **wohin** das Kapital geflossen ist.

Da zu allen Sachwerten eine Finanzierungsquelle gehört bzw. umgekehrt sich Kapital immer in Vermögen umwandelt, sind Vermögen und Kapital zwangsläufig identisch.

**Vermögen = Kapital**

Das Kapital wird in das **Eigenkapital** und in das **Fremdkapital** unterteilt.

**Das Eigenkapital ist der vom Unternehmer bzw. von den Gesellschaftern selbst eingebrachte Teil des Kapitals.**
**Das Fremdkapital ist die Gesamtheit der Schulden eines Unternehmens. Hierzu gehören z. B. Hypothekenschulden, Darlehensschulden, Lieferantenschulden.**

Auch der Gegenwert des Kapitals, das Vermögen, wird in zwei Arten, in das **Anlagevermögen** und in das **Umlaufvermögen**, untergliedert.

**Zum Anlagevermögen gehören alle Vermögensteile, die langfristig im Unternehmen gebunden sind, z. B. Gebäude, Grundstücke, Maschinen, Betriebsfahrzeuge und Geschäftsausstattung. Das Anlagevermögen schafft die Grundvoraussetzung für die betrieblichen Tätigkeiten, wie Einkauf, Produktion, Lagerung und Verkauf.**

**Zum Umlaufvermögen gehören alle Vermögensteile, die nicht längere Zeit im Betrieb verbleiben, sondern umlaufen bzw. umgesetzt werden, wie z. B. Fertigerzeugnisse, Rohstoffe, Waren, Forderungen an Kunden, Bargeld (Kasse) und Bankguthaben. Die betriebliche Tätigkeit verändert ständig die Positionen des Umlaufvermögens.**

Verfeinern wir die obige Grundgleichung mit diesen vier Unterbegriffen, so erhalten wir:

Anlagevermögen + Umlaufvermögen = Eigenkapital + Fremdkapital

Zusammenfassung

| was? (wohin?) = vorhandene Sachwerte, Mittelverwendung | | | | woher? = Finanzierungsquelle, Mittelherkunft |
|---|---|---|---|---|
| Vermögen | Anlagevermögen | = | Kapital | Eigenkapital |
| | Umlaufvermögen | | | Fremdkapital |

1. Die Summe des Vermögens entspricht der Summe des Kapitals.
2. Das Kapital zeigt an, woher die Mittel des vorhandenen Vermögens kommen (= Mittelherkunft).
3. Das Vermögen zeigt an, wie das in einem Unternehmen eingesetzte Kapital verwendet ist (= Mittelverwendung).
4. Das Kapital unterteilt sich in eigene Finanzierungsmittel, das Eigenkapital, und in Schulden, das Fremdkapital.
5. Das Vermögen unterteilt sich in das langfristig im Unternehmen gebundene Vermögen, das Anlagevermögen, und in das sich kurzfristig ändernde Vermögen, das Umlaufvermögen.


635042

## Aufgaben

1 Manfred Fiedler, 30173 Hannover, eröffnet am 1. Mai eine Kfz-Werkstatt.
Herr Fiedler hat 90.000,00 € gespart, 30.000,00 € hat er im Lotto gewonnen. Die Sparkasse Hannover gibt ihm ein Darlehen über 60.000,00 €.
Die Ausstattung des Büros kostet 10.000,00 €. Für die Werkstatteinrichtung muss Herr Fiedler 50.000,00 € bezahlen. Er kauft sich ferner Werkzeuge, für die er 80.000,00 € aufwenden muss. Für den Erstbedarf deckt er sich mit Ersatzteilen für 40.000,00 € ein.
a) Was ist in der neu eröffneten Kfz-Werkstatt vorhanden?
b) Woher stammen die Mittel?

2 Erklären Sie die Begriffe „Vermögen" und „Kapital".

3 Unterscheiden Sie nach Vermögen und Kapital: Betriebs- und Geschäftsausstattung, Postbankguthaben, Darlehensschulden, Betriebsfahrzeuge, Rohstoffe, Lieferantenschulden, Forderungen an Kunden, Lottogewinn, Hypothekenschulden, Bargeld (Kasse).

4 Frau Susanne Arend hat, um sich selbstständig zu machen, 30.000,00 € gespart. Ihre Bank gewährt ihr ein Darlehen von 25.000,00 €. Ihr Mann leiht ihr 15.000,00 € und ihre Tante 5.000,00 €. Sie kauft eine Schneiderei. Der frühere Inhaber überlässt ihr die Betriebsausstattung für 64.000,00 € und die Stoffvorräte für 10.000,00 €. Außerdem übernimmt Frau Arend die Forderungen an vier Kunden (Außenstände) in Höhe von insgesamt 1.000,00 €.
Erstellen Sie die Vermögens- und Kapitalübersicht.

5 Warum müssen Vermögen und Kapital immer gleich groß sein?

6 Herr Klaus Frost hat als Angestellter 40.000,00 € gespart, um einen Autoschilderschnelldienst zu eröffnen. Er mietet sich einen Laden. Für Maschinen gibt er 12.000,00 € und für eine Heizung 9.000,00 € aus. Die Betriebs- und Geschäftsausstattung kostet 15.000,00 €. Für Bleche und andere einschlägige Artikel muss er 8.000,00 € aufwenden.
Das fehlende Kapital leiht ihm ein Freund.
Stellen Sie mithilfe der Vermögens- und Kapitalübersicht fest, wie viel Geld Herr Frost sich von seinem Freund leiht.

7 Zur Eröffnung einer Textilfabrik bringt der Unternehmer 200.000,00 € an eigenem Kapital ein. Seine Bank leiht ihm 50.000,00 €. Für Betriebs- und Geschäftsausstattung gibt er 60.000,00 €, für den Erstbedarf an Stoffen 80.000,00 € aus. Für Maschinen bezahlt er 90.000,00 €. Das restliche Kapital bleibt auf dem betrieblichen Bankkonto. Wie hoch ist das betriebliche Bankguthaben?

8 Erklären Sie
a) die Begriffe „Eigenkapital" und „Fremdkapital" sowie
b) die Begriffe „Anlagevermögen" und „Umlaufvermögen".

9 Unterscheiden Sie nach Eigenkapital und Fremdkapital sowie nach Anlagevermögen und Umlaufvermögen:
Hypothekenschulden, Vorräte, Forderungen an Kunden, Lottogewinn, Maschinen, Bargeld (Kasse), Verbindlichkeiten gegenüber Lieferanten, Postbankguthaben, ins Unternehmen eingebrachte Ersparnisse, Lastkraftwagen, Darlehensschulden.

10 Erstellen Sie eine Kapitalübersicht, unterteilt nach Eigen- und Fremdkapital, und eine Vermögensübersicht, unterteilt nach Anlage- und Umlaufvermögen.

Das nicht kapitalmäßig gedeckte Vermögen ist durch ein Bankdarlehen finanziert.

Fertigerzeugnisse 60.000,00 €; Forderungen an Kunden 7.000,00 €; Hypothekenschulden 180.000,00 €; Postbankguthaben 15.000,00 €; ins Unternehmen eingebrachter Lottogewinn 120.000,00 €; Kasse (Bargeld) 4.000,00 €; Maschinen 190.000,00 €; ins Unternehmen eingebrachte Ersparnisse 170.000,00 €; bebaute Grundstücke 250.000,00 €; Verbindlichkeiten gegenüber Lieferanten 30.000,00 €; Betriebs- und Geschäftsausstattung 50.000,00 €.

11 Errechnen Sie die Werte der fehlenden Positionen.

| | a) € | b) € | c) € | d) € |
|---|---|---|---|---|
| Anlagevermögen | 520.000,00 | 850.000,00 | ? | 713.000,00 |
| Umlaufvermögen | 380.000,00 | 618.000,00 | 543.000,00 | ? |
| Eigenkapital | ? | 597.000,00 | 1.002.000,00 | 920.000,00 |
| Fremdkapital | 412.000,00 | ? | 650.000,00 | 539.000,00 |

## 2.3 Inventur und Inventar

§ 240 HGB (Handelsgesetzbuch) schreibt dem Kaufmann vor,

- beim Beginn seines Handelsgewerbes und
- zum Schluss eines jeden Geschäftsjahres

sein Vermögen und seine Schulden genau zu verzeichnen.

Dazu sind bestimmte Vermögensteile, wie z. B. Fuhrpark, Maschinen, Geschäftsausstattung, Vorräte und Bargeld, durch

- Messen,
- Zählen,
- Wiegen und
- Schätzen,

also durch **körperliche Bestandsaufnahme,** zu erfassen. Anschließend werden sie bewertet, d. h. in Geldeinheiten ausgedrückt.

Andere Vermögensteile (z. B. Forderungen und Bankguthaben) und die Schulden (z. B. Hypothekenschulden und Lieferantenschulden) sind anhand von Belegen (z. B. Ausgangsrechnungen, Eingangsrechnungen und Kontoauszügen) durch **buchmäßige Bestandsaufnahme** festzustellen.

**Die körperliche und buchmäßige Bestandsaufnahme aller Vermögensteile und Schulden nach Art, Menge und Wert ist die Inventur.**

Das Ergebnis der Inventur wird in einem Bestandsverzeichnis, dem Inventar, aufgezeichnet.

**Das Bestandsverzeichnis aller Vermögensteile und Schulden nach Art, Menge und Wert ist das Inventar.**



635044

## 2.3.1 Die Inventur

Die gesetzlichen Vorschriften erlauben mehrere Inventurverfahren.

### 2.3.1.1 Die zeitnahe Stichtagsinventur

Kleine und mittelgroße Unternehmen sind oft in der Lage, wegen ihrer relativ geringen Lagerbestände die zeitnahe Stichtagsinventur durchzuführen.

Die Finanzverwaltung räumt zur Durchführung der körperlichen Inventur einen Zeitraum von 10 Tagen vor oder von 10 Tagen nach dem Abschlussstichtag ein. Die Bestände müssen dann - belegmäßig nachweisbar - auf den Abschlussstichtag fortgeschrieben bzw. zurückgerechnet werden.

### 2.3.1.2 Die permanente Inventur

Die permanente Inventur (§ 241 Abs. 2 HGB) ermöglicht es, die sonst stoßweise zum Abschlussstichtag anfallenden Inventurarbeiten über das ganze Jahr zu verteilen: Es findet eine ständige, meist EDV-mäßige Bestandsfortschreibung aller Bestände nach Art und Menge anhand der Lagerbücher bzw. der Lagerdatei statt.

Diese permanente Bestandsfortschreibung muss belegmäßig nachprüfbar sein.

Außerdem ist mindestens einmal im Jahr - zu einem beliebigen Zeitpunkt - mit einer körperlichen Bestandsaufnahme zu prüfen, ob der Buchbestand (Sollbestand) mit dem tatsächlichen Bestand (Istbestand) übereinstimmt. Die körperliche Bestandsaufnahme braucht nicht für sämtliche Bestände gleichzeitig durchgeführt zu werden. Sollten Abweichungen vorliegen, so wird der Buchbestand dem tatsächlichen Bestand angepasst. Die Durchführung und das Ergebnis der körperlichen Inventur sind zu dokumentieren.

Die einmal jährlich vorzunehmende körperliche Inventur wird, um die Inventurarbeiten so gering wie möglich zu halten, häufig zu Zeiten mit geringen Vorratsbeständen durchgeführt.

### 2.3.1.3 Die zeitlich verlegte Inventur

Ist eine zeitnahe Stichtagsinventur wegen zu großer Bestände nicht durchführbar und eine permanente Inventur wegen fehlender Bestandsfortschreibung nicht möglich, so wird die zeitlich verlegte Inventur gemäß § 241 Abs. 3 HGB gewählt.

Bei der zeitlich verlegten Inventur wird die körperliche Bestandsaufnahme zu einem Zeitpunkt innerhalb der letzten drei Monate vor oder der ersten zwei Monate nach dem Abschlussstichtag durchgeführt.

Der zum Inventurstichtag ermittelte Bestand wird wertmäßig auf den Abschlussstichtag fortgeschrieben bzw. zurückgerechnet (Wertnachweisverfahren).

### 2.3.1.4 Die mathematisch-statistische Stichprobeninventur

Ein besonderes technisches Verfahren der Bestandsaufnahme ist die mathematisch-statistische Stichprobeninventur (§ 241 Abs. 1 HGB). Der Bestand der Wirtschaftsgüter wird mithilfe mathematisch-statistischer Methoden aufgrund von Stichproben ermittelt. Dieses spezielle Verfahren hat eine große Rationalisierungswirkung.

## 2.3.2 Das Inventar

Die folgende Übersicht zeigt die wesentlichen Merkmale eines Inventars.

| Definition der Hauptgliederungspunkte | Gliederungskriterien[1] | Konkrete Anordnung der Positionen |
|---|---|---|
| Zum **Anlagevermögen**[2] gehören alle Vermögensteile, die langfristig im Unternehmen gebunden sind. Das Anlagevermögen schafft die Grundvoraussetzung der betrieblichen Tätigkeit.<br><br>Zum **Umlaufvermögen**[2] gehören alle Vermögensteile, die nicht längere Zeit im Betrieb verbleiben, sondern umlaufen bzw. umgesetzt werden. Die betriebliche Tätigkeit verändert ständig die Positionen des Umlaufvermögens. | Die Vermögenspositionen werden nach **steigender Liquidität** (Flüssigkeit) angeordnet, d. h.: Vermögenspositionen, die am schwersten in Geld umzuwandeln (liquide zu machen) sind, stehen oben; Vermögenspositionen, die am leichtesten in Geld umzuwandeln sind, stehen unten. | **A. Vermögen**<br>**I. Anlagevermögen**<br>1. Grundstücke und Bauten<br>2. Maschinen<br>3. Fuhrpark<br>4. Betriebs- und Geschäftsausstattung<br>**II. Umlaufvermögen**<br>1. Rohstoffe<br>2. Hilfsstoffe<br>3. Betriebsstoffe<br>4. Unfertige Erzeugnisse<br>5. Fertigerzeugnisse<br>6. Forderungen<br>7. Bargeld (Kasse)<br>8. Guthaben bei Kreditinstituten |
| **Langfristige Schulden**<br>Hierzu zählen insbesondere die Verbindlichkeiten gegenüber Kreditinstituten.<br>**Kurzfristige Schulden**<br>Hierzu zählen insbesondere die Verbindlichkeiten aus Lieferungen und Leistungen. | Die Schulden werden nach **steigender Dringlichkeit der Rückzahlung** angeordnet. Langfristige Schulden stehen oben, kurzfristige Schulden stehen unten. | **B. Schulden (Fremdkapital)**<br>**I. Langfristige Schulden**<br>1. Hypothekenschulden<br>2. Darlehensschulden<br>**II. Kurzfristige Schulden**<br>Lieferantenschulden |
| Das **Reinvermögen (Eigenkapital)** ist der vom Unternehmer bzw. von den Gesellschaftern selbst eingebrachte Teil des Kapitals. | | **C. Errechnung des Reinvermögens (Eigenkapitals)**<br>Vermögen<br>- Schulden<br>= Reinvermögen (Eigenkapital) |

1 Für das Inventar gibt es keine Gliederungsvorschrift. In der Praxis haben sich jedoch Gliederungsregeln gebildet, die sich an die Gliederungsgrundsätze der Bilanz anlehnen.

2 vgl. Kapitel 2.2



635046

## Musterbeispiel eines Inventars

**Inventar der Textilfabrik Konrad Fied KG, Hannover, zum 31. Dezember 20..**

| | € | € |
|---|---|---|
| **A. Vermögen** | | |
| **I. Anlagevermögen** | | |
| 1. Gebäude, Goseriede 41 | | 650.000,00 |
| 2. Maschinen lt. bes. Verzeichnis, Anlage 1 | | 330.000,00 |
| 3. Fuhrpark | | |
| – 2 Lkws | 122.000,00 | |
| – 3 Pkws | 58.000,00 | 180.000,00 |
| 4. Betriebs- und Geschäftsausst. lt. bes. Verzeichnis, Anlage 2 | | 124.000,00 |
| **II. Umlaufvermögen** | | |
| 1. Rohstoffe lt. bes. Verzeichnis, Anlage 3 | | 280.000,00 |
| 2. Hilfsstoffe lt. bes. Verzeichnis, Anlage 4 | | 70.000,00 |
| 3. Betriebsstoffe lt. bes. Verzeichnis, Anlage 5 | | 90.000,00 |
| 4. Unfertige Erzeugnisse lt. bes. Verzeichnis, Anlage 6 | | 250.000,00 |
| 5. Fertigerzeugnisse | | |
| Damenoberbekleidung lt. bes. Verzeichnis, Anlage 7 | 253.000,00 | |
| Herrenoberbekleidung lt. bes. Verzeichnis, Anlage 8 | 278.000,00 | 531.000,00 |
| 6. Forderungen an Kunden | | |
| – Söffgen OHG, Rösrath | 32.800,00 | |
| – Gertrud Schön e. Kffr., Hamburg | 118.700,00 | |
| – Hampe KG, Halle | 28.300,00 | 179.800,00 |
| 7. Kassenbestand | | 25.900,00 |
| 8. Guthaben bei Kreditinstituten | | |
| – Sparkasse Hannover | 78.700,00 | |
| – Hannoversche Volksbank | 64.200,00 | 142.900,00 |
| Summe des Vermögens | | 2.853.600,00 |
| **B. Schulden (Fremdkapital)** | | |
| **I. Langfristige Schulden** | | |
| 1. Hypothek der Sparkasse Hannover | | 525.000,00 |
| 2. Darlehen der Hannoverschen Volksbank | | 645.000,00 |
| **II. Kurzfristige Schulden** | | |
| Verbindlichkeiten gegenüber Lieferanten | 197.000,00 | |
| – B. Müller OHG, Heidelberg | 153.000,00 | |
| – Emut GmbH, Hofgeismar | 119.300,00 | |
| – Vödisch AG, Hannover | | 469.300,00 |
| Summe der Schulden | | 1.639.300,00 |
| **C. Errechnen des Reinvermögens (Eigenkapitals)** | | |
| Summe des Vermögens | | 2.853.600,00 |
| – Summe der Schulden | | 1.639.300,00 |
| = Reinvermögen (Eigenkapital) | | 1.214.300,00 |

Gemäß § 257 Abs. 3 HGB (Handelsgesetzbuch) bzw. § 147 Abs. 2 AO (Abgabenordnung) können Inventare mit den zu ihrem Verständnis erforderlichen Anlagen auch auf Bildträgern, z. B. Mikrokopien, oder auf anderen Datenträgern, z. B. USB-Stick, CD, DVD, Festplatte, aufbewahrt werden, wenn sichergestellt ist, dass sie innerhalb angemessener Frist lesbar gemacht werden können.

Inventare sind 10 Jahre aufzubewahren. Die Aufbewahrungsfrist beginnt mit dem Schluss des Kalenderjahres, in dem das Inventar aufgestellt wurde (§ 257 Abs. 4, 5 HGB bzw. § 147 Abs. 3, 4 AO).

**Zusammenfassung**

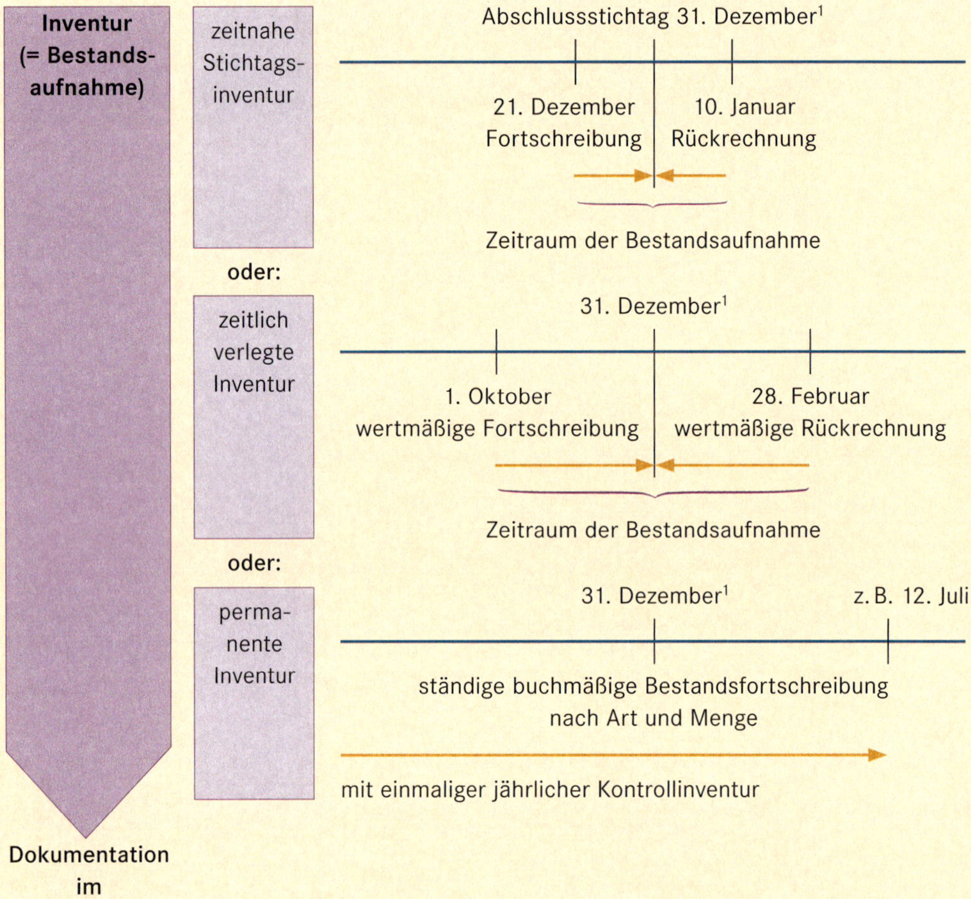


**Inventar (= Bestandsverzeichnis)**

A. Vermögen
- I. Anlagevermögen
- II. Umlaufvermögen

} gegliedert nach steigender Liquidität

B. Schulden (Fremdkapital)
- I. Langfristige Schulden
- II. Kurzfristige Schulden

} gegliedert nach steigender Dringlichkeit der Rückzahlung

C. Reinvermögen (Eigenkapital)

  Vermögen
– Schulden
= Reinvermögen (Eigenkapital)

1. **Die Bestandsaufnahme aller Vermögensteile und Schulden nach Art, Menge und Wert ist die Inventur.**
2. **Nach dem Zeitpunkt der Bestandsaufnahme bzw. dem Zeitraum für die Bestandsaufnahme unterscheidet man die zeitnahe Stichtagsinventur, die zeitlich verlegte Inventur und die permanente Inventur.**
3. **Bei der mathematisch-statistischen Inventur wird der Bestand der Wirtschaftsgüter anhand von Stichproben mathematisch-statistisch ermittelt.**

1 *Annahme:* Geschäftsjahr entspricht dem Kalenderjahr.

4. **Das Bestandsverzeichnis aller Vermögensteile und Schulden nach Art, Menge und Wert ist das Inventar.**
5. **Das Inventar besteht aus den drei Teilen: Vermögen, Schulden und Reinvermögen (= Eigenkapital), wobei sich das Reinvermögen aus der Differenz zwischen Vermögen und Schulden ergibt.**
6. **Inventare sind 10 Jahre aufzubewahren. Die Aufbewahrungsfrist beginnt mit dem Schluss des Kalenderjahres, in dem das Inventar aufgestellt wurde.**

## Aufgaben

1: Definitorische Abgrenzung der Begriffe „Inventur" und „Inventar"
2–5: Inventur
6–11: Inventar
12: Bestandsfortschreibung/Bestandsrückrechnung

1 Unterscheiden Sie definitorisch die Begriffe „Inventur" und „Inventar".

2 a) Worin liegt der Unterschied zwischen einer körperlichen und einer buchmäßigen Inventur?
b) Welche verschiedenen Tätigkeiten sind mit der körperlichen Inventur verbunden?
c) Welche Bestände werden mit der buchmäßigen Inventur ermittelt?

3 Welches Inventurverfahren passt zu welcher Beschreibung (Annahme: Geschäftsjahr entspricht dem Kalenderjahr)? Ordnen Sie zu.

| A Inventurverfahren | B Beschreibung |
|---|---|
| 1. Zeitnahe Stichtagsinventur<br>2. Permanente Inventur<br>3. Zeitlich verlegte Inventur<br>4. Mathematisch-statistische Stichprobeninventur | 1. Die Inventur erfolgt zwischen dem 1. Oktober und dem 28. Februar.<br>2. Aufgrund von Stichproben werden die Bestände errechnet.<br>3. Die körperliche Bestandsaufnahme erfolgt zu einem beliebigen Zeitpunkt.<br>4. Die Inventur wird zwischen dem 21. Dezember und dem 10. Januar vorgenommen. |

4 Stellen Sie die Vor- und Nachteile der in Aufgabe 3 genannten Inventurverfahren heraus.

5 Eine Kombination der Inventurverfahren ist zulässig.
Ordnen Sie den zwei vorgegebenen Vermögensgruppen das jeweils besonders geeignete der beiden vorgegebenen Inventurverfahren zu. Begründen Sie Ihre Zuordnung.

| A Vermögensgruppen | B Inventurverfahren |
|---|---|
| 1. Umlaufvermögen<br>2. Anlagevermögen | 1. Zeitnahe Stichtagsinventur<br>2. Permanente Inventur |

6 a) In welche drei Teile wird das Inventar unterteilt?
b) Stellen Sie eine Gleichung auf, die die Beziehungen zwischen den drei Teilen des Inventars wiedergibt.

7 a) Unterscheiden Sie definitorisch Anlagevermögen und Umlaufvermögen.
b) Nach welchem Gliederungskriterium werden die Vermögensteile im Inventar angeordnet?

8 Nach welchem Gliederungskriterium werden die Schuldenteile im Inventar angeordnet?

9 Ordnen Sie die folgenden Inventarpositionen dem Anlagevermögen, dem Umlaufvermögen, den langfristigen Schulden und den kurzfristigen Schulden zu.
Forderungen an Kunden, Verbindlichkeiten gegenüber Lieferanten, Guthaben bei Kreditinstituten, bebaute Grundstücke, unbebaute Grundstücke, Darlehensschulden, Rohstoffe, Kassenbestand, Hypothekenschulden, Fuhrpark, Postbankguthaben, Betriebs- und Geschäftsausstattung, Fertigerzeugnisse, Maschinen.

AH

10 Der Jeanshersteller Gust GmbH, Frankfurt, hat die unten stehenden Inventurbestände ermittelt. Erstellen Sie das Inventar.

Bebaute Grundstücke (Verwaltungsgebäude 400.000,00 €, Fabrikhalle I 200.000,00 €, Fabrikhalle II 150.000,00 €, Garagen 80.000,00 €); Maschinen lt. besonderem Verzeichnis (Anlage 1) 390.000,00 €; Fuhrpark (2 Lkws 120.000,00 €, 1 Pkw 20.000,00 €); Betriebs- und Geschäftsausstattung lt. besonderem Verzeichnis (Anlage 2) 130.000,00 €; Rohstoffe lt. besonderem Verzeichnis (Anlage 3) 190.000,00 €; Hilfsstoffe lt. besonderem Verzeichnis (Anlage 4) 80.000,00 €; Betriebsstoffe lt. besonderem Verzeichnis (Anlage 5) 110.000,00 €; Unfertige Erzeugnisse lt. besonderem Verzeichnis (Anlage 6) 340.000,00 €; Fertigerzeugnisse lt. besonderem Verzeichnis (Anlage 7) 710.000,00 €; Forderungen (Kunde Fielers OHG 78.000,00 €, Kunde Mehlert KG 64.000,00 €, Kunde Kretzer OHG 59.000,00 €); Kassenbestand 8.200,00 €; Guthaben bei Kreditinstituten (Frankfurter Sparkasse 111.000,00 €, Frankfurter Volksbank 98.000,00 €); Hypothekenschulden bei der Frankfurter Volksbank 680.000,00 €; Darlehensschulden (Frankfurter Sparkasse 750.000,00 €, Frankfurter Volksbank 260.000,00 €); Verbindlichkeiten (Lieferant Yildiz KG 92.000,00 €, Lieferant Eitner OHG 61.000,00 €, Lieferant Goll KG 48.000,00 €).

AH

11 Die Möbelfabrik Mobilia GmbH, München, hat die unten stehenden Inventurbestände ermittelt.
a) Ordnen Sie die unten stehenden Inventarpositionen nach den Gliederungskriterien des Inventars.
b) Erstellen Sie das Inventar.

Betriebsstoffe lt. besonderem Verzeichnis 130.000,00 €; Maschinen lt. besonderem Verzeichnis 460.000,00 €; Kassenbestand 14.000,00 €; Betriebs- und Geschäftsausstattung lt. besonderem Verzeichnis 138.000,00 €; Hypothekenschulden bei der Deutschen Bank 830.000,00 €; Fertigerzeugnisse (Polstermöbel lt. besonderem Verzeichnis 850.000,00 €, Schränke lt. besonderem Verzeichnis 735.000,00 €, Tische lt. besonderem Verzeichnis 650.000,00 €, Betten lt. besonderem Verzeichnis 430.000,00 €, Stühle lt. besondere Verzeichnis 120.000,00 €); bebaute Grundstücke (Verwaltungsgebäude 600.000,00 €, Fabrikhalle 400.000,00 €); Darlehensschulden (Deutsche Bank 950.000,00 €, Commerzbank 1.620.000,00 €); Rohstoffe lt. besonderem Verzeichnis 310.000,00 €; Fuhrpark (4 Lkws 190.000,00 €, 1 Pkw 16.000,00 €); Verbindlichkeiten (Lieferant Warda OHG 280.000,00 €, Lieferant Schulz KG 397.000,00 €, Lieferant Biskup OHG 367.000,00 €, Lieferant Schenk KG 155.000,00 €); Forderungen (Kunde Richter KG 125.000,00 €, Kunde Engelke OHG 218.000,00 €); Guthaben bei Kreditinstituten (Deutsche Bank 102.000,00 €, Commerzbank 96.000,00 €); Unfertige Erzeugnisse lt. besonderem Verzeichnis 790.000,00 €; Hilfsstoffe lt. besonderem Verzeichnis 60.000,00 €.

12 Der Sportartikelhersteller Seifert KG, Lübeck, der Lederbälle als Handelsware führt, macht eine zeitlich verlegte Inventur.

a) Die körperliche Bestandsaufnahme nach Art, Menge und Wert erfolgt am 20. Okt. 20.. (Abschlussjahr). Wertmäßig werden folgende Warenbestände festgestellt:
Lederfußball ......... 650.000,00 €, Lederhandball ............ 228.000,00 €
In der Zeit bis zum Abschlussstichtag sind folgende Bestandsveränderungen zu verzeichnen:
**Lederfußball:** Einkäufe .................. 58.000,00 €
Verkäufe ................. 93.000,00 €

| | | |
|---|---|---|
| **Lederhandball:** | Einkäufe .................. | 87.000,00 € |
| | Verkäufe .................. | 71.000,00 € |

Ermitteln Sie die Inventurbestände zum Abschlussstichtag.

b) Die körperliche Bestandsaufnahme nach Art, Menge und Wert erfolgt am 5. Febr. 20.. (Folgejahr). Wertmäßig werden folgende Warenbestände festgestellt:

Lederfußball ......... 590.000,00 €, Lederhandball ............ 254.000,00 €

In der Zeit vom Abschlussstichtag bis zum Inventurtag sind folgende Bestandsveränderungen zu verzeichnen:

| | | |
|---|---|---|
| **Lederfußball:** | Einkäufe .................. | 61.000,00 € |
| | Verkäufe .................. | 47.000,00 € |
| **Lederhandball:** | Einkäufe .................. | 72.000,00 € |
| | Verkäufe .................. | 55.000,00 € |

Ermitteln Sie die Inventurbestände zum Abschlussstichtag.

### 2.3.3 Erfolgsermittlung durch Eigenkapitalvergleich

Der Vergleich des Eigenkapitals am Anfang des Geschäftsjahres mit dem Eigenkapital am Ende des Geschäftsjahres zeigt an, ob ein **Gewinn** oder ein **Verlust** erzielt wurde.

**Beispiel**

| | | **Fall 1** | **Fall 2** |
|---|---|---|---|
| | Eigenkapital am Ende des Geschäftsjahres ....... | 500.000,00 € | 500.000,00 € |
| – | Eigenkapital am Anfang des Geschäftsjahres ..... | 400.000,00 € | 560.000,00 € |
| = | Eigenkapitalmehrung = Gewinn ................ | + 100.000,00 € | |
| = | Eigenkapitalminderung = Verlust .............. | | – 60.000,00 € |

Eine Eigenkapitalveränderung wird auch durch **Privatentnahmen** und **Privateinlagen** hervorgerufen.

Bringt der Unternehmer Vermögensgegenstände (z. B. Geld, Auto, PC) in den Betrieb ein, so spricht man von einer **Privateinlage.** Eine Privateinlage führt zu einer **Eigenkapitalmehrung.**

Entnimmt der Unternehmer dem Betrieb Vermögensgegenstände (z. B. Geld, Waren), so liegt eine **Privatentnahme** vor. Diese führt zu einer **Eigenkapitalminderung.**

Soll der reine Unternehmenserfolg (Gewinn oder Verlust) ermittelt werden, so müssen Privateinlagen von der Eigenkapitalveränderung abgezogen und Privatentnahmen müssen zur Eigenkapitalveränderung hinzuaddiert werden.

**Beispiel**

| | | |
|---|---|---|
| | Eigenkapital am Ende des Geschäftsjahres .................... | 1.000.000,00 € |
| – | Eigenkapital am Anfang des Geschäftsjahres .................. | 800.000,00 € |
| = | Eigenkapitalmehrung .................................... | 200.000,00 € |
| – | Privateinlagen während des Geschäftsjahres .................. | 10.000,00 € |
| + | Privatentnahmen während des Geschäftsjahres ................ | 80.000,00 € |
| = | Gewinn ............................................. | 270.000,00 € |

**Aufgaben**

1 Das Inventar der Textilfabrik Konrad Fied KG, 30159 Hannover, weist am Geschäftsjahresanfang ein Eigenkapital von 980.000,00 € aus. Am Geschäftsjahresende ergibt sich aus dem Inventar ein Eigenkapital von 1.030.000,00 €. Während des Geschäftsjahres hat Herr Fied dem Unternehmen 90.000,00 € entnommen. Ermitteln Sie den Erfolg (Gewinn oder Verlust) des Unternehmens.

2 Am Geschäftsjahresanfang beträgt das Eigenkapital eines Handwerksbetriebes 250.000,00 €. Durch Inventur werden am Geschäftsjahresende eine Vermögenssumme von 470.000,00 € und eine Schuldensumme von 320.000,00 € ermittelt. Dem Betrieb wurden während des Geschäftsjahres 80.000,00 € entnommen. Wie hoch ist der Erfolg (Gewinn oder Verlust) des Handwerksbetriebes?

3 Werte am **Geschäftsjahresanfang:**

| | | | |
|---|---|---|---|
| Summe des Vermögens . . . | 680.000,00 €, | Summe der Schulden . . . . . . | 410.000,00 € |

Werte am **Geschäftsjahresende:**

| | | | |
|---|---|---|---|
| Summe des Vermögens . . . | 770.000,00 €, | Summe der Schulden . . . . . . | 440.000,00 € |
| Privateinlagen . . . . . . . . . . | 30.000,00 €, | Privatentnahmen . . . . . . . . . | 110.000,00 € |

Errechnen Sie den Gewinn bzw. Verlust.

## 2.4 Bilanz

Inventare liefern Detailinformationen über Menge, Art und Wert aller Vermögensteile und Schulden. Sie haben den Nachteil, aufgrund ihrer Ausführlichkeit unübersichtlich zu sein. Aus diesem Grund schreibt § 242 Abs. 1 HGB dem Kaufmann vor, neben dem Inventar eine Bilanz aufzustellen.

**Eine Bilanz ist ein kurz gefasstes Inventar.**

Die folgende Tabelle stellt die Unterschiede zwischen einer Bilanz und einem Inventar heraus:

| | Inventar | Bilanz |
|---|---|---|
| **Umfang** | Einzelpositionen und Hauptpositionen | Hauptpositionen |
| **Maßangabe** | Mengen- und Wertangaben | Wertangaben |
| **äußere Form** | Anordnung der Positionen untereinander (Staffelform) | Anordnung von Vermögen[1] und Kapital[1] nebeneinander (Kontenform) |
| **Unterschrift** | nicht erforderlich | Unterschrift des Unternehmers |

In der Bilanz werden Vermögen und Kapital gegenübergestellt. Das Vermögen (= Mittelverwendung) steht auf der linken Seite der Bilanz und wird als **Aktiva** bezeichnet. Das Kapital (= Mittelherkunft) steht auf der rechten Seite der Bilanz und wird als **Passiva** bezeichnet.

Da Vermögen und Kapital gleich groß sind,[1] müssen die Summen der **Aktivseite** und der **Passivseite** zwingend identisch sein. Aus der Gleichheit von Aktiva (Vermögen) und Passiva (Kapital) ist der Begriff „Bilanz" abgeleitet (italienisch: bilancia = Waage).

Ebenso wie im Inventar wird in der Bilanz das Vermögen in Anlagevermögen und Umlaufvermögen untergliedert. Die Anordnung der einzelnen Vermögenspositionen erfolgt nach **steigender Liquidität**[2].

Das Kapital untergliedert sich in Eigenkapital und Schulden. Die Anordnung der einzelnen Kapitalpositionen wird nach **steigender Dringlichkeit der Rückzahlung**[2] vorgenommen.

1 vgl. Kapitel 2.2

2 Vereinfachte Aussage, vgl. § 247 HGB bzw. § 266 HGB



635052

**Beispiel**

| Aktiva | Bilanz zum 31. Dezember 20.. | | Passiva |
|---|---|---|---|
| **A. Anlagevermögen** | | **A. Eigenkapital** .................. | 1.884.300,00 |
| 1. Gebäude .................. | 650.000,00 | **B. Schulden** | |
| 2. Maschinen ............... | 590.000,00 | 1. Hypothekenschulden ........ | 525.000,00 |
| 3. Fuhrpark .................. | 180.000,00 | 2. Darlehensschulden .......... | 1.245.000,00 |
| 4. Betriebs- und Gesch.-Ausst. .. | 224.000,00 | 3. Verbindlichkeiten a. LL[1] ...... | 818.300,00 |
| **B. Umlaufvermögen** | | | |
| 1. Rohstoffe ................. | 610.000,00 | | |
| 2. Hilfsstoffe ................. | 190.000,00 | | |
| 3. Betriebsstoffe .............. | 140.000,00 | | |
| 4. Unfertige Erzeugnisse ........ | 430.000,00 | | |
| 5. Fertigerzeugnisse ........... | 920.000,00 | | |
| 6. Forderungen a. LL[1] .......... | 179.800,00 | | |
| 7. Kasse[2] .................. | 15.900,00 | | |
| 8. Guthaben bei Kreditinstituten[2] | 342.900,00 | | |
| | 4.472.600,00 | | 4.472.600,00 |

Hannover, 5. Januar 20.. Konrad Fied

Wie die Bilanz aufzustellen ist, ergibt sich aus einer Reihe handelsrechtlicher Vorschriften:

| HGB | Vorschrift |
|---|---|
| § 243 Abs. 1, 2 | Der Jahresabschluss ist nach den Grundsätzen ordnungsmäßiger Buchführung aufzustellen. Er muss klar und übersichtlich sein. |
| § 244 | Der Jahresabschluss ist in deutscher Sprache und in Euro aufzustellen. |
| § 245 | Der Jahresabschluss ist vom Kaufmann unter Angabe des Datums zu unterzeichnen. Sind mehrere persönlich haftende Gesellschafter[3] vorhanden, so haben sie alle zu unterzeichnen. |
| § 247 Abs. 1 | Nur für Einzelkaufleute[3] und Personengesellschaften[3] mit mindestens einer natürlichen Person[4] als Vollhafter (z. B. OHG, KG): In der Bilanz sind das Anlage- und das Umlaufvermögen, das Eigenkapital, die Schulden sowie die Rechnungsabgrenzungsposten gesondert auszuweisen und hinreichend aufzugliedern. |
| § 266 Abs. 1, 2, 3 | Nur für Kapitalgesellschaften[3] (z. B. AG, GmbH): Siehe Rückseite des Kontenrahmens. (Obwohl § 266 HGB sich nur auf Kapitalgesellschaften bezieht, ist das in diesem Paragrafen vorgegebene Bilanzschema grundsätzlich als ordnungsmäßige Bilanzgliederung anzusehen.) |
| § 257 Abs. 4, 5 | Bilanzen sind 10 Jahre aufzubewahren. Die Aufbewahrungsfrist beginnt mit dem Schluss des Kalenderjahres, in dem die Bilanz aufgestellt[5] wurde. |

1 a. LL = aus Lieferungen und Leistungen

2 Die Reihenfolge von „Kasse" (= **Bargeld**) und „Guthaben bei Kreditinstituten" (= **Buchgeld**) kann auch geändert werden. *Hinweis für die Lehrerin/den Lehrer:* Im „IKR" wird „Guthaben bei Kreditinstituten" zuerst genannt. In der „Gliederung der Jahresbilanz für mittelgroße und große Kapitalgesellschaften" nach § 266 HGB wird unter „B. IV" Kasse zuerst aufgeführt.

3 *Hinweis für die Schülerin/den Schüler:* Haben Sie im Unterricht die „Unternehmensformen" noch nicht besprochen, so ignorieren Sie bitte die entsprechenden Hinweise.

4 Gibt es bei Personengesellschaften keine natürliche Person als Vollhafter (z. B. GmbH & Co. KG), so gelten die Vorschriften der Kapitalgesellschaften.

5 Wird z. B. die Bilanz für 2012 am 25.04.2013 aufgestellt, so beginnt die 10-jährige Aufbewahrungsfrist am 01.01.2014 und endet am 31.12.2023.

**Zusammenfassung**

gegliedert nach steigender Liquidität

| Aktiva | Bilanz | Passiva |
|---|---|---|
| A. Anlagevermögen | | A. Eigenkapital |
| B. Umlaufvermögen | | B. Schulden |
| Summe Vermögen | = | Summe Kapital |

gegliedert nach steigender Dringlichkeit der Rückzahlung

1. **Die Bilanz wird aufgrund des Inventars erstellt. Sie ist ein kurz gefasstes Inventar.**
2. **In der Bilanz werden Vermögen (= Aktiva) und Kapital (= Passiva) gegenübergestellt.**
3. **Einzelkaufleute und Personengesellschaften mit mindestens einer natürlichen Person als Vollhafter (z. B. OHG, KG) haben in der Bilanz das Anlage- und das Umlaufvermögen, das Eigenkapital und die Schulden gesondert auszuweisen und hinreichend aufzugliedern (§ 247 Abs. 1 HGB).[1]**
4. **Kapitalgesellschaften (z. B. AG, GmbH) und Personengesellschaften, die keine natürliche Person als Vollhafter haben (z. B. GmbH & Co. KG), ist die Bilanzgliederung handelsrechtlich detailliert vorgeschrieben (vgl. § 266 Abs. 1–3 HGB).[1]**
5. **Bilanzen sind 10 Jahre aufzubewahren. Die Aufbewahrungsfrist beginnt mit dem Schluss des Kalenderjahres, in dem die Bilanz aufgestellt[2] wurde.**

## Aufgaben

1 Stellen Sie die Unterschiede zwischen einer Bilanz und einem Inventar heraus.

AH

2 Welche **Fehler** enthält die folgende Bilanz? Erstellen Sie die korrekte Bilanz.

| Aktiva | Bilanz zum 31. Dezember 20.. | | Passiva |
|---|---|---|---|
| A. Eigenkapital | 2.588.000,00 | A. Umlaufvermögen | |
| B. Schulden | | 1. Gebäude | 1.580.000,00 |
| 1. Hypothekenschulden | 1.410.000,00 | 2. Maschinen | 945.000,00 |
| 2. Darlehensschulden | 1.250.000,00 | 3. Betriebs- und Gesch.-Ausst. | 340.000,00 |
| 3. Verbindlichkeiten a. LL | 580.000,00 | B. Anlagevermögen | |
| | | 1. Rohstoffe | 460.000,00 |
| | | 2. Hilfsstoffe | 180.000,00 |
| | | 3. Betriebsstoffe | 120.000,00 |
| | | 4. Unfertige Erzeugnisse | 390.000,00 |
| | | 5. Fertigerzeugnisse | 980.000,00 |
| | | 6. Forderungen a. LL | 563.000,00 |
| | | 7. Kasse | 18.000,00 |
| | | 8. Guthaben bei Kreditinstituten | 252.000,00 |
| | 5.828.000,00 | | 5.828.000,00 |

falsch

Hannover, 31. Dezember 20..

i. V. Adam

AH

3 Erstellen Sie aus den Inventaren der Aufgaben 10 und 11 des Kapitels „2.3 Inventur und Inventar“ die entsprechenden Bilanzen.

1 *Hinweis für die Schülerin/den Schüler:* Haben Sie im Unterricht die „Unternehmensformen“ noch nicht besprochen, so ignorieren Sie bitte die entsprechenden Hinweise.

2 Einzelkaufleute und Personengesellschaften mit mindestens einer natürlichen Person als Vollhafter müssen die Bilanz innerhalb einer angemessenen Zeit nach Ablauf des Geschäftsjahres aufstellen (später als 12 Monate nach Ablauf des Geschäftsjahres gilt nicht mehr als rechtzeitig). Kleine Kapitalgesellschaften (siehe Kapitel 5.5.1) haben 6 Monate Zeit, große und mittelgroße Kapitalgesellschaften (siehe Kapitel 5.5.1) 3 Monate.

AH

4 Erstellen Sie aufgrund der folgenden Angaben eine Bilanz.

| | a) € | b) € |
|---|---|---|
| Gebäude | 1.680.000,00 | 1.720.000,00 |
| Maschinen | 880.000,00 | 990.000,00 |
| Fuhrpark | 270.000,00 | 290.000,00 |
| Betriebs- und Geschäftsausstattung | 370.000,00 | 410.000,00 |
| Rohstoffe | 450.000,00 | 520.000,00 |
| Hilfsstoffe | 90.000,00 | 80.000,00 |
| Betriebsstoffe | 120.000,00 | 140.000,00 |
| Unfertige Erzeugnisse | 510.000,00 | 380.000,00 |
| Fertigerzeugnisse | 970.000,00 | 1.200.000,00 |
| Forderungen a. LL | 250.000,00 | 340.000,00 |
| Kasse | 78.000,00 | 95.000,00 |
| Guthaben bei Kreditinstituten (Bank) | 360.000,00 | 410.000,00 |
| Hypothekenschulden | 1.400.000,00 | 1.500.000,00 |
| Darlehensschulden | 2.500.000,00 | 2.800.000,00 |
| Verbindlichkeiten a. LL | 220.000,00 | 310.000,00 |

AH

5 Ordnen Sie die unten stehenden Bilanzpositionen nach den Gliederungskriterien der Bilanz. Erstellen Sie die Bilanz.

| | a) € | b) € |
|---|---|---|
| Hypothekenschulden | 480.000,00 | 150.000,00 |
| Guthaben bei Kreditinstituten (Bank) | 0,00 | 135.000,00 |
| Bebaute Grundstücke | 610.000,00 | 200.000,00 |
| Rohstoffe | 330.000,00 | 291.000,00 |
| Verbindlichkeiten a. LL | 287.000,00 | 180.000,00 |
| Fuhrpark | 0,00 | 189.000,00 |
| Forderungen a. LL | 193.000,00 | 133.000,00 |
| Postbank | 98.000,00 | 0,00 |
| Maschinen | 230.000,00 | 480.000,00 |
| Darlehensschulden | 751.000,00 | 790.000,00 |
| Betriebs- und Geschäftsausstattung | 163.000,00 | 138.000,00 |
| Fertigerzeugnisse | 560.000,00 | 430.000,00 |

6 Welche Aussagen sind richtig bzw. falsch? Begründen Sie Ihre Meinung.

1. Bilanzen sind 12 Jahre und Inventare 8 Jahre aufzubewahren.
2. Ein Inventar enthält detailliertere Angaben als eine Bilanz.
3. Das Vermögen wird in der Bilanz als Passiva bezeichnet.
4. Auf der Aktivseite steht die Position „Rohstoffe" über der Position „Maschinen".
5. In der Bilanz stehen Mengen- und Wertangaben.
6. In der Bilanz werden Vermögen und Kapital in Kontenform gegenübergestellt.
7. Die rechte Seite der Bilanz ist die Aktivseite.
8. Bilanzen können von Prokuristen unterschrieben werden.
9. Die Anordnung der Vermögenspositionen auf der Aktivseite erfolgt nach „steigender Dringlichkeit der Rückzahlung".
10. Die Anordnung der Kapitalpositionen auf der Passivseite erfolgt nach „steigender Liquidität".
11. Eine Bilanz, die am 20. Januar 2013 aufgestellt wurde, kann am 21. Januar 2023 vernichtet werden.

## 2.5 Das System der doppelten Buchführung

### 2.5.1 Die vier Möglichkeiten der Bilanzveränderung

Die Bilanz verändert sich durch Geschäftsfälle. Da Vermögen (Aktiva) und Kapital (Passiva) zwingend gleich groß sind, bleibt dabei das Bilanzgleichgewicht gewahrt.

Man unterscheidet grundsätzlich vier Möglichkeiten der Bilanzveränderung:

**Aktivtausch, Passivtausch, Aktiv-Passiv-Mehrung, Aktiv-Passiv-Minderung.**

**Beispiel**

Am Anfang des Geschäftsjahres stellt ein Industriebetrieb folgende Ausgangsbilanz auf:

**Ausgangsbilanz**

| Aktiva | | Passiva | |
|---|---|---|---|
| Maschinen | 183.000,00 | Eigenkapital | 169.000,00 |
| Rohstoffe | 110.000,00 | Darlehensschulden | 155.000,00 |
| Kasse | 18.000,00 | Verbindlichkeiten a. LL | 19.000,00 |
| Guthaben bei Kreditinstituten | 32.000,00 | | |
| | 343.000,00 | | 343.000,00 |

**Geschäftsfall 1:** Der Industriebetrieb kauft eine Maschine bar für 10.000,00 €.
Die Ausgangsbilanz ändert sich folgendermaßen:

**Bilanz 1**

| Aktiva | | Passiva | |
|---|---|---|---|
| Maschinen | 193.000,00 | Eigenkapital | 169.000,00 |
| Rohstoffe | 110.000,00 | Darlehensschulden | 155.000,00 |
| Kasse | 8.000,00 | Verbindlichkeiten a. LL | 19.000,00 |
| Guthaben bei Kreditinstituten | 32.000,00 | | |
| | 343.000,00 | | 343.000,00 |

Durch den Kauf der Maschine wächst die Position „Maschinen" um **10.000,00 €** auf **193.000,00 €**. Die Kasse vermindert sich im selben Maß auf **8.000,00 €**.

Da ein Werttausch lediglich auf der Aktivseite der Bilanz stattfindet, bezeichnet man diese Bilanzveränderung als **Aktivtausch.**

**Geschäftsfall 2:** Verbindlichkeiten a. LL beim Lieferanten in Höhe von 8.000,00 € werden in langfristige Darlehensschulden umgewandelt.
Die Bilanz 1 ändert sich folgendermaßen:

**Bilanz 2**

| Aktiva | | Passiva | |
|---|---|---|---|
| Maschinen | 193.000,00 | Eigenkapital | 169.000,00 |
| Rohstoffe | 110.000,00 | Darlehensschulden | 163.000,00 |
| Kasse | 8.000,00 | Verbindlichkeiten a. LL | 11.000,00 |
| Guthaben bei Kreditinstituten | 32.000,00 | | |
| | 343.000,00 | | 343.000,00 |

Die Darlehensschulden wachsen um **8.000,00 €** auf **163.000,00 €** und die Verbindlichkeiten a. LL vermindern sich um denselben Betrag auf **11.000,00 €**.

In diesem Fall findet ein Werttausch auf der Passivseite der Bilanz statt. Man spricht von einem **Passivtausch.**

**Geschäftsfall 3:** Der Industriebetrieb kauft Rohstoffe auf Ziel für 6.300,00 €.

Die Bilanz 2 ändert sich folgendermaßen:

| Aktiva | | Bilanz 3 | Passiva |
|---|---|---|---|
| Maschinen | 193.000,00 | Eigenkapital | 169.000,00 |
| Rohstoffe | 116.300,00 | Darlehensschulden | 163.000,00 |
| Kasse | 8.000,00 | Verbindlichkeiten a. LL | 17.300,00 |
| Guthaben bei Kreditinstituten | 32.000,00 | | |
| | 349.300,00 | | 349.300,00 |

Der Rohstoffbestand erhöht sich um **6.300,00 €** auf **116.300,00 €**. Um denselben Betrag steigen die Verbindlichkeiten a. LL auf **17.300,00 €**.

Da sich Positionen der Aktivseite und der Passivseite mehren, nennt man diese Bilanzveränderungen **Aktiv-Passiv-Mehrung.**

**Geschäftsfall 4:** Der Industriebetrieb begleicht Lieferantenverbindlichkeiten in Höhe von 5.500,00 € durch Banküberweisung.

Die Bilanz 3 ändert sich folgendermaßen:

| Aktiva | | Bilanz 4 | Passiva |
|---|---|---|---|
| Maschinen | 193.000,00 | Eigenkapital | 169.000,00 |
| Rohstoffe | 116.300,00 | Darlehensschulden | 163.000,00 |
| Kasse | 8.000,00 | Verbindlichkeiten a. LL | 11.800,00 |
| Guthaben bei Kreditinstituten | 26.500,00 | | |
| | 343.800,00 | | 343.800,00 |

Das Guthaben bei Kreditinstituten mindert sich um **5.500,00 €** auf **26.500,00 €**. Die Verbindlichkeiten a. LL sinken im selben Maß auf **11.800,00 €**.

Positionen der Aktivseite und der Passivseite mindern sich. Man spricht von einer **Aktiv-Passiv-Minderung.**

**Zusammenfassung**

**1. Aktivtausch**

| Aktiva | Bilanz Passiva |
|---|---|
| Mehrung einer Position + | |
| Minderung einer Position − | |

**2. Passivtausch**

| Aktiva Bilanz | Passiva |
|---|---|
| | Mehrung einer Position + |
| | Minderung einer Position − |

**3. Aktiv-Passiv-Mehrung**

| Aktiva | Bilanz Passiva |
|---|---|
| Mehrung einer Position + | Mehrung einer Position + |

**4. Aktiv-Passiv-Minderung**

| Aktiva | Bilanz Passiva |
|---|---|
| Minderung einer Position − | Minderung einer Position − |

**Die Gleichheit von Aktiva (Vermögen) und Passiva (Kapital) wird durch Bilanzveränderungen nicht beeinträchtigt.**

## Aufgaben

1 Nennen Sie
a) zum Aktivtausch,
b) zum Passivtausch,
c) zur Aktiv-Passiv-Mehrung und
d) zur Aktiv-Passiv-Minderung
je zwei Beispiele.

2 Geben Sie zu den folgenden Geschäftsfällen an,

a) welche Bilanzpositionen berührt werden,
b) ob eine Minderung oder Mehrung der jeweiligen Bilanzposition bewirkt wird und
c) welche Art der Bilanzveränderung vorliegt.

1. Ein Kunde überweist auf unser Postbankkonto.
2. Wir zahlen eine Darlehensschuld durch Banküberweisung zurück.
3. Wir zahlen Bargeld auf unser Bankkonto ein.
4. Wir wandeln eine Darlehensschuld in eine Hypothekenschuld um.
5. Wir kaufen Rohstoffe auf Ziel.
6. Wir heben Geld von unserem Postbankkonto ab.
7. Wir verkaufen eine gebrauchte Maschine auf Ziel.
8. Wir begleichen Lieferantenverbindlichkeiten durch Banküberweisung.
9. Wir wandeln eine Lieferantenverbindlichkeit in eine Darlehensschuld um.
10. Wir verkaufen einen gebrauchten PC bar.

AH

3 Erstellen Sie nach den folgenden Angaben die Bilanz.
Maschinen 178.000,00 €; Rohstoffe 110.000,00 €; Fertigerzeugnisse 250.000,00 €; Forderungen a. LL 60.000,00 €; Kasse 20.000,00 €; Postbank 54.000,00 €; Guthaben bei Kreditinstituten (Bank) 66.000,00 €; Eigenkapital ?; Darlehensschulden 390.000,00 €; Verbindlichkeiten a. LL 100.000,00 €.

a) Erstellen Sie nach jedem der folgenden Geschäftsfälle die neue Bilanz.
b) Geben Sie zu jedem Geschäftsfall an, welche Möglichkeit der Bilanzveränderung vorliegt.

1. Zielverkauf einer gebrauchten Maschine .............................. 20.000,00 €
2. Umwandlung einer Verbindlichkeit a. LL in eine Darlehensschuld ......... 10.000,00 €
3. Zieleinkauf von Rohstoffen ........................................ 30.000,00 €
4. Tilgung einer Darlehensschuld durch Banküberweisung ................. 5.000,00 €
5. Überweisung vom Postbankkonto auf das Bankkonto .................. 8.000,00 €

AH

4 Erstellen Sie nach den folgenden Angaben die Bilanz.
Bebaute Grundstücke 250.000,00 €; Maschinen 80.000,00 €; Rohstoffe 115.000,00 €; Forderungen a. LL 11.000,00 €; Kasse 10.000,00 €; Guthaben bei Kreditinstituten (Bank) 17.000,00 €; Eigenkapital ?; Hypothekenschulden 120.000,00 €; Darlehensschulden 38.000,00 €; Verbindlichkeiten a. LL 20.000,00 €.

a) Erstellen Sie nach jedem der folgenden Geschäftsfälle die neue Bilanz.
b) Geben Sie zu jedem Geschäftsfall an, welche Möglichkeit der Bilanzveränderung vorliegt.

1. Umwandlung einer Darlehensschuld in eine Hypothekenschuld .......... 16.000,00 €
2. Kunde begleicht Rechnung durch Banküberweisung ................... 3.600,00 €
3. Wir begleichen Lieferantenrechnung durch Banküberweisung ........... 3.000,00 €
4. Wir wandeln kurzfristige Lieferantenschulden in eine langfristige Darlehensschuld um ............................ 8.500,00 €
5. Wir tilgen eine Hypothekenschuld durch Banküberweisung ............. 7.000,00 €



635058

## 2.5.2 Von der Eröffnung der Bestandskonten bis zum Abschluss der Bestandskonten

Jeder Geschäftsfall ändert die Bilanz. Nach jedem Geschäftsfall eine neue Bilanz zu erstellen, wäre ein zu aufwendiges Verfahren. Man löst daher die Bilanz in einzelne Verrechnungsstellen, sogenannte Konten, auf.

**Für jeden Bilanzposten wird ein Konto geführt.**

Aus der Aktivseite der Bilanz werden die **„aktiven Bestandskonten“** (oder auch **„Aktivkonten“**) abgeleitet, aus der Passivseite der Bilanz die **„passiven Bestandskonten“** (oder auch **„Passivkonten“**).

Zum Geschäftsjahresanfang wird aufgrund der Inventurwerte die Bilanz erstellt. Die Inventurwerte sind zugleich die Anfangsbestände der aktiven und passiven Bestandskonten.

1. Erstellen der Bilanz am Geschäftsjahresanfang

### Schemadarstellung

| Aktiva | Bilanz[1] Passiva |
|---|---|
| Inventurwerte | Inventurwerte |
| = Anfangsbestände der aktiven Bestandskonten | = Anfangsbestände der passiven Bestandskonten |

### Beispiel

| Aktiva | | Bilanz[1] | Passiva |
|---|---|---|---|
| Maschinen | 40.000,00 | Eigenkapital | 50.000,00 |
| Rohstoffe | 20.000,00 | Darlehensschulden | 30.000,00 |
| Forderungen a. LL | 10.000,00 | Verbindlichkeiten a. LL | 5.000,00 |
| Guthaben bei Kreditinstituten | 15.000,00 | | |
| | 85.000,00 | | 85.000,00 |

2. Übertragen der Anfangsbestände auf die Bestandskonten am Geschäftsjahresanfang

Aus der Bilanz werden die Anfangsbestände auf die aktiven und passiven Bestandskonten vorgetragen.

Dabei trägt man die Anfangsbestände der **aktiven Bestandskonten** auf der **linken Kontoseite,** genannt **Sollseite (S),** ein. Begründung: Die Anfangsbestände der aktiven Bestandskonten stehen in der Bilanz auch auf der linken Seite.

Entsprechend werden die Anfangsbestände der **passiven Bestandskonten** auf der **rechten Kontoseite,** genannt **Habenseite (H),** vorgetragen.

### Schemadarstellung

| Soll | aktives Bestandskonto Haben |
|---|---|
| Anfangsbestand | |

| Soll | passives Bestandskonto Haben |
|---|---|
| | Anfangsbestand |

### Beispiel

| Soll | | Rohstoffe | Haben |
|---|---|---|---|
| AB | 20.000,00 | | |

| Soll | | Verbindlichkeiten a. LL | Haben |
|---|---|---|---|
| | | AB | 5.000,00 |

1 *Hinweis für die Lehrerin/den Lehrer:* Die Bilanz wird ab Kapitel 2.5.4 durch das Eröffnungsbilanzkonto bzw. durch das Schlussbilanzkonto ersetzt. An dieser Stelle wird aus methodisch-didaktischen Gründen vereinfacht.

3. Buchen der Geschäftsfälle im Laufe des Geschäftsjahres

Die Geschäftsfälle, die während der Rechnungsperiode anfallen, mehren oder mindern die Anfangsbestände der aktiven und passiven Bestandskonten.

**Bestandsmehrungen werden auf aktiven Bestandskonten im Soll, auf passiven Bestandskonten im Haben gebucht.**

### Schemadarstellung

| Soll | aktives Bestandskonto | Haben |
|---|---|---|
| Anfangsbestand<br>+ Bestandsmehrungen | | |

| Soll | passives Bestandskonto | Haben |
|---|---|---|
| | | Anfangsbestand<br>+ Bestandsmehrungen |

### Beispiel

Rohstoffeinkauf auf Ziel 3.000,00 €. (Es ist eine **Bestandsmehrung** sowohl auf dem aktiven Bestandskonto „Rohstoffe" als auch auf dem passiven Bestandskonto „Verbindlichkeiten a. LL" zu buchen.)

| Soll | Rohstoffe | | Haben |
|---|---|---|---|
| AB | 20.000,00 | | |
| Verb. a. LL | 3.000,00 | | |

| Soll | Verbindlichkeiten a. LL | | Haben |
|---|---|---|---|
| | | AB | 5.000,00 |
| | | Rohstoffe | 3.000,00 |

Vor die gebuchten Beträge werden die Gegenkonten eingetragen, um die Gegenbuchungen kenntlich zu machen.

**Bestandsminderungen werden auf aktiven Bestandskonten im Haben, auf passiven Bestandskonten im Soll gebucht.**

### Schemadarstellung

| Soll | aktives Bestandskonto | Haben |
|---|---|---|
| Anfangsbestand<br>+ Bestandsmehrungen | | – Bestandsminderungen |

| Soll | passives Bestandskonto | Haben |
|---|---|---|
| – Bestandsminderungen | | Anfangsbestand<br>+ Bestandsmehrungen |

### Beispiel

Tilgung einer Darlehensschuld durch Banküberweisung 4.000,00 €. (Es ist eine **Bestandsminderung** sowohl auf dem aktiven Bestandskonto „Guthaben bei Kreditinstituten [Bank]" als auch auf dem passiven Bestandskonto „Darlehensschulden" zu buchen.)

| Soll | Guthaben bei KI[1] (Bank) | | Haben |
|---|---|---|---|
| AB | 15.000,00 | Darl. | 4.000,00 |

| Soll | Darlehensschulden | | Haben |
|---|---|---|---|
| KI[1] (Bank) | 4.000,00 | AB | 30.000,00 |

1 Die Abkürzung **„KI"** bedeutet „Kreditinstitute(n)".

4. Abschluss der Bestandskonten mit Ermittlung der Schlussbestände am Geschäftsjahresende

Am Geschäftsjahresende ergeben sich aus den Anfangsbeständen, den Bestandsmehrungen und den Bestandsminderungen die Schlussbestände. Diese werden rechnerisch wie folgt ermittelt:

**Anfangsbestand + Bestandsmehrungen – Bestandsminderungen = Schlussbestand**

**Auf aktiven Bestandskonten werden die Schlussbestände im Haben, auf passiven Bestandskonten im Soll gebucht.**

## Schemadarstellung

| Soll | aktives Bestandskonto Haben |
|---|---|
| Anfangsbestand | – Bestandsminderungen |
| + Bestandsmehrungen | = Schlussbestand |

| Soll | passives Bestandskonto Haben |
|---|---|
| – Bestandsminderungen | Anfangsbestand |
| = Schlussbestand | + Bestandsmehrungen |

## Beispiel

| Soll | Rohstoffe | | Haben |
|---|---|---|---|
| AB | 20.000,00 | – | 5.000,00 |
| + | 3.000,00 | SB | 22.000,00 |
| + | 4.000,00 | | |
| | 27.000,00 | | 27.000,00 |

| Soll | Verbindlichkeiten a. LL | | Haben |
|---|---|---|---|
| – | 6.000,00 | AB | 5.000,00 |
| SB | 10.000,00 | + | 3.000,00 |
| | | + | 8.000,00 |
| | 16.000,00 | | 16.000,00 |

Beim Kontoabschluss wird in folgender Reihenfolge vorgegangen:

❶ Die Buchstaben SB für Schlussbestand werden auf die entsprechende Kontoseite eingetragen.

❷ Die Kontoseite, auf der der Anfangsbestand und die Bestandsmehrungen gebucht sind, wird addiert.

❸ Die Kontensumme wird auf die andere Kontoseite übertragen.

❹ Der Schlussbestand wird als Differenz (= Saldo) auf der wertmäßig schwächeren Kontoseite ermittelt.

❺ Falls sich ein Leerraum auf einer Kontoseite ergibt, so wird dieser durch einen Schrägstrich, die sogenannte Buchhalternase, entwertet.

## Beispiel

| Soll | Guthaben bei Kreditinstituten (Bank) | | Haben |
|---|---|---|---|
| AB | 7.000,00 | Kasse | – 2.500,00 |
| Forderungen a. LL ❷ | + 2.000,00 | Rohstoffe | – 1.500,00 |
| Darlehensschulden | + 6.000,00 | Darlehensschulden | – 4.000,00 |
| ❺ | | Maschinen | – 1.000,00 |
| | | Verbindlichkeiten a. LL | – 3.000,00 |
| | | SB ❶ ❹ | 3.000,00 |
| | 15.000,00 | ❸ | 15.000,00 |

**Mit den ermittelten Schlussbeständen wird am Geschäftsjahresende die Bilanz erstellt.**

Beide Seiten der Bilanz müssen in der Summe identisch sein, da Vermögen (Aktiva) und Kapital (Passiva) gleich groß sind.[1]

5. Erstellen der Bilanz am Geschäftsjahresende

### Schemadarstellung

| Aktiva | Bilanz[2] Passiva |
| --- | --- |
| Schlussbestände der aktiven Bestandskonten | Schlussbestände der passiven Bestandskonten |

### Beispiel

| Aktiva | | Bilanz[2] | Passiva |
| --- | --- | --- | --- |
| Maschinen | 42.000,00 | Eigenkapital | 50.000,00 |
| Rohstoffe | 22.000,00 | Darlehensschulden | 28.000,00 |
| Forderungen a. LL | 6.000,00 | Verbindlichkeiten a. LL | 10.000,00 |
| Guthaben bei Kreditinstituten | 18.000,00 | | |
| | 88.000,00 | | 88.000,00 |

## Zusammenfassung

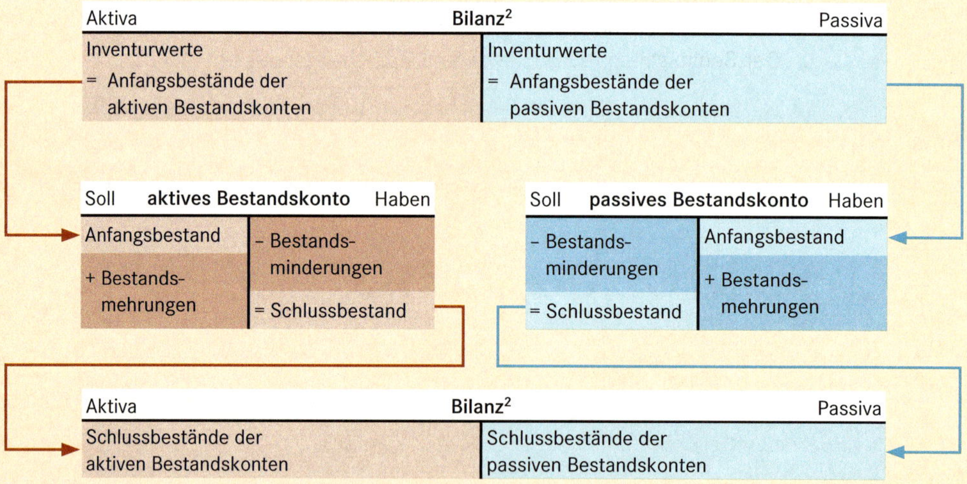


1. **Aktive Bestandskonten werden aus der Aktivseite der Bilanz abgeleitet. Passive Bestandskonten werden aus der Passivseite der Bilanz abgeleitet.**
2. **Auf aktiven Bestandskonten werden die Anfangsbestände im Soll gebucht. Auf passiven Bestandskonten werden die Anfangsbestände im Haben gebucht.**

1 vgl. Kapitel 2.2

2 *Hinweis für die Lehrerin/den Lehrer:* Die Bilanz wird ab Kapitel 2.5.4 durch das Eröffnungsbilanzkonto bzw. durch das Schlussbilanzkonto ersetzt. An dieser Stelle wird aus methodisch-didaktischen Gründen vereinfacht.

**3. Auf aktiven Bestandskonten werden die Bestandsmehrungen im Soll, die Bestandsminderungen im Haben gebucht. Auf passiven Bestandskonten werden die Bestandsmehrungen im Haben, die Bestandsminderungen im Soll gebucht.**

**4. Auf aktiven Bestandskonten werden die Schlussbestände im Haben ermittelt. Auf passiven Bestandskonten werden die Schlussbestände im Soll ermittelt.**

**5. Die Schlussbestände der aktiven Bestandskonten werden auf der Aktivseite der Bilanz gegengebucht. Die Schlussbestände der passiven Bestandskonten werden auf der Passivseite der Bilanz gegengebucht.**

## Aufgaben

1–3: Regeln für das Buchen auf Bestandskonten
4: Führen eines aktiven Bestandskontos
5: Führen eines passiven Bestandskontos
6–8: Geschäftsgänge
9 u. 10: Deutung von Buchungen

**1** Geben Sie an, ob im Soll oder im Haben gebucht wird.

1. Der Anfangsbestand auf aktiven Bestandskonten.
2. Die Bestandsmehrung auf passiven Bestandskonten.
3. Die Bestandsminderung auf aktiven Bestandskonten.
4. Der Anfangsbestand auf passiven Bestandskonten.
5. Die Bestandsmehrung auf aktiven Bestandskonten.
6. Der Schlussbestand auf aktiven Bestandskonten.
7. Die Bestandsminderung auf passiven Bestandskonten.
8. Der Schlussbestand auf passiven Bestandskonten.

AH

**2** Setzen Sie in Ihrem Arbeitsheft folgende Wörter auf die (mit Fragezeichen versehenen) Zeilen ein.

aktives Bestandskonto, passives Bestandskonto, Anfangsbestand, Anfangsbestand, Bestandsminderung, Bestandsminderung, Bestandsmehrung, Schlussbestand

| S | ? H |
|---|---|
| ? | ? |
| ? | Schlussbestand |

| S | ? H |
|---|---|
| ? | ? |
| ? | Bestandsmehrung |

**3** Wir zahlen auf unser Bankkonto einen gewissen Betrag bar ein. Warum bucht unser Kreditinstitut diesen Geschäftsfall im Haben unseres Bankkontos?

AH

**4** Führen Sie das Bankkonto (ohne Gegenkonten).

a) Tragen Sie den Anfangsbestand ein.
b) Buchen Sie die unten stehenden Geschäftsfälle.
c) Schließen Sie das Bankkonto ab und ermitteln Sie den Schlussbestand.

| **Anfangsbestand** | € |
|---|---|
| Guthaben bei Kreditinstituten (Bank) . . . . . . . . . . . . . . . . . . . . . . . . . . . . . . . . | 9.000,00 |

| **Geschäftsfälle** | € |
|---|---|
| 1. Aufnahme eines Darlehens bei der Bank . . . . . . . . . . . . . . . . . . . . . . . . . . . . . . | 6.000,00 |
| 2. Ausgleich einer Lieferantenrechnung durch Banküberweisung . . . . . . . . . . . . . | 3.000,00 |

→

| | |
|---|---|
| 3. Kauf einer EDV-Anlage mit Girocard unserer Bank | 3.000,00 |
| 4. Kunde überweist auf unser Bankkonto | 2.000,00 |
| 5. Tilgung einer Darlehensschuld durch Banküberweisung | 4.000,00 |
| 6. Bareinzahlung auf Bankkonto | 1.500,00 |
| 7. Barabhebung vom Bankkonto | 2.500,00 |

AH

5 Führen Sie das Verbindlichkeitenkonto (ohne Gegenkonten).

a) Tragen Sie den Anfangsbestand ein.

b) Buchen Sie die unten stehenden Geschäftsfälle.

c) Schließen Sie das Verbindlichkeitenkonto ab und ermitteln Sie den Schlussbestand.

| **Anfangsbestand** | € |
|---|---|
| Verbindlichkeiten a. LL | 8.000,00 |

| **Geschäftsfälle** | € |
|---|---|
| 1. Zieleinkauf von Betriebsstoffen | 3.000,00 |
| 2. Umwandlung einer Lieferantenschuld in eine Darlehensschuld | 2.000,00 |
| 3. Ausgleich einer Lieferantenrechnung durch Banküberweisung | 1.000,00 |
| 4. Zieleinkauf von Hilfsstoffen | 1.500,00 |
| 5. Postbanküberweisung an einen Lieferanten | 2.500,00 |
| 6. Zieleinkauf von Rohstoffen | 3.500,00 |

**Der Weg von der Eröffnung der Bestandskonten bis zum Abschluss der Bestandskonten vollzieht sich in folgenden Schritten:**

1. **Erstellen der Bilanz aufgrund der Anfangsbestände (Inventurwerte).**
2. **Übertragen der Anfangsbestände auf die Bestandskonten.**
3. **Buchen der Geschäftsfälle.**
4. **Abschluss der Bestandskonten mit Ermittlung der Schlussbestände.**
5. **Erstellen der Bilanz aufgrund der Schlussbestände.**

**Erstellen Sie die Aufgaben 6–8 in diesen Ablaufschritten.**

AH

6

| **Anfangsbestände** | € | | € |
|---|---|---|---|
| Maschinen | 115.000,00 | Eigenkapital | ? |
| Rohstoffe | 92.000,00 | Darlehensschulden | 96.000,00 |
| Forderungen a. LL | 30.000,00 | Verbindlichkeiten a. LL | 78.000,00 |
| Guthaben bei KI (Bank) | 67.000,00 | | |

| **Geschäftsfälle** | € |
|---|---|
| 1. Zieleinkauf von Rohstoffen | 12.000,00 |
| 2. Kauf einer Maschine mit Girocard unserer Bank | 21.000,00 |
| 3. Umwandlung einer Lieferantenschuld in eine Darlehensschuld | 32.500,00 |
| 4. Kunde begleicht Rechnung durch Banküberweisung | 23.000,00 |
| 5. Ausgleich einer Lieferantenrechnung durch Banküberweisung | 11.500,00 |

AH

7

| **Anfangsbestände** | € | | € |
|---|---|---|---|
| Maschinen | 120.000,00 | Guthaben bei KI (Bank) | 55.000,00 |
| Rohstoffe | 90.000,00 | Eigenkapital | ? |
| Forderungen a. LL | 72.000,00 | Darlehensschulden | 110.000,00 |
| Kasse | 12.000,00 | Verbindlichkeiten a. LL | 79.000,00 |

| **Geschäftsfälle** | € |
|---|---|
| 1. Kauf einer Maschine gegen Bankscheck | 21.500,00 |
| 2. Zieleinkauf von Rohstoffen | 12.000,00 |

| | | |
|---|---|---|
| 3. | Barverkauf einer gebrauchten Maschine | 4.500,00 |
| 4. | Umwandlung einer Lieferantenschuld in eine Darlehensschuld | 11.000,00 |
| 5. | Bareinzahlung auf Bankkonto | 2.500,00 |
| 6. | Tilgung einer Darlehensschuld durch Banküberweisung | 2.000,00 |
| 7. | Kunde überweist auf unser Bankkonto | 13.000,00 |
| 8. | Ausgleich einer Lieferantenrechnung durch Banküberweisung | 22.500,00 |

AH

8 **Anfangsbestände**

| | € | | € |
|---|---|---|---|
| Bebaute Grundstücke | 195.000,00 | Guthaben bei Kreditinstituten (Bank) | 38.000,00 |
| Maschinen | 125.000,00 | Eigenkapital | ? |
| Rohstoffe | 75.000,00 | Hypothekenschulden | 150.000,00 |
| Forderungen a. LL | 90.000,00 | Darlehensschulden | 115.000,00 |
| Kasse | 15.000,00 | Verbindlichkeiten a. LL | 72.000,00 |
| Postbank | 27.000,00 | | |

**Geschäftsfälle**

| | | € |
|---|---|---|
| 1. | Überweisung vom Postbankkonto auf das Bankkonto | 12.000,00 |
| 2. | Barabhebung vom Bankkonto | 1.500,00 |
| 3. | Teilrückzahlung der Hypothekenschuld durch Banküberweisung | 2.500,00 |
| 4. | Kauf einer Maschine gegen Bankscheck | 9.500,00 |
| 5. | Kunde begleicht Rechnung durch Postbanküberweisung | 23.000,00 |
| 6. | Zieleinkauf von Rohstoffen | 8.500,00 |
| 7. | Ausgleich einer Lieferantenrechnung durch Banküberweisung | 7.000,00 |
| 8. | Aufnahme eines Darlehens bei der Bank | 15.000,00 |
| 9. | Umwandlung einer Darlehensschuld in eine Hypothekenschuld | 24.000,00 |
| 10. | Kunde überweist auf unser Postbankkonto | 9.500,00 |

9
10
a) Welche Geschäftsfälle liegen den Buchungen in den unten stehenden Konten zugrunde? (Die Gegenkonten sind aus Vereinfachungsgründen nicht vorgegeben.)
b) Geben Sie zu jeder Buchung an, welche Möglichkeit der Bilanzveränderung vorliegt.

**9.**

| S | Postbank | | H |
|---|---|---|---|
| AB | 10.000,00 | 2. Guthaben bei KI (Bank) | 4.000,00 |
| 1. Kasse | 2.000,00 | 3. Darlehensschulden | 5.000,00 |
| 4. Forderungen a. LL | 8.000,00 | 6. Geschäftsausstattung | 1.500,00 |
| 5. Maschinen | 1.000,00 | 7. Rohstoffe | 2.500,00 |
| 8. Geschäftsausstattung | 500,00 | SB | 8.500,00 |
| | 21.500,00 | | 21.500,00 |

**10.**

| S | Darlehensschulden | | H |
|---|---|---|---|
| 2. Postbank | 3.000,00 | AB | 12.000,00 |
| 4. Guthaben bei KI (Bank) | 4.500,00 | 1. Guthaben bei KI (Bank) | 5.000,00 |
| SB | 11.500,00 | 3. Verbindlichkeiten a. LL | 2.000,00 |
| | 19.000,00 | | 19.000,00 |

## 2.5.3 Der Buchungssatz

### 2.5.3.1 Der einfache Buchungssatz

Beim Geschäftsfall[1] „Rohstoffeinkauf auf Ziel bei der Bernhard Müller OHG für 3.500,00 €“ wird folgende Buchung vorgenommen:

Auf dem aktiven Bestandskonto „Rohstoffe“ wird der Rechnungsbetrag von 3.500,00 € als Bestandsmehrung im Soll gebucht. Auf dem passiven Bestandskonto „Verbindlichkeiten a. LL“ wird derselbe Betrag als Bestandsmehrung im Haben gebucht.

Eine derartige Ausdrucksweise für eine Buchungsanweisung ist zu ausführlich, zu wortreich. Man verwendet daher eine kurze, eindeutige Form für die Buchungsanweisung, den sogenannten **Buchungssatz.** Für den Buchungssatz gilt folgende Regel:

➲ **Zuerst wird das Konto aufgerufen, auf dem die Sollbuchung erfolgt, dann folgt das Wörtchen „an“ und schließlich wird das im Haben berührte Konto genannt.**

Für unseren oben genannten Zieleinkauf von Rohstoffen lautet demnach der Buchungssatz:

| | Soll | Haben |
|---|---|---|
| Rohstoffe | 3.500,00 | |
| an Verbindlichkeiten a. LL | | 3.500,00 |

Bevor der Kaufmann die Geschäftsfälle auf den Konten bucht, erfasst er sie zunächst in Form von Buchungssätzen mit erklärendem Buchungstext im **Grundbuch (Journal):**

| **Buchungstext** | Soll | Haben |
|---|---|---|
| . | . | . |
| . | . | . |
| Rohstoffe<br>an Verbindlichkeiten a. LL<br>Rohstoffeinkauf auf Ziel bei der B. Müller OHG | 3.500,00 | 3.500,00 |
| . | . | . |

Im Grundbuch werden alle Geschäftsfälle in **zeitlicher (chronologischer) Reihenfolge** fortlaufend aufgezeichnet. Danach erfolgt die Buchung auf den Konten des **Hauptbuches:**

**Konten**

| S | Rohstoffe | | H |
|---|---|---|---|
| AB | 10.000,00 | | |
| Verb. a. LL | 3.500,00 | | |

| S | Verbindlichkeiten a. LL | | H |
|---|---|---|---|
| | | AB | 8.000,00 |
| | | Rohstoffe | 3.500,00 |

| S | ... | H |
|---|---|---|
| | | |

| S | ... | H |
|---|---|---|
| | | |

Im Hauptbuch werden die Geschäftsfälle in **sachlicher (systematischer) Ordnung** auf Sachkonten erfasst.

1 Grundlage eines jeden Geschäftsfalles ist ein Beleg (vgl. Kapitel 2.13).

### 2.5.3.2 Der zusammengesetzte Buchungssatz

Werden durch einen Geschäftsfall mehr als zwei Konten berührt, so liegt ein **zusammengesetzter Buchungssatz** vor.

**Beispiele**

1. Geschäftsfall: Einkauf von Rohstoffen bei der Emut GmbH

| | | |
|---|---|---|
| bar ............................................. | 1.000,00 € | |
| auf Ziel ......................................... | 2.000,00 € | 3.000,00 € |

2. Geschäftsfall: Verkauf einer gebrauchten EDV-Anlage

| | | |
|---|---|---|
| bar ............................................. | 500,00 € | |
| auf Ziel ......................................... | 4.000,00 € | 4.500,00 € |

**Grundbuch**

| Nr. | Buchungstext | Soll | Haben |
|---|---|---|---|
| 1. | Rohstoffe | 3.000,00 | |
| | an Kasse | | 1.000,00 |
| | an Verbindlichkeiten a. LL | | 2.000,00 |
| | Rohstoffeinkauf bei der Emut GmbH | | |
| 2. | Kasse | 500,00 | |
| | Forderungen a. LL | 4.000,00 | |
| | an Geschäftsausstattung | | 4.500,00 |
| | Verkauf einer gebrauchten EDV-Anlage | | |

**Hauptbuch**

| S | Rohstoffe | | H |
|---|---|---|---|
| AB | 12.000,00 | | |
| 1. Ka./Verb. | 3.000,00 | | |

| S | Kasse | | H |
|---|---|---|---|
| AB | 4.000,00 | 1. Rohstoffe | 1.000,00 |
| 2. G.-Ausst. | 500,00 | | |

| S | Forderungen a. LL | | H |
|---|---|---|---|
| AD | 0.000,00 | | |
| 2. G.-Ausst. | 4.000,00 | | |

| S | Verbindlichkeiten a. LL | | H |
|---|---|---|---|
| | | AD | 6.000,00 |
| | | 1. Rohstoffe | 2.000,00 |

| S | Geschäftsausstattung | | H |
|---|---|---|---|
| AB | 20.000,00 | 2. Ka./Ford. | 4.500,00 |

**Bei jedem Buchungssatz muss die Summe der im Soll gebuchten Beträge der Summe der im Haben gebuchten Beträge entsprechen.**

Zusammenfassung

**Geschäftsfall** → z. B. Zieleinkauf von Rohstoffen bei der Emut GmbH 8.500,00

**Formulierung als Buchungssatz**

im **Soll** berührtes Konto
an im **Haben** berührtes Konto

z. B. Rohstoffe 8.500,00
an Verbindlichkeiten a. LL 8.500,00

**Erfassung im Grundbuch**

| Nr. | Buchungstext | Soll | Haben |
|---|---|---|---|
| | . | . | . |
| | . | . | . |
| | . | . | . |
| | Rohstoffe | 8.500,00 | |
| | an Verbindlichkeiten a. LL | | 8.500,00 |
| | Zieleinkauf von Rohstoffen bei der Emut GmbH | | |

(zeitliche [chronologische] Ordnung)

**Niederschlag im Hauptbuch**

| S | Rohstoffe | | H |
|---|---|---|---|
| AB | ... | | |
| Verb. a. LL | 8.500,00 | | |

| S | Verbindlichkeiten a. LL | | H |
|---|---|---|---|
| | | AB | ... |
| | | Rohstoffe | 8.500,00 |

| S | ... | | H |
|---|---|---|---|
| | | | |

| S | ... | | H |
|---|---|---|---|
| | | | |

(sachliche [systematische] Ordnung)

1. Ein Buchungssatz ist die sprachliche Kurzfassung eines Geschäftsfalles. Er definiert eindeutig eine vorzunehmende Buchung.
2. Der Buchungssatz nennt zuerst das im Soll berührte Konto, dann folgt das Wörtchen „an“ und schließlich wird das im Haben berührte Konto aufgerufen.
3. Buchungssätze mit erklärendem Buchungstext werden zunächst im Grundbuch (Journal) in zeitlicher (chronologischer) Reihenfolge erfasst.
4. Nach der Erfassung im Grundbuch werden die Buchungen in sachlicher (systematischer) Ordnung auf den Sachkonten des Hauptbuches vorgenommen.

## Aufgaben

1–5: Einfacher Buchungssatz
6–8: Zusammengesetzter Buchungssatz

**1** Richten Sie sich ein Grundbuch ein und buchen Sie darin folgende Geschäftsfälle:

| | | |
|---|---|---|
| 1. | Barverkauf eines gebrauchten Pkw | 5.000,00 € |
| 2. | Zieleinkauf von Rohstoffen | 3.500,00 € |
| 3. | Bareinzahlung auf Bankkonto | 2.100,00 € |
| 4. | Barverkauf eines gebrauchten PC | 300,00 € |
| 5. | Tilgung einer Darlehensschuld durch Banküberweisung | 4.800,00 € |
| 6. | Wir begleichen Lieferantenrechnung durch Banküberweisung | 1.400,00 € |
| 7. | Kunde begleicht Rechnung durch Postbanküberweisung | 3.900,00 € |
| 8. | Postbanküberweisung auf Bankkonto | 3.800,00 € |
| 9. | Aufnahme eines Darlehens bei der Bank (gegen Bankgutschrift) | 6.300,00 € |
| 10. | Umwandlung einer Lieferantenschuld in eine Darlehensschuld | 2.500,00 € |
| 11. | Kauf eines Autos gegen Bankscheck | 18.000,00 € |
| 12. | Barabhebung vom Bankkonto | 1.000,00 € |
| 13. | Zieleinkauf von Hilfsstoffen | 500,00 € |
| 14. | Aufnahme einer Hypothek bei der Sparkasse (gegen Bankgutschrift) | 30.000,00 € |
| 15. | Barzahlung an einen Lieferanten | 1.200,00 € |
| 16. | Kunde begleicht Rechnung bar | 800,00 € |
| 17. | Tilgung einer Hypothekenschuld durch Postbanküberweisung | 2.000,00 € |
| 18. | Kauf eines Kopiergerätes mit Girocard unserer Bank | 1.500,00 € |

**2** Welche Geschäftsfälle liegen den folgenden Buchungssätzen zugrunde?

1. Rohstoffe an Verbindlichkeiten a. LL
2. Forderungen a. LL an Maschinen
3. Fuhrpark an Guthaben bei KI (Bank)
4. Guthaben bei KI (Bank) an Kasse
5. Darlehensschulden an Guthaben bei KI (Bank)
6. Verbindlichkeiten a. LL an Postbank
7. Guthaben bei KI (Bank) an Geschäftsausstattung
8. Verbindlichk. a. LL an Darlehensschulden
9. Kasse an Postbank
10. Guthaben bei KI (Bank) an Darlehensschulden
11. Guthaben bei KI (Bank) an Postbank
12. Postbank an Forderungen a. LL
13. Betriebsstoffe an Kasse
14. Geschäftsausstattung an Kasse
15. Guthaben bei KI (Bank) an Maschinen
16. Guthaben bei KI (Bank) an Hypothekenschulden

**3** Nennen Sie
a) die Buchungssätze, b) die Geschäftsfälle, die den Buchungen 1.–7. zugrunde liegen.

| S | Rohstoffe | | H |
|---|---|---|---|
| AB | 10.000,00 | | |
| 2. Verb. a. LL | 2.500,00 | | |

| S | Forderungen a. LL | | H |
|---|---|---|---|
| AB | 9.000,00 | 4. G. b. KI[1] | 3.000,00 |

| S | Verbindlichkeiten a. LL | | H |
|---|---|---|---|
| 5. G. b. KI[1] | 2.500,00 | AB | 8.000,00 |
| 6. Darl. | 3.500,00 | 2. Rohstoffe | 2.500,00 |

| S | Guthaben bei Kreditinstituten (Bank) | | H |
|---|---|---|---|
| AB | 11.000,00 | 1. G.-Ausst. | 1.000,00 |
| 4. Ford. a. LL | 3.000,00 | 3. Darl. | 3.000,00 |
| 7. G.-Ausst. | 500,00 | 5. Verb. a. LL | 2.500,00 |

| S | Geschäftsausstattung | | H |
|---|---|---|---|
| AB | 22.500,00 | 7. G. b. KI[1] | 500,00 |
| 1. G. b. KI[1] | 1.000,00 | | |

| S | Darlehensschulden | | H |
|---|---|---|---|
| 3. G. b. KI[1] | 3.000,00 | AB | 12.000,00 |
| | | 6. Verb. a. LL | 3.500,00 |

1 Guthaben bei Kreditinstituten (Bank)

**4** Sie sind Angestellte(r) der Textilfabrik Konrad Fied KG, Goseriede 41, 30159 Hannover. Die folgenden Belege liegen Ihnen zur Buchung vor.

a) Welche Geschäftsfälle liegen den Belegen zugrunde?

b) Nennen Sie die Buchungssätze.

**Beleg 1**[1]

Hannoversche Volksbank eG

| Kontonummer | erstellt am | Auszug | Blatt |
|---|---|---|---|
| 12 345 | 07.04.20.. | 27 | 1/1 |

BLZ 251 900 01

**Kontoauszug**

| **Bu.-Tag** | **Wert** | **Vorgang** | |
|---|---|---|---|
| | | **alter Kontostand** | **60.000,00 +** |
| 05.04. | 03.04. | Söffgen OHG, R.-Nr. 487, Kd.-Nr. 24 001, R.-Dat. 27.03.20.. | 43.400,00 + |
| 05.04. | 05.04. | Überweisung B. Müller OHG, R.-Nr. 256, R.-Dat. 14.03.20.. | 58.950,00 - |
| 05.04. | 05.04. | Bareinzahlung, Filiale Lindener Markt | 5.000,00 + |
| | | **neuer Kontostand vom 07.04.20..** | **49.450,00 +** |

Textilfabrik
Konrad Fied KG
Goseriede 41
30159 Hannover

USt-IdNr.: DE 115 648 359

IBAN: DE73 2519 0001 0000 0123 45 BIC: VOHADE2H

*Hinweis:* Es sind drei Geschäftsfälle zu bearbeiten.

**Beleg 2**

EMUT

Emut GmbH
Frottierweberei
Hohler Weg 3 • 34369 Hofgeismar
Telefon: 05671 30322-0 • Fax: 05671 30322-68
Internet: www.emut-wvd.de
E-Mail: info@emut-wvd.de

Emut GmbH · Hohler Weg 3 · 34369 Hofgeismar

Textilfabrik
Konrad Fied KG
Goseriede 41
30159 Hannover

EINGEGANGEN
22. Jan. 20..
Erledigt ......................

E-Mail
biedenstein@emut-wvd.de

| Ihr Zeichen, Ihre Nachricht vom | Unser Zeichen, unsere Nachricht vom | Telefon, Name 05671 30322- | Datum |
|---|---|---|---|
| tel. 10.01.20.. | bi-he | 65 Herr Biedenstein | 20.01.20.. |

**Doppelzahlung, Rechnung Nr. 947**

Sehr geehrte Frau Kibat,

Sie teilten uns am 10.01.20.. telefonisch mit, dass Sie unsere Rechnung Nr. 947 doppelt bezahlt haben.

Unsere Überprüfung hat dies bestätigt.

Den Betrag von 8.786,00 € haben wir deshalb auf Ihr Konto bei der Hannoverschen Volksbank zurücküberwiesen.

Bitte buchen Sie entsprechend.

Mit freundlichen Grüßen

Emut GmbH

i. V. Biedenstein

Biedenstein

*Hinweis:* Unser Kontoauszug bestätigt die Banküberweisung.

1 Bei einigen Kreditinstituten werden auf den Kontoauszügen die Buchungen mit „H" (Haben) statt „+" und mit „S" (Soll) statt „-" ausgewiesen. Siehe hierzu S. 63, Aufgabe 3.

5 a) Wie bucht die Söffgen OHG den Beleg 1 der Aufgabe 4 (Banküberweisung)?
b) Wie bucht die Bernhard Müller OHG den Beleg 1 der Aufgabe 4 (Banküberweisung)?
c) Wie bucht die Emut GmbH den Beleg 2 der Aufgabe 4 (Banküberweisung)?

6 Richten Sie sich ein Grundbuch ein und buchen Sie darin folgende Geschäftsfälle:

**Konten**
Forderungen a. LL, Kasse, Guthaben bei Kreditinstituten (Bank), Postbank, Rohstoffe, Betriebsstoffe, Fuhrpark, Betriebs- und Geschäftsausstattung, Unbebaute Grundstücke, Verbindlichkeiten a. LL, Hypothekenschulden, Darlehensschulden.

| | € | € |
|---|---|---|
| 1. Kunde begleicht Rechnung durch | | |
| Banküberweisung | 2.000,00 | |
| Postbanküberweisung | 3.000,00 | 5.000,00 |
| 2. Kauf eines gebrauchten Autos | | |
| bar | 1.500,00 | |
| gegen Bankscheck | 10.000,00 | 11.500,00 |
| 3. Einkauf von Betriebsstoffen | | |
| bar | 1.000,00 | |
| auf Ziel | 3.000,00 | 4.000,00 |
| 4. Tilgung einer Darlehensschuld durch | | |
| Banküberweisung | 2.500,00 | |
| Postbanküberweisung | 1.500,00 | 4.000,00 |
| 5. Verkauf eines gebrauchten Autos | | |
| bar | 1.000,00 | |
| gegen Bankscheck | 7.000,00 | 8.000,00 |
| 6. Einkauf von Rohstoffen | | |
| bar | 500,00 | |
| gegen Bankscheck | 2.000,00 | |
| auf Ziel | 3.500,00 | 6.000,00 |
| 7. Wir begleichen Lieferantenrechnung | | |
| bar | 1.000,00 | |
| durch Postbanküberweisung | 2.000,00 | |
| durch Banküberweisung | 3.000,00 | 6.000,00 |
| 8. Verkauf eines gebrauchten PC | | |
| bar | 200,00 | |
| gegen Bankscheck | 300,00 | 500,00 |
| 9. Kauf eines Grundstücks | | |
| bar | 2.000,00 | |
| gegen Bankscheck | 150.000,00 | 152.000,00 |
| 10. Tilgung einer Hypothekenschuld | | |
| durch Banküberweisung | 3.000,00 | |
| bar | 1.000,00 | |
| durch Postbanküberweisung | 6.000,00 | 10.000,00 |
| 11. Kauf eines Kopiergerätes | | |
| bar | 500,00 | |
| mit Girocard unseres Postbankkontos | 1.000,00 | 1.500,00 |

7 Nennen Sie
a) die Buchungssätze und
b) die Geschäftsfälle, die den Buchungen 1.–5. zugrunde liegen. →

| S | Rohstoffe | | H |
|---|---|---|---|
| AB | 10.000,00 | | |
| 1. Ka./Verb. | 5.000,00 | | |

| S | Geschäftsausstattung | | H |
|---|---|---|---|
| AB | 30.000,00 | 4. Kl/Ford. a. LL | 1.000,00 |
| 3. Ka./Postb. | 2.000,00 | | |

| S | Forderungen a. LL | | H |
|---|---|---|---|
| AB | 9.000,00 | 2. Kl/Postb. | 4.000,00 |
| 4. G.-Ausst. | 600,00 | | |

| S | Verbindlichkeiten a. LL | | H |
|---|---|---|---|
| 5. Kl/Postb. | 5.000,00 | AB | 11.000,00 |
| | | 1. Rohst. | 4.000,00 |

| S | Kasse | | H |
|---|---|---|---|
| AB | 5.000,00 | 1. Rohst. | 1.000,00 |
| | | 3. G.-Ausst. | 500,00 |

| S | Postbank | | H |
|---|---|---|---|
| AB | 4.000,00 | 3. G.-Ausst. | 1.500,00 |
| 2. Ford. a. LL | 2.500,00 | 5. Verb. a. LL | 1.500,00 |

| S | Guthaben bei Kreditinstituten (Bank) | | H |
|---|---|---|---|
| AB | 8.000,00 | 5. Verb. a. LL | 3.500,00 |
| 2. Ford. a. LL | 1.500,00 | | |
| 4. G.-Ausst. | 400,00 | | |

8 Sie sind Angestellte(r) der Textilfabrik Konrad Fied KG, Goseriede 41, 30159 Hannover. Der folgende Beleg liegt Ihnen zur Buchung vor.

a) Welcher Geschäftsfall liegt dem Beleg zugrunde?

b) Wie lautet der Buchungssatz?

Karl-Heinz **More** e. Kfm.

**Betriebs- und Geschäftsausstattungen**
**Großküchen- und Kantineneinrichtungen**
**Verkauf und Service**

K.-H. More e. Kfm. • Seelhorststr. 6 • 30175 Hannover

Seelhorststraße 6 • 30175 Hannover
Telefon: 0511 4066-0 • Fax: 0511 4066-18
Internet: www.more-wvd.de
E-Mail: info@more-wvd.de

Textilfabrik
Konrad Fied KG
Goseriede 41
30159 Hannover

EINGEGANGEN
21. Sept. 20..
Erledigt .......................

**Rechnung**
Nummer: 4761
Datum: 19.09.20..

Ihre Bestellung vom: 12.08.20.. Unsere Lieferung vom: 17.09.20..

Wir lieferten Ihnen auf eigene Rechnung und Gefahr:

| Bezeichnung | Preis je Einheit/€ | Betrag/€ |
|---|---|---|
| Für Ihre Kantine lieferten wir Ihnen: | | |
| 1 Fritteuse KS 317 | 1.740,00 | 1.740,00 |
| 1 Kartoffelschälmaschine PM 902 | 2.100,00 | 2.100,00 |
| **Rechnungsbetrag** | | **3.840,00** |

Betrag dankend erhalten.
bar 2.000,00 EUR,
Bankscheck 1.840,00 EUR

Hannover, 21.09.20.. Hinz

## 2.5.4 Eröffnungsbilanzkonto und Schlussbilanzkonto

Für die doppelte Buchführung gilt der Grundsatz, dass jeder Sollbuchung eine Habenbuchung in gleicher Höhe gegenübersteht (Doppik). Dieser Grundsatz wurde bisher bei den Konteneröffnungen nicht eingehalten: Die Anfangsbestände wurden auf den Konten auf der Seite gebucht, auf der sie auch in der Bilanz stehen.

Um den oben beschriebenen Grundsatz der doppelten Buchführung auch bei den Eröffnungsbuchungen zu wahren, wird ein Hilfskonto, das sogenannte **Eröffnungsbilanzkonto (EBK),** eingerichtet.

Dieses Eröffnungsbilanzkonto nimmt die Aktivposten der Bilanz im Haben und die Passivposten der Bilanz im Soll auf. Somit ist das Eröffnungsbilanzkonto das **Spiegelbild** der Bilanz.

| Aktiva | **Bilanz** | Passiva |
|---|---|---|
| Aktivposten | | Passivposten |

| Soll | **Eröffnungsbilanzkonto** | Haben |
|---|---|---|
| Passivposten | | Aktivposten |

Mit den folgenden Eröffnungsbuchungen werden die Anfangsbestände auf die aktiven und passiven Bestandskonten vorgetragen.

1. **Eröffnungsbuchungen für aktive Bestandskonten**

aktive Bestandskonten (Soll) an Eröffnungsbilanzkonto (Haben)

2. **Eröffnungsbuchungen für passive Bestandskonten**

Eröffnungsbilanzkonto (Soll) an passive Bestandskonten (Haben)

Am Ende des Geschäftsjahres werden die Schlussbestände der aktiven und passiven Bestandskonten ermittelt. Auch für die Schlussbestände werden Gegenbuchungen vorgenommen, und zwar über das sogenannte **Schlussbilanzkonto (SBK).**

Die Abschlussbuchungen für die aktiven und passiven Bestandskonten lauten:

1. **Abschlussbuchungen für aktive Bestandskonten**

Schlussbilanzkonto (Soll) an aktive Bestandskonten (Haben)

2. **Abschlussbuchungen für passive Bestandskonten**

passive Bestandskonten (Soll) an Schlussbilanzkonto (Haben)

Die durch die Inventur ermittelten Bestände werden im Inventar und in der Bilanz dokumentiert. Diese tatsächlichen Bestände (Istbestände) sollten mit den Buchbeständen (Sollbeständen) der aktiven und passiven Bestandskonten übereinstimmen.

Liegen Abweichungen vor, so werden die Buchbestände den tatsächlichen Beständen buchhalterisch angepasst.

Das Eröffnungsbilanzkonto, die Sachkonten und das Schlussbilanzkonto werden im **Hauptbuch** geführt, das Inventar und die Bilanz im **Inventar- und Bilanzbuch.**

## Zusammenfassung

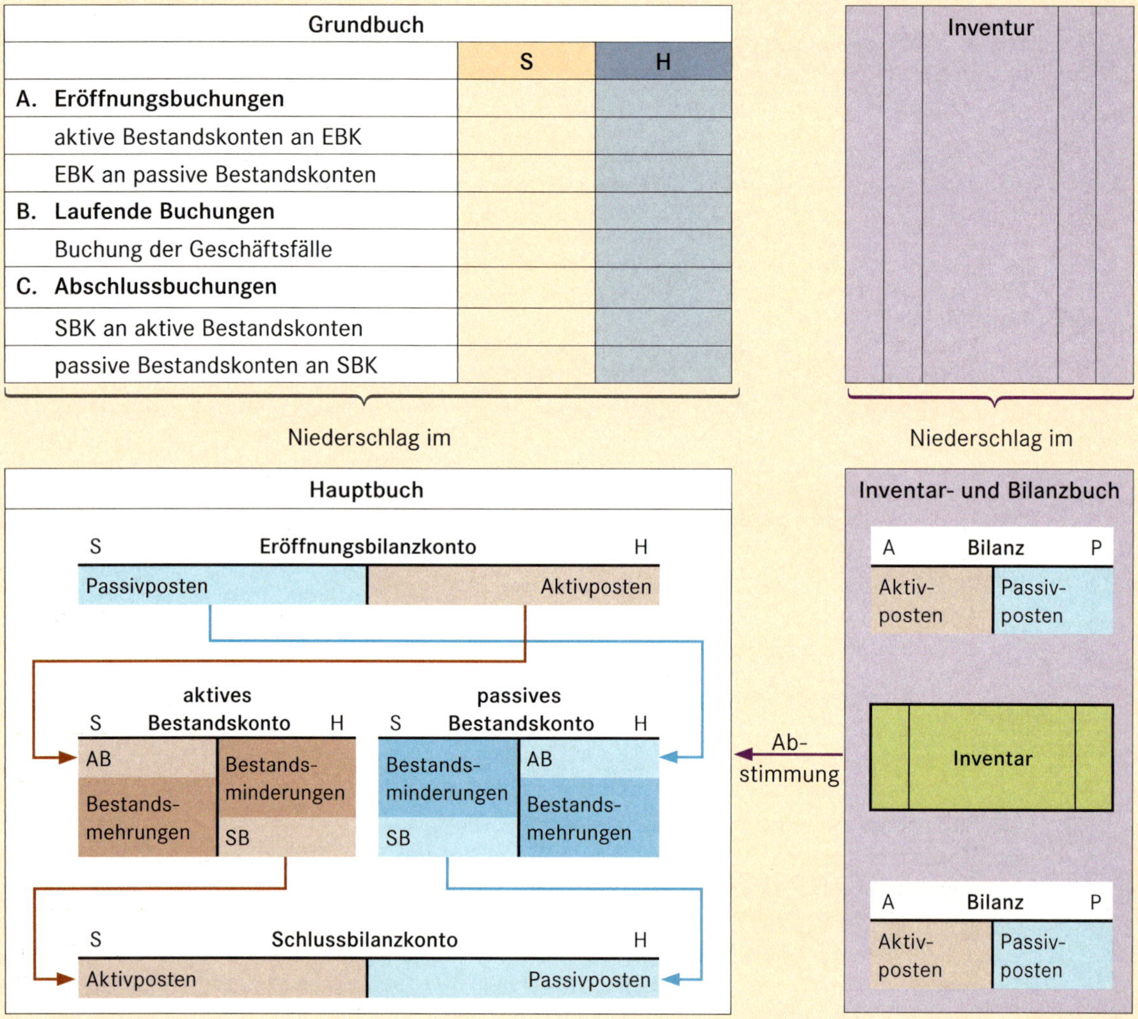


1. **Das Eröffnungsbilanzkonto (EBK) ist ein Hilfskonto, das bei den Eröffnungsbuchungen das Prinzip der Doppik (jeder Sollbuchung steht eine Habenbuchung in gleicher Höhe gegenüber) wahrt. Es ist das Spiegelbild der Bilanz: Auf der Sollseite stehen die Passivposten, auf der Habenseite die Aktivposten.**
2. **Das Schlussbilanzkonto (SBK) ist ebenso aufgebaut wie die Bilanz: Auf der Sollseite stehen die Aktivposten, auf der Habenseite die Passivposten.**
3. **Die Bilanzkonten (EBK und SBK) ergeben sich aus den Schlussbeständen der Bestandskonten. Sie werden im Hauptbuch geführt.**
4. **Die Bilanzen werden aufgrund von Inventaren erstellt. Sie werden im Inventar- und Bilanzbuch geführt.**

## Aufgaben

1 Vergleichen Sie a) Eröffnungsbilanzkonto und Bilanz, b) Schlussbilanzkonto und Bilanz.

2 Erklären Sie, inwiefern das Eröffnungsbilanzkonto bei den Eröffnungsbuchungen das Prinzip der Doppik wahrt.



635074

**Gehen Sie bei den Geschäftsgängen der Aufgaben 3 und 4 in folgenden Schritten vor:**

1. **Erstellen Sie die Bilanz.**
2. **Erstellen Sie das Eröffnungsbilanzkonto und nehmen Sie die Eröffnungsbuchungen vor.**
3. **Buchen Sie die Geschäftsfälle.**
4. **Schließen Sie die Konten ab und nehmen Sie die Abschlussbuchungen über das Schlussbilanzkonto vor.**
5. **Erstellen Sie die Bilanz. (Unterstellung: Die Buchwerte stimmen mit den Istwerten der Inventur überein.)**

AH 3 **Anfangsbestände**

| | € | | € |
|---|---|---|---|
| Maschinen | 90.000,00 | Guthaben bei KI (Bank) | 45.000,00 |
| Rohstoffe | 95.000,00 | Eigenkapital | ? |
| Forderungen a. LL | 30.000,00 | Langfr. Bankverbindlichkeiten[1] | 110.000,00 |
| Kasse | 5.600,00 | Verbindlichkeiten a. LL | 42.000,00 |

| **Geschäftsfälle** | a) € | b) € |
|---|---|---|
| 1. Barabhebung vom Bankkonto | 5.000,00 | 7.000,00 |
| 2. Zieleinkauf von Rohstoffen | 6.000,00 | 8.000,00 |
| 3. Kunde begleicht Rechnung per Banküberweisung | 3.000,00 | 5.000,00 |
| 4. Barverkauf einer gebrauchten Fertigungsmaschine | 2.500,00 | 2.400,00 |
| 5. Bareinzahlung auf Bankkonto | 1.000,00 | 1.500,00 |
| 6. Wir zahlen an Lieferanten per Banküberweisung | 5.000,00 | 7.000,00 |
| 7. Aufnahme eines Darlehens, Bankgutschrift | 7.000,00 | 8.000,00 |
| Barauszahlung | 3.000,00 | 4.000,00 |

AH 4 **Anfangsbestände**

| | € | | € |
|---|---|---|---|
| Maschinen | 120.000,00 | Guthaben bei Kreditinstituten (Bank) | 25.000,00 |
| Geschäftsausst. | 85.000,00 | Eigenkapital | ? |
| Rohstoffe | 110.000,00 | Langfr. Bankverbindlichkeiten[1] | 160.000,00 |
| Forderungen a. LL | 19.000,00 | Verbindlichkeiten a. LL | 78.000,00 |
| Kasse | 10.000,00 | | |

| **Geschäftsfälle** | a) € | b) € |
|---|---|---|
| 1. Rohstoffeinkauf, auf Ziel | 2.500,00 | 3.500,00 |
| bar | 500,00 | 800,00 |
| gegen Bankscheck | 2.000,00 | 1.500,00 |
| 2. Darlehenstilgung durch Banküberweisung | 5.000,00 | 7.000,00 |
| 3. Kauf eines PC, bar | 800,00 | 900,00 |
| mit Girocard unserer Bank | 1.000,00 | 700,00 |
| 4. Verkauf einer gebrauchten Fertigungsmaschine, auf Ziel | 1.800,00 | 1.500,00 |
| bar | 900,00 | 800,00 |
| gegen Bankscheck | 1.200,00 | 1.300,00 |
| 5. Umwandlung einer Lieferantenverbindlichkeit in eine Darlehensschuld | 3.000,00 | 2.500,00 |
| 6. Kunde begleicht Rechnung per Banküberweisung | 1.800,00 | 2.100,00 |
| 7. Wir begleichen Lieferantenrechnung, bar | 900,00 | 1.200,00 |
| per Banküberweisung | 2.000,00 | 2.400,00 |

1 Im Konto „Langfristige Bankverbindlichkeiten" werden sowohl die Darlehensschulden als auch die Hypothekenschulden gebucht. In den Anfangskapiteln des Lehrbuches waren dafür zwei einzelne Konten vorgesehen.

## 2.5.5 Erfolgsvorgänge

### 2.5.5.1 Buchen auf den Erfolgskonten

Bei allen bisherigen Geschäftsfällen ist das Konto „Eigenkapital“ unberührt geblieben. Das Konto „Eigenkapital“ ändert sich durch **Aufwendungen und Erträge.**

**Aufwendungen mindern das Eigenkapital.** Hierzu gehören z. B.: Personalkosten, Mietaufwendungen, Materialaufwendungen und Betriebsteuern.

**Erträge mehren das Eigenkapital.** Hierzu gehören z. B.: Verkaufserlöse, Mieteinnahmen, Provisionserträge und Zinserträge.

Erträge könnten als Bestandsmehrungen im Haben und Aufwendungen als Bestandsminderungen im Soll auf dem passiven Bestandskonto „Eigenkapital“ gebucht werden.

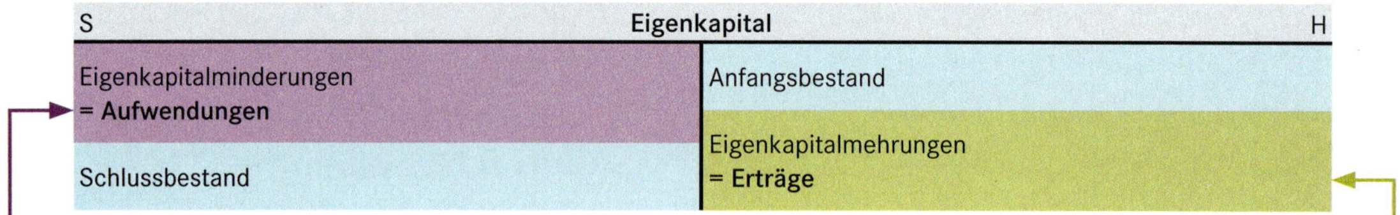


Damit nun aber

1. die sachliche Herkunft der einzelnen Erträge und Aufwendungen zu erkennen ist und
2. das Eigenkapitalkonto nicht zu unübersichtlich wird,

werden für gleichartige Erträge und Aufwendungen spezielle **Erfolgskonten** angelegt.

Ihrem Aufwands- oder Ertragscharakter entsprechend unterteilt man die Erfolgskonten in **Aufwandskonten** und **Ertragskonten.**

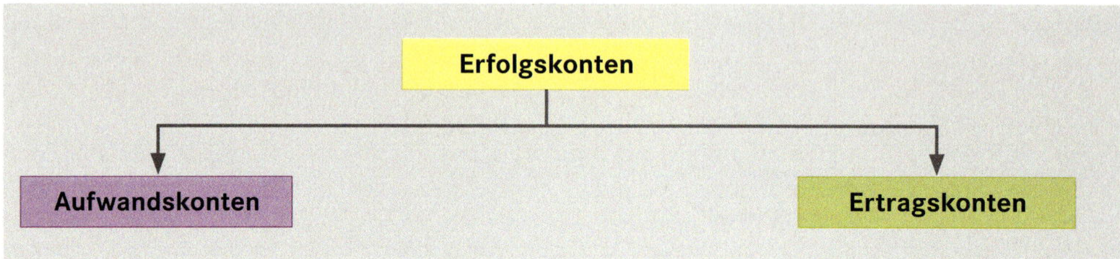


Im Gegensatz zu den Bestandskonten haben die Erfolgskonten **keinen** Anfangsbestand.

Die Erfolgskonten sind Unterkonten des Eigenkapitalkontos. Auf ihnen muss ebenso gebucht werden wie auf dem Eigenkapitalkonto:

> **Aufwendungen (= Eigenkapitalminderungen) werden auf Aufwandskonten im Soll gebucht. Erträge (= Eigenkapitalmehrungen) werden auf Ertragskonten im Haben gebucht.**

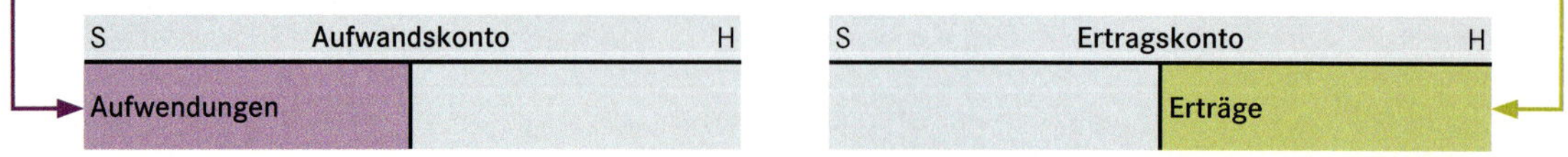

**Beispiel**

1. Löhne werden durch Banküberweisung gezahlt .......................... 14.000,00 €

| Buchungssatz | Soll | Haben |
|---|---|---|
| Löhne | 14.000,00 | |
| an Guthaben bei Kreditinstituten (Bank) | | 14.000,00 |

**Buchung**

| S | Löhne | | H |
|---|---|---|---|
| G. b. KI | 14.000,00 | | |

| S | Guthaben bei Kreditinstituten (Bank) | | H |
|---|---|---|---|
| AB | ... | Löhne | 14.000,00 |

**Beispiel**

2. Wir erhalten eine Zinsgutschrift auf unserem Bankkonto .................. 700,00 €

| Buchungssatz | Soll | Haben |
|---|---|---|
| Guthaben bei Kreditinstituten (Bank) | 700,00 | |
| an Zinserträge | | 700,00 |

**Buchung**

| S | Guthaben bei Kreditinstituten (Bank) | | H |
|---|---|---|---|
| AB | ... | | |
| Zinserträge | 700,00 | | |

| S | Zinserträge | | H |
|---|---|---|---|
| | | G. b. KI | 700,00 |

### 2.5.5.2 Das Gewinn- und Verlustkonto

Am Geschäftsjahresende werden die Aufwands- und Ertragskonten über ein Sammelkonto, das sogenannte **Gewinn- und Verlustkonto (GuV),** abgeschlossen.

Auf dem Gewinn- und Verlustkonto wird als Saldo aller Erträge und Aufwendungen ein **Gewinn** bzw. **Verlust** ermittelt.

|   | |
|---|---|
| | Summe der Erträge |
| – | Summe der Aufwendungen |
| = | Gewinn bzw. Verlust |

**Beispiel**

| S | Löhne | | H |
|---|---|---|---|
| G. b. KI | 14.000,00 | GuV | 14.000,00 |

| S | Mietaufwendungen | | H |
|---|---|---|---|
| Postbank | 6.000,00 | GuV | 6.000,00 |

| S | Zinserträge | | H |
|---|---|---|---|
| GuV | 700,00 | G. b. KI | 700,00 |

| S | Provisionserträge | | H |
|---|---|---|---|
| GuV | 23.000,00 | G. b. KI | 23.000,00 |

| S | Gewinn- und Verlustkonto | | H |
|---|---|---|---|
| Löhne ................ | 14.000,00 | Zinserträge ............ | 700,00 |
| Mietaufwendungen ..... | 6.000,00 | Provisionserträge ....... | 23.000,00 |
| Gewinn ............... | 3.700,00 | | |
| | 23.700,00 | | 23.700,00 |

**Sind die Erträge größer als die Aufwendungen, so ergibt sich im Soll des Gewinn- und Verlustkontos ein Gewinn.**

**Sind die Aufwendungen größer als die Erträge, so ergibt sich im Haben des Gewinn- und Verlustkontos ein Verlust.**

Der Gewinn bzw. Verlust, der auf dem Gewinn- und Verlustkonto ermittelt wird, gelangt in das Eigenkapitalkonto und mehrt bzw. mindert den Eigenkapitalbestand.

**Beispiel**

| S | GuV | | H |
|---|---|---|---|
| Löhne | 14.000,00 | Zinserträge | 700,00 |
| Mietaufw. | 6.000,00 | Prov.-Ertr. | 23.000,00 |
| EK | 3.700,00 | | |
| | 23.700,00 | | 23.700,00 |

| S | Eigenkapital | | H |
|---|---|---|---|
| SB | 103.700,00 | AB | 100.000,00 |
| | | GuV | 3.700,00 |
| | 103.700,00 | | 103.700,00 |

Großen Kapitalgesellschaften (AG, GmbH, KGaA) schreibt § 275 HGB die Gliederung der offenlegungspflichtigen GuV-Rechnung detailliert vor (siehe Kapitel 5.5.3).

## Zusammenfassung

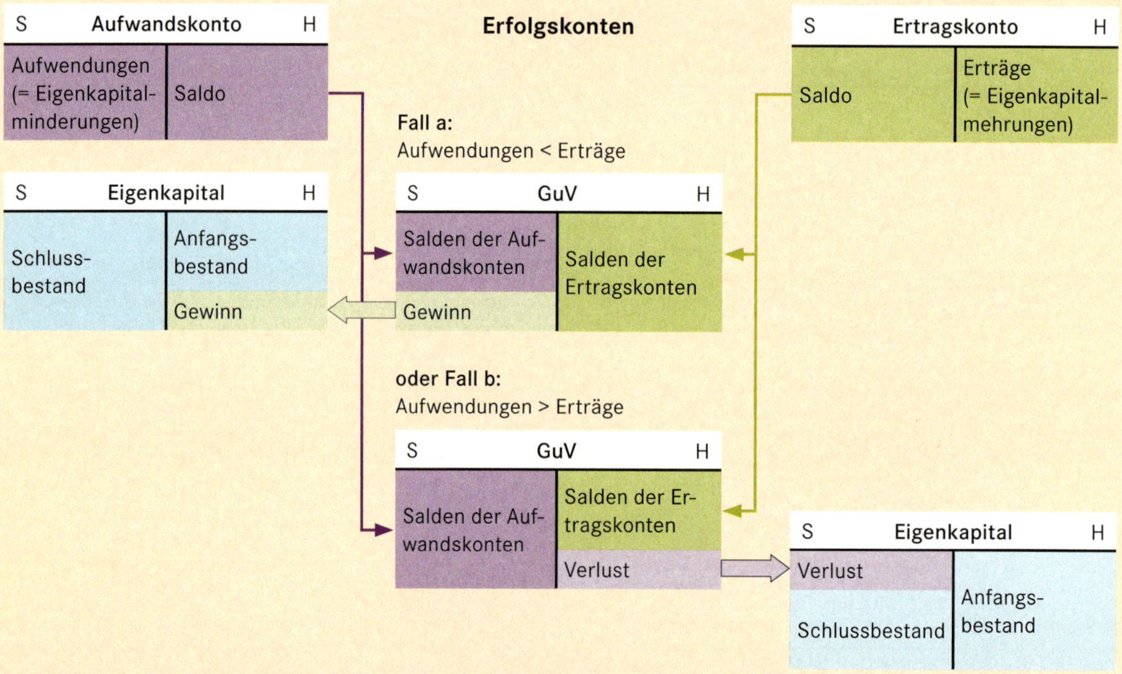


1. **Neben dem Bestandskontenkreis gibt es den Erfolgskontenkreis.**
2. **Im Gegensatz zu den Bestandskonten weisen die Erfolgskonten keinen Anfangsbestand auf.**
3. **Die Erfolgskonten werden in die Aufwandskonten und Ertragskonten unterteilt.**
4. **Aufwendungen werden auf Aufwandskonten im Soll gebucht.**
5. **Erträge werden auf Ertragskonten im Haben gebucht.**
6. **Die Aufwandskonten und Ertragskonten werden über das Gewinn- und Verlustkonto (GuV) abgeschlossen.**
7. **Ist die Summe der Erträge größer als die Summe der Aufwendungen, so ergibt sich im Soll des Gewinn- und Verlustkontos ein Gewinn. Umgekehrt ergibt sich im Haben des Gewinn- und Verlustkontos ein Verlust, wenn die Summe der Aufwendungen größer ist als die Summe der Erträge.**
8. **Das Gewinn- und Verlustkonto wird über das Eigenkapitalkonto abgeschlossen. Ein Gewinn führt zu einer Eigenkapitalmehrung, ein Verlust zu einer Eigenkapitalminderung.**

### Beispiel für einen Geschäftsgang im Hauptbuch[1]

**Bestandskonten**

**aktive Bestandskonten**

| S | Maschinen | | H |
|---|---|---|---|
| AB | 600.000,00 | SBK | 600.000,00 |

| S | Forderungen a. LL | | H |
|---|---|---|---|
| AB | 60.000,00 | SBK | 140.000,00 |
| P'ertr. | 80.000,00 | | |
| | 140.000,00 | | 140.000,00 |

| S | Guthaben bei KI (Bank) | | H |
|---|---|---|---|
| AB | 66.000,00 | Gehälter | 60.000,00 |
| P'ertr. | 100.000,00 | Gehälter | 40.000,00 |
| Z'ertr. | 4.000,00 | Mietaufw. | 20.000,00 |
| | | SBK | 50.000,00 |
| | 170.000,00 | | 170.000,00 |

**passive Bestandskonten**

| S | Langfr. Bankverbindlichkeiten | | H |
|---|---|---|---|
| SBK | 300.000,00 | AB | 300.000,00 |

| S | Verbindlichkeiten a. LL | | H |
|---|---|---|---|
| SBK | 20.000,00 | AB | 20.000,00 |

| S | Eigenkapital | | H |
|---|---|---|---|
| SBK | 470.000,00 | AB | 406.000,00 |
| | | GuV | **64.000,00** |
| | 470.000,00 | | 470.000,00 |

**Erfolgskonten**

**Aufwandskonten**

| S | Gehälter | | H |
|---|---|---|---|
| G. b. KI[2] | 60.000,00 | GuV | 100.000,00 |
| G. b. KI[2] | 40.000,00 | | |
| | 100.000,00 | | 100.000,00 |

| S | Mietaufwendungen | | H |
|---|---|---|---|
| G. b. KI[2] | 20.000,00 | GuV | 20.000,00 |

**Ertragskonten**

| S | Provisionserträge | | H |
|---|---|---|---|
| GuV | 180.000,00 | G. b. KI[2] | 100.000,00 |
| | | F. a. LL | 80.000,00 |
| | 180.000,00 | | 180.000,00 |

| S | Zinserträge | | H |
|---|---|---|---|
| GuV | 4.000,00 | G. b. KI[2] | 4.000,00 |

| S | Schlussbilanzkonto | | H |
|---|---|---|---|
| Maschinen | 600.000,00 | Eigenkapital | 470.000,00 |
| Forderungen a. LL | 140.000,00 | Langfr. Bankverb. | 300.000,00 |
| Guthaben bei KI (Bank) | 50.000,00 | Verb. a. LL | 20.000,00 |
| | 790.000,00 | | 790.000,00 |

| S | Gewinn- und Verlustkonto | | H |
|---|---|---|---|
| Gehälter | 100.000,00 | Provisionserträge | 180.000,00 |
| Mietaufwendungen | 20.000,00 | Zinserträge | 4.000,00 |
| Eigenkapital | **64.000,00** | | |
| | 184.000,00 | | 184.000,00 |

1 Auf die Darstellung des Eröffnungsbilanzkontos wird verzichtet.
2 Guthaben bei Kreditinstituten (Bank)

## Aufgaben

| | | | | | |
|---|---|---|---|---|---|
| **1 u. 2:** | Einführung in die Thematik | **5:** | Buchen auf Erfolgskonten | **9:** | Zeitliche Abfolge der Arbeiten bei einem Geschäftsgang |
| **3:** | Buchungsregeln | **6:** | Belegbuchungen | | |
| **4:** | Übersicht über die Konten der Buchführung | **7 u. 8:** | Geschäftsgänge | | |

**1** Wie lauten die Buchungssätze, wenn direkt über das Konto „Eigenkapital" gebucht wird?

1. Stromkosten werden per Banküberweisung gezahlt ..................... 1.800,00 €
2. Wir erhalten eine Zinsgutschrift auf unserem Bankkonto .................. 900,00 €
3. Banküberweisung der betrieblichen Telekommunikationskosten ............ 770,00 €
4. Löhne werden durch Banküberweisung gezahlt ....................... 12.500,00 €
5. Barzahlung für Inserate ............................................ 420,00 €
6. Wir erhalten Provision per Postbanküberweisung ...................... 5.100,00 €
7. Wir zahlen Darlehenszinsen per Banküberweisung ..................... 850,00 €
8. Wir kaufen Büromaterial bar ......................................... 95,00 €

**2** Warum ist es unzweckmäßig, Erträge und Aufwendungen direkt über das Konto „Eigenkapital" zu buchen?

**3** Geben Sie an, ob im Soll oder im Haben gebucht wird:

a) Der Anfangsbestand auf aktiven Bestandskonten.
b) Einen Aufwand auf Aufwandskonten.
c) Der Schlussbestand auf passiven Bestandskonten.
d) Einen Ertrag auf Ertragskonten.
e) Der Schlussbestand auf aktiven Bestandskonten.
f) Eine Bestandsminderung auf aktiven Bestandskonten.
g) Der Saldo auf Ertragskonten.
h) Der Anfangsbestand auf passiven Bestandskonten.
i) Der Saldo auf Aufwandskonten.
j) Eine Bestandsmehrung auf passiven Bestandskonten.
k) Der Gewinn auf dem Gewinn- und Verlustkonto.
l) Eine Bestandsmehrung auf aktiven Bestandskonten.
m) Der Verlust auf dem Gewinn- und Verlustkonto.
n) Eine Bestandsminderung auf passiven Bestandskonten.

AH

**4** Setzen Sie in Ihrem Arbeitsheft auf die gestrichelten Linien die folgenden Begriffe sinngemäß ein: Verlust, Verlust, Gewinn, Aufwand, Ertrag, Aufwandskonten, Ertragskonten, Aufwandskonto, Ertragskonto, Gewinn- und Verlustkonto, AB, AB, SB, SB, Bestandsmehrungen, Bestandsmehrungen, Bestandsminderungen, Bestandsminderungen, Bestandsminderungen, aktives Bestandskonto, passives Bestandskonto, aktiven Bestandskonten, passiven Bestandskonten, Schlussbilanzkonto, Erfolgskonten, Bestandskonten.

**Übersicht über die Konten der Buchführung**

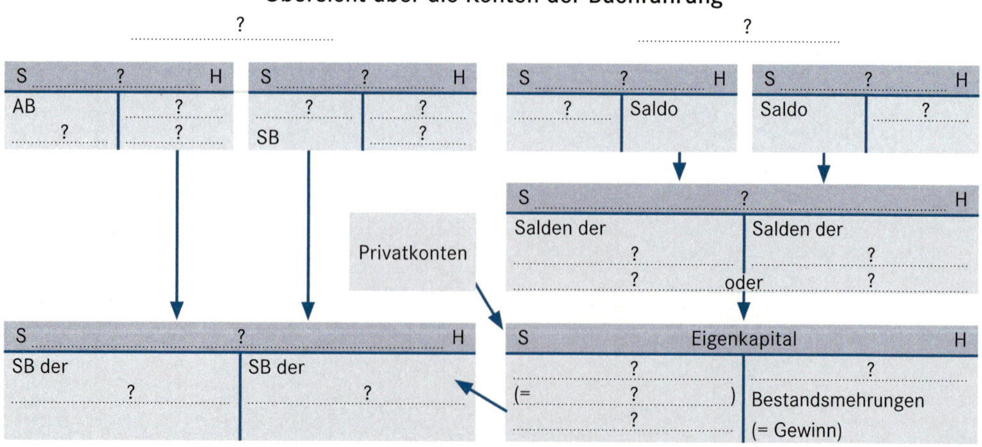


AB = Anfangsbestand,
SB = Schlussbestand



635080

AH

5 a) Richten Sie sich die Konten „Löhne“, „Mietaufwendungen“, „Büromaterial“, „Zinserträge“ und „Provisionserträge“ ein. Buchen Sie auf diesen Konten, ohne die Gegenkonten zu führen, die folgenden Geschäftsfälle:

| | | |
|---|---|---|
| 1. | Bank schreibt uns Zinsen gut | 950,00 € |
| 2. | Lohnzahlung per Banküberweisung | 3.000,00 € |
| 3. | Barzahlung für Büromaterial | 120,00 € |
| 4. | Wir zahlen Miete für Geschäftsräume per Postbanküberweisung | 1.100,00 € |
| 5. | Wir erhalten Provision durch Banküberweisung | 4.300,00 € |

b) Richten Sie sich ein Gewinn- und Verlustkonto ein. Schließen Sie die Konten ab und ermitteln Sie den Gewinn bzw. Verlust.

6 Sie sind Angestellte(r) der Textilfabrik Konrad Fied KG, Goseriede 41, 30159 Hannover. Die folgenden Belege liegen Ihnen zur Buchung vor.

a) Welche Geschäftsfälle liegen den Belegen zugrunde? b) Wie lauten die Buchungssätze?

**Konten**

Büromaterial, Portokosten, Zinsaufwendungen, Langfristige Bankverbindlichkeiten, Guthaben bei Kreditinstituten (Bank), Reisekosten (oder: Aufwendungen für Betriebsstoffe, oder: Aufwendungen für Energie), Kasse, Verbindlichkeiten a. LL, Nebenerlöse aus Vermietung und Verpachtung, Versicherungsbeiträge, Kosten des Geldverkehrs, Rechts- und Beratungskosten, Zinserträge, Aufwendungen für Energie.

**Beleg 1**

Bürotechnik + Organisation
**Eitner GmbH**
Schwarzer Bär 8 • 30449 Hannover • Tel. 0511 4442

Fa. Konrad Fied KG
Datum 02.01.20..

| Anzahl | Artikel | Einzelpreis /€ | Summe/€ |
|---|---|---|---|
| | Bürobedarf | | 23,50 |

***000023,50

Betrag dankend erhalten Ha

00195-11 — Bei Irrtum oder Umtausch bitte diesen Beleg vorlegen.

Eitner GmbH Bürotechnik + Organisation
St.-Nr. 26 368 15925

**Beleg 2**

TANK-CENTER
FREE Klaus Cianciaruso
Blumenauer Str. 10, 30449 Hannover
Tankstellen-Nr: 0950045166
Tel.: 0511 1255864
Fax: 0511 1255865
Beleg-Nr. 280389 03.01.20.. 08:52
St.-Nr. Station: 26 357 33127
USt-IdNr. Gesellschaft: DE 115 236 215
*0004 Super bleifrei 53,69 € A*
*Zp 02 33,68 l 1,594 €/l *
Gesamtbetrag 53,69 €
gegeben: 60,69 €
Rückgeld: 7,00 €
Buchungsvermerk: Quittung unseres Reisenden R. Ramm

**Beleg 3**[1]

Hannoversche Volksbank eG

| Kontonummer | erstellt am | Auszug | Blatt |
|---|---|---|---|
| 12 345 | 04.01.20.. | 3 | 1/1 |

BLZ 251 900 01 — Kontoauszug

| Bu.-Tag | Wert | Vorgang | |
|---|---|---|---|
| | | alter Kontostand | 80.000,00 + |
| 03.01. | 02.01. | Klaus Frost, Miete für Januar 20.. | 920,00 + |
| 03.01. | 02.01. | Energie AG, Vorauszahlungspauschale für Strom, Kd.-Nr. 24 007 | 4.500,00 - |
| | | neuer Kontostand vom 04.01.20.. | 76.420,00 + |

Textilfabrik
Konrad Fied KG
Goseriede 41
30159 Hannover

USt-IdNr.: DE 115 648 359
IBAN: DE73 2519 0001 0000 0123 45 BIC: VOHADE2H

*Hinweis:* Es sind zwei Geschäftsfälle zu bearbeiten. →

1 Bei einigen Kreditinstituten werden auf den Kontoauszügen die Buchungen mit „H“ (Haben) statt „+“ und mit „S“ (Soll) statt „-“ ausgewiesen. Siehe hierzu S. 63, Aufgabe 3.

**Beleg 4**[1]

Hannoversche Volksbank eG

| Kontonummer | erstellt am | Auszug | Blatt |
|---|---|---|---|
| 12 345 | 03.07.20.. | 122 | 1/1 |

BLZ 251 900 01 — **Kontoauszug**

| Bu.-Tag | Wert | Vorgang | | |
|---|---|---|---|---|
| | | | **alter Kontostand** | **50.000,00 +** |
| 02.07. | 30.06. | Darlehen 60 531<br>Tilgung 76,58 €<br>Zinsen 298,42 € | | 375,00 - |
| | | | **neuer Kontostand vom 03.07.20..** | **49.625,00 +** |

Textilfabrik
Konrad Fied KG
Goseriede 41
30159 Hannover

USt-IdNr.: DE 115 648 359
IBAN: DE73 2519 0001 0000 0123 45 BIC: VOHADE2H

**Beleg 5**[2]

Hannoversche Volksbank eG

| Kontonummer | erstellt am | Auszug | Blatt |
|---|---|---|---|
| 12 345 | 04.07.20.. | 123 | 1/1 |

BLZ 251 900 01 — **Kontoauszug**

| Bu.-Tag | Wert | Vorgang | | | |
|---|---|---|---|---|---|
| | | | | **alter Kontostand** | **60.000,00 +** |
| 02.07. | 30.06. | Konto-Abschlussrechnung | | | 573,00 - |
| | | 3 % Habenzinsen | 75,00 + | | |
| | | 9 % Sollzinsen | 468,00 - | | |
| | | 0,25 % Kredit-Prov. | 55,00 - | | |
| | | 3 % Überziehungs-Prov. | 57,00 - | | |
| | | 1 % Umsatz-Prov. | 30,00 - | | |
| | | Gebühren | 38,00 - | | |
| | | | | **neuer Kontostand vom 04.07.20..** | **59.427,00 +** |

Textilfabrik
Konrad Fied KG
Goseriede 41
30159 Hannover

USt-IdNr.: DE 115 648 359
IBAN: DE73 2519 0001 0000 0123 45 BIC: VOHADE2H

**Beleg 6**

Hannoversche Volksbank eG

| Kontonummer | erstellt am | Auszug | Blatt |
|---|---|---|---|
| 12 345 | 16.07.20.. | 131 | 1/1 |

BLZ 251 900 01 — **Kontoauszug**

| Bu.-Tag | Wert | Vorgang | | |
|---|---|---|---|---|
| | | | **alter Kontostand** | **70.000,00 +** |
| 15.07. | 13.07. | Arminia-Versicherung AG, Vers.-Nr. 111,<br>Lkw H-RJ 662, Rückzahlung Kfz-Versicherung<br>(Abmeldung) | | 535,00 + |
| | | | **neuer Kontostand vom 16.07.20..** | **70.535,00 +** |

Textilfabrik
Konrad Fied KG
Goseriede 41
30159 Hannover

USt-IdNr.: DE 115 648 359
IBAN: DE73 2519 0001 0000 0123 45 BIC: VOHADE2H

*Anmerkung:* Der Rückzahlungsbetrag beinhaltet die Kfz-Versicherung des laufenden Geschäftsjahres.

1 Bei einigen Kreditinstituten werden auf den Kontoauszügen die Buchungen mit „H" (Haben) statt „+" und mit „S" (Soll) statt „-" ausgewiesen. Siehe hierzu S. 63, Aufgabe 3.

2 Buchung mit hohem Schwierigkeitsgrad.

**Beleg 7**

Deutsche Post AG
30449 Hannover
81301811 31.01.20..

7027
Postwertzeichen ohne Zuschlag
*30,60 EUR A

**Bruttoumsatz** ***30,60 EUR**
umsatzsteuerbefreit nach §4 UStG A
Nettoumsatz A *30,60 EUR
Steuernummer der Deutschen Post AG:
5205/5777/1510
Vielen Dank für Ihren Besuch.
Ihre Deutsche Post AG

*Hinweis:* Barzahlung

**Beleg 8**

*******************************
TURN-ELECTRO
Elektrohandel GmbH
Ihmezentrum · Spinnereistr. 14
30449 Hannover
Steuernummer 26 668 24639
*******************************
4901780385164 12,95 x 1
100 CD-R/700 Spindel 12,95 €

**Total 12,95 €**
bar 103,00 €
Rückgeld 90,05 €

331 45001 6 2142
17.01.20.. 15:38:54
*******************************

**Beleg 9**

**Dr. Detlef Kuhlmann**
**Rechtsanwalt • Notar**

Bödekerstraße 21
30161 Hannover
Tel.: 0511 2234
Fax: 0511 2233
E-Mail: info@kuhlmann-wvd.de

**Bankverbindung:**
Sparkasse Hannover
Kto.-Nr.: 123 765, BLZ 250 501 80
IBAN DE06 2505 0180 0000 1237 65
BIC SPKHDE2H
St.-Nr. 26 447 25368

Dr. D. Kuhlmann • Bödekerstraße 21 • 30161 Hannover

Textilfabrik
Konrad Fied KG
Goseriede 41
30159 Hannover

EINGEGANGEN
27. Juni 20..
Erledigt ......................

Ihr Zeichen, Ihre Nachricht vom | Unser Zeichen | Datum 25.06.20..

**Kostenrechnung**
**– Endabrechnung –**
**Beratung Lieferungsverzug Emut GmbH, Hofgeismar**
**Rechnungsnummer: R00353/..**
**Leistungszeitraum: 20.06.20..**

Pauschalgebühr gemäß Vereinbarung vom 20.06.20..
250,00 €/Std. (6-Minuten-Takt)

| | |
|---|---|
| Durchsicht Unterlagen 20.06.20.. – 13:20–13:25 Uhr | 25,00 € |
| Besprechung 20.06.20.. – 14:55–15:40 Uhr | 200,00 € |
| Entgelt für Post- und Telekommunikations-dienstleistungen gem. Nr. 7002 VV (pauschal) | 20,00 € |
| **Gesamtbetrag** | **245,00 €** |

Kuhlmann
Dr. D. Kuhlmann
(Rechtsanwalt)

**Lösen Sie die Aufgaben 7 und 8 in folgenden Schritten:**
1. **Erstellen Sie das Eröffnungsbilanzkonto.**
2. **Buchen Sie die Anfangsbestände auf die Bestandskonten.**
3. **Buchen Sie die Geschäftsfälle auf den Bestands- und Erfolgskonten.**
4. **Schließen Sie die Erfolgskonten über das Gewinn- und Verlustkonto ab.**
5. **Ermitteln Sie den Gewinn bzw. Verlust auf dem Gewinn- und Verlustkonto und schließen Sie das Gewinn- und Verlustkonto über das Eigenkapitalkonto ab.**
6. **Schließen Sie die Bestandskonten über das Schlussbilanzkonto ab.**

AH 7

| **Anfangsbestände** | € | | € |
|---|---|---|---|
| Maschinen | 79.000,00 | Guthaben bei KI (Bank) | 9.000,00 |
| Rohstoffe | 45.000,00 | Eigenkapital | ? |
| Forderungen a. LL | 13.000,00 | Langfristige Bankverbindlichk.[1] | 42.000,00 |
| Kasse | 2.500,00 | Verbindlichkeiten a. LL | 8.000,00 |

**Erfolgskonten:** Büromaterial, Zinsaufwendungen, Löhne, Zinserträge, Provisionserträge.

**Eröffnungs- bzw. Abschlusskonten:** Eröffnungsbilanzkonto, Gewinn- und Verlustkonto, Schlussbilanzkonto.

| **Geschäftsfälle** | € |
|---|---|
| 1. Zinsgutschrift der Bank | 850,00 |
| 2. Zieleinkauf von Rohstoffen | 3.000,00 |
| 3. Bareinkauf von Büromaterial | 120,00 |
| 4. Tilgung einer Darlehensschuld durch Banküberweisung | 2.000,00 |
| 5. Darlehenszinsen werden vom Bankkonto abgebucht | 350,00 |
| 6. Kunde begleicht Rechnung durch Banküberweisung | 4.000,00 |
| 7. Lohnzahlung per Banküberweisung | 4.500,00 |
| 8. Wir erhalten Provision durch Banküberweisung | 1.200,00 |
| 9. Barverkauf einer gebrauchten Fertigungsmaschine | 3.500,00 |
| 10. Ausgleich einer Lieferantenrechnung durch Banküberweisung | 2.000,00 |

AH 8

| **Anfangsbestände** | € | | € |
|---|---|---|---|
| Maschinen | 70.000,00 | Guthaben bei Kreditinstituten (Bank) | 10.000,00 |
| Geschäftsausstattung | 25.000,00 | | |
| Rohstoffe | 80.000,00 | Eigenkapital | ? |
| Forderungen a. LL | 18.000,00 | Langfristige Bankverbindlichk.[1] | 50.000,00 |
| Kasse | 9.000,00 | Verbindlichkeiten a. LL | 20.000,00 |

**Erfolgskonten:** Aufw. für Verpackungsmaterial, Aufw. für Beiträge, Zinsaufw., Mietaufw., Büromaterial, Nebenerlöse aus Vermietung und Verpachtung, Provisionserträge.

**Eröffnungs- bzw. Abschlusskonten:** Eröffnungsbilanzkonto, Gewinn- und Verlustkonto, Schlussbilanzkonto.

| **Geschäftsfälle** | € |
|---|---|
| 1. Bareinkauf von Verpackungsmaterial | 700,00 |
| 2. Banküberweisung eines Kunden | 5.000,00 |
| 3. Wir erhalten Miete per Banküberweisung | 1.000,00 |
| 4. Ausgleich einer Lieferantenrechnung per Banküberweisung | 3.000,00 |
| 5. Zieleinkauf von Rohstoffen | 4.000,00 |
| 6. Provisionseingang per Bankscheck | 5.000,00 |

1 Im Konto „Langfristige Bankverbindlichkeiten" werden sowohl die Darlehensschulden als auch die Hypothekenschulden gebucht. In den Anfangskapiteln des Lehrbuches waren dafür zwei einzelne Konten vorgesehen.

| | | € |
|---|---|---|
| 7. | Zahlung des Industrie- und Handelskammerbeitrages per Banküberweisung | 800,00 |
| 8. | Kunde begleicht Rechnung per Banküberweisung | 6.000,00 |
| 9. | Banküberweisung für Darlehenstilgung | 1.000,00 |
| | für Darlehenszinsen | 500,00 |
| 10. | Barkauf von zwei Büroschreibtischen | 1.500,00 |
| 11. | Wir zahlen Miete per Banküberweisung | 2.000,00 |
| 12. | Barkauf von Büromaterial | 200,00 |
| 13. | Verkauf einer gebrauchten Fertigungsmaschine gegen Bankscheck | 5.000,00 |

9 Stellen Sie durch Zuordnung den korrekten zeitlichen Ablauf dar.

| A | B |
|---|---|
| 1. Arbeitsschritt 1 | 1. Abschluss der Erfolgskonten über das Gewinn- und Verlustkonto |
| 2. Arbeitsschritt 2 | 2. Abschluss des Gewinn- und Verlustkontos über das Eigenkapitalkonto |
| 3. Arbeitsschritt 3 | 3. Ermittlung des Gewinns bzw. Verlustes auf dem Gewinn- und Verlustkonto |
| 4. Arbeitsschritt 4 | 4. Erstellen des Eröffnungsbilanzkontos |
| 5. Arbeitsschritt 5 | 5. Abschluss der Bestandskonten über das Schlussbilanzkonto |
| 6. Arbeitsschritt 6 | 6. Buchen der Geschäftsfälle auf den Bestands- und Erfolgskonten |
| 7. Arbeitsschritt 7 | 7. Buchen der Anfangsbestände auf die Bestandskonten |

### 2.5.6 Abstimmung zwischen den Daten der Buchführung und den Daten der Inventur

**Die bei der Inventur ermittelten Bestände sind maßgeblich für die Bilanz.**

Nun sind die bei der Inventur ermittelten Bestände (= **Istbestände**) nicht immer mit den in der Buchführung ermittelten Schlussbeständen der aktiven und passiven Bestandskonten (= **Sollbestände**) identisch. In diesen Fällen müssen die Sollbestände der Buchführung den Istbeständen des Inventars angepasst werden.

Die Soll-Ist-Abweichungen werden verursacht durch

- falsche Buchungen,
- irrtümlich unterlassene Buchungen,
- mehrfach vorgenommene Buchungen,
- in der laufenden Buchführung nicht bekannt gewordene und deshalb buchhalterisch nicht erfasste Bestandsabgänge (z. B. Schwund, Diebstahl).

Die Ursachen sind in jedem Einzelfall zu klären, entsprechende Korrekturbuchungen sind vorzunehmen.

Die erforderlichen buchhalterischen Korrekturen können neben den betroffenen Bestandskonten auch **Erfolgskonten** berühren.

1 Im Konto „Langfristige Bankverbindlichkeiten“ werden sowohl die Darlehensschulden als auch die Hypothekenschulden gebucht. In den Anfangskapiteln des Lehrbuches waren dafür zwei einzelne Konten vorgesehen.

**Beispiele**

| | Werte des Inventars (= Istbestände) | Vorläufige Schlussbestände der Bestandskonten (= Sollbestände) | Inventurdifferenz (= Sollbestände – Istbestände) |
|---|---|---|---|
| Fall 1, Kasse | 5.869,55 € | 5.969,55 € | + 100,00 € |
| Fall 2, Rohstoffe | 243.689,00 € | 248.689,00 € | + 5.000,00 € |
| Fall 3, Hilfsstoffe | 15.400,00 € | 10.400,00 € | – 5.000,00 € |

**Ursachenklärung und Korrekturbuchungen:**

a) **Fall 1: Ursache:** Die Inventurdifferenz von 100,00 € resultiert aus einem unaufgeklärten Diebstahl.

| Korrekturbuchung | Soll | Haben |
|---|---|---|
| Verluste aus Kassenbeständen | 100,00 | |
| an Kasse | | 100,00 |

b) **Fall 2 und Fall 3: Ursache:** Eine noch nicht bezahlte Eingangsrechnung über Hilfsstoffe in Höhe von 5.000,00 € wurde versehentlich auf dem Konto „Rohstoffe“ gebucht.

| Korrekturbuchungen | | Soll | Haben |
|---|---|---|---|
| **1. Stornobuchung** | Verbindlichkeiten a. LL | 5.000,00 | |
| | an Rohstoffe | | 5.000,00 |
| **2. korrekte Buchung** | Hilfsstoffe | 5.000,00 | |
| | an Verbindlichkeiten a. LL | | 5.000,00 |

**Zusammenfassung**

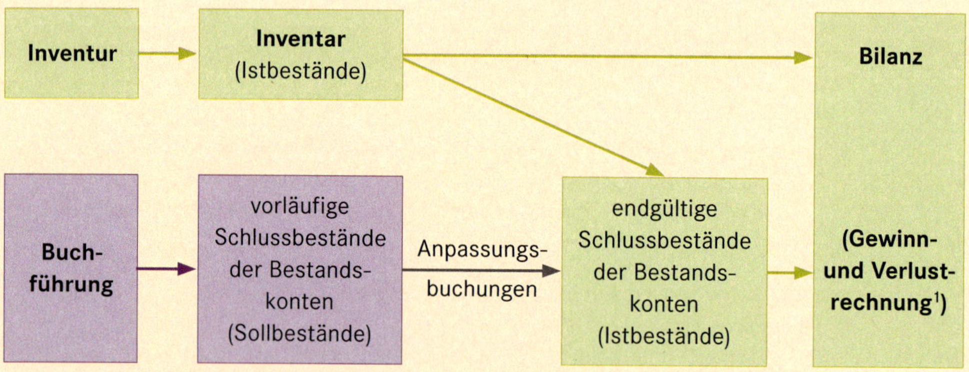


1. Die bei der Inventur ermittelten Bestände sind maßgeblich für die Bilanz.
2. Weichen die Bestände, die bei der Inventur ermittelt werden (= Istbestände), von den buchhalterisch ermittelten Schlussbeständen der Bestandskonten (= Sollbestände) ab, so sind die buchhalterisch ermittelten Werte den Inventurwerten anzupassen.
3. Bei den erforderlichen Korrekturbuchungen können neben Bestandskonten auch Erfolgskonten berührt werden.

1 Die Gewinn- und Verlustrechnung ergibt sich nicht aus dem Inventar, sondern nur aus der Buchführung.

## Aufgabe

Die Gegenüberstellung der Werte des Inventars und der vorläufigen Schlussbestände der Bestandskonten (Werte der Buchführung) erbrachte die unten stehenden Abweichungen. (Es handelt sich um Fälle aus mehreren Geschäftsjahren.)

Nehmen Sie die erforderlichen Korrekturbuchungen (Buchungssätze) vor.

**Bestandskonten:** Postbank, Geschäftsausstattung, Forderungen a. LL, Guthaben bei Kreditinstituten (Bank), Kasse, Rohstoffe, Fuhrpark, Maschinen, Verbindlichkeiten a. LL.
**Erfolgskonten:** Zinsaufwendungen, Verluste aus Kassenbeständen, Nebenerlöse aus Vermietung und Verpachtung, Zinserträge, Provisionserträge, Umsatzerlöse für eigene Erzeugnisse.

| Betroffene Konten | Werte des Inventars (Istbestände) | Vorläufige Schlussbestände der Bestandskonten (Sollbestände) | Inventurdifferenz (Sollbestände – Istbestände) |
|---|---|---|---|
| Fall 1, Maschinen | 250.000,00 € | 253.000,00 € | + 3.000,00 € |
| Fall 2, Geschäftsausstattung | 83.000,00 € | 80.000,00 € | - 3.000,00 € |
| **Ursache (Fall 1 und Fall 2):** Ein PC, der mit Girocard unserer Bank bezahlt wurde, wurde versehentlich auf dem Konto „Maschinen“ gebucht. | | | |
| Fall 3, Kasse | 8.600,00 € | 8.800,00 € | + 200,00 € |
| **Ursache (Fall 3):** Aus der Kasse wurden 200,00 € gestohlen (unaufgeklärter Diebstahl). | | | |
| Fall 4, Fuhrpark | 100.000,00 € | 140.000,00 € | + 40.000,00 € |
| Fall 5, Verbindlichkeiten a. LL | 70.000,00 € | 110.000,00 € | + 40.000,00 € |
| **Ursache (Fall 4 und Fall 5):** Der Zieleinkauf eines Pkw wurde versehentlich doppelt gebucht. | | | |
| Fall 6, Kasse | 7.900,00 € | 7.400,00 € | - 500,00 € |
| **Ursache (Fall 6):** Eine Barzahlung (Zahlungseingang) über Provisionserträge wurde versehentlich nicht gebucht. | | | |
| Fall 7, Rohstoffe | 180.000,00 € | 170.000,00 € | - 10.000,00 € |
| Fall 8, Verbindlichkeiten a. LL | 50.000,00 € | 40.000,00 € | - 10.000,00 € |
| **Ursache (Fall 7 und Fall 8):** Ein Zieleinkauf von Rohstoffen wurde versehentlich nicht gebucht. | | | |
| Fall 9, Guthaben b. KI (Bank) | 95.000,00 € | 92.500,00 € | - 2.500,00 € |
| Fall 10, Postbank | 37.500,00 € | 40.000,00 € | + 2.500,00 € |
| **Ursache (Fall 9 und Fall 10):** Eine Bareinzahlung auf das Bankkonto wurde versehentlich auf dem Postbankkonto gebucht. | | | |
| Fall 11, Kasse | 8.000,00 € | 7.000,00 € | - 1.000,00 € |
| **Ursache (Fall 11):** Unser Mieter hatte die Miete ausnahmsweise bar an uns gezahlt. Dies wurde versehentlich nicht gebucht. | | | |
| Fall 12, Guthaben b. KI (Bank) | 103.000,00 € | 102.400,00 € | - 600,00 € |
| **Ursache (Fall 12):** Die Abbuchung von Darlehenszinsen von unserem Bankkonto wurde versehentlich doppelt gebucht. | | | |
| Fall 13, Forderungen a. LL | 90.000,00 € | 97.000,00 € | + 7.000,00 € |
| **Ursache (Fall 13):** Eine Ausgangsrechnung über eigene Erzeugnisse (Konto: „Umsatzerlöse für eigene Erzeugnisse“) wurde versehentlich mit einem zu hohen Betrag gebucht. → | | | |

| Betroffene Konten | Werte des Inventars (Istbestände) | Vorläufige Schlussbestände der Bestandskonten (Sollbestände) | Inventurdifferenz (Sollbestände - Istbestände) |
|---|---|---|---|
| **Fall 14, Geschäftsausstattung** | 85.000,00 € | 84.600,00 € | - 400,00 € |
| **Fall 15, Verbindlichkeiten a. LL** | 52.000,00 € | 51.600,00 € | - 400,00 € |
| **Ursache (Fall 14 und Fall 15):** Der Zieleinkauf eines PC wurde mit einem zu niedrigen Betrag gebucht. | | | |
| **Fall 16, Postbank** | 42.000,00 € | 40.400,00 € | - 1.600,00 € |
| **Ursache (Fall 16):** Der Zahlungseingang von 800,00 € Zinserträgen wurde versehentlich als Zahlungsausgang von 800,00 € Zinsaufwendungen gebucht. | | | |

## 2.6 Besonderheiten der Erfolgsermittlung im Handelsbetrieb[1]

In einem Handelsbetrieb (Großhandel, Einzelhandel) liegt der Verkaufspreis einer Ware in der Regel über ihrem Einstandspreis (Bezugspreis)[2]. Die Differenz zwischen dem Verkaufspreis und dem Einstandspreis soll dem Handelsbetrieb

- die Kosten decken und
- einen Gewinn erwirtschaften.

Das folgende Kalkulationsschema zeigt die Wertbasis der Wareneinkäufe und Warenverkäufe eines Handelsbetriebes auf:

| | | | |
|---|---|---|---|
| | Rechnungspreis | | |
| + | Bezugskosten | | |
| = | Einstandspreis (Bezugspreis) | → | Wertbasis der Waren**einkäufe** |
| + | Handlungskosten | | |
| = | Selbstkosten | | |
| + | Gewinn | | |
| = | Verkaufspreis | → | Wertbasis der Waren**verkäufe** |

Die buchhalterische Trennung von Wareneinkäufen und Warenverkäufen vollzieht sich durch die Einrichtung unterschiedlicher Konten.

### 2.6.1 Die Warenverkaufsseite

Die Warenverkäufe (Verkaufserlöse) werden auf dem Konto „Umsatzerlöse für Waren“ gebucht.

**Das Konto „Umsatzerlöse für Waren“ ist ein Ertragskonto.**

1 In Industriebetrieben gelten die Ausführungen dieses Kapitels für Handelswaren.

2 Preis, der für den Erwerb der Ware gezahlt werden muss. Er ergibt sich aus dem Rechnungspreis zuzüglich der Bezugskosten (Verpackung, Transportkosten usw.).

**Beispiel** Wir verkaufen Waren auf Ziel ........................................ 80.000,00 €

| **Buchungssatz** | **Soll** | **Haben** |
|---|---|---|
| Forderungen a. LL | 80.000,00 | |
| an Umsatzerlöse für Waren | | 80.000,00 |

**Buchung**

| S | Forderungen a. LL | | H |
|---|---|---|---|
| AB | ... | | |
| UW | 80.000,00 | | |

| S | Umsatzerlöse für Waren | | H |
|---|---|---|---|
| | | Ford. a. LL | 80.000,00 |

## 2.6.2 Die Wareneinkaufsseite[1]

Die Wareneinkäufe können nach dem **„Bestandsrechnerischen Verfahren"** oder nach dem **„Aufwandsrechnerischen Verfahren"** (auch: **„Just-in-time-Verfahren"**) gebucht werden.

### 2.6.2.1 Das „Bestandsrechnerische Verfahren"[2]

Beim traditionellen **„Bestandsrechnerischen Verfahren"** werden auf dem Konto „Waren" im **Soll**

- der **Warenanfangsbestand** und
- die **Wareneinkäufe** gebucht.

**Beispiel** Warenanfangsbestand ...... 200.000,00 €
Wareneinkäufe ............ 50.000,00 €

| S | Waren | | H |
|---|---|---|---|
| AB | 200.000,00 | | |
| Einkäufe | 50.000,00 | | |

Im **Haben** werden auf dem Warenkonto

- die **Bestandsminderungen** und
- der **Warenschlussbestand** erfasst.

**Bestandsminderungen** stellen die **Warenverkäufe** dar. Diese werden aber bereits auf dem Konto **„Umsatzerlöse für Waren"** gebucht. Folglich fehlen zunächst die Buchungen der Bestandsminderungen auf dem Warenkonto.

Der **Schlussbestand an Waren** ist daher rechnerisch als Saldo des Warenkontos nicht ermittelbar. Er muss dem **Inventar** entnommen werden.

Als Saldo ergeben sich dann die **Bestandsminderungen.** Diese Bestandsminderungen sind die Warenabgänge, also die **Warenverkäufe bewertet zum Einstandspreis.** Man nennt sie **Wareneinsatz.**

**Die verkauften Waren, bewertet zum Einstandspreis (Bezugspreis), werden als Wareneinsatz bezeichnet.**

1 *Hinweis für die Lehrerin/den Lehrer:* In den bundeseinheitlichen schriftlichen Prüfungen der „IHK-Gemeinschaftsstelle für bundeseinheitliche Abschluss- und Zwischenprüfungen" wird nur noch das „Aufwandsrechnerische Verfahren" geprüft. Der Vollständigkeit halber werden hier die beiden in der Praxis angewandten Verfahren dargestellt. Sie sollten es von der Leistungsfähigkeit Ihrer Klasse abhängig machen, ob Sie beide Verfahren im Unterricht behandeln.

2 Es wird davon ausgegangen, dass die Kapitel 2.6.2.1 und 2.6.2.2 alternativ im Unterricht behandelt werden. Insofern werden die grundsätzlichen Lerninhalte in beiden Kapiteln dargestellt.

| | |
|---|---|
| | Warenanfangsbestand |
| + | Bestandsmehrungen (= Wareneinkäufe) |
| – | Warenschlussbestand (lt. Inventur) |
| = | Wareneinsatz (= verkaufte Waren bewertet zum Einstandspreis) |

**Fortsetzung des obigen Beispiels**

Warenschlussbestand laut Inventur ........................................ 190.000,00 €

| S | Waren | | H | |
|---|---|---|---|---|
| AB | 200.000,00 | Wareneinsatz | 60.000,00 | → ergibt sich als Saldo |
| Einkäufe | 50.000,00 | SB | 190.000,00 | → wird bei der Inventur ermittelt |
| | 250.000,00 | | 250.000,00 | |

Der Wareneinsatz wird nun vom Warenkonto auf das Konto **„Aufwendungen für Waren“**[1] umgebucht. Von dort aus gelangt der Wareneinsatz in das **GuV-Konto.**

**Beispiel**

Abschluss der Konten „Waren“, „Aufwendungen für Waren“ und „Umsatzerlöse für Waren“ nach dem „Bestandsrechnerischen Verfahren“.

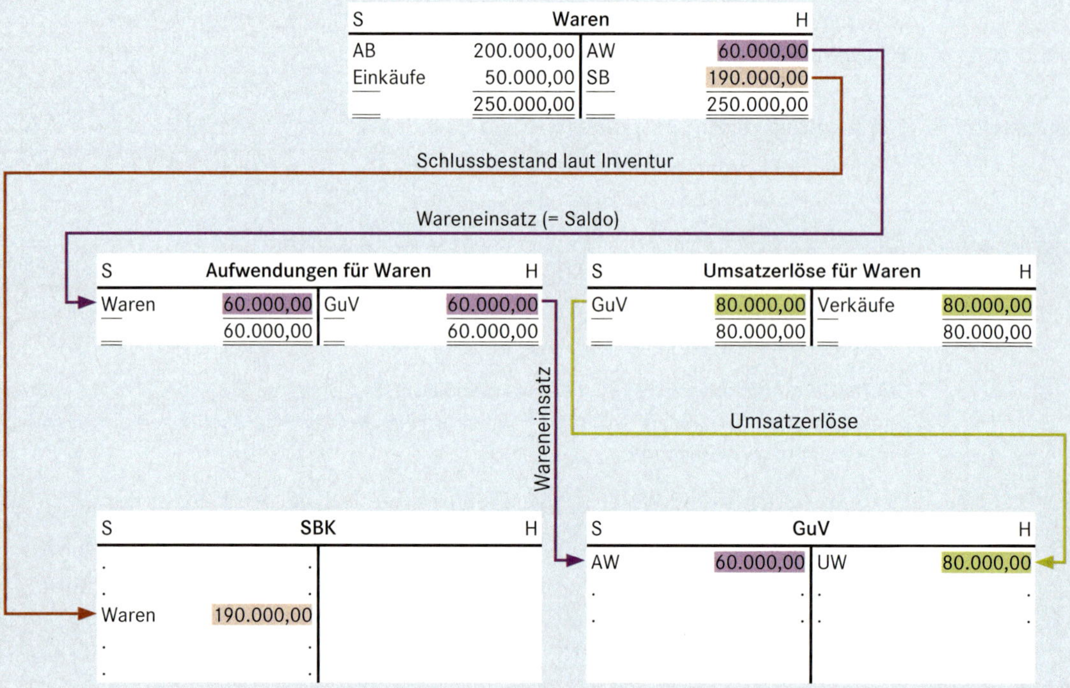


Die Differenz zwischen den Umsatzerlösen (= verkaufte Waren bewertet zum Verkaufspreis) und dem Wareneinsatz (= Aufwendungen für Waren, = verkaufte Waren bewertet zum Einstandspreis) ergibt das **Rohergebnis,** in unserem Beispiel einen **Rohgewinn** von 20.000,00 € (= 80.000,00 € – 60.000,00 €).

1 *Hinweis für die Lehrerin/den Lehrer:* Die Umbuchung des Wareneinsatzes auf das Konto „Aufwendungen für Waren“ trägt § 275 Abs. 2 HGB Rechnung, der diese Position in der GuV-Rechnung vorsieht.

### 2.6.2.2 Das „Aufwandsrechnerische Verfahren" („Just-in-time-Verfahren")[1]

Beim **„Aufwandsrechnerischen Verfahren"** (auch: **„Just-in-time-Verfahren"**) werden die Wareneinkäufe auf dem Konto **„Aufwendungen für Waren"** gebucht.

Auf dem Konto **„Waren"** werden lediglich der Warenanfangsbestand, der Warenschlussbestand, der durch Inventur ermittelt wird, und als Saldo die Bestandsveränderung erfasst.

Die **Bestandsveränderung** (also der Saldo des Kontos „Waren") kann

- eine **Bestandsmehrung** (Warenschlussbestand ist größer als der Warenanfangsbestand) oder
- eine **Bestandsminderung** (Warenschlussbestand ist kleiner als der Warenanfangsbestand)

sein.

Die Bestandsveränderung (die Bestandsmehrung oder die Bestandsminderung) wird auf das Konto **„Aufwendungen für Waren"** umgebucht. Auf diese Weise ergibt sich auf diesem Konto als Saldo der **Wareneinsatz.**

> **Als Wareneinsatz bezeichnet man die verkauften Waren bewertet zum Einstandspreis (Bezugspreis).**

| | | | | |
|---|---|---|---|---|
| | Wareneinkäufe | oder | | Wareneinkäufe |
| + | Bestandsminderung | | – | Bestandsmehrung |
| = | Wareneinsatz (= verkaufte Waren bewertet zum Einstandspreis) | | = | Wareneinsatz (= verkaufte Waren bewertet zum Einstandspreis) |

**Beispiel**

Warenanfangsbestand ........................................ 200.000,00 €
Warenschlussbestand lt. Inventur ........................................ 190.000,00 €
Wareneinkäufe ........................................ 50.000,00 €

**Buchungen**

| S | Waren | | H |
|---|---|---|---|
| AB | 200.000,00 | AW | 10.000,00 |
| | | SB | 190.000,00 |
| | 200.000,00 | | 200.000,00 |

AW → ergibt sich als Saldo
SB → wird bei der Inventur ermittelt

hier: Bestandsminderung

| S | Aufwendungen für Waren | | H |
|---|---|---|---|
| Einkäufe | 50.000,00 | Wareneinsatz | 60.000,00 |
| Waren | 10.000,00 | | |
| | 60.000,00 | | 60.000,00 |

Wareneinsatz → ergibt sich als Saldo

1 Es wird davon ausgegangen, dass die Kapitel 2.6.2.1 und 2.6.2.2 alternativ im Unterricht behandelt werden. Insofern werden die grundsätzlichen Lerninhalte in beiden Kapiteln dargestellt.

Der Wareneinsatz ist der Aufwand an Waren, der erforderlich ist, um die Umsatzerlöse zu erzielen. Der Wareneinsatz hat Aufwandscharakter.

Er gelangt deshalb auf die Sollseite des GuV-Kontos. Dort wird er den Umsatzerlösen gegenübergestellt.

**Beispiel** Abschluss der Konten „Waren", „Aufwendungen für Waren" und „Umsatzerlöse für Waren" nach dem „Aufwandsrechnerischen Verfahren" („Just-in-time-Verfahren").

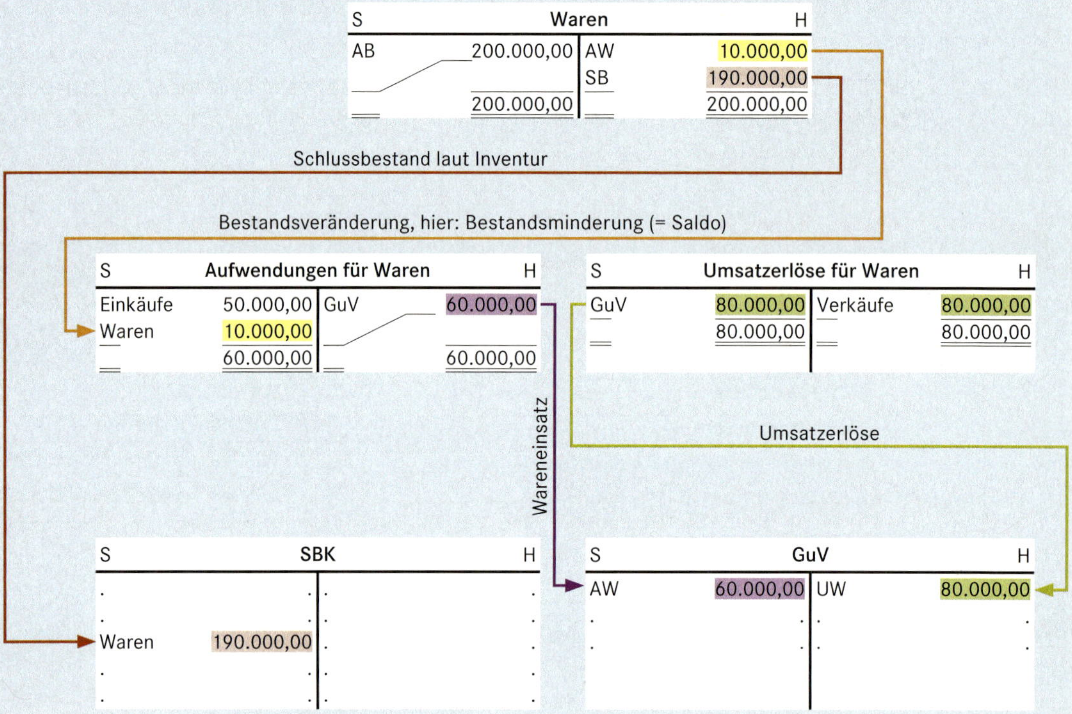


Die Differenz zwischen den Umsatzerlösen (= verkaufte Waren bewertet zum Verkaufspreis) und dem Wareneinsatz (= Aufwendungen für Waren, = verkaufte Waren bewertet zum Einstandspreis) ergibt das **Rohergebnis,** in unserem Beispiel einen **Rohgewinn** von 20.000,00 € (= 80.000,00 € – 60.000,00 €).



635092

Zusammenfassung

## 1. Das „Bestandsrechnerische Verfahren“

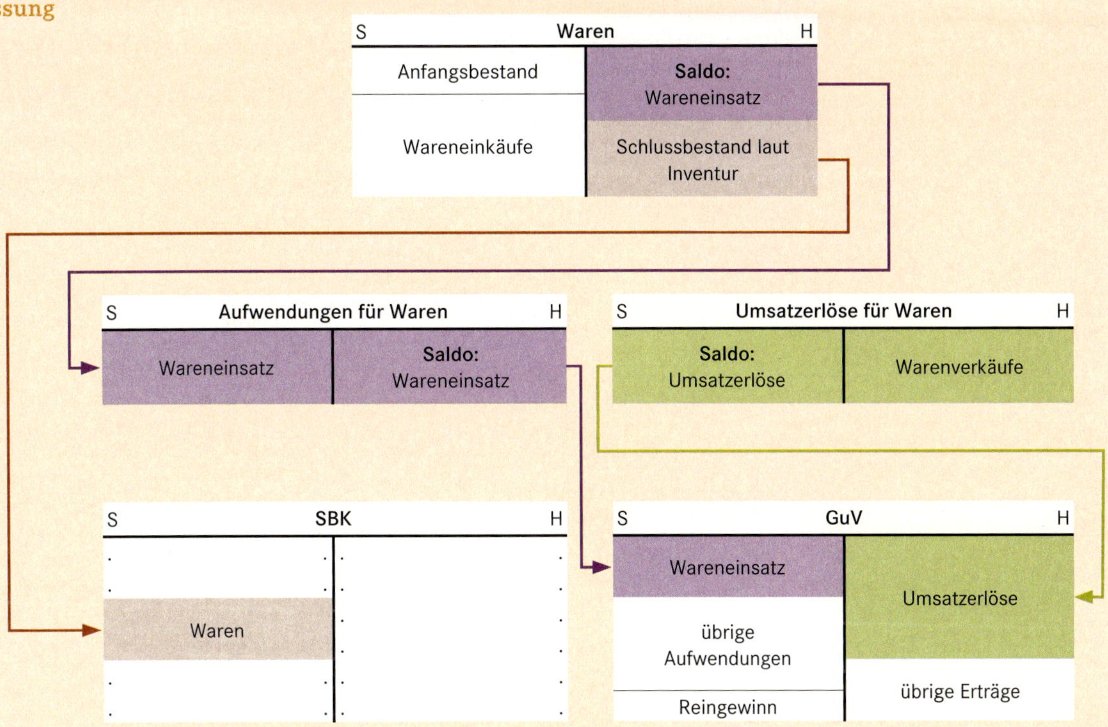


## 2. Das „Aufwandsrechnerische Verfahren“ („Just-in-time-Verfahren“)

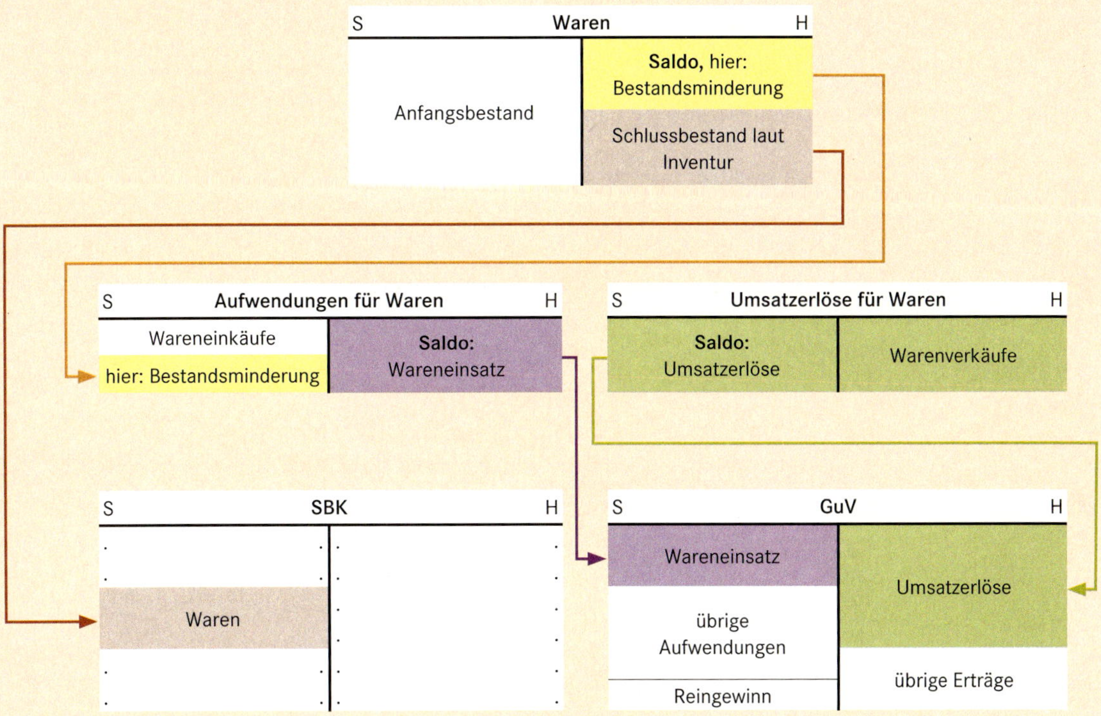

## Aufgaben[1]

1-3: Ermittlung des Wareneinsatzes, des Schlussbestandes an Waren und des Warenrohergebnisses
4: Buchen auf den Warenkonten
5: Geschäftsgang

**1** Errechnen Sie den Wareneinsatz.

| | a) € | b) € |
|---|---|---|
| Warenanfangsbestand | 70.000,00 | 10.000,00 |
| Wareneinkäufe | 90.000,00 | 80.000,00 |
| Warenschlussbestand lt. Inventur | 60.000,00 | 20.000,00 |

**2** Errechnen Sie den (wertmäßigen) Schlussbestand an Waren.

| | a) Stück | zu € | b) kg | zu € |
|---|---|---|---|---|
| Warenanfangsbestand | 2000 | 50,00 | 100 | 100,00 |
| Wareneinkäufe | 5000 | 50,00 | 500 | 100,00 |
| Warenverkäufe | 6000 | 70,00 | 400 | 120,00 |

**3** Errechnen Sie den Warenrohgewinn bzw. Warenrohverlust.

| | a) € | b) € |
|---|---|---|
| Warenanfangsbestand | 80.000,00 | 50.000,00 |
| Wareneinkäufe | 250.000,00 | 130.000,00 |
| Warenschlussbestand lt. Inventur | 70.000,00 | 60.000,00 |
| Verkaufserlöse | 300.000,00 | 100.000,00 |

AH

**4** a) Richten Sie sich die Konten „Waren“, „Aufwendungen für Waren“, „Umsatzerlöse für Waren“, „GuV“ und „SBK“ ein.
b) Buchen Sie auf diesen Konten (ohne Gegenkonten) die unten stehenden Geschäftsfälle.
c) Schließen Sie die Konten ab.
d) Errechnen Sie den Warenrohgewinn bzw. den Warenrohverlust.
e) Errechnen Sie 1. den Kalkulationszuschlag[2] und 2. die Handelsspanne[3].

| **Anfangsbestand** | I. € | II. € |
|---|---|---|
| Waren | 25.000,00 | 20.000,00 |
| **Geschäftsfälle** | | |
| 1. Bareinkauf von Waren | 5.000,00 | 5.000,00 |
| 2. Barverkauf von Waren | 7.000,00 | 3.000,00 |
| 3. Zieleinkauf von Waren | 12.000,00 | 7.000,00 |
| 4. Zielverkauf von Waren | 13.000,00 | 16.000,00 |
| Warenschlussbestand lt. Inventur | 27.000,00 | 12.000,00 |

AH

**5** **Anfangsbestände der Bestandskonten**

| | € | | € |
|---|---|---|---|
| Betriebs- und Geschäftsausstattung | 60.000,00 | Guthaben bei KI (Bank) | 30.000,00 |
| Waren | 80.000,00 | Eigenkapital | ? |
| Forderungen a. LL | 20.000,00 | Langfristige Bankverbindlichkeiten[4] | 60.000,00 |
| Kasse | 9.000,00 | Verbindlichkeiten a. LL | 40.000,00 |

**Erfolgskonten:** Gehälter, Zinsaufwendungen, Büromaterial, Telekommunikationskosten, Aufwendungen für Waren, Mietaufwendungen, Umsatzerlöse für Waren, Zinserträge.

**Abschlusskonten:** Gewinn- und Verlustkonto, Schlussbilanzkonto.

1 Alle Aufgaben können wahlweise nach dem „Bestandsrechnerischen Verfahren“ oder nach dem „Aufwandsrechnerischen Verfahren“ bearbeitet werden.

2 Der Kalkulationszuschlag ist der Warenrohgewinn ausgedrückt in Prozent des Wareneinsatzes.

3 Die Handelsspanne ist der Warenrohgewinn ausgedrückt in Prozent der Umsatzerlöse.

4 Im Konto „Langfristige Bankverbindlichkeiten“ werden sowohl die Darlehensschulden als auch die Hypothekenschulden gebucht. In den Anfangskapiteln des Lehrbuches waren dafür zwei einzelne Konten vorgesehen.

| Geschäftsfälle | € |
|---|---|
| 1. Zieleinkauf von Waren | 70.000,00 |
| 2. Banküberweisung für Gehälter | 18.000,00 |
| 3. Zielverkauf von Waren | 98.000,00 |
| 4. Kunde zahlt auf unser Bankkonto ein | 20.000,00 |
| 5. Banküberweisung | |
| für Darlehenstilgung | 5.000,00 |
| für Darlehenszinsen | 2.000,00 |
| 6. Barkauf von Büromaterial | 500,00 |
| 7. Barverkauf von Waren | 1.500,00 |
| 8. Telefonrechnung wird per Banküberweisung bezahlt | 800,00 |
| 9. Wir begleichen Lieferantenrechnung per Banküberweisung | 8.000,00 |
| 10. Zinsgutschrift der Bank | 1.000,00 |
| 11. Banküberweisung für Miete der Geschäftsräume | 2.000,00 |
| 12. Verkauf eines gebrauchten Fotokopiergerätes gegen Bankscheck | 500,00 |
| 13. Bareinkauf von Waren | 2.000,00 |

| Abschlussangaben | € |
|---|---|
| 1. Warenschlussbestand lt. Inventur | 92.000,00 |

2. Die Schlussbestände der anderen Bestandskonten entsprechen den Inventurbeständen.

# 2.7 Besonderheiten der Erfolgsermittlung im Industriebetrieb[1]

## 2.7.1 Der Verbrauch von Werkstoffen

Während in Handelsbetrieben der Einkauf und der Verkauf von Waren im Vordergrund stehen, besteht die Haupttätigkeit von Industriebetrieben im Werkstoffeinkauf, in der Produktion und im Verkauf von Fertigerzeugnissen.

**Zur Erzielung von Umsatzerlösen werden in Industriebetrieben die eingekauften Werkstoffe unter Einsatz der Produktionsfaktoren Kapital und Arbeit be- und verarbeitet.**

Bei den Werkstoffen unterscheidet man

- Rohstoffe,
- Fremdbauteile,
- Hilfsstoffe und
- Betriebsstoffe.

**Rohstoffe** werden zu Hauptbestandteilen der Erzeugnisse, z. B. Holz bei der Möbelherstellung.

**Fremdbauteile** gehen ebenfalls in die Erzeugnisse ein, z. B. Batterien, Reifen, Keilriemen, Polstersitze im Auto.

**Hilfsstoffe** sind Nebenbestandteile der Erzeugnisse mit relativ niedrigem Kostenanteil, z. B. Leim, Lack, Schrauben, Dübel, Drähte.

1 *Hinweis für die Lehrerin/den Lehrer:* In den bundeseinheitlichen schriftlichen Prüfungen der „IHK-Gemeinschaftsstelle für bundeseinheitliche Abschluss- und Zwischenprüfungen" wird nur noch das „Aufwandsrechnerische Verfahren" geprüft. Der Vollständigkeit halber werden hier neben dem „Aufwandsrechnerischen Verfahren" („Just-in-time-Verfahren") auch die beiden „Bestandsrechnerischen Verfahren" („Fortschreibungsmethode", „Inventurmethode"), die in der kaufmännischen Praxis eine große Bedeutung haben, dargestellt. Sie sollten es von der Leistungsfähigkeit Ihrer Klasse abhängig machen, ob Sie ein, zwei oder alle drei Verfahren im Unterricht behandeln.

**Betriebsstoffe** gehen nicht in die Erzeugnisse ein, werden jedoch für den Produktionsprozess benötigt, z. B. Brennstoffe, Treibstoffe, Schmierstoffe, Reinigungsstoffe.

### 2.7.1.1 Die „Bestandsrechnerischen Verfahren"

Der Einkauf von Rohstoffen, Fremdbauteilen, Hilfsstoffen und Betriebsstoffen wird bei den **„Bestandsrechnerischen Verfahren"** als **Bestandsmehrung** auf den gleichnamigen **aktiven Bestandskonten** im Soll gebucht.

Erst der **Verbrauch** von Werkstoffen wird **aufwandswirksam** erfasst. Dafür sind folgende **Aufwandskonten** vorgesehen:

- Aufwendungen für Rohstoffe/Fertigungsmaterial,
- Aufwendungen für Vorprodukte/Fremdbauteile,
- Aufwendungen für Hilfsstoffe und
- Aufwendungen für Betriebsstoffe.

Der Verbrauch von Werkstoffen wird einerseits als Bestandsminderung im Haben des Werkstoffbestandskontos und andererseits als Aufwand im Soll des entsprechenden Werkstoffaufwandskontos gebucht.

> Werkstoffaufwandskonto (Soll) an Werkstoffbestandskonto (Haben)

Für die Buchung des Werkstoffverbrauchs gibt es zwei Methoden:

1. Bei der **„Fortschreibungsmethode"** wird der Werkstoffverbrauch **fortlaufend durch Materialentnahmescheine** (MES) belegt und gebucht. Auf diese Weise erfolgt eine **ständige Bestandsfortschreibung** auf dem Werkstoffbestandskonto.
   Die Schlussbestände auf den Werkstoffbestandskonten ergeben sich **buchhalterisch.**

**Beispiel**

S — **Rohstoffe** — H

| | S | | H | | |
|---|---|---|---|---|---|
| | AB | 60.000,00 | Aufw. f. Rohst. | 20.000,00 | |
| Rohstoff-einkäufe | Verb. a. LL | 40.000,00 | Aufw. f. Rohst. | 30.000,00 | |
| Rohstoff-einkäufe | Verb. a. LL | 50.000,00 | Aufw. f. Rohst. | 10.000,00 | |
| | | | Aufw. f. Rohst. | 20.000,00 | |
| | | | SB | 70.000,00 | → SBK |
| | | 150.000,00 | | 150.000,00 | |

Rohstoffverbrauch gemäß Materialentnahmescheine

S — **Aufwendungen für Rohstoffe** — H

| S | | H | | |
|---|---|---|---|---|
| Rohst. | 20.000,00 | GuV | 80.000,00 | → GuV |
| Rohst. | 30.000,00 | | | |
| Rohst. | 10.000,00 | | | |
| Rohst. | 20.000,00 | | | |
| | 80.000,00 | | 80.000,00 | |

2. Bei der **„Inventurmethode"** wird der Werkstoffverbrauch **am Ende eines Abrechnungszeitraumes durch Bestandsvergleich** errechnet.
   Die Schlussbestände der Werkstoffbestandskonten werden **durch Inventur** ermittelt.

> Anfangsbestand an Werkstoffen
> \+ Werkstoffeinkäufe
> − Schlussbestand laut Inventur
> = Werkstoffverbrauch

**Beispiel**

| S | Rohstoffe | | H |
|---|---|---|---|
| AB | 60.000,00 | Aufw. f. Rohst. | 80.000,00 |
| Rohstoffeinkäufe: Verb. a. LL | 40.000,00 | SB lt. Inventur | 70.000,00 → SBK |
| Rohstoffeinkäufe: Verb. a. LL | 50.000,00 | | |
| | 150.000,00 | | 150.000,00 |

Rohstoffverbrauch (= Saldo)

| S | Aufwendungen für Rohstoffe[1] | | H |
|---|---|---|---|
| Rohst. | 80.000,00 | GuV | 80.000,00 → GuV |

**Zusammenfassung („Bestandsrechnerische Verfahren")**

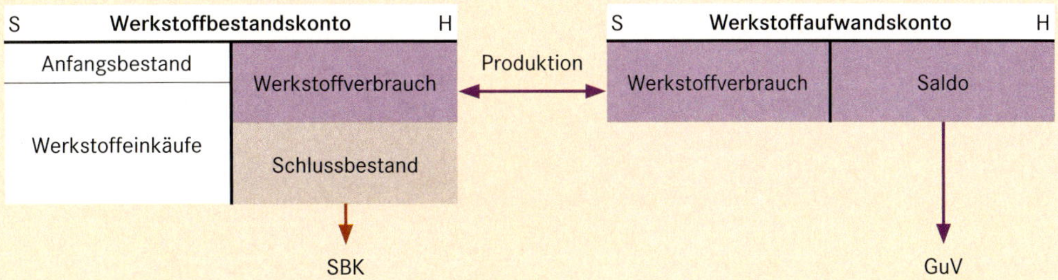


1. **Der Verbrauch von Werkstoffen wird einerseits als Bestandsminderung im Haben des Werkstoffbestandskontos und andererseits als Aufwand im Soll des entsprechenden Werkstoffaufwandskontos gebucht.**
2. **Bei der „Fortschreibungsmethode" wird der Werkstoffverbrauch fortlaufend durch Materialentnahmescheine belegt und gebucht.**
3. **Bei der „Inventurmethode" wird der Schlussbestand an Werkstoffen durch Inventur ermittelt. Der Werkstoffverbrauch ergibt sich am Ende des Abrechnungszeitraumes als Saldo auf dem Werkstoffbestandskonto.**

### 2.7.1.2 Inventurdifferenzen bei der „Fortschreibungsmethode"

Bei der **„Fortschreibungsmethode"** wird der Schlussbestand auf den Werkstoffbestandskonten buchhalterisch ermittelt. Aufgrund von Diebstählen, Zählfehlern, Verderb oder Schwund stimmt der Buchbestand nicht immer mit dem Istbestand, der durch die körperliche Bestandsaufnahme festgestellt wird, überein. Die sich unter Umständen ergebende **Inventurdifferenz** muss buchhalterisch ausgeglichen werden.

**Beispiel**

Gemäß Inventarverzeichnis beträgt der tatsächliche Bestand an Rohstoffen 99 Stück à 700,00 €, also 69.300,00 € (= SB lt. Inventur).
Auf dem Werkstoffbestandskonto „Rohstoffe" ergibt sich bei der „Fortschreibungsmethode" ein rechnerischer Schlussbestand von 70.000,00 € (= 100 Stück à 700,00 €).
Die Buchung der Inventurdifferenz von 700,00 € (= 70.000,00 € - 69.300,00 €) erfolgt über das Konto „Aufwendungen für Rohstoffe":

| **Buchungssatz** | **Soll** | **Haben** |
|---|---|---|
| Aufwendungen für Rohstoffe | 700,00 | |
| an Rohstoffe | | 700,00 |

1 *Hinweis für die Lehrerin/den Lehrer:* Die Umbuchung des Rohstoffaufwandes auf das Konto „Aufwendungen für Rohstoffe" trägt § 275 Abs. 2 HGB Rechnung, der diese Position in der GuV-Rechnung vorsieht.

### 2.7.1.3 Das „Aufwandsrechnerische Verfahren" („Just-in-time-Verfahren")

Neben der „Fortschreibungsmethode" und der „Inventurmethode" gibt es noch eine weitere Buchungsmethode zur Erfassung des Werkstoffverbrauchs.

Bei diesem **„Aufwandsrechnerischen Verfahren"** bucht man die Werkstoffeinkäufe sofort auf den Werkstoffaufwandskonten.

Die Werkstoffbestandskonten enthalten nur die **Anfangsbestände,** die **Schlussbestände laut Inventur** und als Salden die **Bestandsveränderungen.**

Die Bestandsveränderungen (die Bestandsmehrungen oder die Bestandsminderungen) werden auf die Werkstoffaufwandskonten umgebucht. Auf diese Weise ergibt sich auf den Werkstoffaufwandskonten als Saldo der **Werkstoffverbrauch (Werkstoffaufwand).**

| | | | | |
|---|---|---|---|---|
| | Werkstoffeinkäufe | | | Werkstoffeinkäufe |
| + | Bestandsminderungen | **oder** | – | Bestandsmehrungen |
| = | Werkstoffverbrauch | | = | Werkstoffverbrauch |

**Beispiel**

hier: Bestandsmehrung (= Saldo)

| S | Rohstoffe | | H |
|---|---|---|---|
| AB | 60.000,00 | SB lt. Inv. | 70.000,00 |
| Aufw. f. Rohst. | 10.000,00 | | |
| | 70.000,00 | | 70.000,00 |

→ SBK

| S | Aufwendungen für Rohstoffe | | H |
|---|---|---|---|
| Verb. a. LL | 40.000,00 | Rohstoffe | 10.000,00 |
| Verb. a. LL | 50.000,00 | GuV | 80.000,00 |
| | 90.000,00 | | 90.000,00 |

→ GuV

**Zusammenfassung („Aufwandsrechnerisches Verfahren", „Just-in-time-Verfahren")**

**1. Auf dem Werkstoffbestandskonto ergibt sich als Saldo eine Bestandsmehrung.**

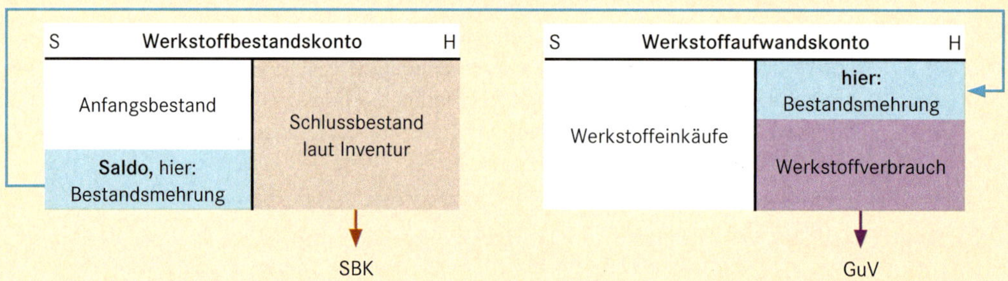


**2. Auf dem Werkstoffbestandskonto ergibt sich als Saldo eine Bestandsminderung.**

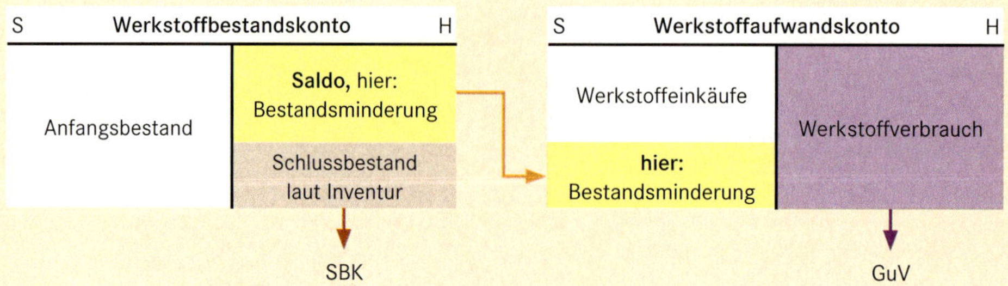

1. **Die Einkäufe von Werkstoffen werden auf den entsprechenden Werkstoffaufwandskonten gebucht.**
2. **Auf den Werkstoffbestandskonten werden nur der Anfangsbestand, der Schlussbestand laut Inventur und die daraus resultierende Bestandsveränderung (Bestandsmehrung oder Bestandsminderung) gebucht.**
3. **Die Bestandsveränderung (Bestandsmehrung oder Bestandsminderung), die auf dem jeweiligen Werkstoffbestandskonto als Saldo ermittelt wurde, wird auf dem entsprechenden Werkstoffaufwandskonto gegengebucht.**

## Aufgaben

**1:** Einführung in die Thematik
**2 u. 3:** Fortschreibungsmethode
**4:** Inventurdifferenzen bei der Fortschreibungsmethode
**5 u. 6:** Inventurmethode
**7 u. 8:** Aufwandsrechnerisches Verfahren
**9:** Kombination der 3 Methoden
**10:** Geschäftsgang

**1** Welche der folgenden Aussagen sind richtig bzw. falsch? Begründen Sie Ihre Meinung.

a) Rohstoffe gehen als Nebenbestandteile in das zu fertigende Produkt ein.

b) Betriebsstoffe werden nur mittelbar für die Produktion benötigt; sie sind keine Bestandteile der Erzeugnisse.

c) Die Konten „Rohstoffe“, „Fremdbauteile“, „Hilfsstoffe“ und „Betriebsstoffe“ sind Aufwandskonten.

d) Bei der „Fortschreibungsmethode“ wird der Werkstoffverbrauch fortlaufend aufgrund von Materialentnahmescheinen gebucht.

e) Der Buchungssatz zur Buchung des Werkstoffverbrauchs lautet: „Werkstoffbestandskonto an Werkstoffaufwandskonto“.

f) Bei der „Inventurmethode“ wird der Werkstoffeinkauf am Ende des Abrechnungszeitraumes als Saldo auf dem Werkstoffbestandskonto ermittelt.

g) Bei dem „Aufwandsrechnerischen Verfahren“ werden die Werkstoffeinkäufe auf den Werkstoffbestandskonten gebucht.

**2** Sie sind Angestellte(r) der Textilfabrik Konrad Fied KG, Goseriede 41, 30159 Hannover. Die folgenden Belege liegen Ihnen zur Buchung vor.

a) Welche Geschäftsfälle liegen den Belegen zugrunde?

b) Wie lauten die Buchungssätze?

**Beleg 1**

***Konrad Fied KG***
***Hannover***

**Material-Entnahmeschein**

08.10.20.. (Datum) — 16 512 (Nr.)

Wontke (ausgestellt)
Pikras (ausgegeben)

Zuschneiderei IV (8) (Kostenstelle)

[X] Rohstoffe [ ] Hilfsstoffe [ ] Betriebsstoffe

| Artikel-Nr. | Menge | Einheit | Bezeichnung | €/Einheit | Betrag (€) |
|---|---|---|---|---|---|
| 219 Vi | 360 | m | Viskose M | 6,00 | 2.160,00 |
| 221 Vi | 420 | m | Viskose L | 7,00 | 2.940,00 |
| | | | | | |
| | | | | | |
| | | | | **Summe** | **5.100,00** |

→

**Beleg 2**

**Konrad Fied KG**
**Hannover**

**Material-Entnahmeschein**

12.10.20.. — Datum
16 564 — Nr.

Wontke — ausgestellt
Pikras — ausgegeben

Näherei II (11) — Kostenstelle

[ ] Rohstoffe [X] Hilfsstoffe [ ] Betriebsstoffe

| Artikel-Nr. | Menge | Einheit | Bezeichnung | €/Einheit | Betrag (€) |
|---|---|---|---|---|---|
| 1298 | 1 600 | Rolle | Nähgarn b | 1,50 | 2.400,00 |
| 2413 | 1 200 | m | Stoßband f | 0,90 | 1.080,00 |
| | | | | | |
| | | | | | |
| | | | | Summe | 3.480,00 |

AH

3 Buchen Sie nur auf den Werkstoffaufwandskonten und auf den Werkstoffbestandskonten (ohne Gegenkonten) und ermitteln Sie den jeweiligen Schlussbestand („Fortschreibungsmethode").

| **Anfangsbestände** | € |
|---|---|
| Rohstoffe | 450.000,00 |
| Hilfsstoffe | 180.000,00 |
| Betriebsstoffe | 60.000,00 |

| **Geschäftsfälle** | € |
|---|---|
| 1. Zieleinkauf von Rohstoffen | 20.000,00 |
| 2. Hilfsstoffverbrauch lt. Materialentnahmeschein | 2.500,00 |
| 3. Zieleinkauf von Betriebsstoffen | 3.000,00 |
| 4. Rohstoffverbrauch lt. Materialentnahmeschein | 12.000,00 |
| 5. Betriebsstoffverbrauch lt. Materialentnahmeschein | 1.500,00 |
| 6. Zieleinkauf von Hilfsstoffen | 8.000,00 |

4 Nennen Sie die Buchungssätze zur Buchung der Inventurdifferenzen („Fortschreibungsmethode").

| Werkstoffkonto | Stückpreis | Istbestand | Buchbestand |
|---|---|---|---|
| Rohstoffe | 50,00 € | 8 720 Stück | 8 745 Stück |
| Fremdbauteile | 120,00 € | 910 Stück | 922 Stück |
| Hilfsstoffe | 8,00 € | 560 kg | 593 kg |
| Betriebsstoffe | 1,40 € | 22 800 l | 23 460 l |

5

| | AB | Einkäufe | SB laut Inventur |
|---|---|---|---|
| Rohstoffe | 450.000,00 € | 600.000,00 € | 500.000,00 € |
| Hilfsstoffe | 120.000,00 € | 250.000,00 € | 160.000,00 € |
| Betriebsstoffe | 80.000,00 € | 110.000,00 € | 60.000,00 € |
| Fremdbauteile | 350.000,00 € | 400.000,00 € | 200.000,00 € |

a) Ermitteln Sie den Verbrauch von Roh-, Hilfs-, Betriebsstoffen und Fremdbauteilen („Inventurmethode").

b) Nennen Sie die Buchungssätze für den jeweiligen Werkstoffverbrauch.

AH

6 a) Buchen Sie nur auf den Werkstoffaufwandskonten und auf den Werkstoffbestandskonten (ohne Gegenkonten) und ermitteln Sie den jeweiligen Werkstoffverbrauch („Inventurmethode").

b) Nennen Sie für den jeweiligen Werkstoffverbrauch den Buchungssatz.



6350100

| **Anfangsbestände** | € |
|---|---|
| Rohstoffe | 890.000,00 |
| Fremdbauteile | 530.000,00 |
| Hilfsstoffe | 70.000,00 |
| Betriebsstoffe | 50.000,00 |

| **Geschäftsfälle** | € |
|---|---|
| 1. Zieleinkauf von Rohstoffen | 760.000,00 |
| 2. Zieleinkauf von Betriebsstoffen | 90.000,00 |
| 3. Zieleinkauf von Fremdbauteilen | 380.000,00 |
| 4. Zieleinkauf von Hilfsstoffen | 80.000,00 |

| **Schlussbestände lt. Inventur** | € |
|---|---|
| Rohstoffe | 770.000,00 |
| Fremdbauteile | 410.000,00 |
| Hilfsstoffe | 78.000,00 |
| Betriebsstoffe | 72.000,00 |

AH

7 a) Richten Sie sich die Konten „Rohstoffe“, „Fremdbauteile“, „Hilfsstoffe“ und „Betriebsstoffe“ ein. Tragen Sie die Anfangsbestände der Aufgabe 6 auf diese Werkstoffbestandskonten vor.
b) Richten Sie sich zu den Werkstoffbestandskonten die entsprechenden Werkstoffaufwandskonten ein. Buchen Sie die Geschäftsfälle der Aufgabe 6 (ohne Gegenkonten) nach dem „Aufwandsrechnerischen Verfahren“ („Just-in-time-Verfahren“).
c) Ermitteln Sie auf den Werkstoffbestandskonten die Bestandsveränderungen und buchen Sie diese („Aufwandsrechnerisches Verfahren“).
d) Ermitteln Sie den jeweiligen Werkstoffverbrauch.

AH

8

| S | Rohstoffe | | H |
|---|---|---|---|
| AB | 100.000,00 | | |

| S | Aufwendungen für Rohstoffe | | H |
|---|---|---|---|
| Verb. a. LL | 70.000,00 | | |

Rohstoffbestand lt. Inventur: 80.000,00 € (110.000,00 €)
a) Übertragen Sie die Konten in Ihr Arbeitsheft und schließen Sie sie ab („Aufwandsrechnerisches Verfahren“).
b) Wie hoch ist der Rohstoffverbrauch?

AH

9[1] Der Verbrauch an Rohstoffen wird aufgrund von Materialentnahmescheinen gebucht („Fortschreibungsmethode“).
Der Verbrauch an Hilfsstoffen wird buchhalterisch aufgrund des Schlussbestandes lt. Inventur ermittelt („Inventurmethode“).
Der Verbrauch an Betriebsstoffen wird nach dem „Aufwandsrechnerischen Verfahren“ ermittelt.
a) Richten Sie sich die Konten „Rohstoffe“, „Hilfsstoffe“, „Betriebsstoffe“, „Aufwendungen für Rohstoffe“, „Aufwendungen für Hilfsstoffe“ und „Aufwendungen für Betriebsstoffe“ ein und buchen Sie die folgenden Geschäftsfälle nur auf diesen Konten.
b) Buchen Sie die Inventurdifferenz bei den Rohstoffen und schließen Sie das Rohstoffkonto ab.
c) Schließen Sie das Hilfsstoffkonto ab und buchen Sie den Hilfsstoffverbrauch.
d) Schließen Sie das Betriebsstoffkonto ab und buchen Sie die Bestandsveränderung.

| **Anfangsbestände** | € |
|---|---|
| Rohstoffe | 540.000,00 |
| Hilfsstoffe | 30.000,00 |
| Betriebsstoffe | 60.000,00 |

→

1 Es handelt sich um eine Aufgabe mit einem hohen Schwierigkeitsgrad, da drei unterschiedliche Buchungsmethoden verlangt werden.

**Geschäftsfälle** €

| | |
|---|---|
| 1. Zieleinkauf von Rohstoffen | 100.000,00 |
| 2. Zieleinkauf von Betriebsstoffen | 50.000,00 |
| 3. Zieleinkauf von Hilfsstoffen | 40.000,00 |
| 4. Verbrauch von Rohstoffen lt. Materialentnahmeschein | 150.000,00 |
| 5. Zieleinkauf von Betriebsstoffen | 30.000,00 |
| 6. Zieleinkauf von Hilfsstoffen | 20.000,00 |
| 7. Verbrauch von Rohstoffen lt. Materialentnahmeschein | 200.000,00 |

**Schlussbestände lt. Inventur:**

| | |
|---|---|
| Rohstoffe | 284.000,00 |
| Hilfsstoffe | 40.000,00 |
| Betriebsstoffe | 100.000,00 |

AH

10[1] **Anfangsbestände der Bestandskonten**

| | € | | € |
|---|---|---|---|
| Maschinen | 700.000,00 | Kasse | 7.000,00 |
| Rohstoffe | 250.000,00 | Guthaben bei KI (Bank) | 260.000,00 |
| Fremdbauteile | 100.000,00 | Eigenkapital | ? |
| Betriebsstoffe | 20.000,00 | Langfr. Bankverb.[2] | 550.000,00 |
| Forderungen a. LL | 80.000,00 | Verbindlichkeiten a. LL | 227.000,00 |

**Erfolgskonten**

Aufwendungen für Rohstoffe, Aufwendungen für Fremdbauteile, Aufwendungen für Betriebsstoffe, Löhne, Gehälter, Büromaterial, Zinsaufwendungen, Mietaufwendungen, Fremdinstandhaltung, Umsatzerlöse für eigene Erzeugnisse.

**Abschlusskonten**

Gewinn- und Verlustkonto, Schlussbilanzkonto.

**Geschäftsfälle** €

| | |
|---|---|
| 1. Verbrauch gemäß Materialentnahmeschein:[3] Rohstoffe | 80.000,00 |
| Fremdbauteile | 50.000,00 |
| Betriebsstoffe | 9.000,00 |
| 2. Banküberweisung für Löhne | 100.000,00 |
| Gehälter | 80.000,00 |
| 3. Barkauf von Büromaterial | 190,00 |
| 4. Kunde begleicht Rechnung durch Banküberweisung | 20.000,00 |
| 5. Ausgleich einer Lieferantenrechnung durch Banküberweisung | 40.000,00 |
| 6. Wir zahlen die Lagerhallenmiete per Banküberweisung (Dauerauftrag) | 18.000,00 |
| 7. Verkauf eigener Erzeugnisse gegen Bankscheck | 120.000,00 |
| auf Ziel | 280.000,00 |
| 8. Maschinenreparaturrechnung geht ein | 3.000,00 |
| 9. Lastschrift der Bank für Darlehenstilgung | 6.000,00 |
| für Darlehenszinsen | 4.000,00 |
| 10. Kauf einer Maschine mit Girocard unserer Bank | 50.000,00 |
| 11. Zieleinkauf von Rohstoffen | 90.000,00 |
| Fremdbauteilen | 20.000,00 |
| Betriebsstoffen | 14.000,00 |

1 Der Geschäftsgang kann alternativ nach der „Fortschreibungsmethode" oder nach der „Inventurmethode" oder nach dem „Aufwandsrechnerischen Verfahren" gebucht werden.

2 Im Konto „Langfristige Bankverbindlichkeiten" werden sowohl die Darlehensschulden als auch die Hypothekenschulden gebucht. In den Anfangskapiteln des Lehrbuches waren dafür zwei einzelne Konten vorgesehen.

3 Soll nach der „Inventurmethode" oder nach dem „Aufwandsrechnerischen Verfahren" gebucht werden, so entfällt dieser Geschäftsfall.



6350102

| **Abschlussangaben („Fortschreibungsmethode")** | € |
|---|---|
| 1. Bei den Rohstoffen ist der Istbestand gemäß Inventur kleiner als der Sollbestand gemäß Buchführung (Inventurdifferenz) ................ | 500,00 |
| 2. Die übrigen Inventurbestände entsprechen den Buchbeständen. | |

**Abschlussangaben („Inventurmethode", „Aufwandsrechnerisches Verfahren")**

| | | |
|---|---|---|
| **Schlussbestände lt. Inventur:** | Rohstoffe ................................ | 259.500,00 |
| | Fremdbauteile ............................ | 70.000,00 |
| | Betriebsstoffe ............................ | 25.000,00 |

## 2.7.2 Bestandsveränderungen fertiger und unfertiger Erzeugnisse

In Industriebetrieben befinden sich in der Regel am Abschlussstichtag noch Produkte im Lager, die zum Teil oder ganz fertiggestellt, aber noch nicht verkauft sind.

Diese Bestände an unfertigen bzw. fertigen Erzeugnissen werden auf den Konten

- „**Unfertige Erzeugnisse**" bzw.
- „**Fertige Erzeugnisse**" erfasst.

Auf diesen **aktiven Bestandskonten** werden lediglich der **Anfangsbestand,** der **Schlussbestand laut Inventur** und als Saldo die **Bestandsveränderung** gebucht.

Die Bestandsveränderung kann eine **Bestandsmehrung** oder eine **Bestandsminderung** sein.

**Beispiele**

| S | Unfertige Erzeugnisse | | H |
|---|---|---|---|
| AB ............................ | 200.000,00 | SB lt. Inventur .................... | 300.000,00 |
| Bestandsmehrung ................ | 100.000,00 | | |
| | 300.000,00 | | 300.000,00 |

| S | Fertige Erzeugnisse | | H |
|---|---|---|---|
| AB ............................ | 500.000,00 | Bestandsminderung ............... | 300.000,00 |
| | | SB lt. Inventur .................... | 200.000,00 |
| | 500.000,00 | | 500.000,00 |

Liegt eine **Bestandsmehrung** an unfertigen bzw. fertigen Erzeugnissen vor, so ist in einer Rechnungsperiode mehr produziert als verkauft worden. Zusätzlich zu den Verkaufserlösen ist in diesem Fall die Bestandsmehrung als betriebliche **Leistung** buchhalterisch zu behandeln.

**Eine Bestandsmehrung an unfertigen bzw. fertigen Erzeugnissen fließt als Ertrag in die GuV-Rechnung ein.**

Liegt umgekehrt eine **Bestandsminderung** an unfertigen bzw. fertigen Erzeugnissen vor, so ist in der entsprechenden Rechnungsperiode mehr verkauft als produziert worden. Die abgebauten Lagerbestände werden nun aufwandswirksam gebucht.

**Eine Bestandsminderung an unfertigen bzw. fertigen Erzeugnissen fließt als Aufwand in die GuV-Rechnung ein.**

Im GuV-Konto sind also auf der Aufwandsseite eventuelle Bestandsminderungen fertiger und unfertiger Erzeugnisse und auf der Ertragsseite eventuelle Bestandsmehrungen fertiger und unfertiger Erzeugnisse zu erfassen.

| S GuV | H |
|---|---|
| Aufwendungen | Erträge |
| Bestandsminderungen fertiger und unfertiger Erzeugnisse | Bestandsmehrungen fertiger und unfertiger Erzeugnisse |

Die Bestandsveränderungen fertiger und unfertiger Erzeugnisse werden nun nicht direkt über das GuV-Konto gebucht. Sie werden vielmehr zunächst auf den Konten „Bestandsveränderungen an fertigen Erzeugnissen“ bzw. „Bestandsveränderungen an unfertigen Erzeugnissen“ erfasst, die über das GuV-Konto abgeschlossen werden.

**Die Bestandsveränderungskonten („Bestandsveränderungen an fertigen Erzeugnissen“ und „Bestandsveränderungen an unfertigen Erzeugnissen“) sind Erfolgskonten, auf denen im Soll Bestandsminderungen aufwandswirksam und im Haben Bestandsmehrungen ertragswirksam gebucht werden.**

Weist das jeweilige Bestandsveränderungskonto eine Bestandsminderung aus, so hat es den Charakter eines Aufwandskontos. Wird umgekehrt eine Bestandsmehrung erfasst, so hat das entsprechende Bestandsveränderungskonto den Charakter eines Ertragskontos.

**Beispiel**

| S | Fertige Erzeugnisse | | H |
|---|---|---|---|
| AB | 500.000,00 | Bestandsminderung | 300.000,00 |
| | | SB lt. Inv. | 200.000,00 |
| | 500.000,00 | | 500.000,00 |

| S | Unfertige Erzeugnisse | | H |
|---|---|---|---|
| AB | 200.000,00 | SB lt. Inv. | 300.000,00 |
| Bestandsmehrung | 100.000,00 | | |
| | 300.000,00 | | 300.000,00 |

| S | Bestandsveränd. an fertigen Erzeugn. | | H |
|---|---|---|---|
| Bestandsminderung | 300.000,00 | Saldo | 300.000,00 |
| | 300.000,00 | | 300.000,00 |

| S | Bestandsveränd. an unfertigen Erzeugn. | | H |
|---|---|---|---|
| Saldo | 100.000,00 | Bestandsmehrung | 100.000,00 |
| | 100.000,00 | | 100.000,00 |

| S | GuV | | H |
|---|---|---|---|
| Aufwendungen | | Erträge | |
| . | | . | |
| Bestandsminderung (FE) | 300.000,00 | Bestandsmehrung (UE) | 100.000,00 |

## Zusammenfassung

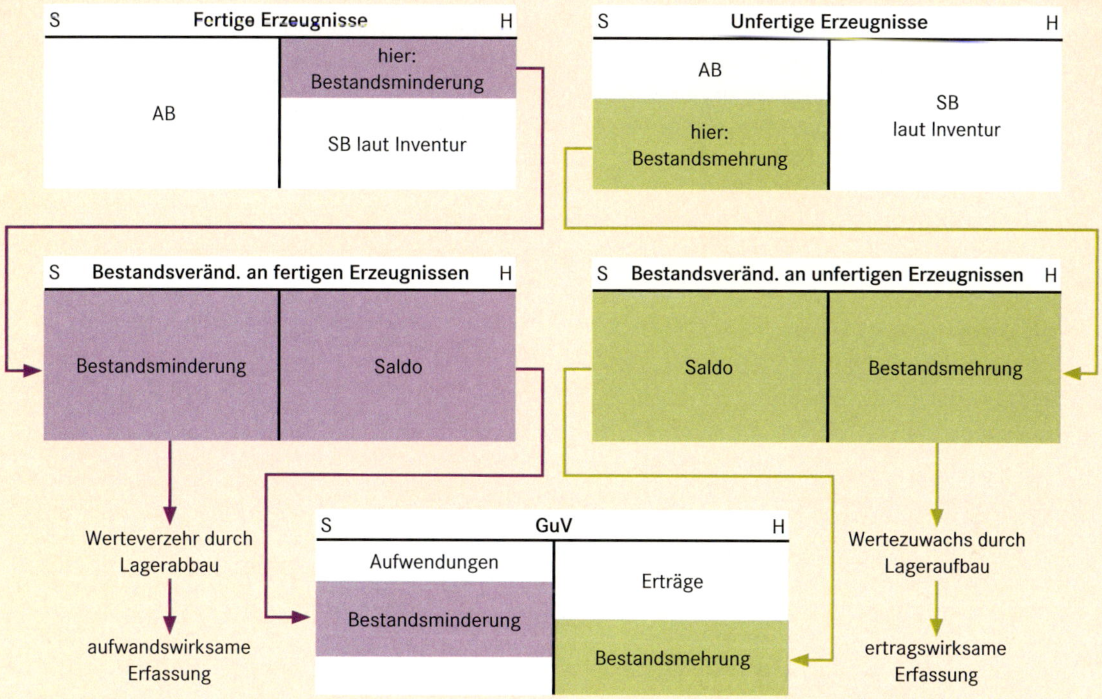


1. **Auf den Konten „Unfertige Erzeugnisse“ und „Fertige Erzeugnisse“ werden lediglich Anfangsbestände, Schlussbestände laut Inventur und als Salden Bestandsmehrungen bzw. Bestandsminderungen erfasst.**
2. **Bestandsmehrungen fertiger bzw. unfertiger Erzeugnisse werden ertragswirksam auf den Bestandsveränderungskonten („Bestandsveränderungen an fertigen Erzeugnissen“ bzw. „Bestandsveränderungen an unfertigen Erzeugnissen“) gegengebucht.**
   **Bestandsminderungen fertiger bzw. unfertiger Erzeugnisse werden aufwandswirksam auf den Bestandsveränderungskonten („Bestandsveränderungen an fertigen Erzeugnissen“ bzw. „Bestandsveränderungen an unfertigen Erzeugnissen“) gegengebucht.**
3. **Die Bestandsveränderungskonten („Bestandsveränderungen an fertigen Erzeugnissen“ bzw. „Bestandsveränderungen an unfertigen Erzeugnissen“) werden über das GuV-Konto abgeschlossen.**

## Aufgaben

1: Einführung in die Thematik
2 u. 3: Buchungen von Bestandsveränderungen
4: Geschäftsgang

1 Welche der folgenden Aussagen sind richtig bzw. falsch? Begründen Sie Ihre Meinung.

a) Eine Bestandsmehrung fertiger Erzeugnisse bedeutet, dass in einer Rechnungsperiode mehr verkauft als produziert wurde.

b) Das Konto „Fertige Erzeugnisse“ ist ein Ertragskonto, auf dem die Verkaufserlöse gebucht werden.

→

c) Liegt eine Bestandsminderung an fertigen Erzeugnissen vor, so resultiert ein Teil der Verkaufserlöse aus in vergangenen Perioden aufgebauten Lagerbeständen.
d) Bestandsmehrungen an unfertigen bzw. fertigen Erzeugnissen werden buchhalterisch ertragswirksam erfasst.
e) Die Bestandsveränderungskonten („Bestandsveränderungen an fertigen Erzeugnissen" und „Bestandsveränderungen an unfertigen Erzeugnissen") sind Bestandskonten.
f) Auf den Konten „Unfertige Erzeugnisse" und „Fertige Erzeugnisse" werden lediglich Anfangsbestände, Schlussbestände lt. Inventur und Bestandsveränderungen (Bestandsmehrungen, Bestandsminderungen) gebucht.
g) Bestandsmehrungen mindern und Bestandsminderungen mehren den betrieblichen Gewinn.
h) Bestandsminderungen werden buchhalterisch aufwandswirksam behandelt.

AH

2

| **Anfangsbestände** | I. € | II. € | III. € |
|---|---|---|---|
| Unfertige Erzeugnisse .......... | 200.000,00 | 250.000,00 | 180.000,00 |
| Fertige Erzeugnisse ............ | 300.000,00 | 320.000,00 | 210.000,00 |
| **Erfolgssituation** | | | |
| Summe der Aufwendungen ...... | 220.000,00 | 480.000,00 | 370.000,00 |
| Summe der Erträge ............ | 280.000,00 | 550.000,00 | 310.000,00 |
| **Schlussbestände lt. Inventur** | | | |
| Unfertige Erzeugnisse .......... | 225.000,00 | 180.000,00 | 150.000,00 |
| Fertige Erzeugnisse ............ | 330.000,00 | 260.000,00 | 340.000,00 |

a) Buchen Sie auf den Konten „Unfertige Erzeugnisse", „Fertige Erzeugnisse", „Bestandsveränderungen an unfertigen Erzeugnissen", „Bestandsveränderungen an fertigen Erzeugnissen" und „GuV" und ermitteln Sie den Gewinn/Verlust.
b) Erklären Sie die erfolgswirksame Auswirkung der Bestandsveränderungen.

AH

3 Sie sind Angestellte(r) der Textilfabrik Konrad Fied KG, Goseriede 41, 30159 Hannover. Der folgende Beleg liegt Ihnen zur Buchung vor.

a) Nennen Sie die Buchungssätze zur Erfassung der Bestandsveränderungen unfertiger und fertiger Erzeugnisse.
b) Veranschaulichen Sie sich die Buchungen auf den Konten „Unfertige Erzeugnisse", „Fertige Erzeugnisse", „Bestandsveränderungen an unfertigen Erzeugnissen", „Bestandsveränderungen an fertigen Erzeugnissen" und „GuV".

**Konrad Fied KG, Hannover** — **Inventurauswertung**

**Vorräte** zum Geschäftsjahresende — 31.12. Jahr 2

| | Bilanzwert in € 31.12. Jahr 1 | 31.12. Jahr 2 |
|---|---|---|
| 1. Rohstoffe | 190.800,00 | 180.200,00 |
| 2. Handelswaren | 130.400,00 | 118.900,00 |
| 3. Betriebsstoffe | 32.600,00 | 19.700,00 |
| 4. Hilfsstoffe | 42.500,00 | 47.300,00 |
| 5. Unfertige Erzeugnisse | 190.100,00 | 210.600,00 |
| 6. Fertige Erzeugnisse | 240.800,00 | 181.500,00 |
| Summe Vorräte | 827.200,00 | 758.200,00 |

AH

4[1] **Anfangsbestände der Bestandskonten**

| | € | | € |
|---|---|---|---|
| Maschinen | 600.000,00 | Kasse | 10.000,00 |
| Rohstoffe | 250.000,00 | Postbank | 190.000,00 |
| Betriebsstoffe | 50.000,00 | Eigenkapital | ? |
| Unfertige Erzeugnisse | 40.000,00 | Langfristige Bankverbindlichkeiten | 400.000,00 |
| Fertige Erzeugnisse | 70.000,00 | | |
| Forderungen a. LL | 80.000,00 | Verbindlichkeiten a. LL | 190.000,00 |

**Erfolgskonten**

Umsatzerlöse für eigene Erzeugnisse; BV an UE; BV an FE; Aufwendungen für Rohstoffe; Aufwendungen für Betriebsstoffe; Löhne; Gehälter; Leasing; Provisionsaufwendungen; Büromaterial; Portokosten; Reisekosten; Verluste aus Kassenbeständen.

**Abschlusskonten:** Gewinn- und Verlustkonto, Schlussbilanzkonto.

**Geschäftsfälle**

| | | € |
|---|---|---|
| 1. | Kassenausgänge: für Briefmarken | 150,00 |
| | für Reisekosten | 900,00 |
| 2. | Zielverkauf eigener Erzeugnisse | 296.000,00 |
| 3. | Kunde begleicht unsere Rechnung durch Postbanküberweisung | 50.000,00 |
| 4. | Barabhebung vom Postbankkonto | 3.000,00 |
| 5.[2] | Verbrauch gemäß Materialentnahmescheine: Rohstoffe | 98.000,00 |
| | Betriebsstoffe | 10.000,00 |
| 6. | Postbanklastschrift für | |
| | Provisionen | 2.200,00 |
| | Leasinggebühren (Lkw) | 1.700,00 |
| | Löhne | 49.000,00 |
| | Gehälter | 38.000,00 |
| | Lieferantenrechnung | 56.000,00 |
| | Aufladen der Frankiermaschine | 1.900,00 |
| 7. | Zieleinkauf von | |
| | Rohstoffen | 20.000,00 |
| | Betriebsstoffen | 4.000,00 |
| 8. | Bareinzahlung auf Postbankkonto | 1.800,00 |
| 9. | Zielkauf einer Maschine | 60.000,00 |
| 10. | Barkauf von Büromaterial | 500,00 |

**Abschlussangaben**

| | | |
|---|---|---|
| 1. | **Schlussbestände lt. Inventur** | |
| | Unfertige Erzeugnisse | 25.000,00 |
| | Fertige Erzeugnisse | 98.000,00 |
| 2. | Kassenfehlbestand aufgrund eines nicht aufgeklärten Diebstahls (Inventurdifferenz) | 150,00 |
| 3. | Die Buchbestände der übrigen Bestandskonten entsprechen den Inventurbeständen. | |

**Zusätzliche Abschlussangaben bei Buchung nach der „Inventurmethode" oder nach dem „Aufwandsrechnerischen Verfahren"**

| | | |
|---|---|---|
| **Schlussbestände lt. Inventur:** | Rohstoffe | 172.000,00 |
| | Betriebsstoffe | 44.000,00 |

1 Der Geschäftsgang kann alternativ nach der „Fortschreibungsmethode" oder nach der „Inventurmethode" oder nach dem „Aufwandsrechnerischen Verfahren" gebucht werden.

2 Soll nach der „Inventurmethode" oder nach dem „Aufwandsrechnerischen Verfahren" gebucht werden, so entfällt dieser Geschäftsfall.

# 2.8 Die Umsatzsteuer

## 2.8.1 Steuerbare Umsätze

Die **steuerbaren Umsätze** sind Gegenstand der Umsatzsteuer. Sie können **steuerpflichtig** oder **steuerfrei** sein.

Der **Steuerbarkeit** unterliegen nach dem Umsatzsteuergesetz[1]

- **alle Lieferungen und sonstige Leistungen, die von einem Unternehmer im Inland gegen Entgelt erbracht werden** (§ 1 Abs. 1 UStG) (z. B. Verkauf von Erzeugnissen, Durchführung von Reparaturen, Vermittlung von Vertragsabschlüssen usw.),
- **der Import von Gegenständen aus Nicht-EU-Mitgliedstaaten in das Zollgebiet**[2] (§ 1 Abs. 1 UStG) (z. B. Einfuhr von Textilien aus China usw.),
- **der innergemeinschaftliche Erwerb im Inland gegen Entgelt**[2] (§ 1 Abs. 1 UStG),
- **die Gegenstandsentnahme für private Zwecke, wenn zuvor ein voller oder teilweiser Vorsteuerabzug**[3] **möglich war** (§ 3 Abs. 1 b Nr. 1 UStG) (z. B. Entnahme von Erzeugnissen durch den Unternehmer),
- **die private Verwendung betrieblicher Gegenstände, wenn zuvor ein voller oder teilweiser Vorsteuerabzug**[3] **möglich war** (§ 3 Abs. 9 a Nr. 1 UStG) (z. B. die private Nutzung des betrieblichen Telefons durch den Unternehmer) und
- **die Entnahme von Dienst- oder Werkleistungen für private Zwecke, unabhängig davon, ob zuvor ein Vorsteuerabzug**[3] **möglich war** (§ 3 Abs. 9 a Nr. 2 UStG) (z. B. Reparaturarbeiten am Privathaus des Unternehmers durch Beschäftigte des Betriebes).

Aus wirtschafts-, kultur- und sozialpolitischen Gründen sind einige steuerbare Umsätze **steuerfrei.** Hierzu zählen (§ 4 UStG) z. B.:

- Ausfuhrlieferungen,
- Entgelte für Kreditgewährung,
- Entgelte für Versicherungsverhältnisse,
- Umsätze aus der Tätigkeit als Versicherungsvertreter,
- Entgelte für Vermietung und Verpachtung von Grundstücken und
- Umsätze aus der Tätigkeit als Arzt, Zahnarzt, Heilpraktiker, Hebamme oder aus vergleichbaren heilberuflichen Tätigkeiten.

Die Bemessungsgrundlage der Besteuerung ist in der Regel der Wert des steuerpflichtigen Umsatzes (§§ 10 und 11 UStG); auf sie wird der Steuersatz berechnet. Der **Regelsteuersatz** beträgt ab 2007 19 % der Bemessungsgrundlage. Bestimmte Umsätze, z. B. Lebensmittel und Bücher, unterliegen dem **ermäßigten Steuersatz** von 7 %.

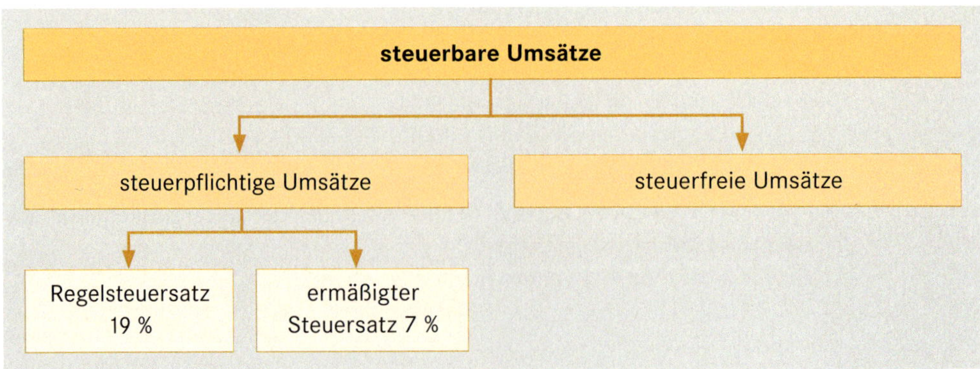


1 *Hinweis für die Schülerin/den Schüler:* Hier sind die recht komplizierten steuerrechtlichen Bestimmungen detailliert aufgeführt. Für das Verständnis ist zunächst nur der zuerst aufgeführte Sachverhalt wesentlich.

2 siehe Hermsen, Rechnungswesen der Industrie – IKR, Winklers, Braunschweig, Kapitel 2.1.8

3 siehe Erklärung S. 109 ff.

## 2.8.2 Die Umsatzsteuerkonten

### 2.8.2.1 Buchen auf dem Umsatzsteuerkonto

**Beispiel** Ein Industriebetrieb schickt die folgende Ausgangsrechnung an seinen Kunden:

**Ausgangsrechnung**

| | | |
|---|---|---|
| | Verkaufspreis (eigene Erzeugnisse) | 10.000,00 € |
| + | 19 % Umsatzsteuer | 1.900,00 € |
| | Rechnungsbetrag | 11.900,00 € |

Dieser Industriebetrieb bucht den Zielverkauf von Erzeugnissen wie folgt:

| Buchungssatz | Soll | Haben |
|---|---|---|
| Forderungen a. LL | 11.900,00 | |
| an Umsatzerlöse für eigene Erzeugnisse | | 10.000,00 |
| an Umsatzsteuer | | 1.900,00 |

**Buchung**

| S | Forderungen a. LL | | H |
|---|---|---|---|
| UfeE/USt | 11.900,00 | | |

| S | Umsatzerlöse für eigene Erzeugnisse | | H |
|---|---|---|---|
| | | Ford. a. LL | 10.000,00 |

| S | Umsatzsteuer | | H |
|---|---|---|---|
| | | Ford. a. LL | 1.900,00 |

Der Kunde wird mit dem vollen Rechnungsbetrag belastet. Er muss neben dem Preis für die Erzeugnisse die Umsatzsteuer an den Industriebetrieb entrichten.

Auf dem Konto „Umsatzerlöse für eigene Erzeugnisse" wird der Nettoverkaufspreis gebucht, die Umsatzsteuer wird gesondert auf dem Konto „Umsatzsteuer" erfasst.

Der Industriebetrieb kann nun die Umsatzsteuer, die er seinem Kunden in Rechnung stellt, selbstverständlich **nicht einbehalten,** sondern muss sie **an das Finanzamt weiterleiten.**

**Die Kunden in Rechnung gestellte Umsatzsteuer wird auf dem Konto „Umsatzsteuer" erfasst. Sie stellt eine Verbindlichkeit gegenüber dem Finanzamt dar. Das Konto „Umsatzsteuer" hat daher den Charakter eines Verbindlichkeitenkontos. Es ist ein passives Bestandskonto.**

### 2.8.2.2 Buchen auf dem Vorsteuerkonto

**Fortsetzung des Beispiels** Für die Erzeugnisse, die unser Industriebetrieb mit oben stehender Ausgangsrechnung verkauft hat, hat er seinerseits Rohstoffe mit folgender Eingangsrechnung eingekauft:

**Eingangsrechnung**

| | | |
|---|---|---|
| | Rohstoffe | 4.000,00 € |
| + | 19 % Umsatzsteuer | 760,00 € |
| | Rechnungsbetrag | 4.760,00 € |

Den Rohstoffeinkauf bucht der Industriebetrieb wie folgt: →

| Buchungssatz | Soll | Haben |
|---|---|---|
| Aufwendungen für Rohstoffe[1] | 4.000,00 | |
| Vorsteuer | 760,00 | |
| an Verbindlichkeiten a. LL | | 4.760,00 |

**Buchung**

| S | Aufwendungen für Rohstoffe[1] | | H |
|---|---|---|---|
| Verb. a. LL | 4.000,00 | | |

| S | Verbindlichkeiten a. LL | | H |
|---|---|---|---|
| | | AfR[1]/VSt | 4.760,00 |

| S | Vorsteuer | | H |
|---|---|---|---|
| Verb. a. LL | 760,00 | | |

Unser Industriebetrieb muss den vollen Rechnungsbetrag einschließlich Umsatzsteuer an seinen Lieferanten entrichten.

Auf dem Konto „Aufwendungen für Rohstoffe“[1] wird der Nettoeinkaufspreis gebucht, die zu zahlende Umsatzsteuer wird gesondert auf dem Konto „Vorsteuer“ erfasst.

Die ihm in Rechnung gestellte Umsatzsteuer (= Vorsteuer) kann unser Industriebetrieb **vom Finanzamt zurückverlangen.**

**Die an Lieferanten zu zahlende Umsatzsteuer wird auf dem Konto „Vorsteuer“ erfasst. Sie stellt eine Forderung an das Finanzamt dar. Das Konto „Vorsteuer“ hat daher den Charakter eines Forderungskontos. Es ist ein aktives Bestandskonto.**

### 2.8.2.3 Die Verrechnung der Umsatzsteuerschuld gegen die Vorsteuerforderung

Die Umsatzsteuerschuld und die Vorsteuerforderung werden gegeneinander verrechnet, d. h., die Konten „Umsatzsteuer“ und „Vorsteuer“ werden übereinander abgeschlossen.

## Die Zahllast

**Fortsetzung des Beispiels**

Im obigen Beispiel hat unser Industriebetrieb gegenüber dem Finanzamt eine Umsatzsteuerschuld von 1.900,00 € und eine Vorsteuerforderung von 760,00 €.
Die Verrechnung erfolgt buchhalterisch folgendermaßen:

| Buchungssatz | Soll | Haben |
|---|---|---|
| Umsatzsteuer | 760,00 | |
| an Vorsteuer | | 760,00 |

**Buchung**

| S | Umsatzsteuer | | H |
|---|---|---|---|
| VSt | 760,00 | Ford. a. LL | 1.900,00 |

| S | Vorsteuer | | H |
|---|---|---|---|
| Verb. a. LL | 760,00 | USt | 760,00 |

Verrechnung der Umsatzsteuerschuld gegen die Vorsteuerforderung

Es ergibt sich in unserem Fall auf dem Umsatzsteuerkonto ein **Überhang an Umsatzsteuerschulden** an das Finanzamt in Höhe von **1.140,00 €**, der als **Zahllast** bezeichnet wird.

| S | Umsatzsteuer | | H |
|---|---|---|---|
| VSt | 760,00 | Ford. a. LL | 1.900,00 |
| Zahllast | 1.140,00 | | |

1 alternativ: Rohstoffe („Bestandsrechnerisches Verfahren“)

Die Zahllast wird wie folgt errechnet:

| | |
|---|---|
| | Umsatzsteuerschulden gemäß Ausgangsrechnungen |
| – | Vorsteuerforderungen gemäß Eingangsrechnungen |
| = | Zahllast |

**Fortsetzung des Beispiels**

Die Zahllast muss als Umsatzsteuerrestverbindlichkeit an das Finanzamt abgeführt werden, z. B. per Banküberweisung:

| Buchungssatz | Soll | Haben |
|---|---|---|
| Umsatzsteuer | 1.140,00 | |
| an Guthaben bei Kreditinstituten (Bank) | | 1.140,00 |

**Buchung**

| S | Umsatzsteuer | | H |
|---|---|---|---|
| VSt | 760,00 | Ford. a. LL | 1.900,00 |
| G. b. KI | 1.140,00 | | |

| S | Guthaben bei KI (Bank) | | H |
|---|---|---|---|
| AB | ... | USt | 1.140,00 |

Überweisung der Zahllast

Die Zahllast wird in der Regel am Ende eines jeden Monats[1] ermittelt. Bis zum 10. des Folgemonats[1] muss eine Umsatzsteuervoranmeldung auf amtlichen Vordrucken über das Internet an das Finanzamt eingereicht werden.[2] Die entsprechende Vorauszahlung der Zahllast muss spätestens 3 Tage später (3 Tage Zahlungsschonfrist), also spätestens bis zum 13. des Folgemonats[1], beim Finanzamt eingehen. Fallen Abgabefrist für die Umsatzsteuervoranmeldung bzw. Zahlungsfrist für die Zahllast auf einen Samstag, Sonntag oder gesetzlichen Feiertag, so verschieben sich Abgabefrist bzw. Zahlungsfrist auf den nächsten Werktag.

Die Zeit ist eng bemessen. Aus diesem Grund kann auf Antrag **(Dauerfristverlängerung)** die Abgabefrist für die Umsatzsteuervoranmeldung und die entsprechende Zahlungsfrist jeweils um einen Monat verlängert werden, beispielsweise für den Monat März bis zum 10. bzw. 13. Mai.

Abhängig von der Höhe der Zahllast des vorangegangenen Kalenderjahres gelten folgende Fristen:

| Betrag der Vorjahreszahllast | Ermittlung der Zahllast | Voranmeldung und Überweisung der Zahllast[3] |
|---|---|---|
| 0,00 € - 1.000,00 € | zum Ende des Kalenderjahres | bis zum 10. bzw. 13. Jan. des Folgejahres |
| 1.000,01 € - 7.500,00 € | zum Ende eines jeden Quartals | 10 bzw. 13 Tage nach Quartalsende |
| mehr als 7.500,00 € | zum Ende eines jeden Monats | bis zum 10. bzw. 13. des Folgemonats |

Für das ganze Kalenderjahr hat der Unternehmer eine Jahreserklärung abzugeben. Waren die Vorauszahlungen nicht richtig, so muss der Unternehmer eine Abschlusszahlung leisten bzw. das Finanzamt eine Rückzahlung erstatten.

## Der Vorsteuerüberhang

Sind z. B. bei hohen saisonbedingten Einkäufen die Vorsteuerforderungen eines Umsatzsteuer-Voranmeldezeitraumes höher als die Umsatzsteuerschulden, so liegt ein **Vorsteuerüberhang** vor.

1 siehe letzte Zeile in der unten stehenden Tabelle
2 siehe www.elsterformular.de
3 ohne Dauerfristverlängerung

**Beispiel** Es sind insgesamt 8.000,00 € an Umsatzsteuerschulden und 10.000,00 € an Vorsteuerforderungen in einem Umsatzsteuer-Voranmeldezeitraum gebucht worden.

Die Verrechnung erfolgt folgendermaßen:

| Buchungssatz | Soll | Haben |
|---|---|---|
| Umsatzsteuer | 8.000,00 | |
| an Vorsteuer | | 8.000,00 |

**Buchung**

| S | Umsatzsteuer | | H |
|---|---|---|---|
| VSt | 8.000,00 | Ford. a. LL | 8.000,00 |

| S | Vorsteuer | | H |
|---|---|---|---|
| Verb. a. LL | 10.000,00 | USt | 8.000,00 |

Verrechnung der Umsatzsteuerschuld gegen die Vorsteuerforderung

In diesem Fall sind die Vorsteuerforderungen höher als die Umsatzsteuerschulden. Es ergibt sich ein **Vorsteuerüberhang** von **2.000,00 €**.

| S | Vorsteuer | | H |
|---|---|---|---|
| Verb. a. LL | 10.000,00 | USt | 8.000,00 |
| | | **Vorsteuer-überhang** | **2.000,00** |

Das Finanzamt erstattet diesen Überschuss bzw. verrechnet ihn gegebenenfalls mit Steuerschulden.

### 2.8.2.4 Bilanzierung von Zahllast bzw. Vorsteuerüberhang

Ist am Abschlussstichtag (31. Dezember) die Zahllast für den letzten Voranmeldezeitraum noch nicht an das Finanzamt überwiesen (Zahlung muss bis zum 13. Januar[1] erfolgen), so wird diese als Schlussbestand des passiven Bestandskontos „Umsatzsteuer" **passiviert.** Man nennt diesen Vorgang entsprechend **Passivierung der Zahllast.**

**Beispiel** Die Zahllast beträgt für den Monat Dezember 4.000,00 €.

**Buchung**

| S | Umsatzsteuer | | H |
|---|---|---|---|
| . | . | | |
| . | . | | |
| SBK | 4.000,00 | | |

| S | Schlussbilanzkonto | | H |
|---|---|---|---|
| | | . | . |
| | | . | . |
| | | USt | 4.000,00 |

Passivierung der Zahllast

| Buchungssatz | Soll | Haben |
|---|---|---|
| Umsatzsteuer | 4.000,00 | |
| an Schlussbilanzkonto | | 4.000,00 |

Im Falle eines Vorsteuerüberhanges wird dieser beim Abschluss aktiviert.

## 2.8.3 Die Versteuerung des Mehrwertes

**Beispiel** In unserem Beispiel (von S. 109 ff.) hat der Industriebetrieb durch die Herstellung des Erzeugnisses einen **Mehrwert** geschaffen. Dieser Mehrwert ergibt sich aus der Differenz zwischen dem **Nettoverkaufspreis der erbrachten Leistung** und dem **Nettoeinkaufspreis der bezogenen Leistung** (im Beispiel: vereinfacht nur Rohstoffe).

1 ohne Dauerfristverlängerung



6350112

| | | |
|---|---|---|
| Nettoverkaufspreis (der erbrachten Leistung) | – Nettoeinkaufspreis (der bezogenen Leistung) | = Mehrwert |
| 10.000,00 €[1] | – 4.000,00 €[2] | = 6.000,00 € |

Zahllast (**1.140,00 €**)[3] = 19 % des Mehrwertes (6.000,00 €)

**Die Zahllast stellt eine Versteuerung des Mehrwertes dar.**

Dem Unternehmer wird also nicht für seinen vollen Verkaufspreis eine Zahllast aufgebürdet, sondern lediglich für seine Wertschöpfung, d.h. für den Mehrwert auf seiner Produktions- bzw. Handelsstufe. Daher kommt die Bezeichnung **Mehrwertsteuer.**

Die folgende Darstellung zeigt beispielhaft auf, wie sich die Verrechnung der Zahllasten über mehrere Produktions- bzw. Handelsstufen vollzieht.

| Produktions- bzw. Handelsstufen | Ausgangsrechnung (= Eingangsrechnung der nachfolgenden Umsatzstufe) (€) | | Umsatzsteuer (€) | Vorsteuer (€) | Zahllast (= 19 % vom Mehrwert) (€) | Mehrwert (€) |
|---|---|---|---|---|---|---|
| **Urerzeuger** | Nettopreis<br>+ 19 % USt<br>Bruttopreis | 10.000,00<br>1.900,00<br>11.900,00 | 1.900,00 | 0,00 | 1.900,00 | 10.000,00 |
| **verarbeitende Industrie** | Nettopreis<br>+ 19 % USt<br>Bruttopreis | 25.000,00<br>4.750,00<br>29.750,00 | 4.750,00 | 1.900,00 | 2.850,00 | 15.000,00 |
| **Großhandel** | Nettopreis<br>+ 19 % USt<br>Bruttopreis | 30.000,00<br>5.700,00<br>35.700,00 | 5.700,00 | 4.750,00 | 950,00 | 5.000,00 |
| **Einzelhandel** | Nettopreis<br>+ 19 % USt<br>Bruttopreis | **34.000,00**<br>6.460,00<br>40.460,00 | 6.460,00 | 5.700,00 | 760,00 | 4.000,00 |
| **Summe** | | | | | **6.460,00** | **34.000,00** |

Der nicht vorsteuerabzugsberechtigte Endverbraucher trägt die Umsatzsteuer. Sein Umsatzsteueranteil (im obigen Beispiel **6.460,00 €**) entspricht der Summe der an das Finanzamt abgeführten Zahllasten (im obigen Beispiel **6.460,00 €**).

Für die Unternehmen auf allen Produktions- und Handelsstufen ist die Umsatzsteuer **erfolgsneutral.** Sie stellt nur einen **durchlaufenden Posten** dar.

Der Gesetzgeber könnte den Einzug der Umsatzsteuer vereinfachen, indem er nur den Umsatz der letzten Stufe der Handelskette (im obigen Beispiel: Einzelhandel) besteuert. Um jedoch zu vermeiden, dass nur eine Absatzstufe von dem Besteuerungsverfahren betroffen ist, wurde die Umsatzsteuer als Mehrwertsteuer mit dem oben beschriebenen Verrechnungs- und Einzugsverfahren ausgestaltet.

1 vgl. Kapitel 2.8.2.1, S. 109 2 vgl. Kapitel 2.8.2.2, S. 109 f. 3 vgl. Kapitel 2.8.2.3, S. 110 f.

## Zusammenfassung

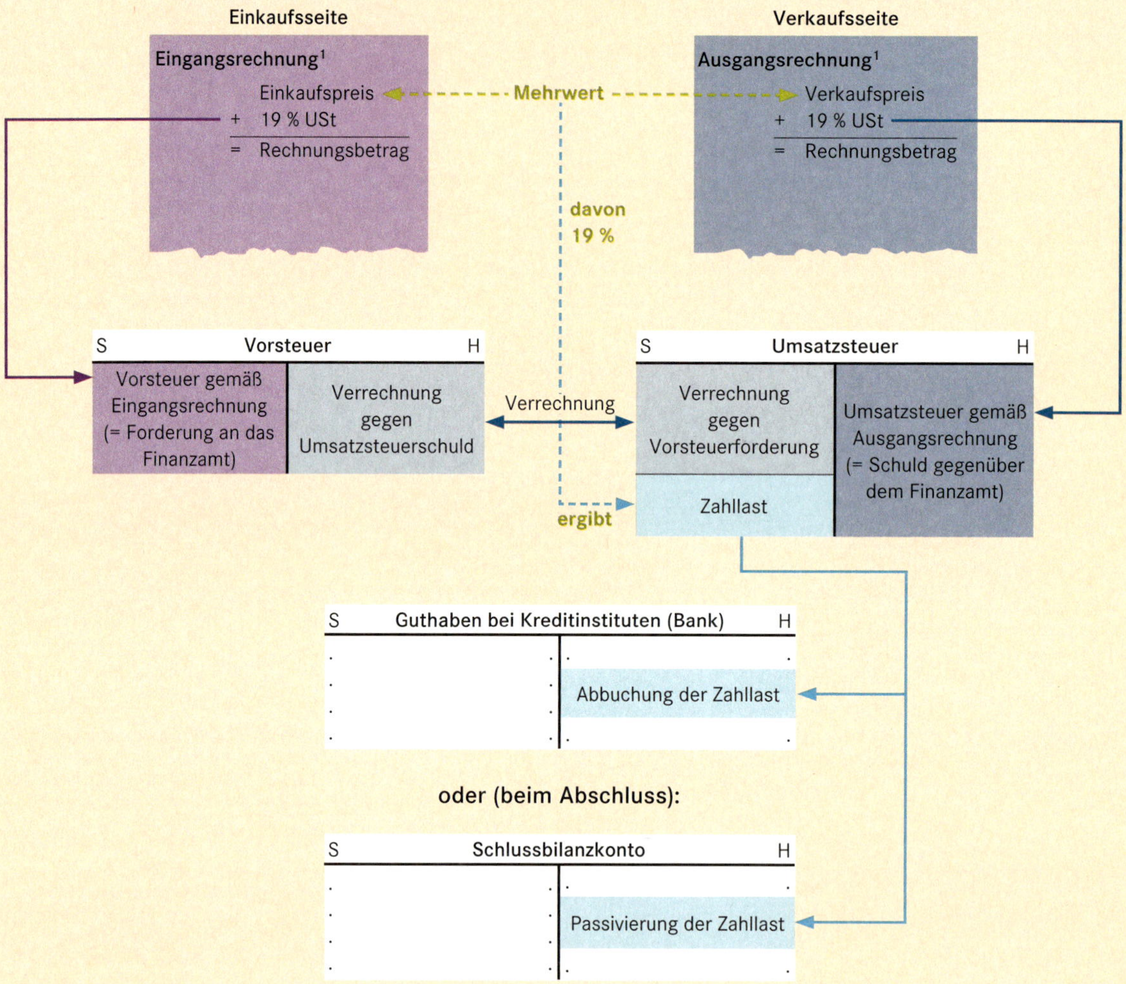


1. **Die Umsatzsteuer für bezogene „steuerpflichtige Umsätze" wird beim leistungsempfangenden Unternehmen im Soll des aktiven Bestandskontos „Vorsteuer" erfasst. Die gebuchte Vorsteuer stellt eine Forderung an das Finanzamt dar.**
2. **Die Umsatzsteuer für erbrachte „steuerpflichtige Umsätze" wird beim leistungsabgebenden Unternehmen im Haben des passiven Bestandskontos „Umsatzsteuer" erfasst. Die gebuchte Umsatzsteuer stellt eine Schuld gegenüber dem Finanzamt dar.**
3. **Die Vorsteuerforderung wird mit der Umsatzsteuerschuld verrechnet. Überwiegen die Umsatzsteuerschulden, so ergibt sich eine Restschuld gegenüber dem Finanzamt, die sogenannte Zahllast. Überwiegen die Vorsteuerforderungen, so ergibt sich eine Restforderung an das Finanzamt, der sogenannte Vorsteuerüberhang.**
4. **Auf jeder Produktions- und Handelsstufe ist die Zahllast die Versteuerung der Wertschöpfung (des Mehrwertes).**
5. **Der nicht vorsteuerabzugsberechtigte Endverbraucher trägt die Umsatzsteuer.**

1 Liegt der Gesamtbetrag (Entgelt und Umsatzsteuer) unter 150,00 €, so brauchen Entgelt und Umsatzsteuer nicht getrennt ausgewiesen zu werden (Kleinbetragsrechnung).

## Aufgaben

1: Verständnisaufgabe zum Lernstoff
2 u. 3: Belegbuchungen
4: Buchhalterische Behandlung von Umsatzsteuer und Vorsteuer
5: Versteuerung des Mehrwertes auf mehreren Produktions- und Handelsstufen
6: Geschäftsgang

1 Jede der unter A stehenden Angaben passt inhaltlich zu einer der unter B stehenden Angaben. Nehmen Sie die jeweiligen Zuordnungen vor.

| A | B |
|---|---|
| 1. Buchung der Umsatzsteuer für bezogene Lieferungen und sonstige Leistungen.<br>2. Vorsteuerkonto.<br>3. Aktivierung des Vorsteuerüberhanges.<br>4. Buchung der Umsatzsteuer für erbrachte Lieferungen und sonstige Leistungen.<br>5. Umsatzsteuerkonto.<br>6. Nach der monatlichen Verrechnung von Umsatzsteuer und Vorsteuer ergibt sich eine Restverbindlichkeit gegenüber dem Finanzamt.<br>7. Passivierung der Zahllast.<br>8. Träger der Umsatzsteuer.<br>9. Nach der monatlichen Verrechnung von Umsatzsteuer und Vorsteuer ergibt sich eine Restforderung an das Finanzamt. | 1. Beim Abschluss wird die Umsatzsteuerschuld in der Bilanz ausgewiesen.<br>2. Zahllast.<br>3. Im Soll des Vorsteuerkontos.<br>4. Passives Bestandskonto.<br>5. Im Haben des Umsatzsteuerkontos.<br>6. Vorsteuerüberhang.<br>7. Nicht vorsteuerabzugsberechtigter Endverbraucher.<br>8. Aktives Bestandskonto.<br>9. Beim Abschluss wird die Umsatzsteuerforderung in der Bilanz ausgewiesen. |

2[1] a) Wie bucht die Textilfabrik Konrad Fied KG die Belege 1 und 2?
b) Wie bucht der Textileinzelhandel Tina Hempe e. Kffr. den Beleg 1 und das Unternehmen Heinrich Paulmann e. K. den Beleg 2?

Beleg 1

**Konrad Fied KG** Textilfabrik

Konrad Fied KG • Goseriede 41 • 30159 Hannover

Goseriede 41 • 30159 Hannover
Telefon: 0511 4155-0
Telefax: 0511 4155-10
Internet: www.fied-wvd.de
E-Mail: info@fied-wvd.de

Textileinzelhandel
Tina Hempe e. Kffr.
Weststraße 55
81541 München

| | |
|---|---|
| **Kunden-Nr.:** | 24 006 |
| **Lieferdatum:** | 24.02.20.. |
| **Bestelldatum:** | 13.02.20.. |
| **Sachbearbeiter/-in:** | Herr Fied |
| **Rechnungs-Nr.:** | 1020/.. |
| **Rechnungsdatum:** | 25.02.20.. |

### Rechnung

| Pos. | Einheit | Artikel | Menge | Preis je Einheit/€ | Betrag/€ |
|---|---|---|---|---|---|
| 1 | St. | Herrenpullover „Adam“ | 30 | 22,90 | 687,00 |
| 2 | St. | Damenrock „Regina“ | 34 | 36,25 | 1.232,50 |
| 3 | St. | Kinderschlafanzug „Bär“ | 28 | 9,75 | 273,00 |
| 4 | St. | Herrenhose „Mark“ | 60 | 41,40 | 2.484,00 |
| 5 | St. | Damenbluse „Lena“ | 136 | 29,75 | 4.046,00 |
| 6 | St. | Herrenhemd „Lars“ | 104 | 14,25 | 1.482,00 |
| | | | gesamt | | 10.204,50 |
| | | | + 19 % USt | | 1.938,86 |
| | | | **Rechnungsbetrag** | | **12.143,36** |

→

1 **Konten:** Forderungen a. LL, Verbindlichkeiten a. LL, Fremdinstandhaltung, Waren/Aufwendungen für Waren, Umsatzerlöse für eigene Erzeugnisse, Umsatzerlöse für erbrachte Instandsetzung, Vorsteuer, Umsatzsteuer.

**Beleg 2**

Heinrich Paulmann e. K.
Inhaber M. Happe
Elektrische Licht- und Kraftanlagen

PAULMANN Elektroanlagen

Paulmann e. K. · Stephanusstr. 8 · 30449 Hannover

Textilfabrik
Konrad Fied KG
Goseriede 41
30159 Hannover

EINGEGANGEN 28. Febr. 20..
Erledigt ..................

Stephanusstraße 8
30449 Hannover
Tel. 0511 4115-0
Fax 0511 4115-235
Internet: www.paulmann-wvd.de
E-Mail: info@paulmann-wvd.de

| Ihr Zeichen, Ihre Nachricht vom | Unser Zeichen, unsere Nachricht vom | Telefon, Name 0511 4115- | Datum |
|---|---|---|---|
| | hp | 334 Herr Happe | 27.02.20.. |

**Rechnung Nr. 10027**

Erbringung der Leistung: 22.02.20..

Lampenanschlüsse instand gesetzt

| Pos. | Beschreibung | Anzahl/Einheit | Einzelpreis/€ | Gesamt/€ |
|---|---|---|---|---|
| 001 | Montage Doering | 2,00 Std. | 33,93 | 67,86 |
| 002 | Auszubildender (2. Jahr) Bergen | 2,00 Std. | 17,55 | 35,10 |
| 003 | Goseriede Fahrauslage | 1,00 Psch. | 6,60 | 6,60 |
| 004 | Schraubenlose Klemmen, Leuchtenklemmen 2 x 2,5 mm² | 8 St. | 0,20 | 1,60 |
| | | | | 111,16 |
| | + 19 % USt | | | 21,12 |
| | **Rechnungsbetrag** | | | **132,28** |

3[1] Sie sind Angestellte(r) der Textilfabrik Konrad Fied KG, Goseriede 41, 30159 Hannover. Die folgenden Belege liegen Ihnen zur Buchung vor.

a) Welche Geschäftsfälle liegen den Belegen zugrunde?

b) Wie lauten die Buchungssätze?

**Beleg 1**

GAUF Service GmbH
Das Service-Center der Gauf Mediengruppe

Service-Center Freiburg:
Kundenbetreuung
Telefon: 0761 9898-83
Auftragsannahme: -81
Fax: -82

Service-Center München:
Kundenbetreuung
Telefon: 089 9517-28
Auftragsannahme: -27
Fax: -25

GAUF Service GmbH • Lörracher Str. 4 • 79115 Freiburg

E-Mail: service@gauf-wvd.de
Internet: www.gauf-wvd.de

Textilfabrik
Konrad Fied KG
Goseriede 41
30159 Hannover

EINGEGANGEN 6. Okt. 20..
Erledigt ..................

**Wir liefern für Rechnung:**
Rudolf Gauf Verlag GmbH & Co. KG
RS Verlag Recht und Steuern GmbH & Co. KG
InfoTex Verlag GmbH & Co. KG
Tablos Tabellen- und Software Verlag GmbH
Memos Verlag AG

0006053817343

**Abonnement-Rechnung**

| Ihre Bestellung vom | Ihre Zeichen | Kunden-Nr. | Rechnungs-Nr. | Rechnungsdatum |
|---|---|---|---|---|
| | | 24 007 | 6053817343 | 04.10.20.. |

Bitte bei Zahlung oder Zuschrift immer angeben!

| Auftrag/Material | Bezugsgebühren für Ihr Abonnement | Seitenzahl | Seitenpreis € ohne USt | Gesamtpreis € |
|---|---|---|---|---|
| 06963536 | Praxislexikon Buchführung Heft 05/20.. | | | |
| | Heft-Nr. / Lieferdatum / Seitenzahl | | | |
| 1120-5024 | 005 / 04.10.20.. / 220 | 220 | 0,19395 | 42,67 |

| | | |
|---|---|---|
| * Abbuchung des Rechnungsbetrags * | Warenwert | 42,67 |
| * zum 09.11.20.. von Ihrem Konto * | + Umsatzsteuer 7,0 % | 2,99 |
| * BLZ 251 900 01, Konto 12 345 * | **Rechnungsbetrag** | 45,66 |

1 **Konten:** Verbindlichkeiten a. LL, Guthaben bei Kreditinstituten (Bank), Umsatzsteuer, Vorsteuer, Reisekosten, Leiharbeitskräfte für die Leistungserstellung, Portokosten, Kasse, Werbung, Fremdleistungen für Erzeugnisse, Fuhrpark, Vertriebsprovisionen, Büromaterial, Forderungen a. LL, Sonstige Aufwendungen für bezogene Leistungen, Zeitungen und Fachliteratur.



6350116

**Beleg 2**

**Autohaus Sauer KG**

Autohaus Sauer KG
Rehbergstraße 24
30173 Hannover
Telefon 0511 3213-0
Telefax 0511 3213-33
Internet: www.sauer-wvd.de
E-Mail: info@sauer-wvd.de

Reg.-Gericht Hannover
HRA 810
St.-Nr. 26 235 86417

Sparkasse Hannover
Konto-Nr. 1 122, BLZ 250 501 80
IBAN DE78 2505 0180 0000 0011 22
BIC SPKHDE2H

Autohaus Sauer KG · Rehbergstr. 24 · 30173 Hannover

Textilfabrik
Konrad Fied KG
Goseriede 41
30159 Hannover

EINGEGANGEN
6. Nov. 20..
Erledigt ..................

**Rechnung**

| Amt. Kennzeichen | Fahrzeugtyp | Fahrzeug-Ident-Nr. | Zul.-Datum | Annahmedatum | km-Stand |
|---|---|---|---|---|---|
| | Salida | VF34J5FU | | 22.09.20.. | 0 |

| Rechnungs-Nr. | Rechnungsdatum | Ihre Bestellung vom | Unsere Lieferung vom |
|---|---|---|---|
| 1584 | 05.11.20.. | 21.09.20.. | 05.11.20.. |

| Leistungsbezeichnung/Warenbezeichnung | Preis in € | |
|---|---|---|
| 1 Pkw Salida X200 lt. Spezifikation vom 21.09.20.. | 45.000,00 | * |
| Sonderausstattung: | | |
| - Klimaanlage | 1.000,00 | * |
| - Radio Phoenix | 450,00 | * |
| - Navigationssystem Com 3D | 400,00 | * |
| | 46.850,00 | ** |
| + 19 % USt | 8.901,50 | * |
| Rechnungsbetrag | 55.751,50 | ** |

**Beleg 3**[1]

Stephanusstr. 13
30449 Hannover (Linden)
Tel.: 0511 447428
St.-Nr. 26 852 75661

stempel + schilder
siegfried münch

Fa. Konrad Fied KG
Hannover

| Anz./Artikel | Einzelpreis /€ | Summe/€ |
|---|---|---|
| 2 Eingangsstempel | 24,50 | 49,00 |
| 3 Stempelkissen | 3,50 | 10,50 |

Bei Irrtum oder Umtausch bitte diesen Beleg vorlegen.

Summe 59,50
19 % USt inkl.

Betrag dankend erhalten 59,50

Datum, Unterschrift: 10.10.20.. Münch

**Beleg 4**

Deutsche Post AG
30449 Hannover
81301811 28.08.20..

7114
10 x Office Kopierpapier A4 Standard
*29,90 EUR D,1

7117
Briefmarken-Maxiset 20 x 0,58 EUR
*11,60 EUR A,1

**Bruttoumsatz** ***41,50 EUR**
19,00% USt D *4,77 EUR
Nettoumsatz D *25,13 EUR
umsatzsteuerbefreit nach §4 UStG A
Nettoumsatz A *11,60 EUR

Steuernummer der Deutschen Post AG:
5205/5777/1510

Vielen Dank für Ihren Besuch.
Ihre Deutsche Post AG

*Hinweis:*
Barzahlung

→

1 Liegt der Gesamtbetrag (Entgelt und Umsatzsteuer) unter 150,00 €, so brauchen Entgelt und Umsatzsteuer nicht getrennt ausgewiesen zu werden (Kleinbetragsrechnung).

**Beleg 5**[1]

**Konrad Fied KG** **Textilfabrik**

Konrad Fied KG • Goseriede 41 • 30159 Hannover

Söffgen OHG
Bergstraße 11
51503 Rösrath

Goseriede 41 • 30159 Hannover
Telefon: 0511 4155-0
Telefax: 0511 4155-10
Internet: www.fied-wvd.de
E-Mail: info@fied-wvd.de

Telefax 0511 4155- 32 | E-Mail kibat@fied-wvd.de

| Ihr Zeichen, Ihre Nachricht vom | Unser Zeichen, unsere Nachricht vom | Telefon, Name 0511 4155- | Datum |
|---|---|---|---|
| ah-sö 19.09.20.. | ki-he | 58 Frau Kibat | 30.09.20.. |

**Provision**

Sehr geehrter Herr Söffgen,

Sie haben unsere Erzeugnisse in Kommission verkauft (siehe beigefügte Auflistung).

Wie vereinbart erteilen wir Ihnen die nachstehende Gutschrift auf unsere noch ausstehenden Forderungen.

| | |
|---|---|
| Provisionsgutschrift | 500,00 € |
| + 19 % USt | 95,00 € |
| | 595,00 € |

Wir bitten um gleichlautende Buchung.

Mit freundlichem Gruß

Konrad Fied KG
Textilfabrik

i. A. *Kibat*

Kibat

**Beleg 6**[2]

**FUNK-TAXI-RUF 3812**

Hannoversche Funk-Taxi-Zentrale eG
Geibelstraße 13 · 30173 Hannover
Tel. Büro: 0511 8001-0 · Fax: 0511 8001-33
St.-Nr. 26 164 33624
Sparkasse Hannover
Kto.-Nr. 6 666 · BLZ 250 501 80
IBAN DE61 2505 0180 0000 0066 66 · BIC SPKHDE2H

für Stadtfahrt ☒ Krankenfahrt ☐ Taxi-Nr. *332*

für *Frau Kibat*

von *Goseriede*

bis *Nussriede*

**QUITTUNG** über *12,84* €

Diesen Betrag haben wir dankend erhalten. In diesem Betrag ist die gesetzl. USt (7 %) enthalten.

*12. Dez. 20..* *Damm*

Hannover, Datum — Unterschrift/Stempel des Taxiunternehmens

**Buchungsvermerke des Kunden:**

Taxi-Fahrt (Frau Kibat)
zum Lieferanten
Betrag bar erhalten
Hannover, 13. Dez. 20.. *Kibat*

1 Buchung mit hohem Schwierigkeitsgrad. Die Söffgen OHG ist eine Kundin, an die wir noch Forderungen a. LL haben. (Unsere Forderungen a. LL an die Söffgen OHG übersteigen die Bruttoprovisionsgutschrift.)

2 Bei einer **Personenbeförderung** bis 50 km oder innerhalb einer Gemeinde beträgt der Umsatzsteuersatz 7 %.



6350118

**Beleg 7**

SAUBERFRAU GMBH
GEBÄUDEREINIGUNG

Sauberfrau GmbH • Minister-Stüve-Str. 17 • 30449 Hannover

Textilfabrik
Konrad Fied KG
Goseriede 41
30159 Hannover

EINGEGANGEN
3. April 20..
Erledigt ..................

Sauberfrau GmbH
Minister-Stüve-Straße 17
30449 Hannover

Telefon: 0511 4444
Telefax: 0511 4443
Internet: www.sauberfrau-wvd.de
E-Mail: info@sauberfrau-wvd.de

Sparkasse Hannover
Konto-Nr. 767 676, BLZ 250 501 80
IBAN DE02 2505 0180 0000 7676 76
BIC SPKHDE2H

USt-IdNr.: DE 382 946 175
Hannover HRB 321
Geschäftsführer:
Dieter Bremer

## Rechnung

Ihre Bestellung vom: gemäß Vertrag
Bestellzeichen

Bitte bei Überweisung angeben

| Rechnungs-Nr. | Rechnungsdatum |
|---|---|
| 597 | 02.04.20.. |

| Leistungsbezeichnung/Warenbezeichnung | Preis je Einheit/€ | Betrag/€ |
|---|---|---|
| Für die Reinigung Ihres Betriebsgebäudes, Goseriede 41, im März d. J. stellen wir Ihnen in Rechnung: | | |
| Reinigungsmaterial | | 100,00 |
| Summe Lohnarbeiten | | 1.300,00 |
| | | 1.400,00 |
| + 19 % Umsatzsteuer | | 266,00 |
| **Rechnungsbetrag** | | **1.666,00** |

Eine genaue Auflistung der erbrachten Leistungen fügen wir als Anlage bei.

Zahlungsziel: 20 Tage

**Beleg 8**

Konrad Fied KG Textilfabrik

Konrad Fied KG • Goseriede 41 • 30159 Hannover

Frau
Bettina Meyer e. Kffr.
Erzberger Straße 1
39104 Magdeburg

Goseriede 41 • 30159 Hannover
Telefon: 0511 4155-0
Telefax: 0511 4155-10
Internet: www.fied-wvd.de
E-Mail: info@fied-wvd.de

| | |
|---|---|
| **Kunden-Nr.:** | 24 008 |
| **Ihre St.-Nr.:** | 27 133 47258 |
| **Sachbearbeiter/-in:** | Frau Kibat |
| **Beleg-Nr.:** | 201 |
| **Datum:** | 05.04.20.. |

**Honorarabrechnung**

Für die Entwürfe von Modellkleidern im 1. Quartal des Jahres (siehe Anlage) erteilen wir Ihnen folgende Gutschrift:

| | |
|---|---|
| Honorar | 3.000,00 € |
| 19 % USt | 570,00 € |
| | 3.570,00 € |

Vereinbarungsgemäß überweisen wir Ihnen den Betrag bis Mitte Mai des Jahres.

→

**Beleg 9**

**KREY & Rubin**
**Personal-Leasing GmbH**

Der Dienstleister für die Arbeitswelt
schafft sichere Arbeitsplätze im kaufmännischen, technischen und gewerblichen Bereich

Krey & Rubin Personal-Leasing GmbH
Lutherstraße 51 • 30171 Hannover
Telefon: 0511 8140-0
Telefax: 0511 8140-55
E-Mail: info@krey-rubin-wvd.de
Internet: www.krey-rubin-wvd.de

Krey & Rubin GmbH • Lutherstraße 51 • 30171 Hannover

Textilfabrik
Konrad Fied KG
Goseriede 41
30159 Hannover

EINGEGANGEN
21. Dez. 20..
Erledigt ....................

**bei Zahlungen bitte immer angeben:**

Rechnungsnummer: 478
Kundennummer: 24 009
Rechnungsdatum: 20.12.20..

## Rechnung

| Berufsbezeichnung<br>Einsatzort<br>Mitarbeiter/-in<br>Zeitraum | geleistete Stunden | Zuschläge | %-Satz | Stunden-satz (€) | Gesamt (€) |
|---|---|---|---|---|---|
| Näherin<br>Hannover, Goseriede 41 | | | | | |
| Anna König<br>26.11.20.. bis 30.11.20.. | 22,50<br>9,50 | Normalstunden<br>Nachtzuschlag | 100,0<br>125,0 | 19,80<br>24,75 | 445,50<br>235,13 |
| Anna König<br>03.12.20.. bis 07.12.20.. | 22,50 | Normalstunden | 100,0 | 19,80 | 445,50 |
| Anna König<br>10.12.20.. bis 14.12.20.. | 22,50 | Normalstunden | 100,0 | 19,80 | 445,50 |
| | | | | **Nettobetrag** | 1.571,63 |
| | | | | **19 % USt** | 298,61 |
| | | | | **Rechnungsbetrag** | **1.870,24** |

**Beleg 10**

**Werbekönig**

Agentur für Mediendesign, Werbung, Publikationen GmbH

Werbeagentur Werbekönig GmbH
Am Listholze 2
30177 Hannover

Telefon 0511 6963
Fax 0511 6964
E-Mail info@werbekoenig-wvd.de
Internet www.werbekoenig-wvd.de

Werbekönig GmbH • Am Listholze 2 • 30177 Hannover

Textilfabrik
Konrad Fied KG
Goseriede 41
30159 Hannover

EINGEGANGEN
6. Okt. 20..
Erledigt ....................

## Rechnung

Seite 1
Rechnungs-Nr. 928/10
Rechnungsdatum 05.10.20..
Kunden-Nr. 24 005

Wir berechnen für unsere Leistung vom 11.09.20.. bis 15.09.20..:

| Pos. | Auftragsbezeichnung | Menge | Preis in € |
|---|---|---|---|
| 1 | Werbewirksame Gestaltung des Verkaufskatalogs 20..<br>Festpreis gemäß ausführlichem Angebot vom 25.08.20.. | 1 Katalog, 84 Seiten | 9.000,00 |
| | + 19 % USt | | 1.710,00 |
| | **Rechnungsbetrag** | | **10.710,00** |

Zahlungsziel: 20 Tage ab Rechnungsdatum



6350120

**Beleg 11**[1]

| Hannoversche Volksbank eG | Kontonummer | erstellt am | Auszug | Blatt |
|---|---|---|---|---|
| | 12 345 | 10.11.20.. | 87 | 1/1 |

BLZ 251 900 01 — **Kontoauszug**

| Bu.-Tag | Wert | Vorgang | |
|---|---|---|---|
| | | **alter Kontostand** | **60.000,00 +** |
| 08.11. | 08.11. | SB-Überweisung, Finanzamt Hannover-Süd,<br>Steuer-Nr.: 26/306/71722<br>Umsatzsteuer-Zahllast Oktober 20.. | 11.780,00 - |
| | | **neuer Kontostand vom 10.11.20..** | **48.220,00 +** |

Textilfabrik
Konrad Fied KG
Goseriede 41
30159 Hannover

USt-IdNr.: DE 115 648 359
IBAN: DE73 2519 0001 0000 0123 45 BIC: VOHADE2H

**Beleg 12**

| Hannoversche Volksbank eG | Kontonummer | erstellt am | Auszug | Blatt |
|---|---|---|---|---|
| | 12 345 | 19.04.20.. | 29 | 1/1 |

BLZ 251 900 01 — **Kontoauszug**

| Bu.-Tag | Wert | Vorgang | |
|---|---|---|---|
| | | **alter Kontostand** | **50.000,00 +** |
| 18.04. | 18.04. | Umsatzsteuererstattung, Finanzamt Hannover Süd,<br>Steuer-Nr.: 26/306/71722<br>März 20.. | 503,00 + |
| | | **neuer Kontostand vom 19.04.20..** | **50.503,00 +** |

Textilfabrik
Konrad Fied KG
Goseriede 41
30159 Hannover

USt-IdNr.: DE 115 648 359
IBAN: DE73 2519 0001 0000 0123 45 BIC: VOHADE2H

AH

**4** Im Umsatzsteuervoranmeldezeitraum sind in der Summe folgende Rohstoffeinkäufe und Verkaufserlöse angefallen:

| | I. € | II. € |
|---|---|---|
| Zieleinkäufe von Rohstoffen | 70.000,00 | 80.000,00 |
| + 19 % Umsatzsteuer | 13.300,00 | 15.200,00 |
| Zielverkäufe eigener Erzeugnisse | 90.000,00 | 60.000,00 |
| + 19 % Umsatzsteuer | 17.100,00 | 11.400,00 |

a) Buchen Sie auf den Konten „Forderungen a. LL", „Verbindlichkeiten a. LL", „Aufwendungen für Rohstoffe"[2], „Umsatzerlöse für eigene Erzeugnisse", „Vorsteuer" und „Umsatzsteuer" die oben stehenden Zieleinkäufe und Zielverkäufe.

b) Ermitteln Sie buchhalterisch die Zahllast bzw. den Vorsteuerüberhang.

c) Nennen Sie den Buchungssatz zur Passivierung der Zahllast bzw. zur Aktivierung des Vorsteuerüberhanges.

1 Bei einigen Kreditinstituten werden auf den Kontoauszügen die Buchungen mit „H" (Haben) statt „+" und mit „S" (Soll) statt „-" ausgewiesen. Siehe hierzu S. 63, Aufgabe 3.

2 alternativ: Rohstoffe („Bestandsrechnerisches Verfahren")

AH

5 Es liegen die folgenden Ausgangsrechnungen eines Betriebes der Grundstoffindustrie, der verarbeitenden Industrie, des Großhandels und des Einzelhandels vor.

| | Grundstoff-industrie | verarbeitende Industrie | Groß-handel | Einzel-handel |
|---|---|---|---|---|
| Ausgangsrechnung | € | € | € | € |
| Warenwert | 40.000,00 | 100.000,00 | 120.000,00 | 130.000,00 |
| + 19 % USt | 7.600,00 | 19.000,00 | 22.800,00 | 24.700,00 |
| Rechnungsbetrag | 47.600,00 | 119.000,00 | 142.800,00 | 154.700,00 |

a) Nennen Sie für jede Produktions- bzw. Handelsstufe den Buchungssatz für den Zieleinkauf und für den Zielverkauf.
b) Richten Sie sich ein Stufenschema nach dem Muster auf S. 113 ein und füllen Sie es ebenso aus.
c) Erklären Sie, weshalb die Umsatzsteuer auch Mehrwertsteuer genannt wird.
d) Erklären Sie, weshalb die Umsatzsteuer nur für den nicht vorsteuerabzugsberechtigten Endverbraucher einen Aufwand darstellt, für die Unternehmen auf allen Produktions- und Absatzstufen hingegen lediglich ein durchlaufender Posten ist.

AH

6[1] **Anfangsbestände**

| | € | | € |
|---|---|---|---|
| Maschinen | 220.000,00 | Kasse | 13.000,00 |
| Fuhrpark | 100.000,00 | Postbank | 18.000,00 |
| Rohstoffe | 90.000,00 | Guthaben bei KI (Bank) | 22.000,00 |
| Hilfsstoffe | 30.000,00 | Eigenkapital | ? |
| Unfertige Erzeugnisse | 20.000,00 | Langfristige Bankverbindl. | 300.000,00 |
| Fertige Erzeugnisse | 50.000,00 | Verbindlichkeiten a. LL | 100.000,00 |
| Forderungen a. LL | 40.000,00 | Umsatzsteuer | 6.000,00 |

**Erfolgskonten**

Aufwendungen für Rohstoffe, Aufwendungen für Hilfsstoffe, Büromaterial, Fremdinstandhaltung, Löhne, Werbung, Zinserträge, Umsatzerlöse für eigene Erzeugnisse, BV an UE, BV an FE.

**Abschlusskonten:** Gewinn- und Verlustkonto, Schlussbilanzkonto.

**Geschäftsfälle** €

1. **Lastschriftanzeige der Bank gemäß Kontoauszug**
   1. für Überweisung der Zahllast ... 6.000,00
   2. Lohnzahlung ... 12.000,00
   3. Barabhebung ... 1.000,00

2. **Ausgangsrechnung an Kunden**
   Nettopreis (eigene Erzeugnisse) ... 130.000,00
   + 19 % Umsatzsteuer ... 24.700,00
   Rechnungspreis ... 154.700,00

3. **Eingangsrechnung**
   1. unseres Rohstofflieferanten, Nettopreis ... 50.000,00
   + 19 % Umsatzsteuer ... 9.500,00
   Rechnungspreis ... 59.500,00

1 Der Geschäftsgang kann alternativ nach der „Fortschreibungsmethode“ oder nach der „Inventurmethode“ oder nach dem „Aufwandsrechnerischen Verfahren“ gebucht werden.



6350122

| | € |
|---|---|
| 2. unseres Hilfsstofflieferanten, Nettopreis | 10.000,00 |
| + 19 % Umsatzsteuer | 1.900,00 |
| Rechnungspreis | 11.900,00 |
| 3. unseres Autohändlers, Nettopreis (des Pkw) | 20.000,00 |
| + 19 % Umsatzsteuer | 3.800,00 |
| Rechnungspreis | 23.800,00 |
| 4. der Hannover Druck GmbH für den Druck von Werbeprospekten | 4.000,00 |
| + 19 % Umsatzsteuer | 760,00 |
| Rechnungspreis | 4.760,00 |

**4.** Wir begleichen eine Verbindlichkeit a. LL mit einer Lieferung eigener Erzeugnisse.

| | |
|---|---|
| Nettopreis (eigene Erzeugnisse) | 900,00 |
| + 19 % Umsatzsteuer | 171,00 |
| Rechnungspreis | 1.071,00 |

**5.**[1] **Verbrauch gemäß Materialentnahmescheine**

| | |
|---|---|
| 1. Rohstoffe | 45.000,00 |
| 2. Hilfsstoffe | 5.000,00 |

**6. Kassenausgänge für**

| | |
|---|---|
| 1. Einkauf von Büromaterial, Nettopreis | 400,00 |
| + 19 % Umsatzsteuer | 76,00 |
| Rechnungspreis | 476,00 |
| 2. Kfz-Reparatur, Nettopreis | 700,00 |
| + 19 % Umsatzsteuer | 133,00 |
| Rechnungspreis | 833,00 |

**7. Bankgutschrift gemäß Kontoauszug für**

| | |
|---|---|
| 1. Postbanküberweisung auf Bankkonto | 5.000,00 |
| 2. Zinsgutschrift | 800,00 |
| 3. Kundenzahlung | 18.000,00 |

**Abschlussangaben**

1. Der Bargeldbestand gemäß Inventur (Istbestand) ist größer als der Kassenbestand gemäß Buchführung (Sollbestand) .......... 357,00
   Ursache: Ein Barverkauf eigener Erzeugnisse in der Verkaufsfiliale wurde wegen einer defekten Registrierkasse versehentlich nicht gebucht.
2. Ermittlung und Passivierung der Zahllast .......... ?
3. **Schlussbestände lt. Inventur**
   1. Unfertige Erzeugnisse .......... 24.000,00
   2. Fertige Erzeugnisse .......... 36.000,00
4. Die Buchbestände der übrigen Bestandskonten entsprechen den Inventurbeständen.

**Zusätzliche Abschlussangaben bei Buchung nach der „Inventurmethode" oder nach dem „Aufwandsrechnerischen Verfahren"**

**Schlussbestände lt. Inventur**

| | |
|---|---|
| 1. Rohstoffe | 95.000,00 |
| 2. Hilfsstoffe | 35.000,00 |

1 Soll nach der „Inventurmethode" oder nach dem „Aufwandsrechnerischen Verfahren" gebucht werden, so entfällt dieser Geschäftsfall.

## 2.9 Das Privatkonto

Neben Aufwendungen und Erträgen führen auch **Privatentnahmen** und **Privateinlagen** zu **Eigenkapitaländerungen.**

Privatentnahmen mindern das Eigenkapital; Privateinlagen mehren das Eigenkapital.

### 2.9.1 Privatentnahmen

Im Vorgriff auf den zu erwartenden Gewinn entnimmt ein Unternehmer seinem Betrieb hin und wieder im Laufe des Geschäftsjahres Wirtschaftsgüter. Man spricht hier von **Privatentnahmen.** Zu den Privatentnahmen zählen nach § 4 Abs. 1 EStG:

- **Barentnahmen** (Beispiele: Ein Unternehmer entnimmt der betrieblichen Kasse 1.000,00 € für eine private Wochenendreise. Ein Unternehmer zahlt seine Einkommensteuer durch Überweisung vom betrieblichen Bankkonto. Ein Unternehmer begleicht den Rechnungsbetrag für private Zeitungsanzeigen per Überweisung vom betrieblichen Postbankkonto.),
- **Warenentnahmen** (Beispiel: Ein Feinkosthändler entnimmt seinem Geschäft Kaviar für eine private Feier.),
- **Erzeugnisentnahmen** (Beispiel: Ein Textilwarenfabrikant entnimmt eine in seinem Betrieb hergestellte Bluse, um sie seiner Frau zu schenken.),
- **Nutzungsentnahmen** (Beispiele: Der Geschäftswagen wird für Privatfahrten eingesetzt. Betriebsräume werden als Privatwohnung genutzt.) und
- **Leistungsentnahmen** (Beispiel: Der Inhaber einer Kfz-Werkstatt lässt während der betrieblichen Arbeitszeit seinen Privatwagen von einem angestellten Kfz-Meister reparieren.).

### 2.9.2 Privateinlagen

**Privateinlagen** liegen vor, wenn ein Unternehmer seinem Betrieb im Laufe des Geschäftsjahres Wirtschaftsgüter zuführt. Zu den Privateinlagen zählen nach § 4 Abs. 1 EStG:

- **Bareinzahlungen** (Beispiel: Ein Unternehmer zahlt einen Lottogewinn von 5.000,00 € auf das betriebliche Bankkonto ein.) und
- **sonstige Wirtschaftsgüter** (Beispiele: Der Privatwagen des Unternehmers wird in den Betrieb als Fahrzeug für die Reisenden eingebracht. Die privat entlohnte Putzfrau des Unternehmers reinigt auch das betriebliche Arbeitszimmer.).

### 2.9.3 Möglichkeit von Privatentnahmen und Privateinlagen bei den Unternehmensformen

Nur bei den **Einzelunternehmen** (e. K.) und den **Personengesellschaften** (OHG, KG) sind Privatentnahmen und Privateinlagen möglich.

Bei den **Kapitalgesellschaften** (GmbH, AG) gibt es keine Privatbuchungen. Hier sind die Eigentümer nicht so eng mit dem Unternehmen verbunden (z. B. die Aktionäre einer großen AG), dass sie Privatentnahmen oder Privateinlagen tätigen können. Die Leitung der Kapitalgesellschaften liegt in den Händen des Vorstandes bzw. der Geschäftsführung.

### 2.9.4 Buchhalterische Behandlung von Privatentnahmen und Privateinlagen

Das betriebliche Eigenkapital ändert sich durch Privatentnahmen und Privateinlagen.

**Privatentnahmen führen zu Eigenkapitalminderungen. Privateinlagen führen zu Eigenkapitalmehrungen.**

Privatentnahmen könnten als Bestandsminderungen im Soll und Privateinlagen als Bestandsmehrungen im Haben des passiven Bestandskontos „Eigenkapital“ gebucht werden.

Damit nun aber das Eigenkapitalkonto nicht zu unübersichtlich wird, werden Privatentnahmen und Privateinlagen auf dem „Privatkonto“ erfasst.

**Privatentnahmen werden auf dem Privatkonto im Soll gebucht.**
**Privateinlagen werden auf dem Privatkonto im Haben gebucht.**
**Das Privatkonto wird über das Eigenkapitalkonto abgeschlossen.**

**Beispiele**

1. Der Unternehmer entnimmt der Kasse 400,00 €, um seiner Frau ein Geschenk zu machen.
2. Der Unternehmer überweist private Ersparnisse von 10.000,00 € auf das betriebliche Bankkonto.
3. Der Unternehmer überweist 20.000,00 € vom betrieblichen Postbankkonto für den Kauf eines Privatwagens.

| **Buchungssätze** | **Soll** | **Haben** |
|---|---|---|
| 1. Privatkonto | 400,00 | |
| an Kasse | | 400,00 |
| 2. Guthaben bei Kreditinstituten (Bank) | 10.000,00 | |
| an Privatkonto | | 10.000,00 |
| 3. Privatkonto | 20.000,00 | |
| an Postbank | | 20.000,00 |

**Buchungen auf dem Privatkonto**

| S | Privatkonto | | H |
|---|---|---|---|
| 1. Kasse | 400,00 | 2. G. b. KI | 10.000,00 |
| 3. Postbank | 20.000,00 | | |

Der Abschluss des Privatkontos erfolgt über das Eigenkapitalkonto. In unserem Fall sind die Privatentnahmen um **10.400,00 €** höher als die Privateinlagen. Das Eigenkapital (angenommener Anfangsbestand: 100.000,00 €) mindert sich um diesen Betrag.

| S | Privatkonto | | H |
|---|---|---|---|
| 1. Kasse | 400,00 | 2. G. b. KI | 10.000,00 |
| 3. Postbank | 20.000,00 | EK | 10.400,00 |
| | 20.400,00 | | 20.400,00 |

| S | Eigenkapital | | H |
|---|---|---|---|
| Privat | 10.400,00 | AB | 100.000,00 |
| SB | 89.600,00 | | |
| | 100.000,00 | | 100.000,00 |

## 2.9.5 Umsatzsteuerpflicht der Privatentnahmen[1]

Privatentnahmen sind zum Teil umsatzsteuerpflichtig. Der Unternehmer ist bei der Entnahme für private Zwecke Endverbraucher. Würden die Privatentnahmen nicht der Umsatzsteuer unterliegen, so wäre der Unternehmer besser gestellt als alle anderen Konsumenten, die Umsatzsteuer bezahlen müssen.

1 *Hinweis für die Lehrerin/den Lehrer:* Der Vollständigkeit halber sind hier die steuerrechtlichen Tatbestände komplett dargestellt. Im Unterricht sollten Sie unter Umständen darauf verzichten.

Nach dem Umsatzsteuergesetz unterliegen der Umsatzsteuer

- **die Gegenstandsentnahme für private Zwecke, wenn zuvor ein voller oder teilweiser Vorsteuerabzug möglich war** (§ 3 Abs. 1 b Nr. 1 UStG) (z. B. Entnahme von Erzeugnissen),
- **die private Verwendung betrieblicher Gegenstände, wenn zuvor ein voller oder teilweiser Vorsteuerabzug möglich war** (§ 3 Abs. 9 a Nr. 1 UStG) (z. B. die private Nutzung des betrieblichen Telefons durch den Unternehmer) und
- **die Entnahme von Dienst- oder Werkleistungen für private Zwecke, unabhängig davon, ob zuvor ein Vorsteuerabzug möglich war** (§ 3 Abs. 9 a Nr. 2 UStG) (z. B. Reparaturarbeiten am Privathaus durch Beschäftigte des Betriebes).

Die Entnahme von Geld (z. B. aus der Kasse, vom Bankkonto usw.) unterliegt nicht der Umsatzsteuer.

Die umsatzsteuerliche Bemessungsgrundlage für Wirtschaftsgüter, die dem Unternehmen entnommen werden, ist der Einkaufspreis (zuzüglich der Nebenkosten) zum Zeitpunkt der Entnahme (= Wiederbeschaffungskosten).

**Beispiele**

1. Barentnahme für private Zwecke .......... 500,00 €
2. Privatentnahme von Erzeugnissen, Nettowert .......... 5.000,00 €
   + 19 % Umsatzsteuer .......... 950,00 €
3. Es sind vom Unternehmer private Telefongespräche mit den betriebseigenen Telefonen geführt worden. Der private Anteil an den telefonischen Grund- und Gesprächsgebühren beträgt .......... 100,00 €
   darauf 19 % Umsatzsteuer .......... 19,00 €
4. Der betriebliche Pkw[1] wurde auch privat benutzt.
   Der private Nutzungsanteil beträgt gemäß Einzelnachweis insgesamt netto ... 1.500,00 €
   darauf 19 % Umsatzsteuer .......... 285,00 €

| **Buchungssätze** | **Soll** | **Haben** |
|---|---|---|
| 1. Privatkonto | 500,00 | |
| an Kasse | | 500,00 |
| 2. Privatkonto | 5.950,00 | |
| an Entnahme von Gegenständen und sonstigen Leistungen | | 5.000,00 |
| an Umsatzsteuer | | 950,00 |
| 3.[2] Privatkonto | 119,00 | |
| an Entnahme von Gegenständen und sonstigen Leistungen | | 100,00 |
| an Umsatzsteuer | | 19,00 |
| 4. Privatkonto | 1.785,00 | |
| an Entnahme von Gegenständen und sonstigen Leistungen | | 1.500,00 |
| an Umsatzsteuer | | 285,00 |

1 Der Entnahmewert für die private Nutzung des betrieblichen Pkw kann auf zwei Arten (Wahlrecht) ermittelt werden:
1. Durch **Einzelnachweis** des Entnahmewertes (Fahrtenbuch).
2. Durch **Pauschalierung** des Entnahmewertes mit monatlich 1 % des Listenpreises (einschließlich Umsatzsteuer).
Da nicht alle Aufwendungen für den betrieblichen Pkw mit Vorsteuer belastet sind (z. B. Kraftfahrzeugversicherung, Kraftfahrzeugsteuer, steuerfreie Garagenmiete usw.), wird bei der Pauschalierung zur Vereinfachung lediglich auf 80 % des Entnahmewertes Umsatzsteuer berechnet.

2 Die private Nutzung des betrieblichen Telefons stellt keine umsatzsteuerpflichtige Entnahme dar (BFH-Urteil vom 23. Sept. 1993), wenn der Unternehmer **gemietete** Fernsprecheinrichtungen benutzt (→ Privatkonto an Telekommunikationskosten und an Vorsteuer).



6350126

**Das Konto „Entnahme von Gegenständen und sonstigen Leistungen“ ist ein Ertragskonto und wird über das GuV-Konto abgeschlossen.**

## Zusammenfassung

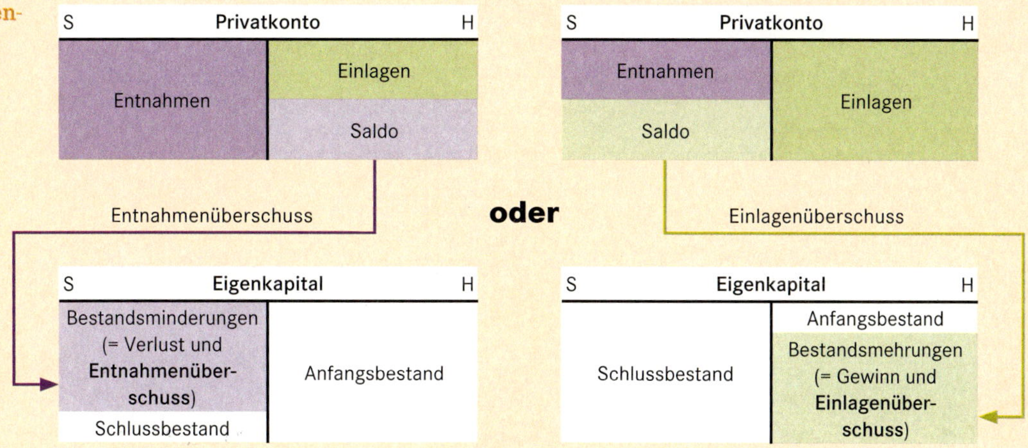


1. **Privatentnahmen werden auf dem Privatkonto im Soll gebucht. Privateinlagen werden auf dem Privatkonto im Haben gebucht.**
2. **Das Privatkonto wird über das Eigenkapitalkonto abgeschlossen.**
3. **Privatentnahmen mindern das betriebliche Eigenkapital. Privateinlagen mehren das betriebliche Eigenkapital.**
4. **Die Privatentnahme betrieblicher Gegenstände und sonstiger Leistungen ist umsatzsteuerpflichtig.**

## Aufgaben

1: Arten von Privatentnahmen und Privateinlagen
2: Umsatzsteuerpflichtige Entnahmen
3: Belegbuchungen
4–7: Buchmäßige Auswirkungen von Privateinlagen und -entnahmen
8: Buchungssätze
9: Geschäftsgang

**1** Geben Sie an, in welcher Form
a) Privatentnahmen und
b) Privateinlagen getätigt werden können.

**2** Welche der aufgeführten Privatentnahmen sind umsatzsteuerpflichtig?
- Banküberweisung der Einkommensteuer.
- Textilfabrikant entnimmt seinem Unternehmen einen Pullover für seine Frau.
- Barentnahme zum Kauf von Sportschuhen.
- Beschäftigte des Betriebes reinigen die Privatwohnung des Unternehmers.

**3** Sie sind Angestellte(r) der Textilfabrik Konrad Fied KG, Goseriede 41, 30159 Hannover. Die folgenden Belege liegen Ihnen zur Buchung vor.
a) Welche Geschäftsfälle liegen den Belegen zugrunde?
b) Wie lauten die Buchungssätze?

→

**Beleg 1**

Konrad Fied KG

28.09.20.. Konrad Fied
Datum, Unterschrift

**Erzeugnisentnahme**

| Anzahl, Artikel | € |
|---|---|
| 2 Trainingsanzüge, Artikel-Nr. 3210 | 100,00 |
| 2 Herren-Sweatshirts, Artikel-Nr. 3543 | 50,00 |
| 2 Herren-T-Shirts, Artikel-Nr. 5680 | 28,00 |
| | 178,00 |
| + 19 % Umsatzsteuer | 33,82 |
| | 211,82 |

**Beleg 2**[1]

Konrad Fied KG

Buchungsdatum: 31.08.20.. Beleg-Nr.: 568

**Buchungsanweisung**

Die Grund- und Gesprächsgebühren des Monats August betrugen netto 2.199,00 €.
Der private Anteil an den Telefonaten betrug 5 % ( = 109,95 € ).
Darauf 19 % Umsatzsteuer ( = 20,89 € ).

**Beleg 3**[2, 3]

Hannoversche Volksbank eG

| Kontonummer | erstellt am | Auszug | Blatt |
|---|---|---|---|
| 12 345 | 10.03.20.. | 19 | 1/1 |

BLZ 251 900 01 — **Kontoauszug**

| Bu.-Tag | Wert | Vorgang | |
|---|---|---|---|
| | | **alter Kontostand** | **30.000,00 +** |
| 08.03. | 08.03. | SB-Überweisung, Spende Welthungerhilfe | 150,00 - |
| 08.03. | 08.03. | SB-Überweisung, Ferienwohnung Sylt | 2.788,00 - |
| 08.03. | 08.03. | SB-Überweisung, Finanzamt Hannover-Süd, Einkommensteuervorauszahlung I/20.., St.-Nr.: 26/815/08151 | 8.000,00 - |
| | | **neuer Kontostand vom 10.03.20..** | **19.062,00 +** |

Textilfabrik
Konrad Fied KG
Goseriede 41
30159 Hannover

USt-IdNr.: DE 115 648 359
IBAN: DE73 2519 0001 0000 0123 45 BIC: VOHADE2H

*Hinweis:* Es sind drei Geschäftsfälle zu bearbeiten.

**Beleg 4**

Hannoversche Volksbank eG

| Kontonummer | erstellt am | Auszug | Blatt |
|---|---|---|---|
| 12 345 | 18.04.20.. | 28 | 1/1 |

BLZ 251 900 01 — **Kontoauszug**

| Bu.-Tag | Wert | Vorgang | |
|---|---|---|---|
| | | **alter Kontostand** | **25.000,00 +** |
| 15.04. | 15.04. | Rückerstattung Ferienwohnung Sylt | 2.788,00 + |
| 15.04. | 15.04. | SB-Überweisung, Dr. Bange, Arztrechnung 512, Anni Fied | 443,00 - |
| 16.04. | 16.04. | Finanzamt Hannover-Süd, Einkommensteuererstattung 20.., St.-Nr.: 26/815/08151 | 2.833,00 + |
| | | **neuer Kontostand vom 18.04.20..** | **30.178,00 +** |

Textilfabrik
Konrad Fied KG
Goseriede 41
30159 Hannover

USt-IdNr.: DE 115 648 359
IBAN: DE73 2519 0001 0000 0123 45 BIC: VOHADE2H

*Hinweis:* Es sind drei Geschäftsfälle zu bearbeiten.

1 Es handelt sich um eine betriebseigene Telefonanlage.

2 Bei einigen Kreditinstituten werden auf den Kontoauszügen die Buchungen mit „H“ (Haben) statt „+“ und mit „S“ (Soll) statt „-“ ausgewiesen. Siehe hierzu S. 63, Aufgabe 3.

3 *Hinweis zum 1. Geschäftsfall auf dem Kontoauszug:* Bei **Einzelunternehmen** (e. K.) und bei **Personengesellschaften** (OHG, KG) sind Spenden keine Betriebsausgaben. (Sie können hier im Rahmen bestimmter Höchstbeträge steuerlich als **Sonderausgaben** abgesetzt werden.) Nur bei **Kapitalgesellschaften** (AG, GmbH, KGaA) sind Spenden als **Betriebsausgaben** (Konto „6880 Spenden“) zu buchen.

AH

**4**

| | I. € | II. € |
|---|---|---|
| Anfangsbestand des Eigenkapitalkontos | 300.000,00 | 400.000,00 |
| Aufwendungen, insgesamt | 250.000,00 | 280.000,00 |
| Erträge, insgesamt | 320.000,00 | 250.000,00 |
| Privatentnahmen, insgesamt | 70.000,00 | 40.000,00 |
| Privateinlagen, insgesamt | 50.000,00 | 80.000,00 |

**Konten:** Eigenkapital, Gewinn- und Verlustkonto, Privatkonto.

a) Buchen Sie die oben stehenden Angaben.
b) Schließen Sie das Gewinn- und Verlustkonto und das Privatkonto ab.
c) Ermitteln Sie den Schlussbestand des Eigenkapitalkontos.

**5** Wie hoch sind die Eigenkapitalmehrungen bzw. die Eigenkapitalminderungen?

a) Gewinn = 500.000,00 €; Einlagenüberschuss[1] = 10.000,00 €
b) Gewinn = 200.000,00 €; Entnahmenüberschuss[2] = 250.000,00 €
c) Verlust = 100.000,00 €; Entnahmenüberschuss[2] = 150.000,00 €
d) Verlust = 150.000,00 €; Einlagenüberschuss[1] = 50.000,00 €
e) Gewinn = 180.000,00 €; Entnahmenüberschuss[2] = 150.000,00 €
f) Verlust = 60.000,00 €; Einlagenüberschuss[1] = 100.000,00 €

**6** Geben Sie an, welche Fälle zu einer Eigenkapitalmehrung bzw. -minderung führen.

1. Fall: Gewinn > Entnahmenüberschuss[2]
2. Fall: Verlust + Entnahmenüberschuss[2]
3. Fall: Verlust > Einlagenüberschuss[1]
4. Fall: Gewinn + Einlagenüberschuss[1]
5. Fall: Gewinn < Entnahmenüberschuss[2]
6. Fall: Verlust < Einlagenüberschuss[1]

**7** Aus dem Eigenkapitalkonto und aus dem Privatkonto ergeben sich folgende Zahlen:

| | I. € | II. € |
|---|---|---|
| Anfangsbestand des Eigenkapitalkontos | 250.000,00 | 300.000,00 |
| Schlussbestand des Eigenkapitalkontos | 200.000,00 | 400.000,00 |
| Privatentnahmen, insgesamt | 10.000,00 | 60.000,00 |
| Privateinlagen, insgesamt | 30.000,00 | 20.000,00 |

Errechnen Sie den Gewinn bzw. Verlust.

**8**

**Konten:** Privatkonto, Kasse, Mieten/Pachten, Umsatzsteuer, Kraftfahrzeugsteuer, Sonstige betriebliche Steuern, Guthaben bei Kreditinstituten (Bank), Versicherungsbeiträge, Postbank, Entnahme von Gegenständen und sonstigen Leistungen, Eigenkapital.

Nennen Sie die Buchungssätze für die folgenden Geschäftsfälle.

| | | € |
|---|---|---|
| 1. | Hundesteuer für Wachhund des Betriebes | 60,00 |
| | für Jagdhund | 65,00 |
| | wird per Banküberweisung gezahlt. | |
| 2. | Private Arztrechnungen werden per Banküberweisung beglichen | 300,00 |
| 3. | Die private Krankenkasse überweist die privaten Arztkosten auf das betriebliche Postbankkonto | 300,00 |
| 4. | Ein Lottogewinn wird auf das betriebliche Bankkonto eingezahlt | 12.000,00 |
| 5. | Ein Geburtstagsgeschenk für die Tochter des Unternehmers wird mit Bargeld aus der betrieblichen Kasse bezahlt | 150,00 |
| 6. | Banküberweisung für die Miete der Geschäftsräume | 3.000,00 |
| | der Privatwohnung | 800,00 |
| 7. | Barentnahme aus der Geschäftskasse für eine private Wochenendreise | 1.000,00 |

→

1 Privateinlagen übersteigen die Privatentnahmen.
2 Privatentnahmen übersteigen die Privateinlagen.

| | | € |
|---|---|---|
| 8. | Private Ersparnisse werden auf das betriebliche Bankkonto überwiesen | 9.000,00 |
| 9. | Spende für das Müttergenesungswerk wird per Banküberweisung bezahlt | 300,00 |
| 10. | Einlage einer Erbschaft auf das Bankkonto | 15.000,00 |
| 11. | Versicherungsbeiträge werden per Banküberweisung gezahlt, | |
| | Ausbildungsversicherung der Tochter | 80,00 |
| | Lagerversicherung | 1.300,00 |
| | Lebensversicherung | 200,00 |
| 12. | Zahlung der Einkommensteuer | 12.000,00 |
| | Kraftfahrzeugsteuer (betrieblicher Fuhrpark) | 1.000,00 |
| | durch Banküberweisung. | |
| 13. | Banküberweisung für Reparatur am Privathaus, netto | 1.000,00 |
| | + 19 % Umsatzsteuer (nicht als Vorsteuer absetzen) | 190,00 |
| 14. | Reparaturrechnung für Privatwagen, netto | 500,00 |
| | + 19 % Umsatzsteuer (nicht als Vorsteuer absetzen) | 95,00 |
| | wird bar bezahlt. | |
| 15. | Entnahme eines Kostüms für die Ehefrau des Unternehmers, netto | 200,00 |
| | + 19 % Umsatzsteuer | 38,00 |
| 16. | Der private Anteil an den telefonischen Grund- und Gesprächsgebühren (betriebseigene Telefonanlage) beträgt netto | 150,00 |
| | darauf 19 % Umsatzsteuer | 28,50 |
| 17. | Abschlussbuchungssatz des Privatkontos | |
| | – bei Einlagenüberschuss | 7.000,00 |
| | – bei Entnahmenüberschuss | 60.000,00 |

AH

9[1] **Anfangsbestände**

| | € |
|---|---|
| Technische Anlagen und Maschinen | 800.000,00 |
| Fuhrpark | 105.000,00 |
| Geschäftsausstattung | 110.000,00 |
| Rohstoffe | 340.000,00 |
| Betriebsstoffe | 80.000,00 |
| Unfertige Erzeugnisse | 60.000,00 |
| Fertige Erzeugnisse | 90.000,00 |
| Forderungen a. LL | 45.000,00 |
| Guthaben bei Kreditinstituten (Bank) | 30.000,00 |
| Kasse | 10.000,00 |
| Eigenkapital | 900.000,00 |
| Langfristige Bankverbindlichkeiten | 700.000,00 |
| Verbindlichkeiten a. LL | 70.000,00 |

**Konten:** Technische Anlagen und Maschinen, Fuhrpark, Geschäftsausstattung, Rohstoffe, Betriebsstoffe, Unfertige Erzeugnisse, Fertige Erzeugnisse, Forderungen a. LL, Vorsteuer, Guthaben bei Kreditinstituten (Bank), Kasse, Eigenkapital, Privatkonto, Langfristige Bankverbindlichkeiten, Verbindlichkeiten a. LL, Umsatzsteuer, Umsatzerlöse für eigene Erzeugnisse, BV an UE, BV an FE, Entnahme von Gegenständen und sonstigen Leistungen, Vertriebsprovisionen, Löhne, Büromaterial, Zeitungen und Fachliteratur, Zinsaufwendungen, Aufwendungen für Rohstoffe, Aufwendungen für Betriebsstoffe, EBK, SBK, GuV.

1 Der Geschäftsgang kann alternativ nach der „Fortschreibungsmethode" oder nach der „Inventurmethode" oder nach dem „Aufwandsrechnerischen Verfahren" gebucht werden.

| Geschäftsfälle | € |
|---|---|
| **1.** Ausgangsrechnung an Kunden | |
| Nettobetrag (eigene Erzeugnisse) | 70.000,00 |
| + 19 % Umsatzsteuer | 13.300,00 |
| Bruttobetrag | 83.300,00 |
| **2. Lastschriftanzeige der Bank gemäß Kontoauszug** | |
| 1. für ungedeckten Kundenscheck | 5.000,00 |
| 2. für Darlehenstilgung | 1.000,00 |
| 3. für Darlehenszinsen | 3.000,00 |
| 4. für Banküberweisung an Lieferanten | 7.000,00 |
| 5. für Lohnzahlung | 8.000,00 |
| **3. Eingangsrechnung** | |
| 1. unseres Vertreters für den Verkauf unserer Erzeugnisse | |
| Nettoprovision | 4.000,00 |
| + 19 % Umsatzsteuer | 760,00 |
| Bruttobetrag | 4.760,00 |
| 2. unseres Rohstofflieferanten | |
| Nettobetrag (Rohstoffe) | 60.000,00 |
| + 19 % Umsatzsteuer | 11.400,00 |
| Bruttobetrag | 71.400,00 |
| **4.**[1] **Verbrauch gemäß Materialentnahmescheine** | |
| 1. Rohstoffe | 20.000,00 |
| 2. Betriebsstoffe | 5.000,00 |
| **5.** Beleg über Spende eigener Erzeugnisse an das Rote Kreuz | |
| Nettobetrag (eigene Erzeugnisse) | 1.000,00 |
| + 19 % Umsatzsteuer | 190,00 |
| Bruttobetrag | 1.190,00 |
| **6. Gutschriftanzeige der Bank gemäß Kontoauszug für** | |
| 1. Kundenzahlung | 83.300,00 |
| 2. Erstattung der im vergangenen Jahr zu viel gezahlten Einkommensteuer | 4.000,00 |
| 3. zu viel berechnete Darlehenszinsen | 500,00 |
| 4. Bareinzahlung aus der betrieblichen Kasse | 2.000,00 |
| **7. Kassenausgänge für** | |
| 1. Privatentnahme | 1.500,00 |
| 2. Bareinkauf von Büromaterial | |
| Nettobetrag | 300,00 |
| + 19 % Umsatzsteuer | 57,00 |
| Bruttobetrag | 357,00 |
| 3. Bareinkauf betrieblicher Fachliteratur | |
| Nettobetrag | 200,00 |
| + 7 % Umsatzsteuer | 14,00 |
| Bruttobetrag | 214,00 |
| 4. Kriminalromane | 25,00 |
| **8.** Beleg über Entnahme eigener Erzeugnisse für Privatzwecke | |
| Nettobetrag (eigene Erzeugnisse) | 800,00 |
| + 19 % Umsatzsteuer | 152,00 |
| Bruttobetrag | 952,00 |

→

1 Soll nach der „Inventurmethode" oder nach dem „Aufwandsrechnerischen Verfahren" gebucht werden, so entfällt dieser Geschäftsfall.

**Abschlussangaben** €

1. Ermittlung und Passivierung der Zahllast ............................ ?
2. **Schlussbestände lt. Inventur:** 1. Unfertige Erzeugnisse ................. 50.000,00
   2. Fertige Erzeugnisse .................. 120.000,00
3. Eine Privatentnahme aus der Kasse wurde versehentlich nicht gebucht.
   Kassenfehlbetrag (= Inventurdifferenz) ............................ 200,00
4. Die Schlussbestände der anderen Bestandskonten entsprechen den Inventurbeständen.

**Zusätzliche Abschlussangaben bei Buchung nach der „Inventurmethode“ oder nach dem „Aufwandsrechnerischen Verfahren“**

**Schlussbestände lt. Inventur:** 1. Rohstoffe ............................ 380.000,00
2. Betriebsstoffe ......................... 75.000,00

## 2.10 Grundsätze ordnungsmäßiger Buchführung (GoB)

Die Grundsätze ordnungsmäßiger Buchführung sind im HGB (Handelsgesetzbuch) und in der AO (Abgabenordnung) gesetzlich verankert.

| HGB | AO | Vorschrift |
|---|---|---|
| § 238 Abs. 1 | § 145 Abs. 1 | Die Buchführung muss so beschaffen sein, dass sie einem sachverständigen Dritten innerhalb angemessener Zeit einen Überblick über die Geschäftsvorfälle und über die Lage des Unternehmens vermitteln kann. Die Geschäftsvorfälle müssen sich in ihrer Entstehung und Abwicklung verfolgen lassen. |
| § 239 Abs. 1 | § 146 Abs. 3 | Bei der Führung der Handelsbücher und bei den sonst erforderlichen Aufzeichnungen hat sich der Kaufmann einer lebenden Sprache zu bedienen. Werden Abkürzungen, Ziffern, Buchstaben oder Symbole verwendet, muss im Einzelfall deren Bedeutung eindeutig festliegen. |
| | § 146 Abs. 3 | Wird eine andere als die deutsche Sprache verwendet, so kann die Finanzbehörde Übersetzungen verlangen. |
| | § 146 Abs. 2 | Bücher und die sonst erforderlichen Aufzeichnungen sind im Geltungsbereich dieses Gesetzes (Bundesrepublik Deutschland) zu führen und aufzubewahren. |
| | § 146 Abs. 2 a | Abweichend von Absatz 2 [...] kann die zuständige Finanzbehörde auf schriftlichen Antrag des Steuerpflichtigen bewilligen, dass elektronische Bücher [...] in einem Mitgliedstaat der Europäischen Union geführt und aufbewahrt werden.[1] |
| § 239 Abs. 2 | § 146 Abs. 1 | Die Eintragungen in Büchern und die sonst erforderlichen Aufzeichnungen müssen vollständig, richtig, zeitgerecht und geordnet vorgenommen werden. |
| | § 146 Abs. 1 | Kasseneinnahmen und Kassenausgaben sollen täglich festgehalten werden. |
| § 239 Abs. 3 | § 146 Abs. 4 | Eine Eintragung oder eine Aufzeichnung darf nicht in einer Weise verändert werden, dass der ursprüngliche Inhalt nicht mehr feststellbar ist. Auch solche Veränderungen dürfen nicht vorgenommen werden, deren Beschaffenheit es ungewiss lässt, ob sie ursprünglich oder erst später gemacht worden sind. |
| § 239 Abs. 4 | § 146 Abs. 5 | Bei der Führung der Handelsbücher und der sonst erforderlichen Aufzeichnungen auf Datenträgern muss insbesondere sichergestellt sein, dass die Daten während der Dauer der Aufbewahrungsfrist verfügbar sind und jederzeit innerhalb angemessener Frist lesbar gemacht werden können. |
| § 246 Abs. 2 | | Posten der Aktivseite dürfen nicht mit Posten der Passivseite, Aufwendungen nicht mit Erträgen [...] verrechnet werden. |
| § 257 Abs. 3 | § 147 Abs. 2 | Sinngemäß: Mit Ausnahme der Bilanzen können die Buchführungsunterlagen auch als Wiedergabe auf einem Bildträger (Mikrofilm[2]) oder auf anderen Datenträgern aufbewahrt werden. |
| § 257 Abs. 4 | § 147 Abs. 3 | Sinngemäß: Handelsbücher, Inventare, Bilanzen und Buchungsbelege sind 10 Jahre aufzubewahren. |
| § 257 Abs. 5 | § 147 Abs. 4 | Verkürzt: Die Aufbewahrungsfrist beginnt mit dem Schluss des Kalenderjahres. |

1 Für die Finanzverwaltung muss gewährleistet sein, dass für eine Betriebsprüfung die Buchführungsbücher rechtzeitig im Inland zur Verfügung stehen. Außerdem wird die Verlagerung nur bei solchen Steuerpflichtigen bewilligt, die sich in der Vergangenheit kooperativ gezeigt haben.

2 Ein Mikrofilm ist eine stark verkleinerte Fotoaufnahme eines Schriftstückes.

**Aufgabe**

In den folgenden Fällen a) bis q) wird gegen die Grundsätze ordnungsmäßiger Buchführung (GoB) verstoßen. Geben Sie an, welche Vorschrift des HGB bzw. der AO nicht beachtet wird.

a) Der Einfachheit halber werden „Forderungen a. LL" und „Verbindlichkeiten a. LL" gemeinsam auf einem (gemischten) Konto gebucht.
b) Es werden Buchungen vorgenommen, denen kein Beleg zugrunde liegt.
c) Der Inhaber eines gut gehenden Autohauses (Kfz-Verkauf und Kfz-Reparatur) hält sich nahezu ganzjährig in seinem Ferienhaus auf Hawaii auf. Dorthin werden ihm die Buchungsbelege übersandt. Er führt auf Hawaii die Buchführungsbücher und bewahrt sie dort auch auf.
d) Ein in dem Unternehmen selbst geschriebenes Finanzbuchführungsprogramm ermöglicht das Löschen bereits vorgenommener Buchungen. Auf diese Weise erspart man sich Stornobuchungen.
e) Aufgrund der Unklarheit und Unübersichtlichkeit der Buchführung ist der Außenprüfer des Finanzamtes nicht in der Lage, einzelne Buchungen nachzuvollziehen.
f) Bilanzen werden ausschließlich auf der Festplatte gespeichert.
g) Ein französischer Textilfabrikant hat für seinen neuen Betrieb in Rostock einen französischen Buchhalter eingestellt. Er weigert sich gegenüber dem Finanzamt, die Buchführungsaufzeichnungen in die deutsche Sprache zu übersetzen.
h) 10 Jahre nach ihrer buchhalterischen Erfassung werden die Buchungsbelege vernichtet.
i) Es wird vergessen, den Bareingang für einen Verkauf zu buchen.
j) Aufgrund der Kündigung des Finanzbuchhalters ist ein Unternehmen nicht in der Lage, die auf der Festplatte gespeicherten Buchführungsaufzeichnungen für den Außenprüfer des Finanzamtes innerhalb einer angemessenen Frist lesbar zu machen.
k) Die Bücher, Inventare und Bilanzen werden nach der Aufbewahrungsfrist von 6 Jahren vernichtet.
l) Die Kasseneinnahmen und Kassenausgaben werden einmal wöchentlich festgehalten.
m) Eine unkorrekte Buchung wird überschrieben.
n) Eine Ausgangsrechnung wird versehentlich als Eingangsrechnung gebucht.
o) Als Kontenbezeichnungen werden Abkürzungen verwendet, die für den Außenprüfer des Finanzamtes unverständlich sind.
p) Zieleinkäufe werden im falschen Abrechnungszeitraum gebucht.
q) Zur Vereinfachung der Buchführung werden „Zinserträge" und „Zinsaufwendungen" gemeinsam auf dem Konto „Zinsen" gebucht.

# 2.11 Kontenrahmen, Kontenplan

## 2.11.1 Der Kontenrahmen

### 2.11.1.1 Definition und Aufgabe des Kontenrahmens

**Ein Kontenrahmen ist ein Organisations- und Gliederungsplan der Buchführungskonten. In ihm werden die Konten grundlegend systematisch geordnet.**

Der Kontenrahmen schreibt eine einheitliche Kontenbezeichnung vor und ordnet jedem Konto eine bestimmte **Kontonummer** zu.

Dadurch ist jedes Konto eindeutig definiert und von den anderen Konten abgegrenzt. Die Einheitlichkeit und Eindeutigkeit der Konten führt zu einer Angleichung der Buchungen in allen nach demselben Kontenrahmen sich richtenden Unternehmen.

Die eindeutige Definition der Konten im Kontenrahmen ermöglicht

- innerbetriebliche Vergleiche verschiedener Rechnungsperioden **(Zeitvergleiche)** und
- Vergleiche mit gleichartigen Betrieben **(Betriebsvergleiche)**.

Darüber hinaus werden – bei Buchung nach dem Kontenrahmen – z. B. nicht geschäftsführende Gesellschafter, Gläubiger oder Betriebsprüfer des Finanzamtes in die Lage versetzt, die Buchführung in einer angemessenen Zeit zu überprüfen.

### 2.11.1.2 Das Nummernsystem des Kontenrahmens

Das Nummernsystem des Kontenrahmens ist nach dem **Zehnersystem** (dekadisches System) aufgebaut. Von links nach rechts gelesen gibt die vierstellige Kontennummer immer detailliertere Informationen über das jeweilige Konto.

- Die erste Ziffer gibt die gröbste Information über die **Kontenklasse** (0–9).

**Beispiel**

**Kontenklassen des Industriekontenrahmens (IKR)**

| | |
|---|---|
| Kontenklasse 0: | Immaterielle Vermögensgegenstände und Sachanlagen |
| Kontenklasse 1: | Finanzanlagen |
| Kontenklasse 2: | Umlaufvermögen und aktive Rechnungsabgrenzung |
| Kontenklasse 3: | Eigenkapital und Rückstellungen |
| Kontenklasse 4: | Verbindlichkeiten und passive Rechnungsabgrenzung |
| Kontenklasse 5: | Erträge |
| Kontenklasse 6: | Betriebliche Aufwendungen |
| Kontenklasse 7: | Weitere Aufwendungen |
| Kontenklasse 8: | Ergebnisrechnungen |
| Kontenklasse 9: | Kosten- und Leistungsrechnung (KLR) |

- Die ersten beiden Ziffern geben eine schon feinere Information über die **Kontengruppe** (00–99).

**Beispiel**

| | |
|---|---|
| Kontengruppe 60: | Aufwendungen für Roh-, Hilfs- und Betriebsstoffe und für bezogene Waren |
| Kontengruppe 61: | Aufwendungen für bezogene Leistungen |
| Kontengruppe 62: | Löhne |
| Kontengruppe 63: | Gehälter |
| . | |
| . | |
| . | |
| Kontengruppe 68: | Aufwendungen für Kommunikation (Dokumentation, Information, Reisen, Werbung) |
| Kontengruppe 69: | Aufwendungen für Beiträge und Sonstiges sowie Wertkorrekturen und periodenfremde Aufwendungen |

- Die ersten drei Ziffern differenzieren noch weiter in die **Kontenart** (000–999).

**Beispiel**

| | |
|---|---|
| Kontenart 680: | Büromaterial |
| Kontenart 681: | Zeitungen und Fachliteratur |
| Kontenart 682: | Portokosten, Telekommunikationskosten |
| . | |
| . | |
| Kontenart 685: | Reisekosten |
| . | |
| . | |

- Alle vier Ziffern schließlich geben die feinste Information über die **Kontenunterart (0000–9999)**.

**Beispiel**[1]

| | |
|---|---|
| Kontenunterart 6851: | Tagegeld und Übernachtung |
| Kontenunterart 6852: | Fahrt- und Flugkosten |
| Kontenunterart 6853: | Erstattung für private Pkw-Benutzung und Parkgebühren |

Jede Kontenklasse ist also in 10 Kontengruppen unterteilt. Die Kontengruppen wiederum werden in je 10 Kontenarten aufgeteilt, welche schließlich in je 10 Kontenunterarten untergliedert sind.

Da es in verschiedenen Wirtschaftsbereichen unterschiedliche buchhalterische Besonderheiten gibt, sind von den einzelnen Wirtschaftsverbänden speziell zugeschnittene Kontenrahmen z. B. für

- Industriebetriebe,
- Großhandelsbetriebe und
- Einzelhandelsbetriebe

geschaffen worden.

### 2.11.1.3 Der Industriekontenrahmen (IKR)

Der **Industriekontenrahmen (IKR)** trennt die **Finanzbuchführung** (Geschäftsbuchführung) in den Klassen 0 bis 8 von der **Kosten- und Leistungsrechnung** (Betriebsbuchführung) in der Klasse 9.

Die **Finanzbuchführung** (Klassen 0 bis 8) erfasst die **Erfolgsrechnung** (Erfolgskonten), die in die Gewinn- und Verlustrechnung mündet, und die **Bestandsrechnung** (Bestandskonten), die in die Bilanz fließt.

In der **Kosten- und Leistungsrechnung** (Klasse 9) wird ein **kalkulatorisches Betriebsergebnis** ermittelt.

Beim IKR wird der Unternehmenserfolg zweigleisig sowohl in der Finanzbuchführung als Gewinn als auch in der Kosten- und Leistungsrechnung als kalkulatorisches Betriebsergebnis festgestellt. Deshalb spricht man hier vom **Zweikreissystem** des IKR.

Die Erfolgselemente der beiden Kreise werden auch terminologisch voneinander abgegrenzt: Während die positiven und negativen Erfolgselemente der Gewinn- und Verlustrechnung **Erträge** und **Aufwendungen** heißen, werden sie in der Kosten- und Leistungsrechnung als **Leistungen** und **Kosten** bezeichnet.

Die Konten der **Finanzbuchführung** sind im IKR nach den handelsrechtlichen Gliederungsvorschriften für die Bilanz (§ 266 HGB) und für die Gewinn- und Verlustrechnung (§ 275 HGB) gegliedert. Man spricht deshalb vom **Abschlussgliederungsprinzip.**

Einen Grobüberblick über die Konten der Finanzbuchführung des Industriekontenrahmens gibt die folgende Übersicht, die zusätzlich Schemakonten mit Buchungsregeln enthält:

1 Das Beispiel ist dem vollständigen Industriekontenrahmen entnommen.

| Bestandskonten | | | | | Erfolgskonten | | | Eröffnungs- und Abschlusskonten |
|---|---|---|---|---|---|---|---|---|
| Aktive Bestandskonten | | | Passive Bestandskonten | | Ertragskonten | Aufwandskonten | | |
| Anlagevermögen | | Umlaufvermögen | | | | | | |
| *Klasse 0* | *Klasse 1* | *Klasse 2* | *Klasse 3* | *Klasse 4* | *Klasse 5* | *Klasse 6* | *Klasse 7* | *Klasse 8* |
| Immaterielle Vermögensgegenstände und Sachanlagen | Finanzanlagen | Umlaufvermögen und aktive Rechnungsabgrenzung | Eigenkapital und Rückstellungen | Verbindlichkeiten und passive Rechnungsabgrenzungsposten | Erträge | Betriebliche Aufwendungen | Weitere Aufwendungen | Ergebnisrechnungen |

**aktives Bestandskonto**

| S | H |
|---|---|
| AB | Bestandsminderung |
| Bestandsmehrung | SB |

**passives Bestandskonto**

| S | H |
|---|---|
| Bestandsminderung | AB |
| SB | Bestandsmehrung |

**Ertragskonto**

| S | H |
|---|---|
| Storno[1] | Ertrag |
| Saldo | |

**Aufwandskonto**

| S | H |
|---|---|
| Aufwand | Storno[1] |
| | Saldo |

**Schlussbilanzkonto**

| S | H |
|---|---|
| SB der aktiven Bestandskonten | SB der passiven Bestandskonten |

**Gewinn- und Verlustkonto**

| S | H |
|---|---|
| Salden der Aufwandskonten | Salden der Ertragskonten |

AB = Anfangsbestand, SB = Schlussbestand, 1 = Rückbuchung/Korrekturbuchung

Die Erfolgsrechnung der **Finanzbuchführung** wird entscheidend von steuerrechtlichen und handelsrechtlichen Vorschriften (z. B. Abschreibungs- und Bewertungsvorschriften) bestimmt. Den Anforderungen einer betriebswirtschaftlichen Betrachtung wird die Erfolgsrechnung der Finanzbuchführung nicht gerecht.

Aus diesem Grund sieht der IKR in der Kontenklasse 9 eine **Kosten- und Leistungsrechnung** vor. In diesem zweiten eigenständigen Rechnungskreis baut sich jedes Unternehmen ein individuelles Abrechnungssystem auf, das sich an betriebswirtschaftlichen Erfordernissen orientiert.

Dieses Abrechnungssystem wird auf die speziellen Bedürfnisse der Unternehmen ausgerichtet. Es wird geprägt durch die Branchenzugehörigkeit und durch die Eigenart des Betriebsprozesses.

Wie die Finanzbuchführung (Geschäftsbuchführung) in den Kontenklassen 0 bis 8 kann die Kosten- und Leistungsrechnung in der Kontenklasse 9 kontenmäßig nach dem **Prinzip der Doppik** gestaltet werden. Man spricht dann von der Betriebsbuchführung.

In der betrieblichen Praxis werden Kosten und Leistungen allerdings in der Regel nicht kontenmäßig, sondern **tabellarisch in Ergebnistabellen** (siehe Kapitel 6.2) erfasst. Die tabellarische Kosten- und Leistungsrechnung ist übersichtlicher und weniger arbeitsaufwendig.

### 2.11.2 Der Kontenplan

Aus dem allgemeinen Kontenrahmen für die Wirtschaftszweige entwickelt letztlich jedes Unternehmen seinen eigenen **Kontenplan.**

**Ein Kontenplan stellt die tatsächliche, konkrete, betriebsspezifische Kontenorganisation dar.**

Der Kontenplan enthält nur die für das Unternehmen wirklich erforderlichen Konten. Nicht benötigte Konten des Kontenrahmens werden nicht in den Kontenplan aufgenommen. Andererseits können im Kontenplan auch zusätzliche Konten eingerichtet werden, die der Kontenrahmen nicht vorsieht.

### 2.11.3 Das Buchen mit den Kontennummern[1]

Beim Buchen im Grund- und Hauptbuch tritt an die Stelle der Kontenbezeichnung die das Konto eindeutig definierende Kontennummer.

**Beispiel**

| | |
|---|---|
| Zieleinkauf von Rohstoffen, Nettowert | 10.000,00 € |
| + 19 % Umsatzsteuer | 1.900,00 € |
| | 11.900,00 € |

**Buchungssatz**

statt: → nur:

| | Soll | Haben |
|---|---|---|
| Aufw. für Rohst.[2] | 10.000,00 | |
| Vorsteuer | 1.900,00 | |
| an Verb. a. LL | | 11.900,00 |

| | Soll | Haben |
|---|---|---|
| 6000[3] | 10.000,00 | |
| 2600 | 1.900,00 | |
| an 4400 | | 11.900,00 |

**Buchung**

statt: → nur:

| S | Aufwendungen für Rohstoffe[2] | | H |
|---|---|---|---|
| ... | ... | | |
| Verb. a. LL | 10.000,00 | | |

| S | 6000[3] | | H |
|---|---|---|---|
| ... | ... | | |
| 4400 | 10.000,00 | | |

| S | Vorsteuer | | H |
|---|---|---|---|
| ... | ... | | |
| Verb. a. LL | 1.900,00 | | |

| S | 2600 | | H |
|---|---|---|---|
| ... | ... | | |
| 4400 | 1.900,00 | | |

| S | Verbindlichkeiten a. LL | | H |
|---|---|---|---|
| | | ... | ... |
| | | AfR[2]/VSt | 11.900,00 |

| S | 4400 | | H |
|---|---|---|---|
| | | ... | ... |
| | | 6000[3]/2600 | 11.900,00 |

Damit im Unterricht nicht nur mit Zahlen gearbeitet wird, sind folgende Bezeichnungen für den schulischen Gebrauch zweckmäßig:

| Buchungssatz | Soll | Haben |
|---|---|---|
| 6000 Aufwendungen für Rohstoffe[4] | 10.000,00 | |
| 2600 Vorsteuer | 1.900,00 | |
| an 4400 Verbindlichkeiten a. LL | | 11.900,00 |

**Buchung**

| S | 6000 Aufwendungen für Rohstoffe[4] | | H |
|---|---|---|---|
| ... | ... | | |
| 4400 | 10.000,00 | | |

| S | 4400 Verbindlichkeiten a. LL | | H |
|---|---|---|---|
| | | ... | ... |
| | | 6000[3]/2600 | 11.900,00 |

| S | 2600 Vorsteuer | | H |
|---|---|---|---|
| ... | ... | | |
| 4400 | 1.900,00 | | |

1 In diesem Lehrbuch werden die Kontennummern EDV-gerecht vierstellig dargestellt.
2 alternativ: Rohstoffe („Bestandsrechnerisches Verfahren")
3 alternativ: 2000 („Bestandsrechnerisches Verfahren")
4 alternativ: 2000 Rohstoffe („Bestandsrechnerisches Verfahren")

Zusammenfassung

## **Kontenrahmen** (ordnet jedem Konto eine Nummer zu)

**Aufbau einer Kontennummer:**

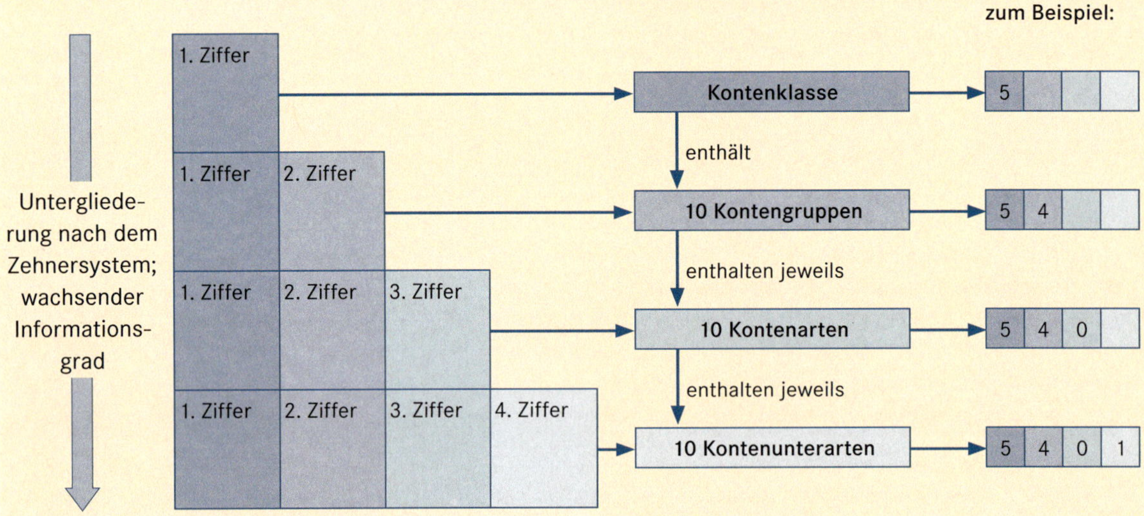


## **Industriekontenrahmen (IKR)**

**Kontenklassen 0–8**
**Rechnungskreis I**
(Finanzbuchführung, Geschäftsbuchführung)
Die Konten sind nach den Gliederungsvorschriften für die Bilanz und für die GuV-Rechnung angeordnet (Abschlussgliederungsprinzip).
Die Erfolgsrechnung ist geprägt durch handelsrechtliche und steuerrechtliche Vorschriften und wird somit betriebswirtschaftlichen Anforderungen nicht gerecht.

**Kontenklasse 9**
**Rechnungskreis II**
(Kosten- und Leistungsrechnung, Betriebsbuchführung)
Die KLR ist auf betriebswirtschaftliche Anforderungen ausgerichtet.
Jedes Unternehmen baut sich eine individuelle KLR nach dem Prinzip der Doppik oder (meistens) tabellarisch auf.

Die Betriebe stellen die tatsächlich benötigten Konten zusammen zum

## **Kontenplan**

1. **Ein Kontenrahmen ist ein Organisationsmittel, das mit einem Nummernsystem die Konten eines Wirtschaftszweiges gliedert und einheitlich und eindeutig bezeichnet.**
2. **Das Nummernsystem des Kontenrahmens ist nach dem Zehnersystem aufgebaut.**
3. **Der Industriekontenrahmen (IKR) sieht für die Finanzbuchführung die Klassen 0 bis 8 und für die Kosten- und Leistungsrechnung die Klasse 9 vor. Die Konten der Finanzbuchführung sind in den Klassen 0 bis 8 nach dem Abschlussgliederungsprinzip geordnet.**
4. **Ein Kontenplan ist eine betriebsindividuelle Kontenorganisation. In ihm werden die tatsächlich benötigten Konten geführt.**

## Aufgaben

1: Unterschied zwischen Kontenrahmen und Kontenplan
2: Erstellen eines Kontenplans
3: Verständnisfragen zum IKR
4: Interpretation von Kontierungen
5: Geschäftsgang

**1** Erklären Sie den Unterschied zwischen dem Kontenrahmen und dem Kontenplan.

**2** Eine Textilfabrik führt folgende Konten:
Rohstoffe; Umsatzerlöse für eigene Erzeugnisse; Bebaute Grundstücke; Fuhrpark; Vorsteuer; Kasse; Umsatzsteuer; Hilfsstoffe; Eigenkapital; Aufwendungen für Rohstoffe; Werbung; Fremdinstandhaltung; Forderungen a. LL; Unfertige Erzeugnisse; Aufwendungen für Hilfsstoffe; Guthaben bei Kreditinstituten (Bank); Postbank; Büromaterial; Fertige Erzeugnisse; Langfristige Bankverbindlichkeiten; Löhne; Verbindlichkeiten a. LL; Gehälter; Reisekosten; Anlagen und Maschinen der mechanischen Materialbearbeitung, -verarbeitung und -umwandlung; Büromaschinen, Organisationsmittel und Kommunikationsanlagen; Vertriebsprovisionen; Grundsteuer; BV an UE; BV an FE; Eröffnungsbilanzkonto; GuV-Konto; Mieten, Pachten; Schlussbilanzkonto; Zinserträge; Telefon; Zinsaufwendungen.
Erstellen Sie für diesen Betrieb einen Kontenplan, der nach Kontennummern geordnet ist.

**3** a) Warum spricht man beim IKR vom Zweikreissystem?
b) Erklären Sie, warum im IKR zwischen Finanzbuchführung (Geschäftsbuchführung) und Kosten- und Leistungsrechnung (Betriebsbuchführung) unterschieden wird.
c) Erklären Sie das Abschlussgliederungsprinzip der Klassen 0 bis 8 im IKR.

**4** Welche Geschäftsfälle liegen den folgenden Buchungen nach dem Industriekontenrahmen zugrunde?

a) 6000[1] / 2600 / an 4400
b) 2400 / an 5000 / an 4800
c) 2800 / an 2880
d) 4800 / an 2050
e) 2850 / an 3001
f) 6150 / 2600 / an 2400 / an 2800
g) 3000 / an 3001
h) 2880 / an 2400
i) 3001 / an 5420 / an 4800
j) 4250 / an 2800
k) 6700 / an 2850
l) 2200 / an 5202
m) 6200 / an 2850
n) 4400 / an 5000 / an 4800
o) 4800 / an 2600
p) 5201 / an 2100
q) 6800 / 2600 / an 2880

FIBU möglich!
AH

**5**[2] **Anfangsbestände**
0720 Anlagen und Maschinen der mechanischen Materialbearbeitung, -verarbeitung und -umwandlung: 900.000,00 €; 0860 Büromaschinen, Organisationsmittel und Kommunikationsanlagen: 150.000,00 €; 2000 Rohstoffe: 450.000,00 €; 2020 Hilfsstoffe: 80.000,00 €; 2100 Unfertige Erzeugnisse: 50.000,00 €; 2200 Fertige Erzeugnisse: 190.000,00 €; 2400 Forderungen a. LL: 90.000,00 €; 2800 Guthaben bei Kreditinstituten (Bank): 65.000,00 €; 2880 Kasse: 15.000,00 €; 3000 Eigenkapital: 950.000,00 €; 4250 Langfristige Bankverbindlichkeiten: 800.000,00 €; 4400 Verbindlichkeiten a. LL: 232.000,00 €; 4800 Umsatzsteuer: 8.000,00 €.

**Kontenplan**
0720, 0860, 2000, 2020, 2100, 2200, 2400, 2600, 2800, 2880, 3000, 3001, 4250, 4400, 4800, 5000, 5201, 5202, 5420, 6000, 6020, 6060, 6100, 6200, 6800, 8000, 8010, 8020.

→

1 alternativ: 2000 („Bestandsrechnerisches Verfahren")

2 Der Geschäftsgang kann alternativ nach der „Fortschreibungsmethode" oder nach der „Inventurmethode" oder nach dem „Aufwandsrechnerischen Verfahren" gebucht werden.

| Beleg-Nr. | Geschäftsfälle | € |
|---|---|---|
| | **1. Lastschriftanzeige der Bank gemäß Kontoauszug** | |
| 11 | 1. für Zahllast | 8.000,00 |
| 12 | 2. für Fertigungslöhne | 14.000,00 |
| 13 | 3. für Darlehenstilgung | 2.000,00 |
| 20 | 2. Konrad Fied entnimmt dem Betrieb ein | |
| | Kleid für seine Ehefrau | 160,00 |
| | + 19 % Umsatzsteuer | 30,40 |
| | **3. Eingangsrechnung** | |
| 31 | 1. unserer Modedesignerin für die für unsere Textilfabrik entworfenen Modellkleider | |
| | Nettopreis (Honorar) | 5.000,00 |
| | + 19 % Umsatzsteuer | 950,00 |
| | Rechnungsbetrag | 5.950,00 |
| 32 | 2. unseres Rohstofflieferanten | |
| | Nettopreis (Rohstoffe) | 40.000,00 |
| | + 19 % Umsatzsteuer | 7.600,00 |
| | Rechnungsbetrag | 47.600,00 |
| 33 | 3. unseres Hilfsstofflieferanten | |
| | Nettopreis (Hilfsstoffe) | 8.000,00 |
| | + 19 % Umsatzsteuer | 1.520,00 |
| | Rechnungspreis | 9.520,00 |
| | **4. Kassenausgänge für** | |
| 41 | 1. Barkauf von Reparaturmaterial | |
| | Nettopreis (Reparaturmaterial) | 700,00 |
| | + 19 % Umsatzsteuer | 133,00 |
| | Rechnungsbetrag | 833,00 |
| 42 | 2. Barkauf von Büromaterial | |
| | Nettopreis (Büromaterial) | 120,00 |
| | + 19 % Umsatzsteuer | 22,80 |
| | Rechnungsbetrag | 142,80 |
| | **5.[1] Verbrauch gemäß Materialentnahmescheine** | |
| 51 | 1. Rohstoffe | 80.000,00 |
| 52 | 2. Hilfsstoffe | 5.000,00 |
| | **6. Gutschriftanzeige der Bank gemäß Kontoauszug** | |
| 61 | 1. für zu viel berechnete Darlehenstilgung | 500,00 |
| 62 | 2. für im vergangenen Jahr zu viel bezahlte Einkommensteuer | 3.000,00 |
| 63 | 3. für Überweisung von einem Kunden | 8.000,00 |
| 70 | 7. Ausgangsrechnung an Kunden | |
| | Nettobetrag (eigene Erzeugnisse) | 200.000,00 |
| | + 19 % Umsatzsteuer | 38.000,00 |
| | Rechnungsbetrag | 238.000,00 |

1 Soll nach der „Inventurmethode“ oder nach dem „Aufwandsrechnerischen Verfahren“ gebucht werden, so entfällt dieser Geschäftsfall.

| Beleg-Nr. | **Abschlussangaben** | € |
|---|---|---|
| 80 | 8.[1] Der Rohstoffbestand gemäß Inventur (= Istbestand) übersteigt den Rohstoffbestand gemäß Buchführung (= Sollbestand) um 4.000,00 € (= Inventurdifferenz). Ursache: Der Verbrauch von Rohstoffen gemäß Materialentnahmescheine wurde versehentlich doppelt gebucht | 4.000,00 |
| 90 | 9. Ermittlung und Passivierung der Zahllast | ? |
| 101 | 10. **Schlussbestände lt. Inventur:** 1. Unfertige Erzeugnisse | 70.000,00 |
| 102 | 2. Fertige Erzeugnisse | 180.000,00 |
| 110 | 11. Die Schlussbestände der anderen Bestandskonten entsprechen den Inventurbeständen. | |
| | **Zusätzliche Abschlussangaben bei Buchung nach der „Inventurmethode" oder nach dem „Aufwandsrechnerischen Verfahren"** | |
| 121 | 12. **Schlussbestände lt. Inventur:** 1. Rohstoffe | 414.000,00 |
| 122 | 2. Hilfsstoffe | 83.000,00 |

## 2.12 Die Buchführungsbücher

Der Begriff „Buchführungsbücher" kommt aus einer Zeit, in der der Kaufmann seine Geschäfte handschriftlich in gebundenen Büchern aufzeichnete. Die Buchform verwendet man heute hierfür meistens nicht mehr. Die Bezeichnung „Buchführungsbücher" soll dennoch beibehalten werden, weil damit eine lange Tradition verknüpft ist.

Heute sind die Inhalte der traditionellen Buchführungsbücher in der Regel auf elektronischen Datenträgern gespeichert.

Bei der Speicherung auf Datenträgern muss „sichergestellt sein, dass die Daten während der Dauer der Aufbewahrungsfrist verfügbar sind und jederzeit innerhalb angemessener Frist lesbar gemacht werden können" (§ 239 Abs. 4 HGB; § 146 Abs. 5 AO).

Man unterscheidet zwei Gruppen von Buchführungsbüchern,

- die **Systembücher** und
- die **Nebenbücher.**

Die **Systembücher** sind unverzichtbarer Bestandteil des Systems der doppelten Buchführung. Zu ihnen gehören:

1. das Inventar- und Bilanzbuch,
2. das Grundbuch und
3. das Hauptbuch.

Die **Nebenbücher** sind für die Buchführungstechnik nicht erforderlich. Sie werden neben der eigentlichen Buchführung geführt und dienen der laufenden Kontrolle wichtiger Werte und der Erklärung einzelner Hauptbuchkonten. Zu den Nebenbüchern zählen:

1. das Kontokorrent- oder Geschäftsfreundebuch,
2. das Lagerbuch,
3. das Wechselbuch,
4. das Lohn- und Gehaltsbuch,
5. das Anlagenbuch und
6. das Kassenbuch.

1 Soll nach der „Inventurmethode" oder nach dem „Aufwandsrechnerischen Verfahren" gebucht werden, so entfällt dieser Geschäftsfall.

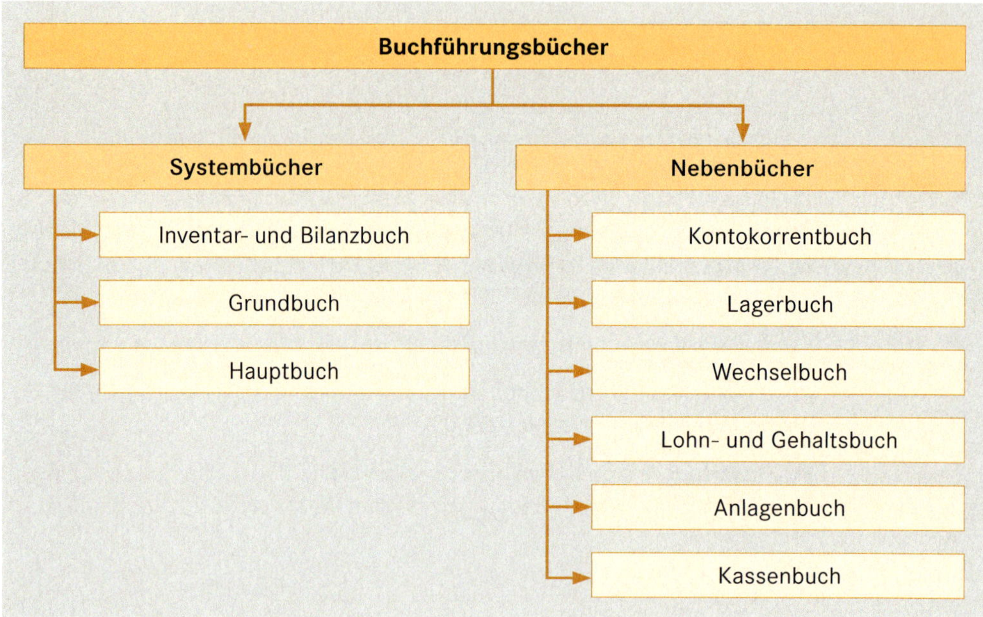


## 2.12.1 Die Systembücher

### 2.12.1.1 Das Inventar- und Bilanzbuch

Aus den ermittelten Werten der Inventur wird das Inventarverzeichnis erstellt, das wiederum zur Bilanz zusammengefasst wird.

**Im Inventar- und Bilanzbuch werden alle Inventare und Bilanzen eines Unternehmens aufbewahrt.**

### 2.12.1.2 Das Grundbuch

**Im Grundbuch werden die Buchungssätze aller Geschäftsfälle in zeitlicher Reihenfolge festgehalten.**

Das Grundbuch wird auch **Journal, Memorial** und **Primanota** genannt. Es ist die **Grundlage** der gesamten Buchführung.

**Muster eines Grundbuches**

**Alle Geschäftsfälle werden in zeitlicher Reihenfolge gebucht.**

| | Tag | Beleg | Buchungstext | Beträge S | Beträge H | Kontierung S | Kontierung H |
|---|---|---|---|---|---|---|---|
| | . | . | . | . | . | . | . |
| Beispiel | 5. Dez. | AR 13[1] | Zielverkauf an | . | . | . | . |
| | . | . | T. Hempe e. Kffr., München | . | . | . | . |
| | . | . | Rechnungsbetrag | 5.950,00 | . | 2400 | . |
| | . | . | Nettowert | . | 5.000,00 | . | 5000 |
| | . | . | Umsatzsteuer | . | 950,00 | . | 4800 |

1 AR = Ausgangsrechnung

### 2.12.1.3 Das Hauptbuch

Die Veränderung der einzelnen Konten wird aus den in zeitlicher Reihenfolge vorgenommenen Buchungen im Grundbuch nicht ersichtlich. Hierzu dient das Hauptbuch.

**Im Hauptbuch werden alle im Grundbuch vorgenommenen Buchungen nach ihrem sachlichen Zusammenhang auf den sogenannten Sachkonten erfasst. Auf jedem einzelnen Sachkonto des Hauptbuches wird ein bestimmter Bestand oder ein bestimmter Erfolg verrechnet.**

**Grundbuch**

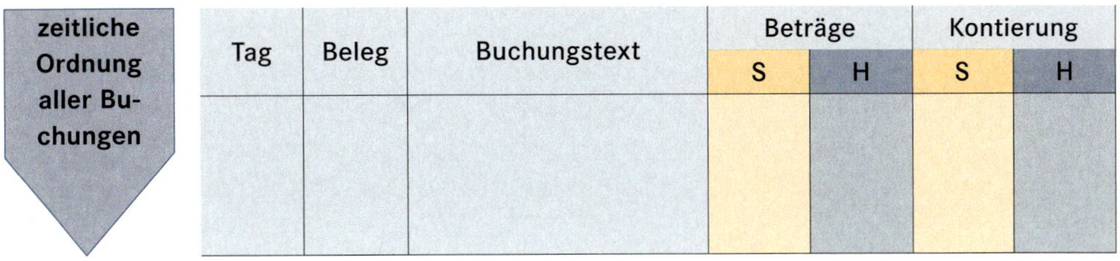


**Hauptbuch**

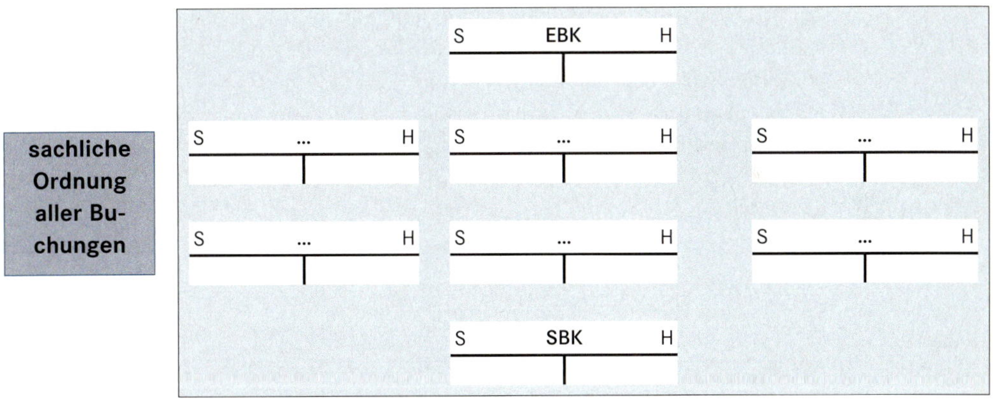


## 2.12.2 Die Nebenbücher

### 2.12.2.1 Das Kontokorrentbuch

Die beiden Sachkonten „**2400 Forderungen a. LL**“ und „**4400 Verbindlichkeiten a. LL**“ werden im Kontokorrentbuch in **Personenkonten** aufgeschlüsselt.

**Für jeden Kunden und für jeden Lieferanten wird im Kontokorrentbuch ein spezielles Personenkonto geführt.**

Die Kundenkonten nennt man auch Debitorenkonten, die Lieferantenkonten werden auch Kreditorenkonten genannt.

**Beispiele**

**Kundenkonto (Debitorenkonto)**

| **Kunde: Söffgen OHG, Kd.-Nr. 24 001** | | | | | |
|---|---|---|---|---|---|
| **Datum** | **Beleg** | **Buchungstext** | **S** | **H** | **Saldo** |
| 1. Febr. | | Saldovortrag | 2.000,00 | | 2.000,00 |
| 8. Febr. | AR 78 | Zielverkauf | 3.500,00 | | 5.500,00 |
| 17. Febr. | AR 82 | Zielverkauf | 1.800,00 | | 7.300,00 |
| 18. Febr. | BA 28 | Banküberweisung | | 7.000,00 | 300,00 |
| 21. Febr. | AR 91 | Zielverkauf | 4.300,00 | | 4.600,00 |
| 28. Febr. | BA 31 | Verrechnungsscheck | | 4.500,00 | 100,00 |

**Lieferantenkonto (Kreditorenkonto)**

| **Lieferant: Bernhard Müller OHG, L.-Nr. 44 001** | | | | | |
|---|---|---|---|---|---|
| **Datum** | **Beleg** | **Buchungstext** | **S** | **H** | **Saldo** |
| 3. Febr. | | Saldovortrag | | 7.300,00 | 7.300,00 |
| 5. Febr. | ER 48 | Zieleinkauf | | 3.200,00 | 10.500,00 |
| 16. Febr. | ER 52 | Zieleinkauf | | 5.000,00 | 15.500,00 |
| 18. Febr. | BA 28 | Banküberweisung | 15.000,00 | | 500,00 |
| 19. Febr. | ER 55 | Zieleinkauf | | 3.800,00 | 4.300,00 |
| 28. Febr. | BA 31 | Banküberweisung | 4.000,00 | | 300,00 |

AR = Ausgangsrechnung; ER = Eingangsrechnung; BA = Bankauszug.

Die Salden der Debitoren- und Kreditorenkonten geben den jeweiligen Stand an Forderungen bzw. an Verbindlichkeiten gegenüber einzelnen Kunden bzw. einzelnen Lieferanten an. Beim meist monatlichen Abschluss der Personenkonten werden die Salden der Debitoren- und Kreditorenkonten in **Saldenlisten** übertragen.

**Beispiele**

**Debitorensaldenliste zum 28. Febr. 20..**

| **Konto-Nr.**[1] | **Kunden** | **Salden** |
|---|---|---|
| 24 001 | Söffgen OHG | 100,00 |
| 24 002 | Gertrud Schön e. Kffr. | 22.000,00 |
| 24 003 | Hampe KG | 11.000,00 |
| | Saldensumme | **33.100,00** |

**Kreditorensaldenliste zum 28. Febr. 20..**

| **Konto-Nr.**[2] | **Kunden** | **Salden** |
|---|---|---|
| 44 001 | Bernhard Müller OHG | 300,00 |
| 44 002 | Emut GmbH | 14.000,00 |
| 44 003 | Winter GmbH | 3.000,00 |
| | Saldensumme | **17.300,00** |

Die Saldensumme aller Einzelforderungen bzw. aller Einzelverbindlichkeiten muss mit dem Schlussbestand des Hauptbuchkontos „Forderungen a. LL" bzw. „Verbindlichkeiten a. LL" übereinstimmen.

| S | **2400 Forderungen a. LL** | | H |
|---|---|---|---|
| . | | . | |
| . | | SB | **33.100,00** |

| S | **4400 Verbindlichkeiten a. LL** | | H |
|---|---|---|---|
| . | | | . |
| SB | **17.300,00** | | . |

1 Wegen der Vielzahl der Kunden werden in der Praxis die Kundennummern häufig im Bereich der Zahlen 10 000 bis 69 999 vergeben.

2 Wegen der Vielzahl der Lieferanten werden in der Praxis die Lieferantennummern häufig im Bereich der Zahlen 70 000 bis 79 999 vergeben.

### 2.12.2.2 Das Lagerbuch

**Im Lagerbuch wird für jeden Artikel (Erzeugnis, Handelsware, Rohstoffe u. a.) ein eigenes Konto geführt, auf dem die Bestandsmehrungen und die Bestandsminderungen (meistens nur) mengenmäßig erfasst werden.**

Auf diese Weise ist der Lagerbestand eines jeden Artikels jederzeit - ohne zeitraubende körperliche Bestandsaufnahme - feststellbar (permanente Inventur).

Mindestens einmal im Jahr werden die Salden der Konten (Sollbestände) anhand der Inventurergebnisse (Istbestände) kontrolliert. Durch falsche Buchung, Verderb, Schwund und Diebstahl können Abweichungen auftreten. Falls dies der Fall ist, so sind die Ursachen zu erforschen. Die Konten sind entsprechend den Istbeständen zu korrigieren.

**Beispiel** **Lagerkonto (Handelsware)**

| **Artikel-Nr.:** | 237 (Jeanshemd PM) | | **Bestellbestand:** | 80 Stück |
|---|---|---|---|---|
| **Lager-Nr.:** | 103 | | **Eiserne Reserve:** | 20 Stück |
| **Lieferant:** | 44 009 | | | |
| **Datum** | **Beleg** | **Bestandsmehrung** (Stück) | **Bestandsminderung** (Stück) | **Bestand** (Stück) |
| . | . | . | . | . |
| 3. Juni | ER 115 | 150 | | 170 |
| 6. Juni | AR 351 | | 30 | 140 |
| 8. Juni | AR 373 | | 20 | 120 |
| 13. Juni | AR 396 | | 40 | 80 |
| 15. Juni | AR 407 | | 50 | 30 |
| 19. Juni | ER 158 | 150 | | 180 |

### 2.12.2.3 Das Wechselbuch

Im Wechselbuch werden Aufzeichnungen über Besitz- und Schuldwechsel vorgenommen. Es dient hauptsächlich der Überwachung von Wechselfälligkeitsterminen.

### 2.12.2.4 Das Lohn- und Gehaltsbuch

Für jeden Arbeitnehmer wird ein Lohn- oder Gehaltskonto mit Angabe
- der Steuerklasse,
- des Bruttoverdienstes,
- der Steuerabzüge,
- der Sozialversicherungsabgaben und
- des Auszahlungsbetrages

geführt.

### 2.12.2.5 Das Anlagenbuch

Im Anlagenbuch werden die Bestände der einzelnen Anlagegüter fortgeschrieben.

### 2.12.2.6 Das Kassenbuch

Das Kassenbuch erfasst alle baren Zahlungsvorgänge und weist den Kassenbestand aus.

## Zusammenfassung

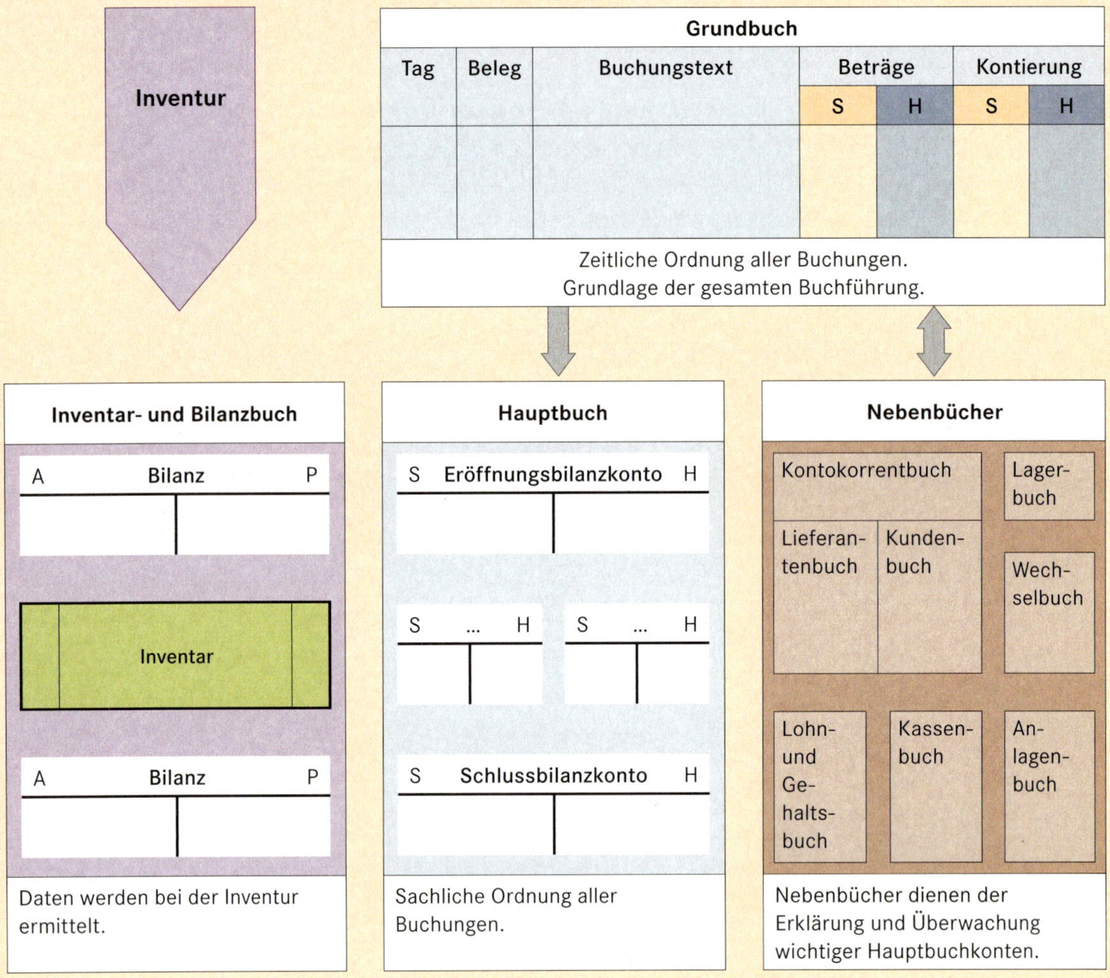


1. **Im Inventar- und Bilanzbuch werden die Inventare und Bilanzen – als Ergebnisse der Inventur – aufbewahrt.**
2. **Im Grundbuch werden in Form von Buchungssätzen alle Geschäftsfälle in zeitlicher Reihenfolge erfasst.**
3. **Auf den Sachkonten des Hauptbuches werden die Geschäftsfälle nach einer sachlichen Ordnung gebucht.**
4. **In den Nebenbüchern werden wichtige Hauptbuchkonten erklärt und überwacht.**

## Aufgaben

1: Einführung in die Thematik
2–5: Führen von Kunden- und Lieferantenkonten
6: Führen eines Lagerkontos
7: Geschäftsgang

Die unten stehenden Abkürzungen bedeuten: AR = Ausgangsrechnung; ER = Eingangsrechnung; BA = Bankauszug.

**1** Ordnen Sie die unter A stehenden Aussagen den unter B stehenden Buchführungsbüchern zu. Es ergeben sich jeweils zwei Zuordnungen zu den Buchführungsbüchern.

| A Aussagen | B Buchführungsbücher |
|---|---|
| 1. Überwachung wichtiger Sachkonten | 1. Bilanz- und Inventarbuch |
| 2. Verrechnung aller Bestände und Erfolge | 2. Bilanz- und Inventarbuch |
| 3. Dokumentation der Inventurergebnisse | 3. Hauptbuch |
| 4. Grundlage der doppelten Buchführung | 4. Hauptbuch |
| 5. Buchung erfolgt nach sachlicher Ordnung | 5. Nebenbücher |
| 6. Aufzeichnung der Geschäftsfälle in zeitlicher Reihenfolge | 6. Nebenbücher |
| 7. Erklärung wichtiger Sachkonten | 7. Grundbuch |
| 8. Aufbewahrung der Inventare und Bilanzen | 8. Grundbuch |

AH Excel

**2** Führen Sie im Arbeitsheft die Kundenkarteikarte für die Söffgen OHG, Kd.-Nr. 24 001.

| | | |
|---|---|---|
| 4. Aug. | Saldovortrag | 4.600,00 € |
| 6. Aug. | AR 812, Zielverkauf | 3.450,00 € |
| 11. Aug. | AR 828, Zielverkauf | 1.495,00 € |
| 14. Aug. | BA 208, Banküberweisung | 9.000,00 € |
| 15. Aug. | AR 839, Zielverkauf | 5.175,00 € |
| 19. Aug. | BA 213, Verrechnungsscheck | 5.000,00 € |
| 30. Aug. | AR 885, Zielverkauf | 2.875,00 € |

AH Excel

**3** Führen Sie im Arbeitsheft die Lieferantenkarteikarte für die Bernhard Müller OHG, L.-Nr. 44 001.

| | | |
|---|---|---|
| 6. März | Saldovortrag | 4.140,00 € |
| 7. März | ER 313, Zieleinkauf | 5.980,00 € |
| 9. März | ER 339, Zieleinkauf | 6.555,00 € |
| 10. März | BA 69, Banküberweisung | 15.000,00 € |
| 21. März | ER 372, Zieleinkauf | 7.015,00 € |
| 30. März | BA 76, Scheck | 6.800,00 € |

AH

**4** a) Führen Sie das Konto „Forderungen a. LL“ (ohne Gegenkonten).
b) Führen Sie die Kundenkarteikarten für die Söffgen OHG, Kd.-Nr. 24 001, und Gertrud Schön e. Kffr., Kd.-Nr. 24 002.
c) Schließen Sie das Konto „Forderungen a. LL“ zum 31. Dezember ab.
d) Erstellen Sie für die Kundenkonten eine Saldenliste zum 31. Dezember.

| | | | |
|---|---|---|---|
| Anfangsbestand, Forderungen a. LL | | | 9.660,00 € |
| 1. Dez. | Saldovortrag, 24 001 | | 5.290,00 € |
| 1. Dez. | Saldovortrag, 24 002 | | 4.370,00 € |
| 3. Dez. | AR 583, | 24 001, Zielverkauf | 3.565,00 € |
| 6. Dez. | AR 584, | 24 001, Zielverkauf | 1.840,00 € |
| 7. Dez. | AR 585, | 24 002, Zielverkauf | 5.060,00 € |
| 8. Dez. | BA 301, | 24 002, Banküberweisung | 9.000,00 € |
| 9. Dez. | BA 302, | 24 001, Verrechnungsscheck | 10.000,00 € |
| 12. Dez. | AR 586, | 24 002, Zielverkauf | 2.070,00 € |
| 22. Dez. | AR 587, | 24 002, Zielverkauf | 4.255,00 € |
| 28. Dez. | AR 588, | 24 001, Zielverkauf | 5.635,00 € |
| 29. Dez. | BA 317, | 24 002, Banküberweisung | 6.000,00 € |
| 30. Dez. | BA 318, | 24 001, Verrechnungsscheck | 5.000,00 € |

AH

5 a) Führen Sie das Konto „Verbindlichkeiten a. LL“ (ohne Gegenkonten).
b) Führen Sie die Lieferantenkarteikarten für die Bernhard Müller OHG, L.-Nr. 44 001, und die Emut GmbH, L.-Nr. 44 002.
c) Schließen Sie das Konto „Verbindlichkeiten a. LL“ zum 31. Dezember ab.
d) Erstellen Sie für die Lieferantenkonten eine Saldenliste zum 31. Dezember.

| | | | |
|---|---|---|---|
| Anfangsbestand, Verbindlichkeiten a. LL | | | 12.075,00 € |
| 1. Dez. | Saldovortrag, 44 001 | | 8.050,00 € |
| 1. Dez. | Saldovortrag, 44 002 | | 4.025,00 € |
| 4. Dez. | ER 412, | 44 001, Zieleinkauf | 5.520,00 € |
| 8. Dez. | ER 413, | 44 001, Zieleinkauf | 3.795,00 € |
| 9. Dez. | ER 414, | 44 002, Zieleinkauf | 6.785,00 € |
| 10. Dez. | BA 298, | 44 002, Banküberweisung | 10.500,00 € |
| 11. Dez. | BA 299, | 44 001, Banküberweisung | 17.000,00 € |
| 20. Dez. | ER 415, | 44 002, Zieleinkauf | 2.990,00 € |
| 22. Dez. | ER 416, | 44 001, Zieleinkauf | 4.945,00 € |
| 23. Dez. | BA 305, | 44 001, Verrechnungsscheck | 4.500,00 € |
| 28. Dez. | ER 417, | 44 002, Zieleinkauf | 5.175,00 € |
| 30. Dez. | BA 309, | 44 002, Banküberweisung | 8.000,00 € |

AH

6 a) Führen Sie im Arbeitsheft die Lagerkarteikarte für die Handelsware „Jeansjacke RJ“ (Bestellbestand: 60, eiserne Reserve: 20).
b) Bezugspreis/Einstandspreis für eine „Jeansjacke RJ“ ..................... 20,00 €
Wie viel € beträgt der wertmäßige Inventurbestand am Bilanzstichtag (31. Dezember)?
(*Hinweis:* Die Bewertung der Bestände für das Inventar und für die Bilanz erfolgt zum Bezugspreis/Einstandspreis [= Anschaffungskosten][1].)

| | | Jeansjacke RJ |
|---|---|---|
| 6. Dez. | Saldovortrag | 45 |
| 6. Dez. | AR 105 | 5 |
| 7. Dez. | AR 108 | 18 |
| 9. Dez. | ER 64 | 100 |
| 12. Dez. | AR 113 | 18 |
| 14. Dez. | AR 122 | 15 |
| 15. Dez. | AR 126 | 27 |
| 18. Dez. | AR 137 | 35 |
| 22. Dez. | ER 72 | 100 |
| 30. Dez. | AR 143 | 13 |

AH

FIBU möglich!

7[2] Führen Sie das Bilanzbuch, das Grundbuch, das Hauptbuch, das Kundenbuch und das Lieferantenbuch.

**Anfangsbestände**

*I. Anfangsbestände der Sachkonten*

| | | |
|---|---|---|
| 0720 | Anlagen und Maschinen der mechanischen Materialbearbeitung, -verarbeitung und -umwandlung | 780.000,00 € |
| 0860 | Büromaschinen, Organisationsmittel und Kommunikationsanlagen | 200.000,00 € |
| 2000 | Rohstoffe | 300.000,00 € |
| 2030 | Betriebsstoffe | 60.000,00 € |
| 2100 | Unfertige Erzeugnisse | 40.000,00 € |

1 Einzelheiten hierzu in den Kapiteln 3.1.1, 5.3.2 und 5.3.3.

2 Der Geschäftsgang kann alternativ nach der „Fortschreibungsmethode“ oder nach der „Inventurmethode“ oder nach dem „Aufwandsrechnerischen Verfahren“ gebucht werden.

| | | |
|---|---|---|
| 2200 | Fertige Erzeugnisse | 90.000,00 € |
| 2400 | Forderungen a. LL | 59.000,00 € |
| 2800 | Guthaben bei Kreditinstituten (Bank) | 80.000,00 € |
| 2880 | Kasse | 30.000,00 € |
| 3000 | Eigenkapital | 980.000,00 € |
| 4250 | Langfristige Bankverbindlichkeiten | 602.000,00 € |
| 4400 | Verbindlichkeiten a. LL | 57.000,00 € |

*II. Anfangsbestände der Kundenkonten (Offene-Posten-Liste der Debitoren)*

| Kd.-Nr. | Debitoren | Beleg-Nr. | Betrag (€) |
|---|---|---|---|
| 24 001 | Söffgen OHG | 1 | 31.000,00 |
| 24 002 | G. Schön e. Kffr. | 2 | 28.000,00 |
| | | | 59.000,00 |

*III. Anfangsbestände der Lieferantenkonten (Offene-Posten-Liste der Kreditoren)*

| L.-Nr. | Kreditoren | Beleg-Nr. | Betrag (€) |
|---|---|---|---|
| 44 001 | B. Müller OHG | 3 | 34.000,00 |
| 44 003 | Winter GmbH | 4 | 23.000,00 |
| | | | 57.000,00 |

**Kontenplan**

**Kontenklasse 0 (Immaterielle Vermögensgegenstände und Sachanlagen):**
0720 Anlagen und Maschinen der mechanischen Materialbearbeitung, -verarbeitung und -umwandlung; 0860 Büromaschinen, Organisationsmittel und Kommunikationsanlagen.

**Kontenklasse 2 (Umlaufvermögen und aktive Rechnungsabgrenzung):**
2000 Rohstoffe; 2030 Betriebsstoffe; 2100 Unfertige Erzeugnisse; 2200 Fertige Erzeugnisse; 2400 Forderungen a. LL (24 001 Forderungen an die Söffgen OHG, 24 002 Forderungen an G. Schön e. Kffr.); 2600 Vorsteuer; 2800 Guthaben bei Kreditinstituten (Bank); 2880 Kasse.

**Kontenklasse 3 (Eigenkapital und Rückstellungen):**
3000 Eigenkapital; 3001 Privatkonto.

**Kontenklasse 4 (Verbindlichkeiten und passive Rechnungsabgrenzung):**
4250 Langfristige Bankverbindlichkeiten; 4400 Verbindlichkeiten a. LL (44 001 Verbindlichkeiten gegenüber der B. Müller OHG, 44 003 Verbindlichkeiten gegenüber der Winter GmbH); 4800 Umsatzsteuer.

**Kontenklasse 5 (Erträge):**
5000 Umsatzerlöse für eigene Erzeugnisse; 5201 Bestandsveränderungen an unfertigen Erzeugnissen; 5202 Bestandsveränderungen an fertigen Erzeugnissen.

**Kontenklasse 6 (Betriebliche Aufwendungen):**
6000 Aufwendungen für Rohstoffe; 6030 Aufwendungen für Betriebsstoffe; 6160 Fremdinstandhaltung; 6200 Löhne; 6700 Mieten, Pachten.

**Kontenklasse 8 (Ergebnisrechnungen):**
8000 Eröffnungsbilanzkonto; 8010 Schlussbilanzkonto; 8020 Gewinn- und Verlustkonto.

| Beleg-Nr. | Geschäftsfälle | € |
|---|---|---|
| | **1. Eingangsrechnung** | |
| 11 | 1. der Bernhard Müller OHG (L.-Nr. 44 001), | |
| | Nettopreis (Rohstoffe) | 70.000,00 |
| | + 19 % Umsatzsteuer | 13.300,00 |
| | Rechnungsbetrag | 83.300,00 |
| 12 | 2. der Winter GmbH (L.-Nr. 44 003), | |
| | Nettopreis (Betriebsstoffe) | 20.000,00 |
| | + 19 % Umsatzsteuer | 3.800,00 |
| | Rechnungsbetrag | 23.800,00 → |

| Beleg-Nr. | | € |
|---|---|---|
| | **2. Gutschriftanzeige der Bank gemäß Kontoauszug für** | |
| 21 | 1. Überweisung von der Söffgen OHG (Kd.-Nr. 24 001, betrifft: Beleg-Nr. 1) | 31.000,00 |
| 22 | 2. Überweisung von Gertrud Schön e. Kffr. (Kd.-Nr. 24 002, betrifft: Beleg-Nr. 2) | 28.000,00 |
| | **3. Ausgangsrechnung an** | |
| 31 | 1. Söffgen OHG (Kd.-Nr. 24 001), Nettopreis (eigene Erzeugnisse) | 90.000,00 |
| | + 19 % Umsatzsteuer | 17.100,00 |
| | Rechnungsbetrag | 107.100,00 |
| 32 | 2. Gertrud Schön e. Kffr. (Kd.-Nr. 24 002), Nettopreis (eigene Erzeugnisse) | 80.000,00 |
| | + 19 % Umsatzsteuer | 15.200,00 |
| | Rechnungsbetrag | 95.200,00 |
| | **4. Lastschriftanzeige der Bank gemäß Kontoauszug für** | |
| 41 | 1. Miete der Geschäftsräume | 8.000,00 |
| 42 | 2. Fertigungslöhne | 10.000,00 |
| 43 | 3. Überweisung an die Bernhard Müller OHG (L.-Nr. 44 001, betrifft: Beleg-Nr. 3) | 34.000,00 |
| 44 | 4. Überweisung an die Winter GmbH (L.-Nr. 44 003, betrifft: Beleg-Nr. 4) | 23.000,00 |
| | **5. Kassenausgänge für** | |
| 51 | 1. Privatentnahme | 4.000,00 |
| 52 | 2. Maschinenreparatur, Nettopreis | 600,00 |
| | + 19 % Umsatzsteuer | 114,00 |
| | Rechnungsbetrag | 714,00 |
| | **6.[1] Verbrauch gemäß Materialentnahmescheine** | |
| 61 | 1. Rohstoffe | 80.000,00 |
| 62 | 2. Betriebsstoffe | 6.000,00 |
| | **Abschlussangaben** | |
| 70 | 7. Ermittlung und Passivierung der Zahllast | ? |
| | **8. Schlussbestände lt. Inventur** | |
| 81 | 1. Unfertige Erzeugnisse | 60.000,00 |
| 82 | 2. Fertige Erzeugnisse | 84.000,00 |
| 90 | 9. Die Schlussbestände der anderen Bestandskonten entsprechen den Inventurbeständen. | |
| | **Zusätzliche Abschlussangaben bei Buchung nach der „Inventurmethode" oder nach dem „Aufwandsrechnerischen Verfahren"** | |
| | **10. Schlussbestände lt. Inventur** | |
| 101 | 1. Rohstoffe | 290.000,00 |
| 102 | 2. Betriebsstoffe | 74.000,00 |

1 Soll nach der „Inventurmethode" oder nach dem „Aufwandsrechnerischen Verfahren" gebucht werden, so entfällt dieser Geschäftsfall.

## 2.13 Belegorganisation

Die Grundlage jeder ordnungsmäßigen Buchführung bildet der Beleg. Die Buchführungsrichtlinien verlangen, dass **keine Buchung ohne Beleg** erfasst werden darf.

Für den erfassten Geschäftsfall ist der Beleg einerseits **Buchungsvorlage** und andererseits **Beweismittel.**

### 2.13.1 Belegarten

Die Belege werden nach **ihrer Entstehung** in **natürliche** und in **künstliche Belege** und nach der **Anzahl der in ihnen erfassten Geschäftsfälle** in **Einzelbelege** und in **Sammelbelege** untergliedert.

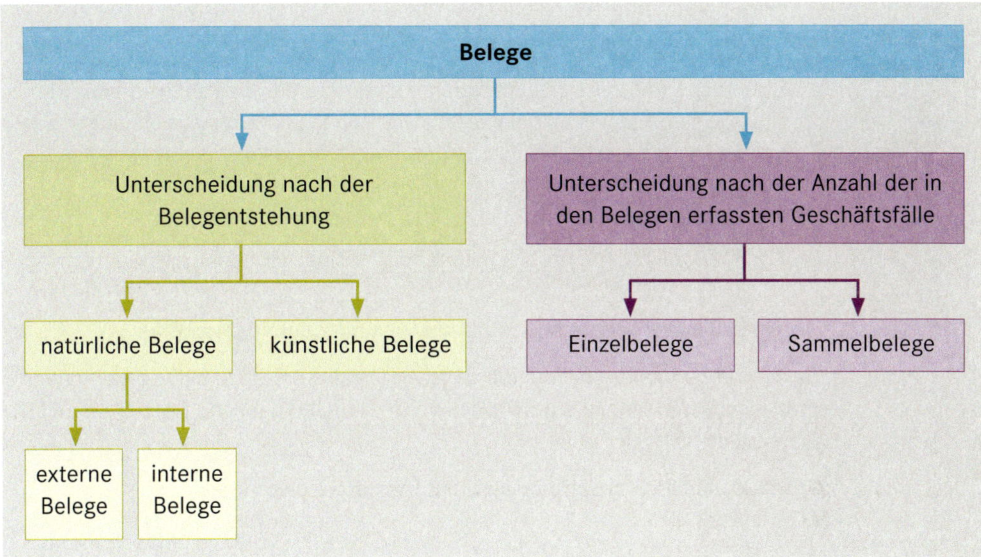


**Natürliche Belege** entstehen durch außer- und innerbetriebliche Geschäftsvorgänge. Sie werden unterteilt in **externe** und **interne** Belege.

**Externe Belege** fallen im Geschäftsverkehr mit Außenstehenden an, wie z. B. mit Kunden, Lieferanten, Versicherungen, Banken, Post, Finanzamt usw.

**Beispiele** Eingangsrechnungen von Lieferanten; Ausgangsrechnungen an Kunden; Bank- und Postbankauszüge; Quittungen; Briefe an Kunden über Preisnachlässe, Gutschriften, Rücksendungen; Briefe von Lieferanten über Preisnachlässe, Gutschriften, Rücksendungen; Frachtbriefe usw.

**Interne Belege** resultieren aus innerbetrieblichen Vorgängen.

**Beispiele** Gehalts- und Lohnlisten; Quittungen über Privatentnahmen; Reisekostenabrechnungen; Materialentnahmescheine usw.

**Künstliche Belege** werden speziell für die Buchführung erstellt.

**Beispiele** Anweisungen für Umbuchungen und für Abschlussbuchungen; Anweisungen für Stornobuchungen; Notbehelfe, weil kein natürlicher Beleg erstellt wurde (z. B. bei Telefonaten an Münztelefonen oder bei Trinkgeldern) oder weil der natürliche Beleg verloren ging usw.

**Einzelbelege** erfassen nur einen Geschäftsfall.

**Sammelbelege** werden für mehrere gleichartige Geschäftsfälle erstellt, um die Anzahl der Buchungen zu verringern.

## 2.13.2 Belegbearbeitung

Die Belege werden in drei Arbeitsschritten bearbeitet:

- **Belegvorbereitung,**
- **Belegbuchung,**
- **Belegablage.**

Bei der **Belegvorbereitung** werden die Belege buchungsfertig aufbereitet (siehe Abb. S. 153). Hierzu gehören folgende Arbeiten:

1. Die Belege werden auf sachliche und auf wertmäßige Richtigkeit geprüft.
2. Die Belege werden nach Belegarten, wie z. B. nach Ausgangsrechnungen oder nach Gutschriften an Lieferanten, sortiert. Hierdurch werden Sammelbuchungen möglich.
3. Innerhalb jeder Belegart werden die Belege nummeriert.
4. Die Belege werden vorkontiert. Dazu werden sie in der Regel mit einem Buchungsstempel versehen, in den der entsprechende Buchungssatz eingetragen wird. Die Vorkontierung kann auch auf einem extra dafür vorgesehenen Kontierungszettel erfolgen.

Nach der Belegvorbereitung erfolgt die eigentliche **Belegbuchung.**

Bei der herkömmlichen Buchführung werden die Belege nach der Vorkontierung zunächst nach ihrem zeitlichen Anfall chronologisch im Grundbuch[1] gebucht. Danach erfolgt die Buchung auf den Hauptbuchkonten[1].

Die EDV-mäßige Buchführung vollzieht sich folgendermaßen:
Die Belegdaten werden - entsprechend der Vorkontierung - in das EDV-System eingegeben und auf einem Datenträger gespeichert.
Das EDV-Programm erstellt eine Niederschrift der eingegebenen Buchungssätze in chronologischer Reihenfolge, das Grundbuch oder die Primanota.
Gleichzeitig nimmt das Programm die Buchungen auf den Sachkonten des Hauptbuches vor.
Auf Wunsch können die Primanota (das Grundbuch) und die Hauptbuchkonten auf Bildschirmen sichtbar gemacht oder ausgedruckt werden.

Die gebuchten Belege werden abgelegt und aufbewahrt. Die **Belegaufbewahrung** geschieht in Ordnern oder auch durch Speicherung auf elektronischen Datenträgern (USB-Stick, CD, DVD, Festplatte) oder auf Mikrofilmen[2].
Die Speicherung auf elektronischen Datenträgern oder auf Mikrofilmen bringt den Vorteil, dass Raum für die Schriftgutablage eingespart werden kann.
Die Belege müssen 10 Jahre aufbewahrt werden, gerechnet vom Ende des Kalenderjahres, in dem sie entstanden sind (§ 257 Abs. 4, 5 HGB und § 147 Abs. 3, 4 AO).[3]

1 vgl. Kapitel 2.12.1

2 Ein Mikrofilm ist eine stark verkleinerte Fotoaufnahme eines Schriftstückes.

3 Die Buchführungsbücher, Bilanzen und Inventare sind ebenfalls 10 Jahre aufzubewahren.

**Beispiel** (mit Kontierungsstempel)

**Konrad Fied KG** Textilfabrik

Konrad Fied KG • Goseriede 41 • 30159 Hannover

Textileinzelhandel
Wolfgang Mehlert e. Kfm.
Böhmer Straße 5
60437 Frankfurt

Goseriede 41 • 30159 Hannover
Telefon: 0511 4155-0
Telefax: 0511 4155-10
Internet: www.fied-wvd.de
E-Mail: info@fied-wvd.de

| | |
|---|---|
| **Kunden-Nr.:** | 24 007 |
| **Lieferdatum:** | 18.10.20.. |
| **Bestelldatum:** | 02.10.20.. |
| **Sachbearbeiter/-in:** | Frau Kibat |

| | |
|---|---|
| **Rechnungs-Nr.:** | 389 |
| **Rechnungsdatum:** | 20.10.20.. |

## Rechnung

| Pos. | Einheit | Artikel | Menge | Preis je Einheit/€ | Betrag/€ |
|---|---|---|---|---|---|
| 1 | St. | Kinder-Sweatshirt, 3040 B | 15 | 11,05 | 165,75 |
| 2 | St. | Kinder-Schlafanzug, 2894 C | 18 | 12,45 | 224,10 |
| 3 | St. | Baby-Schlafsack, 3127 F | 12 | 9,80 | 117,60 |
| 4 | St. | Herren-Badehose , 2436 X | 10 | 11,40 | 114,00 |
| 5 | St. | Damen-Bikini, 3129 Y | 16 | 17,10 | 273,60 |
| 6 | St. | Damenhemd, 2319 S | 20 | 7,20 | 144,00 |
| 7 | St. | Herrenhemd, 1256 W | 18 | 6,50 | 117,00 |

| Konto | Soll | Haben |
|---|---|---|
| 2400 | 1.375,70 | |
| 5000 | | 1.156,05 |
| 4800 | | 219,65 |

gebucht: 22.10.20.. Br

| | |
|---|---|
| gesamt | 1.156,05 |
| + 19 % USt | 219,65 |
| **Rechnungsbetrag** | **1.375,70** |

Reklamationen werden nur innerhalb von 8 Tagen nach Empfang der Ware berücksichtigt.

Gelieferte Ware bleibt bis zur vollständigen Bezahlung unser Eigentum.

Hannoversche Volksbank eG • Kto. 12 345 • BLZ 251 900 01
IBAN DE73 2519 0001 0000 0123 45 • BIC VOHADE2H
Postbank Hannover • Kto. 1 582 300 • BLZ 250 100 30
IBAN DE95 2501 0030 0001 5823 00 • BIC PBNKDEFF250
Sparkasse Hannover • Kto. 88 230 • BLZ 250 501 80
IBAN DE24 2505 0180 0000 0882 30 • BIC SPKHDE2H

Konrad Fied KG
Sitz: Hannover
Gerichtsstand: Hannover, HRA 6224
USt-IdNr.: DE 183 631 402

Kontierungsstempel, in dem die Vorkontierung vorgenommen wird

Buchungsvermerk
22.10.20.. = Buchungsdatum
Br = Namenszeichen des Buchhalters Bremer

Zusammenfassung

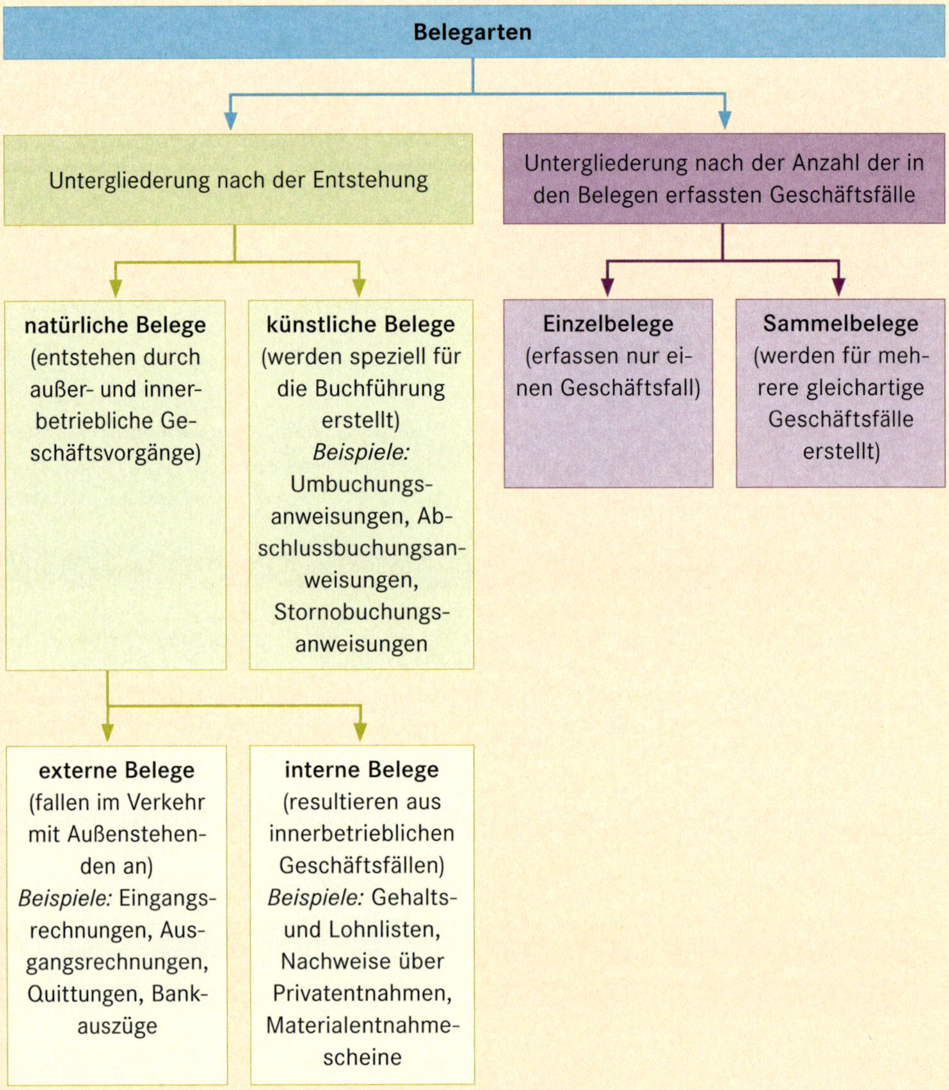


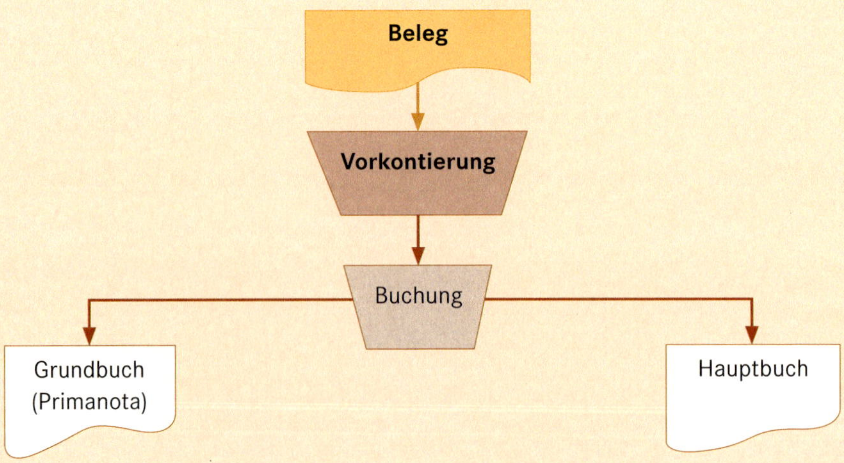

1. **Für die Buchführung gilt der Grundsatz: Keine Buchung ohne Beleg.**
2. **Für den erfassten Geschäftsfall ist der Beleg einerseits Buchungsvorlage und andererseits Beweismittel.**
3. **Die Belegbearbeitung vollzieht sich in drei Schritten durch**
   - **die Belegvorbereitung (Belegprüfung, Belegsortierung, Belegnummerierung, Vorkontierung),**
   - **die Belegbuchung (nach zeitlichem Anfall im Grundbuch, nach sachlicher Zuordnung im Hauptbuch) und**
   - **die Belegablage (10 Jahre Belegaufbewahrung, gerechnet vom Ende des Kalenderjahres, in dem der Beleg entstanden ist).**

## Aufgaben

1 Ordnen Sie den folgenden Aussagen die passende Belegart zu.

| A Aussagen | B Belegarten |
|---|---|
| 1. Belege entstehen durch außer- und innerbetriebliche Geschäftsfälle. | 1. Einzelbelege |
| 2. Belege erfassen nur einen Geschäftsfall. | 2. Natürliche Belege |
| 3. Belege werden speziell für die Buchhaltung erstellt. | 3. Sammelbelege |
| 4. Belege werden für mehrere gleichartige Geschäftsfälle erstellt. | 4. Künstliche Belege |

2 a) Unterteilen Sie die unten aufgeführten Belege in natürliche Belege und künstliche Belege.
b) Unterteilen Sie die natürlichen Belege nochmals in externe Belege und interne Belege.

Eingangsrechnung, Gehalts- und Lohnliste, Notbeleg für auswärts geführtes Ferngespräch, Nachweis über Privatentnahme eines Kleides, Brief von einem Lieferanten über eine Gutschrift, Bankauszug, Reisekostenabrechnung, Umbuchungsanweisung, Ausgangsrechnung, Frachtbrief, Anweisung für Stornobuchung, Materialentnahmeschein.

3 Welchen Vorteil bringen Sammelbelege gegenüber Einzelbelegen?

4 Was versteht man unter der „Vorkontierung" eines Beleges?

5 Welchen Vorteil bringt die Belegaufbewahrung auf elektronischen Datenträgern bzw. auf einem Mikrofilm?

6 Wie lange sind Belege nach dem HGB und der AO aufzubewahren?

FIBU möglich!

7 Buchen Sie den folgenden Beleggeschäftsgang[1] für die Textilfabrik Konrad Fied KG, Goseriede 41, 30159 Hannover.

**Anfangsbestände** €

*I. Anfangsbestände der Sachkonten*

| | | |
|---|---|---|
| 0720 | Anlagen und Maschinen | 750.000,00 |
| 0840 | Fuhrpark | 140.000,00 |
| 0870 | Sonstige Geschäftsausstattung | 120.000,00 |

→

1 Die Vorkontierung erfolgte auf Kontierungszetteln (deshalb keine Buchungsstempel).
Der Geschäftsgang kann alternativ nach der „Fortschreibungsmethode" oder nach der „Inventurmethode" oder nach dem „Aufwandsrechnerischen Verfahren" gebucht werden.

| | | € |
|---|---|---|
| 2000 | Rohstoffe | 230.000,00 |
| 2020 | Hilfsstoffe | 80.000,00 |
| 2030 | Betriebsstoffe | 60.000,00 |
| 2100 | Unfertige Erzeugnisse | 90.000,00 |
| 2200 | Fertige Erzeugnisse | 100.000,00 |
| 2400 | Forderungen a. LL | 70.000,00 |
| 2800 | Guthaben bei Kreditinstituten (Bank) | 80.000,00 |
| 2880 | Kasse | 18.000,00 |
| 3000 | Eigenkapital | 973.000,00 |
| 4250 | Langfristige Bankverbindlichkeiten | 680.000,00 |
| 4400 | Verbindlichkeiten a. LL | 85.000,00 |

*II. Anfangsbestände der Kundenkonten (Offene-Posten-Liste der Debitoren)*

| Rechn.-datum | Kd.-Nr. | Debitoren | Beleg-Nr. | Betrag (€) |
|---|---|---|---|---|
| 14. Okt. | 24 001 | Söffgen OHG | 50 | 45.000,00 |
| 25. Okt. | 24 002 | G. Schön e. Kffr. | 51 | 25.000,00 |
| | | | | 70.000,00 |

*III. Anfangsbestände der Lieferantenkonten (Offene-Posten-Liste der Kreditoren)*

| Rechn.-datum | L.-Nr. | Kreditoren | Beleg-Nr. | Betrag (€) |
|---|---|---|---|---|
| 20. Okt. | 44 001 | B. Müller OHG | 80 | 50.000,00 |
| 24. Okt. | 44 002 | Emut GmbH | 81 | 35.000,00 |
| | | | | 85.000,00 |

**Kontenplan**

**Kontenklasse 0 (Immaterielle Vermögensgegenstände und Sachanlagen):** 0720 Anlagen und Maschinen; 0840 Fuhrpark; 0870 Sonstige Geschäftsausstattung.

**Kontenklasse 2 (Umlaufvermögen und aktive Rechnungsabgrenzung):** 2000 Rohstoffe; 2020 Hilfsstoffe; 2030 Betriebsstoffe; 2100 Unfertige Erzeugnisse; 2200 Fertige Erzeugnisse; 2400 Forderungen a. LL (24 001 Forderungen an die Söffgen OHG, 24 002 Forderungen an G. Schön e. Kffr.); 2600 Vorsteuer; 2800 Guthaben bei Kreditinstituten (Bank); 2880 Kasse.

**Kontenklasse 3 (Eigenkapital und Rückstellungen):** 3000 Eigenkapital; 3001 Privatkonto.

**Kontenklasse 4 (Verbindlichkeiten und passive Rechnungsabgrenzung):** 4250 Langfristige Bankverbindlichkeiten; 4400 Verbindlichkeiten a. LL (44 001 Verbindlichkeiten gegenüber der B. Müller OHG, 44 002 Verbindlichkeiten gegenüber der Emut GmbH, 44 003 Verbindlichkeiten gegenüber der Winter GmbH, 44 004 Verbindlichkeiten gegenüber K.-H. More e. Kfm., 44 005 Verbindlichkeiten gegenüber der Adsack GmbH); 4800 Umsatzsteuer.

**Kontenklasse 5 (Erträge):** 5000 Umsatzerlöse für eigene Erzeugnisse; 5201 Bestandsveränderungen an unfertigen Erzeugnissen; 5202 Bestandsveränderungen an fertigen Erzeugnissen; 5420 Entnahme von Gegenständen und sonstigen Leistungen.

**Kontenklasse 6 (Betriebliche Aufwendungen):** 6000 Aufwendungen für Rohstoffe; 6020 Aufwendungen für Hilfsstoffe; 6030 Aufwendungen für Betriebsstoffe[1]; 6160 Fremdinstandhaltung; 6700 Mieten, Pachten; 6750 Kosten des Geldverkehrs; 6800 Büromaterial; 6870 Werbung; 6920 Beiträge zu Wirtschaftsverbänden.

**Kontenklasse 8 (Ergebnisrechnungen):** 8000 Eröffnungsbilanzkonto; 8010 Schlussbilanzkonto; 8020 Gewinn- und Verlustkonto.

**Geschäftsfälle:** Die folgenden Belege sind zu buchen.

1 Dieses Konto wird nur dann benötigt, wenn nach dem „Aufwandsrechnerischen Verfahren" gebucht wird.

**Beleg 1**

**Konrad Fied KG** Textilfabrik

Konrad Fied KG • Goseriede 41 • 30159 Hannover

Textileinzelhandel
Gertrud Schön e. Kffr.
Sundernstraße 34
22159 Hamburg

Goseriede 41 • 30159 Hannover
Telefon: 0511 4155-0
Telefax: 0511 4155-10
Internet: www.fied-wvd.de
E-Mail: info@fied-wvd.de

| | |
|---|---|
| Kunden-Nr.: | 24 002 |
| Lieferdatum: | 01.12.20.. |
| Bestelldatum: | 10.11.20.. |
| Sachbearbeiter/-in: | Frau Kibat |
| Rechnungs-Nr.: | 498871 |
| Rechnungsdatum: | 02.12.20.. |

## Rechnung

| Pos. | Einheit | Artikel | Menge | Preis je Einheit/€ | Betrag/€ |
|---|---|---|---|---|---|
| 1 | St. | Herren-T-Shirt, Gr. 50, BV 398 | 40 | 5,00 | 200,00 |
| 2 | St. | Herren-Poloshirt, Gr. 48, EW 409 | 60 | 12,00 | 720,00 |
| 3 | St. | Herrenhose, Gr. 52, TZ 347 | 50 | 40,00 | 2.000,00 |
| 4 | St. | Damenrock, Gr. 40, DS 908 | 35 | 25,00 | 875,00 |
| 5 | St. | Damen-Sweatshirt, Gr. 38, QS 304 | 45 | 15,00 | 675,00 |
| 6 | St. | Damenbluse, Gr. 44, FD 239 | 30 | 25,00 | 750,00 |
| 7 | St. | Damenhose, Gr. 36, XY 238 | 40 | 32,00 | 1.280,00 |
| | | | gesamt | | 6.500,00 |
| | | | + 19 % USt | | 1.235,00 |
| | | | **Rechnungsbetrag** | | **7.735,00** |

*Hinweis:* Es handelt sich um „eigene Erzeugnisse“.

**Beleg 2**

**Konrad Fied KG** Textilfabrik

Konrad Fied KG • Goseriede 41 • 30159 Hannover

Söffgen OHG
Bergstraße 11
51503 Rösrath

Goseriede 41 • 30159 Hannover
Telefon: 0511 4155-0
Telefax: 0511 4155-10
Internet: www.fied-wvd.de
E-Mail: info@fied-wvd.de

| | |
|---|---|
| Kunden-Nr.: | 24 001 |
| Lieferdatum: | 01.12.20.. |
| Bestelldatum: | 12.11.20.. |
| Sachbearbeiter/-in: | Frau Kibat |
| Rechnungs-Nr.: | 498872 |
| Rechnungsdatum: | 02.12.20.. |

## Rechnung

| Pos. | Einheit | Artikel | Menge | Preis je Einheit/€ | Betrag/€ |
|---|---|---|---|---|---|
| 1 | St. | Herren-Sweatshirt, AB 510 | 200 | 15,00 | 3.000,00 |
| 2 | St. | Damen-Sweatshirt, GA 321 | 500 | 17,00 | 8.500,00 |
| 3 | St. | Herrenhose, AC 453 | 360 | 42,50 | 15.300,00 |
| 4 | St. | Damenhose, GB 665 | 540 | 40,00 | 21.600,00 |
| 5 | St. | Herrenpullover, DC 433 | 300 | 20,00 | 6.000,00 |
| 6 | St. | Damenpullover, DV 333 | 360 | 25,00 | 9.000,00 |
| 7 | St. | Herren-Poloshirt, GH 443 | 480 | 10,00 | 4.800,00 |
| 8 | St. | Damen-Poloshirt, AG 765 | 640 | 7,50 | 4.800,00 |
| 9 | St. | Herrenjeans, DS 987 | 240 | 25,00 | 6.000,00 |
| | | | gesamt | | 79.000,00 |
| | | | + 19 % USt | | 15.010,00 |
| | | | **Rechnungsbetrag** | | **94.010,00** |

*Hinweis:* Es handelt sich um „eigene Erzeugnisse“.

→

**Beleg 3**

**Bernhard Müller**

Stoffherstellung

Bernhard Müller OHG
Im Weiher 1 • 69121 Heidelberg
Tel.: 06221 8925-0
Fax: 06221 8925-63
Internet: www.bmueller-wvd.de
E-Mail: info@bmueller-wvd.de

Bernhard Müller OHG • Im Weiher 1 • 69121 Heidelberg

Textilfabrik
Konrad Fied KG
Goseriede 41
30159 Hannover

EINGEGANGEN
4. Dez. 20..
Erledigt ......................

L.-Nr.: 44 001
Beleg-Nr.: 3

| | |
|---|---|
| **Rechnungsnummer** | 569 |
| **Rechnungsdatum** | 03.12.20.. |
| **Kundennummer** | 24 009 |
| **Ihre Bestellung vom** | 14.11.20.. |
| **Unsere Lieferung vom** | 01.12.20.. |

**Rechnung**

| Pos. | m | Artikel | Preis je m/€ | Betrag/€ |
|---|---|---|---|---|
| 1 | 1 800 | Jeansstoff, 238 Je | 4,00 | 7.200,00 |
| 2 | 2 000 | Jeansstoff, 240 Je | 4,50 | 9.000,00 |
| 3 | 1 400 | Seide, 220 Se | 12,00 | 16.800,00 |
| 4 | 3 600 | Viskose, 219 Vi | 6,00 | 21.600,00 |
| 5 | 2 200 | Viskose, 221 Vi | 7,00 | 15.400,00 |
| | | | | 70.000,00 |
| | | + 19 % USt | | 13.300,00 |
| | | **Rechnungsbetrag** | | **83.300,00** |

Zahlungsziel: 30 Tage.

**Beleg 4**

Karl-Heinz
**More**
e. Kfm.

**Betriebs- und Geschäftsausstattungen**
**Großküchen- und Kantineneinrichtungen**
**Verkauf und Service**

K.-H. More e. Kfm. • Seelhorststr. 6 • 30175 Hannover

**Seelhorststraße 6 • 30175 Hannover**
**Telefon: 0511 4066-0 • Fax: 0511 4066-18**
**Internet: www.more-wvd.de**
**E-Mail: info@more-wvd.de**

Textilfabrik
Konrad Fied KG
Goseriede 41
30159 Hannover

EINGEGANGEN
4. Dez. 20..
Erledigt ......................

L.-Nr.: 44 004
Beleg-Nr.: 4

**Rechnung**

**Nummer:** 4321

**Datum:** 03.12.20..

**Ihre Bestellung vom:** 15.11.20.. **Unsere Lieferung vom:** 02.12.20..

**Wir lieferten Ihnen auf eigene Rechnung und Gefahr:**

| Bezeichnung | Preis je Einheit/€ | Betrag/€ |
|---|---|---|
| Für Ihre Kantine lieferten wir Ihnen: | | |
| 2 Melisse-Kaffeeautomaten, Typ 34 | 750,00 | 1.500,00 |
| 2 Gloko-Geschirrspülautomaten, Typ 332 | 1.550,00 | 3.100,00 |
| 2 Gleiki-Kartoffelschälmaschinen, Typ Biggi 12 | 950,00 | 1.900,00 |
| | | 6.500,00 |
| + 19 % USt | | 1.235,00 |
| **Rechnungsbetrag** | | **7.735,00** |



6350158

**Beleg 5**

HANN ZTG/N *100 VERLAGSGESELLSCHAFT ADSACK GMBH

| Rubrik | Seite | Manuskript-Nr. | Erscheinungsdatum | Anzahl Zeilen | Spalten Anzahl | Zeilen-Preis € | Brutto € |
|---|---|---|---|---|---|---|---|
| Verkauf/Textilien 163<br>Kurztext Sonderposten Strickjacken | | 37 410 | 04.12.20.. | 032 | 01 | 5,00 | 160,00 |

## Anzeigen-Rechnung

| | |
|---|---|
| Nettobetrag | 160,00 |
| + 19 % USt | 30,40 |
| Rechnungsbetrag | 190,40 |

ADSACK GMBH • Davenstedter Str. 15 • 30449 Hannover

Konrad Fied KG
Textilfabrik
Goseriede 41
30159 Hannover

EINGEGANGEN
5. Dez. 20..
Erledigt .....................

L.-Nr.: 44 005
Beleg-Nr.: 5

Bei Zahlung bitte angeben:
Rechnungs-Nr.
226308
Rechnungsdatum
04.12.20..
Zahlungs-bedingungen
zahlbar bis 04.01.20..

**Bankverbindungen:**
Nord LB Hannover, Konto 1 234 567, BLZ 250 500 00
IBAN DE78 2505 0000 0001 2345 67, BIC NOLADE2H
Postbank Hannover, Konto 987 654 302, BLZ 250 100 30
IBAN DE91 2501 0030 0987 6543 02, BIC PBNKDEFF250

Erfüllungsort und Gerichtsstand: Hannover • Geschäftsführer: K. Adsack • St-Nr.: 26 257 70602 • Tel.: 0511 15111-0 • www.adsack-wvd.de • info@adsack-wvd.de

**Beleg 6**

**Winter GmbH**
**Brennstoffhandlung**

Winter GmbH · Ottenstraße 12 · 30880 Laatzen

Textilfabrik
Konrad Fied KG
Goseriede 41
30159 Hannover

EINGEGANGEN
5. Dez. 20..
Erledigt .....................

L.-Nr.: 44 003
Beleg-Nr.: 6

## Rechnung

Bitte bei Überweisung angeben

| Ihre Bestellung vom | Bestellzeichen | Unsere Lieferung vom | **Rechnungs-Nr.** | **Datum** |
|---|---|---|---|---|
| 20.11.20 .. | be | 03.12.20.. | 53/4 | 04.12.20.. |

| Menge/Einheit | Warenbezeichnung | Preis je Einheit/€ | Betrag/€ |
|---|---|---|---|
| 10 000 l | Himmelwerk-Heizöl Nr. 35 984 XY | 0,64 | 6.400,00 |
| | + 19 % USt | | 1.216,00 |
| | **Rechnungsbetrag** | | **7.616,00** |

**Beleg 7**

Hannoversche Volksbank eG

| Kontonummer | erstellt am | Auszug | Blatt |
|---|---|---|---|
| 12 345 | 08.12.20.. | 93 | 1/3 |

BLZ 251 900 01 **Kontoauszug**

| Bu.-Tag | Wert | Vorgang | Betrag |
|---|---|---|---|
| | | **alter Kontostand** | **80.000,00 +** |
| 07.12. | 07.12. | Gertrud Schön e. Kffr., Kd.-Nr. 24 002, Beleg-Nr. 51, Rechnung vom 25.10.20.. | 25.000,00 + |
| 07.12. | 07.12. | Söffgen OHG, Kd.-Nr. 24 001, Beleg-Nr. 50 Rechnung vom 14.10.20.. | 45.000,00 + |
| 07.12. | 07.12. | SB-Überweisung, Arminia Vers., Anni Fied, Vers.-Nr. LV 33 333, Jahresbeitrag Lebensvers. | 850,00 - |

Textilfabrik
Konrad Fied KG
Goseriede 41
30159 Hannover

USt-IdNr.: DE 115 648 359
IBAN: DE73 2519 0001 0000 0123 45 BIC: VOHADE2H

*Hinweis:* Es sind drei Geschäftsfälle zu buchen.

→

**Beleg 8**

| Kontonummer | erstellt am | Auszug | Blatt |
| --- | --- | --- | --- |
| 12 345 | 08.12.20.. | 93 | 2/3 |

Hannoversche Volksbank eG

BLZ 251 900 01 **Kontoauszug**

| Bu.-Tag | Wert | Vorgang | |
| --- | --- | --- | --- |
| 07.12. | 07.12. | Kreditkartengebühr | 20,00 - |
| 07.12. | 07.12. | SB-Überweisung, B. Müller OHG, R.-Nr. 34, Rechnung vom 20.10.20.. | 50.000,00 - |
| 07.12. | 07.12. | SB-Überweisung, Emut GmbH, R.-Nr. 589, Rechnung vom 24.10.20.. | 35.000,00 - |

Textilfabrik
Konrad Fied KG
Goseriede 41
30159 Hannover

USt-IdNr.: DE 115 648 359
IBAN: DE73 2519 0001 0000 0123 45 BIC: VOHADE2H

*Hinweis:* Es sind drei Geschäftsfälle zu buchen.

**Beleg 9**[1]

| Kontonummer | erstellt am | Auszug | Blatt |
| --- | --- | --- | --- |
| 12 345 | 08.12.20.. | 93 | 3/3 |

Hannoversche Volksbank eG

BLZ 251 900 01 **Kontoauszug**

| Bu.-Tag | Wert | Vorgang | |
| --- | --- | --- | --- |
| 07.12. | 07.12. | Dauerauftrag, H. Gelter, Miete für Geschäftsräume | 3.800,00 - |
| 07.12. | 07.12. | Einzugsermächtigung, IHK Hannover, IHK-Beitrag | 670,00 - |
| | | **neuer Kontostand vom 08.12.20..** | **59.660,00 +** |

Textilfabrik
Konrad Fied KG
Goseriede 41
30159 Hannover

USt-IdNr.: DE 115 648 359
IBAN: DE73 2519 0001 0000 0123 45 BIC: VOHADE2H

*Hinweis:* Es sind zwei Geschäftsfälle zu buchen.

**Beleg 9 a**

IHK Industrie- und Handelskammer **Hannover**

Industrie- und Handelskammer Hannover | Schiffgraben 49 | 30175 Hannover

Textilfabrik
Konrad Fied KG
Goseriede 41
30159 Hannover

EINGEGANGEN
7. Dez. 20..
Erledigt ..................

**Beitragsbescheid**

**Belegnummer** 9876
Bei Überweisung/Schriftwechsel bitte stets angeben!
**Debitorennummer** 1 234 567 890

Rechtsgrundlagen, Rechtsbehelfsbelehrung und Erläuterungen umseitig

| Ansprechpartner | Telefon 0511 3107- | Fax | E-Mail | Datum |
| --- | --- | --- | --- | --- |
| Anja Hack | -985 | | hack@hannover.ihk.de | 06.12.20.. |

| | Jahresbeitrag | mit früheren Bescheiden festgesetzt | mit diesem Bescheid festgesetzt | Saldo S/G |
| --- | --- | --- | --- | --- |
| **IHK-Beitrag 20.. – Abrechnung** | | | | |
| Grundbeitrag | 150,00 | | | |
| Bemessungsgrundlage: 104.000,00 | | | | |
| Umlage: Bemessungsgrundlage *Hebesatz 0,5 % | 520,00 | | | |
| **Summe Beitragsjahr** | **670,00** | **0,00** | **670,00** | **670,00** |
| davon ausgeglichen | | 0,00 | | |
| **Summe der offenen Beträge** | | | **670,00** | |
| **Gesamtsaldo** | | **zu zahlen** | **670,00** | |

**Abbuchung des Beitrages erfolgt zum 07.12.20.. von Ihrem Konto 12 345, BLZ 251 900 01. Alle Werte in Euro.**

1 Zum letzten Geschäftsfall dieses Kontoauszuges liegt zusätzlich der Beleg 9 a vor.



6350160

Beleg 10[1]

| | | |
|---|---|---|
| ***Konrad Fied KG Hannover*** | **Material-Entnahmeschein**<br>09.12.20.. (Datum) 10 (Nr.) | Müller (ausgestellt)<br>Schulz (ausgegeben) |

Näherei V — Kostenstelle

☐ Rohstoffe ☒ Hilfsstoffe ☐ Betriebsstoffe

| Artikel-Nr. | Menge | Einheit | Bezeichnung | €/Einheit | Betrag (€) |
|---|---|---|---|---|---|
| 2413 | 1 000 | m | Stoßband f | 0,90 | 900,00 |
| 1298 | 1 800 | Rolle | Nähgarn b | 1,50 | 2.700,00 |
| | | | | | |
| | | | | | |
| | | | | **Summe** | **3.600,00** |

Beleg 11[1]

| | | |
|---|---|---|
| ***Konrad Fied KG Hannover*** | **Material-Entnahmeschein**<br>10.12.20.. (Datum) 11 (Nr.) | Will (ausgestellt)<br>Kibat (ausgegeben) |

Zuschneiderei III — Kostenstelle

☒ Rohstoffe ☐ Hilfsstoffe ☐ Betriebsstoffe

| Artikel-Nr. | Menge | Einheit | Bezeichnung | €/Einheit | Betrag (€) |
|---|---|---|---|---|---|
| 220 Se | 380 | m | Seide A | 12,00 | 4.560,00 |
| 238 Je | 680 | m | Jeansstoff X | 4,00 | 2.720,00 |
| | | | | | |
| | | | | | |
| | | | | **Summe** | **7.280,00** |

Die Belege 12 bis 15 sind aufgrund des Kassenberichtes zu buchen.

**Kassenbericht Nr. 27 / ______ vom 12.12.20..** Beleg-Stempel

| | Text | Einnahme Beleg | Einnahme Betrag (€) | Ausgabe Beleg | Ausgabe Betrag (€) | | | Kontierung | gebucht |
|---|---|---|---|---|---|---|---|---|---|
| 0 | 1 | 2 | 3 | 4 | 5 | 6 | 7 | 8 | 9 |
| | Schreibwaren | | | 12 | 71,40 | | | | |
| | Privatentnahme | | | 13 | 912,00 | | | | |
| | Kfz-Reparatur | | | 14 | 190,40 | | | | |
| | Barverkäufe | 15 | 7.140,00 | | | | | | |
| | Tages-Ein- und Ausgang | | 7.140,00 | | 1.173,80 | | | | |
| | Kassenbestand | alt | 18.000,00 | neu | 23.966,20 | | | | |
| | Summenkontrolle | | 25.140,00 | | 25.140,00 | | | | |

aufgestellt: [signature] geprüft: [signature] gebucht:

1 Soll nach der „Inventurmethode“ oder nach dem „Aufwandsrechnerischen Verfahren“ gebucht werden, so entfällt dieser Beleg.

**Beleg 12**

POGLITSCH
SCHREIBWAREN
LOTTO-TOTO
LINDENER MARKT 10
30449 HANNOVER
TELEFON: 0511 45369
ST.-NR. 26 325 26883

------------------------

12.12.20.. 17:57 04-4
000000#2957

| | |
|---|---|
| BÜROBEDARF | 21,80 |
| BÜROBEDARF | 30,60 |
| BÜROBEDARF | 19,00 |
| **ZWS** | 71,40 |
| TAX1 ST | 71,40 |
| 19 % UST | 11,40 |
| NET 1 | 60,00 |
| ***TOTAL € | 71,40 |
| **BAR** | 100,00 |
| RÜCKGELD | 28,60 |

**Beleg 13**

| | € | ct |
|---|---|---|
| Netto | 912 | 00 |
| + --- % USt | | |
| Gesamt | 912 | 00 |

**Quittung**
Nr.

Gesamtbetrag € in Worten: neunhundertzwölf------- Cent wie oben

(Im Gesamtbetrag sind ---- % Umsatzsteuer enthalten)

von Geschäftskasse

für mich privat

richtig erhalten zu haben, bestätigt

Ort Hannover Datum 12.12.20..

Buchungsvermerke

Stempel/Unterschrift des Empfängers: Fied

**Beleg 14**

**Autohaus Sauer KG**

Autohaus Sauer KG
Rehbergstraße 24
30173 Hannover
Telefon 0511 3213-0
Telefax 0511 3213-33
Internet: www.sauer-wvd.de
E-Mail: info@sauer-wvd.de

Reg.-Gericht Hannover
HRA 810
St.-Nr. 26 235 86417

Sparkasse Hannover
Konto-Nr. 1 122, BLZ 250 501 80
IBAN DE78 2505 0180 0000 0011 22
BIC SPKHDE2H

Autohaus Sauer KG · Rehbergstr. 24 · 30173 Hannover

Textilfabrik
Konrad Fied KG
Goseriede 41
30159 Hannover

EINGEGANGEN
12. Dez. 20..
Erledigt ....................

L.-Nr.: 44 007
Beleg-Nr.: 14

**Rechnung**

| Amt. Kennzeichen | Fahrzeugtyp | Fahrzeug-Ident-Nr. | Zul.-Datum | Annahmedatum | km-Stand |
|---|---|---|---|---|---|
| H-PM 902 | Salida | VF34J5FU | 05.11.20.. | 12.12.20.. | 15358 |

| Rechnungs-Nr. | Rechnungsdatum | Ihre Bestellung vom | Leistung wurde erbracht am |
|---|---|---|---|
| 2887 | 12.12.20.. | | 12.12.20.. |

| Leistungsbezeichnung/Warenbezeichnung | Preis in € |
|---|---|
| 1 15 000 km-Inspektion | 100,00 * |
| 2 8 Dichtungen | 60,00 * |
| | 160,00 * |
| + 19 % USt | 30,40 * |
| Rechnungsbetrag | 190,40 ** |

Betrag dankend bar erhalten.
Hannover, 12.12.20..

Sauer

**Beleg 15**

Konrad Fied KG

| Datum | Unterschrift |
|---|---|
| 12.12.20.. | Fied |

## Zentralkasse

**für:**

| | |
|---|---|
| Kasseneinnahmen aus Barverkäufen (brutto, einschl. 19 % USt) | 7.140,00 € |
| Kasse 1 | 4.760,00 € |
| Kasse 2 | 2.380,00 € |

**Beleg 16**

Konrad Fied KG

| Datum | Unterschrift |
|---|---|
| 20.12.20.. | Fied |

## Erzeugnisentnahme

| Anzahl, Artikel | € |
|---|---|
| Damenpullover, Artikel-Nr. 231 | 30,00 |
| Damen-Sweatshirt, Artikel-Nr. 354 | 20,00 |
| Kleid, Artikel-Nr. 453 | 100,00 |
| Rock, Artikel-Nr. 332 | 50,00 |
| Damenhose, Artikel-Nr. 544 | 60,00 |
| | 260,00 |
| + 19 % Umsatzsteuer | 49,40 |
| | 309,40 |

**Beleg 17**

Konrad Fied KG

| Buchungsdatum | Beleg-Nr. |
|---|---|
| 31.12.20.. | 17 |

## Buchungsanweisung

Abschluss zum 31. Dez. 20..

Ermittlung und Passivierung der Zahllast.

**Beleg 18**

Konrad Fied KG

| Buchungsdatum | Beleg-Nr. |
|---|---|
| 31.12.20.. | 18 |

## Buchungsanweisung

Abschluss zum 31. Dez. 20..

Schlussbestand laut Inventur:

| | |
|---|---|
| Unfertige Erzeugnisse: | 100.000,00 € |
| Fertige Erzeugnisse: | 70.000,00 € |

Die Schlussbestände der anderen Bestandskonten entsprechen den Inventurbeständen.

**Beleg 19**[1]

Konrad Fied KG

| Buchungsdatum | Beleg-Nr. |
|---|---|
| 31.12.20.. | 19 |

## Buchungsanweisung

Abschluss zum 31. Dez. 20..

Schlussbestand laut Inventur:

| | |
|---|---|
| 1. Rohstoffe: | 292.720,00 € |
| 2. Hilfsstoffe: | 76.400,00 € |
| 3. Betriebsstoffe: | 66.400,00 € |

1 Zusätzlicher Beleg bei Buchung nach der „Inventurmethode“ oder nach dem „Aufwandsrechnerischen Verfahren“.

3

# DIE FUNKTIONEN EINES BETRIEBES IN DER PRAXIS DER BUCHFÜHRUNG

## 3.1 Beschaffungs- und Absatzwirtschaft

Jedes kaufmännische Unternehmen ist zweiseitig mit dem Markt verknüpft: Einerseits müssen **Werkstoffe/Waren** auf dem Markt **beschafft** werden. Andererseits müssen **Fertigerzeugnisse/ Waren** auf dem Markt **abgesetzt** werden.

Zwischen Beschaffung und Absatz liegt im Industriebetrieb die **Produktion** und im Handelsbetrieb die **Lagerung** der Waren.

### 3.1.1 Die Bezugskalkulation

Bei der Beschaffung von Werkstoffen/Waren gilt es, den Lieferanten auszuwählen, der den günstigsten **Bezugspreis/Einstandspreis** bietet.

Der Bezugspreis/Einstandspreis eines Werkstoffes bzw. einer Ware ergibt sich aus folgender **Mengen- und Wertrechnung:**

| **Mengenrechnung** | **Wertrechnung** |
|---|---|
| Bruttogewicht | |
| – Tara | |
| vorläufiges Nettogewicht | |
| – Leckage | |
| – Gutgewicht | |
| Nettogewicht · Einzelpreis (ohne USt) | = Listeneinkaufspreis (ohne USt) |
| | – Lieferantenrabatt |
| | Zieleinkaufspreis |
| | – Lieferantenskonto |
| | Bareinkaufspreis |
| | + Bezugskosten (ohne USt) |
| | Bezugspreis/Einstandspreis |

*Hinweis:* Die Größen, von denen Pfeile ausgehen, werden in der Regel prozentual berechnet. Die Pfeilspitzen zeigen auf den jeweiligen Grundwert (≙ 100 %).

Zur Errechnung des Listeneinkaufspreises einer bestimmten Warenmenge/Werkstoffmenge **kann** eine **Mengenrechnung** erforderlich sein. Dabei werden **Gewichtsabzüge** vom Bruttogewicht der bezogenen Ware/Werkstoffe vorgenommen.

Man unterscheidet folgende **Gewichtsabzüge:**

- **Tara:** Gewichtsabzug für die Verpackung;
- **Leckage:** Gewichtsabzug für ausgelaufene Flüssigkeit (Schwund);
- **Gutgewicht:** Gewichtsabzug für Einwiege- und Umpackverluste beim Käufer.

Bei der **Wertrechnung** werden Rabatte und Skonti in Ansatz gebracht.
Die wichtigsten **Rabatte** sind:

- **Mengenrabatt:** bei Abnahme größerer Mengen;
- **Wiederverkäuferrabatt:** für den Handel;
- **Treuerabatt:** für langjährige gute Kunden.

**Skonto (Mehrzahl: Skonti)** ist ein Preisnachlass, der bei vorzeitiger Zahlung innerhalb einer vereinbarten Frist gewährt wird.

Schließlich ist aus dem obigen Kalkulationsschema die Position **Bezugskosten** zu erklären.
Zu den **Bezugskosten** zählen:

1. Transportkosten
   a) Fracht
   b) Rollgeld
   c) Umschlagskosten (z. B. für Be- und Entladen, Kranstunden)
   d) Zwischenlagerkosten (beim Transport)
   e) Entgelte der Post und der privaten Paketdienste
2. Verpackungskosten
3. Transportversicherungsprämien
4. Zoll
5. Einkaufsvermittlungsgebühren[1]
   a) Einkaufsprovision
   b) Maklergebühr

### 3.1.1.1 Die einfache Bezugskalkulation

Bei der einfachen Bezugskalkulation wird nur eine Ware/ein Werkstoff bezogen. Die Bezugskosten fallen allein für diese Ware/diesen Werkstoff an.

**Beispiel** Ein Industriebetrieb bezieht einen Rohstoff mit einem Bruttogewicht von 7 850 kg. Die Tara macht 2 % aus. Ein Gutgewicht von 200 kg wird zugestanden. Der Preis pro kg Nettogewicht beträgt 6,10 € (ohne Umsatzsteuer). Der Rohstofflieferant gewährt 10 % Rabatt und 2 % Skonto. Die Transportkosten belaufen sich auf 9,60 € (ohne Umsatzsteuer) pro angefangene 100 kg. Wie viel € beträgt der Bezugspreis insgesamt und pro kg?

**Lösung**

| Mengenrechnung | | | Wertrechnung | |
|---|---|---|---|---|
| Bruttogewicht ...... | 7 850 kg | | | |
| – Tara (2 %) ......... | 157 kg | | | |
| vorl. Nettogewicht .. | 7 693 kg | | | |
| – Gutgewicht ........ | 200 kg | | | |
| Nettogewicht ...... | 7 493 kg | · 6,10 € | = Listeneinkaufspreis ...... | 45.707,30 € |
| | | | – Rabatt (10 %) ........... | 4.570,73 € |
| | | | Zieleinkaufspreis ........ | 41.136,57 € |
| | | | – Skonto (2 %) ............ | 822,73 € |
| | | | Bareinkaufspreis ......... | 40.313,84 € |
| | | | + Bezugskosten (79 · 9,60) .. | 758,40 € |
| | | | Bezugs-/Einstandspreis ... | 41.072,24 € |
| | | | pro kg: $\frac{41.072,24}{7\,493}$ | = 5,48 € |

**Aufgaben**

1 Ein Industriebetrieb bezieht Rohstoffe mit einem Bruttogewicht von 36 280 kg. Das Verpackungsgewicht beträgt 420 kg. 100 kg des Rohstoffes (Nettogewicht) kosten 295,00 € (ohne Umsatzsteuer). Der Lieferant gewährt 20 % Rabatt und 3 % Skonto. An Bahnfracht fallen 7,10 € (ohne Umsatzsteuer) pro 100 kg an. Das Rollgeld II beträgt 535,50 € (einschließlich 19 % Umsatzsteuer). Für die Transportversicherung sind 600,00 € zu zahlen.
Berechnen Sie den Bezugspreis für 1 kg des Rohstoffes.

2 Ein Industriebetrieb bezieht für eine Jubiläumsfeier 1 780 Flaschen Frankenwein zu je 4,60 € (ohne Umsatzsteuer). Die Weingroßhandlung gewährt 15 % Rabatt und 1,5 % Skonto. Die Transportkosten belaufen sich auf 357,00 € einschließlich 19 % Umsatzsteuer.
Errechnen Sie den Bezugspreis für 1 Flasche Wein.

1 Die Einkaufsvermittlungsgebühren werden in Prozent vom Zieleinkaufspreis berechnet.

3 Wie viel € beträgt der Bezugspreis für die gesamte Sendung und für 1 Einheit?

| | Brutto-menge | Gut-gewicht | Preis pro Nettoeinheit (ohne USt) | Rabatt | Skonto | Fracht (ohne USt) | Rollgeld (ohne USt) | Trans-portvers. |
|---|---|---|---|---|---|---|---|---|
| a) | 6892 kg | 130 kg | 82,00 € | 15 % | 1 % | 325,00 € | 180,00 € | 970,00 € |
| b) | 14780 l | 2 % | 16,00 € | 20 % | 2 % | 642,00 € | 336,00 € | 720,00 € |
| c) | 648 Stück | – | 349,00 € | 10 % | 2,5 % | 595,00 € | 226,00 € | 390,00 € |

4 Eine Kaffeerösterei bezieht 76 Säcke Brasilkaffee mit einem Bruttogewicht von insgesamt 2 280 kg. Der Angebotspreis ist 580,00 € (ohne Umsatzsteuer) für 100 kg Nettogewicht. Die Tara beträgt 0,250 kg pro Sack. Der Lieferant bewilligt ein Gutgewicht von 0,150 kg pro Sack. 12,5 % Mengenrabatt und 2 % Skonto werden gewährt. Die Einkaufsprovision beläuft sich auf 3,5 %. Errechnen Sie den Bezugspreis für 1 kg Kaffee.

Excel

5 Errechnen Sie den Bezugspreis für die gesamte Sendung und für 1 Einheit.

| | a) | b) | c) |
|---|---|---|---|
| Bruttogewicht | 20500 kg | 12800 l | 8900 kg |
| Tara | 400 kg | – | 2 % |
| Gutgewicht | 3 % | – | 260 kg |
| Leckage | – | 2 % | – |
| Preis pro Nettoeinheit (ohne USt) | 4,90 € | 7,20 € | 8,30 € |
| Rabatt | 12,5 % | 10 % | 15 % |
| Skonto | 2 % | 1,5 % | 2,5 % |
| Fracht (ohne USt) | 1.080,00 € | 950,00 € | 890,00 € |
| Rollgeld (ohne USt) | 400,00 € | 540,00 € | 650,00 € |
| Einkaufsprovision | 5 % | – | 4,5 % |
| Maklergebühr | – | 4 % | – |

6 Der Konrad Fied KG liegt folgendes Angebot über die Handelsware „T-Shirt Hawaii" vor:

Preis pro Stück: 9,00 €; bei Abnahme von mindestens 200 Stück 5 % Rabatt; 3 % Skonto bei Zahlung innerhalb von 10 Tagen; Versandkosten pro T-Shirt: 1,00 €, ab einem Auftragswert von 2.000,00 € versandkostenfrei.
250 T-Shirts werden bestellt. Die Rechnung wird innerhalb der Skontofrist beglichen. Errechnen Sie den Bezugspreis für die gesamte Menge und pro T-Shirt.

7 Ein Fruchtsafthersteller erhält zwei Angebote. Entscheiden Sie, welches Angebot (bei gleicher Qualität und Lieferzeit) angenommen werden soll.

**Angebot 1:** 4000 Kisten Äpfel; Bruttogewicht: 88000 kg; Tara: 0,5 kg pro Kiste; Preis (ohne Umsatzsteuer) pro 100 kg Nettogewicht: 13,50 €; Mengenrabatt: 10 %; Skonto: 3 %; frachtfrei; Rollgeld (einschließlich 19 % Umsatzsteuer): 95,20 €.

**Angebot 2:** 4000 Kisten Äpfel; Bruttogewicht: 88000 kg; Tara: 0,5 kg pro Kiste; Preis (ohne Umsatzsteuer) pro 100 kg Nettogewicht: 11,50 €; Skonto: 1 %; Fracht (ohne Umsatzsteuer): 420,00 €; Rollgeld (ohne Umsatzsteuer): 80,00 €.

8 Sie sind Angestellte(r) der Textilfabrik Konrad Fied KG, Goseriede 41, 30159 Hannover.

Die angegliederte Verkaufsfiliale soll mit elektronischen Kassen der Modellreihe „Perfekt 3000" (mit Scanner und Kassenbonausgabe) ausgestattet werden. Es liegen ein Angebot der Heinken KG, Hannover, und ein Angebot der Kassensysteme GmbH, München, vor:

**Angebot der Heinken KG, Hannover (für die komplette Ausstattung):**
Listenpreis: 11.000,00 € (ohne Umsatzsteuer);
Rabatt: 12,5 %;
Zahlungsziel: 60 Tage netto Kasse, bei Zahlung innerhalb von 20 Tagen 3 % Skonto;
Bezugskosten: Lieferung frei Haus;
Lieferzeit: sofort nach Auftragserteilung.

**Angebot der Kassensysteme GmbH, München (für die komplette Ausstattung):**
Listenpreis: 10.000,00 € (ohne Umsatzsteuer);
Rabatt: 4 %;
Zahlungsziel: 60 Tage netto Kasse, bei Zahlung innerhalb von 20 Tagen 1,5 % Skonto;
Bezugskosten: 238,00 € (einschließlich 19 % Umsatzsteuer) für Rollgeld, Fracht und Spezialverpackung;
Lieferzeit: 4 Wochen nach Auftragserteilung.

a) Erstellen Sie in einem Aktenvermerk einen Angebotsvergleich. Entscheiden Sie, welchem Lieferanten Sie den Auftrag erteilen. Begründen Sie in dem Aktenvermerk Ihre Entscheidung.
b) Sie haben bei dem Lieferanten, den Sie in Aufgabe a) ermittelt haben, die Bestellung aufgegeben. Die elektronischen Kassen werden mangelfrei geliefert. Die Eingangsrechnung über die elektronischen Kassen liegt Ihnen vor. Bilden Sie den Buchungssatz für die Eingangsrechnung.[1]

### 3.1.1.2 Die zusammengesetzte Bezugskalkulation

Werden mehrere Warenposten/Werkstoffposten gemeinsam bezogen, so entstehen gemeinsame **Gewichtsspesen** und gemeinsame **Wertspesen.** Diese sind anteilmäßig auf die einzelnen Warenposten/Werkstoffposten zu verteilen.

**Gewichtsspesen** (hauptsächlich: Fracht und Rollgeld) werden mithilfe der Verteilungsrechnung nach dem **Bruttogewicht, Wertspesen** (hauptsächlich: Transportversicherungsprämien und Einkaufsvermittlungsgebühren) nach dem **Zieleinkaufspreis** auf die einzelnen Warenposten/Werkstoffposten umgelegt.

**Beispiel** Ein Industriebetrieb bezieht mit gleicher Sendung den Rohstoff A und den Rohstoff B.

| | Bruttogewicht | Tara | Gutgewicht | Preis für 100 kg (ohne USt) |
|---|---|---|---|---|
| **Rohstoff A** | 30 000 kg | 2 % | 400 kg | 60,00 € |
| **Rohstoff B** | 50 000 kg | 3 % | 500 kg | 70,00 € |

Es fallen folgende Bezugskosten (ohne Umsatzsteuer) an:

Fracht: 500,00 €; Rollgeld: 220,00 €; Transportversicherungsprämie: 510,00 €; Vertreterprovision: 2.550,00 €.

a) Errechnen Sie den Gesamtrechnungspreis für Rohstoff A und Rohstoff B.
b) Verteilen Sie die Gewichtsspesen auf Rohstoff A und Rohstoff B.
c) Verteilen Sie die Wertspesen auf Rohstoff A und Rohstoff B.
d) Errechnen Sie den Bezugspreis für jeweils 1 kg von Rohstoff A und Rohstoff B.

1 *Lösungshinweis:* Sofortrabatte, die in der Eingangsrechnung in Abzug gebracht werden, werden buchhalterisch nicht gesondert erfasst (siehe Kapitel 3.1.7).

**Lösung**

a) **Ermittlung der Gesamtrechnungspreise**

| | | Rohstoff A | Rohstoff B |
|---|---|---|---|
| | Bruttogewicht | 30 000 kg | 50 000 kg |
| – | Tara | 600 kg | 1 500 kg |
| | vorl. Nettogewicht | 29 400 kg | 48 500 kg |
| – | Gutgewicht | 400 kg | 500 kg |
| | Nettogewicht | 29 000 kg | 48 000 kg |
| | | 29 000 kg · 0,60 € | 48 000 kg · 0,70 € |
| | Gesamtrechnungspreis | = 17.400,00 € | = 33.600,00 € |

b) **Verteilung der Gewichtsspesen (nach Bruttogewicht)**[1]
Summe der Gewichtsspesen: 500,00 € + 220,00 € = 720,00 €

| | Verteilungsbasis | Teile | |
|---|---|---|---|
| **Rohstoff A** | 30 000 kg | 3 | 270,00 € |
| **Rohstoff B** | 50 000 kg | 5 | 450,00 € |
| | | 8 ≙ | 720,00 € |
| | 1 Teil: | 720,00 € : 8 = | 90,00 € |

c) **Verteilung der Wertspesen (nach Gesamtrechnungspreis)**[1]
Summe der Wertspesen: 510,00 € + 2.550,00 € = 3.060,00 €

| | Verteilungsbasis | Teile | |
|---|---|---|---|
| **Rohstoff A** | 17.400,00 € | 87 | 1.044,00 € |
| **Rohstoff B** | 33.600,00 € | 168 | 2.016,00 € |
| | | 255 ≙ | 3.060,00 € |
| | 1 Teil: | 3.060,00 € : 255 = | 12,00 € |

d) **Berechnung der Bezugspreise pro kg (netto)**

| | | Rohstoff A | Rohstoff B |
|---|---|---|---|
| | Gesamtrechnungspreis | 17.400,00 € | 33.600,00 € |
| + | Gewichtsspesen | 270,00 € | 450,00 € |
| + | Wertspesen | 1.044,00 € | 2.016,00 € |
| | Bezugspreis (insgesamt) | 18.714,00 € | 36.066,00 € |
| | | 18.714,00 € : 29 000 kg | 36.066,00 € : 48 000 kg |
| | Bezugspreis pro kg | = 0,65 € | = 0,75 € |

1 Vgl. Kapitel „1.1.3 Die Verteilungsrechnung“, Aufgabentyp 1.



6350168

## Aufgaben

1 Wir beziehen eine Sendung mit 2 verschiedenen Rohstoffen.

| | Bruttogewicht | Tara | Gutgewicht | Preis für 100 kg (ohne USt) |
|---|---|---|---|---|
| **Rohstoff A** | 75 t | 2 % | 500 kg | 120,00 € |
| **Rohstoff B** | 125 t | 3 % | 250 kg | 140,00 € |

An Bezugskosten (ohne Umsatzsteuer) fallen an:

Fracht: 1.100,00 €, Rollgeld: 340,00 €, Transportversicherungsprämie: 2.570,00 €, Vertreterprovision: 12.850,00 €.

a) Errechnen Sie den Gesamtrechnungspreis für Rohstoff A und für Rohstoff B.
b) Verteilen Sie die Gewichtsspesen auf Rohstoff A und Rohstoff B.
c) Verteilen Sie die Wertspesen auf Rohstoff A und Rohstoff B.
d) Errechnen Sie den Bezugspreis für jeweils 1 kg von Rohstoff A und Rohstoff B.

2 Eine Spinnerei bezieht in einer Sendung 12 000 kg der Baumwollsorte I (Güteklasse I) und 16 000 kg der Baumwollsorte II (Güteklasse II). Für die Baumwollsendung fallen 1.120,00 € (ohne Umsatzsteuer) Gewichtsspesen und 1.564,00 € (ohne Umsatzsteuer) Wertspesen an. Der kg-Preis beträgt für die Baumwollsorte I 3,05 € (ohne Umsatzsteuer) und für die Baumwollsorte II 2,60 € (ohne Umsatzsteuer).

Errechnen Sie den Bezugspreis für jeweils 1 kg der Baumwollsorte I und der Baumwollsorte II.

3 Ein Jeanshersteller in Sachsen bezieht aus den USA 20 Ballen blauen hochwertigen Jeansstoff zu je 40 m und 25 Ballen schwarzen hochwertigen Jeansstoff zu je 45 m. Der Meterpreis des blauen Jeansstoffes beträgt 4,50 US-$ und der des hochwertigen schwarzen Jeansstoffes 6,75 US-$. Kurs: 1,00 € = 1,1249 US-$.

Es fallen folgende Bezugskosten (ohne Umsatzsteuer) an:
Bahnfracht: 673,75 €; Rollgeld: 89,55 €; Einkaufsprovision: 3 %.
Errechnen Sie jeweils den Bezugspreis pro m in €.

(*Hinweis:* Die Stoffe haben das gleiche spezifische Gewicht.)

4 Eine Kaffeerösterei erhält in einer Lieferung folgende Rohkaffeesendungen:
120 Säcke Brasilien-Kaffee (Sorte I); Bruttogewicht insgesamt: 8 472 kg; Tara: 0,6 kg pro Sack; Nettopreis für 100 kg: 360,00 €.
160 Säcke Brasilien-Kaffee (Sorte II); Bruttogewicht insgesamt: 9 664 kg; Tara: 0,4 kg pro Sack; Nettopreis für 100 kg: 340,00 €.
An Bezugskosten (ohne Umsatzsteuer) fallen an:
Einkaufsprovision[1]: 2,5 %, Transportversicherungsprämie: 628,80 €, zu übernehmende Transportkosten: 1.600,00 €.

Errechnen Sie den Bezugspreis für jeweils 1 kg der Sorte I und Sorte II.

1 in Prozent vom Gesamtrechnungspreis

Excel

5 Errechnen Sie den Bezugspreis pro Einheit.

| | Brutto-menge | Tara | Gut-gewicht | Leckage | Preis pro Netto-einheit (einschl. 19 % USt) | Gewichtsspesen (einschl. 19 % USt) | Wert-spesen[1] |
|---|---|---|---|---|---|---|---|
| a) | 8 960 kg<br>6 420 kg | 2,0 %<br>1,5 % | 150 kg<br>130 kg | –<br>– | 9,52 €<br>8,33 € | 3.570,00 € | 3,0 % |
| b) | 4 720 kg<br>5 790 kg | 1,0 %<br>2,0 % | 80 kg<br>110 kg | –<br>– | 7,14 €<br>8,09 € | 2.380,00 € | 2,5 % |
| c) | 7 950 l<br>4 890 l | –<br>– | –<br>– | 80 l<br>40 l | 6,90 €<br>10,47 € | 2.142,00 € | 3,5 % |
| d) | 50 Säcke zu 80 kg<br>40 Säcke zu 70 kg | 0,6 kg pro Sack<br>0,5 kg pro Sack | 40 kg<br>28 kg | –<br>– | 4,52 €<br>8,09 € | 1.428,00 € | 4,0 % |

6 Ein Malereibetrieb bezieht von einer Farben- und Lackfabrik:

- 90 l Speziallack, seidenmatt schwarz, 0,75-l-Dose zu 14,00 € (ohne Umsatzsteuer) und
- 60 l Speziallack, seidenmatt moosgrün, 0,75-l-Dose zu 15,00 € (ohne Umsatzsteuer).

Die Farben- und Lackfabrik gewährt einen Treuerabatt von 10 % und 2 % Skonto.
An Bezugskosten (ohne Umsatzsteuer) fallen an:
Fracht: 80,00 €, Rollgeld: 25,00 €, Transportversicherung: 28,00 €.
Errechnen Sie den Bezugspreis pro Dose.

## 3.1.2 Die buchhalterische Erfassung der Bezugskosten

**Nach steuerrechtlichen und handelsrechtlichen Vorschriften sind die eingekauften Werkstoffe zu Anschaffungskosten (= Bezugspreisen/Einstandspreisen) zu aktivieren[2].**

**Die Anschaffungskosten ergeben sich aus dem Anschaffungspreis (= Einkaufspreis) und den Anschaffungsnebenkosten. Die Bezugskosten zählen zu den Anschaffungsnebenkosten.**

| | |
|---|---|
| | Anschaffungspreis (= Einkaufspreis) |
| + | Anschaffungsnebenkosten (= Bezugskosten) |
| = | Anschaffungskosten (= Bezugspreis/Einstandspreis) |

Die Anschaffungskosten bilden die Wertbasis für die Werkstoffeinkäufe. Die Bezugskosten müssen daher auf den Werkstoffeinkaufskonten erfasst werden.

Dies könnte durch eine direkte Buchung auf den Werkstoffeinkaufskonten geschehen.

Um aber die Bezugskosten verursachungsgerecht auszuweisen und um einen detaillierten Überblick über den Beschaffungsbereich zu erhalten, werden die Bezugskosten zunächst auf **Unterkonten** der Werkstoffeinkaufskonten gesammelt. Am Ende der Rechnungsperiode werden diese Unterkonten über ihre Hauptkonten, die Werkstoffeinkaufskonten, abgeschlossen.

Bei dem **„Aufwandsrechnerischen Verfahren“** (vgl. Kapitel 2.7.1.3) werden die Werkstoffeinkäufe auf den **Werkstoffaufwandskonten** der **Kontenklasse 6** gebucht. In diesem Fall gilt folgende Zuordnung:

1 in Prozent vom Gesamtrechnungspreis
2 auf der **Aktiv**seite der Bilanz auszuweisen

| Hauptkonten | Unterkonten |
|---|---|
| 6000 Aufw. für Rohstoffe | 6001 Bezugskosten für Rohstoffe |
| 6010 Aufw. für Vorprodukte/Fremdbauteile | 6011 Bezugskosten für Vorprodukte/Fremdbauteile |
| 6020 Aufw. für Hilfsstoffe | 6021 Bezugskosten für Hilfsstoffe |
| 6030 Aufw. für Betriebsstoffe | 6031 Bezugskosten für Betriebsstoffe |
| 6070 Aufw. für sonst. Material | 6071 Bezugskosten für sonst. Material |
| 6080 Aufw. für Waren | 6081 Bezugskosten für Waren |

Bei der **„Inventurmethode“**[1] und bei der **„Fortschreibungsmethode“**[1] (vgl. Kapitel 2.7.1.1) werden die Werkstoffeinkäufe auf den **Werkstoffbestandskonten** der **Kontenklasse 2** gebucht. Insofern ergibt sich bei diesen Methoden folgende Zuordnung:

| Hauptkonten | Unterkonten |
|---|---|
| 2000 Rohstoffe | 2001 Bezugskosten für Rohstoffe |
| 2010 Vorprodukte/Fremdbauteile | 2011 Bezugskosten für Vorprodukte/Fremdbauteile |
| 2020 Hilfsstoffe | 2021 Bezugskosten für Hilfsstoffe |
| 2030 Betriebsstoffe | 2031 Bezugskosten für Betriebsstoffe |
| 2070 Sonstiges Material | 2071 Bezugskosten für sonst. Material |
| 2280 Waren | 2281 Bezugskosten für Waren |

**Beispiel**

Unser Lieferant stellt uns neben dem Einkaufspreis der bezogenen Rohstoffe Frachtkosten und Verpackungskosten in Rechnung:

| | | |
|---|---|---|
| | Rohstoffe | 10.000,00 € |
| + | Fracht | 200,00 € |
| + | Verpackung (Kunststoffbehälter) | 100,00 € |
| | | 10.300,00 € |
| + | 19 % Umsatzsteuer | 1.957,00 € |
| | Rechnungsbetrag | 12.257,00 € |

| **Buchung bei Rechnungseingang** | Soll | Haben |
|---|---|---|
| 6000 Aufwendungen für Rohstoffe[2] | 10.000,00 | |
| 6001 Bezugskosten[3] | 300,00 | |
| 2600 Vorsteuer | 1.957,00 | |
| an 4400 Verbindlichkeiten a. LL | | 12.257,00 |

| **Abschluss des Bezugskostenkontos** | Soll | Haben |
|---|---|---|
| 6000 Aufwendungen für Rohstoffe[2] | 300,00 | |
| an 6001 Bezugskosten[3] | | 300,00 |

**Buchungen auf dem Werkstoffeinkaufskonto**

| S | 6000 Aufwendungen für Rohstoffe[2] | | H |
|---|---|---|---|
| 4400 | 10.000,00 | | |
| 6001[4] | 300,00 | | |

1 Es handelt sich um die „Bestandsrechnerischen Verfahren“.
2 alternativ: 2000 Rohstoffe („Bestandsrechnerisches Verfahren“)
3 alternativ: 2001 Bezugskosten („Bestandsrechnerisches Verfahren“)
4 alternativ: 2001 („Bestandsrechnerisches Verfahren“)

### 3.1.3 Gutschriften für Bezugskosten

Besteht die in Rechnung gestellte Verpackung z. B. aus Kunststoffbehältern, Fässern oder Holzkisten, so hat der Käufer häufig die Möglichkeit, seinem Lieferanten diese gegen eine entsprechende Gutschrift zurückzugeben. Die Konten „Bezugskosten“ und „Vorsteuer“ sind dann durch Habenbuchungen zu korrigieren.

**Beispiel**

In Rechnung gestellte Kunststoffbehälter werden an den Lieferanten zurückgesandt ........ 100,00 €
darauf 19 % Umsatzsteuer ........ 19,00 €

| **Buchungssatz** | Soll | Haben |
|---|---|---|
| 4400 Verbindlichkeiten a. LL | 119,00 | |
| an 6001 Bezugskosten[1] | | 100,00 |
| an 2600 Vorsteuer | | 19,00 |

**Zusammenfassung**

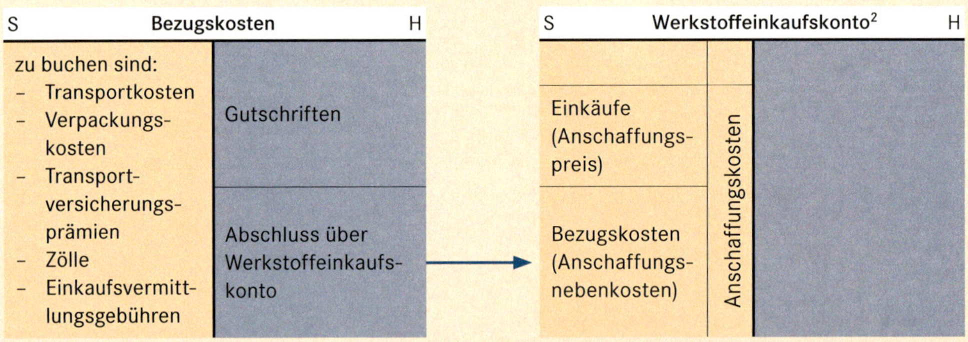


1. **Bezugskosten (= Anschaffungsnebenkosten) werden auf Unterkonten der Werkstoffeinkaufskonten gebucht.**
2. **Nach dem Abschluss der Bezugskostenkonten weisen die Werkstoffeinkaufskonten die Anschaffungskosten (= Anschaffungspreis + Anschaffungsnebenkosten) aus. Dies entspricht steuerrechtlichen und handelsrechtlichen Bestimmungen.**

**Aufgaben**

*Hinweis für die Lehrerin/den Lehrer:* Bei allen Aufgaben können die Werkstoffeinkäufe und die Bezugskosten alternativ in der Kontenklasse 2 oder 6 gebucht werden.

1: Verständnisaufgabe
2: Buchungen auf dem Rohstoffeinkaufskonto und auf dem Bezugskostenkonto
3: Abschluss der Bezugskostenkonten
4: Belegbuchungen

1 Welche Aussagen sind richtig bzw. falsch? Begründen Sie Ihre Meinung.
a) Nach der gesetzlichen Regelung hat der Verkäufer die Transportkosten bis zum Empfangsbahnhof zu tragen.
b) Die Anschaffungskosten enthalten die Bezugskosten.

1 alternativ: 2001 Bezugskosten („Bestandsrechnerisches Verfahren“)

2 z. B. 6000 Aufwendungen für Rohstoffe („Aufwandsrechnerisches Verfahren“) bzw. 2000 Rohstoffe („Bestandsrechnerisches Verfahren“)

c) Die Bezugskostenkonten werden über das Gewinn- und Verlustkonto abgeschlossen.
d) Die Bezugskostenkonten sind Unterkonten der Werkstoffeinkaufskonten.
e) Die Bezugskostenkonten weisen am Anfang der Rechnungsperiode einen Anfangsbestand auf.

AH

2 Bilden Sie die Buchungssätze und buchen Sie auf dem Rohstoffeinkaufskonto und auf dem Bezugskostenkonto (ohne Gegenkonten). Schließen Sie das Bezugskostenkonto ab.

| **Geschäftsfälle** | I. € | II. € |
|---|---|---|
| 1. Zieleinkauf von Rohstoffen | | |
| Nettowert | 30.000,00 | 20.000,00 |
| + 19 % Umsatzsteuer | 5.700,00 | 3.800,00 |
| | 35.700,00 | 23.800,00 |
| 2. Barzahlung für Rollgeld (zu Geschäftsfall 1.) | 120,00 | 100,00 |
| + 19 % Umsatzsteuer | 22,80 | 19,00 |
| | 142,80 | 119,00 |
| 3. Rechnung des Lieferanten für | | |
| Fracht und Verpackung (zu Geschäftsfall 1.) | 100,00 | 200,00 |
| + 19 % Umsatzsteuer | 19,00 | 38,00 |
| | 119,00 | 238,00 |
| 4. Zieleinkauf von Rohstoffen, Nettowert | 20.000,00 | 25.000,00 |
| Fracht und Transportversicherung[1] | 300,00 | 200,00 |
| Verpackungsmaterial | 100,00 | 300,00 |
| + 19 % Umsatzsteuer | 3.876,00 | 4.845,00 |
| | 24.276,00 | 30.345,00 |
| 5. Vereinbarungsgemäß erteilt uns unser Lieferant für zurückgeschicktes Verpackungsmaterial (Geschäftsfall 4.) eine Gutschrift über (netto) | 100,00 | 300,00 |
| + 19 % Umsatzsteuer | 19,00 | 57,00 |
| | 119,00 | 357,00 |

3 Nennen Sie die Abschlussbuchungssätze der folgenden Konten.

| S | Bezugskosten für Rohstoffe | | H |
|---|---|---|---|
| 4400 | 200,00 | 4400 | 180,00 |
| 4400 | 380,00 | | |
| 4400 | 160,00 | | |
| 4400 | 270,00 | | |
| 4400 | 300,00 | | |

| S | Bezugskosten für Vorprodukte | | H |
|---|---|---|---|
| 4400 | 350,00 | 4400 | 140,00 |
| 4400 | 200,00 | | |
| 4400 | 230,00 | | |
| 4400 | 110,00 | | |
| 4400 | 280,00 | | |

| S | Bezugskosten für Hilfsstoffe | | H |
|---|---|---|---|
| 4400 | 180,00 | | |
| 4400 | 140,00 | | |
| 4400 | 220,00 | | |
| 4400 | 60,00 | | |
| 4400 | 120,00 | | |

| S | Bezugskosten für Betriebsstoffe | | H |
|---|---|---|---|
| 4400 | 140,00 | 4400 | 120,00 |
| 4400 | 260,00 | | |
| 4400 | 300,00 | | |
| 4400 | 90,00 | | |
| 4400 | 100,00 | | |

1 Entgelte aus Versicherungsverhältnissen gehören zu den steuerfreien Umsätzen. Hier liegt jedoch ein Sonderfall vor. Es gilt: „Nebenleistungen teilen das Schicksal der Hauptleistungen." Danach ist die Transportversicherung in diesem Fall eine Nebenleistung, auf die ausnahmsweise 19 % Umsatzsteuer entfallen.

**4** Sie sind Angestellte(r) der Textilfabrik Konrad Fied KG, Goseriede 41, 30159 Hannover. Die folgenden Belege liegen Ihnen zur Buchung vor.

a) Welche Geschäftsfälle liegen den Belegen zugrunde?

b) Wie lauten die Buchungssätze?

**Beleg 1**

EMUT

Emut GmbH
Frottierweberei

Hohler Weg 3 • 34369 Hofgeismar

Telefon: 05671 30322-0
Fax: 05671 30322-68

Internet: www.emut-wvd.de
E-Mail: info@emut-wvd.de

Emut GmbH · Hohler Weg 3 · 34369 Hofgeismar

Textilfabrik
Konrad Fied KG
Goseriede 41
30159 Hannover

EINGEGANGEN
18. Aug. 20..
Erledigt ..........

**Rechnung**

| | |
|---|---|
| Kundennummer | 24 005 |
| Rechnungsnummer | 5992 |
| Rechnungsdatum | 13.08.20.. |
| Bestelldatum | 20.07.20.. |
| Lieferdatum | 12.08.20.. |

| Pos. | Menge | Einheit | Artikel | € je Einheit | € gesamt |
|---|---|---|---|---|---|
| 1 | 1 200 | m | Frottee, 313 Fr | 4,50 | 5.400,00 |
| 2 | 1 600 | m | Frottee, 564 Fr | 5,00 | 8.000,00 |
| 3 | 1 000 | m | Walk-Frottee, 610 WFr | 6,50 | 6.500,00 |
| 4 | 800 | m | Walk-Frottee, 757 WFr | 7,00 | 5.600,00 |
| | | | | | 25.500,00 |
| | | | + Transportkosten | | 80,00 |
| | | | + Verpackung | | 300,00 |
| | | | | | 25.880,00 |
| | | | + 19 % USt | | 4.917,20 |
| | | | **Rechnungsbetrag** | | **30.797,20** |

Bei Rückgabe der Verpackung erhalten Sie 2/3 gutgeschrieben.
Zahlungsbedingung: Zahlungsziel 30 Tage

USt-IdNr.: DE 135 196 867
Sitz und Gericht: Hofgeismar
HRB 3
Geschäftsführer: Dirk Pietz

**Beleg 2**

*Hinweis:* Es handelt sich um die Verpackung, die in Beleg 1 in Rechnung gestellt wurde.

EMUT

Emut GmbH
Frottierweberei

Hohler Weg 3 • 34369 Hofgeismar

Telefon: 05671 30322-0 • Fax: 05671 30322-68

Internet: www.emut-wvd.de
E-Mail: info@emut-wvd.de

Emut GmbH · Hohler Weg 3 · 34369 Hofgeismar

Textilfabrik
Konrad Fied KG
Goseriede 41
30159 Hannover

EINGEGANGEN
2. Sept. 20..
Erledigt ..........

E-Mail
biedenstein@emut-wvd.de

| Ihr Zeichen, Ihre Nachricht vom | Unser Zeichen, unsere Nachricht vom | Telefon, Name 05671 30322- | Datum |
|---|---|---|---|
| | bi-he | 65 Herr Biedenstein | 30.08.20.. |

**Gutschrift Nr. 3290**

Sehr geehrte Damen und Herren,

für die Rückgabe der Verpackung schreiben wir Ihnen vereinbarungsgemäß gut:

| | |
|---|---|
| netto | 200,00 € |
| + 19 % USt | 38,00 € |
| | 238,00 € |

Bitte buchen Sie entsprechend.

Mit freundlichen Grüßen

Emut GmbH

i. V. Biedenstein

Biedenstein



6350174

**Beleg 3**

*Hinweis:* Der Betrag wurde bar bezahlt.

Nachnahmen müssen in der Bezettelung und in Feld 31 des Frachtbriefs eingetragen werden. Bei abweichender Darstellung ist allein das Feld 31 maßgebend.

Absender – P
Bernhard Müller OHG
Im Weiher 1
69121 Heidelberg

Empfänger – Postanschrift – Fernsprecher
Textilfabrik
Konrad Fied KG
Goseriede 41
30159 Hannover

Kundennummer
Buchst. (Zeich.) u. Nr.
94 57 89 98 48

Nachnahme € Ct
Zahlungsvermerk (Zv) (9): X unfrei ☐ frei

Plz – Versandbahnhof/-ort: 69121 Heidelberg
Annahme-/Auflieferfag: 05.11.20..

☐ Wagenladung ☐ Stückgut X Expressgut ☐ DB-Termindienst
Stückzahl der ges. Sendung: 3

Plz Bestimmungsbahnhof/-ort (13): 30159 Hannover HGBF
Stückgutleitzahl
Entladestelle

3 Kartons Webstoffe

Zulässige Erklärungen (4) | 13a Referenz-Nr. des Absenders (6)
EUR | EUR | 18a Palettenschein-Nr.
44 Lastgrenze | Verkehr Sonderbeh. | Bef.-Art | Kz für Tü | Betrieb. Sonderbeh.
45 Achsen | Kz für Lü | Kz
Liefertag: (10) | 23
(12) | 13b Referenz-Nr. des Empfängers (8)
33 GGVE ☐ ja | 26 Wirkliches Gewicht in kg: 80 | Ermittlungsdienstliche Vermerke | Annahmezeichen
55,48 ◄ Summe
62 Überweisung € Ct KZ | € Ct | 29 Lieferwert (17) | Übertrag
30 Barvorschuss (Bv) | 31 Nachnahme (Nn) (18) | 30a Vorfracht (Vf)
Fracht | Summe C | U-Steuer: 10,54 | Steuersatz: 19 %
Summe: 66,02 | 78 Summe D
15 Frachtzahler-Nr. Empfang (19) | Rechnung für den Empfänger

**Beleg 4**

**Spedition Küchler**

**Küchler Speditionsgesellschaft mbH**
**Export – Import – Spedition**

Nussriede 4 • 30627 Hannover
Telefon: 0511 2641-0
Fax: 0511 2641-329
Internet: www.kuechler-wvd.de
E-Mail: info@kuechler-wvd.de

Küchler GmbH, Nussriede 4, 30627 Hannover

Textilfabrik
Konrad Fied KG
Goseriede 41
30159 Hannover

EINGEGANGEN
16. April 20..
Erledigt ..................

| | |
|---|---|
| Kundennummer | 24 009 |
| Rechnungsnummer | 6291 |

| Ihr Zeichen, Ihre Nachricht vom | Unser Zeichen, unsere Nachricht vom | Telefon, Name 0511 2641- | Datum |
|---|---|---|---|
| ki 13.04.20.. | we | 321 Herr Werner | 15.04.20.. |

**Rechnung**

In Ihrem Auftrag stellten wir Ihnen im Monat März in 4 Anlieferungen Stoffballen von Ihrem Lieferanten, der Emut GmbH, zu (siehe beigefügte Auflistung).

| | |
|---|---|
| Transportkosten, netto | 3.000,00 € |
| + 19 % USt | 570,00 € |
| **Rechnungsbetrag** | **3.570,00 €** |

Zahlbar binnen 14 Tagen ohne Abzug.

**Beleg 5**

**Friedrich-Wilhelm Heine e. Kfm.**

***Handelsvertretung für Stoffe und Textilien***

Mölmer Ring 10 • 30173 Hannover
Tel. 0511 4589-0, Fax 0511 4589-55
E-Mail: info@heine-wvd.de
Sparkasse Hannover
Konto 753 012, BLZ 250 501 80
IBAN DE81 2505 0180 0000 7530 12
BIC SPKHDE2H

F.-W. Heine e. Kfm. • Mölmer Ring 10 • 30173 Hannover

Textilfabrik
Konrad Fied KG
Goseriede 41
30159 Hannover

EINGEGANGEN
13. Okt. 20..
Erledigt ..................

bitte stets angeben

| | |
|---|---|
| Rechnungsnummer | 493 |
| Rechnungsdatum | 12.10.20.. |
| Kundennummer | 24 009 |

***Provisionsabrechnung***

| | |
|---|---|
| Für den Einkauf von Stoffen im Monat September 20.. (siehe beigefügte Auflistung) erlaube ich mir zu berechnen: | 500,00 € |
| + 19 % Umsatzsteuer | 95,00 € |
| **Rechnungsbetrag** | **595,00 €** |

Bitte zahlen Sie innerhalb von 30 Tagen.

### 3.1.4 Die buchhalterische Erfassung der Vertriebskosten

Auf der Beschaffungsseite entstehen Bezugskosten, auf der Absatzseite **Vertriebskosten.** Es handelt sich um dieselben Positionen (siehe S. 165).

Der IKR sieht für diese **Aufwendungen** die folgenden Konten vor:
6040 Aufwendungen für Verpackungsmaterial
6140 Frachten und Fremdlager (inkl. Versicherungen und anderer Nebenkosten)
6150 Vertriebsprovisionen

**Beispiele**

1. Wir verkaufen an einen Kunden Erzeugnisse „frei Haus".

| | |
|---|---|
| Für Rollgeld und Bahnfracht zahlen wir bar, netto | 200,00 € |
| + 19 % Umsatzsteuer | 38,00 € |
| | 238,00 € |

2. Zur Verpackung werden eigens für diesen Verkauf Kunststoffbehälter bar gekauft,

| | |
|---|---|
| netto | 400,00 € |
| + 19 % Umsatzsteuer | 76,00 € |
| | 476,00 € |

| Buchungssätze | Soll | Haben |
|---|---|---|
| 6140 Frachten und Fremdlager | 200,00 | |
| 2600 Vorsteuer | 38,00 | |
| an 2880 Kasse | | 238,00 |
| | | |
| 6040 Aufwendungen für Verpackungsmaterial | 400,00 | |
| 2600 Vorsteuer | 76,00 | |
| an 2880 Kasse | | 476,00 |

Die Konten „6040 Aufwendungen für Verpackungsmaterial", „6140 Frachten und Fremdlager" und „6150 Vertriebsprovisionen" werden als Aufwandskonten über das Gewinn- und Verlustkonto abgeschlossen.

### 3.1.5 Die Belastung des Kunden mit den Vertriebskosten

Hat gemäß Kaufvertrag der Käufer sämtliche oder einen Teil der zunächst beim Verkäufer angefallenen Vertriebskosten zu tragen, so stellt der Lieferant diese verauslagten Kosten seinem Kunden in Rechnung.

Das **Verrechnungsverbot** von Aufwendungen und Erträgen (§ 246 Abs. 2 HGB) erlaubt für diesen Fall keine Korrekturbuchung auf der Habenseite der Vertriebskostenkonten. Die umsatzsteuerliche Verprobung und die EDV-Buchführung verlangen darüber hinaus, dass das **umsatzsteuerliche Entgelt**[1] einem **Ertragskonto**[2] zugeordnet wird. Aus diesen Gründen wird die Buchung der den Kunden in Rechnung gestellten Vertriebskosten über das Umsatzerlöskonto[3] vorgenommen.

1 Zur umsatzsteuerlichen Verprobung werden die umsatzsteuerlichen Entgelte ermittelt. Für die steuerliche Außenprüfung müssen die Konten gekennzeichnet sein, bei denen das umsatzsteuerliche Entgelt berührt wird.

2 Die EDV-Programme ermöglichen den problemlosen Einsatz von Umsatzsteuerschlüsseln nur bei Ertragskonten. (Umsatzsteuerschlüssel rechnen den Umsatzsteueranteil automatisch aus einem erfassten Betrag heraus bzw. zu einem erfassten Betrag hinzu und buchen ihn entsprechend.)

3 Es könnte auch ein spezielles Erlöskonto eingerichtet werden. Der Einfachheit halber wird hierauf aber meistens verzichtet.

**Beispiel** Die im obigen Beispiel verauslagten Verpackungskosten werden dem Kunden zusammen mit den Fertigerzeugnissen in Rechnung gestellt.

| | |
|---|---:|
| Zielverkauf von Erzeugnissen, netto ................................ | 20.000,00 € |
| + Verpackung (Kunststoffbehälter) ................................ | 400,00 € |
| | 20.400,00 € |
| + 19 % Umsatzsteuer ................................ | 3.876,00 € |
| | 24.276,00 € |

| Buchungssatz | Soll | Haben |
|---|---:|---:|
| 2400 Forderungen a. LL | 24.276,00 | |
| an 5000 Umsatzerlöse f. e. E. | | 20.400,00 |
| an 4800 Umsatzsteuer | | 3.876,00 |

Häufig gibt der Lieferant seinem Kunden die Möglichkeit, Verpackungsmaterial gegen eine entsprechende Gutschrift zurückzuschicken.

In diesem Fall muss eine Teilstornierung der obigen Buchung vorgenommen werden.

**Beispiel** Unser Kunde schickt an uns die ihm in Rechnung gestellten Kunststoffbehälter zurück. Vereinbarungsgemäß erteilen wir ihm eine Gutschrift über 75 % des Wertes der

| | |
|---|---:|
| Kunststoffbehälter ................................ | 300,00 € |
| darauf 19 % Umsatzsteuer ................................ | 57,00 € |
| | 357,00 € |

| Buchungssatz | Soll | Haben |
|---|---:|---:|
| 5000 Umsatzerlöse f. e. E. | 300,00 | |
| 4800 Umsatzsteuer | 57,00 | |
| an 2400 Forderungen a. LL | | 357,00 |

**Zusammenfassung**

**Vertriebskosten**

| S | 6040 Aufw. für Verpackungsmaterial H |
|---|---|
| Verpackungsmaterial | |

| S | 6140 Frachten und Fremdlager H |
|---|---|
| Ausgangsfrachten | |

| S | 6150 Vertriebsprovisionen H |
|---|---|
| Vertriebsprovisionen | |

| S | 5000/5100 Umsatzerlöse H |
|---|---|
| | Umsatzerlöse und Kunden in Rechnung gestellte(s) - Verpackungsmaterial, - Ausgangsfrachten, - Vertriebsprovisionen. |

1. **Der Industriekontenrahmen sieht für die Vertriebskosten die Aufwandskonten „6040 Aufwendungen für Verpackungsmaterial“, „6140 Frachten und Fremdlager“ und „6150 Vertriebsprovisionen“ vor.**
2. **Die Kunden in Rechnung gestellten Vertriebskosten werden über die Umsatzerlöskonten gebucht.**

## Aufgaben

1: Belegbuchungen
2: Buchung von Geschäftsfällen
3: Geschäftsgang

1 Sie sind Angestellte(r) der Textilfabrik Konrad Fied KG, Goseriede 41, 30159 Hannover.
Die folgenden Belege liegen Ihnen zur Buchung vor.
a) Welche Geschäftsfälle liegen den Belegen zugrunde?
b) Wie lauten die Buchungssätze?

**Beleg 1**

**Spedition Küchler**

*Küchler Speditionsgesellschaft mbH*
*Export – Import – Spedition*

Nussriede 4 • 30627 Hannover
Telefon: 0511 2641-0
Fax: 0511 2641-329
Internet: www.kuechler-wvd.de
E-Mail: info@kuechler-wvd.de

Küchler GmbH, Nussriede 4, 30627 Hannover

Textilfabrik
Konrad Fied KG
Goseriede 41
30159 Hannover

EINGEGANGEN 16. April 20.. Erledigt ..................

Kundennummer 24 009
Rechnungsnummer 6292

| Ihr Zeichen, Ihre Nachricht vom | Unser Zeichen, unsere Nachricht vom | Telefon, Name | Datum |
|---|---|---|---|
| ki 13.04.20.. | we | 0511 2641-321 Herr Werner | 15.04.20.. |

**Rechnung**

In Ihrem Auftrag lieferten wir im 1. Quartal d. J. in 5 Fuhren Textilien jeglicher Art an Ihren Kunden, die Söffgen OHG (siehe beigefügte Auflistung).

| | |
|---|---|
| Transportkosten, netto | 4.000,00 € |
| + 19 % USt | 760,00 € |
| **Rechnungsbetrag** | **4.760,00 €** |

Zahlbar binnen 14 Tagen ohne Abzug.

**Beleg 2**

**Kartonagenfabrik Andrea Lange GmbH & Co. KG**

*Packende Ideen aus Kunststoff und Karton*

Alte Bemeroder Straße 2
30539 Hannover
Telefon: 0511 850170
Telefax: 0511 850171
E-Mail: info@lange-wvd.de
Internet: www.lange-wvd.de

A. Lange GmbH & Co. KG • Alte Bemeroder Str. 2 • 30539 Hannover

Textilfabrik
Konrad Fied KG
Goseriede 41
30159 Hannover

EINGEGANGEN 23. Okt. 20.. Erledigt ..................

Bei Zahlung bitte angeben:
Rechnungs-Nr.: 123456
Datum: 21.10.20..
Kunden-Nr.: 24 011
Auftrags-Nr.: 404341
Auftragsdatum: 01.10.20..
Ihre Bestell-Nr.: V 222
Bestelldatum: 30.09.20..
Lieferschein-Nr.: 87503
Lieferdatum: 20.10.20..

**Rechnung**

| Pos. | Bezeichnung | Menge | Preis (€/PE) | Betrag (€) |
|---|---|---|---|---|
| 01 | Kunststofffaltschachtel für 10 Anzüge, ACX12 Innenmaß: 550 x 400 x 450 mm | 800 | 680,00/100 | 5.440,00 |
| 02 | Kunststofffaltschachtel für 5 Mäntel, BKZ13 Innenmaß: 600 x 400 x 300 mm | 1 000 | 550,00/100 | 5.500,00 |
| | Summe netto | | | 10.940,00 |
| | + 19 % USt | | | 2.078,60 |
| | **Rechnungswert** | | | **13.018,60** |



6350178

**Beleg 3**

Nachnahmen müssen in der Bezettelung und in Feld 31 des Frachtbriefs eingetragen werden. Bei abweichender Darstellung ist allein das Feld 31 maßgebend.

Absender – P
Konrad Fied KG
Goseriede 41
30159 Hannover

Empfänger – Postanschrift – Fernsprecher
Textilgroßhandel
Söffgen OHG
Bergstraße 11
51503 Rösrath

Kundennummer

Buchst. (Zeich.) u. Nr.

94 57 89 98 48

€ Nachnahme Ct

Zahlungsvermerk (Zv) (9) ☐ unfrei ☒ frei

Plz – Versandbahnhof/-ort
30159 Hannover

Annahme-/Auflieferetag
06.11.20..

☐ Wagenladung ☐ Stückgut ☒ Expressgut ☐ DB-Termindienst

Stückzahl der ges. Sendung 3

Plz Bestimmungsbahnhof/-ort (13)
51503 Rösrath
Entladestelle
Stückgutleitzahl

65 Kunststofffaltschachteln
mit Textilien

Zulässige Erklärungen (4)
13a Referenz-Nr. des Absenders (6)
EUR EUR
18a Palettenschein-Nr.
44 Lastgrenze t
Verkehr. Sonderbeh.
Bef.-Art Kz für Tü
Betrieb. Sonderbeh.
45 Achsen Kz für Lü
Kz
Liefertag: (10)
23
(12)
13b Referenz-Nr. des Empfängers (8)

33 GGVE ☐ ja

26 Wirkliches Gewicht in kg
550

Ermittlungsdienstliche Vermerke

Annahmezeichen

325,00 ◀ Summe

41 Container Z G | 42 Wagen E Gattung | 38 U-Art E V | 56 Güterart-Nr. | 57 Tarif-Nr. | 58 S | 60 Frachtber.-gewicht | 59 Frachtsatz € Ct | 59a Fracht € Ct | 61 Freibetrag € Ct KZ | 62 Überweisung € Ct KZ | € Ct | 29 Lieferwert (17)

Übertrag
30 Barvorschuss (Bv)
31 Nachnahme (Nn) (18)
30a Vorfracht (Vf)
Fracht | Fracht
Summe A | Summe C
61,75 U-Steuer | U-Steuer | Steuersatz 19 %
386,75 Summe B | Summe | 78 Summe D

Summe
39a
35 U-Steuer | 36 Land urspr. endgültig | 37 | 64 km | 39 | 40 | 11a Frachtzahlen-Nr. Versand (19) | Rechnung für den Absender | 15a Frachtzahlen-Nr. Empfang (19) | Rechnung für den Empfänger

*Hinweis:* Der Betrag wurde bar bezahlt.

**Beleg 4**

**Konrad Fied KG** Textilfabrik

Konrad Fied KG • Goseriede 41 • 30159 Hannover

Goseriede 41 • 30159 Hannover
Telefon: 0511 4155-0
Telefax: 0511 4155-10
Internet: www.fied-wvd.de
E-Mail: info@fied-wvd.de

Textilgroßhandel
Söffgen OHG
Bergstraße 11
51503 Rösrath

| | |
|---|---|
| **Kunden-Nr.:** | 24 001 |
| **Lieferdatum:** | 05.11.20.. |
| **Bestelldatum:** | 02.10.20.. |
| **Sachbearbeiter/-in:** | Frau Kibat |
| **Rechnungs-Nr.:** | 4199 |
| **Rechnungsdatum:** | 07.11.20.. |

## Rechnung

| Pos. | Einheit | Artikel | Menge | Preis je Einheit/€ | Betrag/€ |
|---|---|---|---|---|---|
| 1 | St. | Herrenanzug, 3040 B | 250 | 115,00 | 28.750,00 |
| 2 | St. | Herrenanzug, 2894 C | 150 | 130,00 | 19.500,00 |
| 3 | St. | Damenmantel, 3127 F | 75 | 60,00 | 4.500,00 |
| 4 | St. | Herrenmantel, 2436 X | 50 | 70,00 | 3.500,00 |
| | | | | | 56.250,00 |
| | | + Transportkosten | | | 325,00 |
| | | + 65 Kunststofffaltschachteln | | | 440,00 |
| | | Bei Rückgabe der 65 Kunststofffaltschachteln erhalten Sie 3/4 gutgeschrieben. | | | |
| | | | | gesamt | 57.015,00 |
| | | | | + 19 % USt | 10.832,85 |
| | | | | **Rechnungsbetrag** | **67.847,85** |

Reklamationen werden nur innerhalb von
8 Tagen nach Empfang der Ware berücksichtigt.

→

**Beleg 5**

**Konrad Fied KG** Textilfabrik

Konrad Fied KG • Goseriede 41 • 30159 Hannover

Goseriede 41 • 30159 Hannover
Telefon: 0511 4155-0
Telefax: 0511 4155-10
Internet: www.fied-wvd.de
E-Mail: info@fied-wvd.de

Textilgroßhandel
Söffgen OHG
Bergstraße 11
51503 Rösrath

Telefax 0511 4155-32
E-Mail kibat@fied-wvd.de

| Ihr Zeichen, Ihre Nachricht vom | Unser Zeichen, unsere Nachricht vom | Telefon, Name 0511 4155- | Datum |
|---|---|---|---|
| 24.11.20.. | ki-kl | 58 Frau Kibat | 30.11.20.. |

**Gutschrift Nr. 52**

Sehr geehrter Herr Söffgen,

für die Rückgabe der 65 Kunststofffaltschachteln schreiben wir Ihnen vereinbarungsgemäß gut:

| | |
|---|---|
| netto: | 330,00 € |
| + 19 % USt | 62,70 € |
| | 392,70 € |

Bitte buchen Sie entsprechend.

Mit freundlichem Gruß

Konrad Fied KG
Textilfabrik

i. A. *Kibat*

Kibat

**Beleg 6**

TRANSPORT taxi 0511 222233 Transporte aller Art – für Handel und Privat

Timo Steiger GbR, Hohe Str. 13, 30449 Hannover
E-Mail: info@steiger-wvd.de • Steuernummer: 26 967 32871

Auftraggeber *Textilfabrik Konrad Fied KG*
von *Konrad Fied KG, Goseriede 41, 30159 Hannover*
an *Textileinzelhandel Gertrud Schön e. Kffr., Sundernstraße 34, 22159 Hamburg*

| | |
|---|---|
| Grundgebühr | *25,00* € |
| *150* km à *1,00* € = | *150,00* € |
| Be- und Entladung | € |
| Kettengebühr | € |
| gesamt | *175,00* € |
| + 19 % USt | *33,25* € |
| **Summe** | *208,25* € |

eigene Buchungsvermerke des Auftraggebers
Anlieferung diverser Damenoberbekleidungsstücke an Textileinzelhandel Gertrud Schön e. Kffr., Hamburg. Betrag bar bezahlt. *Ki*

**Beleg 7**

**Friedrich-Wilhelm Heine e. Kfm.**

***Handelsvertretung für Stoffe und Textilien***

Mölmer Ring 10 • 30173 Hannover
Tel. 0511 4589-0, Fax 0511 4589-55
E-Mail: info@heine-wvd.de
Sparkasse Hannover
Konto 753 012, BLZ 250 501 80
IBAN DE81 2505 0180 0000 7530 12
BIC SPKHDE2H

F.-W. Heine e. Kfm. • Mölmer Ring 10 • 30173 Hannover

Textilfabrik
Konrad Fied KG
Goseriede 41
30159 Hannover

EINGEGANGEN 5. Okt. 20.. Erledigt ....................

bitte stets angeben

| | |
|---|---|
| Rechnungsnummer | 499 |
| Rechnungsdatum | 03.10.20.. |
| Kundennummer | 24 009 |

***Provisionsabrechnung***

| | |
|---|---|
| Für den Verkauf von Textilien im Monat September 20.. (siehe beigefügte Auflistung) erlaube ich mir zu berechnen: | 900,00 € |
| + 19 % Umsatzsteuer | 171,00 € |
| **Rechnungsbetrag** | **1.071,00 €** |

Bitte zahlen Sie innerhalb von 30 Tagen.

2 Nennen Sie die Buchungssätze.

1. Barkauf von Verpackungsmaterial, netto ........ 300,00 €
   + 19 % Umsatzsteuer ........ 57,00 €
   357,00 €

2. Für Ausgangsfracht entrichten wir bar, netto ........ 200,00 €
   + 19 % Umsatzsteuer ........ 38,00 €
   238,00 €

3. Zielverkauf eigener Erzeugnisse gemäß AR 862,
   eigene Erzeugnisse, netto ........ 30.000,00 €
   Verpackungsmaterial, netto ........ 300,00 €
   Transportkosten, netto ........ 200,00 €
   + 19 % Umsatzsteuer ........ 5.795,00 €
   36.295,00 €

4. Vereinbarungsgemäß erteilen wir unserem Kunden für an uns zurückgeschicktes Verpackungsmaterial eine Gutschrift über netto ........ 300,00 €
   darauf 19 % Umsatzsteuer ........ 57,00 €
   357,00 €

FIBU möglich!

3[1] **Anfangsbestände**

*I. Anfangsbestände der Sachkonten*

0720 Anlagen und Maschinen: 800.000,00 €; 0840 Fuhrpark: 400.000,00 €; 2000 Rohstoffe: 350.000,00 €; 2020 Hilfsstoffe: 80.000,00 €; 2100 Unfertige Erzeugnisse: 90.000,00 €; 2200 Fertige Erzeugnisse: 85.000,00 €; 2400 Forderungen a. LL: 90.000,00 €; 2800 Guthaben bei Kreditinstituten (Bank): 100.000,00 €; 2880 Kasse: 40.000,00 €; 3000 Eigenkapital: 990.000,00 €; 4250 Langfristige Bankverbindlichkeiten: 975.000,00 €; 4400 Verbindlichkeiten a. LL: 70.000,00 €.

*II. Anfangsbestände der Kundenkonten (Offene-Posten-Liste der Debitoren)*

| Kd.-Nr. | Debitoren | Beleg-Nr. | Betrag (€) |
|---|---|---|---|
| 24 001 | Söffgen OHG | 1 | 50.000,00 |
| 24 002 | G. Schön e. Kffr. | 2 | 40.000,00 |
| | | | 90.000,00 |

*III. Anfangsbestände der Lieferantenkonten (Offene-Posten-Liste der Kreditoren)*

| L.-Nr. | Kreditoren | Beleg-Nr. | Betrag (€) |
|---|---|---|---|
| 44 001 | B. Müller OHG | 3 | 40.000,00 |
| 44 002 | Emut GmbH | 4 | 30.000,00 |
| | | | 70.000,00 |

**Kontenplan**

**Kontenklasse 0 (Immaterielle Vermögensgegenstände und Sachanlagen):** 0720 Anlagen und Maschinen; 0840 Fuhrpark.

**Kontenklasse 2 (Umlaufvermögen und aktive Rechnungsabgrenzung):** 2000 Rohstoffe; 2020 Hilfsstoffe; 2100 Unfertige Erzeugnisse; 2200 Fertige Erzeugnisse; 2400 Forderungen a. LL (24 001 Forderungen an die Söffgen OHG, 24 002 Forderungen an G. Schön e. Kffr.); 2600 Vorsteuer; 2800 Guthaben bei Kreditinstituten (Bank); 2880 Kasse.

**Kontenklasse 3 (Eigenkapital und Rückstellungen):** 3000 Eigenkapital.

**Kontenklasse 4 (Verbindlichkeiten und passive Rechnungsabgrenzung):** 4250 Langfristige Bankverbindlichkeiten; 4400 Verbindlichkeiten a. LL (44 001 Verbindlichkeiten gegenüber der B. Müller OHG, 44 002 Verbindlichkeiten gegenüber der Emut GmbH); 4800 Umsatzsteuer.

→

1 Der Geschäftsgang kann alternativ nach der „Fortschreibungsmethode" oder nach der „Inventurmethode" oder nach dem „Aufwandsrechnerischen Verfahren" gebucht werden.

**Kontenklasse 5 (Erträge):** 5000 Umsatzerlöse für eigene Erzeugnisse; 5201 Bestandsveränderungen an unfertigen Erzeugnissen; 5202 Bestandsveränderungen an fertigen Erzeugnissen; 5710 Zinserträge.

**Kontenklasse 6 (Betriebliche Aufwendungen):** 6000 Aufwendungen für Rohstoffe; 6001[1] Bezugskosten für Rohstoffe; 6020 Aufwendungen für Hilfsstoffe; 6040 Aufwendungen für Verpackungsmaterial; 6200 Löhne; 6690 Übrige sonstige Personalaufwendungen; 6700 Mieten, Pachten; 6710 Leasing; 6821 Portokosten; 6900 Versicherungsbeiträge.

**Kontenklasse 7 (Weitere Aufwendungen):** 7030 Kraftfahrzeugsteuer.

**Kontenklasse 8 (Ergebnisrechnungen):** 8000 Eröffnungsbilanzkonto; 8010 Schlussbilanzkonto; 8020 Gewinn- und Verlustkonto.

| Beleg-Nr. | Geschäftsfälle | € |
|---|---|---|
| | **1. Lastschriftanzeige der Bank gemäß Kontoauszug für** | |
| 11 | 1. Fertigungslöhne | 12.000,00 |
| 12 | 2. Kfz-Steuer (Einzugsermächtigung) | 1.000,00 |
| 13 | 3. Kfz-Versicherung (Einzugsermächtigung) | 2.000,00 |
| 14 | 4. Miete der Fertigungshalle (Dauerauftrag) | 8.000,00 |
| 15 | 5. Überweisung an die Bernhard Müller OHG (L.-Nr. 44 001; betrifft: Beleg 3) | 40.000,00 |
| 16 | 6. Leasinggebühr für Lkw (Dauerauftrag), Nettopreis | 800,00 |
| | + 19 % Umsatzsteuer | 152,00 |
| | Bruttopreis | 952,00 |
| 17 | 7. Aufladen der Frankiermaschine (Einzugsermächtigung) | 500,00 |
| 18 | 8. Überweisung der Prüfungsgebühr für die Zwischenprüfung unseres Auszubildenden Jürgen Engel an die IHK Hannover (Einzugsermächtigung) | 30,00 |
| 20 | **2.** Eingangsrechnung der Emut GmbH (L.-Nr. 44 002), Nettopreis (Rohstoffe) | 70.000,00 |
| | + Fracht | 800,00 |
| | + Verpackung | 600,00 |
| | + 19 % Umsatzsteuer | 13.566,00 |
| | Rechnungsbetrag[2] | 84.966,00 |
| | **3. Kassenausgang für** | |
| 31 | 1. Rollgeld (Rohstofflieferung der Emut GmbH), Nettopreis | 700,00 |
| | + 19 % Umsatzsteuer | 133,00 |
| | Bruttopreis | 833,00 |
| 32 | 2. Kunststofffaltschachteln (für den Versand von eigenen Erzeugnissen), Nettopreis | 1.000,00 |
| | + 19 % Umsatzsteuer | 190,00 |
| | Bruttopreis | 1.190,00 |
| 33 | 3. Zuschuss für die Betriebssportgruppe | 200,00 |

1 alternativ: 2001 („Bestandsrechnerisches Verfahren“)

2 Für Bruttosteuerschlüssel (EDV-Buchführung):
Bruttowert der Rohstoffe: 83.300,00 €
Bruttowert der Bezugskosten: 1.666,00 €



6350182

| Beleg-Nr. | | € |
|---|---|---|
| | **4. Gutschriftanzeige der Emut GmbH (L.-Nr. 44 002)** | |
| 41 | 1. für die an sie zurückgesandte Verpackung | |
| | (betrifft: Beleg 20), netto | 600,00 |
| | darauf 19 % Umsatzsteuer | 114,00 |
| | | 714,00 |
| 42 | 2. für uns irrtümlich zu viel in Rechnung gestellte Frachtkosten | |
| | (betrifft: Beleg 20), netto | 100,00 |
| | darauf 19 % Umsatzsteuer | 19,00 |
| | | 119,00 |
| 50 | 5. Ausgangsrechnung an die Söffgen OHG (Kd.-Nr. 24 001), | |
| | Nettopreis (eigene Erzeugnisse) | 200.000,00 |
| | + Verpackung | 800,00 |
| | + 19 % Umsatzsteuer | 38.152,00 |
| | Rechnungspreis | 238.952,00 |
| 60 | 6. Gutschriftanzeige an die Söffgen OHG (Kd.-Nr. 24 001) für die an uns zurückgesandte Verpackung (betrifft: Beleg 50), | |
| | netto | 800,00 |
| | darauf 19 % Umsatzsteuer | 152,00 |
| | | 952,00 |
| 70 | 7. Gutschriftanzeige der Bank gemäß Kontoauszug für Überweisung von Gertrud Schön e. Kffr. (Kd.-Nr. 24 002, betrifft: Beleg 2) | 40.000,00 |
| | 8.[1] **Verbrauch gemäß Materialentnahmescheine** | |
| 81 | 1. Rohstoffe | 90.000,00 |
| 82 | 2. Hilfsstoffe | 10.000,00 |
| 90 | 9. Unsere Kundin, die Söffgen OHG (Kd.-Nr. 24 001), hat unsere Ausgangsrechnung (Beleg 50) nicht rechtzeitig beglichen. | |
| | Wir belasten die Söffgen OHG mit Verzugszinsen | 500,00 |
| | **Abschlussangaben** | |
| 100 | 10. Auf dem Konto „2880 Kasse" befinden sich 29,75 € zu viel (Inventurdifferenz) Ursache: Ein Bareinkauf von Verpackungsmaterial (25,00 € netto + 4,75 € Umsatzsteuer) wurde versehentlich nicht gebucht. | |
| 110 | 11. Ermittlung und Passivierung der Zahllast | ? |
| 121 | **12. Schlussbestände lt. Inventur:** 1. Unfertige Erzeugnisse | 80.000,00 |
| 122 | 2. Fertige Erzeugnisse | 120.000,00 |
| 130 | 13. Die Schlussbestände der anderen Bestandskonten entsprechen den Inventurbeständen. | |
| | **Zusätzliche Abschlussangaben bei Buchung nach der „Inventurmethode" oder nach dem „Aufwandsrechnerischen Verfahren"** | |
| 141 | **14. Schlussbestände lt. Inventur:** 1. Rohstoffe | 331.400,00 |
| 142 | 2. Hilfsstoffe | 70.000,00 |

1 Soll nach der „Inventurmethode" oder nach dem „Aufwandsrechnerischen Verfahren" gebucht werden, so entfällt dieser Geschäftsfall.

## 3.1.6 Rücksendungen und Preisnachlässe

Werden mangelhafte Werkstoffe/Erzeugnisse geliefert, so stehen dem Käufer nach dem BGB folgende Rechte (Gewährleistungsansprüche) zu:

1. **Nacherfüllung**
   a) **Ersatzlieferung** (beim Gattungskauf[1]) oder
   b) **Nachbesserung** (beim Gattungs- oder Stückkauf[2]).

Wird dem Verkäufer eine angemessene Frist zur Nacherfüllung gesetzt und verstreicht diese erfolglos, so hat der Käufer die Rechte auf:

2. **Minderung (Preisnachlass)** oder
3. **Wandelung (Rücktritt bzw. Teilrücktritt vom Kaufvertrag)** und
4. **Schadensersatz statt der Leistung/Ersatz vergeblicher Aufwendungen.**

Bei den häufig in Anspruch genommenen Rechten auf Wandelung oder auf Minderung werden Werkstoffe/Erzeugnisse **zurückgesandt** bzw. **in ihrem Preis ermäßigt.**

In einem solchen Fall werden Korrekturbuchungen vorgenommen. Diese können sich sowohl auf der Beschaffungsseite als auch auf der Absatzseite ergeben.

### 3.1.6.1 Buchhalterische Behandlung von Rücksendungen (Wandelungen)

### Rücksendungen auf der Beschaffungsseite

Rücksendungen von Werkstoffen an Lieferanten mindern die aufgrund der Eingangsrechnungen gebuchten Beträge. Es sind zu korrigieren:

- das Verbindlichkeitenkonto durch eine Sollbuchung (Minderung der Verbindlichkeiten),
- das Werkstoffeinkaufskonto durch eine Habenbuchung und
- das Vorsteuerkonto durch eine Habenbuchung (Minderung der Vorsteuer; Bemessungsgrundlage hat sich geändert).

**Beispiel**

1. Zieleinkauf von Rohstoffen, Nettowert ............................ 20.000,00 €
   + 19 % Umsatzsteuer ............................ 3.800,00 €
   23.800,00 €

| Buchungssatz | Soll | Haben |
|---|---|---|
| 6000 Aufwendungen für Rohstoffe[3] | 20.000,00 | |
| 2600 Vorsteuer | 3.800,00 | |
| an 4400 Verbindlichkeiten a. LL | | 23.800,00 |

2. Es ist zum Teil eine falsche Rohstoffart geliefert worden. Wir nehmen das Recht auf Wandelung in Anspruch und senden Rohstoffe an den Lieferanten zurück
   im Wert von ............................ 3.000,00 €
   + 19 % Umsatzsteuer ............................ 570,00 €
   3.570,00 €

| Buchungssatz | Soll | Haben |
|---|---|---|
| 4400 Verbindlichkeiten a. LL | 3.570,00 | |
| an 6000 Aufwendungen für Rohstoffe[3] | | 3.000,00 |
| an 2600 Vorsteuer | | 570,00 |

1 Kaufgegenstand ist eine vertretbare Sache (Kaufgegenstand gibt es mehrfach), z. B. Drucker.
2 Kaufgegenstand ist eine nicht vertretbare Sache (Kaufgegenstand gibt es nur einmal), z. B. Gemälde.
3 alternativ: 2000 Rohstoffe („Bestandsrechnerisches Verfahren")



6350184

### Rücksendungen auf der Absatzseite

Bei Inanspruchnahme des Rechts auf Wandelung senden Kunden beanstandete Fertigerzeugnisse an uns zurück.

Zu korrigieren sind:
- das Forderungskonto durch eine Habenbuchung (Minderung der Forderungen),
- das Umsatzerlöskonto durch eine Sollbuchung (Erlösschmälerung) und
- das Umsatzsteuerkonto durch eine Sollbuchung (Minderung der Umsatzsteuerschuld; Bemessungsgrundlage hat sich geändert).

**Beispiel**

1. Zielverkauf eigener Erzeugnisse, Nettowert ........ 15.000,00 €
   \+ 19 % Umsatzsteuer ........ 2.850,00 €
   17.850,00 €

| Buchungssatz | Soll | Haben |
|---|---|---|
| 2400 Forderungen a. LL | 17.850,00 | |
| an 5000 Umsatzerlöse f. e. E. | | 15.000,00 |
| an 4800 Umsatzsteuer | | 2.850,00 |

2. Unser Kunde sendet fehlerhafte Erzeugnisse an uns zurück (Wandelung).
   Nettowert ........ 2.000,00 €
   \+ 19 % Umsatzsteuer ........ 380,00 €
   2.380,00 €

| Buchungssatz | Soll | Haben |
|---|---|---|
| 5000 Umsatzerlöse f. e. E. | 2.000,00 | |
| 4800 Umsatzsteuer | 380,00 | |
| an 2400 Forderungen a. LL | | 2.380,00 |

**Zusammenfassung**

**Rücksendungen aufgrund von Mängelrügen (Wandelungen) werden sowohl auf der Beschaffungsseite als auch auf der Absatzseite als Stornobuchungen (Rückbuchungen) erfasst.**

Aufgaben folgen auf S. 188 ff.

## 3.1.6.2 Buchhalterische Behandlung von Preisnachlässen (Minderungen)

### Preisnachlässe auf der Beschaffungsseite

Gutschriften von Lieferanten aufgrund von Preisnachlässen (Minderungen) könnten – ebenso wie Rücksendungen an Lieferanten (Wandelungen) – direkt über die entsprechenden Einkaufskonten gebucht werden.

Zur besseren Information sieht hier der Industriekontenrahmen **Nachlasskonten** vor. Diese werden als Unterkonten über ihre Hauptkonten, die Einkaufskonten, abgeschlossen.

Bei dem **„Aufwandsrechnerischen Verfahren“** (vgl. Kapitel 2.7.1.3) werden die Werkstoffeinkäufe auf den **Werkstoffaufwandskonten** der **Kontenklasse 6** gebucht. In diesem Fall gilt folgende Zuordnung:

| Hauptkonten | Unterkonten |
|---|---|
| 6000 Aufw. für Rohstoffe | 6002 Nachlässe für Rohstoffe |
| 6010 Aufw. für Vorprodukte/Fremdbauteile | 6012 Nachlässe für Vorprodukte/Fremdbauteile |
| 6020 Aufw. für Hilfsstoffe | 6022 Nachlässe für Hilfsstoffe |
| 6030 Aufw. für Betriebsstoffe | 6032 Nachlässe für Betriebsstoffe |
| 6070 Aufw. für sonstiges Material | 6072 Nachlässe für sonstiges Material |
| 6080 Aufw. für Waren | 6082 Nachlässe für Waren |

Bei der **Inventurmethode**[1] und bei der **Fortschreibungsmethode**[1] (vgl. Kapitel 2.7.1.1) werden die Werkstoffeinkäufe auf den **Werkstoffbestandskonten** der **Kontenklasse 2** gebucht. Insofern ergibt sich bei diesen Methoden folgende Zuordnung:

| Hauptkonten | Unterkonten |
|---|---|
| 2000 Rohstoffe | 2002 Nachlässe für Rohstoffe |
| 2010 Vorprodukte/Fremdbauteile | 2012 Nachlässe für Vorprodukte/Fremdbauteile |
| 2020 Hilfsstoffe | 2022 Nachlässe für Hilfsstoffe |
| 2030 Betriebsstoffe | 2032 Nachlässe für Betriebsstoffe |
| 2070 Sonstiges Material | 2072 Nachlässe für sonstiges Material |
| 2280 Waren | 2282 Nachlässe für Waren |

**Beispiel**

1. Zieleinkauf von Rohstoffen, Nettopreis ........ 30.000,00 €
   + 19 % Umsatzsteuer ........ 5.700,00 €
   35.700,00 €

| **Buchungssatz** | Soll | Haben |
|---|---|---|
| 6000 Aufwendungen für Rohstoffe[2] | 30.000,00 | |
| 2600 Vorsteuer | 5.700,00 | |
| an 4400 Verbindlichkeiten a. LL | | 35.700,00 |

2. Es sind fehlerhafte Rohstoffe geliefert worden. Wir nehmen unser Recht auf einen Preisnachlass (Minderung) in Anspruch.
   Nettopreisnachlass ........ 5.000,00 €
   + 19 % Umsatzsteuer ........ 950,00 €
   5.950,00 €

| **Buchungssatz** | Soll | Haben |
|---|---|---|
| 4400 Verbindlichkeiten a. LL | 5.950,00 | |
| an 6002 Nachlässe für Rohstoffe[3] | | 5.000,00 |
| an 2600 Vorsteuer | | 950,00 |

1 Es handelt sich um die „Bestandsrechnerischen Verfahren".
2 alternativ: 2000 Rohstoffe („Bestandsrechnerisches Verfahren")
3 alternativ: 2002 Nachlässe für Rohstoffe


6350186

3. Das Unterkonto „6002 Nachlässe für Rohstoffe“[1] wird über sein Hauptkonto, das Rohstoffeinkaufskonto, abgeschlossen.

| Buchungssatz | Soll | Haben |
|---|---|---|
| 6002 Nachlässe für Rohstoffe[1] | 5.000,00 | |
| an 6000 Aufwendungen für Rohstoffe[2] | | 5.000,00 |

## Preisnachlässe auf der Absatzseite

Gutschriften an Kunden aufgrund von Preisnachlässen (Minderungen) könnten – ebenso wie Rücksendungen von Kunden (Wandelungen) – direkt über die entsprechenden Umsatzerlöskonten gebucht werden.

Zur besseren Information sieht hier der Industriekontenrahmen **Erlösberichtigungskonten** vor. Diese werden als **Unterkonten** über ihre Hauptkonten, die Umsatzerlöskonten, abgeschlossen.

| Hauptkonten | Unterkonten |
|---|---|
| 5000 Umsatzerlöse für eigene Erzeugnisse | 5001 Erlösberichtigungen für eigene Erzeugnisse |
| 5050 Umsatzerlöse für andere eigene Leistungen | 5051 Erlösberichtigungen für andere eigene Leistungen |
| 5100 Umsatzerlöse für Waren | 5101 Erlösberichtigungen für Waren |
| 5190 Sonstige Umsatzerlöse | 5191 Erlösberichtigungen für sonstige Umsatzerlöse |

**Beispiel**

1. Zielverkauf eigener Erzeugnisse, Nettowert ............................ 40.000,00 €
   + 19 % Umsatzsteuer ............................................ 7.600,00 €
   
   47.600,00 €

| Buchungssatz | Soll | Haben |
|---|---|---|
| 2400 Forderungen a. LL | 47.600,00 | |
| an 5000 Umsatzerlöse f. e. E. | | 40.000,00 |
| an 4800 Umsatzsteuer | | 7.600,00 |

2. Wir haben fehlerhafte Erzeugnisse geliefert.
   Unser Kunde nimmt sein Recht auf Minderung (Preisnachlass) in Anspruch.
   Nettopreisnachlass ............................................ 7.000,00 €
   + 19 % Umsatzsteuer ............................................ 1.330,00 €
   
   8.330,00 €

| Buchungssatz | Soll | Haben |
|---|---|---|
| 5001 Erlösberichtigungen f. e. E. | 7.000,00 | |
| 4800 Umsatzsteuer | 1.330,00 | |
| an 2400 Forderungen a. LL | | 8.330,00 |

→

1 alternativ: 2002 Nachlässe für Rohstoffe („Bestandsrechnerisches Verfahren“)
2 alternativ: 2000 Rohstoffe („Bestandsrechnerisches Verfahren“)

3. Das Unterkonto „5001 Erlösberichtigungen f. e. E." wird über sein Hauptkonto, das Umsatzerlöskonto, abgeschlossen.

| Buchungssatz | Soll | Haben |
|---|---|---|
| 5000 Umsatzerlöse f. e. E. | 7.000,00 | |
| an 5001 Erlösberichtigungen f. e. E. | | 7.000,00 |

**Zusammenfassung**

**Preisnachlässe aufgrund von Mängelrügen (Minderungen) werden sowohl auf der Beschaffungsseite als auch auf der Absatzseite über Unterkonten der Einkaufskonten bzw. der Umsatzerlöskonten gebucht.**

## Aufgaben

1: Rücksendungen auf der Beschaffungsseite
2: Rücksendungen auf der Absatzseite
3 u. 4: Preisnachlässe auf der Beschaffungsseite
5 u. 6: Preisnachlässe auf der Absatzseite
7 u. 8: Belegbuchungen
9 u. 10: Buchungen mit Umsatzsteuerberechnung
11: Geschäftsgang

AH

**1** Bilden Sie die Buchungssätze und buchen Sie auf den entsprechenden Konten.

**Anfangsbestände** €
4400 Verbindlichkeiten a. LL ........................................ 40.000,00

**Konten**
2600 Vorsteuer, 4400 Verbindlichkeiten a. LL, 6000 Aufw. für Rohstoffe[1].

| Geschäftsfälle | I. € | II. € |
|---|---|---|
| 1. Rohstoffeinkauf auf Ziel, Nettowert | 20.000,00 | 25.000,00 |
| + 19 % Umsatzsteuer | 3.800,00 | 4.750,00 |
| 2. Rücksendung mangelhafter Rohstoffe an unseren Lieferanten (Wandelung), netto | 1.500,00 | 2.000,00 |
| darauf 19 % Umsatzsteuer | 285,00 | 380,00 |

AH

**2** Bilden Sie die Buchungssätze und buchen Sie auf den entsprechenden Konten.

**Anfangsbestand** €
2400 Forderungen a. LL ........................................ 20.000,00

**Konten**
2400 Forderungen a. LL, 4800 Umsatzsteuer, 5000 Umsatzerlöse für eigene Erzeugnisse.

| Geschäftsfälle | I. € | II. € |
|---|---|---|
| 1. Zielverkauf eigener Erzeugnisse, Nettowert | 15.000,00 | 12.000,00 |
| + 19 % Umsatzsteuer | 2.850,00 | 2.280,00 |
| 2. Kunde schickt mangelhafte Erzeugnisse zurück (Wandelung), netto | 2.500,00 | 3.000,00 |
| darauf 19 % Umsatzsteuer | 475,00 | 570,00 |

1 alternativ: 2000 Rohstoffe („Bestandsrechnerisches Verfahren")



6350188

AH

3 Bilden Sie die Buchungssätze und buchen Sie auf den entsprechenden Konten. Schließen Sie das Konto „6022 Nachlässe für Hilfsstoffe“[1] ab.

| **Anfangsbestände** | € |
|---|---|
| 4400 Verbindlichkeiten a. LL | 50.000,00 |

**Konten**
2600 Vorsteuer, 4400 Verbindlichkeiten a. LL, 6020 Aufwendungen für Hilfsstoffe[2], 6022 Nachlässe für Hilfsstoffe[1].

| **Geschäftsfälle** | I. € | II. € |
|---|---|---|
| 1. Zieleinkauf von Hilfsstoffen, Nettowert | 15.000,00 | 18.000,00 |
| + 19 % Umsatzsteuer | 2.850,00 | 3.420,00 |
| 2. Preisnachlass des Hilfsstofflieferanten aufgrund unserer Mängelrüge (Minderung), netto | 2.000,00 | 3.000,00 |
| darauf 19 % Umsatzsteuer | 380,00 | 570,00 |

4 Wie lautet der Abschlussbuchungssatz des folgenden Kontos?

| S | Nachlässe für Rohstoffe | | H |
|---|---|---|---|
| | | 4400 | 1.800,00 |
| | | 4400 | 2.600,00 |
| | | 4400 | 4.100,00 |
| | | 4400 | 3.900,00 |

AH

5 Bilden Sie die Buchungssätze und buchen Sie auf den entsprechenden Konten. Schließen Sie das Konto „5001 Erlösberichtigungen für eigene Erzeugnisse“ ab.

| **Anfangsbestand** | € |
|---|---|
| 2400 Forderungen a. LL | 30.000,00 |

**Konten**
2400 Forderungen a. LL, 4800 Umsatzsteuer, 5000 Umsatzerlöse für eigene Erzeugnisse, 5001 Erlösberichtigungen für eigene Erzeugnisse.

| **Geschäftsfälle** | I. € | II. € |
|---|---|---|
| 1. Zielverkauf eigener Erzeugnisse, Nettowert | 25.000,00 | 30.000,00 |
| + 19 % Umsatzsteuer | 4.750,00 | 5.700,00 |
| 2. Preisnachlass an unseren Kunden aufgrund seiner Mängelrüge (Minderung), netto | 2.000,00 | 2.200,00 |
| darauf 19 % Umsatzsteuer | 380,00 | 418,00 |

6 Wie lautet der Abschlussbuchungssatz des folgenden Kontos?

| S | 5001 Erlösberichtigungen f. e. E. | | H |
|---|---|---|---|
| 2400 | 2.400,00 | | |
| 2400 | 1.800,00 | | |
| 2400 | 5.500,00 | | |
| 2400 | 7.200,00 | | |

1 alternativ: 2022 Nachlässe für Hilfsstoffe („Bestandsrechnerisches Verfahren“)

2 alternativ: 2020 Hilfsstoffe („Bestandsrechnerisches Verfahren“)

7 Sie sind Angestellte(r) der Textilfabrik Konrad Fied KG, Goseriede 41, 30159 Hannover. Die Belege 1 und 2 liegen Ihnen zur Buchung vor.

a) Welche Geschäftsfälle liegen den Belegen zugrunde?

b) Wie lauten die Buchungssätze?

**Beleg 1**

EMUT

Emut GmbH
Frottierweberei

Hohler Weg 3 • 34369 Hofgeismar

Telefon: 05671 30322-0 • Fax: 05671 30322-68

Internet: www.emut-wvd.de
E-Mail: info@emut-wvd.de

Emut GmbH · Hohler Weg 3 · 34369 Hofgeismar

Textilfabrik
Konrad Fied KG
Goseriede 41
30159 Hannover

EINGEGANGEN
22. Nov. 20..
Erledigt ....................

E-Mail
biedenstein@emut-wvd.de

| Ihr Zeichen, Ihre Nachricht vom | Unser Zeichen, unsere Nachricht vom | Telefon, Name 05671 30322- | Datum |
|---|---|---|---|
| ki-kl 10.11.20.. | bi | 65 Herr Biedenstein | 20.11.20.. |

**Gutschrift, Rechnung Nr. 947**

Sehr geehrte Damen und Herren,

wir erkennen Ihre Mängelrüge an und erteilen Ihnen eine Gutschrift für die zurückgesandten Frotteestoffe (330 Fr) und die Ihnen dazu in Rechnung gestellten Verpackungskosten:

| | |
|---|---|
| Nettowert (Frotteestoffe) | 10.000,00 € |
| Verpackungskosten | 100,00 € |
| | 10.100,00 € |
| +19 % USt | 1.919,00 € |
| | 12.019,50 € |

Bitte buchen Sie entsprechend.

Mit freundlichen Grüßen

Emut GmbH

**Beleg 2**

Konrad Fied KG Textilfabrik

Konrad Fied KG • Goseriede 41 • 30159 Hannover

Goseriede 41 • 30159 Hannover
Telefon: 0511 4155-0
Telefax: 0511 4155-10
Internet: www.fied-wvd.de
E-Mail: info@fied-wvd.de

Textileinzelhandel
Wolfgang Mehlert e. Kfm.
Böhmer Straße 5
60437 Frankfurt

Telefax 0511 4155-
32

E-Mail
kibat@fied-wvd.de

| Ihr Zeichen, Ihre Nachricht vom | Unser Zeichen, unsere Nachricht vom | Telefon, Name 0511 4155- | Datum |
|---|---|---|---|
| | ki-he | 58 Frau Kibat | 28.11.20.. |

**Gutschrift wegen Mängelrüge**

Sehr geehrte Damen und Herren,

wir beziehen uns auf das mit Herrn Genz am 27. November 20.. geführte Telefonat und bestätigen, dass wir Ihnen einen Preisnachlass von 30 % auf Rechnung Nr. 498 gewähren.

| | |
|---|---|
| 30 % aus 20.000,00 € | 6.000,00 € |
| + 19 % USt | 1.140,00 € |
| | 7.140,00 € |

Wir bitten um gleichlautende Buchung.

MIt freundlichem Gruß

Konrad Fied KG
Textilfabrik

i. A. Kibat

Kibat

*Hinweis:* Der Gutschrift liegt ein Verkauf „eigener Erzeugnisse" zugrunde.

8 a) Wie bucht die Frottierweberei Emut GmbH, Hohler Weg 3, 34369 Hofgeismar, den auf S. 190 stehenden Beleg 1? (Bei den Frotteestoffen handelt es sich um „eigene Erzeugnisse".)
b) Wie bucht der Textileinzelhandel Wolfgang Mehlert e. Kfm., Böhmer Straße 5, 60437 Frankfurt, den auf S. 190 stehenden Beleg 2? (Dem Beleg liegt ein Zieleinkauf von „Waren" zugrunde.)

9 Ein Kunde sendet beschädigte Produkte an seinen Lieferanten zurück (Wandelung) über brutto
a) 19.040,00 € (einschließlich 19 % Umsatzsteuer),
b) 15.470,00 € (einschließlich 19 % Umsatzsteuer).
Wie bucht der Lieferant (es handelt sich um eigene Erzeugnisse)?
Wie bucht der Kunde (es handelt sich um Vorprodukte/Fremdbauteile)?

10 Ein Lieferant gewährt seinem Kunden einen Preisnachlass auf fehlerhafte Produkte (Minderung) über brutto
a) 14.280,00 € (einschließlich 19 % Umsatzsteuer),
b) 16.660,00 € (einschließlich 19 % Umsatzsteuer).
Wie bucht der Lieferant (es handelt sich um Handelsware)?
Wie bucht der Kunde (es handelt sich um Rohstoffe)?

FIBU möglich!

11[1] **Anfangsbestände**

*I. Anfangsbestände der Sachkonten*

0720 Anlagen und Maschinen: 700.000,00 €; 0840 Fuhrpark: 350.000,00 €; 2000 Rohstoffe: 300.000,00 €; 2020 Hilfsstoffe: 60.000,00 €; 2100 Unfertige Erzeugnisse: 80.000,00 €; 2200 Fertige Erzeugnisse: 100.000,00 €; 2400 Forderungen a. LL: 60.000,00 €; 2800 Guthaben bei Kreditinstituten (Bank): 125.000,00 €; 3000 Eigenkapital: 900.000,00 €; 4250 Langfristige Bankverbindlichkeiten: 775.500,00 €; 4400 Verbindlichkeiten a. LL: 90.000,00 €; 4800 Umsatzsteuer: 9.500,00 €.

*II. Anfangsbestände der Kundenkonten (Offene-Posten-Liste der Debitoren)*

| Kd.-Nr. | Debitoren | Beleg-Nr. | Betrag (€) |
|---|---|---|---|
| 24 001 | Söffgen OHG | 1 | 40.000,00 |
| 24 002 | G. Schön e. Kffr. | 2 | 20.000,00 |
| | | | 60.000,00 |

*III. Anfangsbestände der Lieferantenkonten (Offene-Posten-Liste der Kreditoren)*

| L.-Nr. | Kreditoren | Beleg-Nr. | Betrag (€) |
|---|---|---|---|
| 44 001 | B. Müller OHG | 3 | 48.000,00 |
| 44 006 | Vödisch AG | 4 | 42.000,00 |
| | | | 90.000,00 |

**Kontenplan**

**Kontenklasse 0 (Immaterielle Vermögensgegenstände und Sachanlagen):** 0720 Anlagen und Maschinen; 0840 Fuhrpark.

**Kontenklasse 2 (Umlaufvermögen und aktive Rechnungsabgrenzung):** 2000 Rohstoffe; 2020 Hilfsstoffe; 2100 Unfertige Erzeugnisse; 2200 Fertige Erzeugnisse; 2400 Forderungen a. LL (24 001 Forderungen an die Söffgen OHG, 24 002 Forderungen an G. Schön e. Kffr.); 2600 Vorsteuer; 2800 Guthaben bei Kreditinstituten (Bank).

**Kontenklasse 3 (Eigenkapital und Rückstellungen):** 3000 Eigenkapital.

**Kontenklasse 4 (Verbindlichkeiten und passive Rechnungsabgrenzung):** 4250 Langfristige Bankverbindlichkeiten; 4400 Verbindlichkeiten a. LL (44 001 Verbindlichkeiten gegenüber der B. Müller OHG, 44 002 Verbindlichkeiten gegenüber der Emut GmbH, 44 006 Verbindlichkeiten gegenüber der Vödisch AG, 44 008 Verbindlichkeiten gegenüber Bettina Meyer e. Kffr.); 4800 Umsatzsteuer.

**Kontenklasse 5 (Erträge):** 5000 Umsatzerlöse für eigene Erzeugnisse; 5001 Erlösberichtigungen für eigene Erzeugnisse; 5201 Bestandsveränderungen an unfertigen Erzeugnissen, 5202 Bestandsveränderungen an fertigen Erzeugnissen.

→

1 Der Geschäftsgang kann alternativ nach der „Fortschreibungsmethode" oder nach der „Inventurmethode" oder nach dem „Aufwandsrechnerischen Verfahren" gebucht werden.

**Kontenklasse 6 (Betriebliche Aufwendungen):** 6000 Aufwendungen für Rohstoffe; 6001[1] Bezugskosten für Rohstoffe; 6020 Aufwendungen für Hilfsstoffe; 6021[2] Bezugskosten für Hilfsstoffe; 6022[3] Nachlässe für Hilfsstoffe; 6100 Fremdleistungen für Erzeugnisse; 6200 Löhne.

**Kontenklasse 8 (Ergebnisrechnungen):** 8000 Eröffnungsbilanzkonto; 8010 Schlussbilanzkonto; 8020 Gewinn- und Verlustkonto.

| Beleg-Nr. | Geschäftsfälle | € |
|---|---|---|
| | **1. Lastschriftanzeige der Bank gemäß Kontoauszug für** | |
| 11 | 1. Zahllast | 9.500,00 |
| 12 | 2. Fertigungslöhne | 14.000,00 |
| 13 | 3. Überweisung an die Bernhard Müller OHG (L.-Nr. 44 001; betrifft: Beleg 3) | 48.000,00 |
| | **2. Eingangsrechnung der** | |
| 21 | 1. Emut GmbH (L.-Nr. 44 002), Nettopreis (Rohstoffe) | 70.000,00 |
| | + Verpackung | 500,00 |
| | + 19 % Umsatzsteuer | 13.395,00 |
| | Rechnungsbetrag[4] | 83.895,00 |
| 22 | 2. Vödisch AG (L.-Nr. 44 006), Nettopreis (Hilfsstoffe) | 9.000,00 |
| | + Fracht | 200,00 |
| | + 19 % Umsatzsteuer | 1.748,00 |
| | Rechnungsbetrag[5] | 10.948,00 |
| | **3. Gutschriftanzeige der** | |
| 31 | 1. Emut GmbH (L.-Nr. 44 002; betrifft: Beleg 21) für zurückgesandte mangelhafte Rohstoffe (Wandelung), | |
| | Nettobetrag | 3.000,00 |
| | + 19 % Umsatzsteuer | 570,00 |
| | Bruttobetrag | 3.570,00 |
| 32 | 2. Vödisch AG (L.-Nr. 44 006; betrifft: Beleg 22) für mangelhafte Hilfsstoffe (Minderung), | |
| | Nettobetrag | 1.000,00 |
| | + 19 % Umsatzsteuer | 190,00 |
| | Bruttobetrag | 1.190,00 |
| 40 | **4.** Unsere Honorarabrechnung für Bettina Meyer e. Kffr. (L.-Nr. 44 008) für den Entwurf von Modellkleidern, | |
| | Nettohonorargutschrift für Bettina Meyer e. Kffr. | 15.000,00 |
| | + 19 % Umsatzsteuer | 2.850,00 |
| | Bruttohonorargutschrift für Bettina Meyer e. Kffr. | 17.850,00 |
| 50 | **5.** Korrektur der Honorarabrechnung für Bettina Meyer e. Kffr. (L.-Nr. 44 008; betrifft: Beleg 40), | |
| | fehlerhafte Honorargutschrift | 15.000,00 |
| | korrekte Honorargutschrift | 13.000,00 |
| | Differenzbetrag | 2.000,00 |
| | + 19 % Umsatzsteuer | 380,00 |
| | Lastschrift für Bettina Meyer e. Kffr. | 2.380,00 |

1 alternativ: 2001 („Bestandsrechnerisches Verfahren")
2 alternativ: 2021 („Bestandsrechnerisches Verfahren")
3 alternativ: 2022 („Bestandsrechnerisches Verfahren")
4 Für Bruttosteuerschlüssel (EDV-Buchführung): Bruttowert der Rohstoffe: 83.300,00 €; Bruttowert der Bezugskosten: 595,00 €
5 Für Bruttosteuerschlüssel (EDV-Buchführung): Bruttowert der Hilfsstoffe: 10.710,00 €; Bruttowert der Bezugskosten: 238,00 €

| Beleg-Nr. | | € |
|---|---|---|
| | **6. Ausgangsrechnung an** | |
| 61 | 1. Söffgen OHG (Kd.-Nr. 24 001), | |
| | Nettopreis (eigene Erzeugnisse) | 200.000,00 |
| | + Fracht | 1.000,00 |
| | + 19 % Umsatzsteuer | 38.190,00 |
| | Rechnungspreis | 239.190,00 |
| 62 | 2. Gertrud Schön e. Kffr. (Kd.-Nr. 24 002), | |
| | Nettopreis (eigene Erzeugnisse) | 40.000,00 |
| | + Verpackung | 300,00 |
| | + 19 % Umsatzsteuer | 7.657,00 |
| | Rechnungspreis | 47.957,00 |
| | **7. Unsere Gutschriftanzeige an** | |
| 71 | 1. Söffgen OHG (Kd.-Nr. 24 001; betrifft: Beleg 61) für zurückerhaltene mangelhafte eigene Erzeugnisse (Wandelung), | |
| | Nettobetrag | 20.000,00 |
| | + 19 % Umsatzsteuer | 3.800,00 |
| | Bruttobetrag | 23.800,00 |
| 72 | 2. Gertrud Schön e. Kffr. (Kd.-Nr. 24 002; betrifft: Beleg 62) für mangelhafte eigene Erzeugnisse (Minderung), | |
| | Nettobetrag | 3.000,00 |
| | + 19 % Umsatzsteuer | 570,00 |
| | Bruttobetrag | 3.570,00 |
| | **8.[1] Verbrauch gemäß Materialentnahmescheine** | |
| 81 | 1. Rohstoffe | 100.000,00 |
| 82 | 2. Hilfsstoffe | 8.000,00 |
| | **Abschlussangaben** | |
| 90 | 9. Ermittlung und Passivierung der Zahllast | ? |
| | **10. Schlussbestände lt. Inventur** | |
| 101 | 1. Unfertige Erzeugnisse | 70.000,00 |
| 102 | 2. Fertige Erzeugnisse | 120.000,00 |
| 110 | 11. Die Schlussbestände der anderen Bestandskonten entsprechen den Inventurbeständen. | |
| | **Zusätzliche Abschlussangaben bei Buchung nach der „Inventurmethode“ oder nach dem „Aufwandsrechnerischen Verfahren“** | |
| | **12. Schlussbestände lt. Inventur** | |
| 121 | 1. Rohstoffe | 267.500,00 |
| 122 | 2. Hilfsstoffe | 60.200,00 |

1 Soll nach der „Inventurmethode“ oder nach dem „Aufwandsrechnerischen Verfahren“ gebucht werden, so entfällt dieser Geschäftsfall.

## 3.1.7 Rabatte

Rabatte sind Preisnachlässe, die

- an Stammkunden (Treuerabatt),
- bei Abnahme größerer Mengen (Mengenrabatt),
- an den Handel (Wiederverkäuferrabatt),
- an Betriebsangehörige (Personalrabatt) und
- bei besonderen Anlässen (Sonderrabatt), z. B. bei Räumungsverkäufen,

gewährt werden.

Auf den Rechnungen werden Rabatte direkt ausgewiesen und sofort vom Rechnungspreis abgezogen. Daher kommt der Name „Sofortrabatt".

### 3.1.7.1 Rabatte auf der Beschaffungsseite

**Sofortrabatte,** die schon in der Eingangsrechnung berücksichtigt sind, werden in der Regel **buchhalterisch nicht erfasst.**

**Beispiel**

Wir erhalten von einem Lieferanten die folgende Eingangsrechnung:

| | | |
|---|---|---|
| | Listenpreis (für Rohstoffe) | 40.000,00 € |
| – | 25 % Mengenrabatt | 10.000,00 € |
| | Nettorechnungsbetrag | 30.000,00 € |
| + | 19 % Umsatzsteuer | 5.700,00 € |
| | Bruttorechnungsbetrag | 35.700,00 € |

| Buchungssatz | Soll | Haben |
|---|---|---|
| 6000 Aufwendungen für Rohstoffe[1] | 30.000,00 | |
| 2600 Vorsteuer | 5.700,00 | |
| an 4400 Verbindlichkeiten a. LL | | 35.700,00 |

### 3.1.7.2 Rabatte auf der Absatzseite

Ebenso wie auf der Beschaffungsseite werden auf der Absatzseite **Sofortrabatte** in der Regel **buchhalterisch nicht erfasst.**

**Beispiel**

Wir schicken an einen Kunden die folgende Ausgangsrechnung:

| | | |
|---|---|---|
| | Listenpreis (für eigene Erzeugnisse) | 20.000,00 € |
| – | 20 % Mengenrabatt | 4.000,00 € |
| | Nettorechnungsbetrag | 16.000,00 € |
| + | 19 % Umsatzsteuer | 3.040,00 € |
| | Bruttorechnungsbetrag | 19.040,00 € |

| Buchungssatz | Soll | Haben |
|---|---|---|
| 2400 Forderungen a. LL | 19.040,00 | |
| an 5000 Umsatzerlöse f. e. E. | | 16.000,00 |
| an 4800 Umsatzsteuer | | 3.040,00 |

1 alternativ: 2000 Rohstoffe („Bestandsrechnerisches Verfahren")

**Zusammenfassung**

| Rechnung |
|---|
| Listenpreis |
| – Sofortrabatt → Wird buchhalterisch in der Regel nicht erfasst. |
| Nettorechnungsbetrag |
| + 19 % Umsatzsteuer |
| Bruttorechnungsbetrag |

**Sofortrabatte werden in der Regel buchhalterisch weder auf der Beschaffungsseite noch auf der Absatzseite erfasst.**

## Aufgaben

1: Arten von Rabatten
2: Buchhalterische Behandlung von Rabatten
3: Irrtümlich nicht in Abzug gebrachter Rabatt
4 u. 5: Belegbuchungen

1 Welche Rabatte kennen Sie?

2

| | |
|---|---|
| Listenpreis | 50.000,00 € |
| – 20 % Sonderrabatt | 10.000,00 € |
| Nettorechnungsbetrag | 40.000,00 € |
| + 19 % Umsatzsteuer | 7.600,00 € |
| Bruttorechnungsbetrag | 47.600,00 € |

a) Wie bucht der Lieferant die obige Rechnung als Ausgangsrechnung (Verkauf von eigenen Erzeugnissen)?
b) Wie bucht der Kunde die obige Rechnung als Eingangsrechnung (Einkauf von Fremdbauteilen)?

3 In einer Rechnung wurde irrtümlicherweise ein im Kaufvertrag vereinbarter Rabatt nicht in Abzug gebracht. Nach Reklamation gewährt der Lieferant seinem Kunden nachträglich eine entsprechende Gutschrift über 3.570,00 € (einschließlich 19 % Umsatzsteuer).
a) Wie bucht der Lieferant die nachträglich erteilte Gutschrift (Verkauf von eigenen Erzeugnissen)?
b) Wie bucht der Kunde die nachträglich erhaltene Gutschrift (Einkauf von Fremdbauteilen)?

4 Sie sind Angestellte(r) der Textilfabrik Konrad Fied KG, Goseriede 41, 30159 Hannover. Die folgenden Belege liegen Ihnen zur Buchung vor.
a) Welche Geschäftsfälle liegen den Belegen zugrunde?
b) Wie lauten die Buchungssätze? →

**Beleg 1**

WINKLER
DARMSTADT

Winkler KG • Bismarckstraße 7 • 64293 Darmstadt

Winkler KG • Webwaren
Bismarckstraße 7 • 64293 Darmstadt
Tel.: 06151 862-0 • Fax: 06151 862-33
Internet: www.winkler-wvd.de
E-Mail: info@winkler-wvd.de

Textilfabrik
Konrad Fied KG
Goseriede 41
30159 Hannover

EINGEGANGEN
19. März 20..
Erledigt ..................

| Kunden-Nr. | Rechnungs-Nr. | Bestelldatum | Lieferdatum | Rechnungsdatum |
|---|---|---|---|---|
| 24 007 | 2843 | 10.03.20.. | 16.03.20.. | 17.03.20.. |

| Artikel, Artikel-Nr. | m | €/m | Betrag/€ |
|---|---|---|---|
| Lamahaar, 448 La | 800 | 22,50 | 18.000,00 |
| Seide, 531 Se | 1 400 | 15,00 | 21.000,00 |
| Baumwolle, 242 Ba | 1 000 | 3,00 | 3.000,00 |
| Satin, 169 Sa | 1 200 | 4,00 | 4.800,00 |
| | | | 46.800,00 |
| – 10 % Rabatt | | | 4.680,00 |
| | | | 42.120,00 |
| + 19 % Umsatzsteuer | | | 8.002,80 |
| **Rechnungsbetrag** | | | **50.122,80** |

**Beleg 2**

Konrad Fied KG Textilfabrik

Konrad Fied KG • Goseriede 41 • 30159 Hannover

Goseriede 41 • 30159 Hannover
Telefon: 0511 4155-0
Telefax: 0511 4155-10
Internet: www.fied-wvd.de
E-Mail: info@fied-wvd.de

Hampe KG
Südstraße 6
06132 Halle

| | |
|---|---|
| **Kunden-Nr.:** | 24 003 |
| **Lieferdatum:** | 21.03.20.. |
| **Bestelldatum:** | 13.03.20.. |
| **Sachbearbeiter/-in:** | Frau Kibat |
| **Rechnungs-Nr.:** | 8734522 |
| **Rechnungsdatum:** | 22.03.20.. |

## Rechnung

| Pos. | Einheit | Artikel | Menge | Preis je Einheit/€ | Betrag/€ |
|---|---|---|---|---|---|
| 1 | St. | Damenpullover, Gr. 40, AB 8046 | 20 | 18,50 | 370,00 |
| 2 | St. | Damenpullover, Gr. 46, CB 3046 | 30 | 15,00 | 450,00 |
| 3 | St. | Herrenpullover, Gr. 52, XV 2846 | 10 | 25,00 | 250,00 |
| 4 | St. | Herrenpullover, Gr. 50, CY 2132 | 20 | 30,00 | 600,00 |
| 5 | St. | Kinderpullover, Gr. 98, MB 3579 | 20 | 19,00 | 380,00 |
| 6 | St. | Kinderpullover, Gr. 116, LJ 2598 | 10 | 21,00 | 210,00 |
| 7 | St. | Herrenhose, Gr. 50, ÖA 4983 | 60 | 47,50 | 2.850,00 |
| 8 | St. | Herrenhose, Gr. 54, DS 9648 | 50 | 42,50 | 2.125,00 |
| 9 | St. | Damenhose, Gr. 38, AS 7436 | 60 | 32,50 | 1.950,00 |
| 10 | St. | Damenhose, Gr. 42, FK 9645 | 30 | 45,00 | 1.350,00 |
| | | | gesamt | | 10.535,00 |
| | | | – 10 % Rabatt | | 1.053,50 |
| | | | | | 9.481,80 |
| | | | + 19 % USt | | 1.801,49 |
| | | | **Rechnungsbetrag** | | **11.282,99** |

**Beleg 3**

**Bernhard Müller**
Stoffherstellung

Bernhard Müller OHG
Im Weiher 1 • 69121 Heidelberg
Tel.: 06221 8925-0
Fax: 06221 8925-63
Internet: www.bmueller-wvd.de
E-Mail: info@bmueller-wvd.de

Bernhard Müller OHG • Im Weiher 1 • 69121 Heidelberg

Textilfabrik
Konrad Fied KG
Goseriede 41
30159 Hannover

EINGEGANGEN
25. März 20..
Erledigt ....................

E-Mail mueller@bmueller-wvd.de

| Ihr Zeichen, Ihre Nachricht vom | Unser Zeichen, unsere Nachricht vom | Telefon, Name 06221 8925- | Datum |
|---|---|---|---|
| 15.03.20.. | mü-kö | 38 Herr Müller | 23.03.20.. |

**Gutschrift, Re.-Nr.: 359, Re.-Datum: 08.03.20..**

Sehr geehrter Herr Fied,

in der oben genannten Rechnung haben wir Ihnen irrtümlich keinen Mengenrabatt gewährt. Wir erteilen Ihnen nachträglich folgende Gutschrift:

| | |
|---|---|
| | 4.100,00 € |
| + 19 % USt | 779,00 € |
| | 4.879,00 € |

Entschuldigen Sie bitte unser Versehen.

Mit freundlichem Gruß

*Bernhard Müller*

Bernhard Müller OHG

*Hinweis:* Die Bernhard Müller OHG ist unser Rohstofflieferant (L.-Nr. 44 001).

5 a) Wie bucht die Winkler KG den auf der vorhergehenden Seite stehenden Beleg 1? (*Hinweis:* Es handelt sich um einen Verkauf „eigener Erzeugnisse".)

b) Wie bucht die Hampe KG den auf der vorhergehenden Seite stehenden Beleg 2? (*Hinweis:* Es handelt sich um einen Einkauf von „Waren".)

c) Wie bucht die Bernhard Müller OHG den oben stehenden Beleg 3? (*Hinweis:* Dem Beleg liegt ein Verkauf „eigener Erzeugnisse" zugrunde.)

## 3.1.8 Die Kalkulation des Verkaufspreises

Mit unterschiedlichen Kalkulationsverfahren, die abhängig sind vom Wirtschaftszweig und in Industriebetrieben vom Fertigungsverfahren, werden die **Selbstkosten** eines Produktes errechnet.

Die Kalkulation von den **Selbstkosten** bis zum **Listenverkaufspreis** erfolgt aufgrund des folgenden Kalkulationsschemas.

100 % → Selbstkosten
\+ Gewinn
Barverkaufspreis
\+ Kundenskonto
\+ Vertreterprovision
100 % → Zielverkaufspreis
\+ Kundenrabatt
100 % → Listenverkaufspreis
\+ Umsatzsteuer
Rechnungspreis

(Die Pfeilspitzen zeigen auf den Grundwert [≙ 100 %].)

*Anmerkungen:*

1. Der **Gewinnzuschlag** deckt
   - die Verzinsung des eingesetzten Eigenkapitals,
   - das unternehmerische Risiko und
   - den Unternehmerlohn (in Einzelunternehmen und Personengesellschaften)[1]

   ab.
2. Die **Vertreterprovision** wird gemäß § 87 b HGB vom Zielverkaufspreis berechnet, wenn nichts anderes vertraglich vereinbart wurde.

**Beispiel**

| | | | |
|---|---|---|---|
| Selbstkosten: | 80,00 € | Gewinnzuschlag: | 25 % |
| Kundenskonto: | 3 % | Vertriebsprovision: | 10 % |
| Kundenrabatt: | 12,5 % | Umsatzsteuer: | 19 % |

| | | | | | | | | |
|---|---|---|---|---|---|---|---|---|
| → Selbstkosten | 100 % | 80,00 € | | | | | | |
| + 25 % Gewinn | 25 % | 20,00 € | | | | | | |
| Barverkaufspreis | 125 % | 100,00 € | 87 % | 100,00 € | | | | |
| + 3 % Kundenskonto | | | 3 % | 3,45 € | | | | |
| + 10 % Vertreterprovision | | | 10 % | 11,49 € | | | | |
| → Zielverkaufspreis | | | 100 % | 114,94 € | 87,5 % | 114,94 € | | |
| + 12,5 % Kundenrabatt | | | | | 12,5 % | 16,42 € | | |
| → Listenverkaufspreis | | | | | 100 % | 131,36 € | 100 % | 131,36 € |
| + 19 % Umsatzsteuer | | | | | | | 19 % | 24,96 € |
| Rechnungspreis | | | | | | | 119 % | 156,32 € |

(Die Pfeilspitzen zeigen auf den Grundwert [≙ 100 %].)

**Aufgabe**

Kalkulieren Sie die Rechnungspreise.

| | Selbstkosten (€) | Gewinnzuschlag (%) | Kundenskonto (%) | Vertreterprovision (%) | Kundenrabatt (%) | Umsatzsteuer (%) |
|---|---|---|---|---|---|---|
| a) | 120,00 | 10 | 3 | – | 20 | 19 |
| b) | 248,00 | 20 | 2 | 10 | 12,5 | 19 |
| c) | 19,00 | 15 | 1,5 | – | 10 | 19 |
| d) | 85,00 | 25 | 2,5 | 15 | 16 ⅔ | 19 |
| e) | 67,00 | 12,5 | 3 | – | 15 | 19 |
| f) | 498,00 | 16 ⅔ | 1 | 8 | 10 | 19 |
| g) | 4.960,00 | 20 | 3 | 10 | 12,5 | 19 |
| h) | 980,00 | 10 | 1 | 12,5 | 20 | 19 |
| i) | 9.832,00 | 25 | 3 | 15 | 10 | 19 |
| j) | 465,00 | 12,5 | 1 | 12,5 | 15 | 19 |
| k) | 546,00 | 16 ⅔ | 2,5 | – | 16 | 19 |

1 Unternehmer, die in Einzelunternehmen (e. K.) und in Personengesellschaften (OHG, KG) leitend tätig sind, dürfen aus steuerrechtlichen Gründen keine Gehälter beziehen. Ihre Lebensführungskosten decken sie durch Privatentnahmen.



6350198

# 3.2 Zahlungsverkehr/Finanzwirtschaft

## 3.2.1 Zinsrechnung

Zinsen stellen den Preis für die zeitweilige Überlassung von Kapital (Geld) dar. Sie fallen an bei Darlehen, Zielgeschäften, Überziehung von Zahlungszielen usw.

Zusätzlich zu den aus der Prozentrechnung bekannten Größen spielt in der Zinsrechnung die **Zeit** eine Rolle.

**Beispiel**

| | | | | |
|---|---|---|---|---|
| 10 % | von | 2.000,00 € erbringen in | 180 Tagen | 100,00 € |
| Zinssatz | | Kapital | Zeit | Zinsen |
| p | | k | t (Tage)<br>m (Monate)<br>j (Jahre) | z |

Die Höhe der Zinsen hängt also ab

- vom Zinssatz,
- vom Kapital und
- von der Zeit.

### 3.2.1.1 Die Berechnung der Zinsen

### Die Berechnung der Jahreszinsen

**Beispiel** Ein Industriebetrieb nimmt einen Kredit über 400.000,00 € auf. Zinssatz: 8 %, Laufzeit: 4 Jahre. Wie viel Zinsen sind zu zahlen?

**Lösung**

Das Kapital beträgt: 400.000,00

1 % von 400.000,00 € sind: $\frac{400.000,00}{100}$

8 % Zinsen von 400.000,00 € sind: (= Zinsen pro Jahr) $\frac{400.000,00 \cdot 8}{100}$

8 % Zinsen von 400.000,00 € für 4 Jahre sind: $\frac{400.000,00 \cdot 8 \cdot 4}{100} = \underline{\underline{128.000,00\ €}}$

Der Industriebetrieb hat 128.000,00 € an Zinsen zu zahlen.

Es ergibt sich die Jahreszinsformel:

$$\textbf{Jahreszinsen} = \frac{\text{Kapital} \cdot \text{Zinssatz} \cdot \text{Jahre}}{100} = \frac{k \cdot p \cdot j}{100}$$

**Aufgaben**

1 Errechnen Sie die Zinsen für 1 Jahr.

| | Kapital | Zinssatz |
|---|---|---|
| a) | 38.560,00 € | 4,0 % |
| b) | 25.490,00 € | 5,5 % |
| c) | 12.380,00 € | 8,2 % |

| | Kapital | Zinssatz |
|---|---|---|
| d) | 54.930,00 € | $9\frac{1}{11}$ % |
| e) | 68.440,00 € | $6\frac{2}{3}$ % |
| f) | 4.280,00 € | $8\frac{3}{7}$ % |

2 Errechnen Sie die Zinsen.

| | Kapital | Zinssatz | Jahre |
|---|---|---|---|
| a) | 12.430,00 € | 6,0 % | 3 |
| b) | 98.520,00 € | 4,5 % | 6 |
| c) | 22.810,00 € | 3,8 % | 5 |
| d) | 34.990,00 € | 5,3 % | 4,5 |
| e) | 47.590,00 € | 4,6 % | 3 |

| | Kapital | Zinssatz | Jahre |
|---|---|---|---|
| f) | 13.420,00 € | 3 $\frac{1}{3}$ % | 5,5 |
| g) | 28.490,00 € | 9 $\frac{1}{11}$ % | 4 |
| h) | 52.360,00 € | 8 $\frac{1}{3}$ % | 6 |
| i) | 33.320,00 € | 4 $\frac{1}{16}$ % | 7 |
| j) | 20.410,00 € | 5 $\frac{3}{8}$ % | 8 |

## Die Berechnung der Monatszinsen

**Beispiel** Ein Industriebetrieb nimmt bei seiner Bank einen kurzfristigen Kredit über 80.000,00 € auf. Zinssatz: 8 %, Laufzeit: 9 Monate. Errechnen Sie die zu zahlenden Zinsen.

**Lösung**

Das Kapital beträgt: 80.000,00

1 % von 80.000,00 € sind: $\frac{80.000,00}{100}$

8 % Zinsen von 80.000,00 € sind: (= Zinsen pro Jahr) $\frac{80.000,00 \cdot 8}{100}$

8 % Zinsen von 80.000,00 € für 1 Monat sind: $\frac{80.000,00 \cdot 8}{100 \cdot 12}$

8 % Zinsen von 80.000,00 € für 9 Monate sind: $\frac{80.000,00 \cdot 8 \cdot 9}{100 \cdot 12} = \underline{\underline{4.800,00\text{ €}}}$

Der Industriebetrieb hat 4.800,00 € an Zinsen zu zahlen.

Es ergibt sich die Monatszinsformel:

$$\textbf{Monatszinsen} = \frac{\text{Kapital} \cdot \text{Zinssatz} \cdot \text{Monate}}{100 \cdot 12} = \frac{k \cdot p \cdot m}{100 \cdot 12}$$

**Aufgaben**

1 Wie hoch sind die Zinsen?

| | Kapital | Zinssatz | Monate |
|---|---|---|---|
| a) | 13.580,00 € | 6,0 % | 8 |
| b) | 24.930,00 € | 5,0 % | 6 |
| c) | 80.240,00 € | 7,0 % | 9 |
| d) | 38.790,00 € | 4,5 % | 10 |

| | Kapital | Zinssatz | Monate |
|---|---|---|---|
| e) | 12.990,00 € | 6 $\frac{3}{4}$ % | 4 |
| f) | 28.430,00 € | 6 $\frac{2}{3}$ % | 11 |
| g) | 49.270,00 € | 9 $\frac{1}{11}$ % | 9 |
| h) | 30.410,00 € | 8 $\frac{1}{3}$ % | 8 |

2 Unser Kunde, die Gebert GmbH, ist in Zahlungsverzug geraten. Folgende Forderungen sind noch nicht ausgeglichen:
1. 25.482,00 €, fällig seit 4 Monaten.
2. 38.543,00 €, fällig seit 6 Monaten.
3. 40.138,00 €, fällig seit 5 Monaten.

Im Kaufvertrag haben wir 8 % Verzugszinsen vereinbart.
Wie hoch sind unsere Forderungen einschließlich Verzugszinsen an die Gebert GmbH?

3 Wir haben einem Kunden für einen Forderungsbetrag von 80.500,00 € ein Zahlungsziel von 5 Monaten gewährt. Hierfür verlangen wir 8 % Zinsen.
Kurz vor Ablauf des Zahlungsziels bittet uns unser Kunde um einen Zahlungsaufschub von weiteren 3 Monaten. Er ist bereit, für diesen Zeitraum 12 % Zinsen zu zahlen.
Da nur eine vorübergehende Liquiditätsschwäche unseres Kunden vorliegt, akzeptieren wir. Wie viel € hat unser Kunde einschließlich Zinsen an uns zu zahlen?

## Die Berechnung der Tageszinsen

**Beispiel** Eine Bank gewährt einem Kunden einen Kredit über 40.000,00 € für 220 Tage. Zinssatz: 9 %. Errechnen Sie die Zinsen.

**Lösung**

| | |
|---|---|
| Das Kapital beträgt: | 40.000,00 |
| 1 % von 40.000,00 € sind: | $\frac{40.000,00}{100}$ |
| 9 % Zinsen von 40.000,00 € sind: (= Zinsen pro Jahr) | $\frac{40.000,00 \cdot 9}{100}$ |
| 9 % Zinsen von 40.000,00 € für 1 Tag sind: | $\frac{40.000,00 \cdot 9}{100 \cdot 360}$ |
| 9 % von 40.000,00 € für 220 Tage sind: | $\frac{40.000,00 \cdot 9 \cdot 220}{100 \cdot 360} = \underline{\underline{2.200,00\ €}}$ |

Der Kunde hat 2.200,00 € an Zinsen zu zahlen.

Es ergibt sich die Tageszinsformel:

$$\text{Tageszinsen} = \frac{\text{Kapital} \cdot \text{Zinssatz} \cdot \text{Tage}}{100 \cdot 360} = \frac{k \cdot p \cdot t}{100 \cdot 360}$$

**Für die Berechnung der Zinstage gilt in Deutschland (kaufmännische Zinsrechnung):**
- **1 Jahr = 360 Tage**
- **1 Monat = 30 Tage**
- **Monate mit 31 Tagen gelten als Monate mit 30 Tagen.**
- **Endet der Zinszeitraum „Ende Februar“, so werden die Tage des Monats Februar genau berechnet, d. h., es werden 28 bzw. 29 Tage angesetzt.**
- **Bei der Berechnung der Zinstage wird der 1. Tag nicht mitgezählt. Der letzte Tag hingegen, der Rückzahlungszeitpunkt, zählt mit.**

**Beispiel** zur Errechnung der Zinstage

Es sind die Zinstage vom 27. Mai bis 6. Okt. zu errechnen.

| 1. Lösungsmöglichkeit: | | | |
|---|---|---|---|
| 27. Mai | bis 30. Mai | → | 3 Tage |
| 30. Mai | bis 30. Sept. | → | 120 Tage |
| 30. Sept. | bis 6. Okt. | → | 6 Tage |
| | | | 129 Tage |

| 2. Lösungsmöglichkeit: | | | |
|---|---|---|---|
| 27. Mai | bis 27. Sept. | → | 120 Tage |
| 27. Sept. | bis 30. Sept. | → | 3 Tage |
| 30. Sept. | bis 6. Okt. | → | 6 Tage |
| | | | 129 Tage |

Es liegen 129 Zinstage zwischen dem 27. Mai und dem 6. Okt.

**Exkurs**

Die Berechnung der Zinstage erfolgt in einigen Ländern anders als in der Bundesrepublik Deutschland. Die folgende Tabelle gibt eine Übersicht.

| | gilt für | Monatstage | Jahr | Formel |
|---|---|---|---|---|
| deutsche Berechnungsart | Bundesrepublik Deutschland (kaufmännische Zinsrechnung), Norwegen, Schweiz, Schweden, Dänemark, GUS | 30 Tage | 360 Tage | $z = \frac{k \cdot p \cdot t}{100 \cdot 360}$ |
| französische Berechnungsart[1] | Frankreich, Belgien, Holland, Italien, Spanien, Österreich | genau | 360 Tage | $z = \frac{k \cdot p \cdot t}{100 \cdot 360}$ |
| englische Berechnungsart | Großbritannien, USA, Portugal, deutsche bürgerliche Zinsrechnung | genau | 365 Tage | $z = \frac{k \cdot p \cdot t}{100 \cdot 365}$ |

## Aufgaben

**1** a) 3. April – 12. Dez.
b) 27. März – 19. Sept.
c) 1. Febr. – 4. Juni
d) 13. April – 2. Juli
e) 2. Mai – 31. Juli
f) 6. Jan. – 2. Aug.

Errechnen Sie die Zinstage
1. nach deutscher Art (kaufmännische Zinsrechnung),
2. nach französischer Art,
3. nach englischer Art.

**2**

| | Kapital | Zinssatz | Zeitraum |
|---|---|---|---|
| a) | 98.430,00 € | 8 % | 2. März – 19. Sept. |
| b) | 14.390,00 € | 9 % | 24. April – 20. Okt. |
| c) | 33.360,00 € | 6 % | 17. März – 1. Okt. |

Berechnen Sie die Zinsen
1. nach der deutschen kaufmännischen Zinsrechnung,
2. nach der französischen Art,
3. nach der englischen Art.

**3** Die Kibat GmbH ist bei 3 Lieferanten in Zahlungsverzug geraten.

| Lieferanten | Fälligkeitsdatum | Rechnungsbeträge | Zinssatz |
|---|---|---|---|
| Thren KG | 27. März | 34.830,00 € | 8 % |
| Muche GmbH | 9. April | 45.780,00 € | 9 % |
| Bothe OHG | 2. Mai | 57.420,00 € | 6 % |

Am 8. Aug. ist die Kibat GmbH aufgrund eines Zahlungseinganges von 230.560,00 € in der Lage, ihre Lieferantenverbindlichkeiten zu begleichen.
a) Wie viel € sind an die 3 Lieferanten jeweils zu zahlen?
b) Wie viel € verbleiben der Kibat GmbH an flüssigen Mitteln?

**4** Errechnen Sie die Rückzahlungsbeträge einschließlich Zinsen.

| | Darlehen | Zinssatz | Laufzeit |
|---|---|---|---|
| a) | 4.560,00 € | 8 % | 1. Febr. – 29. Okt. |
| b) | 6.790,00 € | 9 % | 3. März – 13. Dez. |
| c) | 2.430,00 € | 5 % | 25. Jan. – 2. Dez. |

1 Die französische Berechnungsart wird auch als „Euro-Zinsmethode" bezeichnet.

5 Wir nehmen am 4. Jan. ein Darlehen mit einem variablen Zinssatz über 80.560,00 € auf.
Der Zinssatz beträgt:

| | | | | |
|---|---|---|---|---|
| vom | 4. Jan. | bis | 8. März | 6 % |
| vom | 9. März | bis | 12. Juni | $7\,\frac{1}{2}$ % |
| vom | 13. Juni | bis | 28. Aug. | 8 % |
| vom | 29. Aug. | bis | 4. Nov. | $8\,\frac{2}{3}$ % |
| vom | 5. Nov. | bis | 13. Dez. | 9 % |

Wie hoch ist am 13. Dez. der Rückzahlungsbetrag einschließlich Zinsen?

6 Am 1. März nehmen wir eine Hypothek über 230.500,00 € auf.
Wie viel Zinsen haben wir am 31. Dez. bei den folgenden Zinssätzen zu zahlen?

a) 6,5 % b) 8 % c) $9\,\frac{1}{11}$ % d) $7\,\frac{3}{4}$ %

7 Bei einem Warenhandelsgeschäft über 120.630,00 € wurde folgende Zahlungsbedingung vereinbart: „Zahlungsziel 50 Tage, bei Zahlung innerhalb von 10 Tagen 1 % Skonto." Bei Inanspruchnahme von Skonto müsste der Käufer sein Bankkonto um den Zahlungsbetrag überziehen. Errechnen Sie, ob es bei den folgenden Überziehungszinssätzen vorteilhaft ist, Skonto auszunutzen.

a) 6 % b) 10 % c) $9\,\frac{3}{4}$ % d) 7 %

8 Wir haben ein Mietwohnhaus zu 900.000,00 € erworben. 40 % des Kaufpreises haben wir mit Eigenkapital finanziert, 60 % mit einer Hypothek. Die Hypothekenzinsen betragen 6 %. An Kosten fallen jährlich 15.000,00 € an.
Wie hoch müssen unsere monatlichen Mieteinnahmen sein, wenn wir eine 8%ige Verzinsung unseres Eigenkapitals anstreben?

### 3.2.1.2 Die Berechnung des Kapitals

**Beispiel** Für ein Darlehen, das wir vom 1. April bis zum 1. Juli (= 90 Tage) aufgenommen haben, müssen wir bei einem Zinssatz von 9 % 1.620,00 € Zinsen zahlen. Wie hoch ist das Darlehen?

Wir wandeln die Zinsformel in eine Formel für das Kapital um:

$$z = \frac{k \cdot p \cdot t}{100 \cdot 360} \qquad | \cdot 100 \cdot 360$$

$$z \cdot 100 \cdot 360 = k \cdot p \cdot t \qquad | : p : t$$

$$\frac{z \cdot 100 \cdot 360}{p \cdot t} = k$$

$$\textbf{Kapital} = \frac{\text{Zinsen} \cdot 100 \cdot 360}{\text{Zinssatz} \cdot \text{Tage}} = \frac{z \cdot 100 \cdot 360}{p \cdot t}$$

In die Formel setzen wir entsprechend ein:

$$k = \frac{z \cdot 100 \cdot 360}{p \cdot t} = \frac{1.620,00 \cdot 100 \cdot 360}{9 \cdot 90} = \underline{\underline{72.000,00\ €}}$$

Das Darlehen beträgt 72.000,00 €.

**Aufgaben**

1 Errechnen Sie das Kapital.

| | Zinsen | Zinssatz | Laufzeit |
|---|---|---|---|
| a) | 120,00 € | 8 % | 1. März - 19. Dez. |
| b) | 270,00 € | 9 % | 26. Febr. - 11. Okt. |
| c) | 84,00 € | 7 % | 10. Jan. - 9. Aug. |

2 Wir beabsichtigen zur Kapitalanlage eine Eigentumswohnung zu kaufen. Eine infrage kommende Eigentumswohnung erbringt einen monatlichen Mietertrag von 720,00 €. Wie viel darf diese Wohnung kosten, wenn wir eine Rendite von 6 % anstreben?

3 Ein Handwerksmeister gibt aus Altersgründen sein Gewerbe auf. Er möchte in Zukunft nur noch von Zinsen leben, wobei er an einen monatlichen Betrag von 2.500,00 € denkt. Wie viel € müssen ihm aus der Veräußerung seiner Werkstatt verbleiben, damit er seinen Plan realisieren kann? Zinssatz: 8 %.

4 30.000,00 € werden vom 3. Febr. bis zum 19. Aug. zu einem Zinssatz von 6 % angelegt. Ein weiterer Geldbetrag soll vom 20. Juni bis zum 4. Dez. zu 8 % angelegt werden. Wie hoch muss dieser Betrag sein, damit er denselben Zinsertrag erbringt wie die erste Kapitalanlage?

5 Für die 8%ige Hypothek auf unser Grundstück zahlen wir vierteljährlich 3.200,00 € Hypothekenzinsen. Auf welchen Betrag beläuft sich die Hypothek?

6 Unserem Unternehmen wird ein Wohnhaus zum Kauf angeboten. Eine Hypothek über 600.000,00 € können wir günstig zu 5 % Zinsen übernehmen. Die monatlichen Mieteinnahmen belaufen sich auf 7.000,00 €. Die laufenden Kosten betragen jährlich 14.400,00 €.

a) Wie viel Eigenkapital können wir höchstens einsetzen, wenn wir eine Eigenkapitalverzinsung von 6 % anstreben?

b) Welchen Kaufpreis können wir höchstens akzeptieren?

### 3.2.1.3 Die Berechnung des Zinssatzes

**Beispiel**

14.400,00 € erbrachten vom 2. April bis zum 8. Nov. einen Zinsertrag von 432,00 €. Errechnen Sie den Zinssatz.

Wir wandeln die Zinsformel in eine Formel für den Zinssatz um:

$$z = \frac{k \cdot p \cdot t}{100 \cdot 360} \quad | \cdot 100 \cdot 360$$

$$z \cdot 100 \cdot 360 = k \cdot p \cdot t \quad | : k : t$$

$$\frac{z \cdot 100 \cdot 360}{k \cdot t} = p$$

$$\textbf{Zinssatz} = \frac{\text{Zinsen} \cdot 100 \cdot 360}{\text{Kapital} \cdot \text{Tage}} = \frac{z \cdot 100 \cdot 360}{k \cdot t}$$

In die Formel setzen wir entsprechend ein:

$$p = \frac{z \cdot 100 \cdot 360}{k \cdot t} = \frac{432{,}00 \cdot 100 \cdot 360}{14.400{,}00 \cdot 216} = \underline{\underline{5\ \%}}$$

Der Zinssatz beträgt 5 %.

**Aufgaben**

1 Errechnen Sie den Zinssatz.

| | Kapital | Zinsen | Tage |
|---|---|---|---|
| a) | 52.800,00 € | 721,60 € | 82 |
| b) | 36.400,00 € | 379,17 € | 75 |
| c) | 84.900,00 € | 905,60 € | 96 |

2 Am 27. März nehmen wir ein Darlehen auf. Einschließlich der Zinsen von 1.740,00 € zahlen wir am 18. Dez. 31.740,00 € zurück. Zu welchem Zinssatz haben wir das Darlehen aufgenommen?

3 Ein Lieferant berechnet seinem Kunden für einen Rechnungsbetrag über 22.000,00 € 198,00 € Verzugszinsen. Der Kunde hat den Zahlungstermin um 36 Tage überschritten. Welchen Verzugszinssatz verlangt der Lieferant?

4 Zu welchem Zinssatz muss ein Kapital angelegt werden, damit es sich in 15 Jahren verdoppelt?

5 Unser Unternehmen beabsichtigt Kapital in Immobilien anzulegen. Von einem Makler erhalten wir ein Angebot über ein Mietwohnhaus. Der Kaufpreis soll 950.000,00 € betragen. Die monatlichen Mieteinnahmen belaufen sich auf 5.000,00 €. Unsere jährlichen Aufwendungen für Abgaben, Reparaturen, Verwaltungskosten usw. betragen 12.000,00 €. Zur Finanzierung des Hauses müssten wir eine Hypothek über 500.000,00 € zu 6 % aufnehmen.

a) Mit wie viel Prozent würde sich das angelegte Eigenkapital verzinsen?

b) Mit wie viel Prozent würde sich das eingesetzte Gesamtkapital verzinsen?

6 40.000,00 € wachsen auf unserem Bankkonto vom 1. März bis zum 19. Dez. auf 41.920,00 € an. Ein weiterer Geldbetrag soll zum gleichen Zinssatz angelegt werden. Wie hoch muss dieser Betrag sein, damit er in 216 Tagen 1.800,00 € Zinsen erbringt?

### 3.2.1.4 Die Berechnung der Zeit

**Beispiel**

Wir berechnen einem Kunden, an den wir eine Forderung von 12.000,00 € haben, 5 % Verzugszinsen. Dies macht 80,00 € aus. Um wie viel Tage hat der Kunde das Zahlungsziel überzogen?

Wir wandeln die Zinsformel in eine Formel für die Zeit um:

$$z = \frac{k \cdot p \cdot t}{100 \cdot 360} \quad | \cdot 100 \cdot 360$$

$$z \cdot 100 \cdot 360 = k \cdot p \cdot t \quad | : k : p$$

$$\frac{z \cdot 100 \cdot 360}{k \cdot p} = t$$

$$\textbf{Tage} = \frac{\text{Zinsen} \cdot 100 \cdot 360}{\text{Kapital} \cdot \text{Zinssatz}} = \frac{z \cdot 100 \cdot 360}{k \cdot p}$$

In die Formel setzen wir entsprechend ein:

$$t = \frac{z \cdot 100 \cdot 360}{k \cdot p} = \frac{80{,}00 \cdot 100 \cdot 360}{12.000{,}00 \cdot 5} = \underline{\underline{48 \text{ Tage}}}$$

Der Kunde hat das Zahlungsziel um 48 Tage überzogen.

**Aufgaben**

1 Errechnen Sie die Tage.

| | Kapital | Zinsen | Zinssatz |
|---|---|---|---|
| a) | 32.600,00 € | 391,20 € | 8 % |
| b) | 43.800,00 € | 788,40 € | 9 % |
| c) | 54.200,00 € | 745,25 € | 5 % |

2 Am 1. April nehmen wir einen Kredit über 45.000,00 € auf. Der Zinssatz beträgt 8 %. Es sind 960,00 € Zinsen zu zahlen. Bis zu welchem Tag (Datum) läuft der Kredit?

3 Wir haben einem Kunden ein Darlehen über 8.500,00 € gewährt. Am 17. Dez. zahlt er uns einschließlich Zinsen (6 %) 8.806,00 € zurück. An welchem Tag (Datum) haben wir dem Kunden den Kredit eingeräumt?

4 Ein kaufmännischer Angestellter legt am 1. Febr. 9.000,00 € bei seiner Bank zu 8 % an. Wie lange muss er warten (Datum), bis sein Kapital auf 10.000,00 € angewachsen ist?

5 Am 18. Dez. zahlt ein Kunde an uns 14.105,00 € einschließlich 105,00 € Verzugszinsen (Zinssatz: 6 %). Wir hatten diesem Kunden ein Zahlungsziel von 30 Tagen eingeräumt. Ermitteln Sie das Ausstellungsdatum der Rechnung.

6 8.514,78 € sollen ab 2. März zu 8 % so lange angelegt werden, bis sie so viele Zinsen erbringen wie 9.600,00 €, die vom 5. Jan. bis zum 7. Okt. zu 6 % verzinst werden. Bis zu welchem Tag (Datum) muss der Betrag von 8.514,78 € angelegt werden?

7 Wie lange muss ein Kapital zu 5 % Zinsen angelegt werden, damit es sich verdoppelt?

### 3.2.1.5 Die summarische Zinsrechnung

Sollen mehrere Beträge bis zu einem Stichtag zum gleichen Zinssatz verzinst werden, so kann die Rechenarbeit durch die sogenannte **„summarische Zinsrechnung"** vereinfacht werden.

Dazu wird zunächst die Zinsformel umgestellt:

$$z = \frac{k \cdot p \cdot t}{100 \cdot 360} = \frac{k \cdot t}{100} \cdot \frac{p}{360} = \frac{k \cdot t}{100} : \frac{360}{p}$$

$$z = \underbrace{\frac{k \cdot t}{100}} : \underbrace{\frac{360}{p}}$$

$$z = \underbrace{\text{Zinszahl}} : \underbrace{\text{Zinsteiler}}$$

$$z = \# : Zt$$

**Beispiel** Bei unserer Hausbank zahlen wir folgende Beträge ein:

| | | | |
|---|---|---|---|
| 1. am 4. März | 12.800,00 € | 3. am 11. Aug. | 10.500,00 € |
| 2. am 8. Juni | 13.200,00 € | 4. am 20. Okt. | 15.600,00 € |

Wir erhalten 6 % Zinsen. Wie hoch ist unser Guthaben am 31. Dez.?



6350206

Abrechnungstag: 31. Dez.

| | Kapital | Wertstellung | Zinstage | $\# \left(= \frac{k \cdot t}{100}\right)$ | |
|---|---|---|---|---|---|
| | 12.800,00 € | 4. März | 296 | 37 888 | |
| ❶ | 13.200,00 € | 8. Juni | 202 | 26 664 | |
| ❷ | 10.500,00 € | 11. Aug. | 139 | 14 595 | |
| | 15.600,00 € | 20. Okt. | 70 | 10 920 | |
| ❸ | 52.100,00 € | | | 90 067 | ❹ |
| | + 1.501,12 € | Zinsen ❺ 90 067 : 60 = 1.501,12 € | | | |
| ❻ | 53.601,12 € | Guthaben am 31. Dez. | | | |

Das Guthaben beträgt am 31. Dez. 53.601,12 €.

**Lösungsweg**

❶ Aufstellung des Rechenschemas.
❷ Eintragen der Beträge einschließlich der Zinstage und der errechneten Zinszahlen (#).
❸ Errechnung der Summe der Kapitalien.
❹ Errechnung der Summe der Zinszahlen (#).
❺ Errechnung der Zinsen. Dazu wird die Summe der Zinszahlen (#) durch den Zinsteiler dividiert. (Im obigen Beispiel ergibt sich der Zinsteiler wie folgt: 360 : 6 = 60.)
❻ Ermittlung des Guthabens.

➲ **Beachten Sie: Zinszahlen haben keine Dezimalstellen. Es wird immer auf ganze Zahlen auf- oder abgerundet (kaufmännische Rundungsregel).**

### Bequeme Zinssätze

Zinssätze, die in 360 ohne Rest enthalten sind, bezeichnet man als **bequeme Zinssätze.** Sie führen zu ganzen Zinsteilern.

Die folgende Übersicht enthält die bequemen Zinssätze.

| Zinssatz (p) | Zinsteiler $\left(\frac{360}{p}\right)$ | Zinssatz (p) | Zinsteiler $\left(\frac{360}{p}\right)$ |
|---|---|---|---|
| 3/8 | 960 | 4 2/7 | 84 |
| 1/2 | 720 | 4 1/2 | 80 |
| 1 | 360 | 4 4/5 | 75 |
| 1 1/4 | 288 | 5 | 72 |
| 1 1/3 | 270 | 6 | 60 |
| 1 1/2 | 240 | 6 2/3 | 54 |
| 2 | 180 | 7 1/5 | 50 |
| 2 1/4 | 160 | 7 1/2 | 48 |
| 2 2/5 | 150 | 8 | 45 |
| 2 1/2 | 144 | 9 | 40 |
| 2 2/3 | 135 | 10 | 36 |
| 3 | 120 | 12 | 30 |
| 3 1/3 | 108 | 15 | 24 |
| 3 3/5 | 100 | 18 | 20 |
| 3 3/4 | 96 | 20 | 18 |
| 4 | 90 | 24 | 15 |

### Unbequeme Zinssätze

Zinssätze, die in 360 nicht glatt enthalten sind, werden als **unbequeme Zinssätze** bezeichnet.

**Beispiel** Aus der Zinszahl (#) 7 200 sollen Zinsen berechnet werden. Der Zinssatz beträgt 6,5 %.

Es bietet sich in diesem Fall an, die Zinszahl mit dem Kehrwert des Zinsteilers zu multiplizieren.

$$z = \# : \frac{360}{p}$$

$$\boxed{z = \# \cdot \frac{p}{360}}$$

$$z = 7\,200 \cdot \frac{6{,}5}{360} = \underline{\underline{130{,}00\ €}}$$

## Aufgaben

**1** Errechnen Sie aus der Zinszahl (#) 9 000 die Zinsen bei folgenden Zinssätzen:

| | | | | |
|---|---|---|---|---|
| a) 3 ⅓ % | d) 4 % | g) 7 % | j) 5,23 % | m) 7,71 % |
| b) 7 ½ % | e) 3 ¾ % | h) 4,5 % | k) 4,97 % | n) 9,13 % |
| c) 2 ⅔ % | f) 7 ⅕ % | i) 8,3 % | l) 9,32 % | o) 3,42 % |

**2** Wir eröffnen bei unserer Hausbank ein neues Konto und zahlen die folgenden Beträge ein:

| | |
|---|---|
| a) 8.960,00 € am 22. März | b) 1.280,00 € am 10. Febr. |
| 7.280,00 € am 8. April | 2.730,00 € am 1. März |
| 5.430,00 € am 18. Sept. | 4.920,00 € am 12. Juni |
| 9.870,00 € am 2. Nov. | 9.310,00 € am 2. Nov. |
| Zinssatz: 6 % | Zinssatz: 5 % |

Wie hoch ist unser Bankguthaben am 31. Dez.?

**3** Ein Kunde schuldet uns die folgenden Beträge:

4.921,00 €, fällig am 20. Jan. 6.431,00 €, fällig am 1. März
5.622,00 €, fällig am 19. Febr. 8.938,00 €, fällig am 5. April

Der Kunde möchte die offenen Rechnungen mit einer Gesamtzahlung am 30. Juni ausgleichen. Wie hoch ist unser Zahlungsanspruch am 30. Juni bei folgenden Verzugszinssätzen:

a) 9 %, b) 4 ⅘ %, c) 6,57 %, d) 7 4/7 %?

**4** An einen unserer Kunden, die Söffgen OHG, haben wir die folgenden Rechnungen geschickt:

AR 512 am 2. März über 4.983,00 €; Zahlungsziel: 2 Monate
AR 783 am 8. April über 6.714,00 €; zahlbar sofort
AR 851 am 7. Mai über 9.491,00 €; Zahlungsziel: 70 Tage
AR 942 am 29. Juni über 7.320,00 €; Zahlungsziel: 40 Tage

Welchen Betrag muss uns die Söffgen OHG am 30. Sept. insgesamt einschließlich Verzugszinsen zahlen, wenn wir folgende Verzugszinssätze berechnen:

a) 4 %, b) 6 %, c) 7 ⅕ %, d) 8 ⅐ %, e) 7,27 %?

**5** Eine Autovertretung beabsichtigt ihre Reparaturwerkstatt weiter auszubauen. Zur Finanzierung wird eine Hypothek über 200.000,00 € aufgenommen.

Die Bank zahlt die Hypothek nach Baufortschritt in folgenden Teilbeträgen aus:

30.000,00 € am 8. Febr. 35.000,00 € am 2. Juni
40.000,00 € am 22. März 50.000,00 € am 8. Sept.
20.000,00 € am 19. April Restbetrag am 10. Okt.

Errechnen Sie die bis zum 31. Dez. angefallenen Hypothekenzinsen bei folgenden Zinssätzen:

a) 5 %, b) 6 %, c) 6 ⅔ %, d) 7,34 %, e) 8 ⅓ %.

6 Ein Sparer eröffnet ein Konto und nimmt während des Jahres folgende Einzahlungen vor:

| | | | |
|---|---|---|---|
| am 23. Febr. | 1.500,00 € | am 10. Sept. | 900,00 € |
| am 27. April | 800,00 € | am 25. Nov. | 2.000,00 € |
| am 5. Aug. | 1.200,00 € | | |

Wie hoch ist sein Sparguthaben am 31. Dez., wenn die Bank ihm folgende Zinssätze gewährt:
a) $2\,\frac{1}{2}$ %, b) $3\,\frac{1}{3}$ %, c) $4\,\frac{2}{7}$ %, d) 5,41 %, e) $5\,\frac{1}{7}$ %?

## 3.2.1.6 Die Zinsrechnung vom vermehrten und verminderten Wert

### Die Zinsrechnung vom vermehrten Wert

**Beispiel**

Für einen Kredit, den uns unsere Hausbank vom 1. März bis zum 1. Juli (= 120 Tage) zu einem Zinssatz von 6 % gewährt hat, zahlen wir einschließlich Zinsen 40.800,00 € zurück. Wie hoch ist der Kredit und wie viel Zinsen haben wir gezahlt?

**Lösung**

1. *Umrechnung des Jahreszinssatzes (Bezug: 360 Tage) auf einen Zinssatz, der sich auf den Kreditzeitraum (hier: 120 Tage) bezieht:*

360 Tage ≙ 6 %

120 Tage ≙ x %

$$x = \frac{6 \cdot 120}{360} = 2\,\%$$

2. *Berechnung des Kapitals mit vermehrtem Grundwert:*

102 % ≙ 40.800,00 €

100 % ≙ x €

$$x = \frac{40.800{,}00 \cdot 100}{102} = 40.000{,}00\text{ €}$$

Der Kredit beträgt 40.000,00 €.

3. *Berechnung der Zinsen:*

40.800,00 € – 40.000,00 € = 800,00 €

Wir haben 800,00 € Zinsen gezahlt.

**Aufgaben**

1 Wie hoch ist der Kredit und wie viel Zinsen sind gezahlt worden?

| | Rückzahlung einschließlich Zinsen | Laufzeit | Zinssatz |
|---|---|---|---|
| a) | 31.350,00 € | 270 Tage | 6 % |
| b) | 37.152,00 € | 288 Tage | 4 % |
| c) | 20.680,00 € | 200 Tage | 8 % |
| d) | 25.185,60 € | 240 Tage | 9 % |

2 In der Zeit vom 13. Febr. bis 18. Sept. wuchs ein Bankguthaben bei einem Zinssatz von $3\,{}^3/_5$ % auf 15.077,34 € an.
Errechnen Sie das Guthaben am 13. Febr. und die Zinsen.

3 Ein Kredit zu 8 % Zinsen wird vom 27. März bis zum 18. Sept. gewährt. Einschließlich Zinsen zahlt der Kreditnehmer 49.720,20 € zurück.
Errechnen Sie die Höhe des Kredites und die Höhe der Zinsen.

## Die Zinsrechnung vom verminderten Wert

**Beispiel** Wir nehmen einen Kredit zu 6 % Zinsen vom 1. Febr. bis 1. Nov. (= 270 Tage) auf. Unsere Bank zahlt uns abzüglich Zinsen 23.875,00 € aus. Berechnen Sie die Höhe des Kredites und die Höhe der Zinsen.

**Lösung**

1. *Umrechnung des Jahreszinssatzes (Bezug: 360 Tage) auf einen Zinssatz, der sich auf den Kreditzeitraum (hier: 270 Tage) bezieht:*

360 Tage ≙ 6 %
270 Tage ≙ x %

$$x = \frac{6 \cdot 270}{360} = \underline{\underline{4{,}5\ \%}}$$

2. *Berechnung des Kapitals mit vermindertem Grundwert:*

95,5 % ≙ 23.875,00 €
100 % ≙ x €

$$x = \frac{23.875{,}00 \cdot 100}{95{,}5} = \underline{\underline{25.000{,}00\ €}}$$

Der Kredit beträgt 25.000,00 €.

3. *Berechnung der Zinsen:*

25.000,00 € – 23.875,00 € = $\underline{\underline{1.125{,}00\ €}}$

Die Zinsen betragen 1.125,00 €.

**Aufgaben**

1 Errechnen Sie die Höhe des Kredites und die Höhe der Zinsen.

| | Auszahlung (= Kredit abzüglich Zinsen) | Laufzeit | Zinssatz |
|---|---|---|---|
| a) | 29.992,50 € | 195 Tage | 6 % |
| b) | 39.040,00 € | 108 Tage | 8 % |
| c) | 27.020,00 € | 315 Tage | 4 % |
| d) | 23.451,84 € | 168 Tage | 9 % |

2 Wir nehmen bei unserer Bank vom 25. Febr. bis zum 25. Nov. einen Kredit auf. Der Zinssatz beträgt 8 %. Unsere Bank zahlt uns abzüglich Zinsen 6.392,00 € aus.
Auf wie viel € beläuft sich der Kredit? Wie viel € Zinsen haben wir zu zahlen?

3 Für eine Kapazitätserweiterungsinvestition nimmt ein Industriebetrieb für die Zeit vom 5. Febr. bis zum 13. Sept. einen Zwischenfinanzierungskredit auf. Abzüglich 9 % Zinsen zahlt die Bank 567.300,00 € aus.
Errechnen Sie die Höhe des Kredites und die Höhe der Zinsen.

### 3.2.1.7 Die Umrechnung eines Skontoprozentsatzes auf einen Zinssatz

**Beispiel**

a) In einer Rechnung heißt es: „Zahlungsziel 30 Tage, bei Zahlung innerhalb von 10 Tagen 3 % Skonto." Welchem Zinssatz entsprechen die 3 % Skonto?

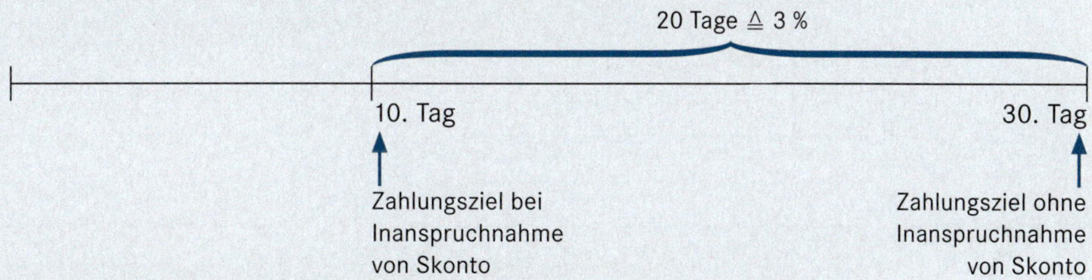


Für die **20-tägige** vorzeitige Zahlung werden **3 %** Skonto eingeräumt.
Damit besteht für den Skontoprozentsatz ein Zeitbezug (**→ 20 Tage ≙ 3 %**).
Ein Zinssatz bezieht sich auf 360 Tage.
Mit der Dreisatzrechnung erfolgt nun die Umrechnung des Skontoprozentsatzes auf einen Zinssatz:

20 Tage ≙ 3 %
360 Tage ≙ x %

$$x = \frac{3 \cdot 360}{20} = 54\ \%$$

In unserem Beispiel entspricht der Skontoprozentsatz einem Zinssatz von 54 %.

b) Lohnt die Ausnutzung des Skontozahlungsziels, wenn für den Rechnungsausgleich ein Überziehungskredit zu 15 % Zinsen in Anspruch genommen werden müsste?
Zinsvorteil (54 %) > Zinsnachteil (15 %). Daraus folgt: Skontoinanspruchnahme lohnt.

*Hinweis:* Die obige Umrechnung eines Skontoprozentsatzes auf einen Zinssatz erfolgt mit einer **kaufmännischen Überschlagsrechnung,** die in der betrieblichen Praxis herangezogen wird und meistens ausreichend ist.

In den unten folgenden Ausführungen wird der Skontoprozentsatz mathematisch korrekt in einen **effektiven Zinssatz ($p_{eff}$)** umgerechnet.

**Beispiel**

Wir haben eine Rechnung über 13.000,00 € zu begleichen. Die Zahlungsbedingung lautet (wie oben): „Zahlungsziel 30 Tage, bei Zahlung innerhalb von 10 Tagen 3 % Skonto." Welchem **effektiven** Zinssatz ($p_{eff}$) entsprechen die 3 % Skonto?

Wenn Skonto ausgenutzt wird, sind **12.610,00 €** (= **97 %** von 13.000,00 €) zu zahlen. Wir ziehen **390,00 €** Skonto (= **3 %** von 13.000,00 €) vom Rechnungsbetrag ab.

Entsprechend setzen wir in die Formel für den Zinssatz (p) ein:

$$p_{eff} = \frac{z \cdot 100 \cdot 360}{k \cdot t} = \frac{\mathbf{390{,}00} \cdot 100 \cdot 360}{\mathbf{12.610{,}00} \cdot 20} = \underline{\underline{55{,}67\ \%}}$$

**oder** $\left(\text{da } \begin{matrix} \mathbf{390{,}00\ €} \triangleq \mathbf{3\ \%} \\ \mathbf{12.610{,}00\ €} \triangleq \mathbf{97\ \%} \end{matrix}\right)$: $p_{eff} = \frac{\mathbf{3} \cdot 100 \cdot 360}{\mathbf{97} \cdot 20} = \underline{\underline{55{,}67\ \%}}$

Der Vergleich mit der kaufmännischen Überschlagsrechnung $\left(\frac{3 \cdot 360}{20} = 54\ \%\right)$ zeigt, dass die kaufmännische Überschlagsrechnung die lediglich **97%ige** Überweisung vernachlässigt.

**Aufgaben**

1 Mit einem Lieferanten wird ein Zahlungsziel von 40 Tagen vereinbart. Bei Zahlung innerhalb von 10 Tagen gewährt uns unser Lieferant 2 % Skonto. Rechnungsbetrag: 15.000,00 €. Welchem Zinssatz entspricht der Skontoprozentsatz (nach der Überschlagsrechnung und nach der mathematisch korrekten Rechnung)?

2 Rechnen Sie bei den folgenden Zahlungsbedingungen die Skontoprozentsätze in Zinssätze um (nach der Überschlagsrechnung und nach der mathematisch korrekten Rechnung).

| | Skonto-prozentsatz | Zahlungsziel ohne Inanspruchnahme von Skonto | Zahlungsziel bei Inanspruchnahme von Skonto |
|---|---|---|---|
| a) | 1,0 % | 60 Tage | 10 Tage |
| b) | 3,0 % | 30 Tage | 5 Tage |
| c) | 2,5 % | 30 Tage | 10 Tage |
| d) | 1,5 % | 40 Tage | 10 Tage |

3[1] Wird von einem Lieferanten die Möglichkeit der vorzeitigen Skontozahlung angeboten, so stellt sich häufig die Frage, ob zur Ausnutzung von Skonto ein Überziehungskredit in Anspruch genommen werden soll.

1. Entscheiden Sie durch den Vergleich des umgerechneten Skontozinssatzes (nach der Überschlagsrechnung und nach der mathematisch korrekten Rechnung) mit dem Kreditzinssatz, ob es günstig ist, die vorzeitige Skontozahlung zu wählen.
2. Errechnen Sie den Skontoabzug und den Zahlungsbetrag bei Skontoinanspruchnahme.
3. Errechnen Sie den Nettofinanzierungsgewinn bzw. -verlust bei Inanspruchnahme von Skonto.

| | Bruttorechnungsbetrag (€) (inkl. 19 % USt) | Skonto-prozentsatz (%) | Zahlungsziel ohne Inanspruchnahme von Skonto (Tage) | Zahlungsziel bei Inanspruchnahme von Skonto (Tage) | Kreditzinssatz (%) |
|---|---|---|---|---|---|
| a) | 142.800,00 | 3,0 | 60 | 20 | 8 |
| b) | 59.500,00 | 1,0 | 45 | 5 | 10 |
| c) | 71.400,00 | 2,5 | 50 | 20 | 6 |
| d) | 47.600,00 | 1,5 | 60 | 10 | 12 |
| e) | 95.200,00 | 3,0 | 40 | 5 | 9 |

4[2] Bei Zahlung innerhalb von 10 (8) Tagen gewährt uns unser Lieferant 2 % (3 %) Skonto. Bei Inanspruchnahme von Skonto müssten wir unser Konto überziehen und 12 % (15 %) Überziehungszinsen zahlen.
Wie viele Tage darf das Zahlungsziel unseres Lieferanten höchstens betragen, damit die Skontoinanspruchnahme lohnt (nach der Überschlagsrechnung und nach der mathematisch korrekten Rechnung)?

## 3.2.1.8 Der Effektivzinssatz bei Darlehen

Verschiedene Banken bieten bei der Darlehensgewährung in der Regel unterschiedliche Konditionen an. So können sich die Kreditbedingungen hinsichtlich der Zinsen, des Disagios (Abgeld), der Bearbeitungsgebühren und der Spesen unterscheiden. Um Darlehensangebote vergleichbar zu machen, wird der sogenannte **Effektivzinssatz** herangezogen.

1 geänderte Aufgabe!

2 *Hinweis für die Lehrerin/den Lehrer:* Diese anspruchsvolle Aufgabe sollten Sie nur mit leistungsstarken Klassen bearbeiten.

**Beispiel**

Wir beabsichtigen ein Darlehen über 120.000,00 € aufzunehmen.

Unsere Hausbank macht uns folgendes Angebot: Zinssatz: 9 %, Disagio: 4 %, 1 % Bearbeitungsgebühren, 100,00 € Spesen, Laufzeit: 5 Jahre.

Um dieses Darlehensangebot mit anderen Darlehensangeboten zu vergleichen, gilt es, den Effektivzinssatz zu errechnen.

**Lösung**[1]

*1. Ermittlung des Auszahlungsbetrages*

| | | |
|---|---|---|
| | Darlehensbetrag | 120.000,00 € |
| – | 4 % Disagio | 4.800,00 € |
| – | 1 % Bearbeitungsgebühren | 1.200,00 € |
| – | Spesen | 100,00 € |
| | Auszahlungsbetrag | 113.900,00 € |

*2. Ermittlung der effektiven Kreditkosten*

| | | |
|---|---|---|
| | 4 % Disagio | 4.800,00 € |
| + | 1 % Bearbeitungsgebühren | 1.200,00 € |
| + | Spesen | 100,00 € |
| + | Zinsen $= \frac{120.000,00 \cdot 9 \cdot 1800}{100 \cdot 360} =$ | 54.000,00 € |
| | effektive Kreditkosten | 60.100,00 € |

*3. Ermittlung des Effektivzinssatzes*

Zur Ermittlung des Effektivzinssatzes wird die Zinssatzformel herangezogen. Für das Kapital wird der Auszahlungsbetrag (113.900,00 €), für die Zinsen werden die effektiven Kreditkosten (60.100,00 €) eingesetzt.

$$p = \frac{z \cdot 100 \cdot 360}{k \cdot t} = \frac{60.100,00 \cdot 100 \cdot 360}{113.900,00 \cdot 1800} = \underline{\underline{10,55\ \%}}$$

(Im obigen Beispiel hätte man auch mit der Jahresformel rechnen können.)

Der Effektivzinssatz beträgt 10,55 %.

## Aufgaben

**1** Zur Restfinanzierung einer Erweiterungsinvestition beabsichtigen wir, ein Darlehen über 320.000,00 € aufzunehmen. Laufzeit: 6 Jahre.
Drei Banken haben uns Darlehensangebote unterbreitet.

| | Bank 1 | Bank 2 | Bank 3 |
|---|---|---|---|
| Zinssatz | 6 % | 6,5 % | 5,5 % |
| Disagio | 4 % | 3,0 % | 5,0 % |
| Bearbeitungsgebühren | 1 % | 0,5 % | 1,5 % |
| Spesen | 120,00 € | 100,00 € | 140,00 € |

Entscheiden Sie auf der Grundlage des Effektivzinssatzes, welches Darlehensangebot das günstigste ist.

1 Die hier dargebotene Lösung beinhaltet eine kaufmännische Überschlagsrechnung.
*Annahme:* Das Darlehen wird am Ende seiner Laufzeit in einem Betrag zurückgezahlt (Fälligkeitsdarlehen).

2 Berechnen Sie den Effektivzinssatz.

| | a) | b) | c) |
|---|---|---|---|
| **Darlehen** | 90.000,00 € | 70.000,00 € | 120.000,00 € |
| **Zinssatz** | 6,2 % | 7,4 % | 8,1 % |
| **Disagio** | 2,0 % | 4,0 % | 5,0 % |
| **Bearbeitungsgebühren** | 0,5 % | 1,0 % | 1,5 % |
| **Spesen** | 50,00 € | 100,00 € | – |
| **Laufzeit** | 1. Febr.–30. Nov. | 62 Monate | 1980 Tage |

3 Zur Finanzierung eines vom Staat geförderten Investitionsvorhabens erhalten wir ein Darlehen über 200.000,00 € zu folgenden Konditionen:
Laufzeit: 6 ½ Jahre; Zinssatz: 5 % (die ersten 1000 Tage sind zinsfrei); Disagio: 2 %.
Errechnen Sie den Effektivzinssatz.

## Vermischte Aufgaben zur Zinsrechnung

1 Wie viel € Zinsen erbringt ein Kapital von 8.600,00 €, wenn es vom 3. März bis zum 8. Dez. zu 6 % Zinsen angelegt ist?

2 Ein Kredit, der am 5. Febr. aufgenommen wurde, wird am 28. Aug. einschließlich Zinsen mit 9.029,76 € zurückgezahlt. Zinssatz: 8 %.
a) Auf wie viel € beläuft sich der Kredit?
b) Wie viel € betragen die Zinsen?

3 Welches Kapital erbringt bei einem Zinssatz von 5 % in 212 Tagen 402,80 € Zinsen?

4 Die folgenden Kapitalien werden bis zum 31. Dez. zu 7,5 % angelegt.
1. 9.600,00 € am 20. Febr.
2. 8.900,00 € am 3. März
3. 7.480,00 € am 21. April
4. 6.590,00 € am 12. Mai
5. 5.930,00 € am 8. Aug.

Wie hoch ist das Guthaben am 31. Dez.?

5 In einer Rechnung steht folgende Klausel: „Zahlungsziel 40 Tage, bei Zahlung innerhalb von 10 Tagen 3 % Skonto.“ Welchem Zinssatz entsprechen die 3 % Skonto (nach der Überschlagsrechnung und nach der mathematisch korrekten Rechnung)?

6 Ein Darlehen über 7.920,00 € wird einschließlich Zinsen mit 8.085,00 € zurückgezahlt. Laufzeit: 125 Tage. Wie hoch ist der Zinssatz?

7 Zur Finanzierung eines Investitionsvorhabens benötigen wir einen Bankkredit über 380.000,00 €. Von zwei Banken holen wir Angebote ein.

| | **Angebot Bank 1** | **Angebot Bank 2** |
|---|---|---|
| **Zinssatz** | 5,5 % | 5,9 % |
| **Disagio** | 6,0 % | 4,0 % |
| **Bearbeitungsgebühren** | 0,5 % | 0,6 % |
| **Spesen** | 100,00 € | 150,00 € |
| **Laufzeit** | 2010 Tage | 2010 Tage |

a) Errechnen Sie für beide Angebote den Effektivzinssatz.
b) Welches Angebot ist das günstigere?


6350214

8 An die Brandes GmbH haben wir eine Forderung über 24.840,00 €. Am 3. Sept. berechnen wir 828,00 € Verzugszinsen (vereinbarter Verzugszinssatz: 8 %).
Wann geriet die Brandes GmbH in Zahlungsverzug?

9 Unser Geschäftshaus ist mit folgenden Hypotheken belastet:

1. 120.000,00 € zu 4 $\frac{4}{5}$ %,
2. 100.000,00 € zu 5,1 %,
3. 80.000,00 € zu 5,9 %,
4. 50.000,00 € zu 6 $\frac{2}{3}$ %.

Wie viel € sind an Hypothekenzinsen vierteljährlich zu zahlen?

10 In welcher Zeit wächst eine Spareinlage von 10.000,00 € auf 10.500,00 € (Zinssatz: 6 %)?

11 Auf ein Sparkonto wurden im Laufe des Jahres insgesamt 48.600,00 € eingezahlt. Zur Berechnung der Zinsen bis zum 31. Dez. wird die summarische Zinsrechnung herangezogen. Es ergibt sich eine Summe der Zinszahlen von 87 480. Errechnen Sie das Sparguthaben einschließlich Zinsen am 31. Dez. bei folgenden Zinssätzen: a) 5 %, b) 6 %, c) 7,5 %, d) 8 %, e) 4,73 %.

12 Die Breitfeld OHG nimmt einen Kredit über 150.000,00 € auf. Laufzeit: 15 Monate; Zinssatz: 7,5 %. Zusätzlich muss die Breitfeld OHG eine Kreditbereitstellungsprovision von 1.800,00 € bezahlen. Errechnen Sie den Effektivzinssatz.

13 Am 30. Juni schuldet die Kibat KG der Thren GmbH noch folgende Beträge:
4.380,00 €, fällig am 10. Jan., 6.730,00 €, fällig am 12. April,
5.920,00 €, fällig am 2. März, 8.960,00 €, fällig am 28. April.
Es wurde ein Verzugszinssatz von 8 % vereinbart. Wie viel € Verzugszinsen hat die Kibat KG zu zahlen?

14 Ein Darlehen über 15.120,00 € wurde am 12. März aufgenommen. Am 6. Aug. wurde es einschließlich Zinsen mit 15.482,88 € zurückgezahlt. Errechnen Sie den Zinssatz.

15 Die Berufsgenossenschaft zahlt an einen Rentner eine monatliche Unfallrente von 720,00 €. Der Rentner möchte denselben Ertrag durch eine Anlage in festverzinslichen Wertpapieren (Zinssatz: 8 %) erzielen. Wie viel Kapital muss er anlegen?

16 Ein Kaufmann nimmt einen Kredit zu einem Zinssatz von 7,5 % vom 6. März bis zum 30. Juli auf. Seine Bank zahlt ihm abzüglich Zinsen 5.432,00 € aus. Errechnen Sie die Höhe des Kredites und die Höhe der Zinsen.

17 Die Söffgen OHG begleicht unsere Rechnung über 19.800,00 € erst 30 Tage nach dem vereinbarten Zahlungsziel. Die Söffgen OHG hat an uns 148,50 € Verzugszinsen und 11,50 € Mahngebühren zu zahlen. Welchem Effektivzinssatz entspricht die Gesamtbelastung?

18 Am 22. Aug. wird ein Kredit zu 10 % aufgenommen. Am 7. Juli des nächsten Jahres wird der Kredit einschließlich Zinsen mit 24.468,75 € zurückgezahlt. Wie hoch war der Kredit?

19[1] Die Emut GmbH gewährt uns auf einen Bruttorechnungsbetrag von 28.274,40 € (inkl. 19 % USt) ein Zahlungsziel von 50 Tagen. Bei Zahlung innerhalb von 10 Tagen erhalten wir 3 % Skonto. Um Skonto ausnutzen zu können, müssten wir einen Kontokorrentkredit (Zinssatz: 10 %) in Anspruch nehmen.

a) Rechnen Sie den Skontoprozentsatz auf einen Jahreszinssatz um (nach der Überschlagsrechnung und nach der mathematisch korrekten Rechnung). Entscheiden Sie, ob die vorzeitige Skontozahlung günstig ist.
b) Errechnen Sie die Zinsen, die für den Kontokorrentkredit zu zahlen sind.
c) Errechnen Sie den Nettofinanzierungsgewinn bzw. -verlust bei Inanspruchnahme von Skonto.

1 geänderte Aufgabe!

**20** Einem Unternehmen wurde für die Zeit vom 10. April bis 28. Okt. ein Überbrückungskredit zu 8 % gewährt. Abzüglich Zinsen wurden am 10. April 33.268,80 € ausgezahlt.
Errechnen Sie die Höhe des Überbrückungskredites und die Höhe der Zinsen.

**21** Unserem Unternehmen wird ein 20-Familien-Haus zum Kauf angeboten. Der Kaufpreis beträgt 1,2 Mio. €. Die Finanzierung könnte über eine 1. Hypothek über 400.000,00 € zu 6 % und eine 2. Hypothek über 300.000,00 € zu 7 % erfolgen. Die geschätzten jährlichen Aufwendungen (Reparaturen, Verwaltungskosten, Abgaben usw.) belaufen sich auf 44.000,00 €. Die monatlichen Mieteinnahmen betragen 9.500,00 €.
Errechnen Sie die Eigenkapitalverzinsung.

**22** Wir sind Eigentümer einer vermieteten Lagerhalle im Wert von 900.000,00 €. Die Lagerhalle ist belastet mit einer 8%igen Hypothek über 500.000,00 €. Neben den Hypothekenzinsen fallen jährlich Aufwendungen von durchschnittlich 14.000,00 € an.
Wie hoch müssen die monatlichen Mieteinnahmen sein, wenn unser eingesetztes Eigenkapital eine Rendite von 6 % erbringen soll?

## 3.2.2 Skontibuchungen

Skonto (Mehrzahl: Skonti) ist ein Preisnachlass, der zur schnelleren Zahlung veranlassen soll. Er wird gewährt bei Begleichung einer Rechnung innerhalb einer vereinbarten vorzeitigen Frist.

Ein Industriebetrieb kann einerseits auf der Beschaffungsseite den von seinen Lieferanten angebotenen Skonto in Anspruch nehmen und andererseits auf der Absatzseite seinen Kunden Skonto gewähren.

### 3.2.2.1 Skontibuchungen auf der Beschaffungsseite

Auf der Beschaffungsseite kürzt ein Industriebetrieb bei der Inanspruchnahme von Skonto den zu entrichtenden Rechnungsbetrag. Es ergibt sich dadurch nachträglich eine **Anschaffungspreisminderung**. Ferner mindert sich nachträglich die Bemessungsgrundlage der Umsatzsteuer, sodass die auf die Entgeltminderung entfallende **Vorsteuer** zu **korrigieren** ist.

Der IKR sieht zur Erfassung der Skontibeträge auf der Beschaffungsseite die **Nachlasskonten** vor.

Grundsätzlich sind die Vorräte zu **Anschaffungskosten** zu bewerten. **Anschaffungspreisminderungen**, wozu die Skontiabzüge gehören, sind nach § 255 Abs. 1 HGB abzusetzen. Dies geschieht durch den Abschluss der Nachlasskonten (= Unterkonten) über die entsprechenden Einkaufskonten (= Hauptkonten).

Bei dem **„Aufwandsrechnerischen Verfahren“** (vgl. Kapitel 2.7.1.3) werden die Werkstoffeinkäufe auf den **Werkstoffaufwandskonten** der **Kontenklasse 6** gebucht. In diesem Fall gilt folgende Zuordnung:

| Hauptkonten | Unterkonten |
|---|---|
| 6000 Aufw. für Rohstoffe | 6002 Nachlässe für Rohstoffe |
| 6010 Aufw. für Vorprodukte/Fremdbauteile | 6012 Nachlässe für Vorprodukte/Fremdbauteile |
| 6020 Aufw. für Hilfsstoffe | 6022 Nachlässe für Hilfsstoffe |
| 6030 Aufw. für Betriebsstoffe | 6032 Nachlässe für Betriebsstoffe |
| 6070 Aufw. für sonstiges Material | 6072 Nachlässe für sonstiges Material |
| 6080 Aufw. für Waren | 6082 Nachlässe für Waren |


6350216

Bei der **Inventurmethode**[1] und bei der **Fortschreibungsmethode**[1] (vgl. Kapitel 2.7.1.1) werden die Werkstoffeinkäufe auf den **Werkstoffbestandskonten** der **Kontenklasse 2** gebucht. Insofern ergibt sich bei diesen Methoden folgende Zuordnung:

| Hauptkonten | Unterkonten |
|---|---|
| 2000 Rohstoffe | 2002 Nachlässe für Rohstoffe |
| 2010 Vorprodukte/Fremdbauteile | 2012 Nachlässe für Vorprodukte/Fremdbauteile |
| 2020 Hilfsstoffe | 2022 Nachlässe für Hilfsstoffe |
| 2030 Betriebsstoffe | 2032 Nachlässe für Betriebsstoffe |
| 2070 Sonstiges Material | 2072 Nachlässe für sonstiges Material |
| 2280 Waren | 2282 Nachlässe für Waren |

**Beispiel**

| | |
|---|---|
| Zieleinkauf von Rohstoffen, Nettowert ................................ | 20.000,00 € |
| + 19 % Umsatzsteuer ................................................ | 3.800,00 € |
| | 23.800,00 € |

| Buchungssatz | Soll | Haben |
|---|---|---|
| 6000 Aufwendungen für Rohstoffe[2] | 20.000,00 | |
| 2600 Vorsteuer | 3.800,00 | |
| an 4400 Verbindlichkeiten a. LL | | 23.800,00 |

Der Lieferant gewährt uns bei vorzeitiger Zahlung auf den Rechnungsbetrag von 23.800,00 € 2 % Skonto. Wir nehmen Skonto in Anspruch und zahlen den verminderten Rechnungsbetrag durch Banküberweisung.

**Berechnung**

| Bruttorechnungsbetrag | Bruttoskontonachlass (2 %) | Nettoskontonachlass | im Bruttoskontonachlass enthaltene Vorsteuer |
|---|---|---|---|
| 23.800,00 € | 476,00 € | 400,00 € | 76,00 € |
| | (≙ 119 %) | (≙ 100 %) | (≙ 19 %) |

Überweisungsbetrag: 23.800,00 € – 476,00 € = 23.324,00 €

| Skontibuchung auf der Beschaffungsseite | Soll | Haben |
|---|---|---|
| 4400 Verbindlichkeiten a. LL | 23.800,00 | |
| an 2800 Guthaben bei Kreditinstituten (Bank) | | 23.324,00 |
| an 6002 Nachlässe für Rohstoffe[3] | | 400,00 |
| an 2600 Vorsteuer | | 76,00 |

Durch das Begleichen der Rechnung nehmen die Verbindlichkeiten um den vollen Rechnungsbetrag von 23.800,00 € ab.

Das Bankkonto mindert sich nur um den tatsächlich überwiesenen – um Skonto geminderten – Betrag von 23.324,00 €. →

1 Es handelt sich um die „Bestandsrechnerischen Verfahren".
2 alternativ: 2000 Rohstoffe („Bestandsrechnerisches Verfahren")
3 alternativ: 2002 Nachlässe für Rohstoffe („Bestandsrechnerisches Verfahren")

Der abgezogene Bruttoskontonachlass ist aufzuteilen in den Nettoskontonachlass, der sich auf den Rohstoffwert bezieht, und in den Umsatzsteueranteil.

Der Nettoskontonachlass in Höhe von 400,00 € stellt eine Anschaffungspreisminderung dar, die im Haben auf dem Konto **„6002 Nachlässe für Rohstoffe“**[1] gebucht wird.

Bedingt durch den Skontoabzug wird die Vorsteuer nicht in ihrer ursprünglich gebuchten vollen Höhe an den Lieferanten entrichtet. Daher ist das Vorsteuerkonto um den im Bruttoskontonachlass enthaltenen Umsatzsteueranteil im Haben zu korrigieren.

Am Ende der Rechnungsperiode wird das Nachlasskonto über das Einkaufskonto abgeschlossen.

| **Buchungssatz** | Soll | Haben |
|---|---|---|
| 6002 Nachlässe für Rohstoffe[1] | 400,00 | |
| an 6000 Aufwendungen für Rohstoffe[2] | | 400,00 |

## Skontibuchungen ohne Nachlasskonten

Wird ein Skontonachlass auf der Beschaffungsseite in Anspruch genommen für **bezogene Vermögensgegenstände des Anlagevermögens** (z. B. 0840 Fuhrpark) oder für **bezogene Aufwandsposten** (z. B. 6800 Büromaterial), für die der Industriekontenrahmen **keine Nachlasskonten** vorsieht, so wird der Nettoskontonachlass **direkt im Haben des betroffenen Kontos** (z. B. 0840 Fuhrpark oder 6800 Büromaterial) gebucht. Der „Umweg“ über die Nachlasskonten entfällt (siehe auch Kapitel 3.4.10.1).

### 3.2.2.2 Skontibuchungen auf der Absatzseite

Bei Inanspruchnahme von Skonto entrichtet ein Kunde nicht den beim Verkauf ursprünglich gebuchten vollen Rechnungsbetrag. Dadurch entsteht nachträglich eine **Erlösschmälerung.** Außerdem mindert sich nachträglich die Bemessungsgrundlage der Umsatzsteuer. Die **Umsatzsteuer** ist daher anteilig zu **korrigieren.**

Der IKR sieht zur Erfassung der Skontibeträge auf der Absatzseite die **Erlösberichtigungskonten** vor. Diese werden als **Unterkonten** über ihre **Hauptkonten,** die **Umsatzerlöskonten,** abgeschlossen.

| Hauptkonten | Unterkonten |
|---|---|
| 5000 Umsatzerlöse für eigene Erzeugnisse | 5001 Erlösberichtigungen für eigene Erzeugnisse |
| 5050 Umsatzerlöse für andere eigene Leistungen | 5051 Erlösberichtigungen für andere eigene Leistungen |
| 5100 Umsatzerlöse für Waren | 5101 Erlösberichtigungen für Waren |
| 5190 Sonstige Umsatzerlöse | 5191 Erlösberichtigungen für sonstige Umsatzerlöse |

1 alternativ: 2002 Nachlässe für Rohstoffe („Bestandsrechnerisches Verfahren“)

2 alternativ: 2000 Rohstoffe („Bestandsrechnerisches Verfahren“)



6350218

**Beispiel**

| | | |
|---|---|---|
| | Zielverkauf eigener Erzeugnisse, Nettowert | 30.000,00 € |
| + | 19 % Umsatzsteuer | 5.700,00 € |
| | | 35.700,00 € |

| Buchungssatz | Soll | Haben |
|---|---|---|
| 2400 Forderungen a. LL | 35.700,00 | |
| an 5000 Umsatzerlöse f. e. E. | | 30.000,00 |
| an 4800 Umsatzsteuer | | 5.700,00 |

Der Kunde nimmt Skonto in Anspruch und zahlt per Banküberweisung den um 2 % Skonto verminderten Rechnungsbetrag.

**Berechnung**

| Bruttorechnungsbetrag | Bruttoskontonachlass (2 %) | Nettoskontonachlass | im Bruttoskontonachlass enthaltene Umsatzsteuer |
|---|---|---|---|
| 35.700,00 € | 714,00 € | 600,00 € | 114,00 € |
| | (≙ 119 %) | (≙ 100 %) | (≙ 19 %) |

Überweisungsbetrag: 35.700,00 € – 714,00 € = 34.986,00 €

| Skontibuchung auf der Absatzseite | Soll | Haben |
|---|---|---|
| 2800 Guthaben bei Kreditinstituten (Bank) | 34.986,00 | |
| 5001 Erlösberichtigungen f. e. E. | 600,00 | |
| 4800 Umsatzsteuer | 114,00 | |
| an 2400 Forderungen a. LL | | 35.700,00 |

Durch den Rechnungsausgleich nimmt der Forderungsbestand um den ganzen Rechnungsbetrag von 35.700,00 € ab. Da der Kunde Skonto in Anspruch nimmt, werden dem Bankkonto aber nur 34.986,00 € gutgeschrieben.

Der abgezogene Bruttoskontonachlass ist zu zerlegen in den Nettoskontonachlass und in den Umsatzsteueranteil.

Der Nettoskontonachlass in Höhe von 600,00 € stellt eine Erlösschmälerung dar, die auf dem Konto **„5001 Erlösberichtigungen f. e. E."** im Soll gebucht wird.

Da der Kunde Skonto in Anspruch genommen hat, entrichtet er nicht die ganze – beim Zielverkauf ursprünglich gebuchte – Umsatzsteuer. Die Umsatzsteuerschuld ist daher um den im Bruttoskontonachlass enthaltenen Umsatzsteueranteil zu berichtigen.

Am Ende der Rechnungsperiode wird das Erlösberichtigungskonto über das Umsatzerlöskonto abgeschlossen.

| Buchungssatz | Soll | Haben |
|---|---|---|
| 5000 Umsatzerlöse f. e. E. | 600,00 | |
| an 5001 Erlösberichtigungen f. e. E. | | 600,00 |

## Zusammenfassung

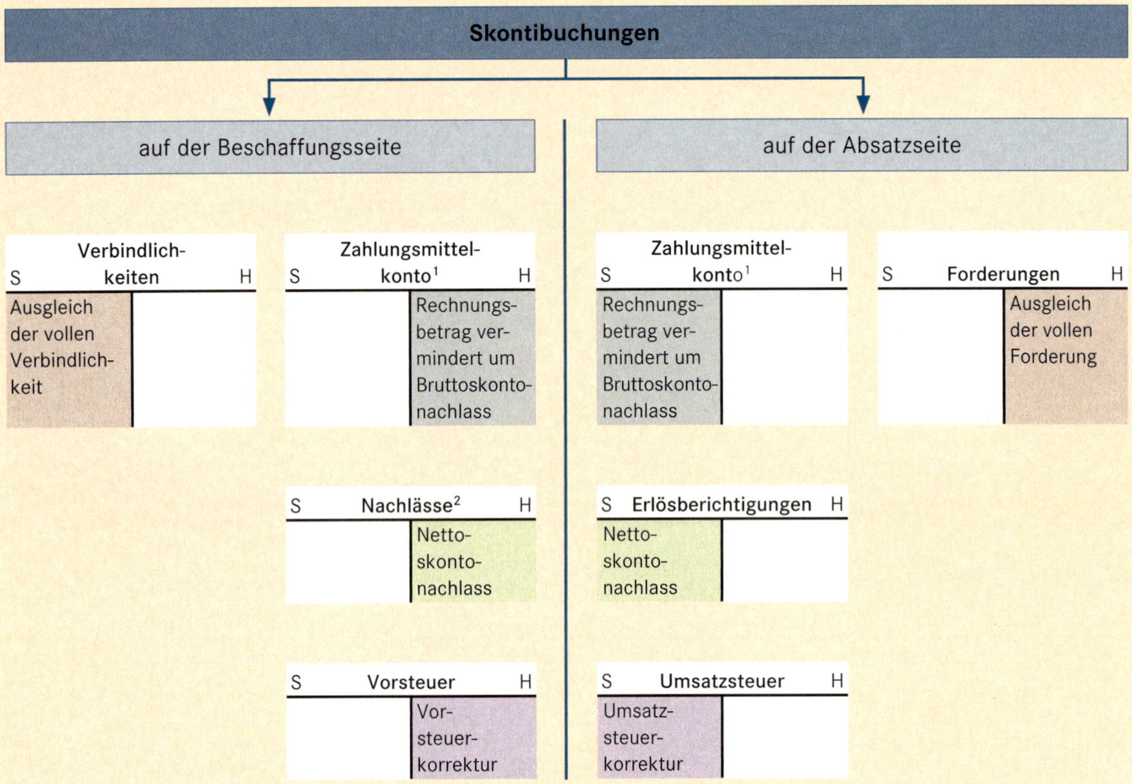


## Aufgaben

**1–3:** Skontibuchungen auf der Beschaffungsseite und auf der Absatzseite
**4:** Abschluss der Nachlass- und Erlösberichtigungskonten
**5–7:** Ungerechtfertigter Skontoabzug
**8:** Geschäftsgang

**1**[3] Sie sind Angestellte(r) der Textilfabrik Konrad Fied KG, Goseriede 41, 30159 Hannover. Die folgenden Belege liegen Ihnen zur Buchung vor.

a) Welche Geschäftsfälle liegen den Belegen zugrunde?

b) Wie lauten die Buchungssätze?

c) (Zu Beleg 1 und 4) Rechnen Sie den in den Zahlungsbedingungen angegebenen Skontoprozentsatz in einen Jahreszinssatz um (Genauigkeit: 2 Stellen nach dem Komma)
   1. mit der Überschlagsrechnung,
   2. mit der mathematisch korrekten Rechnung.

d) (Zu Beleg 2 und 5) Überprüfen Sie die rechnerische Richtigkeit des Bruttoskontoabzuges und des Nettoskontoabzuges.

e) (Zu Beleg 2) Um Skonto auszunutzen, haben wir einen Kontokorrentkredit (Zinssatz: 10 %) in Anspruch genommen. Errechnen Sie den Nettofinanzierungsgewinn bzw. -verlust bei Inanspruchnahme von Skonto.

---

1 z. B. „Guthaben bei Kreditinstituten (Bank)“

2 Für Konten des Anlagevermögens (z. B. 0840 Fuhrpark) und für einige für Skontibuchungen relevante Aufwandskonten (z. B. 6160 Fremdinstandhaltung, 6800 Büromaterial) sieht der IKR keine Nachlasskonten vor. Hier wird der Nettoskontonachlass direkt im Haben des betroffenen Kontos (z. B. „0840 Fuhrpark“, „6160 Fremdinstandhaltung“, „6800 Büromaterial“) gebucht. Der „Umweg“ über die Nachlasskonten entfällt.

3 erweiterte Aufgabe!

**Beleg 1**

# Bernhard Müller

Stoffherstellung

Bernhard Müller OHG
Im Weiher 1 • 69121 Heidelberg
Tel.: 06221 8925-0
Fax: 06221 8925-63
Internet: www.bmueller-wvd.de
E-Mail: info@bmueller-wvd.de

Bernhard Müller OHG • Im Weiher 1 • 69121 Heidelberg

Textilfabrik
Konrad Fied KG
Goseriede 41
30159 Hannover

EINGEGANGEN
4. Juni 20..
Erledigt ..................

| | |
|---|---|
| **Rechnungsnummer** | 5691 |
| **Rechnungsdatum** | 03.06.20.. |
| **Kundennummer** | 24 009 |
| **Ihre Bestellung vom** | 20.05.20.. |
| **Unsere Lieferung vom** | 02.06.20.. |

## Rechnung

| Pos. | m | Artikel | Preis je m/€ | Betrag/€ |
|---|---|---|---|---|
| 1 | 4 800 | Jeansstoff, 238 Je | 4,00 | 19.200,00 |
| 2 | 4 000 | Jeansstoff, 240 Je | 4,50 | 18.000,00 |
| | | | | 37.200,00 |
| | | – 10 % Rabatt | | 3.720,00 |
| | | | | 33.480,00 |
| | | + Verpackung | | 400,00 |
| | | + Fracht | | 300,00 |
| | | | | 34.180,00 |
| | | + 19 % USt | | 6.494,20 |
| | | **Rechnungsbetrag** | | **40.674,20** |

Zahlungsziel: 30 Tage.
Bei Zahlung innerhalb von 10 Tagen nach Rechnungsdatum 3 % Skonto vom Warenwert.

**Beleg 2**

Hannoversche Volksbank eG

| Kontonummer | erstellt am | Auszug | Blatt |
|---|---|---|---|
| **12 345** | 14.06.20.. | 47 | 1/1 |

BLZ 251 900 01

**Kontoauszug**

| Bu.-Tag | Wert | Vorgang | | |
|---|---|---|---|---|
| | | | **alter Kontostand** | **10.000,00 –** |
| 13.06. | 13.06. | SB-Überweisung, Bernhard Müller OHG, Kd.-Nr. 24 009, R.-Nr. 5691, Rechnung vom 3. Juni 20.. über 40.674,20 €, abzüglich 3 % Skonto 1.195,24 € | | 39.478,96 – |
| | | | **neuer Kontostand vom 14.06.20..** | **49.478,96 –** |

Textilfabrik
Konrad Fied KG
Goseriede 41
30159 Hannover

USt-IdNr.: DE 115 648 359
IBAN: DE73 2519 0001 0000 0123 45 BIC: VOHADE2H

**Beleg 3**

Konrad Fied KG

| Buchungsdatum | Beleg-Nr. |
|---|---|
| 31.12.20.. | 10 212 |

**Buchungsanweisung** Abschluss zum 31. Dez. 20..

Abschluss des Kontos „Nachlässe für Rohstoffe".
Kontensaldo 1.004,40 €

→

**Beleg 4**

**Konrad Fied KG** Textilfabrik

Konrad Fied KG • Goseriede 41 • 30159 Hannover

Goseriede 41 • 30159 Hannover
Telefon: 0511 4155-0
Telefax: 0511 4155-10
Internet: www.fied-wvd.de
E-Mail: info@fied-wvd.de

Söffgen OHG
Bergstraße 11
51503 Rösrath

| | |
|---|---|
| **Kunden-Nr.:** | 24 001 |
| **Lieferdatum:** | 18.09.20.. |
| **Bestelldatum:** | 30.08.20.. |
| **Sachbearbeiter/-in:** | Frau Kibat |

## Rechnung

| | |
|---|---|
| **Rechnungs-Nr.:** | 9324 |
| **Rechnungsdatum:** | 19.09.20.. |

| Pos. | Einheit | Artikel | Menge | Preis je Einheit/€ | Betrag/€ |
|---|---|---|---|---|---|
| 1 | St. | Trikot „Bayern München“, Gr. 52 | 500 | 20,00 | 10.000,00 |
| 2 | St. | Trikot „Borussia Dortmund“, Gr. 52 | 400 | 25,00 | 10.000,00 |
| 3 | St. | Trikot „Hertha BSC“, Gr. 52 | 300 | 22,00 | 6.600,00 |
| 4 | St. | Trikot „Hannover 96“, Gr. 52 | 400 | 24,00 | 9.600,00 |
| | | | gesamt | | 36.200,00 |
| | | | – 5 % Rabatt | | 1.810,00 |
| | | | | | 34.390,00 |
| | | | + Verpackung | | 300,00 |
| | | | + Transportkosten | | 200,00 |
| | | | | | 34.890,00 |
| | | | + 19 % USt | | 6.629,10 |
| | | | **Rechnungsbetrag** | | **41.519,10** |

Zahlungsziel: 40 Tage. Bei Zahlung innerhalb von 7 Tagen nach Rechnungsdatum 3 % Skonto vom Warenwert.

**Beleg 5**

Hannoversche Volksbank eG

| Kontonummer | erstellt am | Auszug | Blatt |
|---|---|---|---|
| 12 345 | 29.09.20.. | 157 | 1/1 |

BLZ 251 900 01 — Kontoauszug

| Bu.-Tag | Wert | Vorgang | |
|---|---|---|---|
| | | alter Kontostand | 90.000,00 + |
| 27.09. | 26.09. | Söffgen OHG, Kd.-Nr. 24 001, R.-Nr. 9324, 41.519,10 €, abzüglich 3 % Skonto 1.227,72 | 40.291,38 + |
| | | neuer Kontostand vom 29.09.20.. | 130.291,38 + |

Textilfabrik
Konrad Fied KG
Goseriede 41
30159 Hannover

USt-IdNr.: DE 115 648 359
IBAN: DE73 2519 0001 0000 0123 45 BIC: VOHADE2H

**Beleg 6**

**Konrad Fied KG**

| Buchungsdatum | Beleg-Nr. |
|---|---|
| 31.12.20.. | 10 213 |

**Buchungsanweisung** Abschluss zum 31. Dez. 20..

Abschluss des Kontos „Erlösberichtigungen“.
Kontensaldo 1.031,70 €

2[1] Sie sind Angestellte(r) der Textilfabrik Konrad Fied KG, Goseriede 41, 30159 Hannover. Die folgenden Belege liegen Ihnen zur Buchung vor.

a) Welche Geschäftsfälle liegen den Belegen zugrunde?

b) Wie lauten die Buchungssätze?

c) (Zu Beleg 1) Rechnen Sie den in den Zahlungsbedingungen angegebenen Skontoprozentsatz in einen Jahreszinssatz um (Genauigkeit: 2 Stellen nach dem Komma)
   1. mit der Überschlagsrechnung,
   2. mit der mathematisch korrekten Rechnung.

d) (Zu Beleg 2) Überprüfen Sie die rechnerische Richtigkeit des Bruttoskontoabzuges und des Nettoskontoabzuges.

**Beleg 1**

BRINK BÜROTECHNIK

Ernst Brink KG
Georgstraße 18 · 30159 Hannover
Tel.: 0511 3022-0 · Fax: 0511 3022-14
E-Mail: info@brink-wvd.de
Internet: www.brink-wvd.de

Ernst Brink KG · Georgstraße 18 · 30159 Hannover

Textilfabrik
Konrad Fied KG
Goseriede 41
30159 Hannover

EINGEGANGEN
18. Jan. 20..
Erledigt ......................

Bitte stets angeben:

| | |
|---|---|
| Rechnungs-Nr. | B 470961 |
| Kunden-Nr. | 24 005 |
| Datum | 17.01.20.. |
| Lieferdatum | 15.01.20.. |

RECHNUNG

| Menge | Artikel/Bestellnummer | Einzelpreis € | Gesamtpreis € |
|---|---|---|---|
| 3 | Xanon-Laserkopierer AF-67800 | 1.250,00 | 3.750,00 |
| 100 | Kopierpapier A4 G-91011 | 2,99 | 299,00 |
| 20 | Kopierpapier A3 G-92022 | 7,99 | 159,80 |
| | Warenwert | | 4.208,80 |
| | + 19 % USt | | 799,67 |
| | **Rechnungsbetrag** | | **5.008,47** |
| | Zahlungsziel: 20 Tage ab Rechnungsdatum. Bei Zahlung innerhalb von 7 Tagen ab Rechnungsdatum 2 % Skonto. | | |

**Beleg 2**

Hannoversche Volksbank eG

| Kontonummer | erstellt am | Auszug | Blatt |
|---|---|---|---|
| 12 345 | 25.01.20.. | 9 | 1/1 |

BLZ 251 900 01 Kontoauszug

| Bu.-Tag | Wert | Vorgang | |
|---|---|---|---|
| | | alter Kontostand | 20.000,00 + |
| 24.01. | 24.01. | SB-Überweisung, Ernst Brink KG, R.-Nr. B 470961, Kd.-Nr. 24 005, R.-Datum 17.01.20.., 5.008,47 €, abzüglich 2 % Skonto 100,17 € | 4.908,30 - |
| | | neuer Kontostand vom 25.01.20.. | 15.091,70 + |

Textilfabrik
Konrad Fied KG
Goseriede 41
30159 Hannover

USt-IdNr.: DE 115 648 359
IBAN: DE73 2519 0001 0000 0123 45 BIC: VOHADE2H

1 *Hinweis für die Lehrerin/den Lehrer:* Diese Aufgabe sollten Sie nur mit leistungsstarken Klassen bearbeiten.

3 Die Konrad Fied KG begleicht bei der Emut GmbH eine Rechnung über 35.700,00 € (einschließlich 19 % Umsatzsteuer) abzüglich 2 % Skonto durch Banküberweisung.

a) Errechnen Sie ausgehend vom Bruttoskontoabzug den Nettoskontoabzug und die anteilige Umsatzsteuer.

b) Wie bucht die Konrad Fied KG diesen Zahlungsvorgang? (Dem Zahlungsausgang liegt eine Rohstoffrechnung zugrunde.)

c) Wie bucht die Emut GmbH diesen Zahlungsvorgang? (Dem Zahlungseingang liegen „Umsatzerlöse für eigene Erzeugnisse" zugrunde.)

4

| S | Erlösberichtigungen f. e. E. | H |
|---|---|---|
| 2400 | 1.000,00 | |
| 2400 | 500,00 | |
| 2400 | 2.340,00 | |
| 2400 | 3.400,00 | |

| S | Nachlässe für Rohstoffe | H |
|---|---|---|
| | 4400 | 1.200,00 |
| | 4400 | 2.300,00 |
| | 4400 | 3.500,00 |
| | 4400 | 1.600,00 |

a) Nennen Sie den Abschlussbuchungssatz des Kontos „Erlösberichtigungen für eigene Erzeugnisse".

b) Nennen Sie den Abschlussbuchungssatz des Kontos „Nachlässe für Rohstoffe".

5 1. Ausgleich einer Rechnung durch Banküberweisung,

| | |
|---|---|
| Bruttorechnungsbetrag | 29.750,00 € |
| – 2 % Skonto, netto | 500,00 € |
| – anteilige Steuerberichtigung | 95,00 € |

2. Der Kunde hat den Skontoabzug zu Unrecht in Anspruch genommen, da er das Skontozahlungsziel überschritten hat. Der Lieferant belastet ihn mit dem Skontoabzug,

| | |
|---|---|
| netto | 500,00 € |
| anteilige Steuerberichtigung | 95,00 € |

Nennen Sie die Buchungssätze der Geschäftsfälle 1. und 2.

a) aus der Sicht des Kunden (Einkauf von „Fremdbauteilen") und

b) aus der Sicht des Lieferanten (Verkauf von „eigenen Erzeugnissen").

6 Die Marten GmbH gewährt ihrem Kunden, der Gust KG, bei Zahlung innerhalb von 10 Tagen 2 % Skonto, bei Zahlung innerhalb von 20 Tagen 1,5 % Skonto und bei Zahlung innerhalb von 30 Tagen 1 % Skonto.
Die Gust KG begleicht eine Rechnung über 59.500,00 € (brutto, einschl. 19 % Umsatzsteuer) per Banküberweisung nach 22 Tagen unter Inanspruchnahme von 2 % Skonto. Die Marten GmbH besteht auf Einhaltung des richtigen Skontoabzuges und belastet die Gust KG entsprechend.
Buchen Sie 1. den Zahlungsvorgang und 2. die Belastung

a) aus Sicht der Marten GmbH (Verkauf von „eigenen Erzeugnissen") und

b) aus Sicht der Gust KG (Einkauf von „Hilfsstoffen").

7 Der Kunde, die Müller OHG, zieht sich ungerechtfertigt Skonto ab in Höhe von

| | |
|---|---|
| netto | 700,00 € |
| + 19 % Steuerkorrektur | 133,00 € |

Der Lieferant, die Mobilia GmbH, beanstandet die Minderzahlung telefonisch. Daraufhin überweist die Müller OHG an die Mobilia GmbH den ungerechtfertigten Skontoabzug von 833,00 € (Banküberweisung).

a) Wie bucht die Mobilia GmbH (Verkauf von „Waren") den Zahlungseingang von 833,00 € bei folgenden Sachverhalten?
   1. Beim Rechnungsausgleich hat die Mobilia GmbH den ungerechtfertigten Skontoabzug nicht gebucht.
   2. Beim Rechnungsausgleich hat die Mobilia GmbH den Skontonachlass gebucht.

b) Wie bucht die Müller OHG (Einkauf von „Waren") den Zahlungsausgang von 833,00 €?

FIBU möglich!

8[1] **Anfangsbestände**

*I. Anfangsbestände der Sachkonten*

0720 Anlagen und Maschinen: 800.000,00 €; 0840 Fuhrpark: 300.000,00 €; 2000 Rohstoffe: 280.000,00 €; 2030 Betriebsstoffe: 90.000,00 €; 2100 Unfertige Erzeugnisse: 100.000,00 €; 2200 Fertige Erzeugnisse: 40.000,00 €; 2400 Forderungen a. LL: 88.500,00 €; 2800 Guthaben bei Kreditinstituten (Bank): 120.000,00 €; 2880 Kasse: 20.000,00 €; 3000 Eigenkapital: 906.400,00 €; 4250 Langfristige Bankverbindlichkeiten: 848.800,00 €; 4400 Verbindlichkeiten a. LL: 83.300,00 €.

*II. Anfangsbestände der Kundenkonten (Offene-Posten-Liste der Debitoren)*

| Kd.-Nr. | Debitoren | Beleg-Nr. | Betrag (€) |
|---|---|---|---|
| 24 001 | Söffgen OHG | 1 | 59.500,00 |
| 24 002 | G. Schön e. Kffr. | 2 | 29.000,00 |
| | | | 88.500,00 |

*III. Anfangsbestände der Lieferantenkonten (Offene-Posten-Liste der Kreditoren)*

| L.-Nr. | Kreditoren | Beleg-Nr. | Betrag (€) |
|---|---|---|---|
| 44 001 | B. Müller OHG | 3 | 47.600,00 |
| 44 002 | Emut GmbH | 4 | 35.700,00 |
| | | | 83.300,00 |

**Kontenplan**

**Kontenklasse 0 (Immaterielle Vermögensgegenstände und Sachanlagen):** 0720 Anlagen und Maschinen; 0840 Fuhrpark.

**Kontenklasse 2 (Umlaufvermögen und aktive Rechnungsabgrenzung):** 2000 Rohstoffe; 2030 Betriebsstoffe; 2100 Unfertige Erzeugnisse; 2200 Fertige Erzeugnisse; 2400 Forderungen a. LL (24 001 Forderungen an die Söffgen OHG, 24 002 Forderungen an G. Schön e. Kffr.); 2600 Vorsteuer; 2800 Guthaben bei Kreditinstituten (Bank); 2880 Kasse.

**Kontenklasse 3 (Eigenkapital und Rückstellungen):** 3000 Eigenkapital.

**Kontenklasse 4 (Verbindlichkeiten und passive Rechnungsabgrenzung):** 4250 Langfristige Bankverbindlichkeiten; 4400 Verbindlichkeiten a. LL (44 001 Verbindlichkeiten gegenüber der B. Müller OHG, 44 002 Verbindlichkeiten gegenüber der Emut GmbH, 44 003 Verbindlichkeiten gegenüber der Winter GmbH, 44 011 Verbindlichkeiten gegenüber Dr. Kuhlmann); 4800 Umsatzsteuer.

**Kontenklasse 5 (Erträge):** 5000 Umsatzerlöse für eigene Erzeugnisse; 5001 Erlösberichtigungen für eigene Erzeugnisse; 5201 Bestandsveränderungen an unfertigen Erzeugnissen; 5202 Bestandsveränderungen an fertigen Erzeugnissen; 5401 Nebenerlöse aus Vermietung und Verpachtung; 5403 Nebenerlöse aus Werksküche und Kantine.

**Kontenklasse 6 (Betriebliche Aufwendungen):** 6000 Aufwendungen für Rohstoffe; 6001[2] Bezugskosten für Rohstoffe; 6002[3] Nachlässe für Rohstoffe; 6030 Aufwendungen für Betriebsstoffe; 6031[4] Bezugskosten für Betriebsstoffe; 6170 Sonstige Aufwendungen für bezogene Leistungen; 6200 Löhne; 6770 Rechts- und Beratungskosten.

**Kontenklasse 8 (Ergebnisrechnungen):** 8000 Eröffnungsbilanzkonto; 8010 Schlussbilanzkonto; 8020 Gewinn- und Verlustkonto.

→

1 Der Geschäftsgang kann alternativ nach der „Fortschreibungsmethode“ oder nach der „Inventurmethode“ oder nach dem „Aufwandsrechnerischen Verfahren“ gebucht werden.

2 alternativ: 2001 („Bestandsrechnerisches Verfahren“)

3 alternativ: 2002 („Bestandsrechnerisches Verfahren“)

4 alternativ: 2031 („Bestandsrechnerisches Verfahren“)

| Beleg-Nr. | Geschäftsfälle | € |
|---|---|---|
| | **1. Ausgangsrechnung an** | |
| 11 | 1. Gertrud Schön e. Kffr. (Kd.-Nr. 24 002), | |
| | Nettopreis (eigene Erzeugnisse) | 60.000,00 |
| | + Verpackungskosten | 800,00 |
| | + 19 % Umsatzsteuer | 11.552,00 |
| | Rechnungsbetrag | 72.352,00 |
| 12 | 2. Söffgen OHG (Kd.-Nr. 24 001), | |
| | Nettopreis (eigene Erzeugnisse) | 220.000,00 |
| | + Fracht | 1.000,00 |
| | + 19 % Umsatzsteuer | 41.990,00 |
| | Rechnungsbetrag | 262.990,00 |
| | **2. Gutschriftanzeige auf dem Bankkonto gemäß Kontoauszug für** | |
| 21 | 1. Kundenzahlung (Söffgen OHG, Kd.-Nr. 24 001, betrifft: Beleg 1)[1], | |
| | Bruttorechnungsbetrag (eigene Erzeugnisse) | 59.500,00 |
| | - 3 % Nettoskontonachlass | 1.500,00 |
| | - 19 % Umsatzsteuer (auf Nettoskontonachlass) | 285,00 |
| | Gutschrift | 57.715,00 |
| 22 | 2. Mieteinnahmen | 8.000,00 |
| | **3. Kasseneingänge für** | |
| 31 | 1. Barverkäufe der Verkaufsfiliale (eigene Erzeugnisse) | |
| | - Kasse 1 (10.000,00 + 1.900,00 [= 19 % USt]) | 11.900,00 |
| | - Kasse 2 (12.000,00 + 2.280,00 [= 19 % USt]) | 14.280,00 |
| 32 | 2. 300 verkaufte Einheiten aus dem Getränkeautomaten in der Kantine, | |
| | netto | 300,00 |
| | + 19 % Umsatzsteuer | 57,00 |
| | | 357,00 |
| | **4. Eingangsrechnung der/des** | |
| 41 | 1. Bernhard Müller OHG (L.-Nr. 44 001), | |
| | Nettopreis (Rohstoffe) | 60.000,00 |
| | + Verpackung | 400,00 |
| | + 19 % Umsatzsteuer | 11.476,00 |
| | Rechnungsbetrag[2] | 71.876,00 |
| 42 | 2. Winter GmbH (L.-Nr. 44 003), Nettopreis (Betriebsstoffe) | 10.000,00 |
| | + Rollgeld | 400,00 |
| | + 19 % Umsatzsteuer | 1.976,00 |
| | Rechnungsbetrag[3] | 12.376,00 |
| 43 | 3. Rechtsanwalts Dr. Kuhlmann (L.-Nr. 44 011) für Vertretung | |
| | in einem Prozess beim Arbeitsgericht, Nettohonorar | 1.000,00 |
| | + 19 % Umsatzsteuer | 190,00 |
| | Rechnungsbetrag | 1.190,00 |

1 Zahlungseingang innerhalb des Skontozahlungsziels.

2 Für Bruttosteuerschlüssel (EDV-Buchführung):
Bruttowert der Rohstoffe 71.400,00 € Bruttowert der Bezugskosten 476,00 €

3 Für Bruttosteuerschlüssel (EDV-Buchführung):
Bruttowert der Betriebsstoffe 11.900,00 € Bruttowert der Bezugskosten 476,00 €

| Beleg-Nr. | | € |
|---|---|---|
| 50 | 5. Beim Zahlungsausgleich (Beleg 21) hat unser Kunde, die Söffgen OHG (Kd.-Nr. 24 001), 1 % Skonto zu viel abgezogen. Wir belasten die Söffgen OHG mit diesem Betrag | ? |
| | **6. Lastschriftanzeige auf dem Bankkonto gemäß Kontoauszug für** | |
| 61 | 1. Überweisung an B. Müller OHG (L.-Nr. 44 001, betrifft: Beleg 3)[1], | |
| | Bruttorechnungsbetrag (Rohstoffe) | 47.600,00 |
| | – 2 % Nettoskontonachlass | 800,00 |
| | – 19 % Umsatzsteuer (auf Nettoskontonachlass) | 152,00 |
| | Lastschrift | 46.648,00 |
| 62 | 2. Überweisung an Emut GmbH (L.-Nr. 44 002, betrifft: Beleg 4)[1], | |
| | Bruttorechnungsbetrag (Rohstoffe) | 35.700,00 |
| | – 3 % Nettoskontonachlass | 900,00 |
| | – 19 % Umsatzsteuer (auf Nettoskontonachlass) | 171,00 |
| | Lastschrift | 34.629,00 |
| 63 | 3. Fertigungslöhne | 72.000,00 |
| 64 | 4. Überweisung (Dauerauftrag) an die Gebäudereinigungsfirma Sauberfrau GmbH (einschließlich 19 % Umsatzsteuer) | 2.380,00 |
| 70 | 7. Beim Zahlungsausgleich (Beleg 62) haben wir 1 % Skonto zu viel abgezogen. Unser Lieferant, die Emut GmbH (L.-Nr. 44 002), belastet uns mit diesem Betrag | ? |
| | **8. Unsere Gutschriftanzeige an** | |
| 81 | 1. Gertrud Schön e. Kffr. (Kd.-Nr. 24 002; betrifft: Beleg 11) für zurückerhaltene mangelhafte eigene Erzeugnisse (Wandelung), | |
| | Nettobetrag | 5.000,00 |
| | + 19 % Umsatzsteuer | 950,00 |
| | Bruttobetrag | 5.950,00 |
| 82 | 2. Söffgen OHG (Kd.-Nr. 24 001; betrifft: Beleg 12) für mangelhafte eigene Erzeugnisse (Minderung), Nettobetrag | 8.000,00 |
| | + 19 % Umsatzsteuer | 1.520,00 |
| | Bruttobetrag | 9.520,00 |
| | **9.[2] Verbrauch gemäß Materialentnahmescheine:** | |
| 91 | 1. Rohstoffe | 90.000,00 |
| 92 | 2. Betriebsstoffe | 7.000,00 |
| | **Abschlussangaben** | |
| 100 | 10. Der Kassenbestand gemäß Inventur (= Istbestand) übersteigt den Kassenbestand gemäß Buchführung (= Sollbestand) um 11,90 € (= Kassenüberschuss). Ursache: 10 bar verkaufte Einheiten aus dem Getränkeautomaten wurden versehentlich nicht gebucht. | |
| 110 | 11. Ermittlung und Passivierung der Zahllast | ? |
| | **12. Schlussbestände laut Inventur:** | |
| 121 | 1. Unfertige Erzeugnisse | 90.000,00 |
| 122 | 2. Fertige Erzeugnisse | 70.000,00 |

→

1 Zahlungsausgang innerhalb des Skontozahlungsziels.

2 Soll nach der „Inventurmethode" oder nach dem „Aufwandsrechnerischen Verfahren" gebucht werden, so entfällt dieser Geschäftsfall.

Beleg-Nr.

130 **13.** Die Schlussbestände der anderen Bestandskonten entsprechen den Inventurbeständen.

**Zusätzliche Abschlussangaben bei Buchung nach der „Inventurmethode" oder nach dem „Aufwandsrechnerischen Verfahren"**

**14. Schlussbestände laut Inventur:** €

141 1. Rohstoffe ........................................ 249.000,00

142 2. Betriebsstoffe ........................................ 93.400,00

## 3.2.3 Bonibuchungen

Ein Bonus (Mehrzahl: Boni) ist eine Vergütung, die viele Lieferanten ihren Kunden bei Überschreiten einer festgelegten Umsatzhöhe in einem bestimmten Zeitraum (Monat, Vierteljahr, Halbjahr, Jahr) **nachträglich** gewähren. Die Vergütung kann in Form einer Geldzahlung oder einer Gutschrift geleistet werden.

Ein Industriebetrieb kann einerseits auf der Beschaffungsseite Boni von seinen Lieferanten erhalten und andererseits auf der Absatzseite seinen Kunden Boni gewähren.

### 3.2.3.1 Bonibuchungen auf der Beschaffungsseite

Ein Industriebetrieb, dem auf der Beschaffungsseite ein Bonus gewährt wurde, erhält im Nachhinein eine Vergütung, die sich bei ihm buchhalterisch als **Anschaffungspreisminderung** niederschlägt.

Die Bonivergütung mindert nachträglich die Bemessungsgrundlage der Umsatzsteuer. Die auf die Entgeltminderung entfallende **Vorsteuer** ist folglich zu **berichtigen.**

**Beispiel**

Ein Rohstofflieferant gewährt uns bei Überschreiten eines Halbjahresumsatzes von 300.000,00 € einen Bonus von 3 %. Im Betrachtungsjahr tätigen wir im 1. Halbjahr einen Umsatz von 476.000,00 € (Nettowert 400.000,00 € + Umsatzsteuer 76.000,00 €). Wir erhalten den Bonus in Form einer Banküberweisung.

**Berechnung**

| Gesamteinkäufe, brutto (Rohstoffe) | Bruttobonusvergütung (3 %) | Nettobonusvergütung | in der Bruttobonusvergütung enthaltene Vorsteuer |
|---|---|---|---|
| 476.000,00 € | 14.280,00 € | 12.000,00 € | 2.280,00 € |
| | (≙ 119 %) | (≙ 100 %) | (≙ 19 %) |

| Bonibuchung auf der Beschaffungsseite | Soll | Haben |
|---|---|---|
| 2800 Guthaben bei Kreditinstituten (Bank) | 14.280,00 | |
| an 6002 Nachlässe für Rohstoffe[1] | | 12.000,00 |
| an 2600 Vorsteuer | | 2.280,00 |

1 alternativ: 2002 Nachlässe für Rohstoffe („Bestandsrechnerisches Verfahren")

### 3.2.3.2 Bonibuchungen auf der Absatzseite

Gewährt ein Industriebetrieb auf der Absatzseite einem Kunden einen Bonus, so ergibt sich nachträglich eine **Erlösschmälerung.**

Außerdem mindert sich nachträglich die Bemessungsgrundlage der Umsatzsteuer. Die **Umsatzsteuerschuld** ist daher anteilig zu **berichtigen.**

**Beispiel**

Wir gewähren einem Kunden 3 % Bonus, wenn er die Umsatzhöhe von 200.000,00 € pro Quartal überschreitet. Im Betrachtungsjahr tätigt der Kunde im 1. Quartal einen Umsatz von 297.500,00 € (netto 250.000,00 € + Umsatzsteuer 47.500,00 €). Unser Kunde erhält eine entsprechende Vergütung in Form einer Banküberweisung.

**Berechnung**

| Gesamtumsatz, brutto | Bruttobonusvergütung (3 %) | Nettobonusvergütung | in der Bruttobonusvergütung enthaltene Umsatzsteuer |
|---|---|---|---|
| 297.500,00 € | 8.925,00 € | 7.500,00 € | 1.425,00 € |
| | (≙ 119 %) | (≙ 100 %) | (≙ 19 %) |

| Bonibuchung auf der Absatzseite | Soll | Haben |
|---|---|---|
| 5001 Erlösberichtigungen f. e. E. | 7.500,00 | |
| 4800 Umsatzsteuer | 1.425,00 | |
| an 2800 Guthaben bei Kreditinstituten (Bank) | | 8.925,00 |

**Zusammenfassung**

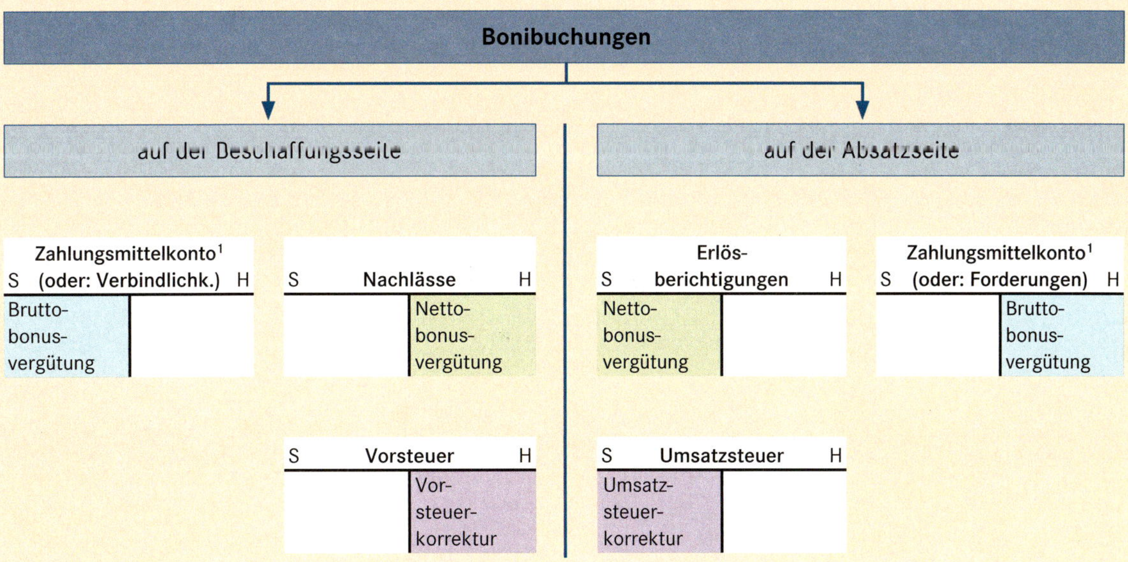


1 z. B. „Guthaben bei Kreditinstituten (Bank)“

## Aufgaben

| | | | |
|---|---|---|---|
| 1: | Erklärung Bonus | 4: | Boniberechnung und -buchung |
| 2 u. 3: | Belegbuchungen | 5: | Geschäftsgang |

1 a) Wann wird ein Bonus gewährt?
b) Warum gewähren Lieferanten ihren Kunden einen Bonus?

2 Sie sind Angestellte(r) der Textilfabrik Konrad Fied KG, Goseriede 41, 30159 Hannover. Folgende Belege liegen Ihnen zur Buchung vor.
a) Welche Geschäftsfälle liegen den Belegen zugrunde?
b) Wie lauten die Buchungssätze?

**Beleg 1**[1]

Hannoversche Volksbank eG

| Kontonummer | erstellt am | Auszug | Blatt |
|---|---|---|---|
| 12 345 | 10.07.20.. | 54 | 1/1 |

BLZ 251 900 01 Kontoauszug

| Bu.-Tag | Wert | Vorgang | |
|---|---|---|---|
| | | alter Kontostand | 50.000,00 + |
| 05.07. | 05.07. | SB-Überweisung, Gertrud Schön e. Kffr., Kd.-Nr. 24 002, Bonus 1. Halbjahr 20.. | 5.950,00 – |
| | | neuer Kontostand vom 10.07.20.. | 44.050,00 + |

Textilfabrik
Konrad Fied KG
Goseriede 41
30159 Hannover

USt-IdNr.: DE 115 648 359
IBAN: DE73 2519 0001 0000 0123 45 BIC: VOHADE2H

**Beleg 2**[2]

Konrad Fied KG Textilfabrik

Konrad Fied KG • Goseriede 41 • 30159 Hannover

Textileinzelhandel
Tina Hempe e. Kffr.
Weststraße 55
81541 München

Goseriede 41 • 30159 Hannover
Telefon: 0511 4155-0
Telefax: 0511 4155-10
Internet: www.fied-wvd.de
E-Mail: info@fied-wvd.de

Telefax 0511 4155- 32
E-Mail kibat@fied-wvd.de

| Ihr Zeichen, Ihre Nachricht vom | Unser Zeichen, unsere Nachricht vom | Telefon, Name 0511 4155- | Datum |
|---|---|---|---|
| | ki-he | 58 Frau Kibat | 28.12.20.. |

**Umsatzbonus für das Jahr 20.., Kd.-Nr. 24 006**

Sehr geehrte Frau Hempe,

Ihr Bruttoumsatz betrug im laufenden Jahr 20.. 130.900,00 €. Vereinbarungsgemäß erteilen wir Ihnen einen Bonus von 5 %.

| | |
|---|---|
| | 5.500,00 € |
| + 19 % USt | 1.045,00 € |
| | 6.545,00 € |

Die Bonusgutschrift wird mit unseren offenen Forderungen verrechnet.

1 Wenn der Bonusschuldner **keine offenen Forderungen a. LL** an den Bonusgläubiger hat, **überweist** er den Bonus in der Regel.

2 Wenn der Bonusschuldner **offene Forderungen a. LL** an den Bonusgläubiger hat, wird in der Regel eine **Bonusgutschrift** erteilt.



6350230

**3** a) Wie bucht der Textileinzelhandel Gertrud Schön e. Kffr., Hamburg, als Zahlungsempfänger den auf S. 230 stehenden Beleg 1?

b) Wie bucht der Textileinzelhandel Tina Hempe e. Kffr., München, den auf S. 230 stehenden Beleg 2?

**4** Wir gewähren der Söffgen OHG auf den halbjährlichen Umsatz von 618.800,00 € (520.000,00 € netto + 98.800,00 € Umsatzsteuer) eine Bonusgutschrift von 3 %.

a) Errechnen Sie die Nettobonusvergütung und die Steuerberichtigung.

b) Wie buchen wir die Bonusgutschrift?

c) Wie bucht die Söffgen OHG die Bonusgutschrift?

FIBU möglich!

**5**[1] **Anfangsbestände**

*I. Anfangsbestände der Sachkonten*

0720 Anlagen und Maschinen: 800.000,00 €; 0840 Fuhrpark: 300.000,00 €; 2000 Rohstoffe: 250.000,00 €; 2020 Hilfsstoffe: 70.000,00 €; 2100 Unfertige Erzeugnisse: 120.000,00 €; 2200 Fertige Erzeugnisse: 90.000,00 €; 2400 Forderungen a. LL: 107.200,00 €; 2800 Guthaben bei Kreditinstituten (Bank): 226.400,00 €; 3000 Eigenkapital: 950.800,00 €; 4250 Langfristige Bankverbindlichkeiten: 918.000,00 €; 4400 Verbindlichkeiten a. LL: 94.800,00 €.

*II. Anfangsbestände der Kundenkonten (Offene-Posten-Liste der Debitoren)*

| Kd.-Nr. | Debitoren | Beleg-Nr. | Betrag (€) |
|---|---|---|---|
| 24 001 | Söffgen OHG | 1 | 83.300,00 |
| 24 002 | G. Schön e. Kffr. | 2 | 23.900,00 |
| | | | 107.200,00 |

*III. Anfangsbestände der Lieferantenkonten (Offene-Posten-Liste der Kreditoren)*

| L.-Nr. | Kreditoren | Beleg-Nr. | Betrag (€) |
|---|---|---|---|
| 44 002 | Emut GmbH | 3 | 59.500,00 |
| 44 006 | Vödisch AG | 4 | 35.300,00 |
| | | | 94.800,00 |

**Kontenplan**

**Kontenklasse 0 (Immaterielle Vermögensgegenstände und Sachanlagen):** 0720 Anlagen und Maschinen; 0840 Fuhrpark.

**Kontenklasse 2 (Umlaufvermögen und aktive Rechnungsabgrenzung):** 2000 Rohstoffe; 2020 Hilfsstoffe; 2100 Unfertige Erzeugnisse; 2200 Fertige Erzeugnisse; 2400 Forderungen a. LL (24 001 Forderungen an die Söffgen OHG, 24 002 Forderungen an G. Schön e. Kffr.); 2600 Vorsteuer; 2800 Guthaben bei Kreditinstituten (Bank).

**Kontenklasse 3 (Eigenkapital und Rückstellungen):** 3000 Eigenkapital.

**Kontenklasse 4 (Verbindlichkeiten und passive Rechnungsabgrenzung):** 4250 Langfristige Bankverbindlichkeiten; 4400 Verbindlichkeiten a. LL (44 002 Verbindlichkeiten gegenüber der Emut GmbH, 44 006 Verbindlichkeiten gegenüber der Vödisch AG); 4800 Umsatzsteuer.

**Kontenklasse 5 (Erträge):** 5000 Umsatzerlöse für eigene Erzeugnisse; 5001 Erlösberichtigungen für eigene Erzeugnisse; 5201 Bestandsveränderungen an unfertigen Erzeugnissen; 5202 Bestandsveränderungen an fertigen Erzeugnissen; 5710 Zinserträge.

**Kontenklasse 6 (Betriebliche Aufwendungen):** 6000 Aufwendungen für Rohstoffe; 6001[2] Bezugskosten für Rohstoffe; 6002[3] Nachlässe für Rohstoffe; 6020 Aufwendungen für Hilfsstoffe; 6021[4] Bezugskosten für Hilfsstoffe; 6022[5] Nachlässe für Hilfsstoffe; 6200 Löhne; 6900 Versicherungsbeiträge. →

1 Der Geschäftsgang kann alternativ nach der „Fortschreibungsmethode" oder nach der „Inventurmethode" oder nach dem „Aufwandsrechnerischen Verfahren" gebucht werden.

2 alternativ: 2001 („Bestandsrechnerisches Verfahren")

3 alternativ: 2002 („Bestandsrechnerisches Verfahren")

4 alternativ: 2021 („Bestandsrechnerisches Verfahren")

5 alternativ: 2022 („Bestandsrechnerisches Verfahren")

**Kontenklasse 8 (Ergebnisrechnungen):** 8000 Eröffnungsbilanzkonto; 8010 Schlussbilanzkonto; 8020 Gewinn- und Verlustkonto.

| Beleg-Nr. | Geschäftsfälle | € |
|---|---|---|
| | **1. Eingangsrechnung der** | |
| 11 | 1. Emut GmbH (L.-Nr. 44 002), | |
| | Nettopreis (Rohstoffe) | 60.000,00 |
| | - Rabatt (20 %) | 12.000,00 |
| | + Fracht | 500,00 |
| | + 19 % Umsatzsteuer | 9.215,00 |
| | Rechnungsbetrag[1] | 57.715,00 |
| 12 | 2. Vödisch AG (L.-Nr. 44 006), | |
| | Nettopreis (Hilfsstoffe) | 10.000,00 |
| | - Rabatt (10 %) | 1.000,00 |
| | + Fracht | 100,00 |
| | + Verpackung | 200,00 |
| | + 19 % Umsatzsteuer | 1.767,00 |
| | Rechnungsbetrag[2] | 11.067,00 |
| | **2. Ausgangsrechnung an** | |
| 21 | 1. Söffgen OHG (Kd.-Nr. 24 001), | |
| | Nettopreis (eigene Erzeugnisse) | 200.000,00 |
| | - Rabatt (10 %) | 20.000,00 |
| | + Rollgeld | 1.000,00 |
| | + 19 % Umsatzsteuer | 34.390,00 |
| | Rechnungsbetrag | 215.390,00 |
| 22 | 2. Gertrud Schön e. Kffr. (Kd.-Nr. 24 002), | |
| | Nettopreis (eigene Erzeugnisse) | 60.000,00 |
| | + 19 % Umsatzsteuer | 11.400,00 |
| | Rechnungsbetrag | 71.400,00 |
| | **3. Banklastschrift gemäß Kontoauszug für** | |
| 31 | 1. Gebäudeversicherung | 900,00 |
| 32 | 2. Bonusüberweisung an die Söffgen OHG, brutto | 952,00 |
| 33 | 3. Überweisung an die Emut GmbH (L.-Nr. 44 002, betrifft: Beleg 3)[3], | |
| | Bruttorechnungsbetrag (Rohstoffe) | 59.500,00 |
| | - 2 % Nettoskontonachlass | 1.000,00 |
| | - 19 % Umsatzsteuer (auf Nettoskontonachlass) | 190,00 |
| | Lastschrift | 58.310,00 |
| 34 | 4. Fertigungslöhne | 36.000,00 |
| 40 | **4.** Gertrud Schön e. Kffr. (Kd.-Nr. 24 002) erhält von uns eine Bonusgutschrift, brutto | 1.071,00 |

1 Für Bruttosteuerschlüssel (EDV-Buchführung):
Bruttowert der Rohstoffe 57.120,00 € Bruttowert der Bezugskosten 595,00 €

2 Für Bruttosteuerschlüssel (EDV-Buchführung):
Bruttowert der Hilfsstoffe 10.710,00 € Bruttowert der Bezugskosten 357,00 €

3 Zahlungsausgang innerhalb des Skontozahlungsziels.

| Beleg-Nr. | | € |
|---|---|---|
| | **5. Die Vödisch AG (L.-Nr. 44 006) erteilt uns eine Gutschrift (betrifft: Beleg 12) für** | |
| 51 | 1. zurückgeschickte Verpackung (Hilfsstoffe), | |
| | Nettobetrag | 200,00 |
| | + 19 % Umsatzsteuer | 38,00 |
| | Gutschrift | 238,00 |
| 52 | 2. mangelhafte Hilfsstoffe (Minderung), | |
| | Nettobetrag | 3.000,00 |
| | + 19 % Umsatzsteuer | 570,00 |
| | Gutschrift | 3.570,00 |
| 60 | 6. Unser Rohstofflieferant, die Emut GmbH (L.-Nr. 44 002), erteilt uns eine Bonusgutschrift, brutto | 1.249,50 |
| 70 | 7. Wir belasten die Söffgen OHG (Kd.-Nr. 24 001) mit Verzugszinsen | 80,00 |
| | **8. Bankgutschrift gemäß Kontoauszug für** | |
| 81 | 1. Bonusüberweisung von unserem Hilfsstofflieferanten, der Vödisch AG, brutto | 833,00 |
| 82 | 2. Kundenzahlung (Söffgen OHG, Kd.-Nr. 24 001, betrifft: Beleg 1)[1], | |
| | Bruttorechnungsbetrag (eigene Erzeugnisse) | 83.300,00 |
| | – 3 % Nettoskontonachlass | 2.100,00 |
| | – 19 % Umsatzsteuer (auf Nettoskontonachlass) | 399,00 |
| | Gutschrift | 80.801,00 |
| | **9.[2] Verbrauch gemäß Materialentnahmescheine:** | |
| 91 | 1. Rohstoffe | 80.000,00 |
| 92 | 2. Hilfsstoffe | 7.000,00 |
| | **Abschlussangaben** | |
| 100 | 10. Ermittlung und Passivierung der Zahllast | ? |
| | **11. Schlussbestände laut Inventur:** | |
| 111 | 1. Unfertige Erzeugnisse | 110.000,00 |
| 112 | 2. Fertige Erzeugnisse | 120.000,00 |
| 120 | 12. Die Schlussbestände der anderen Bestandskonten entsprechen den Inventurbeständen. | |
| | **Zusätzliche Abschlussangaben bei Buchung nach der „Inventurmethode" oder nach dem „Aufwandsrechnerischen Verfahren"** | |
| | **13. Schlussbestände laut Inventur:** | |
| 131 | 1. Rohstoffe | 216.450,00 |
| 132 | 2. Hilfsstoffe | 68.400,00 |

1 Zahlungseingang innerhalb des Skontozahlungsziels.

2 Wird nach der „Inventurmethode" oder nach dem „Aufwandsrechnerischen Verfahren" gebucht, so entfällt dieser Geschäftsfall.

### 3.2.4 Die Buchungen bei der Aufnahme und Rückzahlung von Krediten

Durch Eigen- und Fremdfinanzierung beschaffen sich die Betriebe die Mittel für Investitionen.

Bei der Fremdfinanzierung erfolgt die Mittelbeschaffung durch die Aufnahme von Krediten.

Bei Darlehens- bzw. Hypothekenschulden ist der Auszahlungsbetrag in der Regel um das **Disagio** kleiner als der Rückzahlungsbetrag (= Darlehensbetrag).

**Auszahlungsbetrag** = Rückzahlungsbetrag (= Darlehensbetrag) – Disagio

Nach dem **Höchstwertprinzip** sind Darlehens- und Hypothekenschulden mit dem **höheren Rückzahlungsbetrag** (= Darlehensbetrag) zu **passivieren.**

**Handelsrechtlich** (Handelsbilanz) kann das Disagio im Jahr der Anschaffung **vollständig aufwandswirksam** gebucht **oder** auf der **Aktivseite** der Bilanz als **Korrekturposten** zur Kreditverbindlichkeit ausgewiesen werden. Im letzteren Fall ist das Disagio durch **planmäßige jährliche Abschreibungen** zu tilgen, die auf die gesamte Laufzeit der Verbindlichkeit verteilt werden können (§ 250 Abs. 3 HGB).

**Steuerrechtlich** (Steuerbilanz) ist nur die **Aktivierung des Disagios** mit entsprechenden jährlichen Abschreibungen[1] zulässig. **Bearbeitungs- oder Verwaltungsgebühren** sind ebenfalls zu aktivieren und aufwandsmäßig auf die Laufzeit des Darlehens zu verteilen.

Aufwendungen hingegen, die dem Darlehensnehmer im Zusammenhang mit der Darlehensaufnahme durch Zahlungen an Dritte entstehen, z. B. **Vermittlungsprovisionen,** sind **Betriebsausgaben** des Jahres, in dem sie anfallen.

**Beispiel** (für eine Kreditaufnahme)

| | | |
|---|---|---|
| | Bankkredit (k) | 100.000,00 € |
| – | Disagio | 10.000,00 € |
| – | Bearbeitungsgebühren | 800,00 € |
| | Auszahlung am 1. Jan. | 89.200,00 € |

Kreditlaufzeit: 10 Jahre
Rückzahlung des Darlehens in einem Betrag nach 10 Jahren (Fälligkeitsdarlehen).

**1. Buchungsmöglichkeit (handelsrechtliche Kannvorschrift)**

*a) Kreditaufnahme*

| Buchungssatz | Soll | Haben |
|---|---|---|
| 2800 Guthaben bei Kreditinstituten (Bank) | 89.200,00 | |
| 2910 Disagio | 10.000,00 | |
| 6750 Kosten des Geldverkehrs | 800,00 | |
| an 4250 Langfristige Bankverbindlichkeiten | | 100.000,00 |

*b) Vollständige Abschreibung des Disagios im Jahr der Kreditaufnahme*

| Buchungssatz | Soll | Haben |
|---|---|---|
| 7590 Sonstige zinsähnliche Aufwendungen[2] | 10.000,00 | |
| an 2910 Disagio | | 10.000,00 |

1 Bei Darlehen, die in einem Betrag bei Fälligkeit zurückzuzahlen sind **(= Fälligkeitsdarlehen),** ist das Disagio gleichmäßig (linear) während der Darlehenslaufzeit abzuschreiben. Bei **Tilgungsdarlehen,** die in wiederkehrenden Raten zurückgezahlt werden, ist das Disagio mit fallenden Beträgen abzuschreiben.

2 Der komplette IKR sieht hier das Konto „7540 Abschreibungen auf Disagio" vor.

**2. Buchungsmöglichkeit (handelsrechtliche Kannvorschrift, steuerrechtliche Mussvorschrift → maßgebliche Buchungsmöglichkeit)**

*a) Kreditaufnahme*

| Buchungssatz | Soll | Haben |
|---|---|---|
| 2800 Guthaben bei Kreditinstituten (Bank) | 89.200,00 | |
| 2910 Disagio | 10.800,00[1] | |
| an 4250 Langfristige Bankverbindlichkeiten | | 100.000,00 |

*b) Jährliche Abschreibung des Disagios und der Bearbeitungsgebühren (hier: linear 1.080,00 € p. a. → 10.800,00 € : 10 = 1.080,00 €)*

| Buchungssatz | Soll | Haben |
|---|---|---|
| 7590 Sonstige zinsähnliche Aufwendungen[2] | 1.080,00 | |
| an 2910 Disagio | | 1.080,00 |

Während der Laufzeit eines Kredites sind Zinszahlungen fällig.

**Beispiel** Für unseren Bankkredit (k) über 100.000,00 € wurde folgende Zinsvereinbarung getroffen:

Verzinsung: 6 % p. a. (p), zahlbar vierteljährlich (t = 90) nachträglich

$$z = \frac{k \cdot p \cdot t}{100 \cdot 360} = \frac{100.000,00 \cdot 6 \cdot 90}{100 \cdot 360} = \underline{\underline{1.500,00\ €}}$$

| Buchungssatz | Soll | Haben |
|---|---|---|
| 7510 Zinsaufwendungen | 1.500,00 | |
| an 2800 Guthaben bei Kreditinstituten (Bank) | | 1.500,00 |

**Zusammenfassung**

1. **Ist bei Darlehens- und Hypothekenschulden der Rückzahlungsbetrag größer als der Auszahlungsbetrag, so ist der höhere Rückzahlungsbetrag zu passivieren.**
2. **Steuerrechtlich müssen, handelsrechtlich können das Disagio und die Bearbeitungs- und Verwaltungsgebühren aktiviert und durch Abschreibungen auf die Kreditlaufzeit aufwandswirksam verteilt werden.**

## Aufgaben

1 Unsere Hausbank gewährt uns einen Kredit über 480.000,00 € zu folgenden Bedingungen:

Auszahlung: 96 % (Wertstellung: 1. Jan.)
Bearbeitungsgebühr: 2.000,00 €
Zinssatz: 6 % p. a. (Zinsen sind vierteljährlich nachträglich zahlbar)
Laufzeit: 8 Jahre

a) Nennen Sie den Buchungssatz für die Kreditauszahlung (Bankgutschrift) bei Aktivierung[3] des Disagios und der Bearbeitungsgebühren.

b) Nennen Sie den Buchungssatz für die jährliche lineare Abschreibung[3] des Disagios und der Bearbeitungsgebühren.

c) Nennen Sie den Buchungssatz für die Abbuchung der Kreditzinsen am Ende des 1. Quartals (Banklastschrift).

1 Der Einfachheit halber wird die Bearbeitungsgebühr hier in das Disagio einbezogen. Man könnte auch ein spezielles Konto einrichten.

2 Der komplette IKR sieht hier das Konto „7540 Abschreibungen auf Disagio“ vor.

3 gemäß steuerrechtlicher Vorschrift (Die Bearbeitungsgebühren und die Spesen werden der Einfachheit halber auch auf dem Konto „2910 Disagio“ erfasst.)

**2**

| | Höhe des Bankkredites | Auszahlung (1. Jan.) | Bearbeitungsgebühr | Zinssatz p. a. | Laufzeit (Jahre) | Fälligkeit für Zinsen (nachträglich) |
|---|---|---|---|---|---|---|
| I | 120.000,00 € | 94 % | 1 % | 5 % | 10 | Quartalsende |
| II | 300.000,00 € | 95 % | 1.500,00 € | 6 % | 8 | Monatsende |
| III | 450.000,00 € | 96 % | 2.000,00 € | 7 % | 10 | Monatsende |

a) Wie lautet der Buchungssatz für die Kreditauszahlung (Bankgutschrift) bei Aktivierung[1] des Disagios und der Bearbeitungsgebühren?

b) Wie lautet der Buchungssatz für die lineare Abschreibung[1] des Disagios und der Bearbeitungsgebühren?

c) Wie lautet der Buchungssatz für die Abbuchung der Kreditzinsen am Ende des 1. Fälligkeitstermins?

**3** Sie sind Angestellte(r) der Textilfabrik Konrad Fied KG, Goseriede 41, 30159 Hannover. Der folgende Beleg liegt Ihnen zur Buchung vor.

a) Welcher Geschäftsfall liegt dem Beleg zugrunde?

b) Wie lautet der Buchungssatz[2]?

| Kontonummer | erstellt am | Auszug | Blatt |
|---|---|---|---|
| 12 345 | 11.10.20.. | 218 | 1/1 |

**Hannoversche Volksbank eG**

**BLZ 251 900 01** **Kontoauszug**

| Bu.-Tag | Wert | Vorgang | | alter Kontostand | 100.000,00 + |
|---|---|---|---|---|---|
| 10.10. | 08.10. | Darlehen 500498852 | | | 308.700,00 + |
| | | Darlehensbetrag | 320.000,00 | | |
| | | – Disagio[1] | 9.600,00 | | |
| | | – Bearbeitungsgebühren[1] | 1.600,00 | | |
| | | – Spesen[1] | 100,00 | | |
| | | | | neuer Kontostand vom 11.10.20.. | 408.700,00 + |

Textilfabrik
Konrad Fied KG
Goseriede 41
30159 Hannover

USt-IdNr.: DE 115 648 359
IBAN: DE73 2519 0001 0000 0123 45 BIC: VOHADE2H

FIBU möglich!

## 4[3] Anfangsbestände

*I. Anfangsbestände der Sachkonten*

0720 Anlagen und Maschinen: 900.000,00 €; 0840 Fuhrpark: 350.000,00 €; 2000 Rohstoffe: 300.000,00 €; 2020 Hilfsstoffe: 80.000,00 €; 2100 Unfertige Erzeugnisse: 50.000,00 €; 2200 Fertige Erzeugnisse: 110.000,00 €; 2400 Forderungen a. LL: 91.200,00 €; 2800 Guthaben bei Kreditinstituten (Bank): 160.000,00 €; 3000 Eigenkapital: 988.800,00 €; 4250 Langfristige Bankverbindlichkeiten: 894.400,00 €; 4400 Verbindlichkeiten a. LL: 152.000,00 €; 4800 Umsatzsteuer: 6.000,00 €.

1 gemäß steuerrechtlicher Vorschrift (Die Bearbeitungsgebühren sind der Einfachheit halber auch auf dem Konto „2910 Disagio“ zu erfassen.)

2 gemäß steuerrechtlicher Vorschrift (Die Bearbeitungsgebühren und die Spesen werden der Einfachheit halber auch auf dem Konto „2910 Disagio“ erfasst.)

3 Der Geschäftsgang kann alternativ nach der „Fortschreibungsmethode“ oder nach der „Inventurmethode“ oder nach dem „Aufwandsrechnerischen Verfahren“ gebucht werden.

*II. Anfangsbestände der Kundenkonten (Offene-Posten-Liste der Debitoren)*

| Kd.-Nr. | Debitoren | Beleg-Nr. | Betrag (€) |
|---|---|---|---|
| 24 001 | Söffgen OHG | 1 | 55.500,00 |
| 24 002 | G. Schön e. Kffr. | 2 | 35.700,00 |
| | | | 91.200,00 |

*III. Anfangsbestände der Lieferantenkonten (Offene-Posten-Liste der Kreditoren)*

| L.-Nr. | Kreditoren | Beleg-Nr. | Betrag (€) |
|---|---|---|---|
| 44 001 | B. Müller OHG | 3 | 50.000,00 |
| 44 002 | Emut GmbH | 4 | 71.400,00 |
| 44 006 | Vödisch AG | 5 | 30.600,00 |
| | | | 152.000,00 |

**Kontenplan**

**Kontenklasse 0 (Immaterielle Vermögensgegenstände und Sachanlagen):** 0720 Anlagen und Maschinen; 0840 Fuhrpark.

**Kontenklasse 2 (Umlaufvermögen und aktive Rechnungsabgrenzung):** 2000 Rohstoffe; 2020 Hilfsstoffe; 2100 Unfertige Erzeugnisse; 2200 Fertige Erzeugnisse; 2400 Forderungen a. LL (24 001 Forderungen an die Söffgen OHG; 24 002 Forderungen an G. Schön e. Kffr.); 2600 Vorsteuer; 2800 Guthaben bei Kreditinstituten (Bank); 2910 Disagio.

**Kontenklasse 3 (Eigenkapital und Rückstellungen):** 3000 Eigenkapital.

**Kontenklasse 4 (Verbindlichkeiten und passive Rechnungsabgrenzung):** 4250 Langfristige Bankverbindlichkeiten; 4400 Verbindlichkeiten a. LL (44 001 Verbindlichkeiten gegenüber der B. Müller OHG, 44 002 Verbindlichkeiten gegenüber der Emut GmbH, 44 006 Verbindlichkeiten gegenüber der Vödisch AG, 44 007 Verbindlichkeiten gegenüber der Sauer KG); 4800 Umsatzsteuer.

**Kontenklasse 5 (Erträge):** 5000 Umsatzerlöse für eigene Erzeugnisse; 5001 Erlösberichtigungen für eigene Erzeugnisse; 5201 Bestandsveränderungen an unfertigen Erzeugnissen; 5202 Bestandsveränderungen an fertigen Erzeugnissen; 5710 Zinserträge.

**Kontenklasse 6 (Betriebliche Aufwendungen):** 6000 Aufwendungen für Rohstoffe; 6001[1] Bezugskosten für Rohstoffe; 6002[2] Nachlässe für Rohstoffe; 6020 Aufwendungen für Hilfsstoffe; 6160 Fremdinstandhaltung; 6200 Löhne.

**Kontenklasse 7 (Weitere Aufwendungen):** 7510 Zinsaufwendungen; 7590 Sonstige zinsähnliche Aufwendungen.

**Kontenklasse 8 (Ergebnisrechnungen):** 8000 Eröffnungsbilanzkonto; 8010 Schlussbilanzkonto; 8020 Gewinn- und Verlustkonto.

| Beleg-Nr. | Geschäftsfälle | € |
|---|---|---|
| | **1. Eingangsrechnung der** | |
| 11 | 1. B. Müller OHG (L.-Nr. 44 001), Nettopreis (Rohstoffe) | 40.000,00 |
| | – 10 % Rabatt | 4.000,00 |
| | + Rollgeld | 500,00 |
| | + 19 % Umsatzsteuer | 6.935,00 |
| | Rechnungsbetrag[3] | 43.435,00 |
| 12 | 2. Sauer KG für Kfz-Reparatur (L.-Nr. 44 007), Nettopreis | 700,00 |
| | + 19 % Umsatzsteuer | 133,00 |
| | Rechnungsbetrag | 833,00 |

→

1 alternativ: 2001 („Bestandsrechnerisches Verfahren“)

2 alternativ: 2002 („Bestandsrechnerisches Verfahren“)

3 Für Bruttosteuerschlüssel (EDV-Buchführung):
Bruttowert der Rohstoffe: 42.840,00 € Bruttowert der Bezugskosten: 595,00 €

| Beleg-Nr. | | € |
|---|---|---|
| | **2. Lastschrift der Bank gemäß Kontoauszug** | |
| 21 | 1. für Zahllast | 6.000,00 |
| 22 | 2. für Fertigungslöhne | 50.000,00 |
| 23 | 3. für Zinszahlung | 800,00 |
| 24 | 4. für Darlehenstilgung | 1.500,00 |
| 25 | 5. für Überweisung an die Emut GmbH (L.-Nr. 44 002, betr.: Beleg 4)[1], | |
| | Bruttorechnungsbetrag (Rohstoffe) | 71.400,00 |
| | – 2 % Nettoskontonachlass | 1.200,00 |
| | – 19 % Umsatzsteuer (auf Nettoskontonachlass) | 228,00 |
| | Lastschrift | 69.972,00 |
| | **3. Ausgangsrechnung an** | |
| 31 | 1. Söffgen OHG (Kd.-Nr. 24 001), Nettopreis (eig. Erzeugnisse) | 200.000,00 |
| | + Verpackung | 1.000,00 |
| | + 19 % Umsatzsteuer | 38.190,00 |
| | Rechnungsbetrag | 239.190,00 |
| 32 | 2. G. Schön e. Kffr. (Kd.-Nr. 24 002), Nettopreis (eig. Erzeugnisse) | 50.000,00 |
| | – 20 % Rabatt | 10.000,00 |
| | + Rollgeld | 800,00 |
| | + 19 % Umsatzsteuer | 7.752,00 |
| | Rechnungsbetrag | 48.552,00 |
| | **4. Gutschrift der Bank gemäß Kontoauszug für** | |
| 41 | 1. Zinsen | 500,00 |
| 42 | 2. Lieferantenbonus für bezogene Rohstoffe der Bernhard Müller OHG, | |
| | netto | 4.000,00 |
| | + 19 % Umsatzsteuer | 760,00 |
| 43 | 3. Kreditaufnahme, Bankkredit | 150.000,00 |
| | - Disagio | 15.000,00 |
| | - Bearbeitungsgebühren | 500,00 |
| | Auszahlung (Gutschrift) | 134.500,00 |
| 44 | 4. Kundenzahlung (G. Schön e. Kffr., Kd.-Nr. 24 002, betr.: Beleg 2)[2], | |
| | Bruttorechnungsbetrag (eigene Erzeugnisse) | 35.700,00 |
| | - 3 % Nettoskontonachlass | 900,00 |
| | - 19 % Umsatzsteuer (auf Nettoskontonachlass) | 171,00 |
| | Gutschrift | 34.629,00 |
| 50 | **5.** Für irrtümlich nicht gewährten Mengenrabatt erteilen wir der Söffgen OHG (Kd.-Nr. 24 001) eine Gutschrift (betr.: Beleg 31), | |
| | netto | 10.000,00 |
| | + 19 % Umsatzsteuer | 1.900,00 |
| | | 11.900,00 |

1 Zahlungsausgang innerhalb des Skontozahlungsziels.

2 Zahlungseingang innerhalb des Skontozahlungsziels.

| Beleg-Nr. | | € |
|---|---|---|
| 60 | **6.** Die bereits gebuchte, aber noch nicht bezahlte Eingangsrechnung für eine Kfz-Reparatur der Sauer KG (L.-Nr. 44 007) ist zu stornieren (betrifft: Beleg 12), | |
| | netto | 700,00 |
| | + 19 % Umsatzsteuer | 133,00 |
| | | 833,00 |
| | **7. Gutschriftanzeige** | |
| 71 | 1. der B. Müller OHG (L.-Nr. 44 001, betrifft: Beleg 3) für fehlerhafte Rohstoffe (Minderung), | |
| | Nettobetrag | 4.000,00 |
| | + 19 % Umsatzsteuer | 760,00 |
| | Bruttobetrag | 4.760,00 |
| 72 | 2. der Vödisch AG (L.-Nr. 44 006, betrifft: Beleg 5) für zurückgesandte schadhafte Hilfsstoffe (Wandelung), | |
| | Nettobetrag | 5.000,00 |
| | + 19 % Umsatzsteuer | 950,00 |
| | Bruttobetrag | 5.950,00 |
| | **8.[1] Verbrauch gemäß Materialentnahmescheine** | |
| 81 | 1. Rohstoffe | 95.000,00 |
| 82 | 2. Hilfsstoffe | 6.000,00 |
| | **Abschlussangaben** | |
| 90 | **9.** Tilgung (Abschreibung) des aktivierten Disagios | 1.550,00 |
| 100 | **10.** Ermittlung und Passivierung der Zahllast | ? |
| | **11. Schlussbestände laut Inventur:** | |
| 111 | 1. Unfertige Erzeugnisse | 90.000,00 |
| 112 | 2. Fertige Erzeugnisse | 100.000,00 |
| 120 | **12.** Die Schlussbestände der anderen Bestandskonten entsprechen den Inventurbeständen. | |
| | **Zusätzliche Abschlussangaben bei Buchung nach der „Inventurmethode" oder nach dem „Aufwandsrechnerischen Verfahren"** | |
| | **13. Schlussbestände laut Inventur:** | |
| 131 | 1. Rohstoffe | 232.300,00 |
| 132 | 2. Hilfsstoffe | 69.000,00 |

1 Soll nach der „Inventurmethode" oder nach dem „Aufwandsrechnerischen Verfahren" gebucht werden, so entfällt dieser Geschäftsfall.

## 3.3 Personalwirtschaft

Personalkosten ist der Oberbegriff für sämtliche das Personal betreffende Aufwendungen. Löhne sind das Arbeitsentgelt von Arbeitern. Gehälter erhalten kaufmännische und technische Angestellte.

Tarifverträge sind in der Regel die Grundlage des Arbeitsentgeltes. Häufig werden die sozialen Verhältnisse und die Leistungen der Arbeitnehmer berücksichtigt. Mit leitenden Angestellten schließen die Arbeitgeber meistens Einzelarbeitsverträge ab.

### 3.3.1 Die Lohn- und Gehaltsabrechnung

Eine Lohn- und Gehaltsabrechnung vollzieht sich nach folgendem Schema:

| Bruttogehalt bzw. -lohn | | |
|---|---|---|
| - Abzüge | Arbeitnehmeranteil zur Sozialversicherung | - Krankenversicherung<br>- Pflegeversicherung<br>- Rentenversicherung<br>- Arbeitslosenversicherung |
| | Steuern | - Lohnsteuer<br>- Solidaritätszuschlag<br>- Kirchensteuer |
| = **Nettogehalt bzw. -lohn** (Auszahlung) | | |

Vom Bruttoverdienst behält der Arbeitgeber zum Zeitpunkt der Lohn- bzw. Gehaltszahlung die im vorstehenden Schema dargestellten Abzüge ein.

Ab dem 1. Januar 2013 gelten für die Sozialversicherung folgende Beitragssätze:

| | Arbeitnehmer | Arbeitgeber |
|---|---|---|
| **Krankenversicherung**, 15,5 %[1], davon trägt der Arbeitnehmer 0,9 % mehr | 8,2 % | 7,3 % |
| **Pflegeversicherung**, für Versicherte mit Kindern: 2,05 %, ohne Kinder, ab dem 23. Lebensjahr: 2,3 % | 1,025 %<br>1,275 % | 1,025 %<br>1,025 % |
| **Rentenversicherung:** 18,9 % | 9,45 % | 9,45 % |
| **Arbeitslosenversicherung:** 3 % | 1,5 % | 1,5 % |
| **Gesamtbeitragssatz** für Versicherte mit Kindern: 39,45 %, ohne Kinder, ab dem 23. Lebensjahr: 39,70 % | 20,175 %<br>20,425 % | 19,275 %<br>19,275 % |

Zur Finanzierung von Zahnersatz (+ 0,4 %) und Krankengeld (+ 0,5 %) zahlen die Arbeitnehmer insgesamt 0,9 % mehr als die Arbeitgeber in die **Krankenversicherung** ein.

Bei der **Pflegeversicherung** sind Versicherte mit Kindern bessergestellt als Versicherte (ab dem 23. Lebensjahr) ohne Kinder. Letztere zahlen 0,25 % mehr in die **Pflegeversicherung** ein. Damit wird ein Urteil des Bundesverfassungsgerichts umgesetzt.

Die Gesamtsozialversicherungsbeiträge **(Arbeitgeberanteil und Arbeitnehmeranteil)** sind seit dem 1. Januar 2006 bereits am **drittletzten Bankarbeitstag** des Monats fällig, in dem die Beschäftigung ausgeübt wird, und müssen der Krankenkasse spätestens an diesem Tag wertstellungsmäßig zur Verfügung stehen. Die Meldungen dafür müssen 2 Tage vorher, also am **fünftletzten Bankarbeitstag,** den Krankenkassen vorliegen.

Erfolgen die Lohn- und Gehaltsabrechnungen am Monatsende und erhalten alle oder ein Teil der Beschäftigten sich ändernde Vergütungen, so müssen die **vorab** zu zahlenden Gesamtversiche-

1 einschl. des Mehranteils der Arbeitnehmer (oder: 14,6 %, ausschl. des Mehranteils der Arbeitnehmer)

rungsbeiträge (Arbeitgeberanteil und Arbeitnehmeranteil) für den laufenden Monat **geschätzt** werden (prognostizierte Vorausleistung).

Die monatlich einbehaltenen **Steuern** müssen bis zum 10. des Folgemonats beim zuständigen Finanzamt eingehen. Vom Finanzamt wird die Kirchensteuer weitergeleitet.

Der Gesetzgeber schreibt vor (§ 41 EStG), dass der Arbeitgeber für jeden Arbeitnehmer einen **Einzelnachweis** über das Arbeitsentgelt führen muss. In der Lohn- und Gehaltsbuchhaltung wird daher für jeden Arbeitnehmer ein **Lohn- bzw. Gehaltskonto** geführt.

In Lohn- und Gehaltslisten werden die Beträge der einzelnen Konten zusammengestellt. Die **Summenzeile der Lohn- bzw. Gehaltsliste** wird an die **Hauptbuchhaltung** weitergeleitet.

## 3.3.2 Lohn- bzw. Gehaltsbuchungen

Im Personalbereich fallen in Zusammenhang mit den Lohn- und Gehaltszahlungen **drei** Buchungen an:

1. Zunächst muss die **Zahlung des Sozialversicherungsbeitragssolls (prognostizierte Vorausleistung des laufenden Monats verrechnet mit einem Forderungs- bzw. Schuldvortrag aus dem Vormonat)** an die Krankenkasse gebucht werden. Dieses Sozialversicherungsbeitragssoll muss dem Bankkonto der Krankenkasse spätestens am drittletzten Bankarbeitstag eines jeden Monats wertstellungsmäßig zur Verfügung stehen.[1]
2. Am Monatsende sind dann die **Lohn- bzw. Gehaltsbuchungen** (mit den **tatsächlichen** Sozialversicherungsbeiträgen) vorzunehmen.
3. Bis zum 10. des Folgemonats müssen die **einbehaltenen Steuern** an das zuständige Finanzamt abgeführt werden.

**Beispiel**

**Zu 1.:** Das **Sozialversicherungsbeitragssoll** (Arbeitgeberanteil und Arbeitnehmeranteil zur Sozialversicherung) eines Industriebetriebes beträgt für die beschäftigten Arbeiter im Monat April **81.405,00 €.** Es setzt sich zusammen aus einem Schuldvortrag aus dem Vormonat März (Restbeitrag) in Höhe von 500,00 € und einer prognostizierten Vorausleistung für den Monat April in Höhe von 80.905,00 € (81.405,00 € = 500,00 € + 80.905,00 €). Dieser Betrag wird am 26. April an die Krankenkasse gezahlt (Banküberweisung).

| Buchungssatz für die Überweisung des Sozialversicherungbeitragssolls am 26. April | Soll | Haben |
|---|---|---|
| 2640 SV-Beitragsvorauszahlung | 81.405,00 | |
| an 2800 Guthaben bei Kreditinstituten (Bank) | | 81.405,00 |

In der obigen Buchung sind die Sollbuchungen auf dem Konto „2640 SV-Beitragsvorauszahlung“ zusammengefasst. Das Sozialversicherungsbeitragssoll von 81.405,00 € (= 500,00 € + 80.905,00 €) wird zur Vornahme der obigen Buchung außerhalb des Kontos ermittelt.[2]

**Zu 2.:** Am 30. April steht die **tatsächliche**[3] Höhe der fälligen Lohnzahlung und damit auch die **tatsächliche** Höhe der Gesamtsozialversicherungsbeiträge und die **tatsächliche** Höhe der noch abzuführenden Steuern fest: →

1 Das zu überweisende Sozialversicherungsbeitragssoll ist so zu bemessen, dass nach der späteren Buchung der tatsächlich angefallenen Sozialversicherungsbeiträge das Konto „2640 SV-Beitragsvorauszahlung“ möglichst keine Restschuld bzw. Restforderung ausweist. Entsprechend ist die Höhe der Vorausleistung festzulegen. Bei **schwankenden Bezügen** wird jedoch ein Kontoausgleich in der Regel nicht erreicht, da die Überweisungen des Sozialversicherungsbeitragssolls an die Krankenkasse dann **immer** aufgrund einer **Schätzung** erfolgen.

2 Wird die Sollbuchung auf dem Konto „2640 SV-Beitragsvorauszahlung“ nicht zusammengefasst, so wird gebucht:

| | | |
|---|---|---|
| 2640 SV-Beitragsvorauszahlung | 500,00 | |
| 2640 SV-Beitragsvorauszahlung | 80.905,00 | |
| an 2800 Guthaben bei Kreditinstituten (Bank) | | 81.405,00 |

3 Die Vergütungen ändern sich monatlich bedingt durch unterschiedliche Arbeitsstunden, Überstunden, Urlaubsgeld, Zulagen, unbezahlten Urlaub, Fluktuation usw. Deshalb weichen die tatsächlichen Sozialversicherungsbeiträge von dem zuvor geschätzten Sozialversicherungsbeitragssoll ab.

| Bruttolöhne (30. April) | Abzüge | | Gesamt-abzüge | Nettolöhne (Banküber-weisung) | Arbeitgeber-anteil zur Sozial-versicherung |
|---|---|---|---|---|---|
| | Steuern | AN-Anteil zur Sozialversicherung | | | |
| 205.000,00 € | 38.000,00 € | 41.922,50 € | 79.922,50 € | 125.077,50 € | 40.077,50 € |
| Tatsächliche Gesamtsozialversicherungsbeiträge: 41.922,50 € + 40.077,50 € = 82.000,00 € | | | | | |

| **Buchungssatz für die Lohnzahlung am 30. April** | Soll | Haben |
|---|---|---|
| 6200 Löhne | 205.000,00 | |
| 6400 AG-Anteil zur Sozialversicherung (Lohnbereich) | 40.077,50 | |
| an 2800 Guthaben bei Kreditinstituten (Bank) | | 125.077,50 |
| an 2640 SV-Beitragsvorauszahlung | | 82.000,00 |
| an 4830 Sonst. Verb. gegenüber Finanzbehörden | | 38.000,00 |

Die obigen Buchungen ergeben folgendes Bild auf dem Konto „2640 SV-Beitragsvorauszahlung“:

| S | 2640 SV-Beitragsvorauszahlung | | H |
|---|---|---|---|
| ... | ... | ... | ... |
| 2800 (Saldo Ende März)[1] ........... | 500,00 | 6200/6400 | |
| 2800 (progn. Vorausl. April)[1] ........ | 80.905,00 | (tatsächlicher SV-Beitrag April) ...... | 82.000,00 |
| Saldo Ende April ................. | **595,00** | | |

Der Saldo von **595,00 €** ist der verbleibende Restbeitrag am Ende des Monats April (Schuldvortrag), der im Folgemonat Mai zusammen mit der dann wiederum zu ermittelnden Vorausleistung des Monats Mai als Sozialversicherungsbeitragssoll an die Krankenkasse abzuführen ist.

Hätte sich auf dem Konto „2640 SV-Beitragsvorauszahlung“ ein **Habensaldo** ergeben, so hätte man Ende April einen **Erstattungsanspruch (Forderungsvortrag)** gegenüber den Sozialversicherungsträgern.[2]

**Zu 3.:** Die einbehaltenen Steuern werden am 8. Mai an das Finanzamt überwiesen.

| **Buchungssatz für die Überweisung der noch abzuführenden Steuern an das Finanzamt am 8. Mai** | Soll | Haben |
|---|---|---|
| 4830 Sonst. Verb. gegenüber Finanzbehörden | 38.000,00 | |
| an 2800 Guthaben bei Kreditinstituten (Bank) | | 38.000,00 |

**Das Konto „2640 SV-Beitragsvorauszahlung“ ist ein Verrechnungskonto, das nach der Lohn- bzw. Gehaltsbuchung am Ende eines jeden Monats als Saldo einen Restbeitrag (Schuldvortrag) im Soll oder einen Erstattungsanspruch (Forderungsvortrag) im Haben ausweist. Beim Jahresabschluss ist ein Restbeitrag als Restschuld gegenüber den Sozialversicherungsträgern zu passivieren[3], ein Erstattungsanspruch ist als Restforderung gegenüber den Sozialversicherungsträgern entsprechend zu aktivieren[4].**

1 Zur besseren Transparenz sind hier diese Sollbuchungen explizit (gemäß Fußnote 2 auf S. 241) ausgewiesen. Sie ergeben in der Summe das Sozialversicherungsbeitragssoll (500,00 € + 80.905,00 € = 81.405,00 €).

2 Wird das Sozialversicherungsbeitragssoll nicht außerhalb des Kontos ermittelt, wäre die Banküberweisung des Sozialversicherungsbeitragssolls in diesem Fall **unsaldiert** wie folgt zu buchen: 2640 SV-Beitragsvorauszahlung
an 2640 SV-Beitragsvorauszahlung
an 2800 Guthaben bei Kreditinstituten (Bank)

3 auf der **Passiv**seite der Bilanz auszuweisen

4 auf der **Aktiv**seite der Bilanz auszuweisen



6350242

Zum Zeitpunkt der Lohn- bzw. Gehaltszahlung stellen die einbehaltenen Steuern Verbindlichkeiten gegenüber dem Staat dar. Bis zum Zahlungstermin im Folgemonat werden die einbehaltenen Steuern vom Unternehmen treuhänderisch verwaltet.

**Das Konto „4830 Sonstige Verbindlichkeiten gegenüber Finanzbehörden" ist ein passives Bestandskonto.**

Zusammenfassung

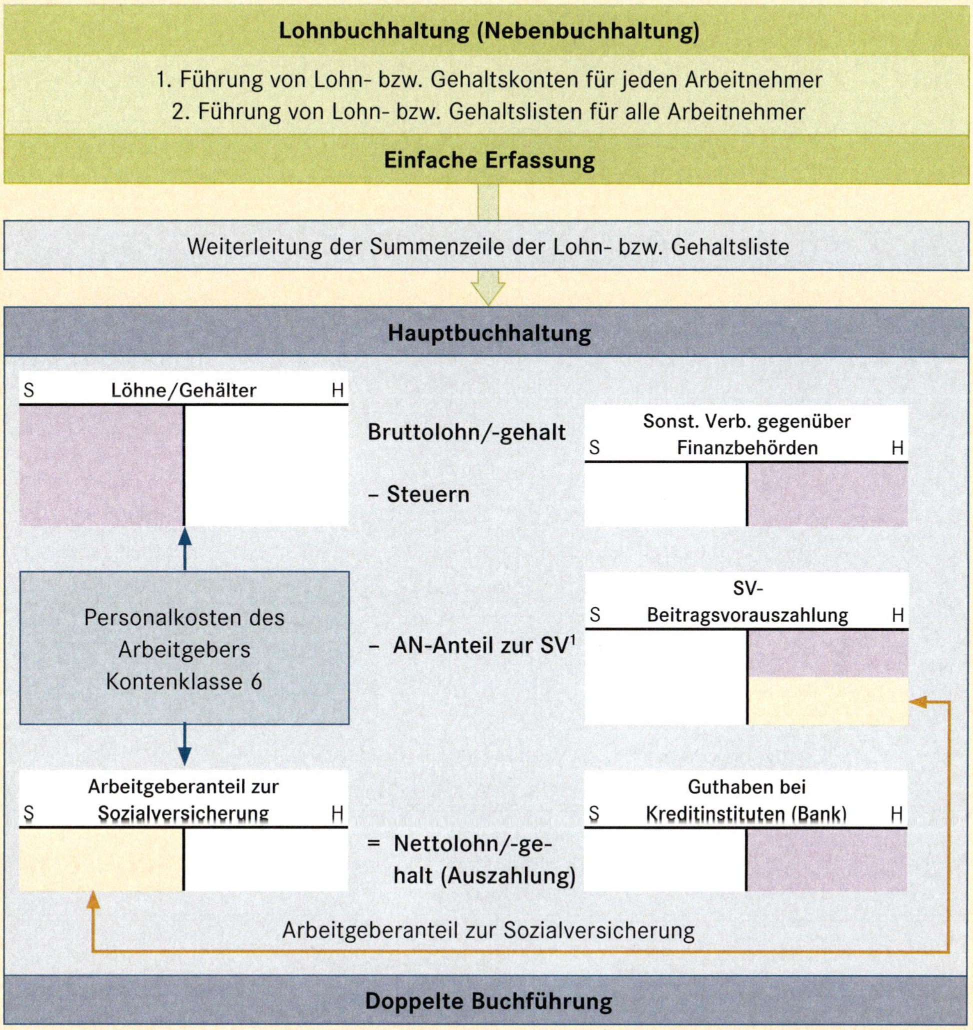


1. **Die Personalkosten setzen sich zusammen aus den Bruttolöhnen bzw. -gehältern sowie aus den Arbeitgeberanteilen zur Sozialversicherung.**
2. **In dem Konto „2640 SV-Beitragsvorauszahlung" werden die monatlich geschätzten und die monatlich tatsächlich angefallenen Gesamtsozialversicherungsbeiträge (Arbeitgeber- und Arbeitnehmeranteil) verrechnet. Ein Sollsaldo am Monatsende weist einen Restbeitrag (Schuldvortrag), ein Habensaldo einen Erstattungsanspruch (Forderungsvortrag) aus.**
3. **Die vom Bruttoverdienst einbehaltenen Steuern werden bis zu ihrem Abführen an das Finanzamt als durchlaufende Posten auf dem Konto „4830 Sonstige Verbindlichkeiten gegenüber Finanzbehörden" erfasst.**

Aufgaben folgen auf S. 247 ff.

1 Arbeitnehmeranteil zur Sozialversicherung

### 3.3.3 Die Buchung von Vorschüssen

Mit einem Vorschuss erhält ein Arbeitnehmer Zahlungsmittel, auf die er noch keinen Rechtsanspruch hat. Ein Vorschuss auf das Arbeitsentgelt hat daher den Charakter eines kurzfristigen Kredites. Aus diesem Grund wird ein Vorschuss zum Zeitpunkt der Auszahlung nicht auf einem Aufwandskonto, sondern auf dem **aktiven Bestandskonto** „2650 Forderungen an Mitarbeiter" gebucht.

Bei der Buchung der Lohn- bzw. Gehaltszahlung werden die Vorschüsse verrechnet.

**Beispiel**

Es sind aufgrund der unten stehenden Informationen zu buchen:

1. die Vorschusszahlung am 15. Juni,
2. die Überweisung des Sozialversicherungsbeitragssolls an die Krankenkasse am 25. Juni und
3. die Lohnabrechnung mit dem Arbeitgeberanteil zur Sozialversicherung am 30. Juni.

Lohnvorschüsse zum 15. Juni: 3.800,00 € (Banküberweisung).
Sozialversicherungsbeitragssoll: 27.650,00 €.

| Bruttolöhne[1] (30. Juni) (€) | Abzüge | | Gesamtabzüge (€) | Vorschüsse (€) | Auszahlung (Banküberweisung) (€) | AG-Anteil zur Sozialversicherung (€) |
|---|---|---|---|---|---|---|
| | Steuern (€) | AN-Anteil zur Sozialversicherung (€) | | | | |
| 65.900,00 | 13.467,00 | 14.103,00 | 27.570,00 | 3.800,00 | 34.530,00 | 13.510,00 |
| Tatsächliche Gesamtsozialversicherungsbeiträge: 14.103,00 € + 13.510,00 € = 27.613,00 € | | | | | | |

| **1. Buchungssatz für die Vorschusszahlung am 15. Juni** | Soll | Haben |
|---|---|---|
| 2650 Forderungen an Mitarbeiter | 3.800,00 | |
| an 2800 Guthaben bei Kreditinstituten (Bank) | | 3.800,00 |

| **2. Buchungssatz für die Überweisung des Sozialversicherungsbeitragssolls an die Krankenkasse am 25. Juni** | Soll | Haben |
|---|---|---|
| 2640 SV-Beitragsvorauszahlung | 27.650,00 | |
| an 2800 Guthaben bei Kreditinstituten (Bank) | | 27.650,00 |

| **3. Buchungssatz für die Lohnzahlung am 30. Juni** | Soll | Haben |
|---|---|---|
| 6200 Löhne | 65.900,00 | |
| 6400 AG-Anteil zur Sozialversicherung (Lohnbereich) | 13.510,00 | |
| an 2800 Guthaben bei Kreditinstituten (Bank) | | 34.530,00 |
| an 2650 Forderungen an Mitarbeiter | | 3.800,00 |
| an 2640 SV-Beitragsvorauszahlung | | 27.613,00 |
| an 4830 Sonst. Verb. gegenüber Finanzbehörden | | 13.467,00 |

1 Die Vergütungen ändern sich monatlich bedingt durch unterschiedliche Arbeitsstunden, Überstunden, Urlaubsgeld, Zulagen, unbezahlten Urlaub, Fluktuation usw. Deshalb weichen die tatsächlichen Sozialversicherungsbeiträge von dem zuvor geschätzten Sozialversicherungsbeitragssoll ab.



6350244

### 3.3.4 Die entgeltliche Erzeugnislieferung an Arbeitnehmer

Eine Erzeugnislieferung an Arbeitnehmer wird häufig gegen den Arbeitslohn verrechnet. Zum Zeitpunkt der Lieferung an den Arbeitnehmer entsteht dem Unternehmen – ebenso wie bei der Vorschusszahlung – eine sonstige kurzfristige Forderung. Diese wird mit der Buchung der Lohn- bzw. Gehaltszahlung ausgeglichen.

**Beispiel**

| | |
|---|---|
| Am 4. Aug. erhält ein Angestellter einen in unserer Textilfabrik hergestellten Anzug aus hochwertigem Kaschmir | 200,00 € |
| + 19 % Umsatzsteuer | 38,00 € |
| | 238,00 € |

Der Preis des Anzuges soll mit der Gehaltszahlung verrechnet werden.

| **1. Buchungssatz für die Erzeugnislieferung an den Arbeitnehmer am 4. Aug.** | Soll | Haben |
|---|---|---|
| 2650 Forderungen an Mitarbeiter | 238,00 | |
| an 5000 Umsatzerlöse f. e. E. | | 200,00 |
| an 4800 Umsatzsteuer | | 38,00 |

Das Sozialversicherungsbeitragssoll beträgt 1.160,00 € (Banküberweisung am 26. Aug.).

| **2. Buchungssatz für die Überweisung des Sozialversicherungsbeitragssolls an die Krankenkasse am 26. Aug.** | Soll | Haben |
|---|---|---|
| 2640 SV-Beitragsvorauszahlung | 1.160,00 | |
| an 2800 Guthaben bei Kreditinstituten (Bank) | | 1.160,00 |

Am 31. Aug. ist folgende Gehaltsabrechnung zu buchen:

| Bruttogehalt[1] (31. Aug.) | Abzüge | | Erzeugnisbezug | Auszahlung (Banküberweisung) | AG-Anteil zur Sozialversicherung |
|---|---|---|---|---|---|
| | Steuern | AN-Anteil zur Sozialversicherung | | | |
| 2.800,00 € | 462,00 € | 600,00 € | 238,00 € | 1.500,00 € | 574,00 € |
| Tatsächliche Gesamtsozialversicherungsbeiträge: 600,00 € + 574,00 € = 1.174,00 € | | | | | |

| **3. Buchungssatz für die Gehaltszahlung am 31. Aug.** | Soll | Haben |
|---|---|---|
| 6300 Gehälter | 2.800,00 | |
| 6410 AG-Anteil zur Sozialversicherung (Gehaltsbereich) | 574,00 | |
| an 2800 Guthaben bei Kreditinstituten (Bank) | | 1.500,00 |
| an 2650 Forderungen an Mitarbeiter | | 238,00 |
| an 2640 SV-Beitragsvorauszahlung | | 1.174,00[2] |
| an 4830 Sonst. Verb. gegenüber Finanzbehörden | | 462,00 |

1 einschließlich Überstunden

2 Arbeitnehmeranteil zur SV + Arbeitgeberanteil zur SV (= 600,00 € + 574,00 €)

### 3.3.5 Die buchhalterische Behandlung von vermögenswirksamen Leistungen

Nach dem Vermögensbildungsgesetz erhalten die Arbeitnehmer vom **Staat** eine **Arbeitnehmersparzulage.**

**Übersicht über die staatliche Förderung**

| | Bausparen | Beteiligungssparen | Summe |
|---|---|---|---|
| Geförderte Anlageformen | Bausparvertrag | Aktien, Aktienfonds, GmbH-Anteile | |
| Zulagenbegünstigter Höchstbetrag | 470,00 € jährlich | 400,00 € jährlich | 870,00 € jährlich |
| Arbeitnehmersparzulage | 9 % (max. 42,30 € jährlich) | 20 % (max. 80,00 € jährlich) | max. 122,30 € jährlich |
| Förderungswürdige Einkommensgrenzen (maßgeblich ist das zu versteuernde Einkommen) | 17.900,00 € für Ledige 35.800,00 € für Verheiratete | 20.000,00 € für Ledige 40.000,00 € für Verheiratete | |

Die Arbeitnehmersparzulage wird durch das Finanzamt des Arbeitnehmers festgesetzt. Sie wird ausgezahlt, nachdem die Sperrfristen nach dem Vermögensbildungsgesetz abgelaufen sind oder der Bausparvertrag zugeteilt worden ist.

Das vermögenswirksame Sparen der Arbeitnehmer kann aufgrund von Tarifverträgen, Betriebsvereinbarungen oder Einzelarbeitsverträgen durch den Arbeitgeber bezuschusst werden. Der Zuschuss des Arbeitgebers stellt ein **zusätzliches Arbeitsentgelt** dar, das **steuer-** und **sozialversicherungspflichtig** ist.

**Beispiel**

Die folgende Gehaltsabrechnung ist zu buchen:

| | | |
|---|---|---|
| Bruttogehalt | | 1.600,00 € |
| + Arbeitgeberzuschuss zur vermögenswirksamen Anlage | | 26,00 € |
| = steuer- und sozialversicherungspflichtiges Gehalt | | 1.626,00 € |
| – Steuern | 248,00 € | |
| – Arbeitnehmeranteil zur Sozialversicherung | 342,00 € | |
| – vermögenswirksame Anlage | 39,00 € | 629,00 € |
| = Auszahlungsbetrag | | 997,00 € |
| Arbeitgeberanteil zur Sozialversicherung | | 328,00 € |

| **1. Buchungssatz für die Gehaltszahlung** | Soll | Haben |
|---|---|---|
| 6300 Gehälter | 1.600,00 | |
| 6320 Sonst. tarifl. oder vertr. Aufwendungen | 26,00 | |
| 6410 AG-Anteil zur Sozialversicherung (Gehaltsbereich) | 328,00 | |
| an 2800 Guthaben bei Kreditinstituten (Bank) | | 997,00 |
| an 2640 SV-Beitragsvorauszahlung | | 670,00[1] |
| an 4830 Sonst. Verb. gegenüber Finanzbehörden | | 248,00 |
| an 4860 Verb. aus vermögenswirksamen Leistungen | | 39,00 |

1 = Arbeitnehmeranteil zur SV + Arbeitgeberanteil zur SV (= 342,00 € + 328,00 €)

| 2. Buchungssatz für die Überweisung der einbehaltenen Abzüge | Soll | Haben |
|---|---|---|
| 4860 Verb. aus vermögenswirksamen Leistungen | 39,00 | |
| 4830 Sonst. Verb. gegenüber Finanzbehörden | 248,00 | |
| an 2800 Guthaben bei Kreditinstituten (Bank) | | 287,00 |

**Zusammenfassung**

1. **Der Staat begünstigt vermögenswirksames Bausparen und Beteiligungssparen mit der Arbeitnehmersparzulage.**
2. **Die vermögenswirksame Anlage wird häufig vom Arbeitgeber bezuschusst.**

## Aufgaben

1–3: Einfache Lohn- und Gehaltsbuchungen
4–7: Vorschüsse und entgeltliche Erzeugnislieferungen an Arbeitnehmer
8 u. 9: Vermögenswirksame Leistungen
10: Belegbuchungen
11: Sonstige Personalaufwendungen
12: Geschäftsgang

AH

Excel

**1**[1]

1. SV-Forderungsvortrag aus dem Vormonat Februar: 150,00 €, prognostizierte SV-Vorausleistung (März): 3.000,00 €. Bilden Sie den Buchungssatz für die Banküberweisung des Sozialversicherungsbeitragssolls am 27. März.
2. Erstellen Sie in Ihrem Arbeitsheft mithilfe der auf S. 248 stehenden Auszüge aus der Lohnsteuertabelle (Kirchensteuersatz: 9 %) und anhand der Sozialversicherungsbeitragssätze für 2013 (siehe Tabelle S. 240) eine Gehaltsliste für den Monat März für die Angestellten:
   Heinz Aust (28 Jahre), Bruttomonatsverdienst im März (einschließlich Überstunden) 2.387,69 €, verheiratet, 1 Kind, Steuerklasse III, ev.-luth.
   Angelika Schuster (37 Jahre), Bruttomonatsverdienst im März (einschließlich Überstunden) 2.399,51 €, verheiratet, 2 Kinder, Steuerklasse III, keine Kirchenzugehörigkeit.
   Gabriele Mönkemeyer (25 Jahre), Bruttomonatsverdienst im März (einschließlich Überstunden) 2.408,74 €, ledig, kein Kind, Steuerklasse I, röm.-kath.
3. Bilden Sie am 31. März den Buchungssatz für die Summenzeile der Gehaltsliste (mit dem Arbeitgeberanteil zur Sozialversicherung). Die Gehälter werden per Banküberweisung gezahlt.
4. Stellen Sie die Buchungen aus 1. und aus 3. auf dem Konto „2640 SV-Beitragsvorauszahlung" dar. Weisen Sie dabei jeden Buchungsbetrag explizit aus. Erklären Sie den Charakter des Saldos, der sich am 31. März auf diesem Konto ergibt.
5. Bilden Sie am 8. April den Buchungssatz für das Abführen (Banküberweisung) der noch abzuführenden Steuern.
6. Ermitteln Sie die Personalaufwendungen, die insgesamt im Monat März für die 3 Angestellten anfallen.

→

1 Um eine gewisse Konstanz bei dieser Aufgabe zu erreichen, wird sie nur in größeren Abständen aktualisiert.

**Allgemeine Monatslohnsteuertabelle**

Quelle: Stollfuß Monatslohnsteuertabelle

| Lohn/Gehalt bis €* | Abzüge an Lohnsteuer, Solidaritätszuschlag (SolZ) und Kirchensteuer (8%, 9%) in den Steuerklassen | | | | | | | | | | | | | | | | | | | | | | | | |
|---|---|---|---|---|---|---|---|---|---|---|---|---|---|---|---|---|---|---|---|---|---|---|---|---|---|
| | I – VI | | | | | I, II, III, IV | | mit Zahl der Kinderfreibeträge . . . | | | | | | | | | | | | | | | | | |
| | | | ohne Kinderfreibeträge | | | | | 0,5 | | | 1 | | | 1,5 | | | 2 | | | 2,5 | | | 3** | | |
| | | LSt | SolZ | 8% | 9% | | LSt | SolZ | 8% | 9% | SolZ | 8% | 9% | SolZ | 8% | 9% | SolZ | 8% | 9% | SolZ | 8% | 9% | SolZ | 8% | 9% |
| 2387,99 | I,IV | 309,66 | 17,03 | 24,77 | 27,86 | I | 309,66 | 12,56 | 18,27 | 20,55 | 8,35 | 12,14 | 13,66 | — | 6,39 | 7,19 | — | 1,68 | 1,89 | — | — | — | — | — | — |
| | II | 278,75 | 15,33 | 22,30 | 25,08 | II | 278,75 | 10,95 | 15,94 | 17,93 | 6,84 | 9,95 | 11,19 | — | 4,46 | 5,01 | — | 0,30 | 0,34 | — | — | — | — | — | — |
| | III | 103,66 | — | 8,29 | 9,32 | III | 103,66 | — | 3,86 | 4,34 | — | 0,17 | 0,19 | — | — | — | — | — | — | — | — | — | — | — | — |
| | V | 564,33 | 31,03 | 45,14 | 50,78 | IV | 309,66 | 14,76 | 21,47 | 24,15 | 12,56 | 18,27 | 20,55 | 10,42 | 15,16 | 17,05 | 8,35 | 12,14 | 13,66 | 6,33 | 9,22 | 10,37 | — | 6,39 | 7,19 |
| | VI | 598,66 | 32,92 | 47,89 | 53,87 | | | | | | | | | | | | | | | | | | | | |
| 2390,99 | I,IV | 310,41 | 17,07 | 24,83 | 27,93 | I | 310,41 | 12,59 | 18,32 | 20,61 | 8,38 | 12,20 | 13,72 | — | 6,44 | 7,25 | — | 1,72 | 1,93 | — | — | — | — | — | — |
| | II | 279,50 | 15,37 | 22,36 | 25,15 | II | 279,50 | 10,99 | 15,99 | 17,99 | 6,87 | 10,— | 11,25 | — | 4,50 | 5,06 | — | 0,33 | 0,37 | — | — | — | — | — | — |
| | III | 104,16 | — | 8,33 | 9,37 | III | 104,16 | — | 3,90 | 4,39 | — | 0,21 | 0,23 | — | — | — | — | — | — | — | — | — | — | — | — |
| | V | 565,33 | 31,09 | 45,22 | 50,87 | IV | 310,41 | 14,80 | 21,53 | 24,22 | 12,59 | 18,32 | 20,61 | 10,45 | 15,21 | 17,11 | 8,38 | 12,20 | 13,72 | 6,37 | 9,27 | 10,43 | — | 6,44 | 7,25 |
| | VI | 599,83 | 32,99 | 47,98 | 53,98 | | | | | | | | | | | | | | | | | | | | |
| 2393,99 | I,IV | 311,16 | 17,11 | 24,89 | 28,— | I | 311,16 | 12,64 | 18,38 | 20,68 | 8,42 | 12,25 | 13,78 | 0,03 | 6,49 | 7,30 | — | 1,75 | 1,97 | — | — | — | — | — | — |
| | II | 280,25 | 15,41 | 22,42 | 25,22 | II | 280,25 | 11,03 | 16,05 | 18,05 | 6,91 | 10,06 | 11,31 | — | 4,54 | 5,11 | — | 0,36 | 0,41 | — | — | — | — | — | — |
| | III | 104,83 | — | 8,38 | 9,43 | III | 104,83 | — | 3,93 | 4,42 | — | 0,24 | 0,27 | — | — | — | — | — | — | — | — | — | — | — | — |
| | V | 566,33 | 31,14 | 45,30 | 50,96 | IV | 311,16 | 14,84 | 21,59 | 24,29 | 12,64 | 18,38 | 20,68 | 10,50 | 15,27 | 17,18 | 8,42 | 12,25 | 13,78 | 6,41 | 9,32 | 10,49 | 0,03 | 6,49 | 7,30 |
| | VI | 600,83 | 33,04 | 48,06 | 54,07 | | | | | | | | | | | | | | | | | | | | |
| 2396,99 | I,IV | 311,83 | 17,15 | 24,94 | 28,06 | I | 311,83 | 12,67 | 18,44 | 20,74 | 8,46 | 12,30 | 13,84 | 0,15 | 6,54 | 7,35 | — | 1,78 | 2,— | — | — | — | — | — | — |
| | II | 280,91 | 15,45 | 22,47 | 25,28 | II | 280,91 | 11,07 | 16,10 | 18,11 | 6,94 | 10,10 | 11,36 | — | 4,59 | 5,16 | — | 0,40 | 0,45 | — | — | — | — | — | — |
| | III | 105,33 | — | 8,42 | 9,47 | III | 105,33 | — | 3,97 | 4,46 | — | 0,26 | 0,29 | — | — | — | — | — | — | — | — | — | — | — | — |
| | V | 567,33 | 31,20 | 45,38 | 51,05 | IV | 311,83 | 14,88 | 21,64 | 24,35 | 12,67 | 18,44 | 20,74 | 10,53 | 15,32 | 17,24 | 8,46 | 12,30 | 13,84 | 6,44 | 9,37 | 10,54 | 0,15 | 6,54 | 7,35 |
| | VI | 601,83 | 33,10 | 48,14 | 54,16 | | | | | | | | | | | | | | | | | | | | |
| 2399,99 | I,IV | 312,58 | 17,19 | 25,— | 28,13 | I | 312,58 | 12,71 | 18,49 | 20,80 | 8,49 | 12,35 | 13,89 | 0,28 | 6,59 | 7,41 | — | 1,82 | 2,05 | — | — | — | — | — | — |
| | II | 281,66 | 15,49 | 22,53 | 25,34 | II | 281,66 | 11,11 | 16,16 | 18,18 | 6,98 | 10,16 | 11,43 | — | 4,63 | 5,21 | — | 0,42 | 0,47 | — | — | — | — | — | — |
| | III | 106,— | — | 8,48 | 9,54 | III | 106,— | — | 4,01 | 4,51 | — | 0,30 | 0,34 | — | — | — | — | — | — | — | — | — | — | — | — |
| | V | 568,33 | 31,25 | 45,46 | 51,14 | IV | 312,58 | 14,92 | 21,70 | 24,41 | 12,71 | 18,49 | 20,80 | 10,57 | 15,38 | 17,30 | 8,49 | 12,35 | 13,89 | 6,48 | 9,42 | 10,60 | 0,28 | 6,59 | 7,41 |
| | VI | 603,— | 33,16 | 48,24 | 54,27 | | | | | | | | | | | | | | | | | | | | |
| 2402,99 | I,IV | 313,33 | 17,23 | 25,06 | 28,19 | I | 313,33 | 12,75 | 18,55 | 20,87 | 8,52 | 12,40 | 13,95 | 0,40 | 6,64 | 7,47 | — | 1,86 | 2,09 | — | — | — | — | — | — |
| | II | 282,41 | 15,53 | 22,59 | 25,41 | II | 282,41 | 11,14 | 16,21 | 18,23 | 7,02 | 10,21 | 11,48 | — | 4,68 | 5,26 | — | 0,46 | 0,51 | — | — | — | — | — | — |
| | III | 106,66 | — | 8,53 | 9,59 | III | 106,66 | — | 4,06 | 4,57 | — | 0,33 | 0,37 | — | — | — | — | — | — | — | — | — | — | — | — |
| | V | 569,50 | 31,32 | 45,56 | 51,25 | IV | 313,33 | 14,96 | 21,76 | 24,48 | 12,75 | 18,55 | 20,87 | 10,61 | 15,43 | 17,36 | 8,52 | 12,40 | 13,95 | 6,51 | 9,48 | 10,66 | 0,40 | 6,64 | 7,47 |
| | VI | 604,— | 33,22 | 48,32 | 54,36 | | | | | | | | | | | | | | | | | | | | |
| 2405,99 | I,IV | 314,08 | 17,27 | 25,12 | 28,26 | I | 314,08 | 12,79 | 18,60 | 20,93 | 8,56 | 12,46 | 14,01 | 0,51 | 6,68 | 7,52 | — | 1,89 | 2,12 | — | — | — | — | — | — |
| | II | 283,16 | 15,57 | 22,65 | 25,48 | II | 283,16 | 11,18 | 16,26 | 18,29 | 7,05 | 10,26 | 11,54 | — | 4,72 | 5,31 | — | 0,48 | 0,54 | — | — | — | — | — | — |
| | III | 107,16 | — | 8,57 | 9,64 | III | 107,16 | — | 4,10 | 4,61 | — | 0,37 | 0,41 | — | — | — | — | — | — | — | — | — | — | — | — |
| | V | 570,50 | 31,37 | 45,64 | 51,34 | IV | 314,08 | 15,— | 21,82 | 24,54 | 12,79 | 18,60 | 20,93 | 10,64 | 15,48 | 17,42 | 8,56 | 12,46 | 14,01 | 6,54 | 9,52 | 10,71 | 0,51 | 6,68 | 7,52 |
| | VI | 605,16 | 33,28 | 48,41 | 54,46 | | | | | | | | | | | | | | | | | | | | |
| 2408,99 | I,IV | 314,83 | 17,31 | 25,18 | 28,33 | I | 314,83 | 12,83 | 18,66 | 20,99 | 8,60 | 12,51 | 14,07 | 0,65 | 6,74 | 7,58 | — | 1,93 | 2,17 | — | — | — | — | — | — |
| | II | 283,83 | 15,61 | 22,70 | 25,54 | II | 283,83 | 11,22 | 16,32 | 18,36 | 7,09 | 10,31 | 11,60 | — | 4,76 | 5,36 | — | 0,52 | 0,58 | — | — | — | — | — | — |
| | III | 107,83 | — | 8,62 | 9,70 | III | 107,83 | — | 4,14 | 4,66 | — | 0,40 | 0,45 | — | — | — | — | — | — | — | — | — | — | — | — |
| | V | 571,50 | 31,43 | 45,72 | 51,43 | IV | 314,83 | 15,04 | 21,88 | 24,61 | 12,83 | 18,66 | 20,99 | 10,68 | 15,54 | 17,48 | 8,60 | 12,51 | 14,07 | 6,58 | 9,58 | 10,77 | 0,65 | 6,74 | 7,58 |
| | VI | 606,— | 33,33 | 48,48 | 54,54 | | | | | | | | | | | | | | | | | | | | |

2 26. Juli: Prognostizierte SV-Vorausleistung (Juli): 7.200,00 €,
SV-Schuldvortrag aus dem Vormonat Juni: 60,00 €.

| Bruttogehälter[1] (31. Juli) | Abzüge | | Nettogehälter (Banküberweisung) | AG-Anteil zur Sozialversicherung |
|---|---|---|---|---|
| | Steuern | AN-Anteil zur Sozialversicherung | | |
| 17.000,00 € | 3.160,00 € | 3.638,00 € | 10.202,00 € | 3.485,00 € |

1. Bilden Sie den Buchungssatz für die Banküberweisung des Sozialversicherungsbeitragssolls am 26. Juli.
2. Bilden Sie den Buchungssatz für die Gehaltszahlung (mit dem Arbeitgeberanteil zur Sozialversicherung) am 31. Juli.
3. Stellen Sie die Buchungen aus 1. und 2. auf dem Konto „2640 SV-Beitragsvorauszahlung" dar. Weisen Sie dabei jeden Buchungsbetrag einzeln aus.
   Erklären Sie den Charakter des Saldos, der sich am 31. Juli auf diesem Konto ergibt.
4. Bilden Sie am 9. Aug. den Buchungssatz für das Abführen (Banküberweisung) der noch abzuführenden Steuern.

3 26. Okt.: Prognostizierte SV-Vorausleistung (Oktober): 5.700,00 €,
SV-Forderungsvortrag aus dem Vormonat September: 100,00 €.

| Bruttolöhne[1] (31. Okt.) | Abzüge | | Nettolöhne (Banküberweisung) | AG-Anteil zur Sozialversicherung |
|---|---|---|---|---|
| | Steuern | AN-Anteil zur Sozialversicherung | | |
| 13.800,00 € | 2.484,00 € | 2.953,00 € | 8.363,00 € | 2.829,00 € |

1 Die Vergütungen ändern sich monatlich bedingt durch unterschiedliche Arbeitsstunden, Überstunden, Urlaubsgeld, Zulagen, unbezahlten Urlaub, Fluktuation usw. Deshalb weichen die tatsächlichen Sozialversicherungsbeiträge von dem zuvor geschätzten Sozialversicherungsbeitragssoll ab.



6350248

1. Bilden Sie den Buchungssatz für die Banküberweisung des Sozialversicherungsbeitragssolls am 26. Okt.
2. Bilden Sie den Buchungssatz für die Lohnzahlung (mit dem Arbeitgeberanteil zur Sozialversicherung) am 31. Okt.
3. Stellen Sie die Buchungen aus 1. und 2. auf dem Konto „2640 SV-Beitragsvorauszahlung" dar. Weisen Sie dabei jeden Buchungsbetrag einzeln aus. Erklären Sie den Charakter des Saldos, der sich am 31. Okt. auf diesem Konto ergibt.
4. Bilden Sie am 9. Nov. den Buchungssatz für das Abführen (Banküberweisung) der noch abzuführenden Steuern.

**4** 15. Jan.: Lohnvorschüsse durch Banküberweisung: 3.000,00 €,
26. Jan.: Prognostizierte SV-Vorausleistung (Januar): 14.300,00 €,
SV-Schuldvortrag aus dem Vormonat Dezember: 50,00 €.

| Bruttolöhne[1] (31. Jan.) | Abzüge | | Vorschüsse | Auszahlung (Banküberweisung) | AG-Anteil zur Sozialversicherung |
|---|---|---|---|---|---|
| | Steuern | AN-Anteil zur Sozialversicherung | | | |
| 33.900,00 € | 5.200,00 € | 7.255,00 € | 3.000,00 € | 18.445,00 € | 6.949,00 € |

1. Buchen Sie die Banküberweisung der Vorschusszahlungen am 15. Jan.
2. Bilden Sie den Buchungssatz für die Banküberweisung des Sozialversicherungsbeitragssolls am 26. Jan.
3. Bilden Sie den Buchungssatz für die Lohnzahlung (mit dem Arbeitgeberanteil zur Sozialversicherung) am 31. Jan.
4. Stellen Sie die Buchungen aus 2. und 3. auf dem Konto „2640 SV-Beitragsvorauszahlung" dar. Weisen Sie dabei jeden Buchungsbetrag einzeln aus.
   Erklären Sie den Charakter des Saldos, der sich am 31. Jan. auf diesem Konto ergibt.
5. Bilden Sie am 9. Febr. den Buchungssatz für das Abführen (Banküberweisung) der noch abzuführenden Steuern.

**5** Sie sind Angestellte(r) der Textilfabrik Konrad Fied KG, Goseriede 41, 30159 Hannover. Der folgende Beleg liegt Ihnen zur Buchung vor.

a) Welcher Geschäftsfall liegt dem Beleg zugrunde?
b) Wie lautet der Buchungssatz?

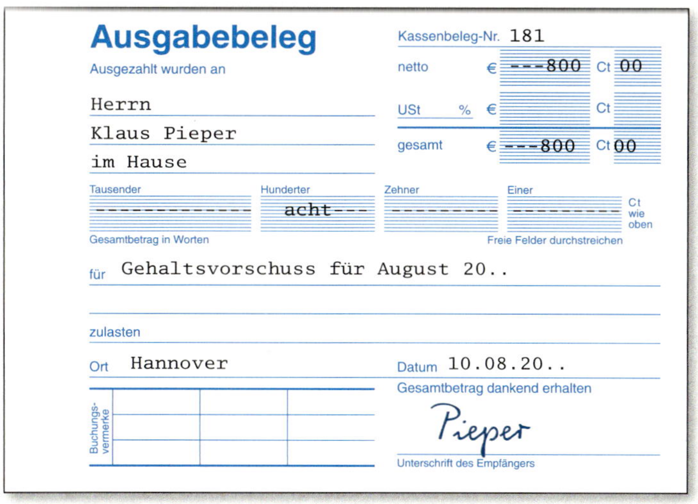
**Ausgabebeleg**

Ausgezahlt wurden an
Herrn
Klaus Pieper
im Hause

Kassenbeleg-Nr. 181
netto € ---800 Ct 00
USt % € Ct
gesamt € ---800 Ct 00

Tausender: ------------ Hunderter: acht--- Zehner: --------- Einer: --------- Ct wie oben
Gesamtbetrag in Worten — Freie Felder durchstreichen

für Gehaltsvorschuss für August 20..

zulasten

Ort Hannover Datum 10.08.20..

Buchungsvermerke

Gesamtbetrag dankend erhalten
Pieper
Unterschrift des Empfängers

1 Die Vergütungen ändern sich monatlich bedingt durch unterschiedliche Arbeitsstunden, Überstunden, Urlaubsgeld, Zulagen, unbezahlten Urlaub, Fluktuation usw. Deshalb weichen die tatsächlichen Sozialversicherungsbeiträge von dem zuvor geschätzten Sozialversicherungsbeitragssoll ab.

6 Buchen Sie folgende Geschäftsfälle:

1. Entgeltliche Erzeugnislieferung an Arbeiter am 9. Nov. .................... 1.000,00 €
   + 19 % Umsatzsteuer .............................................. 190,00 €
   (Verrechnung erfolgt bei der Lohnzahlung.)
2. Prognostizierte SV-Vorausleistung (November): 10.900,00 €,
   SV-Forderungsvortrag aus dem Vormonat: 100,00 €,
   Banklastschrift für Überweisung des Sozialversicherungsbeitragssolls am 26. Nov.
3.

| Bruttolöhne[1] (30. Nov.) (€) | Abzüge | | Erzeugnis-lieferung (€) | Gesamt-abzüge (€) | Auszahlung (Banküberw.) (€) | AG-Anteil (SV) (€) |
|---|---|---|---|---|---|---|
| | Steuern (€) | AN-Anteil (SV) (€) | | | | |
| 25.900,00 | 4.500,00 | 5.542,00 | 1.190,00 | 11.232,00 | 14.668,00 | 5.309,00 |

4. Abführen der Steuern durch Banküberweisung am 9. Dez. (siehe 3.).

7 Buchen Sie folgende Geschäftsfälle:

1. Vorschusszahlung am 10. Mai an Angestellte, bar ....................... 2.000,00 €
2. Entgeltliche Erzeugnislieferung am 16. Mai an Angestellte ............... 1.500,00 €
   + 19 % Umsatzsteuer .............................................. 285,00 €
   (Verrechnung erfolgt bei der Gehaltszahlung.)
3. Prognostizierte SV-Vorausleistung (Mai): 21.000,00 €,
   SV-Schuldvortrag aus dem Vormonat: 80,00 €,
   Banklastschrift für Überweisung des Sozialversicherungsbeitragssolls am 27. Mai.
4.

| Bruttogehälter[1] (31. Mai) (€) | Abzüge | | Vorschuss (€) | Erzeugnis-lieferung (€) | Auszahlung (Banküberw.) (€) | AG-Anteil (SV) (€) |
|---|---|---|---|---|---|---|
| | Steuern (€) | AN-Anteil (SV) (€) | | | | |
| 50.400,00 | 7.580,00 | 10.786,00 | 2.000,00 | 1.785,00 | 28.249,00 | 10.332,00 |

5. Banküberweisung der Steuern am 9. Juni (siehe 4.).

8 a) Bilden Sie die Buchungssätze.

1. Prognostizierte SV-Vorausleistung (Februar): 5.000,00 €,
   SV-Forderungsvortrag aus dem Vormonat: 120,00 €,
   Banklastschrift für Überweisung des Sozialversicherungsbeitragssolls am 24. Febr.
2.

| Bruttolöhne[1] (28. Febr.) (€) | Zuschuss zur vermögensw. Anlage (€) | Abzüge | | vermögenswirks. Anlage (€) | Auszahlung (Bank) (€) | AG-Anteil (SV) (€) |
|---|---|---|---|---|---|---|
| | | Steuern (€) | AN-Anteil (SV) (€) | | | |
| 11.900,00 | 78,00 | 2.100,00 | 2.546,00 | 130,00 | 7.202,00 | 2.439,00 |

3. Banküberweisung der einbehaltenen vermögenswirksamen Anlagen am 2. März.
4. Banküberweisung der einbehaltenen Steuern am 9. März.

b) Ermitteln Sie die Personalaufwendungen, die insgesamt im Monat Februar anfallen.

1 Die Vergütungen ändern sich monatlich bedingt durch unterschiedliche Arbeitsstunden, Überstunden, Urlaubsgeld, Zulagen, unbezahlten Urlaub, Fluktuation usw. Deshalb weichen die tatsächlichen Sozialversicherungsbeiträge von dem zuvor geschätzten Sozialversicherungsbeitragssoll ab.

9

| Betrieb | Bruttolöhne (€) | Zuschuss zur vermögensw. Anlage (€) | Abzüge | | vermögenswirks. Anlage (€) | Auszahlung (Bank) (€) | AG-Anteil (SV) (€) |
|---|---|---|---|---|---|---|---|
| | | | Steuern (€) | AN-Anteil (SV) (€) | | | |
| 1 | 47.500,00 | 338,00 | 8.230,00 | 10.165,00 | 676,00 | ? | 9.737,00 |
| 2 | 30.200,00 | 234,00 | 5.180,00 | 6.462,00 | 468,00 | ? | 6.191,00 |
| 3 | 68.700,00 | 640,00 | 11.790,00 | 14.701,00 | 832,00 | ? | 14.083,00 |

a) Errechnen Sie für jeden Betrieb den Auszahlungsbetrag.

b) Bilden Sie für jeden Betrieb die Buchungssätze für
   1. die Lohnzahlung,
   2. die Banküberweisung der einbehaltenen vermögenswirksamen Anlagen und
   3. die Banküberweisung der einbehaltenen Steuern.

c) Ermitteln Sie die Personalaufwendungen, die insgesamt für jeden Betrieb anfallen.

10 Sie sind Angestellte(r) der Textilfabrik Konrad Fied KG, Goseriede 41, 30159 Hannover. Die folgenden Belege liegen Ihnen zur Buchung vor.

a) Welche Geschäftsfälle liegen den Belegen zugrunde?

b) Wie lauten die Buchungssätze?

Beleg 1

KREY & Rubin
Personal-Leasing GmbH

Der Dienstleister für die Arbeitswelt
schafft sichere Arbeitsplätze im kaufmännischen, technischen und gewerblichen Bereich

Krey & Rubin Personal-Leasing GmbH
Lutherstraße 51 • 30171 Hannover
Telefon: 0511 8140-0
Telefax: 0511 8140-55
E-Mail: info@krey-rubin-wvd.de
Internet: www.krey-rubin-wvd.de

Krey & Rubin GmbH • Lutherstraße 51 • 30171 Hannover

Textilfabrik
Konrad Fied KG
Goseriede 41
30159 Hannover

EINGEGANGEN
11. Dez. 20..
Erledigt .....................

**bei Zahlungen bitte immer angeben:**
Rechnungsnummer: 463
Kundennummer: 24 009
Rechnungsdatum: 10.12.20..

## Rechnung

| Berufsbezeichnung Einsatzort Mitarbeiter/-in Zeitraum | geleistete Stunden | Zuschläge | %-Satz | Stundensatz (€) | Gesamt (€) |
|---|---|---|---|---|---|
| Finanzbuchhalter Hannover, Goseriede 41 | | | | | |
| Georg Ansmann 12.11.20.. bis 16.11.20.. | 40,00 | Normalstunden | 100,0 | 29,50 | 1.180,00 |
| | 4,50 | Überstundenzuschlag | 125,0 | 36,88 | 165,96 |
| Georg Ansmann 19.11.20.. bis 23.11.20.. | 40,00 | Normalstunden | 100,0 | 29,50 | 1.180,00 |
| Georg Ansmann 26.11.20.. bis 30.11.20.. | 40,00 | Normalstunden | 100,0 | 29,50 | 1.180,00 |
| | | | | **Nettobetrag** | 3.705,96 |
| | | | | **19 % USt** | 704,13 |
| | | | | **Rechnungsbetrag** | **4.410,09** |

HRB 4426 Amtsgericht Hannover • Geschäftsführer: Karsten Rubin • Steuernummer: 25 226 00098
Sparkasse Hannover • Konto 403 555 236 • BLZ 250 501 80 • IBAN DE15 2505 0180 0403 5552 36 • BIC SPKHDE2H
Postbank Hannover • Konto 38 807-566 • BLZ 250 100 30 • IBAN DE97 2501 0030 0038 8075 66 • BIC PBNKDEFF250

→

**Beleg 2**[1]

**Hannoversche Volksbank eG**

| Kontonummer | erstellt am | Auszug | Blatt |
|---|---|---|---|
| 12 345 | 27.03.20.. | 23 | 1/1 |

BLZ 251 900 01 — Kontoauszug

| Bu.-Tag | Wert | Vorgang | |
|---|---|---|---|
| | | alter Kontostand | 40.000,00 + |
| 26.03. | 26.03. | SB-Überweisung, AB Krankenkasse, AB-Konto-Nr. 8976, Sozialversicherungs-beitragssoll März 20.. | 6.300,00 - |
| 27.03. | 27.03. | SB-Überweisung, Textil-Berufsgenossenschaft, Vorauszahlung Unfallversicherung 1. Quartal 20.., Mitglieds-Nr. AB/345XY | 8.998,00 - |
| | | neuer Kontostand vom 27.03.20.. | 24.702,00 + |

Textilfabrik
Konrad Fied KG
Goseriede 41
30159 Hannover

USt-IdNr.: DE 115 648 359
IBAN: DE73 2519 0001 0000 0123 45 BIC: VOHADE2H

*Hinweis:* Es sind zwei Geschäftsfälle zu bearbeiten.

**Beleg 3**

**Hannoversche Volksbank eG**

| Kontonummer | erstellt am | Auszug | Blatt |
|---|---|---|---|
| 12 345 | 10.04.20.. | 27 | 1/1 |

BLZ 251 900 01 — Kontoauszug

| Bu.-Tag | Wert | Vorgang | |
|---|---|---|---|
| | | alter Kontostand | 30.000,00 + |
| 08.04. | 08.04. | SB-Überweisung, XY Aktienfonds, Vermögenswirksame Leistungen unserer Arbeitnehmer März 20.. gemäß Liste | 538,00 - |
| 09.04. | 09.04. | SB-Überweisung, Finanzamt Hannover-Süd, Lohn- und Kirchensteuer, Solidaritätszuschlag März 20.., Steuer-Nr. 26/306/71722 | 4.900,00 - |
| | | neuer Kontostand vom 10.04.20.. | 24.562,00 + |

Textilfabrik
Konrad Fied KG
Goseriede 41
30159 Hannover

USt-IdNr.: DE 115 648 359
IBAN: DE73 2519 0001 0000 0123 45 BIC: VOHADE2H

*Hinweis:* Es sind zwei Geschäftsfälle zu bearbeiten.

**Beleg 4**

HANN ZTG/N *100 VERLAGSGESELLSCHAFT ADSACK GMBH

Rubrik: Stellenangebote 163
Kurztext: Buchhalter/-in gesucht

| Seite | Manuskript-Nr. | Erscheinungsdatum | Anzahl Zeilen | Spalten Anzahl | Zeilen-Preis € | Brutto € |
|---|---|---|---|---|---|---|
| | 35 232 | 04.04.20.. | 032 | 01 | 5,00 | 160,00 |

**Anzeigen-Rechnung**

| | |
|---|---|
| Nettobetrag | 160,00 |
| + 19 % USt | 30,40 |
| Rechnungsbetrag | 190,40 |

ADSACK GMBH • Davenstedter Str. 15 • 30449 Hannover

Konrad Fied KG
Textilfabrik
Goseriede 41
30159 Hannover

EINGEGANGEN
5. April 20..
Erledigt ....................

Bei Zahlung bitte angeben:
Rechnungs-Nr. 237410
Rechnungsdatum 04.04.20..
Zahlungsbedingungen: zahlbar bis 04.05.20..

Bankverbindungen:
Nord LB Hannover, Konto 1 234 567, BLZ 250 500 00
IBAN DE78 2505 0000 0001 2345 67, BIC NOLADE2H
Postbank Hannover, Konto 987 654 302, BLZ 250 100 30
IBAN DE91 2501 0030 0987 6543 02, BIC PBNKDEFF250

Erfüllungsort und Gerichtsstand: Hannover • Geschäftsführer: K. Adsack • St-Nr.: 26 257 70602 • Tel.: 0511 15111-0 • www.adsack-wvd.de • info@adsack-wvd.de

1 *Zur Information zum zweiten Geschäftsfall:* Die Beiträge zur Unfallversicherung sind nach Gefahrenklassen gestaffelt und betragen etwa 0,7 % bis 4,5 % der Bruttolohnsumme des Betriebes. Der Arbeitgeber hat für das laufende Jahr **Vorauszahlungen** an die Berufsgenossenschaft zu leisten. Aufgrund der bis Mitte Februar des Folgejahres von den Arbeitgebern einzureichenden Feststellungsbogen ermittelt die Berufsgenossenschaft den endgültig zu zahlenden Betrag. Geht der Arbeitgeber davon aus, dass für das Abschlussjahr zu geringe Vorauszahlungen an die Berufsgenossenschaft geleistet wurden, so hat er am Geschäftsjahresende **Rückstellungen für ungewisse Verbindlichkeiten** (siehe Kapitel 5.2) zu bilden.

**11** Nennen Sie die Buchungssätze.
(Suchen Sie sich dazu die entsprechenden Konten aus dem Kontenrahmen heraus.)

1. Einem leitenden Angestellten, der jeden Tag ca. 100 km zur Arbeitsstätte anreisen muss, erstatten wir die monatlichen Fahrtkosten mit der Bahn von 310,00 € durch Banküberweisung.
2. Das 100-jährige Firmenjubiläum wird mit der Belegschaft in einem Restaurant gefeiert. Die Rechnung des Restaurants über 20.825,00 € (einschließlich 19 % Umsatzsteuer) geht bei uns ein.
3. Für die betriebliche Bücherei wird Fachliteratur für 321,00 € (einschließlich 7 % Umsatzsteuer) bar angeschafft.

FIBU möglich!

**12**[1] **Anfangsbestände**

*I. Anfangsbestände der Sachkonten*

0720 Anlagen und Maschinen: 900.000,00 €; 0840 Fuhrpark: 350.000,00 €; 2000 Rohstoffe: 250.000,00 €; 2020 Hilfsstoffe: 80.000,00 €; 2100 Unfertige Erzeugnisse: 70.000,00 €; 2200 Fertige Erzeugnisse: 90.000,00 €; 2400 Forderungen a. LL: 120.000,00 €; 2640 SV-Beitragsvorauszahlung: 100,00 € (Anfangsbestand im Soll); 2800 Guthaben bei Kreditinstituten (Bank): 200.000,00 €; 2880 Kasse: 9.000,00 €; 3000 Eigenkapital: 977.700,00 €; 4250 Langfristige Bankverbindlichkeiten: 973.000,00 €; 4400 Verbindlichkeiten a. LL: 118.400,00 €.

*II. Anfangsbestände der Kundenkonten (Offene-Posten-Liste der Debitoren)*

| Kd.-Nr. | Debitoren | Beleg-Nr. | Betrag (€) |
|---|---|---|---|
| 24 001 | Söffgen OHG | 1 | 80.000,00 |
| 24 002 | G. Schön e. Kffr. | 2 | 40.000,00 |
| | | | 120.000,00 |

*III. Anfangsbestände der Lieferantenkonten (Offene-Posten-Liste der Kreditoren)*

| L.-Nr. | Kreditoren | Beleg-Nr. | Betrag (€) |
|---|---|---|---|
| 44 002 | Emut GmbH | 3 | 71.400,00 |
| 44 006 | Vödisch AG | 4 | 47.000,00 |
| | | | 118.400,00 |

**Kontenplan**

**Kontenklasse 0 (Immaterielle Vermögensgegenstände und Sachanlagen):** 0720 Anlagen und Maschinen; 0840 Fuhrpark.

**Kontenklasse 2 (Umlaufvermögen und aktive Rechnungsabgrenzung):** 2000 Rohstoffe; 2020 Hilfsstoffe; 2100 Unfertige Erzeugnisse; 2200 Fertige Erzeugnisse; 2400 Forderungen a. LL (24 001 Forderungen an die Söffgen OHG, 24 002 Forderungen an G. Schön e. Kffr.); 2600 Vorsteuer; 2640 SV-Beitragsvorauszahlung; 2650 Forderungen an Mitarbeiter; 2800 Guthaben bei Kreditinstituten (Bank); 2880 Kasse.

**Kontenklasse 3 (Eigenkapital und Rückstellungen):** 3000 Eigenkapital; 3001 Privatkonto.

**Kontenklasse 4 (Verbindlichkeiten und passive Rechnungsabgrenzung):** 4250 Langfristige Bankverbindlichkeiten; 4400 Verbindlichkeiten a. LL (44 002 Verbindlichkeiten gegenüber der Emut GmbH, 44 006 Verbindlichkeiten gegenüber der Vödisch AG); 4800 Umsatzsteuer; 4830 Sonstige Verbindlichkeiten gegenüber Finanzbehörden.

**Kontenklasse 5 (Erträge):** 5000 Umsatzerlöse für eigene Erzeugnisse; 5001 Erlösberichtigungen für eigene Erzeugnisse; 5201 Bestandsveränderungen an unfertigen Erzeugnissen; 5202 Bestandsveränderungen an fertigen Erzeugnissen; 5420 Entnahme von Gegenständen und sonstigen Leistungen. →

1 Der Geschäftsgang kann alternativ nach der „Fortschreibungsmethode" oder nach der „Inventurmethode" oder nach dem „Aufwandsrechnerischen Verfahren" gebucht werden.

**Kontenklasse 6 (Betriebliche Aufwendungen):** 6000 Aufwendungen für Rohstoffe; 6001[1] Bezugskosten für Rohstoffe; 6002[2] Nachlässe für Rohstoffe; 6020 Aufwendungen für Hilfsstoffe; 6021[3] Bezugskosten für Hilfsstoffe; 6200 Löhne; 6300 Gehälter; 6400 Arbeitgeberanteil zur Sozialversicherung (Lohnbereich); 6410 Arbeitgeberanteil zur Sozialversicherung (Gehaltsbereich); 6420 Beiträge zur Berufsgenossenschaft; 6690 Übrige sonstige Personalaufwendungen; 6710 Leasing; 6800 Büromaterial.

**Kontenklasse 8 (Ergebnisrechnungen):** 8000 Eröffnungsbilanzkonto; 8010 Schlussbilanzkonto; 8020 Gewinn- und Verlustkonto.

| Beleg-Nr. | Geschäftsfälle | € |
|---|---|---|
| | **1. Eingangsrechnung der** | |
| 11 | 1. Emut GmbH (L.-Nr. 44 002), Nettopreis (Rohstoffe) | 50.000,00 |
| | – 10 % Rabatt | 5.000,00 |
| | + Rollgeld | 800,00 |
| | + 19 % Umsatzsteuer | 8.702,00 |
| | Rechnungsbetrag[4] | 54.502,00 |
| 12 | 2. Vödisch AG (L.-Nr. 44 006), Nettopreis (Hilfsstoffe) | 20.000,00 |
| | – 15 % Rabatt | 3.000,00 |
| | + Rollgeld | 400,00 |
| | + 19 % Umsatzsteuer | 3.306,00 |
| | Rechnungsbetrag[5] | 20.706,00 |
| | **2. Der Geschäftsinhaber Konrad Fied hat** | |
| 21 | 1. dem Betrieb eigene Erzeugnisse zum privaten Gebrauch entnommen. | |
| | Nettowert | 500,00 |
| | + 19 % Umsatzsteuer | 95,00 |
| | | 595,00 |
| 22 | 2. eigene Erzeugnisse für das Müttergenesungswerk gespendet. | |
| | Nettowert | 2.000,00 |
| | + 19 % Umsatzsteuer | 380,00 |
| | | 2.380,00 |
| | **3. Ausgangsrechnung an** | |
| 31 | 1. Söffgen OHG (Kd.-Nr. 24 001), | |
| | Nettopreis (eigene Erzeugnisse) | 220.000,00 |
| | – 10 % Rabatt | 22.000,00 |
| | + Fracht | 1.000,00 |
| | + 19 % Umsatzsteuer | 37.810,00 |
| | Rechnungsbetrag | 236.810,00 |
| 32 | 2. Gertrud Schön e. Kffr. (Kd.-Nr. 24 002), | |
| | Nettopreis (eigene Erzeugnisse) | 90.000,00 |
| | + 19 % Umsatzsteuer | 17.100,00 |
| | Rechnungsbetrag | 107.100,00 |

1 alternativ: 2001 („Bestandsrechnerisches Verfahren")
2 alternativ: 2002 („Bestandsrechnerisches Verfahren")
3 alternativ: 2021 („Bestandsrechnerisches Verfahren")
4 Für Bruttosteuerschlüssel (EDV-Buchführung): Bruttowert der Rohstoffe 53.550,00 €; Bruttowert der Bezugskosten 952,00 €
5 Für Bruttosteuerschlüssel (EDV-Buchführung): Bruttowert der Hilfsstoffe 20.230,00 €; Bruttowert der Bezugskosten 476,00 €

| Beleg-Nr. | | € |
|---|---|---|
| 40 | 4. Ein Angestellter erhält eigene Erzeugnisse, die mit seinem Gehalt verrechnet werden. | |
| | Nettowert | 400,00 |
| | + 19 % Umsatzsteuer | 76,00 |
| | | 476,00 |
| | **5. Kassenausgänge für** | |
| 51 | 1. Bareinkauf von Büromaterial. Nettopreis | 500,00 |
| | + 19 % Umsatzsteuer | 95,00 |
| | Rechnungsbetrag | 595,00 |
| 52 | 2. Vorschusszahlung an Arbeiter | 800,00 |
| | **6. Banklastschrift gemäß Kontoauszug für** | |
| 61 | 1. Überweisung an die Krankenkasse: | |
| | Prognostizierte SV-Vorausleistung des laufenden Monats | 37.300,00 |
| | – SV-Forderungsvortrag aus dem Vormonat | 100,00 |
| | Sozialversicherungsbeitragssoll | 37.200,00 |
| 62 | 2. Lohnzahlung | |
| | Bruttolöhne | 40.500,00 |
| | einbehaltene Steuern | 7.900,00 |
| | Arbeitnehmeranteil zur Sozialversicherung | 8.667,00 |
| | Vorschuss (Verrechnung) | 800,00 |
| | Auszahlung (Banküberweisung) | 23.133,00 |
| | Arbeitgeberanteil zur Sozialversicherung | 8.302,00 |
| 63 | 3. Bonusauszahlung an die Söffgen OHG, netto | 1.000,00 |
| | + 19 % Umsatzsteuer | 190,00 |
| | | 1.190,00 |
| 64 | 4. Gehaltszahlung | |
| | Bruttogehälter | 48.700,00 |
| | einbehaltene Steuern | 9.200,00 |
| | Arbeitnehmeranteil zur Sozialversicherung | 10.420,00 |
| | Bezug von eigenen Erzeugnissen (Verrechnung) | 476,00 |
| | Auszahlung (Banküberweisung) | 28.604,00 |
| | Arbeitgeberanteil zur Sozialversicherung | 9.980,00 |
| 65 | 5. die Leasinggebühr des Lkw (Dauerauftrag), netto | 600,00 |
| | + 19 % Umsatzsteuer | 114,00 |
| | | 714,00 |
| 66 | 6. Überweisung an die Emut GmbH (L.-Nr. 44 002, betrifft: Beleg 3)[1], | |
| | Bruttorechnungsbetrag (Rohstoffe) | 71.400,00 |
| | – 3 % Nettoskontonachlass | 1.800,00 |
| | – 19 % Umsatzsteuer (auf Nettoskontonachlass) | 342,00 |
| | Lastschrift | 69.258,00 |
| 67 | 7. einbehaltene Steuern (Lohnzahlung) | 7.900,00 |
| 68 | 8. Vorauszahlung der Beiträge an die Berufsgenossenschaft (Einzugsermächtigung) | 1.200,00 |
| 69 | 9. einbehaltene Steuern (Gehaltszahlung) | 9.200,00 |

1 Zahlungsausgang innerhalb des Skontozahlungsziels.

→

| Beleg-Nr. | | € |
|---|---|---|
| 610 | 10. Überweisung der Prüfungsgebühr für die Abschlussprüfung unseres Auszubildenden Jürgen Engel an die IHK Hannover (Einzugsermächtigung) | 140,00 |
| | **7.[1] Verbrauch gemäß Materialentnahmescheine** | |
| 71 | 1. Rohstoffe | 80.000,00 |
| 72 | 2. Hilfsstoffe | 9.000,00 |
| 80 | 8.[1] Rückgabe von Rohstoffen aus der Fertigung an das Lager | 5.000,00 |
| | **Abschlussangaben** | |
| 90 | 9. Ermittlung und Passivierung der Zahllast | ? |
| | **10. Schlussbestände laut Inventur:** | |
| 101 | 1. Unfertige Erzeugnisse | 60.000,00 |
| 102 | 2. Fertige Erzeugnisse | 120.000,00 |
| 110 | 11. Die Schlussbestände der anderen Bestandskonten entsprechen den Inventurbeständen. | |
| | **Zusätzliche Abschlussangaben bei Buchung nach der „Inventurmethode" oder nach dem „Aufwandsrechnerischen Verfahren"** | |
| | **12. Schlussbestände laut Inventur:** | |
| 121 | 1. Rohstoffe | 219.000,00 |
| 122 | 2. Hilfsstoffe | 88.400,00 |

## 3.4 Anlagenwirtschaft

### 3.4.1 Ursachen der Wertminderung des Anlagevermögens

Anlagegüter (z. B. Gebäude, Maschinen, Kraftfahrzeuge, Betriebs- und Geschäftsausstattung) stehen den Unternehmen längerfristig zur Verfügung. Ihre Nutzungsdauer ist jedoch zeitlich begrenzt. Der Wert der Anlagegüter[2] nimmt im Zeitablauf ab.

Die **Ursachen der Wertminderung** der Anlagegüter liegen hauptsächlich begründet

- im **technischen Verschleiß** (verursacht durch Gebrauch, Abgabe von Nutzungen),
- im **natürlichen Verschleiß** (z. B. Verrosten, Verwitterung) und
- im **technischen Fortschritt** (ein neues – technisch verbessertes – Produkt kommt auf den Markt).

### 3.4.2 Die buchhalterische Behandlung der Wertminderung des Anlagevermögens

**Der buchhalterische Vorgang, Wertminderungen der Anlagegüter zu erfassen, wird Abschreibung genannt.**
**Im Einkommensteuergesetz spricht man von „Absetzung für Abnutzung" (= AfA).**

Buchmäßig werden die Wertminderungen der Anlagegüter auf dem **Aufwandskonto „6520 Abschreibungen auf Sachanlagen"** erfasst.

1 Soll nach der „Inventurmethode" oder nach dem „Aufwandsrechnerischen Verfahren" gebucht werden, so entfällt dieser Geschäftsfall.

2 Ausnahme: Grund und Boden

**Beispiel** Ein Lkw, der mit 100.000,00 € auf dem Konto „Fuhrpark“ geführt wird, hat im Betrachtungsjahr 20.000,00 € an Wert verloren. Er ist entsprechend abzuschreiben.

| **Buchungssatz** | **Soll** | **Haben** |
|---|---|---|
| 6520 Abschreibungen auf Sachanlagen | 20.000,00 | |
| an 0840 Fuhrpark | | 20.000,00 |

**Buchung**

| S | 6520 Abschreibungen auf SA | | H |
|---|---|---|---|
| 0840 | 20.000,00 | | |

| S | 0840 Fuhrpark | | H |
|---|---|---|---|
| AB | 100.000,00 | 6520 | 20.000,00 |

| **Abschlussbuchungssatz des Abschreibungskontos** | **Soll** | **Haben** |
|---|---|---|
| 8020 Gewinn- und Verlustkonto | 20.000,00 | |
| an 6520 Abschreibungen auf Sachanlagen | | 20.000,00 |

| **Abschlussbuchungssatz des Fuhrparkkontos** | **Soll** | **Haben** |
|---|---|---|
| 8010 Schlussbilanzkonto | 80.000,00 | |
| an 0840 Fuhrpark | | 80.000,00 |

**Buchungen**

| S | 6520 Abschreibungen auf SA | | H |
|---|---|---|---|
| 0840 | 20.000,00 | GuV | 20.000,00 |

| S | 0840 Fuhrpark | | H |
|---|---|---|---|
| AB | 100.000,00 | 6520 | 20.000,00 |
| | | SB | 80.000,00 |
| | 100.000,00 | | 100.000,00 |

| S | 8020 Gewinn- und Verlustkonto | | H |
|---|---|---|---|
| . | . | | |
| Abschr. | 20.000,00 | | |
| . | . | | |

| S | 8010 Schlussbilanzkonto | | H |
|---|---|---|---|
| . | . | | |
| Fuhrpark | 80.000,00 | | |
| . | . | | |

## 3.4.3 Abschreibungsmethoden

### 3.4.3.1 Die lineare Abschreibungsmethode

**Bei der linearen Abschreibungsmethode wird mit gleichbleibenden Beträgen von den Anschaffungs- oder Herstellungskosten abgeschrieben.**

Abschreibungsprozentsatz und Abschreibungsbetrag werden nach folgenden Formeln ermittelt:

$$\text{Abschreibungsprozentsatz} = \frac{100\ \%}{\text{Nutzungsdauer}}$$

$$\text{Abschreibungsbetrag} = \frac{\text{Anschaffungswert}}{\text{Nutzungsdauer}}$$

**Beispiel**

Ein Pkw mit einem Anschaffungswert von 60.000,00 € soll abgeschrieben werden. Die voraussichtliche Nutzungsdauer beträgt 6 Jahre.

**Abschreibungsprozentsatz** $= \frac{100\,\%}{6} = 16\,^2/_3\,\%$

**Abschreibungsbetrag** $= \frac{60.000{,}00\text{ €}}{6} = \underline{\underline{10.000{,}00\text{ €}}}$

Die folgende Tabelle zeigt den linearen Abschreibungsplan vom 1. bis zum 6. Nutzungsjahr.

| | lineare Abschreibung (16 $^2/_3$ %) | |
|---|---|---|
| Anschaffungswert<br>– Abschreibung 1. Jahr | 60.000,00 €<br>10.000,00 € | |
| Buchwert am Anfang des 2. Jahres<br>– Abschreibung 2. Jahr | 50.000,00 €<br>10.000,00 € | |
| Buchwert am Anfang des 3. Jahres<br>– Abschreibung 3. Jahr | 40.000,00 €<br>10.000,00 € | |
| Buchwert am Anfang des 4. Jahres<br>– Abschreibung 4. Jahr | 30.000,00 €<br>10.000,00 € | |
| Buchwert am Anfang des 5. Jahres<br>– Abschreibung 5. Jahr | 20.000,00 €<br>10.000,00 € | |
| Buchwert am Anfang des 6. Jahres<br>– Abschreibung 6. Jahr | 10.000,00 €<br>10.000,00 € | <br>(9.999,00 €) |
| Buchwert am Ende des 6. Jahres | 0,00 € | (1,00 €) |

Nach 6 Jahren erreicht die lineare Abschreibung den Nullwert. Falls der Pkw weiterhin betrieblich genutzt wird, so wird er mit **1,00 € Erinnerungswert** in den Büchern weitergeführt. Der Abschreibungsbetrag beträgt dann im letzten Jahr **9.999,00 €.**

Betriebswirtschaftlich empfehlenswert ist die lineare Abschreibungsmethode bei gleichmäßiger Wertminderung des Anlagegutes während der einzelnen Nutzungsjahre.

➩ **Abschreibungen stellen einen betrieblichen Aufwand dar und schmälern den steuerpflichtigen Gewinn. Die Höhe der Abschreibungen muss daher in einem von der Finanzverwaltung anerkannten Rahmen liegen.**

Das Bundesministerium der Finanzen hat AfA-Tabellen herausgegeben. In diesen Tabellen sind für die Nutzungsdauer einzelner Wirtschaftsgüter Erfahrungswerte angegeben, die Richtgrößen darstellen. In begründeten Fällen kann hiervon abgewichen werden.

**Beispiele**

| Anlagegut | Nutzungsdauer in Jahren | linearer AfA-Satz |
|---|---|---|
| Vermessungsgeräte | 8 | 12 $^1/_2$ % |
| Überwachungsanlagen | 11 | 9 $^1/_{11}$ % |
| Dampfmaschinen u. -turbinen | 15 | 6 $^2/_3$ % |
| Maschinen<br>– Drehbänke<br>– Fräsmaschinen | <br>16<br>15 | <br>6 $^1/_4$ %<br>6 $^2/_3$ % |
| Kraftwagen<br>– Lastwagen<br>– Personenwagen | <br>9<br>6 | <br>11 $^1/_9$ %<br>16 $^2/_3$ % |
| Fotokopiergeräte | 7 | 14 $^2/_7$ % |

### 3.4.3.2 Die degressive Abschreibungsmethode

**Die degressive Abschreibungsmethode schreibt mit fallenden Beträgen vom Buch- oder Restwert ab. Der Abschreibungsbetrag wird mithilfe eines gleichbleibenden Prozentsatzes vom Buch- oder Restwert errechnet.**

$$\textbf{Abschreibungsbetrag} = \frac{\text{Buchwert} \cdot \text{Abschreibungssatz}}{100}$$

Für den degressiven Abschreibungsprozentsatz galt bzw. gilt:

| Anschaffung bzw. Herstellung | Begrenzung |
|---|---|
| ab 01.08.1981 bis 31.12.2000 | höchstens das 3-Fache des linearen AfA-Satzes, maximal jedoch 30 % |
| ab 01.01.2001 bis 31.12.2005 | höchstens das 2-Fache des linearen AfA-Satzes, maximal jedoch 20 % |
| ab 01.01.2006 bis 31.12.2007 | höchstens das 3-Fache des linearen AfA-Satzes, maximal jedoch 30 % |
| ab 01.01.2008 bis 31.12.2008 | Verbot der degressiven Abschreibung |
| ab 01.01.2009 bis 31.12.2010 | höchstens das 2,5-Fache des linearen AfA-Satzes, maximal jedoch 25 % |
| ab 01.01.2011 | Verbot der degressiven Abschreibung |

**Beispiel**

Ein Pkw (Anschaffung am 10. Januar 2010) mit einem Anschaffungswert von 60.000,00 € ist mit 25 % degressiv abzuschreiben.

Die folgende Tabelle zeigt einen degressiven Abschreibungsplan für 6 Jahre.

| | degressive Abschreibung (25 %) |
|---|---|
| Anschaffungswert<br>– Abschreibung 1. Jahr | 60.000,00 €<br>15.000,00 € |
| Buchwert am Anfang des 2. Jahres<br>– Abschreibung 2. Jahr | 45.000,00 €<br>11.250,00 € |
| Buchwert am Anfang des 3. Jahres<br>– Abschreibung 3. Jahr | 33.750,00 €<br>8.437,50 € |
| Buchwert am Anfang des 4. Jahres<br>– Abschreibung 4. Jahr | 25.312,50 €<br>6.328,13 € |
| Buchwert am Anfang des 5. Jahres<br>– Abschreibung 5. Jahr | 18.984,37 €<br>4.746,09 € |
| Buchwert am Anfang des 6. Jahres<br>– Abschreibung 6. Jahr | 14.238,28 €<br>3.559,57 € |
| Buchwert am Ende des 6. Jahres | 10.678,71 € |

Der Nullwert wird bei der degressiven Abschreibungsmethode nach 6 Nutzungsjahren nicht erreicht. Um in der Nutzungszeit zum Nullwert zu gelangen, wird in der Regel von der degressiven zur linearen Abschreibungsmethode übergegangen. Wird nicht zur linearen Abschreibungsmethode gewechselt, so wird im letzten Nutzungsjahr auf 0,00 € bzw. 1,00 € Erinnerungswert abgeschrieben.

**Ein Übergang von der degressiven Abschreibungsmethode zur linearen Abschreibungsmethode ist möglich. Umgekehrt ist es nicht zulässig, von der linearen Abschreibungsmethode auf die degressive Abschreibungsmethode überzugehen.**

### 3.4.3.3 Die Leistungsabschreibung

**Bei der Leistungsabschreibung wird die Nutzungsdauer des abzuschreibenden Anlagegutes nicht in Jahren ausgedrückt, sondern in Leistungseinheiten (Stückzahl, Maschinenstunden, Kilometer usw.), die das Anlagegut in seiner Nutzungszeit erbringt. Der Abschreibungsbetrag ergibt sich aus der jährlichen Leistung gemessen an der voraussichtlichen Gesamtleistung.**

$$\textbf{Abschreibungsbetrag} = \frac{\text{Anschaffungskosten} \cdot \text{Istleistung pro Jahr}}{\text{Sollgesamtleistung}^{1}}$$

**Beispiel**

Ein Lkw mit einem Anschaffungswert von 100.000,00 € soll nach Leistungseinheiten abgeschrieben werden. Der Lkw ist insgesamt 250 000 km einsetzbar. Laut Fahrtenbuch ergeben sich folgende jährliche Fahrleistungen:

1. Jahr: 70 000 km
2. Jahr: 45 000 km
3. Jahr: 42 000 km
4. Jahr: 55 000 km
5. Jahr: 38 000 km

Die folgende Tabelle zeigt die Errechnung der jährlichen Abschreibungsbeträge:

| Abschreibungsjahr | $\frac{\text{Anschaffungskosten} \cdot \text{Istleistung pro Jahr}}{\text{Sollgesamtleistung}}$ | = Abschreibungsbetrag |
|---|---|---|
| 1. | $\frac{100.000,00 \cdot 70\,000}{250\,000}$ | = 28.000,00 € |
| 2. | $\frac{100.000,00 \cdot 45\,000}{250\,000}$ | = 18.000,00 € |
| 3. | $\frac{100.000,00 \cdot 42\,000}{250\,000}$ | = 16.800,00 € |
| 4. | $\frac{100.000,00 \cdot 55\,000}{250\,000}$ | = 22.000,00 € |
| 5. | $\frac{100.000,00 \cdot 38\,000}{250\,000}$ | = 15.200,00 € |
| | Summe der Abschreibungsbeträge: | = 100.000,00 € |

Die Leistungsabschreibung berücksichtigt die technische Abnutzung von allen Abschreibungsmethoden am stärksten.

Steuerlich ist die Leistungsabschreibung zulässig, wenn die folgenden zwei Bedingungen erfüllt sind:

1. Die Leistungsabschreibung muss **wirtschaftlich begründet** sein. Dies ist gegeben, wenn die jährlichen Leistungsabgaben **erheblich schwanken.**
2. Die auf das einzelne Jahr entfallende Leistungsabgabe muss **nachweisbar** sein (z. B. durch Kilometerzähler eines Kraftfahrzeuges, Zählwerk einer Maschine).

1 = voraussichtliche Gesamtleistung

## 3.4.4 Zeitanteilige Abschreibungen[1]

Anlagegüter, die während des Wirtschaftsjahres

- **angeschafft** bzw. **hergestellt (= Zugang)** oder
- **veräußert** bzw. **entnommen (= Abgang)**

werden, sind grundsätzlich **zeitanteilig** abzuschreiben.

In der Praxis wird dabei nach **Nutzungsmonaten** abgeschrieben.

### 1. Zugang von Anlagegütern (zeitanteilige Abschreibungen im Zugangsjahr)

Im Zugangsjahr wird die zeitanteilige Abschreibung so gehandhabt, dass das angeschaffte bzw. hergestellte Anlagegut **ab dem Monat des Zugangs** abgeschrieben wird.

**Beispiel**

Bei Anschaffung eines Betriebsgebäudes am 27. März (Betriebszugehörigkeit im Zugangsjahr: 27. März bis 31. Dez.) werden $^{10}/_{12}$ der Jahresabschreibung angesetzt (Annahme: Wirtschaftsjahr entspricht Kalenderjahr).

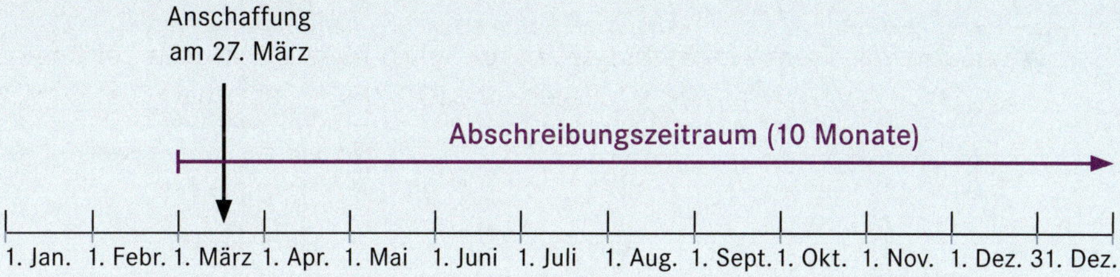


### 2. Abgang von Anlagegütern (zeitanteilige Abschreibungen im Abgangsjahr)

In der Praxis wird die zeitanteilige Abschreibung veräußerter oder entnommener Anlagegüter im Abgangsjahr so gehandhabt, dass auf volle Monate abgeschrieben wird. Endet die Nutzung eines Anlagegutes im Laufe eines Monats, so ist es nach herrschender Rechtsauffassung zulässig, **wahlweise auf volle Monate auf- oder abzurunden.**[2]

**Beispiel**

Eine Maschine wird am 3. Aug. veräußert (Betriebszugehörigkeit im Abgangsjahr: 1. Jan. bis 3. Aug.). Der Abschreibungsbetrag beträgt nun im Jahr des Ausscheidens $^{7}/_{12}$ oder $^{8}/_{12}$ der Jahresabschreibung (Annahme: Wirtschaftsjahr entspricht Kalenderjahr).

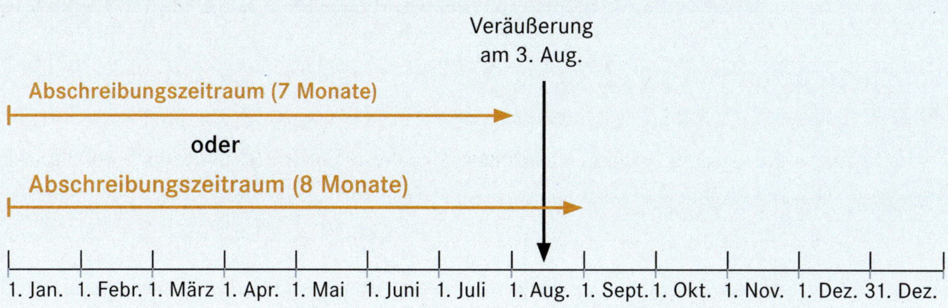


1 Kapitel gilt nicht für Leistungsabschreibungen.

2 Da bei Ausscheiden eines Anlagegutes (siehe Kapitel 3.4.11) sein Wert ohnehin auf null gebracht wird, hat die Höhe der Abschreibung im Abgangsjahr keinen Einfluss auf den zu versteuernden Gewinn.

## 3.4.5 Das Anlagenverzeichnis (Anlagenbuch)

Im Hauptbuch werden die Anlagekonten in der Regel als **Sammelkonten** gemäß Kontenrahmen geführt. In jedem Sammelkonto wird eine Vielzahl von einzelnen Anlagegütern erfasst.

Um nun die Abschreibungen pro Sammelkonto exakt ermitteln zu können, ist das Führen eines **Anlagenbuches** (= Nebenbuch) erforderlich.

Dieses Anlagenbuch kann in Form einer **Anlagenkartei** angelegt sein. Für jeden Gegenstand des Anlagevermögens wird dann eine **Anlagenkarteikarte** geführt.

➲ **Bei der EDV-Buchführung erfolgt die Speicherung (Anlagendatei) auf einem elektronischen Datenträger.**

Muster einer Anlagenkarteikarte:

| | | | |
|---|---|---|---|
| **Inventar-Nr.:**<br>662 | **Bezeichnung:**<br>Lkw (H-RW 692) | **Kostenstelle:**<br>Fuhrpark | |
| **Anlagekonto:**<br>0840 | **Abschreibungskonto:**<br>6520 | **Abschreibungsbeginn:**<br>1. Jan., Jahr 1 | |
| **Voraussichtliche Nutzungsdauer:**<br>9 Jahre | **Abschreibung:**<br>linear | **Anschaffungskosten:** 90.000,00 €<br>**Wiederbeschaffungswert:** 100.000,00 €<br>**Versicherungswert:** 90.000,00 € | |
| **Datum** | **Buchwert (AB)** | **jährliche AfA** | **Σ AfA** |
| 31. Dez. Jahr 1 | 90.000,00 € | 10.000,00 € | 10.000,00 € |
| 31. Dez. Jahr 2 | 80.000,00 € | 10.000,00 € | 20.000,00 € |
| 31. Dez. Jahr 3 | 70.000,00 € | 10.000,00 € | 30.000,00 € |
| 31. Dez. Jahr 4 | 60.000,00 € | 10.000,00 € | 40.000,00 € |
| 31. Dez. Jahr 5 | 50.000,00 € | | |
| 31. Dez. Jahr 6 | | | |
| 31. Dez. Jahr 7 | | | |
| 31. Dez. Jahr 8 | | | |
| 31. Dez. Jahr 9 | | | |

Aufgrund der Daten der Anlagenkartei wird ein **Anlagenverzeichnis** erstellt.

Die Kopfzeile eines Anlagenverzeichnisses könnte folgendermaßen aufgebaut sein:

| Nr. | Bezeichnung des Anlagegutes | Bilanzwert 1. Jan. | Anschaffungs-/Herstellungs- | | Abgangs-tag | Nut-zungs-dauer | AfA | | | Bilanzwert 31. Dez. |
|---|---|---|---|---|---|---|---|---|---|---|
| | | | tag | kosten | | | Methode | Satz | Betrag | |
| 1 | 2 | 3 | 4 | 5 | 6 | 7 | 8 | 9 | 10 | 11 |

Die Spalten 2 und 11 beinhalten die steuerlichen Mindestanforderungen. Enthält das Bestandsverzeichnis nur diese Informationen, so ist es jährlich aufgrund einer körperlichen Bestandsaufnahme zu erstellen.

Die Spalten 4 bis 6 sind erforderlich, wenn auf die jährliche körperliche Bestandsaufnahme der Gegenstände des beweglichen Anlagevermögens verzichtet werden soll.

Die Spalten 3 und 7 bis 10 stellen sinnvolle betriebswirtschaftliche Ergänzungsinformationen dar.

**Zusammenfassung**

**Abschreibungen**

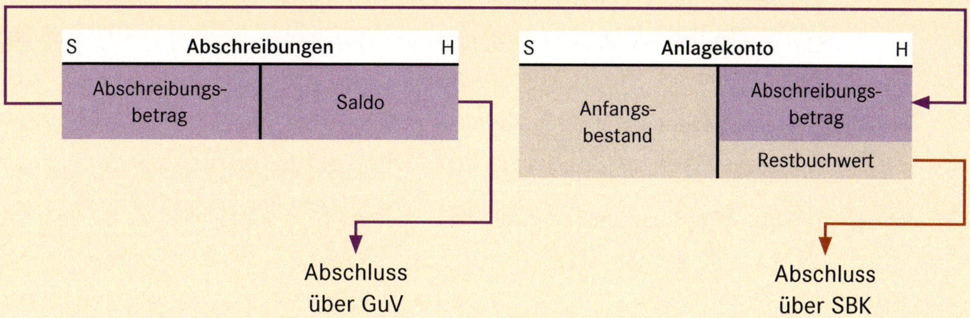


1. **Wertminderungen der Anlagegüter werden durch Abschreibungen buchhalterisch erfasst.**
2. **Abschreibungen werden als Aufwendungen im Soll des Aufwandskontos „Abschreibungen" und als Bestandsminderungen im Haben der Anlagekonten gebucht.**
3. **Bei der linearen Abschreibungsmethode wird mit gleichbleibenden Beträgen vom Anschaffungs- oder Herstellungswert abgeschrieben.**
4. **Bei der degressiven Abschreibungsmethode wird mit fallenden Beträgen vom Buchwert abgeschrieben.**
5. **Bei der Leistungsabschreibung ergibt sich der Abschreibungsbetrag aus der jährlichen Leistung gemessen an der voraussichtlichen Gesamtleistung.**
6. **Bleibt ein Anlagegut nach seiner vollständigen buchmäßigen Abschreibung weiterhin Bestandteil des Betriebsvermögens, so muss es mit 1,00 € Erinnerungswert auf dem jeweiligen Anlagekonto weitergeführt werden.**
7. **Anlagegüter, deren Zugang oder Abgang während des Wirtschaftsjahres erfolgt, sind im Zugangs- bzw. Abgangsjahr zeitanteilig abzuschreiben.**
8. **Jedes Anlagegut wird einzeln in einer Anlagekartei/Anlagedatei geführt (und abgeschrieben). Die Anlagekonten des Hauptbuches ergeben sich aus diesen Anlagekarteien/Anlagedateien.**

Aufgaben folgen auf S. 272 ff.

## 3.4.6 Geringwertige Wirtschaftsgüter

Abnutzbare bewegliche Güter des Anlagevermögens,

- die selbstständig nutzbar sind und
- deren Anschaffungs- oder Herstellungskosten nicht mehr als 1.000,00 € netto (ohne Umsatzsteuer) betragen,

bezeichnet man als **Geringwertige Wirtschaftsgüter (GWG).**

**Grundsätzlich sind die Geringwertigen Wirtschaftsgüter nach den allgemeinen Regeln abzuschreiben (Regelabschreibung).**

Im Folgenden sind die weiteren zulässigen buchhalterischen Behandlungsmöglichkeiten der Geringwertigen Wirtschaftsgüter dargestellt, die nach dem 1. Januar 2010 angeschafft, hergestellt oder eingelegt wurden.

### 3.4.6.1 Sofortaufwand bei Geringwertigen Wirtschaftsgütern mit Anschaffungs- bzw. Herstellungskosten bis 150,00 €

Die Anschaffungs- bzw. Herstellungskosten von Wirtschaftsgütern, die selbstständig nutzbar sind und deren Wert **150,00 €** netto (ohne Umsatzsteuer) **nicht übersteigt, können** alternativ zur Regelabschreibung (= grundsätzlich vorgeschriebenes Abschreibungsverfahren) im Anschaffungs- bzw. Herstellungsjahr in voller Höhe als Betriebsausgabe (Sofortaufwand) erfasst werden (§ 6 Abs. 2 a Satz 4 EStG).

In diesem Fall wird entsprechend der sachlichen Herkunft gebucht, z. B. auf den Aufwandskonten „6800 Büromaterial", „6822 Telekommunikationskosten" oder „6060 Aufwendungen für Reparaturmaterial". Eine besondere Aufzeichnungspflicht, z. B. in einem Anlagenverzeichnis, besteht für derartige Geringwertige Wirtschaftsgüter nicht.

**Beispiel**

| | | |
|---|---|---|
| | Barkauf einer Büroschreibtischlampe | 50,00 € |
| + | 19 % Umsatzsteuer | 9,50 € |
| = | Bruttorechnungsbetrag | 59,50 € |

| **Buchungssatz** | Soll | Haben |
|---|---|---|
| 6800 Büromaterial | 50,00 | |
| 2600 Vorsteuer | 9,50 | |
| an 2880 Kasse | | 59,50 |

Das oben beschriebene Wahlrecht (Regelabschreibung oder Sofortaufwand) kann für jedes Wirtschaftsgut individuell ausgeübt werden **(wirtschaftsgutbezogenes Wahlrecht).**

Die Anwendung der Regelabschreibung für Geringwertige Wirtschaftsgüter mit einem Wert bis 150,00 € ist sehr aufwendig. In der betrieblichen Praxis wird deshalb diese Buchungsmöglichkeit nur selten gewählt.[1]

### 3.4.6.2 Poolabschreibung bei Geringwertigen Wirtschaftsgütern mit Anschaffungs- bzw. Herstellungskosten ab 150,01 € bis 1.000,00 €

Selbstständig nutzbare Wirtschaftsgüter, die ohne Umsatzsteuer mehr als **150,00 €**, aber **höchstens 1.000,00 €** kosten, **können [Wahlrecht** zur Sofortabschreibungsmethode (siehe Kapitel 3.4.6.3) bzw. zur Regelabschreibung (= grundsätzlich vorgeschriebenes Abschreibungsverfahren)] in einem Jahressammelposten (Pool) zusammengefasst und gemeinsam über 5 Jahre linear, also mit 20 % pro Jahr, abgeschrieben werden (§ 6 Abs. 2 a EStG).

Dabei ist unerheblich,

- zu welchem Zeitpunkt die Wirtschaftsgüter im Anschaffungsjahr erworben werden (keine zeitanteilige Abschreibung im Anschaffungsjahr),
- wann die Wirtschaftsgüter aus dem Betriebsvermögen ausscheiden (konstante Abschreibungen auf den Jahressammelposten im Fünfjahreszeitraum auch bei vorzeitigem oder nachträglichem Ausscheiden der Wirtschaftsgüter).

Abgesehen von der buchhalterischen Erfassung dieser Wirtschaftsgüter im Jahressammelposten bestehen keine weiteren Dokumentationspflichten.

Verbleibt ein GWG des Jahressammelpostens nach vollständiger Abschreibung im Unternehmen, so wird **kein Erinnerungswert** von 1,00 € gebildet.

1 In diesem Lehrbuch wird bei allen entsprechenden Aufgaben davon ausgegangen, dass für GWG mit einem Wert bis 150,00 € die Regelabschreibung **nicht** angewandt wird.

Die oben beschriebene Wahlentscheidung in dieser Kategorie muss für alle in einem Wirtschaftsjahr angeschafften, hergestellten oder eingelegten Wirtschaftsgüter einheitlich getroffen werden **(wirtschaftsjahrbezogenes Wahlrecht)**.

**Nicht** selbstständig nutzbare Wirtschaftsgüter dieser Kategorie (z. B. Drucker, Monitore) werden nicht in diesem Jahressammelposten erfasst, sondern isoliert nach den allgemeinen Regeln abgeschrieben (Regelabschreibung).

**Beispiel**

| | | |
|---|---|---|
| | Kauf eines Notebooks im Geschäftsjahr 1 mit Girocard unserer Bank, netto ... | 700,00 € |
| + | 19 % Umsatzsteuer ... | 133,00 € |
| = | Bruttorechnungsbetrag ... | 833,00 € |

| Buchungssatz für die Anschaffung des Notebooks | Soll | Haben |
|---|---|---|
| 0891 Sammelposten BGA Jahr 1 (WG ab 150,01 € bis 1.000,00 €) | 700,00 | |
| 2600 Vorsteuer | 133,00 | |
| an 2800 Guthaben bei KI (Bank) | | 833,00 |

Im Geschäftsjahr 1 sind ferner auf dem Konto „0891 Sammelposten BGA Jahr 1 (Wirtschaftsgüter ab 150,01 € bis 1.000,00 €)" folgende Anschaffungskosten gebucht worden: 500,00 € für einen Büroschreibtisch und 800,00 € für einen Büroschrank.

a) Errechnen Sie den Poolabschreibungsbetrag des Geschäftsjahres 1.
b) Nennen Sie den Abschreibungsbuchungssatz für den Jahressammelposten.

**Lösung**

a) Gebuchte Anschaffungskosten: 700,00 € + 500,00 € + 800,00 € = 2.000,00 €.
20% von 2.000,00 € ergeben einen Poolabschreibungsbetrag von **400,00 €.**

b)

| Buchungssatz für die Abschreibung des Jahressammelpostens | Soll | Haben |
|---|---|---|
| 6541 Abschreibungen auf Sammelposten Jahr 1 | 400,00 | |
| an 0891 Sammelposten BGA Jahr 1 (WG ab 150,01 € bis 1.000,00 €) | | 400,00 |

### 3.4.6.3 Sofortabschreibung bei Geringwertigen Wirtschaftsgütern mit Anschaffungs- bzw. Herstellungskosten ab 150,01 € bis 410,00 €

Selbstständig nutzbare Wirtschaftsgüter mit Anschaffungs- bzw. Herstellungskosten **zwischen 150,01 € und 410,00 €** (jeweils netto, ohne Umsatzsteuer) **können (Wahlrecht) alternativ** zu der im Kapitel 3.4.6.2 dargestellten Poolabschreibung und **alternativ** zur Regelabschreibung (= grundsätzlich vorgeschriebenes Abschreibungsverfahren) im Anschaffungs- bzw. Herstellungsjahr in voller Höhe als Betriebsausgaben abgezogen werden (§ 6 Abs. 2 EStG). Dazu werden sie in der Regel zunächst aktiviert und dann am Geschäftsjahresende komplett abgeschrieben **(Sofortabschreibung)**.

Die Wahlentscheidung in dieser Kategorie **zwischen der Sofortabschreibung und der Regelabschreibung** kann für jedes GWG individuell ausgeübt werden **(wirtschaftsgutbezogenes Wahlrecht)**.

Bei Wahl der Sofortabschreibungsmethode müssen die entsprechenden GWG in einem besonderen Anlagenverzeichnis mit Angabe des Tages der Anschaffung, der Herstellung oder der Einlage sowie mit Angabe der Anschaffungs- bzw. Herstellungskosten erfasst werden. Dieses Verzeichnis ist nicht erforderlich, wenn die Angaben aus der Buchführung hervorgehen.

Folgende aktive Bestandskonten sind vorgesehen:

- 0780 Geringwertige Anlagen und Maschinen und
- 0880 Geringwertige Vermögensgegenstände der Betriebs- und Geschäftsausstattung.

**Nicht** selbstständig nutzbare Wirtschaftsgüter mit Anschaffungs- bzw. Herstellungskosten zwischen 150,01 € und 410,00 € (Drucker, Monitore) müssen isoliert nach den allgemeinen Regeln abgeschrieben werden (Regelabschreibung).

**Beispiele**

Die folgenden Geschäftsfälle sind – wenn möglich – gemäß der Sofortabschreibungsmethode zu buchen.

| | |
|---|---|
| 1. Kauf eines Büroschranks mit Girocard unserer Bank | 375,00 € |
| + 19 % Umsatzsteuer | 71,25 € |
| 2. Barkauf eines Büroschreibtisches | 350,00 € |
| + 19 % Umsatzsteuer | 66,50 € |
| 3. Barkauf eines Druckers für den PC | 250,00 € |
| + 19 % Umsatzsteuer | 47,50 € |

| Buchungssätze für die Anschaffung der Wirtschaftsgüter | Soll | Haben |
|---|---|---|
| 1. 0880 Geringwertige Vermögensgegenstände (BGA) | 375,00 | |
| 2600 Vorsteuer | 71,25 | |
| an 2800 Guthaben bei Kreditinstituten (Bank) | | 446,25 |
| 2. 0880 Geringwertige Vermögensgegenstände (BGA) | 350,00 | |
| 2600 Vorsteuer | 66,50 | |
| an 2880 Kasse | | 416,50 |
| 3. 0860 BM, OM und KA[1] | 250,00 | |
| 2600 Vorsteuer | 47,50 | |
| an 2880 Kasse | | 297,50 |

| Buchungssatz für die vollständige Abschreibung der Geringwertigen Wirtschaftsgüter | Soll | Haben |
|---|---|---|
| 6530 Abschreibungen auf GWG | 725,00 | |
| an 0880 Geringwertige Vermögensgegenstände (BGA) | | 725,00 |

Das Konto „0880 Geringwertige Vermögensgegenstände der Betriebs- und Geschäftsausstattung" hat am Ende des Geschäftsjahres folgendes Aussehen:

| S | 0880 Geringwertige Vermögensgegenstände der Betriebs- und Geschäftsausstattung | | H |
|---|---|---|---|
| 1. 2800 | 375,00 | 6530 | 725,00 |
| 2. 2880 | 350,00 | | |
| | 725,00 | | 725,00 |

Wird die Sofortabschreibungsmethode gewählt, so unterliegen die Wirtschaftsgüter, die den Wert von 410,00 € überschreiten, der Regelabschreibung.

1 Der Drucker ist nicht selbstständig nutzbar. Deshalb unterliegt er der Regelabschreibung.

### 3.4.6.4 Die Ausübung des Wahlrechts

Die Wahlentscheidung zwischen
- der Sofortabschreibungsmethode oder
- der Poolabschreibungsmethode oder
- der Regelabschreibungsmethode

bei den GWG ist abhängig von der individuellen betrieblichen Zielsetzung.

In einem **Verlustjahr** ist der Unternehmer beispielsweise aus **steuerlichen Gründen** bemüht, buchhalterische Aufwendungen in spätere Geschäftsjahre zu übertragen, um dann mögliche steuerpflichtige Gewinne zu mindern.

Umgekehrt ist der Unternehmer in **Gewinnjahren** bestrebt, möglichst hohe Aufwendungen buchhalterisch geltend zu machen, um einen geringen steuerpflichtigen Gewinn auszuweisen.

Ob ein Gewinn oder ein Verlust erwirtschaftet wird, steht in der Regel erst am **Geschäftsjahresende** fest. Darüber hinaus sind auch erst dann die getätigten Ausgaben für die Geringwertigen Wirtschaftsgüter bekannt. Die oben beschriebene Wahlentscheidung kann folglich erst bei den **Jahresabschlussarbeiten** getroffen werden.

Dazu ist es in der betrieblichen Praxis empfehlenswert, am **Geschäftsjahresanfang** die voraussichtlich erfolgversprechendste Methode zu wählen. Bei den **Abschlussarbeiten** wird dann später festgestellt, ob die zunächst bevorzugte Methode zieladäquat ist.

Ist das der Fall, so sind keine buchhalterischen Korrekturen erforderlich.

Erweist sich allerdings im Nachhinein bei den Abschlussarbeiten die nicht gewählte Methode als zielgerechter, so sind Umbuchungen vorzunehmen.

**Beispiel**

Die Textilfabrik Konrad Fied KG schafft im Jahr 1 die folgenden Anlagegüter mit Anschaffungskosten ab 150,01 € bis 1.000,00 € an:

| Anschaffungs-zeitpunkt | Anzahl | Anlagegüter | Anschaffungs-kosten pro Stück | Summe Anschaffungs-kosten | betriebs-gewöhnliche Nutzungsdauer |
|---|---|---|---|---|---|
| a) 14.02.20..<br>b) 11.05.20.. | a) 3<br>b) 1 | Notebook | a) 930,00 €<br>b) 600,00 € | a) 2.790,00 €<br>b) 600,00 € | 3 Jahre |
| a) 11.04.20..<br>b) 13.07.20.. | a) 18<br>b) 20 | Schreibtisch | a) 390,00 €<br>b) 910,00 € | a) 7.020,00 €<br>b) 18.200,00 € | 13 Jahre |
| a) 03.06.20..<br>b) 06.08.20.. | a) 15<br>b) 2 | Schreib-tischlampe | a) 200,00 €<br>b) 182,00 € | a) 3.000,00 €<br>b) 364,00 € | 13 Jahre |
| a) 02.08.20..<br>b) 12.10.20.. | a) 7<br>b) 5 | Mobiltelefon | a) 250,00 €<br>b) 450,00 € | a) 1.750,00 €<br>b) 2.250,00 € | 5 Jahre |
| a) 13.10.20..<br>b) 25.11.20.. | a) 1<br>b) 16 | Tresor | a) 943,00 €<br>b) 989,00 € | a) 943,00 €<br>b) 15.824,00 € | 23 Jahre |

I. Der steuerpflichtige Gewinn soll möglichst gering gehalten werden. Entscheiden Sie am Geschäftsjahresende bei dieser Zielsetzung, ob bei den Geringwertigen Wirtschaftsgütern die Sofortabschreibungsmethode oder die Poolabschreibungsmethode[1] gewählt wird. →

1 Die Regelabschreibungsmethode für GWG mit Anschaffungskosten/Herstellungskosten im Bereich von 150,01 € bis 410,00 € ist bei der genannten Zielsetzung **immer ungünstiger** als die Sofortabschreibungsmethode. Deshalb ist die Entscheidung nur zu treffen zwischen der Sofortabschreibungsmethode (kombiniert mit der Regelabschreibungsmethode für GWG mit AK/HK zwischen 410,01 € und 1.000,00 €) und der Poolabschreibungsmethode.

II. Im laufenden Geschäftsjahr wurden die in der obigen Tabelle aufgeführten Anlagegüter
1. gemäß der Sofortabschreibungsmethode,
2. gemäß der Poolabschreibungsmethode gebucht.
Nehmen Sie am Geschäftsjahresende zu 1. und 2. die unter Umständen erforderlichen Umbuchungen vor.

III. Nennen Sie die Abschreibungsbuchungssätze, die nach den durchgeführten Umbuchungen (von II.) vorzunehmen sind.

**Lösung** a) **I.**

**1. Sofortabschreibungsmethode:**

*Sofortabschreibung (AK pro Stück ab 150,01 € bis 410,00 €):*

| | |
|---|---|
| 18 Schreibtische: | 7.020,00 € |
| 15 Schreibtischlampen: | 3.000,00 € |
| 7 Mobiltelefone: | 1.750,00 € |
| Summe Sofortabschreibungen | **11.770,00 €** |

*lineare Abschreibungen (AK pro Stück ab 410,01 € bis 1.000,00 €):*

| | | |
|---|---|---|
| jahresanteilige Abschreibung 3 Notebooks: | 2.790,00 € : 3 : 12 · 11 = | 852,50 € |
| jahresanteilige Abschreibung 1 Tresor: | 943,00 € : 23 : 12 · 3 = | 10,25 € |
| Summe lineare Abschreibungen | | **862,75 €** |
| **aufwandswirksame Summe bei Anwendung der Sofortabschreibungsmethode:** | | **12.632,75 €** |

**2. Poolabschreibungsmethode:**

*Sammelposten Poolabschreibung (AK pro Stück ab 150,01 € bis 1.000,00 €):*

| | |
|---|---|
| 3 Notebooks: | 2.790,00 € |
| 18 Schreibtische: | 7.020,00 € |
| 15 Schreibtischlampen: | 3.000,00 € |
| 7 Mobiltelefone: | 1.750,00 € |
| 1 Tresor: | 943,00 € |
| Summe Sammelposten | 15.503,00 € |
| davon 20 % Poolabschreibung | |
| **aufwandswirksame Summe bei Anwendung der Poolabschreibung:** | **3.100,60 €** |

Bei Anwendung der **Sofortabschreibungsmethode** wird der steuerpflichtige Gewinn um **12.632,75 €** gemindert, bei Anwendung der **Poolabschreibungsmethode** nur um **3.100,60 €**. Die **Sofortabschreibungsmethode** ist folglich steuerlich günstiger.

**II.**

1. Im laufenden Geschäftsjahr wurde gemäß der **Sofortabschreibungsmethode** gebucht: keine Umbuchungen erforderlich

2. Im laufenden Geschäftsjahr wurde gemäß der **Poolabschreibungsmethode** gebucht: Die Anlagegüter mit Anschaffungskosten ab 150,01 € bis 410,00 € werden vom Konto „0891 Sammelposten BGA Jahr 1" in das Konto „0880 Geringwertige Wirtschaftsgüter BGA" umgebucht:

| | Soll | Haben |
|---|---|---|
| 0880 Geringwertige Wirtschaftsgüter BGA | 11.770,00 | |
| an 0891 Sammelposten BGA Jahr 1 | | 11.770,00 |

3 Notebooks (Wert: 2.790,00 €) werden vom Konto „0891 Sammelposten BGA Jahr 1" in das Konto „0860 Büromaschinen, Organisationsmittel und Kommunikationsanlagen" umgebucht:

| | Soll | Haben |
|---|---|---|
| 0860 BM, OM und KA | 2.790,00 | |
| an 0891 Sammelposten BGA Jahr 1 | | 2.790,00 |

1 Tresor (Wert: 943,00 €) wird vom Konto „0891 Sammelposten BGA Jahr 1" in das Konto „0870 Büromöbel und sonstige Geschäftsausstattung" umgebucht:

| | Soll | Haben |
|---|---|---|
| 0870 Büromöbel und sonstige Geschäftsausstattung | 943,00 | |
| an 0891 Sammelposten BGA Jahr 1 | | 943,00 |

**III.**

Abschreibungen auf Geringwertige Wirtschaftsgüter:

| | Soll | Haben |
|---|---|---|
| 6530 Abschreibungen auf GWG | 11.770,00 | |
| an 0880 Geringwertige Wirtschaftsgüter BGA | | 11.770,00 |

Abschreibungen auf das Konto „0860 Büromaschinen, Organisationsmittel und Kommunikationsanlagen":

| | Soll | Haben |
|---|---|---|
| 6520 Abschreibungen auf Sachanlagen | 852,50 | |
| an 0860 BM, OM und KA | | 852,50 |

Abschreibungen auf das Konto „0870 Büromöbel und sonstige Geschäftsausstattung":

| | Soll | Haben |
|---|---|---|
| 6520 Abschreibungen auf Sachanlagen | 10,25 | |
| an 0870 Büromöbel und sonstige Geschäftsausstattung | | 10,25 |

**Lösung** b) **I.**

**1. Sofortabschreibungsmethode:**

*Sofortabschreibung (AK pro Stück ab 150,01 € bis 410,00 €):*

| | |
|---|---|
| 2 Schreibtischlampen: | 364,00 € |
| Summe Sofortabschreibungen | **364,00 €** |

*lineare Abschreibungen (AK pro Stück ab 410,01 € bis 1.000,00 €):*

| | |
|---|---|
| jahresanteilige Abschreibung 1 Notebook: | 600,00 € : 3 : 12 · 8 = 133,33 € |
| jahresanteilige Abschreibung 20 Schreibtische: | 18.200,00 € : 13 : 12 · 6 = 700,00 € |
| jahresanteilige Abschreibung 5 Mobiltelefone: | 2.250,00 € : 5 : 12 · 3 = 112,50 € |
| jahresanteilige Abschreibung 16 Tresore: | 15.824,00 € : 23 : 12 · 2 = 114,67 € |
| Summe lineare Abschreibungen | **1.060,50 €** |
| **aufwandswirksame Summe bei Anwendung der Sofortabschreibungsmethode:** | **1.424,50 €** |

→

**2. Poolabschreibungsmethode:**

*Sammelposten Poolabschreibung (AK pro Stück ab 150,01 € bis 1.000,00 €):*

| | |
|---|---|
| 1 Notebook: | 600,00 € |
| 20 Schreibtische: | 18.200,00 € |
| 2 Schreibtischlampen: | 364,00 € |
| 5 Mobiltelefone: | 2.250,00 € |
| 16 Tresore: | 15.824,00 € |
| Summe Sammelposten | 37.238,00 € |

davon 20 % Poolabschreibung

**aufwandswirksame Summe bei Anwendung der Poolabschreibung: 7.447,60 €**

Bei Anwendung der **Sofortabschreibungsmethode** wird der steuerpflichtige Gewinn nur um **1.424,50 €** gemindert, bei Anwendung der **Poolabschreibungsmethode** um **7.447,60 €**. Die **Poolabschreibungsmethode** ist folglich steuerlich günstiger.

**II.**

**1.** Im laufenden Geschäftsjahr wurde gemäß der **Sofortabschreibungsmethode** gebucht:

Die Anlagegüter mit Anschaffungskosten ab 150,01 € bis 410,00 € werden vom Konto „0880 Geringwertige Wirtschaftsgüter BGA" in das Konto „0891 Sammelposten BGA Jahr 1" umgebucht:

| | Soll | Haben |
|---|---|---|
| 0891 Sammelposten BGA Jahr 1 | 364,00 | |
| an 0880 Geringwertige Wirtschaftsgüter BGA | | 364,00 |

1 Notebook (Wert: 600,00 €) und 5 Mobiltelefone (Wert: 2.250,00 €) werden vom Konto „0860 Büromaschinen, Organisationsmittel und Kommunikationsanlagen" in das Konto „0891 Sammelposten BGA Jahr 1" umgebucht:

| | Soll | Haben |
|---|---|---|
| 0891 Sammelposten BGA Jahr 1 | 2.850,00 | |
| an 0860 BM, OM und KA | | 2.850,00 |

20 Schreibtische (Wert: 18.200,00 €) und 16 Tresore (Wert: 15.824,00 €) werden vom Konto „0870 Büromöbel und sonstige Geschäftsausstattung" in das Konto „0891 Sammelposten BGA Jahr 1" umgebucht:

| | Soll | Haben |
|---|---|---|
| 0891 Sammelposten BGA Jahr 1 | 34.024,00 | |
| an 0870 Büromöbel und sonstige Geschäftsausstattung | | 34.024,00 |

**2.** Im laufenden Geschäftsjahr wurde gemäß der **Poolabschreibungsmethode** gebucht:

keine Umbuchungen erforderlich

**III.**

Abschreibungen auf den Sammelposten:

| | Soll | Haben |
|---|---|---|
| 6541 Abschreibungen auf Sammelposten Jahr 1 | 7.447,60 | |
| an 0891 Sammelposten BGA Jahr 1 | | 7.447,60 |

Wird ein möglichst **geringer steuerpflichtiger** Gewinn angestrebt, so gibt es grundsätzlich folgende Entscheidungshilfen bei der Ausübung des Wahlrechts (Sofortabschreibungsmethode oder Poolabschreibungsmethode)[1]:

1. Ist die Summe der Anschaffungskosten/Herstellungskosten für GWG mit **langen** betriebsgewöhnlichen Nutzungsdauern im Wertebereich von 150,01 € bis 410,00 € **hoch,** so ist **tendenziell** die **Sofortabschreibungsmethode** am günstigsten.
2. Ist die Summe der Anschaffungskosten/Herstellungskosten für GWG mit **langen** betriebsgewöhnlichen Nutzungsdauern (über 5 Jahre) im Wertebereich von 410,01 € bis 1.000,00 € **hoch,** so ist **tendenziell** die **Poolabschreibungsmethode** am günstigsten.

Zu einer auf jeden Fall richtigen Wahlentscheidung führt jedoch nur eine exakte Vergleichsrechnung (siehe obiges Beispiel).

Zusammenfassung

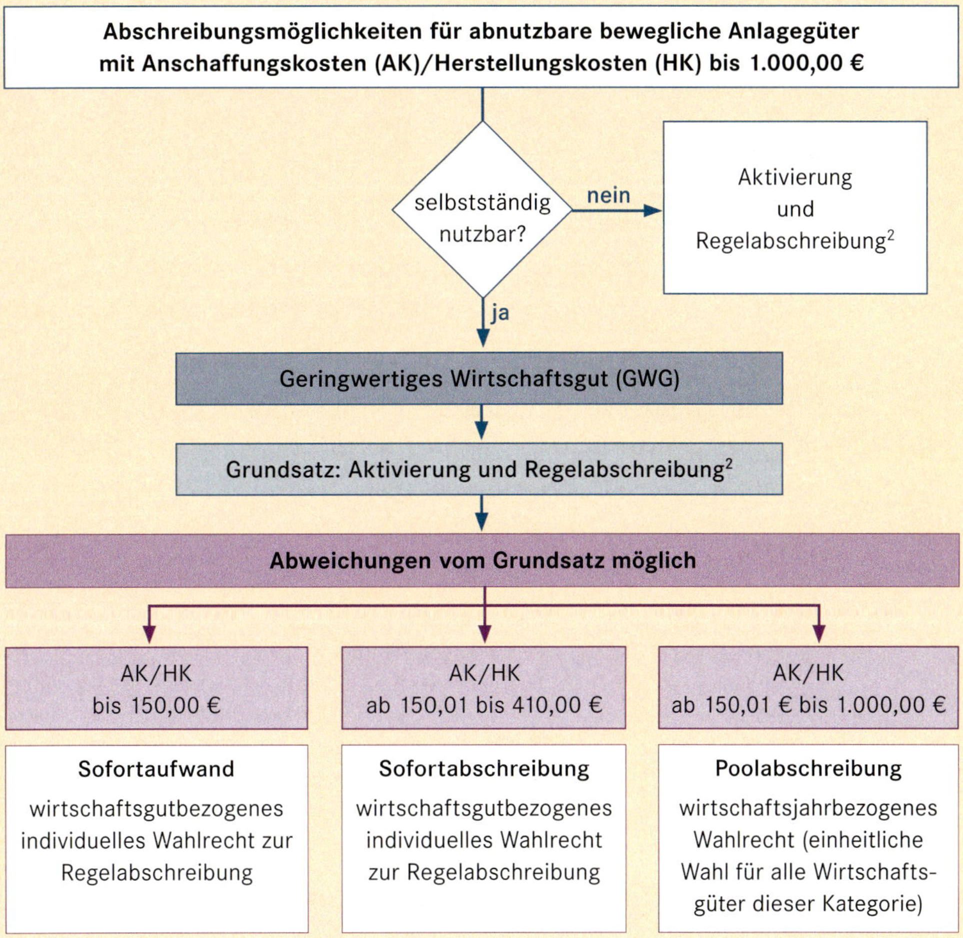


→

1 Die Regelabschreibungsmethode für GWG mit Anschaffungskosten/Herstellungskosten im Bereich von 150,01 € bis 410,00 € ist bei der genannten Zielsetzung **immer ungünstiger** als die Sofortabschreibungsmethode. Deshalb ist die Entscheidung nur zu treffen zwischen der Sofortabschreibungsmethode (kombiniert mit der Regelabschreibungsmethode für GWG mit AK/HK zwischen 410,01 € und 1.000,00 €) und der Poolabschreibungsmethode.

2 Abschreibung über die betriebsgewöhnliche Nutzungsdauer

**1. Selbstständig nutzbare Wirtschaftsgüter, deren Anschaffungs- bzw. Herstellungskosten 150,00 € (netto) nicht übersteigen, können im Anschaffungs- bzw. Herstellungsjahr alternativ zur Regelabschreibung sofort als Betriebsausgaben (Sofortaufwand) erfasst werden. Das Wahlrecht (Sofortaufwand oder Regelabschreibung) kann für jedes Wirtschaftsgut individuell ausgeübt werden (wirtschaftsgutbezogenes Wahlrecht).**

**2. Selbstständig nutzbare Wirtschaftsgüter, deren Anschaffungs- bzw. Herstellungskosten mehr als 150,00 €, höchstens aber 1.000,00 € (jeweils netto) betragen, können (Wahlrecht) in einem Jahressammelposten zusammengefasst und gemeinsam über 5 Jahre mit 20 % linear abgeschrieben werden (Poolabschreibung). Die Wahlentscheidung für die Poolabschreibung muss für alle in einem Wirtschaftsjahr angeschafften, hergestellten oder eingelegten Wirtschaftsgüter einheitlich getroffen werden (wirtschaftsjahrbezogenes Wahlrecht).**

**3. Selbstständig nutzbare Wirtschaftsgüter, deren Anschaffungs- bzw. Herstellungskosten zwischen 150,01 € und 410,00 € (jeweils netto) liegen, können (wirtschaftsgutbezogenes individuelles Wahlrecht zur Regelabschreibung) im Anschaffungs- bzw. Herstellungsjahr vollständig abgeschrieben werden (Sofortabschreibung). In diesem Fall unterliegen die Wirtschaftsgüter, die den Wert von 410,00 € überschreiten, der Regelabschreibung.**

## Aufgaben

- 1: Einführung in die Thematik
- 2: Steuerliche Auswirkungen der Abschreibungen
- 3–5: Lineare AfA
- 6: Abschreibungen im Zeitablauf
- 7: Degressive AfA
- 8–10: Zeitanteilige Abschreibungen (mit Belegbuchungen)
- 11: Leistungsabschreibung
- 12–17: Geringwertige Wirtschaftsgüter
- 18: Geschäftsgang

**1** a) Warum wird der Kauf eines Anlagegutes nicht als Aufwand gebucht?
b) Welche Bilanzveränderung liegt z. B. beim Barkauf eines Autos vor?
c) Nennen Sie die Ursachen für die Wertminderungen von Anlagegütern.
d) Wie werden die Wertminderungen des Anlagevermögens buchhalterisch erfasst?
e) Was für ein Konto ist das Abschreibungskonto?
f) Welchen Vorteil bringen hohe Abschreibungen?
g) Wie wird ein Anlagegut buchhalterisch erfasst, das über seine Nutzungsdauer hinaus benutzt wird?

**2** Abschreibungen mindern den steuerpflichtigen Gewinn. Errechnen Sie für die Fälle a) bis e) die durch die linearen Abschreibungen erzielte Steuerersparnis jeweils im Anschaffungsjahr (volle Jahresabschreibung) und jeweils für die gesamte Nutzungsdauer.

| | Anschaffungskosten | betriebsgewöhnliche Nutzungsdauer | Steuersatz | Steuerersparnis im Anschaffungsjahr | Steuerersparnis im gesamten Abschreibungszeitraum |
|---|---|---|---|---|---|
| a) | 100.000,00 € | 5 Jahre | 50 % | ? | ? |
| b) | 60.000,00 € | 6 Jahre | 40 % | ? | ? |
| c) | 320.000,00 € | 8 Jahre | 25 % | ? | ? |
| d) | 200.000,00 € | 4 Jahre | 32 % | ? | ? |
| e) | 210.000,00 € | 7 Jahre | 30 % | ? | ? |

3 Errechnen Sie für die folgenden Anlagegüter
a) den linearen Abschreibungsbetrag,
b) den linearen Abschreibungsprozentsatz.

| | betriebsgewöhnliche Nutzungsdauer | Anschaffungswert |
|---|---|---|
| Klimageräte | 11 Jahre | 77.000,00 € |
| Drucker | 6 Jahre | 1.500,00 € |
| Lastkraftwagen | 9 Jahre | 90.000,00 € |

AH

4 **Anfangsbestände**

0510 Bebaute Grundstücke .......... 470.000,00 €
0720 Maschinen .......... 180.000,00 €
0840 Fuhrpark .......... 120.000,00 €
0870 Sonstige Geschäftsausstattung .......... 85.000,00 €

**Die Anschaffungskosten betrugen:**

0510 Bebaute Grundstücke .......... 500.000,00 €
0720 Maschinen .......... 250.000,00 €
0840 Fuhrpark .......... 240.000,00 €
0870 Sonstige Geschäftsausstattung .......... 150.000,00 €

a) Buchen Sie die Abschreibungen nach der linearen Methode bei folgenden vom Finanzamt anerkannten betriebsgewöhnlichen Nutzungsdauern:
0510 Bebaute Grundstücke .......... 50 Jahre
0720 Maschinen .......... 10 Jahre
0840 Fuhrpark .......... 6 Jahre
0870 Sonstige Geschäftsausstattung .......... 5 Jahre
b) Schließen Sie die Konten ab.

5 Der Anfangsbestand auf dem Konto „0860 Büromaschinen, Organisationsmittel und Kommunikationsanlagen" beträgt 40.000,00 € (48.000,00 €). Es handelt sich hierbei lediglich um ein Anlagegut, das vor 2 Jahren im Januar angeschafft wurde. Die Anschaffungskosten dieses Anlagegutes betrugen 80.000,00 € (72.000,00 €). Es wird linear abgeschrieben.
Der Kauf von 12 PCs im Januar des Betrachtungsjahres bewirkt eine Bestandsmehrung auf dem Konto „0860" von insgesamt 20.000,00 € (18.000,00 €). Für die PCs gilt eine betriebsgewöhnliche Nutzungsdauer von 3 Jahren (4 Jahren).
a) Wie hoch sind der Abschreibungsprozentsatz und der jährliche Abschreibungsbetrag für den bereits 2 Jahre abgeschriebenen Anfangsbestand des Kontos „0860" bei linearer Abschreibung?
b) Wie hoch sind der Abschreibungsprozentsatz und der jährliche Abschreibungsbetrag für die 12 neu angeschafften PCs bei linearer Abschreibung?
c) Wie hoch ist der Abschreibungsbetrag des Kontos „0860" insgesamt nach der Neuanschaffung der 12 PCs?

AH

6[1] Die Anschaffungskosten eines Pkw betragen 36.000,00 €.
Betriebsgewöhnliche Nutzungsdauer: 6 Jahre.
a) Errechnen Sie den linearen Abschreibungsprozentsatz (und den maximal möglichen degressiven Abschreibungsprozentsatz bei Anschaffung zwischen dem 1. Jan. 2009 und dem 31. Dez. 2010). →

1 *Hinweis für die Lehrerin/den Lehrer:* Soll die degressive Abschreibungsmethode im Unterricht nicht mehr besprochen werden, so verzichten Sie bitte auf die Lösung der eingeklammerten Aufgaben/Teilaufgaben.

b) Stellen Sie in einer Abschreibungstabelle die lineare (und die degressive) Abschreibungsmethode bis zum Ende des 6. Jahres dar.
c) Erstellen Sie das Fuhrparkkonto mit Anfangsbestand, Abschreibungsbetrag und Schlussbestand am Ende des 3. Nutzungsjahres bei linearer Abschreibung.
(d) Erstellen Sie das Fuhrparkkonto mit Anfangsbestand, Abschreibungsbetrag und Schlussbestand am Ende des 3. Nutzungsjahres bei degressiver Abschreibung.)
e) Wie lautet der Abschreibungsbuchungssatz am Ende des 3. Nutzungsjahres bei linearer (und bei degressiver) Abschreibung?
f) Wie lautet der Abschlussbuchungssatz des Kontos „Fuhrpark" am Ende des 3. Nutzungsjahres bei linearer (und bei degressiver) Abschreibung?
g) Wie lautet der Abschreibungsbuchungssatz am Ende des 6. Jahres bei linearer Abschreibung, wenn der Pkw weiterhin genutzt wird?

7 Wie hoch sind bei Anschaffung der Anlagegüter zwischen dem 1. Januar 2009 und dem 31. Dezember 2010 die degressiven Abschreibungssätze höchstens
a) bei folgenden linearen Abschreibungssätzen:
5 %, 10 %, 20 %, 12 %, 8 %, 15 %, 6 %, 2 %, 18 %,
b) bei folgenden betriebsgewöhnlichen Nutzungsdauern:
50 Jahre, 5 Jahre, 25 Jahre, 4 Jahre, 10 Jahre, 8 Jahre, 20 Jahre?

8 Berechnen Sie die linearen Abschreibungsbeträge für das Anschaffungsjahr.[1]

| Anlagegut | Anschaffungsdatum | Anschaffungskosten | Nutzungsdauer |
|---|---|---|---|
| Pkw | 27. Juni | 48.000,00 € | 6 Jahre |
| Fernsprechanlagen | 9. Dez. | 8.000,00 € | 8 Jahre |

9 Berechnen Sie die linearen Abschreibungsbeträge für das Veräußerungsjahr.[1]

| Anlagegut | Veräußerungsdatum | Anschaffungskosten | Nutzungsdauer |
|---|---|---|---|
| Pkw | 11. Juli | 48.000,00 € | 6 Jahre |
| Maschine | 2. März | 100.000,00 € | 10 Jahre |
| Schreibtisch | 21. Sept. | 1.500,00 € | 8 Jahre |

10 Sie sind Angestellte(r) der Textilfabrik Konrad Fied KG, Goseriede 41, 30159 Hannover.

Die folgenden Belege liegen Ihnen zur Buchung vor.
a) Welche Geschäftsfälle liegen den Belegen zugrunde?
b) Wie lauten die Buchungssätze?

1 Annahme: Wirtschaftsjahr entspricht dem Kalenderjahr.

**Beleg 1**

**Autohaus Sauer KG**

Autohaus Sauer KG
Rehbergstraße 24
30173 Hannover
Telefon 0511 3213-0
Telefax 0511 3213-33
Internet: www.sauer-wvd.de
E-Mail: info@sauer-wvd.de

Reg.-Gericht Hannover
HRA 810
St.-Nr. 26 235 86417

Sparkasse Hannover
Konto-Nr. 1 122, BLZ 250 501 80
IBAN DE78 2505 0180 0000 0011 22
BIC SPKHDE2H

Autohaus Sauer KG · Rehbergstr. 24 · 30173 Hannover

Textilfabrik
Konrad Fied KG
Goseriede 41
30159 Hannover

EINGEGANGEN
23. Juli 20..
Erledigt ..................

**Rechnung**

| Amt. Kennzeichen | Fahrzeugtyp | Fahrzeug-Ident-Nr. | Zul.-Datum | Annahmedatum | km-Stand |
|---|---|---|---|---|---|
| | Kombi 20 GS | 506 748 | | | 0 |

| Rechnungs-Nr. | Rechnungsdatum | Ihre Bestellung vom | Unsere Lieferung vom |
|---|---|---|---|
| 4153 | 22.07.20.. | 20.06.20.. | 21.07.20.. |

| Leistungsbezeichnung/Warenbezeichnung | Preis in € |
|---|---|
| 1 Pkw Kombi 20 GS<br>fabrikneu, Fahrgestell-Nr. 506 748 | 24.000,00 *<br>24.000,00 ** |
| + 19 % USt<br>Rechnungsbetrag | 4.560,00 *<br>28.560,00 ** |
| Zahlungsziel:<br>4 Wochen nach Erhalt der Rechnung | |

**Beleg 2**

**Konrad Fied KG**

| Buchungsdatum | Beleg-Nr. |
|---|---|
| 30.12.20.. | 4298 |

**Buchungsanweisung**

Anteilige Jahresabschreibung Pkw, Kombi 20 GS (506 748).
Abschreibung für 6 Monate.
6/12 von 16 2/3 % aus 24.000,00 € 2.000,00 €

AH

**11** Eine Maschine mit einem Anschaffungswert von 90.000,00 € (110.000,00 €) soll nach Leistungseinheiten abgeschrieben werden. Die Maschine kann insgesamt 20000 Stück (25000 Stück) produzieren. Die jährlichen Leistungen betragen:

1. Jahr: 6000 Stück (7000 Stück)
2. Jahr: 4000 Stück (3000 Stück)
3. Jahr: 7000 Stück (11000 Stück)
4. Jahr: 3000 Stück (4000 Stück)

Erstellen Sie eine Abschreibungstabelle für die 4 Nutzungsjahre.

**12** Die Summe der Anschaffungskosten der selbstständig nutzbaren Wirtschaftsgüter im Wert ab 150,01 € bis 1.000,00 € beträgt:

Jahr 1: 3.000,00 €, Jahr 2: 4.500,00 €, Jahr 3: 5.200,00 €.

Nennen Sie die Abschreibungsbuchungssätze gemäß Poolabschreibung für die Jahressammelposten der Jahre 1, 2 und 3.

**Konten**

0891 Sammelposten BGA Jahr 1 (WG ab 150,01 € bis 1.000,00 €), 0892 Sammelposten BGA Jahr 2 (WG ab 150,01 € bis 1.000,00 €), 0893 Sammelposten BGA Jahr 3 (WG ab 150,01 € bis 1.000,00 €), 6541 Abschreibungen auf Sammelposten Jahr 1, 6542 Abschreibungen auf Sammelposten Jahr 2, 6543 Abschreibungen auf Sammelposten Jahr 3.

AH

**13[1] Geschäftsfälle**

| | | € |
|---|---|---|
| 1. | Kauf eines Fotokopiergerätes mit Girocard (Bank) zum Listenpreis von ...... | 500,00 |
| | – 25 % Rabatt ...... | 125,00 |
| | + 19 % Umsatzsteuer ...... | 71,25 |
| 2. | Barkauf eines Schreibtisches zum Listenpreis von ...... | 300,00 |
| | + 19 % Umsatzsteuer ...... | 57,00 |
| 3. | Kauf eines Telefaxgerätes mit Girocard (Postbank) zum Listenpreis von ...... | 375,00 |
| | + 19 % Umsatzsteuer ...... | 71,25 |
| 4. | Barkauf eines Tresors für ...... | 500,00 |
| | + 19 % Umsatzsteuer ...... | 95,00 |

a) Wie lauten die Buchungssätze bei Anwendung der Sofortabschreibungsmethode?

b) Buchen Sie die Geschäftsfälle bei Anwendung der Sofortabschreibungsmethode auf dem Konto „0880 Geringwertige Vermögensgegenstände der Betriebs- und Geschäftsausstattung“ (ohne Gegenkonten), soweit dieses Konto berührt wird.

c) Schließen Sie das Konto „0880“ ab und nennen Sie den entsprechenden Abschlussbuchungssatz.

**14** Sie sind Angestellte(r) der Textilfabrik Konrad Fied KG, Goseriede 41, 30159 Hannover. Die folgenden Belege liegen Ihnen zur Buchung vor.

a) Welche Geschäftsfälle liegen den Belegen zugrunde?

b) Wie lauten die Buchungssätze (Alle Wirtschaftsgüter werden im Jahr 1 angeschafft. Im GuV-Konto soll ein möglichst geringer steuerpflichtiger Gewinn ausgewiesen werden.)

b1) bei Anwendung der Poolabschreibungsmethode?

b2) bei Anwendung der Sofortabschreibungsmethode?

**Beleg 1**

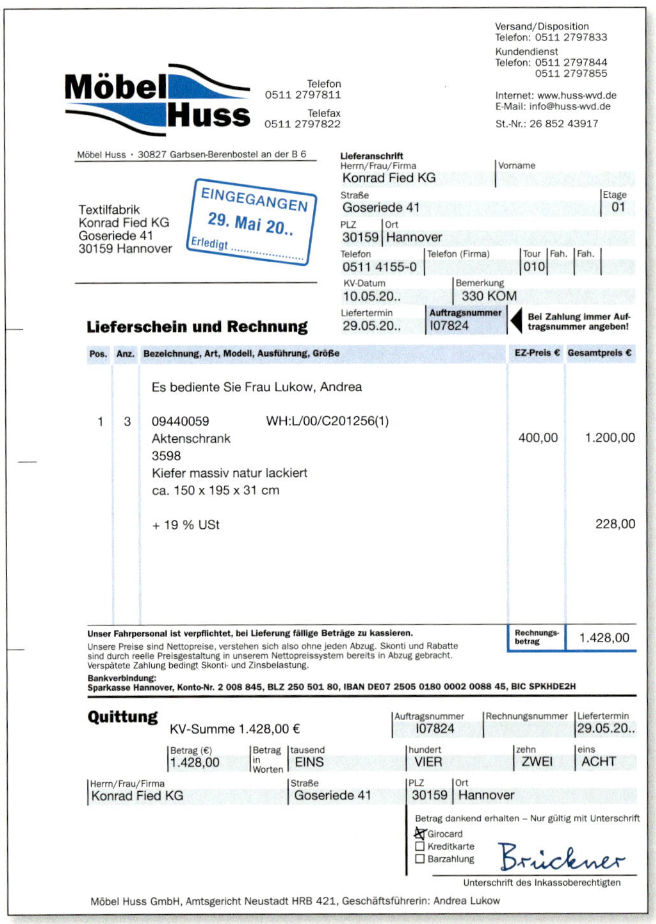

Möbel Huss

Telefon 0511 2797811
Telefax 0511 2797822

Versand/Disposition
Telefon: 0511 2797833
Kundendienst
Telefon: 0511 2797844
0511 2797855

Internet: www.huss-wvd.de
E-Mail: info@huss-wvd.de
St.-Nr.: 26 852 43917

Möbel Huss · 30827 Garbsen-Berenbostel an der B 6

Textilfabrik
Konrad Fied KG
Goseriede 41
30159 Hannover

EINGEGANGEN
29. Mai 20..
Erledigt ..................

Lieferanschrift
Herrn/Frau/Firma: Konrad Fied KG | Vorname:
Straße: Goseriede 41 | Etage: 01
PLZ: 30159 | Ort: Hannover
Telefon: 0511 4155-0 | Telefon (Firma): | Tour: 010 | Fah.: | Fah.:
KV-Datum: 10.05.20.. | Bemerkung: 330 KOM
Liefertermin: 29.05.20.. | Auftragsnummer: I07824 | Bei Zahlung immer Auftragsnummer angeben!

**Lieferschein und Rechnung**

| Pos. | Anz. | Bezeichnung, Art, Modell, Ausführung, Größe | EZ-Preis € | Gesamtpreis € |
|---|---|---|---|---|
| | | Es bediente Sie Frau Lukow, Andrea | | |
| 1 | 3 | 09440059 WH:L/00/C201256(1)<br>Aktenschrank<br>3598<br>Kiefer massiv natur lackiert<br>ca. 150 x 195 x 31 cm | 400,00 | 1.200,00 |
| | | + 19 % USt | | 228,00 |
| | | | Rechnungsbetrag | 1.428,00 |

**Unser Fahrpersonal ist verpflichtet, bei Lieferung fällige Beträge zu kassieren.**
Unsere Preise sind Nettopreise, verstehen sich also ohne jeden Abzug. Skonti und Rabatte sind durch reelle Preisgestaltung in unserem Nettopreissystem bereits in Abzug gebracht. Verspätete Zahlung bedingt Skonti- und Zinsbelastung.
**Bankverbindung:**
**Sparkasse Hannover, Konto-Nr. 2 008 845, BLZ 250 501 80, IBAN DE07 2505 0180 0002 0088 45, BIC SPKHDE2H**

**Quittung**
KV-Summe 1.428,00 €
Auftragsnummer: I07824 | Rechnungsnummer: | Liefertermin: 29.05.20..
Betrag (€): 1.428,00 | Betrag in Worten: tausend EINS | hundert VIER | zehn ZWEI | eins ACHT
Herrn/Frau/Firma: Konrad Fied KG | Straße: Goseriede 41 | PLZ: 30159 | Ort: Hannover

Betrag dankend erhalten – Nur gültig mit Unterschrift
☒ Girocard
☐ Kreditkarte
☐ Barzahlung
Brückner
Unterschrift des Inkassoberechtigten

Möbel Huss GmbH, Amtsgericht Neustadt HRB 421, Geschäftsführerin: Andrea Lukow

1 geänderte Aufgabe

**Beleg 2**

BRINK BÜROTECHNIK

Ernst Brink KG
Georgstraße 18 · 30159 Hannover
Tel.: 0511 3022-0 · Fax: 0511 3022-14
E-Mail: info@brink-wvd.de
Internet: www.brink-wvd.de

Ernst Brink KG · Georgstraße 18 · 30159 Hannover

Textilfabrik
Konrad Fied KG
Goseriede 41
30159 Hannover

EINGEGANGEN
2. Nov. 20..
Erledigt ..........

Bitte stets angeben:

| | |
|---|---|
| Rechnungs-Nr. | B 600509 |
| Kunden-Nr. | 24 005 |
| Datum | 01.11.20.. |
| Lieferdatum | 01.11.20.. |

RECHNUNG

| Menge | Artikel/Bestellnummer | Einzelpreis € | Gesamtpreis € |
|---|---|---|---|
| 1 | Xanon-Fotokopierer FG 230 | 890,00 | 890,00 |
| | Warenwert | | 890,00 |
| | + 19 % USt | | 169,10 |
| | **Rechnungsbetrag** | | **1.059,10** |

Zahlungsziel: 20 Tage ab Rechnungsdatum.
Bei Zahlung innerhalb von 7 Tagen ab Rechnungsdatum 2 % Skonto.

**Beleg 3**

Ernst Brink KG
Georgstr. 18 | 30159 HANNOVER
Tel.: 0511 3022-0 | Fax: 0511 3022-14
USt-IdNr. DE 843 342 638

| | |
|---|---|
| 1909 BAR-1 | 2875 0015 095 |
| 432 Schreibtischlampe | |
| VK 1A | 45,00 |
| SUMME EUR | 45,00 |
| inklusive 19 % USt | 7,18 |
| BAR | 100,00 |
| RÜCKGELD | 55,00 |

VIELEN DANK FÜR IHREN EINKAUF
KENNEN SIE SCHON UNSERE BRINK-CARD?

01.11.20.. 14:13

**Beleg 4**

TELE-POINT

Tele-Point Vertriebsgesellschaft mbH
Angerburger Str. 248 • 30451 Hannover

Steuernummer: 265/1111/2222

Art/EAN 41223698
Telefon Merkur 120 Double EUR **69,99**
Verkäufer: Moritz Haffer

SUMME EUR **69,99**

Girocard-Zahlung EUR 69,99
- Kundenbeleg -

- Kundenbeleg -

Tele-Point Vertriebsgesellschaft mbH
Angerburger Str. 248 • 30451 Hannover

Terminal-ID: 69885485
Girocard-Nr. 001532 BNr. 0854
------ Kartenzahlung ------
Chip Offline
**EUR 69,99**
Datum: 11.10.20.. 10:24 Uhr
Nr. 6856658854125978236
Karte 2 gültig bis XX/20..
AICPara
03 08 9D 0D 060814 0275
455553 02 4F 0001 0027
AID 2A8A53A753FB4D80
*** Zahlung erfolgt ***

NETTOBETRAG EUR 58,82
1 = Umsatzsteuer 19 % = 11,17

Es bediente Sie: Kassierer: 003

| Datum | Zeit | Filiale | Pos | Bed | Transakt |
|---|---|---|---|---|---|
| 11.10.20.. | 10:24 | 096659 | 001 | 003 | C000080 |

→

**Beleg 5**

**BRINK BÜROTECHNIK**

Ernst Brink KG
Georgstraße 18 · 30159 Hannover
Tel.: 0511 3022-0 · Fax: 0511 3022-14
E-Mail: info@brink-wvd.de
Internet: www.brink-wvd.de

Ernst Brink KG · Georgstraße 18 · 30159 Hannover

Textilfabrik
Konrad Fied KG
Goseriede 41
30159 Hannover

BRINK BÜROTECHNIK
1. Nov. 20..
WARENAUSGABE
Bürotechnikabteilung

Bitte stets angeben:

| | |
|---|---|
| Rechnungs-Nr. | B 600510 |
| Kunden-Nr. | 24 005 |
| Datum | 01.11.20.. |
| Lieferdatum | 01.11.20.. |

**RECHNUNG**

| Menge | Artikel/Bestellnummer | Einzelpreis € | Gesamtpreis € |
|---|---|---|---|
| 1 | Samuno XL 530 LED-Display, 23"<br>PC-Bildschirm | 395,00 | 395,00 |
| | Warenwert | | 395,00 |
| | + 19 % USt | | 75,05 |
| | **Rechnungsbetrag** | | **470,05** |

```
xxxxxxxxxxxxxxxxxxxxxx
19 % USt          75,05
xxxxxxxxxxxxxxxxxxxxxx
Barzahlung       470,05
```

**15**[1] Im GuV-Konto soll ein möglichst geringer steuerpflichtiger Gewinn ausgewiesen werden. Nehmen Sie unter Berücksichtigung dieser Zielsetzung die Zuordnungen vor. Begründen Sie Ihre Zuordnungen.
(AK = Anschaffungskosten, HK = Herstellungskosten)

| A | B |
|---|---|
| 1. Die Summe der AK/HK für GWG mit langen betriebsgewöhnlichen Nutzungsdauern im Wertebereich 150,01 € bis 410,00 € ist hoch. | 1. Tendenz zur Poolabschreibungsmethode |
| 2. Die Summe der AK/HK für GWG mit langen betriebsgewöhnlichen Nutzungsdauern (über 5 Jahre) im Wertebereich 410,01 € bis 1.000,00 € ist hoch. | 2. Tendenz zur Sofortabschreibungsmethode |

AH

**16** Füllen Sie in Ihrem Arbeitsheft die unten stehende Tabelle nach dem Muster der bereits vorgenommenen Eintragungen aus.
Setzen Sie also bitte jeweils auf die mit Fragezeichen versehenen Linien

- in die 3. Spalte die Begriffe „Regelabschreibung" oder „Sofortaufwand" oder „Sofortabschreibung" oder „Poolabschreibung[2]" (die Reihenfolge kann beliebig gewählt werden) oder gegebenenfalls einen Strich zur Entwertung,

1 geänderte Aufgabe

2 Falls die Poolabschreibungsmethode gewählt wird, muss sie für alle GWG mit Anschaffungskosten/Herstellungskosten ab 150,01 € bis 1.000,00 € angewandt werden.



6350278

- in die 4. Spalte die entsprechende Minderung des steuerpflichtigen Gewinns oder gegebenenfalls einen Strich zur Entwertung,
- in die 5. Spalte „ja“ oder „nein“ oder gegebenenfalls einen Strich zur Entwertung.

| GWG, Anschaffungskosten am 03.01.20.. | Nutzungsdauer | Wahlrechte | Gewinnminderung im Anschaffungsjahr | Aufzeichnungspflicht |
|---|---|---|---|---|
| 120,00 € | 6 Jahre | ?<br>?<br>? | ?<br>?<br>? | ?<br>?<br>? |
| 900,00 € | 3 Jahre | ?<br>?<br>——— | ?<br>?<br>——— | ?<br>?<br>——— |
| 400,00 € | 8 Jahre | Sofortabschreibung<br>?<br>? | 400,00 €<br>?<br>? | ja<br>?<br>? |
| 990,00 € | 9 Jahre | ?<br>?<br>? | ?<br>?<br>? | ?<br>?<br>? |
| 140,00 € | 5 Jahre | ?<br>?<br>? | ?<br>?<br>? | ?<br>?<br>? |
| 360,00 € | 3 Jahre | ?<br>?<br>? | ?<br>?<br>? | ?<br>?<br>? |

17[1] Die Textilfabrik Konrad Fied KG schafft im Jahr 1 die folgenden Anlagegüter mit Anschaffungskosten ab 150,01 € bis 1.000,00 € an:

| Anschaffungszeitpunkt | Anzahl | Anlagegüter | Anschaffungskosten pro Stück | Summe Anschaffungskosten | betriebsgewöhnliche Nutzungsdauer |
|---|---|---|---|---|---|
| a) 14.03.20..<br>b) 18.04.20.. | a) 2<br>b) 1 | Notebook | a) 900,00 €<br>b) 570,00 € | a) 1.800,00 €<br>b) 570,00 € | 3 Jahre |
| a) 11.05.20..<br>b) 20.06.20.. | a) 17<br>b) 26 | Schreibtisch | a) 400,00 €<br>b) 975,00 € | a) 6.000,00 €<br>b) 25.350,00 € | 13 Jahre |
| a) 03.11.20..<br>b) 07.07.20.. | a) 17<br>b) 3 | Schreibtischlampe | a) 200,00 €<br>b) 154,00 € | a) 3.400,00 €<br>b) 462,00 € | 13 Jahre |
| a) 02.12.20..<br>b) 13.11.20.. | a) 5<br>b) 7 | Mobiltelefon | a) 250,00 €<br>b) 420,00 € | a) 1.250,00 €<br>b) 2.940,00 € | 5 Jahre |
| a) 13.12.20..<br>b) 17.12.20.. | a) 1<br>b) 20 | Tresor | a) 920,00 €<br>b) 966,00 € | a) 920,00 €<br>b) 19.320,00 € | 23 Jahre |

I. Der steuerpflichtige Gewinn soll möglichst gering gehalten werden. Entscheiden Sie am Geschäftsjahresende bei dieser Zielsetzung, ob bei den Geringwertigen Wirtschaftsgütern die Sofortabschreibungsmethode oder die Poolabschreibungsmethode[2] gewählt wird. →

1 *Hinweis für die Lehrerin/den Lehrer:* Diese anspruchsvolle Aufgabe sollten Sie nur mit leistungsstarken Klassen bearbeiten.

2 Die Regelabschreibungsmethode für GWG mit Anschaffungskosten/Herstellungskosten im Bereich von 150,01 € bis 410,00 € ist bei der genannten Zielsetzung **immer ungünstiger** als die Sofortabschreibungsmethode. Deshalb ist die Entscheidung nur zu treffen zwischen der Sofortabschreibungsmethode (kombiniert mit der Regelabschreibungsmethode für GWG mit AK/HK zwischen 410,01 € und 1.000,00 €) und der Poolabschreibungsmethode.

II. Im laufenden Geschäftsjahr wurden die in der obigen Tabelle aufgeführten Anlagegüter
1. gemäß der Sofortabschreibungsmethode,
2. gemäß der Poolabschreibungsmethode gebucht.
Nehmen Sie am Geschäftsjahresende zu 1. und 2. die unter Umständen erforderlichen Umbuchungen vor.

III. Nennen Sie die Abschreibungsbuchungssätze, die nach den durchgeführten Umbuchungen (II.) vorzunehmen sind.

FIBU möglich!

## 18[1] Anfangsbestände

*I. Anfangsbestände der Sachkonten*

0720 Anlagen und Maschinen: 900.000,00 €; 0840 Fuhrpark: 300.000,00 €; 0860 Büromaschinen, Organisationsmittel und Kommunikationsanlagen: 250.000,00 €; 2000 Rohstoffe: 200.000,00 €; 2020 Hilfsstoffe: 70.000,00 €; 2100 Unfertige Erzeugnisse: 80.000,00 €; 2200 Fertige Erzeugnisse: 60.000,00 €; 2400 Forderungen a. LL: 121.120,00 €; 2640 SV-Beitragsvorauszahlung: 120,00 € (Anfangsbestand im Haben); 2800 Guthaben bei Kreditinstituten (Bank): 180.000,00 €; 2880 Kasse: 20.000,00 €; 3000 Eigenkapital: 944.400,00 €; 4250 Langfristige Bankverbindlichkeiten: 985.000,00 €; 4400 Verbindlichkeiten a. LL: 251.600,00 €.

*II. Anfangsbestände der Kundenkonten (Offene-Posten-Liste der Debitoren)*

| Kd.-Nr. | Debitoren | Beleg-Nr. | Betrag (€) |
|---|---|---|---|
| 24 001 | Söffgen OHG | 1 | 33.320,00 |
| 24 002 | G. Schön e. Kffr. | 2 | 87.800,00 |
| | | | 121.120,00 |

*III. Anfangsbestände der Lieferantenkonten (Offene-Posten-Liste der Kreditoren)*

| L.-Nr. | Kreditoren | Beleg-Nr. | Betrag (€) |
|---|---|---|---|
| 44 001 | B. Müller OHG | 3 | 47.600,00 |
| 44 002 | Emut GmbH | 4 | 204.000,00 |
| | | | 251.600,00 |

**Kontenplan**

**Kontenklasse 0 (Immaterielle Vermögensgegenstände und Sachanlagen):** 0720 Anlagen und Maschinen; 0840 Fuhrpark; 0860 Büromaschinen, Organisationsmittel und Kommunikationsanlagen.

**Kontenklasse 2 (Umlaufvermögen und aktive Rechnungsabgrenzung):** 2000 Rohstoffe; 2020 Hilfsstoffe; 2100 Unfertige Erzeugnisse; 2200 Fertige Erzeugnisse; 2400 Forderungen a. LL (24 001 Forderungen an die Söffgen OHG, 24 002 Forderungen an G. Schön e. Kffr.); 2600 Vorsteuer; 2640 SV-Beitragsvorauszahlung; 2800 Guthaben bei Kreditinstituten (Bank); 2880 Kasse; 2910 Disagio.

**Kontenklasse 3 (Eigenkapital und Rückstellungen):** 3000 Eigenkapital.

**Kontenklasse 4 (Verbindlichkeiten und passive Rechnungsabgrenzung):** 4250 Langfristige Bankverbindlichkeiten; 4400 Verbindlichkeiten a. LL (44 001 Verb. ggü. der B. Müller OHG, 44 002 Verb. ggü. der Emut GmbH, 44 004 Verb. ggü. K.-H. More e. Kfm., 44 007 Verb. ggü. der Sauer KG, 44 010 Verb. ggü. F.-W. Heine e. Kfm., 44 012 Verb. ggü. Marketing Hannover 96 GmbH, 44 013 Verb. ggü. Krey & Rubin); 4800 Umsatzsteuer; 4830 Sonstige Verb. ggü. Finanzbehörden.

**Kontenklasse 5 (Erträge):** 5000 Umsatzerlöse für eigene Erzeugnisse; 5001 Erlösberichtigungen für eigene Erzeugnisse; 5201 Bestandsveränderungen an unfertigen Erzeugnissen; 5202 Bestandsveränderungen an fertigen Erzeugnissen; 5403 Nebenerlöse aus Werksküche und Kantine; 5710 Zinserträge.

1 Der Geschäftsgang kann alternativ nach der „Fortschreibungsmethode" oder nach der „Inventurmethode" oder nach dem „Aufwandsrechnerischen Verfahren" gebucht werden.

**Kontenklasse 6 (Betriebliche Aufwendungen):** 6000 Aufw. für Rohstoffe; 6001[1] Bezugskosten für Rohstoffe; 6002[2] Nachlässe für Rohstoffe; 6020 Aufw. für Hilfsstoffe; 6132 Leiharbeitskräfte für die Leistungserstellung, 6200 Löhne; 6400 Arbeitgeberanteil zur Sozialversicherung (Lohnbereich); 6520 Abschreibungen auf Sachanlagen; 6870 Werbung; 6930 Verluste aus Schadensfällen.

**Kontenklasse 7 (Weitere Aufwendungen):** 7590 Sonstige zinsähnliche Aufwendungen.

**Kontenklasse 8 (Ergebnisrechnungen):** 8000 Eröffnungsbilanzkonto; 8010 Schlussbilanzkonto; 8020 Gewinn- und Verlustkonto.

| Beleg-Nr. | Geschäftsfälle | € |
|---|---|---|
| | **1. Kasseneingänge für** | |
| 11 | 1. 280 verkaufte Einheiten aus dem Getränkeautomaten in der Kantine, | |
| | netto | 280,00 |
| | + 19 % Umsatzsteuer | 53,20 |
| | | 333,20 |
| 12 | 2. Barverkäufe der Verkaufsfiliale (eigene Erzeugnisse) | |
| | - Kasse 1 (8.000,00 + 1.520,00 [= 19 % USt]) | 9.520,00 |
| | - Kasse 2 (9.000,00 + 1.710,00 [= 19 % USt]) | 10.710,00 |
| | **2. Ausgangsrechnung an** | |
| 21 | 1. Gertrud Schön e. Kffr. (Kd.-Nr. 24 002), | |
| | Nettopreis (eigene Erzeugnisse) | 200.000,00 |
| | + Fracht | 1.000,00 |
| | + 19 % Umsatzsteuer | 38.190,00 |
| | Rechnungsbetrag | 239.190,00 |
| 22 | 2. Söffgen OHG (Kd.-Nr. 24 001), | |
| | Nettopreis (eigene Erzeugnisse) | 300.000,00 |
| | - 10 % Rabatt | 30.000,00 |
| | + Verpackung | 1.000,00 |
| | + Rollgeld | 800,00 |
| | + 19 % Umsatzsteuer | 51.642,00 |
| | Rechnungsbetrag | 323.442,00 |
| | **3. Gutschrift der Bank gemäß Kontoauszug für** | |
| 31 | 1. Kundenzahlung (Söffgen OHG, Kd.-Nr. 24 001, betrifft: Beleg 1)[3], | |
| | Bruttorechnungsbetrag (eigene Erzeugnisse) | 33.320,00 |
| | - 3 % Nettoskontonachlass | 840,00 |
| | - 19 % Umsatzsteuer (auf Nettoskontonachlass) | 159,60 |
| | Gutschrift | 32.320,40 |
| 32 | 2. Kreditaufnahme | |
| | Bankkredit | 200.000,00 |
| | - Disagio | 20.000,00 |
| | Auszahlung (Gutschrift) | 180.000,00 |
| 33 | 3. Zinsen | 200,00 |

→

1 alternativ: 2001 („Bestandsrechnerisches Verfahren")

2 alternativ: 2002 („Bestandsrechnerisches Verfahren")

3 Zahlungseingang innerhalb des Skontozahlungsziels.

| Beleg-Nr. | | € |
|---|---|---|
| | **4. Eingangsrechnung der** | |
| 41 | 1. Emut GmbH (L.-Nr. 44 002), Nettopreis (Rohstoffe) | 60.000,00 |
| | – 20 % Rabatt | 12.000,00 |
| | + Rollgeld | 800,00 |
| | + 19 % Umsatzsteuer | 9.272,00 |
| | Rechnungsbetrag[1] | 58.072,00 |
| 42 | 2. Sauer KG (L.-Nr. 44 007) für gekauften Pkw, Nettopreis | 30.000,00 |
| | + 19 % Umsatzsteuer | 5.700,00 |
| | Rechnungsbetrag | 35.700,00 |
| 43 | 3. Handelsvertretung F.-W. Heine e. Kfm. (L.-Nr. 44 010) über Provision für eingekaufte Rohstoffe | 1.000,00 |
| | + 19 % Umsatzsteuer | 190,00 |
| | Rechnungsbetrag | 1.190,00 |
| 44 | 4. Marketing Hannover 96 GmbH (L.-Nr. 44 012) für Bandenwerbung in der Swiss-Life-Arena, netto | 20.000,00 |
| | + 19 % Umsatzsteuer | 3.800,00 |
| | Rechnungsbetrag | 23.800,00 |
| 45 | 5. Krey & Rubin Personal-Leasing GmbH (L.-Nr. 44 013) für Leihnäherin, Leasinggebühr, netto | 1.800,00 |
| | + 19 % Umsatzsteuer | 342,00 |
| | Rechnungsbetrag | 2.142,00 |
| | **5. Lastschrift der Bank gemäß Kontoauszug für Überweisung** | |
| 51 | 1. an Lieferanten (B. Müller OHG, L.-Nr. 44 001, betr.: Beleg 3)[2] | |
| | Bruttorechnungsbetrag (Rohstoffe) | 47.600,00 |
| | – 3 % Nettoskontonachlass | 1.200,00 |
| | – 19 % Umsatzsteuer (auf Nettoskontonachlass) | 228,00 |
| | Lastschrift | 46.172,00 |
| 52 | 2. an die Krankenkasse: | |
| | Prognostizierte SV-Vorausleistung des laufenden Monats | 18.180,00 |
| | + SV-Schuldvortrag aus dem Vormonat | 120,00 |
| | Sozialversicherungsbeitragssoll | 18.300,00 |
| 53 | 3. der Fertigungslöhne | |
| | Bruttolöhne | 47.000,00 |
| | Steuern | 7.960,00 |
| | Arbeitnehmeranteil zur Sozialversicherung | 9.500,00 |
| | Auszahlung (Banküberweisung) | 29.540,00 |
| | Arbeitgeberanteil zur Sozialversicherung | 8.900,00 |
| 54 | 4. der einbehaltenen Steuern | 7.960,00 |
| 60 | **6.** Durch einen Brand im Einkaufslager wurden nicht versicherte Rohstoffe vernichtet | 2.000,00 |
| | **7.[3] Abgabe an die Fertigung gemäß Materialentnahmescheine** | |
| 71 | 1. Rohstoffe | 100.000,00 |
| 72 | 2. Hilfsstoffe | 30.000,00 |

1 Für Bruttosteuerschlüssel (EDV-Buchführung): Bruttowert der Rohstoffe 57.120,00 €; Bruttowert der Bezugskosten 952,00 €
2 Zahlungsausgang innerhalb des Skontozahlungsziels.
3 Soll nach der „Inventurmethode“ oder nach dem „Aufwandsrechnerischen Verfahren“ gebucht werden, so entfällt dieser Geschäftsfall.

| Beleg-Nr. | | € |
|---|---|---|
| 80 | 8.[1] Rückgabe von Rohstoffen aus der Fertigung an das Lager | 8.000,00 |
| | **Abschlussangaben** | |
| 90 | 9. Tilgung (Abschreibung) des aktivierten Disagios | 2.000,00 |
| | 10. **Abschreibungen auf** | |
| 101 | 1. 0720 Anlagen und Maschinen | 180.000,00 |
| 102 | 2. 0840 Fuhrpark | 60.000,00 |
| 103 | 3. 0860 Büromaschinen, Organisationsmittel und Kommunikationsanlagen | 50.000,00 |
| 110 | 11. Ermittlung und Passivierung der Zahllast | ? |
| | 12. **Schlussbestände laut Inventur:** | |
| 121 | 1. Unfertige Erzeugnisse | 70.000,00 |
| 122 | 2. Fertige Erzeugnisse | 190.000,00 |
| 130 | 13. Die Schlussbestände der anderen Bestandskonten entsprechen den Inventurbeständen. | |
| | **Zusätzliche Abschlussangaben bei Buchung nach der „Inventurmethode“ oder nach dem „Aufwandsrechnerischen Verfahren“** | |
| | 14. **Schlussbestände laut Inventur:** | |
| 141 | 1. Rohstoffe | 154.600,00 |
| 142 | 2. Hilfsstoffe | 40.000,00 |

## 3.4.7 Außerplanmäßige Abschreibungen

**Außerplanmäßige** Abschreibungen werden

- aufgrund einer **außergewöhnlichen technischen Abnutzung** (z. B. verursacht durch Explosion, Brand, Unfall) oder
- aufgrund einer **außergewöhnlichen wirtschaftlichen Entwertung** (z. B. Preisverfall infolge veränderter Marktbedingungen)

vorgenommen.

Sowohl das **abnutzbare Anlagevermögen** als auch das **nicht abnutzbare** Anlagevermögen können außerplanmäßig abgeschrieben werden.

### 3.4.7.1 Außerplanmäßige Abschreibungen auf das nicht abnutzbare Anlagevermögen

Beteiligungen, Wertpapiere, die langfristig angelegt sind, und Grund und Boden gehören zum **nicht abnutzbaren Anlagevermögen.**

Grundsätzlich ist das nicht abnutzbare Anlagevermögen mit den **Anschaffungskosten** zu bewerten, die zugleich die **Wertobergrenze** bilden (Anschaffungskostenprinzip, § 253 Abs. 1 Satz 1 HGB).

Liegt bei Positionen des nicht abnutzbaren Anlagevermögens eine **dauernde Wertminderung** vor, so **müssen handelsrechtlich (Handelsbilanz) außerplanmäßige Abschreibungen** (§ 253 Abs. 3 Satz 3 HGB) vorgenommen werden **(Niederstwertprinzip).**

1 Soll nach der „Inventurmethode“ oder nach dem „Aufwandsrechnerischen Verfahren“ gebucht werden, so entfällt dieser Geschäftsfall.

Nur bei **Finanzanlagen können handelsrechtlich** außerplanmäßige Abschreibungen auch bei voraussichtlich nicht dauernder Wertminderung vorgenommen werden (§ 253 Abs. 3 Satz 4 HGB).

**Steuerrechtlich (Steuerbilanz) können (Wahlrecht)** außerplanmäßige Abschreibungen vorgenommen werden, wenn sie durch eine **voraussichtlich dauernde Wertminderung** veranlasst werden.

**Beispiel**

Ein Grundstück wurde bisher zu seinen Anschaffungskosten von 200.000,00 € aktiviert. Aufgrund der Stilllegung der Straße, die am Grundstück vorbeiführt, sinkt der Wert des Grundstückes auf 150.000,00 €.

Da eine (voraussichtlich) dauernde Wertminderung des Grundstückes vorliegt, wird das Grundstück auf 150.000,00 € abgeschrieben.

| Buchungssatz | Soll | Haben |
|---|---|---|
| 6550 Außerplanmäßige Abschreibungen auf Sachanlagen | 50.000,00 | |
| an 0500 Unbebaute Grundstücke | | 50.000,00 |

Sind außerplanmäßige Abschreibungen vorgenommen worden und **steigt** nun der Wert der entsprechenden nicht abnutzbaren Anlagegüter, so muss handelsrechtlich (Handelsbilanz) und steuerrechtlich (Steuerbilanz) eine Zuschreibung auf den höheren Wert erfolgen **(Wertaufholungsgebot).**

**Beispiel**

Das Grundstück des obigen Beispiels wurde jahrelang nach der vorgenommenen außerplanmäßigen Abschreibung mit 150.000,00 € bilanziert.

Die im obigen Beispiel stillgelegte Straße wird wider Erwarten neu ausgebaut und dabei verbessert und verbreitert. Dadurch steigt der Wert des Grundstückes auf 240.000,00 €.

Es wird eine Wertzuschreibung **bis zu den Anschaffungskosten** (200.000,00 €) vorgenommen:

| Buchungssatz | Soll | Haben |
|---|---|---|
| 0500 Unbebaute Grundstücke | 50.000,00 | |
| an 5440 Erträge aus Werterhöhungen v. Gegenst. des AV | | 50.000,00 |

Auf diese Weise wird die außerplanmäßige Abschreibung **rückgängig** gemacht. Dadurch **verbessert** sich einerseits die in der Bilanz ausgewiesene **Vermögensstruktur** des Unternehmens, andererseits **erhöht** sich der **steuerpflichtige Gewinn.**

### 3.4.7.2 Außerplanmäßige Abschreibungen auf das abnutzbare Anlagevermögen

Gebäude, Maschinen, Fuhrpark sowie Betriebs- und Geschäftsausstattung gehören zum **abnutzbaren Anlagevermögen.**

Grundsätzlich ist das abnutzbare Anlagevermögen sowohl steuer- als auch handelsrechtlich mit den **fortgeführten Anschaffungskosten (Herstellungskosten)** zu bewerten. Die fortgeführten Anschaffungskosten (Herstellungskosten) stellen zugleich die **Wertobergrenze** dar. Sie ergeben sich wie folgt:

| Steuerrecht | Handelsrecht |
|---|---|
| Anschaffungskosten (Herstellungskosten)<br>– Absetzung für Abnutzung (AfA)<br>(§ 6 Abs. 1 Nr. 1 Satz 1 und § 7 EStG) | Anschaffungskosten (Herstellungskosten)<br>– planmäßige Abschreibung<br>(§ 253 Abs. 3 Satz 1 HGB) |
| = fortgeführte Anschaffungskosten<br>(fortgeführte Herstellungskosten) | = fortgeführte Anschaffungskosten<br>(fortgeführte Herstellungskosten) |

**Dauernde Wertminderungen** des abnutzbaren Anlagevermögens, die über die planmäßigen Abschreibungen (AfA) hinausgehen (z. B. verursacht durch Explosion, Unwetter, technischen Fortschritt), **müssen handelsrechtlich (Handelsbilanz) zusätzlich** durch **außerplanmäßige Abschreibungen** berücksichtigt werden **(Niederstwertprinzip,** § 253 Abs. 3 Satz 3 HGB).

**Steuerrechtlich (Steuerbilanz) können (Wahlrecht)** außerplanmäßige Abschreibungen vorgenommen werden, wenn sie durch eine **voraussichtlich dauernde Wertminderung** veranlasst werden.

**Beispiel**

In einem Industriebetrieb beläuft sich der Buchwert einer Maschine auf 80.000,00 €.

Die planmäßige Abschreibung beträgt 20.000,00 €.

Bedingt durch den technischen Fortschritt verliert die Maschine zusätzlich 30.000,00 € an Wert.

| | | |
|---|---|---|
| | alter Buchwert | 80.000,00 € |
| – | planmäßige Abschreibung | 20.000,00 € |
| = | fortgeführte Anschaffungskosten | 60.000,00 € |
| – | außerplanmäßige Abschreibung | 30.000,00 € |
| = | neuer Buchwert | 30.000,00 € |

| **Buchungssatz** | Soll | Haben |
|---|---|---|
| 6520 Abschreibungen auf Sachanlagen | 20.000,00 | |
| 6550 Außerplanmäßige Abschreibungen auf Sachanlagen | 30.000,00 | |
| an 0720 Maschinen | | 50.000,00 |

Sind außerplanmäßige Abschreibungen vorgenommen worden und **steigt** nun der Wert der entsprechenden abnutzbaren Anlagegüter, so muss handelsrechtlich (Handelsbilanz) und steuerrechtlich (Steuerbilanz) eine Zuschreibung auf den höheren Wert erfolgen **(Wertaufholungsgebot).**

**Werden bewegliche abnutzbare Anlagen degressiv abgeschrieben, sind Absetzungen für außergewöhnliche technische oder wirtschaftliche Abnutzungen nicht zulässig (§ 7 Abs. 2 Satz 5 EStG). Sind die Voraussetzungen für derartige Absetzungen gegeben, so ist dann zunächst zur linearen Abschreibung überzugehen, bevor wegen außergewöhnlicher technischer oder wirtschaftlicher Abnutzung abgeschrieben werden kann.**

**Zusammenfassung**

**Tabellarische Übersicht (Bewertung des Anlagevermögens)**

| | nicht abnutzbares Anlagevermögen | abnutzbares Anlagevermögen |
|---|---|---|
| 1. Grundlage der Bewertung | Anschaffungskosten<br>= Obergrenze der Bewertung | Anschaffungs- oder Herstellungskosten abzüglich planmäßige Abschreibungen (= fortgeführte Anschaffungs- bzw. Herstellungskosten) = Obergrenze der Bewertung |
| 2. voraussichtlich dauernde Wertminderung | handelsrechtliche Pflicht zur außerplanmäßigen Abschreibung (Abschreibungsgebot) → Niederstwertprinzip,<br>steuerrechtliches Abschreibungswahlrecht | |
| 3. vorübergehende Wertminderung | handelsrechtliches und steuerrechtliches Abschreibungsverbot (Ausnahme: Finanzanlagen → handelsrechtliches Abschreibungswahlrecht) | |
| 4. Grund für die außerplanmäßige Abschreibung entfällt | handelsrechtliches und steuerrechtliches Wertaufholungsgebot | |

## Aufgaben

**1 u. 2:** Außerplanmäßige Abschreibungen auf das nicht abnutzbare Anlagevermögen
**3 u. 4:** Außerplanmäßige Abschreibungen auf das abnutzbare Anlagevermögen

1 Die Textilfabrik Konrad Fied KG hat vor 10 Jahren Wertpapiere (Konto 1500) zu Anschaffungskosten von 150.000,00 € erworben. Der Wert dieser Wertpapiere ist aufgrund der derzeitigen Konjunkturlage vorübergehend auf 100.000,00 € gesunken.

a) Muss (Abschreibungsgebot) oder kann (Abschreibungswahlrecht) eine außerplanmäßige Abschreibung handelsrechtlich vorgenommen werden?
b) Wo liegt die Wertuntergrenze für die handelsrechtliche Bilanzierung der Wertpapiere?
c) Die außerplanmäßige Abschreibung wird bis zur Wertuntergrenze der Wertpapiere vorgenommen. Nennen Sie den entsprechenden Buchungssatz.
d) Der Wert der Wertpapiere steigt auf 180.000,00 €. Muss (Zuschreibungsgebot) oder kann (Zuschreibungswahlrecht) handelsrechtlich eine Wertzuschreibung erfolgen?
e) Auf welchen Wert kann höchstens eine Wertzuschreibung erfolgen (Wertobergrenze)?
f) Die Wertzuschreibung[1] bis zur Wertobergrenze der Wertpapiere wird vorgenommen. Nennen Sie den entsprechenden Buchungssatz.

2 Wir haben bisher zwei vor 3 Jahren angeschaffte, unbebaute Grundstücke zu ihren Anschaffungskosten bilanziert (Grundstück I: 60.000,00 €; Grundstück II: 70.000,00 €). Zum Abschlussstichtag ist der Verkehrswert des Grundstückes I auf 90.000,00 € gestiegen. Aufgrund einer Straßenverlegung verliert hingegen Grundstück II 20.000,00 € an Wert.

a) Mit welchem Wert sind die beiden Grundstücke handelsrechtlich zu bilanzieren? Begründen Sie Ihre Meinung.
b) Nennen Sie den/die entsprechenden Buchungssatz/Buchungssätze.
c) 5 Jahre später wird die für das Grundstück II nachteilige Straßenverlegung rückgängig gemacht. Die stillgelegte Straße wird wider Erwarten neu ausgebaut und dabei verbessert und verbreitert. Dadurch steigt gemäß Sachverständigengutachten der Wert von Grundstück II auf 100.000,00 €.
Muss (Zuschreibungsgebot) oder kann (Zuschreibungswahlrecht) handelsrechtlich eine Wertzuschreibung erfolgen?
d) Auf welchen Wert kann eine Wertzuschreibung höchstens erfolgen (Wertobergrenze)?
e) Es wird die maximal mögliche Wertzuschreibung vorgenommen. Nennen Sie den entsprechenden Buchungssatz.

3 Die Textilfabrik Konrad Fied KG hat im Jahr 1 eine Maschine für 150.000,00 € Anschaffungskosten erworben.
Die Maschine wird linear mit 20 % abgeschrieben. Im Jahr 2 verliert die Maschine bedingt durch technischen Fortschritt zusätzlich 40.000,00 € an Wert.

a) Nennen Sie den Abschreibungsbuchungssatz im Jahr 1.
b) Nennen Sie den Abschreibungsbuchungssatz im Jahr 2.

4 Für einen Pkw gelten folgende Daten: Anschaffungskosten: 42.000,00 €; Abschreibung: 16 $^{2}/_{3}$ %, linear; Buchwert: 21.000,00 €.
Bei einem Unwetter ist der Pkw erheblich beschädigt worden. Anhand eines Gutachtens wird nachgewiesen, dass die Wertminderung 7.000,00 € beträgt.
Nennen Sie den Buchungssatz für die planmäßige und für die außerplanmäßige Abschreibung.

1 Der komplette IKR sieht hierfür das Konto „5602 Erträge aus Zuschreibungen zu Wertpapieren" vor. Verwenden Sie dieses Konto.



6350286

## 3.4.8 Indirekte Abschreibungen

### 3.4.8.1 Die Bildung von Anlagewertberichtigungen

Bei Anwendung der indirekten Abschreibungsmethode erfolgt die Gegenbuchung des Abschreibungsbetrages nicht auf dem abzuschreibenden Anlagekonto, sondern auf dem **passiven Bestandskonto „3610 Wertberichtigungen zu Sachanlagen"**.

**Wertberichtigungen sind Korrekturposten auf der Habenseite des Schlussbilanzkontos, die zu hohe Wertansätze von Vermögensteilen auf der Sollseite des Schlussbilanzkontos berichtigen.**

**Beispiel**

Anschaffungskosten eines Lkw .......................................... 180.000,00 €
lineare Abschreibung bei 9-jähriger Nutzungsdauer ..................... 20.000,00 €[1]
Der Lkw ist bereits 2 Jahre indirekt abgeschrieben worden.

| **Buchungssatz für die indirekte Abschreibung** | Soll | Haben |
|---|---|---|
| ❶ 6520 Abschreibungen auf Sachanlagen | 20.000,00 | |
| an 3610 Wertberichtigungen zu Sachanlagen | | 20.000,00 |

| **Abschlussbuchungssätze** | Soll | Haben |
|---|---|---|
| ❷ 8020 GuV | 20.000,00 | |
| an 6520 Abschreibungen auf Sachanlagen | | 20.000,00 |
| ❸ 8010 Schlussbilanzkonto | 180.000,00 | |
| an 0840 Fuhrpark | | 180.000,00 |
| ❹ 3610 Wertberichtigungen zu Sachanlagen | 60.000,00 | |
| an 8010 Schlussbilanzkonto | | 60.000,00[2] |

**Buchungen**

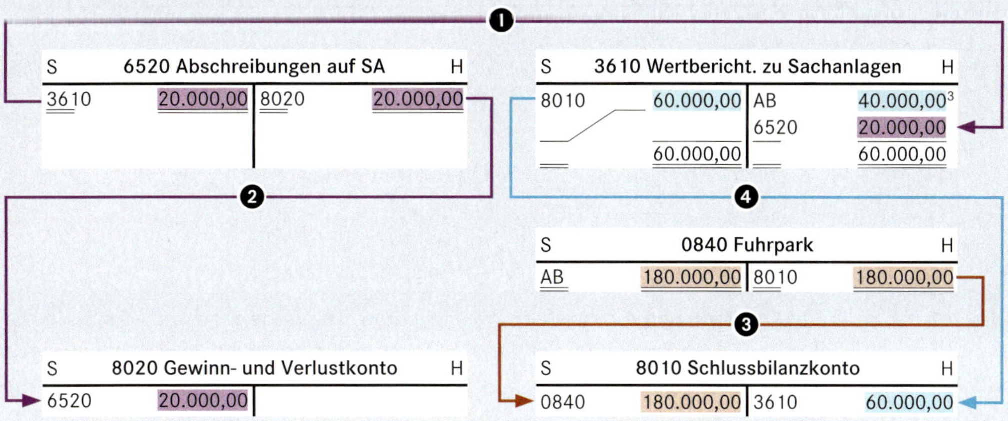


1 20.000,00 € = 180.000,00 € : 9

2 Der Schlussbestand von 60.000,00 € auf dem Wertberichtigungskonto ergibt sich durch die Aufrechnung der nunmehr dreimalig vorgenommenen Abschreibungen (zu je 20.000,00 €).

3 Der Anfangsbestand auf dem Konto „3610 Wertberichtigungen zu Sachanlagen" ergibt sich aus den bereits gebuchten zweimaligen Abschreibungen (zu je 20.000,00 €).

Da das Anlagekonto bei Anwendung der indirekten Abschreibung buchungsmäßig nicht berührt wird, weist es immer den Anschaffungswert aus.

Auf dem Wertberichtigungskonto addieren sich Jahr für Jahr die Abschreibungsbeträge.

Der Buchwert der Anlagegüter ergibt sich im Schlussbilanzkonto aus der Saldierung des aktivierten Anlagewertes und der passivierten Wertberichtigung.

Das Schlussbilanzkonto hat bei Anwendung der indirekten Abschreibungsmethode einen **größeren Informationsgehalt** als bei Anwendung der direkten Abschreibungsmethode:

1. Der Anschaffungswert der abgeschriebenen Anlagegüter ist aus dem Schlussbilanzkonto ersichtlich.
2. Die Summe der bisher vorgenommenen Abschreibungen wird durch die Position „Wertberichtigungen zu Sachanlagen" ausgewiesen.

Das Konto „3610 Wertberichtigungen zu Sachanlagen" kann als Sammelkonto für alle indirekten Abschreibungen auf das abnutzbare Anlagevermögen dienen. Man kann aber auch für **jedes Konto des abnutzbaren Anlagevermögens** ein **spezielles Wertberichtigungskonto** führen.

**Beispiele**

3611 Wertberichtigungen zu Maschinen
3612 Wertberichtigungen zu Fuhrpark
3613 Wertberichtigungen zu bebauten Grundstücken

§ 266 HGB sieht für die offenlegungspflichtige Bilanz von Kapitalgesellschaften die Passivposition „Wertberichtigungen zu Sachanlagen" nicht vor. Bei Kapitalgesellschaften sind daher in der offenlegungspflichtigen Bilanz die Wertberichtigungen **aktivisch** abzusetzen.

**Zusammenfassung**

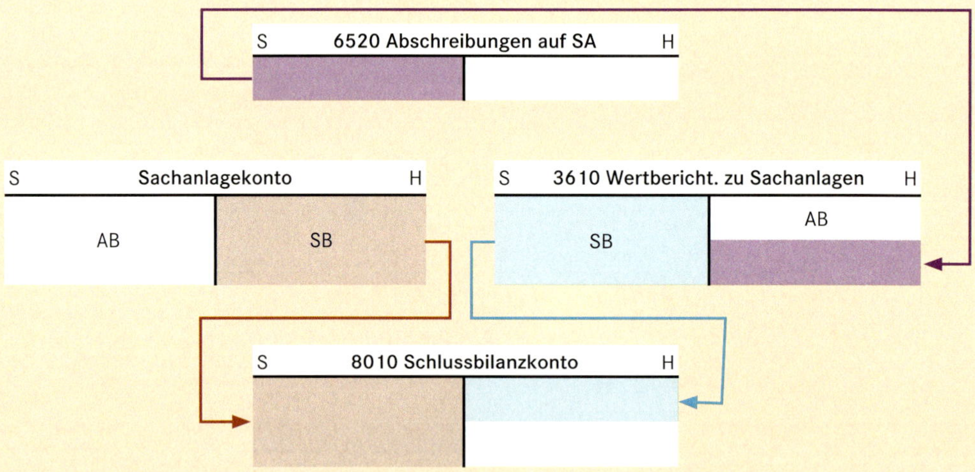


1. **Bei Anwendung der indirekten Abschreibungsmethode wird der Abschreibungsbetrag auf dem passiven Bestandskonto „3610 Wertberichtigungen zu Sachanlagen" gegengebucht.**
2. **Die indirekte Abschreibungsmethode erhöht den Informationsgehalt des Schlussbilanzkontos: Der Anschaffungswert der abgeschriebenen Anlagegüter und die Summe der bisher vorgenommenen Abschreibungen werden ausgewiesen.**
3. **§ 266 HGB sieht für die (offenlegungspflichtige) Bilanz von Kapitalgesellschaften die Passivposition „Wertberichtigungen zu Sachanlagen" nicht vor (Passivierungsverbot). Die Wertkorrektur wird daher auf der Aktivseite der offenlegungspflichtigen Bilanz vorgenommen.**

### 3.4.8.2 Die Auflösung von Anlagewertberichtigungen

Wenn Anlagegüter aufgrund von Verschrottung oder Verkauf aus dem Betrieb ausscheiden, ist die gebildete Wertberichtigung aufzulösen.

**Beispiel** Ein Geschäftswagen mit einem Anschaffungswert von 35.000,00 € wird am Ende seiner Nutzungsdauer verschrottet. Die gebildete Wertberichtigung von 35.000,00 € ist aufzulösen.

| Buchungssatz | Soll | Haben |
|---|---|---|
| 3610 Wertberichtigungen zu Sachanlagen | 35.000,00 | |
| an 0840 Fuhrpark | | 35.000,00 |

**Buchung**

| S | 3610 Wertberichtig. zu Sachanlagen | | H |
|---|---|---|---|
| 0840 | 35.000,00 | AB | 35.000,00 |

| S | 0840 Fuhrpark | | H |
|---|---|---|---|
| AB | 35.000,00 | 3610 | 35.000,00 |

**Aufgaben**

1: Unterschied zwischen der direkten und indirekten Abschreibungsmethode
2: Vor- und Nachteile der indirekten Abschreibungsmethode
3: Bildung von Anlagewertberichtigungen
4: Aufstockung und Auflösung (bei Verschrottung) von Anlagewertberichtigungen

1 Erklären Sie den buchungsmäßigen Unterschied zwischen der direkten und der indirekten Abschreibungsmethode.

2 Welche Vorteile und welche Nachteile hat die Anwendung der indirekten Abschreibungsmethode?

AH

3 **Anfangsbestände**

| | € |
|---|---|
| 0720 Maschinen | 600.000,00 |
| 0840 Fuhrpark | 200.000,00 |
| 3611 Wertberichtigungen zu Maschinen | 306.000,00 |
| 3612 Wertberichtigungen zu Fuhrpark | 120.000,00 |

**Abschreibungen**

auf Maschinen: 20 % indirekt, degressiv

auf Fuhrpark: 16 $\frac{2}{3}$ % indirekt, linear

a) Richten Sie sich die Konten 0720, 0840, 3611, 3612, 6520, 8010 und 8020 ein.
b) Buchen Sie die Abschreibungen.
c) Schließen Sie die Konten 0720, 0840, 3611, 3612 und 6520 ab.
d) Ermitteln Sie den Buchwert der Maschinen und des Fuhrparks.

AH

4 Ein Geschäfts-Pkw mit einem Anschaffungswert von 30.000,00 € wird über die (vom Finanzamt anerkannte) Nutzungsdauer von 4 Jahren indirekt linear abgeschrieben.

a) Richten Sie sich die Konten „0840 Fuhrpark“, „3612 Wertberichtigungen zu Fuhrpark“ und „6520 Abschreibungen auf Sachanlagen“ ein.
b) Buchen Sie die Abschreibungen für jeweils das 1., 2., 3. und 4. Nutzungsjahr.
c) Lösen Sie die Wertberichtigung am Ende des 4. Nutzungsjahres auf (Pkw wird verschrottet).

### 3.4.9 Der Anlagenspiegel

Gemäß § 268 Abs. 2 HGB müssen **Kapitalgesellschaften** (AG, GmbH, KGaA) die Entwicklung der einzelnen Posten des Anlagevermögens in der **Bilanz oder** im **Anhang** darstellen.

„Dabei sind, ausgehend von den gesamten Anschaffungs- und Herstellungskosten, die Zugänge, Abgänge, Umbuchungen und Zuschreibungen des Geschäftsjahres sowie die Abschreibungen in ihrer gesamten Höhe gesondert aufzuführen." (§ 268 Abs. 2 Satz 2 HGB)

Den **Zugängen** und **Abgängen** liegen **mengenmäßige Veränderungen** des Anlagevermögens zugrunde.

- **Zugänge** ergeben sich aus Anschaffungen.
- **Abgänge** resultieren aus Veräußerungen, Entnahmen und Verschrottungen.

**Umbuchungen** werden vorgenommen, wenn Anlagegüter in andere Bilanzpositionen aufgenommen werden. Im Bau befindliche Anlagen werden beispielsweise zunächst auf dem Konto „0950 Anlagen im Bau" erfasst, um dann nach ihrer Fertigstellung auf das entsprechende Anlagekonto umgebucht zu werden (z. B. 0720 Maschinen an 0950 Anlagen im Bau).

Bei **Zuschreibungen**[1] und **Abschreibungen** handelt es sich um **wertmäßige Veränderungen** des Anlagevermögens.

**Beispiel**

Bilanzposition: Technische Anlagen und Maschinen.

Jahr 1: AB: 0,00 €.
Januar: Kauf einer Maschine A zu 60.000,00 € Anschaffungskosten.
Abschreibung: 10 % linear.

Jahr 2: Januar: Kauf einer Maschine B zu 200.000,00 € Anschaffungskosten.
Abschreibung: 10 % linear.

Jahr 3: Verkauf von Maschine A.

Die Entwicklung der Bilanzposition „Technische Anlagen und Maschinen" wird nun in einem **Anlagenspiegel (Anlagengitter)** im **Anhang** oder bei den **Bilanzerläuterungen** aufgezeigt.

**Anlagenspiegel (Anlagengitter) der Bilanzposition „Technische Anlagen und Maschinen":**

(*Anmerkung:* Um die Gesamtzusammenhänge deutlich zu machen, wird hier die Entwicklung der Bilanzposition „Technische Anlagen und Maschinen" für 3 Jahre aufgezeigt. Im Anlagenspiegel des Jahresabschlusses werden hingegen lediglich die Daten des jeweiligen Abschlussjahres dargestellt.)

| Position des AV | Jahr | AB zu AK/HK | Zugänge zu AK/HK | Abgänge zu AK/HK | Umbuchungen | Zuschreibungen | Abschreibungen | | | Buchwert 31. Dez. Abschlussjahr | Buchwert 31. Dez. Vorjahr |
|---|---|---|---|---|---|---|---|---|---|---|---|
| | | | | | | | der Vorjahre | des Abschlussjahres | insgesamt[2] | | |
| Techn. Anlagen und Maschinen | 1 | 0 | 60.000 | – | – | – | – | 6.000 | 6.000 | 54.000 | 0 |
| | 2 | 60.000 | 200.000 | – | – | – | 6.000 | 26.000 | 32.000 | 228.000 | 54.000 |
| | 3 | 260.000 | – | 60.000 | – | – | 20.000[3] | 20.000[3] | 40.000[3] | 160.000[3] | 228.000 |

1 siehe Kapitel 3.4.7.1 und 3.4.7.2

2 Die Spalte, die die Summe der Abschreibungen enthält, liefert die Informationen der Wertberichtigungskonten. (Im Bilanzgliederungsschema für Kapitalgesellschaften sind gemäß § 266 HGB keine Wertberichtigungen vorgesehen.)

3 Im Fall von Anlagenabgängen werden die ausgeschiedenen Anlagegüter in den Abschreibungen und im Buchwert nicht mehr berücksichtigt.



6350290

**Zusammenfassung**

1. **Der Anlagenspiegel zeigt die Entwicklung der einzelnen Posten des Anlagevermögens auf.**
2. **Durch den Ausweis der insgesamt angefallenen (kumulierten) Abschreibungsbeträge jeder Position des Anlagevermögens liefert der Anlagenspiegel u. a. die Informationen der Wertberichtigungskonten.**

## Aufgaben

AH

1 Erstellen Sie einen Anlagenspiegel nach dem Muster auf S. 290 fortführend für die Jahre 1, 2 und 3[1].

Bilanzposition: Technische Anlagen und Maschinen.
Jahr 1: AB zu Anschaffungskosten: 100.000,00 €.
Januar: Kauf einer Maschine A zu 50.000,00 € Anschaffungskosten. Summe der Abschreibungen der Vorjahre: 40.000,00 €.
Abschreibungen auf AB und Maschine A: 10 % linear.
Buchwert am 31. Dez. des Vorjahres: 60.000,00 €.
Jahr 2: Januar: Kauf einer Maschine B zu 80.000,00 € Anschaffungskosten.
Abschreibung: 10 % linear.
Jahr 3: August: Verkauf von Maschine A.

AH

2 Erstellen Sie einen Anlagenspiegel nach dem Muster auf S. 290 fortführend für die Jahre 1, 2, 3 und 4.[1]

Bilanzposition: Andere Anlagen, Betriebs- und Geschäftsausstattung.
Jahr 1: AB zu Anschaffungskosten: 0,00 €.
Januar: Kauf eines Lkw zu 100.000,00 € Anschaffungskosten.
Abschreibung: 20 % linear.
Buchwert am 31. Dez. des Vorjahres: 0,00 €.
Jahr 2: Januar: Kauf einer EDV-Anlage für 50.000,00 € Anschaffungskosten.
Abschreibung: 20 % linear.
Jahr 3: Abschreibung: 20 % linear.
Jahr 4: August: Verkauf des Lkw.

## 3.4.10 Die Beschaffung und die Herstellung eigengenutzter Sachanlagegüter

### 3.4.10.1 Die Beschaffung von Sachanlagegütern

**Fremdbezogene Sachanlagegüter sind bei ihrer Anschaffung grundsätzlich zu Anschaffungskosten zu aktivieren.**

Den Begriff **„Anschaffungskosten"** gibt es sowohl im Steuerrecht als auch im Handelsrecht.

Zu den Anschaffungskosten gehören auch die **Anschaffungsnebenkosten. Anschaffungspreisminderungen** sind abzusetzen. (§ 255 Abs. 1 HGB)

1 Veröffentlicht wird nur die Darstellung der Daten des jeweiligen Abschlussjahres.

| **Anschaffungskosten** = | **Anschaffungspreis** – | **Anschaffungspreisminderungen** + | **Anschaffungsnebenkosten** |
|---|---|---|---|
| | Kaufpreis gemäß Rechnung (ohne Umsatzsteuer). | Rabatte, Skonti, Boni, Minderungen. | Transportkosten, Transportversicherung, Einfuhrzölle, Provisionen, Fundamentierungs- und Montagekosten, Zulassungskosten, Kosten für Kfz-Kennzeichen usw. (Bei Grundstückskäufen: Notariatskosten[1], Maklercourtage, Grundbuchgebühren[1] und Grunderwerbsteuer[2].) **Nicht** zu den Anschaffungsnebenkosten gehören: Geldbeschaffungskosten (Zinsen, Disagio), Lagerkosten. |

**Beispiel**

Wir kaufen eine Maschine. Der Listenpreis beträgt 50.000,00 € (ohne Umsatzsteuer). Der Lieferant gewährt uns auf den Listenpreis 10 % Rabatt. Er stellt uns ferner die Transportkosten in Höhe von 1.900,00 € (ohne Umsatzsteuer) und die Montagekosten in Höhe von 2.000,00 € (ohne Umsatzsteuer) in Rechnung.

| | |
|---|---:|
| Listenpreis | 50.000,00 € |
| – Rabatt (10 %) | 5.000,00 € |
| Zieleinkaufspreis | 45.000,00 € |
| + Transportkosten | 1.900,00 € |
| + Montagekosten | 2.000,00 € |
| **Anschaffungskosten** | **48.900,00 €** |
| + 19 % Umsatzsteuer | 9.291,00 € |
| | 58.191,00 € |

| **Buchungssatz (für Eingangsrechnung)** | **Soll** | **Haben** |
|---|---:|---:|
| 0720 Maschinen | 48.900,00 | |
| 2600 Vorsteuer | 9.291,00 | |
| an 4400 Verbindlichkeiten a. LL | | 58.191,00 |

1 Nur die Notariatskosten/Grundbuchgebühren für die Eigentumsumschreibung sind Anschaffungsnebenkosten. Die Notariatskosten/Grundbuchgebühren für die Eintragung einer Grundschuld hingegen sind Kosten des Geldverkehrs.

2 Die Grunderwerbsteuer fällt beim Erwerb einer Immobilie an. Grundsätzlich beträgt der Steuersatz 3,5 % von der Bemessungsgrundlage. Er kann aber von den Bundesländern abweichend in einer anderen Höhe festgelegt werden.

Die Lieferantenrechnung wird unter Abzug von 2 % Skonto (2 % von 58.191,00 € → 1.163,82 € → **978,00 € Nettoskontonachlass** + 185,82 € Umsatzsteuer) per Banküberweisung bezahlt.

Der Nettoskontonachlass mindert die Anschaffungskosten:

| | | |
|---|---|---|
| | **48.900,00 €** | **(ursprüngliche Anschaffungskosten)** |
| – | **978,00 €** | **(2 % Nettoskontonachlass)** |
| | **47.922,00 €** | **(korrigierte Anschaffungskosten)** |

| **Buchungssatz** | **Soll** | **Haben** |
|---|---|---|
| 4400 Verbindlichkeiten a. LL | 58.191,00 | |
| an 2800 Guthaben bei Kreditinstituten (Bank) | | 57.027,18 |
| an 0720 Maschinen | | 978,00 |
| an 2600 Vorsteuer | | 185,82 |

**Zusammenfassung** **Fremdbezogene Sachanlagegüter werden bei ihrer Anschaffung grundsätzlich zu Anschaffungskosten aktiviert.**

## Aufgaben

1[1] Die Textilfabrik Konrad Fied KG kauft am 05.01.20.. eine Lagerhalle einschließlich Grundstück für 750.000,00 €. Die Grunderwerbsteuer beträgt 4,5 % vom Kaufpreis. Der Notar stellt 4.760,00 € (einschließlich 19 % Umsatzsteuer) für den Kaufvertrag in Rechnung. An Grundbuchgebühren für die Eigentumsumschreibung fallen 600,00 € an. Außerdem sind noch 35.700,00 € (einschließlich 19 % Umsatzsteuer) an Maklergebühren zu zahlen.

Im Anschaffungsjahr fallen 30.000,00 € an Hypothekenzinsen an. 600.000,00 € der Anschaffungskosten werden mit einer Hypothek (100 % Auszahlung) finanziert.

a) Ermitteln Sie die Anschaffungskosten.

b) Nennen Sie den Buchungssatz
   - für die Zahlung der Anschaffungskosten (Sammelbuchung. Der Zahlungsausgleich erfolgt durch die Aufnahme der Hypothek und über das Bankkonto.) und
   - für die Zahlung der Hypothekenzinsen (Banküberweisung).

c) Abweichend vom obigen Geschäftsfall b) wird die Notarrechnung isoliert als Eingangsrechnung auf Ziel (Einzelbuchung) gebucht. Nennen Sie für diesen Fall den Buchungssatz für die Notarrechnung.

d) Das Grundstück der Lagerhalle umfasst 750 $m^2$. Beim Katasteramt Hannover (Bodenrichtwertauskunft) wird in Erfahrung gebracht, dass sich der $m^2$-Preis des Grundstückes auf 200,00 € beläuft. Errechnen Sie den Abschreibungsbetrag für die Lagerhalle im Anschaffungsjahr (Abschreibungsprozentsatz: 2 %) und nennen Sie den entsprechenden Abschreibungsbuchungssatz.

2 Wir kaufen ein Grundstück für 180.000,00 €. An Maklercourtage fallen 4 % vom Kaufpreis (+ 19 % Umsatzsteuer) an. Die Grunderwerbsteuer beträgt 4,5 % des Kaufpreises. An den Notar entrichten wir für den Kaufvertrag 1.523,20 € (einschließlich 19 % Umsatzsteuer). Die Grundbuchkosten für die Eigentumsumschreibung belaufen sich auf 250,00 €. 150.000,00 € der Anschaffungskosten finanzieren wir mit einer Hypothek (100 % Auszahlung). 6.000,00 € sind im Anschaffungsjahr an Hypothekenzinsen zu zahlen. →

1 geänderte und ergänzte Aufgabe!

a) Ermitteln Sie die Anschaffungskosten.
b) Nennen Sie den Buchungssatz
   - für die Zahlung der Anschaffungskosten (Sammelbuchung. Der Zahlungsausgleich erfolgt durch die Aufnahme der Hypothek und über das Bankkonto.) und
   - für die Zahlung der Hypothekenzinsen (Banküberweisung).
c) Abweichend vom obigen Geschäftsfall b) wird die Maklerrechnung isoliert als Eingangsrechnung auf Ziel (Einzelbuchung) gebucht. Nennen Sie für diesen Fall den Buchungssatz für die Maklerrechnung.

3[1] Sie sind Angestellte(r) der Textilfabrik Konrad Fied KG, Goseriede 41, 30159 Hannover. Die folgenden Belege liegen Ihnen zur Buchung vor.
a) Welche Geschäftsfälle liegen den Belegen zugrunde?
b) Wie lauten die Buchungssätze?

**Beleg 1**

**Dr. Detlef Kuhlmann**
**Rechtsanwalt • Notar**

Bödekerstraße 21
30161 Hannover
Tel.: 0511 2234
Fax: 0511 2233
E-Mail: info@kuhlmann-wvd.de

**Bankverbindung:**
Sparkasse Hannover
Kto.-Nr.: 123 765, BLZ 250 501 80
IBAN DE06 2505 0180 0000 1237 65
BIC SPKHDE2H
St.-Nr. 26 447 25368

Dr. D. Kuhlmann • Bödekerstraße 21 • 30161 Hannover

Textilfabrik
Konrad Fied KG
Goseriede 41
30159 Hannover

EINGEGANGEN
9. März 20..
Erledigt ......................

Ihr Zeichen, Ihre Nachricht vom | Unser Zeichen | Datum
118/11st
Grimm/Konrad Fied KG – GKV
Datum: 08.03.20..

**Ihr Kaufvertrag mit Frau Erika Grimm vom 06.03.20..,**
**meine Urkundenrolle 172/20..**
**Notarkostenberechnung Nr. 11605**
Leistungszeit: 25.02.20.. bis 07.03.20..
berechnet nach §§ 141, 154 KostO

Ankauf Produktionshalle,
144 Hannover-Tiefenriede – 2076

| | |
|---|---|
| 1. Geschäftswert: 880.000,00 € (§ 20 I KostO) | |
| Beurkundung von Verträgen (§§ 32, 141, 36 II KostO) | 4.200,00 € |
| 2. Dokumentenpauschale (§§ 136 I, II, 152 I KostO) | 49,00 € |
| 3. Sonstige Geschäfte (§§ 8, 32, 147 II KostO) | 8,00 € |
| | 4.257,00 € |
| 19 % Umsatzsteuer | 808,83 € |
| Gesamtbetrag | 5.065,83 € |

Kuhlmann

Dr. D. Kuhlmann
(Notar)

1 Belege 1, 2, 3 und 4 geändert, dazu Aufgabe 4 neu eingebaut!



6350294

## Beleg 2

Mattke
Immobiliengesellschaft-Hannover

Mattke Immobilien GmbH
Podbielskistraße 50
30177 Hannover
Tel.: 0511 7643
Fax: 0511 7622
E-Mail: immo@mattke-wvd.de

Geschäftsführerin: Anke Mattke
HRB 123 Amtsgericht Hannover
St.-Nr. 26 374 98312

Deutsche Bank Hannover
Konto-Nr. 567 123, BLZ 250 700 70
IBAN DE95 2507 0070 0000 5671 23
BIC DEUTDEDBHAN

Mattke · Podbielskistraße 50 · 30177 Hannover

Textilfabrik
Konrad Fied KG
Goseriede 41
30159 Hannover

EINGEGANGEN
9. März 20..
Erledigt ....................

| Ihr Zeichen, Ihre Nachricht vom | Unser Zeichen | Datum |
|---|---|---|
| | ma/he | 08.03.20.. |

**Rechnung**

| | | |
|---|---|---|
| Gegenstand: | Produktionshalle<br>144 Hannover-Tiefenriede – 2076 | |
| Verkäuferin: | Frau Erika Grimm, Darmstadt | |
| Kaufpreis: | 880.000,00 € | |
| Provision: | 4,76 % inkl. USt | |
| Grundlagen: | Angebot vom 18. Jan. 20.., Vertragsverhandlung,<br>Kaufvertrag vom 6. März 20..,<br>Notar Dr. D. Kuhlmann, Hannover, UR 172/20.. | |
| Berechnung: | 4 % von 880.000,00 € | 35.200,00 € |
| | 19 % USt | 6.688,00 € |
| | | 41.888,00 € |

Wir bitten um Überweisung auf unser o. g. Konto bei der Deutschen Bank AG Hannover.

## Beleg 3

Finanzamt Hannover-Süd * Postfach 91 03 55 * 30423 Hannover

**Finanzamt Hannover-Süd**

Textilfabrik
Konrad Fied KG
Goseriede 41
30159 Hannover

EINGEGANGEN
4. April 20..
Erledigt ....................

Bearbeitet von: Herrn Hackele
Zi.-Nr.: 51

| Ihr Zeichen, Ihre Nachricht vom | Steuernummer | Durchwahl | Hannover, |
|---|---|---|---|
| | 26/610/562 | 0511 987-27 | 2. April 20.. |

**Grunderwerbsteuerbescheid**

1. Durch diesen Bescheid wird die Grunderwerbsteuer für folgenden Erwerbsvorgang festgesetzt:
   - Kaufvertrag vom 06.03.20..
   - UR-Nr. 172/20.., Notar Dr. Kuhlmann; 144 Hannover-Tiefenriede - 2076

   Der Bescheid ergeht an Sie als Erwerber.

2. Die Bemessungsgrundlage wurde wie folgt ermittelt:

   **Gegenleistung:**
   Kaufpreis ........................................ 880.000,00 Euro
   Bemessungsgrundlage ............................. 880.000,00 Euro

3. **Die Steuer wird festgesetzt** auf 4,5 v. H.
   der Bemessungsgrundlage .......................... 39.600,00 Euro

| **Zu zahlender Betrag** | 39.600,00 | Euro | 5. Mai 20.. |
|---|---|---|---|
| (Bitte Verwedungszweck eintragen: „GrESt, St.-Nr. 26/610/562") | | | Fälligkeit |

→

**Beleg 4**

**Amtsgericht Hannover**
**– Grundbuchamt –**

**Dienstgebäude**
Volgersweg 1
30175 Hannover

Ihr Zeichen
Ihre Nachricht

**Postanschrift:**
Amtsgericht, Postfach 2 27, 30002 Hannover
140 – Tiefenriede – 4512

☎ Vermittlung 0511 38-10
☎ Durchwahl 0511 38-124
Telefax 0511 38-157

**Datum** 05.08.20..

Textilfabrik
Konrad Fied KG
Goseriede 41
30159 Hannover

EINGEGANGEN
7. Aug. 20..
Erledigt ..........................

| **Kassenzeichen** (bitte stets angeben) |
|---|
| **1426810690** |
| **Rechnungsbetrag** |
| **718,00 €** |

## Kostenrechnung

**In der Grundbuchsache**

**Geschäftsnummer 144 Hannover-Tiefenriede – 2076**

ist folgende Kostenrechnung erstellt worden:

| Lfd. Nr. | Gegenstand des Kostenansatzes und Hinweis auf die angewendete Vorschrift | Wert des Gegenstandes | Betrag |
|---|---|---|---|
| 1. | Eintragung eines Eigentümers (§§ 32, 19, 20, 60 Abs. 1 KostO) | 880.000,00 € | 620,00 € |
| 2. | Löschung einer Vormerkung (§§ 32, 68 KostO) | 880.000,00 € | 98,00 € |
| | Summe der Kosten: | | 718,00 € |
| | **Von Ihnen zu zahlen:** | | **718,00 €** |

Sie werden gebeten, den **Rechnungsbetrag innerhalb von zwei Wochen** auf das angegebene Konto zu überweisen oder einzuzahlen.

**Beleg 5**[1]

BRINK BÜROTECHNIK

**Ernst Brink KG**
**Georgstraße 18 · 30159 Hannover**
**Tel.: 0511 3022-0 · Fax: 0511 3022-14**
**E-Mail: info@brink-wvd.de**
**Internet: www.brink-wvd.de**

Ernst Brink KG · Georgstraße 18 · 30159 Hannover

Textilfabrik
Konrad Fied KG
Goseriede 41
30159 Hannover

EINGEGANGEN
18. Juni 20..
Erledigt ..........................

Bitte stets angeben:

| | |
|---|---|
| **Rechnungs-Nr.** | B 380243 |
| **Kunden-Nr.** | 24 005 |
| **Datum** | 17.06.20.. |
| **Lieferdatum** | 15.06.20.. |

## RECHNUNG

| Menge | Artikel/Bestellnummer | Einzelpreis € | Gesamtpreis € |
|---|---|---|---|
| 1 | Archivregalschrank, AS 4708 (H1950 x B6000 x T4000) | 1.200,00 | 1.200,00 |
| 2 | Aktenvernichter, T200 | 50,00 | 100,00 |
| | Warenwert | | 1.300,00 |
| | Aufbau Archivregalschrank | | 200,00 |
| | Nettowert | | 1.500,00 |
| | + 19 % USt | | 285,00 |
| | **Rechnungsbetrag** | | **1.785,00** |

Zahlungsziel: 20 Tage ab Rechnungsdatum.
Bei Zahlung innerhalb von 7 Tagen ab Rechnungsdatum 2 % Skonto.

1 Der steuerpflichtige Gewinn soll möglichst gering gehalten werden.

**Beleg 6**[1]

**Spedition Küchler**

**Küchler Speditionsgesellschaft mbH**
**Export – Import – Spedition**

Nussriede 4 • 30627 Hannover

Telefon: 0511 2641-0
Fax: 0511 2641-329

Internet: www.kuechler-wvd.de
E-Mail: info@kuechler-wvd.de

Küchler GmbH, Nussriede 4, 30627 Hannover

Textilfabrik
Konrad Fied KG
Goseriede 41
30159 Hannover

EINGEGANGEN
18. Juni 20..
Erledigt ......................

| | |
|---|---|
| Kundennummer | 24 009 |
| Rechnungsnummer | 6291 |

| Ihr Zeichen, Ihre Nachricht vom | Unser Zeichen, unsere Nachricht vom | Telefon, Name 0511 2641- | Datum |
|---|---|---|---|
| ki 13.05.20.. | we | 321 Herr Werner | 16.06.20.. |

**Rechnung**

Für die Anlieferung Ihrer neuen Schaftmaschine PD 3 am 15. Juni 20.. von der Maschinenfabrik Schramm GmbH in 01307 Dresden, Gutenbergstraße 18, in Ihr Werk in 30159 Hannover, Goseriede 41, berechnen wir Ihnen

| | |
|---|---|
| Transportkosten | 1.300,00 € |
| Transportversicherung | 200,00 € |
| | 1.500,00 € |
| + 19 % USt | 285,00 € |
| **Rechnungsbetrag** | **1.785,00 €** |

Zahlbar binnen 14 Tagen ohne Abzug.

**Beleg 7**

## Neumann & Wontke KG

- **Maßarbeit mit schwerster Last**
- **Maschinenmontagen und -demontagen**
- **Auf- und Umstellungen von Produktionsanlagen**

Neumann & Wontke KG • Falkenstr. 2 • 30449 Hannover

Falkenstraße 2 • 30449 Hannover
Tel.: 0511 45858-0 • Fax: 0511 45858-21
E-Mail: info@neuwon-wvd.de
Internet: www.neuwon-wvd.de

Textilfabrik
Konrad Fied KG
Goseriede 41
30159 Hannover

EINGEGANGEN
21. Juni 20..
Erledigt ......................

**Bitte stets angeben**

| | |
|---|---|
| Kundennummer | 24 008 |
| Rechnungsnummer | 385 |
| Rechnungsdatum | 18.06.20.. |

## Rechnung

**Gegenstand**

**Betrag/€**

Für die Montage Ihrer neuen Schaftmaschine PD 3 am 16. Juni 20.. in Ihrem Werk in 30159 Hannover, Goseriede 41, berechnen wir Ihnen (siehe beigefügte detaillierte Auflistung):

| | |
|---|---|
| Montagekosten | 3.400,00 |
| + 19 % Umsatzsteuer | 646,00 |
| **Rechnungsbetrag** | **4.046,00** |

Zahlungsziel: 30 Tage. Bei Zahlung innerhalb von 10 Tagen 2 % Skonto.

→

1 Entgelte aus Versicherungsverhältnissen gehören zu den steuerfreien Umsätzen. Hier liegt jedoch ein Sonderfall vor. Es gilt: „Nebenleistungen teilen das Schicksal der Hauptleistungen." Danach ist die Transportversicherung in diesem Fall eine Nebenleistung, auf die ausnahmsweise 19 % Umsatzsteuer entfallen.

**Beleg 8**

Hannoversche Volksbank eG

BLZ 251 900 01

| Kontonummer | erstellt am | Auszug | Blatt |
|---|---|---|---|
| 12 345 | 28.06.20.. | 46 | 1/1 |

**Kontoauszug**

| Bu.-Tag | Wert | Vorgang | | |
|---|---|---|---|---|
| | | | alter Kontostand | 50.000,00 + |
| 27.06. | 27.06. | SB-Überweisung, Neumann & Wontke, Kd.-Nr. 24 008, R.-Nr. 385, 4.046,00 € - 2 % Skonto 80,92 € | | 3.965,08 - |
| | | | neuer Kontostand vom 28.06.20.. | 46.034,92 + |

Textilfabrik
Konrad Fied KG
Goseriede 41
30159 Hannover

USt-IdNr.: DE 115 648 359
IBAN: DE73 2519 0001 0000 0123 45 BIC: VOHADE2H

**Beleg 9**

**Einzahlerquittung**

Landeshauptstadt Hannover
Der Oberbürgermeister
Ordnungsamt OE 32.33
Am Schützenplatz 1
30169 Hannover

04.08.20.. 12 44 08
H-KF 123

| | |
|---|---|
| Bericht. Erfassungs-unterl. zfr | 3,00 |
| Kfz-Neuzulassung | 20,00 |
| Abstempeln von Kennzeichen | 3,00 |
| HU-Plakette u. Prüfm. | 2,00 |
| Plakette mit Landeswappen | 1,00 |
| Plakette mit Landeswappen | 1,00 |
| Zuteilung Wunsch-kennzeichen | 10,00 |
| Zwischensumme € | 40,00 |
| Summe € | 40,00 |
| B A R € | 40,00 |
| Zurück € | 0,00 |

**Beleg 10**

**Kfz-Kennzeichen-schilder HANN GmbH & Co. KG**

Am Schützenplatz
30169 Hannover
Telefon 0511 13192

Datum 04.08.20..

Konrad Fied KG, Goseriede 41
Hannover

| Menge | Schilder/Stempel | Summe (€) |
|---|---|---|
| | | |
| 2 | H-KF 123 | 27,00 |
| | | |
| | | |
| | | |
| | | |
| | Kleinteile | |
| 1 | Montage | 7,00 |
| Endbetrag inkl. 19 % USt = | | 34,00 |

Erfüllungsort und Gerichtsstand: Hannover
St.-Nr.: 26 872 62813
Nur gültig mit Kassenaufdruck

1799-25

*Hinweis:* Barzahlung

**Beleg 11**[1]

Möbel Rotert
Hannover

USt-IdNr.: DE 263 456 789
Datum: 14.05.20.. 12:51 BAL
Belegnummer: 013049549

| Pos. | Artikel-Nr. | Menge | € |
|---|---|---|---|
| 1 | 5251.0 | 1,00 x | 69,90 |

Schreibtischsessel Kirsten
Kunstleder schwarz „Malta"
3/UNTEN (1,00)
3 Abhol-Lager Falkenstraße 5
VK: Grunert

| | | | |
|---|---|---|---|
| | Summe | | 69,90 |
| | Girocard | | 69,90 |
| | | Netto | MWSt |
| 1 | 19 % | 58,74 | 11,16 |

Kein Umtausch und keine Reklamation bei Ausstellungsware!
Vielen Dank für Ihren Einkauf!

$ B A 0 1 3 0 4 9 5 4 9

**Beleg 12**[1]

**Transporttaxi**
Taxi-Quittung
**Hallo Taxi 1896 GmbH · Tel. 0511 1896**

Taxiunternehmen Nicole Dopple
Am Schatzkampe 20 · 30163 Hannover
St.-Nr.: 25/12/76548

Wagen: 532 Datum: 14.05.20..
Quittung: 1256333 8651 0004

Von: Falkenstr. 5, 30449 Hannover
Nach: Goseriede 41, 30159 Hannover

| | |
|---|---|
| Netto: | 13,70 € |
| MWSt.-Satz: 19 % | 2,60 € |
| Betrag: | **16,30 €** |

Unterschrift Dopple

Vielen Dank für Ihre Fahrt mit Hallo Taxi 1896.

Buchungsvermerk: Transport eines Schreibtischsessels von Möbel Rotert ins Bürogebäude (Barzahlung)

**Beleg 13**

Karl-Heinz **More** e. Kfm.
**Betriebs- und Geschäftsausstattungen**
**Großküchen- und Kantineneinrichtungen**
**Verkauf und Service**

K.-H. More e. Kfm. • Seelhorststr. 6 • 30175 Hannover

**Seelhorststraße 6 • 30175 Hannover**
**Telefon: 0511 4066-0 • Fax: 0511 4066-18**
**Internet: www.more-wvd.de**
**E-Mail: info@more-wvd.de**

Textilfabrik
Konrad Fied KG
Goseriede 41
30159 Hannover

EINGEGANGEN
21. Nov. 20..
Erledigt ....................

E-Mail
wohmann@more-wvd.de

| Ihr Zeichen, Ihre Nachricht vom | Unser Zeichen, unsere Nachricht vom | Telefon, Name 0511 4066- | Datum |
|---|---|---|---|
| ki 10.11.20.. | wo-ge | 53 Herr Wohmann | 20.11.20.. |

**Gutschrift wegen Mängelrüge/Rechnung Nr. 4231 vom 02.11.20..**

Sehr geehrte Damen und Herren,

wir beziehen uns auf das mit Ihrer Frau Kibat am 10. November 20.. geführte Gespräch und bestätigen, dass wir Ihnen für die beschädigte Gleiki-Kartoffelschälmaschine einen Preisnachlass gewähren.

| | |
|---|---|
| Gutschrift | 300,00 € |
| + 19 % USt | 57,00 € |
| | 357,00 € |

BItte buchen Sie entsprechend.

Mit freundlichen Grüßen

Karl-Heinz More e. Kfm.

i. V. Wohmann

Wohmann

1 Der steuerpflichtige Gewinn soll möglichst gering gehalten werden.

6350299

**Beleg 14**

**BRINK BÜROTECHNIK**

**Ernst Brink KG**
**Georgstraße 18 · 30159 Hannover**
**Tel.: 0511 3022-0 · Fax: 0511 3022-14**
**E-Mail: info@brink-wvd.de**
**Internet: www.brink-wvd.de**

Ernst Brink KG · Georgstraße 18 · 30159 Hannover

Textilfabrik
Konrad Fied KG
Goseriede 41
30159 Hannover

EINGEGANGEN
10. Aug. 20..
Erledigt ......................

Bitte stets angeben:

| | |
|---|---|
| **Rechnungs-Nr.** | B 421897 |
| **Kunden-Nr.** | 24 005 |
| **Datum** | 08.08.20.. |

**Ihre Mängelrüge**
**Gutschrift-Nr. 846/20..**

Sehr geehrte Damen und Herren,

wie mit Ihrer Frau Kibat am 06.08.20.. telefonisch vereinbart, erteilen wir Ihnen folgende Gutschriften:

| | |
|---|---|
| 1. für die zurückgesandten 2 Kartons (à 60 Stück) Aktenordner Büro, Rückenbreite 80 mm (Bestell-Nr. 739) | 108,00 € |
| 2. für den reklamierten Mangel am Geschäftstresor BSG, Sicherheitsstufe B (Bestell-Nr. 8479) 10 % Preisnachlass vom Nettoverkaufspreis | 97,00 € |
| | 205,00 € |
| + 19 % USt | 38,95 € |
| | 243,95 € |

Buchen Sie bitte entsprechend.

*Hinweise:* Die Aktenordner Büro wurden bei Rechnungseingang als Sofortaufwand gebucht. Der Geschäftstresor BSG wurde bei Rechnungseingang im „Sammelposten BGA Jahr 1“ buchhalterisch erfasst.

4 (Zu Beleg 1, 2, 3 und 4 der Aufgabe 3) Die Anschaffung der Produktionshalle erfolgt im März 20.. . Das Grundstück der Produktionshalle umfasst 680 $m^2$. Beim Katasteramt Hannover (Bodenrichtwertauskunft) wird in Erfahrung gebracht, dass sich der $m^2$-Preis des Grundstücks auf 230,00 € beläuft.

a) Ermitteln Sie die Anschaffungskosten.
b) Errechnen Sie den Abschreibungsbetrag für die Produktionshalle im Anschaffungsjahr (Abschreibungsprozentsatz 2 %) und nennen Sie den entsprechenden Abschreibungsbuchungssatz.

5 (Zu Beleg 6, 7 und 8 der Aufgabe 3) Der Kaufpreis der Schaftmaschine PD 3 beträgt 210.000,00 €. Preisnachlässe (Rabatt, Skonto, Bonus) werden auf die Schaftmaschine PD 3 nicht gewährt. Die Anschaffung erfolgt im Juni 20.. .

a) Ermitteln Sie die Anschaffungskosten.
b) Errechnen Sie den Abschreibungsbetrag für die Schaftmaschine PD 3 im Anschaffungsjahr (Nutzungsdauer gemäß AfA-Tabelle: 12 Jahre, lineare Abschreibung) und nennen Sie den entsprechenden Abschreibungsbuchungssatz.


6350300

6 Die Textilfabrik Konrad Fied KG kauft am 05.03.20.. eine innerbetriebliche Transportanlage zum Listenpreis von 180.000,00 € (netto). Der Lieferant gewährt einen Rabatt von 10 %.
An die mit dem Transport beauftragte Spedition werden 3.570,00 € (einschließlich 19 % Umsatzsteuer) gezahlt.
Mit dem Einbau der Transportanlage wird eine Montagefirma beauftragt, die für ihre Arbeitsleistung 2.380,00 € (einschließlich 19 % Umsatzsteuer) erhält.

a) Ermitteln Sie die Anschaffungskosten der Transportanlage.
b) Buchen Sie jeweils die Eingangsrechnungen (Zahlungsausgleich ist noch nicht erfolgt.) der Lieferfirma, der Spedition und der Montagefirma (3 Einzelbuchungen).

7[1] Die Textilfabrik Konrad Fied KG (Fortsetzung der Aufgabe 6) nimmt zur Finanzierung der innerbetrieblichen Transportanlage ein Darlehen über 120.000,00 € auf (100 % Auszahlung).
Nach der Darlehensaufnahme wird die Rechnung an die Lieferfirma (unter Abzug von 2 % Skonto), die Rechnung an die Spedition (ohne Abzug) und die Rechnung an die Montagefirma (unter Abzug von 3 % Skonto) beglichen.

a) Ermitteln Sie die Anschaffungskosten der Transportanlage, die sich nun ergeben.
b) Buchen Sie
   - die Aufnahme des Darlehens,
   - das Begleichen der Rechnung der Lieferfirma,
   - das Begleichen der Rechnung der Spedition und
   - das Begleichen der Rechnung der Montagefirma.

   (Alle Zahlungen werden über das Bankkonto abgewickelt.)
c) Die Transportanlage wird linear mit 10 % abgeschrieben. Nennen Sie den Abschreibungsbuchungssatz für das Anschaffungsjahr.

8 Wir kaufen am 16.04.20.. einen Lkw zu einem Listenpreis von 150.000,00 € (netto).
Das Autohaus berechnet uns 1.547,00 € (einschließlich 19 % Umsatzsteuer) für die Überführung des Lkw. Auf den Listenpreis werden uns 5 % Rabatt gewährt. Bei der Zulassungsstelle zahlen wir für den Lkw 75,00 €. Im Anschaffungsjahr betragen Kfz-Versicherung 1.600,00 € und Kfz-Steuer 1.400,00 €.

a) Ermitteln Sie die Anschaffungskosten.
b) Nennen Sie die Buchungssätze
   - für die Rechnung des Autohauses (Zahlungsausgleich ist noch nicht erfolgt.),
   - für die Barzahlung der Zulassungskosten und
   - für die Zahlung der Kfz-Versicherung und der Kfz-Steuer (Banküberweisung).

9[1] Wir begleichen die Rechnung des Autohauses (Fortsetzung der Aufgabe 8) unter Abzug von 2 % Skonto per Banküberweisung.

a) Ermitteln Sie die Anschaffungskosten des Lkw.
b) Nennen Sie den Buchungssatz für das Begleichen der Rechnung.
c) Der Lkw wird linear mit 12,5 % (vom Finanzamt anerkannt) abgeschrieben. Nennen Sie den Abschreibungsbuchungssatz für das Anschaffungsjahr.

### 3.4.10.2 Die Herstellung eigengenutzter Sachanlagegüter (aktivierungspflichtige Eigenleistungen)

Eigengenutzte Sachanlagegüter können auch im eigenen Betrieb hergestellt werden.

**Beispiele**

Ein Autohersteller produziert die eigenen Geschäftsfahrzeuge selbst.
Ein Bauunternehmen erstellt das eigene Verwaltungsgebäude.
Ein Möbelhersteller stattet die eigenen Geschäftsräume mit selbst erstellten Möbeln aus.

1 erweiterte Aufgabe!

**Derartige innerbetriebliche Eigenleistungen sind zu Herstellungskosten zu aktivieren[1].**

„Herstellungskosten sind Aufwendungen, die durch den Verbrauch von Gütern und die Inanspruchnahme von Diensten für die Herstellung eines Vermögensgegenstandes [...] entstehen.“ (§ 255 Abs. 2 Satz 1 HGB)

**Beispiel**

Eine Maschinenfabrik stellt eine eigengenutzte Produktionsanlage selbst her.

An Aufwendungen (Aufwendungen für Rohstoffe, Aufwendungen für Hilfsstoffe, Löhne, Arbeitgeberanteil zur Sozialversicherung usw.) sind in der Geschäftsbuchführung hierfür insgesamt 120.000,00 € gebucht worden.

| **Buchungssätze für die bei der Herstellung der Produktionsanlage angefallenen Aufwendungen (grob vereinfacht)** | Soll | Haben |
|---|---|---|
| Div. Konten der Kontenklasse 6 (Betriebliche Aufwendungen) | 120.000,00 | |
| an Diverse Konten der Kontengruppe 28 (Flüssige Mittel) | | 120.000,00 |

| **Buchungssatz für die Aktivierung der innerbetrieblichen Eigenleistung** | Soll | Haben |
|---|---|---|
| 0700 TA und Maschinen | 120.000,00 | |
| an 5300 Aktivierte Eigenleistungen[2] | | 120.000,00 |

Auf das GuV-Konto und das Schlussbilanzkonto haben die vorgenommenen Buchungen folgende Auswirkungen:

| S | 8020 GuV-Konto | | H |
|---|---|---|---|
| 6... | + 120.000,00 | 5300 | + 120.000,00 |

| S | 8010 Schlussbilanzkonto | H |
|---|---|---|
| 0700 | + 120.000,00 | |
| 28.. | – 120.000,00 | |

Die vorgenommenen Buchungen sind **erfolgsneutral:**

1. Im GuV-Konto **gleichen sich** die zusätzlich gebuchten Aufwendungen (= 6..., diverse Konten der Kontenklasse 6 im Soll) und Erträge (= „5300 Aktivierte Eigenleistungen“ im Haben) aus.
2. Das Schlussbilanzkonto weist einen **Aktivtausch** auf:
   einerseits die Zunahme des Kontos „0700 TA und Maschinen“ um + 120.000,00 €,
   andererseits die Abnahme der Kontengruppe „28 Flüssige Mittel“ um – 120.000,00 €.

Die Herstellung eigengenutzter Anlagegüter kann sich auch über mehrere Geschäftsjahre erstrecken.

**Beispiel**

In einem Bauunternehmen erstreckt sich der Bau des eigenen Verwaltungsgebäudes auf 2 Jahre. Im 1. Jahr fallen dafür 250.000,00 € Herstellungskosten an, im 2. Jahr 600.000,00 €.

| **Buchung der aktivierungspflichtigen Eigenleistung im 1. Jahr** | Soll | Haben |
|---|---|---|
| 0950 Anlagen im Bau | 250.000,00 | |
| an 5300 Aktivierte Eigenleistungen[2] | | 250.000,00 |

| **Buchung nach der Fertigstellung des Verwaltungsgebäudes im 2. Jahr** | Soll | Haben |
|---|---|---|
| 0540 Verwaltungsgebäude | 850.000,00 | |
| an 0950 Anlagen im Bau | | 250.000,00 |
| an 5300 Aktivierte Eigenleistungen[2] | | 600.000,00 |

1 auf der Aktivseite der Bilanz als Anlagegüter auszuweisen   2 = Ertragskonto

**Zusammenfassung**

1. **Selbst hergestellte eigengenutzte Sachanlagegüter werden nach ihrer Fertigstellung zu Herstellungskosten aktiviert.**
2. **Die Buchungen für die Herstellung der eigengenutzten Sachanlagegüter (innerbetriebliche Eigenleistungen) sind insgesamt erfolgsneutral. Die zu buchenden Aufwendungen und Erträge heben sich gegeneinander auf, neutralisieren sich also.**

## Aufgaben

**1** Ein Bauunternehmen erstellt sein Verwaltungsgebäude selbst. Im September des Betrachtungsjahres ist das Verwaltungsgebäude komplett fertig. Das Bauunternehmen ermittelt dafür Herstellungskosten in Höhe von 450.000,00 €. Auf dem Immobilienmarkt wäre für das Verwaltungsgebäude ein Preis von 600.000,00 € erzielbar.

a) Begründen Sie, weshalb eine aktivierungspflichtige Eigenleistung vorliegt.
b) Mit welchem Wert ist das selbst erstellte Verwaltungsgebäude zu aktivieren?
c) Nennen Sie die Buchungssätze für die bei der Herstellung des Verwaltungsgebäudes angefallenen Aufwendungen (grob vereinfacht) und für die Aktivierung der Eigenleistung.
d) Erklären Sie anhand des GuV-Kontos und des Schlussbilanzkontos, wie sich die Aktivierung des selbst erstellten Verwaltungsgebäudes auf das Ergebnis auswirkt.
e) Nennen Sie den Buchungssatz für die lineare Abschreibung im Herstellungsjahr bei einem Abschreibungssatz von 4 %.

**2** Eine Maschinenfabrik erstellt im Mai des Betrachtungsjahres 2 Spezialwerkzeuge für die eigene Nutzung. Die Herstellungskosten für das Spezialwerkzeug 1 betragen 1.280,00 €, der Nettoverkaufspreis für das Spezialwerkzeug 1 würde 1.600,00 € betragen. Für Spezialwerkzeug 2 betragen die Herstellungskosten 400,00 €, der Nettoverkaufspreis 580,00 €.
Die betriebsgewöhnliche Nutzungsdauer beläuft sich für beide Spezialwerkzeuge auf 5 Jahre.

a) Nennen Sie den Buchungssatz für die Aktivierung des Spezialwerkzeuges 1.
b) Nennen Sie den Buchungssatz für die Aktivierung des Spezialwerkzeuges 2.
c) Nennen Sie den Buchungssatz für die lineare Abschreibung von Spezialwerkzeug 1 im Herstellungsjahr.
d) Nennen Sie den Buchungssatz für die Abschreibung von Spezialwerkzeug 2 im Herstellungsjahr (bei größtmöglicher Minderung des steuerpflichtigen Gewinns).

**3** Ein Automobilhersteller entnimmt am 18. Jan. des Betrachtungsjahres der Montageabteilung des eigenen Werkes 5 Pkws, die im eigenen Vertrieb eingesetzt werden sollen.

| | |
|---|---|
| Herstellungskosten pro Pkw: | 20.000,00 € |
| Nettoverkaufspreis pro Pkw: | 26.000,00 € |
| Betriebsgewöhnliche Nutzungsdauer: | 6 Jahre |

a) Nennen Sie den Buchungssatz für die Entnahme der 5 Pkws.
b) Nennen Sie den Buchungssatz für die lineare Abschreibung der 5 Pkws im Herstellungsjahr.

**4** In einem Bauunternehmen erstreckt sich der Bau einer eigenen Lagerhalle auf 2 Jahre. Im 1. Jahr fallen dafür 100.000,00 € Herstellungskosten an, im 2. Jahr 180.000,00 €.

a) Wie ist die aktivierungspflichtige Eigenleistung im 1. Jahr zu buchen?
b) Wie ist nach der Fertigstellung der Lagerhalle im 2. Jahr zu buchen?

## 3.4.11 Der Verkauf gebrauchter Sachanlagegüter

### 3.4.11.1 Die buchhalterische Erfassung eines Buchgewinns/Buchverlustes beim Verkauf gebrauchter Sachanlagegüter

Gebrauchte Anlagegüter[1] können 1. zum Buchwert, 2. über Buchwert oder 3. unter Buchwert verkauft werden.

Beim Verkauf über Buchwert bzw. unter Buchwert ergibt sich ein **Buchgewinn** bzw. **Buchverlust.**

**Beispiel**[2]

Am 5. Mai verkaufen wir einen gebrauchten Pkw gegen Bankscheck.

| | |
|---|---|
| Buchwert am 1. Jan. | 12.000,00 € |
| – Abschreibung vom 1. Jan. bis 31. Mai[3] | 1.500,00 € |
| Restbuchwert am 5. Mai | 10.500,00 € |

**Fall a) Verkauf über Buchwert**

| | |
|---|---|
| Nettoverkaufspreis | 15.000,00 € |
| + 19 % Umsatzsteuer | 2.850,00 € |
| Bruttoverkaufspreis | 17.850,00 € |

Es ergibt sich folgender Buchgewinn:

| | |
|---|---|
| Nettoverkaufspreis | 15.000,00 € |
| – Restbuchwert am 5. Mai | 10.500,00 € |
| Buchgewinn | 4.500,00 € |

Der Buchgewinn wird auf dem Konto „5460 Erträge aus dem Abgang von VG“ ausgewiesen.

| **1. Buchung der Abschreibung** | Soll | Haben |
|---|---|---|
| 6520 Abschreibungen auf Sachanlagen | 1.500,00 | |
| an 0840 Fuhrpark | | 1.500,00 |

| **2. Buchung des Verkaufserlöses** | Soll | Haben |
|---|---|---|
| 2800 Guthaben bei Kreditinstituten (Bank) | 17.850,00 | |
| an 5410 Sonstige Erlöse | | 15.000,00 |
| an 4800 Umsatzsteuer | | 2.850,00 |

| **3. Ausbuchung des Restbuchwertes und Erfassung des Buchgewinns** | Soll | Haben |
|---|---|---|
| 5410 Sonstige Erlöse | 15.000,00 | |
| an 0840 Fuhrpark | | 10.500,00 |
| an 5460 Erträge aus dem Abgang von VG | | 4.500,00 |

1 Ein Sonderfall liegt vor, wenn gebrauchte Anlagegüter aus dem Jahressammelposten (Wirtschaftsgüter ab 150,01 € bis 1.000,00 €) verkauft werden. Hier wird nur der Verkaufserlös gebucht. Die jährlichen Abschreibungen erfolgen unverändert vom Jahressammelposten (siehe Kapitel 3.4.6).

2 Hier ist die Nettomethode dargestellt. Die Darstellung der Bruttomethode erfolgt in Hermsen, Rechnungswesen der Industrie – IKR, Winklers, Braunschweig, Kapitel 2.4.11.

3 hier: Abschreibung bis einschließlich Monat der Veräußerung (vgl. Kapitel 3.4.4)

**Fall b) Verkauf unter Buchwert**

(Buchwert und Abschreibung des gebrauchten Pkw wie vorstehend)

| | |
|---|---|
| Nettoverkaufspreis | 8.500,00 € |
| + 19 % Umsatzsteuer | 1.615,00 € |
| Bruttoverkaufspreis | 10.115,00 € |

Es ergibt sich folgender Buchverlust:

| | |
|---|---|
| Nettoverkaufspreis | 8.500,00 € |
| – Restbuchwert am 5. Mai | 10.500,00 € |
| Buchverlust | 2.000,00 € |

Der Buchverlust wird auf dem Konto „6960 Verluste aus dem Abgang von VG“ ausgewiesen.

| **1. Buchung der Abschreibung** | Soll | Haben |
|---|---|---|
| 6520 Abschreibungen auf Sachanlagen | 1.500,00 | |
| an 0840 Fuhrpark | | 1.500,00 |

| **2. Buchung des Verkaufserlöses** | Soll | Haben |
|---|---|---|
| 2800 Guthaben bei Kreditinstituten (Bank) | 10.115,00 | |
| an 5410 Sonstige Erlöse | | 8.500,00 |
| an 4800 Umsatzsteuer | | 1.615,00 |

| **3. Ausbuchung des Restbuchwertes und Erfassung des Buchverlustes** | Soll | Haben |
|---|---|---|
| 5410 Sonstige Erlöse | 8.500,00 | |
| 6960 Verluste aus dem Abgang von VG | 2.000,00 | |
| an 0840 Fuhrpark | | 10.500,00 |

Zusammenfassung

**Fall a) Verkauf über Buchwert**

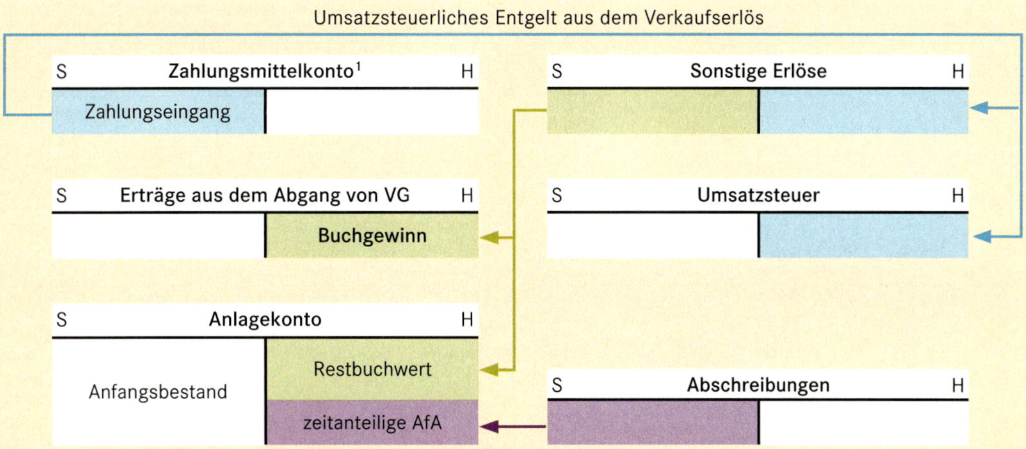


1 z. B. „Guthaben bei Kreditinstituten (Bank)“

**Fall b) Verkauf unter Buchwert**

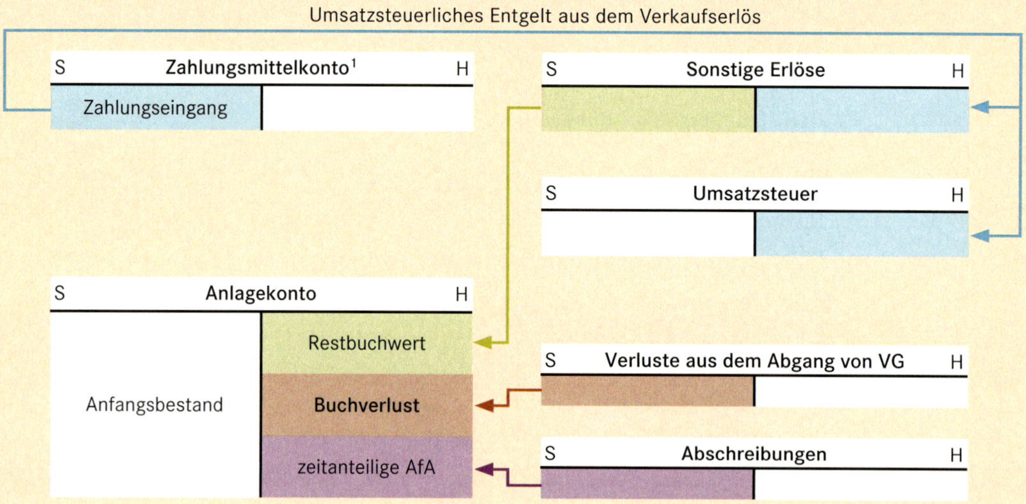


### 3.4.11.2 Die Inzahlunggabe gebrauchter Sachanlagegüter

Häufig werden beim Kauf neuer Anlagegüter die zu ersetzenden gebrauchten Anlagegüter in Zahlung gegeben. In diesem Fall ist der Bruttoverkaufspreis des gebrauchten Anlagegutes gegen den Bruttoeinkaufspreis des neuen Anlagegutes zu verrechnen.

**Beispiel**

Wir kaufen am 19. Sept. einen neuen Pkw und geben unseren gebrauchten Pkw in Zahlung.

| | | |
|---|---|---|
| Nettoeinkaufspreis, neuer Pkw | | 40.000,00 € |
| + 19 % Umsatzsteuer | | 7.600,00 € |
| | | 47.600,00 € |
| Nettoverkaufspreis, gebrauchter Pkw | 10.000,00 € | |
| + 19 % Umsatzsteuer | 1.900,00 € | – 11.900,00 € |
| Restzahlung einschl. 19 % Umsatzsteuer (Banküberweisung) | | 35.700,00 € |
| Buchwert des gebrauchten Pkw am 1. Jan. | | 8.000,00 € |
| – Abschreibung vom 1. Jan. bis 31. Aug.[2] | | 1.600,00 € |
| Restbuchwert am 19. Sept. | | 6.400,00 € |

| **1. Anschaffung des neuen Pkw** | Soll | Haben |
|---|---|---|
| 0840 Fuhrpark | 40.000,00 | |
| 2600 Vorsteuer | 7.600,00 | |
| an 4400 Verbindlichkeiten a. LL | | 47.600,00 |

| **2. Abschreibung des gebrauchten Pkw für den Zeitraum vom 1. Jan. bis 31. Aug.** | Soll | Haben |
|---|---|---|
| 6520 Abschreibungen auf Sachanlagen | 1.600,00 | |
| an 0840 Fuhrpark | | 1.600,00 |

1 z. B. „Guthaben bei Kreditinstituten (Bank)“

2 hier: Abschreibung bis zum Monat, der der Veräußerung vorausgeht (vgl. Kapitel 3.4.4)

| 3. Rechnungsausgleich | Soll | Haben |
|---|---|---|
| 4400 Verbindlichkeiten a. LL | 47.600,00 | |
| an 5410 Sonstige Erlöse | | 10.000,00 |
| an 4800 Umsatzsteuer | | 1.900,00 |
| an 2800 Guthaben bei Kreditinstituten (Bank) | | 35.700,00 |

| 4. Ausbuchung des Restbuchwertes und Erfassung des Buchgewinns | Soll | Haben |
|---|---|---|
| 5410 Sonstige Erlöse | 10.000,00 | |
| an 0840 Fuhrpark | | 6.400,00 |
| an 5460 Erträge aus dem Abgang von VG | | 3.600,00 |

Das Verbindlichkeitenkonto dient bei den Buchungen 1. und 3. als Verrechnungskonto.

## Aufgaben

1–3: Verkauf gebrauchter Sachanlagegüter
4 u. 5: Verkauf gebrauchter Sachanlagegüter mit Auflösung von Wertberichtigungen
6–10: Inzahlunggabe gebrauchter Sachanlagegüter

**1** Wir verkaufen am 9. Sept. einen gebrauchten Pkw gegen Bankscheck. Nach der zeitanteiligen Abschreibung beträgt der Buchwert dieses Pkw am 9. Sept. 5.000,00 €. Wir erzielen einen Verkaufspreis von

a) 5.950,00 € (5.000,00 € netto + 950,00 € Umsatzsteuer),
b) 8.330,00 € (7.000,00 € netto + 1.330,00 € Umsatzsteuer),
c) 3.570,00 € (3.000,00 € netto + 570,00 € Umsatzsteuer).

Nennen Sie die Buchungssätze.
Buchen Sie auf den entsprechenden Hauptbuchkonten und auf dem Abschlusskonto „8020 GuV".

**2** Nennen Sie die Buchungssätze.

1. Zielkauf einer technischen Anlage (Konto: 0720) ........................ 300.000,00 €
   + 19 % Umsatzsteuer .............................................. 57.000,00 €
2. Die obige Rechnung über den Kauf der technischen Anlage wird abzüglich 2 % Skonto durch Banküberweisung beglichen.
3. Nach einigen Jahren wird die technische Anlage (Buchwert 20.000,00 €) für
   a) 17.850,00 € (einschließlich 19 % Umsatzsteuer),
   b) 5.950,00 € (einschließlich 19 % Umsatzsteuer),
   c) 26.180,00 € (einschließlich 19 % Umsatzsteuer)
   gegen Bankscheck verkauft.
   Die anteilige Abschreibung des laufenden Jahres beträgt 5.000,00 €.

**3** Wir verkaufen eine gebrauchte Verpackungsmaschine am 5. Aug.[1] d. J. gegen Bankscheck für

a) 31.832,50 € (einschließlich 19 % Umsatzsteuer),
b) 21.420,00 € (einschließlich 19 % Umsatzsteuer),
c) 35.700,00 € (einschließlich 19 % Umsatzsteuer).

Der Buchwert der Verpackungsmaschine beträgt am 1. Jan. d. J. 32.000,00 €.
Die Verpackungsmaschine wird mit 9.000,00 € jährlich linear abgeschrieben. →

1 hier: Abschreibung bis zum Monat, der der Veräußerung vorausgeht (vgl. Kapitel 3.4.4)

Nennen Sie die Buchungssätze
- für die zeitanteilige Abschreibung im Verkaufsjahr und
- für den Verkauf der Verpackungsmaschine (gegen Bankscheck).

4 In der Anlagenbuchführung sind für 3 Pkws folgende Anschaffungswerte und Wertberichtigungen festgehalten:
1. Pkw: Anschaffungswert 35.000,00 €; Wertberichtigung 20.000,00 €
2. Pkw: Anschaffungswert 30.000,00 €; Wertberichtigung 25.000,00 €
3. Pkw: Anschaffungswert 32.000,00 €; Wertberichtigung 22.000,00 €

Die Pkws werden gegen Bankscheck verkauft. Es werden folgende Verkaufserlöse erzielt:
1. Pkw: 17.000,00 € + 3.230,00 € Umsatzsteuer
2. Pkw: 5.000,00 € + 950,00 € Umsatzsteuer
3. Pkw: 8.000,00 € + 1.520,00 € Umsatzsteuer

Bilden Sie die Buchungssätze für die Auflösung der Wertberichtigung und für den Verkauf (für jeden Pkw getrennt).

5 Eine Büromaschine mit einem Anschaffungswert von 30.000,00 €, auf die eine Wertberichtigung von 25.000,00 € gebildet wurde, wird gegen Bankscheck
1. für 5.000,00 € + 950,00 € Umsatzsteuer,
2. für 6.000,00 € + 1.140,00 € Umsatzsteuer,
3. für 3.500,00 € + 665,00 € Umsatzsteuer

verkauft.
Wie lauten die Buchungssätze für die Auflösung der Wertberichtigung und den Verkauf?

6 Wir kaufen am 10. März eine neue EDV-Anlage und geben unsere gebrauchte EDV-Anlage in Zahlung.

| | | |
|---|---|---|
| Nettoeinkaufspreis, neue EDV-Anlage | | 6.000,00 € |
| + 19 % Umsatzsteuer | | 1.140,00 € |
| | | 7.140,00 € |
| Nettoverkaufspreis (Inzahlunggabe), gebrauchte EDV-Anlage | 2.000,00 € | |
| + 19 % Umsatzsteuer | 380,00 € | |
| | | - 2.380,00 € |
| Restzahlung per Banküberweisung, einschl. 19 % Umsatzsteuer | | 4.760,00 € |
| Buchwert der gebrauchten EDV-Anlage am 1. Jan. | | 1.500,00 € |
| jährliche Abschreibung | | 600,00 € |

Nennen Sie die erforderlichen Buchungssätze
a) für den Kauf der neuen EDV-Anlage (über das Verbindlichkeitenkonto),
b) für die anteilige Abschreibung der gebrauchten EDV-Anlage[1],
c) für den Rechnungsausgleich (Banküberweisung) und
d) für die Ausbuchung des Restbuchwertes der gebrauchten EDV-Anlage.

7 Wie lauten die Buchungssätze von Aufgabe 6 c) und 6 d), wenn die gebrauchte EDV-Anlage für 595,00 € (500,00 € netto + 95,00 € Umsatzsteuer) in Zahlung gegeben wird?

8 Am 8. Aug. kaufen wir einen neuen Pkw für 41.650,00 € (35.000,00 € netto + 6.650,00 € Umsatzsteuer). Unseren alten Pkw geben wir für 9.520,00 € (8.000,00 € netto + 1.520,00 € Umsatzsteuer) in Zahlung. Die Restzahlung von 32.130,00 € nehmen wir per Banküberweisung vor.
Der Buchwert des alten Pkw betrug am Geschäftsjahresanfang 6.000,00 € (13.000,00 €). Die lineare jährliche Abschreibung beläuft sich auf 4.800,00 €.

1 hier: Abschreibung bis einschließlich Monat der Veräußerung (vgl. Kapitel 3.4.4)



6350308

Nennen Sie die Buchungssätze
a) für den Kauf des neuen Pkw (über das Verbindlichkeitenkonto),
b) für die anteilige Abschreibung des alten Pkw[1],
c) für den Rechnungsausgleich (Banküberweisung) und
d) für die Ausbuchung des Restbuchwertes des gebrauchten Pkw.

9 Ein Pkw wird für 25.000,00 € + 4.750,00 € Umsatzsteuer gekauft.
Ein gebrauchter Pkw, der einen Anschaffungswert von 20.000,00 € hatte und für den eine Wertberichtigung in Höhe von 17.000,00 € gebildet wurde, wird für 5.000,00 € + 950,00 € Umsatzsteuer in Zahlung gegeben.
Der Restbetrag wird durch Banküberweisung beglichen.
Nennen Sie die Buchungssätze
a) für den Kauf des neuen Pkw über das Verbindlichkeitenkonto,
b) für die Auflösung der Wertberichtigung des gebrauchten Pkw,
c) für den Rechnungsausgleich (Banküberweisung) und
d) für die Ausbuchung des Restbuchwertes des gebrauchten Pkw.

10 Sie sind Angestellte(r) der Textilfabrik Konrad Fied KG, Goseriede 41, 30159 Hannover. Die folgenden Belege liegen Ihnen zur Buchung vor.
a) Welche Geschäftsfälle liegen den Belegen zugrunde?
b) Wie lauten die Buchungssätze?

**Beleg 1**

**Autohaus Sauer KG**

Autohaus Sauer KG
Rehbergstraße 24
30173 Hannover
Telefon 0511 3213-0
Telefax 0511 3213-33
Internet: www.sauer-wvd.de
E-Mail: info@sauer-wvd.de

Reg.-Gericht Hannover
HRA 810
St.-Nr. 26 235 86417

Sparkasse Hannover
Konto-Nr. 1 122, BLZ 250 501 80
IBAN DE78 2505 0180 0000 0011 22
BIC SPKHDE2H

Autohaus Sauer KG · Rehbergstr. 24 · 30173 Hannover

Textilfabrik
Konrad Fied KG
Goseriede 41
30159 Hannover

EINGEGANGEN
11. Nov. 20..
Erledigt ....................

**Rechnung**

| Amt. Kennzeichen | Fahrzeugtyp | Fahrzeug-Ident-Nr. | Zul.-Datum | Annahmedatum | km-Stand |
|---|---|---|---|---|---|
| | PKW 230 GT | 902 346 | | | 0 |

| Rechnungs-Nr. | Rechnungsdatum | Ihre Bestellung vom | Unsere Lieferung vom |
|---|---|---|---|
| 4388 | 10.11.20.. | 02.07.20.. | 09.11.20.. |

| Leistungsbezeichnung/Warenbezeichnung | Preis in € |
|---|---|
| 1 Pkw 230 GT<br>fabrikneu, Fahrgestell-Nr. 902 346 | 40.000,00 * |
| + Fracht | 500,00 * |
| | 40.500,00 ** |
| + 19 % USt | 7.695,00 * |
| Rechnungsbetrag | 48.195,00 ** |
| Zahlungsziel:<br>4 Wochen nach Erhalt der Rechnung | |

→

1 hier: Abschreibung bis zum Monat, der der Veräußerung vorausgeht (vgl. Kapitel 3.4.4)

**Beleg 2**

Konrad Fied KG

| Buchungsdatum | Beleg-Nr. |
|---|---|
| 13.11.20.. | 3872 |

**Buchungsanweisung**

Anteilige Jahresabschreibung Pkw 300 SL (662 966).
Abschreibung bis einschl. Oktober 20.. .
10/12 von 16 2/3 % aus 72.000,00 € 10.000,00 €

*Hinweis:* Der Buchwert des Pkw 300 SL (662 966) beträgt (vor der Abschreibung im Abgangsjahr) laut Anlagendatei 24.000,00 €.

Zum Rechnungsausgleich sind Beleg 3 und Beleg 4 in einem Buchungssatz zu erfassen. Zusätzlich ist die Ausbuchung des Restbuchwertes mit der Erfassung des Buchgewinns/Buchverlustes vorzunehmen.

**Beleg 3**

Konrad Fied KG

| Buchungsdatum | Beleg-Nr. |
|---|---|
| 10.12.20.. | 3873 |

**Buchungsanweisung**

Abgangsmeldung an die Anlagenbuchhaltung.
Wir gaben den Pkw 300 SL (662 966) der Sauer KG am 12. Nov. 20..
in Zahlung zum Preis von 12.000,00 €
+19 % USt 2.280,00 €

**Beleg 4**

Hannoversche Volksbank eG

BLZ 251 900 01

| Kontonummer | erstellt am | Auszug | Blatt |
|---|---|---|---|
| 12 345 | 12.12.20.. | 95 | 1/1 |

**Kontoauszug**

| Bu.-Tag | Wert | Vorgang | |
|---|---|---|---|
| | | alter Kontostand | 70.000,00 + |
| 08.12. | 08.12. | SB-Überweisung, Sauer KG, R.-Nr. 3612, R.-Datum 10.11.20.. | 33.915,00 – |
| | | neuer Kontostand vom 12.12.20.. | 36.085,00 + |

Textilfabrik
Konrad Fied KG
Goseriede 41
30159 Hannover

USt-IdNr.: DE 115 648 359
IBAN: DE73 2519 0001 0000 0123 45 BIC: VOHADE2H

**Beleg 5**

Konrad Fied KG

| Buchungsdatum | Beleg-Nr. |
|---|---|
| 30.12.20.. | 4219 |

**Buchungsanweisung**

Anteilige Jahresabschreibung Pkw 230 GT (902 346).
Abschreibung für 2 Monate.
2/12 von 16 2/3 % aus 40.500,00 € 1.125,00 €

# 4 STATISTIK

Die **Betriebsstatistik** gehört neben der **Buchführung,** der **Kostenrechnung** und der **Planungsrechnung** zum betrieblichen Rechnungswesen. Sie sammelt Zahlenmaterial aus allen betrieblichen Bereichen, vergleicht es und wertet es aus.

Es gibt betriebliche Produktionsstatistiken, Kostenstatistiken, Lagerstatistiken, Personalstatistiken, Einkaufsstatistiken, Verkaufsstatistiken, Werbestatistiken usw.

Neben den reinen Betriebsstatistiken werden in den Unternehmen auch **volkswirtschaftliche Statistiken** geführt, die unternehmerische Entscheidungen unterstützen.

Hierzu gehören z. B. Statistiken über die Wertpapierbörsen, die Devisenbörsen, die Einkommensverteilung, den Bevölkerungsaufbau, die Geburtenentwicklung usw.

Die grafische Darstellung von Statistiken ist besonders anschaulich.

## 4.1 Grafische Darstellungsformen

Man unterscheidet bei den grafischen Darstellungen
1. Stab-, Säulen- und Kurvendiagramme, 2. Flächendiagramme und 3. Bildstatistiken.

### 4.1.1 Stab-, Säulen- und Kurvendiagramme

Bei Stab-, Säulen- und Kurvendiagrammen werden statistische Zusammenhänge in einem Koordinatensystem veranschaulicht.

Auf der x-Achse (Abszisse) werden statistische Merkmale (z. B. Zeitpunkte) und auf der y-Achse (Ordinate) statistische Zahlenwerte (z. B. Umsätze) abgetragen.

**Beispiel**

Ein Industriebetrieb weist für das vergangene Geschäftsjahr folgende Personalentwicklung (Lohnempfänger) auf:

| Jan. | Febr. | März | April | Mai | Juni | Juli | Aug. | Sept. | Okt. | Nov. | Dez. |
|---|---|---|---|---|---|---|---|---|---|---|---|
| 710 | 718 | 735 | 748 | 752 | 722 | 708 | 705 | 725 | 738 | 742 | 719 |

Jahresdurchschnitt: 727

**Darstellung der Personalentwicklung in Form eines Stabdiagramms**

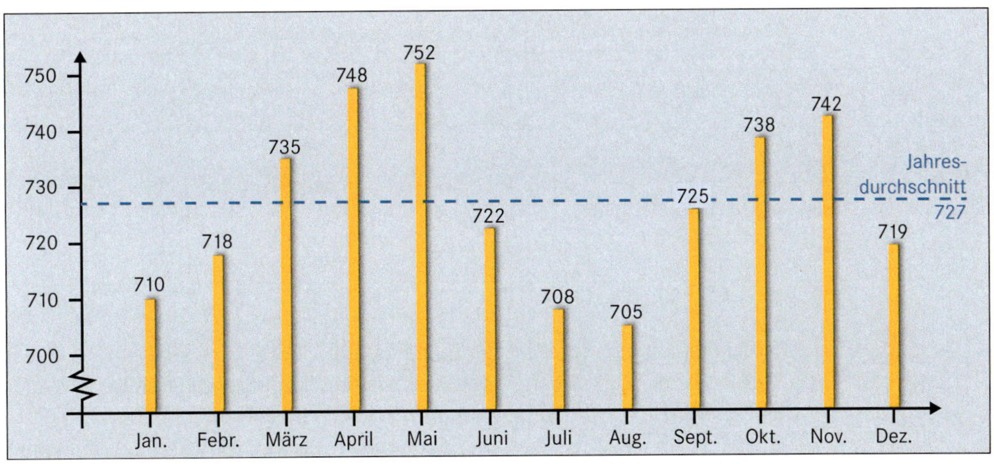

**Darstellung der Personalentwicklung in Form eines Säulendiagramms**

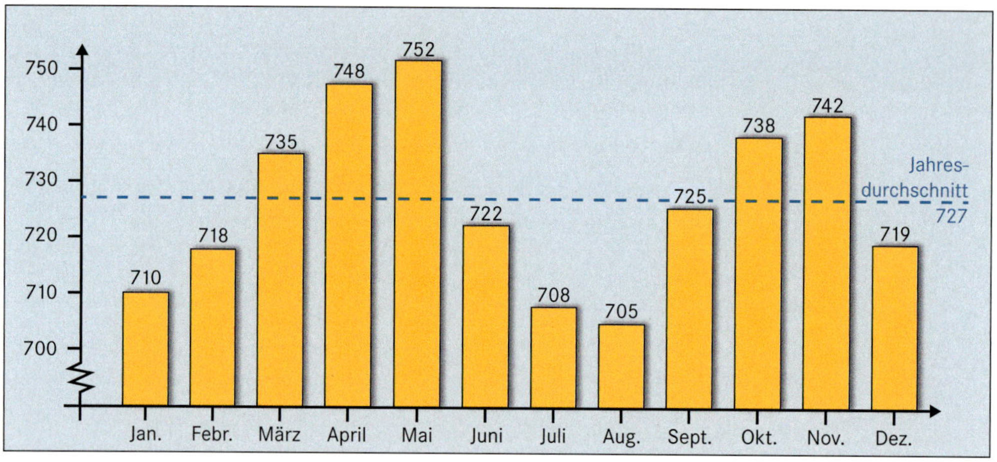


**Darstellung der Personalentwicklung in Form eines Kurvendiagramms**

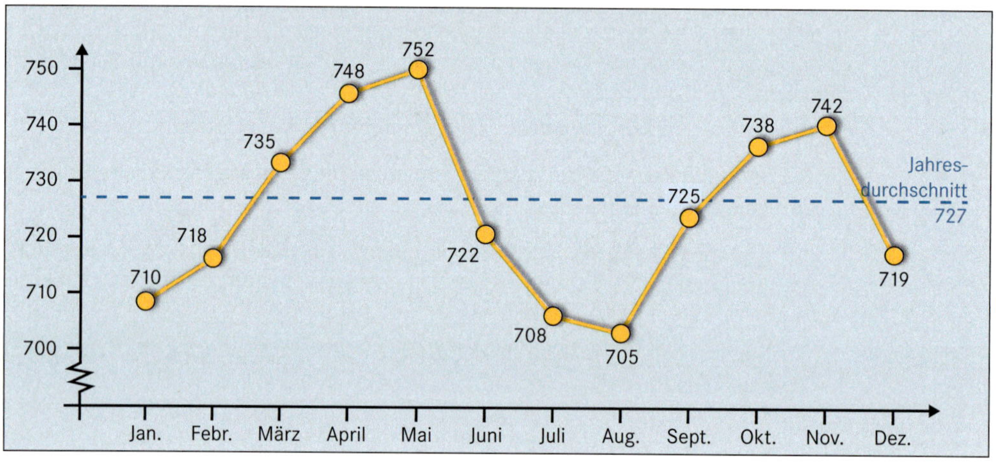


## Aufgaben

1 Der Rohstoffbestand eines Industriebetriebes weist im 1. Halbjahr folgende Entwicklung auf (jeweils Anfangsbestände):

| Monat | Lagerbestand jeweils am 1. des Monats in t |
|---|---|
| Januar | 190 |
| Februar | 210 |
| März | 220 |
| April | 180 |
| Mai | 170 |
| Juni | 200 |
| Juli | 160 |

a) Errechnen Sie den durchschnittlichen Lagerbestand.

b) Stellen Sie die Lagerbestandsentwicklung in einem Stabdiagramm, in einem Säulendiagramm und in einem Kurvendiagramm dar.
Tragen Sie in das jeweilige Diagramm den durchschnittlichen Lagerbestand ein.



6350312

2 Die Materialgemeinkosten eines Industriebetriebes haben sich in den letzten 5 Jahren wie folgt entwickelt (in €):

| | Jahr 1 | Jahr 2 | Jahr 3 | Jahr 4 | Jahr 5 |
|---|---|---|---|---|---|
| Material-gemeinkosten | 597.822,00 | 641.560,00 | 618.589,00 | 719.473,00 | 793.510,00 |

a) Runden Sie die €-Beträge auf volle 10.000,00 € und stellen Sie die Kostenentwicklung grafisch dar (wahlweise Stab-, Säulen- oder Kurvendiagramm).
b) Berechnen Sie die prozentuale Kostenentwicklung (der gerundeten Beträge) gegenüber dem Jahr 1 (die Materialgemeinkosten des Jahres 1 entsprechen 100 %).
Stellen Sie die Prozentzahlen in einer Prozenttabelle zusammen.
c) Stellen Sie die prozentuale Kostenentwicklung grafisch dar (wahlweise Stab-, Säulen- oder Kurvendiagramm).

3 Erstellen Sie aufgrund des folgenden Säulendiagramms eine geeignete Umsatztabelle.

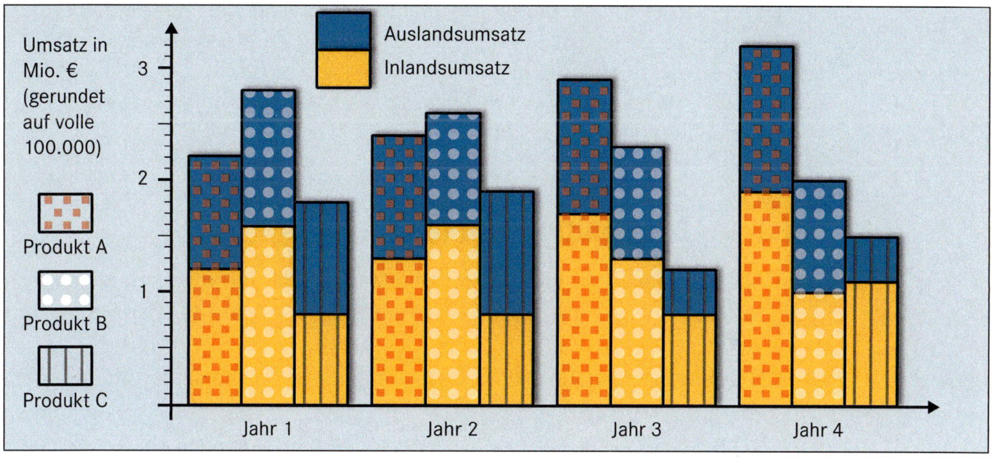


4 Die Mitarbeiterzahl und der Umsatz haben sich in den letzten 5 Jahren wie folgt entwickelt:

| Jahr | 1 | 2 | 3 | 4 | 5 |
|---|---|---|---|---|---|
| **ø Mitarbeiterzahl** | 530 | 560 | 540 | 590 | 620 |
| **Umsatz in Mio. €** | 66,25 | 72,8 | 75,6 | 85,55 | 93,0 |

a) Errechnen Sie für jedes Jahr den „Umsatz pro Kopf".
b) Stellen Sie die Entwicklung des „Umsatzes pro Kopf" in einem Säulendiagramm dar.
c) Wie interpretieren Sie die Entwicklung des „Umsatzes pro Kopf"?

5

| Jahr | 1 | 2 | 3 | 4 |
|---|---|---|---|---|
| **ø Rohstoffbestand in Mio. €** | 16,2 | 17,8 | 17,1 | 18,2 |
| **Rohstoffeinsatz in Mio. €** | 121,5 | 106,8 | 136,8 | 163,8 |

a) Stellen Sie die Lagerbestandsentwicklung in einem Säulendiagramm dar.
b) Errechnen Sie die Lagerumschlagshäufigkeiten und stellen Sie diese in einem Säulendiagramm dar.
c) Errechnen Sie für jedes Jahr die durchschnittliche Lagerdauer und erstellen Sie ein entsprechendes Säulendiagramm.

6 In einer Verkaufsfiliale ergaben sich im Vorjahr für den Monat März folgende durchschnittliche Tagesumsätze:

| Tag | Mo. | Di. | Mi. | Do. | Fr. | Sa. |
|---|---|---|---|---|---|---|
| März (Vorjahr) (T€) | 12 | 14 | 15 | 13 | 16 | 11 |

Im laufenden Geschäftsjahr wurden im März folgende Tagesumsätze registriert:

| Tag | Mo. | Di. | Mi. | Do. | Fr. | Sa. |
|---|---|---|---|---|---|---|
| März, 1. Woche (T€) | 11 | 13 | 12 | 11 | 16 | 9 |
| März, 2. Woche (T€) | 13 | 17 | 14 | 15 | 18 | 13 |
| März, 3. Woche (T€) | 14 | 16 | 16 | 14 | 19 | 12 |
| März, 4. Woche (T€) | 14 | 14 | 14 | 12 | 15 | 10 |

a) Errechnen Sie die durchschnittlichen Tagesumsätze des Monats März für das laufende Geschäftsjahr.
b) Stellen Sie die durchschnittlichen Tagesumsatzzahlen des Monats März für das Vorjahr und für das laufende Geschäftsjahr in einem Säulendiagramm gegenüber.
c) Lösen Sie die Aufgabe b) in einem Kurvendiagramm.
d) Welches Diagramm stellt Ihrer Meinung nach die Vergleichswerte besser gegenüber? Begründen Sie Ihre Meinung.

## 4.1.2 Flächendiagramme

Flächendiagramme sind geeignet zur Darstellung von prozentualen Anteilen an einer Gesamtgröße. Die Veranschaulichung kann durch Rechteckdiagramme oder Kreisdiagramme erfolgen.

**Beispiel**

Das Sortiment A ist mit 40 %, das Sortiment B mit 35 % und das Sortiment C mit 25 % am Umsatz eines Unternehmens beteiligt.

**Darstellung der Umsatzstruktur in Form eines Rechteckdiagramms**

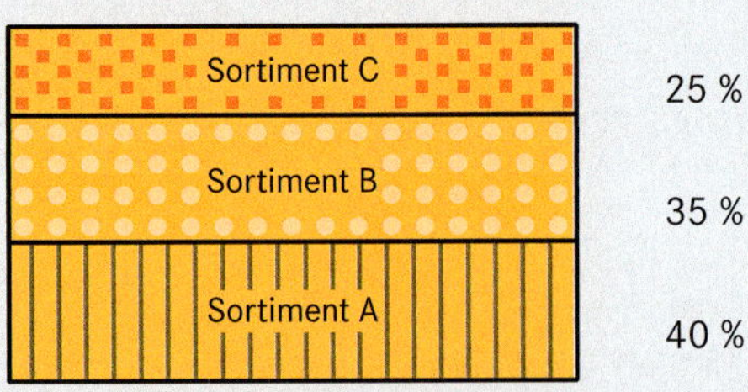


Die Höhe der übereinanderliegenden Flächen bildet den Maßstab.

**Darstellung der Umsatzstruktur in Form eines Kreisdiagramms**

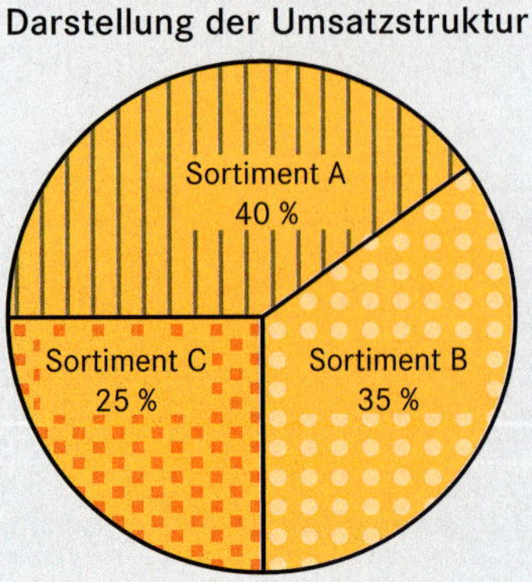


Die Gradanteile der Kreisausschnitte bilden den Maßstab.
Sie werden mit Dreisatz errechnet.
Zum Beispiel für Sortiment A:

$100\,\% \triangleq 360°$

$40\,\% \triangleq x°$

$$x = \frac{360 \cdot 40}{100} = \underline{\underline{144°}}$$

### 4.1.3 Bildstatistiken

Neben den dargebotenen relativ nüchternen Darstellungsformen von Statistiken gibt es noch sogenannte Bildstatistiken. Sie enthalten die oben dargestellten Elemente. Die statistischen Informationen werden dabei für den Nichtfachmann möglichst einfach und bildhaft aufbereitet.

Bildstatistiken erscheinen häufig in Tageszeitungen und Werbezeitschriften.

**Beispiel**

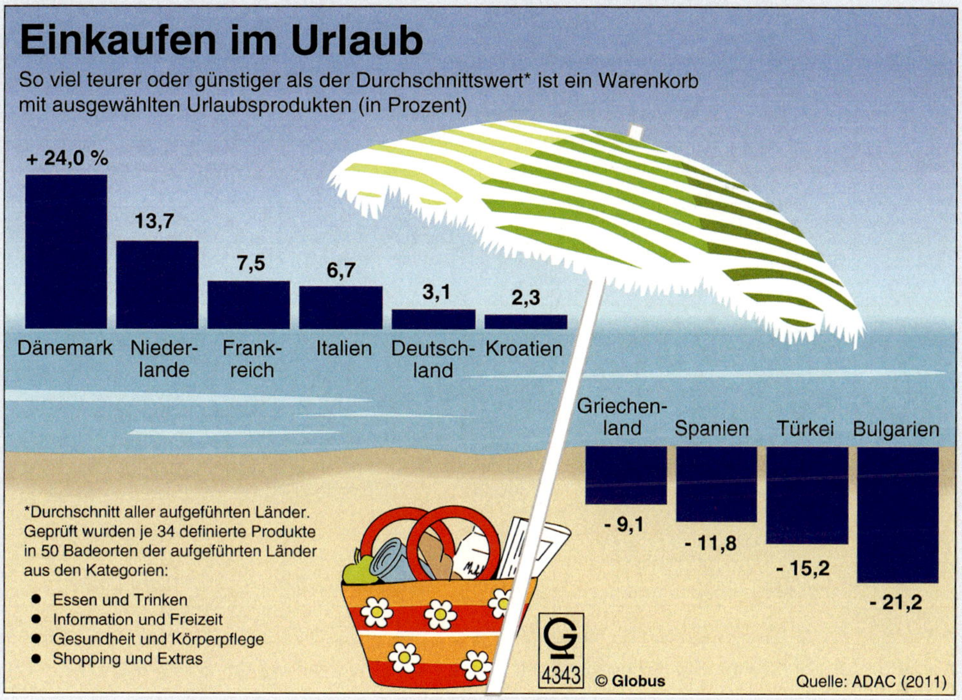


**Aufgaben**

1 Die Werbekosten setzten sich im vergangenen Geschäftsjahr wie folgt zusammen:

| | | | |
|---|---|---|---|
| Fernsehwerbung: | 45 %, | Zeitschriftenwerbung: | 20 %, |
| Rundfunkwerbung: | 25 %, | Plakatwerbung: | 10 %. |

Im laufenden Geschäftsjahr teilt sich der Werbeetat folgendermaßen auf:

| | | | |
|---|---|---|---|
| Fernsehwerbung: | 4,8 Mio. €, | Zeitschriftenwerbung: | 3 Mio. €, |
| Rundfunkwerbung: | 3,6 Mio. €, | Plakatwerbung: | 0,6 Mio. €. |

Stellen Sie die Zusammensetzung der Werbekosten der beiden Geschäftsjahre in vergleichbaren Rechteckdiagrammen (Kreisdiagrammen) gegenüber.

2 In der Personalabteilung eines Industriebetriebes soll eine grafische Statistik (mit absoluten Zahlen und Prozentzahlen) über die Vorbildung der Angestellten angefertigt werden.

| Hochschulabschluss | Abitur | Realschulabschluss | Hauptschulabschluss | ohne Abschluss |
|---|---|---|---|---|
| 27 | 108 | 324 | 81 | - |

Erstellen Sie ein entsprechendes Rechteckdiagramm (Kreisdiagramm).

3

| Aktiva | | | aufbereitete Bilanz | | Passiva |
|---|---|---|---|---|---|
| | Berichtsjahr Mio. € | Vorjahr Mio. € | | Berichtsjahr Mio. € | Vorjahr Mio. € |
| A. Anlagevermögen | 52,25 | 52,80 | A. Eigenkapital | 33,25 | 29,04 |
| B. Umlaufvermögen | | | B. Fremdkapital | | |
| Vorräte | 23,75 | 19,36 | langfristiges FK | 42,75 | 42,24 |
| Forderungen | 11,40 | 8,80 | kurzfristiges FK | 19,00 | 16,72 |
| flüssige Mittel | 7,60 | 7,04 | | | |
| | 95,00 | 88,00 | | 95,00 | 88,00 |

Stellen Sie jeweils in einem Rechteckdiagramm (Kreisdiagramm) die prozentuale Zusammensetzung der Bilanz (Aktiv- und Passivseite) für das Berichtsjahr und das Vorjahr gegenüber. (Anmerkung: Die Oberbegriffe „Umlaufvermögen" und „Fremdkapital" sollen nicht in den Diagrammen erscheinen.)

4 Der Betriebsabrechnungsbogen eines Industriebetriebes weist folgende Gemeinkostensummen im 1. Quartal aus:

| | Kostenstellen | | | |
|---|---|---|---|---|
| **Monat** | **Material (€)** | **Fertigung (€)** | **Verwaltung (€)** | **Vertrieb (€)** |
| Januar | 98.000,00 | 588.000,00 | 245.000,00 | 49.000,00 |
| Februar | 110.400,00 | 579.600,00 | 202.400,00 | 27.600,00 |
| März | 147.000,00 | 609.000,00 | 231.000,00 | 63.000,00 |

a) Errechnen Sie für jeden Monat die prozentuale Zusammensetzung der Gemeinkosten.
b) Stellen Sie die prozentuale Gemeinkostenverteilung der 3 Monate in Kreisdiagrammen (Rechteckdiagrammen) gegenüber.
c) Errechnen Sie für das 1. Quartal die durchschnittliche prozentuale Zusammensetzung der Gemeinkosten.
d) Stellen Sie die in c) ermittelten Werte in einem Kreisdiagramm dar.

5 Die Produktionskapazität eines Industriebetriebes verteilt sich wie folgt:

| | **1. Quartal** | **2. Quartal** | **3. Quartal** | **4. Quartal** |
|---|---|---|---|---|
| **Produkt A** | 39 % | 42 % | 40 % | 45 % |
| **Produkt B** | 21 % | 24 % | 20 % | 23 % |
| **Produkt C** | 16 % | 14 % | 12 % | 14 % |
| **Leerkapazität** | 24 % | 20 % | 28 % | 18 % |

a) Stellen Sie die Kapazitätsverteilung der 4 Quartale in Kreisdiagrammen (Rechteckdiagrammen) gegenüber.
b) Errechnen Sie die durchschnittliche Kapazitätsverteilung des Jahres und erstellen Sie ein entsprechendes Kreisdiagramm (Rechteckdiagramm).

## 4.2 Verhältniszahlen

Mit **Verhältniszahlen** werden statistische Größen miteinander in Beziehung gesetzt, in der Regel in ein prozentuales Verhältnis gebracht.

Man unterteilt die Verhältniszahlen in **Gliederungszahlen, Messzahlen, Indexzahlen** und **Beziehungszahlen.**

### 4.2.1 Gliederungszahlen

**Eine Gliederungszahl drückt das prozentuale Verhältnis einer Teilmasse zu ihrer Gesamtmasse aus.**

**Beispiele** Prozentualer Anteil des Eigenkapitals am Gesamtkapital; prozentualer Anteil der Personalkosten an den Gesamtkosten.

| | |
|---|---|
| Gesamtmasse ≙ 100 %<br>Teilmasse ≙ x % (= Gliederungszahl) | **Gliederungszahl** $= \frac{100 \cdot \text{Teilmasse}}{\text{Gesamtmasse}}$ |

**Beispiel** Der Gesamtumsatz beträgt 2.385.780,00 €. Der Umsatz der Produktgruppe I beträgt 321.512,00 €. Wie hoch ist der prozentuale Anteil des Umsatzes der Produktgruppe I am Gesamtumsatz?

**Gliederungszahl** $= \frac{100 \cdot 321.512{,}00}{2.385.780{,}00} = \underline{\underline{13{,}48\ \%}}$

Der prozentuale Anteil der Produktgruppe I beträgt 13,48 % am Gesamtumsatz.

**Aufgaben**

1

| | Mio € | ø Branche (%) |
|---|---|---|
| Materialaufwendungen | 355,2 | 37 |
| Personalaufwendungen | 268,8 | 36 |
| Abschreibungen | 240,0 | 17 |
| Sonstige Aufwendungen | 38,4 | 3 |
| Steueraufwendungen | 57,6 | 7 |

a) Errechnen Sie die prozentualen Anteile der einzelnen Aufwandsarten am Gesamtaufwand.
b) Wie heißen die Verhältniszahlen, die Sie in a) errechnet haben?
c) Vergleichen Sie die Aufwandsstruktur mit der branchendurchschnittlichen Aufwandsstruktur.
d) Welche Kostensenkung könnte insgesamt erzielt werden (absolut und prozentual), wenn bedingt durch Rationalisierungsinvestitionen die Abschreibungen um 10 % steigen und die Personalaufwendungen um 15 % sinken (bei Konstanz der übrigen Aufwendungen)?
e) Errechnen Sie bei Vornahme der Rationalisierungsinvestition die prozentuale Zusammensetzung der Aufwendungen (Genauigkeit: 1 Stelle nach dem Komma). Welcher Trend wird beim Vergleich mit dem Branchendurchschnitt erkennbar?

2 Eine Umfrage bei unseren Reisenden hat folgende Verteilung der wöchentlichen Arbeitszeit ergeben:

| | Reisender A (Stunden) | Reisender B (Stunden) | Reisender C (Stunden) |
|---|---|---|---|
| **Fahrtzeit** | 11,40 | 12,92 | 12,16 |
| **Wartezeit beim Kunden** | 7,60 | 8,36 | 7,98 |
| **Verkaufsgespräche** | 6,08 | 6,84 | 6,46 |
| **Führen der Verkaufsunterlagen** | 9,50 | 7,60 | 8,74 |
| **Sonstiges** | 3,42 | 2,28 | 2,66 |
| **Wochenstunden** | 38,00 | 38,00 | 38,00 |

a) Errechnen Sie für jeden Reisenden die prozentuale Aufteilung der wöchentlichen Arbeitszeit.
b) Errechnen Sie die durchschnittliche prozentuale Aufteilung der wöchentlichen Arbeitszeit insgesamt.
c) Erstellen Sie ein Kreisdiagramm über die durchschnittliche prozentuale Aufteilung der wöchentlichen Arbeitszeit.

3 Unsere Textilfabrik hat – nach Produktgruppen differenziert – folgende Jahresumsätze erzielt:

| Monat | Herrenbekleidung (€) | Damenbekleidung (€) | Kinderbekleidung (€) |
|---|---|---|---|
| Januar | 120.000,00 | 170.000,00 | 60.000,00 |
| Februar | 100.000,00 | 130.000,00 | 40.000,00 |
| März | 140.000,00 | 160.000,00 | 50.000,00 |
| April | 150.000,00 | 180.000,00 | 70.000,00 |
| Mai | 160.000,00 | 170.000,00 | 80.000,00 |
| Juni | 130.000,00 | 140.000,00 | 60.000,00 |
| Juli | 110.000,00 | 120.000,00 | 40.000,00 |
| August | 140.000,00 | 160.000,00 | 80.000,00 |
| September | 120.000,00 | 140.000,00 | 70.000,00 |
| Oktober | 110.000,00 | 120.000,00 | 50.000,00 |
| November | 140.000,00 | 180.000,00 | 60.000,00 |
| Dezember | 170.000,00 | 200.000,00 | 90.000,00 |

a) Errechnen Sie die prozentualen Anteile der Produktgruppen am Jahresumsatz (Genauigkeit: 1 Stelle nach dem Komma).
b) Errechnen Sie die prozentualen Anteile der Monatsumsätze (insgesamt) am Jahresumsatz (insgesamt). (Genauigkeit: 1 Stelle nach dem Komma)
c) Durch eine Werbekampagne soll der Umsatz der Herrenbekleidung im Folgejahr um 10 % erhöht werden. Errechnen Sie für diesen Fall die neuen prozentualen Anteile der Produktgruppen am Jahresumsatz (bei Konstanz der Umsätze für Damen- und Kinderbekleidung). (Genauigkeit: 1 Stelle nach dem Komma)
d) Stellen Sie die sich aus c) ergebende Umsatzstruktur in einem Rechteckdiagramm dar.


6350318

### 4.2.2 Messzahlen

**Eine Messzahl drückt das prozentuale Verhältnis einer Teilmasse zu einer anderen Teilmasse oder einer Gesamtmasse zu einer anderen Gesamtmasse aus.**

**Beispiele** Prozentuales Verhältnis von Eigenkapital zu Fremdkapital; prozentuales Verhältnis von Personalkosten zu Abschreibungen; prozentuales Verhältnis zweier Jahresumsätze.

| | | | | |
|---|---|---|---|---|
| Masse A | ≙ | 100 % | (= Basis) | $\textbf{Messzahl} = \frac{100 \cdot \text{Masse B}}{\text{Masse A}}$ |
| Masse B | ≙ | x % | (= Messzahl) | |

**Beispiel** Der Umsatz der Artikelgruppe I beträgt 321.512,00 €. Der Umsatz der Artikelgruppe II beträgt 108.793,00 €. Wie verhält sich der Umsatz der Artikelgruppe II prozentual zum Umsatz der Artikelgruppe I (= Basis → 100 %)?

$$\textbf{Messzahl} = \frac{100 \cdot 108.793{,}00}{321.512{,}00} = \underline{\underline{33{,}84\ \%}}$$

Der Umsatz der Artikelgruppe II macht 33,84 % des Umsatzes der Artikelgruppe I aus.

## Aufgaben

1 Ein Kühlschrankhersteller verkauft im März 980 Kühlschränke der Marke „Nordpol". Im April werden 870 Kühlschränke dieser Marke verkauft.
a) Auf wie viel Prozent ist die Verkaufszahl des Monats April gegenüber der Verkaufszahl des Monats März gesunken? (Genauigkeit: 2 Stellen nach dem Komma)
b) Wie heißt die Verhältniszahl, die Sie in a) errechnet haben?

2 In einem Industriebetrieb beträgt das Umlaufvermögen 155,6 Mio. €. Das Anlagevermögen beläuft sich auf 82,4 Mio. €.

Wie viel Prozent macht das Anlagevermögen gemessen am Umlaufvermögen aus (= Konstitution)? (Genauigkeit: 1 Stelle nach dem Komma)

3 Eigenkapital: 33,6 Mio. € Fremdkapital: 61,2 Mio. €
a) Wie viel Prozent des Fremdkapitals macht das Eigenkapital aus (= Finanzierung)? (Genauigkeit: 1 Stelle nach dem Komma)
b) Wie viel Prozent des Eigenkapitals macht das Fremdkapital aus (= Verschuldungskoeffizient)? (Genauigkeit: 1 Stelle nach dem Komma)

4 Eigenkapital: 54,8 Mio. €
Anlagevermögen: 49,6 Mio. €

Wie viel Prozent des Anlagevermögens sind durch Eigenkapital gedeckt (= Anlagendeckung I)? (Genauigkeit: 1 Stelle nach dem Komma)

5 Die monatlichen Erträge eines Unternehmens betragen 2.527.285,00 €. Die Aufwendungen belaufen sich auf 2.298.632,00 €. Wie hoch ist der prozentuale Anteil der Aufwendungen an den Erträgen?

6 Errechnen Sie die Messzahlen (Berichtsjahr gemessen am Vorjahr).
(Genauigkeit: 1 Stelle nach dem Komma)

| | Vorjahr | Berichtsjahr |
|---|---|---|
| Umsatz | 328,7 Mio. € | 369,8 Mio. € |
| ø Lagerbestand | 14,3 Mio. € | 13,1 Mio. € |
| Arbeiter | 759 | 788 |
| Ausschuss | 1 485 Stück | 1 232 Stück |
| Fixe Kosten | 80,9 Mio. € | 78,4 Mio. € |
| Forderungsausfälle | 0,5 Mio. € | 0,6 Mio. € |

### 4.2.3 Beziehungszahlen

**Beziehungszahlen drücken das Verhältnis zweier verschiedenartiger Massen zueinander aus.**

**Beispiele** Herstellkosten pro Fertigungsstunde; Verkaufssumme pro Auftrag; Jahresumsatz je m² Verkaufsfläche.

$$\text{Beziehungszahl} = \frac{\text{Masse von Art 1}}{\text{Masse von Art 2}}$$

**Beispiel** In einer Verkaufsfiliale eines Industriebetriebes wurde in 502 Arbeitsstunden ein Umsatz von 279.112,00 € erzielt. Wie hoch ist der Umsatz pro Arbeitsstunde?

$$\text{Beziehungszahl} = \frac{279.112,00}{502} = \underline{\underline{556,00\ €}}$$

Der Umsatz pro Arbeitsstunde beträgt 556,00 €.

**Aufgaben**

1 Ein Industriebetrieb unterhält 3 Verkaufsfilialen. Hinsichtlich der Beschäftigtenzahl, der Verkaufsfläche, des Jahresumsatzes und der Betriebskosten ergeben sich folgende Zahlen:

| Filiale | Mitarbeiter | Verkaufsfläche (m²) | Umsatz (€) | Betriebskosten (€) |
|---|---|---|---|---|
| I | 10 | 560 | 5.880.000,00 | 1.764.000,00 |
| II | 24 | 1 152 | 14.169.600,00 | 3.542.400,00 |
| III | 18 | 756 | 10.886.400,00 | 2.177.280,00 |

Errechnen Sie für jede Filiale
a) die Verkaufsfläche pro Mitarbeiter,
b) den Umsatz pro m² Verkaufsfläche,
c) den „Umsatz pro Kopf“,
d) die Betriebskosten pro m² Verkaufsfläche,
e) die Betriebskosten pro Mitarbeiter,
f) die Betriebskosten pro 100,00 € Umsatz.
Welche Filiale schneidet beim Vergleich dieser Beziehungszahlen am besten ab?

Excel

2

| Jahr | Umsatz (€) | produktives Anlagevermögen[1] (€) | Beschäftigte |
|---|---|---|---|
| 1 | 462.000.000,00 | 41.250.000,00 | 3300 |
| 2 | 511.500.000,00 | 47.740.000,00 | 3410 |
| 3 | 584.000.000,00 | 54.750.000,00 | 3650 |
| 4 | 644.000.000,00 | 58.880.000,00 | 3680 |

a) Errechnen Sie für die Jahre 1 bis 4 den „Umsatz pro Kopf".
b) Errechnen Sie für die Jahre 1 bis 4 das „produktive Anlagevermögen pro Kopf" (= Investitionen pro Arbeitsplatz).
c) Stellen Sie den „Umsatz pro Kopf" und das „produktive Anlagevermögen pro Kopf" (= Investitionen pro Arbeitsplatz) in je einem Balkendiagramm grafisch dar.
d) Wie heißen die Verhältniszahlen, die Sie in a) und b) errechnet haben?
e) Wie interpretieren Sie die Ergebnisse aus a) und b)?

3 Errechnen Sie die Beziehungszahlen.

| | | | |
|---|---|---|---|
| a) Gewinn: | 2.520.000,00 €; | Beschäftigte: | 840 |
| b) Umsatz: | 37.500.000,00 €; | Verkaufsfläche: | 5000 $m^2$ |
| c) Umsatz: | 25.600.050,00 €; | Anzahl der Aufträge: | 11340 |
| d) Unfälle: | 360; | Beschäftigte: | 18000 |
| e) produzierte Stückzahl: | 241020; | Arbeiter: | 585 |

### 4.2.4 Indexzahlen

**Indexzahlen geben die prozentuale Veränderung von Größen im Zeitablauf an. Die Ausgangsgröße wird als Basiszahl bezeichnet und entspricht 100 %.**

**Beispiel** Die prozentuale Veränderung der Jahresumsätze wird gegenüber einem Ausgangsjahr (= Basisjahr) berechnet.

Wird die prozentuale Veränderung einer Größe von Zeitpunkt zu Zeitpunkt berechnet, so liegt eine **Kettenindexierung** (= Indexreihe mit veränderlicher Basis) vor.

**Beispiel** Die prozentuale Veränderung der Jahresumsätze wird gegenüber dem jeweiligen Vorjahr berechnet.

| | |
|---|---|
| Wert zum Basiszeitpunkt ≙ 100 %<br>Wert zum jeweiligen Zeitpunkt ≙ x % | $\text{Indexzahl} = \frac{100 \cdot \text{Wert zum jeweiligen Zeitpunkt}}{\text{Wert zum Basiszeitpunkt}}$ |

**Beispiel** Die folgende Tabelle zeigt die Entwicklung der variablen Kosten des Artikels A auf. Es werden eine einfache Indexierung (Basisjahr: 4) und eine Kettenindexierung gegenüber dem jeweiligen Vorjahr vorgenommen.

| Jahr | 1 | 2 | 3 | 4 | 5 | 6 | 7 | 8 |
|---|---|---|---|---|---|---|---|---|
| variable Kosten (€) | 8,00 | 8,20 | 8,32 | 8,55 | 8,96 | 9,12 | 9,43 | 9,74 |
| Index | 93,6 | 95,9 | 97,3 | 100,0 | 104,8 | 106,7 | 110,3 | 113,9 |
| Kettenindex | – | 102,5 | 101,5 | 102,8 | 104,8 | 101,8 | 103,4 | 103,3 |

1 Das produktive Anlagevermögen dient ausschließlich dem betrieblichen Leistungsprozess. Im produktiven Anlagevermögen sind folglich Grundstücke, Gebäude, Beteiligungen, Wertpapiere usw. **nicht** enthalten.

## Aufgaben

1 Die Textilfabrik Konrad Fied KG registriert folgende Umsatzentwicklungen:

| Jahr | Jeanshosen | Jeansjacken | Jeanshemden |
|---|---|---|---|
| 1 | 279.400,00 € | 120.300,00 € | 80.800,00 € |
| 2 | 291.600,00 € | 131.900,00 € | 85.900,00 € |
| 3 | 303.100,00 € | 138.400,00 € | 89.200,00 € |
| 4 | 296.500,00 € | 144.200,00 € | 84.300,00 € |
| 5 | 308.700,00 € | 139.100,00 € | 92.700,00 € |
| 6 | 313.400,00 € | 158.900,00 € | 99.100,00 € |
| 7 | 309.900,00 € | 152.500,00 € | 96.600,00 € |

a) Errechnen Sie für jede Produktgruppe die Indexzahlen (Basisjahr: 3. Jahr).
b) Nehmen Sie für jede Produktgruppe eine Kettenindexierung gegenüber dem jeweiligen Vorjahr vor.
(Genauigkeit bei a) und b): 1 Stelle nach dem Komma)

2 Für den durchschnittlichen Lagerbestand an Rohstoffen wurden folgende Indexzahlen errechnet:

| Jahr | 1 | 2 | 3 | 4 | 5 | 6 |
|---|---|---|---|---|---|---|
| Rohstoff I | 94,5 | 96,7 | 100 | 104,1 | 102,9 | 109,1 |
| Rohstoff II | 93,8 | 95,9 | 100 | 103,5 | 106,7 | 104,5 |
| Rohstoff III | 92,9 | 95,1 | 100 | 102,9 | 108,2 | 106,8 |

a) Welches ist das Basisjahr?
b) Im 6. Jahr beträgt der durchschnittliche Lagerbestand von Rohstoff I 680.000,00 €, von Rohstoff II 520.000,00 € und von Rohstoff III 860.000,00 €.
Errechnen Sie für jedes Jahr die durchschnittlichen Lagerbestände.
(Runden Sie dabei auf ganze €-Beträge.)
c) Nehmen Sie für jeden Rohstoff eine Kettenindexierung gegenüber dem jeweiligen Vorjahr vor.
(Genauigkeit: 1 Stelle nach dem Komma)

3 In einem Industriebetrieb gibt es folgende Entwicklung bei der Anzahl der Beschäftigten und bei den Abschreibungen:

| Jahr | 1 | 2 | 3 | 4 | 5 |
|---|---|---|---|---|---|
| Beschäftigte | 1960 | 1882 | 1788 | 1695 | 1635 |
| Abschreibungen Mio. € | 3,10 | 3,18 | 3,31 | 3,44 | 3,56 |

a) Errechnen Sie für die Anzahl der Beschäftigten und für die Abschreibungen die Indexzahlen (Basisjahr: 1. Jahr).
(Genauigkeit: 1 Stelle nach dem Komma)
b) Stellen Sie die Indexzahlen für die Anzahl der Beschäftigten und für die Abschreibungen in einem Kurvendiagramm gegenüber.
c) Interpretieren Sie das Diagramm.

4 Welche Definition gehört zu welchem Begriff? Ordnen Sie zu.

| A Definitionen | B Begriffe |
|---|---|
| 1. Es wird das prozentuale Verhältnis einer Teilmasse zu einer anderen Teilmasse oder einer Gesamtmasse zu einer anderen Gesamtmasse ausgedrückt.<br>2. Es wird die prozentuale Veränderung von Größen im Zeitablauf vorgegeben. Die Ausgangsgröße wird als Basiszahl bezeichnet und entspricht 100 %.<br>3. Es wird das prozentuale Verhältnis einer Teilmasse zu einer Gesamtmasse ausgedrückt.<br>4. Es wird das Verhältnis zweier verschiedenartiger Massen zueinander ausgedrückt. | 1. Indexzahlen<br>2. Gliederungszahlen<br>3. Beziehungszahlen<br>4. Messzahlen |

# 4.3 Durchschnittswerte

## 4.3.1 Der arithmetische Durchschnitt (arithmetisches Mittel)

**Unter dem arithmetischen Mittel mehrerer Größen (einer statistischen Reihe) versteht man den Quotienten aus ihrer Summe und ihrer Anzahl.**

$$\text{arithmetisches Mittel} = \frac{\text{Summe der Größen}}{\text{Anzahl der Größen}} = \frac{a_1 + a_2 + a_3 + \ldots + a_n}{n}$$

**Beispiel**

Aus den Monatsumsätzen der Erzeugnisgruppe I der ersten beiden Quartale ist der durchschnittliche monatliche Umsatz zu errechnen.

| | | | | | |
|---|---|---|---|---|---|
| Januar | 80.000,00 € | März | 55.000,00 € | Mai | 74.000,00 € |
| Februar | 68.000,00 € | April | 62.000,00 € | Juni | 81.000,00 € |

$$\varnothing \text{ Monatsumsatz} = \frac{80.000,00 + 68.000,00 + 55.000,00 + 62.000,00 + 74.000,00 + 81.000,00}{6}$$

$$= \frac{420.000,00}{6} = \underline{\underline{70.000,00\ €}}$$

Der durchschnittliche monatliche Umsatz beträgt 70.000,00 €.

**Aufgaben**

1 Ein Industriebetrieb ermittelt für das Rohstofflager folgende wertmäßige Lagerbestände:

| | | € | | | € |
|---|---|---|---|---|---|
| Januar | AB[1] | 480.000,00 | Juli | SB | 440.000,00 |
| | SB[2] | 520.000,00 | August | SB | 420.000,00 |
| Februar | SB | 450.000,00 | September | SB | 460.000,00 |
| März | SB | 460.000,00 | Oktober | SB | 480.000,00 |
| April | SB | 510.000,00 | November | SB | 470.000,00 |
| Mai | SB | 500.000,00 | Dezember | SB | 430.000,00 |
| Juni | SB | 490.000,00 | | | |

a) Errechnen Sie den durchschnittlichen Lagerbestand.
b) Errechnen Sie die Umschlagshäufigkeit (Rohstoffeinsatz: 2.820.000,00 €).
c) Errechnen Sie die durchschnittliche Lagerdauer.

1 AB = Anfangsbestand
2 SB = Schlussbestand

2 Unser Unternehmen hält Aktien der Sächsischen Fahrradwerke AG. Die Aktienkurse haben sich im Monat März wie folgt entwickelt:

| | | | |
|---|---|---|---|
| 1. März (Do.) | 85,60 € | 16. März (Fr.) | 90,90 € |
| 2. März (Fr.) | 83,20 € | 19. März (Mo.) | 89,70 € |
| 5. März (Mo.) | 82,70 € | 20. März (Di.) | 89,60 € |
| 6. März (Di.) | 81,60 € | 21. März (Mi.) | 91,10 € |
| 7. März (Mi.) | 80,50 € | 22. März (Do.) | 92,30 € |
| 8. März (Do.) | 87,30 € | 23. März (Fr.) | 92,30 € |
| 9. März (Fr.) | 88,90 € | 26. März (Mo.) | 90,20 € |
| 12. März (Mo.) | 90,10 € | 27. März (Di.) | 91,30 € |
| 13. März (Di.) | 91,60 € | 28. März (Mi.) | 92,40 € |
| 14. März (Mi.) | 94,80 € | 29. März (Do.) | 93,80 € |
| 15. März (Do.) | 92,50 € | 30. März (Fr.) | 94,60 € |

Errechnen Sie den durchschnittlichen Kurswert.

3 Im vergangenen Geschäftsjahr entwickelten sich in unserem Unternehmen die Mitarbeiterzahl und der Umsatz folgendermaßen:

| Monat | Mitarbeiterzahl | Umsatz (T€) |
|---|---|---|
| Januar | 418 | 8.360 |
| Februar | 405 | 8.080 |
| März | 430 | 8.690 |
| April | 442 | 8.860 |
| Mai | 461 | 9.200 |
| Juni | 453 | 9.060 |
| Juli | 441 | 8.190 |
| August | 433 | 8.690 |
| September | 438 | 8.760 |
| Oktober | 440 | 8.820 |
| November | 428 | 8.510 |
| Dezember | 420 | 8.330 |

a) Errechnen Sie die durchschnittliche Mitarbeiterzahl.
b) Errechnen Sie den durchschnittlichen Monatsumsatz (gerundet auf ganze T€).
c) Errechnen Sie den durchschnittlichen monatlichen Umsatz pro Kopf (gerundet auf ganze T€).

4 Unsere Vertreter haben im 1. Halbjahr d. J. folgende Umsätze getätigt (in €):

| Monat | Albrecht | Breitfeld | Cinterra |
|---|---|---|---|
| Januar | 62.000,00 | 67.800,00 | 58.900,00 |
| Februar | 68.600,00 | 69.400,00 | 69.800,00 |
| März | 69.400,00 | 70.200,00 | 72.400,00 |
| April | 74.800,00 | 68.400,00 | 66.900,00 |
| Mai | 78.500,00 | 79.800,00 | 70.500,00 |
| Juni | 72.100,00 | 77.300,00 | 76.900,00 |

a) Errechnen Sie den durchschnittlichen Monatsumsatz für jeden Vertreter.
b) Errechnen Sie den durchschnittlichen Vertreterumsatz für jeden Monat.
c) Errechnen Sie den durchschnittlichen monatlichen Vertreterumsatz des 1. Halbjahres.

### 4.3.2 Der gewogene arithmetische Durchschnitt (gewogenes arithmetisches Mittel)

**Das gewogene arithmetische Mittel wird aus Größen ermittelt, die eine unterschiedliche Gewichtung haben.**

$$\text{gewogenes arithmetisches Mittel} = \frac{\text{Summe der gewogenen Größen}}{\text{Anzahl der gewogenen Größen}} = \frac{(a_1 \cdot b_1) + (a_2 \cdot b_2) + \ldots + (a_n \cdot b_n)}{b_1 + b_2 + \ldots + b_n}$$

**Beispiel**

Artikel A wurde zu unterschiedlichen Einstandspreisen bezogen. Zurzeit sind eingelagert:

500 Stück zu 5,00 € Einstandspreis
800 Stück zu 6,00 € Einstandspreis
600 Stück zu 6,20 € Einstandspreis

Für die Lagerkalkulation ist der durchschnittliche Einstandspreis zu errechnen.

$$\varnothing \text{ Einstandspreis} = \frac{(5{,}00 \cdot 500) + (6{,}00 \cdot 800) + (6{,}20 \cdot 600)}{500 + 800 + 600} = \underline{\underline{5{,}80\ €}}$$

Der durchschnittliche Einstandspreis beträgt 5,80 €.

## Aufgaben

1 Die Schuhfabrik Eidechse AG, Magdeburg, verkauft den Schuh Modell „Panther“ an verschiedene Großabnehmer zu unterschiedlichen Preisen.

| Großabnehmer | Paar | Gewinn je Paar (€) |
|---|---|---|
| A | 2 640 | 13,60 |
| B | 1 240 | 18,10 |
| C | 360 | 0,00 |
| D | 510 | - 3,80 |
| E | 3 420 | 9,50 |

Errechnen Sie den gewogenen Durchschnittsgewinn pro Paar.

2

| | Menge (Stück) | Anschaffungsstückkosten (€) |
|---|---|---|
| AB 1. Jan. | 12 300 | 8,30 |
| Zugang 18. März | 5 900 | 9,10 |
| Zugang 20. Aug. | 8 300 | 8,70 |
| Zugang 8. Okt. | 3 600 | 9,30 |
| Zugang 19. Dez. | 4 500 | 9,20 |

a) Errechnen Sie die gewogenen durchschnittlichen Anschaffungsstückkosten.
b) Der Schlussbestand beträgt 10 400 Stück. Bewerten Sie den Schlussbestand mit den gewogenen durchschnittlichen Anschaffungsstückkosten.

3 Errechnen Sie den Durchschnittspreis pro Liter der folgenden Mischung:

| | | a) | b) |
|---|---|---|---|
| 25 l | zu | 26,80 €/l | 2,30 €/l |
| 182 l | zu | 14,10 €/l | 54,20 €/l |
| 61 l | zu | 2,80 €/l | 12,30 €/l |
| 94 l | zu | 9,60 €/l | 18,90 €/l |

4 Ein Jeanshersteller verkauft 2 verschiedene Herrenjeanshemden.

| Größe | Modell 1 | | Modell 2 | |
|---|---|---|---|---|
| | verkaufte Hemden | Preis (€) | verkaufte Hemden | Preis (€) |
| S | 2890 | 24,40 | 4210 | 27,25 |
| M | 3460 | 25,95 | 4780 | 28,10 |
| L | 3720 | 26,30 | 4990 | 29,05 |
| XL | 3980 | 27,10 | 5150 | 30,15 |
| XXL | 3510 | 27,55 | 4810 | 30,95 |

a) Errechnen Sie den Durchschnittspreis je Modell.
b) Errechnen Sie den gewogenen Durchschnittspreis je Modell.

5

| Auftrag | Stückzahl | variable Stückkosten (€) |
|---|---|---|
| I | 790 | 124,00 |
| II | 930 | 143,00 |
| III | 610 | 165,00 |
| IV | 880 | 116,00 |
| fixe Kosten: 180.000,00 € | | |

a) Errechnen Sie die gewogenen durchschnittlichen variablen Stückkosten.
b) Errechnen Sie die gewogenen durchschnittlichen Stückkosten (einschließlich der fixen Kosten, Vollkostenrechnung).

## 4.4 Mittelwerte

### 4.4.1 Der häufigste Wert (Modus)

**Der häufigste Wert tritt in einer statistischen Zahlenreihe am häufigsten auf.**

**Beispiel** 8 Akkordarbeiter erbrachten die folgenden Stückleistungen pro Stunde:

| | | | |
|---|---|---|---|
| Arbeiter 1: | 10 Stück | Arbeiter 5: | 12 Stück |
| Arbeiter 2: | 11 Stück | Arbeiter 6: | 9 Stück |
| Arbeiter 3: | 12 Stück | Arbeiter 7: | 13 Stück |
| Arbeiter 4: | 13 Stück | Arbeiter 8: | 12 Stück |

Der häufigste Wert ist die Stückleistung 12. Er wird von 3 Arbeitern erreicht.

### 4.4.2 Der Zentralwert (Median)

**Der Zentralwert liegt in der Mitte einer nach der Größe der Werte geordneten Reihe.**

**Beispiel**

Die Stückleistungen der 8 Akkordarbeiter (siehe Beispiel auf S. 326) werden geordnet:

9 10 11 12 13

↑

Die Stückleistung von 11 liegt in der Mitte der Reihe; sie bildet den Zentralwert (Median).

Liegt eine Zahlenreihe mit einer geraden Anzahl von Gliedern vor, so wird der Zentralwert aus dem Durchschnitt der beiden in der Mitte liegenden Zahlen ermittelt.

**Aufgaben**

1 Im abgelaufenen Geschäftsjahr haben wir 3 Rohstoffe zu unterschiedlichen Listeneinkaufspreisen bezogen.

| | Rohstoff 1 (€/t) | Rohstoff 2 (€/t) | Rohstoff 3 (€/t) |
|---|---|---|---|
| 1. Lieferung | 46,00 | 95,00 | 132,00 |
| 2. Lieferung | 49,00 | 93,00 | 131,00 |
| 3. Lieferung | 48,00 | 94,00 | 133,00 |
| 4. Lieferung | 47,00 | 95,00 | 134,00 |
| 5. Lieferung | 50,00 | 96,00 | 132,00 |
| 6. Lieferung | 49,00 | 95,00 | 134,00 |
| 7. Lieferung | 48,00 | 96,00 | 135,00 |
| 8. Lieferung | 47,00 | 94,00 | 134,00 |
| 9. Lieferung | 49,00 | 93,00 | 131,00 |
| 10. Lieferung | 50,00 | 95,00 | 135,00 |

a) Ermitteln Sie jeweils den häufigsten Wert (Modus).
b) Ermitteln Sie jeweils den Zentralwert (Median).

2 Die Listenverkaufspreise unserer Produkte kalkulieren wir mit unterschiedlichen Gewinnzuschlagssätzen und Nachlässen.

| | Gewinnzuschlagssatz | Kundenrabatt | Kundenskonti |
|---|---|---|---|
| Produkt 1 | 25 % | 20 % | 3 % |
| Produkt 2 | 15 % | 5 % | 1 % |
| Produkt 3 | 20 % | 10 % | 2 % |
| Produkt 4 | 10 % | 15 % | 2 % |
| Produkt 5 | 20 % | 10 % | 3 % |
| Produkt 6 | 25 % | 20 % | 1 % |
| Produkt 7 | 20 % | 15 % | 2 % |
| Produkt 8 | 30 % | 10 % | 2 % |

a) Ermitteln Sie jeweils den häufigsten Wert (Modus).
b) Ermitteln Sie jeweils den Zentralwert (Median).

# JAHRESABSCHLUSS

## 5.1 Zeitliche Erfolgsabgrenzung

In der kaufmännischen Praxis kommt es häufig vor, dass der Zahlungsvorgang, also die Geldeinnahme bzw. Geldausgabe, in einer anderen Rechnungsperiode liegt als der dazugehörende Erfolgsvorgang, also der Ertrag bzw. Aufwand.

Der Gesetzgeber[1] fordert im Rahmen der Buchführungs- und Bilanzierungspflicht, dass alle Aufwendungen und Erträge – unabhängig vom Zeitpunkt der Geldausgabe bzw. Geldeinnahme – in dem Geschäftsjahr zu erfassen sind, dem sie verursachungsgemäß zuzurechnen sind.

**Mit der zeitlichen Abgrenzung werden Erfolgsvorgänge periodengerecht erfasst.**

Zum Geschäftsjahresabschluss können sich folgende korrekturbedürftige Fälle ergeben:

1. a) Die Ausgabe für einen Aufwand, der verursachungsgerecht ins **alte** Geschäftsjahr gehört, erfolgt erst im **neuen** Geschäftsjahr.
   b) Die Einnahme für einen Ertrag, der verursachungsgerecht ins **alte** Geschäftsjahr gehört, erfolgt erst im **neuen** Geschäftsjahr.
2. a) Die Ausgabe für einen Aufwand, der verursachungsgerecht ins **neue** Geschäftsjahr gehört, erfolgt bereits im **alten** Geschäftsjahr.
   b) Die Einnahme für einen Ertrag, der verursachungsgerecht ins **neue** Geschäftsjahr gehört, erfolgt bereits im **alten** Geschäftsjahr.

Im Fall 1. a) und 1. b) ist im alten Geschäftsjahr ein Aufwand bzw. Ertrag noch nicht buchungsmäßig erfasst, weil er noch nicht zu einer Ausgabe bzw. Einnahme geführt hat. Entsprechend ist hier der Aufwand bzw. der Ertrag noch in die Erfolgsrechnung des alten Jahres einzubringen. Man spricht hier von einer **antizipativen Jahresabgrenzung** (antizipieren = vorwegnehmen).

Im Fall 2. a) und 2. b) muss ein bereits buchungsmäßig erfasster Aufwand bzw. Ertrag aus der Erfolgsrechnung des alten Jahres in die Erfolgsrechnung des neuen Jahres gebracht werden. Man spricht hier von einer **transitorischen Jahresabgrenzung** [transire (lat.) = hinüberführen].

Die periodengerechte Erfassung aller Aufwendungen und Erträge durch die zeitliche Abgrenzung

- ist nötig, um den tatsächlichen Periodenerfolg zu ermitteln,
- dient der genauen Erfassung der Kalkulationsgrundlagen und
- ermöglicht innerbetriebliche und zwischenbetriebliche Vergleiche.

### 5.1.1 Antizipative Rechnungsabgrenzung – „Übrige sonstige Forderungen" und „Übrige sonstige Verbindlichkeiten"

Ein Aufwand bzw. Ertrag,

- der durch das laufende Geschäftsjahr wirtschaftlich begründet ist,
- dessen Zahlungsvorgang jedoch erst im neuen Geschäftsjahr erfolgt,

wird am Bilanzstichtag als **„Übrige sonstige Verbindlichkeit" (Konto 4890)** bzw. **„Übrige sonstige Forderung" (Konto 2690)** buchungsmäßig erfasst. Dadurch wird er im alten Geschäftsjahr erfolgswirksam.

1 Rechtsgrundlage: § 252 Abs. 1 Ziff. 5 HGB, § 250 HGB.

Hierunter fallen u.a. am Bilanzstichtag
- noch zu zahlende bzw. zu erhaltende Zinsen,
- noch zu zahlende bzw. zu erhaltende Mieten,
- noch zu zahlende bzw. zu erhaltende Provisionen,
- noch zu zahlende Löhne und Gehälter und
- noch zu zahlende Steuern, Gebühren und Beiträge.

**Beispiel** **für eine vollständige zeitliche Rechnungsabgrenzung über das Konto „Übrige sonstige Forderungen“**

Unsere Mieter überweisen die Miete in Höhe von 5.000,00 € für Dezember des alten Geschäftsjahres erst im Januar des neuen Geschäftsjahres.

| **Buchung am Bilanzstichtag des Abschlussjahres** | **Soll** | **Haben** |
|---|---|---|
| 2690 Übrige sonstige Forderungen | 5.000,00 | |
| an 5401 Nebenerlöse aus Vermietung und Verpachtung | | 5.000,00 |

Diese Buchung bewirkt eine Ergebnisverbesserung im Abschlussjahr.

| **Buchung beim Zahlungseingang im Januar des neuen Geschäftsjahres** | **Soll** | **Haben** |
|---|---|---|
| 2800 Guthaben bei Kreditinstituten (Bank) | 5.000,00 | |
| an 2690 Übrige sonstige Forderungen | | 5.000,00 |

Bei Zahlungseingang im Januar des neuen Jahres wird die „Übrige sonstige Forderung“ ausgeglichen.

**Eine zeitliche Abgrenzung mit dem Konto „2690 Übrige sonstige Forderungen“ erhöht die Erträge im Abschlussjahr (Ergebnisverbesserung im Abschlussjahr) und verringert die Erträge im Folgejahr (Ergebnisverschlechterung im Folgejahr).**

**Beispiel** **für eine anteilige zeitliche Rechnungsabgrenzung über das Konto „Übrige sonstige Forderungen“**

Die halbjährlich fälligen Darlehenszinsen vom 1. Sept. bis zum 28. Febr. in Höhe von 1.200,00 € werden von unserem Darlehensschuldner am 28. Febr. an uns überwiesen (monatlich 200,00 € Zinsen).

| **Buchung am Bilanzstichtag des Abschlussjahres** | **Soll** | **Haben** |
|---|---|---|
| 2690 Übrige sonstige Forderungen | 800,00 | |
| an 5710 Zinserträge | | 800,00 |

In diesem Fall dürfen nur die Darlehenszinsen für die 4 Monate September, Oktober, November und Dezember im alten Geschäftsjahr erfolgswirksam werden.

| **Buchung beim Zahlungseingang am 28. Febr. des neuen Geschäftsjahres** | **Soll** | **Haben** |
|---|---|---|
| 2800 Guthaben bei Kreditinstituten (Bank) | 1.200,00 | |
| an 2690 Übrige sonstige Forderungen | | 800,00 |
| an 5710 Zinserträge | | 400,00 |

→

Bei Zahlungseingang im neuen Geschäftsjahr werden die „Übrigen sonstigen Forderungen" aufgelöst. Der anteilige Zinsertrag für die Monate Januar und Februar des neuen Geschäftsjahres wird erfolgswirksam gebucht.

**Beispiel**

**für eine vollständige zeitliche Rechnungsabgrenzung über das Konto „Übrige sonstige Verbindlichkeiten"**

Die Lagerhallenmiete für Dezember in Höhe von 3.000,00 € zahlen wir erst im Januar per Banküberweisung.

| **Buchung am Bilanzstichtag des Abschlussjahres** | Soll | Haben |
|---|---|---|
| 6700 Mieten, Pachten | 3.000,00 | |
| an 4890 Übrige sonstige Verbindlichkeiten | | 3.000,00 |

Durch diese Buchung wird die Lagerhallenmiete im alten Geschäftsjahr aufwandswirksam.

| **Buchung bei Zahlung im Januar des neuen Geschäftsjahres** | Soll | Haben |
|---|---|---|
| 4890 Übrige sonstige Verbindlichkeiten | 3.000,00 | |
| an 2800 Guthaben bei Kreditinstituten (Bank) | | 3.000,00 |

Die „Übrige sonstige Verbindlichkeit" wird bei Zahlung im Januar des neuen Jahres aufgelöst.

**Eine zeitliche Abgrenzung mit dem Konto „4890 Übrige sonstige Verbindlichkeiten" erhöht die Aufwendungen im Abschlussjahr (Ergebnisverschlechterung im Abschlussjahr) und verringert die Aufwendungen im Folgejahr (Ergebnisverbesserung im Folgejahr).**

**Beispiel**

**für eine anteilige zeitliche Rechnungsabgrenzung über das Konto „Übrige sonstige Verbindlichkeiten"**

Die Grundsteuer in Höhe von 600,00 € halbjährlich auf unser Betriebsgebäude wird am 1. April für das vergangene Halbjahr per Banküberweisung gezahlt (vierteljährlich 300,00 €).

| **Buchung am Bilanzstichtag des Abschlussjahres** | Soll | Haben |
|---|---|---|
| 7020 Grundsteuer | 300,00 | |
| an 4890 Übrige sonstige Verbindlichkeiten | | 300,00 |

Nur die anteilige Grundsteuer, die auf die 3 Monate des alten Geschäftsjahres entfällt, wird aufwandswirksam gebucht.

| **Buchung bei Zahlung am 1. April des neuen Geschäftsjahres** | Soll | Haben |
|---|---|---|
| 4890 Übrige sonstige Verbindlichkeiten | 300,00 | |
| 7020 Grundsteuer | 300,00 | |
| an 2800 Guthaben bei Kreditinstituten (Bank) | | 600,00 |

Aufgaben folgen auf S. 335 ff.

Mit dieser Buchung wird die „Übrige sonstige Verbindlichkeit" aufgelöst. Die Grundsteuer für die Monate Januar, Februar und März wird erst im neuen Jahr aufwandswirksam.

### 5.1.1.1 Umsatzsteuerbehandlung bei „Übrigen sonstigen Forderungen" (Exkurs)

Die Umsatzsteuerschuld für Leistungen, die im Abschlussjahr ausgeführt worden sind, deren Rechnungsstellung und Zahlung aber erst im Folgejahr erfolgen, entsteht bereits im Abschlussjahr.

**Beispiel**

Für vermietete Fotokopiergeräte wird die Dezembermiete von 1.785,00 € (1.500,00 € + 285,00 € Umsatzsteuer) erst im Januar des Folgejahres von unserem Kunden per Banküberweisung beglichen.

| **Buchung am Bilanzstichtag des Abschlussjahres** | **Soll** | **Haben** |
|---|---|---|
| 2690 Übrige sonstige Forderungen | 1.785,00 | |
| an 5401 Nebenerlöse aus Vermietung und Verpachtung | | 1.500,00 |
| an 4800 Umsatzsteuer | | 285,00 |

| **Buchung beim Zahlungseingang im Januar des Folgejahres** | **Soll** | **Haben** |
|---|---|---|
| 2800 Guthaben bei Kreditinstituten (Bank) | 1.785,00 | |
| an 2690 Übrige sonstige Forderungen | | 1.785,00 |

### 5.1.1.2 Vorsteuerbehandlung bei „Übrigen sonstigen Verbindlichkeiten" (Exkurs)

Der zum Vorsteuerabzug berechtigte Unternehmer kann nach § 15 Abs. 1 Ziff. 1 Satz 1 UStG die Vorsteuer erst dann verrechnen, wenn u. a.

- die Rechnung vorliegt **und**
- die Lieferung oder sonstige Leistung ausgeführt ist.

**Beispiel**

Im Dezember wird Büromaterial zu einem Preis von 714,00 € (600,00 € + 114,00 € Umsatzsteuer) eingekauft. Die Rechnung geht erst im Januar des neuen Geschäftsjahres ein und wird sofort per Verrechnungsscheck beglichen.

| **Buchung am Bilanzstichtag des Abschlussjahres** | **Soll** | **Haben** |
|---|---|---|
| 6800 Büromaterial | 600,00 | |
| an 4890 Übrige sonstige Verbindlichkeiten | | 600,00 |

| **Buchung bei Zahlung im Januar des Folgejahres** | **Soll** | **Haben** |
|---|---|---|
| 4890 Übrige sonstige Verbindlichkeiten | 600,00 | |
| 2600 Vorsteuer | 114,00 | |
| an 2800 Guthaben bei Kreditinstituten (Bank) | | 714,00 |

Da am Bilanzstichtag des Abschlussjahres eine Voraussetzung (Vorliegen der Rechnung) für den Vorsteuerabzug nicht erfüllt ist, wird zu diesem Zeitpunkt die Vorsteuer noch nicht berücksichtigt.

### 5.1.2 Transitorische Rechnungsabgrenzung – „Aktive Rechnungsabgrenzung“ und „Passive Rechnungsabgrenzung“

Ein Aufwand bzw. Ertrag,

- dessen Zahlungsvorgang im alten Geschäftsjahr erfolgt,
- der jedoch erst durch das neue Geschäftsjahr wirtschaftlich begründet ist,

muss noch im Abschlussjahr **zeitlich aktiv** bzw. **zeitlich passiv abgegrenzt** werden. Dadurch wird die Erfolgswirksamkeit in das Folgejahr übertragen.

Hierunter fallen u. a. für das Folgejahr

- im Voraus gezahlte bzw. erhaltene Zinsen,
- im Voraus gezahlte bzw. erhaltene Mieten,
- im Voraus gezahlte bzw. erhaltene Provisionen und
- im Voraus gezahlte Steuern, Gebühren und Beiträge.

**Beispiel**

**für eine anteilige aktive Rechnungsabgrenzung**

Die Feuerversicherungsprämie in Höhe von 1.800,00 € für das Betriebsgebäude und die Produktionshallen wird am 1. Okt. per Banküberweisung für ein Jahr im Voraus bezahlt.

**1. Methode**

| **Buchung der Ausgabe am 1. Okt. des Abschlussjahres** | Soll | Haben |
|---|---|---|
| 6900 Versicherungsbeiträge | 1.800,00 | |
| an 2800 Guthaben bei Kreditinstituten (Bank) | | 1.800,00 |

Mit dieser Buchung wird die Ausgabe im Abschlussjahr in ihrer vollen Höhe als Aufwand erfasst.

| **Buchung am Bilanzstichtag des Abschlussjahres** | Soll | Haben |
|---|---|---|
| 2900 Aktive Jahresabgrenzung | 1.350,00 | |
| an 6900 Versicherungsbeiträge | | 1.350,00 |

Von den 1.800,00 € Feuerversicherungsprämie entfallen

450,00 € $\left(= \frac{1.800,00 \cdot 3}{12}\right)$ auf die 3 Monate des Abschlussjahres.

1.350,00 € $\left(= \frac{1.800,00 \cdot 9}{12}\right)$ entfallen auf die 9 Monate des Folgejahres.

Der Anteil der Feuerversicherungsprämie, der das neue Geschäftsjahr betrifft, darf im alten Geschäftsjahr nicht aufwandswirksam werden und wird zeitlich abgegrenzt. Mit der obigen Buchung am Bilanzstichtag wird das Aufwandskonto „6900 Versicherungsbeiträge“ um die auf das neue Geschäftsjahr entfallende Feuerversicherungsprämie korrigiert. Hierzu dient das **aktive Bestandskonto „2900 Aktive Jahresabgrenzung“.**

Dieses Konto gleicht auf der Aktivseite der Bilanz die für das Abschlussjahr zu hohe Minderung des Bankguthabens aus.

**2. Methode**

Die aktive Rechnungsabgrenzung kann auch bereits mit der Buchung der Ausgabe vorgenommen werden.

| **Buchung am 1. Okt. des Abschlussjahres** | Soll | Haben |
|---|---|---|
| 6900 Versicherungsbeiträge | 450,00 | |
| 2900 Aktive Jahresabgrenzung | 1.350,00 | |
| an 2800 Guthaben bei Kreditinstituten (Bank) | | 1.800,00 |

Hier sind die beiden Buchungen der ersten Methode zu einer Buchung zusammengefasst. Der Anteil des Aufwandes, der wirtschaftlich ins Folgejahr gehört, wird sofort auf dem Konto „2900 Aktive Jahresabgrenzung" gebucht.

| Buchung nach der Konteneröffnung im Folgejahr[1] | Soll | Haben |
|---|---|---|
| 6900 Versicherungsbeiträge | 1.350,00 | |
| an 2900 Aktive Jahresabgrenzung | | 1.350,00 |

Mit der obigen Buchung wird das Konto „2900 Aktive Jahresabgrenzung" aufgelöst. Zugleich wird der das neue Geschäftsjahr betreffende Anteil der Feuerversicherungsprämie in der neuen Rechnungsperiode aufwandswirksam.

**Aktive Jahresabgrenzungen verringern die Aufwendungen im Abschlussjahr (Ergebnisverbesserung im Abschlussjahr) und erhöhen die Aufwendungen im Folgejahr (Ergebnisverschlechterung im Folgejahr).**

**Beispiel** **für eine anteilige passive Rechnungsabgrenzung**

Für die vermietete Lagerhalle erhalten wir die Miete in Höhe von 3.000,00 € vierteljährlich im Voraus am 1. Dez. auf unser Bankkonto überwiesen.

**1. Methode**

| Buchung der Einnahme am 1. Dez. des Abschlussjahres | Soll | Haben |
|---|---|---|
| 2800 Guthaben bei Kreditinstituten (Bank) | 3.000,00 | |
| an 5401 Nebenerlöse aus Vermietung und Verpachtung | | 3.000,00 |

Mit dieser Buchung wird die Einnahme im Abschlussjahr in ihrer vollen Höhe als Ertrag erfasst.

| Buchung am Bilanzstichtag des Abschlussjahres | Soll | Haben |
|---|---|---|
| 5401 Nebenerlöse aus Vermietung und Verpachtung | 2.000,00 | |
| an 4900 Passive Jahresabgrenzung | | 2.000,00 |

1.000,00 € des Mietertrages entfallen auf den Monat Dezember, also auf das alte Geschäftsjahr; 2.000,00 € entfallen auf die Monate Januar und Februar, also auf die neue Rechnungsperiode.

Die 2.000,00 €, die das Folgejahr betreffen, dürfen im Abschlussjahr nicht ertragswirksam werden. Sie werden zeitlich abgegrenzt.

Mit der obigen Buchung am Bilanzstichtag wird das Ertragskonto „5401 Nebenerlöse aus Vermietung und Verpachtung" um den auf das neue Geschäftsjahr entfallenden Mietertrag korrigiert. Hierzu dient das **passive Bestandskonto „4900 Passive Jahresabgrenzung"**.

Dieses Konto gleicht auf der Passivseite der Bilanz den für das Abschlussjahr zu hohen Zahlungseingang auf dem Bankkonto aus.

1 für 1. und 2. Methode

**2. Methode**

Die passive Rechnungsabgrenzung kann auch bereits mit der Buchung der Einnahme vorgenommen werden.

| **Buchung am 1. Dez. des Abschlussjahres** | **Soll** | **Haben** |
|---|---|---|
| 2800 Guthaben bei Kreditinstituten (Bank) | 3.000,00 | |
| an 5401 Nebenerlöse aus Vermietung und Verpachtung | | 1.000,00 |
| an 4900 Passive Jahresabgrenzung | | 2.000,00 |

Auf dem Konto „4900 Passive Jahresabgrenzung" wird der Ertrag, der dem Folgejahr wirtschaftlich zuzuordnen ist, bei Zahlungseingang sofort gebucht.

| **Buchung nach der Konteneröffnung im Folgejahr[1]** | **Soll** | **Haben** |
|---|---|---|
| 4900 Passive Jahresabgrenzung | 2.000,00 | |
| an 5401 Nebenerlöse aus Vermietung und Verpachtung | | 2.000,00 |

Das Konto „4900 Passive Jahresabgrenzung" wird mit dieser Buchung aufgelöst. Der die neue Rechnungsperiode betreffende Mietertrag wird ertragswirksam.

**Passive Jahresabgrenzungen verringern die Erträge im Abschlussjahr (Ergebnisverschlechterung im Abschlussjahr) und erhöhen die Erträge im Folgejahr (Ergebnisverbesserung im Folgejahr).**

**Zusammenfassung**

| | Antizipative Rechnungsabgrenzung | | Transitorische Rechnungsabgrenzung | |
|---|---|---|---|---|
| **altes Jahr** | | | **Ausgabe für neues Jahr**<br>Aufwandskonto an Zahlungsmittelkonto[2] | **Einnahme für neues Jahr**<br>Zahlungsmittelkonto[2] an Ertragskonto |
| **Bilanzstichtag** | **Aufwand gehört ins alte Jahr**<br>Aufwandskonto an Ü. sonst. Verb. | **Ertrag gehört ins alte Jahr**<br>Ü. sonst. Ford. an Ertragskonto | ARA[3] an Aufwandskonto | Ertragskonto an PRA[4] |
| **Konteneröffnung** | | | **Aufwand gehört ins neue Jahr**<br>Aufwandskonto an ARA[3] | **Ertrag gehört ins neue Jahr**<br>PRA[4] an Ertragskonto |
| **neues Jahr** | **Ausgabe für altes Jahr**<br>Ü. sonst. Verb. (Aufwandskonto) an Zahlungsmittelkonto[2] | **Einnahme für altes Jahr**<br>Zahlungsmittelkonto[2] an Ü. sonst. Ford. (an Ertragskonto) | | |

1 für 1. und 2. Methode
2 z. B. „Guthaben bei Kreditinstituten (Bank)"
3 Aktive Rechnungsabgrenzung
4 Passive Rechnungsabgrenzung



6350334

1. Aufwendungen,
   - die wirtschaftlich dem Abschlussjahr zuzurechnen sind,
   - für die aber erst im Folgejahr die Ausgabe erfolgt,

   werden am Bilanzstichtag über das Konto „4890 Übrige sonstige Verbindlichkeiten" in das alte Geschäftsjahr verlagert.
2. Eine zeitliche Abgrenzung mit dem Konto „4890 Übrige sonstige Verbindlichkeiten" erhöht die Aufwendungen im Abschlussjahr (Ergebnisverschlechterung im Abschlussjahr) und verringert die Aufwendungen im Folgejahr (Ergebnisverbesserung im Folgejahr).
3. Erträge,
   - die wirtschaftlich dem Abschlussjahr zuzurechnen sind,
   - für die aber erst im Folgejahr die Einnahme erfolgt,

   werden am Bilanzstichtag über das Konto „2690 Übrige sonstige Forderungen" in das alte Geschäftsjahr verlagert.
4. Eine zeitliche Abgrenzung mit dem Konto „2690 Übrige sonstige Forderungen" erhöht die Erträge im Abschlussjahr (Ergebnisverbesserung im Abschlussjahr) und verringert die Erträge im Folgejahr (Ergebnisverschlechterung im Folgejahr).
5. Aufwendungen,
   - die dem Folgejahr zuzurechnen sind,
   - für die aber bereits im Abschlussjahr die Ausgabe erfolgt,

   werden am Bilanzstichtag über das Konto „2900 Aktive Jahresabgrenzung" ins Folgejahr übertragen.
6. Aktive Jahresabgrenzungen verringern die Aufwendungen im Abschlussjahr (Ergebnisverbesserung im Abschlussjahr) und erhöhen die Aufwendungen im Folgejahr (Ergebnisverschlechterung im Folgejahr).
7. Erträge,
   - die dem Folgejahr zuzurechnen sind,
   - für die aber bereits im Abschlussjahr die Einnahme erfolgt,

   werden über das Konto „4900 Passive Jahresabgrenzung" ins Folgejahr übertragen.
8. Passive Jahresabgrenzungen verringern die Erträge im Abschlussjahr (Ergebnisverschlechterung im Abschlussjahr) und erhöhen die Erträge im Folgejahr (Ergebnisverbesserung im Folgejahr).

## Aufgaben

1: Einführung in die Thematik
2–5: Antizipative Rechnungsabgrenzung
6 u. 7: Antizipative Rechnungsabgrenzung mit Umsatzsteuer
8–12: Transitorische Rechnungsabgrenzung
13–19: Gemischte Aufgaben

1 Erklären Sie den Unterschied zwischen Einnahmen und Erträgen bzw. zwischen Ausgaben und Aufwendungen.

2 a) Formulieren Sie einen allgemeingültigen Buchungssatz zur Bildung einer antizipativen Rechnungsabgrenzung (Aufwand und Ertrag).
b) Formulieren Sie einen allgemeingültigen Buchungssatz, der im Folgejahr den unter a) gebildeten antizipativen Posten der Jahresabgrenzung auflöst.

3 Wie lauten die Buchungssätze für die folgenden Geschäftsfälle
a) am Bilanzstichtag des alten Geschäftsjahres,
b) beim Zahlungsvorgang im Folgejahr?
(Alle Zahlungsvorgänge sind über das Bankkonto zu buchen.)

1. Die Pachtzahlung für unser Betriebsgelände für das abgelaufene Geschäftsjahr in Höhe von 5.000,00 € wird erst im Januar des Folgejahres von uns entrichtet.
2. Gemäß Mietvertrag zahlt unser Mieter die Garagenmiete für Oktober, November und Dezember von insgesamt 450,00 € im Januar.
3. Ende Februar begleicht unser Darlehensschuldner die vierteljährlichen Darlehenszinsen (Dezember bis Februar) von 900,00 €.
4. Der Handelskammerbeitrag von 600,00 € für die Monate November, Dezember und Januar wird erst im Januar gezahlt.
5. Am 1. März des Folgejahres wird eine Pachtzahlung unseres Pächters von 6.000,00 € für das zurückliegende Jahr (März bis Februar) eingehen.
6. Die Stadtkasse gewährt uns einen Zahlungsaufschub für eine am 15. Dez. fällige Gewerbesteuerzahlung von 1.300,00 € bis zum 10. Jan. des Folgejahres.
7. Die Grundsteuer von 840,00 € auf das Betriebsgebäude ist am 1. März für das vorangegangene Halbjahr (September bis Februar) fällig.
8. Einem Kunden haben wir ein Darlehen von 15.000,00 € mit einer Verzinsung von 6 % gewährt. Gemäß Darlehensvertrag hat er die Zinsen halbjährlich nachträglich am 31. Jan. und am 31. Juli zu zahlen.
9. Für eine Hypothekenschuld von 120.000,00 € haben wir die Zinszahlung vierteljährlich nachträglich zu den Terminen 28. Febr., 31. Mai, 31. Aug. und 30. Nov. zu entrichten. Zinssatz: 8 %.

AH

4 **Konten**
2690 Übrige sonstige Forderungen, 4890 Übrige sonstige Verbindlichkeiten, 5401 Nebenerlöse aus Vermietung und Verpachtung, 5710 Zinserträge, 6700 Mieten/Pachten, 7510 Zinsaufwendungen.

Die Konten 5401, 5710, 6700, 7510 weisen am Bilanzstichtag folgende Kontenstände auf:

| | | | |
|---|---|---|---|
| 6700: | 3.500,00 € im Soll | 5401: | 8.000,00 € im Haben |
| 7510: | 3.000,00 € im Soll | 5710: | 5.600,00 € im Haben |

| **Zum Bilanzstichtag ist noch zu berücksichtigen:** | € |
|---|---|
| 1. Unser Mieter hat die Lagerhallenmiete von ............ für Dezember noch nicht überwiesen. | 4.500,00 |
| 2. Die Zinsgutschrift für unser Bankguthaben steht noch aus ............ | 2.500,00 |
| 3. Die Miete für unser Vertriebsbüro von ............ müssen wir für Dezember noch bezahlen. | 1.200,00 |
| 4. Die Pachtzahlung für unser Grundstück von ............ für das zurückliegende Jahr wird erst am 1. Febr. eingehen. | 3.000,00 |
| 5. Die Hypothekenzinsen zahlen wir vierteljährlich (1. Nov. bis 31. Jan.) nachträglich am 31. Jan. ............ | 1.500,00 |

Nehmen Sie die entsprechenden Buchungen auf den Konten vor.

5 Sie sind Angestellte(r) der Textilfabrik Konrad Fied KG, Goseriede 41, 30159 Hannover. Die Belege auf der folgenden Seite liegen Ihnen zur Buchung vor.
a) Welche Geschäftsfälle liegen den Belegen zugrunde?
b) Wie lauten die Buchungssätze?



6350336

**Beleg 1**

Konrad Fied KG

| Buchungsdatum | Beleg-Nr. |
|---|---|
| 30.12.20.. | 8912 |

## Buchungsanweisung

Bildung einer zeitlichen Abgrenzung.
Die Zinsen für unser Darlehen 60 251 für den Monat Dezember werden von der Hannoverschen Volksbank im Januar des neuen Jahres eingezogen. 387,35 €

**Beleg 2**

Hannoversche Volksbank eG

| Kontonummer | erstellt am | Auszug | Blatt |
|---|---|---|---|
| 12 345 | 02.01.20.. | 1 | 1/1 |

BLZ 251 900 01

**Kontoauszug**

| Bu.-Tag | Wert | Vorgang | | |
|---|---|---|---|---|
| | | | alter Kontostand | 80.000,00 + |
| 02.01. | 02.01. | Darlehen 60 251<br>Tilgung 112,65 €<br>Zinsen 387,35 €<br>Für Dezember 20.. | | 500,00 – |
| | | | neuer Kontostand vom 02.01.20.. | 79.500,00 + |

Textilfabrik
Konrad Fied KG
Goseriede 41
30159 Hannover

USt-IdNr.: DE 115 648 359
IBAN: DE73 2519 0001 0000 0123 45 BIC: VOHADE2H

**Beleg 3**

Konrad Fied KG

| Buchungsdatum | Beleg-Nr. |
|---|---|
| 30.12.20.. | 8913 |

## Buchungsanweisung

Bildung einer zeitlichen Abgrenzung.
Unser Mieter Dieter Bremer zahlt die Garagenmiete für die Monate November, Dezember und Januar nachträglich Anfang Februar des neuen Jahres. Monatsmiete 75,00 €
Zeitliche Abgrenzung 150,00 €

**Beleg 4**

Hannoversche Volksbank eG

| Kontonummer | erstellt am | Auszug | Blatt |
|---|---|---|---|
| 12 345 | 04.02.20.. | 13 | 1/1 |

BLZ 251 900 01

**Kontoauszug**

| Bu.-Tag | Wert | Vorgang | | |
|---|---|---|---|---|
| | | | alter Kontostand | 90.000,00 + |
| 03.02. | 02.02. | Dieter Bremer<br>Garagenmiete für November, Dezember, Januar | | 225,00 + |
| | | | neuer Kontostand vom 04.02.20.. | 90.225,00 + |

Textilfabrik
Konrad Fied KG
Goseriede 41
30159 Hannover

USt-IdNr.: DE 115 648 359
IBAN: DE73 2519 0001 0000 0123 45 BIC: VOHADE2H

6 Welche Aussagen sind richtig?

a) Die Umsatzsteuerschuld für Leistungen, die im Abschlussjahr ausgeführt worden sind, entsteht mit der Rechnungserteilung im Folgejahr.

b) Die Umsatzsteuerschuld für Leistungen, die im Abschlussjahr ausgeführt worden sind, entsteht mit dem Zahlungseingang im Folgejahr.

c) Die Umsatzsteuerschuld entsteht in dem Umsatzsteuervoranmeldezeitraum, in dem die Leistungen ausgeführt worden sind.

d) Die Vorsteuer für erbrachte Leistungen ist in dem Umsatzsteuervoranmeldezeitraum verrechenbar, in dem die Leistung ausgeführt worden ist. Die Rechnung braucht noch nicht vorzuliegen.

e) Die Vorsteuer für bereits erbrachte Leistungen ist verrechenbar, wenn die Rechnung vorliegt.

7 Wie lauten die Buchungssätze für die folgenden Geschäftsfälle

a) am Bilanzstichtag des alten Geschäftsjahres,

b) beim Zahlungsvorgang im Folgejahr?

(Alle Zahlungsvorgänge sind über das Bankkonto zu buchen.)

| | € |
|---|---|
| 1. Am Bilanzstichtag ist eine Rechnung für eingekauftes Büromaterial über .... | 500,00 |
| + 19 % Umsatzsteuer .... | 95,00 |
| noch nicht eingegangen. | 595,00 |
| Die Zahlung erfolgt erst im Januar bei Rechnungseingang. | |
| 2. Unserem Handelsvertreter wird die Dezemberprovision von .... | 3.500,00 |
| + 19 % Umsatzsteuer .... | 665,00 |
| erst im Januar überwiesen. | 4.165,00 |
| Die Provisionsabrechnung liegt vor. | |
| 3. Für ein im Dezember vermitteltes Geschäft stehen uns .... | 1.200,00 |
| + 19 % Umsatzsteuer .... | 228,00 |
| Provision zu. | 1.428,00 |
| Erst im Januar geht die Zahlung bei uns ein. | |
| 4. Die Rechnung für im Dezember vermietete Kopiergeräte wird erst im Januar erstellt. Es stehen am Bilanzstichtag Forderungen in Höhe von .... | 6.000,00 |
| + 19 % Umsatzsteuer .... | 1.140,00 |
| aus. | 7.140,00 |
| 5. Für das 4. Quartal des Abschlussjahres liegt am Bilanzstichtag die Stromabrechnung der Stadtwerke noch nicht vor. Anhand des Zählerstandes ermitteln wir einen Rechnungsbetrag von .... | 15.500,00 |
| + 19 % Umsatzsteuer .... | 2.945,00 |
| den wir im Januar bei Rechnungseingang begleichen. | 18.445,00 |
| 6. Für eine vermietete Maschine erhalten wir die Dezembermiete von .... | 2.000,00 |
| + 19 % Umsatzsteuer .... | 380,00 |
| erst im Januar. | 2.380,00 |
| 7. Eine Reparatur an der Stromleitung in unserem Geschäftsgebäude wurde im Dezember durchgeführt. Die Rechnung über einen Betrag von .... | 700,00 |
| + 19 % Umsatzsteuer .... | 133,00 |
| liegt am Bilanzstichtag vor. | 833,00 |
| Im Januar wird der Rechnungsbetrag überwiesen. | |
| 8. Die Rechnung für die Gebäudereinigung des 4. Quartals über .... | 800,00 |
| + 19 % Umsatzsteuer .... | 152,00 |
| steht am Bilanzstichtag noch aus. | 952,00 |
| Die Zahlung erfolgt im Januar bei Rechnungseingang. | |



6350338

9. Die Stromkosten sind halbjährlich nachträglich fällig.
Abrechnungszeiträume: 1. April bis 30. Sept. und 1. Okt. bis 31. März.

| | € |
|---|---|
| Am Bilanzstichtag ermitteln wir aufgrund der Zählerstände einen Zahlungsbetrag von | 14.500,00 |
| + 19 % Umsatzsteuer | 2.755,00 |
| | 17.255,00 |
| für die Monate Oktober, November und Dezember. | |
| Im April wird die Rechnung für das vergangene Halbjahr über | 30.000,00 |
| + 19 % Umsatzsteuer | 5.700,00 |
| beglichen. | 35.700,00 |

8 a) Formulieren Sie einen allgemeingültigen Buchungssatz zur Bildung einer aktiven Jahresabgrenzung (passiven Jahresabgrenzung).
b) Formulieren Sie einen allgemeingültigen Buchungssatz zur Auflösung der unter a) gebildeten aktiven Jahresabgrenzung (passiven Jahresabgrenzung).

9 Wie lauten die Buchungssätze für die folgenden Geschäftsfälle
a) zum Zeitpunkt des Zahlungsvorganges (altes Geschäftsjahr),[1]
b) am Bilanzstichtag (altes Geschäftsjahr),
c) bei Auflösung der transitorischen Jahresabgrenzung (neues Geschäftsjahr)?
(Alle Zahlungsvorgänge sind über das Bankkonto zu buchen.)

1. Gemäß Mietvertrag zahlen unsere Mieter die Garagenmiete für Januar, Februar und März in Höhe von 900,00 € vierteljährlich im Voraus am 15. Dez.
2. Die Pachtzahlung für das folgende Geschäftsjahr (Januar bis Dezember) für das Betriebsgrundstück über 8.000,00 € begleichen wir gemäß Pachtvertrag jährlich im Voraus am 1. Dez.
3. Gemäß Darlehensvertrag begleicht unser Darlehensschuldner die halbjährlichen Darlehenszinsen von 2.000,00 € für das erste Halbjahr des Folgejahres (Januar bis Juni) im Voraus am 1. Dez.
4. Die Kfz-Steuer für Betriebsfahrzeuge in Höhe von 2.400,00 € wird am 1. Nov. jährlich (1. Nov. bis 31. Okt.) im Voraus überwiesen.
5. Am 1. März zahlen wir die ADAC-Beiträge (Konto 6730) von 360,00 € für Betriebsfahrzeuge für ein Jahr (März bis Februar) im Voraus.
6. Die Halbjahresmiete (September bis Februar) für vermietete Geschäftsräume in Höhe von 9.000,00 € erhalten wir am 1. Sept. im Voraus.
7. Die Feuerversicherungsprämie für das Geschäftsgebäude von 980,00 € wird von uns am 1. Juli für ein Jahr (Juli bis Juni) im Voraus bezahlt.
8. Am 1. Nov. gehen Darlehenszinsen in Höhe von 360,00 € für ein Vierteljahr (1. Nov. bis 31. Jan.) im Voraus auf dem Bankkonto ein.
9. Am 1. Nov. zahlen wir die Miete für eine Produktionsstätte von 18.000,00 € jährlich für ein Jahr (1. Nov. bis 31. Okt.) im Voraus.
10. Am 1. Dez. zahlen wir die Zinsen in Höhe von 1.200,00 € für einen Bankkredit vierteljährlich (1. Dez. bis 28. Febr.) im Voraus.

10 Fassen Sie die Buchungen der Aufgaben 9 a) und 9 b) für die Geschäftsfälle 1. bis 10. zu jeweils einem Buchungssatz zusammen.
Formulieren Sie also die Buchungssätze, die sich bei Aufgabe 9 ergeben, wenn zum Zeitpunkt der Zahlung bereits zeitlich abgegrenzt wird (nach der im Kapitel 5.1.2 beschriebenen 2. Methode).

1 Nach der im Kapitel 5.1.2 beschriebenen 1. Methode.

**11** Sie sind Angestellte(r) der Textilfabrik Konrad Fied KG, Goseriede 41, 30159 Hannover. Die folgenden Belege liegen Ihnen zur Buchung vor.

a) Welche Geschäftsfälle liegen den Belegen zugrunde?

b) Wie lauten die Buchungssätze?

**Beleg 1**

Hannoversche Volksbank eG

BLZ 251 900 01

| Kontonummer | erstellt am | Auszug | Blatt |
|---|---|---|---|
| 12 345 | 03.09.20.. | 72 | 1/1 |

**Kontoauszug**

| Bu.-Tag | Wert | Vorgang | | |
|---|---|---|---|---|
| | | | alter Kontostand | 45.000,00 + |
| 01.09. | 01.09. | SB-Überweisung, Finanzamt Hannover-Süd, Kfz-Steuer Lkw H-PM 902, 1. Sept. 20.. bis 31. Aug. 20.. | | 960,00 – |
| | | | neuer Kontostand vom 03.09.20.. | 44.040,00 + |

Textilfabrik
Konrad Fied KG
Goseriede 41
30159 Hannover

USt-IdNr.: DE 115 648 359
IBAN: DE73 2519 0001 0000 0123 45 BIC: VOHADE2H

**Beleg 2**

Konrad Fied KG

| Buchungsdatum | Beleg-Nr. |
|---|---|
| 30.12.20.. | 8934 |

## Buchungsanweisung

Bildung einer zeitlichen Abgrenzung.
Kfz-Steuer für den Lkw H-PM 902 in Höhe von 960,00 € für den Zeitraum 1. Sept. 20.. bis 31. Aug. 20.. wurde am 1. Sept. 20.. überwiesen und gebucht.

Zeitliche Abgrenzung 640,00 €

**Beleg 3**

Konrad Fied KG

| Buchungsdatum | Beleg-Nr. |
|---|---|
| 02.01.20.. | 1 |

## Buchungsanweisung

Auflösung einer zeitlichen Abgrenzung.
Die Kfz-Steuer des Lkw H-PM 902 wurde am 30. Dez. 20.. zeitlich abgegrenzt.

Auflösung der gebildeten zeitlichen Abgrenzung 640,00 €



6350340

**Beleg 4**

| Hannoversche Volksbank eG | | Kontonummer | erstellt am | Auszug | Blatt |
|---|---|---|---|---|---|
| | | 12 345 | 02.10.20.. | 246 | 1/1 |

BLZ 251 900 01 — Kontoauszug

| Bu. Tag | Wert | Vorgang | | |
|---|---|---|---|---|
| | | | alter Kontostand | 60.000,00 + |
| 01.10. | 01.10. | Schramm KG<br>Lagerhallenmiete für Oktober bis Februar 20.. | | 8.000,00 + |
| | | | neuer Kontostand vom 02.10.20.. | 68.000,00 + |

Textilfabrik
Konrad Fied KG
Goseriede 41
30159 Hannover

USt-IdNr.: DE 115 648 359
IBAN: DE73 2519 0001 0000 0123 45 BIC: VOHADE2H

**Beleg 5**

Konrad Fied KG

| Buchungsdatum | Beleg-Nr. |
|---|---|
| 30.12.20.. | 8944 |

**Buchungsanweisung**

Bildung einer zeitlichen Abgrenzung.
Lagerhallenmiete (Schramm KG) für den Zeitraum 1. Okt. 20.. bis 28. Febr. 20.. wurde am 1. Okt. 20.. unserem Bankkonto gutgeschrieben.
Zeitliche Abgrenzung 3.200,00 €

**Beleg 6**

Konrad Fied KG

| Buchungsdatum | Beleg-Nr. |
|---|---|
| 02.01.20.. | 2 |

**Buchungsanweisung**

Auflösung einer zeitlichen Abgrenzung.
Die Lagerhallenmiete (Schramm KG) wurde am 30. Dez. 20.. zeitlich abgegrenzt.
Auflösung der gebildeten zeitlichen Abgrenzung 3.200,00 €

AH

12 **Konten**
2900 Aktive Jahresabgrenzung, 4900 Passive Jahresabgrenzung, 5401 Nebenerlöse aus Vermietung und Verpachtung, 5710 Zinserträge, 6700 Mieten/Pachten, 6900 Versicherungsbeiträge.

Die Konten 5401, 5710, 6700 und 6900 weisen am Bilanzstichtag folgende Kontenstände auf:

| | | | |
|---|---|---|---|
| 6700: | 25.300,00 € im Soll | 5401: | 20.100,00 € im Haben |
| 6900: | 33.800,00 € im Soll | 5710: | 3.500,00 € im Haben |

→

**Zum Bilanzstichtag ist noch zu berücksichtigen:** €

1. Am 1. Nov. wurde die Kfz-Versicherung für betriebliche Pkws halbjährlich (November bis April) im Voraus bezahlt ........................ 2.400,00
2. Die Miete für unsere Büroräume von .................................... 1.400,00 für Januar haben wir bereits am 27. Dez. überwiesen.
3. Ein Darlehensnehmer hat am 1. Nov. die Zinsen für ein Vierteljahr (November bis Januar) im Voraus an uns überwiesen ....................... 600,00
4. Die Halbjahresmiete (Oktober bis März) für vermietete Geschäftsräume erhielten wir im Voraus ................................................ 12.000,00

Nehmen Sie die entsprechenden Buchungen auf Konten vor.

13 Worin unterscheiden sich antizipative und transitorische Jahresabgrenzung?

14 Nehmen Sie die begrifflichen Zuordnungen vor.

| A Korrekturposten der Jahreserfolgsrechnung | B Erfolgsvorgang | C Zahlungsvorgang |
|---|---|---|
| 1. Übrige sonstige Forderungen<br>2. Übrige sonstige Verbindlichkeiten<br>3. Aktive Jahresabgrenzung<br>4. Passive Jahresabgrenzung | 1. Aufwand im Abschlussjahr<br>2. Ertrag im Abschlussjahr<br>3. Ertrag im Folgejahr<br>4. Aufwand im Folgejahr | 1. Einnahme im Abschlussjahr<br>2. Ausgabe im Abschlussjahr<br>3. Einnahme im Folgejahr<br>4. Ausgabe im Folgejahr |

15 Geben Sie an, mit welchen Korrekturposten in den folgenden Fällen zeitlich abzugrenzen ist.

a) Der Halbjahresbezugspreis (August bis Januar) für eine Fachzeitschrift wurde im August im Voraus bezahlt.
b) Die Garagenmiete für November und Dezember wird von uns erst im neuen Jahr überwiesen.
c) Im Dezember erhielten wir die Lagerraummiete für Dezember bis Februar im Voraus.
d) Die Feuerversicherungsprämie für das Geschäftsgebäude für November, Dezember und Januar wurde am 31. Okt. bezahlt.
e) Die Bankzinsen für das Abschlussjahr sind unserem Konto noch nicht gutgeschrieben.
f) Unser Darlehensnehmer hat die Darlehenszinsen für das 1. Quartal des neuen Jahres bereits im Dezember überwiesen.
g) Für das 4. Quartal des Abschlussjahres wird der Handelskammerbeitrag erst im Folgejahr überwiesen.

16 Welche Beträge sind in den folgenden Fällen zeitlich abzugrenzen?

a) Wir haben am 1. Dez. für Dezember, Januar und Februar eine Mietvorauszahlung von 2.400,00 € erhalten.
b) Am 31. Jan. erwarten wir von unserem Darlehensnehmer die nachträgliche Zinszahlung von 3.000,00 € für die Monate August bis Januar.
c) Die Kfz-Steuer für den betrieblichen Fuhrpark in Höhe von 1.800,00 € wurde von uns am 1. Dez. halbjährlich (Dezember bis Mai) im Voraus bezahlt.
d) Für den Zeitraum November bis April überweisen wir die Hypothekenzinsen von 4.200,00 € erst am 30. April.



6350342

17 Wie lauten die Buchungssätze zur zeitlichen Abgrenzung **am Bilanzstichtag?** €

1. Die Feuerversicherungsprämie für das Lager für den Zeitraum Dezember bis Februar wurde am 30. Nov. bezahlt ........ 450,00
2. Gemäß Mietvertrag zahlt unser Mieter die Garagenmiete für den Zeitraum Oktober bis März nachträglich am 31. März ........ 900,00
3. Die Grundsteuer auf das Betriebsgebäude für den Zeitraum Oktober bis März ist halbjährlich nachträglich am 31. März fällig ........ 660,00
4. Am 1. Dez. wurde von uns die Miete für das Lagergebäude vierteljährlich (Dezember bis Februar) im Voraus bezahlt ........ 3.000,00
5. Der Handelskammerbeitrag für den Zeitraum November bis Januar wird erst am 31. Jan. von uns an die IHK überwiesen ........ 420,00
6. Die Vierteljahresmiete für vermietete Werkswohnungen erhalten wir für die Monate Dezember, Januar und Februar am 1. Dez. im Voraus ........ 4.500,00
7. Unser Darlehensnehmer überweist am 5. April Zinsen für das vergangene Halbjahr (1. Okt. bis 31. März) auf unser Postbankkonto ........ 1.200,00
8. Für ein Darlehen über 100.000,00 € müssen wir die Zinsen vierteljährlich nachträglich bezahlen. Unsere Hausbank belastet unser Konto am 31. Jan. mit den Vierteljahreszinsen (Zinssatz: 9 %); Zeitraum vom 1. Nov. bis 31. Jan. ........ ?
9. Wir bezahlen per Banküberweisung am 28. Okt. Kfz-Versicherungsprämien (betrieblicher Fuhrpark); Versicherungszeitraum vom 1. Nov. bis 30. April ........ 4.800,00
10. Unsere Darlehensnehmerin Bettina Meyer überweist die Darlehenszinsen für das 1. Quartal des neuen Jahres (1. Jan. bis 31. März) bereits am 20. Dez. auf unser Bankkonto ..... 180,00
11. Die Dezembermiete für eine Garage zahlt Klaus Breitfeld am 5. Jan. an uns bar .. 80,00
12. Gemäß Mietvertrag zahlen unsere Mieter die Wohnungsmiete vierteljährlich im Voraus. Am 30. Okt. überweisen sie die Miete für die Monate November, Dezember, Januar .. 3.600,00

18

| Aktiva | Bilanz der Konrad Fied KG zum 31. Dezember 20.. | | Passiva |
|---|---|---|---|
| **A. Anlagevermögen** | | **A. Eigenkapital** | 1.884.300,00 |
| 1. Gebäude | 650.000,00 | **B. Schulden** | |
| 2. Maschinen | 590.000,00 | 1. Langfristige | |
| 3. Fuhrpark | 180.000,00 | Bankverbindlichkeiten | 1.770.000,00 |
| 4. Betriebs- und Geschäftsausst. | 224.000,00 | 2. Verbindlichkeiten a. LL | 818.300,00 |
| **B. Umlaufvermögen** | | 3. Übrige sonstige | |
| 1. Rohstoffe | 610.000,00 | Verbindlichkeiten | 12.000,00 |
| 2. Hilfsstoffe | 190.000,00 | **C. Rechnungsabgrenzungsposten** | 6.000,00 |
| 3. Betriebsstoffe | 140.000,00 | | |
| 4. Unfertige Erzeugnisse | 425.000,00 | | |
| 5. Fertigerzeugnisse | 920.000,00 | | |
| 6. Forderungen a. LL | 179.800,00 | | |
| 7. Übrige sonstige Forderungen | 8.000,00 | | |
| 8. Kasse | 15.900,00 | | |
| 9. Guthaben bei Kreditinstituten | 342.900,00 | | |
| **C. Rechnungsabgrenzungsposten** | 15.000,00 | | |
| | 4.490.600,00 | | 4.490.600,00 |

Hannover, 5. Januar 20.. Konrad Fied

a) Wie viel € an Aufwendungen werden durch die zeitliche Abgrenzung vom alten Geschäftsjahr in das neue Geschäftsjahr übertragen?

b) Wie viel € an Erträgen werden durch die zeitliche Abgrenzung vom neuen Geschäftsjahr in das alte Geschäftsjahr übertragen?

c) Wie viel € an Erträgen werden durch die zeitliche Abgrenzung vom alten Geschäftsjahr in das neue Geschäftsjahr übertragen? →

d) Wie viel € an Aufwendungen werden durch die zeitliche Abgrenzung vom neuen Geschäftsjahr in das alte Geschäftsjahr übertragen?
e) Zu welcher Ergebnisverbesserung/-verschlechterung des alten Geschäftsjahres führt die zeitliche Abgrenzung insgesamt?
f) Welche Auswirkung hat die „Ergebnisverschiebung", die aus der zeitlichen Abgrenzung insgesamt resultiert, im alten Geschäftsjahr?

AH

**19** Setzen Sie in Ihrem Arbeitsheft Kontenbezeichnungen, Buchungssätze und Ergebnisbegriffe auf die mit einem Fragezeichen versehenen Linien der folgenden Darstellung sinngemäß ein. Sie können dabei die in den Klammern vorgegebenen Abkürzungen benutzen. (Die Abgrenzungsbeträge sind zur Vereinfachung nicht zu splitten.)

**Konten**
Übrige sonstige Forderungen (Ü. s. F.), Übrige sonstige Verbindlichkeiten (Ü. s. V.), Aktive Jahresabgrenzung (ARA), Passive Jahresabgrenzung (PRA), Ertragskonto (E'kto.), Aufwandskonto (A'kto.), Zahlungsmittelkonto (Z'kto.).

**Ergebnisbegriffe:** Ergebnisverbesserung (E+), Ergebnisverschlechterung (E–).

| Aufwand ist dem alten Geschäftsjahr zuzuordnen, Zahlungsausgang liegt im neuen Geschäftsjahr. | Ertrag ist dem alten Geschäftsjahr zuzuordnen, Zahlungseingang liegt im neuen Geschäftsjahr. | Zahlungsausgang liegt im alten Geschäftsjahr, Aufwand ist dem neuen Geschäftsjahr zuzuordnen. | Zahlungseingang liegt im alten Geschäftsjahr, Ertrag ist dem neuen Geschäftsjahr zuzuordnen. |
|---|---|---|---|
| Abgrenzungskonto:<br>..........?.......... | Abgrenzungskonto:<br>..........?.......... | Abgrenzungskonto:<br>..........?.......... | Abgrenzungskonto:<br>..........?.......... |
| | | Buchungssatz für den Zahlungsausgang im alten Geschäftsjahr (für Aufwand des neuen Geschäftsjahres):<br>..........?..........<br>..........?.......... | Buchungssatz für den Zahlungseingang im alten Geschäftsjahr (für Ertrag des neuen Geschäftsjahres):<br>..........?..........<br>..........?.......... |
| Buchungssatz zur Bildung der zeitlichen Abgrenzung im alten Geschäftsjahr:<br>..........?..........<br>..........?.......... | Buchungssatz zur Bildung der zeitlichen Abgrenzung im alten Geschäftsjahr:<br>..........?..........<br>..........?.......... | Buchungssatz zur Bildung der zeitlichen Abgrenzung im alten Geschäftsjahr:<br>..........?..........<br>..........?.......... | Buchungssatz zur Bildung der zeitlichen Abgrenzung im alten Geschäftsjahr:<br>..........?..........<br>..........?.......... |
| Erfolgsverlagerung bewirkt im alten Geschäftsjahr:<br>..........?.......... | Erfolgsverlagerung bewirkt im alten Geschäftsjahr:<br>..........?.......... | Erfolgsverlagerung bewirkt im alten Geschäftsjahr:<br>..........?.......... | Erfolgsverlagerung bewirkt im alten Geschäftsjahr:<br>..........?.......... |
| Buchungssatz für den Zahlungsausgang im neuen Geschäftsjahr:<br>..........?..........<br>..........?.......... | Buchungssatz für den Zahlungseingang im neuen Geschäftsjahr:<br>..........?..........<br>..........?.......... | Buchungssatz zur Auflösung der zeitlichen Abgrenzung im neuen Geschäftsjahr:<br>..........?..........<br>..........?.......... | Buchungssatz zur Auflösung der zeitlichen Abgrenzung im neuen Geschäftsjahr:<br>..........?..........<br>..........?.......... |
| Erfolgsverlagerung bewirkt im neuen Geschäftsjahr:<br>..........?.......... | Erfolgsverlagerung bewirkt im neuen Geschäftsjahr:<br>..........?.......... | Erfolgsverlagerung bewirkt im neuen Geschäftsjahr:<br>..........?.......... | Erfolgsverlagerung bewirkt im neuen Geschäftsjahr:<br>..........?.......... |



6350344

## 5.2 Rückstellungen

Rückstellungen dienen der **periodengerechten Erfolgsermittlung.** Sie sind verwandt mit den „Übrigen sonstigen Verbindlichkeiten" der antizipativen Rechnungsabgrenzung. Der Unterschied besteht darin, dass Rückstellungen am Bilanzstichtag für noch ausstehende Ausgaben gebildet werden, deren Höhe und/oder Fälligkeitstermin ungewiss sind.

**Rückstellungen werden am Bilanzstichtag für Schulden gebildet, die dem Grunde nach feststehen, nicht aber der Höhe und/oder der Fälligkeit nach.**

Da die Höhe der Rückstellung nicht feststeht, muss sie geschätzt werden. Die Schätzung muss einer vernünftigen kaufmännischen Beurteilung entsprechen.

Nach § 249 Abs. 1 HGB **sind** Rückstellungen **zu bilden** für **(Passivierungspflicht):**

- ungewisse Verbindlichkeiten (z. B. Gewerbesteuernachzahlungen[1], Pensionsverpflichtungen, Prozesskosten),
- drohende Verluste aus schwebenden Geschäften,[2]
- im Geschäftsjahr unterlassene Instandhaltungsaufwendungen, die innerhalb von 3 Monaten nach dem Bilanzstichtag nachgeholt werden,
- Gewährleistungen, die ohne rechtliche Verpflichtung erbracht werden (z. B. Kulanzleistungen).

**Exkurs**

Ein **schwebendes Geschäft** besteht vom Zeitpunkt des Vertragsabschlusses (= Verpflichtungsgeschäft) bis zur Erfüllung des Vertrages (= Erfüllungsgeschäft). Buchhalterisch wird ein schwebendes Geschäft nicht erfasst. Wenn aber am Bilanzstichtag feststeht, dass aus einem schwebenden Geschäft ein Verlust droht, so ist aus **Gründen der kaufmännischen Vorsicht** eine entsprechende Rückstellung zu bilden.

Auf der **Beschaffungsseite** ergeben sich drohende Verluste aus schwebenden Geschäften, wenn der vertraglich vereinbarte Einkaufspreis am Bilanzstichtag über den Wiederbeschaffungskosten der bestellten Werkstoffe/Waren liegt.

Auf der **Absatzseite** ergeben sich drohende Verluste aus schwebenden Geschäften, wenn der vertraglich vereinbarte Verkaufspreis am Bilanzstichtag unter den zu erwartenden Selbstkosten liegt.

„Rückstellungen mit einer Restlaufzeit von mehr als einem Jahr sind mit dem ihrer Restlaufzeit entsprechendem durchschnittlichen Marktzinssatz der vergangenen sieben Geschäftsjahre abzuzinsen." (§ 253 Abs. 2 Satz 1 HGB)

Der Industriekontenrahmen differenziert bei den Rückstellungen sehr fein. Er sieht folgende Kontengruppen vor:

**37 Rückstellungen für Pensionen und ähnliche Verpflichtungen**
**38 Steuerrückstellungen**
**39 Sonstige Rückstellungen**

1 Ab 2008 darf die Gewerbesteuer in der **Steuerbilanz** nicht mehr als Betriebsausgabe angesetzt werden. In der **Handelsbilanz** sind nach wie vor Rückstellungen für Gewerbesteuernachzahlungen zu bilden.

2 siehe Exkurs (*Hinweis:* Rückstellungen für drohende Verluste aus schwebenden Geschäften sind in der **Steuerbilanz** nicht zulässig. In der **Handelsbilanz** sind Rückstellungen für drohende Verluste aus schwebenden Geschäften zu bilden.)

### 5.2.1 Die Bildung von Rückstellungen

**Beispiel**

Im Dezember konnte eine defekte Maschine nicht mehr repariert werden. Es liegt ein unverbindlicher Kostenvoranschlag über 9.000,00 € netto vor. Die Reparatur soll im Februar nachgeholt werden.

| Buchung am Bilanzstichtag | Soll | Haben |
|---|---|---|
| 6160 Fremdinstandhaltung | 9.000,00 | |
| an 3990 Sonstige Rückstellungen für Aufwendungen | | 9.000,00 |

Aufgrund dieser Buchung geht der zurückzustellende Betrag in die Erfolgsrechnung des Abschlussjahres ein, obwohl noch keine Ausgabe erfolgte.

### 5.2.2 Die Auflösung von Rückstellungen

Wenn die zu erwartende Verpflichtung feststeht, wird die Rückstellung aufgelöst. Dabei sind drei Fälle zu unterscheiden:

**Fall 1:** Die geschätzte Höhe der Rückstellung entspricht der tatsächl. Zahlungsverpflichtung.
**Fall 2:** Die geschätzte Höhe der Rückstellung ist größer als die tatsächl. Zahlungsverpflichtung.
**Fall 3:** Die geschätzte Höhe der Rückstellung ist kleiner als die tatsächl. Zahlungsverpflichtung.

**Beispiele**

**Zu Fall 1:** Wir begleichen im nächsten Jahr nach Durchführung der Reparatur die Rechnung über 10.710,00 € (9.000,00 € netto + 1.710,00 € Umsatzsteuer) mit Bankscheck.

| Buchungssatz | Soll | Haben |
|---|---|---|
| 3990 Sonstige Rückstellungen für Aufwendungen | 9.000,00 | |
| 2600 Vorsteuer[1] | 1.710,00 | |
| an 2800 Guthaben bei Kreditinstituten (Bank) | | 10.710,00 |

Der entsprechende Betrag wird vom Bankkonto abgebucht und die Rückstellung wird aufgelöst.

**Zu Fall 2:** Wir begleichen im nächsten Jahr nach Durchführung der Reparatur die Rechnung über 8.330,00 € (7.000,00 € netto + 1.330,00 € Umsatzsteuer) mit Bankscheck.

| Buchungssatz | Soll | Haben |
|---|---|---|
| 3990 Sonstige Rückstellungen für Aufwendungen | 9.000,00 | |
| 2600 Vorsteuer[1] | 1.330,00 | |
| an 2800 Guthaben bei Kreditinstituten (Bank) | | 8.330,00 |
| an 5480 Erträge a. d. H. v. R. | | 2.000,00 |

In diesem Fall entsteht im Folgejahr ein Ertrag, der dem **Konto „5480 Erträge aus der Herabsetzung von Rückstellungen"** zugewiesen wird.

**Zu Fall 3:** Wir begleichen im nächsten Jahr nach Durchführung der Reparatur die Rechnung über 14.280,00 € (12.000,00 € netto + 2.280,00 € Umsatzsteuer) mit Bankscheck.

| Buchungssatz | Soll | Haben |
|---|---|---|
| 3990 Sonstige Rückstellungen für Aufwendungen | 9.000,00 | |
| 6990 Periodenfremde Aufwendungen | 3.000,00 | |
| 2600 Vorsteuer[1] | 2.280,00 | |
| an 2800 Guthaben bei Kreditinstituten (Bank) | | 14.280,00 |

Im Folgejahr entsteht nun ein Aufwand, der auf dem Konto **„6990 Periodenfremde Aufwendungen"** erfasst wird.

1 vgl. Kapitel 5.1.1.2



6350346

## Zusammenfassung

Am Bilanzstichtag besteht eine das Abschlussjahr betreffende aufwandswirksame Zahlungsverpflichtung, deren Höhe und/oder Fälligkeitstermin ungewiss sind.

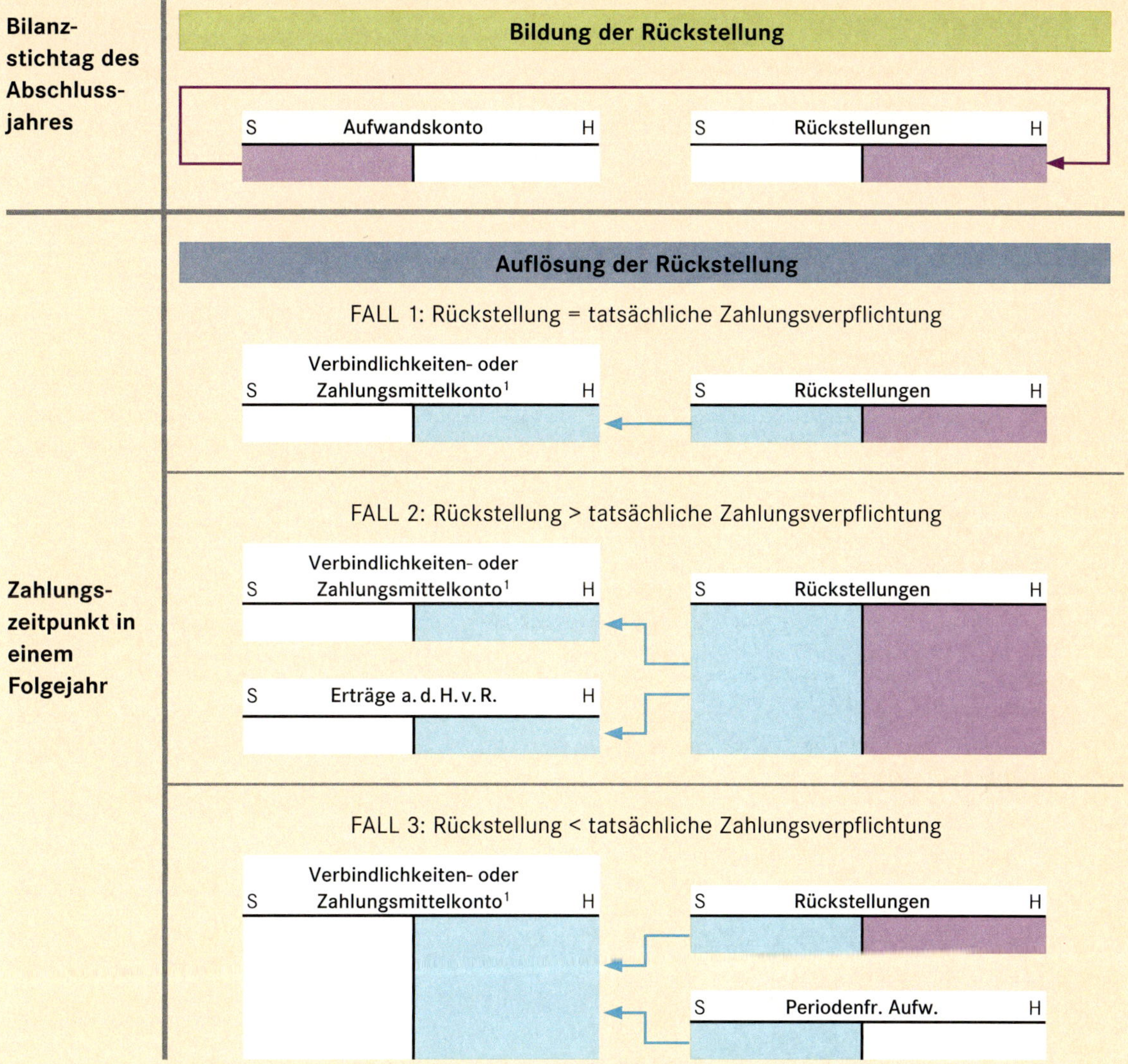


1. **Rückstellungen werden gebildet für wirtschaftlich bereits verursachte zukünftige Ausgaben, deren Höhe und/oder Fälligkeitstermin ungewiss sind.**
2. **Rückstellungen sind Passivposten in der Bilanz.**
3. **Die Höhe der Rückstellung wird – entsprechend einer vernünftigen kaufmännischen Beurteilung – geschätzt.**
4. **Die Rückstellung wird aufgelöst, wenn die zu erwartende Zahlungsverpflichtung feststeht. Dabei führt eine zu hohe Schätzung im neuen Geschäftsjahr zu einem „Ertrag aus der Herabsetzung von Rückstellungen", eine zu niedrige Schätzung führt zu einem „periodenfremden Aufwand".**

1 z. B. „Guthaben bei Kreditinstituten (Bank)"

## Aufgaben

1: Gegenüberstellung von „Rückstellungen“ und „Übrigen sonstigen Verbindlichkeiten“
2: Belegbuchungen
3–7: Bildung und Auflösung von Rückstellungen
8: Pensionsrückstellungen
9: Verständnisaufgabe
10: Zuordnungsaufgabe zum Thema „Zeitliche Abgrenzungen“

AH

**1** Füllen Sie die Tabelle in Ihrem Arbeitsheft aus.

| | Übrige sonst. Verb. | Rückstellungen |
|---|---|---|
| Höhe des Betrages ist bekannt/unbekannt | ? | ? |
| Fälligkeitstermin ist bekannt/unbekannt | ? | ? |
| Kontenart | ? | ? |
| Kontennummer | ? | ? |

**2** Sie sind Angestellte(r) der Textilfabrik Konrad Fied KG, Goseriede 41, 30159 Hannover. Die folgenden Belege liegen Ihnen zur Buchung vor.

a) Welche Geschäftsfälle liegen den Belegen zugrunde? b) Wie lauten die Buchungssätze?

**Beleg 1**

**Dagmar Oldenburg**
Steuerberaterin

Mendelssohnstraße 17
30173 Hannover
Tel.: 0511 80010
Fax: 0511 80011
E-Mail: info@oldenburg-wvd.de
St.-Nr. 26 432 78235

Stb. D. Oldenburg • Mendelssohnstr. 17 • 30173 Hannover

Textilfabrik
Konrad Fied KG
Goseriede 41
30159 Hannover

EINGEGANGEN
22. Dez. 20..
Erledigt ......................

Ihr Zeichen, Ihre Nachricht vom | Unser Zeichen | Datum 21.12.20..

**Schätzung der Gewerbesteuernachzahlung**

Sehr geehrter Herr Fied,

für Ihren Jahresabschluss haben Sie von mir eine Schätzung Ihrer Gewerbesteuernachzahlung für das laufende Jahr angefordert.

Nach meiner Berechnung (siehe Anlage) müssen Sie für das laufende Jahr etwa 4.000,00 € nachzahlen.

Mit freundlichem Gruß

*Oldenburg*
Dagmar Oldenburg

**Beleg 2**

Hannoversche Volksbank eG

| Kontonummer | erstellt am | Auszug | Blatt |
|---|---|---|---|
| 12 345 | 21.02.20.. | 12 | 1/1 |

BLZ 251 900 01 — **Kontoauszug**

| Bu.-Tag | Wert | Vorgang | |
|---|---|---|---|
| | | alter Kontostand | 60.000,00 + |
| 20.02. | 20.02. | SB-Überweisung, Stadtkasse Hannover, Gewerbesteuernachzahlung 20.. gemäß Bescheid, Steuer-Nr. 15 638 26346 | 4.500,00 – |
| | | neuer Kontostand vom 21.02.20.. | 55.500,00 + |

Textilfabrik
Konrad Fied KG
Goseriede 41
30159 Hannover

USt-IdNr.: DE 115 648 359
IBAN: DE73 2519 0001 0000 0123 45 BIC: VOHADE2H

*Hinweis:*
Da die Zahlung sofort bei Eingang des Steuerbescheides erfolgt, wird nur der Zahlungsvorgang gebucht.

**Beleg 3**

*Buchungshinweis:* Der Gebäudeschaden ist nicht versichert.

Alles aus einer Hand

Planung und Ausführung aller Maurer-, Putz-, Rigips-, Fliesen-, Maler- und Umbauarbeiten

Rank Bauausführungen GmbH

Rank Bauausführungen GmbH
Berliner Allee 48 · 30161 Hannover
Telefon: 0511 336390-0
Telefax: 0511 336390-55
E-Mail: info@rank-wvd.de
Internet: www.rank-wvd.de

**Bankverbindung**:
Hannoversche Volksbank
Konto 569 888 222 · BLZ 251 900 01
IBAN DE30 2519 0001 0569 8882 22
BIC VOHADE2H

Geschäftsführer: Helmut Rank
Amtsgericht Hannover HRB 115
Steuer-Nr.: 26 200 51555

Rank GmbH – Berliner Allee 48 – 30161 Hannover

Textilfabrik
Konrad Fied KG
Goseriede 41
30159 Hannover

EINGEGANGEN 20. Dez. 20.. Erledigt ..........

| Ihr Zeichen, Ihre Nachricht vom | Unser Zeichen, unsere Nachricht vom | Telefon, Name 0511 336390- | Datum |
|---|---|---|---|
| | ra | 17 Herr Rank | 19.12.20.. |

**Angebot Nr. 302**
**Kunden-Nr. 24 005**
**Unverbindlicher Kostenvoranschlag**
**Bauvorhaben: Goseriede 41, 30159 Hannover**

Sehr geehrter Herr Fied,

wir bedanken uns für Ihre Anfrage und den gemeinsamen Besichtigungstermin mit unserer Frau Schendel.

Ihr Betriebsgebäude ist durch Hochwasser erheblich beschädigt worden. Jahreszeitlich bedingt lässt sich die Reparatur voraussichtlich erst im März kommenden Jahres durchführen.

Wir schätzen die erforderlichen Reparaturkosten (siehe beigefügte detaillierte Auflistung) auf etwa 10.000,00 € (ohne Umsatzsteuer).

Mit freundlichem Gruß

Rank Bauausführungen GmbH

H. Rank

Helmut Rank

Alles aus einer Hand

Planung und Ausführung aller Maurer-, Putz-, Rigips-, Fliesen-, Maler- und Umbauarbeiten

Rank Bauausführungen GmbH

Rank Bauausführungen GmbH
Berliner Allee 48 · 30161 Hannover
Telefon: 0511 336390-0
Telefax: 0511 336390-55
E-Mail: info@rank-wvd.de
Internet: www.rank-wvd.de

**Bankverbindung**:
Hannoversche Volksbank
Konto 569 888 222 · BLZ 251 900 01
IBAN DE30 2519 0001 0569 8882 22
BIC VOHADE2H

Geschäftsführer: Helmut Rank
Amtsgericht Hannover HRB 115
Steuer-Nr.: 26 200 51555

Rank GmbH – Berliner Allee 48 – 30161 Hannover

Textilfabrik
Konrad Fied KG
Goseriede 41
30159 Hannover

EINGEGANGEN 29. März 20.. Erledigt ..........

**Datum**: 27.03.20..
**Rechnungs-Nr.**: 85
**Kunden-Nr.**: 24 005

**Rechnung**

Durchgeführte Arbeiten: Beseitigung von Hochwasserschäden
Objekt: Betriebsgebäude, Konrad Fied KG, Goeseriede 41, 30159 Hannover
Ausgeführt: vom 11.03.20.. bis zum 14.03.20..

| Pos. | Menge | Bezeichnung | Einzelpreis | Gesamtpreis |
|---|---|---|---|---|
| 1 | 64 | Maurer-Gesellenstunden | 40,00 € | 2.560,00 € |
| 2 | | Material gemäß beigefügter Auflistung | | 8.440,00 € |
| | | Nettosumme | | 11.000,00 € |
| | | + 19 % USt | | 2.090,00 € |
| | | **Bruttosumme** | | **13.090,00 €** |

Zahlungsziel: 14 Tage nach Rechnungsdatum

**Beleg 4**

**Beleg 5**

**Dr. Detlef Kuhlmann**
**Rechtsanwalt • Notar**

Bödekerstraße 21
30161 Hannover
Tel.: 0511 2234
Fax: 0511 2233
E-Mail: info@kuhlmann-wvd.de

**Bankverbindung:**
Sparkasse Hannover
Kto.-Nr.: 123 765, BLZ 250 501 80
IBAN DE06 2505 0180 0000 1237 65
BIC SPKHDE2H
St.-Nr. 26 447 25368

Dr. D. Kuhlmann • Bödekerstraße 21 • 30161 Hannover

Textilfabrik
Konrad Fied KG
Goseriede 41
30159 Hannover

EINGEGANGEN
23. Dez. 20..
Erledigt ....................

Ihr Zeichen, Ihre Nachricht vom | Unser Zeichen | Datum 22.12.20..

**Bitte stets angeben:**
792/99K 03/POs
Weide/Fied

Kostenvoranschlag für Anwaltskosten
Weide KG ./. Konrad Fied KG

Sehr geehrter Herr Fied,

für Ihren Jahresabschluss haben Sie von mir eine Schätzung der Anwaltskosten für die voraussichtlich im März nächsten Jahres abgeschlossene gerichtliche Auseinandersetzung mit der Weide KG angefordert.
Meiner Einschätzung nach werden die von Ihnen zu tragenden Anwaltskosten etwa 7.400,00 € (ohne Umsatzsteuer) betragen.

Mit freundlichem Gruß

Kuhlmann
Dr. D. Kuhlmann
(Rechtsanwalt)

**Beleg 6**

Hannoversche Volksbank eG

| Kontonummer | erstellt am | Auszug | Blatt |
|---|---|---|---|
| 12 345 | 24.05.20.. | 32 | 1/1 |

BLZ 251 900 01

**Kontoauszug**

| Bu.-Tag | Wert | Vorgang | |
|---|---|---|---|
| | | alter Kontostand | 60.000,00 + |
| 23.05. | 23.05. | SB-Überweisung, RA Dr. D. Kuhlmann, 792/99K 03/POs Weide/Fied, gemäß Rechnung, Betrag einschl. 19 % USt | 8.330,00 – |
| | | neuer Kontostand vom 24.05.20.. | 51.670,00 + |

Textilfabrik
Konrad Fied KG
Goseriede 41
30159 Hannover

USt-IdNr.: DE 115 648 359
IBAN: DE73 2519 0001 0000 0123 45 BIC: VOHADE2H

*Hinweis:* Da die Zahlung sofort bei Eingang der Anwaltsrechnung erfolgt, wird nur der Zahlungsvorgang gebucht.

3 1. Buchen Sie die Bildung der Rückstellung am Bilanzstichtag.
2. Buchen Sie die Auflösung der Rückstellung für die Fälle a) (1. bis 3.) und b).
Am Bilanzstichtag wird für die zu erwartende Gewerbesteuerabschlusszahlung eine Rückstellung von 10.000,00 € gebildet.
a) Bei Eingang des Steuerbescheides am 1. März des neuen Jahres überweisen wir (Banküberweisung) 1. 14.000,00 €, 2. 8.000,00 €, 3. 10.000,00 €.
b) Statt einer zu leistenden Abschlusszahlung erhalten wir für zu hohe Gewerbesteuervorauszahlungen 3.000,00 € auf unser Bankkonto erstattet.

4 Wir schätzen am Bilanzstichtag die Beitragsnachzahlung für die Unfallversicherung[1] unserer Arbeitnehmer auf 9.000,00 €.
1. Buchen Sie die Bildung der Rückstellung.
Bei Eingang des Beitragsbescheides am 16. Mai des neuen Jahres überweisen wir (Banküberweisung) an die Textilberufsgenossenschaft
a) 9.000,00 €, b) 9.500,00 €, c) 8.400,00 €.
2. Buchen Sie die Auflösung der Rückstellung für die Fälle a)–c).

5 Am 10. Dez. ist an unserer Produktionsmaschine MLK 578 ein erheblicher Defekt aufgetreten. Terminlich lässt sich die Reparatur erst im Februar durchführen. Am Bilanzstichtag liegt ein unverbindlicher Kostenvoranschlag über 9.520,00 € (brutto, einschl. 19 % Umsatzsteuer)[2] vor. Die Reparatur wird im Februar des neuen Jahres ausgeführt. Die Rechnung geht am 27. Febr. des neuen Jahres bei uns ein:

| | | € |
|---|---|---|
| a) | netto | 8.000,00 |
| | + 19 % Umsatzsteuer | 1.520,00 |
| | brutto | 9.520,00 |
| b) | netto | 10.000,00 |
| | + 19 % Umsatzsteuer | 1.900,00 |
| | brutto | 11.900,00 |
| c) | netto | 7.000,00 |
| | + 19 % Umsatzsteuer | 1.330,00 |
| | brutto | 8.330,00 |

Nehmen Sie die Buchungen am Bilanzstichtag und am 27. Febr. für die Fälle a) – c) vor.

6 Die Honorarzahlung an einen Steuerberater steht am Bilanzstichtag noch aus. Wir rechnen mit etwa 8.330,00 € (brutto, einschl. 19 % Umsatzsteuer)[2]. Die Rechnung geht am 20. Jan. des neuen Jahres bei uns ein:

| | | € |
|---|---|---|
| a) | netto | 5.000,00 |
| | + 19 % Umsatzsteuer | 950,00 |
| | brutto | 5.950,00 |
| b) | netto | 7.000,00 |
| | + 19 % Umsatzsteuer | 1.330,00 |
| | brutto | 8.330,00 |
| c) | netto | 8.000,00 |
| | + 19 % Umsatzsteuer | 1.520,00 |
| | brutto | 9.520,00 |

Nehmen Sie die Buchung am Bilanzstichtag und am 20. Jan. für die Fälle a) – c) vor.

1 siehe Fußnote zu Beleg 2 auf S. 252
2 Die Vorsteuer kann noch nicht verrechnet werden (vgl. Kapitel 5.1.1.2).

7 Im alten Geschäftsjahr haben wir für unsere Kundin, die Söffgen OHG, einen größeren Auftrag ausgeführt. Am Bilanzstichtag rechnen wir aufgrund einer Reklamation der Söffgen OHG mit einer Gewährleistungsverpflichtung, der wir im neuen Geschäftsjahr nachkommen müssen. Wir schätzen unsere Gewährleistungsverpflichtung auf ca. 8.000,00 € (netto).

1. Nennen Sie den Buchungssatz für die Bildung der Gewährleistungsrückstellung.

Im Februar des neuen Geschäftsjahres lassen wir entsprechende Nachbesserungsarbeiten bei einer Schneiderei außer Haus durchführen. Die Rechnung der Schneiderei über
a) 9.520,00 €, b) 8.806,00 €, c) 10.472,00 € (jeweils brutto, einschl. 19 % Umsatzsteuer) begleichen wir bei Anlieferung mit der Girocard unserer Bank.

2. Nennen Sie den Buchungssatz für die Auflösung der Gewährleistungsrückstellung in den Fällen a), b) und c).

8 Wir machen unseren beiden Abteilungsleitern eine Pensionszusage von jeweils monatlich 2.500,00 €. Die Pensionszahlung wird beginnen, wenn die Abteilungsleiter ihr 65. Lebensjahr vollendet haben. Eine Pensionsrückstellung wurde bisher nicht gebildet.
Bei jedem Abschluss wird auf versicherungsmathematischem Weg der Gegenwartswert der Verpflichtung ermittelt und die Pensionsrückstellung entsprechend aufgestockt oder ermäßigt.

a) Der versicherungsmathematische Gegenwartswert der Pensionsrückstellung beträgt im 1. Jahr 50.000,00 €. Buchen Sie die Bildung der Pensionsrückstellung (Konto 6440).
b) Beim Abschluss des 2. Jahres wird ein versicherungsmathematischer Gegenwartswert von 55.000,00 € ermittelt. Buchen Sie die Aufstockung der Pensionsrückstellung.
c) Im 3. Jahr erlischt der Pensionsanspruch eines der beiden Abteilungsleiter durch Tod bei einem Verkehrsunfall. Der versicherungsmathematische Gegenwartswert der Pensionsrückstellung ermäßigt sich dadurch auf 30.000,00 €. Buchen Sie die Herabsetzung der Pensionsrückstellung.

9 Sind die folgenden Aussagen richtig? Begründen Sie Ihre Meinung.

a) Rückstellungskonten sind Aufwandskonten.
b) Für einen Betriebsausflug im Sommer des Folgejahres ist eine Rückstellung zu bilden.
c) Für die in ihrer Höhe und Fälligkeit noch nicht feststehenden Prozesskosten ist eine Rückstellung zu bilden.
d) Mit dem Buchungssatz „6770 Rechts- und Beratungskosten an 3990 Sonstige Rückstellungen für Aufwendungen" wird eine Rückstellung aufgelöst.
e) Die transitorische und antizipative Jahresabgrenzung und die Bildung von Rückstellungen dienen der periodengerechten Erfolgsermittlung.
f) Die von uns für das 4. Quartal noch zu zahlende Lagerraummiete wird als Rückstellung passiviert.
g) Wenn die geschätzte Höhe einer „Sonstigen Rückstellung für Aufwendungen" kleiner ist als die tatsächliche Zahlungsverpflichtung, so wird bei Auflösung der Rückstellung gebucht:
„3990 Sonstige Rückstellungen für Aufwendungen
an 2800 Guthaben bei Kreditinstituten (Bank)
an 5480 Erträge aus der Herabsetzung von Rückstellungen"
h) Rückstellungen und sonstige Verbindlichkeiten unterscheiden sich darin, dass bei Rückstellungen die Höhe und/oder der Fälligkeitstermin der zu passivierenden Schulden ungewiss sind.
i) Es wird für das Folgejahr mit einer Rezession (wirtschaftliches Tief) gerechnet. Für das dadurch bedingte erhöhte unternehmerische Risiko wird eine Rückstellung gebildet.
j) Für zu erwartende Forderungsausfälle ist am Bilanzstichtag eine Rückstellung zu bilden.
k) Eine Rückstellung erhöht die für das Abschlussjahr zu zahlende Ertragsteuer.
l) Die Bildung einer Rückstellung verändert nicht die Bilanzsumme.
m) Rückstellungen werden gebildet für wirtschaftlich bereits verursachte zukünftige Ausgaben, deren Höhe und/oder Fälligkeitstermin ungewiss sind.


6350352

10 Ordnen Sie zu.

| A Abschlussangaben am 31. Dez. | B Konten der zeitlichen Abgrenzung |
|---|---|
| 1. Die Kfz-Steuer wurde am 1. Nov. für ein Jahr im Voraus bezahlt.<br>2. Unverbindlicher Kostenvoranschlag für Reparatur am Betriebsgebäude.<br>3. Die Zinsgutschrift unserer Bank steht noch aus.<br>4. Wir bezahlen die Dezembermiete erst im Januar.<br>5. Unser Mieter hat die Garagenmiete für Januar bereits am 15. Dez. an uns überwiesen. | 1. Übrige sonstige Forderungen<br>2. Übrige sonstige Verbindlichkeiten<br>3. Aktive Jahresabgrenzung<br>4. Passive Jahresabgrenzung<br>5. Rückstellungen |

# 5.3 Wertansätze in der Bilanz[1]

## 5.3.1 Zweck der Bewertung

**Die Quantifizierung eines Vermögens- oder Schuldpostens der Bilanz in Geldeinheiten wird als Bewertung bezeichnet.**

Bewertungsprobleme ergeben sich bei Bilanzposten, die **Bewertungsspielräume** aufweisen:

- **Abnutzbare Anlagegüter.** Hier wird die Bewertung durch planmäßige und außerplanmäßige Abschreibungen (z. B. wegen Brand, Unwetter, Explosion, technischem Fortschritt) bestimmt (siehe Kapitel 3.4.7.2).
- **Nicht abnutzbare Anlagegüter.** Hier können ebenfalls außerplanmäßige Wertminderungen eintreten (siehe Kapitel 3.4.7.1).
- **Forderungen.** Der Forderungsbestand muss hinsichtlich seiner Einbringlichkeit bewertet werden.
- **Vorräte.** Sie unterliegen Preisschwankungen.
- **Verbindlichkeiten.** Verbindlichkeiten gegenüber Auslandsgläubigern (Fremdwährungsverbindlichkeiten) unterliegen beispielsweise Kursschwankungen.

Die Bewertung der einzelnen Vermögens- und Schuldposten der Bilanz wirkt sich unmittelbar auf den **Jahreserfolg** aus.

Eine **zu hohe Bewertung der Vermögensposten** oder eine **zu niedrige Bewertung der Schuldposten** führt zu einem **zu hohen Ausweis des Eigenkapitals** (nicht realisierter Gewinn = Scheingewinn).

Umgekehrt führt eine **zu niedrige Bewertung der Vermögensposten** oder eine **zu hohe Bewertung der Schuldposten** zu einem **zu niedrigen Ausweis des Eigenkapitals** (nicht realisierter Verlust = Scheinverlust).

Ein Unternehmen hat unterschiedliche Interessen hinsichtlich der Darstellung seiner Erfolgs- und Vermögenslage in der Bilanz:

- Um **weniger Steuern** zahlen zu müssen, besteht ein Interesse an einer möglichst **ungünstigen Darstellung** der Erfolgs- und Vermögenslage (in der **Steuerbilanz**).
- Um gegenüber Gläubigern **kreditwürdig** zu erscheinen, besteht ein Interesse an einer möglichst **günstigen Darstellung** der Erfolgs- und Vermögenslage (in der **Handelsbilanz**).

1 Die Bewertung des Anlagevermögens (nicht abnutzbares und abnutzbares AV) ist in den Kapiteln 3.4.7 und 3.4.10.1 dargestellt.

**Im Interesse des Steueraufkommens und zum Schutz der Gläubiger hat der Gesetzgeber steuerrechtliche und handelsrechtliche Bewertungsvorschriften erlassen, die Über- und Unterbewertungen nicht erlauben.**

Zusammenfassung

1. **Steuerrechtliche Bewertungsvorschriften sollen zur Sicherung des Steueraufkommens verhindern, dass Steuerpflichtige das Vermögen unterbewerten und die Schulden überbewerten, um so den steuerlichen Gewinn und das steuerliche Betriebsvermögen zu niedrig auszuweisen.**
2. **Handelsrechtliche Bewertungsvorschriften sollen zum Schutz der Gläubiger verhindern, dass das Vermögen überbewertet und die Schulden unterbewertet werden.**

### 5.3.2 Bewertung der Vorräte

Zu den Vorräten zählen die Roh-, Hilfs- und Betriebsstoffe, die Fremdbauteile, die Handelswaren und die unfertigen und fertigen Erzeugnisse.

**Grundsätzlich sind die Vorräte sowohl steuer- als auch handelsrechtlich mit den Anschaffungs- bzw. Herstellungskosten zu bewerten, die zugleich die Wertobergrenze darstellen.**

Ein niedrigerer Wert als die Anschaffungs- bzw. Herstellungskosten **muss (Niederstwertprinzip)** in den folgenden Fällen, die § 253 Abs. 4 HGB unterscheidet, bei der Bilanzierung **(Handelsbilanz)** angesetzt werden:

| Anschaffungs- bzw. Herstellungskosten sind höher als | |
|---|---|
| 1. Börsen- oder Marktpreis | 2. beizulegender Wert[1] (Börsen- oder Marktpreis ist nicht feststellbar.) |
| Abschreibungsgebot, § 253 Abs. 4 Satz 1 HGB | Abschreibungsgebot, § 253 Abs. 4 Satz 2 HGB |

Niederstwertprinzip

Das Niederstwertprinzip ist ebenso wie das Höchstwertprinzip[2] eine Ausprägung des **Grundsatzes der Vorsicht.**

Für das **Umlaufvermögen** gilt **handelsrechtlich (Handelsbilanz)** das **Niederstwertprinzip (Abschreibungsgebot)** sowohl für eine **dauernde** als auch für eine **vorübergehende Wertminderung.**

**Steuerrechtlich (Steuerbilanz)** ist der bilanzielle Ansatz eines Wertes unter den Anschaffungs- bzw. Herstellungskosten nur möglich **(Abschreibungswahlrecht),** wenn eine **voraussichtlich dauernde Wertminderung** vorliegt.

1 Lässt sich ein Börsen- oder Marktpreis am Bilanzstichtag nicht feststellen, so wird an seiner Stelle ein „beizulegender Wert" herangezogen, der mit anerkannten Bewertungsmethoden ermittelt wird.

2 Das Höchstwertprinzip gilt für die Bewertung der Schulden (siehe Kapitel 5.3.4).

**Beispiel**

Der Rohstoffverbrauch wurde aufgrund von Materialentnahmescheinen buchhalterisch erfasst („Fortschreibungsmethode", „Bestandsrechnerisches Verfahren").
Auf dem Rohstoffkonto ergibt sich ein saldenmäßiger Schlussbestand von 500.000,00 €.
Der Marktpreis des Rohstoffschlussbestandes beträgt am Bilanzstichtag 450.000,00 €.
50.000,00 € sind handelsrechtlich abzuschreiben (strenges Niederstwertprinzip).

| Buchungssatz | Soll | Haben |
|---|---|---|
| 6000 Aufwendungen für Rohstoffe[1] | 50.000,00 | |
| an 2000 Rohstoffe | | 50.000,00 |

Nach dieser Buchung beträgt der saldenmäßige Schlussbestand auf dem Rohstoffkonto 450.000,00 €.

Entfällt der Grund für die Abwertung des Umlaufvermögens, so muss handelsrechtlich (Handelsbilanz) und steuerrechtlich (Steuerbilanz) eine Zuschreibung auf den höheren Wert erfolgen **(Wertaufholungsgebot)**.

**Zusammenfassung**

| Vorräte | | |
|---|---|---|
| | **Handelsbilanz** | **Steuerbilanz** |
| 1. Bewertungsgrundsatz | Anschaffungskosten (AK) oder Herstellungskosten (HK) (= Wertobergrenze) | Anschaffungskosten (AK) oder Herstellungskosten (HK) (= Wertobergrenze) |
| 2. a) Börsen- oder Marktpreis < AK/HK | Abschreibungsgebot (= Niederstwertprinzip) | Ein bilanzieller Ansatz eines Wertes unter den AK/HK ist nur möglich (Abschreibungswahlrecht), wenn eine voraussichtlich dauernde Wertminderung vorliegt. |
| b) Beizulegender Wert < AK/HK | Abschreibungsgebot (= Niederstwertprinzip) | |
| 3. Die Gründe für eine Abschreibung auf den niedrigeren Wert entfallen. | Wertaufholungsgebot bis maximal zu den AK/HK. | Wertaufholungsgebot bis maximal zu den AK/HK. |

Aufgaben folgen auf S. 359 f.

## 5.3.3 Vereinfachungsverfahren für die Bewertung der Vorräte

Zur Bewertung der **Vorräte** gibt es besondere Verfahren. Grundsätzlich gilt das **Einzelbewertungsprinzip** (§ 252 Abs. 1 Nr. 3 HGB). Nach dem **Einzelbewertungsprinzip** sind alle Vermögensgegenstände und Schulden **einzeln** zu bewerten.

Da nun aber Vorräte zu **unterschiedlichen Zeitpunkten** zu **verschiedenen Preisen** angeschafft und mit bereits eingelagerten Vorräten **vermischt** werden, lassen sich am Abschlussstichtag die **Anschaffungskosten einzelner Vorratsbestände** nicht mehr feststellen.

Eine Einzelbewertung würde zu einem Arbeitsaufwand führen, der die Bewertungsexaktheit nicht rechtfertigt. Aus diesem Grund sind als Bewertungsvereinfachungsverfahren gemäß § 240 Abs. 3 und Abs. 4 HGB **Festbewertungen** und **Sammelbewertungen** (auch: **Gruppenbewertungen**) erlaubt. Diese zum Inventar ergangenen Vorschriften gelten nach § 256 Satz 2 HGB auch für die Bilanz.

Als Verfahren der Sammelbewertung erlaubt das Gesetz die **Durchschnittsbewertung** (§ 240 Abs. 4 HGB) und die **Verbrauchsfolgebewertung** (§ 256 HGB).

1 Der komplette IKR sieht das Konto „6090 Sonderabschreibungen auf Roh-, Hilfs- und Betriebsstoffe und auf bezogene Waren" vor.

### 5.3.3.1 Festbewertung

Nach § 240 Abs. 3 HGB können Vorräte (und auch Vermögensgegenstände des Sachanlagevermögens)

- mit gleichbleibender Menge und
- mit gleichbleibendem Wert

angesetzt werden **(Festbewertung)**.

Dies ist möglich, wenn der Bestand nur geringen wert-, mengen- und zusammensetzungsmäßigen Änderungen unterliegt. Weitere Bedingung ist, dass der Gesamtwert des entsprechenden Vorrates für das Unternehmen von nachrangiger Bedeutung ist.[1]

„Jedoch ist in der Regel alle drei Jahre eine körperliche Bestandsaufnahme durchzuführen." (§ 240 Abs. 3 Satz 2 HGB)

### 5.3.3.2 Durchschnittsbewertung

Eine Durchschnittsbewertung kann in zwei Formen,

- als **jährliche Durchschnittswertermittlung**[2] oder
- als **laufende Durchschnittswertermittlung**[3],

durchgeführt werden.

**Bei der jährlichen Durchschnittswertermittlung[2] wird der Schlussbestand mit durchschnittlichen Anschaffungsstückkosten bewertet.**

$$\textbf{Ø Anschaffungsstückkosten} = \frac{\text{AB (in Geldeinheiten) + Zugänge (in Geldeinheiten)}}{\text{AB (in Mengeneinheiten) + Zugänge (in Mengeneinheiten)}}$$

$$\textbf{SB (in Geldeinheiten)} = \text{Ø Anschaffungsstückkosten} \cdot \text{SB (in Mengeneinheiten)}$$

**Beispiel**

| | | Stück | Anschaffungs-stückkosten | Anschaffungs-kosten |
|---|---|---|---|---|
| AB | 1. Jan. | 1 500 | 10,00 € | 15.000,00 € |
| Zugang | 15. März | 800 | 8,00 € | 6.400,00 € |
| Zugang | 8. Aug. | 700 | 9,00 € | 6.300,00 € |
| Zugang | 12. Okt. | 1 000 | 11,00 € | 11.000,00 € |
| Zugang | 20. Dez. | 500 | 7,00 € | 3.500,00 € |
| Summe | | 4 500 | | 42.200,00 € |

$$\text{Ø Anschaffungsstückkosten} = \frac{42.200,00}{4\,500} = 9,38\ €$$

Bei einem Schlussbestand von 1 200 Stück ergeben sich durchschnittliche Anschaffungskosten von 11.256,00 € (1 200 · 9,38 €).

Liegt der Börsen- oder Marktpreis (bzw. beizulegender Wert) am Abschlussstichtag bei beispielsweise 9,00 € pro Stück, so sind gemäß **Niederstwertprinzip** allerdings 10.800,00 € (1 200 · 9,00 €) als Schlussbestand zu bilanzieren.

Die **laufende Durchschnittswertermittlung**[3] ist aufwendiger, aber exakter. Dieses Verfahren wird insbesondere bei einer **EDV-mäßigen Bestandsfortschreibung** angewandt.

1 Zur Vertiefung: Siehe Hermsen/Gardemann, Rechnungswesen für Steuerfachangestellte, Winklers, Braunschweig, Kap. 11.2.1.1

2 auch bezeichnet als „Bewertungsverfahren mit gewogenem Durchschnitt"

3 auch bezeichnet als „Bewertungsverfahren mit gleitendem Durchschnitt"

**Bei der laufenden Durchschnittswertermittlung[1] wird nach jeder Bestandsveränderung ein aktueller Durchschnittswert ermittelt. Jeder Abgang wird mit dem letzten (aktuellen) Durchschnittswert bewertet.**

**Beispiel** **wie oben, aber unter Einbeziehung der Abgänge (mit Rundungen)**

| | | | Stück | Anschaffungsstückkosten (Bestände und Abgänge zu Ø Anschaffungsstückkosten) | Anschaffungskosten (Bestände und Abgänge zu Ø Anschaffungskosten) |
|---|---|---|---|---|---|
| | AB | 1. Jan. | 1500 | 10,00 € | 15.000,00 € |
| + | Zugang | 15. März | 800 | 8,00 € | 6.400,00 € |
| = | Bestand | 15. März | 2300 | 9,30 € | 21.400,00 € |
| – | Abgang | 2. Juli | 900 | 9,30 € | 8.370,00 € |
| = | Bestand | 2. Juli | 1400 | 9,31 € | 13.030,00 € |
| + | Zugang | 8. Aug. | 700 | 9,00 € | 6.300,00 € |
| = | Bestand | 8. Aug. | 2100 | 9,20 € | 19.330,00 € |
| – | Abgang | 1. Okt. | 800 | 9,20 € | 7.360,00 € |
| = | Bestand | 1. Okt. | 1300 | 9,21 € | 11.970,00 € |
| + | Zugang | 12. Okt. | 1000 | 11,00 € | 11.000,00 € |
| = | Bestand | 12. Okt. | 2300 | 9,99 € | 22.970,00 € |
| – | Abgang | 11. Nov. | 1600 | 9,99 € | 15.984,00 € |
| = | Bestand | 11. Nov. | 700 | 9,98 € | 6.986,00 € |
| + | Zugang | 20. Dez. | 500 | 7,00 € | 3.500,00 € |
| = | SB | | 1200 | 8,74 € | 10.486,00 € |

Liegt der Börsen- oder Marktpreis (bzw. beizulegender Wert) am Abschlussstichtag wiederum bei beispielsweise 9,00 € pro Stück, so sind bei diesem Bewertungsverfahren gemäß **Niederstwertprinzip** die oben ermittelten 10.486,00 € zu bilanzieren.

### 5.3.3.3 Verbrauchsfolgebewertung

Grundlage der **Verbrauchsfolgebewertung** (§ 256 HGB) ist die Bewertung der **Abgänge.**

**Das Fifo-Verfahren (first in – first out) unterstellt, dass die zuerst angeschafften Vorräte auch zuerst veräußert oder verbraucht werden. Der Schlussbestand ist daher auf der Wertbasis der zuletzt eingekauften Vorräte zu bewerten.**
**Im Gegensatz dazu geht das Lifo-Verfahren (last in – first out) davon aus, dass die zuletzt angeschafften Vorräte zuerst veräußert oder verbraucht werden. Der Schlussbestand wird bei diesem Verfahren auf der Wertbasis der zuerst eingekauften Vorräte bewertet.**

**Beispiel**

| | | Stück | Anschaffungsstückkosten | Anschaffungskosten |
|---|---|---|---|---|
| AB | 1. Jan. | 1500 | 10,00 € | 15.000,00 € |
| Zugang | 15. März | 800 | 8,00 € | 6.400,00 € |
| Zugang | 8. Aug. | 700 | 9,00 € | 6.300,00 € |
| Zugang | 12. Okt. | 1000 | 11,00 € | 11.000,00 € |
| Zugang | 20. Dez. | 500 | 7,00 € | 3.500,00 € |

→

1 auch bezeichnet als „Bewertungsverfahren mit gleitendem Durchschnitt"

Schlussbestand (31. Dez.): 1 200 Stück
Markt- oder Börsenpreis (bzw. beizulegender Wert): 9,50 €

Bewertung des Schlussbestandes nach **Fifo-Verfahren:**

| | | | |
|---|---|---|---|
| 500 Stück zu | 7,00 € | = | 3.500,00 € |
| 700 Stück zu | 11,00 € | = | 7.700,00 € |
| 1 200 Stück | | | 11.200,00 € |

Ø Stückpreis: 9,33 € (= 11.200,00 € : 1 200)
Wertansatz nach Niederstwertprinzip: 11.200,00 €

Bewertung des Schlussbestandes nach **Lifo-Verfahren:**
1 200 Stück zu 10,00 € = 12.000,00 €
Wertansatz nach Niederstwertprinzip: 11.400,00 € (= 1 200 · 9,50 €)

**Handelsrechtlich** dürfen Fifo-Verfahren und Lifo-Verfahren angewandt werden.

**Steuerrechtlich** ist nur das Lifo-Verfahren zulässig. Bei in Behältern gelagerten Vorräten (Kohle, Sand, Kies) ist das **Lifo-Verfahren** plausibel.

Zusammenfassung

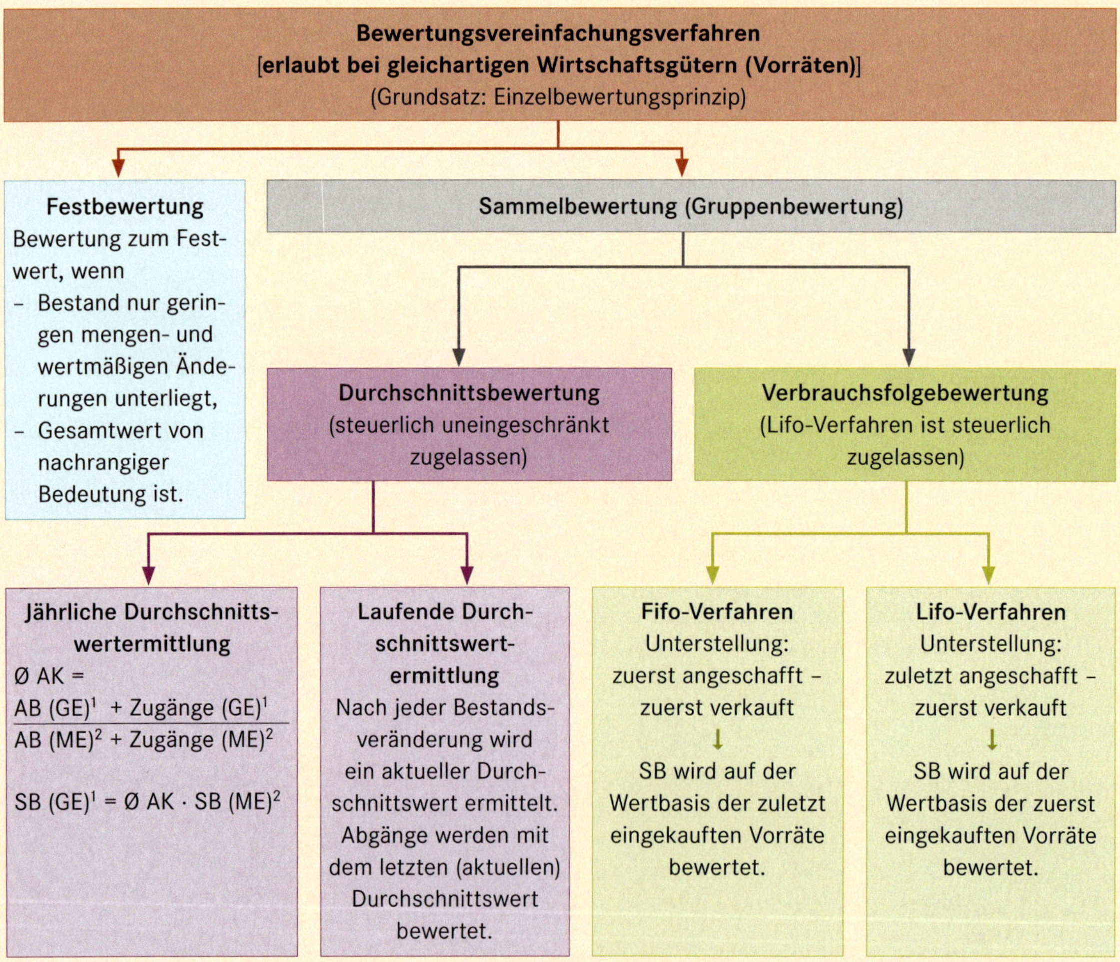


1 GE = Geldeinheiten 2 ME = Mengeneinheiten

## Aufgaben

1: Niederstwertprinzip
2: Verständnisaufgabe zu den Bewertungsvereinfachungsverfahren
3: Bewertung mithilfe der jährlichen Durchschnittswertermittlung
4: Bewertung mithilfe der laufenden Durchschnittswertermittlung
5: Fifo- und Lifo-Verfahren

1 Am Bilanzstichtag wird eine Einzelbewertung zweier Rohstoffe vorgenommen. Die Rohstoffe wurden zu folgenden Bedingungen angeschafft (Skonto wurde in Anspruch genommen):

| | Rohstoff I | Rohstoff II |
|---|---|---|
| Listeneinkaufspreis (netto) | 100.000,00 € | 50.000,00 € |
| Lieferantenrabatt | 20 % | 10 % |
| Lieferantenskonto | 2 % | 3 % |
| Rollgeld (netto) | 800,00 € | 250,00 € |

Zum Bilanzstichtag beträgt der Marktpreis von Rohstoff I 82.000,00 € und von Rohstoff II 40.000,00 €.

a) Mit welchem Wert sind Rohstoff I und Rohstoff II zu aktivieren?
b) Nennen Sie den erforderlichen Buchungssatz/die erforderlichen Buchungssätze („Fortschreibungsmethode").

2 Welche der folgenden Aussagen sind richtig? Begründen Sie Ihre Meinung.

a) Die Bewertung von Vorräten erfolgt grundsätzlich in Form einer Gruppenbewertung.
b) Eine Bewertung von Vorräten zum Festwert (gleichbleibender Wert, gleichbleibende Menge) darf vorgenommen werden, wenn der entsprechende Vorrätebestand keinen Änderungen unterliegt und wenn der entsprechende Vorrätewert von nachrangiger Bedeutung ist.
c) Durchschnittsbewertung und Verbrauchsfolgebewertung sind Verfahren der Festbewertung.
d) Bei der jährlichen Durchschnittswertermittlung wird nach jeder Bestandsveränderung ein aktueller Durchschnittswert ermittelt. Abgänge werden mit dem letzten (aktuellen) Durchschnittswert bewertet.
e) Beim Lifo-Verfahren wird unterstellt, dass die zuerst verkauften (verbrauchten) Vorräte zuletzt angeschafft wurden.
f) Beim Fifo-Verfahren wird unterstellt, dass die zuerst angeschafften Vorräte zuerst verkauft (verbraucht) werden.
g) Die jährliche Durchschnittswertermittlung ist aufwendiger, aber exakter als die laufende Durchschnittswertermittlung.
h) Das Lifo-Verfahren ist steuerlich zugelassen.

AH

3 Bewerten Sie für die Bilanzierung den Schlussbestand des Rohstoffes A mithilfe der „jährlichen Durchschnittswertermittlung".

| Rohstoff A | | Menge | Anschaffungsstückkosten (€) |
|---|---|---|---|
| AB | 1. Jan. | 2 000 (1 500) | 8,00 (9,00) |
| Zugang | 27. März | 700 (800) | 10,00 (11,00) |
| Zugang | 11. Mai | 500 (400) | 6,00 (8,00) |
| Zugang | 19. Sept. | 800 (700) | 9,00 (7,00) |
| Zugang | 12. Dez. | 1 000 (900) | 7,00 (10,00) |

Schlussbestand: 2 500 Mengeneinheiten (1 300 Mengeneinheiten).
Börsenpreis am Bilanzstichtag:
a) 8,50 € (8,70 €), b) 7,50 € (9,40 €).

AH Excel

4[1] Bewerten Sie für die Bilanzierung den Schlussbestand des Rohstoffes B mithilfe der „laufenden Durchschnittswertermittlung“.

| Rohstoff B | | Menge | Anschaffungsstückkosten (€) |
|---|---|---|---|
| AB | 1. Jan. | 200 (180) | 40,00 (30,00) |
| Zugang | 11. März | 50 (60) | 38,00 (32,00) |
| Abgang | 15. Juni | 60 (40) | |
| Zugang | 17. Aug. | 40 (70) | 41,00 (34,00) |
| Abgang | 2. Okt. | 30 (50) | |
| Abgang | 8. Nov. | 60 (40) | |
| Zugang | 1. Dez. | 70 (60) | 42,00 (28,00) |
| Abgang | 20. Dez. | 80 (70) | |

Marktpreis (für Wiederbeschaffung) am Bilanzstichtag:
a) 43,00 € (33,00 €), b) 38,00 € (28,00 €).

5 Bewerten Sie den Schlussbestand von 1 000 Stück (800 Stück) für die Bilanzierung
1. nach dem Fifo-Verfahren und 2. nach dem Lifo-Verfahren.

| | | Stück | Anschaffungsstückkosten (€) |
|---|---|---|---|
| AB | 1. Jan. | 800 (600) | 25,00 (28,00) |
| Zugang | 1. März | 900 (800) | 22,00 (24,00) |
| Zugang | 13. Juni | 500 (600) | 17,00 (27,00) |
| Zugang | 18. Aug. | 600 (400) | 21,00 (26,00) |
| Zugang | 15. Dez. | 200 (300) | 19,00 (23,00) |

Marktpreis am Bilanzstichtag: a) 25,00 € (28,00 €), b) 18,00 € (23,00 €).

## 5.3.4 Bewertung der Verbindlichkeiten

Für die Verbindlichkeiten gilt das **Höchstwertprinzip.**

Das **Höchstwertprinzip** ist ebenso wie das Niederstwertprinzip eine Ausprägung des **Grundsatzes der Vorsicht.**

**Nach dem *Höchstwertprinzip* sind *Schulden* – im Gegensatz zu den Vermögenswerten – mit ihrem *Höchstwert* anzusetzen.**

Unterschiedliche Verbindlichkeitenwerte können sich insbesondere bei zu bilanzierenden **Darlehens-** bzw. **Hypothekenschulden** und **Fremdwährungsverbindlichkeiten** ergeben.

Bei **Darlehens-** bzw. **Hypothekenschulden** ist der Auszahlungsbetrag in der Regel um das **Disagio** kleiner als der Erfüllungsbetrag (= Kreditbetrag).

**Auszahlungsbetrag** = Erfüllungsbetrag (= Kreditbetrag) – Disagio

Nach dem Höchstwertprinzip sind Darlehens- und Hypothekenschulden mit dem **höheren Erfüllungsbetrag** (= Kreditbetrag) zu passivieren. (In Kapitel 3.2.4 ist die Aufnahme einer Darlehens- bzw. Hypothekenschuld ausführlich dargestellt.)

1 Es wird empfohlen, diese Aufgabe zunächst manuell im Arbeitsheft und erst danach am PC auf dem Excel-Arbeitsblatt zu lösen.

§ 256 a HGB schreibt vor, dass **Fremdwährungsverbindlichkeiten** am Abschlussstichtag zum Devisenkassamittelkurs in Euro umzurechnen sind.

Der Devisenkassamittelkurs errechnet sich aus dem einfachen Durchschnitt (arithmetischen Mittel) von Geldkurs (= Einkaufskurs der Bank für einen Euro) und Briefkurs (= Verkaufskurs der Bank für einen Euro).

**Beispiel**

Der Geldkurs beträgt 1,27 US-$; der Briefkurs beträgt 1,33 US-$.

Der Devisenkassamittelkurs errechnet sich wie folgt:

$$\frac{1{,}27\text{ US-\$} + 1{,}33\text{ US-\$}}{2} = \underline{\underline{1{,}30\text{ US-\$}}}$$

Das HGB sieht für die Fremdwährungsverbindlichkeiten eine Unterteilung in zwei Gruppen vor:

❶ Fremdwährungsverbindlichkeiten mit einer Restlaufzeit von einem Jahr und weniger am Abschlussstichtag

❷ Fremdwährungsverbindlichkeiten mit einer Restlaufzeit von mehr als einem Jahr am Abschlussstichtag

**zu ❶:** Beträgt die Restlaufzeit der Fremdwährungsverbindlichkeit am Abschlussstichtag höchstens ein Jahr, sind Währungskursverluste **und Währungskursgewinne (durchbricht das Höchstwertprinzip bei der Bewertung von Verbindlichkeiten → Ausnahme)** auf der Basis des dann aktuellen Devisenkassakurses erfolgswirksam zu erfassen.

**Beispiel**

Am 15.11.20.. werden Rohstoffe aus den USA bezogen (Zahlungsziel: 70 Tage). Die Umrechnung mit dem Devisenkassamittelkurs von US-Dollar in Euro ergibt eine Fremdwährungsverbindlichkeit von 200.000,00 € zum Zeitpunkt des Einkaufs.

| **Buchungssatz für den Einkauf der Rohstoffe am 15.11.20..** | Soll | Haben |
|---|---|---|
| 6000 Aufwendungen für Rohstoffe[1] | 200.000,00 | |
| an 4400 Verbindlichkeiten a. LL | | 200.000,00 |

Fall a): Zum Abschlussstichtag ist der Dollarkurs gestiegen (der Eurokurs gesunken), sodass die Fremdwährungsverbindlichkeiten aus dem genannten Einkauf von Rohstoffen nun 210.000,00 € betragen.

Die Fremdwährungsverbindlichkeiten sind in der Bilanz mit 210.000,00 € zu bewerten. Der nicht realisierte Währungskursverlust von 10.000,00 € muss ausgewiesen werden. Dies **entspricht** dem Höchstwertprinzip bei der Bewertung von Verbindlichkeiten.

| **Buchungssatz für die aufwandswirksame Erfassung des nicht realisierten Kursverlustes am Abschlussstichtag** | Soll | Haben |
|---|---|---|
| 6934 Aufwendungen aus Währungskursdifferenzen | 10.000,00 | |
| an 4400 Verbindlichkeiten a. LL | | 10.000,00 |

→

1 alternativ: 2000 Rohstoffe („Bestandsrechnerisches Verfahren")

Fall b): Zum Abschlussstichtag ist der Dollarkurs gesunken (der Eurokurs gestiegen), sodass die Fremdwährungsverbindlichkeiten aus dem genannten Einkauf von Rohstoffen nun nur noch 192.000,00 € betragen.

Die Fremdwährungsverbindlichkeiten sind in der Bilanz mit 192.000,00 € zu bewerten. Der nicht realisierte Kursgewinn von 8.000,00 € muss ausgewiesen werden, weil die Restlaufzeit der Fremdwährungsverbindlichkeit am Abschlussstichtag ein Jahr oder weniger beträgt. Dies **durchbricht** (Ausnahme) das Höchstwertprinzip bei der Bewertung von Verbindlichkeiten.

| **Buchungssatz für die ertragswirksame Erfassung des nicht realisierten Kursgewinns am Abschlussstichtag** | Soll | Haben |
|---|---|---|
| 4400 Verbindlichkeiten a. LL | 8.000,00 | |
| an 5434 Erträge aus Währungskursdifferenzen | | 8.000,00 |

zu ❷: Beträgt die Restlaufzeit der Fremdwährungsverbindlichkeit am Abschlussstichtag hingegen mehr als ein Jahr, sind ausschließlich Währungskursverluste (**im Gegensatz zu 1. → keine Währungskursgewinne**) auf der Basis des dann aktuellen Devisenkassakurses erfolgswirksam zu erfassen.

**Beispiel**

Die Konrad Fied KG nimmt am 01.06.20.. bei der Credit Suisse in der Schweiz ein Darlehen über 750.000,00 CHF auf (Zinssatz: 5 %, Auszahlung: 100 %, Laufzeit: 10 Jahre; keine Tilgung im 1. Jahr).

Die Umrechnung am 01.06.20.. mit dem Devisenkassamittelkurs in Euro ergibt eine Darlehensschuld von 623.000,00 €.

| **Buchungssatz für die Darlehensaufnahme** | Soll | Haben |
|---|---|---|
| 2800 Guthaben bei Kreditinstituten (Bank) | 623.000,00 | |
| an 4250 Langfristige Bankverbindlichkeiten | | 623.000,00 |

Fall a): Zum Abschlussstichtag ist der Kurs des Schweizer Franken gestiegen (der Eurokurs gesunken), sodass die Fremdwährungsverbindlichkeiten aus der Darlehensaufnahme nun 634.000,00 € betragen.

Die Fremdwährungsverbindlichkeiten sind in der Bilanz mit 634.000,00 € zu bewerten. Der nicht realisierte Währungskursverlust von 11.000,00 € muss bilanziell ausgewiesen werden. Dies entspricht dem Höchstwertprinzip bei der Bewertung von Verbindlichkeiten.

| **Buchungssatz für die aufwandswirksame Erfassung des nicht realisierten Kursverlustes am Abschlussstichtag** | Soll | Haben |
|---|---|---|
| 6934 Aufwendungen aus Währungskursdifferenzen | 11.000,00 | |
| an 4250 Langfristige Bankverbindlichkeiten | | 11.000,00 |


6350362

Fall b): Zum Abschlussstichtag ist der Kurs des Schweizer Franken gesunken (der Eurokurs gestiegen), sodass die Fremdwährungsverbindlichkeiten aus der Darlehensaufnahme nun nur noch 615.000,00 € betragen.

Die Fremdwährungsverbindlichkeiten sind in der Bilanz mit 623.000,00 € (wie ursprünglich bei der Darlehensaufnahme gebucht) zu bewerten. Der nicht realisierte Währungskursgewinn von 8.000,00 € darf in diesem Fall (Die Restlaufzeit der Fremdwährungsverbindlichkeit beträgt am Abschlussstichtag mehr als 1 Jahr.) bilanziell nicht ausgewiesen werden. Dies entspricht dem Höchstwertprinzip bei der Bewertung von Verbindlichkeiten. Es erfolgt aus diesem Grund **keine Korrekturbuchung** für die Darlehensschuld.

Zusammenfassung

| Verbindlichkeiten | |
|---|---|
| 1. Bewertungsgrundsatz | Höchstwertprinzip |
| 2. bei Darlehens- und Hypothekenschulden:<br>Erfüllungsbetrag > Auszahlungsbetrag | Passivierung mit dem höheren Erfüllungsbetrag |
| 3. a) bei Fremdwährungsverbindlichkeiten **Restlaufzeit am Abschlussstichtag ≤ 1 Jahr:**<br>am Abschlussstichtag bewertete Verbindlichkeit > gebuchte Verbindlichkeit (= Währungskursverlust) | Passivierung mit dem höheren am Abschlussstichtag ermittelten Verbindlichkeitenbetrag (Erfassung des nicht realisierten Währungskursverlustes) |
| am Abschlussstichtag bewertete Verbindlichkeit < gebuchte Verbindlichkeit (= Währungskursgewinn) | Passivierung mit dem **niedrigeren am Abschlussstichtag** ermittelten Verbindlichkeitenbetrag **(Erfassung des nicht realisierten Währungskursgewinns, durchbricht das Höchstwertprinzip)** |
| b) bei Fremdwährungsverbindlichkeiten **Restlaufzeit am Abschlussstichtag > 1 Jahr:**<br>am Abschlussstichtag bewertete Verbindlichkeit > gebuchte Verbindlichkeit (= Währungskursverlust) | Passivierung mit dem höheren am Abschlussstichtag ermittelten Verbindlichkeitenbetrag (Erfassung des nicht realisierten Währungskursverlustes) |
| am Abschlussstichtag bewertete Verbindlichkeit < gebuchte Verbindlichkeit (= Währungskursgewinn) | Passivierung mit dem **höheren am Anschaffungstag** ermittelten Verbindlichkeitenbetrag (**keine** Erfassung des nicht realisierten Währungskursgewinns) |

## 5.3.5 Bewertung der Rückstellungen

Nach § 253 Abs. 1 HGB sind Rückstellungen mit dem Betrag anzusetzen, der **sich aus einer vernünftigen kaufmännischen Beurteilung** ergibt.

Rückstellungen mit einer Laufzeit von mehr als 1 Jahr sind abzuzinsen (siehe § 253 Abs. 2 HGB).

**Aufgaben**

**1 u. 2:** Bewertung von Krediten **3 u. 4:** Bewertung von Fremdwährungsverbindlichkeiten

1 Zur Finanzierung einer maschinellen Anlage nehmen wir ein Darlehen über 200.000,00 € auf. Das Disagio beträgt 8 %. Die Laufzeit des Darlehens ist auf 10 Jahre befristet. Das Disagio wird aktiviert und jährlich durch eine lineare Abschreibung buchhalterisch getilgt.

a) Nennen Sie den Buchungssatz bei Aufnahme des Darlehens (Bankgutschrift).

b) Nennen Sie den Buchungssatz für die jährliche lineare Abschreibung des Disagios.

2 Höhe des Bankkredites: 150.000,00 €

Auszahlung: 93,5 %

Laufzeit: 8 Jahre

a) Wie lautet der Buchungssatz für die Kreditauszahlung (Bankgutschrift) bei Aktivierung des Disagios?

b) Wie lautet der Buchungssatz für die jährliche lineare Abschreibung des Disagios?

3 Nennen Sie die Buchungssätze.

a) 30. Nov.: Rohstoffeinkauf auf Ziel bei unserem Lieferanten in USA (Zahlungsziel: 42 Tage). Rohstoffwert: 40.000,00 €

b) 31. Dez. (Abschlussstichtag): Der Dollarkurs hat sich geändert. Die Verbindlichkeiten gegenüber unserem amerikanischen Lieferanten belaufen sich auf

1. 47.000,00 €, 2. 35.000,00 €.

4 Bei der Credit Suisse in Zürich nehmen wir am 31.03.20.. ein Darlehen über 600.000,00 CHF auf (Auszahlung: 100 %, keine Tilgung im 1. Jahr, Zinssatz: 5 %, Laufzeit: 8 Jahre). Der Geldkurs beträgt am 31.03.20.. 1,00 EUR ≙ 1,2846 CHF (1,2264 CHF), der Briefkurs 1,00 EUR ≙ 1,2894 CHF (1,2308 CHF).

a) Nennen Sie den Buchungssatz für die Aufnahme des Darlehens (Bankgutschrift) am 31.03.20.. .

Am Abschlussstichtag des Jahres beträgt der Geldkurs 1,00 EUR ≙ 1,2204 CHF (1,2877 CHF), der Briefkurs 1,00 EUR ≙ 1,2248 CHF (1,2923 CHF).

b) Nennen Sie gegebenenfalls den Buchungssatz für die Bewertung des Darlehens am Abschlussstichtag.

## 5.3.6 Bewertung der Forderungen

Nach dem Grad ihrer Güte (Bonität) werden die Forderungen in drei Gruppen unterteilt:

1. **Einwandfreie Forderungen.** Der Zahlungseingang von einwandfreien Forderungen scheint festzustehen.
2. **Zweifelhafte (= dubiose) Forderungen.** Aufgrund vorliegender Informationen nimmt der Gläubiger an, dass eine zweifelhafte Forderung ganz oder teilweise ausfällt.
3. **Uneinbringliche Forderungen** sind nicht einzutreiben.

### 5.3.6.1 Zweifelhafte Forderungen

Eine Forderung wird zweifelhaft,

- wenn ein Kunde seine Zahlungen einstellt oder
- wenn ein Insolvenzverfahren anhängig ist.

Eine zweifelhafte Forderung wird wegen des Grundsatzes der **Bilanzklarheit** von den einwandfreien Forderungen **abgegrenzt** und **gesondert ausgewiesen.**

**Beispiel** Über das Vermögen eines Kunden wird das Insolvenzverfahren eröffnet. Unsere Forderungen an den Kunden betragen 5.950,00 €.

| **Buchungssatz** | Soll | Haben |
|---|---|---|
| 2470 Zweifelhafte Forderungen | 5.950,00 | |
| an 2400 Forderungen a. LL | | 5.950,00 |

Mit der obigen Buchung wird die zweifelhafte Forderung von den übrigen einwandfreien Forderungen getrennt.

### 5.3.6.2 Uneinbringliche Forderungen

In folgenden Fällen sind Forderungen uneinbringlich:

- Abschluss eines Insolvenzverfahrens mit zwangsweiser Auflösung des Unternehmens,
- Forderungsverzicht im Rahmen eines Insolvenzverfahrens,
- Zwangsvollstreckung über das Vermögen eines Kunden ist fruchtlos verlaufen,
- Verjährung der Forderung.

Uneinbringliche Forderungen werden **direkt abgeschrieben.**

**Beispiel** Das Insolvenzverfahren gegen unseren Kunden (siehe Ausgangsbeispiel) wird mangels Masse eingestellt. Die Forderung an unseren Kunden in Höhe von 5.950,00 € (5.000,00 € + 950,00 € Umsatzsteuer) wird damit uneinbringlich.

| **Buchungssatz** | Soll | Haben |
|---|---|---|
| 6951 Abschreibungen a. F. w. U.[1] | 5.000,00 | |
| 4800 Umsatzsteuer | 950,00 | |
| an 2470 Zweifelhafte Forderungen | | 5.950,00 |

(Erfolgte keine Umbuchung auf „2470 Zweifelhafte Forderungen", ist „an 2400 Forderungen a. LL" zu buchen.)

Neben der Nettoforderung erhält der Gläubiger von seinem Kunden auch nicht die in Rechnung gestellte Umsatzsteuerschuld erstattet. Er kann daher seine Umsatzsteuerschuld gegenüber dem Finanzamt entsprechend korrigieren.

Es kann sich auch der Fall ergeben, dass ein Teil einer ausstehenden Forderung uneinbringlich und der andere Teil erstattet wird.

**Beispiel** Das Insolvenzverfahren gegen unseren Kunden (siehe Ausgangsbeispiel) endet mit einer Erstattungsquote von 5 %. 95 % unserer Forderungen, d. h. 5.652,50 € (4.750,00 € + 902,50 € Umsatzsteuer) sind damit uneinbringlich geworden. Wir erhalten per Banküberweisung 297,50 € (250,00 € + 47,50 € Umsatzsteuer).

| **1. Buchung des Zahlungseingangs** | Soll | Haben |
|---|---|---|
| 2800 Guthaben bei Kreditinstituten (Bank) | 297,50 | |
| an 2470 Zweifelhafte Forderungen | | 297,50 |

→

1 Abschreibungen auf Forderungen wegen Uneinbringlichkeit

| 2. Buchung des uneinbringlichen Forderungsanteils | Soll | Haben |
|---|---|---|
| 6951 Abschreibungen a. F. w. U.[1] | 4.750,00 | |
| 4800 Umsatzsteuer | 902,50 | |
| an 2470 Zweifelhafte Forderungen | | 5.652,50 |

In seltenen Fällen kommt es vor, dass ein Kunde nachträglich und unerwartet eine bereits als uneinbringlich abgeschriebene Forderung erstattet.

**Beispiel** Auf eine im vorigen Jahr als uneinbringlich abgeschriebene Forderung erhalten wir 595,00 € (500,00 € + 95,00 € Umsatzsteuer) erstattet.

| Buchungssatz | Soll | Haben |
|---|---|---|
| 2800 Guthaben bei Kreditinstituten (Bank) | 595,00 | |
| an 5490 Periodenfremde Erträge | | 500,00 |
| an 4800 Umsatzsteuer | | 95,00 |

In diesem Fall lebt die Umsatzsteuerschuld wieder auf.

## 5.3.6.3 Einzelwertberichtigungen auf zweifelhafte Forderungen

### Die Bildung von Einzelwertberichtigungen

Ein Insolvenzverfahren über das Vermögen eines Kunden kann sich über **mehrere Rechnungsperioden** erstrecken. **Zum Zeitpunkt der Bilanzerstellung** ergibt sich dann die Situation, dass das Insolvenzverfahren eröffnet ist, der endgültige Forderungsausfall aber noch nicht feststeht.

In einem solchen Fall und auch in allen anderen Fällen, bei denen aus einer **Einzelforderung** ein Verlust zu erwarten ist, ist eine **Einzelwertberichtigung** auf Forderungen vorzunehmen. Dazu muss der **vermutete Forderungsausfall** am Bilanzstichtag **geschätzt** werden. Der Forderungsbestand ist entsprechend zu korrigieren und in der Bilanz mit seinem **wahrscheinlichen Wert** anzusetzen.

**Beispiel** Über das Vermögen eines unserer Kunden wird am 10. Dez. das Insolvenzverfahren eröffnet. Unsere Forderung beträgt 2.380,00 € (2.000,00 € + 380,00 € Umsatzsteuer). Zum Geschäftsjahresabschluss (31. Dez.) rechnen wir mit einem Ausfall von 80 %.

| 1. Buchungssatz am 10. Dez. | Soll | Haben |
|---|---|---|
| 2470 Zweifelhafte Forderungen | 2.380,00 | |
| an 2400 Forderungen a. LL | | 2.380,00 |

| 2. Buchungssatz zum Geschäftsjahresabschluss (31. Dez.) | Soll | Haben |
|---|---|---|
| 6952 Zuführungen zu Einzelwertberichtigungen | 1.600,00 | |
| an 3670 Einzelwertberichtigungen z. F. | | 1.600,00 |

(Beachte: 1. Keine Umsatzsteuerkorrektur, 2. in der Regel indirekte Abschreibung.)

1 Abschreibungen auf Forderungen wegen Uneinbringlichkeit

| 3. Abschlussbuchungssätze | Soll | Haben |
|---|---|---|
| 8020 GuV-Konto | 1.600,00 | |
| an 6952 Zuführungen zu Einzelwertberichtigungen | | 1.600,00 |
| | | |
| 3670 Einzelwertberichtigungen z. F. | 1.600,00 | |
| an 8010 Schlussbilanzkonto | | 1.600,00 |
| | | |
| 8010 Schlussbilanzkonto | 2.380,00 | |
| an 2470 Zweifelhafte Forderungen | | 2.380,00 |

**Buchungen**

| S | 6952 Zuführungen zu Einzelwertber. | | H |
|---|---|---|---|
| 3670 | 1.600,00 | 8020 | 1.600,00 |

| S | 2470 Zweifelhafte Forderungen | | H |
|---|---|---|---|
| 2400 | 2.380,00 | 8010 | 2.380,00 |

| S | 3670 Einzelwertber. | | H |
|---|---|---|---|
| 8010 | 1.600,00 | 6952 | 1.600,00 |

| S | 8020 Gewinn- und Verlustkonto | | H |
|---|---|---|---|
| 6952 | 1.600,00 | | |

| S | 8010 Schlussbilanzkonto | | H |
|---|---|---|---|
| 2470 | 2.380,00 | 3670 | 1.600,00 |

**Im Schlussbilanzkonto bildet die Position „Einzelwertberichtigungen zu Forderungen" (auch: Delkredere) einen Korrekturposten zum Forderungsbestand.**

Die in der Praxis bevorzugte indirekte Abschreibung auf den Forderungsbestand hat den Vorteil, dass

- der Nennwert der zweifelhaften Forderung und
- der vermutete Forderungsausfall

aus dem Schlussbilanzkonto erkennbar sind.

Zudem wird der tatsächliche Rechtsanspruch gegenüber dem Kunden im Schlussbilanzkonto ausgewiesen.

Die Abschreibung erfolgt auf den Nettobetrag der zweifelhaften Forderungen. Da der tatsächliche Forderungsausfall am Bilanzstichtag noch nicht feststeht, darf die Umsatzsteuer nicht berichtigt werden. Erst nach Abschluss des Insolvenzverfahrens ist die anteilige Umsatzsteuerkorrektur vorzunehmen.

Nach § 266 HGB dürfen Kapitalgesellschaften in der offenlegungspflichtigen Bilanz keine Wertberichtigungen auf den Forderungsbestand ausweisen. Um sowohl der Vorschrift des HGB als auch dem innerbetrieblichen Informationsbedürfnis zu genügen, wird in Kapitalgesellschaften häufig das Konto „Einzelwertberichtigungen" intern geführt, aber für die externe Dokumentation gegen den Forderungsbestand verrechnet.

## Die Auflösung von Einzelwertberichtigungen

Am Bilanzstichtag ist eine Einzelwertberichtigung aufgrund eines eingeleiteten Insolvenzverfahrens über das Vermögen eines Kunden gebildet worden.

Erst bei Abschluss des Insolvenzverfahrens steht der wirkliche Forderungsausfall fest. Folgende Fälle können eintreten:

1. Der geschätzte Forderungsausfall und der tatsächliche Forderungsausfall stimmen überein.
2. Der geschätzte Forderungsausfall ist kleiner als der tatsächliche Forderungsausfall.
3. Der geschätzte Forderungsausfall ist größer als der tatsächliche Forderungsausfall.

**Beispiele**

**(Auflösung der im Beispiel auf S. 366/367 gebildeten Einzelwertberichtigung)**

**Fall 1**

Der geschätzte Forderungsausfall und der tatsächliche Forderungsausfall stimmen überein. Die Erstattungsquote beträgt – wie bei Bildung der Einzelwertberichtigung angenommen (siehe Beispiel auf S. 366) – 20 %. 476,00 € werden auf unser Bankkonto überwiesen.

| | | | | |
|---|---|---|---|---|
| | Zweifelhafte Forderung | 2.380,00 | **Buchung des Zahlungseingangs** | |
| – | Zahlungseingang | 476,00 | 2800 Guthaben bei Kreditinstituten | |
| = | tatsächlicher | | (Bank) an 2470 Zw. Ford. | 476,00 |
| | Forderungsausfall, brutto | 1.904,00 | **Buchung der Umsatzsteuerkorrektur** | |
| – | anteiliger Umsatzsteuerausfall | 304,00 | 4800 USt an 2470 Zw. Ford. | 304,00 |
| = | tatsächlicher | | | |
| | Forderungsausfall, netto | 1.600,00 | **Auflösung der Einzelwertberichtigung** | |
| – | Einzelwertberichtigung | 1.600,00 | 3670 EWB an 2470 Zw. Ford. | 1.600,00 |
| | | 0,00 | | |

**Fall 2**

Der geschätzte Forderungsausfall ist kleiner als der tatsächliche Forderungsausfall. Die Erstattungsquote beträgt 10 %. 238,00 € werden auf unser Bankkonto überwiesen.

| | | | | |
|---|---|---|---|---|
| | Zweifelhafte Forderung | 2.380,00 | **Buchung des Zahlungseingangs** | |
| – | Zahlungseingang | 238,00 | 2800 Guthaben bei Kreditinstituten | |
| = | tatsächlicher | | (Bank) an 2470 Zw. Ford. | 238,00 |
| | Forderungsausfall, brutto | 2.142,00 | **Buchung der Umsatzsteuerkorrektur** | |
| – | anteiliger Umsatzsteuerausfall | 342,00 | 4800 USt an 2470 Zw. Ford. | 342,00 |
| = | tatsächlicher | | | |
| | Forderungsausfall, netto | 1.800,00 | **Auflösung der Einzelwertberichtigung** | |
| – | Einzelwertberichtigung | 1.600,00 | 3670 EWB an 2470 Zw. Ford. | 1.600,00 |
| = | sonstiger betrieblicher Aufwand | 200,00 | **Buchung des sonst. betriebl. Aufw.** | |
| | | | 6951 Abschr. a. F. an 2470 Zw. Ford. | 200,00 |

**Fall 3**

Der geschätzte Forderungsausfall ist größer als der tatsächliche Forderungsausfall. Die Erstattungsquote beträgt 25 %. 595,00 € werden auf unser Bankkonto überwiesen.

| | | | | |
|---|---|---|---|---|
| | Zweifelhafte Forderung | 2.380,00 | **Buchung des Zahlungseingangs** | |
| – | Zahlungseingang | 595,00 | 2800 Guthaben bei Kreditinstituten | |
| = | tatsächlicher | | (Bank) an 2470 Zw. Ford. | 595,00 |
| | Forderungsausfall, brutto | 1.785,00 | **Buchung der Umsatzsteuerkorrektur** | |
| – | anteiliger Umsatzsteuerausfall | 285,00 | 4800 USt an 2470 Zw. Ford. | 285,00 |
| = | tatsächlicher | | **Ausgleich des Kontos 2470 Zw. Ford.** | |
| | Forderungsausfall, netto | 1.500,00 | 3670 EWB an 2470 Zw. Ford. | 1.500,00 |
| – | Einzelwertberichtigung | 1.600,00 | **Buchung des sonst. betriebl.** | |
| = | sonstiger betrieblicher Ertrag | 100,00 | **Ertrages (Restauflösung der EWB)** | |
| | | | 3670 Einzelwertberichtigungen | |
| | | | an 5450 Ertr. a. d. A. v. W.[1] | 100,00 |

1 Erträge aus der Auflösung von Wertberichtigungen



6350368

### 5.3.6.4 Pauschalwertberichtigungen auf Forderungen

#### Die Bildung von Pauschalwertberichtigungen auf Forderungen

Erfahrungsgemäß gibt es über die bekannten zweifelhaften Einzelforderungen hinaus weitere Forderungen, deren Einbringlichkeit gefährdet ist. Aufgrund fehlender Informationen oder wegen der Unüberschaubarkeit der Vielzahl der einzelnen Forderungen sind solche gefährdeten Forderungen oft nicht gesondert zu ermitteln.

Auf diesen Teil des Forderungsbestandes wird zum Bilanzstichtag eine **Pauschalwertberichtigung** gebildet.

Da die gefährdeten Forderungen im Einzelnen nicht bekannt sind, wird die Pauschalwertberichtigung nach einem **betrieblichen Erfahrungssatz** vorgenommen.

Bereits einzelwertberichtigte Forderungen dürfen nicht noch einmal pauschal abgeschrieben werden. Deshalb ist der Gesamtforderungsbestand zur Berechnung der Pauschalwertberichtigung um die zweifelhaften Forderungen zu bereinigen.

Wie bei der Einzelwertberichtigung ist eine Umsatzsteuerkorrektur am Bilanzstichtag nicht möglich, weil der tatsächliche Forderungsausfall noch nicht feststeht.

**Beispiel**

| | |
|---|---|
| Gesamtforderungsbestand am Bilanzstichtag, brutto | 366.520,00 € |
| - zweifelhafte Forderungen, brutto (wurden einzeln wertberichtigt) | 9.520,00 € |
| = Bruttoforderungsbestand für die Pauschalwertberichtigung | 357.000,00 € |
| - anteilige Umsatzsteuer | 57.000,00 € |
| = Nettoforderungsbestand für die Pauschalwertberichtigung | 300.000,00 € |
| Der betriebliche Erfahrungssatz für Forderungsausfälle beträgt 4 % | 12.000,00 € |

| Buchungssatz | Soll | Haben |
|---|---|---|
| 6953 Zuführungen zu Pauschalwertberichtigungen | 12.000,00 | |
| an 3680 Pauschalwertberichtigungen zu Forderungen | | 12.000,00 |

§ 266 HGB sieht für die offenlegungspflichtige Bilanz von Kapitalgesellschaften die Passivposition „Wertberichtigungen“ nicht vor (Passivierungsverbot). Bei Kapitalgesellschaften sind daher die Pauschalwertberichtigungen ebenso wie die Einzelwertberichtigungen **aktivisch** abzusetzen.

#### Die Anpassung von Pauschalwertberichtigungen auf Forderungen (Anpassungsmethode)

In der Praxis ist es üblich, das Konto „3680 Pauschalwertberichtigungen zu Forderungen“ mit seinem Anfangsbestand bis zum Bilanzstichtag fortzuführen.

Tatsächliche Forderungsausfälle während des Geschäftsjahres werden **direkt abgeschrieben.** Die Umsatzsteuer wird entsprechend anteilig korrigiert.

**Beispiel** Auf eine zum pauschalwertberichtigten Forderungsbestand gehörende Forderung von 3.570,00 € (3.000,00 € + 570,00 € Umsatzsteuer) werden 1.190,00 € auf unser Bankkonto eingezahlt. Die Restforderung von 2.380,00 € (2.000,00 € + 380,00 € Umsatzsteuer) ist uneinbringlich. →

| Buchungssatz | Soll | Haben |
|---|---|---|
| 2800 Guthaben bei Kreditinstituten (Bank) | 1.190,00 | |
| 6951 Abschreibungen a. F. w. U. | 2.000,00 | |
| 4800 Umsatzsteuer | 380,00 | |
| an 2400 Forderungen a. LL | | 3.570,00 |

Am Geschäftsjahresende wird die bestehende Pauschalwertberichtigung dem neuen zu erwartenden Forderungsausfall **angepasst** (daher: **Anpassungsmethode**). Dabei ist eine Heraufsetzung oder eine Herabsetzung der bestehenden Pauschalwertberichtigung möglich.

**Beispiel**

**Heraufsetzung der Pauschalwertberichtigung:**

| | |
|---|---|
| Neu errechnete Pauschalwertberichtigung ............................ | 14.000,00 € |
| Bereits bestehende Pauschalwertberichtigung ......................... | 12.000,00 € |
| **Einzubuchende** Pauschalwertberichtigung ............................ | 2.000,00 € |

| Buchungssatz für die Heraufsetzung der Pauschalwertberichtigung | Soll | Haben |
|---|---|---|
| 6953 Zuführungen zu Pauschalwertberichtigungen | 2.000,00 | |
| an 3680 Pauschalwertberichtigungen zu Forderungen | | 2.000,00 |

| S | 6953 Zuführungen zu Pauschalwertb. | | H |
|---|---|---|---|
| 3680 | 2.000,00 | | |

| S | 3680 Pauschalwertberichtigungen | | H |
|---|---|---|---|
| SB | 14.000,00 | AB | 12.000,00 |
| | | 6953 | 2.000,00 |
| | 14.000,00 | | 14.000,00 |

Im obigen Beispiel wird eine **Bestandsmehrung** auf dem passiven Bestandskonto „3680 Pauschalwertberichtigungen" gebucht. Als Schlussbestand ergibt sich der neu errechnete Wert der Pauschalwertberichtigung.

Im folgenden Geschäftsjahr wird die Pauschalwertberichtigung herabgesetzt.

**Beispiel**

**Herabsetzung der Pauschalwertberichtigung:**

| | |
|---|---|
| Neu errechnete Pauschalwertberichtigung ............................ | 9.000,00 € |
| Bereits bestehende Pauschalwertberichtigung ......................... | 14.000,00 € |
| **Auszubuchende** Pauschalwertberichtigung ............................ | 5.000,00 € |

| Buchungssatz für die Herabsetzung der Pauschalwertberichtigung | Soll | Haben |
|---|---|---|
| 3680 Pauschalwertberichtigungen zu Forderungen | 5.000,00 | |
| an 5450 Erträge a. d. Aufl. v. W. | | 5.000,00 |

| S | 5450 Erträge a. d. Aufl. v. W. | | H |
|---|---|---|---|
| | | 3680 | 5.000,00 |

| S | 3680 Pauschalwertberichtigungen | | H |
|---|---|---|---|
| 5450 | 5.000,00 | AB | 14.000,00 |
| SB | 9.000,00 | | |
| | 14.000,00 | | 14.000,00 |

Durch die obige Buchung **mindert** sich der Anfangsbestand des Kontos „3680 Pauschalwertberichtigungen" auf den neu errechneten Wert.

## Zusammenfassung

| | | | | |
|---|---|---|---|---|
| altes Jahr | **Laufende Buchungen während des Geschäftsjahres** | Zahlungseingang ist nicht gesichert.<br>2470 Zweifelh. Ford. an 2400 Ford. a. LL<br><br>Forderungsausfall steht im alten Jahr fest.<br>2800 Guth. b. KI (Bank)[1]<br>6951 Abschr. a. F.<br>4800 Umsatzsteuer<br>an 2470 Zweifelh. Ford. | | |
| | **Vorbereitende Abschlussbuchungen zum Bilanzstichtag** | | **Einzelwertberichtigung**<br>Forderungsausfall steht im alten Jahr noch nicht fest. Forderungsausfall wird daher zum Bilanzstichtag geschätzt.<br>6952 Zuf. zu EWB<br>an 3670 EWB | **Pauschalwertberichtigung**<br>Erstmalige **Bildung**[2] einer Pauschalwertberichtigung<br>Der Forderungsausfall des nicht einzelwertberichtigten Forderungsbestandes wird geschätzt.<br>6953 Zuf. zu PWB<br>an 3680 PWB<br><br>**Anpassung**[2] der Pauschalwertberichtigung<br>1. **Aufstockung** der Pauschalwertberichtigung<br>6953 Zuf. zu PWB<br>an 3680 PWB<br>oder:<br>2. **Herabsetzung** der Pauschalwertberichtigung<br>3680 PWB<br>an 5450 Erträge a. d. A. v. W. |
| neues Jahr | **Laufende Buchungen während des Geschäftsjahres** | Auf die als uneinbringlich abgeschriebene Forderung wird ein Teilbetrag erstattet.<br>2800 Guth. b. KI (Bank)<br>an 5490 Periodenfr. Erträge<br>an 4800 Umsatzsteuer | Forderungsausfall steht im neuen Jahr fest. Die Einzelwertberichtigung wird aufgelöst.<br>1. Forderungsausfall Einzelwertberichtigung<br>2800 KI[1] an 2470 Zw. F.<br>4800 USt an 2470 Zw. F.<br>3670 EWB an 2470 Zw. F.<br>2. Forderungsausfall > Einzelwertberichtigung<br>2800 KI[1] an 2470 Zw. F.<br>4800 USt an 2470 Zw. F.<br>3670 EWB an 2470 Zw. F.<br>6951 A. a. F. an 2470 Zw. F.<br>3. Forderungsausfall < Einzelwertberichtigung<br>2800 KI an 2470 Zw. F.<br>4800 USt an 2470 Zw. F.<br>3670 EWB an 2470 Zw. F.<br>3670 EWB an 5450 Erträge a. d. A. v. W. | **Direkte Abschreibung** der tatsächlichen Forderungsausfälle<br>2800 Guth. b. KI (Bank)[1]<br>6951 Abschr. a. F.<br>4000 Umsatzsteuer<br>an 2400 Ford. a. LL |

1 Falls die Forderung in ihrer vollen Höhe uneinbringlich wird, so entfällt die Sollbuchung auf dem Bankkonto.
2 Die Pauschalwertberichtigung wird einmalig gebildet und in den Folgejahren dem zu erwartenden Forderungsausfall angepasst.

→

1. Wird die Einbringlichkeit einer Einzelforderung zweifelhaft, so ist sie auf das Konto „2470 Zweifelhafte Forderungen“ umzubuchen.
2. Wird eine Einzelforderung uneinbringlich oder teileinbringlich, so ist sie ganz bzw. teilweise abzuschreiben. Die Umsatzsteuer ist anteilig zu korrigieren.
3. Geht in einem der Folgejahre auf eine als uneinbringlich abgeschriebene Forderung eine Zahlung ein, so ist der Zahlungseingang als periodenfremder Ertrag zu buchen. Die Umsatzsteuerschuld lebt in einem solchen Fall wieder auf.
4. Steht am Bilanzstichtag die Höhe des Ausfalles einer zweifelhaften Einzelforderung nicht fest, so wird sie geschätzt. Der vermutete Forderungsausfall wird indirekt über das Konto „3670 Einzelwertberichtigungen“ abgeschrieben. Da der tatsächliche Forderungsausfall am Bilanzstichtag noch nicht feststeht, darf die Umsatzsteuer nicht berichtigt werden.
5. Steht der Ausfall einer zweifelhaften Einzelforderung im neuen Jahr fest, so wird die zum Ende des alten Jahres gebildete Einzelwertberichtigung aufgelöst. Die Umsatzsteuer wird anteilig korrigiert. Ist die gebildete Einzelwertberichtigung geringer bzw. größer als der tatsächliche Forderungsausfall, so wird die Differenz als „Abschreibung auf Forderungen“ bzw. als „Ertrag aus der Auflösung von Wertberichtigungen“ erfasst.
6. Für den nicht einzelwertberichtigten Teil des Forderungsbestandes kann am Bilanzstichtag für den vermuteten Ausfall eine Pauschalwertberichtigung durch eine indirekte Abschreibung gebildet werden. Die Umsatzsteuer darf nicht anteilig berichtigt werden, da der tatsächliche Forderungsausfall noch nicht feststeht.
7. Das Konto „3680 Pauschalwertberichtigungen“ wird jeweils am Bilanzstichtag dem neu zu erwartenden Forderungsausfall angepasst (Anpassungsmethode). Während des Geschäftsjahres werden tatsächliche Forderungsausfälle direkt abgeschrieben.
   Steigt der jährlich zum Bilanzstichtag neu geschätzte Gesamtforderungsausfall, so wird das Konto „3680 Pauschalwertberichtigungen“ durch eine Zuführung aufgestockt.
   Sinkt der jährlich zum Bilanzstichtag neu geschätzte Gesamtforderungsausfall, so wird der Bestand des Kontos „3680 Pauschalwertberichtigungen“ gegen einen „Ertrag aus der Auflösung von Wertberichtigungen“ herabgesetzt.
8. Nach § 266 HGB dürfen Kapitalgesellschaften in der (offenlegungspflichtigen) Bilanz keine Wertberichtigungen auf der Passivseite der Bilanz ausweisen (Passivierungsverbot). Einzel- und Pauschalwertberichtigungen sind daher von den Forderungen auf der Aktivseite der Bilanz (aktivisch) abzusetzen.

## Aufgaben

1–7: Zweifelhafte und uneinbringliche Forderungen
8–14: Bildung und Auflösung von Einzelwertberichtigungen
15–18: Bildung von Einzel- und Pauschalwertberichtigungen
19–24: Anpassung von Pauschalwertberichtigungen
25: Zusammenfassende Aufgabe
26: Geschäftsgang

**1** Welche drei Gruppen von Forderungen unterscheidet man nach dem Grad ihrer Güte (Bonität)?

**2** Entscheiden Sie, ob in den folgenden Fällen zweifelhafte oder uneinbringliche Forderungen vorliegen.

a) Das Insolvenzverfahren über das Vermögen eines Kunden ist abgeschlossen.
b) Das Insolvenzverfahren über das Vermögen eines Kunden wird eröffnet.
c) Die Zwangsvollstreckung über das Vermögen eines Kunden ist fruchtlos verlaufen.
d) Eine Forderung ist verjährt.
e) Ein Kunde stellt seine Zahlungen ein.
f) Forderungsverzicht im Rahmen eines Insolvenzverfahrens.

3 Sie sind Angestellte(r) der Textilfabrik Konrad Fied KG, Goseriede 41, 30159 Hannover. Die folgenden Belege liegen Ihnen zur Buchung vor.

a) Welche Geschäftsfälle liegen den Belegen zugrunde?
b) Wie lauten die Buchungssätze?

**Beleg 1**

## Martina Kohlenberg & Patrick Czerny

RECHTSANWÄLTE • NOTARE • INSOLVENZVERWALTER • VEREIDIGTE BUCHPRÜFER

RAe/N Kohlenberg & Czerny • Rosebeckstr. 12 • 30449 Hannover

30449 Hannover
Rosebeckstraße 12
Tel.: 0511 21527
Fax: 0511 21528
E-Mail: info@czerny-wvd.de

Textilfabrik
Konrad Fied KG
Goseriede 41
30159 Hannover

EINGEGANGEN
7. Aug. 20..
Erledigt ......................

Ihr Zeichen, Ihre Nachricht vom | Unser Zeichen | Datum 05.08.20..

**Bitte stets angeben:**
603/18IN 03/POs

**Rundschreiben an die Insolvenzgläubiger**

(IN) Insolvenzverfahren über das Vermögen des Insolvenzschuldners:
Hüttner KG, Fössestraße 3, 30449 Hannover
Amtsgericht Hannover – 910IN/882-3 –
Zeichen: 29640517

Sehr geehrte Damen und Herren,

über das Vermögen des oben genannten Schuldners wurde durch das Amtsgericht Hannover – Insolvenzgericht – am 01.08.20.. das (IN) Insolvenzverfahren eröffnet und der Unterzeichner zum Treuhänder bestellt.

In der Anlage füge ich eine Kopie des Eröffnungsbeschlusses sowie ein Merkblatt nebst Vordrucken zur Forderungsanmeldung bei und bitte Sie, die darin genannten Termine zu beachten (Fristablauf: 27.09.20..).

Hinweis: Die Zustellung gilt mit der am 06.08.20.. erfolgten Aufgabe zur Post als bewirkt.

Mit freundlichem Gruß

Czerny
RA P. Czerny

Anlagen erwähnt

Buchungsvermerk:
Unsere Forderung an den Insolvenzschuldner, die Hüttner KG, beträgt 8.925,00 EUR (einschl. 19 % USt). Siehe beigefügte Ausgangsrechnungen AR 408 und AR 597.

**Mitgliedschaften:**
- Arbeitskreis der Insolvenzverwalter e. V.
- Arbeitskreis für Insolvenzrecht und Sanierung im DAV
- Institut für Insolvenzrecht
- Insol Europe – Europäische Insolvenzverwaltervereinigung

**Bankverbindung:**
Sparkasse Hannover
Kto.-Nr.: 975 313, BLZ 250 501 80
IBAN DE23 2505 0180 0000 9753 13
BIC SPKHDE2H
St.-Nr. 26 127 38567

→

**Beleg 2**

Hannoversche Volksbank eG

| Kontonummer | erstellt am | Auszug | Blatt |
|---|---|---|---|
| 12 345 | 29.12.20.. | 257 | 1/1 |

BLZ 251 900 01

**Kontoauszug**

| **Bu.-Tag** | **Wert** | **Vorgang** | **alter Kontostand** | **90.000,00 +** |
|---|---|---|---|---|
| 27.12. | 23.12. | RAe Kohlberg & Czerny, Insolvenzverfahren Hüttner KG, - 910IN/882-3 -, Zeichen 29640517, Insolvenzquote 8 % | | 714,00 + |
| | | | **neuer Kontostand vom 29.12.20..** | **90.714,00 +** |

Textilfabrik
Konrad Fied KG
Goseriede 41
30159 Hannover

USt-IdNr.: DE 115 648 359
IBAN: DE73 2519 0001 0000 0123 45 BIC: VOHADE2H

**4** Wie lauten die Buchungssätze?

1. Unsere Kundin, die Sonnenberg OHG, beantragt beim zuständigen Amtsgericht am 1. März 20.. die Eröffnung des Insolvenzverfahrens. Wir haben an die Sonnenberg OHG eine Forderung von 3.570,00 € (3.000,00 € + 570,00 € Umsatzsteuer).
2. Am 2. Juni 20.. wird das Insolvenzverfahren gegen die Sonnenberg OHG mangels Masse eingestellt.

**5** Wie lauten die Buchungssätze?

1. Am 5. Aug. 20.. beantragt unsere Kundin, die Max Berg KG, die Eröffnung des gerichtlichen Insolvenzverfahrens. Unsere Forderung an die Max Berg KG beträgt einschließlich 19 % Umsatzsteuer 4.760,00 €.
2. Die Gläubiger stimmen am 7. Okt. 20.. einem Forderungsverzicht von 45 % zu. Die Max Berg KG erstattet uns 55 % unserer Forderung per Banküberweisung.

**6** Am 7. Aug. 20.. erfahren wir, dass unsere Kundin Annemarie Rupe e. Kffr. ihr Geschäft und ihre Wohnung unerwartet und kurzfristig aufgegeben hat und mit unbekanntem Ziel ins Ausland verzogen ist. Es besteht keine Hoffnung, unsere Forderung von 2.380,00 € (einschließlich 19 % Umsatzsteuer) einzutreiben.

**7** Am 5. Sept. 20.. erhalten wir unerwartet eine Postbanküberweisung über 2.975,00 € (2.500,00 € + 475,00 € Umsatzsteuer) von unserer Kundin, der Killinger OHG. Wir hatten unsere Forderung an die Killinger OHG bereits im vergangenen Jahr als uneinbringlich abgeschrieben.

**8** Das Insolvenzverfahren über das Vermögen eines Schuldners erstreckt sich über zwei Geschäftsjahre. Im alten Geschäftsjahr wird das Insolvenzverfahren eröffnet, im neuen Geschäftsjahr wird es abgeschlossen.
Welche buchhalterische Problematik ergibt sich für den Gläubiger beim Geschäftsjahresabschluss?

**9** Im neuen Geschäftsjahr steht der tatsächliche Forderungsausfall einer einzelwertberichtigten Forderung fest. Die am Bilanzstichtag des alten Geschäftsjahres gebildete Einzelwertberichtigung wird aufgelöst.

a) Welche 3 Fälle sind bei der Auflösung der Einzelwertberichtigung möglich?
b) Der Zahlungseingang auf eine einzelwertberichtigte Forderung ist höher/niedriger als erwartet. Auf welchem Konto wird die nicht erwartete Mehrzahlung/Minderzahlung gegengebucht?
c) Welche Buchungen sind bei Auflösung einer Einzelwertberichtigung auf Forderungen vorzunehmen? (Buchungen mit Worten beschreiben, keine Buchungssätze nennen.)



6350374

**10** Am 30. Nov. 20.. wird das gerichtliche Insolvenzverfahren über das Vermögen eines unserer Kunden eröffnet. Wir haben an diesen Kunden eine Forderung von 3.570,00 € (einschließlich 19 % Umsatzsteuer). Wir schätzen unseren Forderungsausfall am Bilanzstichtag auf 55 %.
Wie lautet die Buchung
a) am 30. Nov. 20.. und b) am Bilanzstichtag?

**11** Auf die in Aufgabe 10 einzelwertberichtigte Forderung erfolgt am 3. Febr. 20.. des neuen Jahres folgender Zahlungseingang (Bankgutschrift):
a) 1.606,50 € (1.350,00 € + 256,50 € Umsatzsteuer)
b) 1.428,00 € (1.200,00 € + 228,00 € Umsatzsteuer)
c) 1.785,00 € (1.500,00 € + 285,00 € Umsatzsteuer)
1. Erstellen Sie sich für die Fälle a) – c) jeweils ein Rechenschema nach dem Muster auf S. 368.
2. Wie lauten die Buchungen in den Fällen a) – c)
   - für den Zahlungseingang,
   - für die anteilige Umsatzsteuerkorrektur,
   - für die Auflösung der Einzelwertberichtigung und
   - für die Erfassung des sonstigen betrieblichen Aufwandes bzw. Ertrages?
3. Reduzieren Sie die Buchungen von 2. für die Fälle a) – c) auf jeweils einen Buchungssatz.

**12** Welcher Geschäftsfall liegt der folgenden Buchung zugrunde?

| | Soll | Haben |
|---|---|---|
| 2800 Guthaben bei Kreditinstituten (Bank) | 476,00 | |
| 4800 Umsatzsteuer | 684,00 | |
| 3670 EWB | 3.200,00 | |
| 6951 Abschreibungen a. F. | 400,00 | |
| an 2470 Zweifelhafte Forderungen | | 4.760,00 |

**13** Nennen Sie die Buchungssätze zu folgenden Geschäftsfällen.
1. 1. Okt. 20..: Wir verkaufen eigene Erzeugnisse an unsere Kundin, die Aust KG,
   netto .......... 10.000,00 €
   \+ 19 % Umsatzsteuer .......... 1.900,00 €
   Zahlungsziel: 40 Tage.
2. 15. Nov. 20..: Über das Vermögen unserer Kundin, der Aust KG, wird das Insolvenzverfahren eröffnet.
3. 28. Dez. 20..: Der Insolvenzverwalter teilt uns mit, dass die Gläubiger mit einem Forderungsausfall von ca. 70 % rechnen müssen. Wir nehmen zum Geschäftsjahresabschluss eine entsprechende Abschreibung vor.
4. 27. Febr. 20.. (Folgejahr): Der Insolvenzverwalter überweist
   a) 2.380,00 €,
   b) 3.570,00 €,
   c) 4.165,00 €
   auf unser Bankkonto.

**14** Eine Forderung von 9.520,00 € (8.000,00 € + 1.520,00 € Umsatzsteuer) wurde am Bilanzstichtag des Vorjahres bereits zu 60 % einzelwertberichtigt. Am Bilanzstichtag des laufenden Jahres rechnen wir mit einem Forderungsausfall von 90 %.
a) Errechnen Sie den Betrag, um den die Einzelwertberichtigung im laufenden Jahr aufzustocken ist.
b) Nennen Sie den Buchungssatz für die Aufstockung der Einzelwertberichtigung.

15 Warum können in der Regel nicht alle Forderungen am Bilanzstichtag einzelwertberichtigt werden?

16 Stellen Sie – ausgehend vom Gesamtforderungsbestand – ein Rechenschema zur Ermittlung der Pauschalwertberichtigung auf (unter Berücksichtigung von Einzelwertberichtigungen).

17 a) In einem Industriebetrieb beträgt die Summe der Schlussbestände des Kontos „2400 Forderungen a. LL“ der letzten 5 Jahre 3.808.000,00 € (3.200.000,00 € + 608.000,00 € Umsatzsteuer). Die innerbetriebliche Statistik weist für diese 5 Jahre einen Forderungsausfall von insgesamt 171.360,00 € (144.000,00 € + 27.360,00 € Umsatzsteuer) aus.
Errechnen Sie den Prozentsatz für eine vorzunehmende Pauschalwertberichtigung auf Forderungen.
b) Am Bilanzstichtag des laufenden Jahres weist das Konto „2400 Forderungen a. LL“ einen Bestand von 856.800,00 € (720.000,00 € + 136.800,00 € Umsatzsteuer) aus. Nennen Sie den Buchungssatz zur erstmaligen Bildung einer Pauschalwertberichtigung auf Forderungen.

18 Am Bilanzstichtag beträgt unser Gesamtforderungsbestand 297.500,00 € (einschließlich 19 % Umsatzsteuer). Darin ist eine Forderung an die Söffgen OHG von 11.900,00 € (einschließlich 19 % Umsatzsteuer) enthalten. Über das Vermögen der Söffgen OHG wurde das Insolvenzverfahren eröffnet. Wir rechnen mit einem Forderungsausfall von 55 %.
a) Über welchen Betrag ist eine Einzelwertberichtigung zu bilden?
b) Nennen Sie den Buchungssatz zur Bildung der Einzelwertberichtigung.
c) Über welchen Betrag ist eine Pauschalwertberichtigung zu bilden (Pauschalsatz: 3 %)?
d) Nennen Sie den Buchungssatz zur Bildung der Pauschalwertberichtigung.

19 a) Im Jahr der Betriebsgründung macht der um die einzelwertberichtigten Forderungen korrigierte Forderungsbestand 404.600,00 € (einschließlich 19 % Umsatzsteuer) aus.
Es soll erstmals am Bilanzstichtag eine Pauschalwertberichtigung mit einem Wertberichtigungssatz von 4 % gebildet werden. Nehmen Sie die entsprechende Buchung vor.
b) Am Bilanzstichtag des folgenden Jahres beträgt der um die einzelwertberichtigten Forderungen korrigierte Forderungsbestand 487.900,00 € (einschließlich 19 % Umsatzsteuer). Der Wertberichtigungssatz von 4 % aus dem Vorjahr hat weiterhin Gültigkeit. Nehmen Sie die Anpassungsbuchung für die Pauschalwertberichtigung vor (der Anfangsbestand wird fortgeschrieben).

20 Der Anfangsbestand auf dem Pauschalwertberichtigungskonto beläuft sich auf 5.000,00 €. Welche Anpassungsbuchung ist erforderlich, wenn die neue errechnete Pauschalwertberichtigung a) 7.000,00 € und b) 4.000,00 € beträgt?

21 Das Konto „3680 Pauschalwertberichtigungen“ weist einen Bestand von 6.000,00 € auf. Der Forderungsbestand am Ende des laufenden Geschäftsjahres beträgt einschließlich 19 % Umsatzsteuer 190.400,00 €. Es ist eine Pauschalwertberichtigung von 4,5 % zu bilden.
a) Errechnen Sie den Betrag der Pauschalwertberichtigung.
b) Nennen Sie den Buchungssatz zur Anpassung der Pauschalwertberichtigung.

22 **Bestände**

| | | |
|---|---|---|
| 2400 | Forderungen a. LL | 357.000,00 € |
| 3680 | Pauschalwertberichtigungen | 13.500,00 € |

Am 1. Dez. 20.. wird das Insolvenzverfahren über das Vermögen unseres Kunden, die Willi Hansen KG, eröffnet. Unsere Forderung an die Willi Hansen KG beträgt 10.710,00 € (einschließlich 19 % Umsatzsteuer).
Zum Bilanzstichtag wird die Forderung an die Willi Hansen KG einzelwertberichtigt. Wir rechnen mit einem Forderungsausfall von 90 %.



6350376

Der Rest des Forderungsbestandes soll mit 3 % pauschalwertberichtigt werden.

a) Nehmen Sie die Buchung am 1. Dez. 20.. vor.

b) Nehmen Sie die Buchung am Bilanzstichtag zur Bildung der Einzelwertberichtigung vor.

c) Nehmen Sie die Buchung am Bilanzstichtag zur Anpassung der Pauschalwertberichtigung vor.

23 Die Konten 2400, 2470 und 3680 weisen folgende saldierte Bestände auf:

2400 Forderungen a. LL (Soll) .......... 666.400,00 €
2470 Zweifelhafte Forderungen (Soll) .......... 38.080,00 €
3680 Pauschalwertberichtigungen (Haben) .......... 14.000,00 €

45 % der zweifelhaften Forderungen schätzen wir als uneinbringlich ein.

Auf die einwandfreien Forderungen ist eine Pauschalwertberichtigung von 3,5 % zu bilden.

a) Wie lautet der Buchungssatz zur Bildung der Einzelwertberichtigung?

b) Wie lautet der Buchungssatz zur Aufstockung der Pauschalwertberichtigung (Anpassungsmethode)?

24

| S | 2400 Forderungen a. LL | | H |
|---|---|---|---|
| AB | 297.500,00 | Bestandsminderung | 977.100,00 |
| Bestandsmehrung | 950.000,00 | Zweifelh. Ford. | 9.500,00 |
| | | Uneinbringl. Ford. | 11.000,00 |

| S | 3680 Pauschalwertberichtigungen | | H |
|---|---|---|---|
| | | AB | 8.750,00 |

a) Welcher Pauschalabschreibungsprozentsatz wurde im alten Jahr angewandt?

b) Wie hoch muss bei Anwendung eines Pauschalabschreibungsprozentsatzes von 4,5 % der Schlussbestand des Kontos „3680 Pauschalwertberichtigungen“ sein?

c) Wie lautet der Buchungssatz zur Anpassung der Pauschalwertberichtigung?

25 Sind die folgenden Aussagen richtig? Begründen Sie Ihre Meinung.

a) Das Konto „3670 Einzelwertberichtigungen“ ist ein aktives Bestandskonto.

b) Die Buchung
„2470 Zweifelhafte Forderungen an 2400 Forderungen a. LL“
trennt uneinbringliche Forderungen von einwandfreien Forderungen.

c) Die Buchung
„6951 Abschreibungen auf Forderungen
4800 Umsatzsteuer
an 2470 Zweifelhafte Forderungen“
weist die Uneinbringlichkeit einer zweifelhaften Forderung aus.

d) Das Konto „3680 Pauschalwertberichtigungen“ ist ein Korrekturposten zum Konto „2470 Zweifelhafte Forderungen“.

e) Die Umsatzsteuer wird anteilig korrigiert, wenn im laufenden Geschäftsjahr eine Forderung uneinbringlich wird.

f) 2800 Guthaben bei Kreditinstituten (Bank) an 2470 Zweifelhafte Forderungen
4800 Umsatzsteuer an 2470 Zweifelhafte Forderungen
3670 Einzelwertberichtigungen an 2470 Zweifelhafte Forderungen
3670 Einzelwertberichtigungen an 5450 Erträge a. d. A. v. W.
Die obige Buchung wird bei Zahlungseingang auf eine zweifelhafte Forderung vorgenommen, wenn bei Bildung der Einzelwertberichtigung am Bilanzstichtag des vergangenen Jahres der Forderungsausfall zu hoch geschätzt wurde.

g) Am Bilanzstichtag wird bei Bildung sowohl der Einzelwertberichtigung als auch der Pauschalwertberichtigung die Umsatzsteuer anteilig korrigiert.

h) Mit der Buchung
„3680 Pauschalwertberichtigung an 5450 Erträge a. d. A. v. W.“
wird der Bestand auf dem Konto „3680 Pauschalwertberichtigungen“ aufgestockt. →

i) Der Buchung
„2800 Guthaben bei Kreditinstituten (Bank)
an 5490 Periodenfremde Erträge
an 4800 Umsatzsteuer“
liegt ein Zahlungseingang auf eine im Vorjahr bereits abgeschriebene Forderung zugrunde.
j) Der Buchung
„6952 Zuführungen zu EWB an 3670 Einzelwertberichtigungen“
liegt der folgende Geschäftsfall zugrunde:
„Eine zweifelhafte Forderung wird uneinbringlich.“
k) Der einzelwertberichtigte Forderungsbestand unterliegt nicht der Pauschalwertberichtigung.
l) Uneinbringliche Forderungen werden indirekt abgeschrieben.

FIBU möglich!

**26[1] Anfangsbestände**

*I. Anfangsbestände der Sachkonten*

0720 Anlagen und Maschinen: 950.000,00 €; 0860 Büromaschinen, Organisationsmittel und Kommunikationsanlagen: 200.000,00 €; 2000 Rohstoffe: 180.000,00 €; 2030 Betriebsstoffe: 40.000,00 €; 2100 Unfertige Erzeugnisse: 70.000,00 €; 2200 Fertige Erzeugnisse: 90.000,00 €; 2400 Forderungen a. LL: 125.200,00 €; 2640 SV-Beitragsvorauszahlung: 80,00 € (Anfangsbestand im Soll); 2800 Guthaben bei Kreditinstituten (Bank): 190.000,00 €; 2880 Kasse: 10.000,00 €; 3000 Eigenkapital: 916.920,00 €; 3680 Pauschalwertberichtigungen zu Forderungen: 6.000,00 €; 4250 Langfristige Bankverbindlichkeiten: 762.360,00 €; 4400 Verbindlichkeiten a. LL: 170.000,00 €.

*II. Anfangsbestände der Kundenkonten (Offene-Posten-Liste der Debitoren)*

| Kd.-Nr. | Debitoren | Beleg-Nr. | Betrag (€) |
|---|---|---|---|
| 24 001 | Söffgen OHG | 1 | 80.000,00 |
| 24 002 | G. Schön e. Kffr. | 2 | 20.210,00 |
| 24 003 | Hampe KG | 3 | 11.900,00 |
| 24 004 | Gebert GmbH | 4 | 4.760,00 |
| 24 005 | Brandes GmbH | 5 | 8.330,00 |
| | | | 125.200,00 |

*III. Anfangsbestände der Lieferantenkonten (Offene-Posten-Liste der Kreditoren)*

| L.-Nr. | Kreditoren | Beleg-Nr. | Betrag (€) |
|---|---|---|---|
| 44 001 | B. Müller OHG | 6 | 51.000,00 |
| 44 002 | Emut GmbH | 7 | 119.000,00 |
| | | | 170.000,00 |

**Kontenplan**

**Kontenklasse 0 (Immaterielle Vermögensgegenstände und Sachanlagen):** 0720 Anlagen und Maschinen; 0860 Büromaschinen, Organisationsmittel und Kommunikationsanlagen.

**Kontenklasse 2 (Umlaufvermögen und aktive Rechnungsabgrenzung):** 2000 Rohstoffe; 2030 Betriebsstoffe; 2100 Unfertige Erzeugnisse; 2200 Fertige Erzeugnisse; 2400 Forderungen a. LL (24 001 Forderungen an die Söffgen OHG, 24 002 Forderungen an G. Schön e. Kffr., 24 003 Forderungen an die Hampe KG, 24 004 Forderungen an die Gebert GmbH, 24 005 Forderungen an die Brandes GmbH); 2470 Zweifelhafte Forderungen (24 704 Zweifelhafte Forderungen an die Gebert GmbH, 24 705 Zweifelhafte Forderungen an die Brandes GmbH)[2]; 2600 Vorsteuer; 2640 SV-Beitragsvorauszahlung; 2800 Guthaben bei Kreditinstituten (Bank); 2880 Kasse.

**Kontenklasse 3 (Eigenkapital und Rückstellungen):** 3000 Eigenkapital; 3670 Einzelwertberichtigung zu Forderungen; 3680 Pauschalwertberichtigung zu Forderungen.

1 Der Geschäftsgang kann alternativ nach der „Fortschreibungsmethode“ oder nach der „Inventurmethode“ oder nach dem „Aufwandsrechnerischen Verfahren“ gebucht werden.

2 Um die zweifelhaften Forderungen einzeln nach Kunden auszuweisen, werden korrespondierend zu den Debitorenkonten „Zweifelhafte Debitorenkonten“ eingerichtet.

**Kontenklasse 4 (Verbindlichkeiten und passive Rechnungsabgrenzung):** 4250 Langfristige Bankverbindlichkeiten; 4400 Verbindlichkeiten a. LL (44 001 Verbindlichkeiten gegenüber der B. Müller OHG, 44 002 Verbindlichkeiten gegenüber der Emut GmbH, 44 007 Verbindlichkeiten gegenüber der Sauer KG, 44 008 Verbindlichkeiten gegenüber Bettina Meyer e. Kffr., 44 010 Verbindlichkeiten gegenüber F.-W. Heine e. Kfm.); 4800 Umsatzsteuer; 4830 Sonstige Verbindlichkeiten gegenüber Finanzbehörden.

**Kontenklasse 5 (Erträge):** 5000 Umsatzerlöse für eigene Erzeugnisse; 5201 Bestandsveränderungen an unfertigen Erzeugnissen; 5202 Bestandsveränderungen an fertigen Erzeugnissen; 5401 Nebenerlöse aus Vermietung und Verpachtung; 5450 Erträge aus der Auflösung oder Herabsetzung von Wertberichtigungen auf Forderungen; 5490 Periodenfremde Erträge.

**Kontenklasse 6 (Betriebliche Aufwendungen):** 6000 Aufwendungen für Rohstoffe; 6001[1] Bezugskosten für Rohstoffe; 6002[2] Nachlässe für Rohstoffe; 6030 Aufwendungen für Betriebsstoffe; 6100 Fremdleistungen für Erzeugnisse; 6150 Vertriebsprovisionen; 6160 Fremdinstandhaltung; 6170 Sonstige Aufwendungen für bezogene Leistungen; 6200 Löhne; 6400 Arbeitgeberanteil zur Sozialversicherung (Lohnbereich); 6520 Abschreibungen auf Sachanlagen; 6540 Abschreibungen auf geringwertige Wirtschaftsgüter; 6710 Leasing; 6800 Büromaterial; 6822 Telekommunikationskosten; 6951 Abschreibungen auf Forderungen wegen Uneinbringlichkeit; 6952 Zuführungen zu Einzelwertberichtigungen.

**Kontenklasse 8 (Ergebnisrechnungen):** 8000 Eröffnungsbilanzkonto; 8010 Schlussbilanzkonto; 8020 Gewinn- und Verlustkonto.

| Beleg-Nr. | Geschäftsfälle | € |
|---|---|---|
| | 1. Eingangsrechnung der | |
| 11 | 1. Emut GmbH (L.-Nr. 44 002), Nettopreis (Rohstoffe) | 60.000,00 |
| | – 10 % Rabatt | 6.000,00 |
| | + Fracht | 500,00 |
| | + 19 % Umsatzsteuer | 10.355,00 |
| | Rechnungsbetrag[3] | 64.855,00 |
| 12 | 2. Sauer KG (L.-Nr. 44 007), Nettopreis (Kfz-Reparatur) | 2.000,00 |
| | + 19 % Umsatzsteuer | 380,00 |
| | Rechnungsbetrag | 2.380,00 |
| 13 | 3. Modedesignerin Bettina Meyer e. Kffr. (L.-Nr. 44 008) für die entworfenen Modellkleider, Nettopreis | 10.000,00 |
| | + 19 % Umsatzsteuer | 1.900,00 |
| | Rechnungsbetrag | 11.900,00 |
| 14 | 4. Handelsvertretung F.-W. Heine e. Kfm. (L.-Nr. 44 010) über Einkaufsprovision für eingekaufte Rohstoffe, netto | 800,00 |
| | + 19 % Umsatzsteuer | 152,00 |
| | | 952,00 |
| 15 | 5. Handelsvertretung F.-W. Heine e. Kfm. (L.-Nr. 44 010) über Verkaufsprovision für den Verkauf unserer „eigenen Erzeugnisse“, netto | 500,00 |
| | + 19 % Umsatzsteuer | 95,00 |
| | | 595,00 |

→

1 alternativ: 2001 („Bestandsrechnerisches Verfahren“)

2 alternativ: 2002 („Bestandsrechnerisches Verfahren“)

3 Für Bruttosteuerschlüssel (EDV-Buchführung):
Bruttowert der Rohstoffe 64.260,00
Bruttowert der Bezugskosten 595,00

| Beleg-Nr. | | € |
|---|---|---|
| | **2. Ausgangsrechnung an** | |
| 21 | 1. Söffgen OHG (Kd.-Nr. 24 001), | |
| | Nettopreis (eigene Erzeugnisse) | 250.000,00 |
| | – 20 % Rabatt | 50.000,00 |
| | + Verpackung | 800,00 |
| | + Rollgeld | 1.000,00 |
| | + 19 % Umsatzsteuer | 38.342,00 |
| | Rechnungsbetrag | 240.142,00 |
| 22 | 2. Gertrud Schön e. Kffr. (Kd.-Nr. 24 002), | |
| | Nettopreis (eigene Erzeugnisse) | 150.000,00 |
| | + 19 % Umsatzsteuer | 28.500,00 |
| | Rechnungsbetrag | 178.500,00 |
| 30 | **3.** Unsere Kundin, die Hampe KG (Kd.-Nr. 24 003), hat ganz unerwartet ihr Geschäft aufgegeben. Die Gesellschafter sind mit unbekanntem Ziel ins Ausland verzogen. Es besteht keine Hoffnung, | |
| | unsere Forderung von netto | 10.000,00 |
| | + 19 % Umsatzsteuer | 1.900,00 |
| | einzutreiben (betrifft: Beleg-Nr. 3). | |
| 40 | **4.** Über das Vermögen unserer Kundin, der Gebert GmbH (Kd.-Nr. 24 004), wird das Insolvenzverfahren eröffnet. | |
| | Unsere Forderung (betrifft: Beleg-Nr. 4) beträgt | 4.760,00 |
| 50 | **5.** Das Insolvenzverfahren gegen unsere Kundin, die Gebert GmbH (betrifft: Beleg-Nr. 40), wird mangels Masse eingestellt. Unsere | |
| | Forderung beträgt (einschl. 19 % Umsatzsteuer) | 4.760,00 |
| | **6. Banklastschrift gemäß Kontoauszug für** | |
| 61 | 1. Überweisung an die Reinigungsfirma Sauberfrau GmbH | |
| | (Dauerauftrag), Nettobetrag | 3.000,00 |
| | + 19 % Umsatzsteuer | 570,00 |
| | Lastschrift | 3.570,00 |
| 62 | 2. Leasinggebühr (Pkw), einschl. 19 % Umsatzsteuer (Dauerauftrag) | 357,00 |
| 63 | 3. Überweisung an die Emut GmbH (L.-Nr. 44 002, betrifft: Beleg-Nr. 7),[1] | |
| | Bruttorechnungsbetrag (Rohstoffe) | 119.000,00 |
| | – 3 % Nettoskontonachlass | 3.000,00 |
| | – 19 % Umsatzsteuer (auf Nettoskontonachlass) | 570,00 |
| | Lastschrift | 115.430,00 |
| 64 | 4. Überweisung an die Krankenkasse: | |
| | prognostizierte SV-Vorausleistung des laufenden Monats | 18.950,00 |
| | – SV-Forderungsvortrag aus dem Vormonat | 80,00 |
| | Sozialversicherungsbeitragssoll | 18.870,00 |
| 65 | 5. Bruttolöhne | 45.400,00 |
| | Steuern | 10.880,00 |
| | Arbeitnehmeranteil zur Sozialversicherung | 9.715,00 |
| | Werkswohnungen (Miete wird mit Lohn verrechnet) | 1.500,00 |
| | Auszahlung (Banküberweisung) | 23.305,00 |
| | Arbeitgeberanteil zur Sozialversicherung | 9.307,00 |

1 Zahlungsausgang innerhalb des Skontozahlungsziels.

Beleg-Nr. | | €
---|---|---

70 **7.** Über das Vermögen unserer Kundin, der Brandes GmbH (Kd.-Nr. 24 005, betrifft: Beleg-Nr. 5), wird das Insolvenzverfahren eröffnet.
Unsere Forderung beträgt .......... 8.330,00

**8. Kassenausgang für**

81 1. Barkauf eines Telefaxgerätes, Nettopreis .......... 100,00
\+ 19 % Umsatzsteuer .......... 19,00
Bruttopreis .......... 119,00

82 2. Barkauf eines Füllers, Nettopreis .......... 40,00
\+ 19 % Umsatzsteuer .......... 7,60
Bruttopreis .......... 47,60

90 **9.** Auf eine im vergangenen Jahr als uneinbringlich abgeschriebene Forderung erhalten wir unerwartet durch Banküberweisung (inkl. 19 % Umsatzsteuer) .......... 3.570,00

**10.[1] Verbrauch gemäß Materialentnahmescheine**

101 1. Rohstoffe .......... 70.000,00
102 2. Betriebsstoffe .......... 10.000,00

Abschlussangaben

**11. Direkte Abschreibungen auf**

111 1. 0720 Anlagen und Maschinen .......... 90.000,00
112 2. 0860 Büromaschinen, Organisationsmittel und Kommunikationsanlagen . 20.000,00

120 **12.** Beim Insolvenzverfahren bei der Brandes GmbH (betrifft: Beleg-Nr. 70) rechnen wir mit einem Forderungsausfall von 60 % .......... ?

130 **13.** Die gebildete Pauschalwertberichtigung ist herabzusetzen auf .......... 5.000,00

140 **14.** Ermittlung und Passivierung der Zahllast .......... ?

**15. Schlussbestände lt. Inventur:**

151 1. Unfertige Erzeugnisse .......... 120.000,00
152 2. Fertige Erzeugnisse .......... 80.000,00

160 **16.** Die Schlussbestände der anderen Bestandskonten entsprechen den Inventurbeständen.

**Zusätzliche Abschlussangaben bei Buchung nach der „Inventurmethode" oder nach dem „Aufwandsrechnerischen Verfahren"**

**17. Schlussbestände lt. Inventur:**

171 1. Rohstoffe .......... 162.300,00
172 2. Betriebsstoffe .......... 30.000,00

1 Wird nach der „Inventurmethode" oder nach dem „Aufwandsrechnerischen Verfahren" gebucht, so entfällt dieser Geschäftsfall.

## 5.4 Hauptabschlussübersicht/Betriebsübersicht

Häufig wird das gesamte Zahlenwerk der doppelten Buchführung vor dem endgültigen Abschluss in einer Art Probeabschluss wiedergegeben. Dieser Abschluss wird in einer tabellarischen Übersicht erstellt.

**Hauptabschlussübersicht** ist die steuerrechtliche, **Betriebsübersicht** die kaufmännische Bezeichnung dieser besonderen Abschlussform.

Die Betriebsübersicht erfüllt insbesondere folgende Aufgaben:

- Sie informiert in einer zusammenfassenden Übersicht über das gesamte Zahlenmaterial aller Buchführungskonten.
- Sie bereitet den Abschluss in einer geordneten übersichtlichen Zusammenstellung aller Buchführungszahlen vor.
- Sie überprüft die rechnerische Richtigkeit der Buchführung.

Für den Aufbau der Betriebsübersicht gibt es keine verbindlichen Vorschriften. In der Praxis werden unterschiedliche Formblätter benutzt. Meistens wird jedoch die im Beispiel auf S. 383 beschriebene Form gewählt.

**Erklärungen zur Hauptabschlussübersicht auf S. 383:**

❶ In der Reihenfolge der Kontennummern des Kontenplanes werden die Konten untereinandergeschrieben.

❷ Die Beträge der Summenbilanz ergeben sich aus der Addition der Soll- und Habenseiten der Konten vor ihrer Saldierung. Die Summen der Soll- und Habenseite der Summenbilanz müssen bei richtiger Rechnung und Übertragung übereinstimmen (Summenprobe), da alle Beträge einmal im Soll und einmal im Haben gebucht worden sind.

❸ Die Saldenbilanz I ergibt sich aus der Saldierung der Soll- und Habenbeträge eines jeden Kontos. Dabei werden die Salden – im Gegensatz zu ihrer Ermittlung auf den Hauptbuchkonten – auf der jeweils wertmäßig größeren Seite des Kontos ausgewiesen. Ist die Sollseite die stärkere Seite, so wird der Saldo auf die Sollseite übertragen. Umgekehrt gelangt der Saldo auf die Habenseite, wenn sie die stärkere Seite ist. Bei richtiger Saldierung müssen die Summen der Soll- und Habenseite der Saldenbilanz I identisch sein.

❹ In der Spalte „Umbuchungen" werden die vorbereitenden Abschlussbuchungen erfasst. Eine vorbereitende Abschlussbuchung liegt vor, wenn die Buchung zum Abschluss vorgenommen wird, aber nicht das Gewinn- und Verlustkonto und das Schlussbilanzkonto berührt. Wir kennen folgende vorbereitende Abschlussbuchungen:

1. Abschluss der Konten „Vorsteuer" und „Umsatzsteuer" übereinander.
2. Buchung der Abschreibungen auf Sachanlagen.
3. Abschluss des Privatkontos über das Eigenkapitalkonto.
4. Zeitliche Abgrenzungen.
5. Bildung von Rückstellungen.
6. Bestandsveränderungen fertiger und unfertiger Erzeugnisse.
7. Buchung von Bestandsdifferenzen zum Ausgleich zwischen Buchbestand und Istbestand.
8. Abschluss der Unterkonten über ihre Hauptkonten.
9. Bewertungskorrekturbuchungen.
10. Bildung von Einzelwertberichtigungen und Pauschalwertberichtigungen.
11. (Gilt nur für das Aufwandsrechnerische Verfahren: Die Bestandsveränderungen, die sich auf den Werkstoffbestandskonten ergeben, werden auf die Werkstoffaufwandskonten umgebucht.)
12. (Gilt nur für die Inventurmethode: Der Verbrauch an Werkstoffen ist zu buchen.)

(Fortsetzung S. 384)



6350382

Hauptabschlussübersicht/Betriebsübersicht

| Konten | Summenbilanz | | Saldenbilanz I | | Umbuchungen | | Saldenbilanz II | | Inventurbilanz | | Erfolgsbilanz | |
|---|---|---|---|---|---|---|---|---|---|---|---|---|
| | S | H | S | H | S | H | S | H | A | P | Aufwand | Ertrag |
| 0700 TA und Maschinen | 480.000,00 | - | 480.000,00 | - | - | 80.000,00 | 400.000,00 | - | 400.000,00 | - | - | - |
| 2000 Rohstoffe[1] | 610.000,00 | 400.000,00 | 210.000,00 | - | 12.000,00 | - | 222.000,00 | - | 222.000,00 | - | - | - |
| 2001 Bezugskosten | 12.000,00 | - | 12.000,00 | - | - | 12.000,00 | - | - | - | - | - | - |
| 2100 Unfertige Erzeugnisse | 20.000,00 | - | 20.000,00 | - | 30.000,00 | - | 50.000,00 | - | 50.000,00 | - | - | - |
| 2200 Fertige Erzeugnisse | 50.000,00 | - | 50.000,00 | - | - | 20.000,00 | 30.000,00 | - | 30.000,00 | - | - | - |
| 2400 Forderungen a. LL | 960.000,00 | 810.000,00 | 150.000,00 | - | - | - | 150.000,00 | - | 150.000,00 | - | - | - |
| 2600 Vorsteuer | 50.000,00 | 40.000,00 | 10.000,00 | - | - | 10.000,00 | - | - | - | - | - | - |
| 2640 SV-Beitragsvorauszahlung | - | 200,00 | - | 200,00 | - | - | - | 200,00 | - | 200,00 | - | - |
| 2800 Guthaben bei KI (Bank) | 810.000,00 | 650.000,00 | 160.000,00 | - | - | - | 160.000,00 | - | 160.000,00 | - | - | - |
| 2880 Kasse | 70.000,00 | 50.000,00 | 20.000,00 | - | - | - | 20.000,00 | - | 20.000,00 | - | - | - |
| 3000 Eigenkapital | - | 471.000,00 | - | 471.000,00 | 48.000,00 | - | - | 423.000,00 | - | 432.000,00 | - | - |
| 3001 Privat | 48.000,00 | - | 48.000,00 | - | - | 48.000,00 | - | - | - | - | - | - |
| 4250 Langfr. Bankverbindlichkeiten | 10.000,00 | 277.800,00 | - | 267.800,00 | - | - | - | 267.800,00 | - | 267.800,00 | - | - |
| 4400 Verbindlichkeiten a. LL | 380.000,00 | 520.000,00 | - | 140.000,00 | - | - | - | 140.000,00 | - | 140.000,00 | - | - |
| 4800 Umsatzsteuer | 90.000,00 | 105.000,00 | - | 15.000,00 | 10.000,00 | - | - | 5.000,00 | - | 5.000,00 | - | - |
| 4830 Verb. (Finanzbehörden) | - | 26.000,00 | - | 26.000,00 | - | - | - | 26.000,00 | - | 26.000,00 | - | - |
| 5000 Umsatzerlöse f. e. E. | - | 990.000,00 | - | 990.000,00 | 20.000,00 | - | - | 970.000,00 | - | - | - | 970.000,00 |
| 5001 Erlösberichtigungen | 20.000,00 | - | 20.000,00 | - | - | 20.000,00 | - | - | - | - | - | - |
| 5201 BV an UE | - | - | - | - | - | 30.000,00 | - | 30.000,00 | - | - | - | 30.000,00 |
| 5202 BV an FE | - | - | - | - | 20.000,00 | - | 20.000,00 | - | - | - | 20.000,00 | - |
| 6000 Rohstoffaufwendungen[1] | 400.000,00 | - | 400.000,00 | - | - | - | 400.000,00 | - | - | - | 400.000,00 | - |
| 6200 Löhne | 180.000,00 | - | 180.000,00 | - | - | - | 180.000,00 | - | - | - | 180.000,00 | - |
| 6520 Abschreibungen auf SA | - | - | - | - | 80.000,00 | - | 80.000,00 | - | - | - | 80.000,00 | - |
| 6700 Mieten, Pachten | 150.000,00 | - | 150.000,00 | - | - | - | 150.000,00 | - | - | - | 150.000,00 | - |
| | 4.340.000,00 | 4.340.000,00 | 1.910.000,00 | 1.910.000,00 | 220.000,00 | 220.000,00 | 1.862.000,00 | 1.862.000,00 | 1.032.000,00 | 862.000,00 | 830.000,00 | 1.000.000,00 |
| | | | | | | | | Gewinn | - | 170.000,00 | 170.000,00 | - |
| | | | | | | | | | 1.032.000,00 | 1.032.000,00 | 1.000.000,00 | 1.000.000,00 |
| ❶ | ❷ | | ❸ | | ❹ | | ❺ | | ❻ | | ❼ | |

1 Es wird hier nach der Fortschreibungsmethode gebucht.

❺ Die Saldenbilanz II enthält die um die Umbuchungen korrigierten Salden der Saldenbilanz I. Das richtige Saldieren wird wiederum durch die Summenprobe bestätigt.

❻ Die Inventurbilanz nimmt die Schlussbestände der aktiven und passiven Bestandskonten auf. Der Gewinn bzw. Verlust gelangt bei der Betriebsübersicht nicht in das Eigenkapital. Aus diesem Grund fehlt dem Eigenkapital eine entsprechende Bestandsmehrung bzw. Bestandsminderung. Die Summen der Aktiv- und Passivseite der Inventurbilanz können daher nicht übereinstimmen. Die Differenz ist der Gewinn bzw. der Verlust. Überwiegt die Aktivseite, so ergibt der Unterschied den Gewinn. Umgekehrt macht ein Mehr an Passiva den Verlust aus.

❼ Die Erfolgsbilanz entspricht dem Gewinn- und Verlustkonto und nimmt die Salden der Ertrags- und Aufwandskonten auf. Wie im Gewinn- und Verlustkonto wird hier der Gewinn bzw. Verlust ermittelt.

Zusammenfassung

**Aufbau einer Hauptabschlussübersicht/Betriebsübersicht**

| Konten | Summenbilanz | Saldenbilanz I | Umbuchungen | Saldenbilanz II | Inventurbilanz | Erfolgsbilanz |
|---|---|---|---|---|---|---|
| sind aufgeführt in der Reihenfolge der Kontennummern. | enthält die Kontensummen der Soll- und Habenseiten, die sich vor der Saldierung ergeben. | weist die Salden der Summenbilanz auf der wertmäßig größeren Seite der Konten aus. | Hier werden die vorbereitenden Abschlussbuchungen erfasst. | enthält die um die Umbuchungen korrigierten Salden der Saldenbilanz I. | enthält die Schlussbestände der Bestandskonten. | enthält die Salden der Erfolgskonten. |
| | | | | | Ermittlung des Erfolges | Ermittlung des Erfolges |

**Aufgaben**

- Information über alle Buchführungszahlen,
- Abschlusshilfe,
- Kontrollinstrument der rechnerischen Richtigkeit der Buchführungszahlen.

**Eine Hauptabschlussübersicht/Betriebsübersicht ist eine Tabelle, in die das gesamte Zahlenmaterial einer Buchführung einfließt und zu einem Abschluss gebracht wird.**



6350384

## Aufgaben

1–7: Verständnisfragen zur Betriebsübersicht
8–11: Betriebsübersichten

1 Jede der unter A stehenden Angaben passt inhaltlich zu einer der unter B aufgeführten Bilanzen einer Betriebsübersicht. Nehmen Sie die jeweiligen Zuordnungen vor.

| A | B |
|---|---|
| 1. Die Buchung „Eigenkapital an Privatkonto" wird vorgenommen.<br>2. Der um die Abschreibung geminderte Bestand des Kontos „Fuhrpark" wird erstmals erfasst.<br>3. Die Salden aller Konten werden ausgewiesen. Abschlussvorbereitende Buchungen sind in diesen Salden nicht enthalten.<br>4. Die Salden der Bestandsveränderungskonten werden erfolgswirksam ausgewiesen.<br>5. Die Summen der Sollseiten und der Habenseiten jedes einzelnen Kontos – so wie sie sich vor dem Kontenabschluss ergeben – werden erfasst.<br>6. Die Zahllast wird passiviert. | 1. Summenbilanz<br>2. Saldenbilanz I<br>3. Umbuchungen<br>4. Saldenbilanz II<br>5. Inventurbilanz<br>6. Erfolgsbilanz |

2 Welche Buchführungsdaten werden
a) in die Summenbilanz,
b) in die Saldenbilanz I,
c) in die Spalte Umbuchungen,
d) in die Saldenbilanz II,
e) in die Inventurbilanz und
f) in die Erfolgsbilanz
übertragen?

3 Warum müssen die Summen der Soll- und Habenseite der Summenbilanz identisch sein?

4 Auf welcher Seite der Konten stehen in den Saldenbilanzen I und II die Salden?

5 Welche vorbereitenden Abschlussbuchungen kennen Sie?

6 Erklären Sie den Abschluss der Bestandsveränderungskonten in der Betriebsübersicht.

7 Warum wird – im Gegensatz zum Schlussbilanzkonto des Hauptbuches – in der Inventurbilanz der Betriebsübersicht der Gewinn bzw. Verlust ausgewiesen?

Excel

AH

8[1]
9[1]

Erstellen Sie die Hauptabschlussübersicht.[2]

| Konten | Summenbilanz 8 | | Summenbilanz 9 | |
|---|---|---|---|---|
| | Soll | Haben | Soll | Haben |
| 0720 Anlagen und Maschinen | 500.000,00 | – | 800.000,00 | – |
| 0840 Fuhrpark | 300.000,00 | – | 400.000,00 | – |
| 2000 Rohstoffe | 780.000,00 | 250.000,00 | 560.000,00 | 300.000,00 |
| 2002 Nachlässe | – | 20.000,00 | – | 30.000,00 |
| 2030 Betriebsstoffe | 100.000,00 | 60.000,00 | 120.000,00 | 50.000,00 |
| 2031 Bezugskosten | 2.000,00 | – | 3.000,00 | – |
| 2100 Unfertige Erzeugnisse | 80.000,00 | – | 70.000,00 | – |
| 2200 Fertige Erzeugnisse | 60.000,00 | – | 100.000,00 | – |
| 2400 Forderungen a. LL | 980.000,00 | 410.000,00 | 940.000,00 | 310.000,00 |
| 2470 Zweifelhafte Forderungen | 10.000,00 | – | 8.000,00 | – |
| 2600 Vorsteuer | 60.000,00 | 50.000,00 | 70.000,00 | 55.000,00 |
| 2640 SV-Beitragsvorauszahlung | – | 200,00 | – | 100,00 |
| 2690 Übrige sonstige Forderungen | – | – | – | – |
| 2800 Guthaben bei Kreditinstituten (Bank) | 850.000,00 | 710.000,00 | 920.000,00 | 780.000,00 |
| 2880 Kasse | 80.000,00 | 60.000,00 | 90.000,00 | 60.000,00 |
| 2900 Aktive Jahresabgrenzung | – | – | – | – |
| 3000 Eigenkapital | – | 900.000,00 | – | 980.000,00 |
| 3001 Privat | 60.000,00 | – | 80.000,00 | – |
| 3800 Steuerrückstellungen | – | – | – | – |
| 4250 Langfristige Bankverbindlichkeiten | – | 631.800,00 | – | 922.900,00 |
| 4400 Verbindlichkeiten a. LL | 670.000,00 | 920.000,00 | 590.000,00 | 730.000,00 |
| 4800 Umsatzsteuer | 60.000,00 | 80.000,00 | 50.000,00 | 90.000,00 |
| 4830 Verbindlichkeiten (Finanzbehörden) | – | 20.000,00 | – | 18.000,00 |
| 5000 Umsatzerlöse f. e. E. | – | 980.000,00 | – | 990.000,00 |
| 5001 Erlösberichtigungen | 10.000,00 | – | 5.000,00 | – |
| 5201 Bestandsveränderungen an UE | – | – | – | – |
| 5202 Bestandsveränderungen an FE | – | – | – | – |
| 5710 Zinserträge | – | 10.000,00 | – | 20.000,00 |
| 6000 Aufwendungen für Rohstoffe | 250.000,00 | – | 300.000,00 | – |
| 6030 Aufwendungen für Betriebsstoffe | 60.000,00 | – | 50.000,00 | – |
| 6200 Löhne | 170.000,00 | – | 160.000,00 | – |
| 6520 Abschreibungen auf Sachanlagen | – | – | – | – |
| 6900 Versicherungsbeiträge | 12.000,00 | – | 8.000,00 | – |
| 7700 Gewerbeertragsteuer | 8.000,00 | – | 12.000,00 | – |
| | 5.102.000,00 | 5.102.000,00 | 5.336.000,00 | 5.336.000,00 |

| Abschlussangaben | 8 | 9 |
|---|---|---|
| 1. Im Konto „6900 Versicherungsbeiträge" sind Vorauszahlungen für das folgende Geschäftsjahr enthalten | 6.000,00 | 3.000,00 |
| 2. Zinserträge für das Abschlussjahr werden erst im Januar dem Bankkonto gutgeschrieben | 5.000,00 | 7.000,00 |
| 3. Für die Gewerbeertragsteuer ist eine Rückstellung zu bilden | 8.000,00 | 9.000,00 |
| 4. Schlussbestände lt. Inventur: Unfertige Erzeugnisse<br>Fertige Erzeugnisse | 100.000,00<br>50.000,00 | 80.000,00<br>70.000,00 |
| 5. Abschreibungen auf 0720<br>auf 0840 | 80.000,00<br>40.000,00 | 100.000,00<br>50.000,00 |
| 6. Die Schlussbestände der anderen Bestandskonten entsprechen den Inventurbeständen. | | |

1 Es wird empfohlen, diese Aufgabe zunächst manuell im Arbeitsheft und erst danach am PC auf dem Excel-Arbeitsblatt zu lösen.

2 Der Abschluss ist für die Fortschreibungsmethode vorgesehen. Soll der Abschluss nach dem „Aufwandsrechnerischen Verfahren" erfolgen, so ist das Konto „2002" in das Konto „6002" und das Konto „2031" in das Konto „6031" umzuwandeln. Die Konten „2000", „2030", „6000" und „6030" weisen folgende Beträge auf:

| | 8 | | 9 | |
|---|---|---|---|---|
| | Soll | Haben | Soll | Haben |
| 2000 Rohstoffe | 600.000,00 | – | 300.000,00 | – |
| 2030 Betriebsstoffe | 30.000,00 | – | 60.000,00 | – |
| 6000 Aufwendungen für Rohstoffe | 180.000,00 | – | 260.000,00 | – |
| 6030 Aufwendungen für Betriebsstoffe | 70.000,00 | – | 60.000,00 | – |
| Es gilt zusätzlich folgende Abschlussangabe: | 8 | | 9 | |
| 7. Schlussbestände lt. Inventur: Rohstoffe<br>Betriebsstoffe | 510.000,00<br>42.000,00 | | 230.000,00<br>73.000,00 | |



6350386

10[1]
11[1]

Erstellen Sie die Hauptabschlussübersicht.[2]

| Konten | Summenbilanz 10 | | Summenbilanz 11 | |
|---|---|---|---|---|
| | Soll | Haben | Soll | Haben |
| 0720 Anlagen und Maschinen | 680.000,00 | – | 790.000,00 | – |
| 0840 Fuhrpark | 420.000,00 | – | 360.000,00 | – |
| 2000 Rohstoffe | 750.000,00 | 300.000,00 | 630.000,00 | 350.000,00 |
| 2001 Bezugskosten | 20.000,00 | – | 10.000,00 | – |
| 2020 Hilfsstoffe | 110.000,00 | 40.000,00 | 90.000,00 | 50.000,00 |
| 2022 Nachlässe | – | 5.000,00 | – | 3.000,00 |
| 2100 Unfertige Erzeugnisse | 80.000,00 | – | 100.000,00 | – |
| 2200 Fertige Erzeugnisse | 130.000,00 | – | 120.000,00 | – |
| 2400 Forderungen a. LL | 990.000,00 | 370.000,00 | 950.000,00 | 290.000,00 |
| 2470 Zweifelhafte Forderungen | 20.000,00 | – | 15.000,00 | – |
| 2600 Vorsteuer | 70.000,00 | 55.000,00 | 80.000,00 | 70.000,00 |
| 2640 SV-Beitragsvorauszahlung | – | 100,00 | – | 200,00 |
| 2800 Guthaben bei Kreditinstituten (Bank) | 920.000,00 | 770.000,00 | 860.000,00 | 670.000,00 |
| 2880 Kasse | 90.000,00 | 65.000,00 | 80.000,00 | 50.000,00 |
| 3000 Eigenkapital | – | 970.000,00 | – | 800.000,00 |
| 3001 Privat | 70.000,00 | – | 96.000,00 | – |
| 3800 Steuerrückstellungen | – | – | – | – |
| 4250 Langfristige Bankverbindlichkeiten | 8.000,00 | 969.900,00 | 9.000,00 | 894.800,00 |
| 4400 Verbindlichkeiten a. LL | 440.000,00 | 670.000,00 | 500.000,00 | 850.000,00 |
| 4800 Umsatzsteuer | 70.000,00 | 100.000,00 | 60.000,00 | 90.000,00 |
| 4830 Verbindlichkeiten (Finanzbehörden) | – | 20.000,00 | – | 25.000,00 |
| 4890 Übrige sonstige Verbindlichkeiten | – | – | – | – |
| 4900 Passive Jahresabgrenzung | – | – | – | – |
| 5000 Umsatzerlöse f. e. E. | – | 1.200.000,00 | – | 1.370.000,00 |
| 5001 Erlösberichtigungen | 30.000,00 | – | 40.000,00 | – |
| 5201 Bestandsveränderungen an UE | – | – | – | – |
| 5202 Bestandsveränderungen an FE | – | – | – | – |
| 5710 Zinserträge | – | 12.000,00 | – | 10.000,00 |
| 6000 Aufwendungen für Rohstoffe | 300.000,00 | – | 350.000,00 | – |
| 6020 Aufwendungen für Hilfsstoffe | 40.000,00 | – | 50.000,00 | – |
| 6200 Löhne | 230.000,00 | – | 250.000,00 | – |
| 6520 Abschreibungen auf Sachanlagen | – | – | – | – |
| 6700 Mieten, Pachten | 70.000,00 | – | 70.000,00 | – |
| 7700 Gewerbeertragsteuer | 9.000,00 | – | 13.000,00 | – |
| | 5.547.000,00 | 5.547.000,00 | 5.523.000,00 | 5.523.000,00 |

| Abschlussangaben | 10 | 11 |
|---|---|---|
| 1. Im Konto „5710 Zinserträge" sind Zinsvorauszahlungen für das neue Jahr enthalten | 5.000,00 | 4.000,00 |
| 2. Die Dezembermiete wird von uns erst im neuen Jahr überwiesen | 6.000,00 | 5.000,00 |
| 3. Für die Gewerbeertragsteuer ist eine Rückstellung zu bilden | 7.000,00 | 6.000,00 |
| 4. Abschreibungen auf 0720<br>auf 0840 | 70.000,00<br>50.000,00 | 80.000,00<br>40.000,00 |
| 5. Schlussbestände lt. Inventur: Unfertige Erzeugnisse<br>Fertige Erzeugnisse | 90.000,00<br>100.000,00 | 80.000,00<br>130.000,00 |
| 6. Die Schlussbestände der anderen Bestandskonten entsprechen den Inventurbeständen. | | |

1 Es wird empfohlen, diese Aufgabe zunächst manuell im Arbeitsheft und erst danach am PC auf dem Excel-Arbeitsblatt zu lösen.

2 Der Abschluss ist für die Fortschreibungsmethode vorgesehen. Soll der Abschluss nach dem „Aufwandsrechnerischen Verfahren" erfolgen, so ist das Konto „2001" in das Konto „6001" und das Konto „2022" in das Konto „6022" umzuwandeln. Die Konten „2000", „2020", „6000" und „6020" weisen folgende Beträge auf:

| | 10 | | 11 | |
|---|---|---|---|---|
| | Soll | Haben | Soll | Haben |
| 2000 Rohstoffe | 350.000,00 | – | 200.000,00 | – |
| 2020 Hilfsstoffe | 60.000,00 | – | 60.000,00 | – |
| 6000 Aufwendungen für Rohstoffe | 400.000,00 | – | 430.000,00 | – |
| 6020 Aufwendungen für Hilfsstoffe | 50.000,00 | – | 30.000,00 | – |

| Es gilt zusätzlich folgende Abschlussangabe: | 10 | 11 |
|---|---|---|
| 7. Schlussbestände lt. Inventur: Rohstoffe<br>Hilfsstoffe | 470.000,00<br>65.000,00 | 290.000,00<br>37.000,00 |

## 5.5 Der Jahresabschluss bei offenlegungspflichtigen Unternehmen

Im Gegensatz zu dem Einzelunternehmen und zu den Personengesellschaften mit mindestens einer natürlichen Person[1] als Vollhafter schreibt der Gesetzgeber den Kapitalgesellschaften (GmbH, KGaA, AG) die Gliederung der Bilanz (§ 266 HGB) und die Gliederung der Gewinn- und Verlustrechnung (§ 275 HGB) vor. Im Gesetz wird aber hinsichtlich der Offenlegungspflicht und des verbindlich vorgeschriebenen Ausweises aller Einzelpositionen differenziert nach großen, mittelgroßen und kleinen Kapitalgesellschaften.

Gemäß § 264 Abs. 1 HGB haben Kapitalgesellschaften den **Jahresabschluss (Bilanz, Gewinn- und Verlustrechnung)** um einen **Anhang** zu erweitern. Außerdem muss ein **Lagebericht** erstellt werden.

Im **Anhang** (§§ 284–288 HGB) muss der Jahresabschluss erläutert werden (z. B. Angabe der Bilanzierungs- und Bewertungsmethoden; Angabe der Verbindlichkeiten mit einer Restlaufzeit von mehr als 5 Jahren; Aufgliederung der Umsatzerlöse nach Tätigkeitsbereichen sowie nach geografisch bestimmten Märkten; durchschnittliche Zahl der während des Geschäftsjahres beschäftigten Arbeitnehmer getrennt nach Gruppen usw.). Kleine und mittelgroße Kapitalgesellschaften erfahren auch hier wiederum Erleichterungen (§ 288 HGB).

Im **Lagebericht** (§ 289 HGB) sind der Geschäftsverlauf und die Lage der Kapitalgesellschaft darzustellen. Insbesondere ist einzugehen auf Vorgänge von besonderer Bedeutung, auf die voraussichtliche Entwicklung und auf den Bereich Forschung und Entwicklung.

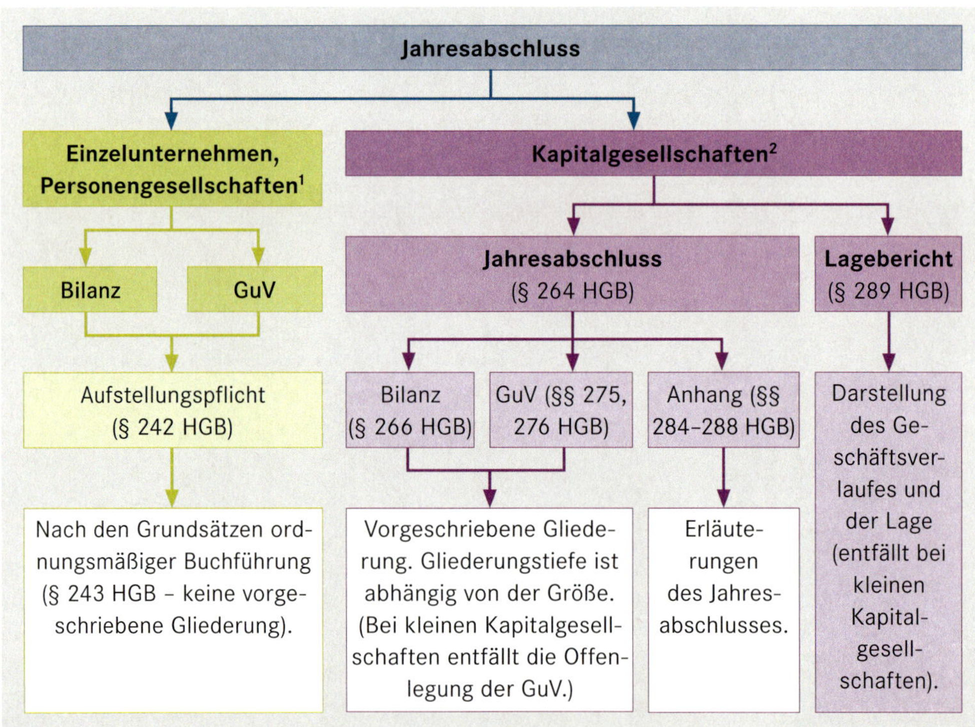


1 Gibt es bei Personengesellschaften keine natürliche Person als Vollhafter (z. B. GmbH & Co. KG), so gelten die Vorschriften der Kapitalgesellschaften. (Außerdem sind nach §§ 1 und 9 PublG Unternehmen offenlegungspflichtig, die in drei aufeinanderfolgenden Geschäftsjahren zwei der drei nachfolgenden Merkmale erfüllen: Bilanzsumme über 65 Mio. €, Umsatzerlöse über 130 Mio. €, durchschnittlich über 5000 Mitarbeiter.)

2 Zur Vereinfachung wird hier auf den **Bericht des Aufsichtsrates,** auf den **Vorschlag für die Verwendung des Ergebnisses** bzw. auf den **Beschluss über die Ergebnisverwendung,** auf den **Bestätigungsvermerk des Abschlussprüfers** oder dessen **Versagung** und auf die **Entsprechenserklärung nach § 161 AktG** nicht eingegangen.



6350388

## 5.5.1 Die Offenlegung des Jahresabschlusses

Die gesetzlichen Vertreter der offenlegungspflichtigen Unternehmen haben den handelsrechtlichen Jahresabschluss und die übrigen im Gesetz aufgeführten Unterlagen (§ 325 Abs. 1 Satz 1 HGB) offenzulegen. Mit **Offenlegung** ist die Bekanntmachung des Jahresabschlusses und der weiteren Unterlagen im elektronischen Bundesanzeiger gemeint. Dazu sind dem Betreiber des elektronischen Bundesanzeigers die entsprechenden Unterlagen auf elektronischem Weg zu übermitteln.

Nach Art und Umfang ist die Offenlegungspflicht unterschiedlich ausgestaltet. Sie hängt von der Größe der jeweiligen Gesellschaft ab. § 267 HGB unterscheidet 3 Größenklassen von Gesellschaften:

- kleine Gesellschaften,
- mittelgroße Gesellschaften und
- große Gesellschaften.

In der folgenden Darstellung sind die Größenklassen gemäß § 267 HGB abgegrenzt. Zwei der drei aufgeführten Merkmale müssen für die Zuordnung an zwei aufeinanderfolgenden Bilanzstichtagen erfüllt sein.

| | Bilanzsumme | Umsatzerlöse | Anzahl der Arbeitnehmer |
|---|---|---|---|
| kleine Gesellschaft | bis 4.840.000,00 € | bis 9.680.000,00 € | bis durchschnittl. 50 |
| mittelgroße Gesellschaft | bis 19.250.000,00 € | bis 38.500.000,00 € | bis durchschnittl. 250 |
| große Gesellschaft[1] | über 19.250.000,00 € | über 38.500.000,00 € | über durchschnittl. 250 |

In der folgenden Tabelle sind die wichtigsten **Pflichten** hinsichtlich der **Offenlegung** zusammengefasst.

| | Gesellschaften | | |
|---|---|---|---|
| | große[1] | mittelgroße | kleine |
| Bilanz | ungekürzt gemäß § 266 Abs. 2 und 3 HGB | mit Erleichterungen gemäß § 327 HGB | verkürzt gemäß § 266 Abs. 1 Satz 3 HGB |
| GuV | ungekürzt gemäß § 275 HGB | verkürzt gemäß § 276 HGB | entfällt |
| Anhang | ungekürzt gemäß §§ 284 und 285 HGB | verkürzt gemäß § 288 Satz 2 HGB und § 327 Abs. 2 HGB | verkürzt gemäß § 288 Satz 1 HGB |
| Lagebericht | gemäß § 289 HGB | gemäß § 289 HGB | entfällt |

1 Eine Kapitalgesellschaft gilt stets als große Gesellschaft, wenn Aktien an einer Börse der EU zugelassen sind (§ 267 Abs. 3 Satz 2 HGB).

## 5.5.2 Die Bilanz gemäß HGB

### 5.5.2.1 Die Bilanzgliederung gemäß HGB

§ 266 HGB schreibt für Kapitalgesellschaften ein ausführliches Bilanzgliederungsschema vor, das weitgehend Einsicht in die Finanz- und Vermögenslage des jeweiligen Unternehmens gibt.

Um Vergleiche zum Vorjahr zu ermöglichen, ist zu jedem Bilanzposten der Vorjahresbetrag anzugeben.

Die volle Anwendung des Bilanzgliederungsschemas gemäß § 266 Abs. 2 und 3 HGB ist jedoch abhängig von der Größenklasse.

**Große Kapitalgesellschaften** haben die Bilanz streng nach § 266 Abs. 2 und 3 HGB aufzustellen und offenzulegen.

Bei **mittelgroßen Kapitalgesellschaften** kann die Offenlegung der Bilanz gemäß § 327 HGB in der für kleine Kapitalgesellschaften vorgeschriebenen Form (siehe unten) erfolgen. Bestimmte Posten des ausführlichen Bilanzgliederungsschemas, wie z. B. Gebäude, technische Anlagen und Maschinen, Beteiligungen und Verbindlichkeiten gegenüber Kreditinstituten, sind jedoch zusätzlich in der Bilanz oder im Anhang gesondert anzugeben.

**Kleine Kapitalgesellschaften** brauchen nur eine verkürzte Bilanz aufzustellen, in die nur die mit Buchstaben und römischen Zahlen bezeichneten Posten des vollständigen Bilanzgliederungsschemas aufgenommen werden (§ 266 Abs. 1 Satz 3 HGB).

Für kleine Kapitalgesellschaften gilt das folgende Bilanzgliederungsschema (Grobgliederung):

| Aktiva | **Verkürzte Bilanz für kleine Kapitalgesellschaften gemäß § 266 Abs. 1 Satz 3 HGB** Passiva |
|---|---|
| **A. Anlagevermögen**<br>I. Immaterielle Vermögensgegenstände<br>II. Sachanlagen<br>III. Finanzanlagen | **A. Eigenkapital**<br>I. Gezeichnetes Kapital<br>II. Kapitalrücklagen<br>III. Gewinnrücklagen<br>IV. Gewinnvortrag/Verlustvortrag<br>V. Jahresüberschuss/Jahresfehlbetrag |
| **B. Umlaufvermögen**<br>I. Vorräte<br>II. Forderungen und sonstige Vermögensgegenstände<br>III. Wertpapiere<br>IV. Kassenbestand, Bundesbankguthaben, Guthaben bei Kreditinstituten und Schecks | **B. Rückstellungen**<br>**C. Verbindlichkeiten**<br>**D. Rechnungsabgrenzungsposten**<br>**E. Passive latente Steuern** |
| **C. Rechnungsabgrenzungsposten** | |
| **D. Aktive latente Steuern** | |
| **E. Aktiver Unterschiedsbetrag aus der Vermögensverrechnung** | |

### 5.5.2.2 Besonderheiten einzelner Bilanzposten

#### Der Ausweis des Anlagevermögens

Gemäß § 268 Abs. 2 HGB müssen Kapitalgesellschaften die Entwicklung der einzelnen Posten des Anlagevermögens in der Bilanz oder im Anhang darstellen (Anlagenspiegel/Anlagengitter).

Ausführliche Ausführungen hierzu enthält das Kapitel 3.4.9.


6350390

## Der Ausweis der Forderungen

Um einen Einblick in die Liquidität eines Unternehmens zu gewähren, ist der Betrag der Forderungen zu vermerken, die eine Restlaufzeit von mehr als einem Jahr haben (§ 268 Abs. 4 HGB).

§ 266 HGB sieht für die offenlegungspflichtige Bilanz von Kapitalgesellschaften die Position „Wertberichtigungen" nicht vor. Bei Kapitalgesellschaften sind daher die Pauschalwertberichtigungen ebenso wie die Einzelwertberichtigungen vom Forderungsbestand abzusetzen.

## Der Ausweis der Verbindlichkeiten

Um die Liquidität des Unternehmens sichtbar zu machen, ist der Betrag von Verbindlichkeiten mit einer Restlaufzeit bis zu einem Jahr zu vermerken (§ 268 Abs. 5 HGB).

Zu den in der Bilanz ausgewiesenen Verbindlichkeiten ist im Anhang ferner anzugeben
„a) der Gesamtbetrag der Verbindlichkeiten mit einer Restlaufzeit von mehr als fünf Jahren,
b) der Gesamtbetrag der Verbindlichkeiten, die durch Pfandrechte oder ähnliche Rechte gesichert sind, unter Angabe von Art und Form der Sicherheiten." (§ 285 Nr. 1 a), b) HGB)

Die Anforderungen des HGB an den Ausweis der Verbindlichkeiten können in einem Verbindlichkeitenspiegel übersichtlich dargestellt werden.

**Beispiel**

| | | Restlaufzeit | | | gesicherte Verbindlichkeiten | |
|---|---|---|---|---|---|---|
| **Verbindlichkeitenart** | **Gesamtbetrag** | **bis 1 Jahr** | **1 Jahr bis 5 Jahre** | **mehr als 5 Jahre** | **Betrag** | **Art der Sicherheit** |
| ⋮ | ⋮ | ⋮ | ⋮ | ⋮ | ⋮ | ⋮ |
| Verbindlichkeiten gegenüber Kreditinstituten | 980.000,00 | 340.000,00 | | | 150.000,00<br>100.000,00 | Bürgschaft<br>Sicherungsübereignung |
| | | | 280.000,00 | | 140.000,00<br>60.000,00 | Bürgschaft<br>Grundpfandrecht |
| | | | | 360.000,00 | 300.000,00<br>60.000,00 | Grundpfandrecht<br>Sicherungsübereignung |
| ⋮ | ⋮ | ⋮ | ⋮ | ⋮ | ⋮ | ⋮ |

Nach der Fristigkeit/Fälligkeit werden die Verbindlichkeiten folgendermaßen eingeteilt:
Restlaufzeit: bis 1 Jahr: kurzfristige Verbindlichkeiten
Restlaufzeit: 1 Jahr bis 5 Jahre: mittelfristige Verbindlichkeiten
Restlaufzeit: über 5 Jahre: langfristige Verbindlichkeiten

## Der Ausweis des Eigenkapitals

Von besonderer Bedeutung ist bei der Bilanzierung die Darstellung des **Eigenkapitals.**

§ 266 Abs. 3 HGB sieht für **Kapitalgesellschaften** die folgende Unterteilung des Eigenkapitals in der Bilanz vor:

A. Eigenkapital
   - I. Gezeichnetes Kapital
   - II. Kapitalrücklage
   - III. Gewinnrücklagen
     1. gesetzliche Rücklage
     2. Rücklage für eigene Anteile
     3. satzungsmäßige Rücklagen
     4. andere Gewinnrücklagen
   - IV. Gewinnvortrag/Verlustvortrag
   - V. Jahresüberschuss/Jahresfehlbetrag

**Zu I.:**
Das **gezeichnete Kapital** ist das im Handelsregister zu seinem **Nennwert eingetragene Haftungskapital** (§ 272 Abs. 1 Satz 1 HGB). Noch nicht eingezahlte Einlagen werden dem gezeichneten Kapital auf der Aktivseite der Bilanz als aktive Wertberichtigung gegenübergestellt (§ 272 Abs. 1 Satz 2 HGB).

**Zu II.:**
Bei Ausgabe von Anteilen über dem Nennwert entsteht ein **Agio (Aufgeld).** Dieses wird der **Kapitalrücklage** zugewiesen. „Zuzahlungen, die Gesellschafter gegen Gewährung eines Vorzuges für ihre Anteile leisten", werden ebenfalls als Kapitalrücklage ausgewiesen (§ 272 Abs. 2 Nr. 3 HGB).

**Beispiel**

Ausgabe junger Aktien
Nennwert: 1.000.000,00 €, Kurswert: 1.200.000,00 €.

| **Buchungssatz** | Soll | Haben |
|---|---|---|
| 2800 Guthaben bei Kreditinstituten (Bank) | 1.200.000,00 | |
| an 3000 Gezeichnetes Kapital | | 1.000.000,00 |
| an 3100 Kapitalrücklage | | 200.000,00 |

**Zu III.:**
**Gewinnrücklagen** werden aus dem versteuerten Gewinn gebildet. Hierzu zählen:

1. **Gesetzliche Rücklagen.** Für die AG gilt: 5 % des um den Verlustvortrag geminderten Jahresüberschusses sind der gesetzlichen Rücklage zuzuweisen, bis diese mit der Kapitalrücklage zusammen 10 % des Grundkapitals ausmacht (§ 150 Abs. 2 AktG).
2. **Rücklagen für eigene Anteile.** Damit die Aktivierung eigener Anteile nicht zulasten des Eigenkapitals geht (Sicherung des Eigenkapitals, Gläubigerschutz), wird eine entsprechende Korrektur auf der Passivseite der Bilanz vorgenommen (§ 272 Abs. 4 Satz 1 HGB).
3. **Satzungsmäßige Rücklagen.** Es handelt sich hierbei um im Gesellschaftsvertrag bzw. in der Satzung festgelegte Rücklagen (§ 272 Abs. 3 Satz 2 HGB).
4. **Andere Gewinnrücklagen.** Sie werden nach freiem Ermessen gebildet.

**Zu IV.:**
Der **Gewinnvortrag/Verlustvortrag** ist der Gewinnrest bzw. Verlustrest, der sich aufgrund des Ergebnisverwendungsbeschlusses des vergangenen Jahres und/oder früherer Jahre ergeben hat.

**Zu V.:**
Der **Jahresüberschuss/Jahresfehlbetrag** ist der Gewinn bzw. Verlust des laufenden Geschäftsjahres. Seine Verwendung wird erst im Folgejahr gebucht.


6350392

### 5.5.3 Die Gewinn- und Verlustrechnung gemäß HGB

§ 275 HGB schreibt großen und mittelgroßen Kapitalgesellschaften den Aufbau der zu veröffentlichenden Gewinn- und Verlustrechnung vor.

Die Gewinn- und Verlustrechnung ist in Staffelform zu erstellen. Um Vergleiche zum Vorjahr zu ermöglichen, ist - wie bei der Bilanz - zu jedem Posten der Vorjahresbetrag anzugeben.

Die Gewinn- und Verlustrechnung kann wahlweise nach dem **Gesamtkostenverfahren** (§ 275 Abs. 2 HGB) oder nach dem **Umsatzkostenverfahren** (§ 275 Abs. 3 HGB) aufgestellt werden.

Beim Umsatzkostenverfahren finden - im Gegensatz zum Gesamtkostenverfahren - die **Bestandsveränderungen** an fertigen und unfertigen Erzeugnissen im Ergebnis **keine** Berücksichtigung.

Die beiden Kostenverfahren unterscheiden sich zudem darin, dass die betrieblichen Aufwendungen

- beim **Gesamtkostenverfahren** in „Materialaufwand", „Personalaufwand", „Abschreibungen" und „sonstige betriebliche Aufwendungen" gegliedert sind,
- beim **Umsatzkostenverfahren** hingegen in „Herstellungskosten", „Vertriebskosten", „allgemeine Verwaltungskosten" und „sonstige betriebliche Aufwendungen".

Die Erfolgsrechnung nach dem Umsatzkostenverfahren setzt folglich eine **Kostenstellenrechnung** voraus. Unterschiedliche Gemeinkostenschlüsselungen erschweren hier Betriebsvergleiche.

Das Umsatzkostenverfahren ist besonders in angelsächsischen Ländern verbreitet. In der Bundesrepublik Deutschland ist das Gesamtkostenverfahren vorherrschend.

Bei Anwendung des Gesamtkostenverfahrens sind in der Gewinn- und Verlustrechnung auszuweisen:[1]

| | |
|---|---|
| betriebliche Erträge | 1. Umsatzerlöse<br>2. Erhöhung oder Verminderung des Bestands an fertigen und unfertigen Erzeugnissen[2]<br>3. andere aktivierte Eigenleistungen<br>4. sonstige betriebliche Erträge |
| - Materialaufwand | 5. Materialaufwand:<br>a) Aufwendungen für Roh-, Hilfs- und Betriebsstoffe und für bezogene Waren<br>b) Aufwendungen für bezogene Leistungen |
| **= Rohergebnis[3]** | |
| - betriebliche Aufwendungen | 6. Personalaufwand:<br>a) Löhne und Gehälter<br>b) soziale Abgaben und Aufwendungen für Altersversorgung und für Unterstützung, davon für Altersversorgung<br>7. Abschreibungen:<br>a) auf immaterielle Vermögensgegenstände des Anlagevermögens und Sachanlagen<br>b) auf Vermögensgegenstände des Umlaufvermögens, soweit diese die in der Kapitalgesellschaft üblichen Abschreibungen überschreiten<br>8. sonstige betriebliche Aufwendungen |
| **= Betriebsergebnis (auch: operatives Ergebnis)[3]** | |

1 Für große Kapitalgesellschaften gilt das vollständige GuV-Gliederungsschema. Kleine und mittelgroße Kapitalgesellschaften dürfen die Posten Nr. 1 bis 5 zu einem Posten unter der Bezeichnung „Rohergebnis" zusammenfassen (§ 276 HGB). Bei kleinen Kapitalgesellschaften entfällt zudem die Offenlegung (siehe Kapitel 5.5.1).

2 In Handelsbetrieben werden die Bestandsveränderungen nicht gesondert ausgewiesen. Sie sind in der Position 5 (Materialaufwand = Wareneinsatz) enthalten.

3 Diese Zwischenergebnisse werden im GuV-Gliederungsschema nicht explizit ausgewiesen.

| | |
|---|---|
| +/- Finanzergebnis[1] | 9. Erträge aus Beteiligungen, davon aus verbundenen Unternehmen<br>10. Erträge aus anderen Wertpapieren und Ausleihungen des Finanzanlagevermögens, davon aus verbundenen Unternehmen<br>11. Sonstige Zinsen und ähnliche Erträge, davon aus verbundenen Unternehmen<br>12. Abschreibungen auf Finanzanlagen und auf Wertpapiere des Umlaufvermögens<br>13. Zinsen und ähnliche Aufwendungen, davon an verbundene Unternehmen |
| **= Ergebnis der gewöhnlichen Geschäftstätigkeit** | 14. Ergebnis der gewöhnlichen Geschäftstätigkeit[2] |
| +/- außerordentliches Ergebnis | 15. außerordentliche Erträge<br>16. außerordentliche Aufwendungen<br>17. außerordentliches Ergebnis[2] |
| - Steuern | 18. Steuern vom Einkommen und vom Ertrag<br>19. sonstige Steuern |
| **= Jahresüberschuss/ Jahresfehlbetrag** | 20. Jahresüberschuss/Jahresfehlbetrag |

Zusammenfassung

| Kapitalgesellschaften | Abschluss | | | Lagebericht (§ 289 HGB) |
|---|---|---|---|---|
| | Bilanz (§ 266 HGB) | GuV (§ 275 HGB) | Anhang (§§ 284, 285 HGB) | |
| **große** | ungekürzt | ungekürzt | ungekürzt | ja |
| **mittelgroße** | mit Erleichterungen (§ 327 HGB) | verkürzt (§ 276 HGB) | verkürzt (§ 288 Satz 2, § 327 Abs. 2 HGB) | ja |
| **kleine** | verkürzt (§ 266 Abs. 1 Satz 3 HGB) | verkürzt (§ 276 HGB) keine Offenlegung | verkürzt (§ 288 Satz 1 HGB) | nein |

1. **Kapitalgesellschaften haben den handelsrechtlichen Jahresabschluss (Bilanz, GuV, Anhang) und einen Lagebericht offenzulegen.**
2. **Mit Offenlegung ist die Bekanntmachung des Jahresabschlusses und der weiteren Unterlagen im elektronischen Bundesanzeiger gemeint.**
3. **Nach Art und Umfang ist die Offenlegungspflicht unterschiedlich ausgestaltet. Sie hängt von der Größe der jeweiligen Kapitalgesellschaft ab. Man unterscheidet hier kleine, mittelgroße und große Kapitalgesellschaften.**
4. **§ 266 HGB schreibt für Kapitalgesellschaften ein ausführliches Bilanzgliederungsschema vor, das weitgehend Einsicht in die Finanz- und Vermögenslage des jeweiligen Unternehmens gibt. Die volle Anwendung des Bilanzgliederungsschemas ist jedoch abhängig von der Größenklasse.**
5. **§ 275 HGB schreibt Kapitalgesellschaften den Aufbau der Gewinn- und Verlustrechnung (in Staffelform) vor. Die volle Anwendung des Gliederungsschemas für die Gewinn- und Verlustrechnung ist abhängig von der Größenklasse. Kleine Kapitalgesellschaften brauchen die Gewinn- und Verlustrechnung nicht offenzulegen.**

1 Dieses Zwischenergebnis wird im GuV-Gliederungsschema nicht explizit ausgewiesen.

2 Es wird ein **„Ergebnis der gewöhnlichen Geschäftstätigkeit"** (Position 14) und ein **„außerordentliches Ergebnis"** (Position 17) festgestellt. Diese Ergebnisbegriffe des § 275 HGB sind inhaltlich **nicht** identisch mit den Ergebnisbegriffen der Kosten- und Leistungsrechnung (Ergebnistabelle).

## Aufgaben



**1** Welche Aussagen sind richtig? Begründen Sie Ihre Meinung.

a) Eine OHG hat ihre Bilanz gemäß § 266 HGB offenzulegen.
b) Der Lagebericht ist Bestandteil des Jahresabschlusses.
c) Im Lagebericht sind u. a. der Geschäftsverlauf und die Lage der Kapitalgesellschaft darzustellen.
d) Im Anhang ist der Jahresabschluss zu erläutern.
e) Das HGB unterscheidet 2 Größenklassen von Kapitalgesellschaften: kleine und große Kapitalgesellschaften.
f) Mit Offenlegung ist die Bekanntmachung des Jahresabschlusses und der weiteren Unterlagen im elektronischen Bundesanzeiger gemeint.
g) Nur große Kapitalgesellschaften haben den Jahresabschluss (Bilanz, GuV, Anhang) ungekürzt offenzulegen.
h) In der Bilanz ist zu jedem Posten nur der Jahresbetrag anzugeben.
i) Gemäß § 266 HGB müssen Einzel- und Pauschalwertberichtigungen auf der Passivseite der Bilanz ausgewiesen werden.
j) Die Gewinn- und Verlustrechnung ist gemäß § 275 HGB in Kontenform zu erstellen.
k) Ein kleines Einzelunternehmen hat eine Gewinn- und Verlustrechnung gemäß § 275 HGB zu erstellen.
l) Kleine und mittelgroße Kapitalgesellschaften dürfen in der Gewinn- und Verlustrechnung die Posten Nr. 1 bis 5 des § 275 Abs. 2 HGB zu einem Posten unter der Bezeichnung „Rohergebnis" zusammenfassen. Bei kleinen Kapitalgesellschaften entfällt zudem die Offenlegung der Gewinn- und Verlustrechnung.

AH

**2** Erstellen Sie (unter Zuhilfenahme des Kontenrahmens) aus dem folgenden Schlussbilanzkonto eine Bilanz für eine Kapitalgesellschaft

- mit einer Bilanzsumme von ca. 2,1 Mio. €,
- mit Umsatzerlösen von ca. 5,5 Mio. € und
- mit durchschnittlich 48 Arbeitnehmern.

Die Zahlen gelten für die letzten beiden Geschäftsjahre.

| S | Schlussbilanzkonto | | | | H |
|---|---|---|---|---|---|
| | Berichtsjahr | Vorjahr | | Berichtsjahr | Vorjahr |
| 0200 | 56.000,00 | 50.000,00 | 3000 | 1.038.500,00 | 1.000.000,00 |
| 0510 | 750.000,00 | 725.000,00 | 3100 | 50.000,00 | 45.000,00 |
| 0720 | 400.000,00 | 380.000,00 | 3210 | 40.000,00 | 50.000,00 |
| 0860 | 160.000,00 | 175.000,00 | 3320 | 15.000,00 | 30.000,00 |
| 1300 | 75.000,00 | 60.000,00 | 3400 | 40.000,00 | 50.000,00 |
| 1500 | 45.000,00 | 40.000,00 | 3700 | 50.000,00 | 45.000,00 |
| 2000 | 200.000,00 | 180.000,00 | 3800 | 15.000,00 | 20.000,00 |
| 2010 | 40.000,00 | 45.000,00 | 4200 | 700.000,00 | 650.000,00 |
| 2020 | 25.000,00 | 30.000,00 | 4400 | 130.500,00 | 96.000,00 |
| 2030 | 50.000,00 | 60.000,00 | 4800 | 6.000,00 | 7.000,00 |
| 2100 | 35.000,00 | 25.000,00 | 4830 | 15.000,00 | 14.000,00 |
| 2200 | 45.000,00 | 35.000,00 | 4840 | 12.500,00 | 10.000,00 |
| 2400 | 144.000,00 | 135.000,00 | 4890 | 15.000,00 | 12.500,00 |
| 2690 | 2.500,00 | 3.000,00 | 4900 | 5.000,00 | 4.000,00 |
| 2700 | 20.000,00 | 22.500,00 | | | |
| 2800 | 75.000,00 | 60.000,00 | | | |
| 2880 | 5.000,00 | 4.000,00 | | | |
| 2900 | 5.000,00 | 4.000,00 | | | |
| | 2.132.500,00 | 2.033.500,00 | | 2.132.500,00 | 2.033.500,00 |

AH

3 Erstellen Sie (unter Zuhilfenahme des Kontenrahmens) die Bilanz einer kleinen Kapitalgesellschaft.

| | Berichtsjahr | | Vorjahr | |
|---|---|---|---|---|
| Konten | Soll | Haben | Soll | Haben |
| 0200 | 80.000,00 | – | 80.000,00 | – |
| 0510 | 500.000,00 | – | 540.000,00 | – |
| 0720 | 750.000,00 | – | 670.000,00 | – |
| 0840 | 150.000,00 | – | 120.000,00 | – |
| 0860 | 80.000,00 | – | 90.000,00 | – |
| 1500 | 70.000,00 | – | 60.000,00 | – |
| 2000 | 250.000,00 | – | 220.000,00 | – |
| 2020 | 90.000,00 | – | 70.000,00 | – |
| 2030 | 80.000,00 | – | 90.000,00 | – |
| 2100 | 60.000,00 | – | 50.000,00 | – |
| 2200 | 95.000,00 | – | 80.000,00 | – |
| 2400 | 220.000,00 | – | 268.000,00 | – |
| 2690 | 8.000,00 | – | 7.000,00 | – |
| 2700 | 30.000,00 | – | 40.000,00 | – |
| 2800 | 150.000,00 | – | 120.000,00 | – |
| 2880 | 9.000,00 | – | 10.000,00 | – |
| 2900 | 8.000,00 | – | 6.000,00 | – |
| 3000 | – | 1.041.000,00 | – | 878.000,00 |
| 3100 | – | 90.000,00 | – | 80.000,00 |
| 3210 | – | 50.000,00 | – | 70.000,00 |
| 3320 | – | 30.000,00 | – | 40.000,00 |
| 3400 | – | 100.000,00 | – | 120.000,00 |
| 3700 | – | 30.000,00 | – | 40.000,00 |
| 4200 | – | 900.000,00 | – | 950.000,00 |
| 4400 | – | 320.000,00 | – | 290.000,00 |
| 4800 | – | 15.000,00 | – | 10.000,00 |
| 4830 | – | 25.000,00 | – | 20.000,00 |
| 4840 | – | 20.000,00 | – | 15.000,00 |
| 4900 | – | 9.000,00 | – | 8.000,00 |
| | 2.630.000,00 | 2.630.000,00 | 2.521.000,00 | 2.521.000,00 |

AH

4 Erstellen Sie für die Bilanzposition „Verbindlichkeiten gegenüber Kreditinstituten“ einen Verbindlichkeitenspiegel nach dem Muster auf S. 391.

| Betrag | Restlaufzeit | Sicherung |
|---|---|---|
| 520.000,00 € | 20 Jahre | Grundpfandrecht |
| 90.000,00 € | 12 Jahre | Grundpfandrecht |
| 160.000,00 € | 9 Jahre | Sicherungsübereignung |
| 80.000,00 € | 7 Jahre | Bürgschaft |
| 100.000,00 € | 5 Jahre | Grundpfandrecht |
| 50.000,00 € | 4 Jahre | – |
| 120.000,00 € | 2 Jahre | Sicherungsübereignung |
| 140.000,00 € | 10 Monate | Bürgschaft |
| 5.000,00 € | 8 Monate | Grundpfandrecht |
| 300.000,00 € | 6 Monate | – |
| 60.000,00 € | 4 Monate | Bürgschaft |
| 200.000,00 € | 1 Monat | – |
| 1.825.000,00 € | | |

5 Jeder der unter A stehenden Begriffe passt inhaltlich zu einer der unter B stehenden Angaben. Nehmen Sie die jeweiligen Zuordnungen vor.

| A | B |
|---|---|
| 1. Eigenkapital<br>2. Gewinnvortrag/Verlustvortrag<br>3. Gewinnrücklagen<br>4. Kapitalrücklagen<br>5. Satzungsmäßige Rücklagen<br>6. Jahresüberschuss/Jahresfehlbetrag<br>7. Gesetzliche Rücklagen | 1. Sie gehören zu den Gewinnrücklagen. Bei der AG sind ihnen 5 % des um den Verlustvortrag geminderten Jahresüberschusses so lange zuzuweisen, bis sie mit der Kapitalrücklage zusammmen 10 % des Grundkapitals ausmachen.<br>2. Sie sind im Gesellschaftsvertrag bzw. in der Satzung festgelegt.<br>3. Es handelt sich um den Gewinn bzw. Verlust des laufenden Geschäftsjahres.<br>4. Es besteht aus dem gezeichneten Kapital, der Kapitalrücklage, den Gewinnrücklagen, dem Gewinnvortrag/Verlustvortrag und dem Jahresüberschuss/Jahresfehlbetrag. Es handelt sich also um einen Oberbegriff.<br>5. Sie werden aus dem versteuerten Gewinn gebildet.<br>6. Es handelt sich um den Gewinnrest bzw. Verlustrest, der sich aufgrund des Ergebnisverwendungsbeschlusses des vergangenen Jahres ergeben hat.<br>7. Hier werden Aufgelder (Agio) und Zuzahlungen von Gesellschaftern gegen Gewährung von Vorzügen ausgewiesen. |

AH

6 a) Erstellen Sie (unter Zuhilfenahme des Kontenrahmens) aus den folgenden Angaben die ungekürzte Gewinn- und Verlustrechnung einer **großen Kapitalgesellschaft** gemäß § 275 Abs. 2 HGB.

b) Gehen Sie davon aus, dass es sich um eine **mittelgroße Kapitalgesellschaft** handelt, und fassen Sie die Positionen 1–5 (des GuV-Gliederungsschemas) zu einem Posten unter der Bezeichnung „Rohergebnis" zusammen.

c) Ermitteln Sie neben dem Ergebnis der gewöhnlichen Geschäftstätigkeit (Position 14) und dem Jahresüberschuss/Jahresfehlbetrag (Position 20) auch das Betriebsergebnis und das Finanzergebnis aus der offenzulegenden Gewinn- und Verlustrechnung.

| | Berichtsjahr | | Vorjahr | |
|---|---|---|---|---|
| Konten | Soll | Haben | Soll | Haben |
| 5000 | – | 33.100.000,00 | – | 32.900.000,00 |
| 5201 | – | 80.000,00 | – | 160.000,00 |
| 5202 | 180.000,00 | – | 40.000,00 | – |
| 5460 | – | 60.000,00 | – | 80.000,00 |
| 5490 | – | 50.000,00 | – | 60.000,00 |
| 5710 | – | 12.000,00 | – | 20.000,00 |
| 5800 | – | 90.000,00 | – | 100.000,00 |
| 6000 | 21.800.000,00 | – | 22.500.000,00 | – |
| 6020 | 500.000,00 | – | 400.000,00 | – |
| 6030 | 600.000,00 | – | 500.000,00 | – |
| 6140 | 80.000,00 | – | 70.000,00 | – |
| 6200 | 3.900.000,00 | – | 3.800.000,00 | – |
| 6400 | 790.000,00 | – | 740.000,00 | – |
| 6520 | 4.100.000,00 | – | 3.900.000,00 | – |
| 6600 | 20.000,00 | – | 10.000,00 | – |
| 6610 | 10.000,00 | – | 7.000,00 | – |
| 6640 | 40.000,00 | – | 50.000,00 | – |

→

| | Berichtsjahr | | Vorjahr | |
|---|---|---|---|---|
| Konten | Soll | Haben | Soll | Haben |
| 6700 | 210.000,00 | – | 180.000,00 | – |
| 6800 | 190.000,00 | – | 210.000,00 | – |
| 6950 | 20.000,00 | – | 30.000,00 | – |
| 6960 | 50.000,00 | – | 60.000,00 | – |
| 6990 | 100.000,00 | – | 30.000,00 | – |
| 7510 | 30.000,00 | – | 50.000,00 | – |
| 7600 | 70.000,00 | – | 130.000,00 | – |
| 7700 | 40.000,00 | – | 30.000,00 | – |
| 7710 | 130.000,00 | – | 100.000,00 | – |

AH

7 a) – c) Aufgabenstellung wie 6 a) – c)

| | Berichtsjahr | | Vorjahr | |
|---|---|---|---|---|
| Konten | Soll | Haben | Soll | Haben |
| 5000 | – | 32.500.000,00 | – | 32.300.000,00 |
| 5001 | 200.000,00 | – | 150.000,00 | – |
| 5201 | – | 170.000,00 | – | 80.000,00 |
| 5202 | 50.000,00 | – | 180.000,00 | – |
| 5490 | – | 70.000,00 | – | 90.000,00 |
| 5710 | – | 30.000,00 | – | 20.000,00 |
| 5800 | – | 80.000,00 | – | 50.000,00 |
| 6000 | 20.700.000,00 | – | 20.900.000,00 | – |
| 6030 | 900.000,00 | – | 800.000,00 | – |
| 6160 | 100.000,00 | – | 90.000,00 | – |
| 6200 | 3.500.000,00 | – | 3.200.000,00 | – |
| 6300 | 1.200.000,00 | – | 1.000.000,00 | – |
| 6400 | 900.000,00 | – | 800.000,00 | – |
| 6410 | 150.000,00 | – | 110.000,00 | – |
| 6520 | 3.700.000,00 | – | 3.900.000,00 | – |
| 6650 | 20.000,00 | – | 10.000,00 | – |
| 6660 | 50.000,00 | – | 30.000,00 | – |
| 6710 | 230.000,00 | – | 280.000,00 | – |
| 6800 | 200.000,00 | – | 220.000,00 | – |
| 6950 | 50.000,00 | – | 40.000,00 | – |
| 6980 | 30.000,00 | – | 50.000,00 | – |
| 6990 | 90.000,00 | – | 100.000,00 | – |
| 7530 | 60.000,00 | – | 70.000,00 | – |
| 7600 | 50.000,00 | – | 90.000,00 | – |
| 7700 | 70.000,00 | – | 60.000,00 | – |
| 7710 | 150.000,00 | – | 140.000,00 | – |

## 5.6 Auswertung des Jahresabschlusses

Bei der Auswertung des Jahresabschlusses werden durch Inbeziehungsetzung der Zahlen der Bilanz und der Gewinn- und Verlustrechnung die betriebswirtschaftlichen Zusammenhänge eines Unternehmens ergründet und sichtbar gemacht.

Die Ergebnisse der Auswertung des Jahresabschlusses zeigen

- durch **Zeitvergleiche (Periodenvergleiche)** die Betriebsentwicklung und
- durch **zwischenbetriebliche Vergleiche** die Stellung des Unternehmens innerhalb des Wirtschaftszweiges auf.

Aufschlussreich sind die Jahresabschlussauswertungen einerseits für den Unternehmer selbst zur Kontrolle und Planung, andererseits aber auch für Kreditgeber und Kapitalanleger.

### 5.6.1 Auswertung der Bilanz

#### 5.6.1.1 Aufbereitung der Bilanz

Zeit- und Branchenvergleiche ergeben nur sinnvolle Aussagen, wenn die zu vergleichenden Daten den gleichen Inhalt haben. Es ist daher erforderlich, das Zahlenmaterial der Bilanz zunächst inhaltlich vergleichbar zu machen. Dazu werden die Bilanzen formal einheitlich aufbereitet:

- Die Bilanzpositionen werden in übersichtliche, eindeutig definierte Hauptgruppen zusammengefasst.
- Die Wertberichtigungen werden mit den Bilanzpositionen verrechnet, zu denen sie gebildet wurden.

Bei der Aufbereitung wird das folgende Bilanzgliederungsschema zugrunde gelegt:

| Aktiva | aufbereitete Bilanz | Passiva |
|---|---|---|
| A. Anlagevermögen[1] | | A. Eigenkapital |
| B. Umlaufvermögen<br>Vorräte<br>Forderungen[2]<br>flüssige Mittel | | B. Fremdkapital<br>langfristiges Fremdkapital<br>kurzfristiges Fremdkapital[3] |

Zur Bilanzanalyse werden die absoluten Zahlen der aufbereiteten Bilanz in Prozentzahlen zur Bilanzsumme umgerechnet (Bilanzsumme ≙ 100 %).

**Beispiel** Das folgende Schlussbilanzkonto ist zur Bilanzanalyse aufzubereiten.

| S | Schlussbilanzkonto | | H |
|---|---|---|---|
| Gebäude | 950.000,00 | Eigenkapital | 700.000,00 |
| TA und Maschinen | 270.000,00 | Langfristige Bankverbindlichkeiten | 1.450.000,00 |
| Betriebs- und Geschäftsausstattung | 210.000,00 | Verbindlichkeiten a. LL | 340.000,00 |
| Vorräte | 640.000,00 | Passive Rechnungsabgrenzung | 20.000,000 |
| Forderungen a. LL | 250.000,00 | | |
| Kasse | 20.000,00 | | |
| Postbank | 70.000,00 | | |
| Guthaben bei Kreditinstituten (Bank) | 90.000,00 | | |
| Aktive Rechnungsabgrenzung | 10.000,00 | | |
| | 2.510.000,00 | | 2.510.000,00 |

1 Das Anlagevermögen wird gegen die gebildeten Wertberichtigungen verrechnet.

2 Die Position „Forderungen" enthält die aktiven Rechnungsabgrenzungsposten (= fiktive Forderungen).

3 Die Position „kurzfristiges Fremdkapital" enthält die passiven Rechnungsabgrenzungsposten (= fiktive Verbindlichkeiten).

**Lösung**

| Aktiva | aufbereitete Bilanz | | | | Passiva |
|---|---|---|---|---|---|
| | € | % | | € | % |
| A. Anlagevermögen | 1.430.000,00 | 56,97 | A. Eigenkapital | 700.000,00 | 27,89 |
| B. Umlaufvermögen | | | | | |
| Vorräte | 640.000,00 | 25,50 | B. Fremdkapital | | |
| Forderungen | 260.000,00 | 10,36 | langfr. FK | 1.450.000,00 | 57,77 |
| flüssige Mittel | 180.000,00 | 7,17 | kurzfr. FK | 360.000,00 | 14,34 |
| Σ Umlaufverm. | 1.080.000,00 | 43,03 | Σ Fremdkapital | 1.810.000,00 | 72,11 |
| | 2.510.000,00 | 100,00 | | 2.510.000,00 | 100,00 |

### 5.6.1.2 Bilanzanalyse

Nach der Aufbereitung der Bilanz werden zur Bilanzanalyse sogenannte Bilanzkennzahlen ermittelt, die Aussagen machen über

- den Vermögensaufbau,
- den Kapitalaufbau,
  } **vertikale Auswertung**
- die Deckung des Anlagevermögens (Investierung) und
- die Deckung des kurzfristigen Fremdkapitals (Liquidität).
  } **horizontale Auswertung**

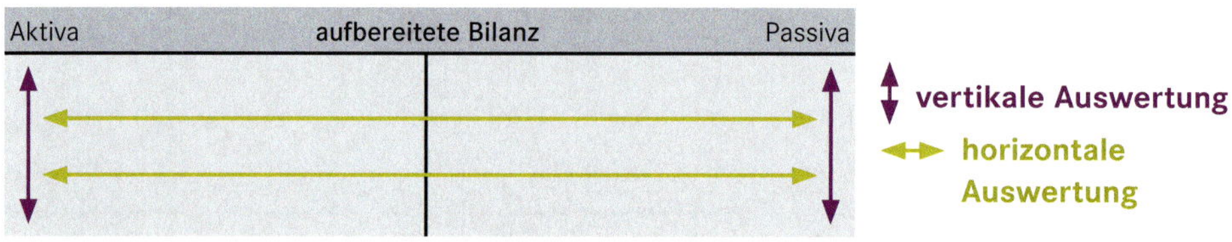


### Der Vermögensaufbau (vertikale Auswertung)

Zur Beurteilung des Vermögensaufbaus werden folgende Kennzahlen herangezogen:

| Kennzahlen des Vermögensaufbaus | im Beispiel (S. 399 f.) |
|---|---|
| Konstitution $= \frac{\text{Anlagevermögen} \cdot 100}{\text{Umlaufvermögen}}$ | $\frac{1.430.000,00 \cdot 100}{1.080.000,00} = 132,41\,\%$ |
| Anlagenintensität $= \frac{\text{Anlagevermögen} \cdot 100}{\text{Gesamtvermögen}}$ | $\frac{1.430.000,00 \cdot 100}{2.510.000,00} = 56,97\,\%$ |
| Umlaufintensität $= \frac{\text{Umlaufvermögen} \cdot 100}{\text{Gesamtvermögen}}$ | $\frac{1.080.000,00 \cdot 100}{2.510.000,00} = 43,03\,\%$ |
| Vorratsintensität $= \frac{\text{Vorräte} \cdot 100}{\text{Gesamtvermögen}}$ | $\frac{640.000,00 \cdot 100}{2.510.000,00} = 25,50\,\%$ |
| Forderungsintensität $= \frac{\text{Forderungen} \cdot 100}{\text{Gesamtvermögen}}$ | $\frac{260.000,00 \cdot 100}{2.510.000,00} = 10,36\,\%$ |
| Intensität der flüssigen Mittel $= \frac{\text{flüssige Mittel} \cdot 100}{\text{Gesamtvermögen}}$ | $\frac{180.000,00 \cdot 100}{2.510.000,00} = 7,17\,\%$ |

Aus der Konstitution und aus der Gegenüberstellung von Anlagenintensität und Umlaufintensität ist die grundsätzliche Vermögensstruktur erkennbar.

*Industriebetriebe* **sind in der Regel** *anlagenintensiv* **mit einer relativ hohen Konstitutionskennzahl und Anlagenintensität.**

*Handelsbetriebe* **sind** *vorratsintensiv* **mit einer relativ geringen Konstitutionskennzahl und einer relativ hohen Umlaufintensität.**

Zur **Anlagenintensität** ist generell festzustellen:

Der **Vorteil anlagenintensiver Betriebe** liegt in ihrem hohen Grad an Rationalisierung und damit in den **geringen variablen Stückkosten.** Dies ist häufig eine Voraussetzung, um überhaupt konkurrenzfähig zu sein (Autoindustrie).

Der **Nachteil anlagenintensiver Betriebe** ist der **hohe Fixkostenblock** (Abschreibungen, Zinsen, Versicherungsprämien). Bei einem Absatzrückgang geraten anlagenintensive Betriebe daher schnell in die Verlustzone. Darüber hinaus können sich anlagenintensive Betriebe häufig aufgrund des feststehenden, relativ starren Produktionsapparates schlecht an veränderte Marktverhältnisse anpassen.

Vergleichbar sind nur die Kennzahlen des Vermögensaufbaus von Unternehmen desselben Wirtschaftszweiges.

Eingeschränkt wird die Vergleichbarkeit und die Aussagefähigkeit der Kennzahlen z. B. durch verschiedene Abschreibungsverfahren, unterschiedliches Alter der Anlagen, Anlageneigentum zum einen oder Anlagenmiete zum anderen sowie durch unterschiedliche Kapazitätsauslastung.

## Der Kapitalaufbau (vertikale Auswertung)

Aus den folgenden Kennzahlen wird der Kapitalaufbau ersichtlich:

| Kennzahlen des Kapitalaufbaus | | im Beispiel (S. 399 f.) |
|---|---|---|
| Finanzierung | $= \frac{\text{Eigenkapital} \cdot 100}{\text{Fremdkapital}}$ | $\frac{700.000,00 \cdot 100}{1.810.000,00} = 38,67\ \%$ |
| Verschuldungskoeffizient | $= \frac{\text{Fremdkapital} \cdot 100}{\text{Eigenkapital}}$ | $\frac{1.810.000,00 \cdot 100}{700.000,00} = 258,57\ \%$ |
| Eigenkapitalintensität[1] | $= \frac{\text{Eigenkapital} \cdot 100}{\text{Gesamtkapital}}$ | $\frac{700.000,00 \cdot 100}{2.510.000,00} = 27,89\ \%$ |
| Fremdkapitalintensität[2] | $= \frac{\text{Fremdkapital} \cdot 100}{\text{Gesamtkapital}}$ | $\frac{1.810.000,00 \cdot 100}{2.510.000,00} = 72,11\ \%$ |

Ein hoher Eigenkapitalanteil und ein niedriger Fremdkapitalanteil bedeuten hohes Haftungskapital und damit gute Kreditwürdigkeit. Die finanzielle Stabilität von Unternehmen mit einer derartigen Kapitalausstattung sichert gegen Umsatzeinbrüche ab.

Umgekehrt führen ein hoher Fremdkapitalanteil und ein niedriger Eigenkapitalanteil zu einem größeren Risiko für Kreditgeber und Warenlieferanten. Zudem steigt mit dem Fremdkapitalanteil die Zins- und Tilgungsbelastung.

Die Kapitalausstattung eines Unternehmens muss immer im Zusammenhang mit der **Rentabilität** gesehen werden. Es gelten folgende zwei Grundsätze:

1 auch: Eigenkapitalquote

2 auch: Fremdkapitalquote

1. Liegt die Verzinsung des Gesamtkapitals (Gesamtkapitalrentabilität[1]) **über** der Verzinsung des Fremdkapitals, so erhöht der Fremdkapitalanteil die Verzinsung des Eigenkapitals (Eigenkapitalrentabilität[2]). In diesem Fall ist eine Fremdkapitalaufstockung anzuraten.

**Beispiel**

Der Eigenkapitalanteil einer GmbH beträgt 500.000,00 €, der Fremdkapitalanteil 1.000.000,00 €. Die Gesamtkapitalrentabilität[1] beträgt 12 %.

Es soll ein Darlehen über 200.000,00 € zu 7 % aufgenommen werden.

**Errechnung der Eigenkapitalrentabilität[2] vor der Aufnahme des Darlehens:**

$$\text{Kapitalertrag} = \frac{1.500.000{,}00 \cdot 12}{100} = 180.000{,}00\ €$$

$$\text{Eigenkapitalrentabilität}^2 = \frac{100 \cdot 180.000{,}00}{500.000{,}00} = \underline{\underline{36\ \%}}$$

**Errechnung der Eigenkapitalrentabilität[2] nach der Aufnahme des Darlehens:**

$$\text{Ertragssteigerung} = \frac{200.000{,}00 \cdot 12}{100} = 24.000{,}00\ €$$

$$-\ \text{Aufwandssteigerung (= Zinsaufwendungen)} = \frac{200.000{,}00 \cdot 7}{100} = 14.000{,}00\ €$$

$$\text{Gewinnsteigerung} = \underline{\underline{10.000{,}00\ €}}$$

Neuer Kapitalertrag = 180.000,00 € + 10.000,00 € = 190.000,00 €

$$\text{Eigenkapitalrentabilität}^2 = \frac{100 \cdot 190.000{,}00}{500.000{,}00} = \underline{\underline{38\ \%}}$$

Die Eigenkapitalrentabilität[2] ist durch die Aufnahme des Darlehens um 2 % gestiegen.

2. Liegt die Verzinsung des Gesamtkapitals (Gesamtkapitalrentabilität[1]) **unter** der Verzinsung des Fremdkapitals, so mindert der gesamte Fremdkapitalanteil die Verzinsung des Eigenkapitals (Eigenkapitalrentabilität[2]). Ein weiterer Zuwachs an Fremdkapital würde die Eigenkapitalrentabilität[2] noch weiter herabsetzen.

**Beispiel**

Die Daten des obigen Beispiels sind wie folgt zu ändern:

Gesamtkapitalrentabilität[1]: 8 %; Darlehenszinsen: 10 %.

**Errechnung der Eigenkapitalrentabilität[2] vor der Aufnahme des Darlehens:**

$$\text{Kapitalertrag} = \frac{1.500.000{,}00 \cdot 8}{100} = 120.000{,}00\ €$$

$$\text{Eigenkapitalrentabilität}^2 = \frac{100 \cdot 120.000{,}00}{500.000{,}00} = \underline{\underline{24\ \%}}$$

**Errechnung der Eigenkapitalrentabilität[2] nach der Aufnahme des Darlehens:**

$$\text{Ertragssteigerung} = \frac{200.000{,}00 \cdot 8}{100} = 16.000{,}00\ €$$

$$-\ \text{Aufwandssteigerung (= Zinsaufwendungen)} = \frac{200.000{,}00 \cdot 10}{100} = 20.000{,}00\ €$$

$$\text{Gewinnminderung} = \underline{\underline{4.000{,}00\ €}}$$

Neuer Kapitalertrag = 120.000,00 € – 4.000,00 € = 116.000,00 €

$$\text{Eigenkapitalrentabilität}^2 = \frac{100 \cdot 116.000{,}00}{500.000{,}00} = \underline{\underline{23{,}2\ \%}}$$

Die Eigenkapitalrentabilität[2] ist durch die Aufnahme des Darlehens um 0,8 % gesunken.

1 siehe Kapitel 5.6.3.2

2 siehe Kapitel 5.6.3.1

## Die Deckung des Anlagevermögens (Investierung) (horizontale Auswertung)

Zur Beurteilung der Deckung des Anlagevermögens werden folgende Kennzahlen herangezogen:

| Kennzahlen der Deckung des Anlagevermögens | | | im Beispiel (S. 399 f.) |
|---|---|---|---|
| Anlagendeckung 1 | = | $\frac{\text{Eigenkapital} \cdot 100}{\text{Anlagevermögen}}$ | $\frac{700.000{,}00 \cdot 100}{1.430.000{,}00}$ = 48,95 % |
| Anlagendeckung 2 | = | $\frac{(\text{EK} + \text{langfr. FK}) \cdot 100}{\text{Anlagevermögen}}$ | $\frac{2.150.000{,}00 \cdot 100}{1.430.000{,}00}$ = 150,35 % |

**Anlagevermögen ist langfristig gebundenes Vermögen. Es sollte deshalb auch durch langfristiges Kapital, also durch Eigenkapital (Anlagendeckung 1), in jedem Fall aber durch Eigenkapital und langfristiges Fremdkapital (kleine Tilgungsraten) (Anlagendeckung 2) gedeckt sein („goldene Bilanzregel“).**

Auf diese Weise ist gewährleistet, dass kurzfristige Tilgungsverpflichtungen (z. B. Lieferantenschulden) nicht durch den Verkauf von Anlagegegenständen finanziert werden müssen.

Nicht erkennbar aus den Kennzahlen ist, inwieweit Anlagegegenstände ohne Schädigung der Funktionsbereitschaft des Betriebes z. B. aufgrund von Überkapazitäten verkauft werden und so als Liquiditätsreserve dienen könnten.

## Die Deckung des kurzfristigen Fremdkapitals (Liquidität) (horizontale Auswertung)

Aus den folgenden Kennzahlen wird die Deckung des kurzfristigen Fremdkapitals ersichtlich:

| Kennzahlen der Deckung des kurzfristigen Fremdkapitals | | | im Beispiel (S. 399 f.) |
|---|---|---|---|
| Liquidität 1. Grades | = | $\frac{\text{flüssige Mittel} \cdot 100}{\text{kurzfr. FK}}$ | $\frac{180.000{,}00 \cdot 100}{360.000{,}00}$ = 50,00 % |
| Liquidität 2. Grades | = | $\frac{(\text{flüssige Mittel} + \text{Ford.}) \cdot 100}{\text{kurzfr. FK}}$ | $\frac{440.000{,}00 \cdot 100}{360.000{,}00}$ = 122,22 % |
| Liquidität 3. Grades | = | $\frac{\text{Umlaufvermögen} \cdot 100}{\text{kurzfr. FK}}$ | $\frac{1.080.000{,}00 \cdot 100}{360.000{,}00}$ = 300,00 % |

**Die Liquiditätskennzahlen drücken die grundsätzliche Zahlungsbereitschaft des Unternehmens zum Zeitpunkt der Bilanzerstellung aus.**

Die Kennzahlen der Liquidität 1. bis 3. Grades besagen, wie viel Prozent des kurzfristigen Fremdkapitals zum Bilanzstichtag

- durch flüssige Mittel (Liquidität 1. Grades) bzw.
- durch flüssige Mittel und Forderungen (Liquidität 2. Grades) bzw.
- durch Umlaufvermögen (Liquidität 3. Grades)

gedeckt sind.

**Erfahrungsregeln** besagen, dass zur Aufrechterhaltung der Zahlungsfähigkeit

- die Liquidität 1. Grades mindestens 20 %,
- die Liquidität 2. Grades mindestens 100 % und
- die Liquidität 3. Grades mindestens 200 %

betragen sollen.

Würden zur Rückzahlung kurzfristiger Schulden die eisernen Bestände (betriebsnotwendiges Umlaufvermögen) oder das Anlagevermögen angegriffen, so verlöre das Unternehmen an Funktionsbereitschaft und an Substanz.

Andererseits bringt eine Überliquidität den Nachteil einer zu hohen Kapitalbindung, verbunden mit einem Renditeentgang. In einem solchen Fall sollten die überschüssigen Mittel renditebringend, z. B. durch den Kauf von Wertpapieren, oder aufwandsmindernd, z. B. durch Entschuldung (geringere Zinsbelastungen), umgeschichtet werden.

Die Aussagefähigkeit der Liquiditätskennzahlen wird insbesondere dadurch eingeschränkt, dass

- einerseits zahlreiche kurzfristige Zahlungsverpflichtungen, die nach dem Bilanzstichtag fällig sind, wie z. B. Zinszahlungen, Steuervorauszahlungen, Lohn- und Gehaltszahlungen, Zahlungen der Miete, der Leasingraten usw., nicht aus der Bilanz hervorgehen sowie
- andererseits nach dem Bilanzstichtag ausstehende Einnahmen aus Barverkäufen und nicht ausgenutzte Überziehungskredite ebenfalls aus der Bilanz nicht ablesbar sind.

Zudem ist eine exakte fristgerechte Terminierung von Zahlungsverpflichtung und Zahlungsbereitschaft erforderlich. Über die zeitpunktbezogene (statische) Bilanzanalyse hinaus ist eine zeitraumbezogene (dynamische) Betrachtung und Abstimmung unerlässlich. Dies geschieht im Finanzplan.

**Zusammenfassung**

1. **Weist der Vermögensaufbau ein relativ hohes Anlagevermögen auf, so hat dies den Nachteil hoher Fixkosten, andererseits aber den Vorteil geringer variabler Stückkosten (hoher Grad an Rationalisierung).**
2. **Weist der Kapitalaufbau ein relativ hohes Eigenkapital auf, so ist das Unternehmen in höherem Maße kreditwürdig, gegen Umsatzeinbrüche geschützt und mit weniger Zins- und Tilgungszahlungen belastet.**
   **Unter Rentabilitätsgesichtspunkten ist für die Kapitalausstattung der Vergleich zwischen dem Fremdkapitalzinssatz und der Gesamtkapitalrentabilität entscheidend.**
3. **Das Anlagevermögen sollte als langfristig gebundenes Vermögen durch Eigenkapital, in jedem Fall aber durch Eigenkapital und langfristiges Fremdkapital gedeckt sein („goldene Bilanzregel").**
4. **Kurzfristige Schulden sollten aus dem relativ liquiden Anteil des Umlaufvermögens tilgbar sein.**
   **Eine zu hohe Überliquidität ist allerdings nicht erstrebenswert, weil sie einen Renditeentgang mit sich bringt.**



6350404

## Aufgaben

1: Errechnung der Bilanzkennzahlen
2: Verständnisfragen zur Konstitutionskennzahl
3 u. 4: Kapitalausstattung und Rentabilität
5: „Goldene Bilanzregel"
6: Verständnisfragen zur Liquidität
7 u. 8: Bilanzanalyse

**1** Es liegt das folgende Schlussbilanzkonto vor:

| S | **Schlussbilanzkonto** | | H |
|---|---|---|---|
| Gebäude | 730.000,00 | Eigenkapital | 830.000,00 |
| TA und Maschinen | 150.000,00 | Langfristige Bankverb. | 1.250.000,00 |
| Geschäftsausstattung | 130.000,00 | Verbindlichkeiten a. LL | 330.000,00 |
| Rohstoffe | 500.000,00 | Passive Rechnungsabgrenzung | 30.000,00 |
| Fertige Erzeugnisse | 480.000,00 | | |
| Forderungen a. LL | 230.000,00 | | |
| Kasse | 10.000,00 | | |
| Postbank | 50.000,00 | | |
| Guthaben bei Kreditinstit. (Bank) | 150.000,00 | | |
| Aktive Rechnungsabgrenzung | 10.000,00 | | |
| | 2.440.000,00 | | 2.440.000,00 |

a) Bereiten Sie das Schlussbilanzkonto nach dem Bilanzgliederungsschema zur Ermittlung der Bilanzkennzahlen auf.

b) Errechnen Sie die folgenden Kennzahlen: Konstitution, Anlagenintensität, Umlaufintensität, Finanzierung, Eigenkapitalintensität (Eigenkapitalquote), Anlagendeckung 1, Anlagendeckung 2, Liquidität 1. Grades, Liquidität 2. Grades und Liquidität 3. Grades. (Genauigkeit: 2 Stellen nach dem Komma)

**2** a) Machen Sie eine generelle Aussage über die Konstitutionskennzahl bei Industriebetrieben und bei Handelsbetrieben.

b) Nennen Sie Vor- und Nachteile von anlagenintensiven Industriebetrieben.

c) Nennen Sie Gründe für ein Wachsen und für ein Sinken der Konstitutionskennzahl.

d) Wodurch wird die Vergleichbarkeit von Konstitutionskennzahlen verschiedener Betriebe eingeschränkt?

**3** a) Welche Nachteile bringt ein hoher Fremdkapitalanteil grundsätzlich?

b) Nennen Sie Gründe für ein Wachsen und für ein Sinken des Eigenkapitalanteils.

c) Nennen Sie Gründe für ein Wachsen und für ein Sinken des Fremdkapitalanteils.

d) In welchem Fall empfiehlt es sich, unter Renditegesichtspunkten den Fremdkapitalanteil zu erhöhen?

**4** Der Eigenkapitalanteil beträgt 400.000,00 €, der Fremdkapitalanteil 600.000,00 €.
Die Gesamtkapitalrendite beträgt 10 %.
Es soll ein Darlehen zu 6 % über 250.000,00 € aufgenommen werden.
Begründen Sie aufgrund der zu erwartenden Änderung

- des Kapitalertrages und
- der Eigenkapitalrentabilität,

ob die Aufnahme des Darlehens zu empfehlen ist.

**5** Erklären Sie, weshalb das betriebsnotwendige Anlagevermögen durch Eigenkapital, in jedem Fall aber durch Eigenkapital und langfristiges Fremdkapital abgedeckt sein sollte („goldene Bilanzregel").

6 a) Nennen Sie Gründe für eine Liquiditätsverbesserung bzw. Liquiditätsverschlechterung.
b) Welchen Nachteil bringt eine Überliquidität mit sich?
c) Was ist für den Fall einer Überliquidität zu empfehlen?
d) Begründen Sie, weshalb die Bilanz lediglich einen relativ groben Eindruck über die Zahlungsfähigkeit eines Unternehmens vermittelt.

7 Es liegt folgende für das Berichtsjahr und das Vorjahr aufbereitete Bilanz vor:

| Aktiva | aufbereitete Bilanz | | | | | | | | Passiva |
|---|---|---|---|---|---|---|---|---|---|
| | Berichtsjahr | | Vorjahr | | | Berichtsjahr | | Vorjahr | |
| | T€ | % | T€ | % | | T€ | % | T€ | % |
| A. Anlagevermögen | 940 | 27,57 | 950 | 31,88 | A. Eigenkapital | 610 | 17,89 | 690 | 23,16 |
| B. Umlaufvermögen | | | | | | | | | |
| Vorräte | 1.890 | 55,42 | 1.430 | 47,99 | B. Fremdkapital | | | | |
| Forderungen | 510 | 14,96 | 340 | 11,41 | langfr. FK | 1.580 | 46,33 | 1.710 | 57,38 |
| flüssige Mittel | 70 | 2,05 | 260 | 8,72 | kurzfr. FK | 1.220 | 35,78 | 580 | 19,46 |
| Σ Umlaufverm. | 2.470 | 72,43 | 2.030 | 68,12 | Σ Fremdkapital | 2.800 | 82,11 | 2.290 | 76,84 |
| | 3.410 | 100,00 | 2.980 | 100,00 | | 3.410 | 100,00 | 2.980 | 100,00 |

a) Die obige Bilanz enthält bereits einige Kennzahlen des Vermögens- und Kapitalaufbaus. Berechnen Sie für beide Jahre
   1. zur Beurteilung des Vermögensaufbaus
      - die Konstitution,
   2. zur Beurteilung des Kapitalaufbaus
      - die Finanzierung,
   3. zur Beurteilung der Investierung
      - die Anlagendeckung 1,
      - die Anlagendeckung 2,
   4. zur Beurteilung der Liquidität
      - die Liquidität 1. Grades,
      - die Liquidität 2. Grades,
      - die Liquidität 3. Grades.

b) Ergründen Sie als Außenstehender die Ursachen der Veränderung (Berichtsjahr gegenüber Vorjahr)
   1. des Vermögensaufbaus,
   2. des Kapitalaufbaus,
   3. der Investierung und
   4. der Liquidität.

c) Welche Maßnahmen zur Verbesserung der Unternehmenssituation sind zu empfehlen?

8 Es liegt die folgende aufbereitete Bilanz der Textilfabrik Konrad Fied KG vor. Zum Vergleich sind Branchenrichtwerte gegenübergestellt.

| Aktiva | aufbereitete Bilanz | | | | | | Passiva |
|---|---|---|---|---|---|---|---|
| | Konrad Fied KG | | Branche | | Konrad Fied KG | | Branche |
| | T€ | % | % | | T€ | % | % |
| A. Anlagevermögen | 650 | 21,24 | 40 | A. Eigenkapital | 1.260 | 41,18 | 20 |
| B. Umlaufvermögen | | | | | | | |
| Vorräte | 1.580 | 51,63 | 30 | B. Fremdkapital | | | |
| Forderungen | 540 | 17,65 | 20 | langfr. FK | 890 | 29,08 | 60 |
| flüssige Mittel | 290 | 9,48 | 10 | kurzfr. FK | 910 | 29,74 | 20 |
| Σ Umlaufverm. | 2.410 | 78,76 | 60 | Σ Fremdkapital | 1.800 | 58,82 | 80 |
| | 3.060 | 100,00 | 100 | | 3.060 | 100,00 | 100 |



6350406

a) Stellen Sie die wesentlichen Abweichungen von den Branchenrichtwerten heraus.
b) Welche Nachteile können sich aus den unter a) genannten Abweichungen ergeben?
c) Zeigen Sie Möglichkeiten zur Annäherung an die Branchenrichtwerte auf.

## 5.6.2 Auswertung der Gewinn- und Verlustrechnung

Die Auswertung der Gewinn- und Verlustrechnung besteht in einer **Analyse der Aufwands- und Ertragsstruktur.**

Einzelne Aufwands- bzw. Ertragsarten werden in Prozent von den Gesamtaufwendungen bzw. Gesamterträgen ausgedrückt.

Innerbetriebliche Entwicklungen können aufgezeigt und Branchenvergleiche durchgeführt werden.

Zur Auswertung der Gewinn- und Verlustrechnung werden insbesondere folgende Kennzahlen herangezogen:

**Intensität des Materialaufwands**[1] $= \frac{\text{Materialaufwand} \cdot 100}{\text{Gesamtaufwendungen}}$

**Intensität der Personalaufwendungen** $= \frac{\text{Personalaufwendungen} \cdot 100}{\text{Gesamtaufwendungen}}$

**Intensität der Abschreibungen** $= \frac{\text{Abschreibungen} \cdot 100}{\text{Gesamtaufwendungen}}$

**Intensität des Umsatzes** $= \frac{\text{Umsatz} \cdot 100}{\text{Gesamterträge}}$

Eine weitere wichtige Kennzahl ist die **Wirtschaftlichkeit.** Sie misst das Verhältnis von Output- zu Inputgrößen, also das Verhältnis von Erfolg zu Mitteleinsatz, und drückt damit die **Effizienz des Mitteleinsatzes** aus.

Geht man von buchhalterischen Größen aus, so ergibt sich folgende Formel:

**Wirtschaftlichkeit** $= \frac{\text{Erträge}}{\text{Aufwendungen}}$

Es gilt:
Wirtschaftlichkeit > 1: Erträge sind größer als die Aufwendungen → Gewinn
Wirtschaftlichkeit = 1: Erträge und Aufwendungen sind gleich groß → Kostendeckung
Wirtschaftlichkeit < 1: Erträge sind kleiner als die Aufwendungen → Verlust

Je größer die Wirtschaftlichkeit, desto effizienter ist der betriebliche Leistungsprozess.

1 oder: Materialeinsatzes (Die Begriffe „Materialaufwand“ und „Materialeinsatz“ sind gleichbedeutend.)

## Aufgaben

1 Ordnen Sie zu:

| A | B |
|---|---|
| 1. Automobilwerk<br>2. Textilgroßhandlung<br>3. Gebäudereinigungsbetrieb | 1. Hohe Intensität der Personalaufwendungen<br>2. Hohe Intensität der Abschreibungen<br>3. Hohe Intensität des Wareneinsatzes |

2 Welche Gefahr kann sich für einen Betrieb mit einer besonders hohen Intensität einer einzelnen Kostenart ergeben?

3 a) Errechnen Sie für das folgende Gewinn- und Verlustkonto (Berichts- und Vorjahr) die Intensität
- des Materialaufwands (summarisch, Kontengruppe 60),
- der Lohnaufwendungen (Summe der Konten 6200 und 6400) und
- der Abschreibungen.

b) Aus welchem Grund hat sich die Intensität der Lohnaufwendungen und der Abschreibungen verändert?

c) Errechnen Sie für das Berichts- und Vorjahr die Wirtschaftlichkeit (Genauigkeit: 3 Stellen nach dem Komma) und beurteilen Sie diesen Periodenvergleich.

**Gewinn- und Verlustkonto**

| S | Berichtsjahr | Vorjahr | | Berichtsjahr | Vorjahr H |
|---|---|---|---|---|---|
| 6000 | 4.980.000,00 | 4.530.000,00 | 5000 | 22.100.000,00 | 21.600.000,00 |
| 6010 | 2.610.000,00 | 2.550.000,00 | 5200 | 300.000,00 | 200.000,00 |
| 6020 | 390.000,00 | 350.000,00 | | | |
| 6030 | 670.000,00 | 630.000,00 | | | |
| 6200 | 5.650.000,00 | 7.362.500,00 | | | |
| 6300 | 1.400.000,00 | 1.380.000,00 | | | |
| 6400 | 850.000,00 | 1.062.500,00 | | | |
| 6410 | 210.000,00 | 207.000,00 | | | |
| 6520 | 3.500.000,00 | 2.500.000,00 | | | |
| 6700 | 800.000,00 | 780.000,00 | | | |
| 6760 | 120.000,00 | 100.000,00 | | | |
| 6800 | 150.000,00 | 120.000,00 | | | |
| 6850 | 60.000,00 | 40.000,00 | | | |
| 7510 | 90.000,00 | 80.000,00 | | | |
| Gewinn | 920.000,00 | 108.000,00 | | | |
| | 22.400.000,00 | 21.800.000,00 | | 22.400.000,00 | 21.800.000,00 |

## 5.6.3 Rentabilität[1]

**Zur Beurteilung der Rentabilität wird der Unternehmensgewinn in ein prozentuales Werteverhältnis zum Eigenkapital, Gesamtkapital und Umsatz gesetzt.**

Dabei muss bei einigen Unternehmensformen der buchhalterisch ausgewiesene Unternehmensgewinn noch korrigiert werden.

Die mitarbeitenden Gesellschafter erhalten bei Einzelunternehmen und bei Personengesellschaften – im Gegensatz zu den Kapitalgesellschaften – kein Gehalt. Bei diesen Unternehmensformen muss daher der Gewinn noch um einen Unternehmerlohn gemindert werden. Auf diese Weise

1 Die Begriffe „Rentabilität" und „Rendite" sind in diesem Lehrbuch gleichbedeutend.

wird - wie bei den Kapitalgesellschaften - eine Arbeitsvergütung für die Geschäftsführer als Aufwand erfasst.

Dieser Teil des Gewinns wird durch die persönliche Leistung der mitarbeitenden Gesellschafter und nicht durch den Einsatz des Eigenkapitals erwirtschaftet.

Die Höhe des anzusetzenden Unternehmerlohnes bemisst sich am Gehalt eines leitenden Angestellten in vergleichbarer Position.

### 5.6.3.1 Eigenkapitalrentabilität (Unternehmerrentabilität)

**Die Eigenkapitalrentabilität zeigt das prozentuale Werteverhältnis von Erfolg zu Eigenkapital auf. Sie gibt an, wie sich das in dem Unternehmen angelegte Eigenkapital verzinst.**

$$\textbf{Eigenkapitalrentabilität} = \frac{(\text{Gewinn} - \text{Unternehmerlohn}^{1}) \cdot 100}{\text{Eigenkapital}}$$

**Beispiel**

| | |
|---|---|
| Eigenkapital[2] | 650.000,00 € |
| Gewinn | 178.000,00 € |
| Unternehmerlohn (Jahresgehalt) | 100.000,00 € |

$$\text{Eigenkapitalrentabilität} = \frac{(178.000,00 - 100.000,00) \cdot 100}{650.000,00} = 12\ \%$$

Zu vergleichen ist die Eigenkapitalrentabilität mit dem landesüblichen Zinssatz für langfristig angelegtes Kapital.

Da eine langfristige Kapitalanlage zum landesüblichen Zins im Gegensatz zu einer unternehmerischen Tätigkeit kein Wagnis in sich birgt, hat der Überschuss der Eigenkapitalrentabilität das Risiko des Unternehmers auszugleichen.

Geht man im obigen Beispiel von einem landesüblichen Zinssatz von 7 % aus, so beträgt die **unternehmerische Risikoprämie** 5 % (= 12 % - 7 %).

### 5.6.3.2 Gesamtkapitalrentabilität (Unternehmensrentabilität)

**Die Gesamtkapitalrentabilität zeigt das prozentuale Werteverhältnis von Erfolg zu Gesamtkapital auf. Sie gibt an, wie sich das in dem Unternehmen tätige Gesamtkapital verzinst.**

Das Fremdkapital wird - wie das Eigenkapital - als **kostenneutral** betrachtet. Im Gewinn berücksichtigte Fremdkapitalzinsen würden bei unterschiedlichen Fremdkapitalausstattungen Vergleiche verfälschen. Deshalb werden die Fremdkapitalzinsen **nicht** als Aufwendungen in die Betrachtung einbezogen. Folglich müssen sie zum Gewinn, den sie ja zunächst gemindert haben, wieder hinzugerechnet werden.

1 Entfällt bei Kapitalgesellschaften (siehe Erklärung S. 408 f.).

2 Da während des Geschäftsjahres Privatentnahmen bzw. Privateinlagen (bei Einzelunternehmen und Personengesellschaften) sowie Gewinne bzw. Verluste das Eigenkapital ständig verändern, ist vom durchschnittlich während des Geschäftsjahres gebundenen Eigenkapital auszugehen. Zur Vereinfachung wird hier und in den folgenden Beispielen von der Berechnung eines durchschnittlich gebundenen Eigenkapitals abgesehen.

$$\text{Gesamtkapitalrentabilität} = \frac{(\text{Gewinn} - \text{Unternehmerlohn}^1 + \text{Fremdkapitalzinsen}) \cdot 100}{\text{Eigenkapital} + \text{Fremdkapital}}$$

**Beispiel**

| | |
|---|---|
| Eigenkapital[2] | 600.000,00 € |
| Fremdkapital | 1.000.000,00 € |
| Gewinn | 200.000,00 € |
| Unternehmerlohn[1] | 120.000,00 € |
| Fremdkapitalzinsen (8 % von 1.000.000,00 €) | 80.000,00 € |

$$\text{Gesamtkapitalrentabilität} = \frac{(200.000{,}00 - 120.000{,}00 + 80.000{,}00) \cdot 100}{600.000{,}00 + 1.000.000{,}00} = 10\ \%$$

Im obigen Beispiel übersteigt die Gesamtkapitalrentabilität (10 %) den Fremdkapitalzinssatz (8 %). In einem solchen Fall führt eine Aufstockung des Fremdkapitals zu einem höheren Gewinn und damit zu einer höheren Eigenkapitalrentabilität[3].

### 5.6.3.3 Umsatzrentabilität

**Die Umsatzrentabilität gibt das prozentuale Werteverhältnis von Erfolg zu Umsatz an.**

$$\text{Umsatzrentabilität} = \frac{(\text{Gewinn} - \text{Unternehmerlohn}^1) \cdot 100}{\text{Umsatzerlöse}}$$

**Beispiel**

| | |
|---|---|
| Umsatzerlöse | 2.000.000,00 € |
| Gewinn | 240.000,00 € |
| Unternehmerlohn[1] | 140.000,00 € |

$$\text{Umsatzrentabilität} = \frac{(240.000{,}00 - 140.000{,}00) \cdot 100}{2.000.000{,}00} = 5\ \%$$

**Zusammenfassung**

1. **Zum Ausgleich des unternehmerischen Risikos sollte die Eigenkapitalrentabilität den landesüblichen Zinssatz für langfristig angelegtes Kapital in angemessener Höhe übersteigen.**
2. **Übersteigt die Gesamtkapitalrentabilität den Fremdkapitalzinssatz, so bringt das in dem Unternehmen angelegte Fremdkapital Gewinn. In diesem Fall ist die Fremdkapitalaufnahme rentabel und erhöht die Eigenkapitalrentabilität[3].**

1 Entfällt bei Kapitalgesellschaften (siehe Erklärung S. 408 f.).
2 Siehe Fußnote 2, S. 409.
3 Vgl. S. 401 f.

## Aufgaben

1: Einführung in die Problematik
2: Unternehmerlohn
3–5: Verständnisfragen zu den Rentabilitätskennzahlen
6 u. 7: Umsatzrentabilität
8: Rentabilitätsbetrachtungen

**1** Warum hat der absolute Gewinn eines Unternehmens wenig Aussagekraft?

**2** a) Warum ist bei Rentabilitätsbetrachtungen von Einzelunternehmen (e. K.) und Personengesellschaften (OHG, KG) – im Gegensatz zu Kapitalgesellschaften (AG, GmbH) – der Gewinn um den Unternehmerlohn zu mindern?
b) Woran wird der Unternehmerlohn bemessen?

**3** a) Was sagt die Kennzahl „Eigenkapitalrentabilität" aus?
b) Wie ist in rentabel arbeitenden Betrieben das Verhältnis zwischen Eigenkapitalrentabilität und landesüblichem Zinssatz für langfristig angelegtes Kapital?

**4** a) Was sagt die Kennzahl „Gesamtkapitalrentabilität" aus?
b) In welchem Fall erhöht eine Aufnahme von Fremdkapital die Eigenkapitalrentabilität?

**5** Was sagt die Kennzahl „Umsatzrentabilität" aus?

**6** Die Henkel AG hat im abgelaufenen Geschäftsjahr eine Umsatzrentabilität von 8,9 % erzielt. Im neuen Geschäftsjahr wird ein Gewinn von 3,5 Mio. € angestrebt. Die Umsatzrentabilität soll ebenfalls 8,9 % betragen. Wie hoch müssen die Umsatzerlöse im neuen Geschäftsjahr sein (Genauigkeit: 3 Stellen nach dem Komma)?

**7** Für das neue Geschäftsjahr prognostiziert die Controllingabteilung der Helmut Schmudde GmbH Umsatzerlöse von 14,6 Mio. €. Die Umsatzrentabilität soll 9,1 % betragen. Wie hoch sind die Gewinnerwartungen im neuen Geschäftsjahr (Genauigkeit: 3 Stellen nach dem Komma)?

**8** Die Textilfabrik Konrad Fied KG entnimmt ihrer Buchführung folgende Daten:

| | Umsatz | Fremdkapital | Eigenkapital | Gewinn |
|---|---|---|---|---|
| 1. Jahr | 3.380.000,00 | 2.000.000,00 | 820.000,00 | 267.600,00 |
| 2. Jahr | 3.000.000,00 | 1.500.000,00 | 1.320.000,00 | 307.600,00 |
| 3. Jahr | 2.900.000,00 | 1.950.000,00 | 900.000,00 | 275.005,00 |
| 4. Jahr | 2.000.000,00 | 1.700.000,00 | 1.100.000,00 | 188.000,00 |
| 5. Jahr | 2.600.000,00 | 1.000.000,00 | 1.800.000,00 | 202.000,00 |

Unternehmerlohn pro Jahr: 100.000,00 €
Zinssatz für Fremdkapital: 8 %

a) Errechnen Sie für jedes Jahr die Umsatzrentabilität.
b) Nennen Sie mögliche Ursachen für das Wachsen und für das Sinken der Umsatzrentabilität.
c) Errechnen Sie für jedes Jahr die Eigenkapitalrentabilität.
d) In welchen Jahren ist die Textilfabrik Konrad Fied KG mit ihrer Eigenkapitalrentabilität zufrieden bzw. unzufrieden? Begründen Sie Ihre Meinung.
(Landesüblicher Zinssatz für langfristig angelegtes Kapital: 7 %.)
e) Errechnen Sie für jedes Jahr die Gesamtkapitalrentabilität.
f) Erklären Sie für das 1. bis 3. Jahr die Entwicklung der Eigenkapitalrentabilität in Zusammenhang mit der Entwicklung der Gesamtkapitalrentabilität. Ziehen Sie bei Ihrer Betrachtung auch die absoluten Zahlen (Eigenkapital, Fremdkapital, Gewinn) heran.
g) Welche Auswirkung auf den Gewinn hat der Fremdkapitalanteil im 4. Jahr?
h) Wie wirkt der Fremdkapitalanteil im 5. Jahr auf den Gewinn und auf die Eigenkapitalrentabilität?

# 6 KOSTEN- UND LEISTUNGSRECHNUNG

## 6.1 Die Abgrenzung zwischen Geschäftsbuchführung und Kosten- und Leistungsrechnung

Der Industriekontenrahmen trennt die **Geschäftsbuchführung (Finanzbuchführung)** in den Kontenklassen 0 bis 8 von der **Kosten- und Leistungsrechnung (Betriebsbuchführung)** in der Kontenklasse 9. Man spricht deshalb vom **Zweikreissystem.**

Die Geschäftsbuchführung (Kontenklassen 0 bis 8) vollzieht sich im **Rechnungskreis I.** Der Rechnungskreis I stellt ein **geschlossenes Buchführungssystem** dar, dessen **Erfolgsrechnung** (Erfolgskonten) in die Gewinn- und Verlustrechnung mündet und dessen **Bestandsrechnung** (Bestandskonten) in die Bilanz fließt.

Die Erfolgsrechnung der Geschäftsbuchführung wird entscheidend von steuerrechtlichen und handelsrechtlichen Vorschriften (z. B. Abschreibungs- und Bewertungsvorschriften) bestimmt. Den Anforderungen einer betriebswirtschaftlichen Betrachtung wird die Erfolgsrechnung nicht gerecht.

Die positiven und negativen Erfolgselemente der Gewinn- und Verlustrechnung heißen **Erträge** und **Aufwendungen.** Die Gegenüberstellung von Erträgen und Aufwendungen im Gewinn- und Verlustkonto ergibt das **Gesamtergebnis,** einen **Gesamtgewinn** (Erträge > Aufwendungen) oder einen **Gesamtverlust** (Erträge < Aufwendungen).

**Rechnungskreis I** (Kontenklassen 0 bis 8)

**Geschäftsbuchführung (Finanzbuchführung)** – beinhaltet Bestandsrechnung und **Erfolgsrechnung**

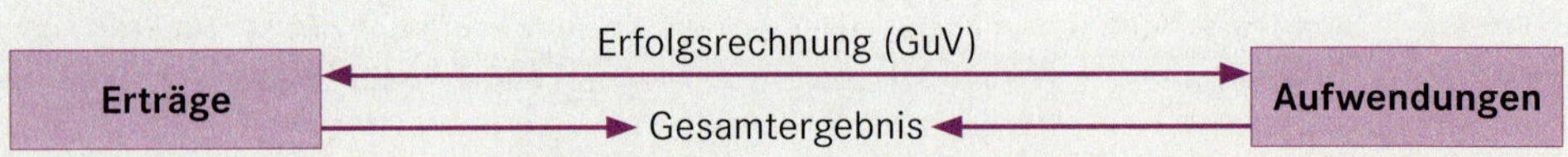


Erträge > Aufwendungen = Gesamtgewinn
Erträge < Aufwendungen = Gesamtverlust

Die Kontenklasse 9 des Industriekontenrahmens bildet für die Kosten- und Leistungsrechnung einen zweiten **eigenständigen Rechnungskreis.** In diesem **Rechnungskreis II** baut sich jedes Unternehmen ein **individuelles Abrechnungssystem** auf. Dieses wird geprägt durch die Branchenzugehörigkeit und durch die Eigenart des Betriebsprozesses. Der Rechnungskreis II wird also auf die speziellen Bedürfnisse der Unternehmen ausgerichtet.

Wie die Geschäftsbuchführung (Kontenklassen 0 bis 8) kann die Kosten- und Leistungsrechnung (Kontenklasse 9) kontenmäßig nach dem Prinzip der Doppik gestaltet werden. Man bezeichnet sie dann als **Betriebsbuchführung.**

Die positiven und negativen Erfolgselemente des Rechnungskreises II sind **Leistungen** und **Kosten.**

**Leistungen sind betriebsbedingte Erträge, die sich aus dem Wertzuwachs und der Veräußerung betrieblicher Sachgüter oder Dienstleistungen ergeben.**
**Kosten umfassen den Werteverzehr, der zur betrieblichen Leistungserstellung erforderlich ist.**

Die Gegenüberstellung von Leistungen und Kosten ergibt das **Betriebsergebnis,** einen **Betriebsgewinn** (Leistungen > Kosten) oder einen **Betriebsverlust** (Leistungen < Kosten).

**Rechnungskreis II** (Kontenklasse 9)

**Kosten- und Leistungsrechnung (Betriebsbuchführung)**

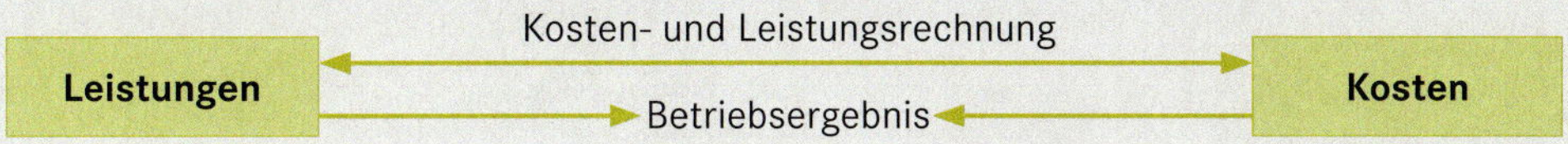


Leistungen > Kosten = Betriebsgewinn
Leistungen < Kosten = Betriebsverlust

**Die Kosten- und Leistungsrechnung orientiert sich an betriebswirtschaftlichen Erfordernissen. Sie bildet die Basis für Planungen und für unternehmerische Entscheidungen.**

In der betrieblichen Praxis werden Kosten und Leistungen in der Regel **nicht kontenmäßig,** sondern **tabellarisch in Ergebnistabellen** (siehe Kapitel 6.2) erfasst. Die tabellarische Kosten- und Leistungsrechnung ist weniger arbeitsaufwendig und übersichtlicher.

## 6.2 Die Ergebnistabelle

In jedem Unternehmen findet ein Leistungsprozess statt, der einen Gewinn erwirtschaften soll.

In einem Industriebetrieb werden Waren hergestellt und an den Handel geliefert. Der Großhandelsbetrieb kauft die Waren ein, lagert sie und verkauft sie im unveränderten Zustand an den Einzelhandel. Dieser wiederum stellt den Verkaufskontakt zum Endverbraucher her.

**Um die Wirtschaftlichkeit eines Unternehmens zu ermitteln, gilt es, speziell für den *betrieblichen Leistungsprozess* (= operatives Geschäft) einen Gewinn oder Verlust festzustellen. Dies geschieht in der Kosten- und Leistungsrechnung durch die Errechnung des *Betriebsergebnisses.***

Das Betriebsergebnis wird in der kaufmännischen Praxis meistens mithilfe einer **Ergebnistabelle** ermittelt.

Eine Ergebnistabelle weist den auf S. 414 dargestellten Aufbau auf.

Im linken Teil enthält die Ergebnistabelle die **Erfolgsrechnung der Geschäftsbuchführung** (Rechnungskreis I). Hier wird nach **handelsrechtlichen und steuerrechtlichen Vorschriften** ein **Gesamtergebnis**[1] ermittelt. Für die Kosten- und Leistungsrechnung ist dieses Gesamtergebnis unbrauchbar.

Der rechte Teil der Ergebnistabelle beinhaltet die **Kosten- und Leistungsrechnung** (Rechnungskreis II).

Dieser wird unterteilt in den **Abgrenzungsbereich** und in den **Kosten- und Leistungsbereich.**

1 auch: Unternehmensergebnis

<table>
<tr><th colspan="4">Rechnungskreis I</th><th colspan="6">Rechnungskreis II</th></tr>
<tr><th colspan="4">Geschäftsbuchführung</th><th colspan="6">Kosten- und Leistungsrechnung</th></tr>
<tr><th colspan="4">Erfolgsbereich</th><th colspan="4">Abgrenzungsbereich</th><th colspan="2">Kosten- und Leistungsbereich</th></tr>
<tr><td rowspan="2">Kto.-Nr.</td><td rowspan="2">Konten</td><td rowspan="2">Aufwendungen</td><td rowspan="2">Erträge</td><td colspan="2">Unternehmensbezogene Abgrenzungen</td><td colspan="2">Kostenrechnerische Korrekturen</td><td rowspan="2">Kosten</td><td rowspan="2">Leistungen</td></tr>
<tr><td>Aufwendungen</td><td>Erträge</td><td>Aufwendungen</td><td>Erträge</td></tr>
<tr><td rowspan="3"></td><td rowspan="3"></td><td colspan="2" rowspan="3">Gesamtergebnis</td><td colspan="2">Ergebnis aus unternehmensbezogenen Abgrenzungen</td><td colspan="2">Ergebnis aus kostenrechnerischen Korrekturen</td><td colspan="2" rowspan="2">Betriebsergebnis</td></tr>
<tr><td colspan="4">Abgrenzungsergebnis</td></tr>
<tr><td colspan="6">Gesamtergebnis</td></tr>
</table>

Im **Abgrenzungsbereich** werden **unternehmensbezogene Abgrenzungen** (siehe Kapitel 6.2.1) und **kostenrechnerische Korrekturen** (siehe Kapitel 6.2.2) vorgenommen. Entsprechend ergibt sich hier ein Ergebnis aus unternehmensbezogenen Abgrenzungen[1] bzw. aus kostenrechnerischen Korrekturen. Die Summe dieser Ergebnisse ist das **Abgrenzungsergebnis.**

**Abgrenzungsergebnis** = Ergebnis aus unternehmensbezogenen Abgrenzungen + Ergebnis aus kostenrechnerischen Korrekturen

Im **Kosten- und Leistungsbereich** wird aufgrund von Kosten und Leistungen ein **Betriebsergebnis** ausgewiesen.

Die Addition von Abgrenzungsergebnis und Betriebsergebnis ergibt das **Gesamtergebnis,** das auch in der Geschäftsbuchführung ermittelt wird.

**Gesamtergebnis** = Abgrenzungsergebnis + Betriebsergebnis

Die Kosten- und Leistungsrechnung weist im Gegensatz zur Geschäftsbuchführung die Teilergebnisse differenziert aus.

**Zusammenfassung**

1. **Die Geschäftsbuchführung ist nach handels- und steuerrechtlichen Vorschriften ausgerichtet.**
2. **Die Kosten- und Leistungsrechnung wird nach betriebswirtschaftlichen Gesichtspunkten erstellt. Sie liefert die Daten, auf denen unternehmerische Planungen und Entscheidungen basieren.**

1 auch: neutrales Ergebnis

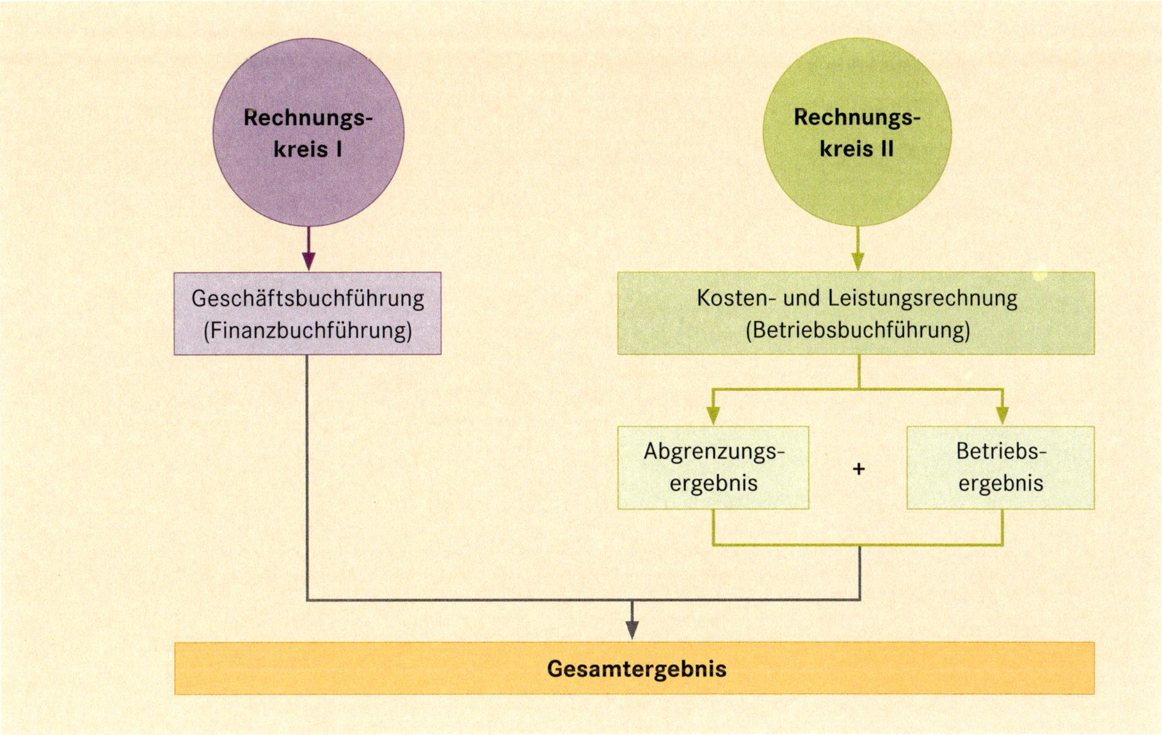


## 6.2.1 Die unternehmensbezogenen Abgrenzungen in der Ergebnistabelle

Die Ausgangsdaten der Ergebnistabelle liefert die Erfolgsrechnung (GuV-Rechnung) der Geschäftsbuchführung.

Einige dieser Ausgangsdaten sind Erfolgsgrößen, die sowohl in der Geschäftsbuchführung als auch in der Kosten- und Leistungsrechnung in **gleicher Höhe** in Ansatz gebracht werden können. Diese Erfolgselemente passieren den Abgrenzungsbereich unverändert. Sie erscheinen in gleicher Höhe als **Aufwendungen und Erträge in der Geschäftsbuchführung** und als **Kosten und Leistungen im Kosten- und Leistungsbereich.**

In der Spalte mit der Überschrift „Unternehmensbezogene Abgrenzungen" werden **neutrale Aufwendungen und Erträge** abgefiltert. Auf diese Weise gelangen sie nicht in den Kosten- und Leistungsbereich. Als neutral ist eine Erfolgsposition anzusehen, wenn auf sie mindestens eines der folgenden Merkmale zutrifft:

- **betriebsfremd** (Die Erfolgsposition hat nichts mit der betrieblichen Tätigkeit zu tun.), z. B.: Nebenerlöse aus Vermietung und Verpachtung, Verluste aus dem Abgang von Vermögensgegenständen[1], Zinserträge;
- **untypisch** (Die Erfolgsposition ist außergewöhnlich hoch oder fällt unregelmäßig an.), z. B.: außerordentliche Aufwendungen und Erträge gemäß § 277 Abs. 4 HGB[2];
- **periodenfremd** (Die Erfolgsposition bezieht sich nicht auf den Abrechnungszeitraum.), z. B.: Steuernachzahlungen, Erträge aus der Herabsetzung von Rückstellungen.

1 Vermögensgegenstände wurden unter Buchwert veräußert.

2 Hierunter (Konten 7600, 5800) fallen z. B. Gewinne und Verluste aus der Veräußerung ganzer Betriebe oder wesentlicher Betriebsteile, außerplanmäßige Abschreibungen aufgrund von Betriebsstilllegungen oder Enteignungen oder Katastrophen, außergewöhnliche Schadensfälle aufgrund betrügerischer Machenschaften, Entlassungsentschädigungen bei Massenentlassungen (Sozialpläne), Steuererlasse, einmalige staatliche Zuschüsse.

**Beispiel**

Alle Beträge in T€.

| Rechnungskreis I<br>Geschäftsbuchführung<br>Erfolgsbereich | | | | Rechnungskreis II<br>Kosten- und Leistungsrechnung<br>Abgrenzungsbereich | | | | Kosten- und Leistungsbereich | |
|---|---|---|---|---|---|---|---|---|---|
| | | | | Unternehmensbezogene Abgrenzungen | | Kostenrechnerische Korrekturen | | | |
| Kto.-Nr. | Konten | Aufwendungen | Erträge | Aufwendungen | Erträge | Aufwendungen | Erträge | Kosten | Leistungen |
| 5000 | Umsatzerlöse f. e. E. | | 35.900 → | | | | | | 35.900 |
| 5201 | BV an UE | | 1.000 → | | | | | | 1.000 |
| 5401 | Nebenerlöse a. V. u. V. | | 400 → | | 400 | | | | |
| 5710 | Zinserträge | | 100 → | | 100 | | | | |
| 6000 | Aufw. f. Rohst. | 24.000 → | | | | | | 24.000 | |
| 6200 | Löhne | 9.000 → | | | | | | 9.000 | |
| 6400 | AG-Anteil (Soz.-Vers.) | 1.500 → | | | | | | 1.500 | |
| 6960 | Verluste a. d. A. v. VG[1] | 100 → | | 100 | | | | | |
| 6990 | Periodenfr. Aufw. | 400 → | | 400 | | | | | |
| 7600 | Außerord. Aufw. | 300 → | | 300 | | | | | |
| | | 35.300<br>2.100 | 37.400 | 800 | 500<br>300 | | | 34.500<br>2.400 | 36.900 |
| | | 37.400 | 37.400 | 800 | 800 | | | 36.900 | 36.900 |
| | | Gesamtgewinn<br>2.100 | = | Verlust aus unternehmensbezogenen Abgrenzungen<br>- 300 | | | | Betriebsgewinn<br>+ 2.400 | |

*Anmerkung:* Der Vollständigkeit halber beinhaltet diese Ergebnistabelle auch die Doppelspalte „Kostenrechnerische Korrekturen", obwohl hier zunächst noch keine Eintragungen erfolgen (siehe Kapitel 6.2.2).

**Zusammenfassung**

| Rechnungskreis I<br>Geschäftsbuchführung<br>Erfolgsbereich | | | | | Rechnungskreis II<br>Kosten- und Leistungsrechnung<br>Abgrenzungsbereich | | | | Kosten- und Leistungsbereich | |
|---|---|---|---|---|---|---|---|---|---|---|
| | | | | | Unternehmensbezogene Abgrenzungen | | Kostenrechnerische Korrekturen | | | |
| | Kto.-Nr. | Konten | Aufwendungen | Erträge | Aufwendungen | Erträge | Aufwendungen | Erträge | Kosten | Leistungen |
| 1. Direkte Verrechnung zwischen GB und KLR | | Erfolgsgrößen genügen den Vorschriften der GB und den Anforderungen der KLR. | betriebsbedingte Aufwendungen → | betriebsbedingte Erträge → | | | | | ← betriebsbedingte Aufwendungen | ← betriebsbedingte Erträge |
| 2. Unternehmensbezogene Abgrenzungen | | Neutrale Erfolgsgrößen werden abgegrenzt und gelangen nicht in den KL-Bereich. | neutrale Aufwendungen → | neutrale Erträge → | neutrale Aufwendungen | neutrale Erträge | | | | |

1 Gebrauchte Anlagegüter wurden unter Buchwert verkauft. Das Konto „6960" weist den Buchverlust (= Nettoverkaufserlös – Buchwert) aus.



6350416

**Aufgaben**

1–5: Einführung in die Thematik
6: Errechnung der einzelnen Ergebnisse
7 u. 8: Erstellung von Ergebnistabellen

1 Ordnen Sie zu.

| A | B |
|---|---|
| 1. Ausgaben | 1. Negative Erfolgselemente der Geschäftsbuchführung |
| 2. Einnahmen | 2. Positive Erfolgselemente der Kosten- und Leistungsrechnung |
| 3. Aufwendungen | 3. Negative Erfolgselemente der Finanzrechnung |
| 4. Erträge | 4. Negative Erfolgselemente der Kosten- und Leistungsrechnung |
| 5. Kosten | 5. Positive Erfolgselemente der Finanzrechnung |
| 6. Leistungen | 6. Positive Erfolgselemente der Geschäftsbuchführung |

2 Welche Aussagen sind richtig bzw. falsch? Begründen Sie Ihre Meinung.

a) Im Rechnungskreis I des Industriekontenrahmens erfolgt die Kosten- und Leistungsrechnung.
b) Der Rechnungskreis I des Industriekontenrahmens ist nach dem Abschlussgliederungsprinzip aufgebaut.
c) Die Kosten- und Leistungsrechnung, die im Rechnungskreis I vorgenommen wird, ist entscheidend von steuerrechtlichen und handelsrechtlichen Vorschriften (z. B. Abschreibungs- und Bewertungsvorschriften) geprägt.
d) Die Geschäftsbuchführung wird den Anforderungen einer betriebswirtschaftlichen Betrachtung gerecht. Sie liefert die Daten für betriebswirtschaftliche Entscheidungen und Planungen.
e) Die Geschäftsbuchführung wird auch als Finanzbuchführung bezeichnet.
f) Die positiven und negativen Erfolgselemente der Geschäftsbuchführung sind die Erträge und die Aufwendungen.
g) Jedes Unternehmen kann sich seinen eigenen Bedürfnissen entsprechend im Rechnungskreis II ein individuelles Abrechnungssystem aufbauen.
h) Wie die Geschäftsbuchführung muss auch die Kosten- und Leistungsrechnung kontenmäßig nach dem Prinzip der Doppik gestaltet werden.
i) Die Erfolgsgrößen des Rechnungskreises II sind Kosten und Leistungen.
j) Kosten umfassen den Wertezuwachs, der zur betrieblichen Leistungserstellung erforderlich ist.
k) Aus dem Saldo von Kosten und Leistungen ergibt sich das Betriebsergebnis.
l) Die Kosten- und Leistungsrechnung, die nach dem Prinzip der Doppik gestaltet ist, bezeichnet man auch als Betriebsbuchführung.
m) In der Kosten- und Leistungsrechnung ergibt sich das Gesamtergebnis aus der Summe von Abgrenzungsergebnis und Betriebsergebnis.

3 Entscheiden Sie, ob die folgenden Erfolgspositionen unternehmensbezogen abgegrenzt werden. Begründen Sie Ihre Entscheidung.

a) Umsatzerlöse
b) Erträge aus Beteiligungen
c) Nachzahlung der Unfallversicherungsbeiträge des vergangenen Geschäftsjahres
d) Aufwendungen für Energie
e) Außerordentliche Erträge gemäß § 277 Abs. 4 HGB (z. B. einmalige staatliche Zuschüsse)
f) Zinserträge
g) Löhne
h) Privatentnahme von eigenen Erzeugnissen bei Einzelunternehmen (e. K.) und bei Personengesellschaften (OHG, KG)
i) Verluste aus dem Abgang von Vermögensgegenständen[1]
j) Abschreibungen auf Sachanlagen
k) Erträge aus der Auflösung von Rückstellungen →

1 Vermögensgegenstände wurden unter Buchwert veräußert.

l) Büromaterial
m) Außerordentliche Aufwendungen gemäß § 277 Abs. 4 HGB (z. B. Entlassungsentschädigungen bei Massenentlassungen)
n) Nebenerlöse aus Vermietung und Verpachtung
o) Beiträge zur Berufsgenossenschaft
p) Periodenfremde Aufwendungen
q) Abschreibungen auf im Umlaufvermögen gehaltene Aktien

4 Welche unternehmerische Initiative müsste ergriffen werden, wenn sich der Gesamtgewinn über einen langen Zeitraum aus einem Gewinn aus unternehmensbezogenen Abgrenzungen und aus einem Betriebsverlust ergibt?

5 Warum achten die Finanzämter nicht auf eine korrekte unternehmensbezogene Abgrenzung?

6 a) Errechnen Sie das Betriebsergebnis.

| | | | |
|---|---|---|---|
| 1. Gesamtgewinn | 450.000,00 € | Gewinn aus unternehmensbezogenen Abgrenzungen | 200.000,00 € |
| 2. Gesamtgewinn | 300.000,00 € | Verlust aus unternehmensbezogenen Abgrenzungen | 100.000,00 € |
| 3. Gesamtverlust | 200.000,00 € | Gewinn aus unternehmensbezogenen Abgrenzungen | 50.000,00 € |
| 4. Gesamtverlust | 250.000,00 € | Verlust aus unternehmensbezogenen Abgrenzungen | 350.000,00 € |

b) Errechnen Sie das Gesamtergebnis.

| | | | |
|---|---|---|---|
| 1. Betriebsgewinn | 300.000,00 € | Gewinn aus unternehmensbezogenen Abgrenzungen | 50.000,00 € |
| 2. Betriebsgewinn | 200.000,00 € | Verlust aus unternehmensbezogenen Abgrenzungen | 150.000,00 € |
| 3. Betriebsverlust | 250.000,00 € | Gewinn aus unternehmensbezogenen Abgrenzungen | 100.000,00 € |
| 4. Betriebsverlust | 100.000,00 € | Verlust aus unternehmensbezogenen Abgrenzungen | 50.000,00 € |

c) Errechnen Sie das Ergebnis aus unternehmensbezogenen Abgrenzungen.

| | | | |
|---|---|---|---|
| 1. Gesamtgewinn | 500.000,00 € | Betriebsgewinn | 600.000,00 € |
| 2. Gesamtgewinn | 50.000,00 € | Betriebsverlust | 150.000,00 € |
| 3. Gesamtverlust | 250.000,00 € | Betriebsgewinn | 400.000,00 € |
| 4. Gesamtverlust | 450.000,00 € | Betriebsverlust | 200.000,00 € |

AH

7[1] Erstellen Sie aufgrund des folgenden GuV-Kontos die Ergebnistabelle (mit Ausweis der einzelnen Ergebnisse).

| S | GuV | | H |
|---|---|---|---|
| | T€ | | T€ |
| 6000 Aufwendungen für Rohstoffe | 18.000 | 5000 Umsatzerlöse f. e. E. | 28.890 |
| 6200 Löhne | 9.000 | 5202 BV an FE | 1.500 |
| 6400 AG-Anteil zur Sozialversicherung | 1.500 | 5401 Nebenerlöse aus Verm. u. Verp. | 300 |
| 6800 Büromaterial | 100 | 5710 Zinserträge | 60 |
| 6960 Verluste a. d. A. v. VG[2] | 200 | | |
| 6990 Periodenfr. Aufwendungen | 300 | | |
| 7600 Außerordentliche Aufwendungen | 150 | | |
| Gesamtgewinn | 1.500 | | |
| | 30.750 | | 30.750 |

1 Bei dieser Aufgabe sind die kostenrechnerischen Korrekturen (siehe Kapitel 6.2.2) noch nicht vorzunehmen.
2 Gebrauchte Anlagegüter wurden unter Buchwert verkauft. Das Konto „6960" weist den Buchverlust (= Nettoverkaufspreis – Buchwert) aus.



6350418

AH

8[1] Erstellen Sie die Ergebnistabelle mit Ausweis des Gesamtergebnisses, des Ergebnisses aus unternehmensbezogenen Abgrenzungen und des Betriebsergebnisses.

| | a) | | b) | |
|---|---|---|---|---|
| **Konten** | **Soll (T€)** | **Haben (T€)** | **Soll (T€)** | **Haben (T€)** |
| 5000 | – | 45.700 | – | 46.800 |
| 5201 | – | 1.600 | – | 1.100 |
| 5401 | – | – | – | 300 |
| 5460[2] | – | 500 | – | – |
| 5490 | – | 700 | – | 600 |
| 5500 | – | – | – | 200 |
| 5710 | – | 100 | – | 30 |
| 5780 | – | 150 | – | 100 |
| 5800 | – | – | – | 500 |
| 6000 | 7.600 | – | 12.800 | – |
| 6010 | 3.000 | – | – | – |
| 6020 | 2.000 | – | 3.000 | – |
| 6030 | 1.000 | – | 800 | – |
| 6140 | 100 | – | – | – |
| 6150 | – | – | 200 | – |
| 6160 | 500 | – | – | – |
| 6200 | 15.600 | – | 14.900 | – |
| 6300 | 2.500 | – | 3.200 | – |
| 6400 | 2.800 | – | 2.100 | – |
| 6410 | 300 | – | 400 | – |
| 6420 | 100 | – | 80 | – |
| 6520 | 9.300 | – | 8.900 | – |
| 6600 | 20 | – | – | – |
| 6700 | – | – | 500 | – |
| 6800 | 300 | – | 200 | – |
| 6870 | 600 | – | – | – |
| 6900 | 400 | – | – | – |
| 6960[3] | – | – | 600 | – |
| 6990 | 500 | – | 300 | – |
| 7460 | 300 | – | – | – |
| 7600 | 1.000 | – | 1.180 | – |

1 Bei dieser Aufgabe sind die kostenrechnerischen Korrekturen (siehe Kapitel 6.2.2) noch nicht vorzunehmen.

2 Gebrauchte Anlagegüter wurden über Buchwert verkauft. Das Konto „5460" weist den Buchgewinn (= Nettoverkaufserlös - Buchwert) aus.

3 Gebrauchte Anlagegüter wurden unter Buchwert verkauft. Das Konto „6960" weist den Buchverlust (= Nettoverkaufserlös - Buchwert) aus.

## 6.2.2 Die kostenrechnerischen Korrekturen in der Ergebnistabelle

### 6.2.2.1 Die kalkulatorischen Kosten

#### Die Begriffe „Grundkosten“, „Anderskosten“ und „Zusatzkosten“

Man unterscheidet 3 Kostenbegriffe:

- Grundkosten (auch: Zweckaufwendungen),
- Anderskosten und
- Zusatzkosten.

**Die Grundkosten sind die Kosten der Geschäftsbuchführung, die unverändert in die Kosten- und Leistungsrechnung übernommen werden können. Man spricht hier auch von aufwandsgleichen Kosten.**

Zu den Grundkosten rechnet man z. B. Personalaufwendungen, Mieten und Pachten, Aufwendungen für Kommunikation usw.

Darüber hinaus gibt es auch **aufwandsungleiche** Kosten. Diese Kosten werden in der Geschäftsbuchführung erfasst; ihre Höhe ist aber für die Kosten- und Leistungsrechnung unbrauchbar. Sie müssen kalkulatorisch **anders** erfasst werden. Man spricht hier von **Anderskosten.**

**Anderskosten sind aufwandsungleiche Kosten, deren Werteverzehr in der Kosten- und Leistungsrechnung anders erfasst werden muss als in der Geschäftsbuchführung.**

Zu den Anderskosten zählen die kalkulatorischen Abschreibungen, die kalkulatorischen Zinsen für das Fremdkapital und die kalkulatorischen Wagnisse.

Nun gibt es außerdem Kosten, denen keine Aufwandsbuchungen in der Geschäftsbuchführung zugrunde liegen. Dennoch müssen sie in der Kosten- und Leistungsrechnung berücksichtigt werden. Man nennt diese Kosten **Zusatzkosten.**

**Den Zusatzkosten gehen keine Aufwandsbuchungen in der Geschäftsbuchführung voraus.**

Zu den Zusatzkosten gehören der kalkulatorische Unternehmerlohn in Einzelunternehmen und in Personengesellschaften sowie die kalkulatorischen Zinsen für das Eigenkapital.

Zusatzkosten und Anderskosten werden unter dem Oberbegriff **kalkulatorische Kosten** zusammengefasst.

<table>
<tr><td colspan="3">Aufwendungen gemäß Geschäftsbuchführung</td><td></td></tr>
<tr><td>betriebsfremde, periodenfremde, untypische Aufwendungen<br>= neutrale Aufwendungen<br>= Nichtkosten</td><td colspan="2">betriebsbedingte Aufwendungen</td><td></td></tr>
<tr><td></td><td rowspan="2">aufwandsgleiche Kosten<br>= Grundkosten<br>(Zweckaufwand)</td><td>aufwandsungleiche Kosten<br>= Anderskosten</td><td>Zusatzkosten</td></tr>
<tr><td></td><td colspan="2">kalkulatorische Kosten</td></tr>
<tr><td></td><td colspan="3">Kosten im Sinne der Kosten- und Leistungsrechnung</td></tr>
</table>

## Die Erfassung der kalkulatorischen Kosten in der Kosten- und Leistungsrechnung

| Die Erfassung der kalkulatorischen Kosten in der KLR ermöglicht: | Begründung: |
|---|---|
| ■ Wirtschaftlichkeitsbetrachtungen,<br>■ eine alle Kosten umfassende und keinen Schwankungen unterliegende Preiskalkulation,<br>■ innerbetriebliche Wirtschaftlichkeitsvergleiche (Zeitvergleiche),<br>■ außerbetriebliche Wirtschaftlichkeitsvergleiche (Betriebsvergleiche). | ■ Aus steuerlichen Gründen vorgenommene überhöhte Abschreibungen werden durch konstante kalkulatorische Abschreibungen ersetzt.<br>■ Bei Einzelunternehmen und bei Personengesellschaften wird ein kalkulatorischer Unternehmerlohn berücksichtigt.<br>■ Die gesamten betriebsbedingten Zinsen auf der Basis des betriebsnotwendigen Kapitals (auch Zinsen für das Eigenkapital) werden einbezogen.<br>■ Kosten für betriebsbedingte Wagnisse, die nicht durch Fremdversicherungen ausgeschlossen werden können, werden zur Erreichung einer gewissen Beständigkeit in der Kostenstruktur gleichmäßig über einen längeren Betrachtungszeitraum verteilt. |

Die kalkulatorischen Kosten werden in der Ergebnistabelle in der Spalte „Kosten- und Leistungsbereich" als Kosten erfasst. Damit **mindern** sie das **Betriebsergebnis.**

Im Abgrenzungsbereich (kosten- und leistungsrechnerische Korrekturen) werden sie als Erträge ausgewiesen. Dadurch **verbessern** sie das **Abgrenzungsergebnis.**

Auf das **Gesamtergebnis** (= Betriebsergebnis + Abgrenzungsergebnis) haben die kalkulatorischen Kosten **keinen Einfluss.**

## Kalkulatorischer Unternehmerlohn

Bei **Kapitalgesellschaften** erhalten die Vorstandsmitglieder von Aktiengesellschaften bzw. die Geschäftsführer von GmbHs für ihre leitende Tätigkeit Gehälter, die in die Kosten- und Leistungsrechnung eingehen.

Unternehmer, die in **Einzelunternehmen** (e. K.) und **Personengesellschaften** (OHG, KG) leitend tätig sind, dürfen dagegen aus steuerrechtlichen Gründen keine Gehälter beziehen. Ihre Lebensführungskosten decken sie durch Privatentnahmen.

In der Kosten- und Leistungsrechnung müssen alle Kosten berücksichtigt werden, die aus dem leistungsbedingten Verzehr von Sachgütern und Dienstleistungen resultieren. Hierzu gehört auch die dispositive Arbeit des Unternehmers in Einzelunternehmen und Personengesellschaften.

Die planenden und leitenden Arbeitsleistungen des Unternehmers werden deshalb als **kalkulatorische Zusatzkosten** in die Kosten- und Leistungsrechnung einbezogen.

Die Höhe des **kalkulatorischen Unternehmerlohnes** bemisst sich am Gehalt eines mit einer vergleichbaren Tätigkeit beauftragten **leitenden Angestellten.**

**Beispiel** Der **kalkulatorische Unternehmerlohn** in einer OHG (3 Gesellschafter) beträgt im Mai **20.000,00 €**.

Der **kalkulatorische Unternehmerlohn** findet folgendermaßen in der Ergebnistabelle Berücksichtigung:

| Geschäftsbuchführung | | | | Kosten- und Leistungsrechnung | | | | | |
|---|---|---|---|---|---|---|---|---|---|
| Erfolgsbereich | | | | Abgrenzungsbereich | | | | Kosten- und Leistungsbereich | |
| Kto.-Nr. | Konten | Aufwendungen | Erträge | Unternehmensbezogene Abgrenzungen | | Kostenrechnerische Korrekturen | | Kosten | Leistungen |
| | | | | Aufwendungen | Erträge | Aufwendungen | Erträge | | |
| ⋮ | ⋮ | ⋮ | ⋮ | ⋮ | ⋮ | ⋮ | ⋮ | ⋮ | ⋮ |
| | Kalkulatorische Kosten<br>**Kalkulatorischer Unternehmerlohn** | | | | | | **20.000** | **20.000** | |
| ⋮ | ⋮ | ⋮ | ⋮ | ⋮ | ⋮ | ⋮ | ⋮ | ⋮ | ⋮ |

Man sieht, dass der kalkulatorische Unternehmerlohn in die Kosten- und Leistungsrechnung einmal als negatives Erfolgselement (Kosten in der Spalte „Kosten- und Leistungsbereich") und einmal als positives Erfolgselement (Ertrag in der Spalte „Kostenrechnerische Korrekturen") einfließt. Damit verschlechtert er das „Betriebsergebnis" (Kosten- und Leistungsbereich) und verbessert im gleichen Maß das „Ergebnis aus kostenrechnerischen Korrekturen". Auf das „Gesamtergebnis" in der Kosten- und Leistungsrechnung (Rechnungskreis II) wirkt der kalkulatorische Unternehmerlohn **erfolgsneutral.**

Aufgaben folgen auf S. 429 ff.

➲ **Der kalkulatorische Unternehmerlohn stellt Zusatzkosten dar.**

## Kalkulatorische Zinsen

Die Eigen- und Fremdkapitalausstattung von Unternehmen ist sehr unterschiedlich. Bei Betriebsvergleichen würde sich daher ein falsches Bild ergeben, wenn lediglich die Fremdkapitalzinsen in der Kosten- und Leistungsrechnung ihren Niederschlag fänden. Außerdem würde der **Zinsentgang für das eingesetzte Eigenkapital** in der **Preisgestaltung**[1] nicht berücksichtigt werden.

Aus diesen Gründen werden die gesamten **betriebsbedingten Zinsen,** die auf der Basis des **betriebsnotwendigen Kapitals** (also unter Einbeziehung des Eigenkapitals) ermittelt werden, in der Kosten- und Leistungsrechnung erfasst.

Für die **kalkulatorischen Zinsen** wird der **landesübliche Zinssatz für langfristige Darlehen** zugrunde gelegt.

1 *Hinweis:* In die Preiskalkulation fließen die Kosten der KLR ein und nicht die in der Geschäftsbuchführung gebuchten Aufwendungen.

Durch die Festsetzung eines über einen längeren Zeitraum konstant bleibenden kalkulatorischen Zinssatzes wird die Kostenrechnung von zufälligen Zinsschwankungen auf dem Kapitalmarkt befreit.

Das betriebsnotwendige Kapital ergibt sich folgendermaßen:

| | |
|---|---|
| | Unternehmensvermögen[1] (= Anlagevermögen + Umlaufvermögen) |
| – | nicht betriebsnotwendiges Vermögen[2] |
| = | betriebsnotwendiges Vermögen |
| – | zinsfreies Fremdkapital[3] |
| = | betriebsnotwendiges Kapital |

**Beispiel**

Im Betrachtungsmonat sind **5.000,00 € tatsächlich angefallene Fremdkapitalzinsen** in der Geschäftsbuchführung gebucht worden.

Das betriebsnotwendige Kapital (k) beträgt 1.000.000,00 €. Der landesübliche Zinssatz (p) für langfristige Darlehen beläuft sich auf 9 %. Betrachtungszeitraum (t): 1 Monat (= 30 Tage).

**Errechnung der monatlichen kalkulatorischen Zinsen:**

$$z = \frac{k \cdot p \cdot t}{100 \cdot 360} = \frac{1.000.000{,}00\ € \cdot 9 \cdot 30}{100 \cdot 360} = \underline{\underline{7.500{,}00\ €}}$$

Die in der **Geschäftsbuchführung tatsächlich gebuchten Fremdkapitalzinsen** und die **kalkulatorischen Zinsen** fließen folgendermaßen in die Ergebnistabelle ein:

| Geschäftsbuchführung | | | | Kosten- und Leistungsrechnung | | | | | |
|---|---|---|---|---|---|---|---|---|---|
| Erfolgsbereich | | | | Abgrenzungsbereich | | | | Kosten- und Leistungsbereich | |
| Kto.-Nr. | Konten | Aufwendungen | Erträge | Unternehmensbezogene Abgrenzungen | | Kostenrechnerische Korrekturen | | Kosten | Leistungen |
| | | | | Aufwendungen | Erträge | Aufwendungen | Erträge | | |
| ⋮ | ⋮ | ⋮ | ⋮ | ⋮ | ⋮ | ⋮ | ⋮ | ⋮ | ⋮ |
| **7510** | **Zinsaufwend.** | **5.000** | | | | **5.000** | | | |
| ⋮ | ⋮ | ⋮ | ⋮ | ⋮ | ⋮ | ⋮ | ⋮ | ⋮ | ⋮ |
| | Kalkulatorische Kosten<br>**Kalkulatorische Zinsen** | | | | | | **7.500** | **7.500** | |
| ⋮ | ⋮ | ⋮ | ⋮ | ⋮ | ⋮ | ⋮ | ⋮ | ⋮ | ⋮ |

1 Es wird vom tatsächlichen Betriebsvermögen unter Berücksichtigung der kalkulatorischen Abschreibungen (siehe S. 424 f.) ausgegangen.

2 z. B. Wohnhäuser, Beteiligungen, Wertpapiere, Edelmetalle

3 z. B. Verbindlichkeiten a. LL, Anzahlungen von Kunden

Folgendes wird deutlich:

1. In der Spalte „Kostenrechnerische Korrekturen“ werden die in der Geschäftsbuchführung gebuchten Fremdkapitalzinsen für den „Kosten- und Leistungsbereich“ abgefiltert. Sie finden nun im „Kosten- und Leistungsbereich“ keinen Niederschlag.
2. Die kalkulatorischen Zinsen gehen als negative Erfolgselemente (Kosten) in das „Betriebsergebnis“ (Spalte: „Kosten- und Leistungsbereich“) und im gleichen Maß als positive Erfolgselemente in das „Ergebnis aus kostenrechnerischen Korrekturen“ ein. Auf das Gesamtergebnis der Kosten- und Leistungsrechnung (Rechnungskreis II) haben die kalkulatorischen Zinsen keinen Einfluss. Die positive und die negative Erfassung gleichen sich aus.

Aufgaben folgen auf S. 429 ff.

**Die kalkulatorischen Zinsen auf das Eigenkapital stellen Zusatzkosten, die kalkulatorischen Zinsen auf das Fremdkapital Anderskosten dar.**

## Kalkulatorische Abschreibungen

In der Kosten- und Leistungsrechnung werden **kalkulatorische Abschreibungen** in Ansatz gebracht. Sie weichen in folgenden Punkten von den **bilanzmäßigen Abschreibungen** der **Geschäftsbuchführung** ab:

1. Die bilanzmäßigen Abschreibungen der Geschäftsbuchführung werden vornehmlich nach **steuerlichen Gesichtspunkten** (Minderung des steuerpflichtigen Gewinns durch Abschreibungen) vorgenommen. Die **tatsächliche Wertminderung** des Anlagevermögens soll hingegen in der Kosten- und Leistungsrechnung erfasst werden.
   In der Kosten- und Leistungsrechnung wird nach Leistungseinheiten und linear abgeschrieben. Die **Leistungsabschreibung** berücksichtigt den Werteverzehr des Anlagevermögens durch technische Abnutzung am besten.
   Für die **lineare Abschreibung** legt das Bundesministerium der Finanzen in Abschreibungstabellen Richtgrößen für die Nutzungsdauer einzelner Wirtschaftsgüter fest. In der betrieblichen Praxis weicht die tatsächliche Nutzungsdauer jedoch häufig von diesen Vorgaben ab. In der Kosten- und Leistungsrechnung wird der tatsächliche Werteverzehr erfasst. Deshalb wird hier von der tatsächlichen Nutzungsdauer der Anlagegüter ausgegangen und nicht von den Richtgrößen der Abschreibungstabellen.
2. In der Geschäftsbuchführung gilt das **Nominalprinzip.** Für die Abschreibungen bedeutet dies, dass sie von den **Anschaffungs-** oder **Herstellungskosten** berechnet werden.
   In der Kosten- und Leistungsrechnung hingegen herrscht das **Substanzerhaltungsprinzip** vor. Am Ende der Nutzungsdauer eines Anlagegutes wird ein gleichwertiges Anlagegut gekauft. Die Neuanschaffung muss über die Höhe der Verkaufspreise[1] der verkauften Erzeugnisse erwirtschaftet werden. Da in der Regel Anlagegüter Preisschwankungen unterliegen, müssen sich die Abschreibungen in der Kosten- und Leistungsrechnung – mit der Zielsetzung der **Substanzerhaltung** – an ihren **Wiederbeschaffungskosten** orientieren.
3. Im Gegensatz zur Geschäftsbuchführung werden in der Kosten- und Leistungsrechnung nur Abschreibungen auf **betriebsnotwendige Anlagegüter** vorgenommen. Abschreibungen auf vermietete Wohnhäuser gehen so beispielsweise in einer Textilfabrik nicht in die Kosten- und Leistungsrechnung ein.

1 *Hinweis:* In die Preiskalkulation fließen die Kosten der KLR ein und nicht die in der Geschäftsbuchführung gebuchten Aufwendungen.

**Beispiel** Gemäß Abschreibungstabelle des Bundesministeriums der Finanzen wird in der Geschäftsbuchführung eine maschinelle Anlage mit Anschaffungskosten von 480.000,00 € mit 20 % linear abgeschrieben. Der **bilanzielle Abschreibungsbetrag** beträgt folglich **96.000,00 €**.

Es wird mit Wiederbeschaffungskosten von 525.000,00 € gerechnet. Die tatsächliche Nutzungsdauer wird mit 7 Jahren angesetzt. Der lineare Abschreibungsprozentsatz beträgt daher in der Kosten- und Leistungsrechnung 14 $^{2}/_{7}$ %. **Kalkulatorisch** werden also **75.000,00 €** abgeschrieben.

Die **bilanziellen Abschreibungen** von **96.000,00 €** und die **kalkulatorischen Abschreibungen** von **75.000,00 €** gehen folgendermaßen in die Ergebnistabelle ein:

| Geschäftsbuchführung | | | | Kosten- und Leistungsrechnung | | | | | |
|---|---|---|---|---|---|---|---|---|---|
| Erfolgsbereich | | | | Abgrenzungsbereich | | | | Kosten- und Leistungsbereich | |
| Kto.-Nr. | Konten | Aufwendungen | Erträge | Unternehmensbezogene Abgrenzungen | | Kostenrechnerische Korrekturen | | Kosten | Leistungen |
| | | | | Aufwendungen | Erträge | Aufwendungen | Erträge | | |
| ⋮ | ⋮ | ⋮ | ⋮ | ⋮ | ⋮ | ⋮ | ⋮ | ⋮ | ⋮ |
| **6520** | **Abschreib.** | **96.000** | | | | **96.000** | | | |
| ⋮ | ⋮ | ⋮ | ⋮ | ⋮ | ⋮ | ⋮ | ⋮ | ⋮ | ⋮ |
| | Kalkulatorische Kosten **Kalkulatorische Abschreibungen** | | | | | | **75.000** | **75.000** | |
| ⋮ | ⋮ | ⋮ | ⋮ | ⋮ | ⋮ | ⋮ | ⋮ | ⋮ | ⋮ |

Folgendes wird deutlich:

1. In der Spalte „Kostenrechnerische Korrekturen“ werden die in der Geschäftsbuchführung gebuchten bilanzmäßigen Abschreibungen für den „Kosten- und Leistungsbereich“ abgefiltert. Sie finden nun im „Kosten- und Leistungsbereich“ keinen Niederschlag.
2. Die kalkulatorischen Abschreibungen gehen als negative Erfolgselemente (Kosten) in das „Betriebsergebnis“ (Spalte: „Kosten- und Leistungsbereich“) und im gleichen Maß als positive Erfolgselemente in das „Ergebnis aus kostenrechnerischen Korrekturen“ ein. Auf das Gesamtergebnis der Kosten- und Leistungsrechnung (Rechnungskreis II) haben die kalkulatorischen Abschreibungen keinen Einfluss. Die positive und die negative Erfassung gleichen sich aus.

Aufgaben folgen auf S. 429 ff.

**Die kalkulatorischen Abschreibungen stellen Anderskosten dar.**

## Kalkulatorische Wagnisse

Das **allgemeine Unternehmerwagnis,** das sich z. B. aus Verlusten

- infolge eines konjunkturell bedingten Absatzrückganges,
- infolge einer strukturellen Nachfrageverschiebung (Modewechsel, technischer Fortschritt, Marktsättigung) oder
- infolge eines Betriebsstillstandes aufgrund politischer Unruhen

ergeben kann, wird durch den **Gewinn** abgegolten und kann daher in der Kosten- und Leistungsrechnung nicht berücksichtigt werden.

Im Gegensatz zum allgemeinen Unternehmerwagnis können **besondere betriebsbedingte Einzelwagnisse** in die Kosten- und Leistungsrechnung einbezogen werden, soweit sie nicht durch eine **Fremdversicherung** abgedeckt sind. Hierzu gehören (nach Mellerowicz[1]):

- das **Beständewagnis** (Verlustgefahr durch Diebstahl, Schwund, Verderb usw.),
- das **Anlagewagnis** (Verlustgefahr durch Explosion, Brand usw.),
- das **Gewährleistungswagnis** (Verlustgefahr durch Garantieübernahmen gegenüber den Abnehmern) und
- das **Vertriebswagnis** (Verlustgefahr durch Forderungsausfälle, Währungsverluste usw.).

Die **tatsächlich eingetretenen betriebsbedingten Wagnisverluste** werden in der Geschäftsbuchführung erfasst.

Sie fallen in schwankenden Höhen und in unregelmäßigen Zeitabständen an und sind somit unter dem Gesichtspunkt der Stetigkeit des Kostenansatzes für die Kosten- und Leistungsrechnung unbrauchbar.

Um eine gewisse Konstanz beim Kostenansatz in der Kosten- und Leistungsrechnung zu erreichen, werden hier für die kalkulatorischen Wagnisse Durchschnittswerte angesetzt. Diese werden aufgrund von tatsächlich in den vorausgegangenen Jahren eingetretenen Wagnisverlusten errechnet.

**Beispiel**

| | |
|---|---|
| 1. **Beständewagnis:** In den letzten 6 Jahren betrug der Verlust durch Diebstahl und Schwund 4 % des durchschnittlichen Lagerbestandes. Für das kommende Geschäftsjahr wird mit einem durchschnittlichen Lagerbestand von 500.000,00 € gerechnet. Das Beständewagnis des kommenden Geschäftsjahres beträgt: 4 % von 500.000,00 € = ......... | 20.000,00 € |
| 2. **Gewährleistungswagnis:** In den letzten 6 Jahren beliefen sich die Gewährleistungskosten auf 2 % vom Umsatz. Der Umsatz des kommenden Geschäftsjahres wird auf 6.000.000,00 € geschätzt. Das Gewährleistungswagnis des kommenden Geschäftsjahres beträgt: 2 % von 6.000.000,00 € = ......... | 120.000,00 € |
| 3. **Vertriebswagnis:** In den letzten 6 Jahren machten die Forderungsausfälle 1,5 % vom Umsatz aus. Der Umsatz der kommenden Rechnungsperiode wird auf 6.000.000,00 € geschätzt. Das Vertriebswagnis des kommenden Geschäftsjahres beträgt: 1,5 % von 6.000.000,00 € = ...... | 90.000,00 € |
| Summe der zu kalkulierenden Wagniskosten: ......... | 230.000,00 € |

**Die kalkulatorischen Wagnisse stellen Anderskosten dar.**

Aufgaben folgen auf S. 429 ff.

In der Ergebnistabelle werden die kalkulatorischen Wagnisse wie die übrigen Anderskosten behandelt.

### Kalkulatorische Miete

Bei Unternehmen, die eigene Geschäfts-, Lager- und Fabrikgebäude besitzen, fallen statt Mietzahlungen hauptsächlich folgende Kosten an:

- Abschreibungen auf Gebäude,
- Hypothekenzinsen,
- Kosten für Gebäudereparaturen und
- Verwaltungskosten.

1 Konrad Mellerowicz (*1891, † 1984), deutscher Betriebswirt



6350426

In die Kosten- und Leistungsrechnung sollte aber ein **Mietwert** eingehen, der vergleichsweise für **gemietete Gebäude** hätte bezahlt werden müssen.

**Der kalkulatorische Mietwert stellt Anderskosten dar.**

Da nun aber die wesentlichen Bestandteile der Gebäudekosten, nämlich die Gebäudeabschreibungen durch die kalkulatorischen Abschreibungen und die Hypothekenzinsen durch die kalkulatorischen Zinsen, in der Kosten- und Leistungsrechnung bereits kalkulatorisch berücksichtigt sind, wird – zur Vereinfachung – in den meisten Betrieben, die eigene Geschäfts-, Lager- und Fabrikgebäude besitzen, auf die Erfassung einer kalkulatorischen Miete verzichtet.

Zusammenfassung

1. **Die kalkulatorischen Kosten werden in Zusatzkosten und Anderskosten unterteilt.**
2. **Den Zusatzkosten gehen keine Aufwandsbuchungen voraus. Hierzu zählen der kalkulatorische Unternehmerlohn in Einzelunternehmen und in Personengesellschaften sowie die kalkulatorischen Zinsen für das Eigenkapital.**
3. **Anderskosten sind aufwandsungleiche Kosten, die dadurch entstehen, dass der gleiche Werteverzehr in der Kalkulation anders erfasst werden muss als in der Buchführung. Hierzu zählen die kalkulatorischen Zinsen für das Fremdkapital, die kalkulatorischen Abschreibungen und die kalkulatorischen Wagnisse.**
4. **Auf die Erfassung einer kalkulatorischen Miete wird in den meisten Betrieben, die eigene Immobilien besitzen, verzichtet.**

| Kalkulatorischer Unternehmerlohn | Kalkulatorische Zinsen | Kalkulatorische Abschreibungen | Kalkulatorische Wagnisse | Kalkulatorische Miete |
|---|---|---|---|---|
| **Zielsetzung:** kostenmäßige Berücksichtigung der Arbeitsleistung der Gesellschafter in Einzelunternehmen und Personengesellschaften | **Zielsetzung:** zinsmäßiger Ausgleich bei unterschiedlichen Eigen- und Fremdkapitalausstattungen von Unternehmen, Berücksichtigung einer Verzinsung des Eigenkapitals | **Zielsetzung:** Erfassung der tatsächlichen Wertminderung des betriebsnotwendigen Anlagevermögens (Eliminierung steuerlicher Aspekte) | **Zielsetzung:** gleichmäßige Verteilung tatsächlich eingetretener Wagnisverluste auf die einzelnen Geschäftsjahre (Stetigkeit des Kostenansatzes) | **Zielsetzung:** Ausgleich unterschiedlicher Eigentumsverhältnisse (Miete, Eigentum) von Unternehmen an den Geschäftsgebäuden |
| **Höhe:** Gehälter von leitenden Angestellten mit einer vergleichbaren Tätigkeit | **Berechnungsbasis:** betriebsnotwendiges Kapital **Höhe des Zinssatzes:** landesüblicher Zinssatz für langfristige Darlehen | **Berechnungsbasis:** Wiederbeschaffungskosten des betriebsnotwendigen Anlagevermögens **Abschreibungsmethode:** linear (nach der tatsächlichen Nutzungsdauer) oder nach Leistungseinheiten | **Höhe:** Durchschnittswerte (mehrerer Jahre) von tatsächlich angefallenen Wagnisverlusten | **Höhe:** ortsübliche Miete **Praxisrelevanz:** Auf die Erfassung wird in der Regel verzichtet, weil die Gebäudeabschreibungen und die Hypothekenzinsen bereits kalkulatorisch erfasst werden. |
| **Zusatzkosten** | **Anderskosten** (kalk. Zinsen auf Fremdkapital) **Zusatzkosten** (kalk. Zinsen auf Eigenkapital) | **Anderskosten** | **Anderskosten** | **Anderskosten** |

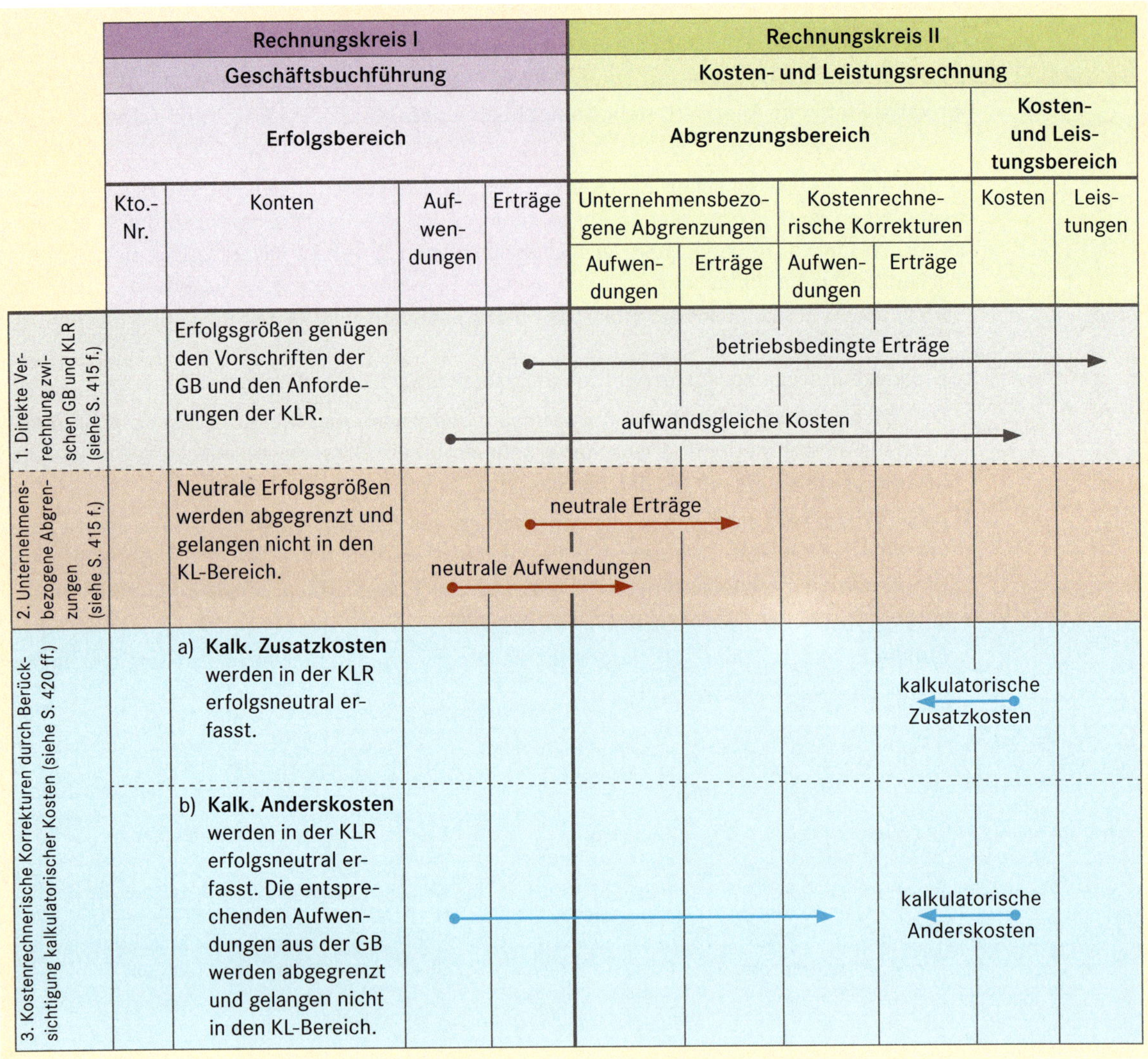


## Die Auswertung der Ergebnistabelle

Die Auswertung der Ergebnistabelle besteht in einer Analyse der **Kosten- und Leistungsstruktur** und in der Errechnung der **Wirtschaftlichkeit.** Es gelten analog die Ausführungen des Kapitels „5.6.2 Auswertung der Gewinn- und Verlustrechnung". In den Kennzahlen werden lediglich die negativen und positiven Erfolgselemente „Aufwendungen" und „Erträge" der Geschäftsbuchführung durch die negativen und positiven Erfolgselemente „Kosten" und „Leistungen" der KLR ersetzt:

$$\textbf{Intensität der Materialkosten} = \frac{\text{Materialkosten} \cdot 100}{\text{Gesamtkosten}}$$

$$\textbf{Intensität der Abschreibungen} = \frac{\text{kalkulatorische Abschreibungen} \cdot 100}{\text{Gesamtkosten}}$$



6350428

$$\textbf{Intensität der Personalkosten} = \frac{\text{Personalkosten} \cdot 100}{\text{Gesamtkosten}}$$

$$\textbf{Intensität des Umsatzes} = \frac{\text{Umsatz} \cdot 100}{\text{Gesamtleistungen}}$$

$$\textbf{Wirtschaftlichkeit} = \frac{\text{Leistungen}}{\text{Kosten}}$$

Auch die Umsatzrentabilitätskennziffer (Kapitel 5.6.3.3) kann zur Auswertung des Betriebsergebnisses herangezogen werden:

$$\textbf{Umsatzrentabilität} = \frac{\text{Betriebsgewinn}^{1} \cdot 100}{\text{Umsatzerlöse}}$$

## Aufgaben

| | | | |
|---|---|---|---|
| **1 u. 2:** | Einführung in die Thematik | **9 u. 10:** | Ergebnistabellen |
| **3:** | Kalkulatorischer Unternehmerlohn | **11 u. 12:** | Analyse und Auswertung von Ergebnistabellen |
| **4:** | Kalkulatorische Zinsen | **13:** | Komplexe problemorientierte Aufgabe, die als Unterrichtsprojekt geeignet ist. |
| **5–7:** | Kalkulatorische Abschreibungen | | |
| **8:** | Kalkulatorische Wagnisse | | |

**1** Ordnen Sie zu.

| A | B |
|---|---|
| 1. Grundkosten (Zweckaufwand) | 1. Kalkulatorischer Unternehmerlohn |
| 2. Neutrale Aufwendungen | 2. Kalkulatorische Abschreibungen |
| 3. Anderskosten | 3. Fertigungslöhne |
| 4. Zusatzkosten | 4. Verluste aus dem Abgang von Vermögensgegenständen[2] |

**2** Welche Aussagen sind richtig bzw. falsch? Begründen Sie Ihre Meinung.

a) Alle Kosten sind zugleich Aufwendungen.

b) Bei Einzelunternehmen und Personengesellschaften zählt der kalkulatorische Unternehmerlohn zu den Anderskosten.

c) Der Arbeitgeberanteil zur Sozialversicherung gehört zu den Zusatzkosten.

d) Die betriebsfremden Aufwendungen werden auch als Anderskosten bezeichnet.

e) Grundkosten nennt man auch Zweckaufwendungen.

f) Anderskosten sind aufwandsungleiche Kosten.

g) Zusatzkosten und Anderskosten sind kalkulatorische Kosten.

h) Die kalkulatorischen Kosten zählt man zu den Zusatzkosten.

i) Zusatzkosten sind aufwandsgleiche Kosten.

j) Kalkulatorische Wagnisse gehören zu den Anderskosten.

k) Die Erfassung der kalkulatorischen Kosten in der Ergebnistabelle verändert im Rechnungskreis II das Gesamtergebnis.

→

1 Im Betriebsgewinn der Kosten- und Leistungsrechnung ist der kalkulatorische Unternehmerlohn (bei Einzelunternehmen und Personengesellschaften) bereits berücksichtigt. (Er muss deshalb nicht noch abgezogen werden.)

2 Vermögensgegenstände wurden unter Buchwert veräußert.

l) Die kalkulatorischen Kosten finden im Betriebsergebnis ihren Niederschlag.
m) Kalkulatorische Zinsen zählen zu den Grundkosten.
n) Die Höhe des kalkulatorischen Unternehmerlohnes bemisst sich am Gehalt eines mit einer vergleichbaren Tätigkeit beauftragten leitenden Angestellten.
o) Die kalkulatorischen Zinsen werden vom betriebsnotwendigen Kapital berechnet.
p) In der Geschäftsbuchführung wird nach dem Substanzerhaltungsprinzip von den Wiederbeschaffungskosten abgeschrieben.
q) Unter dem Gesichtspunkt der Stetigkeit des Kostenansatzes werden für die kalkulatorischen Wagnisse Durchschnittswerte aus tatsächlich eingetretenen Wagnisverlusten angesetzt.

3 Die Ergebnistabelle weist folgende Zwischensummen für den Monat Mai auf:

| Geschäftsbuchführung | | | | Kosten- und Leistungsrechnung | | | | | |
|---|---|---|---|---|---|---|---|---|---|
| Erfolgsbereich | | | | Abgrenzungsbereich | | | | Kosten- und Leistungsbereich | |
| Kto.-Nr. | Konten | Aufwendungen | Erträge | Unternehmensbezogene Abgrenzungen | | Kostenrechnerische Korrekturen | | Kosten | Leistungen |
| | | | | Aufwendungen | Erträge | Aufwendungen | Erträge | | |
| | Zwischensummen ❶ | 820.000,00 | 950.000,00 | 90.000,00 | 150.000,00 | 80.000,00 | 50.000,00 | 760.000,00 | 860.000,00 |
| | Zwischensummen ❷ | 780.000,00 | 930.000,00 | 120.000,00 | 130.000,00 | 90.000,00 | 100.000,00 | 710.000,00 | 840.000,00 |
| | Zwischensummen ❸ | 690.000,00 | 640.000,00 | 70.000,00 | 80.000,00 | 70.000,00 | 50.000,00 | 580.000,00 | 540.000,00 |

Noch nicht berücksichtigt ist der monatliche kalkulatorische Unternehmerlohn von ❶ 10.000,00 €, ❷ 8.000,00 €, ❸ 13.000,00 €.

Wie hoch ist (jeweils für ❶, ❷ und ❸)
a) das Betriebsergebnis,
b) das Ergebnis aus kostenrechnerischen Korrekturen,
c) das Ergebnis aus unternehmensbezogenen Abgrenzungen und
d) das Gesamtergebnis,
wenn der kalkulatorische Unternehmerlohn zusätzlich in die Ergebnistabelle eingeht?

AH

4

| I. Angaben zur Berechnung des betriebsnotwendigen Kapitals: | ❶ | ❷ | ❸ |
|---|---|---|---|
| Anlagevermögen | 3.000.000,00 | 4.000.000,00 | 4.400.000,00 |
| Umlaufvermögen | 1.000.000,00 | 1.500.000,00 | 1.700.000,00 |
| Im Anlagevermögen ist ein vermietetes Wohnhaus enthalten | 900.000,00 | 1.200.000,00 | 1.400.000,00 |
| Im Umlaufvermögen sind Wertpapiere enthalten | 200.000,00 | 250.000,00 | 320.000,00 |
| Zinsfreies Fremdkapital | 400.000,00 | 300.000,00 | 410.000,00 |
| II. Landesüblicher Zinssatz | 9 % | 8 % | 6 % |
| III. Lastschrift der Bank für tatsächlich gezahlte Fremdkapitalzinsen im Mai | 10.000,00 | 15.000,00 | 12.000,00 |

a) Errechnen Sie die monatlichen kalkulatorischen Zinsen (jeweils für ❶ bis ❸).

b) Gehen Sie von den Zwischensummen ❶ bis ❸ der Ergebnistabelle der Aufgabe 3 aus. Noch nicht berücksichtigt sind in den Zwischensummen die tatsächlich gezahlten Fremdkapitalzinsen und die kalkulatorischen Zinsen.
Nehmen Sie die Buchungen für die tatsächlich gezahlten Fremdkapitalzinsen und für die kalkulatorischen Zinsen in der Ergebnistabelle vor (jeweils für ❶ bis ❸).

c) Errechnen Sie (jeweils für ❶ bis ❸)
- das Betriebsergebnis,
- das Ergebnis aus kostenrechnerischen Korrekturen,
- das Ergebnis aus unternehmensbezogenen Abgrenzungen und
- das Gesamtergebnis.

5 Die Anschaffungskosten eines Personenkraftwagens betragen 60.000,00 €. Gemäß AfA-Tabelle der Finanzbehörden beträgt die Nutzungsdauer 6 Jahre. Es wird mit einer tatsächlichen Nutzungsdauer von 10 Jahren und mit Wiederbeschaffungskosten in Höhe von 72.000,00 € gerechnet. Bilanzmäßig und kalkulatorisch wird linear abgeschrieben.
Errechnen Sie den jährlichen bilanzmäßigen und den jährlichen kalkulatorischen Abschreibungsbetrag.

AH

6

| I. Bilanzmäßige Abschreibungen | ❶ | ❷ | ❸ |
|---|---|---|---|
| - auf Fuhrpark, 20 % linear, Anschaffungskosten | 240.000,00 | 312.000,00 | 225.000,00 |
| - auf Büromaschinen, Organisationsmittel und Kommunikationsanlagen, 20 % linear, Anschaffungskosten | 144.000,00 | 180.000,00 | 114.000,00 |
| II. Kalkulatorische Abschreibungen | | | |
| - auf Fuhrpark, 8 Jahre linear, Wiederbeschaffungskosten | 288.000,00 | 384.000,00 | 268.800,00 |
| - auf Büromaschinen, Organisationsmittel und Kommunikationsanlagen, 7 Jahre linear, Wiederbeschaffungskosten | 151.200,00 | 210.000,00 | 117.600,00 |

a) Errechnen Sie für den Monat Mai (jeweils für ❶ bis ❸)
- die bilanzmäßigen Abschreibungen und
- die kalkulatorischen Abschreibungen.

b) Gehen Sie von den Zwischensummen ❶ bis ❸ der Ergebnistabelle der Aufgabe 3 aus. Noch nicht berücksichtigt sind in den Zwischensummen sowohl die bilanzmäßigen als auch die kalkulatorischen Abschreibungen. Nehmen Sie die Buchungen für die bilanzmäßigen und für die kalkulatorischen Abschreibungen in der Ergebnistabelle vor (jeweils für ❶ bis ❸).

c) Errechnen Sie (jeweils für ❶ bis ❸)
- das Betriebsergebnis,
- das Ergebnis aus kostenrechnerischen Korrekturen,
- das Ergebnis aus unternehmensbezogenen Abgrenzungen und
- das Gesamtergebnis.

7 Ein Anlagegut mit Anschaffungskosten von 80.000,00 € wird bilanzmäßig mit 20 % linear abgeschrieben.
Die tatsächliche Nutzungsdauer des Anlagegutes beträgt 9 Jahre. Die Teuerung des Anlagegutes wird auf jährlich 3 % geschätzt.

a) Errechnen Sie den bilanzmäßigen jährlichen Abschreibungsbetrag.

b) Errechnen Sie die Wiederbeschaffungskosten des Anlagegutes am Ende seiner (9-jährigen) Nutzungsdauer.

c) Errechnen Sie den kalkulatorischen jährlichen Abschreibungsbetrag.

d) Erklären Sie, weshalb bei den kalkulatorischen Abschreibungen
   1. von der tatsächlichen Nutzungsdauer und
   2. von den Wiederbeschaffungskosten ausgegangen wird.

8 1. **Beständewagnis:** In den letzten 5 Jahren betrug der Verlust durch Diebstahl und Schwund 3,5 % des durchschnittlichen Lagerbestandes. Der durchschnittliche Lagerbestand wird für das kommende Geschäftsjahr auf 700.000,00 € geschätzt.
2. **Anlagewagnis:** In den letzten 5 Jahren belief sich die Wertminderung der maschinellen Anlagen durch Brand und Explosion auf insgesamt 100.000,00 €.
3. **Gewährleistungswagnis:** In den letzten 5 Jahren betrugen die Gewährleistungskosten durchschnittlich 3 % vom Nettoumsatz. Der Nettoumsatz des kommenden Geschäftsjahres wird auf 5.600.000,00 € geschätzt.
   a) Errechnen Sie die Summe der jährlichen kalkulatorischen Wagniskosten.
   b) Erklären Sie, weshalb die tatsächlich eingetretenen, in der Geschäftsbuchführung erfassten Wagnisverluste für die Kosten- und Leistungsrechnung unbrauchbar sind.
   c) In welche Ergebnisse der Abgrenzungstabelle fließen die tatsächlich eingetretenen Wagnisverluste und die kalkulatorischen Wagnisse ein?

AH

Excel

9[1] In der Geschäftsbuchführung sind im Monat März folgende Beträge erfasst worden:

| | a) | | b) | |
|---|---|---|---|---|
| **Konten** | **Soll (T€)** | **Haben (T€)** | **Soll (T€)** | **Haben (T€)** |
| 5000 | - | 5.700 | - | 5.400 |
| 5202 | - | 100 | - | 50 |
| 5401 | - | 20 | - | 30 |
| 5460[2] | - | 10 | - | 8 |
| 5710 | - | 12 | - | 15 |
| 5800 | - | 50 | - | 40 |
| 6000 | 3.600 | - | 3.580 | - |
| 6030 | 200 | - | 300 | - |
| 6200 | 900 | - | 800 | - |
| 6300 | 200 | - | 180 | - |
| 6400 | 100 | - | 90 | - |
| 6410 | 30 | - | 20 | - |
| 6520 | 200 | - | 180 | - |
| 6700 | 100 | - | 120 | - |
| 6960[3] | 30 | - | 10 | - |
| 7510 | 50 | - | 30 | - |
| 7600 | 40 | - | 20 | - |

**Ansätze der Kosten- und Leistungsrechnung:**
1. Der kalkulatorische Unternehmerlohn beläuft sich auf monatlich a) 10 T€, b) 12 T€.
2. Das betriebsnotwendige Kapital beträgt a) 12.000 T€, b) 10.000 T€. Der kalkulatorische Zinssatz ist a) 8 %, b) 6 %.
3. Die kalkulatorischen Abschreibungen belaufen sich auf monatlich a) 120 T€, b) 100 T€.

Erstellen Sie die **monatliche** Ergebnistabelle mit Ausweis der einzelnen Ergebnisse.

1 Bei dieser Aufgabe ist der „Ansatz von Verrechnungspreisen" (siehe Kapitel 6.2.2.2) noch nicht zu berücksichtigen. Es wird empfohlen, diese Aufgabe zunächst manuell im Arbeitsheft und erst danach am PC auf dem Excel-Arbeitsblatt zu lösen.

2 Gebrauchte Anlagegüter wurden über Buchwert verkauft. Das Konto „5460" weist den Buchgewinn (= Nettoverkaufserlös - Buchwert) aus.

3 Gebrauchte Anlagegüter wurden unter Buchwert verkauft. Das Konto „6960" weist den Buchverlust (= Nettoverkaufserlös - Buchwert) aus.

AH

Excel

10[1] Erstellen Sie aufgrund der in der Geschäftsbuchführung erfassten Beträge die **jährliche** Ergebnistabelle mit Ausweis der einzelnen Ergebnisse.

**Beträge der Geschäftsbuchführung:**

| | a) | | b) | |
|---|---|---|---|---|
| **Konten** | **Soll (T€)** | **Haben (T€)** | **Soll (T€)** | **Haben (T€)** |
| 5000 | - | 42.680 | - | 35.250 |
| 5202 | - | 200 | 10 | - |
| 5401 | - | 900 | - | 800 |
| 5480 | - | 9 | - | 7 |
| 5490 | - | 100 | - | 200 |
| 5710 | - | 80 | - | 100 |
| 5780 | - | 8 | - | 10 |
| 5800 | - | 12 | - | 8 |
| 6000 | 20.000 | - | 12.500 | - |
| 6030 | 900 | - | 800 | - |
| 6160 | 2.000 | - | 3.000 | - |
| 6200 | 10.000 | - | 11.000 | - |
| 6300 | 3.000 | - | 4.000 | - |
| 6400 | 1.500 | - | 2.000 | - |
| 6410 | 400 | - | 500 | - |
| 6520 | 1.500 | - | 1.600 | - |
| 6700 | 800 | - | 700 | - |
| 6960[2] | 50 | - | 40 | - |
| 7510 | 200 | - | 120 | - |
| 7600 | 20 | - | 50 | - |

**Ansätze der Kosten- und Leistungsrechnung:**

1. Der kalkulatorische Unternehmerlohn (2 geschäftsführende Gesellschafter) beläuft sich jährlich auf a) 180 T€, b) 220 T€.
2. Die kalkulatorischen Zinsen betragen jährlich a) 600 T€, b) 800 T€.
3. Die kalkulatorischen Abschreibungen belaufen sich jährlich auf a) 800 T€, b) 1.200 T€.

11 Die Ergebnistabelle der Aufgabe 10 a) liegt Ihnen zur Auswertung vor.
Sind die folgenden Aussagen richtig oder falsch? Begründen Sie Ihre Meinung, gegebenenfalls auch rechnerisch.

a) Die bilanziellen Abschreibungen betragen 800 T€.
b) Es wurden im vorausgegangenen Geschäftsjahr zu hohe Rückstellungen gebildet.
c) Es wurden weniger „fertige Erzeugnisse“ verkauft als hergestellt.
d) „Aktivierte Eigenleistungen“ würde man in der Ergebnistabelle in den Spalten „Geschäftsbuchführung, Erträge“ und „Unternehmensbezogene Abgrenzungen, Erträge“ eintragen.
e) Die Umsatzrentabilität des Kosten- und Leistungsbereiches beträgt 4,5 %.
f) Die Wirtschaftlichkeit im Kosten- und Leistungsbereich wird erhöht, wenn eine Rationalisierungsinvestition vorgenommen wird, bei der die Fertigungslöhne und die anteiligen Lohnnebenkosten stärker sinken, als die kalkulatorischen Abschreibungen steigen. →

1 Bei dieser Aufgabe ist der „Ansatz von Verrechnungspreisen“ (siehe Kapitel 6.2.2.2) noch nicht zu berücksichtigen. Es wird empfohlen, diese Aufgabe zunächst manuell im Arbeitsheft und erst danach am PC auf dem Excel-Arbeitsblatt zu lösen.

2 Gebrauchte Anlagegüter wurden unter Buchwert verkauft. Das Konto „6960“ weist den Buchverlust (= Nettoverkaufserlös – Buchwert) aus.

g) Die kalkulatorischen Abschreibungen verschlechtern das Ergebnis der Geschäftsbuchführung um 800 T€; die bilanziellen Abschreibungen verschlechtern das Betriebsergebnis um 1.500 T€.

h) Ein gebrauchter Geschäftswagen wurde für 11.900,00 € (brutto, einschl. 19 % Umsatzsteuer) gegen Bankscheck veräußert. Zum Zeitpunkt des Verkaufs hatte dieser Geschäftswagen einen Buchwert von 11.000,00 €. Im Ergebnis aus unternehmensbezogenen Abgrenzungen schlägt sich dieser Verkauf mit - 2.000,00 € nieder.

i) Die Wirtschaftlichkeit im Kosten- und Leistungsbereich steigt, wenn die „Umsatzerlöse für eigene Erzeugnisse" steigen.

j) Nicht versicherte betriebsbedingte Schäden (Konto: „6930 Verluste aus Schadensfällen") würde man in der Ergebnistabelle in den Spalten „Geschäftsbuchführung, Aufwendungen" und „Kosten- und Leistungsbereich, Kosten" eintragen. Die entsprechenden kalkulatorischen Wagnisse würde man in den Spalten „Kostenrechnerische Korrekturen, Erträge" und „Kosten- und Leistungsbereich, Kosten" erfassen.

AH

Excel

12[1] I. Erstellen Sie aufgrund der in der Geschäftsbuchführung erfassten Beträge die Ergebnistabelle für das Vorjahr und für das Berichtsjahr.

II. Errechnen Sie jeweils für das Vorjahr und für das Berichtsjahr
1. die Intensität der Rohstoffkosten,
2. die Intensität der Lohnkosten (Konten 6200 und 6400),
3. die Intensität der kalkulatorischen Abschreibungen,
4. die Umsatzrentabilität,
5. die Wirtschaftlichkeit.

III. Analysieren Sie die unter II. errechneten Kennziffern und die Betriebsergebnisse der beiden Jahre.

| | Vorjahr | | Berichtsjahr | |
|---|---|---|---|---|
| **Konten** | **Soll (T€)** | **Haben (T€)** | **Soll (T€)** | **Haben (T€)** |
| 5000 | - | 44.000 | - | 42.300 |
| 5401 | - | 850 | - | 910 |
| 5490 | - | 120 | - | 105 |
| 5710 | - | 85 | - | 75 |
| 5780 | - | 10 | - | 9 |
| 5800 | - | 15 | - | 10 |
| 6000 | 23.000 | - | 21.000 | - |
| 6160 | 1.100 | - | 1.050 | - |
| 6200 | 9.800 | - | 7.800 | - |
| 6300 | 2.000 | - | 2.000 | - |
| 6400 | 1.960 | - | 1.560 | - |
| 6410 | 400 | - | 400 | - |
| 6520 | 4.600 | - | 5.100 | - |
| 6700 | 830 | - | 795 | - |
| 6960[2] | 48 | - | 50 | - |
| 7510 | 180 | - | 360 | - |
| 7600 | 25 | - | 23 | - |

1 Bei dieser Aufgabe ist der „Ansatz von Verrechnungspreisen" (siehe Kapitel 6.2.2.2) noch nicht zu berücksichtigen. Es wird empfohlen, diese Aufgabe zunächst manuell im Arbeitsheft und erst danach am PC auf dem Excel-Arbeitsblatt zu lösen.

2 Gebrauchte Anlagegüter wurden unter Buchwert verkauft. Das Konto „6960" weist den Buchverlust (= Nettoverkaufserlös - Buchwert) aus.

**Ansätze der Kosten- und Leistungsrechnung:**

1. Der kalkulatorische Unternehmerlohn beträgt im Vorjahr und im Berichtsjahr jeweils 200 T€ (2 geschäftsführende Gesellschafter).
2. Die kalkulatorischen Zinsen betragen
   a) im Vorjahr 580 T€,
   b) im Berichtsjahr 910 T€.
3. Die kalk. Abschreibungen betragen
   a) im Vorjahr 4.100 T€,
   b) im Berichtsjahr 4.400 T€.

AH

Excel

**13**[1] Sie sind Mitarbeiter/-in in der Controllingabteilung der Fahrradfabrik Fahrrad Bremer KG.

a) Im abgelaufenen Geschäftsjahr wurden für die drei Kostenträger „Stadtrad SR5", „Trekkingrad TR3" und „Mountainbike MB7" folgende Absatzmengen und Verkaufspreise erzielt:

| | Stadtrad SR5 | Trekkingrad TR3 | Mountainbike MB7 |
|---|---|---|---|
| Absatzmenge (Stück) | 23600 | 18400 | 16900 |
| Verkaufspreis (€) | 200,00 | 220,00 | 350,00 |

Für das neue Geschäftsjahr liegen Ihnen aus der Marketing- und Kalkulationsabteilung folgende prognostizierte/kalkulierte Absatz- und Preiserwartungen vor:

| | Stadtrad SR5 | Trekkingrad TR3 | Mountainbike MB7 |
|---|---|---|---|
| Absatzerwartung | – 10 % | + 12 % | + 16 % |
| Preiserwartung | + 10 % | 0 % | + 4 % |

Stellen Sie tabellarisch für jeden Kostenträger
1. die Absatzmengen, 2. die Verkaufspreise und 3. die Umsätze
des alten Geschäftsjahres (Istzahlen) und des neuen Geschäftsjahres **(Absatzplan)** dar.

b) Im neuen Geschäftsjahr sollen die Lagerbestände des Fertigwarenlagers reduziert werden. Die folgende Übersicht gibt den tatsächlichen Lagerbestand am Anfang und den geplanten Lagerbestand am Ende des neuen Geschäftsjahres wieder:

| | Stadtrad SR5 | Trekkingrad TR3 | Mountainbike MB7 |
|---|---|---|---|
| Istlageranfangs-bestand (Stück) | 3680 | 1960 | 4790 |
| Planlagerendbestand (Stück) | 3000 | 1500 | 4000 |

Errechnen Sie in einer Tabelle für jeden Kostenträger die geplanten jährlichen Produktionsmengen **(Produktionsplan)**.

c) Für das alte Geschäftsjahr liegt Ihnen die Ergebnistabelle auf S. 437 vor. Für das neue Geschäftsjahr sind die geplanten/zu erwartenden Änderungen der einzelnen Ertrags- und Aufwandspositionen prozentual in der Spalte hinter der unten stehenden Ergebnistabelle aufgeführt. Erstellen Sie einen **Kostenplan**. →

1 Wegen der vorgegebenen Tabellen empfiehlt es sich, bei dieser Aufgabe die Lösung im Arbeitsheft und/oder auf den Excel-Arbeitsblättern vorzunehmen.
Eine komplette betriebliche Situation kann nicht simuliert werden. An einigen Stellen wird vereinfacht.

d) Erstellen Sie für das neue Geschäftsjahr eine Ergebnistabelle mit den geplanten Daten **(Planergebnistabelle).** Der geplante Bestandsabbau an fertigen Erzeugnissen (FE) ist mit den Planherstellungskosten zu bewerten.

| | Stadtrad SR5 | Trekkingrad TR3 | Mountainbike MB7 |
|---|---|---|---|
| Planherstellungskosten (€) | 125,00 | 130,00 | 220,00 |

e) Die Geschäftsführung hat für das neue Geschäftsjahr folgende Zielvorgaben formuliert:
1. Der Betriebsgewinn soll mindestens 850.000,00 € betragen.
2. Die Umsatzrendite soll mindestens 5,5 % betragen.

Stellen Sie als Controller/-in fest, ob die o. g. Zielvorgaben der Geschäftsführung für das neue Geschäftsjahr voraussichtlich erreicht werden **(Überprüfung der betriebswirtschaftlichen Zielvorgaben).**

f) Für das neue Geschäftsjahr sind Investitionen von 4,0 Mio. € geplant. Diese sollen zu 75 % aus flüssigen Mitteln und zu 25 % aus einer Eigenkapitalaufstockung finanziert werden.
Die Gesellschafter planen für das kommende Geschäftsjahr Privatentnahmen von 80.000,00 €.
Die Fremdkapitaltilgungen werden sich voraussichtlich auf 150.000,00 € belaufen.
Die zur Produktion benötigten Rohstoffe, Fremdbauteile, Hilfsstoffe und Betriebsstoffe werden jeweils zu Produktionsbeginn (just in time) bezogen. Die Ausgaben für den Bezug dieser Werkstoffe entsprechen folglich den jeweiligen Werkstoffaufwendungen, die in der Planergebnistabelle bereits errechnet wurden.[1]
Der Jahresanfangsbestand an liquiden Mitteln (einschließlich der Forderungen) beträgt 1.900.000,00 €.
Erstellen Sie einen **Finanzplan,** in dem Sie den Jahresendbestand an liquiden Mitteln (einschließlich der Forderungen) errechnen.
*Lösungshinweis: Berücksichtigen Sie dabei*
*1. die geplanten Einnahmen [aus der Planergebnistabelle von d)],*
*2. die geplanten Ausgaben [aus der Planergebnistabelle von d)],*
*3. die geplanten Investitionen,*
*4. die geplanten Privatentnahmen und*
*5. die geplanten Fremdkapitaltilgungen.*

g) Im neuen Geschäftsjahr werden für die drei Kostenträger „Stadtrad SR5“, „Trekkingrad TR3“ und „Mountainbike MB7“ folgende Absatzmengen und Verkaufspreise tatsächlich erzielt:

| | Stadtrad SR5 | Trekkingrad TR3 | Mountainbike MB7 |
|---|---|---|---|
| Absatzmenge (Stück) | 21 600 | 20 250 | 19 690 |
| Verkaufspreis (€) | 220,00 | 220,00 | 364,00 |

Stellen Sie tabellarisch für jeden Kostenträger den Istabsatzzahlen (Istabsatzmenge, Istverkaufspreis, Istumsatz) die Planabsatzzahlen (Planabsatzmenge, Planverkaufspreis, Planumsatz) gegenüber. Errechnen Sie dabei in der Tabelle die jeweiligen Abweichungen **(Soll-Ist-Vergleich beim Absatzplan).** Wie sind die Abweichungen bei den Absatzmengen erklärbar?

1 Die Bestandsveränderungen der Werkstoffe werden zur Vereinfachung vernachlässigt.

Istergebnistabelle, altes Geschäftsjahr[1]

| Geschäftsbuchführung | | | | Kosten- und Leistungsrechnung | | | | | | |
|---|---|---|---|---|---|---|---|---|---|---|
| Erfolgsbereich | | | | Abgrenzungsbereich | | | | Kosten- und Leistungsbereich | | prozentuale Änderungen |
| | | | | Unternehmensbezogene Abgrenzungen | | Kostenrechnerische Korrekturen | | Kosten | Leistungen | |
| Kto.-Nr. | Konten | Aufw. | Erträge | Aufw. | Erträge | Aufw. | Erträge | | | |
| 5000 | Umsatzerlöse f. e. E. | | 14.683.000 | | | | | | 14.683.000 | |
| 5202 | Bestandsveränderungen an FE | | 617.000 | | | | | | 617.000 | |
| 5401 | Nebenerlöse aus V. u. V. | | 485.000 | | 485.000 | | | | | + 5,0 % |
| 5710 | Zinserträge | | 44.000 | | 44.000 | | | | | + 4,0 % |
| 5800 | Außerordentliche Erträge | | 6.000 | | 6.000 | | | | | 0,0 % |
| 6000 | Aufwendungen für Rohstoffe | 1.300.000 | | | | | | 1.300.000 | | + 0,2 % |
| 6010 | Aufwendungen für Fremdbauteile | 7.480.000 | | | | | | 7.480.000 | | + 0,3 % |
| 6020 | Aufwendungen für Hilfsstoffe | 613.000 | | | | | | 613.000 | | + 0,4 % |
| 6030 | Aufwendungen für Betriebsstoffe | 124.000 | | | | | | 124.000 | | + 1,0 % |
| 6100 | Aufw. für bezogene Leistungen | 50.000 | | | | | | 50.000 | | + 10,0 % |
| 6200 | Löhne | 2.200.000 | | | | | | 2.200.000 | | + 4,0 % |
| 6300 | Gehälter | 1.100.000 | | | | | | 1.100.000 | | + 5,0 % |
| 6400 | AG-Anteil zur SV (LB + GB) | 780.000 | | | | | | 780.000 | | + 5,0 % |
| 6520 | Abschreibungen auf Sachanlagen | 750.000 | | | | 750.000 | | | | + 4,0 % |
| 6700 | Mieten, Pachten | 350.000 | | | | | | 350.000 | | + 3,0 % |
| 7510 | Zinsaufwendungen | 100.000 | | | | 100.000 | | | | + 2,0 % |
| 7600 | Außerordentliche Aufwendungen | 10.000 | | 10.000 | | | | | | 0,0 % |
| | Kalkulatorischer Unternehmerlohn | | | | | | 90.000 | 90.000 | | + 5,0 % |
| | Kalkulatorische Zinsen | | | | | | 300.000 | 300.000 | | + 3,0 % |
| | Kalkulatorische Abschreibungen | | | | | | 400.000 | 400.000 | | + 2,0 % |
| | | 14.857.000 | 15.835.000 | 10.000 | 535.000 | 850.000 | 790.000 | 14.787.000 | 15.300.000 | |
| | | 978.000 | | 525.000 | | | 60.000 | 513.000 | | |
| | | 15.835.000 | 15.835.000 | 535.000 | 535.000 | 850.000 | 850.000 | 15.300.000 | 15.300.000 | |
| | | Gesamtgewinn | | Gewinn aus unternehmensbez. Abgrenzungen | | Verlust aus kostenrechnerischen Korrekturen | | Betriebsgewinn | | |
| | | 973.000 | | 525.000 | | – 60.000 | | 513.000 | | |

1 zu Aufgabenteil c)



6350437

h) Am Ende des neuen Geschäftsjahres ergeben sich bei der Inventur für die drei Kostenträger folgende Lagerendbestände:

| | Stadtrad SR5 | Trekkingrad TR3 | Mountainbike MB7 |
|---|---|---|---|
| **Lagerendbestände (Stück)** | 3030 | 1480 | 3990 |

Errechnen Sie, ob die geplanten Produktionsmengen realisiert wurden **(Soll-Ist-Vergleich beim Produktionsplan).**

Istergebnistabelle, neues Geschäftsjahr[1]

| Geschäftsbuchführung | | | | Kosten- und Leistungsrechnung | | | | | |
|---|---|---|---|---|---|---|---|---|---|
| Erfolgsbereich | | | | Abgrenzungsbereich | | | | Kosten- und Leistungsbereich | |
| | | | | Unternehmensbezogene Abgrenzungen | | Kostenrechnerische Korrekturen | | | |
| Kto.-Nr. | Konten | Aufw. | Erträge | Aufw. | Erträge | Aufw. | Erträge | Kosten | Leistungen |
| 5000 | Umsatzerlöse f. e. E. | | 16.374.160 | | | | | | 16.374.160 |
| 5202 | Bestandsveränderungen an FE | 320.140 | | | | | | 320.140 | |
| 5401 | Nebenerlöse aus V. u. V. | | 506.825 | | 506.825 | | | | |
| 5710 | Zinserträge | | 46.640 | | 46.640 | | | | |
| 5800 | Außerordentliche Erträge | | 5.900 | | 5.900 | | | | |
| 6000 | Aufwendungen für Rohstoffe | 1.320.000 | | | | | | 1.320.000 | |
| 6010 | Aufwendungen für Fremdbauteile | 7.510.000 | | | | | | 7.510.000 | |
| 6020 | Aufwendungen für Hilfsstoffe | 609.000 | | | | | | 609.000 | |
| 6030 | Aufwendungen für Betriebsstoffe | 129.000 | | | | | | 129.000 | |
| 6100 | Aufw. für bezogene Leistungen | 52.000 | | | | | | 52.000 | |
| 6200 | Löhne | 2.354.000 | | | | | | 2.354.000 | |
| 6300 | Gehälter | 1.177.000 | | | | | | 1.177.000 | |
| 6400 | AG-Anteil zur SV (LB + GB) | 826.800 | | | | | | 826.800 | |
| 6520 | Abschreibungen auf Sachanlagen | 780.000 | | | | 780.000 | | | |
| 6700 | Mieten, Pachten | 370.000 | | | | | | 370.000 | |
| 7510 | Zinsaufwendungen | 101.000 | | | | 101.000 | | | |
| 7600 | Außerordentliche Aufwendungen | 9.000 | | 9.000 | | | | | |
| | Kalkulatorischer Unternehmerlohn | | | | | | 95.000 | 95.000 | |
| | Kalkulatorische Zinsen | | | | | | 308.000 | 308.000 | |
| | Kalkulatorische Abschreibungen | | | | | | 410.000 | 410.000 | |
| | | 15.557.940 | 16.933.525 | 9.000 | 559.365 | 881.000 | 813.000 | 15.480.940 | 16.374.160 |
| | | 1.375.585 | | 550.365 | | | 68.000 | 893.220 | |
| | | 16.933.525 | 16.933.525 | 559.365 | 559.365 | 881.000 | 881.000 | 16.374.160 | 16.374.160 |
| | | Gesamtgewinn | | Gewinn aus unternehmensbez. Abgrenzungen | | Verlust aus kostenrechnerischen Korrekturen | | Betriebsgewinn | |
| | | 1.375.585 | | 550.365 | | - 68.000 | | 893.220 | |

1 zu Aufgabenteil j)

i) Errechnen Sie die mengen- und wertmäßigen Bestandsveränderungen für die drei Kostenträger. Die Bestandsveränderungen sind mit den Istherstellungskosten zu bewerten.

| | Stadtrad SR5 | Trekkingrad TR3 | Mountainbike MB7 |
|---|---|---|---|
| **Istherstellungskosten (€)** | 126,00 | 128,00 | 221,00 |

j) Für das neue Geschäftsjahr liegt Ihnen die Ergebnistabelle auf S. 438 vor.
Stellen Sie als Controller/-in tabellarisch die Istkosten den Plankosten gegenüber und ermitteln Sie die Kostenabweichungen **(Soll-Ist-Vergleich beim Kostenplan).**
Nennen Sie denkbare Gründe für den Anstieg der Rohstoffaufwendungen, der Personalkosten und der Mieten und Pachten.

k) Stellen Sie fest, ob die von der Geschäftsführung angestrebten Ergebnisse [siehe unter e)] im neuen Geschäftsjahr erzielt wurden **(Soll-Ist-Vergleich beim Ergebnisplan).**
Wird die Geschäftsführung mit dem Ergebnis zufrieden sein?

l) Die geplanten Investitionen [siehe unter f)] wurden vorgenommen. Entgegen der Planung verursachten sie lediglich Ausgaben von 3.800.000,00 €. Wie geplant wurden die Investitionen zu 75 % aus flüssigen Mitteln und zu 25 % aus einer Eigenkapitalaufstockung finanziert.
Die Privatentnahmen betrugen im neuen Geschäftsjahr 90.000,00 €.
Die Fremdkapitaltilgungen betrugen 170.000,00 €.
Die zur Produktion benötigten Rohstoffe, Fremdbauteile, Hilfsstoffe und Betriebsstoffe wurden jeweils zu Produktionsbeginn (just in time) bezogen. Die Ausgaben für den Bezug dieser Werkstoffe entsprechen folglich den jeweiligen Werkstoffaufwendungen, die in der Istergebnistabelle des neuen Jahres bereits enthalten sind.[1]
Stellen Sie dem Sollfinanzplan [bei f) erstellt] den Istfinanzplan gegenüber **(Soll-Ist-Vergleich beim Finanzplan).** Wird die Geschäftsführung mit dem Ergebnis zufrieden sein?

### 6.2.2.2 Der Ansatz von Verrechnungspreisen

In der **Geschäftsbuchführung** eines Industriebetriebes wird der Verbrauch an Roh-, Hilfs- und Betriebsstoffen zu **Anschaffungskosten** bewertet. Diese unterliegen häufig Veränderungen.

Um nun die **Kosten- und Leistungsrechnung** von zufälligen Preisschwankungen auf den Beschaffungsmärkten zu bereinigen (Grundsatz der Stetigkeit des Kostenansatzes), werden hier Materialaufwendungen zu **Verrechnungspreisen** erfasst. Die Verrechnungspreise ergeben sich aus den durchschnittlichen Anschaffungskosten der vergangenen Abrechnungsperioden.

In der Ergebnistabelle werden die Materialaufwendungen (bewertet zu **Verrechnungspreisen**) in der Spalte „Kosten- und Leistungsbereich“ als Kosten und – zur ergebnismäßigen Neutralisation im Rechnungskreis II – in der Spalte „Kostenrechnerische Korrekturen“ als Erträge gebucht. Die in der Geschäftsbuchführung erfassten Materialaufwendungen (bewertet zu **Anschaffungskosten**) werden in der Spalte „Kostenrechnerische Korrekturen“ ausgegrenzt.

1 Die Bestandsveränderungen der Werkstoffe werden zur Vereinfachung vernachlässigt.

**Beispiel** In einem Industriebetrieb beträgt der Rohstoffverbrauch im Betrachtungszeitraum 100 t.

Die **Anschaffungskosten** belaufen sich auf 900,00 € pro t.
Der **Verrechnungspreis** ist 850,00 € pro t.

In der Geschäftsbuchführung werden nun für den Rohstoffverbrauch **90.000,00 €** (= 100 · 900,00) und in der Kosten- und Leistungsrechnung **85.000,00 €** (= 100 · 850,00) angesetzt.

| Geschäftsbuchführung | | | | Kosten- und Leistungsrechnung | | | | | |
|---|---|---|---|---|---|---|---|---|---|
| Erfolgsbereich | | | | Abgrenzungsbereich | | | | Kosten- und Leistungsbereich | |
| Kto.-Nr. | Konten | Aufwendungen | Erträge | Unternehmensbezogene Abgrenzungen | | Kostenrechnerische Korrekturen | | Kosten | Leistungen |
| | | | | Aufwendungen | Erträge | Aufwendungen | Erträge | | |
| . | . | . | . | . | . | . | . | . | . |
| **6000** | **Aufw. f. Rohst.** | **90.000** | | | | **90.000** | | | |
| . | . | . | . | . | . | . | . | . | . |
| | Verrechnungspreise **Rohstoffe** | | | | | | **85.000** | **85.000** | |
| . | . | . | . | . | . | . | . | . | . |
| . | . | . | . | . | . | . | . | . | . |

**Materialaufwendungen bewertet zu Verrechnungspreisen gehen in die Kosten- und Leistungsrechnung als Anderskosten ein.**

### 6.2.2.3 Die periodengerechte Kostenverteilung

Viele Ausgaben für Kosten fallen für einen **längeren Zeitraum** an.

Zu nennen sind hier: Weihnachtsgeld, Urlaubsgeld, Werbekosten, Versicherungsprämien, Betriebssteuern usw.

Für die Kosten- und Leistungsrechnung sind diese stoßweise anfallenden Ausgaben **gleichmäßig auf die Abrechnungszeiträume** (meistens Monate) zu verteilen.

**Beispiel** Im Juli werden 60.000,00 € Urlaubsgeld ausgezahlt.

In einer monatlich erstellten Kosten- und Leistungsrechnung werden nun 5.000,00 € (= 60.000,00 : 12) in Ansatz gebracht.

Bei den vor dem Auszahlungsmonat Juli liegenden Monaten wird eine **Vorverteilung** und bei den nach dem Auszahlungsmonat Juli liegenden Monaten eine **Nachverteilung** der Kosten vorgenommen.

In der Ergebnistabelle des Monats Juli werden die 60.000,00 € Urlaubsgeld, die in der Geschäftsbuchführung erfasst wurden, in der Spalte „Kostenrechnerische Korrekturen" abgefiltert.

In der Spalte „Kosten- und Leistungsbereich" werden die anteiligen 5.000,00 € Urlaubsgeld als Kosten und – zur ergebnismäßigen Neutralisation im Rechnungskreis II – in der Spalte „Kostenrechnerische Korrekturen" als Ertrag gebucht.

## Zusammenfassung

| | Rechnungskreis I | | | | Rechnungskreis II | | | | | |
|---|---|---|---|---|---|---|---|---|---|---|
| | Geschäftsbuchführung | | | | Kosten- und Leistungsrechnung | | | | | |
| | Erfolgsbereich | | | | Abgrenzungsbereich | | | | Kosten- und Leistungsbereich | |
| | Kto.-Nr. | Konten | Aufwendungen | Erträge | Unternehmensbezogene Abgrenzungen: Aufwendungen | Unternehmensbezogene Abgrenzungen: Erträge | Kostenrechnerische Korrekturen: Aufwendungen | Kostenrechnerische Korrekturen: Erträge | Kosten | Leistungen |
| 1. Direkte Verrechnung zwischen GB und KLR (siehe S. 415 f.) | | Erfolgsgrößen genügen den Vorschriften der GB und den Anforderungen der KLR. | aufwandsgleiche Kosten → | betriebsbedingte Erträge → | | | | | → aufwandsgleiche Kosten | → betriebsbedingte Erträge |
| 2. Unternehmensbezogene Abgrenzungen (siehe S. 415 f.) | | Neutrale Erfolgsgrößen werden abgegrenzt und gelangen nicht in den KL-Bereich. | neutrale Aufwendungen → | neutrale Erträge → | → neutrale Aufwendungen | → neutrale Erträge | | | | |
| 3. Kostenrechnerische Korrekturen durch Berücksichtigung kalkulatorischer Kosten (siehe S. 420 ff.) | | a) **Kalk. Zusatzkosten** werden in der KLR erfolgsneutral erfasst. | | | | | | ← kalkulatorische Zusatzkosten | kalkulatorische Zusatzkosten | |
| | | b) **Kalk. Anderskosten** werden in der KLR erfolgsneutral erfasst. Die entsprechenden Aufwendungen aus der GB werden abgegrenzt und gelangen nicht in den KL-Bereich. | → | | | | → | ← kalkulatorische Anderskosten | kalkulatorische Anderskosten | |
| 4. Kostenrechnerische Korrekturen zur periodengerechten Kostenverteilung und zur Erfassung von Verrechnungspreisen (siehe S. 439 f.) | | Kostenrechnerische Korrekturen zur periodengerechten Kostenverteilung und zur Erfassung von Verrechnungspreisen werden in der KLR erfolgsneutral gebucht. Die entsprechenden Aufwendungen aus der GB werden abgegrenzt und gelangen nicht in den KL-Bereich. | → | | | | → | ← periodengerecht aufgeteilte Kosten; ← Verrechnungspreise | periodengerecht aufgeteilte Kosten; Verrechnungspreise | |

## Aufgaben

1: Einführung in die Thematik
2: Ansatz von Verrechnungspreisen
3: Periodengerechte Kostenverteilung
4: Zusammenfassende Aufgabe

1 Welche Aussagen sind richtig bzw. falsch? Begründen Sie Ihre Meinung.

a) Um die Kosten- und Leistungsrechnung von zufälligen Preisschwankungen auf den Beschaffungsmärkten zu bereinigen, werden hier Materialaufwendungen zu Anschaffungskosten bewertet.

b) Die in der Geschäftsbuchführung erfassten Materialaufwendungen werden in der Ergebnistabelle in der Spalte „Kostenrechnerische Korrekturen“ für den „Kosten- und Leistungsbereich“ abgefiltert.

c) Materialaufwendungen bewertet zu Verrechnungspreisen gehen in die Kosten- und Leistungsrechnung als Zusatzkosten ein.

d) Stoßweise anfallende Ausgaben für Kosten werden in der Kosten- und Leistungsrechnung gleichmäßig auf die Abrechnungszeiträume verteilt.

e) Liegt der Auszahlungszeitpunkt für die aufzuschlüsselnde Ausgabe nach dem Verrechnungszeitraum, so wird eine Kostennachverteilung vorgenommen.

f) In der Ergebnistabelle werden die auf die Verrechnungszeiträume aufgeschlüsselten Kosten in der Spalte „Kostenrechnerische Korrekturen“ als Aufwand gebucht.

2 Die Ergebnistabelle weist folgende Zwischensummen für den Monat März auf:

| Geschäftsbuchführung | | | | Kosten- und Leistungsrechnung | | | | | |
|---|---|---|---|---|---|---|---|---|---|
| Erfolgsbereich | | | | Abgrenzungsbereich | | | | Kosten- und Leistungsbereich | |
| Kto.-Nr. | Konten | Aufwendungen | Erträge | Unternehmensbezogene Abgrenzungen | | Kostenrechnerische Korrekturen | | Kosten | Leistungen |
| | | | | Aufwendungen | Erträge | Aufwendungen | Erträge | | |
| | Zwischensummen ❶ | 900.000,00 | 980.000,00 | 98.000,00 | 112.000,00 | 70.000,00 | 50.000,00 | 810.000,00 | 896.000,00 |
| | Zwischensummen ❷ | 870.000,00 | 990.000,00 | 89.000,00 | 98.000,00 | 60.000,00 | 48.000,00 | 700.000,00 | 823.000,00 |
| | Zwischensummen ❸ | 790.000,00 | 900.000,00 | 71.000,00 | 85.000,00 | 50.000,00 | 40.000,00 | 750.000,00 | 856.000,00 |

AH

Der Materialverbrauch beträgt im Monat März 120 t.
Die Anschaffungskosten belaufen sich auf
❶ 700,00 € pro t, ❷ 600,00 € pro t, ❸ 800,00 € pro t.
Der Verrechnungspreis beträgt
❶ 780,00 € pro t, ❷ 530,00 € pro t, ❸ 700,00 € pro t.
In den Aufwendungen des Erfolgsbereiches (Summen ❶ bis ❸) ist der Materialverbrauch zu Anschaffungskosten bewertet.

a) Errechnen Sie die tatsächlich angefallenen Materialaufwendungen und die Materialaufwendungen bewertet zu Verrechnungspreisen (jeweils für ❶ bis ❸).

b) Gehen Sie von den Zwischensummen ❶ bis ❸ der Ergebnistabelle aus. Noch nicht berücksichtigt sind in den Zwischensummen die tatsächlich angefallenen Materialaufwendungen und die Materialaufwendungen bewertet zu Verrechnungspreisen. Nehmen Sie die entsprechenden Buchungen vor (jeweils für ❶ bis ❸).

c) Errechnen Sie (jeweils für ❶ bis ❸)
- das Betriebsergebnis,
- das Ergebnis aus kostenrechnerischen Korrekturen,
- das Ergebnis aus unternehmensbezogenen Abgrenzungen und
- das Gesamtergebnis.

AH

3 Gehen Sie von den Zwischensummen ❶ bis ❸ der Ergebnistabelle der Aufgabe 2 aus.
Im Monat **Dezember** wird ein 13. Monatsgehalt bezahlt. Die Gehaltszahlungen erhöhen sich in diesem Monat um
❶ 72.000,00 €, ❷ 96.000,00 €, ❸ 60.000,00 €.

a) Buchen Sie in der Ergebnistabelle des Monats **März** die periodengerecht aufgeteilten Kosten für die 13. Monatsgehälter.
b) Errechnen Sie (jeweils für ❶ bis ❸)
   - das Betriebsergebnis,
   - das Ergebnis aus kostenrechnerischen Korrekturen,
   - das Ergebnis aus unternehmensbezogenen Abgrenzungen und
   - das Gesamtergebnis.
c) Erklären Sie, wie im Monat **Dezember** (Zahlungsmonat für die 13. Monatsgehälter) verfahren wird.

AH

4 In der Geschäftsbuchführung sind im Monat Mai folgende Beträge erfasst worden:

| | a) | | b) | |
|---|---|---|---|---|
| **Konten** | **Soll (T€)** | **Haben (T€)** | **Soll (T€)** | **Haben (T€)** |
| 5000 | - | 4.800 | - | 5.300 |
| 5202 | - | 200 | - | 400 |
| 5401 | - | 50 | - | 30 |
| 5460[1] | - | 20 | - | 40 |
| 5710 | - | 10 | - | 12 |
| 5800 | - | 40 | - | 30 |
| 6000 | 3.000 | - | 3.400 | - |
| 6030 | 400 | - | 500 | - |
| 6200 | 900 | - | 1.000 | - |
| 6300 | 100 | - | 150 | - |
| 6400 | 160 | - | 180 | - |
| 6410 | 18 | - | 27 | - |
| 6520 | 70 | - | 90 | - |
| 6700 | 80 | | 70 | |
| 6960[2] | 50 | - | 40 | - |
| 7510 | 20 | - | 30 | - |
| 7600 | 60 | - | 50 | - |

**Ansätze der KLR:**

1. Der kalkulatorische Unternehmerlohn beläuft sich monatlich auf a) 8 T€, b) 10 T€.
2. Die kalkulatorischen Zinsen betragen monatlich a) 30 T€, b) 50 T€.
3. Die kalkulatorischen Abschreibungen belaufen sich monatlich auf a) 40 T€, b) 60 T€.
4. Der Rohstoffverbrauch bewertet zu Verrechnungspreisen beläuft sich im Mai auf a) 3.200 T€, b) 3.300 T€.
   Der Betriebsstoffverbrauch bewertet zu Verrechnungspreisen beläuft sich im Mai auf a) 350 T€, b) 580 T€.

→

1 Gebrauchte Anlagegüter wurden über Buchwert verkauft. Das Konto „5460“ weist den Buchgewinn (= Nettoverkaufserlös - Buchwert) aus.

2 Gebrauchte Anlagegüter wurden unter Buchwert verkauft. Das Konto „6960“ weist den Buchverlust (= Nettoverkaufserlös - Buchwert) aus.

5. Zusätzlich zu den in der Geschäftsbuchführung erfassten Lohnzahlungen sind periodengerecht aufgeteilte Urlaubslöhne von (monatlich) a) 50 T€, b) 60 T€ zu berücksichtigen (Auszahlungsmonat der Urlaubslöhne: Juli).
   Zusätzlich zu den in der Geschäftsbuchführung erfassten Gehaltszahlungen sind die periodengerecht aufgeteilten 13. Monatsgehälter von (monatlich) a) 8 T€, b) 12 T€ zu berücksichtigen (Auszahlungsmonat der 13. Monatsgehälter: Dezember).

Erstellen Sie die Ergebnistabelle und ermitteln Sie
- das Betriebsergebnis,
- das Ergebnis aus kostenrechnerischen Korrekturen,
- das Ergebnis aus unternehmensbezogenen Abgrenzungen und
- das Gesamtergebnis.

## 6.3 Die Kostenartenrechnung

Die Kostenrechnung
- ermöglicht eine exakte Preisberechnung **(Kalkulation)**,
- gewährleistet eine ständige Überwachung der Kostenentwicklung **(Kostenkontrolle)** und
- bietet ein Instrumentarium zur Führung eines Unternehmens **(Planungs- und Entscheidungsgrundlage)**.

Um diesen Anforderungen gerecht zu werden, stellt die Kostenrechnung fest,
- **wodurch** die Kosten entstehen (**Kostenartenrechnung:** z. B. Mieten, Personalkosten, Allgemeine Verwaltungskosten, Abschreibungen),
- **wo** die Kosten entstehen (**Kostenstellenrechnung:** z. B. Einkauf, Fertigung, Lager, Verwaltung, Vertrieb),
- **wofür** die Kosten entstehen (**Kostenträgerrechnung:** z. B. Leistungseinheit, Auftrag).

### 6.3.1 Die Aufgaben der Kostenartenrechnung

Die Kostenartenrechnung ermöglicht innerbetriebliche Kostenvergleiche (Zeitvergleiche) und außerbetriebliche Kostenvergleiche (Betriebsvergleiche). Darüber hinaus kann die Kostenartenrechnung aufzeigen, wie sich bestimmte Kostenarten im Verhältnis zu anderen prozentual entwickeln.

Bei auffälligen Abweichungen sind – soweit nicht bekannt – die Ursachen zu erforschen und entsprechende Maßnahmen zu ergreifen. Fehlentwicklungen sind zu beheben, positive Entwicklungen sind zu fördern.

**Die Kostenstruktur eines Betriebes soll mithilfe der Kostenartenrechnung überwacht, beurteilt und verbessert werden.**

### 6.3.2 Die Kostenarten

Die Kostenarten werden nach folgenden Kriterien eingeteilt:
- nach ihrer **Entstehungsursache** (z. B. Personalkosten, Abschreibungen),
- nach ihrer **kalkulatorischen Verrechenbarkeit** (Einzelkosten [direkte Kosten], Gemeinkosten [indirekte Kosten]),
- nach ihrem **Verhalten bei schwankendem Beschäftigungsgrad** (fixe Kosten, variable Kosten) und
- nach ihrer **Ermittlung** (Ist-, Normal- und Plankosten).

### 6.3.2.1 Die Kostenarten nach ihrer Entstehungsursache

Die Kostenarten nach ihrer Entstehungsursache werden in den Kontenrahmen der jeweiligen Wirtschaftszweige geordnet. Im IKR sind die Kostenarten in den Kontenklassen 6 und 7 erfasst.

Nach der Ursache ihrer Entstehung sind als wichtigste Kostenarten zu nennen:

- Materialaufwendungen,
- Personalaufwendungen,
- Abschreibungen,
- Aufwendungen für Kommunikation,
- Betriebliche Steuern.

### 6.3.2.2 Die Kostenarten nach ihrer kalkulatorischen Verrechenbarkeit (Einzelkosten und Gemeinkosten)

In Bezug auf die kalkulatorische Verrechenbarkeit unterscheidet man **Einzelkosten** (auch: **direkte Kosten**) und **Gemeinkosten** (auch: **indirekte Kosten**).

**Einzelkosten (auch: direkte Kosten) können den betrieblichen Produkten unmittelbar zugerechnet werden.**

Die wichtigsten Einzelkosten sind:

- Fertigungsmaterial (Rohstoffaufwendungen),
- Einzellöhne (Fertigungslöhne),
- Sondereinzelkosten der Fertigung (z. B. Produktionslizenzen, Konstruktionskosten),
- Sondereinzelkosten des Vertriebs (z. B. Verkaufsprovision, Versandverpackung, Absatzwerbung für ein Produkt).

Einzelkosten sind meistens proportionale Kosten, d. h., sie verändern sich in einem konstanten Verhältnis zum Beschäftigungsgrad.

**Gemeinkosten (auch: indirekte Kosten) werden nicht unmittelbar durch ein betriebliches Produkt verursacht und können daher nur indirekt (über die Verrechnung auf Kostenstellen[1]) dem betrieblichen Produkt zugeordnet werden.**

Die wichtigsten Gemeinkosten sind:

- Steuern und Abgaben,
- Abschreibungen auf Gebäude, auf Geschäfts- und Betriebsausstattung, auf Maschinen und auf Fuhrpark,
- Gehälter und Hilfslöhne (z. B. für technische und kaufmännische Angestellte, Meister, Lagerarbeiter, Pförtner),
- Zinsen,
- Betriebsstoffkosten (z. B. Schmierstoffe, Brennstoffe).

Aufgaben folgen auf S. 451 ff.

Gemeinkosten können sowohl fixe[2] als auch variable[2] Kosten sein.

1 siehe Kapitel 6.4
2 siehe Kapitel 6.3.2.3

### 6.3.2.3 Die Kostenarten nach ihrem Verhalten bei schwankendem Beschäftigungsgrad (fixe und variable Kosten)

In Bezug auf das Verhalten bei schwankendem Beschäftigungsgrad (Ausbringung) werden die Kosten in **fixe** und **variable Kosten** unterteilt.

**Fixe Kosten werden durch Veränderungen des Beschäftigungsgrades (Ausbringung) nicht beeinflusst.**

Bei Umlage der fixen Kosten auf eine Leistungseinheit ergeben sich bei steigendem Beschäftigungsgrad fallende Stückkosten.

Nach ihrer Abhängigkeit von betrieblichen Anpassungsprozessen unterscheidet man **absolut-fixe Kosten** und **intervall-fixe Kosten** (auch: **sprungfixe Kosten**).

**Absolut-fixe Kosten** entstehen allein durch die Existenz des Betriebes. Hierzu zählen z. B. die Kapitalkosten und die Abschreibungen auf Gebäude.

**Beispiel**

| Beschäftigungsgrad | Ausbringung (Stück) | Gesamtkosten (€) | Stückkosten (€) |
|---|---|---|---|
| 1 | 50 | 3.000,00 | 60,00 |
| 2 | 100 | 3.000,00 | 30,00 |
| 3 | 150 | 3.000,00 | 20,00 |
| 4 | 200 | 3.000,00 | 15,00 |
| 5 | 250 | 3.000,00 | 12,00 |
| 6 | 300 | 3.000,00 | 10,00 |

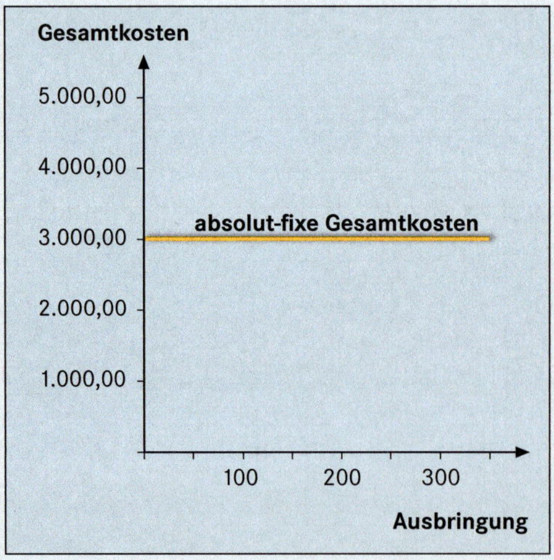


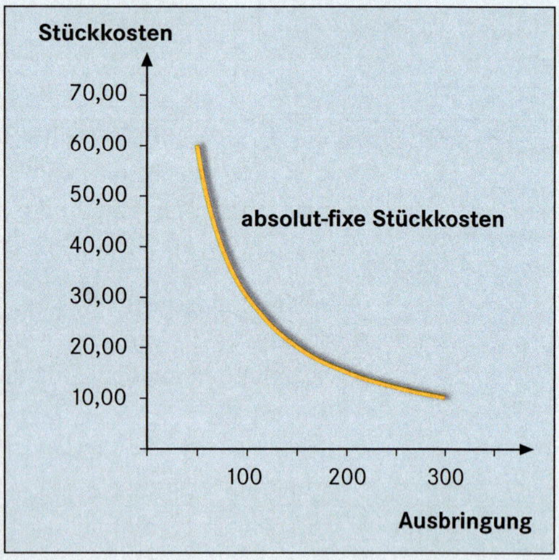


**Intervall-fixe Gesamtkosten** bleiben in bestimmten Beschäftigungsbereichen unverändert. Sie steigen sprunghaft an, wenn die Beschäftigung z. B. den zusätzlichen Einsatz von Angestellten, Meistern, Maschinen (Abschreibungen) oder Fahrzeugen (Abschreibungen, Kfz-Steuern, Kfz-Versicherungen) erfordert.

**Beispiel**

| Beschäftigungsgrad | Ausbringung (Stück) | Gesamtkosten (€) | Stückkosten (€) |
|---|---|---|---|
| 1 | 50 | 1.000,00 | 20,00 |
| 2 | 100 | 1.000,00 (2.000,00) | 10,00 (20,00) |
| 3 | 150 | 2.000,00 | 13,33 |
| 4 | 200 | 2.000,00 (3.000,00) | 10,00 (15,00) |
| 5 | 250 | 3.000,00 | 12,00 |
| 6 | 300 | 3.000,00 (4.000,00) | 10,00 (13,33) |

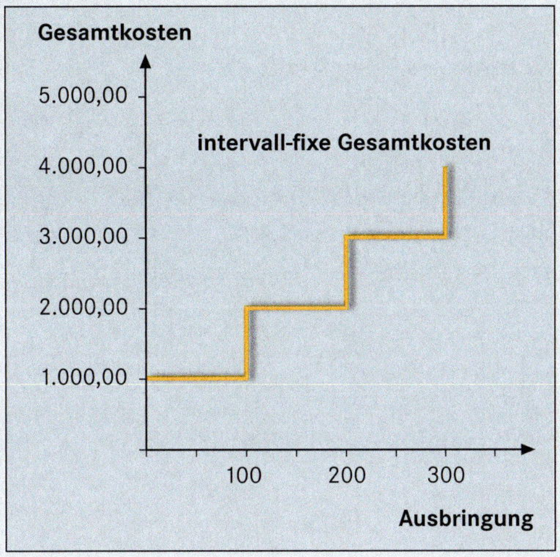


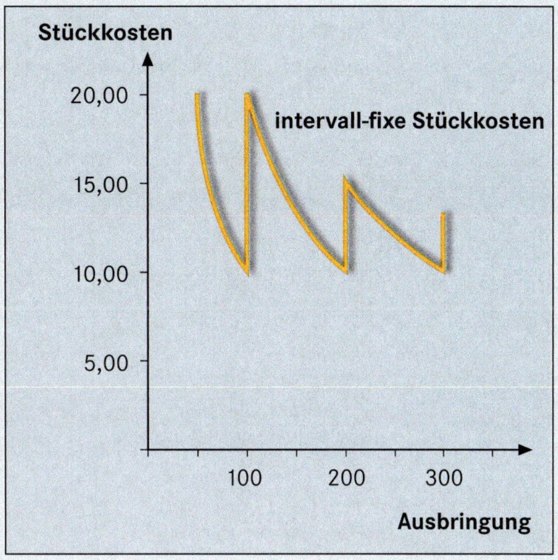


**Variable Kosten ändern sich in Abhängigkeit vom Beschäftigungsgrad (Ausbringung).**

Es gibt drei Arten von variablen Kosten: **proportionale Kosten, degressive Kosten** und **progressive Kosten.**

**Proportionale Kosten** verändern sich in einem festen Verhältnis zum Beschäftigungsgrad. Hierzu zählen z. B. Akkordlöhne, Rohstoffverbrauch und Spezialverpackungen.

**Beispiel**

| Beschäftigungsgrad | Ausbringung (Stück) | Gesamtkosten (€) | Stückkosten (€) |
|---|---|---|---|
| 1 | 50 | 500,00 | 10,00 |
| 2 | 100 | 1.000,00 | 10,00 |
| 3 | 150 | 1.500,00 | 10,00 |
| 4 | 200 | 2.000,00 | 10,00 |
| 5 | 250 | 2.500,00 | 10,00 |
| 6 | 300 | 3.000,00 | 10,00 |

→

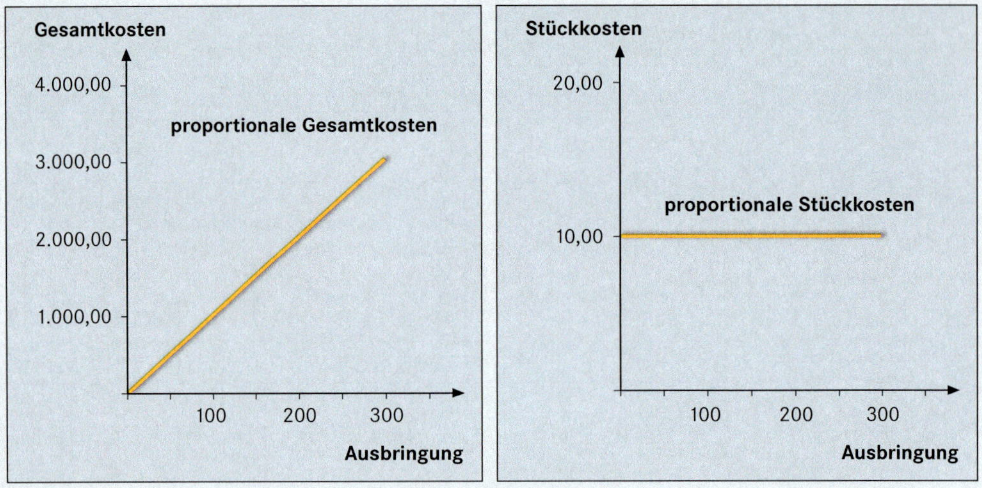


**Degressive Kosten** steigen langsamer (unterproportional) als der Beschäftigungsgrad. Zum Beispiel entwickeln sich häufig Energiekosten und Kosten für Aufsichten degressiv. Auch der Materialeinsatz ist hier zu nennen. Aufgrund gestaffelter Mengenrabatte kann nämlich der Einstandspreis unterproportional steigen.

**Beispiel**

| Beschäftigungsgrad | Ausbringung (Stück) | Gesamtkosten (€) | Stückkosten (€) |
|---|---|---|---|
| 1 | 50 | 500,00 | 10,00 |
| 2 | 100 | 900,00 | 9,00 |
| 3 | 150 | 1.200,00 | 8,00 |
| 4 | 200 | 1.400,00 | 7,00 |
| 5 | 250 | 1.500,00 | 6,00 |

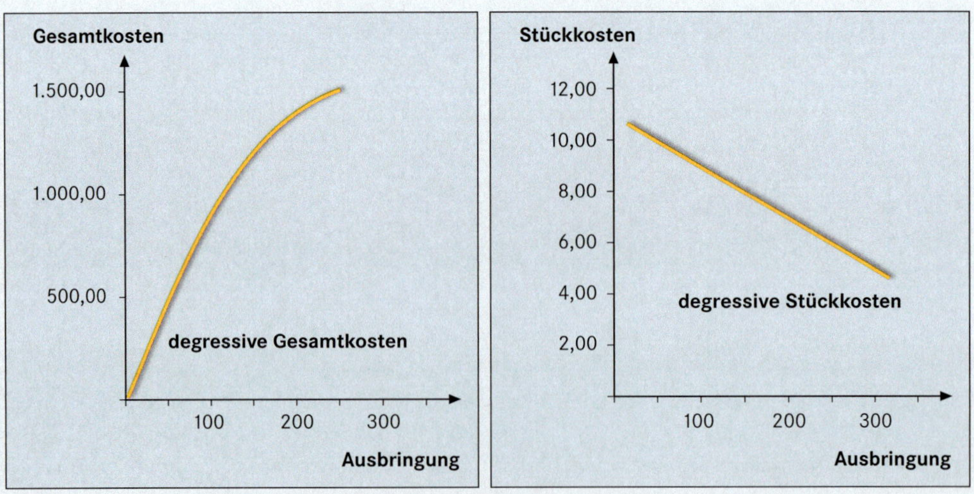


**Progressive Kosten** steigen stärker (überproportional) als der Beschäftigungsgrad. Sie entstehen häufig bei Überbeschäftigung, z. B. durch erhöhte Löhne für Überstunden oder Nachtarbeit, durch überhöhte Instandhaltungskosten bei Vollauslastung der Maschinen und durch Ausschuss, bedingt durch überhöhtes Arbeitstempo in der Fertigung oder bedingt durch unsachgemäße Lagerung.

**Beispiel**

| Beschäftigungsgrad | Ausbringung (Stück) | Gesamtkosten (€) | Stückkosten (€) |
|---|---|---|---|
| 1 | 50 | 500,00 | 10,00 |
| 2 | 100 | 1.200,00 | 12,00 |
| 3 | 150 | 2.100,00 | 14,00 |
| 4 | 200 | 3.200,00 | 16,00 |
| 5 | 250 | 4.500,00 | 18,00 |
| 6 | 300 | 6.000,00 | 20,00 |

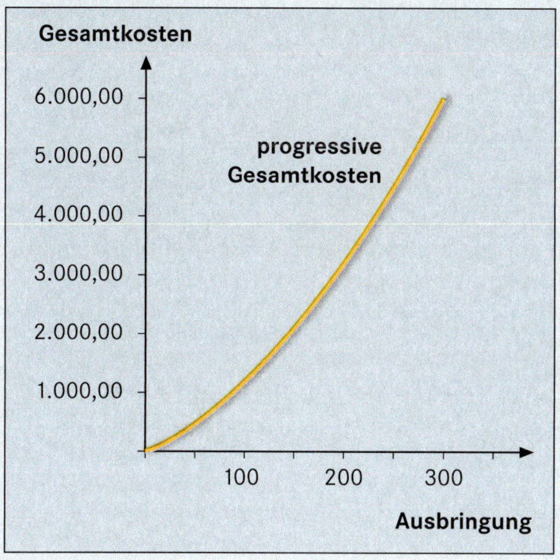


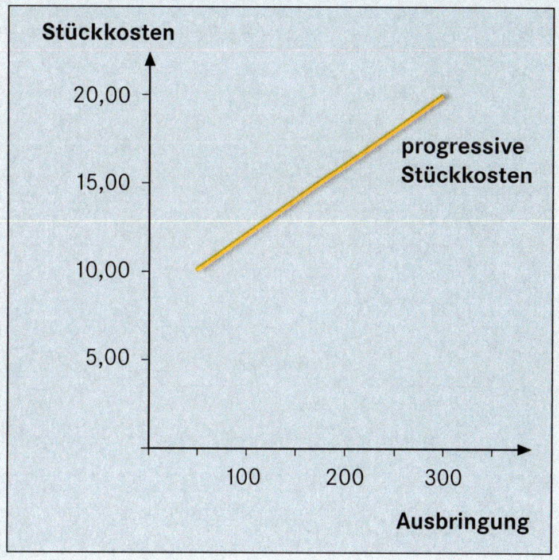


### 6.3.2.4 Die Kostenarten nach ihrer Ermittlung (Ist-, Normal- und Plankosten)

Nach dem Kriterium der Kostenermittlung unterscheidet man
**1. Istkosten, 2. Normalkosten und 3. Plankosten.**

**Istkosten sind die tatsächlich angefallenen Kosten.**

Eine Kostenrechnung, die auf Istkosten basiert (Istkostenrechnung), ist für Kontrollzwecke (Zeitvergleiche) relativ ungeeignet, weil Preisänderungen, Beschäftigungsschwankungen und Verbrauchsänderungen die Kostenstruktur ständig verändern.

**Normalkosten sind Durchschnittswerte der Istkosten mehrerer Abrechnungsperioden. Bei fortschrittlichen Normalkostenrechnungssystemen werden zu erwartende Schwankungen der Kosteneinflussgrößen (z. B. Lohntariferhöhungen) berücksichtigt.**

Die in der Istkostenrechnung im Zeitablauf auftretenden Schwankungen in der Kostenstruktur sind somit eliminiert. Die Kalkulationsergebnisse sind von zufälligen Kostenveränderungen bereinigt.

**Plankosten werden aufgrund exakter Arbeitsablauf-, Arbeitszeit- und Verbrauchsstudien ermittelt. Unter Mitwirkung von Kostenrechnern, leitenden Technikern und Arbeitsvorbereitern werden die Plankosten für jede einzelne Kostenart getrennt festgestellt.**

Bei normalem Betriebsablauf haben die Plankosten Norm- und Vorgabecharakter. Sie werden deshalb auch als Vorgabekosten bezeichnet.

Die Plankostenrechnung[1] plant Kosten je Kostenstelle und Kostenart. Am Ende des Planungszeitraumes werden geplante Sollkosten den Istkosten gegenübergestellt (Soll-Ist-Vergleich). Abweichungen werden ermittelt und auf ihre Ursachen hin untersucht. Es wird auch geprüft, ob der jeweils verantwortliche Kostenstellenleiter Kostenabweichungen zu vertreten hat.

Zusammenfassung

**Einteilung der Kostenarten**

| nach ihrer Entstehungsursache | nach ihrer kalkulatorischen Verrechenbarkeit | nach ihrem Verhalten bei schwankendem Beschäftigungsgrad | nach ihrer Ermittlung |
|---|---|---|---|
| Unterteilung nach den Konten des jeweiligen Kontenrahmens, z. B.: Personalkosten, Abschreibungen | ■ **Einzelkosten** (= direkte Zurechnung auf betriebliche Produkte möglich), z. B.: Fertigungsmaterial<br>■ **Gemeinkosten** (= keine direkte Zurechnung auf betriebliche Produkte möglich), z. B.: Gehälter | ■ **Fixe Kosten** (ändern sich nicht in Abhängigkeit vom Beschäftigungsgrad), z. B.: Mietaufwendungen<br>- *absolut-fixe Kosten*<br>- *intervall-fixe Kosten*<br>■ **Variable Kosten** (ändern sich in Abhängigkeit vom Beschäftigungsgrad), z. B.: Akkordlöhne<br>- *proportionale Kosten*<br>- *degressive Kosten*<br>- *progressive Kosten* | ■ **Istkosten** (= tatsächlich angefallene Kosten)<br>■ **Normalkosten** (= Durchschnittswerte von Istkosten mehrerer Abrechnungsperioden)<br>■ **Plankosten** (werden aufgrund exakter Arbeitsablauf-, Arbeitszeit- und Verbrauchsstudien ermittelt, haben Vorgabecharakter) |

1 vgl. Kapitel 7



6350450

## Aufgaben

| | | | |
|---|---|---|---|
| 1: | Definitionen der Kostenbegriffe | 8 u. 9: | Istkosten, Normalkosten, Plankosten |
| 2 u. 3: | Einzelkosten, Gemeinkosten, fixe Kosten, variable Kosten | 10: | Komplexe problemorientierte Aufgabe, die als Unterrichtsprojekt geeignet ist. |
| 4–7: | Fixe Kosten, variable Kosten | | |

1 Welcher Begriff gehört zu welcher Definition? Ordnen Sie zu.

| A Begriffe | B Definitionen |
|---|---|
| 1. Einzelkosten<br>2. Gemeinkosten<br>3. Fixe Kosten<br>4. Variable Kosten<br>5. Istkosten<br>6. Normalkosten<br>7. Plankosten | 1. Die Kosten sind unabhängig von der Veränderung des Beschäftigungsgrades.<br>2. Es handelt sich um Durchschnittswerte von Istkosten mehrerer Abrechnungsperioden.<br>3. Die Kosten können den betrieblichen Produkten unmittelbar zugerechnet werden.<br>4. Die Kosten werden aufgrund exakter Arbeitsablauf-, Arbeitszeit- und Verbrauchsstudien ermittelt.<br>5. Die Kosten verändern sich in Abhängigkeit vom Beschäftigungsgrad.<br>6. Es handelt sich um die tatsächlich angefallenen Kosten.<br>7. Die Kosten werden nicht unmittelbar durch ein betriebliches Produkt verursacht und können daher nur indirekt dem betrieblichen Produkt zugerechnet werden. |

2 Nennen Sie jeweils zwei Beispiele für
a) Einzelkosten,
b) Gemeinkosten,
c) fixe Kosten,
d) variable Kosten.

3 Geben Sie an, welche der unten aufgeführten Kosten eines Industriebetriebes
a) Einzelkosten,
b) Gemeinkosten,
c) fixe Kosten bzw.
d) variable Kosten
sind.
Fertigungsmaterial, Benzinverbrauch des Lieferwagens, Gehälter der kaufmännischen Angestellten, Hypothekenzinsen, Einkaufsprovision (prozentual vom Zieleinkaufspreis), Energiekosten in der Fertigung, Abschreibungen der Büromöbel und sonstigen Geschäftsausstattung, Absatzwerbung für ein Produkt, Miete für das Verwaltungsgebäude, Versandverpackung für einzelne Produkte.

4 Ordnen Sie zu.

| A | B |
|---|---|
| 1. absolut-fixer Gesamtkostenverlauf<br>2. proportionaler Gesamtkostenverlauf<br>3. intervall-fixer Gesamtkostenverlauf<br>4. progressiver Gesamtkostenverlauf<br>5. degressiver Gesamtkostenverlauf | 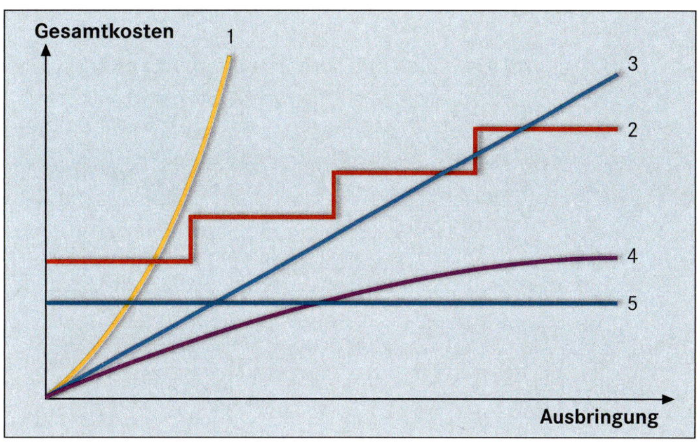 |

5 Die Gesamtkosten für 1 000 hochwertige Fernseher der Marke „Fafe 2000“ belaufen sich auf 1.100.000,00 €. Die variablen Kosten pro Stück betragen 900,00 €.

a) Errechnen Sie die fixen Kosten.

b) Stellen Sie die Gesamtkostenkurve im Koordinatensystem dar und erklären Sie den Kostenverlauf. (Für die grafische Darstellung gilt: Ordinate: 100.000,00 € = 1 cm; Abszisse: 100 Fernseher = 1 cm).

c) Stellen Sie die Stückkostenkurve im Koordinatensystem dar und erklären Sie den Kostenverlauf. (Für die grafische Darstellung gilt: Ordinate: 500,00 € = 2 cm; Abszisse: 100 Fernseher = 1 cm).

6 Die Marktforschung ermittelt für Damensocken (95 % Baumwolle, 5 % Elasthan) folgende Absatzmöglichkeiten:

| | | | |
|---|---|---|---|
| **Absatz** | 30 000 Paar | 50 000 Paar | 70 000 Paar |
| **Verkaufspreis** | 4,00 € | 3,50 € | 3,00 € |

Die fixen Kosten betragen 25.000,00 €, die variablen Kosten 2,50 € pro Sockenpaar.

a) Errechnen Sie für jede Absatzprognose den Gesamtgewinn.

b) Errechnen Sie für jede Absatzprognose den Stückgewinn.

c) Welchen Verkaufspreis würden Sie empfehlen?

7 Die Alfons Böging GmbH, Dresden, hat sich auf die Herstellung eines elektronischen Mikrochips im Hochfrequenzbereich für Mobiltelefone spezialisiert (Einproduktunternehmen).

Dieser Mikrochip wird in den Werken in Dresden (jährliche Produktionskapazität: 14 Mio. Stück), in Regensburg (jährliche Produktionskapazität: 12 Mio. Stück), in Freiburg (jährliche Produktionskapazität: 10 Mio. Stück) und in Hamburg (jährliche Produktionskapazität: 18 Mio. Stück) hergestellt.

In den vier Werken fallen folgende Kosten an:
Dresden: fixe Kosten: 20 Mio. €; variable Stückkosten: 3,00 €.
Regensburg: fixe Kosten: 8 Mio. €; variable Stückkosten: 3,50 €.
Freiburg: fixe Kosten: 5 Mio. €; variable Stückkosten: 4,00 €.
Hamburg: fixe Kosten: 32 Mio. €; variable Stückkosten: 2,50 €.

I. Für das laufende Jahr prognostiziert der Vertrieb einen Absatz von 54 Mio. Stück. Der auf dem Markt erzielbare Preis beträgt 4,80 € (ohne Umsatzsteuer) pro Mikrochip.

a) Errechnen Sie das Ergebnis[1] (Gewinn/Verlust) des laufenden Jahres.

b) Errechnen Sie die Umsatzrentabilität[2] (Genauigkeit: 2 Stellen nach dem Komma) des laufenden Jahres.

II. Auf dem Markt für Mikrochips gibt es weltweit einen Umsatzeinbruch. Der Vertrieb rechnet für das Folgejahr mit einem Umsatzrückgang von 7,5 Mio. Stück.

a) In welchem Werk/welchen Werken ist im Folgejahr unter Kostengesichtspunkten die Produktionsmenge zu verringern? Begründen Sie Ihre Meinung.

b) Errechnen Sie das bestmögliche Ergebnis (Gewinn/Verlust) des Folgejahres.

c) Errechnen Sie zu dem unter b) ermittelten Ergebnis die Umsatzrentabilität[3] (Genauigkeit: 2 Stellen nach dem Komma).

1 Bestandsveränderungen sind zu vernachlässigen. Alle hergestellten Chips werden verkauft.

2 Gewinn prozentual gemessen am Umsatz.

8 Grenzen Sie die Kostenbegriffe „Istkosten", „Normalkosten" und „Plankosten" gegeneinander ab.

9 Ordnen Sie zu.

| A Kostenbegriffe | B Aussagen |
|---|---|
| 1. Istkosten<br>2. Normalkosten<br>3. Plankosten | 1. Die im Zeitablauf in der Kostenstruktur auftretenden Schwankungen werden eliminiert. Die Kalkulationsergebnisse sind von zufälligen Kostenveränderungen bereinigt.<br>2. Es handelt sich um Kosten, die bei normalem Betriebsablauf Norm- und Vorgabecharakter haben.<br>3. Es handelt sich um Kosten, die für Kontrollzwecke (Zeitvergleiche) relativ ungeeignet sind, weil Preisänderungen, Beschäftigungsschwankungen und Verbrauchsänderungen die Kostenstruktur ständig verändern. |

AH

Excel

10[1] Sie sind in der Controllingabteilung des Einproduktunternehmens Kuhlmann GmbH beschäftigt. Es liegen Ihnen folgende Daten vor:

| Jahr | Umsatz (€) | produktives Anlagevermögen[2] (€) | Beschäftigte |
|---|---|---|---|
| 1 | 25.420.967,00 (43.215.643,00) | 6.795.524,00 (8.834.181,00) | 98 (147) |
| 2 | 22.645.893,00 (38.498.018,00) | 6.343.798,00 (8.296.937,00) | 98 (147) |
| 3 | 26.883.547,00 (45.702.029,00) | 6.956.342,00 (9.043.245,00) | 120 (180) |
| 4 | 27.218.657,00 (46.271.716,00) | 6.901.856,00 (8.972.413,00) | 127 (191) |
| 5 | 27.052.931,00 (45.989.982,00) | 6.895.847,00 (8.964.601,00) | 131 (197) |

a) Errechnen Sie für die Jahre 1 bis 5 den „Umsatz pro Kopf".

b) Errechnen Sie für die Jahre 1 bis 5 das „produktive Anlagevermögen pro Kopf" (= Investitionen pro Arbeitsplatz).

c) Stellen Sie den „Umsatz pro Kopf" und das „produktive Anlagevermögen pro Kopf" (= Investitionen pro Arbeitsplatz) in je einem Balkendiagramm grafisch dar.

d) Interpretieren Sie als Mitarbeiter/-in der Controllingabteilung die errechneten und grafisch dargestellten Kennzahlen. Welche **Gegenmaßnahmen** könnten ergriffen werden?

e) Die Geschäftsleitung hat für das kommende Geschäftsjahr folgende **Zielvorgaben** formuliert:
   1. Der absolute Gewinn soll mindestens 1,5 Mio. € (2,0 Mio. €) betragen.
   2. Die Gesamtkapitalrendite soll mindestens 4,0 % (4,2 %) betragen.
   3. Die Eigenkapitalrendite soll mindestens 12,5 % (10,0 %) betragen.
   4. Die Umsatzrendite soll mindestens 5,5 % (5,0 %) betragen. →

1 Wegen der vorgegebenen Tabellen empfiehlt es sich, bei dieser Aufgabe die Lösung im Arbeitsheft und/oder auf den Excel-Arbeitsblättern vorzunehmen.

2 Das produktive Anlagevermögen dient ausschließlich dem betrieblichen Leistungsprozess. Im produktiven Anlagevermögen sind folglich Grundstücke, Gebäude, Beteiligungen, Wertpapiere usw. **nicht** enthalten.

**Kostensituation:**

| Ausbringung (Stück/Jahr) | Fixe Kosten (€) | Variable Kosten (€) |
|---|---|---|
| 0 (0) | 7.500.000,00 (15.000.000,00) | 0 (0) |
| 20 000 (10 000) | 7.500.000,00 (15.000.000,00) | 2.400.000,00 (4.300.000,00) |
| 40 000 (20 000) | 7.500.000,00 (15.000.000,00) | 4.800.000,00 (8.600.000,00) |
| 60 000 (30 000) | 7.500.000,00 (15.000.000,00) | 7.200.000,00 (12.900.000,00) |
| 80 000 (40 000) | 7.500.000,00 (15.000.000,00) | 9.600.000,00 (17.200.000,00) |
| 100 000 (50 000) | 7.500.000,00 (15.000.000,00) | 12.000.000,00 (21.500.000,00) |
| 120 000 (60 000) | 7.500.000,00 (15.000.000,00) | 14.400.000,00 (25.800.000,00) |
| 140 000 (70 000) | 7.500.000,00 (15.000.000,00) | 16.800.000,00 (30.100.000,00) |
| 160 000 (80 000) | 7.500.000,00 (15.000.000,00) | 19.200.000,00 (34.400.000,00) |
| 180 000 (90 000) | 7.500.000,00 (15.000.000,00) | 21.600.000,00 (38.700.000,00) |

**Absatzsituation:**

Für unser Produkt erzielen wir einen Preis von 170,00 € (657,00 €).

Der Vertrieb hat Absatzzahlen von 160 000 (70 000) Stück pro Jahr prognostiziert. Aufgrund der starken Konkurrenz stagnieren unsere Umsätze seit einiger Zeit. Auch in Zukunft rechnet der Vertrieb nicht mit steigenden Absatzzahlen.

**Kapitalausstattung:**

Eigenkapital: 8,2 Mio. € (15,3 Mio. €); Fremdkapital: 14,35 Mio. € (23,1 Mio. €).

Stellen Sie als Mitarbeiter/-in der Controllingabteilung fest, ob die o. g. Zielvorgaben der Geschäftsführung bei der gegebenen Kapitalausstattung und bei der gegebenen Kosten- und Absatzsituation erreicht werden.[1]

f) Absatzsteigerungen sind – wie oben dargelegt – am Markt nicht erzielbar.
Folglich müssen zur Verbesserung der nicht zufriedenstellenden Ergebnissituation die Kosten gesenkt werden. Dies ist mit innovativer Technik **(Maßnahmenplanung)** möglich.
Nach einer grundlegenden, kapitalintensiven Rationalisierungsinvestition ergibt sich folgende veränderte **Kostensituation:**

| Ausbringung (Stück/Jahr) | Fixe Kosten (€) | Variable Kosten (€) |
|---|---|---|
| 0 (0) | 13.500.000,00 (22.600.000,00) | 0 (0) |
| 20 000 (10 000) | 13.500.000,00 (22.600.000,00) | 1.500.000,00 (3.000.000,00) |
| 40 000 (20 000) | 13.500.000,00 (22.600.000,00) | 3.000.000,00 (6.000.000,00) |
| 60 000 (30 000) | 13.500.000,00 (22.600.000,00) | 4.500.000,00 (9.000.000,00) |
| 80 000 (40 000) | 13.500.000,00 (22.600.000,00) | 6.000.000,00 (12.000.000,00) |
| 100 000 (50 000) | 13.500.000,00 (22.600.000,00) | 7.500.000,00 (15.000.000,00) |
| 120 000 (60 000) | 13.500.000,00 (22.600.000,00) | 9.000.000,00 (18.000.000,00) |
| 140 000 (70 000) | 13.500.000,00 (22.600.000,00) | 10.500.000,00 (21.000.000,00) |
| 160 000 (80 000) | 13.500.000,00 (22.600.000,00) | 12.000.000,00 (24.000.000,00) |
| 180 000 (90 000) | 13.500.000,00 (22.600.000,00) | 13.500.000,00 (27.000.000,00) |

1 Aus Vereinfachungsgründen ist bei der Errechnung der **Gesamtkapitalrendite** die Addition der Fremdkapitalzinsen zum Gewinn (siehe S. 409 f.) **nicht** vorzunehmen.

**Absatzsituation:**
Unverändert [wie oben bei Aufgabe e)].
**Kapitalausstattung:**
Die grundlegende Rationalisierungsinvestition (modernste Produktionstechnologie) wurde über eine Eigenkapitalaufstockung und über eine Fremdkapitalaufnahme finanziert.
Neues Eigenkapital: 12,6 Mio. € (21,7 Mio. €); neues Fremdkapital: 21,5 Mio. € (32,1 Mio. €).
Stellen Sie als Controller/-in fest, ob die o. g. Zielvorgaben [Aufgabe e) 1.–4.] der Geschäftsführung nun bei der veränderten Kostensituation erreicht wurden **(Kontrolle).**

g) Stellen Sie in einem Koordinatensystem
   1. den Gesamtkostenverlauf vor der Rationalisierung,
   2. den Gesamtkostenverlauf nach der Rationalisierung und
   3. den Verlauf der Erlöse dar.

   Interpretieren Sie die grafische Darstellung.
h) Die Rationalisierungsmaßnahme hat steigende fixe Kosten und sinkende variable Kosten zur Folge. Wie erklären Sie sich diese Tatsache?
i) Formulieren Sie jeweils eine (mathematische) Gleichung für den Kostenverlauf vor der Rationalisierung ($K_1$), für den Kostenverlauf nach der Rationalisierung ($K_2$) und für die Erlöse (E). Errechnen Sie
   1. ab welcher Absatzmenge die Rationalisierung wirtschaftlich ist,
   2. den Break-even-Point[1] vor der Rationalisierung und
   3. den Break-even-Point[1] nach der Rationalisierung.

# 6.4 Die Kostenstellenrechnung

## 6.4.1 Die Aufgaben der Kostenstellenrechnung

In der Kostenstellenrechnung werden die **Gemeinkosten** nach dem Verursachungsprinzip auf die betrieblichen Abteilungen (Kostenstellen) verrechnet, in denen sie entstanden sind.

**Die Aufgabe der Kostenstellenrechnung besteht darin, den Kostenverbrauch einzelner Betriebsabteilungen zu überwachen.**

Darüber hinaus bereitet die Kostenstellenrechnung die **Zurechnung der Gemeinkosten auf die Kostenträger vor.**[2]

## 6.4.2 Die Bildung der Kostenstellen

Kostenstellen können nach den verschiedensten Kriterien eingerichtet werden, z. B. nach organisatorischen, räumlichen, funktionellen oder nach rein rechnungstechnischen Merkmalen.

In Industriebetrieben werden in der Regel Kostenstellen aufgrund der folgenden vier **Funktionsbereiche** eingerichtet:

- Materialbereich,
- Fertigungsbereich,
- Verwaltungsbereich und
- Vertriebsbereich.

1 Der Break-even-Point (oder: die Gewinnschwelle) liegt im Schnittpunkt der Erlösfunktion und der Kostenfunktion. Ab der Absatzmenge beim Break-even-Point wird ein Gewinn erzielt. (Siehe Kapitel 6.7.1)

2 vgl. Kapitel 6.5.1 und Kapitel 6.5.2.2

Die Funktionsbereiche (Kostenbereiche) werden in Kostenstellen untergliedert.

| Funktionsbereich Kostenbereich | Materialbereich | Fertigungsbereich | Verwaltungsbereich | Vertriebsbereich |
|---|---|---|---|---|
| Kostenstellen | z. B.: Einkauf, Prüfung, Lagerung von Werkstoffen | z. B.: Fräserei, Schlosserei, Dreherei, Montage | z. B.: kaufmännische Verwaltung, Kalkulation, Buchhaltung, Personalabteilung | z. B.: Verkaufsabteilung, Fertiglager, Versandabteilung, Werbung |

Pro Kostenbereich wird mindestens eine Kostenstelle eingerichtet. Je tiefer die Kostenbereiche untergliedert werden, desto besser sind die Kostenkontrollmöglichkeiten. Die Zurechnung der Gemeinkosten auf die Kostenstellen wird jedoch schwieriger bei wachsender Gliederungstiefe.

### 6.4.3 Die Zurechnung der Gemeinkosten auf die Kostenstellen

Die Zurechnung der **Gemeinkosten** auf die Kostenstellen kann direkt mithilfe von Belegen erfolgen.

**Beispiele**

Personalkosten anhand von Lohn- und Gehaltslisten;
Abschreibungen anhand der Anlagenkartei;
Stromverbrauch anhand von Stromzählern;
Reparaturaufwand anhand von Reparaturrechnungen.

**Können die Gemeinkosten den Kostenstellen direkt zugeordnet werden, so handelt es sich um Kostenstelleneinzelkosten.**

Fallen **Gemeinkosten** für mehrere Kostenstellen gemeinsam an, so müssen sie mithilfe von **Verteilungsschlüsseln** auf die einzelnen Kostenstellen umgelegt werden.

**Beispiele**

Mietaufwendungen, Reinigungskosten, Grundsteuern nach der Raumfläche;
Sachversicherungskosten nach den angelegten Werten;
Unfallversicherung nach der Anzahl der Beschäftigten;
Büromaterial nach der Anzahl der Angestellten.

**Können die Gemeinkosten den Kostenstellen nur indirekt über Verteilungsschlüssel zugeordnet werden, so handelt es sich um Kostenstellengemeinkosten.**

### 6.4.4 Die Kostenstellenrechnung mithilfe des Betriebsabrechnungsbogens I

Der Betriebsabrechnungsbogen I (BAB I) ist das Formular, auf dem die Verteilung der **Gemeinkosten** auf die Kostenstellen erfolgt. Er ist senkrecht nach Kostenarten, waagerecht nach Kostenstellen unterteilt.

### 6.4.4.1 Der einstufige Betriebsabrechnungsbogen I

Im einstufigen Betriebsabrechnungsbogen I begnügt man sich mit der Verteilung der Gemeinkosten auf die Kostenstellen „Material“, „Fertigung“, „Verwaltung“ und „Vertrieb“. Es wird pro Kostenbereich also nur eine Kostenstelle eingerichtet.

Der einstufige Betriebsabrechnungsbogen I findet in kleinen Industriebetrieben Anwendung.

**Beispiel**

**Einstufiger BAB I**

| Gemeinkostenart | Betrag | Verteilungsschlüssel | Kostenstellen | | | |
|---|---|---|---|---|---|---|
| | | | Material | Fertigung | Verwaltung | Vertrieb |
| Gemeinkostenmaterial | 56.700,00 | Entnahmescheine | 19.300,00 | 37.400,00 | – | – |
| Gehälter | 405.800,00 | Gehaltsliste | 40.800,00 | 50.100,00 | 223.700,00 | 91.200,00 |
| Hilfslöhne | 237.400,00 | Lohnliste | 31.300,00 | 165.300,00 | – | 40.800,00 |
| Sozialkosten | 91.300,00 | Lohn- und Gehaltsliste | 8.300,00 | 44.100,00 | 10.500,00 | 28.400,00 |
| Instandhaltung | 48.200,00 | Rechnungen | 5.500,00 | 25.700,00 | 9.100,00 | 7.900,00 |
| Strom | 12.700,00 | kWh | 1.500,00 | 8.900,00 | 1.200,00 | 1.100,00 |
| Wasser | 5.500,00 | $m^3$ | 300,00 | 3.600,00 | 900,00 | 700,00 |
| Kfz-Kosten | 24.200,00 | km | 800,00 | 4.200,00 | 5.800,00 | 13.400,00 |
| Abschreibungen | 87.300,00 | Anlagenkartei | 7.400,00 | 64.500,00 | 7.000,00 | 8.400,00 |
| | 969.100,00 | | 115.200,00 | 403.800,00 | 258.200,00 | 191.900,00 |

### 6.4.4.2 Der erweiterte mehrstufige Betriebsabrechnungsbogen I

In mittelgroßen und großen Industriebetrieben ermöglichen die vier Kostenstellen „Material“, „Fertigung“, „Verwaltung“ und „Vertrieb“ keine ausreichende Kostenrechnung.

Um für die vielseitige und differenzierte Leistungserstellung eine bessere Kostenkontrolle zu erreichen, wird hier zunächst der Kostenbereich „Fertigung“ in sogenannte **Fertigungshauptkostenstellen** unterteilt. Es kann sich dabei z. B. um die „Zuschneiderei“, „Schlosserei“, „Dreherei“, „Fräserei“ oder „Montage“ handeln.

➲ **Einen BAB I mit mehreren Fertigungshauptkostenstellen bezeichnet man als „erweiterten BAB I“.**

Neben den Fertigungshauptkostenstellen gibt es noch die sogenannten **Fertigungshilfskostenstellen.** Sie erbringen Hilfsleistungen für die Fertigungshauptkostenstellen. Fertigungshilfskostenstellen sind z. B. die Arbeitsvorbereitungsabteilung, die Instandsetzungsabteilung, die Konstruktionsabteilung oder die Werkzeugmacherei.

In großen Industriebetrieben sind zudem Abteilungen anzutreffen, die nicht unmittelbar an der betrieblichen Leistungserstellung beteiligt sind. Es handelt sich hier z. B. um den Gesundheitsdienst, die Kantine, die Pförtnerei, den Werkschutz, die Heizungszentrale, den Werkskindergarten usw.

Diese Kostenstellen werden als **allgemeine Kostenstellen** bezeichnet. Ihre Leistungen kommen allen übrigen Abteilungen zugute.

Die allgemeinen Kostenstellen zählen wie die Fertigungshilfskostenstellen zu den **Hilfskostenstellen.**

**Die anteiligen Gemeinkosten der Hilfskostenstellen werden auf andere Kostenstellen umgelegt.**
**Einen BAB I mit Hilfskostenstellen bezeichnet man als „mehrstufigen BAB I".**

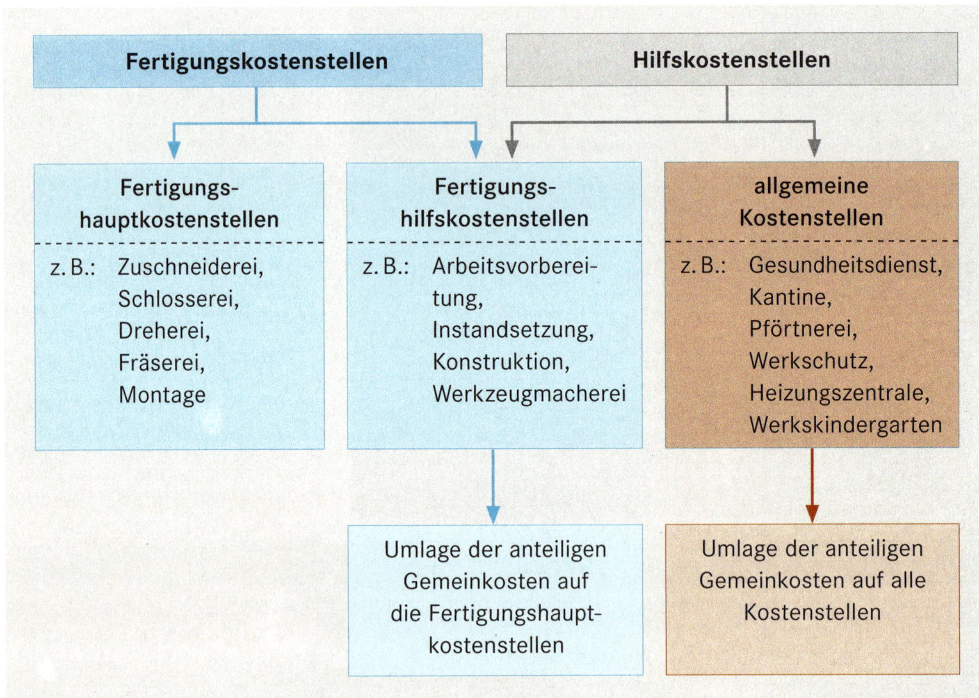


**Das Erstellen eines erweiterten mehrstufigen BAB I (siehe Beispiel auf der folgenden Seite) erfolgt in folgenden Schritten:**

❶ Die Gemeinkosten werden auf alle Kostenstellen verteilt (1. Verteilungsstufe).
❷ Die Gemeinkostensummen pro Kostenstelle werden ermittelt (Zwischensummen 1).
❸ Die Gemeinkosten der allgemeinen Kostenstellen werden auf alle übrigen Kostenstellen umgelegt (2. Verteilungsstufe).
❹ Wiederum werden die Gemeinkostensummen pro Kostenstelle ermittelt (Zwischensummen 2).
❺ Die Gemeinkosten der Fertigungshilfskostenstellen werden auf die Fertigungshauptkostenstellen umgelegt (3. Verteilungsstufe).
❻ Die endgültigen Gemeinkostensummen pro Hauptkostenstelle werden ermittelt (Endsummen der Hauptkostenstellen).

**Die Einrichtung von Fertigungshauptkostenstellen, Fertigungshilfskostenstellen und allgemeinen Kostenstellen ermöglicht eine differenzierte Kontrolle und Beeinflussung der Kostenentwicklung.**


6350458

**Beispiel**

Erweiterter mehrstufiger BAB I

| Gemein-kostenart | Betrag | Verteilungs-schlüssel | Allgemeine Kostenstellen | | Material-bereich | Fertigungsbereich | | | | | Verwal-tungs-bereich | Vertriebs-bereich |
|---|---|---|---|---|---|---|---|---|---|---|---|---|
| | | | | | | Fertigungshaupt-kostenstellen | | | Fertigungshilfs-kostenstellen | | | |
| | | | Kantine | Pförtnerei | | Schlosse-rei | Dreherei | Montage | Arbeitsvor-bereitung | Werkzeug-macherei | | |
| Hilfslöhne | 180.000,00 | Lohnliste | 12.000,00 | 4.000,00 | 15.000,00 | 43.000,00 | 34.000,00 | 64.000,00 | - | 8.000,00 | - | - |
| Gehälter | 140.000,00 | Gehaltsliste | 8.000,00 | 5.000,00 | 9.000,00 | 7.000,00 | 6.000,00 | 10.000,00 | 18.000,00 | 4.000,00 | 52.000,00 | 21.000,00 |
| Sozialkosten | 35.000,00 | Lohn- und Gehaltsliste | 1.500,00 | 1.000,00 | 2.000,00 | 6.000,00 | 5.500,00 | 7.000,00 | 2.000,00 | 1.500,00 | 6.000,00 | 2.500,00 |
| Energie | 40.000,00 | kWh | 4.000,00 | 1.000,00 | 2.000,00 | 8.000,00 | 4.000,00 | 6.000,00 | 3.000,00 | 2.000,00 | 7.000,00 | 3.000,00 |
| kalk. Abschr. | 160.000,00 | Anlagenkartei | 3.000,00 | 1.000,00 | 18.000,00 | 30.000,00 | 34.000,00 | 40.000,00 | 2.000,00 | 18.000,00 | 8.000,00 | 6.000,00 |
| kalk. Zinsen | 133.500,00 | Anlagenkartei | 2.500,00 | 800,00 | 16.000,00 | 25.000,00 | 30.000,00 | 34.000,00 | 1.200,00 | 12.000,00 | 7.000,00 | 5.000,00 |
| Zwischen-summen 1 | 688.500,00 | | 31.000,00 | 12.800,00 | 62.000,00 | 119.000,00 | 113.500,00 | 161.000,00 | 26.200,00 | 45.500,00 | 80.000,00 | 37.500,00 |
| Umlage Allg. Kostenstellen | | | | | | | | | | | | |
| a) Kantine | | 3:6:6:7:1:2:5:1 | | | 3.000,00 | 6.000,00 | 6.000,00 | 7.000,00 | 1.000,00 | 2.000,00 | 5.000,00 | 1.000,00 |
| b) Pförtnerei | | 2:4:4:5:1:2:4:1 | | | 1.113,00 | 2.226,00 | 2.226,00 | 2.782,00 | 557,00 | 1.113,00 | 2.226,00 | 557,00 |
| Zwischen-summen 2 | 688.500,00 | | | | 66.113,00 | 127.226,00 | 121.726,00 | 170.782,00 | 27.757,00 | 48.613,00 | 87.226,00 | 39.057,00 |
| Umlage Ferti-gungshilfskos-tenstellen | | | | | | | | | | | | |
| a) Arbeitsvor-bereitung | | 4:5:6 | - | - | - | 7.402,00 | 9.252,00 | 11.103,00 | | | - | - |
| b) Werkzeug-macherei | | 3:5:7 | - | - | - | 9.723,00 | 16.204,00 | 22.686,00 | | | - | - |
| Endsummen d. Hauptkostenst. | 688.500,00 | | - | - | 66.113,00 | 144.351,00 | 147.182,00 | 204.571,00 | - | - | 87.226,00 | 39.057,00 |

## Zusammenfassung

**Kostenstellenrechnung**
Verrechnung der Gemeinkosten nach dem Verursachungsprinzip auf die Kostenstellen

**Errechnung der Gemeinkostenzuschlagssätze**

**einstufiger BAB I** (findet Anwendung in kleinen Industriebetrieben)

| Gemeinkostenart | Betrag | Verteilungsschlüssel | Kostenstellen | | | |
|---|---|---|---|---|---|---|
| | | | Material | Fertigung | Verwaltung | Vertrieb |
| | | | | | | |

**erweiterter mehrstufiger BAB I** (findet Anwendung in mittelgroßen und großen Industriebetrieben)

| Gemeinkostenart | Betrag | Verteilungsschlüssel | Allg. Kostenstellen | | Material | Fertigung | | | | Verwaltung | Vertrieb |
|---|---|---|---|---|---|---|---|---|---|---|---|
| | | | | | | Fertigungshauptkostenstellen | | Fertigungshilfskostenstellen | | | |
| | | | Kantine[1] | Pförtnerei[1] | | Schlosserei[1] | Montage[1] | Arbeitsvorbereitung[1] | Werkzeugmacherei[1] | | |
| | | | | | | | | | | | |
| Endsummen d. Hauptkostenstellen | | | | | ■ | ■ | ■ | | | ■ | ■ |

1 beispielhaft

## Aufgaben[1]

1 u. 2: Einstufiger BAB I[2]
3–5: Erweiterter mehrstufiger BAB I[2]

AH

1 Erstellen Sie aufgrund der folgenden Angaben den monatlichen BAB I. (Die Kosten für Miete und Energie sind noch aufzuschlüsseln.)

| Gemein-kostenart | Betrag (€) | Verteilungs-basis | Kostenstellen | | | |
|---|---|---|---|---|---|---|
| | | | Material | Fertigung | Verwaltung | Vertrieb |
| Gehälter | 348.400,00 | Gehaltsliste → | 48.300,00 | 58.800,00 | 142.900,00 | 98.400,00 |
| Hilfslöhne | 263.700,00 | Lohnliste → | 44.500,00 | 179.100,00 | - | 40.100,00 |
| Sozialkosten | 99.500,00 | Lohn- und Gehaltsliste → | 15.085,00 | 38.672,00 | 23.229,00 | 22.514,00 |
| Miete | 20.800,00 | $m^2$ | 400 $m^2$ | 1400 $m^2$ | 600 $m^2$ | 200 $m^2$ |
| Energie | 54.200,00 | Verteilungs-schlüssel | 1 | 6 | 2 | 1 |
| Abschreibungen (monatlich) | 97.900,00 | Anlagen-kartei → | 6.334,00 | 75.451,00 | 10.526,00 | 5.589,00 |

AH

Excel

2[3] Der Kostenartenrechnung werden für den Monat März folgende Kosten entnommen:

| Gemein-kostenart | Betrag (€) | Kostenstellen | | | |
|---|---|---|---|---|---|
| | | Material | Fertigung | Verwaltung | Vertrieb |
| Betriebsstoffe | 20.800,00 | 2.900,00 | 11.000,00 | 4.800,00 | 2.100,00 |
| Hilfslöhne | 194.700,00 | 18.800,00 | 156.200,00 | 9.300,00 | 10.400,00 |
| Gehälter | 171.300,00 | 12.500,00 | 17.300,00 | 105.900,00 | 35.600,00 |
| Soz. Abgaben | 54.900,00 | 4.695,00 | 26.025,00 | 17.280,00 | 6.900,00 |

Für die Kostenstellenrechnung sind noch zu berücksichtigen: Energiekosten, Mieten, Versicherungen, kalkulatorische Abschreibungen und kalkulatorische Zinsen.

**Energiekosten (März)** .......... 27.576,00 €

Energieverbrauch:

Material: 32 520 kWh
Fertigung: 214 440 kWh
Verwaltung: 17 040 kWh
Vertrieb: 11 760 kWh

**Monatsmiete (März)** .......... 140.000,00 €

Flächen:

Material: 5 000 $m^2$
Fertigung: 16 000 $m^2$
Verwaltung: 4 000 $m^2$
Vertrieb: 3 000 $m^2$

→

1 In allen Betriebsabrechnungsbögen ist auf volle €-Beträge zu runden. In einigen Betriebsabrechnungsbögen sind Ausgleichsrundungen erforderlich.

2 Weitere Aufgaben zum einstufigen und mehrstufigen BAB I finden Sie auf S. 474 ff.

3 Es wird empfohlen, diese Aufgabe zunächst manuell im Arbeitsheft und erst danach am PC auf dem Excel-Arbeitsblatt zu lösen.

**Versicherungen, jährlich** ........................................... 41.760,00 €
Versicherungswerte:
Material: 280.000,00 €
Fertigung: 2.400.000,00 €
Verwaltung: 550.000,00 €
Vertrieb: 250.000,00 €

**Kalkulatorische Abschreibungen im Abrechnungsjahr** ..................... 504.000,00 €
Anlagevermögen:
Material: 120.000,00 €
Fertigung: 1.800.000,00 €
Verwaltung: 400.000,00 €
Vertrieb: 200.000,00 €

**Kalkulatorische Zinsen im Abrechnungsjahr:**
9 % vom betriebsnotwendigen Kapital von 3.600.000,00 €.
Verhältniszahlen:
Material: 2 Teile
Fertigung: 9 Teile
Verwaltung: 3 Teile
Vertrieb: 1 Teil
Erstellen Sie den Betriebsabrechnungsbogen I für den Monat März.

AH Excel

3[1] In einem Industriebetrieb gibt es die folgenden Kostenstellen:
Sozialeinrichtungen A **(Allgemeine Kostenstelle)**
Material B **(Materialhauptkostenstelle)**
Gesenkschmiede C **(Fertigungshauptkostenstelle 1)**
Entgratung D **(Fertigungshauptkostenstelle 2)**
Konstruktion E **(Fertigungshilfskostenstelle)**
Verwaltung F **(Verwaltungshauptkostenstelle)**
Vertrieb G **(Vertriebshauptkostenstelle)**

Für den Monat Mai liegen folgende Zahlen vor:

| Gemeinkostenart | Betrag (€) | Kostenstellen | | | | | | |
|---|---|---|---|---|---|---|---|---|
| | | A | B | C | D | E | F | G |
| Betriebsstoffe | 200.100 | 2.500 | 10.800 | 100.400 | 70.200 | 1.800 | 7.900 | 6.500 |
| Hilfslöhne | 180.500 | 2.400 | 19.300 | 90.900 | 47.900 | 2.400 | 9.200 | 8.400 |
| Gehälter | 195.500 | 3.800 | 10.100 | 20.100 | 13.400 | 8.800 | 110.500 | 28.800 |
| kalk. Abschr. | 40.500 | 1 | 3 | 9 | 8 | 1 | 4 | 4 |
| kalk. Zinsen | 30.000 | 1 | 4 | 8 | 7 | 1 | 2 | 2 |

Erstellen Sie den kompletten BAB I in folgenden Teilschritten:
1. Aufteilung der kalkulatorischen Abschreibungen und kalkulatorischen Zinsen nach dem oben vorgegebenen Verhältnis auf die Kostenstellen.
2. Aufschlüsselung der Gemeinkosten der allgemeinen Kostenstelle A (Sozialeinrichtungen) auf die übrigen Kostenstellen im Verhältnis 3 : 6 : 6 : 1 : 4 : 3 (von links nach rechts).
3. Aufschlüsselung der Gemeinkosten der Fertigungshilfskostenstelle E (Konstruktion) auf die Fertigungshauptkostenstellen C (Gesenkschmiede) und D (Entgratung) im Verhältnis 5 : 2.

1 Es wird empfohlen, diese Aufgabe zunächst manuell im Arbeitsheft und erst danach am PC auf dem Excel-Arbeitsblatt zu lösen.

AH

4 Im BAB I sind bis auf die Energiekosten von 14.685,00 € und die sozialen Abgaben von 54.900,00 € bereits alle Gemeinkosten auf die Kostenstellen zugeschlüsselt.
Es liegen folgende Informationen vor:

| | Kostenstellennummer | Zwischensumme (€) | kWh | Mitarbeiterzahl |
|---|---|---|---|---|
| Allgemeiner Bereich<br>- Kantine | 1 | 21.000,00 | 1200 | 16 |
| Materialbereich | 2 | 120.000,00 | 20500 | 40 |
| Fertigungsbereich<br>- Fertigungshauptkostenstelle 1<br>- Fertigungshauptkostenstelle 2<br>- Fertigungshilfskostenstelle 1<br>- Fertigungshilfskostenstelle 2 | <br>3<br>4<br>5<br>6 | <br>180.000,00<br>220.000,00<br>50.000,00<br>30.000,00 | <br>38700<br>44800<br>2100<br>1400 | <br>130<br>80<br>8<br>12 |
| Verwaltungsbereich | 7 | 90.000,00 | 15600 | 60 |
| Vertriebsbereich | 8 | 70.000,00 | 9200 | 20 |

**Umlageschlüssel:**
1. Energiekosten nach kWh auf die Kostenstellen 1–8.
2. Soziale Abgaben nach der Mitarbeiterzahl auf die Kostenstellen 1–8.
3. Allgemeiner Bereich (Kantine) nach der Mitarbeiterzahl auf die Kostenstellen 2–8.
4. Fertigungshilfskostenstelle 1 auf die Fertigungshauptkostenstellen 1 und 2 im Verhältnis 3 : 4.
5. Fertigungshilfskostenstelle 2 auf die Fertigungshauptkostenstellen 1 und 2 im Verhältnis 2 : 3.

Erstellen Sie den BAB I bis zu den Endsummen der Hauptkostenstellen.

AH

5 Es liegt folgender BAB vor, in dem – bis auf die kalkulatorischen Zinsen – sämtliche Gemeinkosten bereits auf die Kostenstellen verteilt sind.

| Gemeinkostenart | Betrag (€) | Allgem. Bereich | Materialbereich | Fertigungsbereich | | | Verwalt.-Bereich | Vertriebsbereich |
|---|---|---|---|---|---|---|---|---|
| | | | | Fert. 1 | Fert. 2 | Arbeitsvorber. | | |
| Zwischensumme | 860.000 | 50.000 | 140.000 | 180.000 | 220.000 | 40.000 | 150.000 | 80.000 |
| kalk. Zinsen | 55.000 | | | | | | | |

a) Verteilen Sie die kalkulatorischen Zinsen im Verhältnis der kapitalmäßig gebundenen Anlagenwerte auf die einzelnen Kostenstellen und errechnen Sie die vorläufigen Kostenstellensummen.
Anlagenwerte in den Kostenstellen:
Allgemeiner Bereich: 300.000,00 €; Materialbereich: 1.000.000,00 €; Fertigungshauptkostenstelle 1: 4.000.000,00 €; Fertigungshauptkostenstelle 2: 3.000.000,00 €; Fertigungshilfskostenstelle (Arbeitsvorbereitung): 400.000,00 €; Verwaltungsbereich: 1.600.000,00 €; Vertriebsbereich: 700.000,00 €.

b) Schlüsseln Sie die Gemeinkosten des allgemeinen Bereichs im Verhältnis 2 : 6 : 5 : 1 : 2 : 1 (von links nach rechts im obigen BAB) auf die übrigen Kostenstellen auf und errechnen Sie wiederum die neuen vorläufigen Kostenstellensummen.

c) Legen Sie die Gemeinkosten der Fertigungshilfskostenstelle (Arbeitsvorbereitung) im Verhältnis 5 : 3 auf die Fertigungshauptkostenstellen 1 und 2 um.

d) Errechnen Sie die Gemeinkostenendsummen der Hauptkostenstellen.

## 6.5 Die Kostenträgerrechnung

Die Kostenträger sind die Leistungseinheiten des Betriebes, also im Industriebetrieb die hergestellten Erzeugnisse und im Handelsbetrieb die zum Verkauf vorgesehenen Artikel. Es kann sich dabei um ein einzelnes Erzeugnis (Artikel), um eine Erzeugnisgruppe (Artikelgruppe) oder um einen Auftrag handeln. Die Kostenträger haben - was ihr Name bereits sagt - alle Kosten zu tragen, denn für sie sind die Kosten entstanden.

Die Kostenträgerrechnung beinhaltet die **Kostenträgerzeitrechnung** und die **Kostenträgerstückrechnung.**

Sie bezieht sich in der Kostenträgerzeitrechnung auf die **Periode (zeitliche Erfolgsrechnung)** und in der Kostenträgerstückrechnung auf die **Leistungseinheit (stückbezogene Kalkulation).**

### 6.5.1 Die Kostenträgerzeitrechnung

**Die Kostenträgerzeitrechnung verrechnet alle angefallenen Kosten einer Rechnungsperiode auf die einzelnen Kostenträger[1] (nicht stückbezogene summarische Nachkalkulation). Zweck der Kostenträgerzeitrechnung ist die Kontrolle der Wirtschaftlichkeit der Kostenträger.**

#### 6.5.1.1 Die Ermittlung der Gemeinkostenzuschlagssätze

Werden in einem Industriebetrieb **unterschiedliche Produkte** mit **unterschiedlichen Produktionsgängen** hergestellt, so wird die Kostenträgerzeitrechnung in Form einer **Zuschlagskalkulation** durchgeführt (siehe auch Kapitel 6.5.2.2, S. 483 ff.).

Grundlage der Zuschlagskalkulation ist die Verteilung der Gemeinkosten auf die Kostenstellen im Betriebsabrechnungsbogen I (siehe S. 466 f.).

Die kalkulatorische Berücksichtigung der im Betriebsabrechnungsbogen I auf Kostenstellen zugeschlüsselten Gemeinkosten erfolgt durch Zuschlagssätze auf die Einzelkosten.

Die **Materialgemeinkosten** werden durch einen prozentualen Aufschlag (**= Materialgemeinkostenzuschlagssatz)** auf das **Fertigungsmaterial** (= Rohstoffverbrauch, = Einzelkosten) berücksichtigt. Hierbei unterstellt man, dass sich die Materialgemeinkosten in gleicher Weise wie das Fertigungsmaterial verändern.

$$\textbf{Materialgemeinkostenzuschlagssatz} = \frac{\text{Materialgemeinkosten} \cdot 100}{\text{Fertigungsmaterial}}$$

Addiert man die Materialgemeinkosten auf das Fertigungsmaterial, so erhält man die **Materialkosten.**

| | |
|---|---|
| | Fertigungsmaterial (= Rohstoffverbrauch) |
| + | Materialgemeinkosten in % des Fertigungsmaterials |
| = | **Materialkosten** |

Die **Fertigungsgemeinkosten** werden durch einen prozentualen Aufschlag **(= Fertigungsgemeinkostenzuschlagssatz)** auf die **Fertigungslöhne** (= Einzelkosten) berücksichtigt. Dabei wird angenommen, dass sich die Fertigungsgemeinkosten proportional zu den Fertigungslöhnen verhalten.

1 in der Regel Erzeugnisgruppen

$$\text{Fertigungsgemeinkostenzuschlagssatz} = \frac{\text{Fertigungsgemeinkosten} \cdot 100}{\text{Fertigungslöhne}}$$

Die Summe aus Fertigungslöhnen, Fertigungsgemeinkosten und ggf. Sondereinzelkosten der Fertigung (z. B. Kosten für Spezialwerkzeuge, Kosten für Modelle, Lizenzgebühren) ergibt die **Fertigungskosten.**

Zählt man zu den Materialkosten die Fertigungskosten hinzu, so erhält man die **Herstellkosten der Produktion:**

| | | € | € | € |
|---|---|---|---|---|
| | Fertigungsmaterial | ... | | |
| + | Materialgemeinkosten in % des Fertigungsmaterials | ... | | |
| = | **Materialkosten** | | ... | |
| | Fertigungslöhne | ... | | |
| + | Fertigungsgemeinkosten in % der Fertigungslöhne | ... | | |
| + | Sondereinzelkosten der Fertigung | ... | | |
| = | **Fertigungskosten** | | ... | |
| + | **Herstellkosten der Produktion** (Materialkosten + Fertigungskosten) | | | ... |

Während die **Materialgemeinkosten** und die **Fertigungsgemeinkosten** abhängig sind von den **hergestellten** Produkten (Herstellkosten der Produktion), sind die **Vertriebsgemeinkosten** und die **Verwaltungsgemeinkosten**[1] abhängig von den **verkauften** Produkten.

Bei der Berechnung des **Vertriebs-** und **Verwaltungsgemeinkostenzuschlagssatzes** müssen daher als Bezugsbasis die **Herstellkosten des Umsatzes** herangezogen werden.

| | |
|---|---|
| | **Herstellkosten der Produktion** |
| + | Bestandsabbau an fertigen/unfertigen Erzeugnissen |
| – | Bestandsaufbau an fertigen/unfertigen Erzeugnissen |
| = | **Herstellkosten des Umsatzes** |

$$\text{Verwaltungsgemeinkostenzuschlagssatz} = \frac{\text{Verwaltungsgemeinkosten} \cdot 100}{\text{Herstellkosten des Umsatzes}}$$

$$\text{Vertriebsgemeinkostenzuschlagssatz} = \frac{\text{Vertriebsgemeinkosten} \cdot 100}{\text{Herstellkosten des Umsatzes}}$$

Addiert man auf die Herstellkosten des Umsatzes die Verwaltungs- und Vertriebsgemeinkosten sowie die Sondereinzelkosten des Vertriebs (z. B. Vertreterprovision, Transportversicherung, Fracht, Verpackungsmaterial), so erhält man die **Selbstkosten des Umsatzes.**

1 Bei den Verwaltungsgemeinkosten ist die kostenmäßige Abhängigkeit von den verkauften Produkten nicht ganz eindeutig. Zur Vereinfachung wollen wir hier jedoch eine Abhängigkeit unterstellen. Sie ist mit Einschränkungen auch plausibel. (Bei einer Absatzsteigerung erhöhen sich beispielsweise die Kosten für die Rechnungserteilung.)

Das Kalkulationsschema (bis zu den **Selbstkosten des Umsatzes**) sieht nun folgendermaßen aus:

| | | € | € | € | € | € |
|---|---|---|---|---|---|---|
| | Fertigungsmaterial | ... | | | | |
| + | Materialgemeinkosten in % des Fertigungsmaterials | ... | | | | |
| = | **Materialkosten** | ... | ... | | | |
| | Fertigungslöhne | ... | | | | |
| + | Fertigungsgemeinkosten in % der Fertigungslöhne | ... | | | | |
| + | Sondereinzelkosten der Fertigung | ... | | | | |
| = | **Fertigungskosten** | | ... | | | |
| = | **Herstellkosten der Produktion** | | | ... | | |
| + | Bestandsabbau an fertigen/unfertigen Erzeugnissen | | | ... | | |
| – | Bestandsaufbau an fertigen/unfertigen Erzeugnissen | | | ... | | |
| = | **Herstellkosten des Umsatzes** | | | | ... | |
| + | Verwaltungsgemeinkosten in % der Herstellkosten des Umsatzes | | | | ... | |
| + | Vertriebsgemeinkosten in % der Herstellkosten des Umsatzes | | | | ... | |
| + | Sondereinzelkosten des Vertriebs | | | | ... | |
| = | **Selbstkosten des Umsatzes** | | | | | ... |

(Pfeilspitzen zeigen auf den Grundwert [≙ 100 %].)

Die Gemeinkostenzuschlagssätze werden im BAB I ermittelt.

**Beispiel** Betriebsabrechnungsbogen I eines Industriebetriebes mit errechneten Gemeinkostenzuschlagssätzen

| Gemeinkostenart | Betrag | Verteilungsschlüssel | Kostenstellen | | | |
|---|---|---|---|---|---|---|
| | | | Material | Fertigung | Verwaltung | Vertrieb |
| Gemeinkostenmaterial | 56.700,00 | Entnahmescheine | 19.300,00 | 37.400,00 | – | – |
| Gehälter | 405.800,00 | Gehaltsliste | 40.800,00 | 50.100,00 | 223.700,00 | 91.200,00 |
| Hilfslöhne | 237.400,00 | Lohnliste | 31.300,00 | 165.300,00 | – | 40.800,00 |
| Sozialkosten | 91.300,00 | Lohn- u. Gehaltsliste | 8.300,00 | 44.100,00 | 10.500,00 | 28.400,00 |
| Instandhaltung | 48.200,00 | Rechnungen | 5.500,00 | 25.700,00 | 9.100,00 | 7.900,00 |
| Strom | 12.700,00 | kWh | 1.500,00 | 8.900,00 | 1.200,00 | 1.100,00 |
| Wasser | 5.500,00 | $m^3$ | 300,00 | 3.600,00 | 900,00 | 700,00 |
| Kfz-Kosten | 24.200,00 | km | 800,00 | 4.200,00 | 5.800,00 | 13.400,00 |
| Abschreibungen | 87.300,00 | Anlagenkartei | 7.400,00 | 64.500,00 | 7.000,00 | 8.400,00 |
| | 969.100,00 | | 115.200,00 | 403.800,00 | 258.200,00 | 191.900,00 |
| **Zuschlagsgrundlagen** | | | | | | |
| 1. Fertigungsmaterial[1] | | | 1.250.300,00 | | | |
| 2. Fertigungslöhne[1] | | | | 530.900,00 | | |
| 3. Herstellkosten des Umsatzes | | | | | 2.343.900,00 | 2.343.900,00 |
| Gemeinkostenzuschlagssätze | | | 9,21379 % | 76,05952 % | 11,01583 % | 8,18721 % |

1 gemäß Buchführung

**Ermittlung der Zuschlagssätze:**

*1. Materialgemeinkostenzuschlagssatz (MGKZ)*

$$\text{MGKZ} = \frac{\text{Materialgemeinkosten} \cdot 100}{\text{Fertigungsmaterial}} = \frac{115.200{,}00 \cdot 100}{1.250.300{,}00} = \underline{\underline{9{,}21379\ \%}}$$

*2. Fertigungsgemeinkostenzuschlagssatz (FGKZ)*

$$\text{FGKZ} = \frac{\text{Fertigungsgemeinkosten} \cdot 100}{\text{Fertigungslöhne}} = \frac{403.800{,}00 \cdot 100}{530.900{,}00} = \underline{\underline{76{,}05952\ \%}}$$

*3. Verwaltungsgemeinkostenzuschlagssatz (VwGKZ)*

Zuschlagsgrundlage für die Verwaltungs- und die Vertriebsgemeinkosten sind die Herstellkosten des Umsatzes. Diese müssen zunächst kalkuliert werden:

| | | | | | |
|---|---|---|---|---|---|
| | Fertigungsmaterial[1] | 1.250.300,00 € | | | |
| + | Materialgemeinkosten gem. BAB I | 115.200,00 € | | | |
| = | **Materialkosten** | | **1.365.500,00 €** | | |
| | Fertigungslöhne[1] | 530.900,00 € | | | |
| + | Fertigungsgemeinkosten gem. BAB I | 403.800,00 € | | | |
| + | SEK der Fertigung[1] | 23.700,00 € | | | |
| = | **Fertigungskosten** | | **958.400,00 €** | | |
| = | **Herstellkosten der Produktion** | | | **2.323.900,00 €** | |
| + | Bestandsabbau Fertigerzeugnisse[1] | | | 110.000,00 € | |
| – | Bestandsaufbau unfertige Erzeugnisse[1] | | | 90.000,00 € | |
| = | **Herstellkosten des Umsatzes** | | | | **2.343.900,00 €** |

$$\text{VwGKZ} = \frac{\text{Verwaltungsgemeinkosten} \cdot 100}{\text{Herstellkosten des Umsatzes}} = \frac{258.200{,}00 \cdot 100}{2.343.900{,}00} = \underline{\underline{11{,}01583\ \%}}$$

*4. Vertriebsgemeinkostenzuschlagssatz (VtGKZ)*

Aufgaben folgen auf S. 474 ff.

$$\text{VtGKZ} = \frac{\text{Vertriebsgemeinkosten} \cdot 100}{\text{Herstellkosten des Umsatzes}} = \frac{191.900{,}00 \cdot 100}{2.343.900{,}00} = \underline{\underline{8{,}18721\ \%}}$$

1 gemäß Buchführung

### 6.5.1.2 Das Kostenträgerblatt (BAB II)

Aufgrund der im BAB I ermittelten Gemeinkostenzuschlagssätze wird nun das **Kostenträgerblatt (BAB II)** erstellt. Es enthält die **Kostenträgerzeitrechnung.**

➲ **Im Kostenträgerblatt (BAB II) werden alle Einzel- und Gemeinkosten einer Abrechnungsperiode auf die einzelnen Kostenträger[1] verrechnet.**

Dabei wird das auf S. 466 dargestellte Kalkulationsschema zugrunde gelegt.

Zur Ermittlung des Erfolges einzelner Kostenträger werden im Kostenträgerblatt (BAB II) die Verkaufserlöse und die Selbstkosten der Abrechnungsperiode saldiert.

➲ **Im Kostenträgerblatt (BAB II) wird das Betriebsergebnis pro Kostenträger des Abrechnungszeitraumes errechnet.**

Die Kostenträgerzeitrechnung liefert somit die Grundlage zur Kontrolle der Wirtschaftlichkeit der einzelnen Kostenträger[1].

**Beispiel**

Es gelten die Gemeinkostenzuschlagssätze des BAB I auf S. 466.
Folgende Zahlen werden der Buchführung entnommen:

| | |
|---|---|
| **Einzelkosten:** | € |
| Kostenträger I: | |
| – Fertigungsmaterial | 780.500,00 |
| – Fertigungslöhne | 340.400,00 |
| Kostenträger II: | |
| – Fertigungsmaterial | 469.800,00 |
| – Fertigungslöhne | 190.500,00 |
| Summe Fertigungsmaterial | 1.250.300,00 |
| Summe Fertigungslöhne | 530.900,00 |
| **Sondereinzelkosten der Fertigung:** | |
| Kostenträger I | 15.300,00 |
| Kostenträger II | 8.400,00 |
| Summe | 23.700,00 |
| **Sondereinzelkosten des Vertriebs:** | |
| Kostenträger I | 6.700,00 |
| Kostenträger II | 5.900,00 |
| Summe | 12.600,00 |
| **Bestandsveränderungen:** | |
| Kostenträger I | |
| – Bestandsabbau FE | 80.000,00 |
| – Bestandsaufbau UE | 50.000,00 |
| Kostenträger II | |
| – Bestandsabbau FE | 30.000,00 |
| – Bestandsaufbau UE | 40.000,00 |

1 in der Regel Erzeugnisgruppen



6350468

| | |
|---|---|
| Summe: | € |
| – Bestandsabbau | 110.000,00 |
| – Bestandsaufbau | 90.000,00 |
| **Verkaufserlöse:** | |
| Kostenträger I | 1.958.500,00 |
| Kostenträger II | 1.321.700,00 |
| Summe | 3.280.200,00 |

Kostenträgerblatt (BAB II)

| | Summe<br>€ | Kostenträger<br>I<br>€ | Kostenträger<br>II<br>€ |
|---|---|---|---|
| Fertigungsmaterial | 1.250.300,00 | 780.500,00 | 469.800,00 |
| + Materialgemeinkosten (9,21379 %) | 115.200,00 | 71.914,00 | 43.286,00 |
| **= Materialkosten** | **1.365.500,00** | **852.414,00** | **513.086,00** |
| Fertigungslöhne | 530.900,00 | 340.400,00 | 190.500,00 |
| + Fertigungsgemeinkosten (76,05952 %) | 403.800,00 | 258.907,00 | 144.893,00 |
| + Sondereinzelkosten der Fertigung | 23.700,00 | 15.300,00 | 8.400,00 |
| **= Fertigungskosten** | **958.400,00** | **614.607,00** | **343.793,00** |
| **= Herstellkosten der Produktion** | **2.323.900,00** | **1.467.021,00** | **856.879,00** |
| + Bestandsabbau | 110.000,00 | 80.000,00 | 30.000,00 |
| – Bestandsaufbau | 90.000,00 | 50.000,00 | 40.000,00 |
| **= Herstellkosten des Umsatzes** | **2.343.900,00** | **1.497.021,00** | **846.879,00** |
| + Verwaltungsgemeinkosten (11,01583 %) | 258.200,00 | 164.909,00 | 93.291,00 |
| + Vertriebsgemeinkosten (8,18721 %) | 191.900,00 | 122.564,00 | 69.336,00 |
| + Sondereinzelkosten des Vertriebs | 12.600,00 | 6.700,00 | 5.900,00 |
| **= Selbstkosten des Umsatzes** | **2.806.600,00** | **1.791.194,00** | **1.015.406,00** |
| Verkaufserlöse | 3.280.200,00 | 1.958.500,00 | 1.321.700,00 |
| **= Betriebsergebnis** | **473.600,00** | **167.306,00** | **306.294,00** |

(Es wurde eurogenau gerechnet. Rundungsbedingte Abweichungen wurden ausgeglichen.)

Aufgaben folgen auf S. 474 ff.

### 6.5.1.3 Kostenüberdeckung und Kostenunterdeckung bei Verwendung von Normalzuschlagssätzen

Die Gemeinkosten bleiben in der Regel nicht konstant. Sie ändern sich ständig. Es kann dafür inner- und außerbetriebliche Gründe geben.

**Innerbetriebliche Gründe:** unterschiedlicher Beschäftigungsgrad, Zahlung von Zulagen, Urlaubsgeld, Weihnachtsgeld, zunehmende Rationalisierung, unterschiedliche Reparaturkosten, Verwendung anderer (neuer) Stoffe.

**Außerbetriebliche Gründe:** Preisänderungen der Hilfs- und Betriebsstoffe, höhere Personalkosten aufgrund eines neuen Tarifvertrages.

Die ständigen Schwankungen der Gemeinkosten würden nach jedem erstellten BAB I zu neuen Gemeinkostenzuschlagssätzen führen. Damit nun aber die Kalkulation eine gewisse **Stetigkeit** aufweist, wird mit **Normalzuschlagssätzen**[1] gerechnet. Diese Normalzuschlagssätze werden für einen längeren Zeitraum beibehalten.

Die Normalzuschlagssätze werden zum einen aufgrund mehrerer Istzuschlagssätze (z. B. Durchschnittswerte aus den letzten 10 BAB I), zum anderen aber auch aufgrund der zu erwartenden Veränderungen der Gemeinkosten (z. B. bedingt durch Rationalisierung, Preis- und Lohnsteigerungen) festgelegt.

Die **Istgemeinkosten** bzw. **Istzuschlagssätze** werden nach jedem erstellten BAB I den **Normalgemeinkosten** bzw. den **Normalzuschlagssätzen** gegenübergestellt. Auf diese Weise erfolgt eine **Kostenüberwachung.**

**Sind die Normalgemeinkosten höher als die Istgemeinkosten, so liegt eine Kostenüberdeckung[2] vor. Sind die Normalgemeinkosten niedriger als die Istgemeinkosten, so liegt eine Kostenunterdeckung[2] vor.**

Ergeben sich erhebliche Kostenabweichungen, so sind die entsprechenden Gründe zu suchen (Kostenkontrolle). Unter Umständen ist der Normalzuschlagssatz zu korrigieren.

Da im Kostenträgerblatt mit **Normalzuschlagssätzen** kalkuliert wird, erhält man das **tatsächliche Betriebsergebnis** erst durch Berücksichtigung der **Kostenüberdeckung** bzw. **Kostenunterdeckung.**

**Das Umsatzergebnis ist das Ergebnis, das aufgrund der Kostenträgerzeitrechnung mit Normalzuschlagssätzen (Normalkostenrechnung) erzielt wird. Es unterscheidet sich vom tatsächlichen Betriebsergebnis, das sich aufgrund der Kostenträgerzeitrechnung mit Istzuschlagssätzen (Istkostenrechnung) ergibt, durch die Kostenüber- bzw. Kostenunterdeckung.**

Wurden in der Normalkostenrechnung (mit Normalzuschlagssätzen) **zu hohe Kosten** verrechnet (= Kostenüberdeckung), so ist das daraus resultierende **Umsatzergebnis zu niedrig.** Wurden umgekehrt in der Normalkostenrechnung **zu geringe Kosten** verrechnet (= Kostenunterdeckung), so ist das daraus resultierende **Umsatzergebnis zu hoch.** Es gilt daher:

**Betriebsergebnis = Umsatzergebnis + Kostenüberdeckung** bzw.
**Betriebsergebnis = Umsatzergebnis – Kostenunterdeckung**

1 vgl. Kapitel 6.3.2.4 → Normalkosten
2 Sichtweise: aus der Sicht der Normalkostenrechnung


6350470

Kostenträgerblatt (mit Ist- und Normalkostenrechnung) (BAB II)

| | Ist-zuschlags-sätze | Kosten-träger I, Istkosten | Kosten-träger II, Istkosten | Vorliegende Istkosten (Summe) | Kosten-abweichung | Normal-zuschlags-sätze | Kostenträ-ger I, Normal-kosten | Kostenträ-ger II, Nor-malkosten | verrechnete Normalkos-ten (Summe) |
|---|---|---|---|---|---|---|---|---|---|
| Fertigungsmaterial | | 780.500,00 | 469.800,00 | 1.250.300,00 | | | 780.500,00 | 469.800,00 | 1.250.300,00 |
| + Material-gemeinkosten | 9,21379 % | 71.914,00 | 43.286,00 | 115.200,00 | - 2.673,00 | 9 % | 70.245,00 | 42.282,00 | 112.527,00 |
| = **Materialkosten** | | **852.414,00** | **513.086,00** | **1.365.500,00** | | | **850.745,00** | **512.082,00** | **1.362.827,00** |
| Fertigungslöhne | | 340.400,00 | 190.500,00 | 530.900,00 | | | 340.400,00 | 190.500,00 | 530.900,00 |
| + Fertigungs-gemeinkosten | 76,05952 % | 258.907,00 | 144.893,00 | 403.800,00 | + 10.302,00 | 78 % | 265.512,00 | 148.590,00 | 414.102,00 |
| + Sondereinzelkos-ten der Fertigung | | 15.300,00 | 8.400,00 | 23.700,00 | | | 15.300,00 | 8.400,00 | 23.700,00 |
| = **Fertigungskosten** | | **614.607,00** | **343.793,00** | **958.400,00** | | | **621.212,00** | **347.490,00** | **968.702,00** |
| = **Herstellkosten der Produktion** | | **1.467.021,00** | **856.879,00** | **2.323.900,00** | | | **1.417.957,00** | **859.572,00** | **2.331.529,00** |
| + Bestandsabbau an UE/FE | | 80.000,00 | 30.000,00 | 110.000,00 | | | 80.000,00 | 30.000,00 | 110.000,00 |
| - Bestandsaufbau an UE/FE | | 50.000,00 | 40.000,00 | 90.000,00 | | | 50.000,00 | 40.000,00 | 90.000,00 |
| = **Herstellkosten des Umsatzes** | | **1.497.021,00** | **846.879,00** | **2.343.900,00** | | | **1.501.957,00** | **849.572,00** | **2.351.529,00** |
| + Verwaltungs-gemeinkosten | 11,01583 % | 164.909,00 | 93.291,00 | 258.200,00 | + 23.983,00 | 12 % | 180.235,00 | 101.948,00 | 282.183,00 |
| + Vertriebs-gemeinkosten | 8,18721 % | 122.564,00 | 69.336,00 | 191.900,00 | - 3.778,00 | 8 % | 120.156,00 | 67.966,00 | 188.122,00 |
| + Sondereinzelkos-ten des Vertriebs | | 6.700,00 | 5.900,00 | 12.600,00 | | | 6.700,00 | 5.900,00 | 12.600,00 |
| = **Selbstkosten des Umsatzes** | | **1.791.194,00** | **1.015.406,00** | **2.806.600,00** | **+ 27.834,00** | | **1.809.048,00** | **1.025.386,00** | **2.834.434,00** |
| Verkaufserlöse | | 1.958.500,00 | 1.321.700,00 | 3.280.200,00 | | | 1.958.500,00 | 1.321.700,00 | 3.280.200,00 |
| = **Umsatzergebnis** | | | | | | | **149.452,00** | **296.314,00** | **445.766,00** |
| + Kosten-überdeckung | | | | | | | **17.854,00** | **9.980,00** | 27.834,00 |
| = **Betriebsergebnis** | | 167.306,00 | 306.294,00 | 473.600,00 | | | 167.306,00 | 306.294,00 | 473.600,00 |

(Es wurde eurogenau gerechnet. Rundungsbedingte Abweichungen wurden ausgeglichen.)

Die Kostenüberdeckung der Kostenträger I und II ergibt sich wie folgt:

| | Kostenträger I | Kostenträger II |
|---|---|---|
| Normalselbstkosten des Umsatzes | 1.809.048,00 | 1.025.386,00 |
| - Istselbstkosten des Umsatzes | 1.791.194,00 | 1.015.406,00 |
| = Kostenüberdeckung | **17.854,00** | **9.980,00** |

Unter Berücksichtigung von Kostenüber- bzw. Kostenunterdeckungen sieht der BAB I wie folgt aus (vgl. S. 466):

**Betriebsabrechnungsbogen eines Industriebetriebes (BAB I)**

| Gemeinkostenart | Betrag | Verteilungsschlüssel | Kostenstellen | | | |
|---|---|---|---|---|---|---|
| | | | Material | Fertigung | Verwaltung | Vertrieb |
| Gemeinkostenmaterial | 56.700,00 | Entnahmescheine | 19.300,00 | 37.400,00 | - | - |
| Gehälter | 405.800,00 | Gehaltsliste | 40.800,00 | 50.100,00 | 223.700,00 | 91.200,00 |
| Hilfslöhne | 237.400,00 | Lohnliste | 31.300,00 | 165.300,00 | - | 40.800,00 |
| Sozialkosten | 91.300,00 | Lohn- und Gehaltsliste | 8.300,00 | 44.100,00 | 10.500,00 | 28.400,00 |
| Instandhaltung | 48.200,00 | Rechnungen | 5.500,00 | 25.700,00 | 9.100,00 | 7.900,00 |
| Strom | 12.700,00 | kWh | 1.500,00 | 8.900,00 | 1.200,00 | 1.100,00 |
| Wasser | 5.500,00 | $m^3$ | 300,00 | 3.600,00 | 900,00 | 700,00 |
| Kfz-Kosten | 24.200,00 | km | 800,00 | 4.200,00 | 5.800,00 | 13.400,00 |
| Abschreibungen | 87.300,00 | Anlagenkartei | 7.400,00 | 64.500,00 | 7.000,00 | 8.400,00 |
| Istgemeinkosten | 969.100,00 | | 115.200,00 | 403.800,00 | 258.200,00 | 191.900,00 |
| **Zuschlagsgrundlagen** | | | | | | |
| 1. Fertigungsmaterial | | | 1.250.300,00 | | | |
| 2. Fertigungslöhne | | | | 530.900,00 | | |
| 3. Herstellkosten des Umsatzes | | | | | 2.343.900,00 | 2.343.900,00 |
| Istzuschlagssätze | | | 9,21379 % | 76,05952 % | 11,01583 % | 8,18721 % |
| Normalzuschlagssätze | | | 9 % | 78 % | 12 % | 8 % |
| Normalgemeinkosten | 996.934,00 | | 112.527,00 | 414.102,00 | 282.183,00 | 188.122,00 |
| Kostenstellenunterdeckung | | | - 2.673,00 | | | - 3.778,00 |
| Kostenstellenüberdeckung | | | | + 10.302,00 | + 23.983,00 | |
| Kostenstellenüberdeckung insgesamt | + 27.834,00 | | | | | |

**Lösungshinweis:**

Die Material- und Fertigungsnormalgemeinkosten werden von den vorgegebenen Zuschlagsgrundlagen (Fertigungsmaterial: 1.250.300,00 €; Fertigungslöhne: 530.900,00 €) berechnet.

Die Verwaltungs- und Vertriebsnormalgemeinkosten müssen von den Normalherstellkosten des Umsatzes (2.351.529,00 €) kalkuliert werden (siehe Kostenträgerblatt auf S. 471).



6350472

**Zusammenfassung**

**Kostenstellenrechnung/BAB I**

Ermittlung von Gemeinkostenzuschlagssätzen für die Kostenträgerzeitrechnung und für die Kostenträgerstückrechnung[1]

↓

**Kostenträgerzeitrechnung**
**Kostenträgerblatt/BAB II**

Verrechnung aller angefallenen Kosten einer Abrechnungsperiode auf die einzelnen **Kostenträger.**
→ Ergebnisrechnung für einzelne Kostenträger.
→ Kontrolle der Wirtschaftlichkeit der einzelnen Kostenträger.

Mit *Istzuschlagssätzen*
Nachteil: Ständige Veränderungen der Kostenstruktur erschweren die Kostenkontrolle (Zeitvergleiche).

Mit *Normalzuschlagssätzen*
Kalkulationsergebnisse sind von zufälligen Kostenveränderungen bereinigt. Es treten Kostenüberdeckungen bzw. Kostenunterdeckungen auf.

↓

Normalgemeinkosten[2] > Istgemeinkosten[3] → Kostenüberdeckung
Normalgemeinkosten[2] < Istgemeinkosten[3] → Kostenunterdeckung

↓

Betriebsergebnis[4] = Umsatzergebnis[5] + Kostenüberdeckung
Betriebsergebnis[4] = Umsatzergebnis[5] – Kostenunterdeckung

**Die Kostenträgerzeitrechnung ist eine erzeugnisbezogene Erfolgsrechnung für einen Abrechnungszeitraum.**

1 siehe Kapitel 6.5.2.2
2 Normalgemeinkosten ergeben sich aufgrund der Normalzuschlagssätze.
3 Istgemeinkosten ergeben sich aufgrund der Istzuschlagssätze.
4 Das Betriebsergebnis ergibt sich aufgrund der Istkostenrechnung (mit Istzuschlagssätzen).
5 Das Umsatzergebnis ergibt sich aufgrund der Normalkostenrechnung (mit Normalzuschlagssätzen).

## Aufgaben[1]

**1-3:** Ermittlung der Gemeinkostenzuschlagssätze (einstufiger BAB I)
**4-7:** Ermittlung der Gemeinkostenzuschlagssätze (erweiterter mehrstufiger BAB I)
**8:** Erstellung eines einstufigen BAB I mit Ermittlung der Gemeinkostenzuschlagssätze
**9:** Erstellung eines erweiterten mehrstufigen BAB I mit Ermittlung der Gemeinkostenzuschlagssätze
**10:** Erstellung eines BAB II ohne Kostenüber- bzw. Kostenunterdeckung
**11:** Erstellung eines BAB I (einstufig) und BAB II ohne Kostenüber- bzw. Kostenunterdeckung
**12:** Erstellung eines BAB I (einstufig) und BAB II mit Kostenüber- bzw. Kostenunterdeckung
**13:** Erstellung eines BAB I (erweitert, mehrstufig) und BAB II mit Kostenüber- bzw. Kostenunterdeckung
**14 u. 15:** Verständnisaufgaben

**1** Ermitteln Sie
a) den Materialgemeinkostenzuschlagssatz,
b) den Fertigungsgemeinkostenzuschlagssatz,
c) den Verwaltungsgemeinkostenzuschlagssatz und
d) den Vertriebsgemeinkostenzuschlagssatz.

**Gemeinkosten gemäß Betriebsabrechnungsbogen I:**

| | |
|---|---|
| Materialgemeinkosten | 179.400,00 € |
| Fertigungsgemeinkosten | 461.500,00 € |
| Verwaltungsgemeinkosten | 235.800,00 € |
| Vertriebsgemeinkosten | 146.200,00 € |

**Einzelkosten:**

| | |
|---|---|
| Fertigungsmaterial | 1.820.600,00 € |
| Fertigungslöhne | 571.400,00 € |

Berücksichtigen Sie bei c) und d)
1. keine Bestandsveränderungen,
2. folgende Bestandsveränderungen:

| | |
|---|---|
| Bestandsaufbau (UE) | 80.000,00 € |
| Bestandsabbau (FE) | 20.000,00 € |

**2** Zur Aufgabe 1 auf S. 461 (BAB I) liegen folgende Einzelkosten vor:

| | |
|---|---|
| Fertigungsmaterialverbrauch | 1.300.500,00 € |
| Fertigungslöhne | 680.000,00 € |

Errechnen Sie die Gemeinkostenzuschlagssätze, wenn
a) keine Bestandsveränderungen aufgetreten sind,
b) im Abrechnungszeitraum folgende Bestandsveränderungen vorliegen:

| | |
|---|---|
| Bestandsaufbau an fertigen Erzeugnissen | 520.000,00 € |
| Bestandsabbau an unfertigen Erzeugnissen | 40.000,00 € |

**3** Zur Aufgabe 2 auf S. 461 f. (BAB I) liegen folgende Einzelkosten vor:

| | |
|---|---|
| Fertigungsmaterialverbrauch | 448.060,00 € |
| Fertigungslöhne | 750.000,00 € |

Errechnen Sie die Gemeinkostenzuschlagssätze, wenn
a) im Abrechnungszeitraum keine Bestandsveränderungen aufgetreten sind,
b) sich im Abrechnungszeitraum folgende Bestandsveränderungen ergeben haben:

| | |
|---|---|
| Bestandsabbau an fertigen Erzeugnissen | 360.000,00 € |
| Bestandsaufbau an unfertigen Erzeugnissen | 90.000,00 € |

1 Soweit Betriebsabrechnungsbögen zu erstellen sind, ist auf volle €-Beträge zu runden. In einigen Betriebsabrechnungsbögen sind Ausgleichsrundungen vorzunehmen.

4 Errechnen Sie die Gemeinkostenzuschlagssätze.

**Gemeinkosten gemäß Betriebsabrechnungsbogen I:**

| | |
|---|---|
| Materialgemeinkosten | 130.000,00 € |
| Fertigungsgemeinkosten (Fertigungshauptkostenstelle I) | 280.000,00 € |
| Fertigungsgemeinkosten (Fertigungshauptkostenstelle II) | 160.000,00 € |
| Verwaltungsgemeinkosten | 220.000,00 € |
| Vertriebsgemeinkosten | 150.000,00 € |

**Einzelkosten:**

| | |
|---|---|
| Fertigungsmaterial | 980.000,00 € |
| Fertigungslöhne (Fertigungshauptkostenstelle I) | 330.000,00 € |
| Fertigungslöhne (Fertigungshauptkostenstelle II) | 210.000,00 € |

Berücksichtigen Sie bei der Berechnung des Verwaltungs- und Vertriebsgemeinkostenzuschlagssatzes, dass

a) keine Bestandsveränderung bzw.

b) ein Bestandsaufbau (FE) von 150.000,00 € und ein Bestandsabbau (UE) von 390.000,00 € vorliegen.

5 Zur Aufgabe 3 auf S. 462 (BAB I) liegen folgende Einzelkosten vor:

| | |
|---|---|
| Fertigungsmaterialverbrauch | 360.000,00 € |
| Einzellöhne (Gesenkschmiede) | 420.000,00 € |
| Einzellöhne (Entgratung) | 340.000,00 € |

Errechnen Sie die Gemeinkostenzuschlagssätze, wenn

a) im Abrechnungszeitraum keine Bestandsveränderungen aufgetreten sind bzw.

b) sich im Abrechnungszeitraum folgende Bestandsveränderungen ergeben haben:

| | |
|---|---|
| Bestandsaufbau an fertigen Erzeugnissen | 380.000,00 € |
| Bestandsabbau an unfertigen Erzeugnissen | 150.000,00 € |

6 Zur Aufgabe 4 auf S. 463 (BAB I) liegen folgende Einzelkosten vor:

| | |
|---|---|
| Fertigungsmaterialverbrauch | 720.000,00 € |
| Einzellöhne (Fertigungshauptkostenstelle 1) | 270.000,00 € |
| Einzellöhne (Fertigungshauptkostenstelle 2) | 360.000,00 € |

Errechnen Sie die Gemeinkostenzuschlagssätze, wenn

a) im Abrechnungszeitraum keine Bestandsveränderungen aufgetreten sind bzw.

b) sich im Abrechnungszeitraum folgende Bestandsveränderungen ergeben haben:

| | |
|---|---|
| Bestandsaufbau an fertigen Erzeugnissen | 250.000,00 € |
| Bestandsabbau an unfertigen Erzeugnissen | 50.000,00 € |

7 Zur Aufgabe 5 auf S. 463 (BAB I) liegen folgende Einzelkosten vor:

| | |
|---|---|
| Fertigungsmaterialverbrauch | 680.000,00 € |
| Einzellöhne (Fertigungshauptkostenstelle 1) | 220.000,00 € |
| Einzellöhne (Fertigungshauptkostenstelle 2) | 280.000,00 € |

Errechnen Sie die Gemeinkostenzuschlagssätze, wenn

a) im Abrechnungszeitraum keine Bestandsveränderungen aufgetreten sind bzw.

b) sich im Abrechnungszeitraum folgende Bestandsveränderungen ergeben haben:

| | |
|---|---|
| Bestandsabbau an fertigen Erzeugnissen | 90.000,00 € |
| Bestandsaufbau an unfertigen Erzeugnissen | 320.000,00 € |

AH

**8** In einem Industriebetrieb sind in einem Monat für Fertigungsmaterial 1.303.789,00 € und für Fertigungslöhne 575.560,00 € angefallen.

Für die Gemeinkosten liegen die folgenden Buchungsbeträge und Verteilungsangaben vor:

| Gemeinkostenart | Buchungsbetrag (€) | Verteilungsbasis | Kostenstellen | | | |
|---|---|---|---|---|---|---|
| | | | Material | Fertigung | Verwaltung | Vertrieb |
| Gehälter | 298.400,00 | Gehaltsliste → | 38.200,00 | 47.800,00 | 131.500,00 | 80.900,00 |
| Hilfslöhne | 215.300,00 | Lohnliste → | 29.600,00 | 158.900,00 | - | 26.800,00 |
| Sozialkosten | 88.700,00 | Lohn- und Gehaltsliste → | 11.708,00 | 35.658,00 | 22.707,00 | 18.627,00 |
| Miete | 20.000,00 | $m^2$ | 300 $m^2$ | 1 200 $m^2$ | 400 $m^2$ | 100 $m^2$ |
| Energie | 46.100,00 | Rechnungen → | 5.100,00 | 24.800,00 | 8.900,00 | 7.300,00 |
| Abschreibungen | 86.400,00 | Anlagevermögen | 384.000,00 | 4.680.000,00 | 660.000,00 | 300.000,00 |

Die Bestandsveränderungen betragen:
Bestandsabbau: 40.000,00 € (UE)
Bestandsaufbau: 90.000,00 € (FE)

Erstellen Sie den monatlichen BAB I mit Ausweis der Gemeinkostenzuschlagssätze. (Die Beträge für Miete und Abschreibungen sind noch aufzuschlüsseln.)

AH

**9** **Angaben zum BAB I:**

| Gemeinkostenart | Betrag (€) | Allgem. Bereich | Materialbereich | Fertigungshauptkostenstelle 1 | Fertigungshauptkostenstelle 2 | Fertigungshilfskostenstelle | Verwaltungsbereich | Vertriebsbereich |
|---|---|---|---|---|---|---|---|---|
| Betriebsstoffe | 72.800 → | 2.900 | 15.000 | 20.800 | 24.200 | 5.600 | 3.100 | 1.200 |
| Hilfslöhne | 180.500 → | 4.200 | 8.500 | 86.400 | 63.400 | 8.900 | 5.300 | 3.800 |
| Gehälter | 203.100 → | 4.400 | 5.700 | 8.800 | 6.600 | 6.100 | 150.600 | 20.900 |
| Energie | 30.200 | 1 800 kWh | 9 400 kWh | 120 400 kWh | 146 000 kWh | 1 000 kWh | 14 900 kWh | 8 500 kWh |
| kalk. Abschr. | 38.640 | 1 | 2 | 7 | 8 | 1 | 3 | 2 |

**Weitere Angaben:**
Fertigungsmaterial: 340.000,00 €
Fertigungslöhne 1: 180.000,00 €
Fertigungslöhne 2: 130.000,00 €
fertige Erzeugnisse: Bestandsaufbau von 300.000,00 €
unfertige Erzeugnisse: Bestandsabbau von 160.000,00 €

a) Erstellen Sie den kompletten BAB I.

*Verteilungshinweise:*

Verteilungsstufe 1: Energie nach kWh, kalkulatorische Abschreibungen im oben angegebenen Verhältnis

Verteilungsstufe 2: Gemeinkosten des allgemeinen Bereichs im Verhältnis 2 : 6 : 7 : 1 : 2 : 1 auf die übrigen Kostenstellen (von links nach rechts)

Verteilungsstufe 3: Gemeinkosten der Fertigungshilfskostenstelle auf die Fertigungshauptkostenstellen 1 und 2 im Verhältnis 3 : 4

b) Errechnen Sie die Gemeinkostenzuschlagssätze.

AH Excel

10[1] Erstellen Sie aufgrund der folgenden Angaben die Kostenträgerzeitrechnung (BAB II).

**Einzelkosten**

| | | |
|---|---|---|
| Fertigungsmaterial: | - Kostenträger I | 850.000,00 € |
| | - Kostenträger II | 930.000,00 € |
| Fertigungslöhne: | - Kostenträger I | 431.000,00 € |
| | - Kostenträger II | 382.000,00 € |
| **Gemeinkosten (gemäß Betriebsabrechnungsbogen I)** | | |
| Materialgemeinkosten | | 153.080,00 € |
| Fertigungsgemeinkosten | | 552.840,00 € |
| Verwaltungsgemeinkosten | | 515.838,00 € |
| Vertriebsgemeinkosten | | 171.946,00 € |
| **Bestandsveränderungen** | | |
| Bestandsaufbau: | - Kostenträger I (UE) | 110.000,00 € |
| | - Kostenträger II (FE) | 150.000,00 € |
| Bestandsabbau: | - Kostenträger I (FE) | 220.000,00 € |
| | - Kostenträger II (UE) | 180.000,00 € |
| **Verkaufserlöse** | - Kostenträger I | 2.800.000,00 € |
| | - Kostenträger II | 1.970.000,00 € |

AH Excel

11[1] a) Erstellen Sie den monatlichen BAB I (Miete, Energiekosten und Abschreibungen sind noch aufzuschlüsseln.). (Genauigkeit der Gemeinkostenzuschlagssätze: 4 Stellen nach dem Komma.)

b) Erstellen Sie aufgrund des BAB I (mit Istzuschlagssätzen) und aufgrund der folgenden Angaben die monatliche Kostenträgerzeitrechnung (BAB II).

| Gemein-kostenart | Betrag (€) | Verteilungs-basis | Kostenstellen | | | |
|---|---|---|---|---|---|---|
| | | | Material | Fertigung | Verwaltung | Vertrieb |
| Gehälter | 322.500,00 | Gehaltsliste → | 44.500,00 | 53.900,00 | 131.800,00 | 92.300,00 |
| Hilfslöhne | 254.900,00 | Lohnliste → | 40.900,00 | 181.100,00 | - | 32.900,00 |
| Sozial-kosten | 95.700,00 | Lohn- und Gehaltsliste → | 14.154,00 | 38.950,00 | 21.845,00 | 20.751,00 |
| Miete | 33.600,00 | m² | 1 000 m² | 3 000 m² | 1 200 m² | 400 m² |
| Energie | 60.500,00 | Verteilungs-schlüssel | 2 | 7 | 1 | 1 |
| Abschrei-bungen (monatl.) | 111.000,00 | Anlage-vermögen | 420.000,00 | 5.160.000,00 | 720.000,00 | 360.000,00 |

**Einzelkosten**

| | | |
|---|---|---|
| Fertigungsmaterial: | - Kostenträger I | 790.322,00 € |
| | - Kostenträger II | 569.167,00 € |
| Fertigungslöhne: | - Kostenträger I | 260.022,00 € |
| | - Kostenträger II | 241.725,00 € |
| Sondereinzelkosten der Fertigung: | - Kostenträger I | 40.000,00 € |
| | - Kostenträger II | 60.000,00 € |
| **Bestandsveränderungen** | | |
| Bestandsaufbau: | - Kostenträger I (FE) | 180.000,00 € |
| | - Kostenträger II (UE) | 210.000,00 € |
| Bestandsabbau: | - Kostenträger I (UE) | 150.000,00 € |
| | - Kostenträger II (FE) | 170.000,00 € |
| **Verkaufserlöse** | - Kostenträger I | 1.398.000,00 € |
| | - Kostenträger II | 2.680.000,00 € |

1 Es wird empfohlen, diese Aufgabe zunächst manuell im Arbeitsheft und erst danach am PC auf dem Excel-Arbeitsblatt zu lösen.

AH

Excel

**12**[1] a) Erstellen Sie die Kostenstellenrechnung (BAB I) mit Ausweis der Kostenüber- bzw. Kostenunterdeckungen (siehe Muster auf S. 472). (Energie und Abschreibungen sind noch aufzuschlüsseln. Genauigkeit der Istgemeinkostenzuschlagssätze: 4 Stellen nach dem Komma.)

b) Erstellen Sie die Kostenträgerzeitrechnung (BAB II) mit Istkosten und Normalkosten (siehe Muster auf S. 471).

| Gemeinkostenart | Betrag (€) | Verteilungsbasis | Kostenstellen | | | |
|---|---|---|---|---|---|---|
| | | | Material | Fertigung | Verwaltung | Vertrieb |
| Gehälter | 406.700,00 | Gehaltsliste → | 52.900,00 | 64.300,00 | 195.900,00 | 93.600,00 |
| Hilfslöhne | 297.100,00 | Lohnliste → | 74.800,00 | 199.700,00 | - | 22.600,00 |
| Sozialkosten | 104.800,00 | Lohn- und Gehaltsliste → | 13.624,00 | 42.968,00 | 29.344,00 | 18.864,00 |
| Betriebsstoffe | 140.000,00 | Entnahmescheine → | 3.600,00 | 126.000,00 | 2.000,00 | 8.400,00 |
| Energie | 56.000,00 | Verteilungsschlüssel | 3 | 8 | 2 | 1 |
| Abschreibungen (monatl.) | 121.000,00 | Anlagevermögen | 480.000,00 | 5.700.000,00 | 660.000,00 | 420.000,00 |

**Normalzuschlagssätze**

| | |
|---|---|
| Materialgemeinkostenzuschlagssatz: | 10,0 % |
| Fertigungsgemeinkostenzuschlagssatz: | 90,0 % |
| Verwaltungsgemeinkostenzuschlagssatz: | 8,0 % |
| Vertriebsgemeinkostenzuschlagssatz: | 5,3 % |

**Einzelkosten**

| | | |
|---|---|---|
| Fertigungsmaterial: | - Kostenträger I | 780.900,00 € |
| | - Kostenträger II | 836.002,00 € |
| Fertigungslöhne: | - Kostenträger I | 385.400,00 € |
| | - Kostenträger II | 244.485,00 € |

**Bestandsveränderungen**

| | | |
|---|---|---|
| Bestandsaufbau: | - Kostenträger I (UE) | 40.000,00 € |
| | - Kostenträger II (UE) | 30.000,00 € |
| Bestandsabbau: | - Kostenträger I (FE) | 80.000,00 € |
| | - Kostenträger II (FE) | 70.000,00 € |
| **Verkaufserlöse** | - Kostenträger I | 2.100.300,00 € |
| | - Kostenträger II | 1.980.200,00 € |

AH

**13**[1] In einem BAB I sind bereits die Gemeinkosten auf die Kostenstellen verteilt worden (Verteilungsstufe 1). Es haben sich folgende Zwischensummen ergeben:

| | |
|---|---|
| Allgemeiner Bereich | 14.000,00 € |
| Materialbereich | 52.000,00 € |
| Fertigungshauptkostenstelle 1 | 83.000,00 € |
| Fertigungshauptkostenstelle 2 | 98.000,00 € |
| Fertigungshilfskostenstelle | 12.000,00 € |

1 Gehen Sie bei Aufgabe 12 und Aufgabe 13 in folgenden Schritten vor:
1. Erstellen Sie den BAB I [Aufgabe a)] bis einschließlich der Zeile „Istgemeinkosten".
2. Erstellen Sie den kompletten BAB II [Aufgabe b)] (1. Istkostenrechnung, 2. Normalkostenrechnung, 3. Kostenabweichung).
3. Vervollständigen Sie den BAB I [Aufgabe a)].

Es wird empfohlen, die Aufgabe 12 zunächst manuell im Arbeitsheft und erst danach am PC auf dem Excel-Arbeitsblatt zu lösen.



6350478

| | |
|---|---|
| Verwaltungsbereich | 44.000,00 € |
| Vertriebsbereich | 29.000,00 € |

**Weitere Angaben:**

Verteilungsstufe 2: Gemeinkosten des **allgemeinen Bereichs** im Verhältnis 3 : 5 : 7 : 1 : 2 : 2 auf die übrigen Kostenstellen (von oben nach unten).

Verteilungsstufe 3: Gemeinkosten der **Fertigungshilfskostenstelle** auf die Fertigungshauptkostenstellen 1 und 2 im Verhältnis 5 : 7.

**Einzelkosten**

| | | |
|---|---|---|
| Fertigungsmaterial: | – Kostenträger I | 310.000,00 € |
| | – Kostenträger II | 240.000,00 € |
| Fertigungslöhne 1: | – Kostenträger I | 60.000,00 € |
| | – Kostenträger II | 80.000,00 € |
| Fertigungslöhne 2: | – Kostenträger I | 70.000,00 € |
| | – Kostenträger II | 50.000,00 € |

**Bestandsveränderungen**

| | | |
|---|---|---|
| Bestandsaufbau: | – Kostenträger I (FE) | 80.000,00 € |
| | – Kostenträger II (UE) | 220.000,00 € |
| Bestandsabbau: | – Kostenträger I (UE) | 110.000,00 € |
| | – Kostenträger II (FE) | 50.000,00 € |

| | | |
|---|---|---|
| **Verkaufserlöse** | – Kostenträger I | 820.000,00 € |
| | – Kostenträger II | 460.000,00 € |

**Normalzuschlagssätze**

MGKZ: 10 %; FGKZ 1: 60 %; FGKZ 2: 90 %; VwGKZ: 5 %; VtGKZ: 3 %.

a) Erstellen Sie die Kostenstellenrechnung (BAB I) mit Ausweis der Kostenüber- bzw. Kostenunterdeckungen (siehe Muster auf S. 472). (Genauigkeit der Istgemeinkostenzuschlagssätze: 4 Stellen nach dem Komma.)

b) Erstellen Sie die Kostenträgerzeitrechnung (BAB II) mit Istkosten und Normalkosten und Ausweis der Kostenüber- bzw. Kostenunterdeckungen (siehe Muster auf S. 471).

14 Jede der unter A stehenden Aussagen passt inhaltlich zu einem der unter B stehenden Begriffe. Nehmen Sie die jeweiligen Zuordnungen vor. (Für die Begriffe „Umsatzergebnis" und „Betriebsergebnis" ergeben sich jeweils zwei Zuordnungen.)

| A | B |
|---|---|
| 1. Umsatzergebnis + Kostenüberdeckung | 1. Normalkostenrechnung |
| 2. Die Normalgemeinkosten sind größer als die Istgemeinkosten. | 2. Istkostenrechnung |
| 3. Verkaufserlöse – Istselbstkosten des Umsatzes | 3. Kostenunterdeckung |
| 4. Betriebsergebnis + Kostenunterdeckung | 4. Kostenüberdeckung |
| 5. Es wird mit den aktuellen Gemeinkostenzuschlagssätzen kalkuliert. | 5. Umsatzergebnis |
| 6. Die Normalgemeinkosten sind kleiner als die Istgemeinkosten. | 6. Umsatzergebnis |
| 7. Es wird mit Gemeinkostenzuschlagssätzen kalkuliert, die sich aus Durchschnittswerten vergangener Abrechnungsperioden ergeben. | 7. Betriebsergebnis |
| 8. Verkaufserlöse – Normalselbstkosten des Umsatzes | 8. Betriebsergebnis |

**15** Stellen Sie durch Zuordnung den korrekten zeitlichen Ablauf dar.

| A | B |
|---|---|
| 1. Arbeitsschritt 1<br>2. Arbeitsschritt 2<br>3. Arbeitsschritt 3<br>4. Arbeitsschritt 4<br>5. Arbeitsschritt 5<br>6. Arbeitsschritt 6<br>7. Arbeitsschritt 7 | 1. Übertrag der Aufwendungen und der Erträge in die Ergebnistabelle (Ermittlung des Betriebsergebnisses durch Saldierung der Leistungen und der Kosten)<br>2. Aufschlüsselung der Gemeinkosten auf die Kostenstellen im BAB I<br>3. Erstellen des GuV-Kontos (Ermittlung des Gewinns bzw. Verlustes durch Saldierung der Erträge und der Aufwendungen)<br>4. Kostenträgerzeitrechnung und Kostenträgerstückrechnung[1] (jeweils in Form der Zuschlagskalkulation)<br>5. Eventuelle Korrektur der Normalgemeinkostenzuschlagssätze<br>6. Errechnung der Istgemeinkostenzuschlagssätze<br>7. Trennung der Kosten in Einzelkosten und Gemeinkosten |

## 6.5.2 Die Kostenträgerstückrechnung

**Im Gegensatz zur Kostenträgerzeitrechnung ermittelt die Kostenträgerstückrechnung Kosten und Preise pro Kostenträger (= Kalkulation).**

### 6.5.2.1 Die Divisionskalkulation

Die Divisionskalkulation ist ein einfaches Kalkulationsverfahren, das – im Gegensatz zur Zuschlagskalkulation (vgl. Kapitel 6.5.2.2) – nicht auf den im BAB I ermittelten Gemeinkostenzuschlagssätzen basiert.

#### Die einstufige Divisionskalkulation

**Die Divisionskalkulation ist anwendbar in Betrieben, die nur ein Erzeugnis in großen Massen herstellen (Einproduktbetriebe mit Massenfertigung, z. B. Zement- und Kalkwerke, Ziegeleien, Zuckerfabriken, Brennereien, Mühlen, Brauereien, Wasser- und Elektrizitätswerke usw.).**

Die Selbstkosten pro Stück ergeben sich bei der einstufigen Divisionskalkulation aus dem Quotienten aus Gesamtkosten und Produktionsmenge.

$$\textbf{Selbstkosten pro Stück}^{2} = \frac{\text{Gesamtkosten}}{\text{Produktionsmenge}}$$

**Beispiel** In einer Brauerei sind in einer Rechnungsperiode insgesamt 3.242.696,00 € an Kosten angefallen. Hergestellt und verkauft wurden 72 268 hl Bier.

$$\text{Selbstkosten pro Stück (hier: hl)} = \frac{3.242.696{,}00}{72\,268} = \underline{\underline{44{,}87\ €/\text{hl}}}$$

1 Umfangreiche Ausführungen zur Kostenträgerstückrechnung (in Form der Zuschlagskalkulation) folgen im Kapitel 6.5.2.2.

2 Die Kalkulation von den Selbstkosten bis zum Listenverkaufspreis wird aus dem Kalkulationsschema der Zuschlagskalkulation auf S. 485 ersichtlich (siehe auch Kapitel 3.1.8).

Aufgaben folgen auf S. 490 ff.

Die **einstufige** Divisionskalkulation trennt die Kosten nicht in produktionsabhängige und vertriebsabhängige Kosten. Sie geht davon aus, dass die Produktionsmenge der Verkaufsmenge entspricht. Es dürfen also bei diesem Kalkulationsverfahren **keine Bestandsveränderungen** auftreten.

## Die mehrstufige Divisionskalkulation

**Die mehrstufige Divisionskalkulation stellt eine Erweiterung der einstufigen Divisionskalkulation dar. Sie ist – als Erweiterung der einstufigen Divisionskalkulation – anwendbar für Einproduktbetriebe, deren Absatz- und Produktionsmenge voneinander abweichen.**

Während die **Herstellkosten** abhängig sind von der **Produktionsmenge,** sind die **Verwaltungs- und Vertriebskosten** abhängig von der **Absatzmenge.** Entsprechend werden bei der Berechnung der Selbstkosten pro Stück die Herstellkosten verursachungsgerecht auf die Produktionsmenge und die Verwaltungs- und Vertriebskosten verursachungsgerecht auf die Absatzmenge bezogen.

$$\textbf{Selbstkosten pro Stück}^{1} = \frac{\text{Herstellkosten}}{\text{Produktionsmenge}} + \frac{\text{Verwaltungs- und Vertriebskosten}}{\text{Absatzmenge}}$$

**Beispiel**

In unserer Brauerei sind in einer Rechnungsperiode folgende Kosten angefallen:

| | |
|---|---|
| Herstellkosten | 2.503.300,00 € |
| Verwaltungs- und Vertriebskosten | 1.464.545,00 € |
| Summe der angefallenen Kosten | 3.967.845,00 € |

Aufgaben folgen auf S. 490 ff.

Hergestellt wurden in der Abrechnungsperiode 84 387 hl Bier, verkauft wurden 75 109 hl Bier.

$$\text{Selbstkosten pro hl} = \frac{2.503.300,00}{84\,387} + \frac{1.464.545,00}{75\,109} = \underline{\underline{49,16\ €/\text{hl}}}$$

## Die Divisionskalkulation mit Äquivalenzziffern

**Betriebe, die *artverwandte Erzeugnisse* mit *gleichem Fertigungsmaterial* und mit *ähnlichen Produktionsgängen* herstellen (= *Sortenfertigung,* z. B. in Brauereien, Ziegeleien, Baustoffherstellungsbetrieben, Walzwerken), wenden die *Divisionskalkulation mit Äquivalenzziffern* an.**

Sind die oben genannten Voraussetzungen gegeben, so lassen sich die **Kostenunterschiede** der Erzeugnisse durch **Wertigkeitsziffern (Äquivalenzziffern)** ausdrücken.

Ein Erzeugnis (in der Regel das Haupterzeugnis) erhält dabei die **Wertigkeitsziffer (Äquivalenzziffer) 1.** Je nachdem, ob die Kosten für die anderen artverwandten Erzeugnisse höher oder geringer sind, erhalten diese Produkte eine Äquivalenzziffer unter 1 oder über 1.

Das Produkt aus Herstellungsmenge und Äquivalenzziffer bezeichnet man als **Recheneinheit.**

**Beispiel**

Unsere Brauerei hat bisher nur Export-Bier hergestellt. Sie erweitert nun ihr Angebot durch die zusätzliche Herstellung eines Pils-Bieres.

Das Pils-Bier ist in der Herstellung 20 % teurer als das Export-Bier.

Das Kostenverhältnis von Export-Bier zu Pils-Bier beträgt also 100 % zu 120 % bzw. in Äquivalenzziffern ausgedrückt 1 zu 1,2. →

1 Die Kalkulation von den Selbstkosten bis zum Listenverkaufspreis wird aus dem Kalkulationsschema der Zuschlagskalkulation auf S. 485 ersichtlich (siehe auch Kapitel 3.1.8).

Hergestellte Menge:
Export-Bier: 58 329 hl
Pils-Bier: 29 437 hl
Selbstkosten: 3.948.597,50 €

| Sorte | Menge (hl) | Äquivalenzziffer | ❶ Recheneinheiten | ❸ Selbstkosten pro Sorte | ❹ Selbstkosten pro hl |
|---|---|---|---|---|---|
| Export-Bier | 58 329 | 1 | 58 329 | 2.459.267,12 € | 42,16 € |
| Pils-Bier | 29 437 | 1,2 | 35 324 | 1.489.330,38 € | 50,59 € |

93 653 RE ≙ 3.948.597,50 €

1 RE ≙ 42,161997 €

❷

**Lösungsschritte**

❶ Recheneinheiten = hergestellte Menge · Äquivalenzziffer

58 329 = 58 329 · 1

35 324 = 29 437 · 1,2

❷ $\text{Kosten pro Recheneinheit} = \frac{\text{Gesamtkosten}}{\sum \text{Recheneinheiten}}$

$$1\ \text{RE} = \frac{3.948.597{,}50}{93\ 653} = 42{,}161997\ €$$

❸ Selbstkosten pro Sorte = Recheneinheiten pro Sorte · Kosten pro Recheneinheit

2.459.267,12 € = 58 329 · 42,161997 €

1.489.330,38 € = 35 324 · 42,161997 €

❹ Selbstkosten pro Stück[1] = Selbstkosten pro Sorte : Mengeneinheiten pro Sorte

42,16 € = 2.459.267,12 € : 58 329

50,59 € = 1.489.330,38 € : 29 437

Häufig müssen die Äquivalenzziffern noch ermittelt werden, z. B. aus Maßen, aus Gewichten, aus prozentualen Zusammensetzungen, aus Arbeitsstunden, aus Stückkosten usw.

**Beispiel**

Ein Spanplattenbetrieb stellt Spanplatten mit den Plattenstärken 0,60 cm, 0,80 cm (= Hauptprodukt) und 1,20 cm her.

Errechnen Sie aus den Plattenstärken die Äquivalenzziffern.

**Lösung**

Damit das Hauptprodukt die Äquivalenzziffer 1 bekommt, wird durch 0,80 dividiert **(gekürzt):**

0,60 : 0,80 = $\underline{\underline{0{,}75}}$ → Äquivalenzziffer

0,80 : 0,80 = $\underline{\underline{1}}$ → Äquivalenzziffer

1,20 : 0,80 = $\underline{\underline{1{,}5}}$ → Äquivalenzziffer

Aufgaben folgen auf S. 490 ff.

Durch **Kürzen** können in jedem Fall die Äquivalenzziffern errechnet werden.

1 Die Kalkulation von den Selbstkosten bis zum Listenverkaufspreis wird aus dem Kalkulationsschema der Zuschlagskalkulation auf S. 485 ersichtlich (siehe auch Kapitel 3.1.8).

### 6.5.2.2 Die Zuschlagskalkulation

**Werden in einem Betrieb unterschiedliche Produkte mit unterschiedlichen Produktionsgängen in Einzelfertigung (nur ein Erzeugnis wird produziert) oder in Serienfertigung (eine bestimmte Erzeugnismenge wird produziert) hergestellt, so wird die Zuschlagskalkulation herangezogen.**

Kalkulatorisch einfach ist die direkte Zurechnung der **Einzelkosten** auf die Kostenträger.

Es handelt sich hierbei um
- das Fertigungsmaterial (= Verbrauch an Einzelteilen und Rohstoffen je Kostenträger gemäß Materialentnahmescheinen),
- die Fertigungslöhne (= Arbeitszeit je Kostenträger),
- die Sondereinzelkosten der Fertigung (z. B. Kosten für Spezialwerkzeuge, Kosten für Modelle, Lizenzgebühren) und
- die Sondereinzelkosten des Vertriebs (z. B. Vertreterprovision, Transportversicherung, Fracht, Verpackungsmaterial).

Problematischer ist die Zurechnung der **Gemeinkosten** auf die Kostenträger.

Man unterscheidet
- die Materialgemeinkosten (Kosten für Einkauf, Prüfung, Lagerung und Versicherung des Fertigungsmaterials),
- die Fertigungsgemeinkosten (Gehälter für Meister und technische Angestellte, Hilfsarbeiterlöhne, Energiekosten, Hilfs- und Betriebsstoffkosten, Abschreibungen auf Produktionsmaschinen),
- die Verwaltungsgemeinkosten (Gehälter für kaufmännische Angestellte, Gehälter für die Geschäftsleitung, Büromaterial, Abschreibungen auf Geschäftsausstattung) und
- die Vertriebsgemeinkosten (Kosten des Verkaufslagers, Kosten der Vertriebsabteilung, Versand- und Verpackungskosten, Kosten des Auslieferungsfuhrparks).

Die Gemeinkosten werden zunächst im BAB I (siehe Kapitel 6.4.4) auf die einzelnen sie verursachenden Kostenstellen verteilt. Dann werden sie – je nach Inanspruchnahme – dem einzelnen Kostenträger durch einen prozentualen Zuschlag auf die Einzelkosten zugerechnet.

Die folgende Grafik stellt den Weg von der Ergebnistabelle bis zur Zuschlagskalkulation dar.

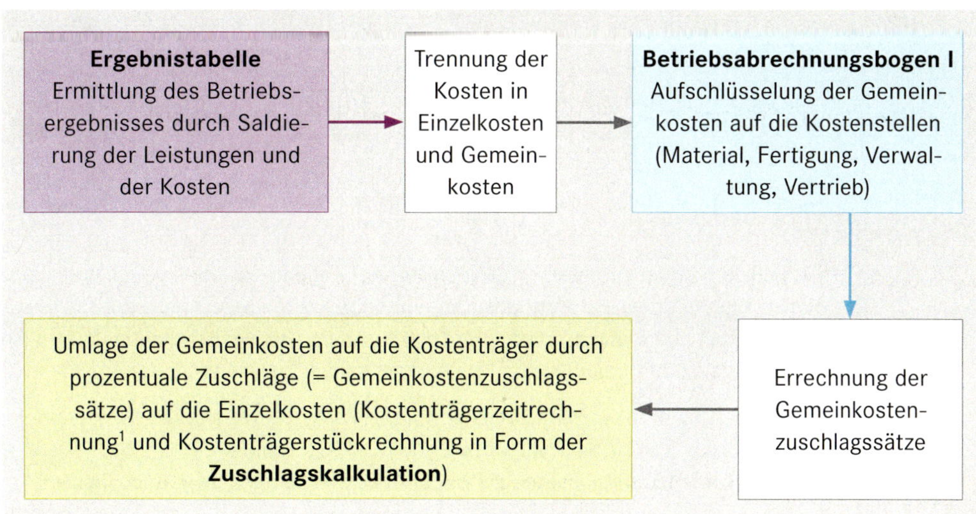


1 siehe Kapitel 6.5.1

## Die summarische Zuschlagskalkulation

In Handwerksbetrieben und kleinen Industriebetrieben können häufig die Gemeinkosten durch **einen Zuschlagssatz** auf die Einzelkosten abgedeckt werden.

Die Zuschlagsbasis kann dabei gebildet werden durch

- das Fertigungsmaterial,
- die Fertigungslöhne oder
- die Summe aus Fertigungsmaterial und Fertigungslöhnen.

Entscheidend ist, dass sich die Zuschlagsbasis proportional zu den Gemeinkosten verhält.

**Beispiel**

Im Abrechnungszeitraum sind folgende Kosten angefallen:

Einzelkosten:

| | |
|---|---|
| – Fertigungsmaterial | 84.000,00 € |
| – Fertigungslöhne | 58.000,00 € |
| Gemeinkosten | 74.000,00 € |

Die Zuschlagsgrundlage für die Gemeinkosten sind die **Fertigungslöhne.**

Für einen zu kalkulierenden Auftrag wird mit 40 Fertigungsstunden zu je 30,00 € und einem Fertigungsmaterialverbrauch von 1.740,00 € gerechnet.

a) Errechnen Sie den Gemeinkostenzuschlagssatz.

b) Errechnen Sie die Selbstkosten des Auftrages.

**Lösung**

a) 58.000,00 € ≙ 100 %
74.000,00 € ≙ x %

$$x = \frac{100 \cdot 74.000,00}{58.000,00} = \underline{\underline{127,59\ \%}}$$

Der Gemeinkostenzuschlagssatz auf die Fertigungslöhne beträgt 127,59 %.

b)

| | | | |
|---|---|---|---|
| | Fertigungsmaterial | 1.740,00 € | |
| + | Fertigungslöhne (40 · 30,00) | 1.200,00 € | |
| = | Einzelkosten | | 2.940,00 € |
| + | Gemeinkosten (127,59 % auf Fertigungslöhne) | | 1.531,08 € |
| = | Selbstkosten[1] | | 4.471,08 € |

Aufgaben folgen auf S. 490 ff.

Die Selbstkosten des Auftrages betragen 4.471,08 €.

## Die differenzierte Zuschlagskalkulation

In Industriebetrieben mit einer differenzierten Produktionspalette reicht die summarische Zuschlagskalkulation in der Regel nicht aus. Die einzelnen Kostenträger verursachen meistens recht verschiedene Einzel- und Gemeinkosten. Die Proportionalität aller Gemeinkosten zu einer Einzelkostenart (z. B.: Fertigungslöhne) ist hier (wie bei der summarischen Zuschlagskalkulation unterstellt) nicht gegeben.

Die Gemeinkosten werden zunächst auf die Funktionsbereiche/Kostenbereiche Material – Fertigung – Verwaltung – Vertrieb verteilt (siehe BAB I, Kapitel 6.4.4), um später über unterschiedliche Gemeinkostenzuschlagssätze auf die Einzelkosten aufgeschlagen zu werden.

1 Die Kalkulation von den Selbstkosten bis zum Listenverkaufspreis wird aus dem Kalkulationsschema auf S. 485 ersichtlich (siehe auch Kapitel 3.1.8).

### Die einfache differenzierte Zuschlagskalkulation

Bei der einfachen differenzierten Zuschlagskalkulation wird das nachstehende Kalkulationsschema angewandt. Bis zu den Selbstkosten ist es uns bereits aus dem Kapitel „6.5.1 Kostenträgerzeitrechnung“ bekannt.[1]

| | |
|---|---|
| | Fertigungsmaterial |
| + | Materialgemeinkosten in % des Fertigungsmaterials |
| = | **Materialkosten** |
| | Fertigungslöhne |
| + | Fertigungsgemeinkosten in % der Fertigungslöhne |
| + | Sondereinzelkosten der Fertigung |
| = | **Fertigungskosten** |
| = | **Herstellkosten** |
| + | Verwaltungsgemeinkosten in % der Herstellkosten |
| + | Vertriebsgemeinkosten in % der Herstellkosten |
| + | Sondereinzelkosten des Vertriebs |
| = | **Selbstkosten** |
| + | Gewinn in % der Selbstkosten |
| = | **Barverkaufspreis** |
| + | Kundenskonto in % des Zielverkaufspreises |
| + | Vertreterprovision in % des Zielverkaufspreises |
| = | **Zielverkaufspreis** |
| + | Kundenrabatt in % des Listenverkaufspreises |
| = | **Listenverkaufspreis** |

(Pfeilspitzen zeigen auf den Grundwert [≙ 100 %].)

Die **Umsatzsteuer** ist kein Kostenbestandteil und wird deshalb in der Kalkulation nicht berücksichtigt. Beim Verkauf wird sie in der Rechnung gesondert als Aufschlag auf den Angebotspreis ausgewiesen.

**Beispiel**

Zu der Kostenträgerzeitrechnung (BAB II) auf S. 471 bzw. zur Kostenstellenrechnung (BAB I) auf S. 472 ist eine Kostenträgerstückrechnung für den Kostenträger I vorzunehmen.

**Gemeinkosten:**

Normalzuschlagssätze wie in der Kostenträgerzeitrechnung auf S. 471:

- Materialgemeinkostenzuschlagssatz: 9 %
- Fertigungsgemeinkostenzuschlagssatz: 78 %
- Verwaltungsgemeinkostenzuschlagssatz: 12 %
- Vertriebsgemeinkostenzuschlagssatz: 8 %

**Einzelkosten des Kostenträgers I:**

| | |
|---|---|
| Fertigungsmaterial | 5.000,00 € |
| Fertigungslöhne | 2.180,00 € |
| Sondereinzelkosten der Fertigung | 98,00 € |
| Sondereinzelkosten des Vertriebs | 43,00 € |

Gewinnspanne: 15 %, Kundenskonto: 2 %, Vertreterprovision: 5 %, Kundenrabatt: 10 %.

Der Listenverkaufspreis ist zu ermitteln.

1 Da es sich bei der Kostenträgerstückrechnung um die Kalkulation eines Kostenträgers (= Stückkalkulation) handelt, finden Bestandsveränderungen im Kalkulationsschema keine Berücksichtigung.

**Lösung**

| | | € | € | € |
|---|---|---|---|---|
| | Fertigungsmaterial | 5.000,00 | | |
| + | Materialgemeinkosten (9 %) | 450,00 | | |
| = | **Materialkosten** | | **5.450,00** | |
| | Fertigungslöhne | 2.180,00 | | |
| + | Fertigungsgemeinkosten (78 %) | 1.700,40 | | |
| + | Sondereinzelkosten der Fertigung | 98,00 | | |
| = | **Fertigungskosten** | | **3.978,40** | |
| = | **Herstellkosten** | | | **9.428,40** |
| + | Verwaltungsgemeinkosten (12 %) | | | 1.131,41 |
| + | Vertriebsgemeinkosten (8 %) | | | 754,27 |
| + | Sondereinzelkosten des Vertriebs | | | 43,00 |
| = | **Selbstkosten** | | | **11.357,08** |
| + | Gewinn (15 %) | | | 1.703,56 |
| = | **Barverkaufspreis** | | | **13.060,64** |
| + | Kundenskonto (2 %) | | | 280,87 |
| + | Vertreterprovision (5 %) | | | 702,19 |
| = | **Zielverkaufspreis** | | | **14.043,70** |
| + | Kundenrabatt (10 %) | | | 1.560,41 |
| = | **Listenverkaufspreis** | | | **15.604,11** |

(Pfeilspitzen zeigen auf den Grundwert [≙ 100 %].)

**Lösungs-hinweise**

1. Der Kundenskonto und die Vertreterprovision werden vom Zielverkaufspreis gewährt. Folglich bildet der Zielverkaufspreis den Grundwert (≙ 100 %) bei der Berechnung des Kundenskontos und der Vertreterprovision. Der Barverkaufspreis ist der verminderte Grundwert (≙ 93 %).

**Kundenskonto**

**93 %** ≙ 13.060,64 €
2 % ≙ x €

$$x = \frac{13.060,64 \cdot 2}{93} = \underline{\underline{280,87\ €}}$$

**Vertreterprovision**

**93 %** ≙ 13.060,64 €
5 % ≙ x €

$$x = \frac{13.060,64 \cdot 5}{93} = \underline{\underline{702,19\ €}}$$

2. Der Kundenrabatt wird vom Listenverkaufspreis gewährt. Der Listenverkaufspreis bildet folglich den Grundwert (≙ 100 %) bei der Berechnung des Kundenrabattes. Der Zielverkaufspreis ist der verminderte Grundwert (≙ 90 %).

**Kundenrabatt**

**90 %** ≙ 14.043,70 €
10 % ≙ x €

$$x = \frac{14.043,70 \cdot 10}{90} = \underline{\underline{1.560,41\ €}}$$

Aufgaben folgen auf S. 490 ff.



6350486

## Die erweiterte differenzierte Zuschlagskalkulation

Wie im Kapitel 6.4.4.2 dargestellt, erstellen mittelgroße und große Industriebetriebe einen erweiterten BAB. Der erweiterte BAB liefert nicht nur einen pauschalen Fertigungsgemeinkostenzuschlagssatz, sondern differenziertere Zuschlagssätze für die **Fertigungshauptkostenstellen.**

Die im erweiterten BAB I ermittelten Zuschlagssätze für die Fertigungshauptkostenstellen ermöglichen eine genauere Zuschlagskalkulation.

**Beispiel**

Für einen Auftrag fallen folgende Einzelkosten an:

Fertigungsmaterial 6.000,00 €; Fertigungslöhne der Schlosserei 5.000,00 €; Fertigungslöhne der Dreherei 4.000,00 €; Fertigungslöhne der Montage 7.000,00 €.

Sondereinzelkosten der Fertigung: 1.300,00 €;

Sondereinzelkosten des Vertriebs: 800,00 €;

Gewinnspanne: 20 %; Kundenskonto: 1 %.

Die Gemeinkostenzuschlagssätze sind dem auf S. 488 stehenden BAB I zu entnehmen.

Errechnen Sie den Angebotspreis.

**Lösung**

| | | € | € | € | € |
|---|---|---|---|---|---|
| | Fertigungsmaterial | 6.000,00 | | | |
| + | Materialgemeinkosten (13,8 %) | 828,00 | | | |
| = | **Materialkosten** | | | **6.828,00** | |
| | Fertigungslöhne Schlosserei | 5.000,00 | | | |
| + | Fertigungsgemeinkosten (46,6 %) | 2.330,00 | | | |
| = | **Fertigungskosten Schlosserei** | | **7.330,00** | | |
| | Fertigungslöhne Dreherei | 4.000,00 | | | |
| + | Fertigungsgemeinkosten (38,7 %) | 1.548,00 | | | |
| = | **Fertigungskosten Dreherei** | | **5.548,00** | | |
| | Fertigungslöhne Montage | 7.000,00 | | | |
| + | Fertigungsgemeinkosten (33,5 %) | 2.345,00 | | | |
| = | **Fertigungskosten Montage** | | **9.345,00** | | |
| + | Sondereinzelkosten der Fertigung | | 1.300,00 | | |
| = | **Fertigungskosten** | | | **23.523,00** | |
| | **Herstellkosten** | | | | **30.351,00** |
| + | Verwaltungsgemeinkosten (3,6 %) | | | | 1.092,64 |
| + | Vertriebsgemeinkosten (1,6 %) | | | | 485,62 |
| + | Sondereinzelkosten des Vertriebs | | | | 800,00 |
| = | **Selbstkosten** | | | | **32.729,26** |
| + | Gewinn (20 %) | | | | 6.545,85 |
| = | **Barverkaufspreis** | | | | **39.275,11** |
| + | Kundenskonto (1 %) | | | | 396,72 |
| = | **Angebotspreis** | | | | **39.671,83** |

**Beispiel**

Erweiterter mehrstufiger BAB I

| Gemeinkostenart | Betrag | Verteilungsschlüssel | Allgemeine Kostenstellen | | Materialbereich | Fertigungsbereich | | | | | Verwaltungsbereich | Vertriebsbereich |
|---|---|---|---|---|---|---|---|---|---|---|---|---|
| | | | | | | Fertigungshauptkostenstellen | | | Fertigungshilfskostenstellen | | | |
| | | | Kantine | Pförtnerei | | Schlosserei | Dreherei | Montage | Arbeitsvorbereitung | Werkzeugmacherei | | |
| Hilfslöhne | 180.000,00 | Lohnliste | 12.000,00 | 4.000,00 | 15.000,00 | 43.000,00 | 34.000,00 | 64.000,00 | - | 8.000,00 | - | - |
| Gehälter | 140.000,00 | Gehaltsliste | 8.000,00 | 5.000,00 | 9.000,00 | 7.000,00 | 6.000,00 | 10.000,00 | 18.000,00 | 4.000,00 | 52.000,00 | 21.000,00 |
| Sozialkosten | 35.000,00 | Lohn- und Gehaltsliste | 1.500,00 | 1.000,00 | 2.000,00 | 6.000,00 | 5.500,00 | 7.000,00 | 2.000,00 | 1.500,00 | 6.000,00 | 2.500,00 |
| Energie | 40.000,00 | kWh | 4.000,00 | 1.000,00 | 2.000,00 | 8.000,00 | 4.000,00 | 6.000,00 | 3.000,00 | 2.000,00 | 7.000,00 | 3.000,00 |
| kalk. Abschr. | 160.000,00 | Anlagenkartei | 3.000,00 | 1.000,00 | 18.000,00 | 30.000,00 | 34.000,00 | 40.000,00 | 2.000,00 | 18.000,00 | 8.000,00 | 6.000,00 |
| kalk. Zinsen | 133.500,00 | Anlagenkartei | 2.500,00 | 800,00 | 16.000,00 | 25.000,00 | 30.000,00 | 34.000,00 | 1.200,00 | 12.000,00 | 7.000,00 | 5.000,00 |
| Zwischensummen 1 | 688.500,00 | | 31.000,00 | 12.800,00 | 62.000,00 | 119.000,00 | 113.500,00 | 161.000,00 | 26.200,00 | 45.500,00 | 80.000,00 | 37.500,00 |
| Umlage Allg. Kostenstellen | | | | | | | | | | | | |
| a) Kantine | | 3:6:6:7:1:2:5:1 | | | 3.000,00 | 6.000,00 | 6.000,00 | 7.000,00 | 1.000,00 | 2.000,00 | 5.000,00 | 1.000,00 |
| b) Pförtnerei | | 2:4:4:5:1:2:4:1 | | | 1.113,00 | 2.226,00 | 2.226,00 | 2.782,00 | 557,00 | 1.113,00 | 2.226,00 | 557,00 |
| Zwischensummen 2 | 688.500,00 | | | | 66.113,00 | 127.226,00 | 121.726,00 | 170.782,00 | 27.757,00 | 48.613,00 | 87.226,00 | 39.057,00 |
| Umlage Fertigungshilfskostenstellen | | | | | | | | | | | | |
| a) Arbeitsvorbereitung | | 4:5:6 | - | - | - | 7.402,00 | 9.252,00 | 11.103,00 | | | - | - |
| b) Werkzeugmacherei | | 3:5:7 | - | - | - | 9.723,00 | 16.204,00 | 22.686,00 | | | - | - |
| Endsummen d. Hauptkostenst. | 688.500,00 | | - | - | 66.113,00 | 144.351,00 | 147.182,00 | 204.571,00 | - | - | 87.226,00 | 39.057,00 |
| Zuschlagsbasis | | | - | - | 480.000,00 FM | 310.000,00 FL | 380.000,00 FL | 610.000,00 FL | - | - | 2.450.000,00 Hk d. Ums. | 2.450.000,00 Hk d. Ums. |
| Zuschlagssatz | | | - | - | 13,8 % | 46,6 % | 38,7 % | 33,5 % | | | 3,6 % | 1,6 % |



6350488

Zusammenfassung

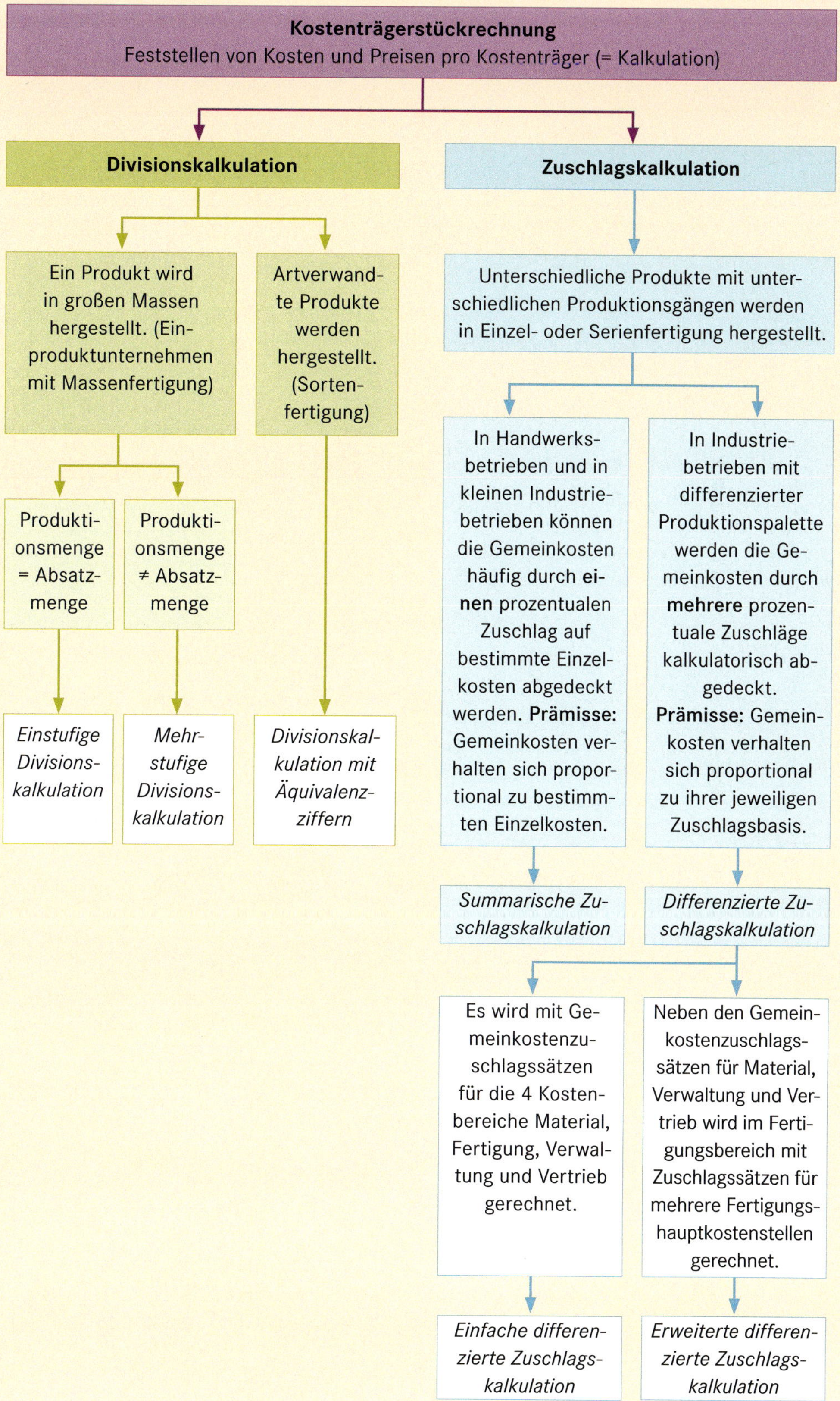

## Aufgaben

| | | | |
|---|---|---|---|
| 1–7: | Einstufige Divisionskalkulation | 28–36: | Einfache differenzierte Zuschlagskalkulation |
| 8–11: | Mehrstufige Divisionskalkulation | 37: | Auftragsbearbeitung mit einfacher differenzierter Zuschlagskalkulation |
| 12–22: | Divisionskalkulation mit Äquivalenzziffern | 38–42: | Erweiterte differenzierte Zuschlagskalkulation |
| 23–27: | Summarische Zuschlagskalkulation | 43: | Zusammenfassende Verständnisaufgabe |

**1** Die Hildesheimer Elektrizitätswerke GmbH erzeugten im Abrechnungszeitraum 3 876 000 kWh Strom.

| Angefallene Kosten: | € |
|---|---|
| – Personalkosten | 106.500,00 |
| – Sozialkosten | 29.700,00 |
| – Raumkosten | 62.400,00 |
| – Abschreibungen | 54.300,00 |
| – Instandhaltung | 12.600,00 |
| – Sonstige Verwaltungskosten | 25.200,00 |

Errechnen Sie die Selbstkosten pro kWh.

**2** Die Wontke Kunststoff GmbH, Jena, stellt eine Kunststofffolie her. Im Mai d. J. wurden 25 500 m Folie produziert und verkauft.

| Angefallene Kosten: | € |
|---|---|
| – Personalkosten | 12.000,00 |
| – Sozialkosten | 4.000,00 |
| – Materialkosten | 20.000,00 |
| – Raumkosten | 5.000,00 |
| – Abschreibungen | 6.000,00 |
| – Instandhaltung | 1.000,00 |
| – Sonstige Verwaltungskosten | 3.000,00 |

a) Errechnen Sie die Selbstkosten pro Meter.

b) Ermitteln Sie den Listenverkaufspreis für 1 m Folie (Gewinn: 20 %, Kundenskonto: 3 %, Kundenrabatt: 12,5 %).

**3** Die Fieleus GmbH stellte im Abrechnungszeitraum 840 000 l Apfelmost her, die auch verkauft wurden. Folgende Kosten sind entstanden:

| | | € | € | € |
|---|---|---|---|---|
| | Fertigungsmaterial (Äpfel) | 90.000,00 | | |
| + | Materialgemeinkosten | 8.900,00 | | |
| = | **Materialkosten** | | **98.900,00** | |
| | Fertigungslöhne | 32.000,00 | | |
| + | Fertigungsgemeinkosten | 25.000,00 | | |
| = | **Fertigungskosten** | | **57.000,00** | |
| = | **Herstellkosten** | | | **155.900,00** |
| + | Verwaltungs- und Vertriebsgemeinkosten | | | 12.000,00 |
| = | **Selbstkosten** | | | **167.900,00** |

Errechnen Sie a) die Herstellkosten pro l, b) die Selbstkosten pro l.

**4** Für die Produktion und den Verkauf von 2 400 t Dünger sind in den Kostenbereichen Material, Fertigung, Verwaltung und Vertrieb folgende Kosten entstanden:
Material: 800.000,00 €; Fertigung: 280.000,00 €; Verwaltung: 150.000,00 €; Vertrieb: 200.000,00 €.

a) Errechnen Sie die Selbstkosten pro kg.

b) Errechnen Sie den Listenverkaufspreis für 1 kg (Gewinn: 25 %, Kundenskonto: 2 %, Kundenrabatt: 10 %).



6350490

5 Ein Fliesenhersteller hat sich auf die Produktion einer Standardfliese spezialisiert. Im Abrechnungszeitraum wurden 18 540 000 Fliesen produziert und verkauft.
Es fielen dafür folgende Kosten an: Fertigungsmaterial: 6.430.000,00 €; Materialgemeinkosten: 690.000,00 €; Fertigungslöhne: 530.000,00 €; Fertigungsgemeinkosten: 350.000,00 €; Verwaltungsgemeinkosten: 220.000,00 €; Vertriebsgemeinkosten: 180.000,00 €.
Gewinn: 10 %; Skonto: 3 %; Rabatt: 10 %.

a) Errechnen Sie die Herstellkosten (siehe Kalkulationsschema von Aufgabe 3) insgesamt und für 10 000 Fliesen.
b) Errechnen Sie die Selbstkosten (siehe Kalkulationsschema von Aufgabe 3) insgesamt und für 10 000 Fliesen.
c) Errechnen Sie den Listenverkaufspreis für 10 000 Fliesen.
d) Errechnen Sie den Rechnungspreis einschließlich 19 % Umsatzsteuer für 10 000 Fliesen.

6 In einem Kieswerk fielen in einer Abrechnungsperiode für 106 944 m³ Kies folgende Kosten an: Hilfs- und Betriebsstoffe: 32.800,00 €; Personalkosten: 257.500,00 €; Energiekosten: 41.600,00 €; Abschreibungen: 64.300,00 €; Pacht: 28.900,00 €.
Es wird mit einem Gewinn von 15 % und 3 % Skonto kalkuliert.

a) Errechnen Sie die Selbstkosten insgesamt und pro $m^3$.
b) Errechnen Sie den Zielverkaufspreis insgesamt und pro $m^3$.

7 Für die Herstellung und den Vertrieb von 61 000 hl Bier sind in der Magdeburger Brauerei AG folgende Kosten angefallen:
Fertigungsmaterial: 1.560.000,00 €; Materialgemeinkosten: 146.500,00 €; Fertigungslöhne: 64.900,00 €; Fertigungsgemeinkosten: 110.200,00 €; Verwaltungsgemeinkosten: 60.100,00 €; Vertriebsgemeinkosten: 40.600,00 €.
Gewinn: 30 %; Skonto: 2 %; Rabatt: 10 %.
Errechnen Sie a) die Herstellkosten insgesamt und pro hl, b) die Selbstkosten insgesamt und pro hl, c) den Listenverkaufspreis pro hl.

8 Bei einem Apfelsafthersteller sind im vergangenen Abrechnungszeitraum folgende Kosten angefallen: Herstellkosten: 2.800.000,00 €; Verwaltungskosten: 400.000,00 €; Vertriebskosten: 500.500,00 €.
Verkauft wurden 160 000 hl Apfelsaft, hergestellt wurden 180 000 hl Apfelsaft.

a) Errechnen Sie die Herstellkosten pro hl.
b) Errechnen Sie die Selbstkosten pro hl.
c) Errechnen Sie den Listenverkaufspreis pro hl bei folgenden Bedingungen:
   Gewinn: 35 %; Kundenskonto: 2 %; Kundenrabatt: 20 %.

9 Die Stahlwerke GmbH, Essen, produzierten im Betrachtungszeitraum 24 000 t Stahl. Verkauft wurden 20 000 t Stahl.
Folgende Kosten sind angefallen:

| | |
|---|---|
| Materialkosten | 10.600.000,00 € |
| Fertigungskosten | 13.400.000,00 € |
| Verwaltungskosten | 1.500.000,00 € |
| Vertriebskosten | 2.000.000,00 € |

Es gelten folgende Konditionen: Gewinn 5 %, Kundenskonto 2 %, Kundenrabatt 10 %.

a) Errechnen Sie die Herstellkosten pro t.
b) Errechnen Sie die Selbstkosten pro t.
c) Errechnen Sie den Listenverkaufspreis pro t.

10 Eine Ziegelei hat im Abrechnungszeitraum 16 960 000 Klinkersteine verkauft und 14 580 000 Klinkersteine hergestellt. Dabei sind folgende Kosten angefallen:

| | |
|---|---|
| Fertigungsmaterial | 1.060.000,00 € |
| Materialgemeinkosten | 140.000,00 € |
| Fertigungslöhne | 310.000,00 € |
| Fertigungsgemeinkosten | 180.000,00 € |
| Verwaltungsgemeinkosten | 210.000,00 € |
| Vertriebsgemeinkosten | 108.000,00 € |

Der Gewinnzuschlag beträgt 10 %. Es werden 3 % Kundenskonto und 20 % Wiederverkäuferrabatt gewährt. Errechnen Sie

a) die Herstellkosten für 20 000 Steine,
b) die Selbstkosten für 20 000 Steine,
c) den Listenverkaufspreis für 20 000 Steine und
d) den Rechnungspreis (einschl. 19 % Umsatzsteuer) für 20 000 Steine.

11 Im März sind in einer Tuchweberei 192.680,00 € Herstellkosten entstanden. Die Verwaltungs- und Vertriebskosten belaufen sich auf 25.790,00 €.
Verkauft werden im März 64 000 m Tuch, hergestellt werden im selben Zeitraum 80 000 m.
Gewinn: 20 %; Skonto: 3 %; Rabatt: 15 %.
Errechnen Sie den Rechnungspreis (einschl. 19 % Umsatzsteuer) für 1 m Tuch.

12 Ein Holz verarbeitender Betrieb hat sich auf die Herstellung von Spanplatten spezialisiert. Es werden 3 verschiedene Spanplatten mit unterschiedlichen Plattenstärken hergestellt. Spanplatte A hat eine Plattenstärke von 0,8 cm, Spanplatte B von 1 cm und Spanplatte C von 1,4 cm.
Von Spanplatte A wurden 10 000 Platten, von Spanplatte B 9 000 Platten und von Spanplatte C 8 000 Platten produziert. An Selbstkosten sind 352.500,00 € angefallen.
Ermitteln Sie die Selbstkosten pro Platte für Spanplatte A, B und C. (Spanplatte B erhält die Äquivalenzziffer 1.)

Excel

13 Ein Fliesenhersteller produziert 2 Sorten hochwertiger Fliesen. Fliese B verursacht aufgrund ihres teuren Materials 30 % höhere Kosten als Fliese A. Fliese A erhält die Äquivalenzziffer 1. Im Betrachtungszeitraum sind insgesamt 3.060.000,00 € an Selbstkosten angefallen.
Von Fliese A wurden 1 000 000 Stück und von Fliese B 800 000 Stück produziert.
Es gelten folgende Kalkulationsbedingungen:
Fliese A: 10 % Gewinn, 15 % Rabatt; Fliese B: 20 % Gewinn, 10 % Rabatt.
Errechnen Sie für Fliese A und B

a) die Selbstkosten pro Stück,
b) den Listenverkaufspreis pro Stück.

14 Ein Matratzenhersteller produziert Federkernmatratzen in den Größen 90 cm x 190 cm (Größe I), 100 cm x 200 cm (Größe II) und 150 cm x 200 cm (Größe III).
Im Betrachtungszeitraum wurden von Größe I 5 000 Stück, von Größe II 12 000 Stück und von Größe III 8 000 Stück hergestellt. Dafür sind an Selbstkosten 2.120.625,00 € angefallen. Wählen Sie für die Größe II die Äquivalenzziffer 1.
Errechnen Sie für die Größen I bis III die Selbstkosten pro Matratze.

15 Errechnen Sie die Äquivalenzziffern, wobei das Hauptprodukt die Äquivalenzziffer 1 erhalten soll.

| | | |
|---|---|---|
| a) | Sorte A (Hauptprodukt) | 3,0 Arbeitsstunden |
| | Sorte B | 4,5 Arbeitsstunden |
| | Sorte C | 1,8 Arbeitsstunden |

b) Sorte A .......................... 5,0 kg Materialeinsatz
Sorte B (Hauptprodukt) .............. 2,5 kg Materialeinsatz
Sorte C .......................... 2,0 kg Materialeinsatz

c) Sorte A .......................... 60 % Säure
Sorte B .......................... 90 % Säure
Sorte C (Hauptprodukt) .............. 80 % Säure

**16** In einer Ziegelei werden 3 verschiedene Ziegelsorten produziert. Es gelten folgende Daten:

| Sorte | A | B | C |
|---|---|---|---|
| Äquivalenzziffer | 0,8 | 1 | 1,5 |
| Produktionsmenge | 48 000 Stück | 72 000 Stück | 40 000 Stück |

An Gesamtkosten sind 213.000,00 € angefallen. Errechnen Sie für die Ziegelsorten A, B und C die Selbstkosten pro Stück.

**17** Ein Schokoladenhersteller produziert im Betrachtungszeitraum von der Schokolade der Qualität A 40 000 kg, von der Schokolade der Qualität B 60 000 kg und von der Schokolade der Qualität C 70 000 kg. An Kosten sind insgesamt 303.000,00 € angefallen.
Aus den Kosten für den Materialeinsatz wurden die Äquivalenzziffern 1,5 für Qualität A, 1,2 für Qualität B und 1 für Qualität C ermittelt.

a) Errechnen Sie die Selbstkosten insgesamt für die Qualitäten A, B und C.
b) Errechnen Sie die Selbstkosten für jeweils 1 kg Schokolade der Qualitäten A, B und C.

**18** Die Breitfeld GmbH stellt Kühlschränke in 3 verschiedenen Größen her. Die Einzelkosten (Fertigungsmaterial und Fertigungslöhne) liegen für jede Kühlschrankgröße getrennt vor. Die Gemeinkosten sollen nach Äquivalenzziffern zugeschlüsselt werden.

| Größe | Fertigungsmaterial (€) | Fertigungslöhne (€) | Gemeinkosten (€) | Produktionsmenge | Äquivalenzziffer |
|---|---|---|---|---|---|
| 150 l | 405.000,00 | 270.000,00 | 5.895.000,00 | 9 000 | 0,8 |
| 180 l | 840.000,00 | 560.000,00 | | 16 000 | 1,0 |
| 200 l | 798.000,00 | 532.000,00 | | 14 000 | 1,15 |

Gewinn: 10,0 % für 150-l- und 180-l-Modell
7,5 % für 200-l-Modell
Skonto: 3,0 % für alle Modelle
Rabatt: 10,0 % für alle Modelle
Errechnen Sie für jedes Modell den Listenverkaufspreis.

Excel

**19** Ein Schreibtischhersteller stellt 4 Schreibtischmodelle in verschiedenen Ausführungen und Größen her.
Die Einzelkosten (Fertigungsmaterial und Fertigungslöhne) werden den Schreibtischen unmittelbar zugeordnet. Die Gemeinkosten werden über Äquivalenzziffern auf die Kostenträger umgelegt.

| Schreibtischmodell | Äquivalenzziffer | Produktionsmenge | Einzelkosten (€) | Gemeinkosten (€) |
|---|---|---|---|---|
| I | 0,8 | 6 000 | 270.000,00 | 1.825.000,00 |
| II | 1,0 | 10 000 | 600.000,00 | |
| III | 1,1 | 8 000 | 560.000,00 | |
| IV | 1,4 | 4 000 | 320.000,00 | |

→

Gewinn: 12,5 % für Modell I und II
10,0 % für Modell III und IV
Skonto: 2,0 % für alle Modelle
Rabatt: 10,0 % für alle Modelle
Errechnen Sie den Listenverkaufspreis für jedes Modell.

20 Ein Waschbeckenhersteller stellt 3 verschiedene Handwaschbecken her. Im Abrechnungszeitraum wurden folgende Stückzahlen produziert:
Einfachausführung für gewerbliche Zwecke (Typ I) 3 600 Stück
Standardausführung für Haushalte (Typ II) 5 000 Stück
Luxusausführung (Typ III) 1 800 Stück
Die Herstellkosten (Material- und Fertigungskosten) beliefen sich auf 127.750,00 €. Sie werden mit den Äquivalenzziffern 0,7 (Typ I), 1,0 (Typ II) und 1,5 (Typ III) auf die 3 Produkte umgelegt.
Verkauft wurden im selben Betrachtungszeitraum:
Typ I 4 000 Stück, Typ II 4 200 Stück, Typ III 2 600 Stück.

Im Verwaltungs- und Vertriebsbereich sind 75.200,00 € an Kosten angefallen. Da für die 3 Erzeugnisse unterschiedliche Verwaltungs- und Vertriebsaktivitäten erforderlich sind, gelten hier andere Äquivalenzziffern als im Herstellungsbereich. Es wird mit den Äquivalenzziffern 0,5 (Typ I), 1,0 (Typ II) und 3,4 (Typ III) gerechnet.
Gewinn: 30 % für alle Typen, Skonto: 2 % für alle Typen, Rabatt: 20 % für alle Typen.
a) Errechnen Sie für jeden Typ die Herstellkosten pro Stück.
b) Errechnen Sie für jeden Typ die Verwaltungs- und Vertriebskosten pro Stück.
c) Errechnen Sie für jeden Typ die Selbstkosten pro Stück.
d) Errechnen Sie für jeden Typ den Listenverkaufspreis pro Stück.

21 In einer chemischen Fabrik werden 4 Säuren hergestellt. Im Betrachtungszeitraum sind 298.800,00 € Herstellkosten entstanden, die nach Äquivalenzziffern verteilt werden.
Die Umlage der Verwaltungs- und Vertriebskosten von 64.875,00 € auf die 4 Säuren erfolgt ebenfalls nach Äquivalenzziffern.
Da die Kostenbeanspruchung der 4 Säuren im Verwaltungs- und Vertriebsbereich sehr von der Kostenbeanspruchung im Herstellbereich abweicht, gelten andere Äquivalenzziffern.

| Umlagebasis / Säure | Herstellbereich | | Verwaltungs- und Vertriebsbereich | |
|---|---|---|---|---|
| | hergestellte Menge (l) | Äquivalenzziffer | verkaufte Menge (l) | Äquivalenzziffer |
| I | 30 000 | 0,8 | 25 000 | 1,1 |
| II | 80 000 | 1,0 | 90 000 | 1,0 |
| III | 60 000 | 1,5 | 50 000 | 1,3 |
| IV | 50 000 | 1,1 | 55 000 | 1,4 |

Errechnen Sie für jede Säure den Listenverkaufspreis pro hl, wenn zu berücksichtigen sind:
1. Verpackungskosten für 20-l-Kunststoffkanister zu je 3,00 €,
2. ein Gewinnzuschlag von 20 % bei jeder Säure,
3. Kundenskonto von 2 % bei jeder Säure,
4. Kundenrabatt von 10 % bei jeder Säure.

22 In einem Industriebetrieb werden 3 artverwandte Produkte hergestellt.
Die zeitliche Beanspruchung der Produktionsanlagen ist der Hauptkostenfaktor und bildet daher die Grundlage für die Ermittlung der Äquivalenzziffern.


6350494

| Produkt | zeitliche Beanspruchung der Produktionsanlagen pro Stück | hergestellte Stückzahlen |
|---|---|---|
| 1 | 15 Minuten | 320 |
| 2 | 25 Minuten | 430 |
| 3 | 30 Minuten | 180 |

An Produktionskosten sind insgesamt 108.940,00 € angefallen.

a) Ermitteln Sie die Äquivalenzziffern. (Produkt 2 ist das Hauptprodukt.)

b) Errechnen Sie die Herstellkosten pro Stück für jedes Produkt.

**23** In einer Zentralheizungsinstallationsfirma sind im Abrechnungszeitraum folgende Kosten angefallen:

Fertigungsmaterial .......... 90.460,00 €
Fertigungslöhne .......... 48.500,00 €
Gemeinkosten .......... 9.230,00 €

Die Zuschlagsbasis für den Gemeinkostenzuschlagssatz bildet die Summe aus Fertigungsmaterial und Fertigungslöhnen. Für einen Auftrag fallen 5.500,00 € an Materialkosten und 100 Arbeitsstunden zu je 20,00 € an.

a) Errechnen Sie den Gemeinkostenzuschlagssatz.

b) Errechnen Sie die Selbstkosten des Auftrages.

**24** Errechnen Sie die Gemeinkostenzuschlagssätze (summarische Zuschlagskalkulation).

| | Gemeinkosten | Zuschlagsbasis | Fertigungslöhne (FL) | Fertigungsmaterial (FM) |
|---|---|---|---|---|
| a) | 92.760,00 € | FL | 80.520,00 € | 103.890,00 € |
| b) | 84.970,00 € | FM | 112.160,00 € | 96.410,00 € |
| c) | 120.512,00 € | FM | 92.488,00 € | 104.590,00 € |
| d) | 79.998,00 € | FL | 60.122,00 € | 40.460,00 € |
| e) | 162.438,00 € | FL + FM | 71.337,00 € | 84.547,00 € |
| f) | 193.548,00 € | FL + FM | 94.894,00 € | 79.376,00 € |

**25** Errechnen Sie die Rechnungspreise (einschl. 19 % Umsatzsteuer – summarische Zuschlagskalkulation).

| | Fertigungs-material (FM) | Fertigungs-löhne (FL) | Gemein-kostenzu-schlagssatz | Zuschlags-basis | Gewinn-zuschlag | Skonto |
|---|---|---|---|---|---|---|
| a) | 2.809,00 € | 4.680,00 € | 36 % | FL | 12 % | 2 % |
| b) | 6.938,00 € | 5.240,00 € | 24 % | FM | 25 % | 1 % |
| c) | 9.419,00 € | 12.648,00 € | 18 % | FM + FL | 20 % | 3 % |
| d) | 4.980,00 € | 2.436,00 € | 68 % | FL | 16 ⅔ % | 2 % |

**26** Der Monatsabschluss eines kleinen Industriebetriebes ergibt folgende Zahlen:
Fertigungsmaterial: 296.410,00 €; Fertigungslöhne: 320.812,00 €; Gehälter: 84.530,00 €; Soziale Abgaben: 78.380,00 €; Abschreibungen: 42.560,00 €; Mieten, Pachten, Leasing: 8.430,00 €; Büromaterial: 1.970,00 €; Betriebliche Steuern: 12.920,00 €; Zinsaufwendungen: 8.460,00 €.
Die Zuschlagsgrundlage für die Gemeinkosten bilden die Fertigungslöhne (summarische Zuschlagskalkulation). →

a) Errechnen Sie den Gemeinkostenzuschlagssatz.
b) Errechnen Sie den Rechnungspreis (einschl. 19 % Umsatzsteuer) für einen Auftrag, für den
   1. 10.380,00 € Fertigungsmaterial anfallen,
   2. 260 Fertigungsstunden zu je 22,50 € anfallen,
   3. ein Gewinn von 20 % veranschlagt werden soll und
   4. 3 % Skonto gewährt werden sollen.

**27** Errechnen Sie den Rechnungspreis (einschl. 19 % Umsatzsteuer) einer geräumigen, komfortablen Laube. Holzverbrauch: 12.800,00 €; Kleinmaterial: 810,00 €; Fertigungslöhne: 1.460,00 €; Gewinn: 10 %; Skonto: 2 %. Der Gemeinkostenzuschlagssatz, der auf die Fertigungslöhne berechnet wird, ist aus den Zahlen des letzten Rechnungsabschnitts (Fertigungslöhne: 124.500,00 €; Gemeinkosten: 72.490,00 €) zu berechnen.

**28** Errechnen Sie die Gemeinkostenzuschlagssätze.

| Gemeinkostenart | Betrag (€) | Material (€) | Fertigung (€) | Verwaltung (€) | Vertrieb (€) |
|---|---|---|---|---|---|
| Hilfslöhne | 185.000,00 | 22.000,00 | 158.000,00 | 2.000,00 | 3.000,00 |
| Gehälter | 207.000,00 | 25.000,00 | 30.000,00 | 110.000,00 | 42.000,00 |
| Energie | 95.000,00 | 8.000,00 | 74.000,00 | 9.000,00 | 4.000,00 |
| kalk. Abschreibungen | 34.000,00 | 2.000,00 | 28.000,00 | 3.000,00 | 1.000,00 |
| kalk. Zinsen | 14.000,00 | 1.000,00 | 10.000,00 | 2.000,00 | 1.000,00 |

**Einzelkosten:**
Fertigungsmaterial .............................................. 580.000,00 €
Fertigungslöhne .............................................. 200.000,00 €
**Bestandsveränderungen[1]:**
Fertigerzeugnisse .............................................. + 190.000,00 €
Unfertige Erzeugnisse .............................................. – 40.000,00 €

**29** Errechnen Sie die Gemeinkostenzuschlagssätze.

| | Σ Gemeinkosten | | | | Σ Einzelkosten | | Bestandsveränderungen[1] | |
|---|---|---|---|---|---|---|---|---|
| | MGK (€) | FGK (€) | VwGK (€) | VtGK (€) | FM (€) | FL (€) | FE (€) | UE (€) |
| a) | 72.000,00 | 428.000,00 | 180.000,00 | 75.000,00 | 610.000,00 | 405.000,00 | + 180.000,00 | – 70.000,00 |
| b) | 85.000,00 | 730.000,00 | 210.000,00 | 100.000,00 | 790.000,00 | 600.000,00 | – 50.000,00 | + 120.000,00 |
| c) | 44.000,00 | 810.000,00 | 150.000,00 | 80.000,00 | 460.000,00 | 720.000,00 | + 40.000,00 | – 150.000,00 |
| d) | 60.000,00 | 950.000,00 | 190.000,00 | 90.000,00 | 580.000,00 | 860.000,00 | – 140.000,00 | + 30.000,00 |

**30** Der Buchführung und dem BAB I werden für die letzte Rechnungsperiode folgende Daten entnommen:
**Gemeinkosten:**
Materialgemeinkosten .............................................. 140.000,00 €
Fertigungsgemeinkosten .............................................. 860.000,00 €
Verwaltungsgemeinkosten .............................................. 410.000,00 €
Vertriebsgemeinkosten .............................................. 180.000,00 €
**Einzelkosten:**
Fertigungsmaterial .............................................. 1.180.000,00 €
Fertigungslöhne .............................................. 730.000,00 €

1 + bedeutet Bestandsaufbau, – bedeutet Bestandsabbau



6350496

**Bestandsabbau:**

Fertigerzeugnisse . . . . . . . . . . 90.000,00 €

Unfertige Erzeugnisse . . . . . . . . . . 50.000,00 €

a) Errechnen Sie die Gemeinkostenzuschlagssätze. (Genauigkeit: 2 Stellen nach dem Komma)

b) Errechnen Sie den Rechnungspreis (einschl. 19 % Umsatzsteuer) für einen Auftrag, für den
   1. 3.890,00 € Fertigungsmaterial anfallen,
   2. 3.480,00 € Fertigungslöhne zu zahlen sind,
   3. ein Gewinn von 16 $^{2}/_{3}$ % veranschlagt wird und
   4. 2 % Skonto gewährt werden sollen.

Excel

**31** Ermitteln Sie den Listenverkaufspreis.
Aufgrund einer Kundenanfrage erstellen wir ein Angebot über eine maschinelle Anlage.

| | a) | b) | c) | d) |
|---|---|---|---|---|
| Fertigungsmaterial | 7.900,00 € | 4.200,00 € | 8.300,00 € | 5.500,00 € |
| Fertigungslohn | 4.200,00 € | 3.800,00 € | 2.400,00 € | 3.300,00 € |
| MGKZ | 7 % | 9 % | 8 % | 5 % |
| FGKZ | 120 % | 95 % | 150 % | 130 % |
| VwGKZ | 10 % | 8 % | 9 % | 7 % |
| VtGKZ | 9 % | 6 % | 5 % | 4 % |
| Gewinn | 10 % | 8 % | 20 % | 12 % |
| Kundenskonto | 2 % | 3 % | 1 % | 2 % |
| Kundenrabatt | 10 % | 20 % | 15 % | 10 % |

**32** An Einzelkosten sind zu berücksichtigen: Fertigungsmaterial: 8.000,00 €; Fertigungslöhne: 5.000,00 €; Sondereinzelkosten der Fertigung: 500,00 €.
Aus dem BAB I haben wir die folgenden Gemeinkostenzuschlagssätze ermittelt:
MGKZ: 10 %; FGKZ: 120 %; VwGKZ: 8 %; VtGKZ: 5 %.
Wir kalkulieren mit 20 % Gewinn, 2 % Kundenskonto und 10 % Kundenrabatt.
Ermitteln Sie den Listenverkaufspreis.

AH

**33** In einer Möbelfabrik liegen für den BAB I folgende Angaben vor:

| Gemein-kostenart | Betrag (€) | Verteilungsbasis | Kostenstellen | | | |
|---|---|---|---|---|---|---|
| | | | Material | Fertigung | Verwaltung | Vertrieb |
| Gehälter | 318.000,00 | Gehaltsliste → | 40.000,00 | 58.000,00 | 160.000,00 | 60.000,00 |
| Hilfslöhne | 297.000,00 | Lohnliste → | 73.000,00 | 210.000,00 | 4.000,00 | 10.000,00 |
| Sozialkosten | 75.400,00 | Lohn- u. Gehaltsliste → | 14.000,00 | 33.000,00 | 20.000,00 | 8.400,00 |
| Miete | 36.000,00 | 1 : 5 : 2 : 1 | ? | ? | ? | ? |
| kalk. Kosten | 49.000,00 | 2 : 8 : 3 : 1 | ? | ? | ? | ? |

An Einzelkosten sind für Fertigungsmaterial 1.250.000,00 €, für Fertigungslöhne 510.000,00 € angefallen.
Bei Fertigerzeugnissen ist ein Bestandsabbau von 150.000,00 € zu verzeichnen, bei unfertigen Erzeugnissen ein Bestandsaufbau von 20.000,00 €.

a) Errechnen Sie die Gemeinkostenzuschlagssätze (Genauigkeit: 2 Stellen nach dem Komma).
   Für einen Auftrag erhält die Kalkulationsabteilung von der Arbeitsvorbereitung folgende Einzelkosten: Fertigungsmaterial: 36.000,00 €, Fertigungslöhne: 15.000,00 €, Sondereinzelkosten der Fertigung: 600,00 €, Sondereinzelkosten des Vertriebs: 400,00 €. Es wird mit 20 % Gewinn, 3 % Skonto und 10 % Rabatt kalkuliert.

b) Errechnen Sie den Listenverkaufspreis für den Auftrag.

34 Für die Herstellung eines Laptops entstehen 320,00 € Fertigungsmaterialkosten und 180,00 € Fertigungslöhne. Die Gemeinkostenzuschlagssätze betragen:
MGKZ: 12 %, FGKZ: 140 %, VwGKZ: 11 %, VtGKZ: 5 %.
Errechnen Sie die Selbstkosten.

35 Der BAB der PC-Technik und Netzwerke GmbH weist in den Kostenstellen „Material", „Werkstatt" und „Vertrieb" für den letzten Abrechnungszeitraum folgende Gemeinkosten aus:
Material: 248.000,00 €; Werkstatt: 980.000,00 €; Vertrieb: 875.000,00 €.
Die Einzelkosten des letzten Abrechnungszeitraumes betragen:
Fertigungsmaterial: 1.800.000,00 €; Fertigungslöhne: 920.000,00 €.

a) Errechnen Sie die Gemeinkostenzuschlagssätze (Genauigkeit: 4 Stellen nach dem Komma) für die drei Kostenstellen. (Die PC-Technik und Netzwerke GmbH vernachlässigt bei der Ermittlung des Vertriebsgemeinkostenzuschlagssatzes die Bestandsveränderungen fertiger und unfertiger Erzeugnisse.)

Ein Kunde beabsichtigt, 1 Server, 6 Notebooks und 35 Workstations zu kaufen.
Auf diesen Auftrag entfallen folgende Einzelkosten:
Fertigungsmaterial: 80.000,00 €; Fertigungslöhne: 900,00 €.
Es wird mit einem Gewinnzuschlag von 12,5 % kalkuliert. Rabatt und Skonto werden nicht gewährt.

b) Errechnen Sie für diesen Auftrag den Angebotspreis.

36 Fertigungsmaterial: 200,00 € pro Stück, Materialkosten: 240,00 € pro Stück,
Fertigungskosten: 162,00 € pro Stück, FGKZ: 80 %, VwGKZ: 6 %, VtGKZ: 4 %,
Gewinnzuschlagssatz: 20 %. Kundenskonto und Kundenrabatt werden nicht gewährt.

a) Errechnen Sie den Listenverkaufspreis pro Stück.
b) Errechnen Sie den MGKZ.
c) Errechnen Sie die Fertigungslöhne pro Stück.

37 Sie sind Angestellte(r) der Textilfabrik Konrad Fied KG, Goseriede 41, 30159 Hannover.

a) **3. März 20..:** Es liegt Ihnen die folgende Eingangsrechnung ER 968 unseres Lieferanten, der Emut GmbH, über den Jeansstoff JF 206 vor:

| | |
|---|---|
| Zieleinkauf des Jeansstoffes JF 206 (ER 968), Nettowert | 180.000,00 € |
| – 20 % Rabatt | 36.000,00 € |
| + 19 % Umsatzsteuer | 27.360,00 € |
| Rechnungsbetrag | 171.360,00 € |

Nennen Sie den Buchungssatz.

b) **4. März 20..:** Bei der Prüfung des im Einkaufslager eingegangenen Jeansstoffes JF 206 werden Webfehler festgestellt.
**5. März 20..:** Die Webfehler werden bei dem Lieferanten, der Emut GmbH, reklamiert.
**10. März 20..:** Unser Lieferant, die Emut GmbH, gewährt uns aufgrund unserer Mängelrüge einen Preisnachlass (Minderung) auf den eingekauften Jeansstoff JF 206 (ER 968).

| | |
|---|---|
| Nettopreisnachlass | 8.000,00 € |
| + 19 % Umsatzsteuer | 1.520,00 € |
| Bruttopreisnachlass | 9.520,00 € |

Nennen Sie den Buchungssatz.

c) Unser Lieferant, die Emut GmbH, gewährt bei Zahlung innerhalb von 10 Tagen 2 % Skonto.
**12. März 20..:** Wir begleichen die Eingangsrechnung ER 968 unter Berücksichtigung des Preisnachlasses vom 10. März bei unserem Lieferanten, der Emut GmbH, durch Banküberweisung.
Errechnen Sie den Überweisungsbetrag und nennen Sie den entsprechenden Buchungssatz.

d) **27. März 20..:** Für die Produktion des hochwertigen Jeanshemdes H 3 wird dem Einkaufslager der Jeansstoff JF 206 entnommen. Das Jeanshemd H 3 wird hergestellt.

| | |
|---|---|
| Verbrauch gemäß Materialentnahmeschein, Jeansstoff JF 206 | 80.000,00 € |

Nennen Sie den Buchungssatz (entfällt bei Buchung nach dem „Just-in-time-Verfahren" und nach der „Inventurmethode").

e) Der Verkaufspreis eines Jeanshemdes H 3 soll kalkuliert werden.
An Einzelkosten sind pro Jeanshemd H 3 angefallen:
Fertigungsmaterial: 6,00 €
Näherlohn (= Fertigungslohn): 3,00 €
Die Gemeinkosten werden in der Preiskalkulation durch folgende Gemeinkostenzuschlagssätze, die im BAB ermittelt wurden, abgedeckt:
MGKZ: 9 %, FGKZ: 120 %, VwGKZ: 6 %, VtGKZ: 4 %.
Die Textilfabrik Konrad Fied KG kalkuliert beim Jeanshemd H 3 mit 20 % Gewinn, 3 % Kundenskonto (bei Zahlung innerhalb von 8 Tagen) und 15 % Kundenrabatt.
Errechnen Sie den Listenverkaufspreis für ein Jeanshemd H 3.

f) **18. April 20..:** Die Textilfabrik Konrad Fied KG verkauft 1200 Jeanshemden H 3 auf Ziel an ihren Kunden, die Söffgen OHG, gemäß Ausgangsrechnung AR 895.
Bilden Sie den Buchungssatz für die Ausgangsrechung AR 895.
Berücksichtigen Sie dabei den Kundenrabatt von 15 %.

g) **25. April 20..:** Der Kontoauszug BA 87 der Hannoverschen Volksbank eG weist den Zahlungseingang für die Ausgangsrechnung AR 895 aus.
Bilden Sie den entsprechenden Buchungssatz.

38 Errechnen Sie den Listenverkaufspreis.

| | | a) | b) | c) | d) |
|---|---|---|---|---|---|
| Fertigungsstelle I | FM | 8.200,00 € | 4.300,00 € | 5.600,00 € | 7.900,00 € |
| | MGKZ | 8 % | 12 % | 14 % | 15 % |
| | FL I | 2.900,00 € | 1.400,00 € | 2.800,00 € | 4.100,00 € |
| | FGKZ I | 150 % | 90 % | 130 % | 80 % |
| Fertigungsstelle II | FL II | 3.400,00 € | 2.300,00 € | 1.100,00 € | 1.700,00 € |
| | FGKZ II | 120 % | 110 % | 150 % | 130 % |
| Fertigungsstelle III | FL III | 4.100,00 € | 900,00 € | 3.600,00 € | 2.900,00 € |
| | FGKZ III | 140 % | 160 % | 110 % | 120 % |
| | VwGKZ | 12 % | 10 % | 14 % | 15 % |
| | VtGKZ | 5 % | 4 % | 6 % | 8 % |
| | Gewinn | 10 % | 12,5 % | 20 % | 16 ⅔ % |
| | Skonto | 2 % | 3 % | 1 % | 2 % |
| | Rabatt | 20 % | 10 % | – | 12,5 % |

39 Ein Produkt verursacht folgende Kosten:
**Materialkosten:** Fertigungsmaterial I: 48,00 €, Materialgemeinkostenzuschlag I: 8 %
Fertigungsmaterial II: 32,00 €, Materialgemeinkostenzuschlag II: 12 %
**Fertigungskosten:**
*Fertigungsstelle A:* Fertigungslöhne A: 18,90 €,
Fertigungsgemeinkostenzuschlag A: 132 %
*Fertigungsstelle B:* Fertigungslöhne B: 12,30 €,
Fertigungsgemeinkostenzuschlag B: 108 %
*Fertigungsstelle C:* Fertigungslöhne C: 34,20 €,
Fertigungsgemeinkostenzuschlag C: 160 %
**Sondereinzelkosten der Fertigung:** 18,90 €
**Verwaltungsgemeinkostenzuschlag:** 12 %
**Vertriebsgemeinkostenzuschlag:** 5 %

a) Kalkulieren Sie die Selbstkosten.
b) Es sind zu berücksichtigen: 20 % Gewinn, 2 % Skonto, 10 % Rabatt.
Kalkulieren Sie den Listenverkaufspreis.

**40** Für die Herstellung eines Erzeugnisses werden berechnet:
Fertigungsmaterial A: 18,00 €, MGKZ (A): 10 %;
Fertigungsmaterial B: 34,00 €, MGKZ (B): 5 %;
Gutschrift für Abfallverwertung: 8 % auf Materialkosten insgesamt (einschl. MGK); Fertigungslöhne (Schlosserei): 12,50 €, FGKZ (Schlosserei): 160 %; Fertigungslöhne (Dreherei): 19,80 €, FGKZ (Dreherei): 110 %; Fertigungslöhne (Fräserei): 8,30 €, FGKZ (Fräserei): 140 %; Fertigungslöhne (Montage): 24,60 €, FGKZ (Montage): 150 %; Sondereinzelkosten der Fertigung: 5,90 €;
VwGKZ und VtGKZ: insgesamt 18 %; Sondereinzelkosten des Vertriebs: 4,50 €;
Gewinn: 16 $^2/_3$ %, Kundenskonto: 3 %, Kundenrabatt: 12,5 %.
Errechnen Sie den Listenverkaufspreis.

**41** Eine Baumaschinenfabrik kalkuliert den Zielverkaufspreis für eine Sonderanfertigung einer Straßenbaumaschine.
Die Arbeitsvorbereitung hat folgende Einzelkosten ermittelt:
Fertigungsmaterial: 2.800,00 €; Fertigungslöhne in Fertigungsabteilung A: 160 Stunden zu 25,00 €; Fertigungslöhne in Fertigungsabteilung B: 290 Stunden zu 28,00 €; Fertigungslöhne in Fertigungsabteilung C: 30 Stunden zu 32,00 €; Sondereinzelkosten der Fertigung: 1.200,00 €.
Dem BAB werden folgende Gemeinkostenzuschlagssätze entnommen: MGKZ: 10 %; FGKZ (A): 150 %; FGKZ (B): 80 %; FGKZ (C): 160 %; VwGKZ: 8 %; VtGKZ: 3 %.
Ferner gilt: Gewinn: 8 %; Skonto: 2 %.
Errechnen Sie den Zielverkaufspreis.

AH

**42** Ihnen liegt die folgende Kalkulationskarte für ein Schaltgehäuse vor.
Errechnen Sie den Listenverkaufspreis.

| Kalkulationskarte | Vorkalkulation | | |
|---|---|---|---|
| **Erzeugnis: Schaltgehäuse** | **%** | **€** | **€** |
| Fertigungsmaterial | | 490,00 | |
| Materialgemeinkosten | 14 % | | |
| Materialkosten | | | |
| Fertigungslöhne (Vorrichterei) | | 110,00 | |
| Fertigungsgemeinkosten (Vorrichterei) | 120 % | | |
| Fertigungslöhne (Formerei) | | 58,00 | |
| Fertigungsgemeinkosten (Formerei) | 80 % | | |
| Fertigungslöhne (Schlosserei) | | 360,00 | |
| Fertigungsgemeinkosten (Schlosserei) | 125 % | | |
| Fertigungslöhne (Montage) | | 210,00 | |
| Fertigungsgemeinkosten (Montage) | 110 % | | |
| Sondereinzelkosten der Fertigung | | 60,00 | |
| Fertigungskosten | | | |
| Herstellkosten | | | |
| Verwaltungs- und Vertriebsgemeinkosten | 15 % | | |
| Sondereinzelkosten des Vertriebs | | | 80,00 |
| Selbstkosten | | | |
| Gewinn | 10 % | | |
| Barverkaufspreis | | | |
| Skonto | 3 % | | |
| Zielverkaufspreis | | | |
| Rabatt | 10 % | | |
| Listenverkaufspreis | | | |


6350500

**43** Welche Aussagen sind richtig? Begründen Sie Ihre Meinung.

a) Die Divisionskalkulation ist anwendbar in Einproduktbetrieben mit Massenfertigung.

b) Die Kostenträgerstückrechnung ermittelt die Kosten eines Abrechnungszeitraumes.

c) Ein Kostenträger ist ein einzelnes Erzeugnis, eine Erzeugnisgruppe oder ein Auftrag.

d) Äquivalenzziffern sind Zahlen, die die unterschiedliche Kostenverursachung einzelner Kostenträger ausdrücken.

e) Eine typische Serienfertigung erfolgt in Brauereien, Ziegeleien und Walzwerken.

f) Die Divisionskalkulation mit Äquivalenzziffern findet Anwendung in Betrieben, die unterschiedliche Produkte mit unterschiedlichen Produktionsgängen in Einzelfertigung oder in Serienfertigung herstellen.

g) Sortenfertigung liegt vor, wenn artverwandte Erzeugnisse mit gleichem Fertigungsmaterial und mit ähnlichen Produktionsgängen hergestellt werden.

h) Bei der Äquivalenzziffernrechnung erhält in der Regel das Haupterzeugnis die Wertigkeitsziffer 1.

i) Äquivalenzziffern können z. B. aus Maßen, aus Gewichten oder aus Arbeitsstunden ermittelt werden.

j) Fertigungsmaterial und Fertigungslöhne sind Gemeinkosten.

k) Bei den Sondereinzelkosten der Fertigung handelt es sich z. B. um Transportversicherung, Verpackungsmaterial, Fracht oder Vertreterprovision.

l) Kosten, die unmittelbar einem Erzeugnis zugerechnet werden können, sind Einzelkosten.

m) In Betrieben mit Sortenfertigung wird die Zuschlagskalkulation angewandt.

n) Bei der Zuschlagskalkulation werden die Einzelkosten dem einzelnen Kostenträger durch einen prozentualen Zuschlag auf die Gemeinkosten zugerechnet.

o) Man spricht von der differenzierten Zuschlagskalkulation, wenn die Gemeinkosten durch einen einzigen prozentualen Zuschlag auf bestimmte Einzelkosten abgedeckt werden.

p) Bei der summarischen Zuschlagskalkulation wird unterstellt, dass sich sämtliche Gemeinkosten zu einer bestimmten Einzelkostenart, z. B. zu den Fertigungslöhnen, proportional verhalten.

q) Große Industriebetriebe mit einer breiten und differenzierten Produktionspalette, die ihre Produkte in Einzel- oder Serienfertigung herstellen, wenden meistens die summarische Zuschlagskalkulation an.

r) Die Gemeinkostenzuschlagssätze (differenzierte Zuschlagskalkulation) werden aufgrund des Betriebsabrechnungsbogens ermittelt.

s) Im Kalkulationsschema der differenzierten Zuschlagskalkulation ergibt die Summe aus Materialkosten und Herstellkosten die Fertigungskosten.

t) Bei der Angebotskalkulation wird der Gewinn in Prozent von den Selbstkosten ausgedrückt.

u) Der Grundwert (≙ 100 %) für die Berechnung von Kundenskonto und Vertreterprovision ist der Barverkaufspreis.

v) Bei der erweiterten differenzierten Zuschlagskalkulation wird mit Fertigungsgemeinkostenzuschlagssätzen für mehrere Fertigungshauptkostenstellen gerechnet.

## Die Vor- und Nachkalkulation (dargestellt am Beispiel der Zuschlagskalkulation)

Nach dem Zeitpunkt der Durchführung der Kalkulation unterscheidet man die **Vorkalkulation** und die **Nachkalkulation.**

**Mit der *Vorkalkulation* werden die Kosten einer noch zu erbringenden Leistung berechnet. Zugrunde gelegt werden dabei *prognostizierte Einzelkosten* (Fertigungsmaterialverbrauch und Fertigungslöhne) und *Normalgemeinkostenzuschlagssätze.***
**Erst nach Durchführung einer Leistung können die dafür angefallenen Kosten exakt berechnet werden. Dies erfolgt in Form einer *Nachkalkulation.* Diese basiert auf den *tatsächlich entstandenen Einzelkosten* und in der Regel auf den *Istgemeinkostenzuschlagssätzen* gemäß BAB I.**

Weichen Vor- und Nachkalkulation voneinander ab, so sind die Ursachen zu erforschen.

Häufig errechnet man mit der **Vorkalkulation** lediglich einen **freibleibenden (unverbindlichen) Angebotspreis.** Die **Nachkalkulation** ergibt dann den tatsächlichen **Verkaufspreis.**

**Beispiel**

Mithilfe der Vorkalkulation soll für einen Auftrag ein freibleibender Angebotspreis errechnet werden. Es wird mit folgenden Einzelkosten und Normalzuschlagssätzen kalkuliert:

Fertigungsmaterialverbrauch: 8.000,00 €; MGKZ: 10 %;
Fertigungslöhne: 6.000,00 €; FGKZ: 120 %;
VwGKZ und VtGKZ: 18 %.

Der Gewinnzuschlag beträgt 20 %, Skonto 3 %.
Nach Fertigstellung des Auftrages wird bei der Nachkalkulation festgestellt, dass der geplante Materialverbrauch um 1.000,00 € unterschritten wurde; andererseits sind Mehrkosten von 600,00 € für Fertigungslöhne angefallen.
Im letzten BAB I wurde für die Verwaltungs- und Vertriebsgemeinkosten ein Istzuschlagssatz von 20 % errechnet. Die anderen Istzuschlagssätze stimmen mit den Normalzuschlagssätzen überein.

a) Welcher **freibleibende Angebotspreis** wurde kalkuliert?
b) Welcher **tatsächliche Verkaufspreis** ergibt sich bei der Nachkalkulation?

**Lösung**

| | | a) Vorkalkulation | | b) Nachkalkulation | |
|---|---|---|---|---|---|
| | | € | € | € | € |
| | Fertigungsmaterial | 8.000,00 | | 7.000,00 | |
| + | MGK (10,0 %) | 800,00 | | 700,00 | |
| = | **Materialkosten** | | **8.800,00** | | **7.700,00** |
| | Fertigungslöhne | 6.000,00 | | 6.600,00 | |
| + | FGK (120 %) | 7.200,00 | | 7.920,00 | |
| = | **Fertigungskosten** | | 13.200,00 | | 14.520,00 |
| | **Herstellkosten** | | 22.000,00 | | 22.220,00 |
| + | VwGK und VtGK (18 %) | | 3.960,00 | (20 %) | 4.444,00 |
| = | **Selbstkosten** | | 25.960,00 | | 26.664,00 |
| + | Gewinn (20 %) | | 5.192,00 | | 5.332,80 |
| = | **Barverkaufspreis** | | 31.152,00 | | 31.996,80 |
| + | Kundenskonto (3 %) | | 963,46 | | 989,59 |
| = | **Angebotspreis** | | **32.115,46** | | **32.986,39** |

**= freibleibender Angebotspreis**   **= tatsächlicher Verkaufspreis**

Aufgrund der Vorkalkulation kann auch ein **verbindliches Angebot** abgegeben werden. Weichen in diesem Fall die tatsächlichen Kosten von den vorkalkulierten Kosten ab, so ergeben sich im Nachhinein **Ergebnisänderungen.**

Der tatsächlich erzielte Gewinn ergibt sich aus einer **Differenzkalkulation.**

**Beispiel**

Es gelten die Angaben des Beispiels von S. 502. Der Angebotspreis von 32.115,46 €, der sich aufgrund der Vorkalkulation ergeben hat, ist verbindlich.

Welche Gewinnänderung ergibt sich durch die Nachkalkulation?

**Lösung**

| | | | € | € | |
|---|---|---|---|---|---|
| | | Fertigungsmaterial | 7.000,00 | | |
| | + | MGK (10,0 %) | 700,00 | | |
| | = | **Materialkosten** | | **7.700,00** | |
| | | Fertigungslöhne | 6.600,00 | | ❷ |
| | + | FGK (120 %) | 7.920,00 | | |
| | = | **Fertigungskosten** | | **14.520,00** | |
| ❶ | | **Herstellkosten** | | **22.220,00** | |
| | + | VwGK und VtGK (20 %) | | 4.444,00 | |
| | = | **Selbstkosten** | | **26.664,00** | |
| | + | **Gewinn (16,83 %)** | ❺ | **4.488,00** | ❹ |
| | = | **Barverkaufspreis** | | **31.152,00** | |
| | + | Kundenskonto (3 %) | | 963,46 | ❸ |
| | = | **Angebotspreis** | | **32.115,46** | |

**Lösungsweg**

❶ Aufstellen des Kalkulationsschemas.

❷ Kalkulation vom „Fertigungsmaterial“ bis zu den „Selbstkosten“ (Vorwärtskalkulation).

❸ Kalkulation vom „Angebotspreis“ bis zum „Barverkaufspreis“ (Rückwärtskalkulation).

❹ Ermittlung des Gewinns als Differenz zwischen den „Selbstkosten“ und dem „Barverkaufspreis“.

❺ Errechnung des Gewinnzuschlags.

26.664,00 ≙ 100 %

4.488,00 ≙ x %

$$x = \frac{100 \cdot 4.488{,}00}{26.664{,}00} = \underline{\underline{16{,}83\ \%}}$$

**Zusammenfassung**

1. **Mit der Vorkalkulation werden Kosten einer noch zu erbringenden Leistung berechnet. Die Vorkalkulation basiert auf prognostizierten Einzelkosten und in der Regel auf Normalzuschlagssätzen.**
2. **Mit der Nachkalkulation werden Kosten einer bereits erbrachten Leistung berechnet. Die Nachkalkulation basiert auf den tatsächlich angefallenen Einzelkosten und in der Regel auf Istzuschlagssätzen.**
3. **Bei freibleibendem Angebotspreis wird mit der Nachkalkulation in Form einer erneuten Vorwärtskalkulation der verbindliche Angebotspreis berechnet.**
4. **Bei verbindlichem Angebotspreis wird mit der Nachkalkulation in Form einer Differenzkalkulation der erzielte Gewinn berechnet.**

**Aufgaben**

**1–4:** Vor- und Nachkalkulation mit freibleibendem (unverbindlichem) Angebotspreis
**5–9:** Vor- und Nachkalkulation mit festem (verbindlichem) Angebotspreis

1 Die Möbelfabrik Wontke GmbH kalkuliert aufgrund folgender Einzelkosten und Normalzuschlagssätze einen freibleibenden Angebotspreis für eine Schrankwand:
Fertigungsmaterial: 500,00 €; Fertigungslöhne: 300,00 €; MGKZ: 20 %; FGKZ: 70 %; VwGKZ: 10 %; VtGKZ: 5 %.
Der Gewinnzuschlag beträgt 30 %. Es werden 2 % Skonto und 5 % Rabatt gewährt.
Nach Fertigstellung des Auftrages wird festgestellt, dass tatsächlich folgende Einzelkosten entstanden sind: Fertigungsmaterial: 600,00 €; Fertigungslöhne: 250,00 €.
Im aktuellen BAB I ergeben sich folgende Istzuschlagssätze:
MGKZ: 18 %; FGKZ: 72 %; VwGKZ: 11 %; VtGKZ: 3 %.
a) Welcher freibleibende Angebotspreis wurde kalkuliert (Vorkalkulation)?
b) Welcher tatsächliche Verkaufspreis ergibt sich bei der Nachkalkulation?

2 Bei der Vorkalkulation eines Angebotes wird mit folgenden Einzelkosten gerechnet: Fertigungsmaterial: 2.100,00 €; Fertigungslöhne: 47 Stunden zu je 34,00 €.
Die Zuschlagssätze betragen: MGKZ: 36 %; FGKZ: 160 %; VwGKZ: 12 %; VtGKZ: 5 %. Es wird mit 20 % Gewinn, 3 % Kundenskonto und 6 % Kundenrabatt kalkuliert.
Tatsächlich (Nachkalkulation) ergeben sich folgende Einzelkosten: Fertigungsmaterial: 2.200,00 €; Fertigungslöhne: 50 Stunden zu je 34,00 €.
Aus dem letzten BAB I werden folgende Gemeinkostenzuschlagssätze ermittelt: MGKZ: 40 %; FGKZ: 157 %; VwGKZ: 15 %; VtGKZ: 4 %.
a) Welchen freibleibenden Angebotspreis ergibt die Vorkalkulation?
b) Welchen verbindlichen Angebotspreis ergibt die Nachkalkulation?

3 Es gilt, für einen Auftrag einen freibleibenden Angebotspreis zu kalkulieren. Laut Berechnungen der Arbeitsvorbereitung ist mit Fertigungsmaterialkosten von 5.200,00 € und mit Fertigungslohnkosten von 3.800,00 € zu rechnen.
Bei der Vorkalkulation wird mit folgenden Normalzuschlagssätzen gerechnet:
MGKZ: 42 %; FGKZ: 136 %; VwGKZ: 10 %; VtGKZ: 3 %.
Nach der Fertigstellung des Auftrages wird festgestellt, dass sich die Fertigungsmaterialkosten auf 5.250,00 € belaufen und die Fertigungslohnkosten auf 3.900,00 €.
Der BAB I des letzten Monats weist folgende Istzuschlagssätze aus:
MGKZ: 40 %; FGKZ: 137 %; VwGKZ: 11 %; VtGKZ: 3 %.
Um wie viel € ist der Angebotspreis zu korrigieren? (Gewinn: 20 %; Skonto: 2 %; Rabatt: 5 %)

4 Errechnen Sie den freibleibenden Angebotspreis aufgrund der Vorkalkulation und den verbindlichen Angebotspreis aufgrund der Nachkalkulation.

| | Einzelkosten | | Gemeinkosten | | | | | |
|---|---|---|---|---|---|---|---|---|
| | **FM (€)** | **FL (€)** | **MGKZ** | **FGKZ** | **VwGKZ** | **VtGKZ** | **Gewinn** | **Skonto** |
| a) Vorkalkulation | 580,00 | 610,00 | 43 % | 120 % | 9 % | 3 % | 20 % | 2 % |
| Nachkalkulation | 560,00 | 610,00 | 44 % | 115 % | 10 % | 3 % | 20 % | 2 % |
| b) Vorkalkulation | 930,00 | 820,00 | 25 % | 143 % | 9 % | 5 % | 25 % | 3 % |
| Nachkalkulation | 915,00 | 835,00 | 26 % | 149 % | 8 % | 4 % | 25 % | 3 % |
| c) Vorkalkulation | 420,00 | 570,00 | 36 % | 128 % | 10 % | 5 % | 12,5 % | 1 % |
| Nachkalkulation | 400,00 | 580,00 | 36 % | 130 % | 12 % | 5 % | 12,5 % | 1 % |
| d) Vorkalkulation | 740,00 | 610,00 | 10 % | 80 % | 12 % | 4 % | 16 ⅔ % | 3 % |
| Nachkalkulation | 790,00 | 600,00 | 12 % | 79 % | 15 % | 6 % | 16 ⅔ % | 3 % |

5 Ein Auftrag wird mit folgenden Einzelkosten und Normalzuschlagssätzen vorkalkuliert:
Fertigungsmaterial: 5.000,00 €; MGKZ: 30 %;
Fertigungslöhne: 3.800,00 €; FGKZ: 140 %;
VwGKZ: 12 %; VtGKZ: 4 %.
Der Gewinnzuschlag beträgt 25 %, Skonto 2 % und Rabatt 5 %.
Für die Nachkalkulation werden folgende tatsächlich angefallene Einzelkosten und Istzuschlagssätze ermittelt:
Fertigungsmaterial: 4.800,00 €; MGKZ: 29 %;
Fertigungslöhne: 4.100,00 €; FGKZ: 141 %;
VwGKZ: 12 %; VtGKZ: 5 %.
a) Errechnen Sie den verbindlichen Angebotspreis (Vorkalkulation).
b) Errechnen Sie den tatsächlich erzielten Gewinn in € und in Prozent.

6 Ein Industriebetrieb kalkuliert (Vorkalkulation) ein Produkt mit 560,00 € Fertigungsmaterialkosten und 380,00 € Fertigungslohnkosten.
Folgende Gemeinkostenzuschlagssätze werden zugrunde gelegt: MGKZ: 25 %; FGKZ: 160 %; VwGKZ + VtGKZ: 18 %.
Es wird ferner mit 20 % Gewinn, 2 % Kundenskonto und 10 % Kundenrabatt gerechnet.
Bei der Nachkalkulation ergeben sich geänderte Einzelkosten: Fertigungsmaterial: 520,00 €; Fertigungslöhne: 415,00 €.
Die Gemeinkostenzuschlagssätze bleiben für die Nachkalkulation unverändert.
Mit der Vorkalkulation wurde ein verbindlicher Angebotspreis errechnet.
Wie hoch ist der tatsächliche Gewinn in € und in Prozent?

7 Für einen Auftrag wurde in der Vorkalkulation ein verbindlicher Angebotspreis von 7.510,00 € ermittelt.
Die Nachkalkulation ergibt folgende Werte:
FM: 1.420,00 €; MGKZ: 10 %;
Fertigungsstelle I: FL: 380,00 €; FGKZ: 120 %
Fertigungsstelle II: FL: 410,00 €; FGKZ: 160 %
Fertigungsstelle III: FL: 560,00 €; FGKZ: 220 %
VwGKZ: 12 %, VtGKZ: 5 %; Sondereinzelkosten des Vertriebs: 80,00 €; Skonto: 3 %
Bei der Vorkalkulation wurde mit einem Gewinn von 25 % kalkuliert.
Wie viel Prozent beträgt der Gewinnzuschlag tatsächlich?

8 1. Errechnen Sie aufgrund der Vorkalkulation den verbindlichen Angebotspreis.
2. Errechnen Sie aufgrund der Nachkalkulation den tatsächlichen Gewinn in € und in Prozent.

| | Einzelkosten | | Gemeinkosten | | | | | |
|---|---|---|---|---|---|---|---|---|
| | FM (€) | FL (€) | MGKZ | FGKZ | VwGKZ | VtGKZ | Gewinn | Skonto |
| a) Vorkalkulation | 610,00 | 490,00 | 20 % | 140 % | 10 % | 5 % | 12,5 % | 2 % |
| Nachkalkulation | 600,00 | 520,00 | 20 % | 140 % | 10 % | 5 % | ? | 2 % |
| b) Vorkalkulation | 790,00 | 630,00 | 30 % | 160 % | 12 % | 6 % | 20 % | 3 % |
| Nachkalkulation | 810,00 | 610,00 | 28 % | 159 % | 11 % | 5 % | ? | 3 % |
| c) Vorkalkulation | 420,00 | 830,00 | 40 % | 180 % | 11 % | 4 % | 30 % | 1 % |
| Nachkalkulation | 450,00 | 790,00 | 42 % | 183 % | 12 % | 5 % | ? | 1 % |
| d) Vorkalkulation | 950,00 | 480,00 | 36 % | 210 % | 8 % | 3 % | 16 ⅔ % | 2 % |
| Nachkalkulation | 920,00 | 500,00 | 34 % | 215 % | 7 % | 3 % | ? | 2 % |

9 Die PC-Technik und Netzwerke GmbH hat für einen Auftrag über 2 Server, 10 Notebooks und 40 Workstations einen verbindlichen Angebotspreis von 172.000,00 € ermittelt.
Für die Nachkalkulation ergeben sich für diesen Auftrag folgende tatsächlich angefallenen Einzelkosten und Istzuschlagssätze:
Fertigungsmaterial: 120.000,00 €; Fertigungslöhne: 1.600,00 €;
MGKZ: 14,787 %; FGKZ: 110,256 %; VwGKZ: 5,483 %; VtGKZ: 7,619 %.
Errechnen Sie den tatsächlich erzielten Gewinn in € und in Prozent. (Genauigkeit: 3 Stellen nach dem Komma)

### 6.5.2.3 Die Maschinenstundensatzrechnung

Bei der Zuschlagskalkulation haben wir die Fertigungsgemeinkosten durch einen prozentualen Aufschlag auf die Fertigungslöhne berücksichtigt. Wir haben dabei unterstellt, dass sich die Fertigungsgemeinkosten in gleicher Weise wie die Fertigungslöhne verändern.

Bei einer **anlagenintensiven Fertigung** mit **hohem Rationalisierungsgrad** sind die Fertigungslöhne allein keine adäquate Bezugsbasis. Eine Proportionalität zwischen Fertigungslöhnen und Fertigungsgemeinkosten ist hier nur im beschränkten Umfang gegeben, da die Fertigungsgemeinkosten weitgehend von den **Produktionsmaschinen** abhängig sind.

Man spaltet deshalb die Fertigungsgemeinkosten in **maschinenabhängige** und in **fertigungslohnabhängige Gemeinkosten** auf. Die **maschinenabhängigen Gemeinkosten** werden über einen **Maschinenstundensatz** verrechnet. Für die **fertigungslohnabhängigen Gemeinkosten** (auch: Restgemeinkosten) bilden nach wie vor die **Fertigungslöhne** oder auch die **Fertigungslohnstunden** die Kalkulationsgrundlage.

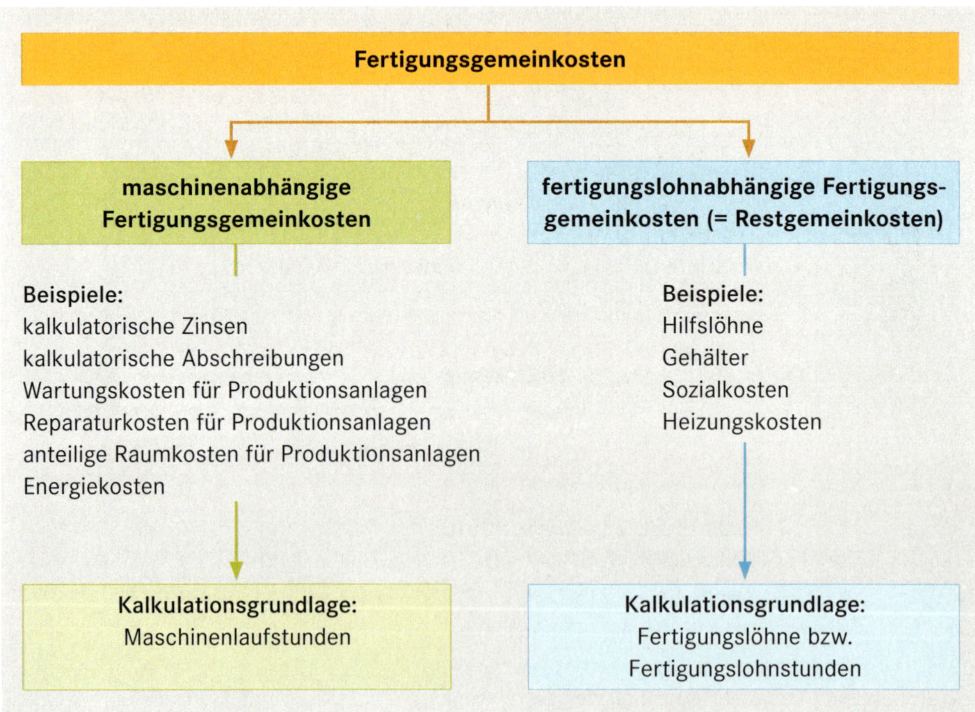



6350506

## Die Ermittlung der Maschinenstundensätze

Die maschinenabhängigen Fertigungsgemeinkosten pro Stunde werden durch den sogenannten **Maschinenstundensatz** ausgedrückt.

Der Maschinenstundensatz wird durch die folgende Formel errechnet:

$$\textbf{Maschinenstundensatz} = \frac{\text{maschinenabhängige FGK pro Jahr}}{\text{Nettomaschinenlaufstunden pro Jahr}}$$

**Beispiel**

Eine Produktionsanlage wird jährlich 48 Wochen zu je 5 Arbeitstagen mit 2 achtstündigen Schichten eingesetzt. Es wird mit einer jährlichen Ausfallzeit von 96 Stunden gerechnet.

Die Wiederbeschaffungskosten dieser Produktionsanlage belaufen sich auf 1,5 Mio. €. Der kalkulatorische Zinssatz beträgt 9 %.

Die betriebsgewöhnliche Nutzungsdauer der Produktionsanlage wird mit 4 Jahren veranschlagt.

An Wartungskosten fallen jährlich 48.000,00 € (Schätzwert) an.

Die jährlichen Reparaturkosten werden auf 30.000,00 € veranschlagt.

Die Produktionsanlage beansprucht eine Standfläche von 160 $m^2$. Die kalkulatorischen Raumkosten sind mit 5,00 € monatlich pro $m^2$ anzusetzen.

Der stündliche Energieverbrauch der Produktionsanlage beträgt 62,5 kWh à 0,12 €.

Errechnen Sie den Maschinenstundensatz.

**Lösung**

**1. Errechnung der Nettomaschinenlaufstunden pro Jahr**

| | | |
|---|---|---|
| | Bruttomaschinenlaufzeit pro Jahr (48 Wochen · 5 Arbeitstage · 2 Schichten · 8 Stunden) | 3 840 Stunden |
| – | geschätzte Ausfallzeiten | 96 Stunden |
| = | Nettomaschinenlaufzeit pro Jahr | 3 744 Stunden |

**2. Ermittlung der maschinenabhängigen FGK pro Jahr**

Es sind zu ermitteln (siehe Übersicht S. 506):

❶ die kalkulatorischen Zinsen,
❷ die kalkulatorischen Abschreibungen,
❸ die Wartungskosten,
❹ die Reparaturkosten,
❺ die anteiligen Raumkosten,
❻ die Energiekosten.

Zu ❶ – Ermittlung der **kalkulatorischen Zinsen:**

Zur Berechnung der kalkulatorischen Zinsen werden in der Zinsformel für das Kapital die durchschnittlich gebundenen Wiederbeschaffungskosten

$$\left(= \frac{\textbf{Wiederbeschaffungskosten}^{1}}{2}\right)$$

angesetzt. Dies führt zu jährlich konstanten kalkulatorischen Zinsen.

Es ergibt sich dann für die kalkulatorischen Zinsen die folgende Formel:

$$\text{jährliche kalk. Zinsen} = \frac{\text{Wiederbeschaffungskosten} \cdot \text{kalk. Zinssatz}}{2 \cdot 100}$$

In unserem Beispiel erhalten wir:

$$\frac{1.500.000{,}00 \cdot 9}{2 \cdot 100} = \underline{\underline{67.500{,}00\ €}}$$

→

1 $\varnothing$ gebundene Wiederbeschaffungskosten $= \frac{AB + SB}{2} = \frac{\text{Wiederbeschaffungskosten} + 0{,}00}{2}$
(Der SB ist 0,00 €, da die Produktionsanlage am Ende der Nutzungsdauer auf 0,00 € abgeschrieben ist.)

Zu ❷ – Ermittlung der **kalkulatorischen Abschreibungen:**

$$\text{jährlicher kalk. Abschreibungsbetrag} = \frac{\text{Wiederbeschaffungskosten}}{\text{Nutzungsdauer}}$$

$$= \frac{1.500.000{,}00}{4} = \underline{\underline{375.000{,}00\ €}}$$

Zu ❸ – Ermittlung der **Wartungskosten:**
Es wird der Schätzwert angesetzt: 48.000,00 €

Zu ❹ – Ermittlung der **Reparaturkosten:**
Es wird der Schätzwert angesetzt: 30.000,00 €

Zu ❺ – Ermittlung der **anteiligen Raumkosten:**
160 · 5,00 · 12 = 9.600,00 €

Zu ❻ – Ermittlung der **Energiekosten:**
Energieverbrauch/Stunde · Preis/kWh · jährl. Nettomaschinenlaufzeit
62,5 · 0,12 · 3744 = 28.080,00 €

Insgesamt fallen jährlich folgende maschinenabhängige Fertigungsgemeinkosten an:

| | |
|---|---|
| ❶ kalkulatorische Zinsen | 67.500,00 € |
| ❷ kalkulatorische Abschreibungen | 375.000,00 € |
| ❸ Wartungskosten | 48.000,00 € |
| ❹ Reparaturkosten | 30.000,00 € |
| ❺ anteilige Raumkosten | 9.600,00 € |
| ❻ Energiekosten | 28.080,00 € |
| | 558.180,00 € |

Als Maschinenstundensatz ergibt sich:

$$\text{Maschinenstundensatz} = \frac{\text{maschinenabhängige FGK pro Jahr}}{\text{Nettomaschinenlaufstunden pro Jahr}}$$

$$= \frac{558.180{,}00}{3744} = \underline{\underline{149{,}09\ €}}$$

**Zur Kalkulation der maschinenabhängigen Fertigungsgemeinkosten für einen Auftrag ist es lediglich erforderlich, die Zeit der Maschineninanspruchnahme mit dem Maschinenstundensatz zu multiplizieren.**

**Beispiel** Ein Auftrag benötigt 156 Maschinenlaufstunden. Der Maschinenstundensatz beträgt **149,09 €**. Wie hoch sind die maschinenabhängigen Fertigungsgemeinkosten?

**Lösung** 156 · **149,09** = 23.258,04 €
Die maschinenabhängigen Fertigungsgemeinkosten belaufen sich auf 23.258,04 €.

Aufgaben folgen auf S. 512 ff.

## Der Betriebsabrechnungsbogen I mit Maschinenstundensätzen

Durch die Verwendung von Maschinenstundensätzen ändert sich im BAB I nur die Verrechnung in der Kostenstelle „Fertigung“.

**Beispiel**

**Ausschnitt aus einem BAB I mit maschinenabhängigen und fertigungslohnabhängigen Fertigungsgemeinkosten:**

| Gemeinkostenart | Kostenstellen | | | | |
|---|---|---|---|---|---|
| | | Fertigung | | | |
| | | gesamte FGK | maschinenabh. FGK | Restgemeinkosten | |
| Energie | | 3.540,00 | 2.340,00 | 1.200,00 | |
| Hilfslöhne | | 8.400,00 | - | 8.400,00 | |
| Gehälter | | 9.200,00 | - | 9.200,00 | |
| Sozialkosten | | 3.100,00 | - | 3.100,00 | |
| Wartungskosten | | 4.800,00 | 4.000,00 | 800,00 | |
| Reparaturkosten | | 3.100,00 | 2.500,00 | 600,00 | |
| Raumkosten | | 2.200,00 | 800,00 | 1.400,00 | |
| kalk. Zinsen | | 6.025,00 | 5.625,00 | 400,00 | |
| kalk. Abschr. | | 35.050,00 | 31.250,00 | 3.800,00 | |
| Summe | | 75.415,00 | 46.515,00 | 28.900,00 | |
| Kalkulationsgrundlage | | | 312 monatl. Nettomaschinenlaufstunden | 18.000,00 € Fertigungslöhne (= 600 Lohnstunden zu 30,00 €) | |
| Maschinenstundensatz | | | 149,09 € | - | |
| RGKZ | | | | 160,56 % | |
| **Alternativ** zum RGKZ kann auch mit einem „Lohnstundensatz“ gerechnet werden: | | | | | |
| Lohnstundensatz | | | | **48,17 €** | |

Die Gemeinkostenverrechnung der Kostenstelle „Fertigung“ geschieht folgendermaßen:

1. Für jede Gemeinkostenart werden – wie üblich – die Gemeinkosten auf die Kostenstellen zugeschlüsselt. Es ergeben sich die Beträge in der Spalte „gesamte FGK“.
2. Da der BAB I in der Regel monatlich erstellt wird, müssen die oben errechneten jährlichen maschinenabhängigen Fertigungsgemeinkosten (siehe S. 507 f.) auf den Monat umgerechnet werden.
   Beispiel (Energiekosten): 28.080,00 : 12 = 2.340,00 €
3. Die fertigungslohnabhängigen Fertigungsgemeinkosten (Restgemeinkosten) werden durch Subtraktion ermittelt.
   Beispiel (Energiekosten): 3.540,00 – 2.340,00 = 1.200,00 €
4. Der Maschinenstundensatz wird errechnet: $\frac{46.515,00}{312} = \underline{\underline{149,09\ €}}$
5. Für die Restgemeinkosten wird entweder
   - ein Restgemeinkostenzuschlagssatz **(Lohnzuschlagsverfahren)** oder
   - ein Lohnstundensatz **(Stundensatzverfahren)** ermittelt.

   An Fertigungslöhnen sind 18.000,00 € (600 Lohnstunden zu 30,00 €) angefallen.

Der **Restgemeinkostenzuschlagssatz** ergibt sich wie folgt:

$$\frac{\text{Restgemeinkosten} \cdot 100}{\text{Fertigungslöhne}} = \frac{28.900{,}00 \cdot 100}{18.000{,}00} = \underline{\underline{160{,}56\ \%}}$$

Aufgaben folgen auf S. 512 ff.

Der **Lohnstundensatz** wird folgendermaßen errechnet:

$$\frac{\text{Restgemeinkosten}}{\text{Lohnstunden}} = \frac{28.900{,}00}{600} = \underline{\underline{48{,}17\ €}}$$

## Die Kalkulation mit Maschinenstundensätzen

### Die Kalkulation mit einem Maschinenstundensatz

Werden die Fertigungsgemeinkosten ganz oder zum Teil über einen Maschinenstundensatz verrechnet, so muss das bekannte Rechenschema der Zuschlagskalkulation abgeändert werden.

**Beispiel**

Für einen Fertigungsauftrag werden folgende Kosten verrechnet:

Fertigungsmaterial: 60.000,00 €

Fertigungslöhne (1 200 Lohnstunden zu 30,00 €): 36.000,00 €

Zuschlagssätze gemäß BAB I:

Materialgemeinkostenzuschlagssatz: 25 %, Restgemeinkostenzuschlagssatz: **160,56 %**, Verwaltungs- und Vertriebsgemeinkostenzuschlagssatz: 10 %

Nettomaschinenlaufstunden: 400

Maschinenstundensatz gemäß BAB I: 149,09 €

❶ Kalkulieren Sie die Selbstkosten für diesen Auftrag.

❷ Ersetzen Sie in der Kalkulation von ❶ den Restgemeinkostenzuschlagssatz durch den Lohnstundensatz (gemäß BAB I) von **48,17 €**.

**Lösung**

(Es wird auf ganze €-Beträge gerundet.)

❶

| | | € | € |
|---|---|---|---|
| | Fertigungsmaterial | 60.000,00 | |
| + | Materialgemeinkosten (25,0 %) | 15.000,00 | |
| = | **Materialkosten** | | **75.000,00** |
| | maschinenabhängige FGK (400 · **149,09**) | 59.636,00 | |
| + | Fertigungslöhne (1 200 · 30,00) | 36.000,00 | |
| | Restgemeinkosten (**160,56 %** auf Fertigungslöhne) | **57.802,00** | |
| = | **Fertigungskosten** | | **153.438,00** |
| | **Herstellkosten** | | **228.438,00** |
| + | Verwaltungs- und Vertriebsgemeinkosten (10 %) | | 22.844,00 |
| = | **Selbstkosten** | | **251.282,00** |

❷

Die Kalkulation ist mit der obigen nahezu identisch. Lediglich die Restgemeinkosten (fertigungslohnabhängige Fertigungsgemeinkosten) errechnen sich über den Lohnstundensatz von **48,17 €**:

Restgemeinkosten: 1 200 · **48,17** = **57.804,00 €**

(Gegenüber der obigen Kalkulation ergibt sich eine Rundungsabweichung von 2,00 €.)

Aufgaben folgen auf S. 512 ff.

### Die Kalkulation mit mehreren Maschinenstundensätzen

Werden in der Fertigung unterschiedliche Produktionsanlagen oder Maschinen eingesetzt, so ist mit mehreren Maschinenstundensätzen zu kalkulieren.

**Beispiel**

Für einen Auftrag werden folgende Kosten verrechnet:

1. Materialkosten: Fertigungsmaterial: 1.200,00 €
   Materialgemeinkostenzuschlagssatz: 20 %
2. Fertigungskosten:
   *Fertigungshauptkostenstelle A*
   Nettomaschinenlaufstunden: 1,5
   Maschinenstundensatz: 160,00 €
   Fertigungslöhne (3 Lohnstunden zu 25,00 €): 75,00 €
   Restgemeinkostenzuschlagssatz: 150 %

   *Fertigungshauptkostenstelle B*
   Nettomaschinenlaufstunden: 2
   Maschinenstundensatz: 180,00 €
   Fertigungslöhne (4 Lohnstunden zu 30,00 €): 120,00 €
   Restgemeinkostenzuschlagssatz: 125 %
3. Verwaltungs- und Vertriebsgemeinkosten: 12 %

Errechnen Sie die Selbstkosten.

**Lösung**

| | | € | € | € | € |
|---|---|---|---|---|---|
| | Fertigungsmaterial | 1.200,00 | | | |
| + | Materialgemeinkosten (20 %) | 240,00 | | | |
| = | **Materialkosten** | | | **1.440,00** | |
| | Fertigungshauptkostenstelle A | | | | |
| | maschinenabh. FGK (1,5 · 160,00) | 240,00 | | | |
| + | Fertigungslöhne (3 · 25,00) | 75,00 | | | |
| + | Restgemeinkosten (150 % auf FL) | 112,50 | | | |
| | **FK[1] Fertigungshauptkostenstelle A** | | **427,50** | | |
| | Fertigungshauptkostenstelle B | | | | |
| | maschinenabh. FGK (2 · 180,00) | 360,00 | | | |
| + | Fertigungslöhne (4 · 30,00) | 120,00 | | | |
| + | Restgemeinkosten (125 % auf FL) | 150,00 | | | |
| | **FK[1] Fertigungshauptkostenstelle B** | | **630,00** | | |
| = | **Fertigungskosten** | | | **1.057,50** | |
| = | **Herstellkosten** | | | | **2.497,50** |
| + | Verwaltungs- und Vertriebsgemeinkosten (12 %) | | | | 299,70 |
| = | **Selbstkosten** | | | | **2.797,20** |

Die Selbstkosten belaufen sich auf 2.797,20 €.

1 Fertigungskosten

**Zusammenfassung**

1. In Industriebetrieben mit einer anlagenintensiven Fertigung mit hohem Rationalisierungsgrad werden die Fertigungsgemeinkosten in maschinenabhängige und fertigungslohnabhängige Gemeinkosten (= Restgemeinkosten) aufgespalten.
2. Die maschinenabhängigen Fertigungsgemeinkosten werden durch den Maschinenstundensatz ausgedrückt. Dieser ergibt sich aus folgendem Quotienten:

$$\text{Maschinenstundensatz} = \frac{\text{maschinenabhängige FGK pro Jahr}}{\text{Nettomaschinenlaufstunden pro Jahr}}$$

3. Bei Anwendung der Maschinenstundensatzrechnung werden im BAB I die Fertigungsgemeinkosten in 3 Spalten ausgewiesen als
   1. gesamte Fertigungsgemeinkosten,
   2. maschinenabhängige Fertigungsgemeinkosten und
   3. Restgemeinkosten (= fertigungslohnabhängige Gemeinkosten).
4. In der Kalkulation werden die maschinenabhängigen Fertigungsgemeinkosten durch das Produkt aus
   Maschinenlaufzeit pro Auftrag · Maschinenstundensatz
   berücksichtigt.
5. Bei Einsatz mehrerer Produktionsanlagen oder Maschinen wird mit mehreren Maschinenstundensätzen kalkuliert.
6. Die nicht maschinenabhängigen, also fertigungslohnabhängigen Gemeinkosten (= Restgemeinkosten) werden durch einen Zuschlagssatz auf die Fertigungslöhne (= RGKZ) oder durch einen Lohnstundensatz in der Kalkulation berücksichtigt.

## Aufgaben

1: Einführung in die Thematik
2: Errechnung der Nettomaschinenlaufstunden
3 u. 4: Errechnung des Maschinenstundensatzes
5–7: Errechnung des Maschinenstundensatzes, des Restgemeinkostenzuschlagssatzes und des Lohnstundensatzes
8–11: Kalkulation mit einem Maschinenstundensatz
12–14: Kalkulation mit mehreren Maschinenstundensätzen
15: Abschließende Verständnisaufgabe

**1** a) Von welcher Annahme wird ausgegangen, wenn bei der Zuschlagskalkulation die Fertigungsgemeinkosten durch einen Aufschlag auf die Fertigungslöhne berücksichtigt werden?

b) Wovon sind bei einer anlagenintensiven Fertigung mit hohem Rationalisierungsgrad die Fertigungsgemeinkosten weitgehend abhängig?

c) Nennen Sie Fertigungsgemeinkosten, die maschinenabhängig sind.

d) Mit welcher Formel können die Kosten einer Maschinenlaufstunde (= Maschinenstundensatz) errechnet werden?

**2** Errechnen Sie die jährlichen Nettomaschinenlaufstunden.

| | jährliche Arbeitswochen | wöchentliche Arbeitstage | tägliche Arbeitsstunden (Schichtbetrieb) | geschätzte jährliche Ausfallzeiten in Stunden |
|---|---|---|---|---|
| a) | 50 | 5 | 12 | 82 |
| b) | 48 | 6 | 16 | 104 |
| c) | 51 | 5 | 24 | 180 |
| d) | 49 | 5 | 20 | 138 |


6350512

3 Errechnen Sie den Maschinenstundensatz für die Produktionsanlagen I, II und III.

| | Produktionsanlagen | | |
|---|---|---|---|
| | I | II | III |
| Nettomaschinenlaufstunden | 3 800 Std. | 4 200 Std. | 5 100 Std. |
| Wiederbeschaffungskosten | 1.480.000,00 € | 950.000,00 € | 1.200.000,00 € |
| Nutzungsdauer | 8 Jahre | 10 Jahre | 6 Jahre |
| kalk. Zinssatz | 9 % | 10 % | 8 % |
| Instandhaltungskosten p. a. | 50.000,00 € | 30.000,00 € | 60.000,00 € |
| Standfläche | 130 $m^2$ | 80 $m^2$ | 100 $m^2$ |
| kalk. Raumkosten pro $m^2$ pro Monat | 5,00 € | 6,00 € | 4,00 € |
| Energieverbrauch pro Std. | 78 kWh | 40 kWh | 75 kWh |
| Preis pro kWh | 0,10 € | 0,105 € | 0,10 € |

4 Eine Universaldrehbank wird jährlich 50 Wochen zu je 5 Arbeitstagen mit zwei 7,5-stündigen Schichten eingesetzt. Die jährliche Ausfallzeit wird auf 118 Stunden geschätzt.
Der Nettoanschaffungspreis der Drehbank betrug 280.000,00 €. An Montagekosten sind 20.000,00 € angefallen. Es wird davon ausgegangen, dass die Wiederbeschaffungskosten 20 % über den Anschaffungskosten liegen.
Die betriebsgewöhnliche Nutzungsdauer der Universaldrehbank wird mit 10 Jahren veranschlagt.
Der kalkulatorische Zinssatz beträgt 8 %.
Als Instandhaltungskosten werden 4.608,00 € angesetzt.
Die Universaldrehbank beansprucht einen Raumbedarf von 60 $m^2$. Die kalkulatorischen Raumkosten betragen 4,00 € monatlich pro $m^2$.
Der stündliche Energieverbrauch beträgt 5,6 kWh zu 0,10 €.
Errechnen Sie den Maschinenstundensatz.

5 Zur Errechnung des Maschinenstundensatzes in der Fertigungsabteilung wurden folgende Zahlen zusammengetragen:
Wiederbeschaffungskosten der Produktionsanlage: 1.350.000,00 €
Nutzungsdauer der Produktionsanlage: 10 Jahre
kalkulatorischer Zinssatz: 10 %
Instandhaltungskosten pro Jahr: 48.000,00 €
Standfläche der Produktionsanlage: 160 $m^2$
kalkulatorische Raumkosten pro $m^2$ pro Monat: 5,00 €
Energieverbrauch pro Stunde: 56 kWh
Preis pro kWh: 0,10 €

Im Betrachtungsmonat sind folgende Fertigungsgemeinkosten angefallen:

| Gemeinkostenart | gesamte FGK |
|---|---|
| Energie | 2.500,00 € |
| Hilfslöhne | 8.600,00 € |
| Gehälter | 9.800,00 € |
| Sozialkosten | 3.200,00 € |
| Instandhaltung | 4.400,00 € |
| Raumkosten | 2.300,00 € |
| kalkulatorische Zinsen | 5.900,00 € |
| kalkulatorische Abschreibungen | 13.000,00 € |

→

Die Nettomaschinenlaufstunden belaufen sich im Betrachtungsmonat auf 320 Stunden.
Die Fertigungslohnkosten belaufen sich im Betrachtungsmonat auf 28.800,00 € (= 960 Fertigungsstunden à 30,00 €).

a) Errechnen Sie den Maschinenstundensatz.
b) Errechnen Sie den Restgemeinkostenzuschlagssatz (RGKZ).
c) Errechnen Sie den Lohnstundensatz (als Alternativkalkulationsansatz zum RGKZ).

6 Dem BAB I werden die folgenden Zahlen (Σ gesamte FGK, Σ maschinenabh. FGK, Σ Restgemeinkosten) entnommen.
Errechnen Sie

a) mithilfe der monatlichen Nettomaschinenlaufstunden den Maschinenstundensatz,
b) aufgrund der Fertigungslöhne den Restgemeinkostenzuschlagssatz (RGKZ) und
c) aufgrund der Fertigungslohnstunden den Lohnstundensatz (als Alternativkalkulationsansatz zum RGKZ).

| | Σ gesamte FGK (€) | Σ maschinen-abh. FGK (€) | Σ Restge-meinkosten (€) | monatliche Netto-maschinen-laufstunden (Std.) | Fertigungs-lohnstunden (Std.) | Stundenlohn Fertigungs-löhne (€) |
|---|---|---|---|---|---|---|
| 1. | 82.368,00 | 56.160,00 | 26.208,00 | 312 | 624 | 30,00 |
| 2. | 83.904,00 | 52.224,00 | 31.680,00 | 384 | 1 152 | 25,00 |
| 3. | 72.268,00 | 48.060,00 | 24.208,00 | 356 | 712 | 20,00 |
| 4. | 106.640,00 | 63.296,00 | 43.344,00 | 344 | 1 032 | 28,00 |
| 5. | 88.800,00 | 71.250,00 | 17.550,00 | 375 | 750 | 26,00 |

7 Der BAB I eines Industriebetriebes weist für die Kostenstelle „Fertigung“ folgende Zahlen aus:

| Gemeinkostenart | Fertigung | | |
|---|---|---|---|
| | gesamte FGK | maschinenabh. FGK | Restgemeinkosten |
| . | . | . | . |
| . | . | . | . |
| . | . | . | . |
| . | . | . | . |
| . | . | . | . |
| Summe | 75.460,00 € | 47.740,00 € | 27.720,00 € |

Im Betrachtungsmonat sind 308 Nettomaschinenlaufstunden und 924 Fertigungslohnstunden zu 25,00 € angefallen.

a) Errechnen Sie den Maschinenstundensatz.
b) Errechnen Sie den Restgemeinkostenzuschlagssatz (RGKZ).
c) Errechnen Sie den Lohnstundensatz (als Alternativkalkulationsansatz zum RGKZ).

8 Die Arbeitsvorbereitung veranschlagt für einen Fertigungsauftrag folgende Einzelkosten:
Fertigungsmaterial: 19.000,00 €
Fertigungslöhne (600 Lohnstunden zu 25,00 €): 15.000,00 €
Gemäß BAB I gelten folgende Zuschlagssätze:
MGKZ: 30 %; RGKZ: 120 %; VwGKZ: 12 %; VtGKZ: 5 %.
Es wird für den Auftrag mit 150 Nettomaschinenlaufstunden gerechnet.
Der Maschinenstundensatz beträgt 160,00 €.

a) Kalkulieren Sie die Selbstkosten für diesen Auftrag.
b) Ersetzen Sie in der Kalkulation von a) den Restgemeinkostenzuschlagssatz durch den Lohnstundensatz von 30,00 €.

9 Der BAB I eines Industriebetriebes weist für die Kostenstellen „Material“ und „Fertigung“ folgende Zahlen aus:

| Gemeinkostenart | Material | Fertigung | | |
|---|---|---|---|---|
| | | gesamte FGK | maschinenabh. FGK | Restgemeinkosten |
| . | . | . | . | . |
| . | . | . | . | . |
| . | . | . | . | . |
| . | . | . | . | . |
| . | . | . | . | . |
| Summe | 129.920,00 € | 419.200,00 € | 240.000,00 € | 179.200,00 € |

Im Betrachtungsmonat sind folgende Einzelkosten angefallen:
Fertigungsmaterial: 649.600,00 €
Fertigungslöhne (16 000 Stunden à 28,00 €): 448.000,00 €
Die Nettomaschinenlaufstundenzeit betrug 2 000 Stunden.
Für einen Fertigungsauftrag ermittelt die Arbeitsvorbereitung folgende Zahlen:
Fertigungsmaterial: 14.210,00 €
Fertigungslöhne (350 Stunden à 28,00 €): 9.800,00 €
Nettomaschinenlaufstunden: 43 $^3/_4$ Stunden

a) Errechnen Sie
   1. den Materialgemeinkostenzuschlagssatz,
   2. den Maschinenstundensatz,
   3. den Restgemeinkostenzuschlagssatz und
   4. den Lohnstundensatz (als Alternativkalkulationsansatz zum RGKZ).
b) Kalkulieren Sie die Selbstkosten des Fertigungsauftrages, wenn der Verwaltungsgemeinkostenzuschlagssatz 10 % und der Vertriebsgemeinkostenzuschlagssatz 5 % betragen.
c) Kalkulieren Sie den Listenverkaufspreis, wenn mit einem Gewinn von 12,5 %, 1 % Skonto und 10 % Wiederverkäuferrabatt gerechnet wird.

10 Für ein Erzeugnis wird Fertigungsmaterial im Wert von 50,00 € (40,00 €) benötigt. Die Fertigungsdauer dieses Erzeugnisses an einer computergesteuerten Maschine beträgt 18 Minuten (20 Minuten). Der Maschinenstundensatz beträgt 120,00 € (150,00 €). Der anteilige Fertigungslohn für die Nachbearbeitung beträgt 20,00 € (10,00 €) pro Erzeugnis. Gemäß BAB I betragen die Gemeinkostenzuschlagssätze:
MGKZ: 18 % (22 %); RGKZ: 140 % (110 %); VwGKZ: 12 % (10 %); VtGKZ: 6 % (5 %).
Es wird mit 20 % Gewinn, 3 % Skonto und 12,5 % Rabatt kalkuliert.
Errechnen Sie den Listenverkaufspreis.

11 Errechnen Sie den Listenverkaufspreis.

| | a) | b) | c) | d) |
|---|---|---|---|---|
| Fertigungsmaterial (€) | 40,00 | 60,00 | 80,00 | 90,00 |
| Nettomaschinenlaufzeit (Min.) | 15 | 10 | 20 | 18 |
| Maschinenstundensatz (€) | 160,00 | 140,00 | 150,00 | 130,00 |
| Fertigungslöhne (€) | 70,00 | 80,00 | 50,00 | 60,00 |
| MGKZ (%) | 10 | 30 | 20 | 25 |
| RGKZ (%) | 120 | 140 | 150 | 160 |
| VwGKZ (%) | 10 | 12 | 14 | 13 |
| VtGKZ (%) | 6 | 5 | 4 | 7 |
| Gewinn (%) | 12,5 | 20 | 16 ⅔ | 25 |
| Skonto (%) | 2 | 1 | 3 | 2 |
| Rabatt (%) | 20 | 10 | 12,5 | – |

12 Für ein Werkstück werden folgende Kosten verrechnet:

| | | |
|---|---|---|
| 1. **Materialkosten:** | Fertigungsmaterial: | 80,00 € |
| | Materialgemeinkostenzuschlagssatz: | 16 % |
| 2. **Fertigungskosten:** | *Fertigungshauptkostenstelle A* | |
| | Nettomaschinenlaufzeit: | 12 Minuten |
| | Maschinenstundensatz: | 150,00 € |
| | Fertigungslöhne: | 12,00 € |
| | Restgemeinkostenzuschlagssatz: | 120 % |
| | *Fertigungshauptkostenstelle B* | |
| | Nettomaschinenlaufzeit: | 8 Minuten |
| | Maschinenstundensatz: | 180,00 € |
| | Fertigungslöhne: | 9,00 € |
| | Restgemeinkostenzuschlagssatz: | 220 % |
| 3. **Verwaltungs- und Vertriebsgemeinkosten:** | | 14 % |

Errechnen Sie die Selbstkosten.

13 Die Rostocker Maschinenfabrik GmbH produziert die Kostenträger I und II. In der Fertigungsabteilung sind die Maschinen A, B und C im Einsatz. Es gelten folgende Kalkulationsdaten:

**Einzelkosten: Fertigungsmaterial:**

Kostenträger I: 80,00 €
Kostenträger II: 290,00 €

**Fertigungslöhne:**

| | Maschine A | Maschine B | Maschine C |
|---|---|---|---|
| Kostenträger I | 40,00 € | 50,00 € | 30,00 € |
| Kostenträger II | 20,00 € | 10,00 € | 40,00 € |



6350516

**Maschinenkosten:** **Maschinenstundensatz:**
Maschine A: 160,00 €
Maschine B: 150,00 €
Maschine C: 180,00 €

**Nettomaschinenlaufzeit:**

| | Maschine A | Maschine B | Maschine C |
|---|---|---|---|
| Kostenträger I | 0,2 Stunden | 0,5 Stunden | 0,4 Stunden |
| Kostenträger II | 0,3 Stunden | 0,1 Stunden | 0,6 Stunden |

**Gemeinkostenzuschlagssätze:**
MGKZ: 14 %; RGKZ (A): 130 %; RGKZ (B): 110 %; RGKZ (C): 125 %; VwGKZ: 12 %; VtGKZ: 5 %

Errechnen Sie die Selbstkosten für Kostenträger I und II.

14 Errechnen Sie den Listenverkaufspreis für Kostenträger I, II und III.

| | Kostenträger | | |
|---|---|---|---|
| | I | II | III |
| Fertigungsmaterial (€) | 800,00 | 600,00 | 400,00 |
| MGKZ (%) | 10 | 10 | 10 |
| Fertigungshauptkostenstelle A | | | |
| Nettomaschinenlaufzeit A (Std.) | 1,4 | 0,6 | 1,8 |
| Maschinenstundensatz A (€) | 120,00 | 120,00 | 120,00 |
| Fertigungslöhne A (€) | 80,00 | 40,00 | 100,00 |
| RGKZ A (%) | 150 | 150 | 150 |
| Fertigungshauptkostenstelle B | | | |
| Nettomaschinenlaufzeit B (Std.) | 0,8 | 1,2 | 0,9 |
| Maschinenstundensatz B (€) | 160,00 | 160,00 | 160,00 |
| Fertigungslöhne B (€) | 70,00 | 110,00 | 80,00 |
| RGKZ B (%) | 190 | 190 | 190 |
| VwGKZ (%) | 12 | 12 | 12 |
| VtGKZ (%) | 5 | 5 | 5 |
| Gewinn (%) | 20 | 20 | 20 |
| Skonto (%) | 2 | 2 | 2 |
| Rabatt (%) | 10 | 10 | 10 |

15 Welche Aussagen sind richtig? Begründen Sie Ihre Meinung.

a) In Industriebetrieben mit einer anlagenintensiven Fertigung sind die Fertigungsgemeinkosten ausschließlich von den Fertigungslöhnen abhängig.

b) Der Maschinenstundensatz ergibt sich aus folgenden Quotienten:

$$\text{Maschinenstundensatz} = \frac{\text{Nettomaschinenlaufstunden pro Jahr}}{\text{maschinenabhängige FGK pro Jahr}}$$

c) In der Kalkulation werden die maschinenabhängigen Fertigungsgemeinkosten durch das Produkt aus
„Maschinenlaufzeit pro Auftrag · Maschinenstundensatz“
berücksichtigt.

d) Im BAB I ergeben sich die Restgemeinkosten (= fertigungslohnabhängige Gemeinkosten) aus der Differenz von „gesamten Fertigungsgemeinkosten“ und „maschinenabhängigen Fertigungsgemeinkosten“. →

e) Die Nettomaschinenlaufzeit pro Jahr ergibt sich aus der Summe von „Bruttomaschinenlaufzeit pro Jahr“ und „geschätzten Ausfallzeiten“.
f) Gehälter und kalkulatorische Abschreibungen sind maschinenabhängige Fertigungsgemeinkosten.
g) Bei der Errechnung der kalkulatorischen Zinsen wird von den durchschnittlich kapitalmäßig gebundenen Wiederbeschaffungskosten ausgegangen
$\left(= \frac{\text{Wiederbeschaffungskosten}}{2}\right)$.
h) In einer Kalkulation mit Maschinenstundensätzen werden die Restgemeinkosten durch einen Zuschlag auf die Herstellkosten abgedeckt.

## Der Maschinenstundensatz in Abhängigkeit von der Kapazitätsauslastung

Bei der auf S. 510 f. dargestellten Maschinenstundensatzkalkulation ergeben sich die maschinenabhängigen Fertigungsgemeinkosten durch die Multiplikation der Nettomaschinenlaufstunden mit dem Maschinenstundensatz.

Mit dieser Multiplikation werden alle maschinenabhängigen Fertigungsgemeinkosten proportionalisiert.

Bei Beschäftigungsschwankungen dürfen nun aber die **beschäftigungsunabhängigen Fertigungsgemeinkosten (Fixkosten)** nicht mit den Nettomaschinenlaufstunden „hoch-“ bzw. „runtergerechnet“ werden. Fixkosten sind nicht proportionalisierbar.

Man muss daher im BAB I eine sorgfältige Kostenspaltung in beschäftigungsunabhängige (fixe) und in beschäftigungsabhängige (variable) Fertigungsgemeinkosten vornehmen.

Es gibt einige Kostenarten, die unabhängig von der Kapazitätsauslastung der Maschine monatlich immer in gleicher Höhe anfallen. Zu diesen **reinen beschäftigungsunabhängigen Fertigungsgemeinkosten (Fixkosten)** zählen z. B. die kalkulatorischen Zinsen und die anteiligen Raumkosten.

Andere Kostenarten, wie z. B. die Energiekosten und die Reparaturkosten, sind ausschließlich von der Laufzeit der Maschine abhängig. Sie ändern sich in Abhängigkeit von der Kapazitätsauslastung.

Schließlich gibt es noch maschinenabhängige Fertigungsgemeinkosten, die sowohl variable als auch fixe Kostenelemente aufweisen (Mischkosten). Hierzu gehören die Wartungskosten und die kalkulatorischen Abschreibungen.

Ein Teil der Wartungskosten wird aufgrund eines Wartungsvertrages an bestimmte kalendermäßige Daten gebunden sein; dies sind fixe Wartungskosten. Ein anderer Teil der Wartungskosten wird von der Laufstundenzahl abhängen. So ist es z. B. denkbar, dass nach 500 Laufstunden bestimmte Maschinenteile geprüft, geölt, gereinigt oder ausgewechselt werden müssen. Die hierbei entstehenden Wartungskosten sind variabel.

Auch die kalkulatorischen Abschreibungen sind in variable Kostenbestandteile, die durch die Abnutzung (Laufzeit) entstehen, und in fixe Kostenbestandteile, die der technische Fortschritt (Maschinenalter) verursacht, aufzuspalten.

Soll eine differenzierte Maschinenstundensatzrechnung unter Berücksichtigung von monatlichen Beschäftigungsschwankungen durchgeführt werden, so sind auch im BAB I die maschinenabhängigen Fertigungsgemeinkosten in fixe und in variable Maschinengemeinkosten aufzuteilen.

**Beispiel** **Ausschnitt aus einem BAB I mit fixen und variablen maschinenabhängigen Fertigungsgemeinkosten:**

| Gemeinkostenart | Kostenstellen | | | | |
|---|---|---|---|---|---|
| | Fertigung | | | | |
| | gesamte FGK | maschinenabhängige FGK | | Restgemeinkosten | |
| | | fix | variabel | | |
| Energie | 3.540,00 | – | 2.340,00 | 1.200,00 | |
| Hilfslöhne | 8.400,00 | – | – | 8.400,00 | |
| Gehälter | 9.200,00 | – | – | 9.200,00 | |
| Sozialkosten | 3.100,00 | – | – | 3.100,00 | |
| Wartungskosten | 4.800,00 | 1.800,00 | 2.200,00 | 800,00 | |
| Reparaturkosten | 3.100,00 | – | 2.500,00 | 600,00 | |
| Raumkosten | 2.200,00 | 800,00 | – | 1.400,00 | |
| kalk. Zinsen | 6.025,00 | 5.625,00 | – | 400,00 | |
| kalk. Abschr. | 35.050,00 | 20.500,00 | 10.750,00 | 3.800,00 | |
| Summe | 75.415,00 | 28.725,00 | 17.790,00 | 28.900,00 | |
| Kalkulationsgrundlage | | 312 monatl. Nettomaschinenlaufstunden | | 18.000,00 € Fertigungslöhne (= 600 Lohnstd. zu 30,00 €) | |
| Maschinenstundensatz - insgesamt | | 149,09 € | | | |
| - gespalten | | 92,07 € | 57,02 € | | |

Die maschinenabhängigen Fertigungsgemeinkosten sind nun nach der Aufspaltung in fixe und variable Kostenbestandteile bei monatlichen Beschäftigungsschwankungen exakt kalkulierbar.

**Beispiel 1** **(Unterbeschäftigung)**

Aufgrund eines konjunkturell bedingten Nachfragerückganges wird in der Fertigung kurzgearbeitet. Statt 312 monatlichen Nettomaschinenlaufstunden fallen nur 188 an.

❶ Errechnen Sie den Maschinenstundensatz
- anteilig für jeweils die variablen und fixen maschinenabhängigen Fertigungsgemeinkosten,
- insgesamt.

❷ Errechnen Sie die monatlichen maschinenabhängigen Fertigungsgemeinkosten.

❸ Errechnen Sie die maschinenabhängigen Fertigungsgemeinkosten für einen Auftrag, der 64 Maschinenlaufstunden beansprucht.

**Lösungen** ❶ Der variable Maschinenstundensatz bleibt unverändert: 57,02 € pro Nettomaschinenlaufstunde.

Der fixe Maschinenstundensatz erhöht sich auf 152,79 € (= 28.725,00 : 188) pro Nettomaschinenlaufstunde.

Als Maschinenstundensatz insgesamt ergibt sich dann ein Betrag von 209,81 € (= 57,02 € + 152,79 €) pro Nettomaschinenlaufstunde. →

❷ *1. Lösungsmöglichkeit*

| | | | |
|---|---|---|---|
| 209,81 | · | 188 | = 39.444,28 € |
| Maschinenstundensatz | · | Nettomaschinenlaufstunden | |

*2. Lösungsmöglichkeit*

| | | | |
|---|---|---|---|
| 28.725,00 | + | (188 · 57,02) | = 39.444,76 € |
| monatl. Fixkosten | + | monatl. variable Kosten | |

(Die Abweichung bei den Cent-Beträgen ist auf rundungsbedingte Ungenauigkeiten zurückzuführen.)

❸ 209,81 · 64 = **13.427,84 €**

**Beispiel 2**

**(Überbeschäftigung)**

Ein Großauftrag erfordert Überstunden in der Fertigung. Statt 312 werden monatlich nun 452 Nettomaschinenlaufstunden „gefahren".

❶ Errechnen Sie den Maschinenstundensatz
- anteilig für jeweils die variablen und fixen maschinenabhängigen Fertigungsgemeinkosten,
- insgesamt.

❷ Errechnen Sie die monatlichen maschinenabhängigen Fertigungsgemeinkosten.

❸ Errechnen Sie die maschinenabhängigen Fertigungsgemeinkosten für einen Auftrag, der 64 Maschinenlaufstunden beansprucht.

**Lösungen**

❶ Der variable Maschinenstundensatz bleibt unverändert: 57,02 € pro Nettomaschinenlaufstunde. Der fixe Maschinenstundensatz verringert sich auf 63,55 € (= 28.725,00 : 452) pro Nettomaschinenlaufstunde.
Als Maschinenstundensatz insgesamt ergibt sich nun ein Betrag von 120,57 € (57,02 € + 63,55 €) pro Nettomaschinenlaufstunde.

❷ *1. Lösungsmöglichkeit*

| | | | |
|---|---|---|---|
| 120,57 | · | 452 | = 54.497,64 € |
| Maschinenstundensatz | · | Nettomaschinenlaufstunden | |

*2. Lösungsmöglichkeit*

| | | | |
|---|---|---|---|
| 28.725,00 | + | (452 · 57,02) | = 54.498,04 € |
| monatl. Fixkosten | + | monatl. variable Kosten | |

(Die Abweichung von 0,40 € ist auf rundungsbedingte Ungenauigkeiten zurückzuführen.)

❸ 120,57 · 64 = **7.716,48 €**

Man sieht, dass derselbe Auftrag **bezüglich der maschinenabhängigen Fertigungsgemeinkosten** bei Überbeschäftigung kostengünstiger als bei Unterbeschäftigung durchgeführt werden kann. Dies liegt darin begründet, dass die **Fixkostenbelastung pro Maschinenlaufstunde** mit steigender Beschäftigung geringer wird.

**Zusammenfassung**

1. **Es gibt beschäftigungsabhängige (variable) und beschäftigungsunabhängige (fixe) maschinenabhängige Fertigungsgemeinkosten.**
2. **Bei Überbeschäftigung sinkt der Maschinenstundensatz, weil die Fixkostenbelastung pro Nettomaschinenlaufstunde geringer wird.**
3. **Bei Unterbeschäftigung steigt der Maschinenstundensatz, weil die Fixkostenbelastung pro Nettomaschinenlaufstunde größer wird.**

## Aufgaben

1 a) Nennen Sie beschäftigungsunabhängige (fixe) Fertigungsgemeinkosten.
b) Nennen Sie beschäftigungsabhängige (variable) Fertigungsgemeinkosten.
c) Nennen Sie Fertigungsgemeinkosten, die sowohl beschäftigungsunabhängige als auch beschäftigungsabhängige Bestandteile aufweisen (Mischkosten).
d) Erklären Sie die Veränderung des Maschinenstundensatzes bei einer Überbeschäftigung und bei einer Unterbeschäftigung.

2 Eine computergesteuerte Maschine führt die Arbeitsgänge „Fräsen", „Bohren" und „Senken" durch.
Bei einer jährlichen **Normallaufzeit** von 3 600 Stunden ergeben sich folgende Maschinenkosten:

| Gemeinkostenart | | Zusammensetzung | |
|---|---|---|---|
| | (€) | fixe Kosten (%) | variable Kosten (%) |
| kalk. Abschreibungen | 200.000,00 | 70 | 30 |
| kalk. Zinsen | 80.000,00 | 100 | 0 |
| Energiekosten | 36.000,00 | 0 | 100 |
| Betriebsstoffe | 28.800,00 | 0 | 100 |
| Raumkosten | 30.000,00 | 100 | 0 |
| Wartung | 40.000,00 | 60 | 40 |
| Versicherung | 3.000,00 | 100 | 0 |

a) Errechnen Sie den Maschinenstundensatz (unter Berücksichtigung einer Kostenspaltung in variable und fixe Kosten)
- bei Normallaufzeit (3 600 Stunden jährlich),
- bei Überbeschäftigung (4 000 Stunden jährlich),
- bei Unterbeschäftigung (85 % der Normallaufzeit).

b) Errechnen Sie die Maschinenkosten für ein Produkt, das die Maschine 4,1 Stunden beansprucht,
- bei Normalbeschäftigung (3 600 Stunden jährlich),
- bei Überbeschäftigung (4 000 Stunden jährlich),
- bei Unterbeschäftigung (85 % der Normalbeschäftigung).

3 Für eine Produktionsanlage wurden bei einer **Normalbeschäftigung** von 160 Nettomaschinenlaufstunden 14.800,00 € beschäftigungsunabhängige (fixe) Kosten und 19.600,00 € beschäftigungsabhängige (variable) Kosten ermittelt.
a) Errechnen Sie bei Normalbeschäftigung
- den anteiligen Maschinenstundensatz der fixen Maschinenkosten,
- den anteiligen Maschinenstundensatz der variablen Maschinenkosten,
- den Maschinenstundensatz insgesamt.

b) Errechnen Sie bei einer Kapazitätsauslastung von 75 % (der Normalbeschäftigung)
- den anteiligen Maschinenstundensatz der fixen Maschinenkosten,
- den anteiligen Maschinenstundensatz der variablen Maschinenkosten,
- den Maschinenstundensatz insgesamt.

c) Errechnen Sie bei einer Überbeschäftigung (192 Nettomaschinenlaufstunden)
- den anteiligen Maschinenstundensatz der fixen Maschinenkosten,
- den anteiligen Maschinenstundensatz der variablen Maschinenkosten,
- den Maschinenstundensatz insgesamt.

→

d) Errechnen Sie die maschinenabhängigen Fertigungsgemeinkosten für einen Auftrag, der 42 Maschinenlaufstunden beansprucht, bei
- Normalbeschäftigung (160 Nettomaschinenlaufstunden),
- Unterbeschäftigung (Kapazitätsauslastung von 75 % der Normalbeschäftigung) und
- Überbeschäftigung (192 Nettomaschinenlaufstunden).

4 Im BAB I der Erfurter Metallfabrik AG ergeben sich bei einer **Normalbeschäftigung** von 310 Stunden für die Fertigungshauptkostenstelle „Dreherei" folgende Werte:

| Fertigungsgemeinkosten „Dreherei" | | | |
|---|---|---|---|
| Summe (€) | maschinenabhängige FGK (€) | | Restgemeinkosten (€) |
| | fix | variabel | |
| 82.100,00 | 40.900,00 | 28.400,00 | 12.800,00 |
| (88.900,00) | (44.100,00) | (30.600,00) | (14.200,00) |

Die Fertigungslohnkosten betragen im Betrachtungszeitraum 9.300,00 € (12.400,00 €).

a) Errechnen Sie den Restgemeinkostenzuschlagssatz und den Maschinenstundensatz bei Normalbeschäftigung.

b) Die Arbeitsvorbereitung veranschlagt für einen Fertigungsauftrag in der „Dreherei" 8 (9) Maschinenstunden. Zusätzlich wird mit 240,00 € (360,00 €) Fertigungslöhnen in der „Dreherei" gerechnet. Errechnen Sie die Fertigungskosten dieses Auftrages in der „Dreherei" bei Normalbeschäftigung (Vorkalkulation).

c) Bei Durchführung des Auftrages ergeben sich veränderte Daten:
- Die Kapazitätsauslastung in der „Dreherei" liegt 20 % über der Normalbeschäftigung (10 % unter der Normalbeschäftigung).
- Die Fertigungslohnkosten sind aufgrund eines neuen Tarifvertrages um 6 % (4 %) gestiegen.
- Der Restgemeinkostenzuschlagssatz beträgt gemäß aktuellstem BAB I 135 % (117 %).

Errechnen Sie die Fertigungskosten des Auftrages in der „Dreherei" bei den veränderten Daten (Nachkalkulation).

5 Im BAB I ergeben sich bei Normalbeschäftigung folgende maschinenabhängige Fertigungsgemeinkosten (In den Zeilen 1. bis 5. stehen jeweils Gemeinkostensummen.):

| | maschinenabhängige FGK (€) | |
|---|---|---|
| | fix | variabel |
| 1. | 29.300,00 | 21.600,00 |
| 2. | 37.400,00 | 28.300,00 |
| 3. | 28.100,00 | 30.700,00 |
| 4. | 38.500,00 | 22.900,00 |
| 5. | 36.900,00 | 25.100,00 |

Es liegen folgende Maschinenlaufzeiten vor:

| | Maschinenlaufzeiten | | |
|---|---|---|---|
| | Unterbeschäftigung | Normalbeschäftigung | Überbeschäftigung |
| 1. | 180 | 320 | 390 |
| 2. | 172 | 312 | 382 |
| 3. | 164 | 305 | 379 |
| 4. | 179 | 309 | 394 |
| 5. | 187 | 335 | 402 |

a) Errechnen Sie für die Fälle 1. bis 5. bei Unterbeschäftigung, Normalbeschäftigung und Überbeschäftigung
   - den anteiligen fixen Maschinenstundensatz,
   - den anteiligen variablen Maschinenstundensatz,
   - den Maschinenstundensatz insgesamt.

b) Errechnen Sie für die Fälle 1. bis 5. bei Unterbeschäftigung, Normalbeschäftigung und Überbeschäftigung die maschinenabhängigen Fertigungsgemeinkosten für einen Auftrag, der 28 Maschinenlaufstunden beansprucht.

## 6.6 Die Handelskalkulation

Die Kalkulation von Handelswaren (entspricht der Handelskalkulation) wird in Form der **Zuschlagskalkulation** durchgeführt.

Die Gemeinkosten (= Handlungskosten) werden bei der Handelskalkulation durch den sogenannten **Handlungskostenzuschlagssatz** abgedeckt.

**Der Handlungskostenzuschlagssatz gibt das prozentuale Verhältnis der Gemeinkosten (= Handlungskosten) zum Wareneinsatz an (Wareneinsatz ≙ 100 %).**
**Oder (bei einer Stückbetrachtung): Der Handlungskostenzuschlagssatz gibt das prozentuale Verhältnis von Handlungskosten pro Stück zum Bezugspreis (Einstandspreis) an (Bezugspreis ≙ 100 %).**

$$\textbf{Handlungskostenzuschlagssatz} = \frac{\text{Handlungskosten} \cdot 100}{\text{Wareneinsatz}}$$

oder (bei einer Stückbetrachtung):

$$\textbf{Handlungskostenzuschlagssatz} = \frac{\text{Handlungskosten pro Stück} \cdot 100}{\text{Bezugspreis}}$$

Die Handlungskostenzuschlagssätze der einzelnen Kostenträger werden in der Kostenstellenrechnung (BAB I) ermittelt.

In der Praxis wird das folgende **Kalkulationsschema** angewandt:

| | |
|---|---|
| | Listeneinkaufspreis (netto) |
| – | Lieferantenrabatt |
| | Zieleinkaufspreis |
| – | Lieferantenskonto |
| | Bareinkaufspreis |
| + | Bezugskosten (netto) |
| | Bezugspreis (Einstandspreis) |
| + | Handlungskosten (Gemeinkosten) |
| | Selbstkosten |
| + | Gewinn |
| | Barverkaufspreis |
| + | Kundenskonto |
| + | Vertreterprovision |
| | Zielverkaufspreis |
| + | Kundenrabatt |
| | Listenverkaufspreis (netto) |

(Pfeilspitzen zeigen auf den Grundwert [≙ 100 %].)

Zur Vereinfachung der Kalkulation werden die Einzelzuschläge für die Handlungskosten, für den Gewinn, für die Vertreterprovision, für den Kundenskonto und für den Kundenrabatt zu einem **Gesamtzuschlag** zusammengefasst.

Man unterscheidet hier den **Kalkulationszuschlag** und die **Handelsspanne.**

**Der Kalkulationszuschlag drückt die Differenz zwischen dem Angebotspreis und dem Bezugspreis (Einstandspreis) in Prozent vom Bezugspreis (Bezugspreis ≙ 100 %) aus.**

**Beispiel**

| | |
|---|---|
| Listenverkaufspreis | 1.240,00 € |
| – Bezugspreis | 680,00 € |
| | 560,00 € |

680,00 € ≙ 100 %
560,00 € ≙ x %

$$\text{Kalkulationszuschlag} = \frac{100 \cdot 560{,}00}{680{,}00} = \mathbf{82{,}35\ \%}$$

$$\textbf{Kalkulationszuschlag} = \frac{100 \cdot (\text{Angebotspreis} - \text{Bezugspreis})}{\text{Bezugspreis}}$$

**Die Handelsspanne drückt die Differenz zwischen dem Angebotspreis und dem Bezugspreis (Einstandspreis) in Prozent vom Angebotspreis (Angebotspreis ≙ 100 %) aus.**

**Beispiel**

| | |
|---|---|
| Listenverkaufspreis | 1.240,00 € |
| – Bezugspreis | 680,00 € |
| | 560,00 € |

1.240,00 € ≙ 100 %
560,00 € ≙ x %

$$\text{Handelsspanne} = \frac{100 \cdot 560{,}00}{1.240{,}00} = \mathbf{45{,}16\ \%}$$

$$\textbf{Handelsspanne} = \frac{100 \cdot (\text{Angebotspreis} - \text{Bezugspreis})}{\text{Angebotspreis}}$$

Eine weitere Vereinfachung der Kalkulation ergibt sich bei Zuhilfenahme des **Kalkulationsfaktors.**

**Der Kalkulationsfaktor ist die Zahl, mit der man den Bezugspreis multiplizieren muss, um den Angebotspreis zu erhalten.**

$$\text{Bezugspreis} \cdot \text{Kalkulationsfaktor} = \text{Angebotspreis}$$

oder: $$\text{Bezugspreis} = \frac{\text{Angebotspreis}}{\text{Kalkulationsfaktor}}$$

oder: $$\text{Kalkulationsfaktor} = \frac{\text{Angebotspreis}}{\text{Bezugspreis}}$$



6350524

**Beispiel** Listenverkaufspreis: 1.240,00 €; Bezugspreis: 680,00 €

$$\text{Kalkulationsfaktor} = \frac{1.240,00}{680,00} = \mathbf{1,8235}$$

**Zusammenhang zwischen Kalkulationszuschlag und Kalkulationsfaktor:**

Versetzt man das Komma beim Kalkulationszuschlag um 2 Stellen nach links und addiert eine 1 hinzu, so erhält man aus dem Kalkulationszuschlag (im obigen Beispiel **82,35**) den Kalkulationsfaktor (im obigen Beispiel **1,8235**). Geht man umgekehrt vor, so erhält man aus dem Kalkulationsfaktor den Kalkulationszuschlag.

## 6.6.1 Die Vorwärtskalkulation

Der Einkaufspreis einer Handelsware ist durch den Markt vorgegeben.

**Mithilfe der Vorwärtskalkulation wird ausgehend vom Einkaufspreis der Preis kalkuliert, zu dem die Handelsware mindestens verkauft werden muss.**

**Beispiel** Die Textilfabrik Konrad Fied KG kalkuliert den Listenverkaufspreis der Handelsware I.

Der Listeneinkaufspreis beträgt 450,00 € (netto).

Der Lieferantenrabatt beträgt 20 %, der Lieferantenskonto 3 %. Die Bezugskosten belaufen sich auf 5,40 € (netto).

Die Berechnung des Handlungskostenzuschlagssatzes ergibt 32,15 %.

Die Textilfabrik Konrad Fied KG kalkuliert mit 15 % Gewinn. Sie gewährt ihren Kunden 2 % Skonto und 10 % Rabatt. Die Vertreterprovision beträgt 5 %.

Vorwärtskalkulation

| | | | | | | | | |
|---|---|---|---|---|---|---|---|---|
| | Listeneinkaufspreis (netto) | 450,00 € | 100 % | | | | | |
| – | 20 % Lieferantenrabatt | 90,00 € | 20 % | | | | | |
| | Zieleinkaufspreis | 360,00 € | 80 % | 100 % | | | | |
| – | 3 % Lieferantenskonto | 10,80 € | | 3 % | | | | |
| | Bareinkaufspreis | 349,20 € | | 97 % | | | | |
| + | Bezugskosten (netto) | 5,40 € | | | | | | |
| | Bezugspreis (Einstandspreis) | 354,60 € | | | 100,00 % | | | |
| + | 32,15 % Handlungskosten | 114,00 € | | | 32,15 % | | | |
| | Selbstkosten | 468,60 € | | | 132,15 % | 100 % | | |
| + | 15 % Gewinn | 70,29 € | | | | 15 % | | |
| | Barverkaufspreis | 538,89 € | | | | 115 % | 93 % | |
| + | 2 % Kundenskonto | 11,59 € | | | | | 2 % | |
| + | 5 % Vertreterprovision | 28,97 € | | | | | 5 % | |
| | Zielverkaufspreis | 579,45 € | | | | | 100 % | 90 % |
| + | 10 % Kundenrabatt | 64,38 € | | | | | | 10 % |
| | Listenverkaufspreis (netto) | **643,83 €** | | | | | | 100 % |

(Pfeilspitzen zeigen auf den Grundwert [≙ 100 %].)

Aufgaben folgen auf S. 528 ff.

Die Handelsware I muss mindestens für **643,83 €** verkauft werden.

## 6.6.2 Die Rückwärtskalkulation

Der Verkaufspreis einer Handelsware ist durch den Markt vorgegeben (z. B.: durch den Verkaufspreis der Konkurrenz, aufgrund gesetzlicher Preisvorschriften). In diesem Fall muss ermittelt werden, zu welchem Bezugspreis bzw. Einkaufspreis ein Geschäft noch lohnend ist.

**Mithilfe der Rückwärtskalkulation wird ausgehend vom Verkaufspreis der Preis kalkuliert, zu dem die Handelsware höchstens eingekauft werden darf.**

**Beispiel** Der Listenverkaufspreis der Handelsware II ist durch den Angebotspreis der Konkurrenz vorgegeben und beträgt 400,00 € (netto).

Es ist zu ermitteln, zu welchem Preis die Handelsware II höchstens eingekauft werden darf, damit das Geschäft lohnend ist.

Die Textilfabrik Konrad Fied KG rechnet mit 10 % Lieferantenrabatt und 3 % Lieferantenskonto.

Die Bezugskosten belaufen sich auf 5,64 € (netto).

Der Handlungskostenzuschlagssatz beträgt 28,10 %.

Es wird mit einem Gewinnzuschlag von 20 % kalkuliert.

Die Textilfabrik Konrad Fied KG gewährt ihren Kunden 25 % Kundenrabatt und 2 % Kundenskonto.

Die Vertreterprovision beträgt 8 %.

| | | |
|---|---|---|
| | Listeneinkaufspreis (netto) | **194,73 €** |
| – | 10 % Lieferantenrabatt | 19,47 € |
| | Zieleinkaufspreis | 175,26 € |
| – | 3 % Lieferantenskonto | 5,26 € |
| | Bareinkaufspreis | 170,00 € |
| + | Bezugskosten (netto) | 5,64 € |
| | Bezugspreis (Einstandspreis) | 175,64 € |
| + | 28,10 % Handlungskosten | 49,36 € |
| | Selbstkosten | 225,00 € |
| + | 20 % Gewinn | 45,00 € |
| | Barverkaufspreis | 270,00 € |
| + | 2 % Kundenskonto | 6,00 € |
| + | 8 % Vertreterprovision | 24,00 € |
| | Zielverkaufspreis | 300,00 € |
| + | 25 % Kundenrabatt | 100,00 € |
| | Listenverkaufspreis (netto) | 400,00 € |

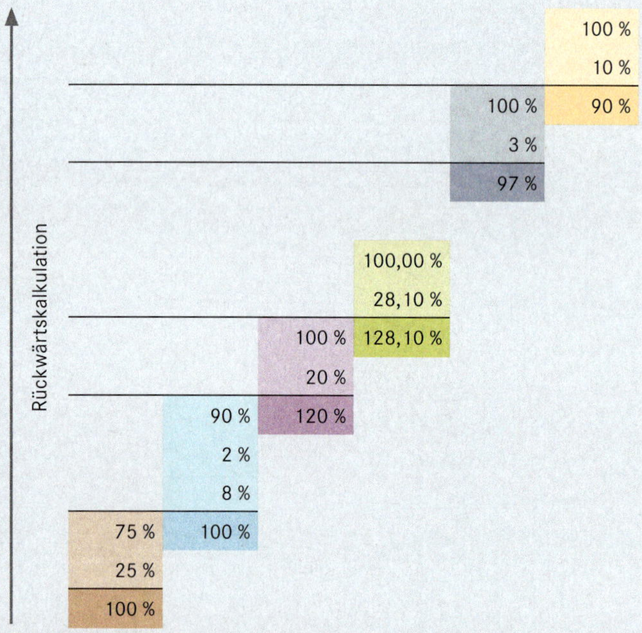


(Pfeilspitzen zeigen auf den Grundwert [≙ 100 %].)

Der Listeneinkaufspreis der Handelsware II darf höchstens **194,73 €** betragen.

Aufgaben folgen auf S. 528 ff.

### 6.6.3 Die Differenzkalkulation

In manchen Fällen steht nicht nur der Verkaufspreis, sondern auch der Einkaufspreis fest. In einem solchen Fall muss geprüft werden, ob es sich lohnt, den entsprechenden Artikel ins Sortiment aufzunehmen. Es muss also festgestellt werden, ob bei den gegebenen Kalkulationssätzen ein angemessener Gewinn erzielt wird.

**Bei vorgegebenem Einkaufspreis und Verkaufspreis wird – zur Ermittlung des Gewinns – mit der Vorwärtskalkulation der Selbstkostenpreis und mit der Rückwärtskalkulation der Barverkaufspreis errechnet. Da sich der Gewinn als Differenz zwischen dem Barverkaufspreis und dem Selbstkostenpreis ergibt, spricht man von Differenzkalkulation.**

**Beispiel**

Vom Einkaufsmarkt ist der Einkaufspreis der Handelsware III vorgegeben. Er beträgt 200,00 € (netto).

Vom Verkaufsmarkt ist der Verkaufspreis dieser Handelsware ebenfalls vorgegeben. Er beträgt 350,00 € (netto).

Der Lieferant gewährt 10 % Lieferantenrabatt und 2 % Skonto.

Die Bezugskosten belaufen sich auf 2,60 € (netto).

Es wird mit einem Handlungskostenzuschlagssatz von 25 % kalkuliert.

Die Textilfabrik Konrad Fied KG gewährt ihren Kunden 3 % Kundenskonto und 20 % Kundenrabatt. Die Vertreterprovision beträgt 10 %.

Lohnt sich die Aufnahme dieser Handelsware ins Sortiment, wenn ein Gewinn von mindestens 12 % erzielt werden soll?

| | | | | | | |
|---|---|---|---|---|---|---|
| | Listeneinkaufspreis (netto) | 200,00 € | 100 % | | | |
| – | 10 % Lieferantenrabatt | 20,00 € | 10 % | | | |
| | Zieleinkaufspreis | 180,00 € | 90 % | 100 % | | |
| – | 2 % Lieferantenskonto | 3,60 € | | 2 % | | |
| | Bareinkaufspreis | 176,40 € | | 98 % | | |
| + | Bezugskosten (netto) | 2,60 € | | | | |
| | Bezugspreis (Einstandspreis) | 179,00 € | | | 100 % | |
| + | 25 % Handlungskosten | 44,75 € | | | 25 % | |
| | Selbstkosten | 223,75 € | | | 125 % | 100,00 % |
| + | Gewinn | 19,85 € | | | | 8,87 % |
| | Barverkaufspreis | 243,60 € | | 87 % | | 108,87 % |
| + | 3 % Kundenskonto | 8,40 € | | 3 % | | |
| + | 10 % Vertreterprovision | 28,00 € | | 10 % | | |
| | Zielverkaufspreis | 280,00 € | 80 % | 100 % | | |
| + | 20 % Kundenrabatt | 70,00 € | 20 % | | | |
| | Listenverkaufspreis (netto) | 350,00 € | 100 % | | | |

Differenzkalkulation

(Pfeilspitzen zeigen auf den Grundwert [≙ 100 %].)

$$\text{Gewinnspanne} = \frac{\text{absoluter Gewinn} \cdot 100}{\text{Selbstkosten}}$$

$$\text{Gewinnspanne} = \frac{19{,}85 \cdot 100}{223{,}75} = \mathbf{8{,}87\ \%}$$

Da die Mindestgewinnspanne 12 % betragen soll, wird die Handelsware III nicht ins Sortiment aufgenommen.

## Aufgaben

1–13: Kalkulationsvereinfachung mit Kalkulationszuschlag, Kalkulationsfaktor und Handelsspanne
14–18: Vorwärtskalkulation
19–23: Rückwärtskalkulation
24–26: Differenzkalkulation

1 Berechnen Sie den Kalkulationszuschlag, den Kalkulationsfaktor und die Handelsspanne.

| | a) | b) | c) |
|---|---|---|---|
| Bezugspreis, netto | 72,00 € | 4.218,00 € | 216,00 € |
| Listenverkaufspreis, netto | 103,00 € | 4.901,00 € | 324,00 € |

2 Berechnen Sie den Verkaufspreis, den Kalkulationsfaktor und die Handelsspanne.

| | a) | b) | c) |
|---|---|---|---|
| Bezugspreis, netto | 482,00 € | 1.235,00 € | 43,00 € |
| Kalkulationszuschlag | 68 % | 85 % | 72 % |

3 Berechnen Sie den Bezugspreis, den Kalkulationszuschlag und den Kalkulationsfaktor.

| | a) | b) | c) |
|---|---|---|---|
| Listenverkaufspreis, netto | 78,00 € | 813,00 € | 3.497,00 € |
| Handelsspanne | 30 % | 42 % | 47 % |

4 Die Textilfabrik Konrad Fied KG bezieht das Modellkleid „Anke“ (= Handelsware) zu 580,00 € (= Bezugspreis). Es wird mit einem Kalkulationszuschlag von 52 % kalkuliert.
Errechnen Sie den Listenverkaufspreis.

5 Die folgenden Werte einer Handelsware sind Ihnen bekannt:
Zieleinkaufspreis: 175,26 €; Bezugspreis: 175,64 €; Selbstkosten: 225,00 €; Barverkaufspreis: 270,00 €; Listenverkaufspreis: 400,00 €.
Errechnen Sie die Handelsspanne.

6 Ein Konkurrenzbetrieb verkauft einen Artikel, den wir als Handelsware führen, für 595,00 € (einschließlich 19 % Umsatzsteuer). Welchen Bezugspreis können wir höchstens für diesen Artikel aufwenden, wenn unsere Handelsspanne 40 % beträgt?

7 Wir beziehen ein Herren-Sakko aus Kaschmir als Handelsware zu 120,00 € (= Bezugspreis). Unser Kalkulationsfaktor beträgt 1,7. Wir passen uns dem Listenverkaufspreis der Konkurrenz von 199,00 € an. Um wie viel € haben wir den Preis herabgesetzt?

8 Der Listeneinkaufspreis eines Damenlederkostüms (= Handelsware) beträgt 220,00 €.
Unser Lieferant gewährt uns 10 % Lieferantenrabatt und 3 % Lieferantenskonto. Die Bezugskosten betragen 9,52 € (einschließlich 19 % Umsatzsteuer). Wir kalkulieren mit einer Handelsspanne von 45 %.
Errechnen Sie den Listenverkaufspreis.

9 Der Listeneinkaufspreis eines Smokings (= Handelsware) beträgt 240,00 €.
Der Lieferantenrabatt beträgt 12,5 %, der Lieferantenskonto 2 %.
Die Bezugskosten belaufen sich auf 10,71 € (einschließlich 19 % Umsatzsteuer). Unser Kalkulationszuschlag beträgt 52 %.
Errechnen Sie den Listenverkaufspreis.

10 Wir verkaufen einen Damenmantel (= Handelsware) des bekannten Modedesigners „Armano“ zu 280,00 € (= Listenverkaufspreis). Unsere Handelsspanne beträgt 40 %.
Errechnen Sie den Bezugspreis.


6350528

11 Wir bieten einen Herrenmantel (= Handelsware) des bekannten Modedesigners „Jaap“ zu 315,00 € (= Listenverkaufspreis) an. Unser Kalkulationszuschlag beträgt 50 %.
Errechnen Sie den Bezugspreis.

12 Die Textilfabrik Konrad Fied KG kalkuliert die Handelsware II mit folgenden Zuschlagssätzen: Handlungskostenzuschlagssatz: 25 %; Gewinnzuschlagssatz: 20 %; Kundenskonto: 3 %; Kundenrabatt: 12,5 %.
Errechnen Sie den Kalkulationszuschlag, den Kalkulationsfaktor und die Handelsspanne.

13 Der Kalkulationszuschlag für die Handelsware „Herrenjacken MK“ (made in Sri Lanka) beträgt 80 %; der Kalkulationszuschlag für die Handelsware „Herrenpullover NL“ (made in Sri Lanka) beträgt 60 %.
Versehentlich wurden bei der Erstellung der Ausgangsrechnung AR 763 über 400 „Herrenjacken MK“ und über 500 „Herrenpullover NL“ die Kalkulationszuschläge vertauscht. Auf diese Weise ergab sich in der Ausgangsrechnung AR 763 für die 400 „Herrenjacken MK“ der unkorrekte Rechnungspreis von 19.200,00 € (netto) und für die 500 „Herrenpullover NL“ der unkorrekte Rechnungspreis von 9.000,00 € (netto). Errechnen Sie den korrekten Nettoverkaufspreis für eine „Herrenjacke MK“ und für einen „Herrenpullover NL“ sowie den korrekten Nettogesamtrechnungspreis der Ausgangsrechnung AR 763.

Excel

14 Berechnen Sie den Listenverkaufspreis.

| | a) | b) | c) |
|---|---|---|---|
| Listeneinkaufspreis (ohne USt) | 65,00 € | 112,00 € | 2.310,00 € |
| Lieferantenrabatt | 20 % | 15 % | 25 % |
| Lieferantenskonto | 2 % | 2,5 % | 3 % |
| Bezugskosten (ohne USt) | 5,80 € | 7,40 € | 40,00 € |
| Handlungskosten | 22 % | 34 % | 28 % |
| Gewinn | 15 % | 10 % | 12 % |
| Kundenskonto | 2,5 % | 3 % | 2 % |
| Vertreterprovision | 19 % | 12 % | 15 % |
| Kundenrabatt | 10 % | 15 % | 20 % |

15 Die folgenden Werte einer Handelsware sind Ihnen bekannt:
Selbstkosten: 390,00 €; Kalkulationsfaktor: 1,8; Listenverkaufspreis: 540,00 €.
Errechnen Sie die Handlungskosten (in €) und den Handlungskostenzuschlagssatz.

16 Der Listeneinkaufspreis eines Herrenanzuges (100 % Kaschmir), den wir als Handelsware führen, beträgt 240,00 € (netto). Unser Lieferant gewährt uns 12,5 % Lieferantenrabatt und 2 % Lieferantenskonto. Die Bezugskosten betragen 7,14 € (einschließlich 19 % Umsatzsteuer). Wir kalkulieren mit 32 % Handlungskosten. Unser Gewinnzuschlagssatz beläuft sich auf 15 %. Unsere Kunden erhalten 2 % Kundenskonto und 10 % Kundenrabatt.
Errechnen Sie den Listenverkaufspreis.

17 Bei einer Handelsware erzielen wir einen Gewinn von 60,00 €. Dies entspricht einer Gewinnspanne von 20 %.
Wir gewähren unseren Kunden 3 % Kundenskonto und 12,5 % Kundenrabatt.
Errechnen Sie den Listenverkaufspreis.

18 Die auf eine Handelsware umgelegten Handlungskosten betragen 45,00 €. Dies entspricht einem Handlungskostenzuschlagssatz von 30 %. Wir kalkulieren mit 20 % Gewinnzuschlag, 2 % Kundenskonto und 20 % Kundenrabatt. Errechnen Sie den Listenverkaufspreis.

19 Berechnen Sie den Listeneinkaufspreis.

| | a) | b) | c) |
|---|---|---|---|
| Lieferantenrabatt | 10 % | 20 % | 15 % |
| Lieferantenskonto | 3 % | 2,5 % | 3 % |
| Bezugskosten (ohne USt) | 12,30 € | 25,00 € | 48,00 € |
| Handlungskosten | 28 % | 33 % | 37 % |
| Gewinn | 12 % | 20 % | 15 % |
| Kundenskonto | 2 % | 3 % | 2,5 % |
| Vertreterprovision | 12 % | 10 % | 15 % |
| Kundenrabatt | 20 % | 15 % | 10 % |
| Listenverkaufspreis (ohne USt) | 850,00 € | 1.680,00 € | 6.512,00 € |

20 In der Textilfabrik Konrad Fied KG beträgt der Selbstkostenpreis eines hochwertigen Anzuges, der als Handelsware geführt wird, 185,00 €. Die Textilfabrik Konrad Fied KG kalkuliert mit 48 % Handlungskosten.
Errechnen Sie den Bezugspreis.

21 Die Textilfabrik Konrad Fied KG kalkuliert eine Handelsware mit 2 % Kundenskonto, 25 % Handlungskosten, 12,5 % Gewinn und 20 % Kundenrabatt. Der Listenverkaufspreis beträgt 300,00 €.
Errechnen Sie den Barverkaufspreis.

22 Eine Handelsware wird mit 20 % Gewinn und 50 % Handlungskosten kalkuliert.
Den Kunden wird weder Rabatt noch Skonto gewährt. Der Bruttoverkaufspreis beträgt 1.071,00 € (Umsatzsteuer = 19 %).
Errechnen Sie den Bezugspreis.

23 Die Selbstkosten eines Damenledermantels (= Handelsware) betragen 153,70 €. Wir kalkulieren mit einem Handlungskostenzuschlagssatz von 52 %. Unser Lieferant, die Emut GmbH, gewährt uns 3 % Skonto und 20 % Rabatt. An Bezugskosten sind 9,52 € (einschließlich 19 % Umsatzsteuer) angefallen.
Errechnen Sie den Listeneinkaufspreis.

24 Berechnen Sie den Gewinn in € und in Prozent.

| | a) | b) | c) |
|---|---|---|---|
| Listeneinkaufspreis (ohne USt) | 980,00 € | 2.900,00 € | 5.780,00 € |
| Lieferantenrabatt | 20 % | 25 % | 10 % |
| Lieferantenskonto | 3 % | 2,5 % | 2 % |
| Bezugskosten (ohne USt) | 18,00 € | 45,00 € | 68,00 € |
| Handlungskosten | 29 % | 35 % | 22 % |
| Kundenskonto | 2 % | 1 % | 3 % |
| Vertreterprovision | 10 % | 12 % | 15 % |
| Kundenrabatt | 20 % | 10 % | 15 % |
| Listenverkaufspreis (ohne USt) | 1.780,00 € | 4.300,00 € | 7.940,00 € |

25 Die Handlungskosten einer Handelsware betragen 60,00 €. Dies entspricht einem Handlungskostenzuschlagssatz von 30 %. Der Listenverkaufspreis dieser Handelsware beträgt 397,96 €. Wir gewähren unseren Kunden 2 % Kundenskonto und 20 % Kundenrabatt.
Errechnen Sie den Gewinn (in €) und die Gewinnspanne.

26 Der Selbstkostenpreis eines Herrenanzuges aus dem bekannten Modehaus „Kenzi“, den wir als Handelsware führen, beträgt 240,00 €. Aufgrund der Marktsituation müssen wir diesen Anzug für 340,00 € (= Listenverkaufspreis) verkaufen. Wir gewähren unseren Kunden 3 % Kundenskonto und 20 % Kundenrabatt.
Errechnen Sie den Gewinn (in €) und die Gewinnspanne.

# 6.7 Die Deckungsbeitragsrechnung (Teilkostenrechnung)

## 6.7.1 Die Nachteile der Vollkostenrechnung

Bei der im Kapitel 6.5.2 dargestellten Kostenträgerstückrechnung werden zum Zweck der Kalkulation alle fixen und variablen Kosten auf einen Kostenträger umgelegt. Es erfolgt eine **volle Umlegung** der Kosten auf den Kostenträger. Man spricht hier von einer **Vollkostenrechnung.** Ein Nachteil der Vollkostenrechnung ist, dass sie den Beschäftigungsgrad des Betriebes vernachlässigt.

**Bei der Vollkostenrechnung wird nicht berücksichtigt, dass**
- **mit wachsender Ausbringung die fixen Kosten pro Stück sinken und umgekehrt**
- **mit sinkender Ausbringung die fixen Kosten pro Stück steigen.**

Aus diesem Grund wird bei verändertem Beschäftigungsgrad der (gemäß der Vollkostenrechnung) erwartete Gewinn tatsächlich nicht erzielt.

**Beispiel** Ein Einproduktunternehmen (die fixen Kosten fallen nur für ein Produkt an) hat fixe Kosten von 400.000,00 € und variable Kosten von 100,00 € pro Stück.
Bei der Kalkulation wird von einem Absatz von 5 000 Stück ausgegangen.
Der Gewinnzuschlag beträgt **20 %.**
Es ergibt sich folgende Preiskalkulation:

| | | |
|---|---|---|
| | fixe Kosten pro Stück: $\frac{400.000,00}{5\,000}$ = | 80,00 € |
| + | variable Stückkosten | 100,00 € |
| = | Selbstkosten pro Stück | 180,00 € |
| + | **20 % Gewinn** | 36,00 € |
| = | Verkaufspreis | 216,00 € |

Bei dem **unterstellten Absatz** von 5 000 Stück ergibt sich folgende Erfolgssituation:

| | | | | |
|---|---|---|---|---|
| | Verkaufserlöse | 5 000 · 216,00 = | | 1.080.000,00 € |
| | fixe Kosten | | 400.000,00 € | |
| | variable Kosten | 5 000 · 100,00 = | 500.000,00 € | |
| – | Selbstkosten | | | 900.000,00 € |
| = | **absoluter Gewinn** | | | **180.000,00 €** |

**prozentualer Gewinn:** 900.000,00 € ≙ 100 %
180.000,00 € ≙ x %

$$x = \frac{100 \cdot 180.000,00}{900.000,00} = \mathbf{20\ \%}$$

Der prozentuale Gewinn beträgt – wie erwartet – **20 %.**

**Die Verkaufslage ändert sich:**

1. Ein **höherer Absatz** als erwartet wird realisiert. 6 000 Stück werden verkauft. Es ergibt sich folgende Erfolgssituation:

| | | | | |
|---|---|---|---|---|
| | Verkaufserlöse | 6 000 · 216,00 = | | 1.296.000,00 € |
| | fixe Kosten | | 400.000,00 € | |
| | variable Kosten | 6 000 · 100,00 = | 600.000,00 € | |
| – | Selbstkosten | | | 1.000.000,00 € |
| = | **absoluter Gewinn** | | | **296.000,00 €** |

→

**prozentualer Gewinn:** 1.000.000,00 € ≙ 100 %
296.000,00 € ≙ x %

$$x = \frac{100 \cdot 296.000,00}{1.000.000,00} = \mathbf{29,6\ \%}$$

Der prozentuale Gewinn beträgt **29,6 %**. Er ist größer als erwartet, weil aufgrund der höheren Ausbringung die fixen Kosten pro Stück gesunken sind.

2. Ein **geringerer Absatz** als erwartet wird realisiert. 3 000 Stück werden verkauft. Es ergibt sich folgende Erfolgssituation:

| | | | | | |
|---|---|---|---|---|---|
| | Verkaufserlöse | 3 000 · 216,00 | = | | 648.000,00 € |
| | fixe Kosten | | | 400.000,00 € | |
| | variable Kosten | 3 000 · 100,00 | = | 300.000,00 € | |
| - | Selbstkosten | | | | 700.000,00 € |
| = | **Verlust** | | | | **- 52.000,00 €** |

In diesem Fall wird – entgegen der Erwartung – ein Verlust erzielt, weil die fixen Kosten pro Stück aufgrund der geringeren Ausbringung gestiegen sind.

Die folgende Grafik gibt den Zusammenhang wieder:

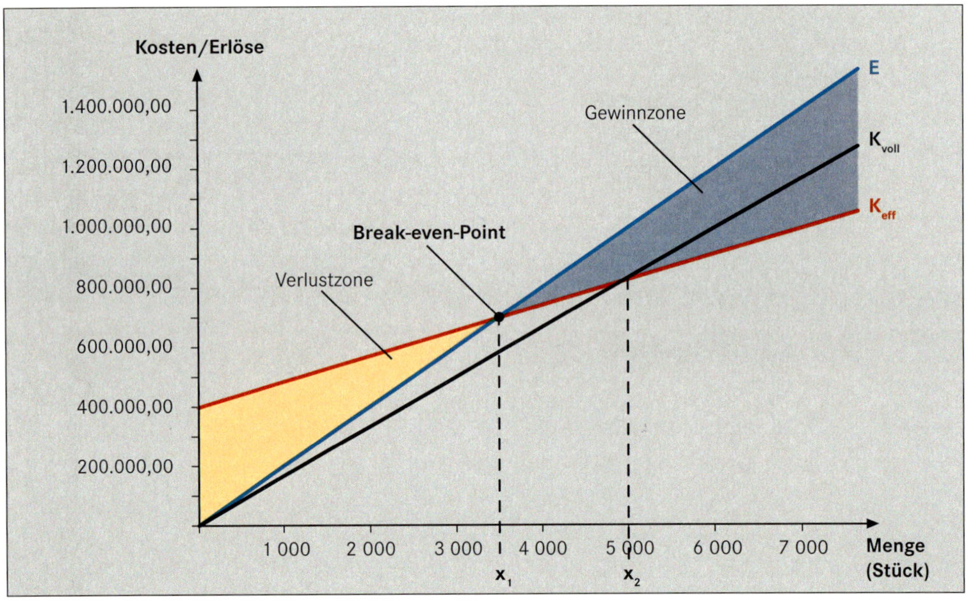


E stellt die Erlösfunktion dar. Sie ergibt sich aus dem Produkt von Preis mal Menge (E = 216,00 · x).

$K_{voll}$ stellt die verrechnete Kostenkurve der Vollkostenrechnung dar. Sie ergibt sich aus dem Produkt von Selbstkosten pro Stück mal Menge ($K_{voll}$ = 180,00 · x).

$K_{eff}$ stellt den tatsächlichen Kostenverlauf dar. Der tatsächliche Kostenverlauf ergibt sich aus der Summe der fixen Kosten und der variablen Kosten ($K_{eff}$ = 400.000,00 + 100,00 · x).

Die proportionalisierte Kostenkurve $K_{voll}$ der Vollkostenrechnung verläuft unter der Erlösfunktion E. Insofern weist die Vollkostenrechnung fälschlicherweise immer einen Gewinn aus.

Tatsächlich wird aber erst ein Gewinn ab der Absatzmenge $x_1$ (= 3 449 Stück[1]) erzielt. Diesen Punkt bezeichnet man als **Break-even-Point** oder **Gewinnschwelle.** Ab $x_1$ übersteigen die Erlöse

1 Siehe S. 533: rechnerische Ermittlung des Break-even-Points.

(E) die tatsächlichen Kosten ($K_{eff}$). Ist die Absatzmenge kleiner als $x_1$, so liegt das Unternehmen in der Verlustzone, obwohl die Vollkostenrechnung einen Gewinn ausweist.

Der Break-even-Point liegt im **Schnittpunkt** der Erlösfunktion (E) und der Kostenfunktion ($K_{eff}$). Er wird rechnerisch wie folgt ermittelt:

$$E = K_{eff}$$
$$216{,}00\, x_1 = 400.000{,}00 + 100{,}00\, x_1$$
$$116{,}00\, x_1 = 400.000{,}00$$
$$x_1 = \frac{400.000{,}00}{116{,}00}$$
$$x_1 = 3\,448{,}28 \text{ Stück}$$

Da **400.000,00 = Fixkosten**
und **116,00 = Verkaufspreis (≙ 216,00) – variable Stückkosten (≙ 100,00)**, gilt:

$$\text{Absatzmenge beim Break-even-Point} = \frac{\textbf{Fixkosten}}{\textbf{Verkaufspreis – variable Stückkosten}^{1}}$$

Bis zur Absatzmenge $x_2$ (= 5 000 Stück[2]), die die Basis der Kalkulation bildet, sind die tatsächlichen Kosten ($K_{eff}$) höher als die in der Vollkostenrechnung verrechneten Kosten ($K_{voll}$). In diesem Bereich weist die Vollkostenrechnung einen zu hohen Gewinn aus. Jenseits von $x_2$ ist es umgekehrt. Der tatsächliche Gewinn ist größer als der kalkulierte Gewinn.

**Aufgrund der proportionalisierten Fixkosten führt bei der Vollkostenrechnung ein veränderter Beschäftigungsgrad zu einem falschen Ausweis des Gewinns/Verlustes.**

Neben diesem Nachteil gibt es noch einen weiteren schwerwiegenden Nachteil der Vollkostenrechnung: Die Frage, ob ein Kostenträger in einem **Mehrproduktunternehmen (fixe Kosten fallen gemeinsam für mehrere Produkte an)** „wirtschaftlich" ist, kann mithilfe der Vollkostenrechnung nicht beantwortet werden. Das Entscheidungskriterium, die **gesamten Kosten je Stück (einschließlich fixer Kosten)** heranzuziehen und mit dem Verkaufspreis zu vergleichen, ist ungeeignet.

**Beispiel** Ein Industriebetrieb plant im Abrechnungszeitraum die Aufträge A, B und C zu fertigen.
Es gilt die folgende Zuschlagskalkulation (der Vollkostenrechnung):

| | Auftrag A | Auftrag B | Auftrag C | Summe |
|---|---|---|---|---|
| Fertigungsmaterial<br>+ 20 % MGKZ | 80.000,00<br>16.000,00 | 100.000,00<br>20.000,00 | 60.000,00<br>12.000,00 | 240.000,00<br>48.000,00 |
| Materialkosten | 96.000,00 | 120.000,00 | 72.000,00 | 288.000,00 |
| Fertigungslöhne<br>+ 110 % FGKZ | 120.000,00<br>132.000,00 | 90.000,00<br>99.000,00 | 80.000,00<br>88.000,00 | 290.000,00<br>319.000,00 |
| Fertigungskosten | 252.000,00 | 189.000,00 | 168.000,00 | 609.000,00 |
| Herstellkosten<br>+ 10 % Vw- und VtGKZ | 348.000,00<br>34.800,00 | 309.000,00<br>30.900,00 | 240.000,00<br>24.000,00 | 897.000,00<br>89.700,00 |
| Selbstkosten | 382.800,00 | 339.900,00 | 264.000,00 | 986.700,00 |
| Verkaufserlöse | 420.000,00 | 310.000,00 | 264.000,00 | 994.000,00 |
| Betriebsergebnis im Abrechnungszeitraum | 37.200,00 | - 29.900,00 | 0,00 | **7.300,00** |

→

1 Da „Verkaufspreis – variable Stückkosten" = „Deckungsbeitrag pro Stück" (siehe S. 535), gilt:

$$\text{Absatzmenge beim Break-even-Point} = \frac{\text{Fixkosten}}{\text{Deckungsbeitrag pro Stück}}$$

2 $K_{voll} = K_{eff}$
$180{,}00\, x_2 = 400.000{,}00 + 100{,}00\, x_2$
$x_2 = 5\,000$ Stück

An **Einzelkosten** fallen im Abrechnungszeitraum insgesamt an:

| | | |
|---|---|---|
| | Fertigungsmaterial | 240.000,00 € |
| + | Fertigungslöhne | 290.000,00 € |
| = | Summe Einzelkosten | 530.000,00 € |

An **Gemeinkosten** fallen im Abrechnungszeitraum insgesamt an:

| | | |
|---|---|---|
| | Materialgemeinkosten | 48.000,00 € |
| + | Fertigungsgemeinkosten | 319.000,00 € |
| + | Verw.- und Vertriebsgemeinkosten | 89.700,00 € |
| = | Summe Gemeinkosten | 456.700,00 € |

Zur **Vereinfachung** wird unterstellt, dass lediglich die Einzelkosten variable Kosten darstellen und sämtliche Gemeinkosten fixe Kosten sind. (Tatsächlich wird ein hoher Prozentsatz der Gemeinkosten fixe Kosten beinhalten und ein geringer Prozentsatz der Gemeinkosten variable Kosten ausmachen.)

Das Betriebsergebnis des Abrechnungszeitraumes ergibt sich dann auch folgendermaßen:

| | | |
|---|---|---|
| | Summe Verkaufserlöse | 994.000,00 € |
| – | variable Kosten | 530.000,00 € |
| – | fixe Kosten | 456.700,00 € |
| = | **Betriebsergebnis** | **7.300,00 €** |

Aufgrund der mit der Zuschlagskalkulation durchgeführten Vollkostenrechnung erbringt der Auftrag B einen Verlust von 29.900,00 €. Der Auftrag B wird deshalb aus dem Produktionsprogramm herausgenommen.

Bei dieser Unternehmenspolitik, die auf der Vollkostenrechnung basiert, würde sich das Betriebsergebnis verschlechtern:

| | | |
|---|---|---|
| | Verkaufserlöse A | 420.000,00 € |
| + | Verkaufserlöse C | 264.000,00 € |
| – | variable Kosten A (= Einzelkosten A) | 200.000,00 €[1] |
| – | variable Kosten C (= Einzelkosten C) | 140.000,00 €[2] |
| – | fixe Kosten | 456.700,00 € |
| = | **Betriebsverlust** | **– 112.700,00 €** |

Würde man zusätzlich den Auftrag C, der nach der Vollkostenkalkulation einen Erfolg von 0,00 € erbringt, aus dem Produktionsprogramm nehmen, so würde sich die Verlustsituation noch weiter verschlechtern:

| | | |
|---|---|---|
| | Verkaufserlöse A | 420.000,00 € |
| – | variable Kosten A (= Einzelkosten A) | 200.000,00 €[1] |
| – | fixe Kosten | 456.700,00 € |
| = | **Betriebsverlust** | **– 236.700,00 €** |

**Die Vollkostenrechnung kann nicht als Grundlage für Entscheidungen über das Produktionsprogramm herangezogen werden. Begründung: Durch die nicht verursachungsgerechte Zuordnung von fixen Kosten auf die Kostenträger wird bei der Vollkostenrechnung fälschlicherweise unterstellt, dass fixe Kosten durch die Herausnahme von Kostenträgern aus dem Produktionsprogramm abgebaut werden können.**

Aufgaben folgen auf S. 545 ff.

1 Fertigungsmaterial A + Fertigungslöhne A = 80.000,00 € + 120.000,00 €

2 Fertigungsmaterial C + Fertigungslöhne C = 60.000,00 € + 80.000,00 €

### 6.7.2 Der Deckungsbeitrag

Die Deckungsbeitragsrechnung versucht die Mängel der Vollkostenrechnung zu vermeiden und dem **Kostenverursachungsprinzip** mehr Rechnung zu tragen.

Sie beruht auf der Grundüberlegung, dem Kostenträger nur einen Teil der Gesamtkosten, die **variablen Kosten,** zuzuordnen. Man spricht deshalb auch von **Teilkostenrechnung.**

**Bei der Teilkostenrechnung werden allein die variablen Kosten den Kostenträgern zugerechnet.**

Die variablen Kosten entstehen durch den Kostenträger (z. B. Erzeugnis, Erzeugnisgruppe, Auftrag) direkt. Sie stellen eine Kostengröße dar, die vom einzelnen Kostenträger beeinflusst wird.

Daneben gibt es den Fixkostenblock, der nicht in Zusammenhang mit einzelnen Kostenträgern zu bringen ist. Er entsteht durch die bloße Betriebsbereitschaft.

Die Fixkosten werden daher den Kostenträgern nicht zugeordnet.

Bei Teilkostenrechnungssystemen ist der **Gewinn nur für den Gesamtbetrieb** ermittelbar. Der Versuch, ihn auf Kostenträger zuzurechnen, vernachlässigt die Leistungsverbundenheit (gemeinsamer Einkauf, gemeinsames Lager, gemeinsame Verwaltung, gemeinsamer Verkauf) der einzelnen Kostenträger.

An die Stelle des Gewinns pro Kostenträger tritt bei Teilkostenrechnungssystemen der **Deckungsbeitrag.**

**Die Differenz zwischen den Verkaufserlösen und den variablen Kosten eines Kostenträgers ist der Deckungsbeitrag. Er gibt an, welchen Beitrag der jeweilige Kostenträger zur Deckung der fixen Kosten und zur Erzielung eines Gewinns leistet.**

Man unterscheidet den **Deckungsbeitrag pro Stück (d)** und den **Deckungsbeitrag pro Periode (D).**

**Deckungsbeitrag pro Stück = Verkaufspreis – variable Stückkosten**

$$d = p - k_v$$

**Deckungsbeitrag pro Periode = Verkaufserlöse der Periode – variable Kosten der Periode**

$$D = E - K_v$$

Der Betriebserfolg ergibt sich folgendermaßen:

| | |
|---|---|
| | **Summe der Deckungsbeiträge aller Kostenträger pro Periode** |
| – | **Fixkosten der Periode** |
| = | **Betriebsgewinn/Betriebsverlust** |

**Beispiel** (identisch mit dem Beispiel auf S. 533 f.)

Für die Daten des Beispiels der S. 533 f. ergibt sich folgende Deckungsbeitragsrechnung:

| | Auftrag A | Auftrag B | Auftrag C |
|---|---|---|---|
| Verkaufserlöse der Periode | 420.000,00 € | 310.000,00 € | 264.000,00 € |
| - variable Kosten der Periode[1] | 200.000,00 € | 190.000,00 € | 140.000,00 € |
| = Deckungsbeitrag der Periode | **220.000,00 €** | **120.000,00 €** | **124.000,00 €** |

| | | |
|---|---|---|
| | Summe der Deckungsbeiträge (= **220.000,00 €** + **120.000,00 €** + **124.000,00 €**) | 464.000,00 € |
| - | fixe Kosten[2] | 456.700,00 € |
| = | **Betriebsergebnis** | **7.300,00 €** |

Es wird deutlich, dass sich das Betriebsergebnis verschlechtert, wenn Aufträge mit einem positiven Deckungsbeitrag aus dem Produktionsprogramm herausgenommen werden (vgl. S. 534).

Aufgaben folgen auf S. 545 ff.

Die Gegenüberstellung der Summe aller Deckungsbeiträge mit den fixen Kosten ergibt den Betriebserfolg. Nicht feststellbar ist, ob einzelne Kostenträger einen Stückgewinn oder einen Stückverlust entstehen lassen. Es steht aber fest, dass jeder Artikel mit einem Preis, der über den variablen Stückkosten liegt, zur Deckung der fixen Kosten und zur Erzielung eines Gewinns beiträgt. Insofern stellt die Höhe der Deckungsbeiträge pro Stück ein Kriterium für die Auswahl der Artikel des Produktionsprogramms dar.

### 6.7.3 Die Zerlegung der Kostenarten in variable und fixe Kosten

Die Ermittlung von Deckungsbeiträgen setzt voraus, dass die Kostenarten in variable und fixe Bestandteile zerlegt werden können. Dies geschieht mithilfe der **Verfahren der Kostenspaltung.**

In der Praxis wird überwiegend das Verfahren der **buchtechnischen Kostenspaltung**[3] herangezogen. Dieses Verfahren beschränkt sich auf eine **näherungsweise Zerlegung** der Kostenarten in variable und fixe Kosten. Die Kostenspaltung wird aufgrund von **praktischen Erfahrungen** vorgenommen. Kostenarten, die sowohl variable als auch fixe Bestandteile aufweisen, werden entweder - zur Vereinfachung - einem der beiden Blöcke zugeordnet oder aufgrund von Beobachtungen in variable und fixe Kosten gespalten.

### 6.7.4 Die mehrstufige Deckungsbeitragsrechnung

Bei der mehrstufigen Deckungsbeitragsrechnung wird der **Fixkostenblock aufgeteilt** und in unterschiedlichen Deckungsbeiträgen berücksichtigt. Entsprechend der Berücksichtigung der Fixkostenanteile in den verschiedenen Deckungsbeiträgen wird unterschieden in Deckungsbeitrag I, Deckungsbeitrag II und Deckungsbeitrag III.

**Der Deckungsbeitrag I ergibt sich aus den Verkaufserlösen abzüglich der variablen Kosten (= Einzelkosten und variable Gemeinkosten).**

1 Im Beispiel auf S. 533 f. wurde - zur Vereinfachung - unterstellt, dass lediglich die Einzelkosten (= Fertigungsmaterial + Fertigungslöhne) variable Kosten darstellen.

2 Im Beispiel auf S. 533 f. wurde - zur Vereinfachung - unterstellt, dass die Gemeinkosten (= Materialgemeinkosten + Fertigungsgemeinkosten + Verwaltungsgemeinkosten + Vertriebsgemeinkosten) ausschließlich fixe Kosten sind.

3 Es gibt ferner das Differenz-Quotienten-Verfahren („mathematisches Verfahren") und die mathematisch-statistische Kostenspaltung.

**Beispiel**

| Erzeugnis | 1 | 2 | 3 | Summe |
|---|---|---|---|---|
| Verkaufserlöse | 800.000,00 | 600.000,00 | 700.000,00 | 2.100.000,00 |
| - Einzelkosten | 400.000,00 | 350.000,00 | 420.000,00 | 1.170.000,00 |
| - variable Gemeinkosten | 80.000,00 | 30.000,00 | 40.000,00 | 150.000,00 |
| Deckungsbeitrag I | 320.000,00 | 220.000,00 | 240.000,00 | 780.000,00 |

Ein Teil des Fixkostenblockes kann den einzelnen Erzeugnissen verursachungsgerecht zugeordnet werden, die **erzeugnisfixen Kosten.**

Beispiele: Patente, Abschreibungen auf Spezialmaschinen und spezielle Werkzeuge, Forschungs- und Entwicklungskosten, Werbekosten, spezielle Lagerkosten (z. B. Kühlung).

**Der Deckungsbeitrag II ergibt sich aus dem Deckungsbeitrag I abzüglich der erzeugnisfixen Kosten. Er zeigt an, mit welchem Betrag das einzelne Erzeugnis den Restfixkostenblock abdeckt.**

**Beispiel**

| Erzeugnis | 1 | 2 | 3 | Summe |
|---|---|---|---|---|
| Verkaufserlöse | 800.000,00 | 600.000,00 | 700.000,00 | 2.100.000,00 |
| - Einzelkosten | 400.000,00 | 350.000,00 | 420.000,00 | 1.170.000,00 |
| - variable Gemeinkosten | 80.000,00 | 30.000,00 | 40.000,00 | 150.000,00 |
| Deckungsbeitrag I | 320.000,00 | 220.000,00 | 240.000,00 | 780.000,00 |
| - erzeugnisfixe Kosten | 40.000,00 | 20.000,00 | 30.000,00 | 90.000,00 |
| Deckungsbeitrag II | 280.000,00 | 200.000,00 | 210.000,00 | 690.000,00 |

Sind fixe Kosten bestimmten Erzeugnisgruppen zuordenbar, so liegen **erzeugnisgruppenfixe Kosten** vor.

Beispiele: wie oben (erzeugnisfixe Kosten), nur auf die Erzeugnisgruppe bezogen.

**Der Deckungsbeitrag III ergibt sich aus dem Deckungsbeitrag II abzüglich der erzeugnisgruppenfixen Kosten. Er zeigt an, mit welchem Betrag die Erzeugnisgruppe den Restfixkostenblock abdeckt.**

**Beispiel**

| Erzeugnis | 1 | 2 | 3 | Summe |
|---|---|---|---|---|
| Verkaufserlöse | 800.000,00 | 600.000,00 | 700.000,00 | 2.100.000,00 |
| - Einzelkosten | 400.000,00 | 350.000,00 | 420.000,00 | 1.170.000,00 |
| - variable Gemeinkosten | 80.000,00 | 30.000,00 | 40.000,00 | 150.000,00 |
| Deckungsbeitrag I | 320.000,00 | 220.000,00 | 240.000,00 | 780.000,00 |
| - erzeugnisfixe Kosten | 40.000,00 | 20.000,00 | 30.000,00 | 90.000,00 |
| Deckungsbeitrag II | 280.000,00 | 200.000,00 | 210.000,00 | 690.000,00 |
| - erzeugnisgruppenfixe Kosten[1] | 290.000,00 | | 0,00 | 290.000,00 |
| Deckungsbeitrag III | 190.000,00 | | 210.000,00 | 400.000,00 |

1 Erzeugnis 1 und Erzeugnis 2 bilden eine Erzeugnisgruppe.

Die restlichen fixen Kosten sind **Unternehmensfixkosten.** Sie sind nicht mehr verursachungsgerecht aufteilbar.

Beispiele: Kosten der Unternehmensleitung, Verwaltungskosten.

**Der Deckungsbeitrag III abzüglich der Unternehmensfixkosten ergibt den Gewinn bzw. Verlust der Rechnungsperiode.**

**Beispiel**

| Erzeugnis | 1 | 2 | 3 | Summe |
|---|---|---|---|---|
| Verkaufserlöse | 800.000,00 | 600.000,00 | 700.000,00 | 2.100.000,00 |
| - Einzelkosten | 400.000,00 | 350.000,00 | 420.000,00 | 1.170.000,00 |
| - variable Gemeinkosten | 80.000,00 | 30.000,00 | 40.000,00 | 150.000,00 |
| Deckungsbeitrag I | 320.000,00 | 220.000,00 | 240.000,00 | 780.000,00 |
| - erzeugnisfixe Kosten | 40.000,00 | 20.000,00 | 30.000,00 | 90.000,00 |
| Deckungsbeitrag II | 280.000,00 | 200.000,00 | 210.000,00 | 690.000,00 |
| - erzeugnisgruppenfixe Kosten[1] | 290.000,00 | | 0,00 | 290.000,00 |
| Deckungsbeitrag III | 190.000,00 | | 210.000,00 | 400.000,00 |
| - Unternehmensfixkosten | | | | 300.000,00 |
| Gewinn | | | | 100.000,00 |

Aufgaben folgen auf S. 545 ff.

Es wird deutlich, dass die mehrstufige Deckungsbeitragsrechnung eine differenzierte Aussage über die Erfolgssituation eines Betriebes macht.

## 6.7.5 Die Anwendungsmöglichkeiten der Deckungsbeitragsrechnung

Die Deckungsbeitragsrechnung dient

1. der Wirtschaftlichkeitsprüfung der Produkte (Produktionsprogrammplanung),
2. der Entscheidung, ob Produkte selbst hergestellt oder fremdbezogen werden sollen, und
3. der Preisbildung.

### 6.7.5.1 Die Produktionsprogrammplanung mithilfe der Deckungsbeitragsrechnung

#### Die Produktionsprogrammplanung bei freier Kapazität

Ziel der Produktionsprogrammplanung ist es, die wirtschaftlichsten Erzeugnisse bzw. Erzeugnisgruppen ins Produktionsprogramm aufzunehmen.

**Beispiel**

Ein Industriebetrieb produziert die Erzeugnisse I, II, III und IV. Es gelten folgende Daten:

| Erzeugnis | I | II | III | IV |
|---|---|---|---|---|
| Verkaufserlöse | 260.000,00 € | 325.000,00 € | 680.000,00 € | 450.000,00 € |
| - Einzelkosten | 120.000,00 € | 300.000,00 € | 400.000,00 € | 270.000,00 € |
| - variable Gemeinkosten | 40.000,00 € | 150.000,00 € | 120.000,00 € | 120.000,00 € |
| = Deckungsbeitrag | 100.000,00 € | - 125.000,00 € | 160.000,00 € | 60.000,00 € |
| fixe Kosten: 250.000,00 € | | | | |



6350538

Bei dem vorliegenden Produktionsprogramm wird mit Verlust gearbeitet:

| | | |
|---|---|---|
| | Deckungsbeitrag der Betrachtungsperiode von Erzeugnis I: | 100.000,00 € |
| – | Deckungsbeitrag der Betrachtungsperiode von Erzeugnis II: | – 125.000,00 € |
| + | Deckungsbeitrag der Betrachtungsperiode von Erzeugnis III: | + 160.000,00 € |
| + | Deckungsbeitrag der Betrachtungsperiode von Erzeugnis IV: | + 60.000,00 € |
| – | fixe Kosten | – 250.000,00 € |
| | Verlust | **– 55.000,00 €** |

Das Produktionsprogramm wird geändert. Erzeugnis II weist einen negativen Deckungsbeitrag (– 125.000,00 €) auf und wird aus dem Produktionsprogramm genommen.

Die Erfolgssituation verbessert sich entsprechend um 125.000,00 € auf einen Gewinn von **70.000,00 €**.

**Ist in dem Unternehmen freie Kapazität vorhanden, so ist keine Entscheidung hinsichtlich einer alternativen Produktauswahl zu treffen. Alle Produkte mit einem positiven Deckungsbeitrag werden ins Produktionsprogramm aufgenommen.**

**Fortsetzung des Beispiels**

Der Betrieb möchte wegen der frei gewordenen Kapazität den Umsatz der übrigen drei Erzeugnisse durch Werbemaßnahmen steigern. Es stellt sich die Frage, bei welchem Erzeugnis Werbemaßnahmen die betriebliche Erfolgssituation am meisten verbessern.

Die Rangfolge der wirtschaftlichsten Erzeugnisse wird durch die **Deckungsbeiträge in Prozent von den Verkaufserlösen**[1] festgelegt:

| Erzeugnis | I | III | IV |
|---|---|---|---|
| Deckungsbeitrag in Prozent von den Verkaufserlösen[1] | 38,462 % | 23,529 % | 13,333 % |

Werbemaßnahmen zur Steigerung des Umsatzes sind in unserem Beispiel in folgender Rangfolge am erfolgversprechendsten: Erzeugnis I, Erzeugnis III, Erzeugnis IV.

Eine Umsatzsteigerung von beispielsweise 100.000,00 € würde bei Erzeugnis I zu einem Zuwachs des Deckungsbeitrages der Periode von 38.462,00 € (38,462 % von 100.000,00 €) führen. Bei Erzeugnis III wird in diesem Fall ein Zuwachs des Deckungsbeitrages der Periode von 23.529,00 € (23,529 % von 100.000,00 €) erzielt. Bei Erzeugnis IV beträgt er 13.333,00 € (13,333 % von 100.000,00 €).

**Bei freier Kapazität ergibt sich die Rangfolge der wirtschaftlichsten Kostenträger durch die Deckungsbeiträge in Prozent von den Verkaufserlösen.**

Aufgaben folgen auf S. 545 ff.

## Die Produktionsprogrammplanung mit mehrstufiger Deckungsbeitragsrechnung

Bei der mehrstufigen Deckungsbeitragsrechnung[2] werden die Fixkosten aufgeteilt in

- erzeugnisfixe Kosten,
- erzeugnisgruppenfixe Kosten und
- Unternehmensfixkosten.

1 Verkaufserlöse ≙ 100 %
Deckungsbeitrag ≙ x %
$x = \frac{100 \cdot \text{Deckungsbeitrag}}{\text{Verkaufserlöse}}$

2 vgl. Kapitel 6.7.4

Die Zuordnung von Teilen des Fixkostenblocks auf Erzeugnisse bzw. Erzeugnisgruppen erlaubt eine differenziertere Produktionsprogrammplanung.

**Beispiel** (Erweiterung des Beispiels von S. 538 f. auf die mehrstufige Deckungsbeitragsrechnung.)

Der Fixkostenblock von 250.000,00 € schlüsselt sich folgendermaßen in erzeugnisfixe Kosten und Unternehmensfixkosten auf (erzeugnisgruppenfixe Kosten fallen nicht an):

| Erzeugnis | I | II | III | IV | Summe |
|---|---|---|---|---|---|
| erzeugnisfixe Kosten | 5.000,00 | – | 5.000,00 | 120.000,00 | 130.000,00 |
| Unternehmensfixkosten | | | | | 120.000,00 |
| Σ Fixkosten | | | | | 250.000,00 |

Es ergibt sich folgende mehrstufige Deckungsbeitragsrechnung:

| Erzeugnis | I | II | III | IV | Summe |
|---|---|---|---|---|---|
| Verkaufserlöse | 260.000,00 | 325.000,00 | 680.000,00 | 450.000,00 | 1.715.000,00 |
| – Einzelkosten | 120.000,00 | 300.000,00 | 400.000,00 | 270.000,00 | 1.090.000,00 |
| – variable Gemeinkosten | 40.000,00 | 150.000,00 | 120.000,00 | 120.000,00 | 430.000,00 |
| Deckungsbeitrag I | 100.000,00 | – 125.000,00 | 160.000,00 | 60.000,00 | 195.000,00 |
| – erzeugnisfixe Kosten | 5.000,00 | – | 5.000,00 | 120.000,00 | 130.000,00 |
| Deckungsbeitrag II | 95.000,00 | – 125.000,00 | 155.000,00 | – 60.000,00 | 65.000,00 |
| – Unternehmensfixkosten | | | | | 120.000,00 |
| Verlust | | | | | **55.000,00** |

Im obigen Beispiel ergibt sich bei Erzeugnis IV ein negativer Deckungsbeitrag II (– 60.000,00 €). Erzeugnis IV wird deshalb zusätzlich zu Erzeugnis II, dessen Deckungsbeitrag I bereits negativ ist (vgl. S. 538 f.), aus dem Produktionsprogramm herausgenommen.

Es ergibt sich dann folgende verbesserte Erfolgssituation:

| | | |
|---|---|---|
| | Deckungsbeitrag II der Betrachtungsperiode von Erzeugnis I | 95.000,00 € |
| + | Deckungsbeitrag II der Betrachtungsperiode von Erzeugnis III | 155.000,00 € |
| – | Unternehmensfixkosten | 120.000,00 € |
| | Gewinn | **130.000,00 €** |

**Die mehrstufige Deckungsbeitragsrechnung liefert eine wichtige Entscheidungsgrundlage für die Produktionsprogrammplanung, weil sie Aussagen macht über abbaubare Fixkosten.**

Aufgaben folgen auf S. 545 ff.

## Die Produktionsprogrammplanung bei knapper Kapazität

Bisher wurde von freier Kapazität ausgegangen. Anders ist die Situation bei begrenzter Kapazität. In Industriebetrieben kann auf jeder Produktionsstufe ein Engpass auftreten.

Bei Vorliegen eines Kapazitätsengpasses ist die Frage zu beantworten, welche Produkte mit positivem Deckungsbeitrag ins Produktionsprogramm aufgenommen werden. Entscheidend ist jetzt, dass die knappe Kapazität möglichst gut genutzt wird. Als Entscheidungskriterium dient der **relative Deckungsbeitrag.**

**Der relative Deckungsbeitrag ergibt sich durch Division des absoluten Deckungsbeitrages pro Kostenträger durch die benötigte Engpasskapazität des Kostenträgers.**

$$\textbf{relativer Deckungsbeitrag} = \frac{\text{Deckungsbeitrag pro Kostenträger}}{\text{benötigte Engpasskapazität pro Kostenträger}}$$

**Beispiel**

Es liegen die folgenden Daten vor:

| Kostenträger | 1 | 2 | 3 | 4 | 5 | 6 |
|---|---|---|---|---|---|---|
| Verkaufspreis | 600,00 | 800,00 | 700,00 | 900,00 | 1.000,00 | 500,00 |
| – Einzelkosten | 300,00 | 500,00 | 400,00 | 500,00 | 600,00 | 200,00 |
| – variable Gemeinkosten | 100,00 | 200,00 | 100,00 | 300,00 | 100,00 | 200,00 |
| = Deckungsbeitrag pro Stück (d) | 200,00 | 100,00 | 200,00 | 100,00 | 300,00 | 100,00 |
| Absatzmenge (Stück) (x) | 500 | 600 | 300 | 700 | 400 | 800 |
| Deckungsbeitrag pro Periode (d · x) | 100.000,00 | 60.000,00 | 60.000,00 | 70.000,00 | 120.000,00 | 80.000,00 |

Fixe Kosten: 300.000,00 € (Es handelt sich ausschließlich um Unternehmensfixkosten.)

Vorhandene Engpasskapazität: **4450 h** (Stunden)

Die folgende Tabelle stellt die **Engpasssituation** dar:

| Kostenträger | 1 | 2 | 3 | 4 | 5 | 6 |
|---|---|---|---|---|---|---|
| Kapazitätsbeanspruchung pro Kostenträger | 2 h | 3 h | 1,5 h | 2,5 h | 3,5 h | 2 h |
| Absatzmenge | 500 Stück | 600 Stück | 300 Stück | 700 Stück | 400 Stück | 800 Stück |
| Kapazitätsbeanspruchung für die Absatzmenge | 1000 h | 1800 h | 450 h | 1750 h | 1400 h | 1600 h |

Die Kostenträger beanspruchen für den möglichen Absatz eine Kapazität von 8000 h (= 1000 h + 1800 h + 450 h + 1750 h + 1400 h + 1600 h).

Eine Engpasskapazität von **4450 h** steht aber nur zur Verfügung.

Es gilt, die knappe Kapazität bestmöglich zu nutzen. Die **relativen Deckungsbeiträge pro Stück** liefern das Beurteilungskriterium:

| Kostenträger | 1 | 2 | 3 | 4 | 5 | 6 |
|---|---|---|---|---|---|---|
| absoluter Deckungsbeitrag pro Stück (d) | 200,00 | 100,00 | 200,00 | 100,00 | 300,00 | 100,00 |
| Kapazitätsbeanspruchung pro Kostenträger (k) | 2 h | 3 h | 1,5 h | 2,5 h | 3,5 h | 2 h |
| **relativer Deckungsbeitrag pro Stück** (d : k) | 100,00 | 33,33 | 133,33 | 40,00 | 85,71 | 50,00 |

→

Die Entscheidung über das Produktionsprogramm richtet sich nach der Höhe der **relativen Deckungsbeiträge pro Stück.** In der folgenden Reihenfolge werden die Kostenträger ins Produktionsprogramm aufgenommen:

**3 / 1 / 5 / 6 / 4 / 2**.

Danach ergibt sich folgendes Produktionsprogramm:

| Rangfolge der Kostenträger | Kapazitätsbeanspruchung | kumulierte Kapazitätsbeanspruchung | |
|---|---|---|---|
| 3 | 450 h | 450 h | |
| 1 | 1 000 h | 1 450 h | |
| 5 | 1 400 h | 2 850 h | |
| 6 | 1 600 h | **4 450 h** | Kapazitätsengpass |

Das Produktionsprogramm ergibt sich aus den Kostenträgern **3 / 1 / 5 / 6**.

Die Kostenträger **4** und **2** können aufgrund des Kapazitätsengpasses nicht ins Produktionsprogramm aufgenommen werden.

Es kann folgender Gewinn realisiert werden (siehe S. 541):

| | | |
|---|---|---|
| | Deckungsbeitrag pro Periode von Kostenträger **3**: | 60.000,00 € |
| + | Deckungsbeitrag pro Periode von Kostenträger **1**: | 100.000,00 € |
| + | Deckungsbeitrag pro Periode von Kostenträger **5**: | 120.000,00 € |
| + | Deckungsbeitrag pro Periode von Kostenträger **6**: | 80.000,00 € |
| - | fixe Kosten | 300.000,00 € |
| | Gewinn | **60.000,00 €** |

**Bei Vorliegen eines Kapazitätsengpasses bildet der relative Deckungsbeitrag das Auswahlkriterium für das Produktionsprogramm.**

Aufgaben folgen auf S. 545 ff.

### 6.7.5.2 Die Wahl zwischen Eigenfertigung und Fremdbezug

Industriebetriebe haben häufig die Wahl: Sollen bestimmte Erzeugnisse des Absatzprogramms selbst hergestellt oder sollen sie von anderen Unternehmen fremdbezogen werden?

**Beispiel**

Ein Industriebetrieb verkauft 5 verschiedene Kostenträger. Die Kostenträger 1, 2, 3 und 4 werden selbst hergestellt. Der Kostenträger 5 wird fremdbezogen und lediglich als Handelsware verkauft.

Es ist freie Produktionskapazität vorhanden. Deshalb soll die Entscheidung getroffen werden, ob der Kostenträger 5 in das Produktionsprogramm aufgenommen wird.

Der Kostenträger 5 wird zurzeit zu einem Einstandspreis von **13.000,00 €** von einem anderen Unternehmen bezogen.

Für den Fall, dass der Kostenträger 5 im eigenen Betrieb hergestellt wird, gilt folgende Kalkulation:

| | Vollkostenrechnung | davon variabel | Teilkostenrechnung |
|---|---|---|---|
| Fertigungsmaterial | 4.000,00 € | 100 % | 4.000,00 € |
| + Materialgemeinkosten | 400,00 € | 25 % | 100,00 € |
| Materialkosten | 4.400,00 € | | 4.100,00 € |
| Fertigungslöhne | 5.000,00 € | 100 % | 5.000,00 € |
| + Fertigungsgemeinkosten | 6.000,00 € | 40 % | 2.400,00 € |
| Fertigungskosten | 11.000,00 € | | 7.400,00 € |
| Herstellkosten | 15.400,00 € | | **11.500,00 €** |

Die **fixen Kosten** würden sich durch die Aufnahme von Kostenträger 5 ins Produktionsprogramm nicht ändern. Sie werden deshalb in die Betrachtung nicht einbezogen.

Entscheidend sind also die **variablen Herstellkosten** (Teilkostenrechnung) von **11.500,00 €**. Sie werden dem Einstandspreis bei Fremdbezug von **13.000,00 €** gegenübergestellt.

Dieser Vergleich der relevanten Kosten ergibt einen Vorteil für die Eigenfertigung. Gegenüber dem Fremdbezug können bei Eigenfertigung 1.500,00 € (**13.000,00 €** - **11.500,00 €**) pro Stück eingespart werden.

**Bei freier Kapazität[1] ist die Entscheidung „Fremdbezug oder Eigenfertigung" aufgrund des Kostenvergleiches „Einstandspreis (Bezugspreis) bei Fremdbezug ←→ variable Herstellkosten bei Eigenfertigung" zu treffen.**

### 6.7.5.3 Die Preisbildung mithilfe der Deckungsbeitragsrechnung

In der Praxis ist es häufig wichtig zu wissen, zu welchem Preis ein Erzeugnis gerade noch verkauft werden kann, ohne einen Verlust zu erzielen. Dieser Preis wird als **Preisuntergrenze** bezeichnet.

**Die Preisuntergrenze eines Erzeugnisses liegt dort, wo der Verkaufspreis die variablen Kosten deckt, der Deckungsbeitrag also null ist.**
**Durch Erzeugnisse, die zur Preisuntergrenze verkauft werden, wird das Betriebsergebnis weder verbessert noch verschlechtert.**

**Gründe für den Verkauf an der Preisuntergrenze:** Verbesserung der Beschäftigungslage; Weiterbeschäftigung von Mitarbeitern; Absicherung von Einkaufsrabatten bei den Lieferanten; Verteidigung des Marktanteiles; Einführung neuer Produkte; Lockangebot zur Umsatzsteigerung anderer Produkte.

**Beispiel**

Einem Hersteller von hochwertigen Laserdruckern entstehen variable Einzelkosten von 300,00 € pro Stück. Die variablen Gemeinkosten belaufen sich auf 200,00 € pro Stück.

Die Preisuntergrenze bildet die Summe der variablen Stückkosten, also 500,00 €. Preise über 500,00 € tragen zur Abdeckung der fixen Kosten bzw. zur Erzielung eines Gewinns bei.

Aufgaben folgen auf S. 545 ff.

1 Bei knapper Kapazität: Siehe Hermsen, Rechnungswesen der Industrie - IKR, Winklers, Braunschweig, „Die Wahl zwischen Eigenfertigung und Fremdbezug bei knapper Kapazität"

Zusammenfassung

**Deckungsbeitragsrechnung/Teilkostenrechnung**

**Ermittlung des Deckungsbeitrages**

| | |
|---|---|
| Verkaufspreis | Verkaufserlöse pro Periode |
| – variable Stückkosten | – variable Gesamtkosten pro Periode |
| = Deckungsbeitrag pro Stück | = Deckungsbeitrag pro Periode |

**Vorteile gegenüber der Vollkostenrechnung**

- verursachungsgerechte Zuordnung der Kosten auf die Kostenträger
- keine Proportionalisierung der Fixkosten bei verändertem Beschäftigungsgrad

**Anwendungen der Deckungsbeitragsrechnung**

- Produktionsprogrammplanung:
  Entscheidungskriterium: ohne Engpass: positiver Deckungsbeitrag
  mit Engpass: relativer Deckungsbeitrag
- Wahl zwischen Eigenfertigung und Fremdbezug:
  Entscheidungskriterium: Kostenvergleich:
  variable Herstellkosten ←→ Bezugspreis
- Preisbildung:
  Preisuntergrenze → Deckungsbeitrag pro Stück = 0 (Verkaufspreis = variable Stückkosten)

1. Die Deckungsbeitragsrechnung (Teilkostenrechnung) ordnet nur die variablen Kosten verursachungsgerecht auf die Kostenträger zu. Im Gegensatz zur Vollkostenrechnung proportionalisiert sie (bei verändertem Beschäftigungsgrad) nicht die Fixkosten.
2. Der Deckungsbeitrag pro Stück ergibt sich aus dem Verkaufspreis abzüglich der variablen Stückkosten. Der Deckungsbeitrag pro Periode ergibt sich aus den Verkaufserlösen pro Periode abzüglich der variablen Gesamtkosten pro Periode.
3. Bei der mehrstufigen Deckungsbeitragsrechnung wird der Fixkostenblock verursachungsgerecht aufgeteilt und in unterschiedlichen Deckungsbeiträgen (Deckungsbeitrag I, II und III) berücksichtigt.
4. Liegt in einem Betrieb kein Kapazitätsengpass vor, so ist keine Entscheidung hinsichtlich einer alternativen Produktauswahl zu treffen. Alle Produkte mit einem positiven Deckungsbeitrag werden ins Produktionsprogramm aufgenommen.
5. Bei freier Kapazität ergibt sich die Rangfolge der wirtschaftlichsten Kostenträger durch die Deckungsbeiträge in Prozent von den Verkaufserlösen.
6. Bei Vorliegen eines Kapazitätsengpasses bildet der relative Deckungsbeitrag
   $\left(= \frac{\text{Deckungsbeitrag pro Kostenträger}}{\text{benötigte Engpasskapazität pro Kostenträger}}\right)$
   das Auswahlkriterium für das Produktionsprogramm.
7. Die Wahl zwischen Eigenfertigung und Fremdbezug wird bei freier Kapazität aufgrund des Kostenvergleiches „variable Herstellkosten ←→ Bezugspreis“ getroffen.
8. Die Preisuntergrenze eines Erzeugnisses liegt dort, wo der Verkaufspreis die variablen Kosten deckt, der Deckungsbeitrag also null ist.

## Aufgaben



1 In einem Einproduktunternehmen (die fixen Kosten fallen nur für ein Produkt an) betragen die variablen Kosten 200,00 € pro Stück und die fixen Kosten 1.000.000,00 €. Der Gewinnzuschlag ist 20 %.

a) Es wird mit einem Absatz von 10 000 Stück in der Betrachtungsperiode gerechnet. Kalkulieren Sie mithilfe der Vollkostenrechnung den Verkaufspreis.

b) Der erwartete Absatz wird übertroffen. Es können 15 000 Stück zu dem [unter a)] errechneten Verkaufspreis in der Betrachtungsperiode verkauft werden.
Ermitteln Sie den Gewinnzuschlagssatz bei dieser Absatzsituation.

c) Der erwartete Absatz wird nicht erreicht. Es können nur 5 000 Stück zu dem [unter a)] errechneten Verkaufspreis in der Betrachtungsperiode verkauft werden.
Ermitteln Sie den Gewinn/Verlust pro Stück bei dieser Absatzsituation.

d) Erklären Sie, weshalb bei den Absatzsituationen der Aufgaben b) und c) der kalkulierte Gewinnzuschlag (20 %) nicht erzielt wird.

2 Stellen Sie im Koordinatensystem die Zusammenhänge der Aufgabe 1 dar. Zeichnen Sie dazu die Erlösfunktion (E), die Kostenkurve der Vollkostenrechnung ($K_{voll}$) und die Kostenkurve des tatsächlichen Kostenverlaufs ($K_{eff}$). Erklären Sie die Grafik. (Für die grafische Darstellung gilt: Ordinate: 1 Mio. € = 2 cm. Abszisse: 1 000 Stück = 1 cm).

AH

3 Ein Industriebetrieb plant im Betrachtungszeitraum die Aufträge 1, 2 und 3 zu fertigen.
Es gelten folgende Daten:

| | | Auftrag 1 | Auftrag 2 | Auftrag 3 |
|---|---|---|---|---|
| **Verkaufserlöse** | | 450.000,00 | 460.000,00 | 540.000,00 |
| **Einzelkosten** | **Fertigungsmaterial** | 120.000,00 | 80.000,00 | 150.000,00 |
| | **Fertigungslöhne** | 140.000,00 | 120.000,00 | 130.000,00 |

MGKZ: 25 %; FGKZ: 120 %; Vw- und VtGKZ: 10 %.
80 % der Gemeinkosten sind fixe Kosten, 20 % der Gemeinkosten sind variable Kosten.

I. a) Kalkulieren Sie für die Aufträge 1, 2 und 3 die Selbstkosten (der Vollkostenrechnung).
b) Führen Sie einen Kosten-Preis-Vergleich auf der Grundlage der Vollkostenrechnung durch.
c) Wie ist das Produktionsprogramm aufgrund der durchgeführten Vollkostenrechnung umzustrukturieren?

II. Errechnen Sie mithilfe der Deckungsbeitragsrechnung das Betriebsergebnis
a) vor der Umstrukturierung des Produktionsprogramms und
b) nach der Umstrukturierung des Produktionsprogramms.

III. Erklären Sie, weshalb die Vollkostenrechnung zu einer falschen Produktionsprogrammpolitik führt.

4 Die Thren OHG, München, produziert u. a. den PC RJ 662 und den Laptop KY 346.
Für beide Artikel hat sich auf dem Verkaufsmarkt ein fester Preis gebildet.
Listenverkaufspreis des PC RJ 662: 750,00 € (netto).
Listenverkaufspreis des Laptops KY 346: 1.180,00 € (netto).
Die Einzelkosten betragen 400,00 € für RJ 662 und 600,00 € für KY 346.
Auf RJ 662 entfallen 100,00 € variable Gemeinkosten, auf KY 346 150,00 €.
Die Thren OHG gewährt ihren Kunden 2 % Kundenskonto und 20 % Kundenrabatt.
Der Quartalsabsatz beläuft sich für RJ 662 auf 1000 Stück und für KY 346 auf 1200 Stück.
Ermitteln Sie
a) für den PC RJ 662 und für den Laptop KY 346 den Deckungsbeitrag pro Stück.
b) für den PC RJ 662 und für den Laptop KY 346 den Deckungsbeitrag pro Quartal.

5 Eine Textilfabrik führt die Handelswarengruppen „Herrenanzüge“, „Herrenmäntel“, „Damenkostüme“ und „Damenmäntel“, für die folgende Daten gelten:

| | | |
|---|---|---|
| **Herrenanzüge:** | Verkaufserlöse gemäß Buchführung .................. | 210.800,00 € |
| | Wareneinsatz gemäß Buchführung .................... | 98.400,00 € |
| | variable Handlungskosten (Gemeinkosten) ............. | 25.900,00 € |
| **Herrenmäntel:** | Verkaufserlöse gemäß Buchführung .................. | 480.200,00 € |
| | Wareneinsatz gemäß Buchführung .................... | 280.500,00 € |
| | variable Handlungskosten (Gemeinkosten) ............. | 44.700,00 € |
| **Damenkostüme:** | Verkaufserlöse gemäß Buchführung .................. | 360.400,00 € |
| | Wareneinsatz gemäß Buchführung .................... | 160.100,00 € |
| | variable Handlungskosten (Gemeinkosten) ............. | 50.300,00 € |
| **Damenmäntel:** | Verkaufserlöse gemäß Buchführung .................. | 510.900,00 € |
| | Wareneinsatz gemäß Buchführung .................... | 330.800,00 € |
| | variable Handlungskosten (Gemeinkosten) ............. | 40.900,00 € |
| Fixe Kosten des Gesamtunternehmens (Unternehmensfixkosten).......... | | 162.910,00 € |

a) Ermitteln Sie den Deckungsbeitrag pro Periode für jede Handelswarengruppe.
b) Ermitteln Sie den Betriebsgewinn.

6 Die Breitfeld GmbH produziert die Erzeugnisse A, B und C.
Das Kostenträgerblatt (BAB II) weist folgende Zahlen aus:

| Erzeugnis | A | B | C |
|---|---|---|---|
| **Verkaufserlöse (€)** | 1.850.000,00 | 720.000,00 | 1.330.000,00 |
| **Einzelkosten (€)** | 920.000,00 | 280.000,00 | 490.000,00 |
| **Gemeinkosten (€)** | 980.000,00 | 390.000,00 | 650.000,00 |

Die Kostenspaltung ergibt, dass 80 % der Gemeinkosten Unternehmensfixkosten und 20 % der Gemeinkosten variable Kosten sind.
a) Ermitteln Sie den Deckungsbeitrag pro Periode für jedes Erzeugnis.
b) Errechnen Sie das Betriebsergebnis.

7 Ein Einproduktunternehmen weist für das letzte Quartal folgende Daten auf:
Absatz: 120000 Stück. Preis pro Stück: 7,90 €. Gesamtkosten: 840.000,00 €.
Die Kostenspaltung ergibt, dass 30 % der Gesamtkosten Fixkosten sind.
a) Ermitteln Sie den Deckungsbeitrag pro Stück.
b) Ermitteln Sie den Deckungsbeitrag für den Betrachtungszeitraum.
c) Ermitteln Sie den Absatz beim Break-even-Point (Gewinnschwelle).
d) Stellen Sie die Erlös- und die Kostenfunktion im Koordinatensystem dar. (Für die grafische Darstellung gilt: Ordinate: 100.000,00 € = 1 cm, Abszisse: 10000 Stück = 1 cm.)
e) Kennzeichnen Sie in der grafischen Darstellung [von d)] den Break-even-Point (Gewinnschwelle), die Verlustzone und die Gewinnzone.


6350546

8 Preis: 80,00 € (90,00 €); variable Stückkosten: 60,00 € (70,00 €); fixe Kosten: 120.000,00 € (140.000,00 €). Errechnen Sie die Absatzmenge beim Break-even-Point.

9 Der Deckungsbeitrag pro Stück beträgt 220,00 € (180,00 €). 3000 Stück (4000 Stück) werden verkauft. Es wird ein Gewinn von 154.000,00 € (90.000,00 €) erzielt. Errechnen Sie die Absatzmenge beim Break-even-Point.

AH

10 Die Müller KG, Leipzig, hat folgende Daten für das vergangene Quartal ermittelt:

| | | Verkaufserlöse | Einzelkosten |
|---|---|---|---|
| **Erzeugnisgruppe 1:** | Erzeugnis A | 630.000,00 € | 310.000,00 € |
| | Erzeugnis B | 570.000,00 € | 280.000,00 € |
| **Erzeugnisgruppe 2:** | Erzeugnis C | 780.000,00 € | 450.000,00 € |
| | Erzeugnis D | 490.000,00 € | 270.000,00 € |

Der Betriebsabrechnungsbogen II (Kostenträgerblatt) der Vollkostenrechnung ergibt folgende Aufschlüsselung der Gemeinkosten:

| | Erzeugnisgemeinkosten | Erzeugnisgruppengemeinkosten | Summe der Gemeinkosten |
|---|---|---|---|
| **Erzeugnisgruppe 1** | | | |
| Erzeugnis A | 250.000,00 € | 340.000,00 € | 610.000,00 € |
| Erzeugnis B | 90.000,00 € | | |
| **Erzeugnisgruppe 2** | | | |
| Erzeugnis C | 120.000,00 € | 270.000,00 € | |
| Erzeugnis D | 150.000,00 € | | |

Die Kostenspaltung ergibt, dass
jeweils 30 % der Erzeugnisgemeinkosten variable Kosten sind,
jeweils 10 % der Erzeugnisgemeinkosten erzeugnisfixe Kosten sind,
jeweils 20 % der Erzeugnisgruppengemeinkosten erzeugnisgruppenfixe Kosten sind.
Die übrigen Gemeinkosten sind Unternehmensfixkosten.
Errechnen Sie die Deckungsbeiträge I, II, III und den Betriebsgewinn bzw. Betriebsverlust.

AH

11 Die Gregor OHG hat für die Erzeugnisse A, B und C folgende Verkaufserlöse und Kosten ermittelt:

| | | |
|---|---|---|
| **Erzeugnis A:** | Verkaufserlöse | 470.000,00 € |
| | Einzelkosten | 280.000,00 € |
| | variable Gemeinkosten | 70.000,00 € |
| | erzeugnisfixe Kosten | 30.000,00 € |
| **Erzeugnis B:** | Verkaufserlöse | 720.000,00 € |
| | Einzelkosten | 430.000,00 € |
| | variable Gemeinkosten | 90.000,00 € |
| | erzeugnisfixe Kosten | 50.000,00 € |
| **Erzeugnis C:** | Verkaufserlöse | 390.000,00 € |
| | Einzelkosten | 220.000,00 € |
| | variable Gemeinkosten | 60.000,00 € |
| | erzeugnisfixe Kosten | 40.000,00 € |

Ferner sind folgende Fixkosten festgestellt worden:

| | |
|---|---|
| erzeugnisgruppenfixe Kosten für A und B | 80.000,00 € |
| Unternehmensfixkosten | 150.000,00 € |

Ermitteln Sie die Deckungsbeiträge I, II, III und den Betriebsgewinn bzw. Betriebsverlust.

**12** Für das nächste Quartal sind in der Martina Dold KG verschiedene Aufträge eingegangen, die auf einer speziellen maschinellen Anlage produziert werden. Für dieses Quartal gelten die folgenden Daten:

a) Produktionskapazität der maschinellen Anlage: 10 000 Stück,
fixe Kosten der maschinellen Anlage: 200.000,00 €
**Auftrag 1:** Stückzahl: 5 000; Verkaufspreis: 100,00 €; variable Stückkosten: 70,00 €
**Auftrag 2:** Stückzahl: 3 000; Verkaufspreis: 110,00 €; variable Stückkosten: 90,00 €
**Auftrag 3:** Stückzahl: 2 000; Verkaufspreis: 150,00 €; variable Stückkosten: 110,00 €

b) Produktionskapazität der maschinellen Anlage: 15 000 Stück,
fixe Kosten der maschinellen Anlage: 350.000,00 €
**Auftrag 1:** Stückzahl: 6 000; Verkaufspreis: 200,00 €; variable Stückkosten: 150,00 €
**Auftrag 2:** Stückzahl: 4 000; Verkaufspreis: 180,00 €; variable Stückkosten: 140,00 €
**Auftrag 3:** Stückzahl: 3 000; Verkaufspreis: 160,00 €; variable Stückkosten: 160,00 €

c) Produktionskapazität der maschinellen Anlage: 20 000 Stück,
fixe Kosten der maschinellen Anlage: 700.000,00 €
**Auftrag 1:** Stückzahl: 8 000; Verkaufspreis: 220,00 €; variable Stückkosten: 160,00 €
**Auftrag 2:** Stückzahl: 7 000; Verkaufspreis: 200,00 €; variable Stückkosten: 150,00 €
**Auftrag 3:** Stückzahl: 4 000; Verkaufspreis: 180,00 €; variable Stückkosten: 190,00 €

Ermitteln Sie für a), b) und c) jeweils das optimale Produktionsprogramm mit dem entsprechenden Betriebsergebnis.

AH

**13** Die Marktforschung eines Industriebetriebes ermittelt folgende Absatzmöglichkeiten:

| Erzeugnis | A | B | C | D | E |
|---|---|---|---|---|---|
| Absatz (Stück) | 80 000 | 110 000 | 100 000 | 90 000 | 60 000 |
| Verkaufspreis (€) | 12,00 | 15,00 | 9,00 | 10,00 | 8,00 |

Den Kunden sollen auf alle Erzeugnisse 2 % Skonto und 20 % Wiederverkäuferrabatt gewährt werden. Es wird mit folgenden Kosten gerechnet:

| Erzeugnis | A | B | C | D | E |
|---|---|---|---|---|---|
| variable Stückkosten (€) | 6,00 | 13,00 | 5,00 | 6,00 | 5,00 |

Unternehmensfixkosten: 650.000,00 €.

a) Welches Produktionsprogramm empfehlen Sie dem Industriebetrieb?
Welcher Gewinn/Verlust ist bei Ihrer Empfehlung zu erwarten?

b) Zur Verbesserung des Betriebsergebnisses werden Werbemaßnahmen erwogen. Bei welchen Erzeugnissen sind Werbemaßnahmen am erfolgversprechendsten?
Stellen Sie eine entsprechende Rangfolge der Erzeugnisse auf.

AH

**14** Die Gust OHG, Dresden, hat folgende Daten für das letzte Quartal ermittelt:

| Erzeugnis | A | B | C | D |
|---|---|---|---|---|
| Verkaufserlöse (€) | 750.000,00 | 800.000,00 | 600.000,00 | 900.000,00 |
| Einzelkosten (€) | 300.000,00 | 550.000,00 | 320.000,00 | 580.000,00 |

Die Gemeinkosten schlüsseln sich folgendermaßen auf:

| Erzeugnis | A | B | C | D |
|---|---|---|---|---|
| variable Gemeinkosten (€) | 70.000,00 | 80.000,00 | 60.000,00 | 40.000,00 |
| erzeugnisfixe Gemeinkosten (€) | 150.000,00 | 260.000,00 | 180.000,00 | 150.000,00 |

Unternehmensfixkosten: 335.000,00 €.

a) Errechnen Sie die Deckungsbeiträge I, II und den Gewinn bzw. Verlust.

b) Zur Verbesserung der Erfolgssituation soll das Produktionsprogramm umstrukturiert werden. Welches Produktionsprogramm empfehlen Sie der Gust OHG?

c) Zu welchem Betriebsergebnis hätte Ihr Produktionsprogramm geführt?

AH

**15** Ein Sportartikelhersteller produziert 4 verschiedene Fitnessgeräte (Typ I, II, III, IV).

| Fitnessgerät | Typ I | Typ II | Typ III | Typ IV |
|---|---|---|---|---|
| **Verkaufserlöse (€)** | 800.000,00 | 600.000,00 | 300.000,00 | 900.000,00 |
| **variable Kosten (€)** | 570.000,00 | 460.000,00 | 340.000,00 | 654.000,00 |

Unternehmensfixkosten: 606.000,00 €

a) Ermitteln Sie den Betriebserfolg.

b) Zur Verbesserung der Erfolgssituation soll das Produktionsprogramm umstrukturiert werden. Welches Produktionsprogramm empfehlen Sie dem Sportartikelhersteller?
Zu welchem Betriebsergebnis hätte Ihr Produktionsprogramm geführt?

c) Zur weiteren Verbesserung des Betriebsergebnisses sollen Werbeaktionen durchgeführt werden.
Bei welchem Gerätetyp sind Werbemaßnahmen am erfolgversprechendsten?
Stellen Sie eine entsprechende Rangfolge der Gerätetypen auf.

d) Die Werbeaktionen kosten 10.000,00 €. Damit könnte bei jedem Gerätetyp eine Umsatzsteigerung von 100.000,00 € erreicht werden.
Es soll für den Gerätetyp geworben werden, bei dem der Werbegewinn am höchsten ist.
Mit welcher Ergebnisverbesserung ist zu rechnen?

AH

**16** Ein Industriebetrieb kann mit den vorhandenen Anlagen und Maschinen verschiedene Erzeugnisse produzieren.
Es gelten folgende Daten:

| Erzeugnis | 1 | 2 | 3 | 4 | 5 | 6 | 7 | 8 |
|---|---|---|---|---|---|---|---|---|
| **Verkaufspreis (€)** | 580,00 | 600,00 | 550,00 | 400,00 | 660,00 | 480,00 | 640,00 | 700,00 |
| **variable Stückkosten (€)** | 400,00 | 540,00 | 580,00 | 320,00 | 700,00 | 380,00 | 600,00 | 640,00 |
| **maximal absetzbare Menge pro Monat (Stück)** | 1 000 | 800 | 2 000 | 1 500 | 1 400 | 900 | 1 200 | 2 100 |

Unternehmensfixkosten pro Monat: 480.000,00 €.
Der Produktionsbereich umfasst die 4 Abteilungen Dreherei, Bohrerei, Fräserei und Montage.
Zur Herstellung der 8 Erzeugnisse werden in den einzelnen Fertigungsabteilungen die in der folgenden Tabelle aufgeführten Fertigungszeiten (Minuten) benötigt:

| Fertigungszeiten pro Stück (Minuten) | Erzeugnisse | | | | | | | |
|---|---|---|---|---|---|---|---|---|
| | 1 | 2 | 3 | 4 | 5 | 6 | 7 | 8 |
| **Dreherei** | 9 | 8 | 6 | 10 | 7 | 12 | 11 | 9 |
| **Bohrerei** | 12 | 9 | 10 | 8 | 5 | 11 | 7 | 10 |
| **Fräserei** | 8 | 11 | 7 | 13 | 12 | 9 | 6 | 5 |
| **Montage** | 45 | 10 | 14 | 13 | 7 | 20 | 9 | 8 |

→

I. Im Monat März stehen in den 4 Fertigungsabteilungen folgende Produktionskapazitäten, gemessen in Fertigungsminuten, zur Verfügung:

| | Dreherei | Bohrerei | Fräserei | Montage |
|---|---|---|---|---|
| **Kapazität** | 98 000 Min. | 102 000 Min. | 96 000 Min. | 160 000 Min. |

a) Liegt ein Produktionsengpass vor?
b) Welches Produktionsprogramm erbringt den höchsten Gewinn?
c) Wie hoch ist der maximal erzielbare Gewinn?

II. Im Monat April fallen bedingt durch ein Feuer in der Montageabteilung Produktionsmaschinen aus. Die Produktionskapazität beträgt in der Montageabteilung nun nur noch 66 800 Minuten.
a) Legen Sie eine Rangfolge für die zu fertigenden Erzeugnisse fest.
b) Ermitteln Sie das optimale Produktionsprogramm.
c) Welches Betriebsergebnis wird mit dem optimalen Produktionsprogramm erzielt?

**17** Ein Hersteller von professionellen Fitnessgeräten hat freie Produktionskapazität. Die Aufträge 1, 2 und 3 könnten zusätzlich in das Produktionsprogramm aufgenommen werden. Es gelten folgende Daten:

| | Auftrag 1 | Auftrag 2 | Auftrag 3 |
|---|---|---|---|
| Verkaufspreis pro Stück | 4.875,00 € | 5.280,00 € | 3.900,00 € |
| Variable Stückkosten | 3.650,00 € | 3.600,00 € | 2.500,00 € |
| Auftragsfixe Kosten | 26.950,00 € | 48.720,00 € | 44.800,00 € |
| Auftragsvolumen | 30 Fitnessgeräte | 25 Fitnessgeräte | 40 Fitnessgeräte |
| Produktionszeit pro Stück | 2,5 Stunden | 3,0 Stunden | 4,0 Stunden |

a) Errechnen Sie für die Aufträge 1, 2 und 3 die Deckungsbeiträge I und II für das jeweilige Auftragsvolumen.
b) Welcher Auftrag/welche Aufträge werden in das Produktionsprogramm aufgenommen?
c) Errechnen Sie für die Aufträge 1, 2 und 3 jeweils den Break-even-Point.
d) Legen Sie für den Fall eines Produktionsengpasses die Produktionsrangfolge fest.

**18** Ein Industriebetrieb verkauft 7 verschiedene Produkte. Die Produkte 1 bis 5 werden im eigenen Unternehmen hergestellt. Die Produkte 6 und 7 werden bei einem anderen Unternehmen eingekauft und unverändert als Handelsware wieder verkauft.
Im eigenen Unternehmen ist Produktionskapazität frei. Es soll deshalb die Entscheidung getroffen werden, ob die Produkte 6 und 7 ins Produktionsprogramm aufgenommen werden. Es gelten folgende Daten:

| | Produkt 6 | | Produkt 7 | | |
|---|---|---|---|---|---|
| Bezugspreis | 9.000,00 € | (8.500,00 €) | 10.000,00 € | (8.200,00 €) | Fremdbezug |
| Fertigungsmaterial | 2.000,00 € | (2.500,00 €) | 3.000,00 € | (2.000,00 €) | Eigenfertigung |
| Fertigungslöhne | 4.000,00 € | (5.000,00 €) | 5.000,00 € | (3.000,00 €) | |

Materialgemeinkostenzuschlagssatz: 25 % (40 %).
Von den Materialgemeinkosten sind 20 % (25 %) variable Kosten.
Fertigungsgemeinkostenzuschlagssatz: 120 % (140 %).
Von den Fertigungsgemeinkosten sind 40 % (30 %) variable Kosten.
Entscheiden Sie, ob die Produkte 6 und 7 in Zukunft selbst hergestellt werden.


6350550

AH

**19** Ein Elektrogerätehersteller will die hochwertigen Fernseher FF 753 und SW 683, die als Handelsware geführt werden, als Lockangebot zur Steigerung des Umsatzes anderer Artikel verkaufen. Es gelten folgende Daten:

| | FF 753 | SW 683 |
|---|---|---|
| **Listeneinkaufspreis** | 600,00 € | 500,00 € |
| **Lieferantenrabatt** | 10 % | 20 % |
| **Lieferantenskonto** | 3 % | 2 % |
| **Bezugskosten (ohne VSt)** | 10,00 € | 15,00 € |
| **variable Gemeinkosten pro Fernseher** | 60,00 € | 50,00 € |

Errechnen Sie die Preisuntergrenzen für die Fernseher FF 753 und SW 683.

**20**[1] Es liegen Ihnen die folgenden Informationen vor:
Monatsproduktion eines Einproduktunternehmens: 6 000 Stück (8 000 Stück), Fertigungsmaterial pro Monat: 164.000,00 € (170.000,00 €), Fertigungslöhne pro Monat: 70.000,00 € (80.000,00 €), Summe der monatlichen Gemeinkosten: 180.000,00 € (200.000,00 €) (davon sind gemäß Kostenspaltung 85 % fixe Kosten).
Errechnen Sie die Preisuntergrenze.

**21** Zu einem Einproduktunternehmen liegen Ihnen die folgenden Informationen vor:
Monatsproduktion: 10 000 Stück (6 000 Stück), monatliche Umsatzerlöse: 100.000,00 € (90.000,00 €), monatliche Gesamtkosten: 80.000,00 € (72.000,00 €), monatliche Fixkosten: 20.000,00 € (30.000,00 €).
Errechnen Sie die Preisuntergrenze.

AH

**22** Der Umsatz für Damenschuhe ist in der Schuhfabrik Köhler OHG stark zurückgegangen.
Für den Damenschuh „Tina“ liegen folgende kostenrechnerische Daten vor:

| | |
|---|---|
| Verkaufserlöse | 980.000,00 € |
| Einzelkosten | 560.000,00 € |
| variable Gemeinkosten | 180.000,00 € |
| erzeugnisfixe Kosten | 100.000,00 € |

Um Mitarbeiter weiter beschäftigen zu können, soll die Beschäftigungslage verbessert werden.

a) Zur Umsatzsteigerung soll der Preis so weit gesenkt werden, dass der Deckungsbeitrag II null ist. Um wie viel Prozent kann der Preis gesenkt werden?
b) Zur weiteren kurzfristigen Umsatzsteigerung soll ein Verlust in Höhe der erzeugnisfixen Kosten hingenommen werden.
Wie viel Prozent würde nun die Preissenkung betragen (gemessen an den ursprünglichen Verkaufserlösen)?

1 geänderte Zahlen!

**23** Ordnen Sie zu:

<table>
<tr><th>A</th><th>B</th></tr>
<tr><td>1. Gewinnschwelle (Break-even-Point)<br>2. Verlustzone<br>3. Erlösfunktion<br>4. Fixkostenblock<br>5. Gewinnzone<br>6. Kostenfunktion</td><td>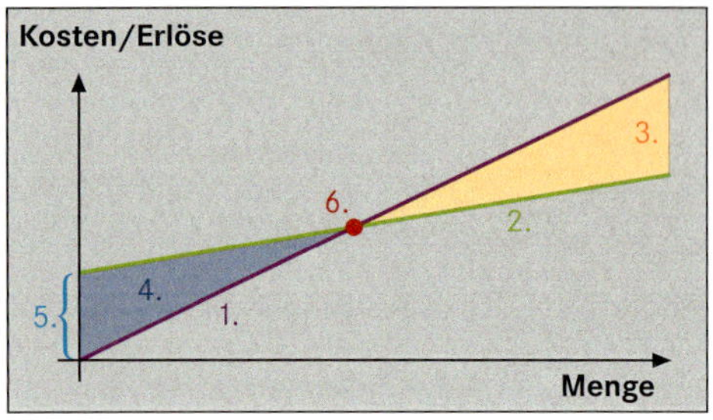
</td></tr>
</table>

**24** Welche der folgenden Aussagen sind richtig? Begründen Sie Ihre Meinung.

a) Bei verändertem Beschäftigungsgrad führt die Vollkostenrechnung zu einem falschen Ausweis des Betriebsergebnisses.

b) Bei der Kostenträgerstückrechnung der Vollkostenrechnung werden nur die variablen Kosten voll auf den Kostenträger umgelegt.

c) Der Deckungsbeitrag pro Periode ergibt sich aus dem Verkaufspreis abzüglich der variablen Stückkosten.

d) Die Kostenträgerstückrechnung der Vollkostenrechnung kann als Entscheidungsgrundlage über das Produktionsprogramm herangezogen werden.

e) Zur Ermittlung der Deckungsbeiträge II und III werden auch fixe Kosten herangezogen.

f) Liegt in einem Betrieb kein Kapazitätsengpass vor, so ist keine Entscheidung hinsichtlich einer alternativen Erzeugnisauswahl zu treffen. Alle Erzeugnisse mit einem positiven Deckungsbeitrag werden ins Produktionsprogramm aufgenommen.

g) Liegt ein Kapazitätsengpass vor, so sind die Deckungsbeiträge in Prozent von den Verkaufserlösen ein Auswahlkriterium für das Produktionsprogramm.

h) Die Wahl zwischen Eigenfertigung und Fremdbezug wird bei freier Kapazität aufgrund des „relativen Deckungsbeitrages“ getroffen.

# DIE PLANKOSTENRECHNUNG

Die Plankostenrechnung ermöglicht
- eine Plankalkulation und
- eine Kontrolle der Wirtschaftlichkeit der Leistungserstellung in den Kostenstellen.

Die Plankostenrechnung basiert auf **Plankosten.**

**Plankosten werden aufgrund exakter Arbeitsablauf-, Arbeitszeit- und Verbrauchsstudien ermittelt. Unter Mitwirkung von Kostenrechnern, leitenden Technikern und Arbeitsvorbereitern werden die Plankosten für jede einzelne Kostenart getrennt festgestellt.**

Bei normalem Betriebsablauf haben die Plankosten Norm- und Vorgabecharakter. Sie werden deshalb auch als Vorgabekosten bezeichnet.

Man unterscheidet
- die **starre Plankostenrechnung,**
- die **flexible Plankostenrechnung** und
- die **Grenzplankostenrechnung.**

## 7.1 Die starre Plankostenrechnung

**Bei der starren Plankostenrechnung werden die Plankosten der Kostenstellen für eine zu erwartende Planbeschäftigung (z. B. Fertigungsstunden) vorgegeben. An Beschäftigungsschwankungen können die Plankosten nicht angepasst werden.**

Der Nachteil der starren Plankostenrechnung besteht deshalb darin, dass bei **Beschäftigungsschwankungen** in den einzelnen Kostenstellen eine wirksame Kostenkontrolle nicht möglich ist.

## 7.2 Die flexible Plankostenrechnung

### 7.2.1 Der Kostenstellenplan

**Beschäftigungsschwankungen** haben einen erheblichen Einfluss auf die Kostenstruktur der Kostenstellen.

Fixe Kosten bleiben bei allen Beschäftigungsgraden unverändert. Diese Tatsache wird bei der flexiblen Plankostenrechnung berücksichtigt. Hierzu dient der sogenannte „**Variator**“.

**Ein Variator zeigt an, wie hoch der variable (proportionale) Anteil einer Kostenart bei der Planbeschäftigung ist.**

Der Kostenverlauf der einzelnen Kostenarten bei Beschäftigungsschwankungen hängt entscheidend vom Anteil der fixen Kosten ab.

Besteht eine Kostenart ausschließlich aus Fixkosten, so ist sie unabhängig von Beschäftigungsänderungen. Der Variator ist folglich 0.

Besteht hingegen eine Kostenart ausschließlich aus variablen (proportionalen) Kosten, so ist der Variator 1.

Bei Kostenarten, die sowohl fixe als auch variable Kostenanteile enthalten, liegt der Variator zwischen 0 und 1 (über 0 und unter 1). Ein Variator von 0,6 bedeutet beispielsweise, dass 60 % der Kostenart variabel (proportional) und folglich 40 % der Kostenart fix sind.

Es gilt:

$$\textbf{Variator} = \frac{\text{proportionale Plankosten}}{\text{gesamte Plankosten}}$$

Für jede Kostenstelle werden **Kostenstellenpläne** aufgestellt, die **Kostenvorgaben** enthalten.

In ihnen wird der Variator in einer besonderen Spalte ausgewiesen. Mit seiner Hilfe erfolgt die **Kostenspaltung** in fixe und proportionale Kosten.

Im folgenden **Kostenstellenplan** der Kostenstelle „Dreherei" ist beispielsweise der Variator für die Kostenart „Hilfslöhne" 0,2. Das bedeutet, dass 20 % der Hilfslohnkosten variabel sind.

**Beispiel**

| **Kostenstellenplan für Monat:** März 20.. | | | | | | **Kostenstelle:** Dreherei (415) |
|---|---|---|---|---|---|---|
| **Planbezugsgröße:** Fertigungslohnstunden<br>**Planbeschäftigung:** 3 000 Fertigungslohnstunden | | | | | | |
| Kostenarten | Planverrechnungsmenge | Planpreis je Einheit | Plankosten[1] insgesamt | Variator | Plankosten | |
| | | | | | fix | proportional |
| Fertigungslöhne | 3 000 Std. | 28,00 | 84.000,00 | 1 | – | 84.000,00 |
| Hilfslöhne | 1 904 Std. | 25,00 | 47.600,00 | 0,2 | 38.080,00 | 9.520,00 |
| Hilfs- und Betriebsstoffe | 400 kg | 9,00 | 3.600,00 | 0,4 | 2.160,00 | 1.440,00 |
| Instandhaltungs- und Reparaturkosten | – | – | 8.200,00 | 0,3 | 5.740,00 | 2.460,00 |
| Energiekosten | 60 000 kWh | 0,12 | 7.200,00 | 0,8 | 1.440,00 | 5.760,00 |
| Summe der Plankosten | | | 150.600,00 | | 47.420,00 | 103.180,00 |
| Plankostenverrechnungssatz: 150.600,00 : 3 000 = 50,20 € | | | | | | |

In den Kostenstellenplänen werden **Plankostenverrechnungssätze** ermittelt. Für die Kostenstelle „Dreherei" ergibt sich in unserem Beispiel ein Plankostenverrechnungssatz von 50,20 €.

**Plankostenverrechnungssätze geben die Kostenstellenplankosten für eine Planbezugsgrößeneinheit an.**

Bei unserer Kostenstelle „Dreherei" bilden die Fertigungslohnstunden die Planbezugsgröße. Es hängt von der jeweiligen Kostenstelle ab, welche Planbezugsgröße herangezogen wird.

1 Die „Plankosten insgesamt", die sich bei der Planbeschäftigung ergeben, bezeichnet man als Basisplankosten.

**Exkurs**

Bei anderen Kostenstellen gelten andere Planbezugsgrößen:

| Kostenstellen | denkbare Planbezugsgrößen |
|---|---|
| Kantine | Anzahl der Mahlzeiten |
| Materialkostenstellen | Materialverbrauch |
| Energieversorgung | Energieverbrauch |
| Fuhrpark | gefahrene Kilometer |
| Vertrieb | Anzahl der verkauften Produkte |
| Fertigung | Fertigungsstunden/Maschinenstunden |

Der Plankostenverrechnungssatz der Kostenstelle „Kantine" gibt beispielsweise die Kosten pro Mahlzeit an.

Zurück zu unserem Beispiel. Hier sagt der Plankostenverrechnungssatz der Kostenstelle „Dreherei" aus, wie hoch die Plankosten pro Fertigungslohnstunde (bei Planbeschäftigung) sind.

Es gilt (bei der flexiblen Plankostenrechnung):

$$\textbf{Plankostenverrechnungssatz} = \frac{\text{Summe der Basisplankosten}}{\text{Planbeschäftigung (der Planbezugsgröße)}}$$

Mithilfe des Plankostenverrechnungssatzes werden die Plankosten der Kostenstellen auf die Kostenträger umgelegt.

**Die Kostenträger werden bei der Kalkulation in dem Maß, in dem sie Leistungen der Kostenstellen beanspruchen, mit Plankosten belastet.**

Werden für einen Auftrag beispielsweise 600 Fertigungslohnstunden in der Dreherei benötigt, so weist diese Kostenstelle ihm 30.120,00 € (= 600 · 50,20) zu.

Der Plankostenverrechnungssatz enthält sowohl variable als auch fixe Kosten. Er ist folglich ein **Vollkostensatz.**

Auf die Kostenträger werden auf diese Weise variable und fixe Kosten verrechnet. Die flexible Plankostenrechnung ist deshalb ein **Vollkostenrechnungssystem.**

Die Summe der in einem Betrachtungszeitraum auf Kostenträger verrechneten Plankosten ergibt sich wie folgt:

**verrechnete Plankosten** = Istbeschäftigung · Plankostenverrechnungssatz

Entspricht die Istbeschäftigung der Planbeschäftigung (= 3 000 Fertigungslohnstunden), so werden die Plankosten (= 150.600,00 €) in vollem Umfang auf die Kostenträger umgelegt.

**verrechnete Plankosten** = 3 000 · 50,20 = 150.600,00 €

Aufgaben folgen auf S. 561 ff.

Plankosten und verrechnete Plankosten sind in diesem Fall gleich groß.

### 7.2.2 Die Plankalkulation mit Plankostenverrechnungssätzen

Mithilfe der Plankostenverrechnungssätze erstellen Industriebetriebe, die in Einzel- oder Serienfertigung produzieren, eine **Plankalkulation.**

Der Vorteil der Plankalkulation gegenüber der Zuschlagskalkulation liegt in der größeren Exaktheit ihrer Ergebnisse.

**Die Fertigungskosten der verschiedenen Fertigungskostenstellen werden über die Plankostenverrechnungssätze auf die einzelnen Kostenträger verrechnet.**

Die Plankostenverrechnungssätze decken sämtliche Einzel- und Gemeinkosten der Fertigungskostenstellen ab. Insofern entfällt bei der Ermittlung der Planfertigungskosten der Fertigungsgemeinkostenzuschlagssatz.

In der Regel beschränken sich die Betriebe darauf, nur für die Kalkulation der **Fertigungskosten** differenzierte Plankostenverrechnungssätze heranzuziehen. Die Material-, Verwaltungs- und Vertriebsgemeinkosten werden dagegen nach wie vor mithilfe von globalen Zuschlagssätzen auf die Einzelmaterialkosten bzw. Herstellkosten kalkuliert.

**Beispiel**

Eine Kostenträgereinheit beansprucht in der Dreherei 6 Minuten, in der Schlosserei 15 Minuten Fertigungszeit.

Plankostenverrechnungssätze: Dreherei: 50,20 €/Std.; Schlosserei: 48,00 €/Std.

Die Planeinzelkosten für das Fertigungsmaterial belaufen sich auf 20,00 € pro Kostenträgereinheit.

Plangemeinkostenzuschlagssätze: MGKZ: 10 %; VwGKZ: 12 %; VtGKZ: 5 %.

Errechnen Sie die Planselbstkosten.

**Lösung**

Für die Fertigungskostenstellen „Dreherei“ und „Schlosserei“ werden die Planfertigungskosten pro Kostenträgereinheit errechnet:

$$\text{Planfertigungskosten (Dreherei)} = \frac{50{,}20 \cdot 6}{60} = \underline{\underline{5{,}02\ €}}$$

$$\text{Planfertigungskosten (Schlosserei)} = \frac{48{,}00 \cdot 15}{60} = \underline{\underline{12{,}00\ €}}$$

Es ergibt sich folgende Plankalkulation:

| | | € | € |
|---|---|---|---|
| | Fertigungsmaterial | 20,00 | |
| + | MGKZ (10 %) | 2,00 | |
| | **Planmaterialkosten** | | **22,00** |
| | Planfertigungskosten (Dreherei) | **5,02** | |
| | Planfertigungskosten (Schlosserei) | **12,00** | |
| | **Summe Planfertigungskosten** | | **17,02** |
| | **Planherstellkosten** | | **39,02** |
| + | VwGKZ (12 %) | | 4,68 |
| + | VtGKZ (5 %) | | 1,95 |
| | **Planselbstkosten** | | **45,65** |

Aufgaben folgen auf S. 561 ff.

### 7.2.3 Der Soll-Ist-Kostenvergleich

Neben einer Plankalkulation ermöglicht die flexible Plankostenrechnung eine wirksame **Kostenstellenkontrolle.** Unwirtschaftlichkeiten in den Kostenstellen können aufgedeckt und beseitigt werden.

Beim in der Regel monatlich durchzuführenden Soll-Ist-Kostenvergleich werden Kostenabweichungen analysiert.

Es sind zu unterscheiden

- Preisabweichungen,
- Beschäftigungsabweichungen und
- Verbrauchsabweichungen.

Die jeweiligen Kostenstellenleiter haben nur **Verbrauchsabweichungen** zu verantworten. **Preisabweichungen** und **Beschäftigungsabweichungen** sind daher aus der Kostenanalyse zu eliminieren.

Um **Preisabweichungen auszuschließen,** werden die Istverbrauchsmengen mit Planpreisen bewertet. Beispiel: Die Arbeitsstunde für Hilfslöhne wird nicht zum Iststundenlohn (z. B. 27,50 €) angesetzt, sondern zum Planstundenlohn (z. B. 25,00 €).

**Bei der flexiblen Plankostenrechnung ergeben sich die Istkosten aus Istmengen, die zu Planpreisen bewertet werden.**

Preisabweichungen sind somit ausgeschaltet. Kostenabweichungen können nicht in unterschiedlichen Verrechnungspreisen begründet sein.

**Beschäftigungsabweichungen** treten auf, wenn Plan- und Istbeschäftigung sich nicht entsprechen.

**Beispiel** Für unsere Kostenstelle „Dreherei“ ergibt sich folgende **Kostenstellenabrechnung:**

| **Kostenstellenabrechnung für Monat:** März 20.. | | | | **Kostenstelle:** Dreherei (415) | |
|---|---|---|---|---|---|
| **Planbezugsgröße:** Fertigungslohnstunden | | | **Planbeschäftigung:** 3 000 Fertigungslohnstunden<br>**Istbeschäftigung:** 2 400 Fertigungslohnstunden | | |
| **Kostenarten** | **Plankosten insgesamt** | **Variator** | **Plankosten** | | **Istkosten** |
| | | | **fix** | **proportional** | |
| Fertigungslöhne | 84.000,00 | 1 | – | 84.000,00 | 67.200,00 |
| Hilfslöhne | 47.600,00 | 0,2 | 38.080,00 | 9.520,00 | 52.700,00 |
| Hilfs- und Betriebsstoffe | 3.600,00 | 0,4 | 2.160,00 | 1.440,00 | 3.100,00 |
| Instandhaltungs- und Reparaturkosten | 8.200,00 | 0,3 | 5.740,00 | 2.460,00 | 9.600,00 |
| Energiekosten | 7.200,00 | 0,8 | 1.440,00 | 5.760,00 | 7.400,00 |
| Summe | 150.600,00 | | 47.420,00 | 103.180,00 | 140.000,00 |
| Plankostenverrechnungssatz: 150.600,00 : 3 000 = 50,20 € | | | | | |

An **Istkosten** sind gemäß Kostenstellenabrechnung für den Monat März **140.000,00 €** angefallen.

Die Istbeschäftigung beträgt im Betrachtungszeitraum 2 400 Fertigungslohnstunden. Folglich sind auf die Kostenträger **120.480,00 €** (= 2 400 · 50,20) verrechnet worden (= **verrechnete Plankosten**[1]**).**

1 siehe S. 555: verrechnete Plankosten = Istbeschäftigung · Plankostenverrechnungssatz

Die Istbeschäftigung macht 80 %[1] der Planbeschäftigung aus.

Bei einem Beschäftigungsgrad von 80 % müssten in der Kostenstelle „Dreherei" folgende Kosten anfallen:

| | |
|---|---|
| Σ fixe Plankosten | 47.420,00 € |
| + **80 % der** Σ variable Plankosten $\left(\frac{103.180,00 \cdot 80}{100}\right)$ | 82.544,00 € |
| = **Sollkosten** | **129.964,00 €** |

Die auf einen Istbeschäftigungsgrad umgerechneten Plankosten **sollen** von der jeweiligen Kostenstelle nicht überschritten werden. Man bezeichnet sie daher als **Sollkosten.**

➲ **Sollkosten sind die auf den Istbeschäftigungsgrad umgerechneten Plankosten.**

Fassen wir die Zahlen unseres Beispiels zusammen:

| | |
|---|---|
| **Istkosten** (gemäß Kostenstellenabrechnung): | 140.000,00 € |
| **Verrechnete Plankosten** (mit Plankostenverrechnungssatz auf Kostenträger umgelegt, **mit** Proportionalisierung von Fixkosten): | 120.480,00 € |
| **Sollkosten** (auf Istbeschäftigung umgerechnete Plankosten, **ohne** Proportionalisierung von Fixkosten): | 129.964,00 € |

Die Differenz zwischen den **verrechneten Plankosten** und den **Sollkosten** ergibt die **Beschäftigungsabweichung**. Sie hat der Kostenstellenleiter nicht zu vertreten.

➲ **Die Beschäftigungsabweichung ergibt sich durch die Proportionalisierung von Fixkosten bei den verrechneten Plankosten.**

**Beschäftigungsabweichung** = verrechnete Plankosten – Sollkosten

Die grafische Darstellung auf der Folgeseite veranschaulicht die Zusammenhänge.

Die **Gerade für die verrechneten Plankosten** ergibt sich aus der Funktion:

**verrechnete Plankosten** = Plankostenverrechnungssatz · Istbeschäftigung

In unserem Beispiel gilt:

**verrechnete Plankosten** = 50,20 · x

Wie oben bereits erwähnt, handelt es sich um eine **Vollkostenkurve,** die Fixkosten proportionalisiert. Die Gerade läuft deshalb durch den Nullpunkt.

Die **Gerade für die Sollkosten** ergibt sich aus der Funktion:

**Sollkosten** = fixe Kosten + proportionale Stückkosten · Istbeschäftigung

1 3000 Stunden ≙ 100 %
2400 Stunden ≙ x %

$x = \frac{100 \cdot 2400}{3000} = \underline{\underline{80\ \%}}$

Die proportionalen Stückkosten geben die Steigung der Geraden an. Sie ergeben sich wie folgt:

$$\textbf{proportionale Stückkosten} = \frac{\text{proportionale Kosten}}{\text{Planbeschäftigung}}$$

In unserem Beispiel betragen die proportionalen Stückkosten 34,39 € (= 103.180,00 : 3 000).

Es gilt in unserem Fall folgende Sollkostenfunktion:

$$\textbf{Sollkosten} = 47.420{,}00 + 34{,}39 \cdot x$$

Hier handelt es sich um eine **Teilkostenkurve,** die nicht im Ursprung des Koordinatensystems (Nullpunkt) beginnt, sondern bei den fixen Kosten.

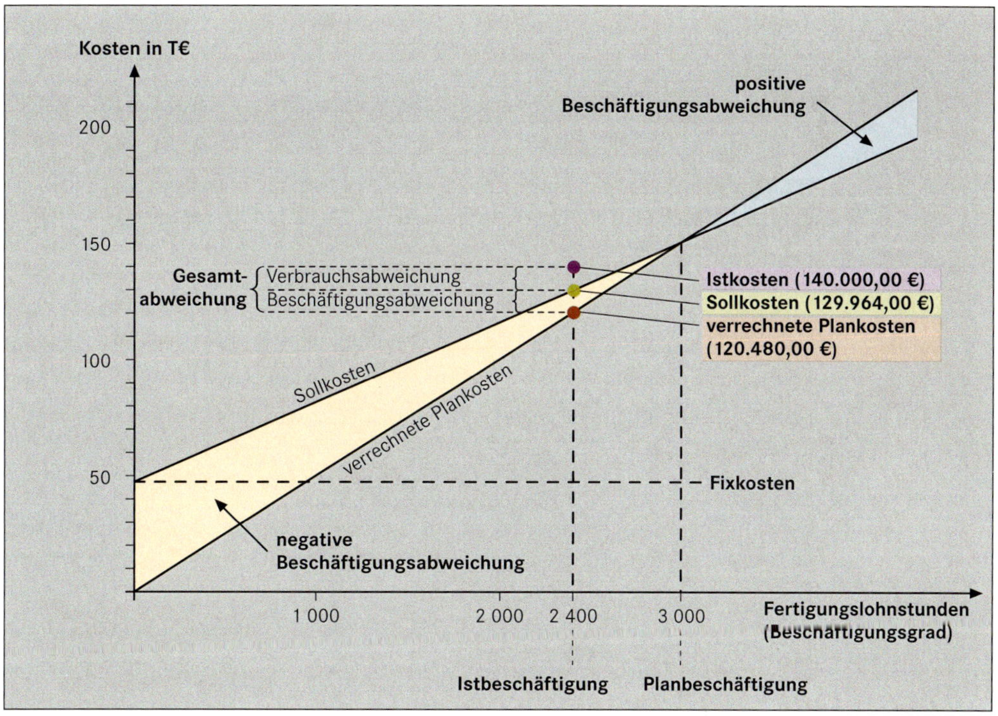


Die Betrachtung der Kostenverläufe für die verrechneten Plankosten und für die Sollkosten macht drei unterschiedliche Situationen deutlich:

1. **Istbeschäftigung = Planbeschäftigung**
   In diesem Fall entsprechen sich die Sollkosten und die verrechneten Plankosten.
2. **Istbeschäftigung < Planbeschäftigung**
   In diesem Fall sind die verrechneten Plankosten kleiner als die Sollkosten. Es liegt eine **negative Beschäftigungsabweichung** vor. Mit dem Plankostenverrechnungssatz (= Vollkostensatz) werden zu wenige fixe Kosten verrechnet.
3. **Istbeschäftigung > Planbeschäftigung**
   In diesem Fall sind die verrechneten Plankosten größer als die Sollkosten. Es liegt eine **positive Beschäftigungsabweichung** vor. Mit dem Plankostenverrechnungssatz (= Vollkostensatz) werden zu viele fixe Kosten verrechnet.

Kommen wir auf unser Beispiel zurück. In die grafische Darstellung sind bei der Istbeschäftigung von 2 400 Fertigungslohnstunden die verrechneten Plankosten, die Sollkosten und die Istkosten eingetragen.

Wir hatten bereits festgestellt, dass die **Beschäftigungsabweichung,** die sich aus der Differenz zwischen verrechneten Plankosten und Sollkosten ergibt, vom Kostenstellenleiter nicht zu verantworten ist. Es handelt sich hier um nicht auf Kostenträger verrechnete Fixkosten.

Die Differenz zwischen den Sollkosten und den Istkosten ist die **Verbrauchsabweichung.**

**Verbrauchsabweichung** = Sollkosten - Istkosten

In unserem Beispiel beträgt die Verbrauchsabweichung - 10.036,00 € (= 129.964,00 € - 140.000,00 €). Es liegt hier ein **Verbrauchsverlust** vor, den der Kostenstellenleiter zu rechtfertigen hat.

Sind umgekehrt die Sollkosten größer als die Istkosten, so erhält man einen **Verbrauchsgewinn** (auch: **Verbrauchseinsparung**). In der Kostenstelle ist dann wirtschaftlich gearbeitet worden.

Um nun in unserem Beispiel den Verbrauchsverlust zu analysieren, müssen alle Kostenarten einzeln betrachtet werden. Dazu werden für alle Kostenarten die Sollkosten ermittelt und den Istkosten gegenübergestellt.

**Beispiel**

Bei der Kostenart „Hilfslöhne" sind von den 47.600,00 € Plankosten 38.080,00 € fix und 9.520,00 € proportional (siehe Kostenstellenabrechnung auf S. 557).

Bei einer Beschäftigungsschwankung von - 20 % ergeben sich dann folgende Sollkosten für die Hilfslöhne:

$$\text{Sollkosten (Hilfslöhne)} = 38.080{,}00\ € + \frac{9.520{,}00 \cdot 80}{100} = \underline{\underline{45.696{,}00\ €}}$$

Auf diese Weise werden die Sollkosten für jede Kostenart errechnet. Die Istkosten werden der Kostenstellenabrechnung entnommen. In unserem Fall ergeben sich folgende Daten:

| Kostenarten | Istkosten | Sollkosten | Verbrauchs-abweichung[1] |
|---|---|---|---|
| Fertigungslöhne | 67.200,00 | 67.200,00 | - |
| Hilfslöhne | 52.700,00 | 45.696,00 | - 7.004,00 |
| Hilfs- und Betriebsstoffe | 3.100,00 | 3.312,00 | + 212,00 |
| Instandhaltungs- und Reparaturkosten | 9.600,00 | 7.708,00 | - 1.892,00 |
| Energiekosten | 7.400,00 | 6.048,00 | - 1.352,00 |
| | 140.000,00 | 129.964,00 | - 10.036,00 |

Der Kostenstellenleiter der „Dreherei" hat die Verbrauchsverluste bei den einzelnen Kostenarten zu rechtfertigen.

1 - = Verbrauchsverlust
+ = Verbrauchsgewinn

**Zusammenfassung**

1. **Bei der flexiblen Plankostenrechnung werden für die Kostenstellen (in der Regel Fertigungskostenstellen) Plankostenverrechnungssätze ermittelt. Diese geben Kostenstellenplankosten für eine Planbezugsgrößeneinheit (z. B. Fertigungsstunde) an. Der Plankostenverrechnungssatz beinhaltet sowohl proportionale als auch fixe Kosten. Er ist deshalb ein Vollkostensatz.**
2. **Mithilfe der Plankostenverrechnungssätze (der flexiblen Plankostenrechnung) werden die Plankosten der Kostenstellen auf die Kostenträger umgelegt. Auf diese Weise erstellen Industriebetriebe, die in Einzel- oder Serienfertigung produzieren, eine Plankalkulation.**
3. **Die Betriebe beschränken sich meistens darauf, nur für die Umlegung der Fertigungskosten auf die Kostenträger differenzierte Plankostenverrechnungssätze heranzuziehen.**
4. **Neben der Plankalkulation ermöglicht die flexible Plankostenrechnung eine wirksame Kostenstellenkontrolle. Für den Soll-Ist-Kostenvergleich der Kostenstellen werden Verbrauchsabweichungen ermittelt. Diese sind von den Kostenstellenleitern zu vertreten. Preisabweichungen und Beschäftigungsabweichungen werden aus der Kostenanalyse eliminiert.**

## Aufgaben

1: Errechnung von Plankostenverrechnungssätzen
2: Kostenspaltung mithilfe des Variators
3: Plankalkulation
4: Erstellen eines Kostenstellenplanes
5: Sollkosten und verrechnete Plankosten, dargestellt im Koordinatensystem
6–13: Kostenkontrolle
14: Zusammenfassende Verständnisaufgabe

1 Errechnen Sie die Plankostenverrechnungssätze.

| Kostenstellen | Σ Plankosten | | Plan-bezugsgröße | Plan-beschäftigung |
|---|---|---|---|---|
| | fix | proportional | | |
| Fräserei | 4.500,00 | 78.000,00 | Fertigungsstunden | 2 800 |
| Dreherei | 38.000,00 | 94.000,00 | Fertigungsstunden | 3 000 |
| Schlosserei | 52.000,00 | 101.000,00 | Fertigungsstunden | 2 600 |
| Montage | 76.000,00 | 98.000,00 | Maschinenstunden | 3 200 |
| Kantine | 2.500,00 | 2.900,00 | Mahlzeiten | 1 800 |
| Fuhrpark | 1.500,00 | 2.000,00 | gefahrene km | 14 000 |

2 Nehmen Sie mithilfe des Variators die Kostenspaltung in fixe und variable Plankosten der Kostenstelle „Schlosserei" vor.

| Kostenarten | Plankosten insgesamt | Variator |
|---|---|---|
| Hilfs- und Betriebsstoffe | 4.200,00 | 0,6 |
| Fertigungslöhne | 90.000,00 | 1 |
| Hilfslöhne | 48.000,00 | 0,4 |
| Energiekosten | 6.900,00 | 0,9 |
| kalk. Abschreibungen | 40.000,00 | 0,1 |
| kalk. Zinsen | 38.000,00 | 0 |

3 Errechnen Sie für die Kostenträger A, B und C die Planselbstkosten.

**Plankostenverrechnungssätze**

Fertigungskostenstelle I: 49,00 €
Fertigungskostenstelle II: 52,00 €
Fertigungskostenstelle III: 44,00 €

→

| | | | |
|---|---|---|---|
| **Fertigungszeiten** | A | B | C |
| Fertigungskostenstelle I: | 12 Min. | 18 Min. | 15 Min. |
| Fertigungskostenstelle II: | 17 Min. | 22 Min. | 13 Min. |
| Fertigungskostenstelle III: | 16 Min. | 10 Min. | 21 Min. |
| **Plankosten** | A | B | C |
| Fertigungsmaterial | 80,00 € | 50,00 € | 60,00 € |
| MGKZ | 10 % | 8 % | 12 % |
| VwGKZ | 11 % | 9 % | 10 % |
| VtGKZ | 4 % | 6 % | 5 % |

4 Erstellen Sie (nach dem Muster auf S. 554) den kompletten monatlichen Kostenstellenplan der Kostenstelle „Schlosserei".
Die Planbezugsgröße sind die Fertigungslohnstunden.

| Kostenarten | Planverrechnungsmenge | Planpreis je Einheit | Variator |
|---|---|---|---|
| Fertigungslöhne | 3 400 Std. | 30,00 € | 1 |
| Hilfslöhne | 1 300 Std. | 26,00 € | 0,4 |
| Hilfs- und Betriebsstoffe | 500 kg | 10,00 € | 0,6 |
| Energiekosten | 70 000 kWh | 0,10 € | 0,9 |
| kalk. Abschreibungen | – | 45.000,00 € pro Monat | 0,1 |

5 Für den Monat Mai werden für die Kostenstelle „Fräserei" 52.000,00 € fixe Plankosten und 96.000,00 € variable Plankosten ermittelt. Als Planbezugsgröße werden die Fertigungslohnstunden herangezogen. Die Planbeschäftigung beträgt 2 500 Fertigungslohnstunden.

a) Stellen Sie den Verlauf der verrechneten Plankosten und der Sollkosten im Koordinatensystem dar.
b) Erklären Sie die Kostensituation bei einer negativen und bei einer positiven Beschäftigungsabweichung.

6 Errechnen Sie bei den in der folgenden Tabelle aufgeführten Kapazitätsauslastungen für jede Kostenstelle

a) die verrechneten Plankosten,
b) die Sollkosten und
c) die Beschäftigungsabweichung.

| Kostenstellen | Plankosten | | Kapazitätsauslastung in % der Planbeschäftigung |
|---|---|---|---|
| | fix | proportional | |
| Fertigungskostenstelle 1 | 47.600,00 | 190.400,00 | 110 % |
| Fertigungskostenstelle 2 | 47.250,00 | 141.750.00 | 80 % |
| Fertigungskostenstelle 3 | 65.000,00 | 260.000,00 | 90 % |
| Fertigungskostenstelle 4 | 73.800,00 | 172.200,00 | 120 % |

7 In der Fertigungskostenstelle I bilden die Maschinenstunden die Planbezugsgröße. Bei der Planbeschäftigung von 2 800 Maschinenstunden ergeben sich folgende Plankosten:

| Kostenarten | Gesamtplankosten | Variator |
|---|---|---|
| Fertigungslöhne | 72.000,00 | 1 |
| Hilfslöhne | 28.000,00 | 0,3 |
| Hilfs- und Betriebsstoffe | 6.000,00 | 0,6 |
| Energiekosten | 8.000,00 | 0,9 |
| kalk. Abschreibungen | 60.000,00 | 0,2 |

a) Ermitteln Sie den Plankostenverrechnungssatz.
b) Errechnen Sie bei einer Istbeschäftigung von 2 240 (3 640) Maschinenstunden
   1. die verrechneten Plankosten,
   2. die Sollkosten und
   3. die Beschäftigungsabweichung.
c) Stellen Sie den Verlauf der verrechneten Plankosten und der Sollkosten im Koordinatensystem dar.
d) Errechnen Sie für jede Kostenart isoliert die Beschäftigungsabweichung.

8 Errechnen Sie für jede Kostenart die Beschäftigungsabweichung bei folgenden Kapazitätsauslastungen (in % der Planbeschäftigung): a) 80 % b) 110 %

| Kostenarten | Gesamtplankosten | Variator |
|---|---|---|
| Fertigungslöhne | 106.000,00 | 1 |
| Hilfslöhne | 38.000,00 | 0,3 |
| Hilfs- und Betriebsstoffe | 6.000,00 | 0,7 |
| Energiekosten | 9.000,00 | 0,9 |
| Wartungs- und Reparaturkosten | 10.000,00 | 0,5 |
| kalk. Abschreibungen | 52.000,00 | 0,2 |
| kalk. Zinsen | 40.000,00 | 0 |

9 a) Errechnen Sie aufgrund der Daten in der folgenden Tabelle für jede Kostenstelle
   1. die Gesamtabweichung,
   2. die Beschäftigungsabweichung und
   3. die Verbrauchsabweichung.

| Kostenstellen | Plankosten | | Plan-beschäftigung | Ist-beschäftigung | Istkosten |
|---|---|---|---|---|---|
| | fix | proportional | | | |
| Schlosserei | 38.000,00 | 110.000,00 | 3 000 Std. | 2 600 Std. | 135.000,00 |
| Dreherei | 27.000,00 | 98.000,00 | 2 500 Std. | 2 800 Std. | 138.000,00 |
| Fräserei | 25.000,00 | 87.000,00 | 2 800 Std. | 2 500 Std. | 104.000,00 |
| Montage | 50.000,00 | 140.000,00 | 3 200 Std. | 3 400 Std. | 200.000,00 |

b) Stellen Sie für die Kostenstelle „Schlosserei" die Sollkostenkurve und die Kurve für die verrechneten Plankosten im Koordinatensystem dar. Tragen Sie jeweils die Gesamtabweichung, die Beschäftigungsabweichung und die Verbrauchsabweichung in die grafische Darstellung ein. (Ordinate: 10.000,00 € = 1 cm; Abszisse: 1 000 Std. = 5 cm)

10 Die Istbeschäftigung macht 85 % (80 %) der Planbeschäftigung aus.

| Kostenarten | Planverrechnungsmenge | Planpreis je Einheit (€) | Variator | Istverrechnungsmenge | Istpreis je Einheit (€) |
|---|---|---|---|---|---|
| Fertigungslöhne | 2 800 Std.<br>(3 000 Std.) | 30,00<br>(29,00) | 1<br>(1) | 2 380 Std.<br>(2 400 Std.) | 32,00<br>(30,00) |
| Hilfslöhne | 1 000 Std.<br>(900 Std.) | 24,00<br>(23,00) | 0,2<br>(0,3) | 990 Std.<br>(760 Std.) | 22,00<br>(21,00) |
| Hilfs- und Betriebsstoffe | 600 kg<br>(700 kg) | 12,00<br>(14,00) | 0,6<br>(0,7) | 560 kg<br>(600 kg) | 13,00<br>(16,00) |
| Energiekosten | 63 000 kWh<br>(50 000 kWh) | 0,10<br>(0,12) | 0,8<br>(0,9) | 55 160 kWh<br>(43 750 kWh) | 0,11<br>(0,10) |

→

a) Errechnen Sie für jede Kostenart
   1. die Plankosten insgesamt,
   2. die fixen Plankosten,
   3. die variablen Plankosten,
   4. die verrechneten Plankosten,
   5. die Sollkosten,
   6. die Istkosten,
   7. die Beschäftigungsabweichung und
   8. die Verbrauchsabweichung.

b) Erklären Sie, auf welche Weise bei der flexiblen Plankostenrechnung Preisabweichungen ausgeschlossen werden.

11 Für die Fertigungskostenstelle I ergibt sich für den Monat Juni die unten stehende Kostenstellenabrechnung.

a) Stellen Sie im Koordinatensystem die Sollkostenkurve und die Kurve der verrechneten Plankosten dar. (Ordinate: 10.000,00 € = 1 cm; Abszisse: 1 000 Std. = 5 cm)

b) Tragen Sie in die grafische Darstellung
   1. die Gesamtabweichung,
   2. die Beschäftigungsabweichung und
   3. die Verbrauchsabweichung ein.

c) Ermitteln Sie für jede Kostenart die Verbrauchsabweichung.

| **Kostenstellenabrechnung für Monat:** Juni 20.. | | | | | **Fertigungskostenstelle I** |
|---|---|---|---|---|---|
| **Planbezugsgröße:** Maschinenstunden | | | **Planbeschäftigung:** 3 200 Maschinenstunden<br>**Istbeschäftigung:** 2 720 Maschinenstunden | | |
| **Kostenarten** | **Plankosten insgesamt** | **Variator** | **Plankosten** | | **Istkosten** |
| | | | **fix** | **proportional** | |
| Fertigungslöhne | 96.000,00 | 1 | – | 96.000,00 | 81.600,00 |
| Hilfslöhne | 28.000,00 | 0,4 | 16.800,00 | 11.200,00 | 30.800,00 |
| Hilfs- und Betriebsstoffe | 4.000,00 | 0,6 | 1.600,00 | 2.400,00 | 3.300,00 |
| Energiekosten | 8.000,00 | 0,9 | 800,00 | 7.200,00 | 7.300,00 |
| kalk. Abschreibungen | 62.000,00 | 0,2 | 49.600,00 | 12.400,00 | 62.000,00 |
| Summe | 198.000,00 | | 68.800,00 | 129.200,00 | 185.000,00 |
| Plankostenverrechnungssatz: 198.000,00 : 3 200 = 61,875 € | | | | | |

12

| **Kostenstellenplan für Monat:** Oktober 20.. | | | | | | **Fertigungskostenstelle II** |
|---|---|---|---|---|---|---|
| **Planbezugsgröße:** Maschinenstunden<br>**Planbeschäftigung:** 3 200 Maschinenstunden | | | | | | |
| **Kostenarten** | **Planverrechnungsmenge** | **Planpreis je Einheit** | **Plankosten insgesamt** | **Variator** | **Plankosten** | |
| | | | | | **fix** | **proportional** |
| Fertigungslöhne | 3 400 Std. | 30,00 | 102.000,00 | 1 | – | 102.000,00 |
| Hilfslöhne | 1 500 Std. | 25,00 | 37.500,00 | 0,4 | 22.500,00 | 15.000,00 |
| Hilfs- und Betriebsstoffe | 500 kg | 10,00 | 5.000,00 | 0,6 | 2.000,00 | 3.000,00 |
| Energiekosten | 62 500 kWh | 0,12 | 7.500,00 | 0,9 | 750,00 | 6.750,00 |
| kalk. Abschreibungen | – | – | 60.000,00 | 0,2 | 48.000,00 | 12.000,00 |
| Summe der Plankosten | | | 212.000,00 | | 73.250,00 | 138.750,00 |
| Plankostenverrechnungssatz: 212.000,00 : 3 200 = 66,25 € | | | | | | |

Im Oktober betrug die Istbeschäftigung 75 % der Planbeschäftigung.



6350564

Für den Monat Oktober gelten folgende Istverrechnungsmengen und Istpreise:

| Kostenarten | Istverrechnungsmenge | Istpreis je Einheit |
|---|---|---|
| Fertigungslöhne | 2 680 Std. | 32,00 |
| Hilfslöhne | 1 420 Std. | 26,00 |
| Hilfs- und Betriebsstoffe | 415 kg | 8,00 |
| Energiekosten | 48 250 kWh | 0,13 |

Kalkulatorische Abschreibungen (Oktober): 57.000,00 €

Errechnen Sie für jede Kostenart die Verbrauchsabweichung.

13 Im Betrachtungsmonat November betrug die Istbeschäftigung für den unten stehenden Kostenstellenplan 3 600 Fertigungslohnstunden.
Im Monat November sind folgende Istkosten angefallen:
Fertigungslöhne: 104.400,00 €; Hilfslöhne: 29.040,00 €; Hilfs- und Betriebsstoffe: 8.030,00 €; Energiekosten: 6.300,00 €; kalk. Abschreibungen: 49.920,00 €.
Errechnen Sie für jede Kostenart die Verbrauchsabweichung.

| **Kostenstellenplan für Monat:** November 20.. | | | | | | **Fertigungskostenstelle I** |
|---|---|---|---|---|---|---|
| **Planbezugsgröße:** Fertigungslohnstunden<br>**Planbeschäftigung:** 3 000 Fertigungslohnstunden | | | | | | |
| **Kostenarten** | **Planverrechnungsmenge** | **Planpreis je Einheit** | **Plankosten insgesamt** | **Variator** | **Plankosten** | |
| | | | | | **fix** | **proportional** |
| Fertigungslöhne | 3 000 Std. | 29,00 | 87.000,00 | 1 | – | 87.000,00 |
| Hilfslöhne | 1 100 Std. | 24,00 | 26.400,00 | 0,3 | 18.480,00 | 7.920,00 |
| Hilfs- und Betriebsstoffe | 600 kg | 11,00 | 6.600,00 | 0,7 | 1.980,00 | 4.620,00 |
| Energiekosten | 56 000 kWh | 0,10 | 5.600,00 | 0,9 | 560,00 | 5.040,00 |
| kalk. Abschreibungen | – | – | 48.000,00 | 0,2 | 38.400,00 | 9.600,00 |
| Summe der Plankosten | | | 173.600,00 | | 59.420,00 | 114.180,00 |
| Plankostenverrechnungssatz: 173.600,00 : 3 000 = 57,87 € | | | | | | |

14 Welche Aussagen sind richtig bzw. falsch? Begründen Sie Ihre Meinung.

a) Der Plankostenverrechnungssatz gibt die Kostenstellenplankosten für eine Planbezugsgrößeneinheit (z. B. Fertigungsstunde) an.
b) Der Plankostenverrechnungssatz verrechnet nur die proportionalen Kosten. Er ist deshalb ein Teilkostensatz.
c) Mithilfe der Plankostenverrechnungssätze werden die Plankosten der Kostenstellen auf die Kostenträger umgelegt.
d) Die in einem Betrachtungszeitraum verrechneten Plankosten ergeben sich aus dem Produkt von Istbeschäftigung und Plankostenverrechnungssatz.
e) Bei der Planzuschlagskalkulation werden in der Regel die Verwaltungs- und Vertriebsgemeinkosten mithilfe von Plankostenverrechnungssätzen auf die Kostenträger umgelegt.
f) Neben einer Plankalkulation ermöglicht die flexible Plankostenrechnung eine wirksame Kostenstellenkontrolle.
g) Die Kostenstellenleiter haben Beschäftigungsabweichungen zu verantworten.
h) Um Verbrauchsabweichungen aus der Kostenanalyse zu eliminieren, werden die Istverbrauchsmengen mit Planpreisen bewertet.
i) Beschäftigungsabweichungen treten auf, wenn sich Plan- und Istbeschäftigung nicht entsprechen.
j) Beschäftigungsabweichungen ergeben sich durch die Proportionalisierung von fixen Kosten. →

k) Bei einer negativen Beschäftigungsabweichung (Istbeschäftigung < Planbeschäftigung) sind die verrechneten Plankosten größer als die Sollkosten.
l) Die Differenz zwischen den Sollkosten und den Istkosten ist die Preisabweichung.
m) Die Differenz zwischen den verrechneten Plankosten und den Sollkosten ist die Beschäftigungsabweichung.
n) Zur Analyse der Verbrauchsabweichungen werden alle Kostenarten einzeln betrachtet.

## 7.3 Die Grenzplankostenrechnung

### 7.3.1 Der Soll-Ist-Kostenvergleich

Die Grenzplankostenrechnung verrechnet **reine fixe Kosten** nicht auf die Kostenstellen. Sie geht davon aus, dass die Zuordnung von fixen Kosten auf Kostenstellen zu einer Verzerrung der Kostenstruktur führt. Zudem sind die fixen Kosten in den Kostenstellen nicht beeinflussbar.

Bei der Grenzplankostenrechnung werden deshalb den Kostenstellen nur **reine proportionale Kosten** und **Mischkosten** (= Kostenarten, die sowohl proportionale als auch fixe Elemente aufweisen) zugewiesen.

**Die Grenzplankostenrechnung ist ein Teilkostenrechnungssystem.**

Bei der Grenzplankostenrechnung wird für die Kostenstellen ein **proportionaler Plankostenverrechnungssatz** (auch: Grenzkostenstellenstundensatz) ermittelt. Er bezieht sich nur auf die **proportionalen Kosten.** Die fixen Kosten deckt er nicht ab. Es handelt sich folglich um einen **Teilkostensatz.**

**Der proportionale Plankostenverrechnungssatz sagt aus, wie hoch die proportionalen Kostenstellenplankosten pro Planbezugsgrößeneinheit (z. B. Fertigungsstunde) sind.**

**Beispiel**

| Kostenstellenplan für Monat: März 20.. | | | Kostenstelle: Dreherei (415) | | |
|---|---|---|---|---|---|
| Planbezugsgröße: Fertigungslohnstunden<br>Planbeschäftigung: 3 000 Fertigungslohnstunden | | | | | |
| Kostenarten | Planverrechnungsmenge | Planpreis je Einheit | Plankosten | | |
| | | | Gesamtkosten | Fixkosten | proportionale Kosten |
| Fertigungslöhne | 3 000 Std. | 28,00 | 84.000,00 | - | 84.000,00 |
| Hilfslöhne | 1 904 Std. | 25,00 | 47.600,00 | 38.080,00 | 9.520,00 |
| Hilfs- und Betriebsstoffe | 400 kg | 9,00 | 3.600,00 | 2.160,00 | 1.440,00 |
| Instandhaltungs- und Reparaturkosten | - | - | 8.200,00 | 5.740,00 | 2.460,00 |
| Energiekosten | 60 000 kWh | 0,12 | 7.200,00 | 1.440,00 | 5.760,00 |
| Summe der Plankosten | | | 150.600,00 | 47.420,00 | 103.180,00 |
| proportionaler Plankostenverrechnungssatz: 103.180,00 : 3 000 = 34,39 € | | | | | |

In unserem Beispiel beträgt der proportionale Plankostenverrechnungssatz 34,39 €. Dies sind die **proportionalen Kosten pro Fertigungsstunde** in der Dreherei.

Die Kostenstellenpläne werden für alle Kostenstellen aufgestellt. Sie enthalten Kostenvorgaben.



6350566

Der Kostenstellenleiter hat nur auf die proportionalen Kosten Einfluss. Insofern werden bei der Grenzplankostenrechnung in den angestrebten Soll-Ist-Kostenvergleich von vornherein nur die proportionalen Kosten einbezogen.

Für den Soll-Ist-Kostenvergleich sind folglich zu ermitteln:
1. die proportionalen Sollkosten und
2. die proportionalen Istkosten.

Zur Errechnung der **proportionalen Sollkosten** werden die proportionalen Plankosten aus den Kostenstellenplänen auf die Istbeschäftigung umgerechnet.

$$\textbf{proportionale Sollkosten} = \frac{\text{proportionale Plankosten} \cdot \text{Istbeschäftigung}}{\text{Planbeschäftigung}}$$

**oder:**

$$\textbf{proportionale Sollkosten} = \text{proportionale Plankosten} \cdot \text{Kapazitätsauslastung}$$

Im obigen Kostenstellenplan ist von einer Planbeschäftigung von 3000 Fertigungslohnstunden ausgegangen worden. Beträgt nun die Istbeschäftigung im Planungsmonat März nur 2400 Fertigungslohnstunden (Kapazitätsauslastung = 80 %[1]), so müssen die proportionalen Plankosten auf diesen Beschäftigungsgrad nach einer der oben stehenden Formeln umgerechnet werden. Es ergeben sich die proportionalen Sollkosten.

**Beispiel**

$$\textbf{Hilfslöhne:}\ \text{proportionale Sollkosten} = \frac{9.520{,}00 \cdot 2400}{3000} = 7.616{,}00\ €$$

$$\textbf{oder:}\ \text{proportionale Sollkosten} = 9.520{,}00 \cdot 0{,}80 = 7.616{,}00\ €$$

Auf diese Weise werden für den Soll-Ist-Kostenvergleich die proportionalen Plankosten an den Beschäftigungsgrad angepasst.

Es gilt nun noch für die angestrebte Kostengegenüberstellung geeignete **proportionale Istkosten** zu ermitteln.

Um die Vergleichbarkeit der Kosten herzustellen, werden die **Istverbrauchsmengen** mit **Planpreisen** bewertet. Beispiel: Die Arbeitsstunde für Hilfslöhne wird nicht zum Iststundenlohn (z. B. 27,50 €) angesetzt, sondern zum Planstundenlohn (im obigen Beispiel 25,00 €). (Es wird hier ebenso verfahren wie bei der flexiblen Plankostenrechnung.)

➲ **Bei der Grenzplankostenrechnung ergeben sich die Istkosten aus Istmengen, die zu Planpreisen bewertet werden.**

$$\textbf{Istkosten} = \text{Istmengen} \cdot \text{Planpreise}$$

Kostenabweichungen können folglich nicht in unterschiedlichen Verrechnungspreisen begründet sein. **Preisabweichungen** sind eliminiert.

Von den so ermittelten Istkosten werden bei jeder Kostenart die fixen Kostenbestandteile abgezogen. Es ergeben sich die proportionalen Istkosten, die beeinflussbare Kostengrößen darstellen.

1 3000 Stunden ≙ 100 %
  2400 Stunden ≙ x %

$$x = \frac{100 \cdot 2400}{3000} = \underline{\underline{80\ \%}}$$

**proportionale Istkosten** = Istkosten – Fixkosten

Die proportionalen Istkosten werden den proportionalen Sollkosten gegenübergestellt. Die Differenz ergibt die **Verbrauchsabweichung.**

**Verbrauchsabweichung** = proportionale Sollkosten – proportionale Istkosten

**Beispiel**

| **Kostenstellenabrechnung für Monat:** März 20.. | | | | | **Kostenstelle:** Dreherei (415) |
|---|---|---|---|---|---|
| **Planbezugsgröße:** Fertigungslohnstunden | | | **Planbeschäftigung:** 3 000 Fertigungslohnstunden<br>**Istbeschäftigung:** 2 400 Fertigungslohnstunden | | |
| Kostenarten | Fixkosten | Proportionale Kosten | | | Verbrauchsabweichung |
| | | Plankosten | Sollkosten | Istkosten | |
| Fertigungslöhne | – | 84.000,00 | 67.200,00 | 67.200,00 | – |
| Hilfslöhne | 38.080,00 | 9.520,00 | 7.616.00 | 14.620,00 | – 7.004,00 |
| Hilfs- und Betriebsstoffe | 2.160,00 | 1.440,00 | 1.152,00 | 940,00 | + 212,00 |
| Instandhaltungs- und Reparaturkosten | 5.740,00 | 2.460,00 | 1.968,00 | 3.860,00 | – 1.892,00 |
| Energiekosten | 1.440,00 | 5.760,00 | 4.608,00 | 5.960,00 | – 1.352,00 |
| Summe | 47.420,00 | 103.180,00 | 82.544,00 | 92.580,00 | – 10.036,00 |

(Bei den Verbrauchsabweichungen bedeutet – = Verbrauchsverlust, + = Verbrauchsgewinn.)

Die Kostenkontrolle der Kostenstellen wird mit der Zielsetzung durchgeführt, Unwirtschaftlichkeiten im Betrieb aufzudecken und Kostenabweichungen sichtbar zu machen.

Die Kostenstellenleiter haben die **Verbrauchsabweichungen** zu vertreten. Diese bestehen im wertmäßigen Mehr- und Minderverbrauch von Gütern und Dienstleistungen.

Bei den Hilfslöhnen ergibt sich beispielsweise eine recht erhebliche Verbrauchsabweichung von 7.004,00 €. Diesen 7.004,00 € liegt ein Mehrverbrauch von ca. 280 Arbeitsstunden (= 7.004,00 : 25,00[1]) zugrunde. Der Kostenstellenleiter hat diese 280 Arbeitsstunden gegenüber der Betriebsleitung zu rechtfertigen.

Kann der Kostenstellenleiter die Verbrauchsabweichungen plausibel machen, so ist der proportionale Plankostenverrechnungssatz zu erhöhen. Im Kostenstellenplan (siehe S. 566) wurde ein proportionaler Plankostenverrechnungssatz von 34,39 € ermittelt, der dann nicht mehr die proportionalen Kosten der Kostenstelle Dreherei abdeckt. Er müsste um 4,18 €/Stunde (= 10.036,00 : 2 400) erhöht werden. Dies sind die **proportionalen Istmehrkosten pro Fertigungslohnstunde.**

$$\textbf{proportionale Istmehrkosten pro Fertigungsstunde} = \frac{\Sigma \text{ Verbrauchsabweichung}}{\text{Istbeschäftigung}}$$

Aufgaben folgen auf S. 569 ff.

Der neue proportionale Plankostenverrechnungssatz würde nun 38,57 € (= 34,39 € + 4,18 €) betragen.

1 25,00 € sind der Planpreis für eine Hilfslohnstunde (siehe S. 566).



6350568

### 7.3.2 Die Ermittlung der variablen Kosten pro Kostenträger

Für die Deckungsbeitragsrechnung (vgl. Kapitel 6.7) gilt es, variable Kosten pro Kostenträger zu ermitteln. Hierzu dienen die proportionalen Plankostenverrechnungssätze.

Die proportionalen Kosten der verschiedenen Kostenstellen werden über die proportionalen Plankostenverrechnungssätze auf die einzelnen Kostenträger umgelegt. Beträgt beispielsweise die Arbeitszeit eines Kostenträgers in unserer Kostenstelle „Dreherei“ 15 Minuten, so wird er – im Fall der Erhöhung des proportionalen Plankostenverrechnungssatzes – mit 9,64 € (= 38,57 : 4) variablen Kosten belastet.

**Ein entscheidender Vorteil der Grenzplankostenrechnung liegt darin, dass sie die Ermittlung von proportionalen Kosten pro Kostenträger und damit die Ermittlung von Deckungsbeiträgen ermöglicht. (Mit der Deckungsbeitragsrechnung können die typischen Fehlentscheidungen der Vollkostenrechnung vermieden werden [vgl. Kapitel 6.7.1].)**

**Zusammenfassung**

1. **Bei der Grenzplankostenrechnung wird für die Kostenstellen ein proportionaler Plankostenverrechnungssatz ermittelt. Er deckt nur die variablen Kosten ab. Diese kann der Kostenstellenleiter beeinflussen. Es handelt sich um einen Teilkostensatz.**
2. **Ebenso wie die flexible Plankostenrechnung ermöglicht die Grenzplankostenrechnung eine wirksame Kostenstellenkontrolle.**
3. **Die proportionalen Kosten der verschiedenen Kostenstellen werden über die proportionalen Plankostenverrechnungssätze auf die einzelnen Kostenträger umgelegt. Auf diese Weise können variable Kosten pro Kostenträger und damit Deckungsbeiträge ermittelt werden.**

## Aufgaben

1: Errechnen der proportionalen Plankostenverrechnungssätze
2: Erstellen eines Kostenstellenplanes
3: Errechnen der proportionalen Sollkosten
4–8: Soll-Ist-Kostenvergleich

1 Errechnen Sie die proportionalen Plankostenverrechnungssätze.

| Kostenstellen | Plankosten | | Planbezugsgröße | Planbeschäftigung |
|---|---|---|---|---|
| | fix | proportional | | |
| Fräserei | 48.000,00 | 85.000,00 | Fertigungsstunden | 3 000 |
| Dreherei | 33.000,00 | 98.000,00 | Fertigungsstunden | 3 200 |
| Schlosserei | 31.000,00 | 76.000,00 | Fertigungsstunden | 2 800 |
| Montage | 49.000,00 | 78.000,00 | Maschinenstunden | 3 300 |
| Kantine | 5.000,00 | 6.800,00 | Mahlzeiten | 2 000 |
| Fuhrpark | 5.000,00 | 8.000,00 | gefahrene km | 20 000 |

2 Erstellen Sie (nach dem Muster auf S. 566) den kompletten monatlichen Kostenstellenplan der Fertigungskostenstelle 1.
Die Maschinenstunden bilden die Planbezugsgröße. Die Planbeschäftigung beträgt 3000 Maschinenstunden.

| Kostenarten | Planverrechnungsmenge | Planpreis je Einheit | prozentualer Anteil der variablen Kosten |
|---|---|---|---|
| Fertigungslöhne | 3300 Std. | 29,00 € | 100 % |
| Hilfslöhne | 1 100 Std. | 24,00 € | 50 % |
| Hilfs- und Betriebsstoffe | 600 kg | 9,00 € | 70 % |
| Energiekosten | 65000 kWh | 0,12 € | 95 % |
| kalk. Abschreibungen | – | 40.000,00 € pro Monat | 12 % |

3 Errechnen Sie die proportionalen Sollkosten.

| Kostenstellen | Plankosten | | Kapazitätsauslastung in % der Planbeschäftigung |
|---|---|---|---|
| | fix | proportional | |
| Fertigungskostenstelle 1 | 52.000,00 | 130.000,00 | 90 % |
| Fertigungskostenstelle 2 | 30.000,00 | 97.000.00 | 120 % |
| Fertigungskostenstelle 3 | 44.000,00 | 68.000,00 | 85 % |

| Kostenstellen | Plankosten | | Planbeschäftigung | Istbeschäftigung |
|---|---|---|---|---|
| | fix | proportional | | |
| Fertigungskostenstelle 4 | 36.000,00 | 89.000,00 | 2800 Std. | 3200 Std. |
| Fertigungskostenstelle 5 | 51.000,00 | 106.000.00 | 3000 Std. | 2500 Std. |
| Fertigungskostenstelle 6 | 42.000,00 | 96.000,00 | 3 100 Std. | 2800 Std. |

4 Die Istbeschäftigung in der Fertigungskostenstelle II macht 80 % (75 %) der Planbeschäftigung aus (Planbezugsgröße: Fertigungslohnstunden).

| Kostenarten | Planverrechnungsmenge | Planpreis je Einheit (€) | Anteil der variablen Kosten | Istverrechnungsmenge | Istpreis je Einheit (€) |
|---|---|---|---|---|---|
| Fertigungslöhne | 3000 Std.<br>(2800 Std.) | 28,00<br>(30,00) | 100 %<br>(100 %) | 2400 Std.<br>(2 100 Std.) | 29,00<br>(31,00) |
| Hilfslöhne | 800 Std.<br>(700 Std.) | 24,00<br>(25,00) | 40 %<br>(30 %) | 780 Std.<br>(670 Std.) | 26,00<br>(27,00) |
| Hilfs- und Betriebsstoffe | 600 kg<br>(500 kg) | 9,00<br>(8,00) | 80 %<br>(70 %) | 460 kg<br>(380 kg) | 10,00<br>(9,00) |
| Energiekosten | 67200 kWh<br>(55000 kWh) | 0,10<br>(0,12) | 95 %<br>(90 %) | 51800 kWh<br>(42250 kWh) | 0,12<br>(0,11) |

Erstellen Sie nach dem Muster auf S. 568 eine Kostenstellenabrechnung für die Fertigungskostenstelle II.



6350570

5

| Kostenstellen | Plankosten | | Planbeschäftigung | Istbeschäftigung | Istkosten |
|---|---|---|---|---|---|
| | fix | proportional | | | |
| Fertigungskostenstelle 1 | 32.000,00 | 96.000,00 | 2 800 Std. | 2 600 Std. | 124.000,00 |
| Fertigungskostenstelle 2 | 54.000,00 | 88.000,00 | 3 000 Std. | 3 200 Std. | 145.000,00 |
| Fertigungskostenstelle 3 | 42.000,00 | 76.000,00 | 2 500 Std. | 2 800 Std. | 130.000,00 |
| Fertigungskostenstelle 4 | 48.000,00 | 65.000,00 | 3 200 Std. | 2 900 Std. | 105.000,00 |

Errechnen Sie für jede Kostenstelle die Verbrauchsabweichung.

6

| **Kostenstellenabrechnung für Monat:** Mai 20.. | | | | **Kostenstelle:** Schlosserei | |
|---|---|---|---|---|---|
| **Planbezugsgröße:** Fertigungslohnstunden | | | **Planbeschäftigung:** 2 800 Fertigungslohnstunden<br>**Istbeschäftigung:** 2 240 Fertigungslohnstunden | | |
| **Kostenarten** | **Fixkosten** | **Proportionale Kosten** | | | **Verbrauchsabweichung** |
| | | **Plankosten** | **Sollkosten** | **Istkosten** | |
| Fertigungslöhne | – | 88.000,00 | ? | ? | ? |
| Hilfslöhne | 35.000,00 | 10.000,00 | ? | ? | ? |
| Hilfs- und Betriebsstoffe | 2.000,00 | 1.500,00 | ? | ? | ? |
| Energiekosten | 1.500,00 | 6.000,00 | ? | ? | ? |
| kalk. Abschreibungen | 30.000,00 | 8.000,00 | ? | ? | ? |
| | 68.500,00 | 113.500,00 | ? | ? | ? |

Im Betrachtungsmonat Mai haben sich folgende Istkosten (insgesamt) ergeben: Fertigungslöhne: 70.400,00 €; Hilfslöhne: 44.000,00 €; Hilfs- und Betriebsstoffe: 3.400,00 €; Energiekosten: 6.000,00 €; kalk. Abschreibungen: 37.000,00 €.
Übertragen Sie die Kostenstellenabrechnung in Ihr Arbeitsheft und vervollständigen Sie sie.

7 Ihnen liegt der folgende Kostenstellenplan vor:

| **Kostenstellenplan für Monat:** Juni 20.. | | | | | **Fertigungskostenstelle 1** |
|---|---|---|---|---|---|
| **Planbezugsgröße:** Fertigungslohnstunden | | | **Planbeschäftigung:** 3 200 Fertigungslohnstunden | | |
| **Kostenarten** | **Planverrechnungsmenge** | **Planpreis je Einheit** | **Plankosten** | | |
| | | | **Gesamtkosten** | **Fixkosten** | **proportionale Kosten** |
| Fertigungslöhne | 3 200 Std. | 29,00 | 92.800,00 | – | 92.800,00 |
| Hilfslöhne | 1 100 Std. | 24,00 | 26.400,00 | 16.400,00 | 10.000,00 |
| Hilfs- und Betriebsstoffe | 600 kg | 8,00 | 4.800,00 | 1.800,00 | 3.000,00 |
| Energiekosten | 67 500 kWh | 0,10 | 6.750,00 | 750,00 | 6.000,00 |
| kalk. Abschreibungen | – | – | 50.000,00 | 40.000,00 | 10.000,00 |
| Summe der Plankosten | | | 180.750,00 | 58.950,00 | 121.800,00 |
| proportionaler Plankostenverrechnungssatz: 121.800,00 : 3 200 = 38,06 € | | | | | |

→

Im Juni betrug die Istbeschäftigung 2720 Fertigungslohnstunden.
Für den Betrachtungsmonat Juni gelten folgende Istverrechnungsmengen und Istpreise:

| Kostenarten | Istverrechnungsmenge | Istpreis je Einheit (€) |
|---|---|---|
| Fertigungslöhne | 2720 Std. | 30,00 |
| Hilfslöhne | 1060 Std. | 25,00 |
| Hilfs- und Betriebsstoffe | 570 kg | 7,00 |
| Energiekosten | 55500 kWh | 0,13 |

Die kalkulatorischen Abschreibungen belaufen sich im Juni auf 49.500,00 €.
Erstellen Sie die Kostenstellenabrechnung (nach dem Muster der Kostenstellenabrechnung in Aufgabe 6) für die Fertigungskostenstelle 1.

8 Ihnen liegt der folgende Kostenstellenplan vor:

| **Kostenstellenplan für Monat:** August 20.. | | | | | **Fertigungskostenstelle 2** |
|---|---|---|---|---|---|
| **Planbezugsgröße:** Maschinenstunden | | | **Planbeschäftigung:** 3000 Maschinenstunden | | |
| **Kostenarten** | **Planverrechnungsmenge** | **Planpreis je Einheit** | **Plankosten** | | |
| | | | **Gesamtkosten** | **Fixkosten** | **proportionale Kosten** |
| Fertigungslöhne | 3200 Std. | 28,00 | 89.600,00 | - | 89.600,00 |
| Hilfslöhne | 1000 Std. | 23,00 | 23.000,00 | 15.410,00 | 7.590,00 |
| Hilfs- und Betriebsstoffe | 500 kg | 10,00 | 5.000,00 | 1.500,00 | 3.500,00 |
| Energiekosten | 56000 kWh | 0,12 | 6.720,00 | 320,00 | 6.400,00 |
| kalk. Abschreibungen | - | - | 54.000,00 | 45.000,00 | 9.000,00 |
| Summe der Plankosten | | | 178.320,00 | 62.230,00 | 116.090,00 |
| proportionaler Plankostenverrechnungssatz: 116.090,00 : 3000 = 38,70 € | | | | | |

Im Betrachtungsmonat August betrug die Istbeschäftigung 120 % der Planbeschäftigung.
Für den August gelten folgende Istkosten (insgesamt):
Fertigungslöhne: 107.520,00 €; Hilfslöhne: 26.289,00 €; Hilfs- und Betriebsstoffe: 6.200,00 €; Energiekosten: 7.500,00 €; kalk. Abschreibungen: 55.800,00 €.

Erstellen Sie die Kostenstellenabrechnung (nach dem Muster der Kostenstellenabrechnung in Aufgabe 6) für die Fertigungskostenstelle 2.

6350576

## ...rtbildung[1]

| ERGEBNISRECHNUNGEN |
| --- |
| **8 Ergebnisrechnungen** |
| **80 Eröffnung/Abschluss**<br>8000 Eröffnungsbilanzkonto<br>8010 Schlussbilanzkonto<br>8020 GuV-Konto Gesamtkostenverfahren<br>8030 GuV-Konto Umsatzkostenverfahren<br>*Konten der Kostenbereiche für die GuV im Umsatzkostenverfahren*<br>**81 Herstellungskosten**<br>**82 Vertriebskosten**<br>**83 Allgemeine Verwaltungskosten**<br>**84 Sonstige betriebliche Aufwendungen**<br>*Konten der kurzfristigen Erfolgsrechnung (KER) für innerjährige Rechnungsperioden (Monat, Quartal oder Halbjahr)*<br>**85 Korrekturkonten zu den Erträgen der Kontenklasse 5**<br>**86 Korrekturkonten zu den Aufwendungen der Kontenklasse 6**<br>**87 Korrekturkonten zu den Aufwendungen der Kontenklasse 7**<br>**88 Kurzfristige Erfolgsrechnung (KER)**<br>8800 Gesamtkostenverfahren<br>8810 Umsatzkostenverfahren<br>**89 Innerjährige Rechnungsabgrenzung**<br>8900 Aktive Rechnungsabgrenzung<br>8950 Passive Rechnungsabgrenzung |
| KOSTEN- UND LEISTUNGSRECHNUNG |
| **9 Kosten- und Leistungsrechnung (KLR)** |
| **90 Unternehmensbezogene Abgrenzungen** (betriebsfremde Aufwendungen u. Erträge)<br>**91 Kostenrechnerische Korrekturen**<br>**92 Kostenarten und Leistungsarten**<br>**93 Kostenstellen**<br>**94 Kostenträger**<br>**95 Fertige Erzeugnisse**<br>**96 Interne Lieferungen und Leistungen sowie deren Kosten**<br>**97 Umsatzkosten**<br>**98 Umsatzleistungen**<br>**99 Ergebnisausweise**<br>In der Praxis wird die KLR gewöhnlich tabellarisch durchgeführt. |

g

n

n

d

...it Nullen auf **vier** Stellen ergänzt worden.

## …rung der Jahresbilanz

### …nd großer Kapitalgesellschaften[1]

### …bs. 2 und 3 Handelsgesetzbuch

…de:
Schutz
Werte
…nen,
…nliche
n an

…e Rechte
…uten

…nen

…hmen
…terneh-

mit
…besteht
…ns

…ens-

n, mit
…besteht
…e

…hmen

…ben,
Schecks

**Passiva**

**A. Eigenkapital:**
- I. Gezeichnetes Kapital
- II. Kapitalrücklage
- III. Gewinnrücklagen:
  1. gesetzliche Rücklage
  2. Rücklage für Anteile an einem herrschenden oder mehrheitlich beteiligten Unternehmen
  3. satzungsmäßige Rücklagen
  4. andere Gewinnrücklagen
- IV. Gewinnvortrag/Verlustvortrag
- V. Jahresüberschuss/Jahresfehlbetrag

**B. Rückstellungen:**
1. Rückstellungen für Pensionen und ähnliche Verpflichtungen
2. Steuerrückstellungen
3. sonstige Rückstellungen

**C. Verbindlichkeiten:**
1. Anleihen, davon konvertibel
2. Verbindlichkeiten gegenüber Kreditinstituten
3. erhaltene Anzahlungen auf Bestellungen
4. Verbindlichkeiten aus Lieferungen und Leistungen
5. Verbindlichkeiten aus der Annahme gezogener Wechsel und der Ausstellung eigener Wechsel
6. Verbindlichkeiten gegenüber verbundenen Unternehmen
7. Verbindlichkeiten gegenüber Unternehmen, mit denen ein Beteiligungsverhältnis besteht
8. sonstige Verbindlichkeiten,
   - davon aus Steuern
   - davon im Rahmen der sozialen Sicherheit

**D. Rechnungsabgrenzungsposten**

**E. Passive latente Steuern**

… ist in Kontoform aufzustellen. [2] Dabei haben große und mittelgroße Kapitalge…
…e die in Absatz 2 und auf der Passivseite die in Absatz 3 bezeichneten Posten
…enfolge auszuweisen. [3] Kleine Kapitalgesellschaften (§ 267 Abs. 1) brauchen
…r die in den Absätzen 2 und 3 mit Buchstaben und römischen Zahlen bezeich…
…ebenen Reihenfolge aufgenommen werden.